静安年鉴

JING'AN ALMANAC

2024

总第八卷

上海市静安区地方志编纂委员会 编

主　审　翟　磊
副主审　莫亮金　龙婉丽
主　编　汝熙玲
副主编　叶供发

上海社会科学院出版社

图书在版编目（CIP）数据

静安年鉴. 2024 / 上海市静安区地方志编纂委员会编. -- 上海：上海社会科学院出版社，2024. -- ISBN 978-7-5520-4624-3

Ⅰ. Z525.13

中国国家版本馆CIP数据核字第20242PF850号

静安年鉴（2024）
上海市静安区地方志编纂委员会　编

责任编辑	李　慧　董汉玲
封面设计	杨钟玮
封面题字	周志高
版面设计	上海丽正文化发展有限公司
出版发行	上海社会科学院出版社
地　　址	上海市顺昌路622号（邮编 200025）
印　　刷	上海新艺印刷有限公司
开　　本	720毫米×1000毫米　1/16
印　　张	41.25
插　　页	16
字　　数	1050千
版　　次	2024年12月第1版　2024年12月第1次印刷
书　　号	978-7-5520-4624-3/Z·089
定　　价	298.00元

本书如有质量问题，请与承印厂联系。　电话：021-56683339

上海市静安区地方志编纂委员会

主　　　任　翟　磊

副 主 任　莫亮金　　龙婉丽　　孙明丽　　陈琦华

办公室主任　汝熙玲

办公室副主任　叶供发

《静安年鉴》编辑部

主　　　编　汝熙玲

副 主 编　叶供发

编　　　辑　顾瑞钧　　庞雅琴　　竺慧君　　李佳丽

编 辑 说 明

一、《静安年鉴》是由上海市静安区人民政府主办、上海市静安区地方志办公室负责编辑的地方性综合年鉴。《静安年鉴(2024)》是系统记述2023年度静安区自然、政治、经济、文化、社会等方面情况的资料性文献。

二、《静安年鉴(2024)》以马列主义、毛泽东思想、邓小平理论、"三个代表"重要思想、科学发展观、习近平新时代中国特色社会主义思想为指导,力求体现时代特征、年度特点、静安特色,记录历史、服务当代、以启未来。

三、《静安年鉴(2024)》记述时限为2023年1月1日至12月31日,部分事件记述有回溯或后延。

四、《静安年鉴(2024)》采用条目体,分类编辑,分栏目、分目、条目3级结构层次。根据内容关联程度,各栏目设置"综述"或"概况"。条目是信息资料的主要载体,条目标题以【】为标识。全书共列35个栏目、188个分目、1809个条目、卷首照72张、随文照88张、表格98个。

五、《静安年鉴(2024)》的内容,由有关单位提供资料或直接撰稿,经各单位领导审阅后定稿,撰稿人、摄影人姓名署于条目、照片之后。

六、《静安年鉴(2024)》的"统计资料"栏目内容由区统计局提供,正文中数据由各部门提供,由于部门间统计时间、口径等不尽一致,个别数据可能存在差异。

七、《静安年鉴(2024)》所涉及区属国家机关、人民团体、区属企业简称统一在书末附设对照表,正文处一般使用简称。

八、《静安年鉴》编辑部地址:上海市大统路480号1207室。邮政编码:200070。电话和传真:021-62472188转。

城区夜景

(区融媒体中心　供稿)

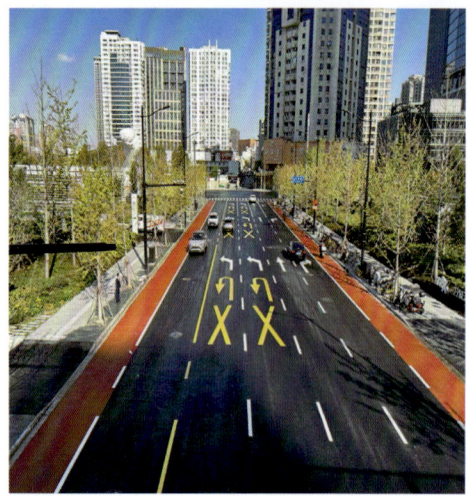

静安苏河湾慢行示范区组图

一、美丽城区

(区融媒体中心　供稿)

2023年，9月20日，第七届中国·上海静安国际雕塑展（"JISP"）正式与市民见面

一、美丽城区

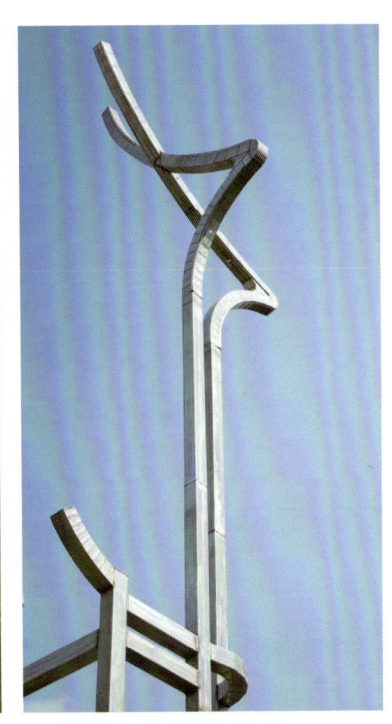

（区融媒体中心　供稿）

北苏州路（浙江北路—福建北路）公共空间景观提升项目建成后对外开放

（区融媒体中心　供稿）

静安国际科创社区·云汇数智中心竣工

（区融媒体中心　供稿）

一、美丽城区

2023年6月16日，静安区垂直掘进（盾构）地下智慧车库顺利下井。项目建成后，将成为世界最大直径垂直掘进地下智慧停车库。上图为项目施工现场，下图为项目效果图　　（区融媒体中心　供稿）

2023年1月,安康苑一期项目永庆里的5幢历史建筑经过复杂而艰难的平移,成功迁移回到原位。这是上海历史上已完成的规模最大、累计平移距离最长的群体建筑平移归位施工项目。该工程自2022年11月26日正式启动,用时43天全部完成 (区融媒体中心 供稿)

一、美丽城区

9月5日，张园东区最大规模的组团式平移项目启动　　　　　　　　（区融媒体中心　供稿）

静安年鉴(2024)

二、活力经济

2023年9月22日至24日，在上海展览中心东一馆举行的2023第十七届中华老字号博览会上，开开集团首发新品刮起新中式国潮风　　　　　　　　　　　　　　（区融媒体中心　供稿）

位于中兴路的上海金融街购物中心外观，项目是苏河湾功能区西部重点区域的现代化城市综合体　　　　　　　　　　　　　　　　　　　　　　　　　　　　　　　　　　　（肖鸣亮　摄）

2023年1月13日，合生商业首个高端产品线项目MOHO在江宁路699号正式亮相。项目建筑面积18万平方米，包含MOHO购物中心以及甲级智能写字楼、高端酒店式公寓　　　　（肖鸣亮　摄）

二、活力经济

2023年9月21日，地处苏河湾不夜城商务黄金圈天目西路218号的太平洋百货不夜城店旧址上，一座崭新的"轻量化"时尚办公商业综合体——"合集 The Lightbox"正式对外运营，这是嘉里建设集团历时近2年倾力打造的城市更新之作　　　　　　　　　　（区融媒体中心　供稿）

2023年12月1日，时值张园西区焕新一周年之际，安垲第——张园海派文化交流中心在张园八号楼正式启用　　　　　　　　　　　　　　　　　　　　　　　（区融媒体中心　供稿）

2023年3月24日，全市首个商圈内宝宝屋、首个园区宝宝屋在大宁国际商业广场开放

(区融媒体中心　供稿)

2023年9月17日，上海旅游节花车巡展亮相静安区

(肖鸣亮　摄)

三、政务风采

2023年7月1日，中共中央秘书处机关旧址纪念馆正式对公众开放

（肖鸣亮　摄）

2023年5月18日，经过一年多的升级改造，位于新闸路1855号的"静邻一家"静安寺街道社区党群服务中心正式启用

（区融媒体中心　供稿）

2023年12月22日，静安区城运中心新建指挥大厅启用　　　　　　　　　　（肖鸣亮　摄）

年内，天目西路街道社区事务受理服务中心在市、区评比中名列前茅　（区融媒体中心　供稿）

四、幸福民生

2023年7月16日，蕃瓜弄小区旧住房改建（拆除重建）项目居民集中搬场仪式在项目基地举行
（肖鸣亮　摄）

2023年10月17日，全市首家开设在养老院的社区食堂开张　　　　　　（区融媒体中心　供稿）

4月23日是"世界读书日"。静安区图书馆天目路馆在这一天以全新的面貌归来，正式向读者开放　　　　　　　　　　　　　　　　　　　　　　　　　　　　（区融媒体中心　供稿）

四、幸福民生

静安区 24 小时开放的公厕既美观又便民　　　　　　　　　　　　　　（区融媒体中心　供稿）

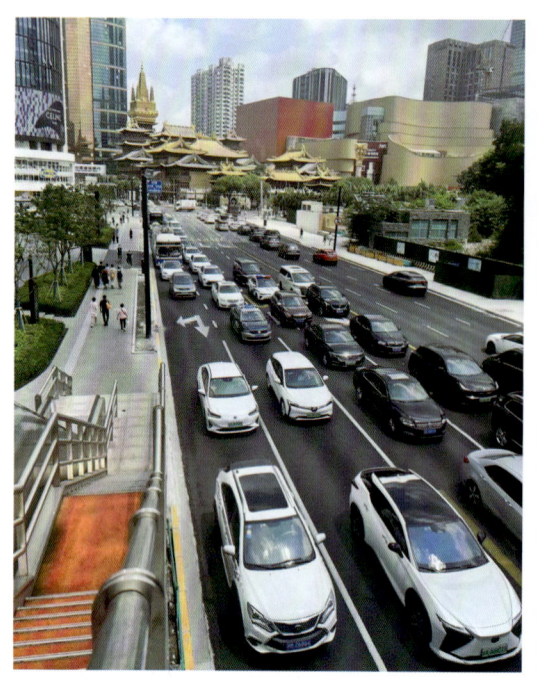

华山路架空线入地后新立的综合杆
（区政府办公室　供稿）

新加电梯"林立"，小区品质得到提升
（区政府办公室　供稿）

2023年静安区第二批电动自行车充电设施建设项目
（区政府办公室　供稿）

新建立体绿化:"梦"绿墙夜景 (区政府办公室 供稿)

新建口袋公园:溪梦园 (区政府办公室 供稿)

中福会儿童艺术剧院附属绿地 （区政府办公室　供稿）

新建东茭泾市民健身步道 （区政府办公室　供稿）

五、实事工程

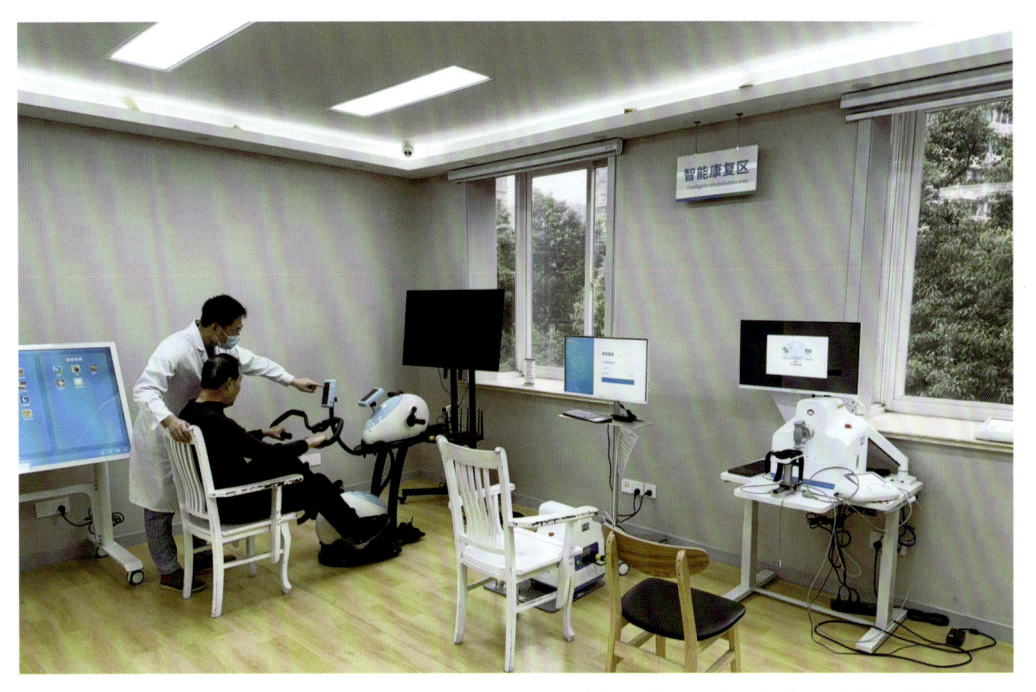

临汾路街道社区卫生服务中心康复治疗师应用智能康复设备为患者进行作业治疗和功能康复，围绕物联网和大数据制订整体康复训练解决方案，打造"智能康复港"　　（区政府办公室　供稿）

临汾路街道社区卫生服务中心正式挂牌上海市示范性社区康复中心　　（区政府办公室　供稿）

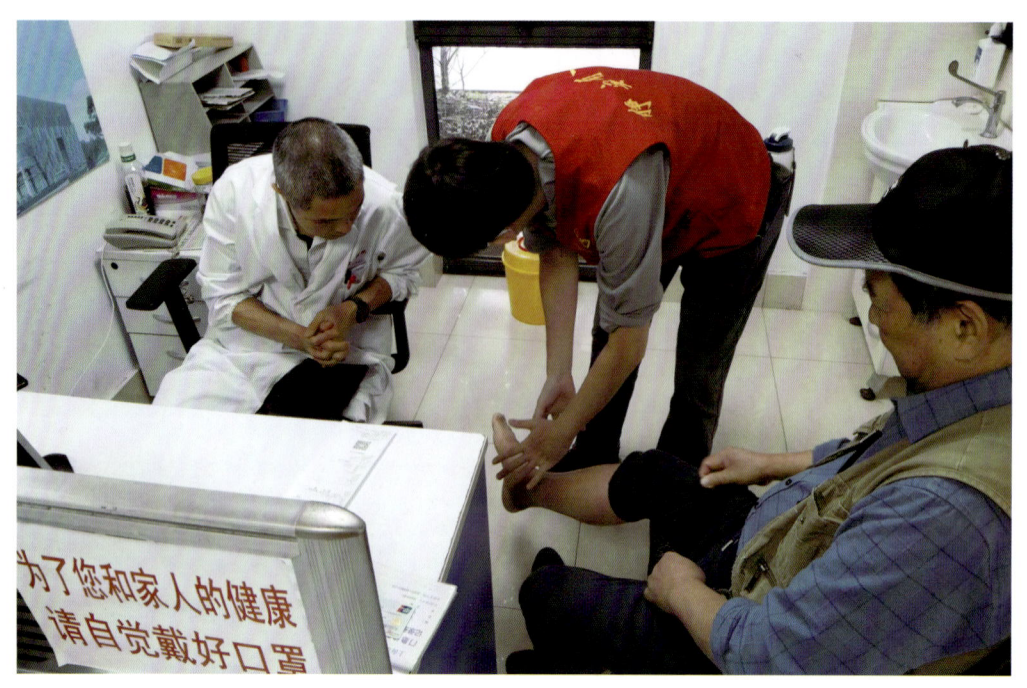

为听力言语障碍者及 70 岁以上一级、二级视障人士提供 2000 人次以上就诊助医爱心服务

（区政府办公室　供稿）

大宁路街道平型关路 669 弄 2 号无障碍坡道

（区融媒体中心　供稿）

为残疾人家庭实施无障碍改造

（区政府办公室　供稿）

大宁国际学校（小学部）充分体现"人－建筑－自然"相融合的建筑主题
(区政府办公室　供稿)

解决白领托育难题——大宁路街道打造园区嵌入式宝宝屋
(区政府办公室　供稿)

体育场馆公益开放　　　　　　　　　　　　　　　　　　　　　　（区政府办公室　供稿）

静安青年体育公园一期完工　　　　　　　　　　　　　　　　　　（区政府办公室　供稿）

免费为市民提供体质测试　　　　　　　　　　提升菜市场环境面貌，图为宝德菜市场
　　　　（区政府办公室　供稿）　　　　　　　　　　　　（区政府办公室　供稿）

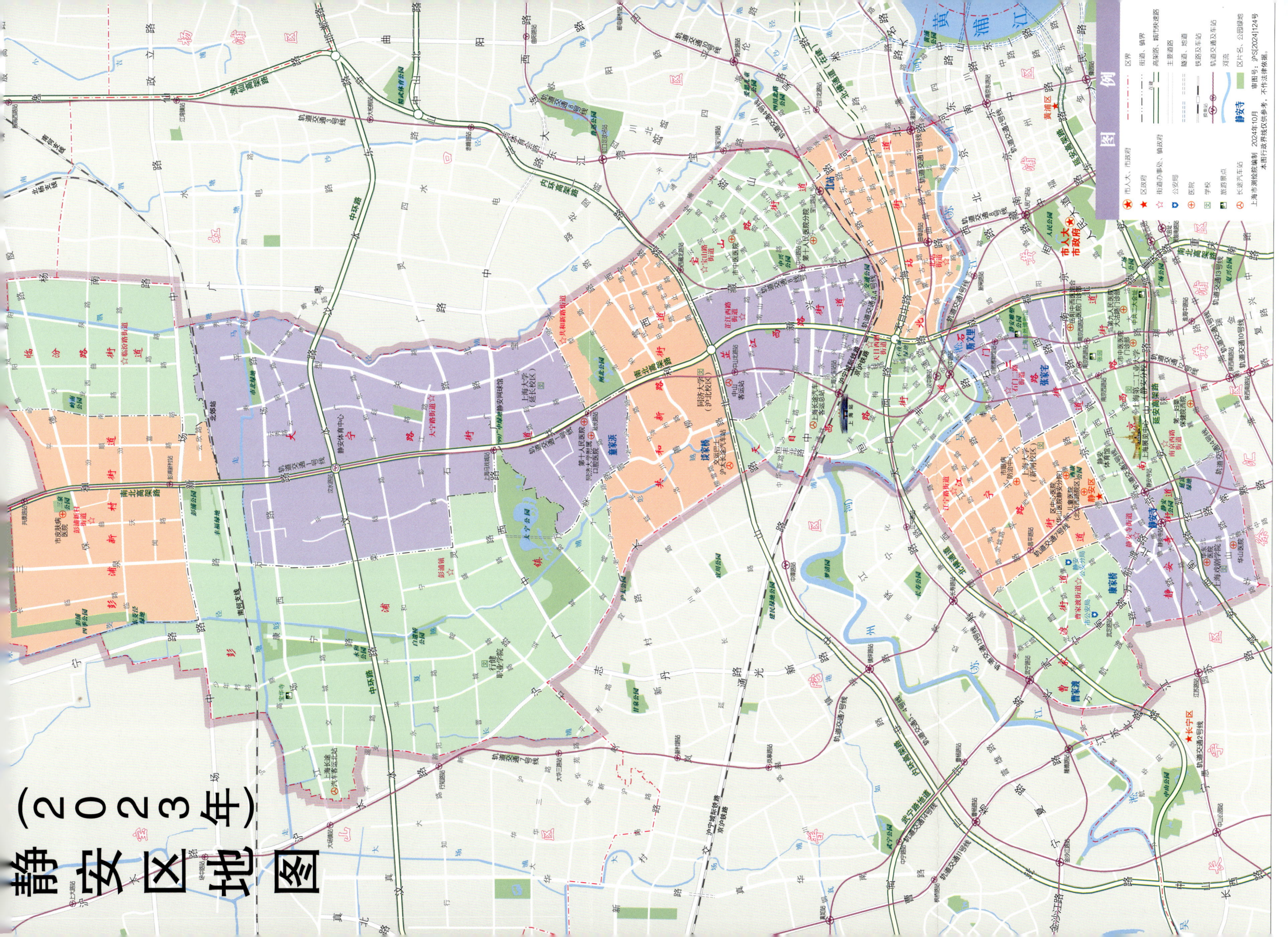

静安区地图（2023年）

目　　录

特　载

中共上海市静安区委常委会2023年工作报告　1
政府工作报告　9
附件：2024年静安区为民办实事项目　18

领导视察与调研

领导视察与调研　19

大事记

大事记　29

静安概览

（一）地理位置　34
（二）行政区划　34
（三）人口结构　35
（四）区域经济　35
（五）城市建设治理　36
（六）民生保障　36
（七）社会事业　37

一、中共静安区委员会

（一）综述　38
（二）重要会议和活动　45

（三）组织工作　55
（四）宣传工作·精神文明建设　59
（五）统战工作　71
（六）政法工作　75
（七）党校工作　83
（八）老干部工作　85
（九）机关党建工作　88
（十）档案工作　91
（十一）党史工作　97
（十二）中共二大会址纪念馆工作　99

二、静安区人民代表大会

（一）综述　105
（二）重要会议和活动　107
（三）监督工作　117
（四）代表工作　120
（五）人事任免　121

三、静安区人民政府

（一）综述　125
（二）重要会议和活动　127
（三）实施项目和办理工作　154
（四）外事工作　155
（五）国内合作交流与对口支援　158
（六）信访工作　166
（七）行政审批制度改革　167

(八)民族宗教工作	170	(六)致公党区委	222
(九)侨务工作	173	(七)九三学社区委	226
(十)港澳工作	175	(八)区工商联	229
(十一)台湾事务	179		
(十二)地方志工作	182		

七、人民团体·群众团体

(十三)投资促进工作	183		
(十四)区级机关后勤工作	185	(一)区总工会	236
		(二)共青团区委	241

四、政协静安区委员会

		(三)区妇联	250
		(四)区科协	255
(一)综述	187	(五)区侨联	258
(二)重要会议和活动	189	(六)区残联	261
(三)提案工作	192	(七)区红十字会	264
(四)调研工作	196	(八)黄埔军校同学会静安区工委	267

五、纪检·监察

八、法治

(一)综述	198	(一)公安工作	268
(二)重要会议和活动	198	(二)检察	272
(三)纪检监察体制改革	200	(三)审判	275
(四)"四责协同"机制建设	201	(四)司法行政	280
(五)监督执纪执法	201		

九、人民武装·国防动员·应急管理·退役军人管理

(六)巡视巡察工作	202		
(七)净化政治生态	202		
(八)干部队伍建设	203		
(九)开展调研工作	204	(一)人民武装	286
		(二)国防动员	288

六、民主党派·工商联

		(三)应急管理	292
		(四)退役军人管理	295

十、综合经济管理

(一)民革区委	205		
(二)民盟区委	209		
(三)民建区委	212		
(四)民进区委	214	(一)计划投资管理	300
(五)农工党区委	218	(二)节能减排管理	302

(三)物价管理	303
(四)统计管理	303
(五)财政管理	304
(六)税务管理	306
(七)市场监督管理	309
(八)审计	313
(九)国有资产管理	314

十一、商贸服务业

(一)综述	320
(二)商业活动	322
(三)涉外经济	323
(四)粮食工作	323
(五)商务交流	323

十二、金融业·专业服务业

(一)金融服务业	325
(二)金融监督管理	326
(三)金融服务实体经济	327
(四)专业服务业	328

十三、房地产开发和管理

(一)综述	330
(二)房地产市场	331
(三)住房保障和房屋管理	334

十四、旅游业·会展业

(一)综述	339
(二)旅游活动	339
(三)旅游宣传与市场开发	341

(四)旅游管理	341
(五)住宿业	342
(六)会展业	342

十五、国有重点企业

(一)上海市北高新(集团)有限公司	343
(二)上海九百(集团)有限公司	345
(三)上海北方企业(集团)有限公司	347
(四)上海开开(集团)有限公司	350
(五)上海大宁资产经营(集团)有限公司	355
(六)上海静工(集团)有限公司	356
(七)上海苏河湾(集团)有限公司	358
(八)上海新静安(集团)有限公司	364
(九)上海城市发展(集团)有限公司	366
(十)上海静安置业集团有限公司	366
(十一)上海凯成控股有限公司	368
(十二)上海静安投资(集团)有限公司	369

十六、城区建设

(一)规划和自然资源管理	371
(二)建设和交通管理	376
(三)旧区改造	379
(四)重大项目推进	379
(五)市政道路建设和配套管理	381
(六)水务管理	383
(七)建筑建材业管理	385

十七、市容环境

(一)绿化和市容管理	390
(二)城市"一网统管"	394
(三)城市管理行政执法	397

十八、环境保护

(一)综述 399
(二)环境管理与监察 400
(三)环境监测 403

十九、现代交通

(一)铁路上海站地区建设与管理 406
(二)铁路运输 409
(三)铁路上海站 419

二十、科学技术·信息化

(一)科技创新 422
(二)企业服务 423
(三)科创载体培育 424
(四)智慧城区建设 425
(五)聚才引智 426

二十一、教育

(一)综述 427
(二)教育行政 428
(三)基础教育 430
(四)终身教育 432
(五)上海戏剧学院 432
(六)上海大学 437
(七)上海第二工业大学 441

二十二、文化

(一)综述 445
(二)公共文化建设 445
(三)历史文化保护 447
(四)文化产业 448
(五)文化市场 449
(六)现代戏剧谷 449

二十三、卫生和健康

(一)综述 451
(二)健康城区建设 454
(三)医疗服务 455
(四)公共卫生 456
(五)社区卫生 458
(六)老龄服务 459
(七)人口监测与家庭发展 460

二十四、体育

(一)综述 461
(二)体育赛事、体育管理 462

二十五、民政

(一)社会救助 466
(二)养老服务 468
(三)基层政权建设和社会工作 469
(四)社会组织登记管理 471
(五)未成年人保护和儿童福利 473
(六)残疾人福利 473
(七)婚姻登记管理 473

二十六、人力资源和社会保障·医疗保障

(一)人力资源和社会保障 475

(二)社会保险	478
(三)医疗保障	479

二十七、街道·镇

(一)社会建设与管理	483
(二)静安寺街道	487
(三)曹家渡街道	492
(四)江宁路街道	500
(五)石门二路街道	504
(六)南京西路街道	508
(七)北站街道	513
(八)天目西路街道	517
(九)宝山路街道	522
(十)芷江西路街道	527
(十一)共和新路街道	531
(十二)大宁路街道	536
(十三)彭浦新村街道	542
(十四)临汾路街道	549
(十五)彭浦镇	555

二十八、人物·先进集体

(一)静安区主要领导人简介	562
(二)逝世人物	563
(三)先进个人名录	563
(四)先进集体名录	565
(五)党政机关、民主党派、人民团体领导名录	566

二十九、统计资料

二十九、统计资料	584

附　录

上海市静安区人民政府机构全称简称对照表	598
年度和地方工作常用缩略语注释	600

索　引

索引	602

特 载

编辑 叶供发

中共上海市静安区委常委会2023年工作报告

——2023年12月28日在二届区委八次全会上

2023年是贯彻党的二十大精神的开局之年，是全面建设社会主义现代化国家开局起步的重要一年，也是实施"十四五"规划承上启下的关键一年。今年以来，区委常委会以习近平新时代中国特色社会主义思想为指导，全面贯彻落实党的二十大精神，深入学习贯彻习近平总书记考察上海重要讲话精神和对上海工作重要指示要求，坚持稳中求进工作总基调，完整、准确、全面贯彻新发展理念，把握加快构建新发展格局战略机遇，持续深化高水平改革开放，着力推动高质量发展，更好统筹发展和安全、开放和安全，紧紧围绕"四范目标"，大力实施"七增计划"，全面推进"五大工程"，扎实做好经济发展、民生保障和党的建设等各项工作，全力推进中国式现代化的静安生动实践，各项事业发展取得新成效。

一、推动学习贯彻习近平新时代中国特色社会主义思想和党的二十大精神持续走深走实

广泛掀起学习宣传热潮。坚持把全面学习、全面把握、全面落实习近平新时代中国特色社会主义思想和党的二十大精神作为首要政治任务，引导和推动全区各级党组织和广大党员干部群众深刻领悟"两个确立"的决定性意义，进一步把思想和行动统一到党的二十大精神上来，把智慧和力量凝聚到实现党的二十大确定的目标任务上来。对标对表党的二十大作出的重大战略部署，明确提出"加快建设卓越的现代化国际城区，以静安的生动实践奋力打造中国式现代化的城区样本"，激励全区各方面团结一心奋进新征程、展现新气象，以实际行动自觉践行"两个维护"。加强全区各级党委（党组）中心组学习，开展多形式、分层次、全覆盖的全员培训，先后举办5期处级领导干部学习贯彻党的二十大精神专题培训班，进一步统一思想、统一意志、统一行动。坚持面向基层、面向群众，组建各级宣讲队伍，推动领导干部带头讲、专家学者深入讲、基层骨干生动讲、线上平台广泛讲，把学习宣传不断推向深入。习近平总书记再次亲临上海考察指导并发表重要讲话后，在全区迅速兴起学习宣传贯彻习近平总书记重要讲话精神的热潮，着力在学深悟透、融会贯通上下功夫，切实把习近平总书记的关怀关爱和谆谆嘱托转化为全区上下奋进新征程、建设现代化的强大动力。

认真组织开展主题教育。把牢"学思想、强党性、重实践、建新功"总要求，发挥区委常委会带头作用，一体推进理论学习、调查研究、推动发展、检视整改，在以学铸魂、以学增智、以学正风、以学促干上不断取得扎实成效。聚焦主题主线，在全区处级以上单位集中开展读书班学习，建立完善及时跟进学习习近平总书记重要讲话和重要指示批示精神的制度机制，广泛开展联组学习，切实打牢思想理论根基。打造"静邻讲堂·月月讲"平台，发挥"五个一批"百堂精品党课和"学思践悟新思想"现场教学点的理论和实践教学作用，进一步增强广大党员干部对党的创新理论的政治认同、思想认同、理论认同、情感认同。在全区大兴调查研究，推动处级以上领导班子成员开展课题调研862项，形成年度重点工作措施971个，为民办实事1675件，一批制约发展、民生和党建的梗节难题得到有效破解，基层、群众和企业的一批诉求得到及时回应。深入开展"进百家门、访百家情、解百家难、暖百家心"大走访，打造"一网协同"调研走访系统，形成同题共答、同向发力、数字赋能、闭环管理的走访联系和问题解决机制，用心用情为群众办实事、为企业解难题、为基层减负担，不断提升主题教育成效，不断增强人民群众获得感、幸福感、安全感和满意度。

全力以赴推动贯彻落实。坚持把学习贯彻习近平新时代中国特色社会主义思想与习近平总书记考察上海重要讲话精神以及市委对静安的指示要求紧密结合起来，紧紧围绕习近平总书记对上海提出的一系列新定位新论断新要求新任务，持之以恒细化"施工图"、绘好"实景画"，全力推动中央对上海、市委对静安的各项要求在我区落地生根、开花结果。坚持以调研开局、以调研开路，组织开展推动科创动能增能、加大力度培育本土优质企业等五个重点课题调研，形成一批高质量的调研成果，并转化为相关工作的行动方案和任务措施。按照市委关于贯彻落实习近平总书记重要讲话精神和深化高水平改革开放、推动高质量发展的部署要求，结合静安实际，分别进行深入谋划、制定相应文件，专题在区委全会上作出全面部署，团结带领全区上下沿着习近平总书记指引的方向和目标，以排头兵的姿态和先行者的担当，在社会主义现代化建设中走在前列、勇立潮头。主动对接上海建设"五个中心"、强化"四大功能"的工作大局，更加自觉主动地把改革开放创新的精神和举措贯彻落实到静安各项工作中，推动形成改革开放再出发、创新发展再突破的生动局面。开展区"十四五"规划实施情况中期评估，系统总结区域经济社会发展阶段性成效，结合外部环境变化，深入开展问题研究，优化细化工作措施，切实把中央精神、市委要求转化为推动静安"十四五"后半程发展的创新思路和务实举措。

二、经济高质量发展迈出坚实步伐

全力巩固经济向稳向好态势。面对严峻复杂的外部环境，始终坚持发展第一要务不动摇，以实施"七增计划"为主要抓手，全力以赴提升区域经济的竞争力、创新力和抗风险能力，推动区域经济在克难奋进中前行。预计全年实现区级一般公共预算收入287.8亿元，同比增长3%，经济总量继续保持中心城区首位。认真落实国家和全市相关政策，制定实施我区提信心扩需求稳增长促发展行动方案，突出"政策+行动"双轮驱动，以更大力度助力企业发展，以更实举措扩大需求强化供给，更好引导社会预期、提振发展信心。积极扩大有效投资，举办经济贡献二百强企业颁奖仪式、外资合作伙伴服务季暨外资企业圆桌会、重点载体"月月推"等系列投资促进活动，推动招商引资增质取得新成效，一批重大项目和龙头企业落户静安。坚持招商引商与安商稳商并重，以企业服务三级网络为基础，不断加强政企常态化沟通交流，建立重点企业"服务包"制度，落实"一企一管家"，精准高效为企业提供定制化服务。把优化营商环境作为推动高质量发展的一项基础性工作，紧紧围绕市场化、法治化、国际化方向，落实市6.0版行动方案，实施六大赋能行动，扎实推动服务效能增优。

持续深化高水平改革开放。着眼全局、敢为先锋，不断拓展改革开放的广度和深度，积极发挥改革开放的"关键一招"作用，以高水平改革开放助推高质量发展。大力推动总部经济增能，引导和支持跨国公司地区总部拓展功能、提升能级、新设业务，深化市北高新民营企业总部集聚区建设，全年新增跨国公司地区总部12家、民营企业总部3家、贸易型总部2家、创新型总部1家，多功能、复合型、全域布局的总部经济体系初步建立。促进外资外贸高质量发展，出台《静安区推动对外贸易高质量发展的实施意见》，积极创建"专业服务贸易集聚区"和"优质产品进口示范区"。不断探索投资贸易便利化举措，推动进口服装检验采信政策落地，深化海关AEO高级认证工作，打造张园西区保税展示交易服务平台。推动全球服务商计划再升级，制定发布新一轮若干意见，全球服务商名录机构增至92家，区域内全球高端专业服务机构达到全市1/3。拓展全球服务机构辐射功能，推动全球服务商计划深度融入长三角区域一体化发展，发布《全球服务商出海专业服务手册》。全力做好第六届"进博会"服务保障和组织工作，静安交易分团意向采购订单金额再次列全市各区首位。

加快建设现代化产业体系。始终坚持以科技创新为引领、以服务经济为支撑、以各类企业为主体，持续优化产业结构、业态结构、动力结构，不断开辟发展新领域新赛道、塑造发展新动能新优势。实施科创动能增强计划，在全市率先召开科技创新大会，制定《静安区进一步增强科技创新动能三年行动方案（2023—2025）》，统筹推进实施六大专项行动。坚持在重点产业增效上精准发力，巩固放大商贸服务业、金融服务业、专业服务业的领先地位，积极抢占数据智能、文化创意、生命健康等产业前沿和未来领域。坚持把恢复和扩大消费摆在优先位置，深化上海国际消费中心城市示范区建设，率先发布并全面落实《静安区关于进一步优化消费环境的实施方案》，启动南京西路"千亿商圈"建设三年行动计划，大力发展首发经济、品牌经济、夜间经济、露台经济，精心办好五五购物节、享"耀"消费季等主题促消费活动。落实"两个毫不动摇"，持续深化国资国企改革，启动实施百企成长计划，积极营造国企敢干、民企敢闯、外企敢投的环境，充分激发各类市场主体活力。加强高层次人才引育，支持海外人才来静安工作和创新创业。扎实推进"亿元楼培育计划"，加大重点楼宇运营监测力度，预计全年亿元楼数量可达88幢，其中月亿楼10幢、百亿楼1幢。

积极拓展城区发展新空间。着眼提升城区功能和经济密度，聚焦四大功能区，加快重点区域开发，推进城市有机更新，着力优化空间布局，为经济高质量发展提供有力支撑。全力加快重大项目建设，南京西路永源浜4号地块等项目实现开工，江宁路54A地块等项目实现竣工，全年预计开、竣工面积分别为103.6万平方米和101.2万平方米。完善区级审批审查中心运行机制，巩固和拓展桩基施工先行、分期验收、公用市政配套接入一站式服务等举措，重大工程增速取得新成效。持续用力推动土地亩产增长，创新商务楼宇更新、低效园区转型、产业用地盘活路径，城市航站楼、四季酒店等楼宇更新项目扎实推进，74个产业园区全部制定"一园一方案"并明确责任单位，全年启动飞乐地块等5幅工业用地转型升级，成功入选全国首批"自然资源节约集约示范县（市）"。聚焦重点区域、重点项目，深化城市更新规划研究，市区联动开展东斯文里地区规划设计，在全市率先试点推进整单元片区"三师联创"机制，完成城市设计工作方案编制，把城市更新"综合成本平衡、区域发展平衡、近远衔接平衡"落到实处。继续高标准推进张园地区综合性保护开发。

三、社会主义民主法治建设取得新进展

支持人大及其常委会开展工作、发挥作用。加强和改进对人大工作的领导，充分发挥人民代表大会制度在实现全过程人民民主中的重要制度载体作用，进一步提高制度化、规范化、程序化水平，推进全过程人民民主最佳实践地建设。支持区人大围绕"十四五"规划实施情况中期评估以及经济高质量发展、依法治区建设、提升城区环境品质、提升人民生活水平等方面，开展执法检查、专项监督、专题调研。着力建设具有静安特色的高水平的人大代表"家站点"，发挥窗口、平台、阵地作用。加强与市人大上下联动，专工委与人大街工委、镇人大协同互动，形成工作合力。加强代表履职能力建设，密切代表同人民群众的联系，发挥代表的主体作用。

支持政协加强专门协商机构建设。加强和改进对政协工作的领导，坚持发扬民主和增进团结相互贯通、建言资政和凝聚共识双向发力，不断提高新时代政协工作水平。落实协商式监督定位，聚焦"两旧"改造、优化营商环境等重点工作，深入开展专项民主监督和对口协商，更好发挥以协商促改进、以监督助落实的作用。围绕群众关切，广泛开展"协商议事厅"活动，推动政协协商与基层协商有效衔接，做好84名在沪全国政协委员、市政协委员参加静安区"践行全过程人民民主"政协委员工作站履职工作。加强政协专门委员会和界别工作室建设，支持各界别发挥特色优势，积极拓宽履职渠道。加强政协委员履职培训，帮助委员切实提高"四种能力"。

做好新时代统一战线工作。深入贯彻落实《中国共产党统一战线工作条例》，不断完善大统战工作格局。加强统战宣传思想文化工作，建成"统战源·上海静安统战文化中心"。支持统一战线各领域组织开展"凝心铸魂强根基、团结奋进新征程"主题教育，进一步夯实团结奋斗的共同思想政治基础。落实政党协商安排，委托各民主党派区委、区工商联、无党派人士围绕加强基层治理体系建设、推动科创动能增强、培育发展本土优质企业等开展专项民主监督。做好无党派人士、党外知识分子和新的社会阶层人士统战工作，加强党外代表人士队伍建设。召开区促进民营经济高质量发展大会，为民营经济营造良好发展环境，更好促进"两个健康"。巩固和谐稳定民族宗教关系，完成中央民族工作检查和宗教工作督查。深入开展港澳台、海外统战和侨务工作，完成静安海联会、静安香港联会、区中华职业教育社换届。

深入推进全面依法治区。深入学习贯彻习近平法治思想，努力建设更高水平的法治静安，不断提高各方面工作法治化水平。制定落实关于进一步加强党政主要负责人述法工作的实施办法，实现区管党政主要负责人书面述法、专题述法全覆盖，推动法治建设责任制有效落实。完善党政机关法律顾问工作制度，积极推进严格规范公正文明执法，健全行政争议法治化解决机制，不断巩固全国法治政府建设示范区创建成果。规范司法权力运行，促进司法公正、司法为民。完善基层法治观察机制，开展法治建设示范街镇创建。优化调整"谁执法谁普法"责任清单，加大全民普法力度，完成"八五"普法中期评估。对接上海国际法律服务中心建设，积极推动法律服务行业高质量发展。

四、国际文化大都市核心区建设展现新成效

巩固壮大奋进新时代的主流思想舆论。深入学习贯彻习近平文化思想，召开宣传思想文化工作会议，持续推进文化自信自强，为静安发展凝聚强大精神力量。压紧压实意识形态工作责任制，强化各类意识形态阵地动态管理，加强重点区域、重点领域意识形态风险排查，坚决守牢意识形态安全底线。建立区网络协同治理联动机制，挂牌成立区级互联网违法和不良信息举报中心，开展网络清朗专项活动，维护良好网络传播秩序。加强舆情预警监测，强化舆情分级分类和闭环管理。建立健全关键信息基础设施网络安全监测预警制度，探索开展网络安全执法，组织实施"护航数字经济，筑牢安全防线"一体化、常态化宣贯活动。加强互联网企业党建，发挥好政治引领作用。深化区融媒体中心建设，聚焦重大主题、重要节点，深度策划组织宣传报道和新闻发布，用心讲好静安故事，生动展现静安形象，"航拍静安2023""Hi静安"等外宣作品获第十七届"银鸽奖"8项荣誉。

着力培育和践行社会主义核心价值观。深入实施党的诞生地红色文化传承弘扬工程，完善区级红色资源保护利用工作联席会议机制，优化塑造"党章诞生地""辅德里"等静安红色文化品牌，中共中央秘书处机关旧址纪念馆正式建成开馆。深化全国文明城区创建复评工作，不断完善常态长效工作机制，着力营造同创共建浓厚氛围，推动市民文明素质和城区文明程度进一步提升。紧密结合弘扬上海城市精神品格，全面推进新时代文明实践工作，实现居村新时代文明实践站全覆盖，推动文明实践品牌进企业、进校园、进社区。启动区新时代文明实践专项基金并发布优秀项目扶持计划，深入推动志愿服务创新发展。加强新时代公民道德建设，广泛开展市民修身行动，大力选树、宣传各类先进典型，积极倡导向上向善的社会风尚。

推动文化事业和文化产业繁荣发展。制定实施《静安区公共文化惠民工程三年行动计划（2023—2025）》，深入开展"十百千万"文化配送工程，完善静安文旅智慧服务平台功能，培育打造"社会大美育课堂"，更好满足市民群众文化生活新期待。完善公共文化服务设施布局，巨富国潮文化馆启动开工建设，静安区图书馆（天目路馆）扩建等项目有序推进。加强重点历史建筑保护利用，推进"建筑可阅读"示范区建设，设计苏河湾全域文旅地图。持续深化"国家文化和旅游消费试点城市"建设，成功举办首届静安国际光影节、2023上海·静安现代戏剧谷、第七届中国·上海静安国际雕塑展、"浓情静安·爵士春天"音乐节、"奔流计划–两河对话"启动仪式及上海论坛等重大文旅品牌活动。推动影视、电竞等产业能级提升，中国电竞产业研究院揭牌落地静安。

五、人民生活品质持续改善

落实落细民生实事项目。践行人民城市重要理念，聚焦"旧、老、小、难"等民生方面的突出问题，制定实施新一轮民心工程三年行动计划，打造具有静安特色的民心工程体系。大力推进"两旧"改造，预计全年完成10幅零星地块旧改和2个项目旧住房成套改造，其中蕃瓜弄小区拆除重建项目提前完成100%签约、100%搬场，提前2个月实现开工，创造了从签约到搬场、从搬场到开工"两个全市最快"，并被收录进"2023年世界城市日城市建设和发展案例展"。持续用力推进既有多层住宅加装电梯，预计全年开工500台、完工335台。深刻吸取常德路519弄加装电梯工程质量问题教训，全覆盖排查整治安全隐患，完善全流程监管机制，探索长效化运维服务管理模式。推进"美丽家园"建设，持续拓展内涵、提升品质，小区电动自行车充电设施实现"应建尽建"。完成区级养老服务设施布局专项规划（2022—2035）编制，有序推进静安老年健康中心、彭一小区养老院等项目建设，着力提升社区嵌入式养老服务能级，在全区推广"五床联动"整合性照护服务模式。持续增加普惠性托育服务资源供给，实现社区托育"宝宝屋"街镇全覆盖。不断丰富"三段式"课后服务内涵，办好小学生"爱心暑托班"。

织密织牢社会保障网络。深化就业创业服务，支持应届高校毕业生等重点群体就业，鼓励企业吸纳就业，促进创业带动就业。加大根治欠薪工作力度，持续构建和谐劳动关系。进一步健全社会救助体系，深化推进"政策找人"工作，有效落实各项救助政策。强化医保基金监管，深化长护险服务。推动慈善帮扶与政府救助有序衔接，开展"上海慈善周""蓝天下的至爱"等系列主题活动。团结引导广大职工群众建功立业，全面推进青年发展型城区建设试点，努力营造妇女儿童友好发展环境。完成区残联、区红十字会换届。开展新一轮全国双拥模范城创建，做好双拥和退役军人服务保障工作。坚持"房住不炒"定位，促进区域房地产市场平稳健康，超额完成保障房筹措供应。落实粮食安全责任制，持续推进粮食应急供应网络及社会储备体系建设，不断巩固提高粮食安全保障能力。

做优做强公共服务供给。全面推进"15分钟社区生活圈"建设，建立区、街镇两级议事例会制度，编制街镇"一张蓝图"，落实"十大专项行动"。坚持五育并举，深化区域德育一体化实践，加强中小学生心理健康教育。深化教育综合改革，加强紧密型学区集团创建，推进小学教育内涵发展，启动新一轮公办初中"强校工程"，推进高中分类协同特色多样发展。加强校外培训机构监管，促进各类教育融合发展。积极开展紧密合作医疗联合体试点，做实做强区域医疗中心，推进新一轮社区卫生服务中心标准化建设。优化"健康静安"平台功能，持续推进"便捷就医"数字化转型。加强公共卫生体系建设，完成居委会下属公共卫生委员会设置，区疾控中心新实验室大楼投入使用。成功创建全国科普示范区，群众科学素养持续提升。增强全民健身公共服务供给，提升体育场馆服务水平，办好2023国际剑联花剑大奖赛等体育赛事。

六、城区治理现代化水平稳步提升

深化治理数字化转型。全面落实首席数据官制度，加强政务云平台建设管理，有序推进区块链基础设施服务平台建设，加快推动公共数据上链，做好网络数据安全工作。深化高效办成"一件事"改革，优化完善"一网通办"静安频道，强化"随申办"静安旗舰店服务供给，持续拓展以"随申码"为载体的数字场景应用，推动政务服务办事过程更智慧、更便捷。聚焦高效处置"一件事"，加强城市运行"一网统管"4.0平台建设，持续完善城市运行生命体征指标体系，加快各类特色应用场景的开发上线，区城运中心新建指挥大厅正式投入运行。以群众满意为标准，优化"12345"市民热线工作机制，推动工单办理提质增效。

持续提升区域环境质量。有序实施区生态环保"十四五"规划、第八轮环保三年行动计划及专项行动计划，深化落实长江经济带生态环境警示片和市生态环境警示片突出问题整改。深入打好污染防治攻坚战，建立固定污染源全域纳管体系，推进排污许可一证式管理。贯彻落实河湖长制，稳步推进彭浦西初雨调蓄池等控污重大项目建设，加强雨污混接综合治理，制定落实海绵城市建设三年行动计划。全面开展"无废城市"建设，推进可回收物精细化分类工作，推广装修垃圾收运新模式。积极稳妥落实碳达峰碳中和工作，促进重点行业、重点领域节能降碳，开展低碳示范社区创建。以林长制为牵引，优化完善区域绿色生态网络，推动辞书出版社等单位附属绿地和三泉公园开墙透绿。深化"美丽街区"建设，持续开展街区景观综合整治，创建3条高标准保洁道路（区域），完成"一河两高架"景观照明提升工程，积极打造苏河湾精细化管理滨水示范区。提前完成架空线入地和合杆整治年度任务。深化城管执法体制改革。

加快形成党建引领共建共治共享基层治理格局。持续完善党建网格工作架构和运行机制，系统发布五大"静邻行动"。创新打造以"美好社区、先锋行动"为引领的基层治理"十百千"项目矩阵，成立静安区党建智库，推动理论和实践融合创新。持续深化区域化党建"共同行动"工作品牌，成立苏河湾功能区党建联盟、张园城市更新党建联盟，进一步推动各区域单位多元协同、跨界联动。聚焦"巨富长""延武胶"等特色街区,探索打造"理念融合、平台融建、资源融聚、力量融通、数据融汇"的"五融共治"街区治理新模式。全面落实"四减"任务,修订居民区组织考核评价工作方案,完成居村组织挂牌清理,深化全要素社区治理智能平台建设,严格实施下沉社区事务准入管理,一体推进为居村组织减负增能。抓牢居民区党组织书记队伍这个关键,深入推进新时代好班长"领跑工程",持续开展基层治理队伍大培训。

全力保障城区安全稳定。全面践行总体国家安全观,健全各重点领域国家安全工作协调机制,推动各方面履职尽责、协调联动,形成权责一致、齐抓共管的良好局面。修订安全生产、消防、灾害防治综合考核评价体系,开展重大事故隐患专项排查整治2023行动,推动区级重大事故隐患挂牌督办。压实灾害防治责任,开展应急避难场所建设,提升应急物资保障水平,推进全国综合减灾示范社区、上海市安全发展和综合减灾示范社区创建,初步完成第一次自然灾害综合风险普查。坚持和发展新时代"枫桥经验",积极探索矛盾纠纷多元排查调处新模式,组建一站式法治服务中心。开展信访问题源头治理三年攻坚行动,持续深化人民建议征集工作。全力推进更高质量的平安静安建设,开展常态化扫黑除恶工作,成功创建"全国市域社会治理现代化试点合格城市"。落实习近平强军思想,压实党管武装政治责任。在全市率先完成国防动员体制改革阶段性任务,强化国防动员准备和后备力量建设,加强全民国防教育。

七、党的建设质量不断提高

严肃认真做好配合市委巡视和整改落实工作。深入学习贯彻习近平总书记关于巡视工作重要论述,充分认识巡视"政治体检"的重大意义,从讲政治的高度全力配合市委巡视静安和提级巡视区纪委监委工作。将抓好巡视整改作为深化全面从严治党的重要抓手和推动静安各项事业发展的重要契机,切实履行巡视整改主体责任,不断推进以巡促改、以巡促建、以巡促治。成立由区委主要领导任组长的巡视整改工作领导小组,研究制定《区委巡视整改落实方案》,梳理确定30个整改事项,结合市委第二轮巡视发现的17个共性问题,分别建立问题清单、任务清单、责任清单。对照市委巡视整改各项要求,倒排时间节点,抓实进度管理,加快推动巡视反馈问题逐项挂账销号。深入挖掘问题背后的制度性因素,认真查补机制建设和制度执行中的漏洞,推动各项工作制度化、规范化,进一步提升整改成效。

持续提升基层党建整体效能。拧紧压实党建责任链条,向纵深推进党建品牌工程,一体化打造"静邻"系列党建品牌集群。深化楼宇党建"治立方"多元善治体系,不断增强政治引领功能,推动"有形覆盖"基础上的"有效覆盖",更好赋能楼宇治理、促进楼宇发展。完成80个楼宇(园区)"楼务会"建设,在全市率先出台人财物保障20条举措,构建"区-街镇-楼宇"三级服务网络和两级责任制,推动"楼务会"进一步转起来、强起来。全面提升党群服务阵地体系功能,打造上海最高的党群服务阵地——苏河湾党群服务中心,构建"静邻一家·苏河荟"党群服务阵地体系,创新开展"悦享"静邻、便民集市等活动,精准对接基层群众多样化、个性化需求。统筹推进机关、企事业单位各领域基层党建,持续擦亮"先静者""菁资汇"等党建品牌。深化区级机关"党员先锋行动"与"双结对""双报告"等工作,模范机关建设进一步加强。

着力锻造高素质干部人才队伍。树牢选人用人正确导向,坚持把政治标准放在首位,持续加强区管领导班子调整配备,不断优化干部队伍年龄专业结构。着力加强年轻干部选拔培养,持续优化调整"三个一百"优秀年轻干部数据库,启动"交流使用一批、交叉培养一批、培训提升一批"工作,帮助年轻干部拓展视野、增强本领、健康成长。持续加强干部监督管理,严格落实新修订的《领导干部报告个人有关事项规定》,开展选人用人专项检查,从严做好领导干部社团兼职审批、个人有关事项查核、因私证照管理和出国(境)审批相关工作。整体推进公务员队伍建设,分批分类开展公务员培训,稳步推进公务员管理"一件事"改革。用心用情做好老干部工作,进一步提升精准服务水平。做好援外干部选派和外省市干部来沪挂职等工作,完成援疆、援三峡库区、雄安新区挂职、崇明薄弱村驻村指导员干部人才选派。加快推进高水平人才集聚区建设,举办区人才工作会议暨优秀人才表彰大会,深入实施"静英"人才行动计划,持续营造人才发展良好生态环境。

坚定不移深化正风肃纪反腐。深化细化全面从严治党"四责协同"机制,推动管党治党政治责任一体落实、贯通协同。始终保持惩治腐败高压态势,持续聚焦国资国企领域巩固拓展系统施治成果,深入推进粮食购销领域腐败问题专项整治。综合运用监督执纪"四种形态",深化标本兼治,一体推进不敢腐、不能腐、不想腐。持之以恒落实中央八项规定精神,聚焦群众关切和不正之风、腐败问题易发环节,深入开展专项治理,不断健全作风建设长效机制。着力推动"四项监督"贯通融合,深化"小切口"监督模式,围绕重点问题开展专项监督调研,全面提升监督实效。持续深化政治巡察,研究制定《关于深化"四方联动"工作机制进一步加强巡察整改和成果运用的意见》,完成二届区委第三、四轮16家单位党组织的常规巡察,压茬推进第五轮7家单位党组织的常规巡察和"回头看"。推动警示教育制度化常态化,深入开展党风廉政教育月活动,有序推进新时代廉洁文化建设,持续巩固风清气正的良好政治生态。推进纪检监察干部队伍教育整顿,着力打造忠诚干净担当的纪检监察铁军。

区委常委会高度重视自身建设,始终把忠诚拥护"两个确立"、坚决做到"两个维护"作为最高政治原则和根本政治规矩,不断提高政治判断力、政治领悟力、政治执行力。坚决贯彻民主集中制,严格执行《区委工作规则》等各项议事规则、决策程序。坚持集体学习制度,大兴调查研究之风。坚持以身作则、率先垂范,严格遵守廉洁自律各项规定,自觉接受各方面监督。

一年来,静安发展的成绩来之不易,是党中央、市委坚强领导的结果,是全区上下凝心聚力、共同奋斗的结果,离不开各民主党派、人民团体和社会各界的帮助支持,同时也凝聚了各位区委委员、候补委员的智慧和辛劳。借此机会,对大家给予区委常委会工作的支持表示衷心的感谢!请同志们对区委常委会工作提出意见建议。

政府工作报告

——2024年1月17日在静安区第二届人民代表大会第四次会议上

静安区区长 王华

各位代表：

现在，我代表静安区人民政府，向大会作政府工作报告，请予审议。请各位政协委员和其他列席人员提出意见。

一、2023年工作回顾

2023年是贯彻党的二十大精神的开局之年，是全面建设社会主义现代化国家开局起步的重要一年，也是实施"十四五"规划承上启下的关键一年。一年来，区政府坚持以习近平新时代中国特色社会主义思想为指导，全面贯彻落实党的二十大和二十届二中全会精神，紧密结合学习贯彻习近平新时代中国特色社会主义思想主题教育和大兴调查研究工作部署，在市委、市政府和区委的坚强领导下，在区人大、区政协的监督支持下，紧紧围绕"四范目标"，大力实施"七增计划"，全面推进"五大工程"，圆满完成年度各项目标任务。

一年来，我们主要做了以下工作：

（一）经济运行稳中有进，彰显韧性活力

经济指标持续向好。区域经济呈现恢复增长、回升向好态势。全年实现地区生产总值2846.03亿元，同比增长7.0%。实现税收总收入847.50亿元，同比增长7.05%。实现区级一般公共预算收入287.80亿元，同比增长3%，总量位列中心城区第一。重点产业持续增效，六大产业实现税收675.33亿元，同比增长5.7%。全力推进招商引资增质，全年引进税收千万级以上项目156个，同比增长39%。200幢重点楼宇实现税收622.08亿元，亿元楼新增6幢，达到88幢，其中月亿楼9幢、百亿楼1幢。

消费市场恢复有力。坚持把恢复和扩大消费摆在优先位置，在全市率先发布优化消费环境的实施方案，获评全市首个"国际消费中心城市数字化示范区"。精心组织"五五购物节"、2023静安国际光影节等活动，促进商旅文体深度融合，持续激发消费活力。深化"全球新品首发地示范区"建设，全年引进各类品牌首店236家。加强本土商贸品牌培育，打造巨富长本土品牌集聚街区。以茂名北路限时步行街、安义夜巷为重点，推动后街经济、夜间经济融合发展。全年实现社会消费品零售总额1707.89亿元，同比增长15.3%，总量位列中心城区第一；实现商品销售总额10963.56亿元，同比增长5.4%，增幅位列全市第一。

投资建设势头强劲。全面推行桩基施工先行、水电气网联合报装等工程审批改革措施，助力重大工程增速。全年完成全社会固定资产投资总额427.67亿元，创"撤二建一"以来新高，同比增长20.9%。洪南山宅240街坊、工人文化宫北宫等10个项目实现开工，川宝基地、市北云盟汇等8个项目实现竣工，全年开工面积103.6万平方米、竣工面积101.2万平方米。南北通道二期北段（中山北路—芷江西路）等3条区内道路完成建设。持续推动土地亩产增长，启动永和路390号、共和新路3200号等5幅工业用地转型升级，在石门二路-01更新单元（斯文里地区）率先开展整单元片区责任规划师、责任

建筑师、责任评估师"三师联创"试点,入选全国首批"自然资源节约集约示范县(市)"。完善产业园区能级提升工作机制,一园一策促进园区提质增效。

外资外贸稳定发展。总部经济持续增能,亚太运营总部计划深入实施,全年新增跨国公司地区总部12家。发布《静安区推动对外贸易高质量发展的实施意见》及配套政策,力促外贸稳规模、优结构,为企业开拓国际市场、提升经营管理水平提供便利和支持。举办外资合作伙伴服务季圆桌会系列活动,强化常态化政企沟通机制,增强外资企业投资信心。全年实现外贸进出口总额561.02亿元,同比增长7.8%;外商直接投资实到金额12.14亿美元,同比增长43.3%。涉外经济规模和占比保持中心城区第一。积极承接进口博览会溢出效应,静安参展企业数量达历届之最,意向采购订单金额位列全市各区首位。

(二)城区功能显著提升,彰显特色优势

功能区建设迈上新台阶。南京西路地区启动"千亿商圈"建设,高标准推进张园西区运营、东区开发,有序实施城市航站楼、阿波罗大厦等楼宇更新改造,持续塑造城市更新与品质消费的世界级标杆。苏河湾地区全力打造世界级滨水区,加快推动功能形态双升级,人力资源服务产业园获评市服务业创新发展示范区,"奔流计划—两河对话"首季活动、"全球财富管理论坛·2023上海苏河湾大会"等活动广受关注,"艺术苏河"品牌建设全面开启。大宁地区文创科创发展格局基本形成,集成电路、数字安全、智慧健康等科创产业发展势头强劲,影视创制、电竞赛事等集聚势能持续壮大。市北地区国际科创社区功能初显,依托国家区块链创新应用综合试点、上海市数字化转型示范区、可信数据经济试验区等平台建设,深化云数智链、硬核科技产业布局,数智创新浓度持续提升。

科技创新积蓄新动能。实施增强科技创新动能三年行动,出台区级科技创新政策,加快引育高水平创新型企业,全区新增创新型总部1家,高新技术企业达540家、上海市科技小巨人企业达111家、专精特新企业达160家,新增发明专利授权918件,成功入选上海市首批科技服务业发展示范区。启动实施"百企成长计划",发布《静安区关于加大力度培育本土优质企业的行动方案(2023—2025年)》,构建企业动态遴选机制和全生命周期培育体系,"一企一策"支持企业做大做强。深化科技创新载体培育,落实张江静安园"一园一方案",布局建设8家大企业开放创新加速器,积极构建企业融通创新生态。

扩大开放实现新突破。深化实施全球服务商计划,发布新一轮若干意见,全球服务商名录机构达92家。推动全球服务商赋能长三角一体化发展,促成与长三角四市的交流合作项目落地。编制全球服务商出海专业服务手册,制定专业服务业专项政策,支持专业机构助力企业科技创新和跨境出海。创建全市首个"优质产品进口示范区",加大AEO高级认证企业培育力度,推行进口服装检验采信等贸易便利化举措。积极参与上海国家服务贸易创新发展示范区创建,打造"专业服务贸易集聚区",推出人力资源服务贸易出口专项行动,培育跨境数字贸易企业。

营商环境建设取得新成效。落实市优化营商环境6.0版行动方案,全力实施六大"赋能行动",系统推进服务效能增优,年度营商环境评价位于全市前列。拓展"一业一证"改革覆盖面,制发15个业态2402张行业综合许可证。创新实施"区长每周帮办日"制度。新设"办不成事"反映窗口,各政务服务窗口好评率达99.98%。加强惠企政策高效直达,依托企业专属网页完成351项政策精准推送、285项个性化主动提醒,建立重点企业"服务包"制度,切实帮助企业解决实际困难。深化国资国企改革,区管企业全面推行经理层成员任期制契约化管理。完善支持民营经济发展的政策措施，扎实推进市北高新民营企业总部集聚区建设，新增民营企业总部3家，累计达26家。不折不扣落实减税降费及退税缓费等各类惠企政策，加大中小微企业融资担保力度，着力提振市场主体信心。

（三）城市治理精细高效，彰显魅力品质

数字治理全面推进。完善"一网通办"静安频道，已接入849项行政许可事项，"市民云"访问量位列全市第一，新增轻微失信信用修复、老年人健康服务等"一件事"，长三角跨省通办受理事项达40项。推进城市运行"一网统管"4.0版建设，健全平急融合运行机制，城运指挥大厅新址投入运行。完善城市运行生命体征感知网络，丰富城运主题数据库，新建、接入智慧园区、数字交通、智慧菜场等应用场景12个。拓展"随申码"应用，在全市率先试点市政消火栓、街头座椅和废物箱等城市部件赋码。优化"12345"市民服务热线工单处置机制，加大疑难工单协商化解力度，不断提高实际解决率和市民满意度。

市容环境品质持续优化。完成南京西路后街景观商业区、苏河秀带景观区等6个市级"美丽街区"创建，光复路（长寿路桥—普济路）创成绿化特色道路。完成17条道路大中修、积水改善和10.44公里架空线入地工程。苏州河两岸公共空间品质持续优化，7个桥下空间全部完成提升亮化改建。优化绿色生态布局，建成各类绿地8.31万平方米、立体绿化2.52万平方米、绿道2.04公里，三泉公园、广场公园（静安段）完成改造、对外开放，新增3座口袋公园，打造可亲近、可休憩的城市公共空间。提升垃圾分类实效，推广可回收物精细化分类、装修垃圾不落地收运新模式，湿垃圾日均处置量达471吨。扎实推进无违建示范街镇、"零违建"居村创建。严格落实河湖长制、林长制，巩固提升河湖水质，加强林绿资源保护。推进"无废城市"建设，统筹做好大气、水、土壤等污染防治。加大低碳示范创建力度，超额完成既有公共建筑节能改造任务。

基层治理体系日益夯实。打造"静邻帮办"品牌，在全市率先试点个人政务远程虚拟窗口服务模式，可办个人事项达183项。深化基层减负增能，持续减证明、减挂牌、减系统、减报表，依托全要素社区治理智能平台，推动基层数据高效集成、共享使用和安全管理。加强居委会标准化建设，推进五大专业委员会实体化、项目化运作，强化"全岗通"服务模式。健全实有人口管理工作机制，实有人口信息准确率居全市前列。创新"静邻物业"党建品牌，住宅小区综合治理水平继续领跑全市。加强社会组织规范管理，增强社会组织服务能力。

城区运行安全有序。扎实推进重大事故隐患专项排查整治2023行动，聚焦建筑施工、消防、燃气、自建房、高空坠物、特种设备等重点行业领域，全力防范化解各类安全生产事故隐患，对重大事故隐患实施挂牌督办。完成25幢高层住宅消防基础设施改造，80个住宅小区电动自行车充电设施提升改造工程，为7385名高龄独居老人加装燃气报警器。夯实基层应急资源要素保障，实施63处公用民防工程综合治理及养护。加强社会治安整体防控，坚决防范和依法打击各类违法犯罪活动。完善多元矛盾纠纷排查化解机制，强化派出所、司法所、律师事务所"三所联动"。建立区法治服务中心，成为全市首个区级层面"一站式"矛盾调处平台。

（四）民生福祉持续增进，彰显力度温度

群众居住条件切实改善。扎实推进二级旧里以下零星地块改造，启动青云路宝昌路、芷江西路238街坊等10幅地块征收，完成南京西路愚园路、万航渡路284弄等9幅地块收尾，惠及居民3229户。有序实施旧住房成套改造，全市体量最大的小梁薄板小区蕃瓜弄拆除重建项目提前实现100%签约、100%搬场并开工建设，被收录进"2023年世界城市日城市建设和发展案例展"。稳步推进"美丽家园"建设，完成旧住房修缮改造80万平方米。既有多层住宅加装电梯开工500台、完工335台，完工量在全市"三连冠"。加强住房保障，超额完成保障性租赁住房筹措、供应任务，新增新时代城市建设者管理者之家床位565张。

为老服务水平稳步提升。优化养老服务设施布局，华兴新城养老院、久合科技园养老院改建项目实现竣工。全年新增475张养老床位、2家社区长者食堂、4个家门口养老服务站、2个长者运动健康之家，改建105张认知障碍照护床位。在全国首创"五床联动"居家和社区整合性照护服务模式，并在街镇全覆盖推广，实现老年人有序分级诊疗、康复和养老的医养康护闭环，全区住养老人签约率达92.26%。老年人居家环境适老化改造户数连续3年位列中心城区第一，为老服务一键通累计服务1.12万人。实施"老伙伴"计划、"乐龄有伴"项目，织密独居老人关爱网。发布《静安区老年人跨越"数字鸿沟"标准指南（2.0版）》，开展274场老年数字教育进社区专项行动。在全市率先实现长护险服务全流程"AI+监管"。

社会保障能力不断加强。强化就业保障，分类提供精准服务，全年新增就业岗位34368个，帮助长期失业青年就业901人，登记失业人数控制在市政府下达目标内。全年实施低保救助和临时救助12.25万人次，救助金额1.59亿元，医疗救助10.17万人次，救助金额4069.76万元。完成450户残疾人家庭无障碍改造、200条老旧小区无障碍坡道改造。优化调整2家白领午餐网点单位，完成3家菜市场标准化建设。做好退役军人服务保障和拥军优属工作，争创全国双拥模范城。

各项社会事业协调发展。全面启动街镇"15分钟社区生活圈"规划蓝图编制工作。增加普惠性托育服务资源供给，托幼一体园所比例达72.4%，社区托育"宝宝屋"实现街镇全覆盖。加强中小学教育质量建设，丰富"三段式"课后服务内容，提升学生综合素养。成功创建"全国科普示范区"。完善公共卫生体系，深化医联体合作，推进公立医疗机构高质量发展，开展新一轮社区卫生服务中心标准化建设，区疾控中心新实验室大楼、区中医医院平型关路新院区投入使用。深入开展"十百千万"文化配送工程，惠及市民215万人次。推进国家文化和旅游消费试点城市建设，举办中国·上海静安国际雕塑展、上海·静安现代戏剧谷、"浓情静安·爵士春天"音乐节等品牌活动，推出苏河湾全域文旅地图及38条特色水岸探秘微旅行线路，为市民带来丰富的文化艺术体验。优化体育设施布局，新建、翻建10条健身步道，新建2个社区市民健身中心、3个市民健身驿站、20处益智健身苑点，静安体育公益配送服务市民11.95万人次，区属体育场馆向市民公益开放19.62万人次。成功举办2023国际剑联花剑大奖赛、上海赛艇公开赛、上海电竞大师赛等赛事。国防动员、对口支援、妇女、未成年人、青年、民族、宗教、对台、侨务、外事等工作稳步开展。

（五）政府建设走深走实，彰显担当作为

始终站稳政治立场。深入学习贯彻习近平新时代中国特色社会主义思想和党的二十大精神，深刻领会习近平总书记考察上海重要讲话精神和对上海工作的重要指示，不断提高运用党的创新理论解决问题、推动工作的能力水平。扎实开展学习贯彻习近平新时代中国特色社会主义思想主题教育，深入大兴调查研究，坚定捍卫"两个确立"，切实增强"四个意识"、坚定"四个自信"、做到"两个维护"，始终在思想上政治上行动上同以习近平同志为核心的党中央保持高度一致，永葆对党忠诚的政治本色。

依法行政扎实推进。深入学习贯彻习近平法治思想，全力巩固全国法治政府建设示范区创建成果，开展基层法治建设示范创建。深化行政复议体制改革，强化行政执法监督机制和能力建设，做好行政机关负责人出庭应诉工作。完成"八五"普法中期评估。有序推进静安区第五次全国经济普查工作。依法接受区人大及其常委会的监督,自觉接受区政协的民主监督,高质量完成区人大代表建议和区政协提案办理工作,人大代表建议解决率达83.5%,政协提案予以解决或采纳的达97.9%。

作风建设持续加强。深化细化全面从严治党"四责协同"机制,持续推进党风廉政建设和反腐败斗争,驰而不息纠"四风"树新风。坚持政府过紧日子,优化财政支出结构,进一步压减非刚性、非重点支出项目,降低行政运行成本。强化审计监督,加大对重大政策落实、财政资金使用、重点民生项目等领域的审计力度。启动区一体化协同办公平台建设,切实提高行政效率。

各位代表,回望过去的一年,每一份成绩、每一点进步,都是习近平新时代中国特色社会主义思想科学指引的结果,是市委、市政府和区委领导下全区人民共同拼搏、实干、奋斗的结果。在此,我代表静安区人民政府,向在各个岗位上辛勤工作的全区人民,向给予政府工作大力支持的人大代表和政协委员,向市属各部门和有关单位、各民主党派、各人民团体、驻区部队和社会各界人士,向所有关心、支持、帮助和参与静安建设发展的同志们、朋友们,致以最崇高的敬意和最诚挚的感谢!

2023年是"十四五"规划的中期评估年。区政府系统总结两年多来区域经济社会发展阶段性成效,深入谋划"十四五"后半程发展的思路举措,并已经向区人大常委会作报告。从评估结果来看,静安经济社会保持较好发展势头,服务功能持续进阶,经济实力不断增强、城区治理更加高效、文化内涵不断丰富、人民生活稳步改善。《纲要》确定的26项主要目标、82个重大项目基本实现"规划时间过半、完成任务过半"。与此同时,我们也清醒认识到,静安发展还面临诸多挑战。主要是:外部环境复杂严峻,全球经济复苏动力不足,区域经济增长持续承压,全面实现"十四五"规划各项目标需付出更大努力。新兴产业的支撑作用还需加强,发展新动能还不够强劲,改革开放的步子需要迈得更大。城市治理现代化水平有待进一步提高,民生保障和公共服务还存在短板,在满足市民群众多元化需求上还要下更大力气。政府服务管理效能需要进一步提升,政府作风建设必须持续深入推进。对此,我们一定高度重视、不畏艰难、攻坚突破,千方百计解决问题,尽心竭力改进工作,不辜负全区人民的殷切期待。

二、2024年主要任务

2024年是中华人民共和国成立75周年,是实现"十四五"规划目标任务的关键一年。做好今年工作意义重大。我们要以习近平新时代中国特色社会主义思想为指导,全面贯彻落实党的二十大和二十届二中全会以及中央经济工作会议精神,坚持以习近平总书记重要讲话精神为总遵循,作为全部工作的鲜明主题和贯穿始终的突出主线,认真落实十二届市委四次全会和二届区委八次全会决策部署,坚持稳中求进工作总基调,巩固和增强区域经济回升向好态势,持续推动经济实现质的有效提升和量的合理增长;坚持"以科技创新为引领,以改革开放为动力,以国家重大战略为牵引,以城市治理现代化为保障"总抓手,在服务上海"五个中心"建设和长三角一体化发展大局中构筑静安发展战略优势,加快建设卓越的现代化国际城区,奋力打造中国式现代化的城区样本,为上海加快建成具有世界影响力的社会主义现代化国际大都市、在推进中国式现代化中充分发挥龙头带动和示范引领作用贡献静安力量。

综合各方面因素,建议今年静安经济社会发展的主要预期目标是:地区生产总值增长5%;区级一般公共预算收入增长5%;实现社会消费品零售总额1700亿元;全社会固定资产投资总额增长10%;新增就业岗位、城镇登记失业人数均完成市下达目标。

今年重点做好以下六方面工作：

(一)牢牢把握高质量发展主题,增强综合经济实力

构筑更具优势的产业功能体系。坚持面向全球、面向未来,聚焦强化"四大功能",集聚更多具有全球运作能力和底层创新实力的高能级市场主体,不断提升静安产业发展的创新力、竞争力和影响力。深化国际消费中心城市示范区建设,进一步推动国内外知名高端品牌、本土新锐品牌、高成长性新零售品牌集聚发展,丰富高质量消费供给,打造多元消费新场景,做足商旅文体展联动文章。打造资产管理高地,支持国际知名机构、持牌金融机构拓展业务布局,促进金融服务赋能实体经济、助力科技创新。集聚专业服务业细分领域龙头企业,提升本土专业服务发展能级,支持专业机构平台化、数字化、组团式发展。大力发展影视创制、电竞游戏、演艺戏剧、创意设计等产业,推动文化产品和服务"走出去"。瞄准云数智链、工业互联网等领域,着力引育龙头创新企业和"隐形冠军""单项冠军",积极抢占数字经济、绿色低碳、元宇宙、智能终端等新赛道,前瞻布局量子计算、基因技术等未来产业,壮大一批拥有核心技术、掌握关键环节的创新企业集群,加快培育新质生产力。

构建更加协同的功能发展格局。持续优化四大功能区产业功能定位和空间布局,强化产业融合、区域联动,形成各具特色、优势互补、高效协同的"一盘棋"格局。南京西路功能区着力巩固高端商务商业引领力。全面推进"千亿商圈"建设,加快南京西路沿线功能迭代、空间优化、业态升级,高标准实施张园等城市更新项目,活跃茂名北路、巨富长等后街经济,打造一批高端商务、品质消费、文化传承相融合的新地标。苏河湾功能区着力提升世界级滨水区影响力。加快推动金融、商贸、科创等总部企业集聚,复合时尚消费、文化艺术、公共休闲等功能,实现滨水活力、人文魅力、创新动力相互促进、相得益彰。大宁功能区着力夯实科创文创双轮驱动力。建设高品质生态商务区,做强大宁数字化安全中心、"大宁创芯助推器"等平台功能,加速科创产业集群发展,提升数字文创产业量级。市北功能区着力锻造云数智链产业硬实力。构建"区块链+大数据"底层技术和数商生态体系,推动可信数据经济试验区重点项目落地,打造城市数字化转型标杆园区。加快国际科创社区建设,推动走马塘区域整体转型,提升宜业宜创环境品质。

营造更高标准的投资营商环境。对标世界银行营商环境评估指标,落实新一轮营商环境改革要求,持续推动服务效能增优。深入推进"一业一证"改革,推动更多涉及面广、办理量大、办理频率高的政务服务事项实现"一件事一次办"。深化重点企业"服务包"制度,落实"服务管家"经常性联系机制,推动政策精准直达、服务便利获取、诉求高效办理。深化国资国企改革,增强国企核心功能和竞争力,鼓励支持民营经济和民营企业发展壮大,做实做细中小企业服务与培育工作,激发各类经营主体内生动力和创新活力。深入推进上海市知识产权保护中心静安分中心建设,发挥"卫企"联盟等平台功能,强化知识产权全链条保护。推进综合监管"一件事"改革,深化包容审慎监管,营造公平竞争市场环境。

(二)坚定推进高水平开放创新,厚植区域发展动能

大力激发科技创新动力。围绕信息安全、新型算力等重点领域,强化自主基础软硬件的底层支撑能力。大力实施"百企成长计划",完善本土优质企业创新加速机制,推动创新型企业加快成长,细分领域领军企业加快集聚,全区高新技术企业达650家、上海市科技小巨人(含培育)企业达120家,新增专精特新企业20家。支持各类创新主体建设国家重点实验室、工程研究中心、企业技术中心等研发与转化功能型平台,鼓励龙头企业建立开放式创新加速器,强化高质量孵化器培育,完善"孵化器+加速器+产业园区+功能区"一体化创新载体链条。搭建各类创新主体与龙头企业、金融资本、专业机构的合作交流平台,强化人才、资金、知识产权等要素保障,营造近悦远来、充满活力的创新创业生态。

持续释放开放发展活力。全力推进全球服务商计划升级版,鼓励全球服务商深度嵌入长三角创新链产业链供应链,促进专业服务赋能科技创新和本土企业出海。构建全域布局、功能复合的总部经济体系,支持跨国公司地区总部增能挖潜,深化市北高新民营企业总部集聚区建设,加快引进一批央企、国企、民企新业务总部、功能性总部,全年新增跨国公司地区总部及其他类型总部20家。加快建设"专业服务贸易集聚区",培育壮大服务贸易、数字贸易新业态,主动探索服务业扩大开放。深化"优质产品进口示范区"建设,优化进口商品通关服务,持续提升贸易便利化水平。围绕数据确权、资产评估和安全保护等领域,探索数据交易流通机制创新。

积极挖掘产业空间潜力。深化产业空间高质量利用,以城市更新驱动发展空间扩容提质。有序实施恒隆广场三期、梅龙镇广场等楼宇更新项目,打造高端要素集聚的商务商业综合体。盘活存量空间资源,启动灵石路892号等3幅低效用地转型升级。实施邮电520等3个产业园区更新改造,促进园区提质增效。因地制宜推进工业上楼、打造智造空间,推动空间资源多维拓展、集约利用。

(三)紧扣城市治理现代化目标,提升建设治理水平

加快重大工程项目建设。强化重大项目协调推进、全程跟踪和帮办服务,提高审批审查效能,市北高中东、73街坊南块等项目实现开工,万荣消防站、95街坊C地块商办等项目实现竣工,全年完成开工、竣工各100万平方米。基本建成宝川路(宝昌路—宝源路),完成17条道路大中修、积水改善和架空线入地工程。加快建成全市首个垂直掘进地下智慧停车库项目,积极推动公共停车设施建设和停车资源错峰共享。

深化治理数字化转型。做优政务服务"一网通办",完善"随申办"静安旗舰店特色服务功能,拓展公共服务事项接入范围,丰富涉企亮数、授权代办、政策体检等服务场景,打响"静心帮办"服务品牌,提高政务服务的精准度、便利度。做强城市运行"一网统管",夯实平台枢纽功能,强化线上感知预警能力,完善线下跟踪处置机制,增强城市治理的整体性、协同性。提升"12345"市民服务热线办理工作质效,推动市民诉求及时响应、高效解决。

提高精细化管理水平。开展新一轮"美丽街区"建设,持续提升"一河两高架"及重点商圈景观灯光品质。全年建成各类绿地8.1万平方米、绿道2公里、立体绿化2.5万平方米,新增3座口袋公园,完成延富绿地等公园绿地改造,推动更多绿色空间开放共享。深化完善林长制,实现林长驿站(市民园艺中心)街镇全覆盖。加强垃圾分类精品示范居住区建设,扩大可回收物精细化分类试点,完成50座环卫公厕适老化适幼化改造。加快建设"无废城市",打好污染防治攻坚战,深化低碳示范创建,促进减污降碳协同发展。

守牢城区安全底线。压实安全生产责任,聚焦重点行业领域,着力提升重大事故隐患发现、防范和管控能力。深化区-街镇-居村三级应急管理体系建设,完善安全风险隐患排查治理长效机制。做好55处公用民防工程综合治理及养护。对40个住宅小区实施电动自行车充电设施提升改造,安装6000个电动自行车违规充电预警设备,为8000名独居老人安装单点式火灾探测报警器。完善社会治安防控体系,强化矛盾纠纷源头预防、多元化解,建设更高水平的平安静安。

加强和创新基层治理。深入推进基层减负增能,完善居村减负常态化监测机制。扩容"静邻帮办"事项，持续推进政务服务向社区延伸。创新实有人口信息采集方式，提升实有人口信息工作质效。迭代升级全要素社区治理智能平台功能，持续夯实数据底座，丰富应用场景。深化居委会标准化建设，加强社区工作者队伍规范管理和能力培养，鼓励多方力量参与社区治理。

（四）牢固树立人民城市理念，切实保障改善民生

提高群众居住品质。加快推进"两旧"改造，全年启动10个零星旧改地块和7个成套改造项目，按节点推进蕃瓜弄、彭一小区等项目建设。实施100万平方米"美丽家园"建设，做好屋面修缮及相关设施改造。开工建设既有多层住宅加装电梯200台，强化运维管理，保障用梯安全。完善住房保障体系，筹措保障性租赁住房3500套（间），供应新时代城市建设者管理者之家床位1000张。

强化就业服务和社会保障。落实落细就业优先政策，健全就业公共服务体系，加强高校毕业生、退役军人等重点群体就业创业服务，促进更高质量充分就业。全年提供500个（次）青年就业实习（见习）岗位，实现社区就业服务站点街镇全覆盖。完善社会救助体系，持续推进"桥计划"及服务类社会救助项目。为全区400户有需求且符合条件的残疾人家庭实施无障碍改造，为老旧小区改造100条无障碍坡道。加强退役军人基层服务站规范化建设，打造拥军优属特色品牌。开展示范性智慧化菜市场创建，完成2家菜市场标准化建设。优化完善早餐、白领午餐网点布局。打造"15分钟社区生活圈"示范性街镇，布局一批功能集成的一站式综合服务中心，让群众在"家门口"享受优质便捷的公共服务。

做深做实为老服务。加大养老床位供给力度，推进彭一小区养老院等项目建设，改建认知障碍照护床位150张，新增社区综合为老服务中心1个、社区长者食堂2家、老年人日间照护中心1个，完成老年人居家环境适老化改造300户。深化"五床联动"服务模式，打造多元化、定制化医养融合项目，推广普惠型家庭照护床位服务，探索在养老机构设立住院型站点。新增2家智慧养老院，推广智慧养老应用场景，扩大为老服务一键通项目服务范围。深化认知障碍友好社区建设，持续提升社区嵌入式养老服务能级。拓展长护险服务数据应用场景，提供多样化的养老延伸服务。

（五）坚持以优质供给服务人民，繁荣发展社会事业

办好人民满意的教育。深化教育综合改革，提高集团化办学覆盖率。加强立德树人，落实"三全育人"高标准实践项目建设。创建"全国学前教育普及普惠区"，建成15个科学育儿指导站。完善小学活力指标测评机制，开展新一轮公办初中强校工程，推进高中分类协同发展。实施"名师优课进万家"工程，建设家校共育平台。打造民办教育、职业教育创新特色，推进融合教育试点项目，提升教师综合素养和实践能力。持续优化教育资源布局，推进苏河湾地区完全中学新建工程等项目建设。

提升城区文化软实力。传承弘扬红色文化，推动中共一大、二大、四大纪念馆联动联建联育，启动中共淞浦特委机关旧址陈列馆修缮工程。优化公共文化设施布局，推进巨富国潮文化馆、区图书馆（天目路馆）扩建等项目建设。深入实施文化惠民工程，加大公益电影配送力度，新增5个"社会大美育"课堂，推出5000场以上公益性文化艺术普及活动。深度推进"建筑可阅读"，加强对风貌街区、历史建筑、工业遗存等保护利用，打造一批文脉传承与活化更新相结合的新地标。打响"艺术苏河"品牌，推动艺术、时尚、科技跨界融合发展。创新"文化旅游+"办节模式，提升上海·静安现代戏剧谷、"浓情静安·爵士春天"音乐节、上海静安世界咖啡文化节等品牌活动影响力。

提高医疗卫生服务水平。积极推进静安老年

健康中心等项目建设,新增1家市级示范性社区康复中心、4家中医特色示范社区卫生服务站。深化紧密合作医联体建设,做强区域医疗中心,完善分级分层诊疗体系。加快社区卫生服务中心及站点标准化建设,提升健康管理、康复护理等能力。扩大家庭医生签约覆盖面,全区常住人口签约率达到45%、重点人群签约率达到90%。优化"便捷就医服务",改善就医体验,年度互联网医疗服务人次提升20%。完善多层次医疗保障体系,深化落实医保支付方式改革举措。全面推进第六轮公共卫生体系建设三年行动计划,加快构建防治结合、医防融合、全社会协同的疾病预防控制体系。

加快体育等事业发展。积极拓展全民健身公共资源,新建、翻建3条市民健身步道、4片公共运动场,翻建1个市民健身驿站,新建1处户外健身空间、3个社区市民健身中心、45处益智健身苑点。稳步推进静安青年体育公园(二期)、区全民健身中心等项目。静安体育公益配送全年服务市民10万人次。办好国际剑联花剑大奖赛、上海电竞大师赛等品牌赛事。深入推进全民国防教育,有序开展东西部协作和对口支援、外事等工作,支持做好妇女、未成年人、青年、民族、宗教、对台、侨务等各项工作。

(六)全面加强政府自身建设,履职尽责不负重托

铸牢政治忠诚。深入贯彻落实习近平新时代中国特色社会主义思想和党的二十大精神,坚定不移把学习宣传贯彻习近平总书记重要讲话精神作为重大政治任务和头等大事,巩固拓展主题教育成果,忠诚捍卫"两个确立",更加自觉增强"四个意识"、坚定"四个自信"、做到"两个维护"。坚决落实党中央、国务院,市委、市政府和区委各项决策部署,把对党忠诚、为民尽责落实到实际行动上、体现到工作成效中。

坚持依法行政。持续巩固法治政府建设示范创建成效,强化基层法治建设,提高运用法治思维和法治方式深化改革、推动发展、化解矛盾、维护稳定、应对风险的能力。深化综合行政执法体制改革,全面推进严格规范公正文明执法。依法化解行政争议,高效开展行政复议,推进行政机关负责人出庭应诉。做好首批"全国守法普法示范区"创建工作,营造良好法治氛围。高质量完成静安区第五次全国经济普查。依法接受区人大及其常委会的监督,自觉接受区政协的民主监督,主动接受社会和舆论监督,政府工作人员要自觉接受法律监督、监察监督和人民监督。

发扬严实作风。锲而不舍落实中央八项规定精神,深化廉政风险防控,坚持以严的基调强化正风肃纪,持之以恒推进全面从严治党向纵深发展。牢固树立过紧日子思想,全面加强成本控制和预算绩效管理,提高财政资金使用效益。强化审计监督全覆盖,做好审计问题整改。践行为民服务宗旨,坚持务实工作作风,强化高效执行能力,确保各项任务不折不扣落实到位。

各位代表,征程万里阔,奋斗正当时。让我们更加紧密地团结在以习近平同志为核心的党中央周围,在市委、市政府和区委的坚强领导下,在区人大、区政协的监督支持下,坚定信心、攻坚克难,团结奋进、勇毅前行,加快建成上海具有世界影响力的社会主义现代化国际大都市的标志性地区,在新征程上书写不负时代、不负人民的新篇章!

附件

2024年静安区为民办实事项目

一、推进"美丽家园"建设,实施各类旧住房修缮改造(包括屋面翻修、"平改坡"、外立面修缮、小区硬件设施改造、雨污水分流改造、架空线入地和环境整治等)100万平方米。开工建设既有多层住宅加装电梯200台。

二、推进"美丽街区"建设,完成17条道路大修、中修及道路积水改善和架空线入地工程。创建2个停车资源优化项目、6个互联网租赁自行车精准投放重点区域,新增90个错峰共享停车位。新增400个公共(含专用)充电桩。推进绿地建设,提升环境品质。建成公共绿地5.7万平方米;建成绿道2公里;建成口袋公园3座;建成立体绿化2.5万平方米。完成50座环卫公厕适老化适幼化改造。

三、提升道路交通安全,完成64块发光提示标志及24个路口警示减速道钉安装。完成243处居民小区出入口减速带安装。对40个住宅小区实施充电设施提升改造工程。为8000名独居老人安装单点式火灾探测报警器。安装6000个电动自行车违规充电预警设备。

四、新增养老床位172张。改建认知障碍照护床位150张。新增2家智慧养老院、1个社区综合为老服务中心、2个社区长者食堂、1个老年人日间照护中心。为300户老年人进行居家环境适老化改造。

五、为听语残疾人、高龄盲人等特殊困难群体提供2500人次以上助残就医就诊服务。为全区400户有需求且符合条件的残疾人家庭实施无障碍改造。为老旧小区改造无障碍坡道100条。

六、打造"15分钟就业服务圈",建成15个社区就业服务站点。提供500个(次)青年就业实习(见习)岗位。

七、建成15个科学育儿指导站。实施"名师优课进万家"工程,建设1个家校共育平台,打造1000课时的家庭教育课程资源库,将优质资源惠及区内10万学生家庭。开设55个爱心暑(寒)托班。

八、推进社区卫生服务水平提升,新增1家市级示范性社区康复中心、2个社区健康管理中心,年度互联网医疗服务人次提升20%。扩大家庭医生签约覆盖面,实现全区常住人口签约率达到45%、重点人群签约率达到90%。家庭病床建床率达到60岁及以上户籍老年人口的5.5‰。完成4个社区卫生服务站点标准化建设。推进优质医疗资源延伸社区,组织6次社区大型义诊。

九、加大公益电影配送力度,为市民提供16万张低价电影票。新增7个市民艺术夜校教学点。优化"15分钟体育生活圈"建设,新建1处户外健身空间;新建3个社区市民健身中心;翻建1个市民健身驿站。新建1条、翻建2条市民健身步道。新建3片、翻建1片公共运动场。新建45处益智健身苑点。区属公共体育场馆游泳、羽毛球、乒乓球等项目向市民公益开放15万人次。开展体育公益配送服务10万人次。免费为市民提供体质测试服务1.3万人次。

领导视察与调研

编辑 叶供发

【陈吉宁到静安区调研】1月3日下午,中共中央政治局委员、上海市委书记陈吉宁到静安区调研,实地察看镇宁菜市场,听取菜市场数字化管理平台运行情况介绍,在肉摊、水产摊、水果摊等摊位前驻足,看品类、察品质、问价格,与摊主和居民亲切交流,详细了解货源渠道、销售情况。指出,社区菜场最贴近老百姓日常需求,保供稳价关系到大家的切身利益。要密切监测春节期间肉禽蛋奶等重要农副产品价格变化,强化供需对接,畅通物流网络,确保供应充足、物价稳定。要加快落实稳岗举措,保持过年期间摊位经营主体、市场服务人员等队伍稳定。要把惠民实事做细做实,持续加大平价主副食品投放力度,保障好市民特别是困难群体的"菜篮子"。市领导诸葛宇杰,市有关部门负责人、区领导于勇等参加。

(徐璐宁)

【龚正到静安区开展走访慰问】1月17日上午,上海市委副书记、市长龚正到静安区阳曲路760弄居民区开展走访慰问,看望困难居民万凤根一家,与老人促膝交谈,鼓励老人增强信心、保重身体,并叮嘱居委多加关爱,让社区老人安享晚年。在临汾路街道社会救助事务管理所办事大厅,龚正详细了解静安区帮困救助工作情况,听取街道运用大数据工具发现困难群体、实施精准救助的特色做法。指出,困难家庭往往是"沉默的少数",要用好数字化手段,实现广覆盖、不遗漏、少重复,有困难早发现、早介入、早救助,织密织牢民生保障网。要始终带着深厚感情做好群众工作,对群众遇到的困难和问题,要及时持续关注,主动答疑解惑,帮助了解各方面政策,提供细致周到的帮助,让群众充分感受到温暖。市有关部门负责人、区领导于勇等参加。

(徐璐宁)

【诸葛宇杰、张亚宏到静安区督导检查春节社会面防控工作】1月21日,上海市委副书记、政法委书记诸葛宇杰,副市长、市公安局党委书记张亚宏到静安寺派出所督导检查春节社会面防控工作,慰问执勤值守公安干警。市委政法委副书记李余涛,区委书记于勇,区委常委、政法委书记王翔,副区长、区公安分局局长姜坚等参加。

(黄婧煜)

【胡世军到静安区调研】2月2日上午,上海警备区政治委员胡世军带队到静安区调研,实地了解民兵应急连一分队建设和彭浦新村街道武装部规范化建设情况,听取区党管武装工作情况汇报。指出,要以建军一百年奋斗目标为指引,把学习贯彻习近平强军思想与学习贯彻党的二十大精神紧密结合起来,不断提高政治判断力、政治领悟力、政治执行力,推动各项工作走深走实。置身红色静安要更感"政治引领"责之大,把理论武装抓出政治味、把思想引领作出纵深感、把阵地防线拉到最前沿。置身双拥静安要更感"使命引领"责任之重,表里如一忠诚、立起唯一标准、扛起第一责任。置身国际静安要更感"目标引领"道之艰,锻造长板、补齐短板、固牢底板。置身党建静安要更感"党建引领"核之硬,班子要过硬、旧账要理清、正气要充盈,不断推动静安国防动员建设工作迈上新台阶。上海警备区有关负责人、区领导于勇等参加。

（徐璐宁）

【金兴明到静安区调研】

2月16日下午,上海市政协副主席金兴明到静安区调研,实地察看华山·263老字号品牌馆和元利当铺,听取区政协文化文史和学习委员会、区政协"香梅画苑"相关工作情况汇报。指出,人民政协书画工作是人民政协事业的重要内容,是团结各界人士的重要方式,也是广泛凝聚共识的重要载体。希望区政协"香梅画苑"加强与市政协书画院合作联动,深化与外省市及兄弟区县政协交流,共同推动人民政协书画事业蓬勃发展,奋力开创新时代政协书画工作新局面。市有关部门负责人,区领导于勇、丁宝定等参加。（徐璐宁）

【陈通到静安区出席活动并调研统战文化阵地建设工作】

2月21日下午,上海市委常委、统战部部长陈通到静安区出席"家在上海"2023年藏历新年活动,并调研统战文化阵地建设工作。指出,要深入学习贯彻习近平总书记关于加强和改进民族工作的重要思想,以铸牢中华民族共同体意识为主线,以"家在上海"民族工作品牌建设为牵引,推动构建互嵌式的社会结构,营造民族团结一家亲的良好氛围。要深入挖掘上海作为党的统一战线政策提出地的背景,诠释好"统战源"内涵,认真梳理点位资源,全面总结工作亮点,凸显静安浓厚统战文化,讲好静安统战实践创新故事,努力把上海静安统战文化中心打造成集展示、研究和宣教统战历史、统战工作于一体的统战文化阵地,更好发挥其在全市统战文化建设方面的引领作用。市有关部门负责人、区领导于勇等参加。

（徐璐宁）

【陈通调研静安区民族团结进步创建工作】

2月21日,上海市委常委、统战部部长陈通到彭浦新村街道和共康中学调研民族团结进步创建工作。陈通一行向广大藏族师生送上新年祝福,参观学生文体活动室、校园民族文化长廊、陶艺室等,详细了解学校建设和西藏班发展历史。在街道"民族之家",听取街道以"大党建"为引领,深入开展民族团结进步创建活动的情况介绍。市委统战部副部长、市民族宗教局党组书记、局长王珏,静安区委书记于勇,市教委副主任杨振峰,静安区委常委、统战部部长顾定鋆参加。

（顾晨晨）

【华源出席第15届福布斯·静安南京西路论坛】

3月22日下午,第15届福布斯·静安南京西路论坛在上海展览中心举行。此次论坛以"链接·进阶·无界"为主题,启动静安南京西路"千亿商圈"计划,并围绕未来城市中心高端商圈创新发展进行探讨,助力上海国际消费中心城市建设。市领导华源出席论坛,市有关部门负责人,区领导于勇、王华、顾云豪等参加。

（徐璐宁）

【徐留平到静安区调研】

4月17日下午,全国总工会党组书记、副主席徐留平到静安区调研,实地参观中国劳动组合书记部旧址陈列馆。指出,上海是党的诞生地、初心始发地和伟大建党精神孕育地,是党领导中国工人阶级的发祥地。要发扬优良传统,承担历史使命,坚持不懈用习近平新时代中国特色社会主义思想凝心铸魂,从红色工运史中汲取智慧力量,坚定不移听党话、矢志不渝跟党走。各级工会要牢牢把握我国工人运动时代主题,广泛深入持久开展劳动和技能竞赛,大力弘扬劳模精神、劳动精神、工匠精神,持续深化群众性创新活动,把职工群众中蕴藏的创新创造活力充分激发出来,团结带领广大职工在新征程上更好发挥主力军作用,为实现党的二十大确定的目标任务汇聚磅礴力量。市有关部门负责人、区领导王益群等参加。

(徐璐宁)

【黄晓薇到静安区调研】 4月18日下午,全国妇联党组书记、副主席黄晓薇到静安区调研,实地参观中共二大会址纪念馆和平民女校。指出,女性在重大历史时刻从未缺席,要学好用好丰富红色资源,以红色文创等方式开展滴灌式、沉浸式、体验式的红色文化传播,把"学思想、强党性、重实践、建新功"的总要求融入日常,分层分众推动新思想"飞入寻常百姓家"。市有关部门负责人、区领导王益群等参加。

(徐璐宁)

【肖贵玉、虞丽娟到静安区调研并召开地区政协主席例会】 4月18日下午,市政协副主席肖贵玉、虞丽娟到静安区调研,实地察看区政协教育界别"友好江宁"特色工作室、江宁路街道"协商于民"政协委员工作站工作情况,并召开地区政协主席例会。指出,2023年是全面贯彻落实党的二十大精神的开局之年。要深刻把握党中央、全国政协和政协章程修正案的新部署新要求,主动作为、率先探索,共同推动上海政协工作提质增效、走在前列,助力上海打造全过程人民民主最佳实践地。市有关部门负责人、区领导丁宝定等参加。

(徐璐宁)

【陈吉宁到静安区调研城市更新工作】 按照市委主题教育工作安排和大兴调查研究部署,4月20日下午,中共中央政治局委员、上海市委书记陈吉宁到静安区天目西路街道蕃瓜弄小区专题调研城市更新工作,实地走访居民家庭,察看公共配套设施,主持召开党员、居民代表座谈会,认真倾听意见建议,推动解决群众急难愁盼问题,形成更可持续的城市更新模式,为超大城市高质量发展、高品质生活、高效能治理提供有力支撑。调研期间,陈吉宁登高俯瞰蕃瓜弄小区,听取近年来推进改造更新工作汇报;详细了解房屋结构老化问题和公共服务设施配置情况,察看外墙立面、小区绿化、水电设施以及共用厨卫等;深入多户居民家中了解大家对于改善居住条件的期待、对旧房改造方案的想法。在随后主持召开的座谈会上指出,要通过深入调查研究,认真梳理现状,找准症结所在,拿出切实可行的改造方案,把惠民生的事办实、暖民心的事办细、顺民意的事办好,更好回应人民群众对美好生活的向往。要坚持依法依规,把情况摸清摸实,把方案做深做细,把机制建立健全。要践行党的群众路线,深入细致做好群众工作,充分依靠群众、动员群众,共同努力推进旧房改造、建设美好家园。要善于"解剖麻雀",举一反三、形成经验,更好推动共性问题解决,让人民群众有实实在在的获得感。调研期间,陈吉宁亲切看望慰问居委会工作人员,深入了解基层治理和为民服务情况,关切询问居委干部人员配备、职责分工以及为基层减负增能相关工作进展。指出,要坚持不懈做好为基层减负这篇大文章,已经明确的减负措施必须不折不扣落实到位,积极探索运用数字化改进优化办事流程,让基层有更多精力放在联系服务居民、加强基层治理上。市领导张为、市有关部门负责人、区领导于勇等参加。4月23日上午,陈吉宁到彭浦新村街道彭三小区专题调研城市更新工作,察看居民生活现状和公共服务设施配套情况,认真倾听关于加大城市更新力度、改善居民生活环境的意见建议。指出,对于城市更新、旧房改造,大家的目标是一致的,都希望改善居住条件、提升生活品质。推进过程中,既要有回应关切、科学可行的改造方案和更新机制，也需要群众的理解支持、形成共识，真正把好事办好、实事办实。市领导张为，市有关部门负责人、区领导于勇等参加。

（徐璐宁）

【虞丽娟到静安区调研政协工作】 4月27日上午，上海市政协副主席虞丽娟到静安区调研政协工作。指出，党的二十大对发展全过程人民民主，坚持党的领导、统一战线、协商民主有机结合等提出了全新要求。希望静安政协立足区情，加强实践，深入思考，强化市区政协联动，为全市政协更好贯彻全过程人民民主理念、发展协商民主，打造政协工作静安样板、作出静安贡献。市有关部门负责人、区领导丁宝定等参加。

（徐璐宁）

【华源到静安区出席2023"上海全球新品首发季"暨静安五五购物节启动仪式】 5月7日晚，2023"上海全球新品首发季"暨静安五五购物节启动仪式在茂名北路限时步行街举行。启动仪式上，揭晓2022年度"上海市首发经济活跃指数"，并发布全国首份上海"首店地图"，全力打造全球新品首发盛宴，持续推动首发经济健康发展。市领导华源出席仪式，市有关部门负责人，区领导于勇、王华等参加。

（徐璐宁）

【郭芳到静安区调研基层社会治理工作】 按照市委主题教育工作安排和大兴调查研究部署要求，5月8日下午，上海市委常委、副市长郭芳到静安区调研基层社会治理工作，实地察看南京西路街道和宝山路街道城市更新、老年助餐服务、居民区自治等情况，并召开座谈会。指出，要注重经验总结，加强典型案例剖析，努力形成可供基层干部参考的规范化"工作手册"。要坚持问题导向，强化群众参与，以基层治理先行推动各项工作难题破解。要聚焦重点领域和人群，加强基层减负源头管理，持续提升社区治理能力和服务水平，全力打造"更优的社区、更好的社会"。市有关部门负责人，区领导于勇、王华等参加。

（徐璐宁）

【龚正到静安区调研现代化产业体系建设】 按照市委主题教育工作安排和大兴调查研究部署要求，5月18日上午，上海市委副书记、市长龚正到静安区调研现代化产业体系建设。指出，要深入贯彻落实党的二十大和习近平总书记考察上海重要讲话精神，在市委领导下，坚定不移推动传统产业转型升级，瞄准智能化、绿色化、融合化的发展方向，推动自我革新，持续锻造优势，做强实体经济，为上海加快建设以实体经济为支撑的现代化产业体系打下坚实基础。在华山·263老字号品牌馆，察看优质老字号文化展示，了解老字号品牌转型升级案例。指出，要用好科技研发、品牌塑造、内外营销网络这"三大法宝"，提升核心竞争力，不断推陈出新、迭代升级，持续擦亮金字招牌。在张园项目现场，察看老建筑修缮保护、商业品牌业态情况，询问商业功能定位等情况。指出，要做好园区功能和业态规划，招引标志性项目和品牌，在持续弘扬上海的红色文化、海派文化、江南文化的基础上，深入挖掘时尚文化资源，带动区域和产业转型升级。在卡斯柯信号有限公司察看高铁智能指挥、地铁数字化运维等应用场景演示。指出，要不断迈向产业链高端，打造安全可靠、高效便捷、智慧低碳的交通控制系统。政府各部门要进一步加大政策供给，优化企业服务，助力优秀企业做强做大，引导更多企业走"专精特新"道路。市有关部门负责人，区领导于勇、王华参加。

（徐璐宁）

【郑钢淼带领新一届市总工会领导班子瞻仰中国劳动组合书记部旧址陈列馆】 5月18日，在上海市工会第十五次代表大会闭幕后的第一天，市总工会主席郑钢淼带领新一届市总工会领导班子，到中华全国总工会的前身——中国劳动组合书记部旧址陈列馆参观。区委副书记王益群、区人大常委会副主任、区总工会主席林晓珏、区总工会党组书记、副主席许俊陪同。在中国劳动组合书记部旧址陈列馆，新一届市总工会领导班子认真聆听讲解，重温党领导下中国工人运动波澜壮阔的光辉历程。（姚磬）

【陈通到静安区出席2023海峡两岸新媒体产业发展研讨会】 5月22日上午，2023海峡两岸新媒体产业发展研讨会在美丽园大酒店举行。此次研讨会以"城市，文化的传承和融合"为主题，两岸知名专家学者、媒体人士齐聚一堂，共同探讨两岸新媒体产业发展趋势。作为两岸媒体人士交流的重要平台，两岸新媒体产业发展研讨会自2019年以来已连续举办5届，进一步推动两岸新媒体资源融合，发挥新媒体行业独特优势，更好开展两岸文化产业间交流协作。市领导陈通，市有关部门负责人、区领导于勇等参加。（徐璐宁）

【周慧琳到静安区调研】 按照市委主题教育工作安排和大兴调查研究部署要求，5月23日上午，上海市人大常委会副主任周慧琳到静安区调研推动公共文化服务高质量发展工作，实地走访马勒别墅、蝴蝶湾花园、区少年儿童图书馆、石门二路街道社区文化活动中心，了解文旅融合创新实践、公共文化场馆运营、群众文化活动开展等方面情况。指出，要进一步加强历史建筑保护和活化利用，传承优秀历史文化遗产，增强文化自信。要进一步坚持以人民为中心的发展思想，积极打造高品质公共文化空间，不断满足人民群众对艺术文化的美好追求，推动公共文化服务高质量发展。市有关部门负责人，区领导于勇、顾云豪等参加。（徐璐宁）

【李仰哲到静安区调研】 按照市委主题教育工作安排和大兴调查研究部署要求，5月24日上午，上海市委常委、市纪委书记、市监委主任李仰哲到静安区围绕打造一流营商环境、推动构建亲清统一的新型政商关系，结合主题教育开展调研。调研组一行实地走访九百集团、欧莱雅公司等，并与中国电气装备集团、路易酩轩（LVMH集团）、恒隆集团、中信数创等企业代表座谈交流。指出，要结合主题教育和大兴调查研究，面对面了解企业实际情况和合理诉求，摸清上海在营造一流营商环境存在差距的具象表现，以更加务实的作风推进改革、解决难题。要通过找准问题来推进政治监督的精准化，在鼓励干部担当作为而设立路标和指示牌时做到更清晰、更明了、更具操作性，推动干部在"亲而有度"基础上，更好实现"清而有为"，全面构建亲清政商关系，加快打造市场化、法治化、国际化一流营商环境。调研组一行还实地考察了张园城市更新项目等有关工作。市有关部门负责人、区领导于勇等参加。

（徐璐宁）

【陈吉宁到静安区调研垃圾分类工作】 按照市委主题教育工作安排和大兴调查研究部署要求，5月26日，中共中央政治局委员、上海市委书记陈吉宁深入社区、生活垃圾处置和转运平台等调研垃圾分类工作。指出，要深入贯彻习近平生态文明思想，认真践行人民城市理念，抓牢垃圾分类这件群众身边的"关键小事"，进一步深化认识、巩固优势、补齐短板，以更高标准、更严要求、更大合力打造垃圾分类升级版，推动垃圾分类成为低碳生活新时尚，努力把习近平总书记的殷殷嘱托转化为提升工作水平的生动实践，把上海建设成为人与自然和谐共生的美丽家园。在区固体废弃物流转中心，陈吉宁走进中心中控室，听取生活垃圾转运全流程介绍。指出，垃圾分类工作是一项需要全面用力的系统工程。要加强系统化治理，做到全面全程分类收运处置，切实形成系统流程闭环。要强化科技赋能，依托城市数字化转型，与"一网统管"平台无缝衔接,更好提升垃圾分类和资源化利用全过程处置水平。市领导张为、市有关部门负责人、区领导于勇等参加。　　　　（徐璐宁）

【赵嘉鸣到静安区开展市人大代表集中联系社区活动】　6月2日上午,上海市委常委、宣传部部长赵嘉鸣到南京西路街道陕北居民区开展市人大代表集中联系社区活动,围绕上海市"十四五"规划纲要中期评估监督、社会治理法治化综合执法检查、人民群众关切的民生问题等方面,与街道、居委干部和市、区人大代表以及居民选民代表座谈交流,听取意见建议。市有关部门负责人,区领导于勇、顾云豪参加。　　　　　　　　　　　（徐璐宁）

【贾宇到静安区调研】　6月5日上午,上海市高级人民法院党组书记、院长贾宇到南京西路街道调研,实地察看张园城市更新项目和恒隆广场党群服务中心,并到区法院开展调研。听取静安区区情和经济产业发展情况介绍以及区法院结合当前工作问题难点提出的工作思路和意见建议并予以回应。指出,政治建设要摆在首位,区法院要始终坚持党委领导,主动融入中心大局,在服务保障大局方面走在前列。司法质效要提质增效,树牢"能动司法"理念,实现案件"三个效果"统一,要把"调"的功能再向前延伸,主动融入社区、街镇、企业,争取区委、区政府支持,发挥万人起诉率考核导向作用,努力从源头上减少诉讼增量;要加强法院内部诉源治理,探索完善审判质效管理指标体系,高质高效解决矛盾纠纷,促进"案结事了"。队伍建设要全面从严,要驰而不息从严管党治警,打造高素质法院人才队伍。要坚持五湖四海、广纳贤才,主动加强对接,借助院校双方优势资源,在实务研讨、互聘互派、人才培养、实践教学等方面开展合作,努力在涉外审判人才培养方面蹚出一条新路。市有关部门负责人、区领导于勇等参加。　　　（徐璐宁）

【郑钢淼到静安区开展市人大代表集中联系社区活动】　6月6日下午,上海市人大常委会副主任、市总工会主席郑钢淼到江宁路街道开展市人大代表集中联系社区活动,实地察看全市首家"家庭式滋养型"特色宝宝屋——蒋家巷社区宝宝屋,了解静安区社区托育服务在全市先行先试情况。郑钢淼围绕上海市"十四五"规划实施情况中期评估监督工作,听取人民群众对"十四五"时期社会发展各项指标和重点工作实施情况、社会治理法治化综合执法检查的意见建议。指出,要提高思想认识,采取有力措施,推动"十四五"规划顺利实施。市、区人大代表要积极履职尽责,持续推动社会治理共建共治共享,认真听取群众意见建议,充分调动群众参与积极性,把民生实事项目进一步做细做实。要继续关注中小微企业经营问题,进一步优化营商环境。要加强探索和创新,进一步提高执法规范化水平。市有关部门负责人,区领导于勇、顾云豪等参加。

（徐璐宁）

【陈吉宁到静安区调研上海市新一轮民心工程推进落实情况】　按照市委主题教育工作安排和大兴调查研究部署要求,6月15日下午,中共中央政治局委员、上海市委书记陈吉宁专题调研上海市新一轮民心工程推进落实情况。指出,民心工程反映群众心声、回应群众期盼。要深入学习贯彻党的二十大和习近平总书记考察上海重要讲话精神,认真践行人民城市理念,把民心工程作为主题教育的重要抓手,牢固树立务求实效的目标导向,用心用情推动新一轮民心工程三年行动计划高质量落地落实,让广大市民的获得感、幸福感、安全感更加充实、更有保障、更可持续,以造福人民群众的实际成果检验主题教育的实际成效。在上海辞书出版社旧址附属绿地,察看历史保护建筑修缮情况,听取上海市结合单位绿地开放共享等方式建设社区公园、"口袋公园"的相关进展。指出,要结合公园城市建设,积极挖掘潜力、创新方式方法，鼓励支持更多符合条件的机关、企事业单位把围栏、围墙打开，把封闭的空间变成开放的空间，完善公共配套，提升生态品质，讲好文化故事，传承城市记忆，让公园绿地更可阅读、更有韵味，市民更可亲近、更可休憩。在苏河湾绿地，察看绿地布局和滨水空间，了解区域架空线入地和杆箱整治工程、无障碍环境提升工程等推进情况，走进"静邻一家"了解便民服务供给和服务驿站设置。指出，"一江一河"公共空间贯通开放后深受市民游客欢迎。要再接再厉，结合区域实际，着眼空间提升、品质提升、功能提升，将海绵城市、绿色低碳等先进理念充分融入项目建设运行之中，持续打造"一江一河"新亮点、宜乐宜游新空间、人民城市新地标，把最好的资源留给人民、用优质的供给服务人民。中央第五指导组组长李锦斌、副组长任正晓，市领导张为，市有关部门负责人，区领导于勇等参加。
（徐璐宁）

【**王全春、赵嘉鸣、张为出席中共中央秘书处机关旧址纪念馆开馆仪式**】 6月27日上午，中共中央秘书处机关旧址纪念馆开馆仪式在静安区举行。开馆仪式上，革命后代代表获颁荣誉证书，上海市中共党史学会名誉会长、国防大学政治学院教授张云等4人被授予特约研究员聘书，中共中央秘书处机关旧址等11家位于静安区的红色文物保护建筑入选上海市"建筑可阅读"项目名录，"红途学苑"静安专题也同步发布上线。作为上海市实施"党的诞生地"红色文化传承弘扬工程重点项目，于7月1日正式对外开放。中央党史和文献研究院副院长王全春，市领导赵嘉鸣、张为，市有关部门负责人，区领导于勇等参加。
（徐璐宁）

【**宗明到静安区调研**】 7月14日下午，上海市人大常委会副主任宗明到静安区调研，实地察看南京西路街道恒隆广场人大代表联络站、基层立法信息采集点建设情况，并就修改《上海市优化营商环境条例》召开座谈会，听取相关意见建议。指出，要以更高标准、更高站位，强化对标对表，落实国家战略要求。要以改革创新为动力，推动营商环境不断优化和深化。要坚持问题导向，以本次监督修法为契机，切实回应社会主体关切。市有关部门负责人、区领导顾云豪等参加。
（徐璐宁、郑曦）

【**钱峰到静安区走访调研民族工作**】 7月28日，上海市政协副主席钱锋带队就"铸牢中华民族共同体意识在上海的实践和落实情况——上海社区基层民族联发挥作用情况研究"主题教育课题到静安区调研，实地察看区民族和宗教事务"一网统管"平台建设情况，并进行座谈交流。指出，要准确把握、全面贯彻党的民族工作理论和政策，持续优化顶层设计，努力提升民族事务管理体系和管理能力现代化水平。要以创新举措和实际行动，与时俱进做精做新做强社区基层民族联工作品牌。要充分发挥人民政协专门协商机构和委员"人才库""智囊团"作用，切实为民族团结进步创建工作助力增能。市有关部门负责人参加。
（徐璐宁、陆经纬）

【**吴清到静安区开展下访活动**】 7月31日上午，上海市委副书记吴清到彭浦新村街道开展下访活动，认真听取群众意见建议，耐心沟通交流，查找问题症结，研究制定解决办法，明确责任单位、工作措施和办理期限。指出，信访工作是党的群众工作的重要组成部分，要结合正在开展的主题教育，深入学习贯彻习近平总书记关于加强和改进人民信访工作的重要思想，践行人民城市重要理念，带着感情和诚意为民解难、为党分忧。各级领导干部要积极践行"浦江经验"，主动走到群众身边，问需于民、问计于民，从"解决一件事"升格到"解决一类事"，以实际行动增进民生福祉。市有关部门负责人、区领导于勇等参加。
（徐璐宁）

【陈靖到静安区调研涉外营商环境情况】 8月30日下午，上海市人大常委会副主任陈靖到市北高新技术服务业园区调研涉外营商环境情况，实地参观园区市场监管所所容所貌，详细了解该所窗口企业服务行政许可事项改革、为民服务实事项目、智慧监管系统、食品快检流程等情况。在随后召开的座谈会上指出，要继续聚焦重点领域重点环节，在环境上解压、帮扶上解渴、发展上解忧，为助力经济高质量发展作出新的贡献。调研组还实地走访上海沃歌斯餐饮有限公司共和新路二店、梵牛餐饮管理(上海)有限公司等企业。市有关部门负责人参加。 （徐璐宁）

【陈群到静安区开展视察活动】 9月5日上午，上海市政协副主席陈群到静安区围绕"本市进一步强化三级联动、合力推动大数据赋能基层社区治理情况"开展视察活动。指出，此次专题组织委员开展平时视察，既是贯彻落实中央和市委要求，以大数据赋能基层治理、助推基层治理现代化的务实举措，也是充分发挥人民政协专门协商机构作用、践行人民政协履职为民的具体体现。要牢固树立"一盘棋"思想，形成大数据赋能基层社区治理的强大工作合力。牢牢把握"三个坚持"，打造大数据赋能高水平治理的"上海样本"，坚持问题导向、需求导向、效果导向，坚持立足当前与着眼长远相结合，坚持更好统筹发展和安全。要发挥政协独特优势，为助力基层治理现代化贡献智慧和力量。市有关部门负责人、区领导于丁宝定等参加。 （徐璐宁）

【贺荣到静安区调研司法行政工作】 9月6日，司法部党组书记、部长贺荣在上海调研司法行政工作，实地走访区方达律师事务所，与法律服务工作者深入交流。指出，要全面贯彻落实党的二十大精神，深入践行习近平法治思想，在提升行政立法质效、加快完善现代公共法律服务体系、推进基层法治建设等工作上形成更多好的经验做法，切实提升人民群众的法治获得感和满意度。要在加强律师行业党的建设上久久为功，团结引导广大律师坚定拥护中国共产党领导、拥护我国社会主义法治、热爱国家，在中国式现代化建设中发挥更大作用，做党和人民满意的好律师。要立足发挥上海各项优势，加强涉外法律服务机构和人才建设，提升涉外法律服务水平，更好服务公民和企业"走出去"，为上海强化"四大功能"、深化"五个中心"建设提供有力法治保障。市领导张亚宏、市有关部门负责人、区领导于勇等参加。 （徐璐宁）

【沈跃跃到静安区调研】 9月13日下午，全国政协副主席、全国妇联主席沈跃跃到江宁路街道调研，在家庭文明建设指导中心听取需求，在社区家长学校、儿童服务中心等处与社区工作者、儿童家长、巾帼志愿者亲切交谈。指出，要用习近平新时代中国特色社会主义思想凝心铸魂，学深悟透习近平总书记关于妇女儿童和家庭以及妇联工作的重要论述精神，加强思想政治引领，引导广大妇女拥护"两个确立"、做到"两个维护"，把主题教育成果转化为干事创业的实际行动，深化家庭文明创建，加强家庭教育指导，开展家庭服务，维护妇女儿童权益，促进家家幸福安康，为强国建设、民族复兴伟业凝聚广大妇女和家庭的力量。市有关部门负责人、区领导于勇、丁宝定等参加。 （徐璐宁）

【郑钢淼、宗明到静安区调研"两旧"改造工作】 9月21日上午，上海市人大常委会副主任郑钢淼、宗明到静安区调研"两旧"改造工作，实地察看蕃瓜弄旧住房成套改造项目建设情况，了解工作中存在的困难和问题，并协调破解难点堵点。市有关部门负责人、区领导于勇等参加。 （徐璐宁）

【陈杰到静安区出席中国电气装备集团总部园区建设项目开工仪式】 9月25日上午，上海市副市长陈杰到静安区出席中国电气装备集团总部园区建设项目开工仪式。项目位于江宁路街道,东至江宁路、南至新丰路、西至九龙花苑小区,北至安远路,占地面积16564平方米,总建筑面积约72000平方米。中国电气装备集团总部园区建设事关央企百年基业和企业形象,重点聚焦总部能级提升,引入企业总部运营平台等核心功能,对静安区加快推动产业转型升级、改善城市区域环境等具有十分积极意义。市有关部门负责人、区领导于勇、王华等参加。

（徐璐宁）

【胡文容到静安区走访调研】 10月11日上午,上海市政协主席胡文容结合重点企业"服务包"制度实施工作,走访调研卡斯柯信号有限公司,参观上海市铁路智能调度指挥系统工程研究中心,听取企业发展历史、经营业绩、科技创新等方面情况介绍,察看高铁智能指挥、地铁数字化运维等应用场景演示,了解企业在铁路智能调度、市域铁路、车车通信、无扰改造、在线联挂解编、多模交通等领域的创新情况。指出,相关部门要协调和回应企业提出的意见与诉求,希望卡斯柯坚持走好创新发展之路,充分利用各类政策机会,奋力实现高质量发展。市有关部门负责人参加。

（徐璐宁）

【华源到静安区调研2024春夏上海时装周准备工作】 10月14日上午,上海市副市长华源到静安嘉里中心南广场调研2024春夏上海时装周准备工作,实地察看上海时装周时尚周末项目,听取海内外设计师品牌即秀即买、展示限时店等消费模式情况介绍。指出,要聚焦时尚经济发展,精心策划春夏上海时装周系列活动,创新特色消费体验,优化市场消费环境,为上海"金秋购物旅游季"再添亮点,为加快上海国际消费中心城市建设再添动能。市有关部门负责人、区领导王华等参加。

（徐璐宁）

【李仰哲到静安区走访调研】 10月18日下午,上海市委常委、市纪委书记、市监委主任李仰哲结合重点企业"服务包"制度实施工作,走访调研中国电气装备集团有限公司,听取企业运营发展和研发生产等情况介绍,询问企业问题诉求及意见建议。指出,要以"店小二"精神做好企业服务,指导服务企业用好政策措施,及时收集、推动解决企业在发展中遇到的新问题、新需求。要把构建亲清统一的新型政商关系落到实处,让上海营商环境越来越好。市有关部门负责人、区领导王华等参加。

（徐璐宁）

【龚正到静安区走访慰问】 10月20日下午,上海市委副书记、市长龚正到江宁路街道综合为老服务中心走访看望老年人,向老年人致以节日问候和诚挚祝福。在综合为老服务中心,龚正一路察看养老院房间、助浴间、失智老人康复区、短期照料区、社区长者食堂、老人日间照料中心、中西医诊疗服务中心等,详细了解服务特色。指出,属地街道要不断提升为老服务水平,提供周到温馨关怀,更好满足老人照护需求,让老人们乐享晚年。随后,龚正前往程不时老人居所,关心询问老人身体健康和生活起居,倾听老人讲述扎根飞机设计事业的奋斗历程,感谢老人作出的贡献,祝福老人健康长寿。市领导华源、市有关部门负责人、区领导王华等参加。

（徐璐宁）

【任正晓到静安区调研】 10月23日下午,主题教育中央第五巡回指导组副组长任正晓一行到静安区调研。在彭浦新村街道彭五小区、彭三小区,听取主题教育和旧住房成套改造工作情况汇报。指出,要践行人民城市重要理念,着力解决群众实际问题,让群众有获得感。在市北高新园区企业AI体验馆、上海风语筑文化科技股份有限公司企业沉浸式党建服务中心,了解主题教育、产业发展及企业党建工作情况。指出,要加快创新成果转化,提升经济贡献度,让人民群众共享发展成果。市委第二巡回督导组组长尤存,区领导王华、宋宗德等参加。

(徐璐宁)

【郑钢淼到静安区参加市、区人大代表集中联系社区活动】 10月31日上午,上海市人大常委会副主任、党组副书记,市总工会主席郑钢淼到静安区参加2023年市、区人大代表第二次集中联系社区活动,结合第二批主题教育,聚焦民生热点、难点、堵点问题以及2023年区政府实事项目实施情况听取群众意见建议。郑钢淼实地调研江宁路街道社区卫生服务中心,了解全科医疗、预防保健、康复治疗、健康教育及智慧就医等情况。在江宁路街道综合为老服务中心察看社区食堂、老年人日间照料中心、社区宝宝屋等,详细了解街道在社区养老、托育服务等方面工作开展情况。在随后召开的座谈会上,肯定静安在养老、就医方面所做工作,并指出,要贯彻落实人民城市重要理念,坚持以人民为中心,加强系统化、体系化建设,真正把为民办实事落在实处。要持续聚焦就业、医疗等民生领域,广泛听取意见建议,帮助解决群众的操心事、烦心事、揪心事。要用好用足辖区优势资源,推进城区精细化管理,不断提升社区治理水平。市有关部门负责人、区领导顾云豪等参加。

(徐璐宁)

【黄震到静安区调研】 11月16日下午,上海市政协副主席黄震到静安区调研,实地察看区曹家渡市民园艺中心、市教委教育技术装备中心窗阳台绿化彩化情况,并听取静安区在延安西路高架两侧建筑窗阳台和沿口彩化成果的情况汇报。指出,要从花卉培育、品种选择、日常养护等方面进行深入研究,让社会各界参与到窗阳台绿化工作中去。要充分考虑建筑美观和安全生产,宣传推广成功经验和典型案例,推动窗阳台美化工作,彩化城市立体空间。市有关部门负责人、区领导丁宝定等参加。

(徐璐宁)

【吴清到静安区调研指导主题教育工作】 12月14日上午,上海市委副书记、政法委书记吴清到静安区调研指导主题教育工作。在石门二路街道新福康里居民区,实地察看"静·邻一家"党群服务站、"近相小憩"花园、社区卫生服务站和日间照料中心,听取居民区关于主题教育开展、为民办实事、党建引领街区治理新模式等情况,并与居民亲切交流。在宝山路街道城市运行管理中心,听取街道关于城运中心指挥系统、"12345"市民服务热线工作、"周小英工作室"等相关情况,并对热线工作人员表示亲切慰问。市有关部门负责人、区领导于勇、宋宗德等参加。

(徐璐宁)

【团中央第一书记阿东等领导到静安区调研】 12月16日,共青团中央书记处第一书记阿东、团中央书记处书记王艺到上海调研,指导面向广大团员和青年开展学习贯彻习近平新时代中国特色社会主义思想主题教育。其间,阿东到静安区团中央机关遗址纪念广场,提出加强党的创新理论和红色文化的青年化阐释要求。团市委书记上官剑,中共区委书记于勇,区委副书记、组织部部长宋宗德陪同。团区委书记吴佳妮作情况介绍。

(涂毓敏)

大事记

编辑　叶供发

1月

4日上午至6日下午　中国人民政治协商会议上海市静安区第二届委员会第二次会议在海上文化中心举行。根据新冠肺炎疫情防控需要，与会的区政协委员分别在主会场和14个街镇分会场参会。

5日至7日　静安区第二届人民代表大会第三次会议在海上文化中心举行。根据疫情防控需要，大会在14个街镇设代表分会场，区人大代表通过视频会议参加会议。

13日　位于江宁路699号合生商业首个高端产品线项目MOHO商场以"LIVE MODERN, LIVE MORE"为主题举行的一系列启幕狂欢活动。项目总体建筑面积18万平方米，包含约8万平方米的MOHO购物中心以及甲级智能写字楼、高端酒店式公寓。MOHO购物中心于2023年12月24日开业。

1月初　安康苑一期项目的5幢历史建筑经过复杂而艰难的平移后回归原位。这是上海历史上已完成的规模最大、累计平移距离最长的群体建筑平移归位施工项目。该工程自2022年11月26日正式启动，用时43天。该次平移回永庆里的5幢历史建筑建造于20世纪30年代。该项目由中建八局的合作单位上海先为土木工程有限公司承担。

2月

2日　静安区2023年投资促进大会召开。会上，静安区与16家重点项目企业集中签约。

16日　上海市绿化和市容管理局公布"2022年下半年度市容环境质量社会公众满意度"测评结果。在各街道(镇、乡、工业区)的得分结果中，静安区静安寺街道、南京西路街道、石门二路街道分值排名中心城区前三名。

21日　由中国音像与数字出版协会指导，中国游戏产业研究院主办的第二届中国游戏创新大赛颁奖典礼在上海市静安区举行。18款国产原创游戏从209款应征作品中脱颖而出，成为创新大赛最耀眼的明星。其中莉莉丝网络选送的《众神派对》、皮克皮工作室选送的《风来之国》获最佳创新游戏大奖。

3月

10日　自行车生活方式品牌而意（RE）在张园开出静安区首店，该店位于张园西区南侧临街9号楼，定位为"RE BASE"型实体店。在百年前，张园是中国第一辆自行车试骑的地方，中国自行车历史从这里起步。

14日　静安区国防动员办公室正式挂牌，以静安区民防办公室为基础组建的静安区国防动员办公室正式履职运行。

22日　第15届福布斯·静安南京西路论坛在上海展览中心举行。论坛上，静安区"国际消费中心城市数字化示范区"正式揭牌，成为上海首个"国际消费中心城市数字化示范区"。静安宣布：作为上海国际消费中心城市建设的核心承载区，静安持续推进南京西路作为世界级地标性商圈的建设，力争在"十四五"期末实现南京西路商圈零售总额突破1000亿元，在全市乃至全国率先建成"千亿级商圈"。

同日　静安区召开"聚力静邻行动，共建美好社区"深化党建引领基层治理工作推进会。会议发布静安区基层治理"十百千"项目矩阵："十"即10个市级"美好社区、先锋行动"引领项目，"百"即120个区级职能部门和各街镇党（工）委重点项目，"千"即1291个社区网格善治微项目。

24日　2023秋冬上海时装周在上海静安嘉里商务中心南广场开幕。

同日　位于大宁国际商业广场5座2楼的大宁国际社区宝宝屋开始提供服务。这是全市首个设置在商圈内的宝宝屋，为在大宁国际商圈上班、逛街、购物，或者到附近医院看病就医的家长，提供综合性托育服务。

29日　2023年静安区外资合作伙伴服务季暨意大利企业圆桌会议在张园举行，通过面对面的交流，共谋营商之道，共商外资之策，助力意大利企业在静安生根发展。

3月　静安区苏州河北岸再添一处超大面积滨水空间——北苏州路（浙江北路—福建北路）公共空间景观提升项目建成后对外开放。项目通过二级防汛墙后退、一级防汛墙降低，进行亲水性改造。同时，结合北侧苏河湾绿地建设，同步实施道路改建及高品质公共空间建设，总面积约8000平方米。

4月

14日　以苏河湾功能区为核心区域的"上海市科技服务业发展示范区"，在静安区苏河湾功能区正式揭牌。

20日　由静安区人民政府、上海广播电视台、上海戏剧学院共同主办的2023上海·静安现代戏剧谷开幕仪式在上海大宁剧院举行。

28日　静安区苏河湾党群服务中心启用仪式暨"静邻一家·苏河荟"党群服务阵地体系发布会举行。标志着位于苏河湾中心42楼、上海最高的云端"红色引擎"正式点燃。

5月

4日　位于静安区大沽路成都北路路口、毗邻中共二大会址纪念馆的"中国社会主义青年团中央机关遗址纪念广场"正式启用。

7日　2023"上海全球新品首发季"暨静安"五五购物节"启动仪式在茂名北路限时步行街举办。

9日　上海静安和云南文山召开东西部协作联席会议。

11日　2023第四届上海国际美妆节启动仪式在静安区MOHO户外广场举行。

15日　静安区2023年体量最大的小梁薄板改造项目——天目西路街道蕃瓜弄小区旧住房改建(拆除重建)项目,进入正式签约期,截至当晚12点,小区总计1106证居民完成签约,项目签约率98.6%,该小区改建项目正式生效。

6月

6日　静安区档案馆新馆启用仪式举行。

8日　静安区人才工作会议暨区优秀人才表彰大会在上海展览中心召开。

16日　随着重达230吨的主机驱动下到基坑底部,全球最大竖井掘进机"梦想号"在广延路近永和东路的中铁十五局静安垂直掘进(盾构)地下智慧车库项目顺利下井。项目采用19层钢结构设计,共304个车位,利用PCS型垂直升降立体机械停车,运用托盘式停车搬运技术和手机APP预约、AGV自动存取车搬运设备,单车平均存取车时间90秒,是集设备、操作、监控、维保、管理智能化于一体的现代化智慧车库。

25日　静安区红十字会第二次会员代表大会召开。

29日　静安区以"弘扬'四个特别'精神,凝聚卓越城区奋进力量"为主题,举行"七一"主题党日活动暨先进事迹报告会。

7月

1日　位于江宁路673弄10号的中共中央秘书处机关旧址纪念馆正式对公众开放。

8日　由世界人工智能大会组委会办公室、静安区人民政府指导,上海市北高新(集团)有限公司、蚂蚁区块链科技(上海)有限公司主办的2023世界人工智能大会——全球产业区块链高峰论坛在上海世博中心举行。

18日　中国共产党上海市静安区第二届委员会第七次全体会议在海上文化中心召开。全会审议通过《中共静安区委关于深入学习贯彻习近平新时代中国特色社会主义思想,深化高水平改革开放,着力推动高质量发展,加快建设卓越的现代化国际城区的实施意见》。

28日　2023全球电竞大会在上海市静安区举行。

29日　第三届中国游戏创新大赛颁奖典礼在上海静安举行。米哈游选送的《崩坏:星穹铁道》和网易选送的《蛋仔派对》获"最佳创新游戏大奖"。

7月　由中央宣传部、中央文明办等部门和单位共同组织开展的2022年度全国学雷锋志愿服务"四个100"先进典型名单出炉。其中静安获得两项荣誉:最美志愿者——中国红十字会捐献造血干细胞志愿服务总队上海大队大队长崔兼明;最佳志愿服务社区——上海市静安区大宁路街道。

8月

3日至12月6日　由中国文物保护基金会、中国文物交流中心、中国对外文化集团有限公司支持,中国文化国际旅行社有限公司、北京中创文旅文化产业集团主办,遇见博物馆承办的"遇见古蜀:三星堆沉浸式光影艺术展"全球巡展首展在遇见博物馆·上海静安馆举办。

23日至25日　静安区委书记于勇率静安党政代表团赴新疆维吾尔自治区喀什地区巴楚县考察对

口支援工作。中共喀什地委副书记、行政公署专员艾尼瓦尔·吐尔逊，喀什地委副书记、上海市对口支援新疆工作前方指挥部总指挥孟庆源，巴楚县委书记张涛，中共巴楚县委副书记、县长阿布拉江·吐尔逊等参加有关活动。

8月 国家档案局正式发文批准静安区档案馆为"全国示范数字档案馆"。

同月 "奋楫苏河、静邻行动"静安苏河湾功能区党建联盟成立仪式暨2023年静安区区域化党建工作推进会，在上海最高的云端"红色引擎"——苏河湾党群服务中心举行。

9月

5日 张园东区最大规模的组团式平移项目正式启动。此次组团式平移项目包括9栋文物保护建筑。它们多建于20世纪二三十年代，均为上海市静安区文物保护点（三类），房屋多为2层，局部有3层阁楼，屋脊建筑高度多在15米以下，总建筑面积约10020平方米。张园东区组团式平移项目将大规模、大体量的成片风貌保护区修缮与地下空间更新同步实施的施工方法，在历史建筑风貌区平移及修缮历史上属首次。

12日 静安区举行学习贯彻习近平新时代中国特色社会主义思想主题教育动员大会。

16日 静安区238街坊零星旧改地块首日签约率高达99.36%。项目生效。该街坊零星旧改项目东至西藏北路、南至芷江西路、西至共和新路、北至中山北路（部分），涉及新赵家宅居委会、123弄居委会，占地面积25206.7平方米，总证数776证，其中居民证数768证、单位证数8证，涉及900户居民。

同日 2023上海赛艇公开赛在苏州河水域启航，赛事共有51支八人艇队伍、10支四人艇队伍，以及14名单人艇运动员参赛，总人数近700人。英国剑桥大学赛艇队、英国牛津布鲁克斯大学赛艇队等世界顶级赛艇队参赛。

17日 2023第28届上海国际茶文化旅游节在静安区吴江路休闲街区开幕，现场发布年度百家"上海茶馆""上海茶饮"和年度全国"十条最美茶乡之旅推荐线路""全国十大名茶"评选等多张榜单。

19日 市政府新闻办举行"高质量发展在申城"系列市政府新闻发布会第十二场——"国际静安、卓越城区——打造中国式现代化的城区样本"静安区专场。

21日 《奔流：从上海出发——全球城市人文对话》（以下简称《奔流》）启动仪式暨首季上海论坛在位于苏河湾的上海总商会旧址举行。

9月 中国电气装备集团总部园区建设项目在静安区举行开工仪式。中国电气装备集团总部园区项目位于静安区江宁路街道，东至江宁路、西至九龙花苑小区、南至新丰路、北至安远路，占地面积16564.1平方米，总建筑面积约72000平方米。

9月26日至10月6日 2023静安国际光影节向公众开放，让市民们欣赏到了苏州河畔建筑上"艺术苏河"绘就的光影月夜。

10月

18日 市委宣传部、市精神文明办、市志愿者协会在静安区大宁剧院举行"文明实践心聚场"上海市通俗化大众化传播党的创新理论优秀思政课巡讲巡演活动暨"城市文明、实践样本"上海市新时代文明实践和志愿服务示范中心授牌仪式。

21日 全球规模最大影像之家Fotografiska的亚洲首馆——位于上海市静安区苏河湾功能区的Fotografiska影像艺术中心，向公众正式开放。

21日至22日　"全球财富管理论坛·2023上海苏河湾大会"在静安区举行。

11月

5日至10日　第六届中国国际进口博览会在国家会展中心举行。静安区共有67家企业参展，数量为历届之最。

16日　静安区举行宣传思想文化工作会议。深入学习贯彻习近平文化思想，推进全区宣传思想文化工作再上新台阶。

18日　在上海市静安护工服务协会成立揭牌。为上海市首家护工服务协会。

23日　上海市发展和改革委员会、静安区人民政府共同举办"上海静安'全球服务商计划'推进大会暨'链全球·创未来'全球化可持续发展大会"，发布新一轮"全球服务商计划"若干意见。

24日　由同济大学主办、静安区人民政府特别支持、同济大学城市风险管理研究院承办的2023城市风险管理论坛在静安区举行。

28日　"建功'十四五'，奋进新征程"2023年静安区投资促进劳动和技能竞赛决赛暨闭幕式在大宁公园会议中心举行。

12月

1日　时值张园西区焕新一周年之际，安垲第——张园海派文化交流中心在张园八号楼正式启用。

12日　2023澎湃城市更新大会在张园举行。大会宣布，张园成为澎湃城市更新大会永久会址和首个澎湃城市更新示范区。

21日　静安区人民政府和上海世纪出版（集团）有限公司在陕西北路457号举行辞书出版社旧址附属绿地开放共享仪式。

28日　中国共产党上海市静安区第二届委员会第八次全体会议在海上文化中心举行。全会审议通过《中共静安区委关于深入学习贯彻落实习近平总书记重要讲话精神加快建成上海具有世界影响力的社会主义现代化国际大都市的标志性地区的意见》，认真总结2023年工作，全面部署2024年任务。

12月　2023年"白玉兰纪念奖"颁奖仪式在沪举行，来自15个国家的50名杰出外籍人士获此殊荣。其中静安的欧莱雅集团北亚区总裁兼中国区首席执行官费博瑞、东方汇理银行（中国）有限公司行长魏可思、吉宝企业中国首席代表暨吉宝资本中国总裁吴来顺获评。

静安概览

编辑 叶供发

(一)地理位置

静安区位于上海市中心,东与黄浦区、虹口区、宝山区为邻;西与长宁区、普陀区、宝山区交界;南与徐汇区衔接;北与宝山区接壤。全区总面积36.77平方千米。

(二)行政区划

静安区因境内古刹静安寺而得名。区境吴淞江(故道)以北,南宋嘉定十年(1217年)前隶属昆山县,后隶属嘉定县、宝山县。吴淞江(故道)以南,元至元二十八年(1291年)隶属华亭县,之后及明、清二代隶属上海县。清同治二年(1863年),境域中南部被辟为美租界,后并为公共租界。清光绪二十五年(1899年),境域南部大部分划入公共租界西区。为抵制租界扩张,清光绪二十六年,闸北绅商建立闸北工程总局,自辟商埠。1914年,法租界扩张,将境内长浜路(今延安中路)、徐家汇路(今华山路)以南地区全部划为法租界。境域南部为法租界、公共租界和华界,北部主要为华界。1927年7月,上海特别市政府接收17个市乡,次年7月将旧市乡一律改称为区,闸北市改称闸北区。20世纪30年代,日军发动两次淞沪战争,闸北区几成废墟,成为上海市出名的棚户区。1937年上海沦陷后,日伪在闸北区境先后设"闸北政务署""沪北区公署"。1945年抗日战争胜利后,境地分属第十区、十一区、十二区、十四区、十五区及二十二区、二十四区部分区域。1947年,第十区称静安区、第十一区称新成区、第十二区称江宁区、第十四区称闸北区、第十五区称北站区。1949年5月30日,市军管会接管静安区时,一度将区名改为静安寺区;1950年6月28日,复改称静安区。上海解放初期,境域分属静安区、新成区、江宁区、闸北区、北站区。1956年,上海市区划调整,静安区建制撤销,以富民路、常德路为界,东境划归新成区,西境并入长宁区,闸北、北站两区合并为闸北区。1960年1月,区划再次调整,撤销新成区、江宁区,将新成区成都北路以西部分、江宁区全部、长宁区镇宁路以东部分合并重建静安区。2015年11月4日,中共上海市委、市政府宣布《国务院关于同意上海市调整部分行政区划的批复》,撤销闸北区、静安区,合并设立新的静安区。

区人民政府驻常德路370号。2023年底，静安区下辖13个街道、1个镇，有267个居（村）委会。

（三）人口结构

2023年，静安区户籍总户数约33.43万户，平均每户人口2.70人。户籍总人口约90.36万人，其中男性43.64万人、女性46.72万人，性别比93.43（女性为100）。

（四）区域经济

2023年，静安区实现地区生产总值2846.03亿元，比上年增长7.0%。实现税收总收入847.50亿元，比上年增长7.05%。实现区级一般公共预算收入287.80亿元，比上年增长3%，总量位列中心城区第一。全年实现社会消费品零售总额1707.89亿元，比上年增长15.3%，总量位列中心城区第一；实现商品销售总额10963.56亿元，比上年增长5.4%，增幅位列全市第一。重点产业持续增效，六大产业实现税收675.33亿元，比上年增长5.7%。全力推进招商引资增效，全年引进税收千万级以上项目156个，同比增长39%。200幢重点楼宇实现税收622.08亿元，亿元楼新增6幢，达到88幢，其中月亿楼9幢、百亿楼1幢。

年内，在全市率先发布优化消费环境的实施方案，获评全市首个"国际消费中心城市数字化示范区"。组织"五五购物节"、2023静安国际光影节等活动，促进商旅文体深度融合，持续激发消费活力。深化"全球新品首发地示范区"建设，全年引进各类品牌首店236家。加强本土商贸品牌培育，打造巨富长本土品牌集聚街区。以茂名北路限时步行街、安义夜巷为重点，推动后街经济、夜间经济融合发展。总部经济持续增能，全年新增跨国公司地区总部12家。发布《静安区推动对外贸易高质量发展的实施意见》及配套政策。全年实现外贸进出口总额561.02亿元，比上年增长7.8%；外商直接投资实到金额12.14亿美元，比上年增长43.3%。涉外经济规模和占比保持中心城区第一。积极承接进口博览会溢出效应，静安参展企业数量达历届之最，意向采购订单金额位列全市各区首位。

年内，实施增强科技创新动能三年行动，出台区级科技创新政策，加快引育高水平创新型企业，全区新增创新型总部1家，高新技术企业达540家、上海市科技小巨人企业达111家、专精特新企业达160家，新增发明专利授权918件，成功入选上海市首批科技服务业发展示范区。启动实施"百企成长计划"，发布《静安区关于加大力度培育本土优质企业的行动方案（2023—2025年）》，构建企业动态遴选机制和全生命周期培育体系，"一企一策"支持企业做大做强。深化科技创新载体培育，落实张江静安园"一园一方案"，布局建设8家大企业开放创新加速器，积极构建企业融通创新生态。

年内，深化实施全球服务商计划。推动全球服务商赋能长三角一体化发展，促成与长三角四市的交流合作项目落地。创建全市首个"优质产品进口示范区"，积极参与上海国家服务贸易创新发展示范区创建，打造"专业服务贸易集聚区"，推出人力资源服务贸易出口专项行动，培育跨境数字贸易企业。

年内，落实市优化营商环境6.0版行动方案，全力实施六大"赋能行动"，系统推进服务效能增优，年度营商环境评价位于全市前列。拓展"一业一证"改革覆盖面，制发15个业态2402张行业综合许可证。深化国资国企改革，完善支持民营经济发展的政策措施，扎实推进市北高新民营企业总部集聚区建设，新增民营企业总部3家，累计达26家。不折不扣落实减税降费及退税缓费等各类惠企政策，加大中小微企业融资担保力度，着力提振市场主体信心。

（五）城市建设治理

2023年，静安区完成全社会固定资产投资总额427.67亿元，创"撤二建一"以来新高，比上年增长20.9%。洪南山宅240街坊、工人文化宫北宫等10个项目实现开工，川宝基地、市北云盟汇等8个项目实现竣工，全年开工面积103.6万平方米、竣工面积101.2万平方米。南北通道二期北段（中山北路—芷江西路）等3条区内道路完成建设。持续推动土地亩产增长，启动永和路390号、共和新路3200号等5幅工业用地转型升级，在石门二路-01更新单元（斯文里地区）率先开展整单元片区责任规划师、责任建筑师、责任评估师"三师联创"试点，入选全国首批"自然资源节约集约示范县（市）"。完善产业园区能级提升工作机制，一园一策促进园区提质增效。

年内，全面推进数字治理。完善"一网通办"静安频道，已接入849项行政许可事项，"市民云"访问量位列全市第一，新增轻微失信信用修复、老年人健康服务等"一件事"，长三角跨省通办受理事项达40项。推进城市运行"一网统管"4.0版建设，健全平急融合运行机制，城运指挥大厅新址投入运行。

年内，持续优化市容环境品质。完成南京西路后街景观商业区、苏河秀带景观区等6个市级"美丽街区"创建，光复路（长寿路桥—普济路）创成绿化特色道路。完成17条道路大中修、积水改善和10.44千米架空线入地工程。苏州河两岸公共空间品质持续优化，7个桥下空间全部完成提升亮化改建。优化绿色生态布局，建成各类绿地8.31万平方米、立体绿化2.52万平方米，绿道2.04千米，三泉公园、广场公园（静安段）完成改造、对外开放，新增3座口袋公园，打造可亲近、可休憩的城市公共空间。提升垃圾分类实效，推广可回收物精细化分类、装修垃圾不落地收运新模式，湿垃圾日均处置量达471吨。扎实推进无违建示范街镇、"零违建"居村创建。严格落实河湖长制、林长制，巩固提升河湖水质，加强林绿资源保护。推进"无废城市"建设，统筹做好大气、水、土壤等污染防治。加大低碳示范创建力度，超额完成既有公共建筑节能改造任务。

年内，基层治理体系日益夯实，城区运行安全有序。打造"静邻帮办"品牌，在全市率先试点个人政务远程虚拟窗口服务模式，可办个人事项达183项。推进重大事故隐患专项排查整治2023行动。完成25幢高层住宅消防基础设施改造、80个住宅小区电动自行车充电设施提升改造工程，为7385名高龄独居老人加装燃气报警器。夯实基层应急资源要素保障，实施63处公用民防工程综合治理及养护。加强社会治安整体防控，坚决防范和依法打击各类违法犯罪活动。完善多元矛盾纠纷排查化解机制，强化派出所、司法所、律师事务所"三所联动"。建立区法治服务中心，成为全市首个区级层面"一站式"矛盾调处平台。

（六）民生保障

2023年，静安区群众居住条件切实改善。扎实推进二级旧里以下零星地块改造，启动青云路宝昌路、芷江西路238街坊等10幅地块征收，完成南京西路愚园路、万航渡路284弄等9幅地块收尾，惠及居民3229户。有序实施旧住房成套改造，全市体量最大的小梁薄板小区蕃瓜弄拆除重建项目提前实现100%签约、100%搬场并开工建设，被收录进"2023年世界城市日城市建设和发展案例展"。稳步推进

"美丽家园"建设,完成旧住房修缮改造80万平方米。既有多层住宅加装电梯开工500台、完工335台,完工量在全市"三连冠"。加强住房保障,超额完成保障性租赁住房筹措、供应任务,新增新时代城市建设者管理者之家床位565张。

年内,优化养老服务设施布局,华兴新城养老院、久合科技园养老院改建项目实现竣工。全年新增475张养老床位、2家社区长者食堂、4个家门口养老服务站、2个长者运动健康之家,改建105张认知障碍照护床位。在全国首创"五床联动"居家和社区整合性照护服务模式,并在街镇全覆盖推广,实现老年人有序分级诊疗、康复和养老的医养康护闭环,全区住养老人签约率达92.26%。老年人居家环境适老化改造户数连续三年位列中心城区第一,为老服务一键通累计服务1.12万人。实施"老伙伴"计划、"乐龄有伴"项目,织密独居老人关爱网。发布《静安区老年人跨越"数字鸿沟"标准指南(2.0版)》,开展274场老年数字教育进社区专项行动。在全市率先实现长护险服务全流程"AI+监管"。

年内,社会保障能力不断加强,全年新增就业岗位34368个,帮助长期失业青年就业901人,登记失业人数控制在市政府下达目标内。全年实施低保救助和临时救助12.25万人次、救助金额1.59亿元,医疗救助10.17万人次、救助金额4069.76万元。完成450户残疾人家庭无障碍改造、200条老旧小区无障碍坡道改造。优化调整2家白领午餐网点单位,完成3家菜市场标准化建设。做好退役军人服务保障和拥军优属工作,争创全国双拥模范城。

(七)社会事业

2023年,静安区各项社会事业协调发展。全面启动街镇"15分钟社区生活圈"规划蓝图编制工作。增加普惠性托育服务资源供给,托幼一体园所比例达72.4%,社区托育"宝宝屋"实现街镇全覆盖。加强中小学教育质量建设,丰富"三段式"课后服务内容,提升学生综合素养。成功创建"全国科普示范区"。完善公共卫生体系,深化医联体合作,推进公立医疗机构高质量发展,开展新一轮社区卫生服务中心标准化建设,区疾控中心新实验室大楼、区中医医院平型关路新院区投入使用。深入开展"十百千万"文化配送工程,惠及市民215万人次。推进国家文化和旅游消费试点城市建设,举办中国·上海静安国际雕塑展、上海·静安现代戏剧谷、"浓情静安·爵士春天"音乐节等品牌活动,推出苏河湾全域文旅地图及38条特色水岸探秘微旅行线路,为市民带来丰富的文化艺术体验。优化体育设施布局,新建、翻建10条健身步道,新建2个社区市民健身中心、3个市民健身驿站、20处益智健身苑点,静安体育公益配送服务市民11.95万人次,区属体育场馆向市民公益开放19.62万人次。成功举办2023国际剑联花剑大奖赛、上海赛艇公开赛、上海电竞大师赛等赛事。国防动员、对口支援、妇女、未成年人、青年、民族、宗教、对台、侨务、外事等工作稳步开展。

一、中共静安区委员会

编辑 李佳丽

（一）综述

2023年是贯彻党的二十大精神的开局之年，是全面建设社会主义现代化国家开局起步的重要一年，也是实施"十四五"规划承上启下的关键一年。区委常委会以习近平新时代中国特色社会主义思想为指导，全面贯彻落实党的二十大精神，深入学习贯彻习近平总书记考察上海重要讲话精神和对上海工作重要指示要求，坚持稳中求进工作总基调，完整、准确、全面贯彻新发展理念，把握加快构建新发展格局战略机遇，持续深化高水平改革开放，着力推动高质量发展，更好统筹发展和安全、开放和安全，紧紧围绕"四范目标"，大力实施"七增计划"，全面推进"五大工程"，扎实做好经济发展、民生保障和党的建设等各项工作，全力推进中国式现代化的静安生动实践，各项事业发展取得新成效。

推动学习贯彻习近平新时代中国特色社会主义思想和党的二十大精神持续走深走实。广泛掀起学习宣传热潮。坚持把全面学习、全面把握、全面落实习近平新时代中国特色社会主义思想和党的二十大精神作为首要政治任务，引导和推动全区各级党组织和广大党员干部群众深刻领悟"两个确立"的决定性意义，进一步把思想和行动统一到党的二十大精神上来，把智慧和力量凝聚到实现党的二十大确定的目标任务上来。对标对表党的二十大作出的重大战略部署，明确提出"加快建设卓越的现代化国际城区，以静安的生动实践奋力打造中国式现代化的城区样本"，激励全区各方面团结一心奋进新征程、展现新气象，以实际行动自觉践行"两个维护"。加强全区各级党委（党组）中心组学习，开展多形式、分层次、全覆盖的全员培训，先后举办5期处级领导干部学习贯彻党的二十大精神专题培训班，进一步统一思想、统一意志、统一行动。坚持面向基层、面向群众，组建各级宣讲队伍，推动领导干部带头讲、专家学者深入讲、基层骨干生动讲、线上平台广泛讲，把学习宣传不断推向深入。习近平总书记再次亲临上海考察指导并发表重要讲话后，在全区迅速兴起学习宣传贯彻习近平总书记重要讲话精神的热潮，着力在学深悟透、融会贯通上下功夫，切实把总书记的关怀关爱和谆谆嘱托转化为全区上下奋进新征程、建设现代化的强大动力。认真组织开展主题教育。把牢"学思想、强党性、重实践、建新功"总要求，发挥区委常委会带头作用，一体推进理论学习、调查研究、推动发展、检视整改，在以学铸魂、以学增智、以学正风、以学促干上不断取得扎实成效。聚焦主题主线，在全区处级以上单位集中开展读书班学习，建立完善及时跟进学习习近平总书记重要讲话和重要指示批示精神的制度机制，广泛开展联组学习，切实打牢思想理论根基。打造"静邻讲堂·月月讲"平台，发挥"五个一批"百堂精品党课和"学思践悟新思想"现场教学点的理论和实践教学作用，进一步增强广大党员干部对党的创新理论的政治认同、思想认同、理论认同、情感认同。在全区大兴调查研究，推动处级以上领导班子成员开展课题调研862项，形成年度重点工作措施971个、为民办实事1675件，一批制约发展、民生和党建的根节难题得到有效破解，基层、群众和企业的一批诉求得到及时回应。深入开展"进百家门、访百家情、解百家难、暖百家心"大走访，打造"一网协同"调研走访系统，形成同题共答、同向发力、数字赋能、闭环管理的走访联系和问题解决机制，用心用情为群众办实事、为企业解难题、为基层减负担，不断提升主题教育成效，不断增强人民群众获得感、幸福感、安全感和满意度。全力以赴推动贯彻落实。坚持把学习贯彻习近平新时代中国特色社会主义思想与习近平总书记考察上海重要讲话精神以及市委对静安的指示要求紧密结合起来，紧紧围绕习近平总书记对上海提出的一系列新定位、新论断、新要求、新任务，持之以恒细化"施工图"、绘好"实景画"，全力推动中央对上海、市委对静安的各项要求在静安区落地生根、开花结果。坚持以调研开局、以调研开路，组织开展推动科创动能增强、加大力度培育本土优质企业等五个重点课题调研，形成一批高质量的调研成果，并转化为相关工作的行动方案和任务措施。按照市委关于贯彻落实习近平总书记重要讲话精神和深化高水平改革开放、推动高质量发展的部署要求，结合静安实际，分别进行深入谋划、制定相应文件，专题在区委全会上作出全面部署，团结带领全区上下沿着习近平总书记指引的方向和目标，以排头兵的姿态和先行者的担当，在社会主义现代化建设中走在前列、勇立潮头。主动对接上海建设"五个中心"、强化"四大功能"的工作大局，更加自觉主动地把改革开放创新的精神和举措贯彻落实到静安各项工作中，推动形成改革开放再出发、创新发展再突破的生动局面。开展区"十四五"规划实施情况中期评估，系统总结区域经济社会发展阶段性成效，结合外部环境变化，深入开展问题研究，优化细化工作措施，切实把中央精神、市委要求转化为推动静安区"十四五"后半程发展的创新思路和务实举措。

经济高质量发展迈出坚实步伐。全力巩固经济向稳向好态势。面对严峻复杂的外部环境，始终坚持发展第一要务不动摇，以实施"七增计划"为主要抓手，全力以赴提升区域经济的竞争力、创新力和抗风险能力，推动区域经济在克难奋进中前行。认真落实国家和全市相关政策，制定实施静安区提信心扩需求稳增长促发展行动方案，突出"政策+行动"双轮驱动，以更大力度助力企业发展，以更实举措扩大需求强化供给，更好引导社会预期、提振发展信心。积极扩大有效投资，举办经济贡献二百强企业颁奖仪式、外资合作伙伴服务季暨外资企业圆桌会、重点载体"月月推"等系列投资促进活动，推动招商引资增质取得新成效，一批重大项目和龙头企业落户静安。坚持招商引商与安商稳商并重，以企业服务三级网络为基础，不断加强政企常态化沟通交流，建立重点企业"服务包"制度，落实"一企一管家"，精准高效为企业提供定制化服务。把优化营商环境作为推动高质量发展的一项基础性工作，紧紧围绕市场化、法治化、国际化方向，落实市6.0版行动方案，实施六大赋能行动，扎实推动服务效能增优。持续深化高水平改革开放。着眼全局、敢为先锋，不断拓展改革开放的广度和深度，积极发挥改革开放的"关键一招"作用，以高水平改革开放助推高质量发展。大力推动总部经济增能,引导和支持跨国公司地区总部拓展功能、提升能级、新设业务,深化市北高新民营企业总部集聚区建设,多功能、复合型、全域布局的总部经济体系初步建立,全年新增跨国公司地区总部12家、民营企业总部3家、贸易型总部2家、创新型总部1家。促进外资外贸高质量发展,出台《静安区推动对外贸易高质量发展的实施意见》,积极创建"专业服务贸易集聚区"和"优质产品进口示范区"。不断探索投资贸易便利化举措,推动进口服装检验采信政策落地,深化海关AEO高级认证工作,打造张园西区保税展示交易服务平台。推动全球服务商计划再升级,制定发布新一轮若干意见,全球服务商名录机构增至92家,区域内全球高端专业服务机构达到全市三分之一。拓展全球服务机构辐射功能,推动全球服务商计划深度融入长三角区域一体化发展,发布《全球服务商出海专业服务手册》。全力做好第六届"进博会"服务保障和组织工作,静安交易分团意向采购订单金额再次列全市各区首位。加快建设现代化产业体系。始终坚持以科技创新为引领、以服务经济为支撑、以各类企业为主体,持续优化产业结构、业态结构、动力结构,不断开辟发展新领域新赛道、塑造发展新动能新优势。实施科创动能增强计划,在全市率先召开科技创新大会,制定《静安区进一步增强科技创新动能三年行动方案(2023—2025)》,统筹推进实施六大专项行动。坚持在重点产业增效上精准发力,巩固放大商贸服务业、金融服务业、专业服务业的领先地位,积极抢占数据智能、文化创意、生命健康等产业前沿和未来领域。坚持把恢复和扩大消费摆在优先位置,深化上海国际消费中心城市示范区建设,率先发布并全面落实《关于进一步优化消费环境的实施方案》,启动南京西路"千亿商圈"建设三年行动计划,大力发展首发经济、品牌经济、夜间经济、露台经济,精心办好五五购物节、享"耀"消费季等主题促消费活动。落实"两个毫不动摇",持续深化国资国企改革,启动实施百企成长计划,积极营造国企敢干、民企敢闯、外企敢投的环境,充分激发各类市场主体活力。加强高层次人才引育,支持海外人才来静安工作和创新创业。扎实推进"亿元楼培育计划",加大重点楼宇运营监测力度,全年亿元楼数量达88幢,其中月亿楼9幢、百亿楼1幢。积极拓展城区发展新空间。着眼提升城区功能和经济密度,聚焦四大功能区,加快重点区域开发,推进城市有机更新,着力优化空间布局,为经济高质量发展提供有力支撑。全力加快重大项目建设,南京西路永源浜4号地块等项目实现开工,江宁路街道54A地块等项目实现竣工,全年开、竣工面积分别为103.6万平方米和101.2万平方米。完善区级审批审查中心运行机制,巩固和拓展桩基施工先行、分期验收、公用市政配套接入一站式服务等举措,重大工程增速取得新成效。持续用力推动土地亩产增长,创新商务楼宇更新、低效园区转型、产业用地盘活路径,城市航站楼、四季酒店等楼宇更新项目扎实推进,74个产业园区全部制定"一园一方案"并明确责任单位,全年启动飞乐地块等5幅工业用地转型升级,成功入选全国首批"自然资源节约集约示范县(市)"。聚焦重点区域、重点项目,深化城市更新规划研究,市区联动开展东斯文里地区规划设计,在全市率先试点推进整单元片区"三师"联创机制,完成城市设计工作方案编制,把城市更新"综合成本平衡、区域发展平衡、近远衔接平衡"落到实处。继续高标准推进张园地区保护性开发。

社会主义民主法治建设取得新进展。支持人大及其常委会开展工作、发挥作用。加强和改进党对人大工作的领导,充分发挥人民代表大会制度在实现全过程人民民主中的重要制度载体作用,进一步提高制度化、规范化、程序化水平,推进全过程人民民主最佳实践地建设。支持区人大围绕"十四五"规划实施情况中期评估以及经济高质量发展、依法治区建设、城区环境品质提升、提升人民生活水平等方面,开展执法检查、专项监督、专题调研。着力建设具有静安特色的高水平的人大代表"家站点",发挥窗口、平台、阵地作用。加强与市人大上下联动,专工委与人大街工委、镇人大协同互动,形成工作合力。加强代表履职能力建设,密切代表同人民群众的联系,发挥代表的主体作用。支持政协加强专门协商机构建设。加强和改进党对政协工作的领导,坚持发扬民主和增进团结相互贯通、建言资政和凝聚共识双向发力,不断提高新时代政协工作水平。落实协商式监督定位,聚焦"两旧"改造、优化营商环境等重点工作,深入开展专项民主监督和对口协商,更好发挥以协商促改进、以监督助落实的作用。围绕群众关切,广泛开展"协商议事厅"活动,推动政协协商与基层协商有效衔接,做好84名在沪全国政协委员、市政协委员参加静安区"协商于民"政协委员工作站履职工作。加强政协专门委员会和界别工作室建设,支持各界别发挥特色优势,积极拓宽履职渠道。加强政协委员履职培训,帮助委员切实提高"四种能力"。做好新时代统一战线工作。深入贯彻落实《中国共产党统一战线工作条例》,不断完善大统战工作格局。加强统战宣传思想文化工作,建成"统战源·上海静安统战文化中心"。支持统一战线各领域组织开展"凝心铸魂强根基、团结奋进新征程"主题教育,进一步夯实团结奋斗的共同思想政治基础。落实政党协商安排,委托各民主党派区委、区工商联、无党派人士围绕加强基层治理体系建设、推动科创动能增强、培育发展本土优质企业等开展专项民主监督。做好无党派人士、党外知识分子和新的社会阶层人士统战工作,加强党外代表人士队伍建设。召开区促进民营经济高质量发展大会,为民营经济营造良好发展环境,更好促进"两个健康"。巩固和谐稳定民族宗教关系,完成中央民族工作检查和宗教工作督查。深入开展港澳台、海外统战和侨务工作,完成静安海联会、静安香港联会、区中华职业教育社换

届。深入推进全面依法治区。深入学习贯彻习近平法治思想,努力建设更高水平的法治静安,不断提高各方面工作法治化水平。制定落实关于进一步加强党政主要负责人述法工作的实施办法,实现区管党政主要负责人书面述法、专题述法全覆盖,推动法治建设责任制有效落实。完善党政机关法律顾问工作制度,积极推进严格规范公正文明执法,健全行政争议法治化解决机制,不断巩固全国法治政府建设示范区创建成果。规范司法权力运行,促进司法公正、司法为民。完善基层法治观察机制,开展法治建设示范街镇创建。优化调整"谁执法谁普法"责任清单,加大全民普法力度,完成"八五"普法中期评估。对接上海国际法律服务中心建设,积极推动法律服务行业高质量发展。

国际文化大都市核心区建设展现新成效。巩固壮大奋进新时代的主流思想舆论。深入学习贯彻习近平文化思想,召开宣传思想文化工作会议,持续推进文化自信自强,为静安发展凝聚强大精神力量。压紧压实意识形态工作责任制,强化各类意识形态阵地动态管理,加强重点区域、重点领域意识形态风险排查,坚决守牢意识形态安全底线。建立区网络协同治理联动机制,挂牌成立区级互联网违法和不良信息举报中心,开展网络清朗专项活动,维护良好网络传播秩序。加强舆情预警监测,强化舆情分级分类和闭环管理。建立健全关键信息基础设施网络安全监测预警制度,探索开展网络安全执法,组织实施"护航数字经济,筑牢安全防线"一体化、常态化宣贯活动。加强互联网企业党建,发挥好政治引领作用。深化区融媒体中心建设,聚焦重大主题、重要节点,深度策划组织宣传报道和新闻发布,用心讲好静安故事,生动展现静安形象,"航拍静安2023""Hi静安"等外宣作品获第十七届"银鸽奖"八项荣誉。着力培育和践行社会主义核心价值观。深入实施党的诞生地红色文化传承弘扬工程,完善区级红色资源保护利用工作联席

会议机制，优化塑造"党章诞生地""辅德里"等静安红色文化品牌，中共中央秘书处机关旧址纪念馆正式建成开馆。深化全国文明城区创建复评工作，不断完善常态长效工作机制，着力营造同创共建浓厚氛围，推动市民文明素质和城区文明程度进一步提升。紧密结合弘扬上海城市精神品格，全面推进新时代文明实践工作，实现居村新时代文明实践站全覆盖，推动文明实践品牌进企业、进校园、进社区。启动区新时代文明实践专项基金并发布优秀项目扶持计划，深入推动志愿服务创新发展。加强新时代公民道德建设，广泛开展市民修身行动，大力选树、宣传各类先进典型，积极倡导向上向善的社会风尚。推动文化事业和文化产业繁荣发展。制定实施《静安区公共文化惠民工程三年行动计划（2023—2025年）》，深入开展"十百千万"文化配送工程，完善静安文旅智慧服务平台功能，培育打造"社会大美育课堂"，更好满足市民群众文化生活新期待。完善公共文化服务设施布局，巨富国潮文化馆启动开工建设，静安区图书馆（天目路馆）扩建等项目有序推进。加强重点历史建筑保护利用，推进"建筑可阅读"示范区建设，设计苏河湾全域文旅地图。持续深化"国家文化和旅游消费试点城市"建设，成功举办2023静安国际光影节、2023上海·静安现代戏剧谷、第七届中国·上海静安国际雕塑展、"浓情静安·爵士春天"音乐节、"奔流计划——两河对话"启动仪式及上海论坛等重大文旅品牌活动。推动影视、电竞等产业能级提升，中国电竞产业研究院揭牌落地静安。

人民生活品质持续改善。落实落细民生实事项目。践行"人民城市"重要理念，聚焦"旧、老、小、难"等民生方面的突出问题，制定实施新一轮民心工程三年行动计划，打造具有静安特色的民心工程体系。大力推进"两旧"改造，完成9幅零星地块旧改收尾，蕃瓜弄小区旧住房改造项目提前完成100%签约、100%搬场，提前2个月实现开工，创造从签约到搬场、从搬场到开工"两个全市最快"，并被收录进"2023年世界城市日城市建设和发展案例展"。持续用力推进既有多层住宅加装电梯，全年开工500台、完工335台。深刻吸取常德路519弄加装电梯工程质量问题教训，全覆盖排查整治安全隐患，完善全流程监管机制，探索长效化运维服务管理模式。推进"美丽家园"建设，持续拓展内涵、提升品质，小区电动自行车充电设施实现"应建尽建"。完成区级养老服务设施布局专项规划（2022—2035）编制，有序推进静安老年健康中心、彭一小区养老院等项目建设，着力提升社区嵌入式养老服务能级，在全区推广"五床联动"整合性照护服务模式。持续增加普惠性托育服务资源供给，实现社区托育"宝宝屋"街镇全覆盖。不断丰富"三段式"课后服务内涵，办好小学生"爱心暑托班"。织密织牢社会保障网络。深化就业创业服务，支持应届高校毕业生等重点群体就业，鼓励企业吸纳就业，促进创业带动就业。加大根治欠薪工作力度，持续构建和谐劳动关系。进一步健全社会救助体系，深化推进"政策找人"工作，有效落实各项救助政策。强化医保基金监管，深化长护险服务。推动慈善帮扶与政府救助有序衔接，开展"上海慈善周""蓝天下的至爱"等系列主题活动。团结引导广大职工群众建功立业，全面推进青年发展型城区建设试点，努力营造妇女儿童友好发展环境。完成区残联、区红十字会换届。开展新一轮全国双拥模范城创建，做好双拥和退役军人服务保障工作。坚持"房住不炒"定位，促进区域房地产市场平稳健康，超额完成保障房筹措供应。落实粮食安全责任制，持续推进粮食应急供应网络及社会储备体系建设，不断巩固提高粮食安全保障能力。做优做强公共服务供给。全面推进"15分钟社区生活圈"建设，建立区、街镇两级议事会制度，编制街镇"一张蓝图"，落实"十大专项行动"。坚持五育并举，深化区域德育一体化实践，加强中小学生心理健康教育。

深化教育综合改革，加强紧密型学区集团创建，推进小学教育内涵发展，启动新一轮公办初中"强校工程"，推进高中分类协同特色多样发展。加强校外培训机构监管，促进各类教育融合发展。积极开展紧密合作医疗联合体试点，做实做强区域医疗中心，推进新一轮社区卫生服务中心标准化建设。优化"健康静安"平台功能，持续推进"便捷就医"数字化转型。加强公共卫生体系建设，完成居委会下属公共卫生委员会设置，区疾控中心新实验室大楼投入使用。成功创建全国科普示范区，群众科学素养持续提升。增强全民健身公共服务供给，提升体育场馆服务水平，办好2023国际剑联花剑大奖赛等体育赛事。

城区治理现代化水平稳步提升。深化治理数字化转型。全面落实首席数据官制度，加强政务云平台建设管理，有序推进区块链基础设施服务平台建设，加快推动公共数据上链，做好网络数据安全工作。深化高效办成"一件事"改革，优化完善"一网通办"静安频道，强化"随申办"静安旗舰店服务供给，持续拓展以"随申码"为载体的数字场景应用，推动政务服务办事过程更智慧、更便捷。聚焦高效处置"一件事"，加强城市运行"一网统管"4.0平台建设，持续完善城市运行生命体征指标体系，加快各类特色应用场景的开发上线，区城运中心新建指挥大厅正式投入运行。以群众满意为标准，优化"12345"市民服务热线工作机制，推动工单办理提质增效。持续提升区域环境质量。有序实施区生态环保"十四五"规划、第八轮环保三年行动计划及专项行动计划，深化落实长江经济带生态环境警示片和市生态环境警示片突出问题整改。深入打好污染防治攻坚战，建立固定污染源全域纳管体系，推进排污许可一证式管理。贯彻落实河湖长制，稳步推进彭浦西初雨调蓄池等控污重大项目建设，加强雨污混接综合治理，制定落实海绵城市建设三年行动计划。全面开展"无废城市"建设，推进可回收物精细化分类工作，推广装修垃圾收运新模式。积极稳妥落实碳达峰碳中和工作，促进重点行业、重点领域节能降碳，开展低碳示范社区创建。以林长制为牵引，优化完善区域绿色生态网络，推动辞书出版社等单位附属绿地和三泉公园打开围墙。深化"美丽街区"建设，持续开展街区景观综合整治，创建3条高标准保洁道路（区域），完成"一河两高架"景观照明提升工程。提前完成架空线入地和合杆整治年度任务。深化城管执法体制改革。加快形成党建引领共建共治共享基层治理格局。持续完善党建网格工作架构和运行机制，系统发布五大"静邻行动"。创新打造以"美好社区、先锋行动"为引领的基层治理"十百千"项目矩阵，成立静安区党建智库，推动理论和实践融合创新。持续深化区域化党建"共同行动"工作品牌，成立苏河湾功能区党建联盟、张园城市更新党建联盟，进一步推动各区域单位多元协同、跨界联动。聚焦"巨富长""延武胶"等特色街区，探索打造"理念融合、平台融建、资源融聚、力量融通、数据融汇"的"五融共治"街区治理新模式。全面落实"四减"任务，修订居民区组织考核评价工作方案，完成居村组织挂牌清理，深化全要素社区治理智能平台建设，严格实施下沉社区事务准入管理，一体推进为居村组织减负增能。抓牢居民区党组织书记队伍这个关键，深入推进新时代好班长"领跑工程"，持续开展基层治理队伍大培训。全力保障城区安全稳定。全面践行总体国家安全观，健全各重点领域国家安全工作协调机制，推动各方面履职尽责、协调联动，形成权责一致、齐抓共管的良好局面。修订安全生产、消防、灾害防治综合考核评价体系，开展重大事故隐患专项排查整治2023行动，推动区级重大事故隐患挂牌督办。压实灾害防治责任，开展应急避难场所建设，提升应急物资保障水平，推进全国综合减灾示范社区、上海市安全发展和综合减灾示范社区创建，初步完成第一次自然灾害综合风险普查。坚持和发展新时代"枫桥经验",积极探索矛盾纠纷多元排查调处新模式,组建一站式法治服务中心。开展信访问题源头治理三年攻坚行动,持续深化人民建议征集工作。全力推进更高质量的平安静安建设,开展常态化扫黑除恶工作,成功创建"全国市域社会治理现代化试点合格城市"。落实习近平强军思想,压实党管武装政治责任。在全市率先完成国防动员体制改革阶段性任务,强化国防动员准备和后备力量建设,加强全民国防教育。

党的建设质量不断提高。严肃认真做好配合市委巡视和整改落实工作。深入学习贯彻习近平总书记关于巡视工作重要论述,充分认识巡视"政治体检"的重大意义,从讲政治的高度全力配合市委巡视静安和提级巡视区纪委监委工作。将抓好巡视整改作为深化全面从严治党的重要抓手和推动静安各项事业发展的重要契机,切实履行巡视整改主体责任,不断推进以巡促改、以巡促建、以巡促治。成立由区委主要领导任组长的巡视整改工作领导小组,研究制定《区委巡视整改落实方案》,梳理确定30个整改事项,结合市委第二轮巡视发现的17个共性问题,分别建立问题清单、任务清单、责任清单。对照市委巡视整改各项要求,倒排时间节点,抓实进度管理,加快推动巡视反馈问题逐项挂账销号。深入挖掘问题背后的制度性因素,认真查补机制建设和制度执行中的漏洞,推动各项工作制度化、规范化,进一步提升整改成效。持续提升基层党建整体效能。拧紧压实党建责任链条,向纵深推进党建品牌工程,一体化打造"静邻"系列党建品牌集群。深化楼宇党建"治立方"多元善治体系,不断增强政治引领功能,推动"有形覆盖"基础上的"有效覆盖",更好赋能楼宇治理、促进楼宇发展。完成80个楼宇(园区)"楼务会"建设,在全市率先出台人财物保障20条举措,构建"区-街镇-楼宇"三级服务网络和两级责任制,推动"楼务会"进一步转起来、强起来。全面提升党群服务阵地体系功能,打造上海最高的党群服务阵地——苏河湾党群服务中心,构建"静邻一家·苏河荟"党群服务阵地体系,创新开展"悦享"静邻、便民集市等活动,精准对接基层群众多样化、个性化需求。统筹推进机关、企事业单位各领域基层党建,持续擦亮"先静者""菁资汇"等党建品牌。深化区级机关"党员先锋行动"与"双结对""双报告"等工作,模范机关建设进一步走深走实。着力锻造高素质干部人才队伍。树牢选人用人正确导向,坚持把政治标准放在首位,持续加强区管领导班子调整配备,不断优化干部队伍年龄和专业结构。着力加强年轻干部选拔培养,持续优化调整"三个一百"优秀年轻干部数据库,启动"交流使用一批、交叉培养一批、培训提升一批"工作,帮助年轻干部拓展视野、增强本领、健康成长。持续加强干部监督管理,严格落实新修订的《领导干部报告个人有关事项规定》,开展选人用人专项检查,从严做好领导干部社团兼职审批、个人有关事项查核、因私证照管理和出国(境)审批相关工作。整体推进公务员队伍建设,分批分类开展公务员培训,稳步推进公务员管理"一件事"改革。用心用情做好老干部工作,进一步提升精准服务水平。做好援外干部选派和外省市干部来沪挂职等工作,完成援疆、援三峡库区、雄安新区挂职、崇明薄弱村驻村指导员干部人才选派。加快推进高水平人才集聚区建设,举办区人才工作会议暨优秀人才表彰大会,深入实施"静英"人才行动计划,持续营造人才发展良好生态环境。坚定不移深化正风肃纪反腐。深化细化全面从严治党"四责协同"机制,推动管党治党政治责任一体落实、贯通协同。始终保持惩治腐败高压态势,持续聚焦国资国企领域巩固拓展系统施治成果,深入推进粮食购销领域腐败问题专项整治。综合运用监督执纪"四种形态",深化标本兼治、一体推进不敢腐、不能腐、不想腐。持之以恒落实中央八项规定精神,聚焦群众关切和不正之风、腐败问题易发环节,深入开展专项治理,不断健全作风建设长效机制。着力推动"四项监督"贯通融合,深化"小切口"监督模式,围绕重点问题开展专项监督调研,全面提升监督实效。持续深化政治巡察,研究制定《关于深化"四方联动"工作机制进一步加强巡察整改和成果运用的意见》,完成二届区委第三、四轮对合计16家单位党组织的常规巡察,压茬推进第五轮对7家单位党组织的常规巡察和"回头看"。推动警示教育制度化常态化,深入开展党风廉政教育月活动,有序推进新时代廉洁文化建设,持续巩固风清气正的良好政治生态。推进纪检监察干部队伍教育整顿,着力打造忠诚干净担当的纪检监察铁军。区委常委会高度重视自身建设,始终把忠诚拥护"两个确立"、坚决做到"两个维护"作为最高政治原则和根本政治规矩,不断提高政治判断力、政治领悟力、政治执行力。坚决贯彻民主集中制,严格执行《区委工作规则》等各项议事规则、决策程序。坚持集体学习制度,大兴调查研究之风。坚持以身作则、率先垂范,严格遵守廉洁自律各项规定,自觉接受各方面监督。

(徐璐宁)

(二)重要会议和活动

【政协静安区第二届委员会第二次会议】 于1月4日至6日在海上文化中心召开。区委书记于勇就政协工作提出具体要求。 (徐璐宁)

【区第二届人民代表大会第三次会议】 于1月5日至7日在海上文化中心召开。区委书记于勇就人大工作提出具体要求。 (徐璐宁)

【党委(党组)书记抓基层党建工作述职评议会暨区党建品牌创建年成果展示会】 于1月9日在区机关大楼召开。区委书记于勇就基层党建工作提出具体要求。 (徐璐宁)

【区委常委会2022年度民主生活会征求意见座谈会】 于1月9日在区机关大楼召开。区委书记于勇就民主生活会听取意见建议。 (徐璐宁)

【区委季度工作会议暨区疫情防控工作领导小组会议】 于1月19日在区机关大楼召开。区委书记于勇就开局起步各项工作提出具体要求。 (徐璐宁)

【援(驻)外干部新春座谈会】 于1月19日在区机关大楼召开。区委书记于勇向区援(驻)外干部致以节日问候和崇高敬意,向援(驻)外干部家属表示慰问和感谢,并就援(驻)外工作提出具体要求。

(徐璐宁)

【二届区纪委三次全会】 于1月19日在区机关大楼召开。区委书记于勇就全面从严治党提出具体要求。 (徐璐宁)

【区商务委领导班子民主生活会】 于1月29日在巨鹿路915号会场召开。区委书记于勇就强化政治建设、抓好主责主业、落实管党治党责任等提出具体要求。 (徐璐宁)

【专项民主监督专题协商会】 于1月31日在区机关大楼召开。区委书记于勇就专项民主监督工作提出具体要求。 (徐璐宁)

【区投资促进大会】 于2月2日在区机关大楼召开。区委书记于勇就投资促进工作提出具体要求。

(徐璐宁)

【区残疾人联合会第二次代表大会】 于2月3日在区机关大楼召开。区委书记于勇就残疾人工作提出具体要求。 (徐璐宁)

【创建复评全国文明城区工作动员部署会】 于2月21日在区机关大楼召开。区委书记于勇就全国文明城区创建复评工作提出具体要求。　　（徐璐宁）

【2022年重点工程建设总结表彰大会暨2023年重大工程签约仪式】 于2月22日在区机关大楼召开。区委书记于勇就重大项目推进工作提出具体要求。
　　　　　　　　　　　　　　（徐璐宁）

【"推动科创动能增强"调研课题开题会】 于2月23日在区机关大楼召开。区委书记于勇就调研课题开题提出具体要求。　　　　（徐璐宁）

【科技创新企业座谈会】 于2月23日在区机关大楼召开。区委书记于勇与元宇宙、区块链领域企业代表共同探索打造创新全链条加速机制。（徐璐宁）

【区委党的建设工作领导小组会议】 于2月24日在区机关大楼召开。区委书记于勇就党的建设工作提出具体要求。　　　　　　　（徐璐宁）

【区委中心组学习(扩大)会】 于2月27日在区机关大楼召开。区委书记于勇就学习贯彻党的二十大精神提出具体要求。　　　　（徐璐宁）

【政法信访工作会议】 于2月27日在区机关大楼召开。区委书记于勇就政法信访工作提出具体要求。
　　　　　　　　　　　　　　（徐璐宁）

【区委全面深化改革委员会会议】 于2月28日在区机关大楼召开。区委书记于勇就全面深化改革提出具体要求。　　　　　　　　（徐璐宁）

【优化营商环境工作推进大会】 于3月1日在区机关大楼召开。区委书记于勇就优化营商环境工作提出具体要求。　　　　　　　（徐璐宁）

【科技创新企业座谈会】 于3月7日在区机关大楼召开。区委书记于勇与区内部分智能制造企业代表共同探讨、交流智能制造产业未来发展方向,深入了解企业状况与需求。　　（徐璐宁）

【区国资国企工作会议】 于3月9日在区机关大楼召开。区委书记于勇就深化国资国企改革提出具体要求。　　　　　　　　　　（徐璐宁）

【区委统一战线工作领导小组第七次全体(扩大)会议】 于3月9日在区机关大楼召开。区委书记于勇就统一战线工作提出具体要求。（徐璐宁）

【区"12345"市民服务热线工作现场推进会】 于3月9日在宝山路街道党群服务中心召开。区委书记于勇就"12345"市民服务热线工作提出具体要求。
　　　　　　　　　　　　　　（徐璐宁）

【区委机构编制委员会会议】 于3月10日在区机关大楼召开。区委书记于勇就机构编制工作提出具体要求。　　　　　　　　　（徐璐宁）

【区委宣传思想工作领导小组(扩大)会议暨区委网信委第五次(扩大)会议】 于3月14日在区机关大楼召开。区委书记于勇就宣传思想和网信工作提出具体要求。　　　　　　　（徐璐宁）

【区深化党建引领基层治理工作推进会】 于3月22日在区机关大楼召开。区委书记于勇就党建引领基层治理工作提出具体要求。　（徐璐宁）

【区离退休干部区情通报会】 于3月22日在区老干部活动中心召开。区委书记于勇向离退休老同志

作区情通报。　　　　　　　　（徐璐宁）

【区委审计委员会第六次会议】　于3月27日在区机关大楼召开。区委书记于勇就审计工作提出具体要求。　　　　　　　　　　　　（徐璐宁）

【区海外联谊会第二届理事会第一次会议】　于3月28日在上海国际贵都大饭店召开。区委书记于勇就统一战线工作提出具体要求。　　（徐璐宁）

【区外资合作伙伴暨意大利企业圆桌会议】　于3月29日在张园召开。区委书记于勇向选择静安、扎根静安的意大利企业以及意大利驻沪总领馆、中国意大利商会为静安发展作出的贡献表示衷心感谢，并向与会代表介绍静安区在优化营商环境等方面情况。（徐璐宁）

【区委中心组学习（扩大）会】　于3月30日在区机关大楼召开。区委书记于勇就学习贯彻全国"两会"精神提出具体要求。　　　　　（徐璐宁）

【区碳达峰碳中和工作领导小组扩大会议】　于4月4日在区机关大楼召开。区委书记于勇就碳达峰碳中和工作提出具体要求。　　　　　（徐璐宁）

【区委季度工作会议】　于4月5日在区机关大楼召开。区委书记于勇就二季度工作提出具体要求。
　　　　　　　　　　　　　　（徐璐宁）

【苏河湾党群服务中心启用仪式暨"静邻一家·苏河荟"党群服务体系发布会】　于4月28日在区苏河湾党群服务中心召开。区委书记于勇就基层党建工作提出具体要求。　　　　　　（徐璐宁）

【区党管武装暨民兵建设工作会议】　于5月5日在区机关大楼召开。区委书记于勇就党管武装和民兵建设工作提出具体要求。　　　　　（徐璐宁）

【上海静安-云南文山东西部协作联席会议】　于5月9日在上海美丽园大酒店召开。区委书记于勇就东西部协作工作提出具体要求。　　　（徐璐宁）

【区党建引领建设"静邻物业"暨加装电梯和"美丽家园"工作推进大会】　于5月10日在芷江西路街道邻里中心召开。区委书记于勇就党建引领基层治理工作提出具体要求。　　　　　　（徐璐宁）

【区河湖长制林长制工作会议】　于5月11日在区机关大楼召开。区委书记于勇就河湖长制和林长制工作提出具体要求。　　　　　（徐璐宁）

【区委财经工作委员会扩大会议暨区委经济运行分析工作例会】　于5月12日在区机关大楼召开。区委书记于勇就经济工作提出具体要求。　（徐璐宁）

【"推动科创动能增强"区委重点调研课题专题会】　于5月16日在区机关大楼召开。区委书记于勇就推动科创动能增强提出具体要求。　　　（徐璐宁）

【区精神文明建设工作会议暨创建复评全国文明城区工作通报部署会议】　于5月17日在区机关大楼召开。区委书记于勇就精神文明建设和全国文明城区创建复评工作提出具体要求。　　（徐璐宁）

【区委依法治区委员会第五次会议暨述法专题会议】　于5月17日在区机关大楼召开。区委书记于勇就全面依法治区工作提出具体要求。　　（徐璐宁）

【区重大事故隐患专项排查整治2023行动部署会暨区安全生产委员会全体会议】　于5月18日在区机关大楼召开。区委书记于勇就安全生产工作提出

具体要求。（徐璐宁）

【市统计局2023年第1督察组进驻静安区对接沟通会】 于5月22日在区机关大楼召开。区委书记于勇就统计督察工作提出具体要求。（徐璐宁）

【区委国安委会议暨区委平安建设工作例会】 于5月22日在区机关大楼召开。区委书记于勇就国家安全和平安建设工作提出具体要求。（徐璐宁）

【区委重大项目推进工作例会】 于5月23日在区机关大楼召开。区委书记于勇就重大项目推进工作提出具体要求。（徐璐宁）

【区委中心组学习（扩大）会】 于5月26日在区机关大楼召开。区委书记于勇就学习贯彻党的二十大精神和习近平经济思想提出具体要求。（徐璐宁）

【区政协专题议政性常委会暨重点提案督办协商会】 于5月31日在区机关大楼召开。区委书记于勇听取委员协商建言，就构建静安现代化产业体系、推动高质量发展提出具体要求。（徐璐宁）

【科技金融企业座谈会】 于6月8日在区机关大楼召开。区委书记于勇与区内部分科技金融企业代表共同探讨区科技金融发展趋势、产业发展预判、科技创新与金融资本融合形势等情况。（徐璐宁）

【区人才工作会议暨优秀人才表彰大会】 于6月8日在上海展览中心召开。区委书记于勇就人才工作提出具体要求。（徐璐宁）

【区生态文明建设领导小组会议】 于6月15日在区机关大楼召开。区委书记于勇就生态文明建设工作提出具体要求。（徐璐宁）

【党外人士座谈会】 于6月25日在区机关大楼召开。区委书记于勇就推动科创动能增强听取意见建议。（徐璐宁）

【区红十字会第二次会员代表大会开幕式】 于6月25日在海上文化中心召开。区委书记于勇就红十字会工作提出具体要求。（徐璐宁）

【区委中心组学习（扩大）会】 于6月26日在区机关大楼召开。区委书记于勇就弘扬伟大建党精神提出具体要求。（徐璐宁）

【"弘扬'四个特别'精神，凝聚卓越城区奋进力量"——区"七一"主题党日活动暨先进事迹报告会】 于6月29日在区党建服务中心召开。区委书记于勇就弘扬"四个特别"精神提出具体要求。（徐璐宁）

【区委中心组学习（扩大）会】 于7月6日在区机关大楼召开。区委书记于勇就安全生产工作、防范化解重大风险提出具体要求。（徐璐宁）

【区促进民营经济高质量发展大会】 于7月10日在区机关大楼召开。区委书记于勇就民营经济发展提出具体要求。（徐璐宁）

【二届区委七次全会】 于7月18日在海上文化中心召开。全会由区委常委会主持。全会审议通过《中共静安区委关于深入学习贯彻习近平新时代中国特色社会主义思想 深化高水平改革开放，着力推动高质量发展，加快建设卓越的现代化国际城区的实施意见》。区委书记于勇就《实施意见（讨论稿）》作说明并讲话，区委副书记、区长王华部署下半年经济社会发展工作。（徐璐宁）

【区委季度工作会议】 于7月25日在区机关大楼召开。区委书记于勇就三季度工作提出具体要求。

（徐璐宁）

【区双拥工作领导小组（扩大）会议暨双拥模范创建动员大会】 于7月25日在区机关大楼召开。区委书记于勇就双拥工作提出具体要求。 （徐璐宁）

【区离退休干部区情通报会】 于8月16日在区老干部活动中心召开。区委书记于勇向离退休干部作区情通报。 （徐璐宁）

【区委对台工作领导小组第八次全体（扩大）会议】 于8月18日在区机关大楼召开。区委书记于勇就对台工作提出具体要求。 （徐璐宁）

【区委中心组学习（扩大）会】 于8月29日在区机关大楼召开。区委书记于勇就发展全过程人民民主提出具体要求。 （徐璐宁）

【静安苏河湾功能区党建联盟成立仪式暨2023年静安区区域化党建工作推进会】 于8月29日在苏河湾党群服务中心召开。区委书记于勇就区域化党建工作提出具体要求。 （徐璐宁）

【区全面从严治党警示教育大会】 于9月5日在海上文化中心召开。区委书记于勇就全面从严治党工作提出具体要求。 （徐璐宁）

【科创企业座谈会】 于9月5日在市北高新技术服务业园区召开。区委书记于勇同企业家代表面对面沟通交流，共话发展、共谋未来。 （徐璐宁）

【区第六届"进博会"城市服务保障工作动员会】 于9月6日在区机关大楼召开。区委书记于勇就"进博会"城市服务保障工作提出具体要求。（徐璐宁）

【区组织工作会议】 于9月7日在区机关大楼召开。区委书记于勇就组织工作提出具体要求。（徐璐宁）

【区巡视整改工作动员部署会】 于9月11日在区机关大楼召开。区委书记于勇就巡视整改工作提出具体要求。 （徐璐宁）

【区学习贯彻习近平新时代中国特色社会主义思想主题教育动员大会】 于9月12日在区机关大楼召开。区委书记于勇就开展主题教育提出具体要求。

（徐璐宁）

【民心工程推进工作专题会】 于9月13日在区机关大楼召开。区委书记于勇就民心工程推进工作提出具体要求。 （徐璐宁）

【区委主题教育专题学习研讨会暨区委中心组学习（扩大）会】 于9月14日在区机关大楼召开。区委书记于勇就学习贯彻习近平新时代中国特色社会主义思想提出具体要求。 （徐璐宁）

【区委常委会主题教育述学会】 于9月15日在区机关大楼召开。区委书记于勇带头述学，就开展主题教育提出具体要求。 （徐璐宁）

【区委主题教育领导小组会议】 于9月15日在区机关大楼召开。区委书记于勇就开展主题教育提出具体要求。 （徐璐宁）

【区"十四五"规划中期评估专题研讨会】 于9月15日在区机关大楼召开。区委书记于勇就"十四五"规划中期评估工作提出具体要求。 （徐璐宁）

【区委平安建设第三次工作例会暨杭州亚运会安保维稳工作会议】 于9月18日在区机关大楼召开。区委书记于勇就平安建设和安保维稳工作提出具体要求。 （徐璐宁）

【区委主题教育专题学习研讨会暨区委中心组学习会】 于9月21日在区机关大楼召开。区委书记于勇就学习贯彻习近平总书记关于科技创新的重要论述提出具体要求。 （徐璐宁）

【区委财经工作委员会扩大会议暨经济运行分析工作例会】 于9月22日在区机关大楼召开。区委书记于勇就经济工作提出具体要求。 （徐璐宁）

【区数字赋能为居村组织减负工作推进会】 于9月25日在区机关大楼召开。区委书记于勇就数字赋能为居村减负工作提出具体要求。 （徐璐宁）

【市规划资源局与静安区城市更新工作联动会商会】 于9月26日在区机关大楼召开，双方就进一步强化统筹联动、更好集思广益，深入谋划推进城市更新工作进行交流。 （徐璐宁）

【区科技创新工作会议】 于9月27日在区机关大楼召开。区委书记于勇就科技创新工作等提出具体要求。 （徐璐宁）

【区打造南京西路"千亿商圈"深化国际消费中心城市示范区建设课题联动会商会】 于9月27日在区机关大楼召开。区委书记于勇就推进南京西路"千亿商圈"建设提出具体要求。 （徐璐宁）

【区委主题教育专题学习研讨会暨区委中心组学习会】 于9月28日在区机关大楼召开。区委书记于勇就学习习近平总书记关于加强基层党建的重要论述提出具体要求。 （徐璐宁）

【区委主题教育专题学习研讨会暨区委中心组学习会】 于10月7日在区机关大楼召开。区委书记于勇就学习习近平总书记关于调查研究的重要论述提出具体要求。 （徐璐宁）

【区委主题教育专题学习研讨会暨区委中心组学习会】 于10月11日在中共二大会址纪念馆多功能厅召开。区委书记于勇就学习"习近平上海足迹"提出具体要求。 （徐璐宁）

【区委主题教育领导小组工作会议】 于10月12日在区机关大楼召开。区委书记于勇就深入开展主题教育提出具体要求。 （徐璐宁）

【区委季度工作会议】 于11月8日在区机关大楼召开。区委书记于勇就年底收官冲刺工作提出具体要求。 （徐璐宁）

【区委主题教育专题学习研讨会暨区委中心组学习会】 于11月9日在区机关大楼召开。区委书记于勇就学习习近平总书记关于坚持深化改革开放的重要论述提出具体要求。 （徐璐宁）

【区粮食安全责任制考核工作推进会】 于11月13日在区机关大楼召开。区委书记于勇就粮食安全工作提出具体要求。 （徐璐宁）

【专项民主监督专题协商座谈会】 于11月15日在区机关大楼召开。区委书记于勇就专项民主监督提出具体要求。 （徐璐宁）

【区宣传思想文化工作会议】 于11月16日在区机关大楼召开。区委书记于勇就宣传思想文化工作

提出具体要求。 （徐璐宁）

【区委主题教育领导小组（扩大）会议】 于11月17日在区机关大楼召开。区委书记于勇就深入开展主题教育提出具体要求。 （徐璐宁）

【区委巡视整改工作领导小组（扩大）会议暨区委巡视整改工作推进会】 于11月24日在区机关大楼召开。区委书记于勇就区委巡视整改工作提出具体要求。 （徐璐宁）

【静安区委与虹口区委主题教育专题联组学习会】于12月12日在区机关大楼召开，双方围绕深入开展主题教育进行交流研讨。 （徐璐宁）

【区外资合作伙伴服务季暨德国企业圆桌会议】于12月13日在静安国际中心召开。区委书记于勇向与会企业代表介绍区优化营商环境等方面情况。
 （徐璐宁）

【区委常委会主题教育调研成果交流会】 于12月14日在区机关大楼召开。区委书记于勇通报领题调研课题成果，并就深化调查研究提出具体要求。
 （徐璐宁）

【区委学习讨论会】 于12月14日至15日在海上文化中心召开。区委书记于勇就谋划2024年工作提出具体要求。 （徐璐宁）

【静安区委与普陀区委主题教育专题联组学习会】于12月19日在区机关大楼召开，双方围绕深入开展主题教育进行交流研讨。 （徐璐宁）

【市商务委党组与静安区委主题教育专题联组学习会】 于12月20日在区机关大楼召开，双方围绕深入开展主题教育进行交流研讨。 （徐璐宁）

【党外人士座谈会】 于12月20日在区机关大楼召开。区委书记于勇就《区委常委会2023年工作报告（征求意见稿）》听取意见建议。 （徐璐宁）

【区委主题教育专题学习研讨会暨区委中心组学习（扩大）会】 于12月22日在区机关大楼召开。区委书记于勇就学习习近平总书记关于网络强国的重要思想提出具体要求。 （徐璐宁）

【二届区委八次全会】 于12月28日在海上文化中心召开。全会由区委常委会主持。全会审议通过《中共静安区委关于深入学习贯彻落实习近平总书记重要讲话精神加快建成上海具有世界影响力的社会主义现代化国际大都市的标志性地区的意见》。区委书记于勇就《意见（讨论稿）》作说明并讲话，区委副书记、区长王华对做好2024年全区经济社会发展工作作出部署。 （徐璐宁）

表1-1 2023年区委书记于勇调研视察情况表

时间	调研视察内容
1月20日	到大宁久光中心、大润发超市大宁店、大宁路派出所、彭浦市场监管所、区闸北中心医院和石门二路街道检查春节期间城区保障工作，慰问基层一线工作人员、困难群众和困难党员，并提出具体要求

（续表）

时间	调研视察内容
1月28日	到赛诺菲公司、晖致医药有限公司、上海灿瑞科技股份有限公司、张园东区、合生MOHO商业综合体、平型关路民和路征收安置房项目在建工地和彭浦新村街道彭五居民区开展经济社会发展走访调研，并提出具体要求
1月30日至2月10日	走访调研国泰君安证券股份有限公司、兴业银行上海分行、上海汽车集团财务有限责任公司等区内部分重点企业，与相关企业负责人交流座谈，深入了解企业发展情况，为企业解决实际困难
2月9日	到区人大调研，就加强政治建设、服务中心大局、强化人大自身建设提出具体要求
2月9日	到区政协调研，就加强政治建设、服务中心大局、广泛凝聚智慧力量、强化政协自身建设提出具体要求
2月13日	到区纪委监委调研，就纪检监察工作提出具体要求
2月15日	到区委组织部调研，就组织工作提出具体要求
2月15日	到中国电气装备集团走访调研，与相关企业负责人交流座谈，深入了解企业发展情况，为企业解决实际困难
2月20日	到区委宣传部调研，就宣传思想文化工作提出具体要求
2月20日	到区委政法委调研，就政法工作提出具体要求
2月21日	到区委统战部调研，就统战工作提出具体要求
2月22日	到彭浦镇调研，实地察看歆翱万荣中心广场，了解园区建设运营和园区党群服务站建设情况，并提出具体要求
3月1日	到区发展改革委调研，就经济社会发展工作提出具体要求
3月1日	到区投资办调研，就投资促进工作提出具体要求
3月2日	走访调研路威酩轩（上海）管理咨询有限公司，听取企业经营发展、品牌战略布局以及行业发展动向等情况介绍
3月7日	到区财政局调研，就财政工作提出具体要求
3月8日	到区税务局调研，就税收工作提出具体要求
3月22日	到江宁路街道、曹家渡街道实地督导全国文明城区创建复评工作，并提出具体要求
4月7日	走访调研益普索（中国）咨询有限公司上海分公司，了解企业经营发展、战略布局等情况
4月28日	按照大兴调查研究部署，专题调研南京西路"千亿商圈"建设情况，实地走访企业，了解商业综合体运营情况，察看在建工地推进情况，并提出具体要求

（续表）

时间	调研视察内容
5月4日至6日	按照大兴调查研究部署,专题调研南京西路"千亿商圈"建设情况,实地走访企业,察看项目推进情况,并提出具体要求
5月16日	按照大兴调查研究部署,到大宁路街道、宝山路街道新汉兴居民区、凯迪克大厦专题调研基层党建工作,深入居民区、楼宇、园区,面对面听取基层党组织负责人和党员、群众代表意见建议,并提出具体要求
5月24日	走访调研银之蕨食品(上海)有限公司,了解企业发展、经营计划、战略布局等情况,帮助解决困难诉求,助力企业在静安更好更快发展
5月25日	到天目西路街道蕃瓜弄小区、天目西路街道卓悦居(东区)小区、市北高新技术服务业园区企业AI体验馆、市北高新区块链生态谷调研走访,就推动解决群众急难愁盼、加快数字产业发展等方面,察实情谋实策,解难题促发展
5月25日	到北站街道专题调研深化国防动员体制改革工作,实地察看街道人防指挥所建设情况,听取相关部门、街道关于国防动员改革进展情况汇报,并提出具体要求
5月31日	按照大兴调查研究部署,实地走访路威酩轩集团、辉瑞投资有限公司、中信泰富广场,围绕加快推进国际消费中心城市示范区建设和南京西路"千亿商圈"建设开展专题调研,面对面听取企业负责人意见建议,帮助企业排忧解难
6月7日	按照大兴调查研究部署,到垂直掘进(盾构)地下智慧车库项目、静安老年健康中心项目现场专题调研民生实事工程项目建设情况,实地走访在建工地,察看工程进度,听取相关情况汇报,研究部署下阶段工作
6月7日	到华兴新城项目现场、西藏北路地道泵站检查安全生产和防汛工作,并提出具体要求
6月20日	按照大兴调查研究部署,走访调研易居企业(中国)集团有限公司、毕马威企业咨询(中国)有限公司,与企业负责人座谈交流,详细了解企业经营发展、业务布局等情况,现场解答疑难问题、听取意见建议,增强企业发展信心,帮助企业在静安实现高质量发展
6月20日	按照大兴调查研究部署,到拾影花园、跃动花园、上海利园调研口袋公园和新载体项目建设情况,并提出具体要求
6月28日	按照大兴调查研究部署,到宝山路街道会文大楼、宝矿洲际商务中心、苏河湾地区调研垃圾分类和民心工程推进落实情况,听取相关情况汇报,研究部署下阶段工作
7月5日	按照大兴调查研究部署,走访调研吉米周(上海)贸易有限公司、上海辉绮电子商务有限公司、现所园区、贝恩创效管理咨询(上海)有限公司,并提出具体要求
7月13日	到静安国际科创社区项目施工现场、江场泵站控制室、市北高新园区白领食堂检查安全生产、消防安全和防汛工作,并提出具体要求
7月17日	到临汾路街道调研数字赋能基层减负工作,并提出具体要求

(续表)

时间	调研视察内容
7月21日	到区政法大楼、天目西路街道蕃瓜弄居委会、南京西路街道城市管理综合执法队开展高温慰问活动,向奋战在高温一线的同志们表示慰问和感谢
7月26日	实地调研上海马戏城中剧场项目规划工作,并提出具体要求
7月27日	走访慰问老干部
7月27日	走访海军上海基地
7月31日	走访慰问老干部
8月17日	按照大兴调查研究部署,到彭浦新村街道社区卫生服务中心、和养老年福利院和岭南公园调研新一轮民心工程推进落实情况,听取相关情况汇报,研究部署下阶段工作
8月22日	到区市北医院体检中心检查征兵体检工作,详细了解体检工作进展、应征青年身体状况和兵源质量等情况,慰问征兵体检站医务人员,并提出具体要求
8月23日至25日	到新疆维吾尔自治区喀什地区巴楚县调研对口支援工作,并提出具体要求
8月31日	到江宁路街道95号C块项目现场、彭浦新村街道康平小区开展巡视整改"即知即改"专题调研,并提出具体要求
8月31日	到市北初级中学、静安区第一中心小学检查中小学开学准备工作,并提出具体要求
9月5日	走访调研上海观安信息技术股份有限公司、上海思朗科技有限公司,详细了解企业生产经营情况
9月7日	到市全面从严治党警示教育基地开展区委中心组专题学习教育,认真观看视频《红色血脉,殷殷嘱托》,重温建党初期上海开展党的纪律建设的伟大探索,详细了解上海奋力推动全面从严治党走在前列的实践探索
9月19日	到中共一大纪念馆、中共二大会址纪念馆、中共三大后中央局机关历史纪念馆开展区委主题教育专题学习活动
9月26日	开展敬老月走访慰问活动,仔细询问老人身体状况和生活起居情况,并致以重阳节问候和祝福
9月27日	结合重点企业"服务包"制度实施工作,走访调研上海电器股份有限公司人民电器厂,深入智能制造车间,察看正在高效运行的多条数字化生产线以及智能化生产实时监测数据情况,听取企业发展历程、生产运营和智能制造等情况介绍,了解数字化转型在生产效率提升和技术改进上的方法和成效
9月27日	到天悦095b-01地块项目现场、静安大悦城开展节前安全生产检查,并提出具体要求
10月8日	到彭浦新村街道平顺小区、蕃瓜弄小区旧住房拆除重建现场开展主题教育典型案例解剖式调研,并提出具体要求

（续表）

时间	调研视察内容
10月10日	到彭浦镇景苑居民区开展"四百"大走访，同居民区党总支书记、居委会主任、业委会主任亲切交谈，详细了解小区电梯更新、门禁系统改造、规范消防通道、落实垃圾分类等工作取得的成效，并提出具体要求
10月10日	结合重点企业"服务包"制度实施工作，走访调研幻维数码公司，同企业负责人亲切交谈，听取关于企业总体发展、业务开展、研发进展等情况介绍，询问当前发展面临的问题和诉求
11月6日	走访第六届中国国际进口博览会静安区参展企业，详细了解企业在本届"进博会"上的展示、洽谈、交易情况，认真听取企业需求
11月7日	到静安寺街道百乐居民区开展"四百"大走访，与居民区党总支书记亲切交谈，详细了解居民区基本情况以及正在开展的主题教育推进情况，并提出具体要求
11月7日	到华兴新城项目在建工地开展安全生产检查，详细了解项目工地质量安全管理、工程进度和安全生产工作情况，听取施工方关于安全生产规章制度执行、安全责任制落实、安全教育及培训等情况介绍，并提出具体要求
11月14日 至15日	结合重点企业"服务包"制度实施工作，走访调研乔达国际货运（中国）有限公司和上海百雀羚日用化学有限公司，同企业负责人亲切交谈，倾听企业意见建议
11月28日	到上海众喜广告有限公司开展"四百"大走访，听取企业业务开展、战略布局等方面情况介绍，了解企业发展诉求，及时为企业排忧解难
12月11日	到国泰君安证券股份有限公司开展"四百"大走访，了解企业发展诉求，帮助企业解决瓶颈问题

（徐璐宁）

（三）组织工作

【概况】 2023年，区委组织部全面贯彻落实党的二十大和市第十二次党代会、区第二次党代会精神，深入贯彻落实习近平总书记考察上海重要讲话精神，认真落实全国、全市、全区组织工作会议和市委、区委全会各项部署要求，深入落实新时代党的建设总要求和新时代党的组织路线，扎实做好理论武装、选贤任能、育才聚才、强基固本等各项工作，为静安加快建设卓越的现代化国际城区提供坚强组织保证。坚持以党的思想政治建设为统领，加强党员干部思想淬炼、政治历练，教育引导广大党员干部自觉增强"四个意识"、坚定"四个自信"、做到"两个维护"，时刻保持对党忠诚。深入开展学习贯彻习近平新时代中国特色社会主义思想主题教育，坚持不懈用习近平新时代中国特色社会主义思想统一思想、统一意志、统一行动。突出选贤任能，坚持把政治标准放在首位，持续加强区管领导班子调整配备，着力加强年轻干部选拔培养，全方位加强干部监督管理。突出质效并重，规范开展公务员、储备人才招录、培训工作。公务员考核系统正式上线，进一步促进考核工作提质增效。积极做好全国和上海市"最美公务员"人选推荐工作。持续擦亮"静英"人才工作品牌，制定出台《关于推进落实"静英"人才行动计划整体工作方案》，创建"静英·优""静英·创""静英·融""静英·品"4个系列工作品牌。纵深推进党建品牌工程，一体化打造以"静邻讲堂""静邻标杆""静邻一家""静邻行动"为统领的"静邻"系列党建品牌集群。有效提升党对机构编制工作的集中统一领导，着重推进涉及重大行政机构职能体系领域和部门的改革，完善党管基层治理工作体制机制，深化公益类事业单位改革。树立从严导向，高标准建设党性强、作风正、业务精的模范部门，切实加强组织部门自身建设。至2023年底，全区有基层党委（党工委）113个、党组55个，党总支413个、党支部3518个。党员总数为94364人，其中预备党员474人。全年新发展党员434人。女党员42044人，占党员总数44.56%；35岁以下党员13540人，占党员总数14.35%；36~45岁党员15815人，占党员总数16.76%；45~55岁党员8978人，占党员总数9.51%；55岁以上党员56031人，占党员总数59.38%。

（龚慧、林晨莉）

【学习贯彻习近平新时代中国特色社会主义思想主题教育】 9月12日，中共静安区委举行学习贯彻习近平新时代中国特色社会主义思想主题教育动员大会，对全区主题教育进行全面动员和部署。区委把开展好主题教育作为首要政治任务，成立区委主要负责同志任组长的主题教育领导小组，紧紧围绕加快建设卓越的现代化国际城区奋斗目标，突出主题主线，注重分类指导，强化统筹协调，牢牢把握"实"的导向，创新运用"联"的方法，切实贯彻"严"的要求，一体推动理论学习、调查研究、推动发展、检视整改，确保在以学铸魂、以学增智、以学正风、以学促干上取得实效。坚持把"学思想"作为首位任务，区委常委会等四套班子率先垂范、以上率下，全区85家处级单位周密部署、扎实推进，4024个基层党组织精心组织、有序开展，9.4万余名党员共同参与、热情投入，共开展各类学习活动7000余次，上专题党课4402次，做到学习贯穿全过程、覆盖全领域，推动理论学习"走心""走深""走实"，切实把学习成果转化为干事创业的实际本领。坚持以高质量调研推动高质量发展，从"牵一发而动全身"的重点问题入手，从"落一子而满盘活"的关键环节发力，确定推动南京西路"千亿商圈"建设、科技创新、"百企成长计划"等862个调研课题。运用好"联"的方法破解梗节问题1600余个，建立"三师联创"等重点工作措施971个，形成从"解决一件事"到"解决一类事"的调研成果62项。坚持把主题教育成果体现到高质量发展、高品质生活、高效能治理的成效上，落实到建设卓越的现代化国际城区的行动中。紧扣"旧、老、小、难"等突出民生难题，召开主题教育民生疑难事项办部署会，深入开展"四百"大走访，共完成推动发展、为民办实事1675件，化解信访积案件数481件，基层党组织结合"一个支部一件实事"，办好群众身边实事3825件。紧盯影响制约高质量发展、人民群众急难愁盼问题等239个，以正视问题的自觉、刀刃向内的勇气，在破解难题上见真章、见实效。聚焦解决惠民政策"落不细"、为民服务"跟不上"、群众意见"上不来"等难题，上下联动抓整改、合力攻坚破难题，共建立加强企业培育、支持科技创新等制度机制93项，形成数字赋能基层治理等推动发展和惠民项目125项，化解信访积案等风险隐患101项。

（陈刚）

【干部选拔任用】 结合新时代干部队伍建设新要求和静安干部队伍实际情况，始终把政治标准放在首位，坚持事业为上、人岗相适、优化结构、面向基层的干部选拔任用标准，认真做好区管班子和干部调整配备工作。配合做好市委巡视和市委组织部选人用人专项检查工作，并落实巡视整改工作要求，进一步规范干部选拔任用的相关程序。全区共提拔任用区管干部52名。其中党政机关33名、企业9名、事业10名；正处（或相当层次）7名、副处（或相当层次）45名；共交流使用处级（相当）干部共75名。在坚持"全区一盘棋"统筹考虑的基础上，充分发挥职务职级并行制度的激励作用，共晋升二级巡视员10名、一级调研

员8名、二级调研员9名、三级调研员18名、四级调研员(四级高级主办)46名。 （陈功）

【年轻干部培养】 高度重视年轻干部队伍建设,将关心年轻干部成长作为义不容辞的政治责任。年内,协助市委组织部开展年轻干部调研工作,并以此为契机,进一步加强年轻干部规划培养力度,提升干部队伍整体能级。在全区层面启动"三个一批"年轻干部培养工作,通过"交流使用一批、交叉培养一批、培训提升一批",积极拓宽交流使用和交叉培养的范围,扎实开展好干部培训,涵养人才水源,在基层一线和复杂环境"墩苗""育苗",帮助年轻干部更好地提高全局站位和工作视野,增强干部推动高质量发展的本领和解决复杂问题的能力。全年,区委组织部在区级层面推动8名正科级干部进行跨部门、跨条块、跨领域交流使用,34名干部前往市级专业经济部门、群团组织、主题教育大调研、年轻干部调研组和街道社区、信访巡察基层一线以及蕃瓜弄小梁薄板旧房改造、张园城市更新、重点企业"服务包"专班等区委、区政府重点工作项目交叉培养。在培训方面,区委组织部相继举办静安区第一期优秀青年干部培训班和第六期中青年干部培训班,对80余名优秀中青年干部加强思想淬炼。依托"1+X"联合办学、分层分类培训、小班化和实战化教学模式,陆续举办各类专题研修班,加强区年轻干部队伍专业化能力建设。 （陈功）

【干部教育工作】 把习近平新时代中国特色社会主义思想作为干部教育培训的主题主线,不断把思想铸魂、理论武装工作引向深入,完成全区处级干部党的二十大精神轮训,共培训处级干部687人。突出党的理论教育和党性教育,结合主题教育总要求,举办第19、20期处级干部进修班,共调训党政机关、企事业单位处级干部82人,切实加强领导干部思想淬炼和政治训练。举办第6期中青年干部培训班和2023年静安区优秀青年干部培训班,选调优秀年轻干部共85人参训,切实加强年轻干部思想理论武装,提升履职能力。精准开展干部履职能力培训,与上海大学、区职能部门合作举办领导干部推动高质量发展专题研讨班、国资系统中高层经营管理者研修班、基层治理专题培训班、深入学习践行习近平法治思想专题培训班、"推进高质量发展"经济工作专题培训班,承办"优化营商环境"系列网络直播课,共调训处级、科级干部540人次,锻炼干部思维能力和推动高质量发展本领。积极选调干部参加中央组织部、市委组织部举办的各类培训班,累计选调局级、处级领导干部共120人次参加46个培训班次。认真开展网络培训,组织全区612名处级领导干部参加中国干部网络学院以及上海市"学习贯彻党的二十大精神"网上专题班和干部履职通识系列网络课程学习。组织全区机关公务员(含参公)、区管企事业单位领导人员共2956人参加2023年上海干部在线学习。 （潘玮）

【干部监督工作】 年内,组织711名区管干部开展个人有关事项年度集中填报,报告率达100%。按照15%比例,对107名干部开展随机抽查并根据查核结果作出相应处理。对拟提拔或进一步使用对象52名、拟晋升职级对象16名、转任公务员1名、市组调研对象17名、"两代表一委员"对象1名开展重点查核,切实发挥个人有关事项报告制度"试金石"作用。结合区委巡察工作,对21家单位开展选人用人专项检查,督促认真整改发现的问题,提高各单位选人用人规范化水平。开展对8家单位、16名对象的任期经济责任审计,进一步扩大经济责任审计的覆盖面,加大对重点领导干部审计力度。做好"12380"举报受理工作,进一步规范举报处理流程,及时回应干部群众合理诉求。 （李俊骅）

【党建引领基层治理】 年内,围绕市委党建引领基层治理"六大工程"及区委"五个聚力"的工作要求,全面实施网格强基、平急动员、家园共筑、服务提质、协同赋能等五大"静邻行动"，不断凝聚破解治理难题的整体合力。召开"聚力静邻行动，共建美好社区"深化党建引领基层治理工作推进会，立体化打造以市级"美好社区、先锋行动"项目为引领的基层治理"十百千"项目矩阵，推出"党建智库""握手社区资源包"等创新举措，着力深化高校院所和职能部门的项目跨界合作机制，形成巨富长"中心城区毗邻党建新模式"、艺康苑"跨区共治联通融实机制"、蕃瓜弄"旧住房改建群众工作八法"等多个典型经验样本。立体化构建"1+14+X"基层治理大培训体系，深入实施新时代好班长"领跑工程"，努力打造一支与基层治理能力现代化要求相适应的基层干部队伍。聚焦减出具证明、减信息系统、减考核创建、减挂牌标识等为居村减负重点任务，减少44项不再由居村组织出具的证明事项，实现涉及居村的系统与一网协同办公平台的单点登录，出台居民区组织考核"631"考评指标体系，全面复制推广临汾路街道数字治理经验，做好基层减负的"后半篇文章"。　　（田时雨）

【基层党建工作】 年内，拧紧压实党建责任链条，严格落实"一岗双责"，形成党建工作与业务工作齐抓共管、齐头并进的工作格局。纵深推进党建品牌工程，一体化打造以"静邻讲堂""静邻标杆""静邻一家""静邻行动"为统领的"静邻"系列党建品牌集群。创新深化楼宇党建"治立方"多元善治体系，推进"两个覆盖"攻坚工作，在全市率先出台楼务会"人财物保障20条举措"，不断推动党的组织优势转化为发展优势。发挥新时代上海楼宇党建创新实践基地与市党建研究会"两新"专委会2个高能级平台的作用，推出"三阶百巾"实训课程、"时代之路"实训线路等一体化实训教学体系。深化区域化党建"共同行动"模式，推动建立苏河湾功能区党建联盟、张园城市更新党建联盟、南京西路商圈党建联盟等区域化党建平台，放大集聚效应，实现强强联合、协同发展。建立健全以"静邻一家·苏河荟"为代表的党群服务阵地体系，打造上海最高的党群服务阵地——苏河湾党群服务中心，实现多元品质服务的"一站式"集成。深化机关、教育、卫生、国企等各领域党建品牌建设，持续推进各领域党建工作与业务工作深度融合，推动各领域基层党建全面进步、全面过硬。坚持用党的创新理论凝心铸魂，全新打造"静邻讲堂·月月讲"平台，充分发挥"五个一批"百堂精品党课、"学思践悟新思想"现场教学点作用，不断掀起学思践悟新思想的热潮。树牢大抓基层的鲜明导向，研究制定《关于强基固本全面深化党支部标准化规范化建设的实施意见》，推动党支部建设全面提高、整体加强。　　（陈刚、田时雨）

【人才工作】 年内，人才体制机制更加完善健全，召开区人才工作会议暨优秀人才表彰大会，评选表彰第二届静安区杰出人才(含提名)、区领军人才、区中青年拔尖人才共100人。制定《关于推进落实"静英"人才行动计划整体工作方案》，进一步推动"静英"人才计划落实、落细，持续擦亮静安人才工作品牌。人才培育举措不断丰富创新，积极发动、推荐优秀人才参加国家、市级各类人才申报。加强人才政治引领，举办区优秀人才研修班、青年英才研修班，夯实各领域青年人才"蓄水池"建设。人才发展环境持续优化，升级拓展"静安才管家"线上线下服务能级;积极筹办第四届"海聚英才"全球创新创业大赛静安区选拔赛;提供不同层次、类型多样的人才公寓，创建"寓见"·静安青春公寓品牌，健全人才安居工作体系;全力打通人才服务"最后一公里"，成立"静邻"人才工作站，构建"15分钟人才服务圈";编撰发放《静安人才服务指南》，重点介绍各类人才政策、服务举措、生活配套等内容;组织开展优秀人才健康养生、疗休养、文化赏析等活动，营造良好的人才生态环境，积极开展市、区两级人才政策宣讲，实现人才服务主动化与精准化。

（王琛）

【公务员工作】 年内，开展公务员招录工作，面上公务员和选调生录用52人，其中选调生18人。招录应急管理综合行政执法人员1人。在招录工作中，进一步规范和细化考察要求，修订《静安区新录用公务员考察工作指南》，重点突出政治标准。同时，招聘储备人才15人，制定《静安区储备人才管理办法》，规范储备人才使用管理。始终聚焦新录用公务员培养，压实压细"两个办法"主体责任，打造"走遍静安"和"静安新视角"精品培养项目。创新选调生培养考核方式，举办首期静安区选调生考核训练营，搭建全方位检验选调生政治素质培育、综合能力提升、锻炼工作质效的平台，推出"苏河扬帆、卓越静选"静安选调生培养工作品牌。重点组织开展科级领导干部任职培训、推动科创动能增强"2+X"专题培训、新录用公务员区情教育培训、选调生基层锻炼培训、"静安公务员讲坛"等，配合上海市干部培训中心落实全员培训和"双休日讲座"线上听讲。切实发挥职务职级并行的激励作用，至年底全区科级以下公务员中，综合管理类共218人晋升，行政执法类共204人晋升，另有法院检察院系统晋升助理、书记员和执法勤务警员共55人，89人转任交流，常态化制度化推进综合行政执法队伍干部的转任交流和职级晋升工作。持续优化机关青年公寓动态轮转效率和服务质量，保障年轻公务员安心专注履职。

（刘其旭）

【机构编制工作】 年内，坚持和加强党的全面领导，推动党政改革纵深发展，调整组建区国防动员办公室、完善区疾病预防控制机构等重点领域设置，优化党管基层治理工作体制机制，进一步协调厘清条块职责，启动新一轮区级党政机构改革工作。深化公益类事业单位改革，组建区国防动员事务管理中心，整合优化体育系统8家事业单位机构设置，完成区民防经济管理中心"小散弱"事业单位撤并，组织开展制定143家事业单位机构职能编制规定。推动中小学校党组织领导的校长负责制的实施，做好推进教育系统领导班子职数调整工作，完成154所学校章程修订。规范事业单位登记管理，依法实施行政许可事项，变更法人登记164家，统一社会信用代码换证19家。规范机构编制职能管理，加强制度化建设，修订完善工作细则和工作流程，协调推进权责清单与公共数据上链协同联动。严格人员编制使用管理，核定公务员（参公）招录计划47名、选调生20名、政策性安置9名，事业单位编制使用计划1018名，清退编外用工72名。组织开展机构编制有关法规制度宣贯和业务培训，通过调研、实地核查和评估等加大机构编制监管力度。

（李迪）

（四）宣传工作·精神文明建设

【概况】 2023年，区宣传思想工作以学习宣传贯彻党的二十大精神为主线，以推动高质量发展为中心，坚持稳中求进、守正创新，唱响主旋律、弘扬正能量、振奋精气神，助力静安区以生动实践打造中国式现代化的城区样本。安排区委中心组学习，开展读书班18场，发布处级中心组学习指导意见，明确14项学习主题。推进理论宣传宣讲，全区组建宣讲队伍185支，开展宣讲2612场，依托市、区级专家资源开展宣讲250场，覆盖受众15万余人。推进《中国共产党章程》研究中心建设。推动临汾路街道等4个街道建设首批"学习强国"主题线下空间。严格落实意识形态工作责任制，开展意识形态风险排查和专项检查。做好各类意识形态阵地动态管理，加强网信应急值守和舆情预警监测。加强网评队伍建设，择优组建特战队,做好正面引导、圈群巡查和舆论保障。加强网络安全制度建设,开展一体化、常态化宣贯活动。完成国家区块链综合性试点评估验收,推进区块链试点项目成果转化。紧贴区委、区政府中心工作和重点项目,生动、主动讲好静安故事,中央、上海市级媒体报道区相关正面新闻10713篇,头版333篇,头版主题稿123篇,比上年增长13%。其中《人民日报》20篇、《光明日报》12篇。深化拓展外宣成效,"航拍静安2023"形象片等外宣作品获第十七届"银鸽奖"八项荣誉。抓好区融媒体中心建设,开展与4个街镇采编基地深度合作。打造精品力作,1件作品获第32届上海新闻奖二等奖。客户端下载量突破160万,双微粉丝数突破123万,视频平台粉丝数突破35万。深入推进"党的诞生地"红色文化传承弘扬工程,6月27日完成中共中央秘书处机关旧址纪念馆开馆。完善区级红色资源保护利用工作联席会议机制,优化塑造静安独有红色文化品牌。着力培育和践行社会主义核心价值观,推进全民国防教育工作,深化先进典型选树宣传,推动"两个纲要"责任落实,创新"我们的节日"线上线下活动形式。巩固提升全国文明城区创建复评工作水平,完善文明创建链,培育优质"文明生态圈"。深化新时代文明实践工作,区志愿服务指导中心和2家街道分中心获评2023年上海市"创新·创优"新时代文明实践和志愿服务示范中心。举办"文明实践心聚场"静安专场,以文明实践专项"小基金"撬动24个项目的社会面"大实践"。探索形成静安志愿服务工作机制,获2022年度全国学雷锋志愿服务"四个100"先进典型三项荣誉。加强未成年人思想道德建设。持续深化"四力"教育实践,开展基层宣传、网评队伍培训,提升全区宣传干部能力素养。　　(杨文涵、李康馨)

【<u>推动第二批主题教育理论学习走深走实</u>】　年内,全区9.4万名党员实现学习贯彻习近平新时代中国特色社会主义思想主题教育理论学习全覆盖。制定《静安区委常委会主题教育理论学习总体方案》,灵活采用多种方式,开展各类高质量学习活动。全年开展区委主题教育读书班学习活动18场,其中区委主题教育专题学习研讨会暨区委中心组学习会8场、集体研讨交流4次、集中研学6次。全区共举办读书班736天,努力将思想伟力转化为助力静安高质量发展的强引擎。

　　　　　　　　　　　　　　　　(梁越)

【"学习强国"学习平台工作深化】　年内,积极探索"学习强国"线下空间,建成开放位于临汾路街道的"学习强国"主题街区,打造北站街道苏河湾中心"学习强国"上海学习平台"红色引擎"线下空间,打造石门二路街道"学习强国"上海学习平台"空中花园"学习空间。8月31日,"学用新思想,建功新征程"——"学习强国"上海学习平台学习直通车启动活动在临汾路街道举行,发布五大项目。动员各类群体积极参与7项主题征集,共征集稿件738篇,其中48篇被全国平台选用。《流浪地球之星际旅行》获全国一等奖,《预言者:〈流浪地球〉前奏曲》获全国三等奖。

　　　　　　　　　　　　　　　　(梁越)

【舆论引导和舆情保障】　年内,修订完善党委(党组)意识形态工作责任制考核指标,制定完善《静安区网络舆情闭环管理办法(试行)》《关于进一步加强和改善政务舆情回应工作的通知》。举办基层舆情能力素养提升专题培训15场,覆盖机关宣传委员、街镇班子成员及一线工作人员1000余人。围绕既有多层住宅加装电梯工作,举办舆情应对沙龙活动。强化对属地自媒体的管理和指导,承办上海互联网联合会自媒体专委会相关活动,梳理一批属地自媒体,加强联系走访,召开沟通指导会,督促自媒体加强行业自律,履行社会责任。　(甘陈通、沈晓云)

【网络安全宣传和营商网络环境优化】　9月11日至17日,国家网络安全宣传周期间,区委网信办联合市委网信办、市互联网违法和不良信息举报中心在厦门国际银行威海路网点、Manner coffee中兴绿地店等点位，成立首家网络安全"主题银行"、网络安全"主题咖啡厅"，打造静安区网络安全宣传"微空间"品牌。在静安Moho Mall试点打造"网络安全夜市"，组建区级"网络清朗空间守护志愿者"队伍，开展信息线索举报相关培训。开展网络安全应急演练、培训讲座等，营造良好营商网络环境。宣传周期间，全区举办231场次活动，覆盖14个街镇，线上线下活动参与人数近20万人，配送各类宣传册等20万余份，主流媒体报道450余篇。

（甘陈通、沈晓云）

【协同推进区块链试点项目落地】 年初,通过国家阶段性评估及技术平台测试，先后迎接国家区块链创新应用综合性试点专家组成员及中央网信办信息化发展局一行专题调研。构建服务总链+行业应用主链+场景协同跨链的"1+5+15"体系，打造基于商用密码的区块链基础设施平台（简称静安链）和面向全市的区块链全域感知与监管平台。坚持应用导向，注重试点场景获得感和可推广。优先选择体育公益配送、中药饮品代煎、基层社区治理、医疗应用等"便民惠民"服务场景，增强试点获得感。综合试点静安区统一搭建基础设施平台，推进15类示范场景建设，涉及500多家机构，服务产业链上下游企业1800多家，直接服务人群超200万，总上链数据超过5000万条。

（甘陈通、沈晓云）

【"打响静安品牌"区委重点课题调研】 年内，组织开展"打响静安品牌"的课题调研工作。调研总课题组由区政协主席丁宝定担任组长，区委常委、区纪委书记、监委主任高飞，区委常委、区委宣传部部长莫亮金，副区长龙婉丽、李震担任副组长，区委宣传部作为总课题牵头部门，区纪委监委、区发展改革委、区文化旅游局、区建设管理委分别牵头4项分专题研究，通过开展座谈研讨会4场、召开课题内部讨论会5场，征集30家部门、单位的相关资料和研究成果，搜集整理相关资料30万字，最终形成1项总课题报告+4项分专题研究报告+品牌名录清单+品牌项目（任务）清单的综合性研究成果。调研报告融合"四范目标"与"静安品牌"，首次系统梳理静安品牌情况，系统提出品牌矩阵发展计划，旨在努力打响一批既有实质内涵又有广泛影响的静安品牌。（杭静韵、陈玉珍）

【静安红色文化研究】 年内，由区委宣传部主导，在静安区红色资源保护利用工作联席会议各成员单位支持下，编制完成《静安区红色文化传承弘扬工程三年行动计划（2023—2025年）》，进一步强化对区级重要红色资源旧址遗址、纪念设施（场所）的定期巡查、管理维护、保养修缮。按照区委调查研究部署要求，组织开展静安红色文化相关课题调研，成立课题小组，陆续开展对中共二大会址纪念馆、中共中央秘书处机关旧址纪念馆以及文史馆下属5家红色场馆的调研交流，完成近1万字《静安区红色文化资源开发整合与创新研究》课题调研报告，重点关注静安新一轮红色文化资源开发利用中的软硬件提升、研究成果转化、品牌效应发挥，提出打造静安特色红色品牌的新思路、新措施、新目标，推动形成工作合力及可持续机制，助力静安红色文化高质量发展。

（杭静韵、陈玉珍）

【"永远的旗帜——党章学习流动教室"巡展活动】 年内，持续开展"永远的旗帜——中国共产党党章学习流动教室"巡展活动。巡展以中国共产党历部党章形成的时间为顺序，介绍党章的历史发展和基本知识，展示中国共产党思想、理论和政治路线的发展轨迹，反映中国革命、建设和改革事业的历史进程。巡展活动采用"1+X"展、讲、演结合方式，累计团队参观500余批次，参观人数达12000余人次。同时，以巡展项目为依托，通过交流展览的形式，助力中共二大会址纪念馆与三明市博物馆实现两地

博物馆资源共享。　　　　（杭静韵、陈玉珍）

【全民国防教育工作推进】　年内,深入开展全民国防教育,推动中共二大会址纪念馆开展庆祝"八一"建军节96周年主题活动暨《风展红旗如画——走进中央苏区三明图片展》开幕,以及"红色文化铸军魂,革命精神永传承"八一建军节进军营活动暨共建签约仪式。梳理静安区14项主要项目报送至市"全民国防教育月"活动安排,广泛组织发动群众参与2023年上海市"爱我国防"微视频大赛、主题征文活动以及全民国防教育知识竞赛。承办2023年上海全民国防教育知识竞赛社区组决赛,彭浦镇"小镇之星队"团队获季军,区委宣传部获"优秀组织奖";彭浦新村街道刘怡鸣投稿作品《川藏公路——一条一生未走完的路》获征文比赛一等奖。协助开展"全民国防教育日"防空警报试鸣和疏散演练、双拥模范城创建、最美退役军人评选表彰等,营造良好氛围。　　　　　　　　（杭静韵、陈玉珍）

【学习贯彻习近平新时代中国特色社会主义思想主题教育宣传报道】　自9月全区启动主题教育起,区新闻办积极组织央、市级媒体围绕区主题教育重要活动和部署,聚焦主题教育调研课题,充分报道主题教育的进展成效和典型经验。年内各级媒体累计报道209篇,其中主题稿154篇、头版主题稿5篇、整版报道9篇。《解放日报》《文汇报》《新民晚报》头版报道,《人民日报》四版报道,《解放日报》《经济日报》《新民晚报》《上海法治报》整版报道。

　　　　　　　　　　　　（蔡子祺、孙倩、郭晓菁）

【蕃瓜弄小区旧住房改建(拆除重建)项目新闻宣传】　蕃瓜弄小区旧住房改建(拆除重建)项目是全市体量最大的小梁薄板非成套职工住宅小区改造项目,区新闻办抓住签约正式生效、签约实现百分百、集中搬场仪式、项目开工4个阶段,历时6个多月,联动各大央、市、区级媒体,聚焦方案规划、工作推进、难点突破、居民感受等,多角度、多形式、多渠道深入持续报道蕃瓜弄"蜕变重生"的故事。央、市级媒体累计发布头版报道14篇,整版报道4篇,上视报道22篇,累计报道近200篇。

　　　　　　　　　　　　（蔡子祺、孙倩、郭晓菁）

【24个项目获2023年度静安区新时代文明实践和学雷锋志愿服务基金扶持项目】　年内,区新时代文明实践中心办公室、区志愿者协会、区新时代文明实践专项基金开展"2023年度静安区新时代文明实践和学雷锋志愿服务项目"申报扶持工作,经主办单位遴选,24个项目获得扶持。小基金推动大实践,让文明实践志愿服务项目落地落实。

　　　　　　　　　　　　（蔡子祺、孙倩、郭晓菁）

【基层新闻宣传培训课程配送】　年内,区新闻办根据各部门、街镇的实际需求,围绕政府公共危机处理与媒体公关、媒体沟通与突发事件应对、政务宣传与新闻稿件写作等主题,累计配送线下课程17场,共1000余人次参与培训,取得良好反响。

　　　　　　　　　　　　（蔡子祺、孙倩、郭晓菁）

【《遇见静安》宣传画册出版】　画册由区新闻办策划制作,采用中英双语表述。以"静"字作引,分为静缘、静新、静美、静悦、静好五大篇章,广泛征集选用静安近些年在经济、文化、生态、民生等多个维度的照片,通过直观明了、丰富多彩的图集,呈现静安全球服务商、资源磁力场、创新创业高地的卓越成就,以及城市空间优品质、大众文化高品位、市民生活有温度的多彩面貌。画册被广泛用于静安招商引资、文化交流、人才引进等重要对外活动,以鲜活有趣的形式做好城区形象综合推介。

　　　　　　　　　　　　（蔡子祺、孙倩、郭晓菁）

【《静安概览2023》出版】 由区新闻办策划制作，作为介绍静安区情概况的口袋书，内容包括"静安概貌""经济发展""社会事业""城市建设""民生保障"5个版块，采用中英双语表述。出版后，组织派送至全区14个街镇、静安区文化馆、静安区图书馆及13家高星级酒店，供往来游客及在沪外籍人士阅读，被广泛用于静安招商引资、境内外交流出访、人才引进等重要对外活动。新华社在其外宣平台上刊登英文版全部内容；"上海静安"门户网站英文网站、法文网站、日文网站均设置"静安概览"版块，发布全文内容。（蔡子祺、孙倩、郭晓菁）

【静安区获2022年上海市"银鸽奖"八大奖项】 "银鸽奖"是上海市国际传播领域最高奖项，由市委外宣办主办。静安区申报作品在全市近500件参评作品中脱颖而出，获8项殊荣，包括3个最佳奖和5个优胜奖：区新闻办选送的《静安星火》获最佳出版奖，区新闻办选送的百年张园宣推案例、市文旅局牵头区文旅局选送的"全球艺场，上海时间"——上海国际艺术品交易周获最佳活动/案例奖，区新闻办选送的《外国人看静安》、南京西路街道选送的《IN南西，商机无限》获视频类优胜奖，区委统战部选送的"我眼中的中国"外国人讲中国故事短视频、区新闻办选送的上海暖心故事海外宣推、上海伽作文化创意有限公司选送的SHIDF上海·静安国际设计节获活动/案例类优胜奖。（蔡子祺、孙倩、郭晓菁）

【3家中心入选2023年上海市"创新、创优"新时代文明实践和志愿服务示范中心名单】 7月10日，市文明办公示2023年上海市"创新、创优"新时代文明实践和志愿服务示范中心名单，静安区志愿服务指导中心获评"区级志愿服务示范中心"称号，大宁路街道新时代文明实践分中心获评"乡镇（街道）级新时代文明实践示范中心"称号，临汾路街道社区志愿服务中心获评"乡镇（街道）级社区志愿服务示范中心"称号。（李康馨）

【2个先进典型获评2022年度学雷锋志愿服务"四个100"先进典型】 7月31日，中央宣传部、中央文明办等部门和单位联合公布2022年度全国学雷锋志愿服务"四个100"先进典型名单。静安区获得2项荣誉：大宁路街道获评"最佳志愿服务社区"，中国红十字会捐献造血干细胞志愿服务总队上海大队大队长崔兼明获评"最美志愿者"称号。（李康馨）

【李至柔入选2023年度全国"新时代好少年"】 8月2日，中央文明办等部门联合组织评选并公布2023年度"新时代好少年"名单，静安区选送的市西初级中学李至柔入选2023年度全国"新时代好少年"。上海市仅有2人获此殊荣。（李康馨）

【区融媒体中心获多项市级奖项】 年内，区融媒体中心新闻报道《越洋广场解除封控后：100分钟，938辆出租车送2091人安全回家》获第32届上海新闻奖二等奖，同时获中国新闻奖自荐参评资格。1件作品获2022年度五一新闻奖二等奖，1件作品获2023年科技新闻奖二等奖。3件作品分别获2022年度上海广播电视奖媒体融合传播二等奖、播音主持二等奖和电视新闻三等奖。1件作品获市委宣传部走转改（走基层，转作风，改文风）作品评比二等奖，3件作品获市委宣传部走转改作品评比三等奖。中心媒体融合建设实践案例入选2022—2023年度全国融媒体中心能力建设十佳典型事例，红色场馆一网通平台获评2022年上海"随申码"应用创新大赛暨第七届中国创新挑战赛（上海）"随申码"专场实践组优秀案例奖。中心采访部获评2023年度上海市消防安全工作先进集体。（王林平）

【融媒采编基地建设】 年内，区融媒体中心与4个街镇采编基地展开深度合作，探索扩大基层宣传路径。新闻宣传方面，围绕苏河湾、新兴业态发展、魅力小镇打造及数智赋能社区治理等主题，产出特色报道。服务搭建方面，3月起正式推出"融入社区"公益课程项目，与《新闻晨报》培训团队合作，提供9次免费优质的公益课程，服务超300人。联动机制方面，确定1至2名固定记者负责对应采编基地的日常对接工作，并建立日常策划会议制度，部分基地建立日常联络群，实行选题直通机制和居委会信息互动机制。

（王林平）

【区融媒体中心强化市区媒体深度合作】 年内，区融媒体中心持续深化市级媒体合作。与澎湃新闻合作的"薯瓜弄新生记"专题19篇稿件在澎湃新闻主站和中心平台阅读量超1279万，作品获得市委宣传部走转改优秀作品三等奖。联合澎湃新闻共同打造"张园社区"专题页，全方位展现张园的历史底蕴和"新鲜事"，获得积极有效的宣传效果。双方围绕区委"科创动能增强"工作主题合作策划"静安话科创"系列报道，以"访谈+短视频+深度报道"形式报道四大功能区科创亮点，引起较大关注度。

（王林平）

【静安区2023年度创建复评全国文明城区工作动员部署会】 于2月21日召开，于勇、王华、王益群、宋宗德、王翔、高飞、莫亮金、梅广清等静安区创建复评全国文明城区工作领导小组成员出席会议。会上部署2023年度静安区创建复评全国文明城区工作，通报区创城领导小组及其组成人员情况。区绿化市容局、北站街道、九百集团作交流发言。

（李康馨）

【《航拍静安2023》形象片发布】 于3月1日发布。全片由区新闻办策划制作，精选近30个地标，以大场景航拍配以同期声的形式集中呈现静安近年发展的新亮点和成果，多维度演绎静安美好新生活、城区新气象。人民视频、央视频、腾讯、爱奇艺等视频媒体线上集中发布后，新华社海外传播平台、《上海日报》平台同步开展对外传播，全区11个线下大屏持续轮播，覆盖百万人群。

（蔡子祺、孙倩、郭晓菁）

【"美在静安，志愿同行"——3·5学雷锋志愿服务主题活动】 于3月5日在沪北电影院举办。区委副书记王益群，区委常委、宣传部部长莫亮金出席活动，并参观静安区新时代文明实践特色站闸北公园的3·5学雷锋七彩公益集市。活动现场表彰12名最美"初心守护人"和市级志愿服务先进典型，启动静安区新时代文明实践专项基金及优秀项目扶持计划，并发布"美在静安，志愿同行"志愿服务品牌矩阵。

（李康馨）

【静安区2023年度创建复评全国文明城区实地测评分析会】 于3月16日召开，王益群、莫亮金、傅俊等静安区创建复评全国文明城区工作领导小组成员出席会议。会议通报2023年度静安区创建复评全国文明城区第一次实地模拟测评情况，并邀请国家统计局上海调查总队副总队长孙德麟作全国文明城区实地测评专题培训，帮助全区各部门、街镇掌握、吃透创建复评全国文明城区指标，以问题为导向，精准对标对表，为静安区复评第七届全国文明城区打下良好基础。

（李康馨）

【2023福布斯·静安南京西路论坛新闻发布会】 于3月20日由区新闻办组织召开，副区长张军、区商务委主任以及相关部门负责人出席发布会。40余家境内外主流媒体参加发布会，聚焦静安优化消费环境、打造南京西路"千亿商圈"，《人民日报》、新华社、《光明日报》等40余家主流媒体及垂类媒体发布相关报道，《解放日报》《新民晚报》头版刊发报道，各大媒体累计报道50余篇，覆盖人数达千万。相关

信息在新华丝路、《上海日报》等外宣平台同步报道，在海外近200家欧美主流媒体和门户网站落地推广，覆盖近亿人群。　　（蔡子祺、孙倩、郭晓菁）

【"文旅三节首汇"新闻宣传】　年内，区新闻办深入宣传上海·静安现代戏剧谷、"浓情静安·爵士春天"音乐节以及上海静安世界咖啡文化节文旅三节"首汇"盛况。3月27日组织召开2023上海·静安现代戏剧谷新闻发布会，邀请50余家央、市级媒体参加，重点发布年度活动，并持续做好"戏剧巴士"亮相、现代戏剧谷开幕、壹戏剧大赏等系列活动的新闻宣传，组织媒体观剧、媒体听乐、媒体探店等活动。各级媒体累计报道近200篇，受众超过3000万人次，《中国日报》《上海日报》、上海外语频道和IP SHANGHAI等外宣类媒体平台，以及凤凰卫视、《大公报》《香港商报》等境外媒体热烈宣传，在欧美200多家主流网站、行业类网站、热门博客落地推广，覆盖近亿人群。　　（蔡子祺、孙倩、郭晓菁）

【2023年静安区委宣传思想工作领导小组（扩大）会议暨区委网信委第五次（扩大）会议】　于3月14日召开。区委书记、区委宣传思想工作领导小组组长、区委网信委主任于勇主持会议。会议传达2023年全国宣传部长会议精神、全国网信办主任会议精神、上海市宣传部长会议精神、市委网信委第五次会议精神，总结2022年静安区网信工作和意识形态工作，汇报《2023年静安区网信工作要点》，部署年度意识形态工作责任制重点任务。　　（甘陈通、沈晓云）

【中央宣传部新闻局调研静安区融媒体中心】　4月11日，中央宣传部新闻局副局长张庆华率调研组一行至静安区融媒体中心开展调研，上海市委宣传部相关领导陪同调研。区委常委、宣传部部长莫亮金出席调研座谈会。会上，双方就政务服务认识、区域发展定位、单位管理机制、资金技术支持等方面问题作深入交流。张庆华对区融媒体中心各项工作给予充分肯定，并指出，中心要努力下沉贴近基层，用好数据资源，盘活政府资源，深耕业务拓展；同时积极探索多种融媒体形态，创新工作方式，拓宽工作思路。　　（王林平）

【静安区红色资源保护利用工作联席会议第二次会议】　于4月14日召开。区委常委、宣传部部长莫亮金出席会议，就深入推动静安红色文化工作纵深开展，促进红色资源保护利用工作提质增效提出具体工作要求。副区长龙婉丽主持会议，传达上海市红色资源保护利用工作联席会议精神。会上通报区2022年红色资源保护利用情况，部署2023年重点工作。年内，依托静安区红色资源保护利用工作联席会议平台机制，于9至10月开展全区革命场馆、旧址（旧居）安全风险隐患专项排查，对中央特科机关旧址纪念馆等48处点位开展自查整改和实地督查工作，做好红色资源常态长效化安全管理。　　（杭静韵、陈玉珍）

【静安区2023年精神文明建设工作会议暨创建复评全国文明城区工作通报部署会】　于5月17日召开，区文明委领导于勇、王华、王益群、王翔、莫亮金、杨志健出席会议。会议部署2023年精神文明建设重点工作和创建复评全国文明城区工作。参加会议的部门代表、各街镇代表签订"2023年静安区精神文明创建工作目标责任书"和"2023年度静安区创建复评全国文明城区申报点位承诺书"。区建管委、彭浦新村街道、区闸北中心医院作交流发言。
　　（李康馨）

【2023年度静安区新闻发言人专题培训】　于5月17日在胶州路300号1楼阶梯教室举行，全区各委办局、街镇、企业的120余名新闻发言人及新闻发言人助理参加培训。培训邀请复旦大学新闻传播学院

教授孟建作"全媒体环境下新闻发布的理念与技巧"专题讲座,论述全媒体时代领导干部学会"同媒体打交道"的重要性,深刻分析目前舆情应对中存在的挑战。强调提高宣传意识、增强媒介素养、规范相关制度。　　　　（蔡子祺、孙倩、郭晓菁）

【市委网信办领导调研静安区网信工作】　5月17日,市委网信办主任徐炯、副主任杨昕一行到静安区调研网信工作。区委书记于勇,区委常委、宣传部部长莫亮金参加调研,区委办公室、区委网信办、区科委等有关部门负责人陪同。徐炯一行实地参观位于市北高新技术服务业园区的上海区块链生态谷展厅,实地考察区网信应急指挥中心,并进行座谈交流。徐炯对静安的网信工作取得的成绩予以肯定,并希望静安加强机构建设、队伍建设,在借助社会力量参与网信工作、三级网信工作体系延伸等方面做出积极探索。　　（甘陈通、沈晓云）

【"我们的节日·精神的家园——端午"主题活动】于6月19日在曹家渡街道西部党群服务中心举办。活动发布"2023年度曹家渡街道新时代文明实践项目",并向上海市第四康复医院、街道社区卫生服务中心、爱华养老院和恒裕曹家渡老年福利院等新一批"新时代文明实践点"授牌。现场通过开展端午游园会活动,营造传统节日氛围。　　（李康馨）

【"五床联动"整合性照护服务媒体通气会】　于6月26日上午,由区新闻办在静安区和养老年福利院组织召开,新华社、《光明日报》《解放日报》、上海电视台等中央、市级媒体记者参加。会上,邀请区民政局、区卫生健康委、临汾路街道社区卫生服务中心、和养老年福利院介绍相关情况。会后,区新

6月27日,中共中央秘书处机关旧址纪念馆开馆。图为纪念馆外观　　　　　　　　　　　（区委宣传部　供稿）

闻办组织记者实地参观交流。《解放日报》《文汇报》《新民晚报》《劳动报》头版刊发报道,上海电视台《新闻透视》栏目作深度主题报道,各级媒体累计发稿近30篇。

（蔡子祺、孙倩、郭晓菁）

【中共中央秘书处机关旧址纪念馆开馆】 6月27日上午,中共中央秘书处机关旧址纪念馆在上海市静安区举行开馆仪式。这是上海市实施"党的诞生地"红色文化传承弘扬工程重点项目。中央党史和文献研究院副院长王全春,上海市委常委、宣传部部长赵嘉鸣,上海市委常委、组织部部长、秘书长张为出席开馆活动。中央党史和文献研究院第七研究部主任刘荣刚,上海市委宣传部副部长、市文明办主任潘敏,上海市档案局局长、市档案馆馆长徐未晚,上海市委党史研究室主任严爱云,上海市文化旅游局党组书记、局长方世忠,于勇、王华、宋宗德、莫亮金等区领导参加开馆活动。

（杭静韵、陈玉珍）

【中共中央秘书处机关旧址纪念馆开馆新闻宣传】 中共中央秘书处机关旧址纪念馆于6月27日正式开馆,区新闻办于开馆前召开媒体通气会,邀请近50名中央、市级媒体记者近距离感受纪念馆,会后组织记者实地踏勘,做好预热宣传。开馆当天邀约媒体参加开馆仪式,组织现场采访。结合"七一"节点和对公众正式开放日,于7月1日邀请中新社、澎湃新闻直播探馆,再度扩大宣传效应。央视《新闻联播》报道纪念馆开馆新闻,《解放日报》《文汇报》《新闻晨报》《青年报》《劳动报》等市级媒体陆续发布头版报道6篇,《解放日报》专版报道,《上海法治报》整版报道,《光明日报》四版主题报道,各级媒体累计报道近百篇。

（蔡子祺、孙倩、郭晓菁）

【《2023夏令热线·区长访谈》】 以"推动主题教育走深走实,把工作做到群众心坎上"为主题,7月20日,区委副书记、区长王华做客上海人民广播电台,就前方记者、听众和网友所反映的无障碍电梯施工慢、地下车库手机信号差、小区房屋外墙脱落等投诉问题逐一进行回应,与主持人一起现场连线相关职能部门和属地街镇,切实回应市民群众呼声。节目播出后,22个职能部门和属地街镇全力推进解决群众相关诉求。

（蔡子祺、孙倩、郭晓菁）

【静安区志愿者为上海书展提供志愿服务】 8月16日至22日,2023上海书展暨"书香中国"上海周在上海展览中心展出。静安50名青年团员和大学生志愿者参加志愿服务工作。静安区4个书展文明实践志愿服务岗亭累计日均询导引参观书展的观众共6000余人次,共服务书展观众4.2万余人次。首次通过上海广播电台直通990"为志愿加油"节目进行专访互动,该节目当天收听量达13.3万人次。《解放日报》《青年报刊》发专题报道。

（李康馨）

【2023年度静安区重点互联网企业党建工作专题培训班】 于8月23日在市北高新技术服务业园区举办。培训对象为区重点互联网企业党组织书记、副书记、委员、专兼职党务工作者,以及相关街镇"两新"组织党建工作负责人共42人,覆盖32家重点互联网企业。培训采用多种方式,以互联网企业党建创新实践案例、企业党建实务、网络治理新范式等内容为重点,引导企业党组织进一步发挥战斗堡垒作用,以高质量党建助力企业高质量发展。

（甘陈通、沈晓云）

【2023《Hi静安》城区形象片发布】 由区新闻办策划制作,包括中英两个版本,于9月15日首发。形象片生动呈现静安商业繁荣、智慧创新、文化多元、民生关怀等方面的新貌。在近20家央、市级新媒体及自媒体、商业视频平台同步投放播出,并通过上海广播电视台外语频道(ICS)、《上海日报》、新华丝路

网、IP SHANHGHAI等外宣平台或其海外社交账号开展对外传播，覆盖人数上千万。全区各大商场户外大屏及14个街道（镇）党群服务阵地、社区文化活动阵地循环播放，覆盖上百万人群。在静安区与韩国釜山广域市沙下区签署友好交流城市仪式、南非中小企业座谈会等重要对外活动上播放，"进博会"期间在国际展览中心党群服务站播放。

（蔡子祺、孙倩、郭晓菁）

【"高质量发展在申城"系列市政府新闻发布会静安区专场】 于9月19日在苏河湾中心42楼举行，聚焦"国际静安，卓越城区——打造中国式现代化的城区样本"主题，区委书记于勇介绍静安区推动经济社会高质量发展情况和工作举措，区委副书记、区长王华，区发展改革委、区商务委、区科委主要负责人出席发布会，并回答记者提问。会后，区新闻办围绕发布主题，安排与会记者统一参观并集中采访市北政企通服务中心、市北高新企业AI体验馆和中信泰富广场。《文汇报》《新民晚报》《上海法治报》头版刊发，《解放日报》《青年报》专版报道，上观新闻客户端开屏展示静安区形象，《人民日报》、新华社、《经济日报》等40余家主流媒体共刊发报道百余篇。

（蔡子祺、孙倩、郭晓菁）

【"烟头不落地，静安更美丽"——静安区"文明守护"专项行动启动活动】 于9月26日在静安Moho Mall举办，区委常委、宣传部部长莫亮金出席并启动"文明守护"专项行动。商务楼宇代表和外卖员代表宣读倡议书，号召全社会一起用小举动体现大文明，以实际行动与文明静安同频共振，让文明成为静安发展最美的"底色"。"文明守护"专项行动以整治商圈乱扔烟头的不文明行为为重点，同步加强非机动车管理，深化与商务楼宇、外卖企业线上线下合作，助力创建复评全国文明城区，彰显文明城区的静安范。

（李康馨）

【2023静安国际光影节新闻宣传】 9月26日至10月6日，"Shining Shanghai 闪亮·上海"2023静安国际光影节在苏河湾举办。中央、市级主流媒体累计报道超过130篇，全网推送光影节相关信息约64469条，总点击量逾20亿次。光影节相关信息在美国和英国超过220家次媒体落地推广，覆盖近亿人群。

（蔡子祺、孙倩、郭晓菁）

【爱国爱家同频，家国情怀共融——"我们的节日·精神的家园"中秋节主题活动】 于9月27日在芷江西路街道邻里中心举办。活动从月圆人团圆、真情暖邻里、共话新时代三个篇章展开。邀请2022年度上海市社会主义精神文明建设好人好事提名奖获得者、静安区人大代表李英分享诚信经营、热心参与社区公益的故事。通过歌曲合唱、越剧独唱、古典舞表演等形式，弘扬中秋佳节团圆精神，让群众感受传统文化魅力，增进社区凝聚力。 （李康馨）

【2023"全球财富管理论坛·2023上海苏河湾大会"新闻宣传】 区新闻办于10月18日上午举办媒体通气会，邀请区金融办主任介绍相关情况，邀请新华社、《解放日报》、上海电视台等12家中央、市级主流媒体参加。在10个大型商圈户外大屏循环播放大会预告片，做好宣传预热。10月21日至22日，在大会召开期间，区新闻办全程跟进，会后《解放日报》发布头版报道，上视新闻综合频道《新闻报道》栏目播出头条新闻，专业媒体发布垂类领域报道，累计发布报道近百篇。 （蔡子祺、孙倩、郭晓菁）

【"文明实践心聚场"上海市通俗化大众传播党的创新理论优秀思政课巡讲巡演活动】 于10月18日在大宁剧院举办。市委常委、宣传部部长赵嘉鸣，市委宣传部副部长、市文明办主任、市志愿者协会会

一、中共静安区委员会

10月18日，"文明实践心聚场"上海市通俗化大众化传播党的创新理论优秀思政课巡讲巡演活动（静安专场）在大宁剧院举办
（区委宣传部　供稿）

长潘敏，上海新民晚报社党委书记、社长刘可，区领导王华、丁宝定、宋宗德、莫亮金等出席活动。各区文明办主任和来自市委宣传部、市文明办、静安区委、各委办宣传部的嘉宾以及志愿者代表、市民代表等700余人参加活动。现场对乡镇（街道）级新时代文明实践和志愿服务示范中心代表进行授牌和赠书，并启动上海市新时代文明实践和志愿服务示范中心媒体采风行动。活动围绕高质量发展、高品质生活、高效能治理三个篇章，通过舞蹈、微宣讲、情景剧等讲演形式，打通理论宣传普及"最后一公里"。
（李康馨）

【"传承敬老美德，弘扬时代新风"——"我们的节日·精神的家园"重阳节主题活动】　于10月20日在临汾路街道新时代文明实践分中心举办。活动分为老有所养、老有所乐和老有所为三个篇章。现场表彰一批敬老爱老的先进典型，为"科技助老"文明实践优秀项目颁奖，并启动"银发少年团"项目，营造尊老、敬老、助老氛围。
（李康馨）

【静安区宣传思想文化工作会议】　于11月16日，在区机关4楼多功能厅举行。区委书记于勇出席会议并讲话。区委副书记、组织部部长宋宗德主持会议。区委常委、宣传部部长莫亮金传达习近平总书记对宣传思想文化工作的重要指示和全国、上海市宣传思想文化工作会议精神。区领导傅俊、林晓珏、龙婉丽、宋大杰出席会议。
（杨文涵）

【"美在静安，文明有范"——2023年国际志愿者日文明实践主题活动】　于12月5日在静安大悦城举办。区委常委、宣传部部长莫亮金出席并启动静安区星级志愿者礼遇月活动。该次活动静安区和无印良品（上海）商业有限公司合作，探索志愿礼遇新模式，设计制作激励回馈礼包，通过线上在"上海志愿者网"认证星级志愿者、线下凭借卡券兑换激励包的形式，为志愿者提供关爱和礼遇。《文汇报》、《新民晚报》、上观新闻等10余家市级主流媒体刊发专题报道。

（李康馨）

【《2023对话区委书记》系列融媒访谈】 结合第二批主题教育深入开展"四百"大走访的要求，上海人民广播电台自11月启动《2023对话区委书记》系列融媒访谈。12月14日，访谈聚焦区委重点课题"南京西路千亿商圈打造"，对话静安区委书记于勇，探讨如何盘活新旧载体，激发商业新动力，深化国际消费中心城市示范区建设，相关内容在上海人民广播电台、上海发布、上海大调研、新华社"解码魔都"工作室、澎湃新闻等平台集中发布。

（王林平）

【2023年度"媒体看静安"活动】 于12月5日，在Fotografiska影像艺术中心举办。活动由区新闻办组织。新华社等近20家中央、市级主流媒体记者受邀参加活动。活动现场宣读静安区2022年度十大好新闻、优秀报道获奖名单并为获奖媒体记者颁奖。区委常委、宣传部部长莫亮金出席并发表讲话。活动举办地Fotografiska为全球最大的影像艺术中心，活动当日与会媒体参观开馆四大特展。

（王林平）

【中央社会工作部志愿服务促进中心调研组走访调研区志愿服务指导中心】 12月22日，中央社会工作部志愿服务促进中心研究培训处、中央社会工作部办公厅人民建议征集处领导组成的中央社会工作部志愿服务促进中心调研组到静安区志愿服务指导中心开展实地走访调研，市文明办副主任、市志愿者协会副会长郑英豪，市文明办志愿服务处处长俞伟，静安区委宣传部相关领导陪同调研。调研工作组实地查看静安区志愿服务中心运营场地，了解工作情况，对静安区志愿服务站点建设、社会组织培育孵化工作表示肯定。

（李康馨）

【静安区与上海报业集团签署战略合作框架协议】 12月27日，上海市静安人民政府与上海报业集团在上报大厦签署战略合作框架协议，建立战略合作伙伴关系。静安区委书记于勇，上海报业集团党委书记、社长李芸出席签约仪式并讲话。静安区委副书记、区长王华，上海报业集团党委副书记、总经理、副社长陈启伟代表双方签约。双方领导莫亮金、龙婉丽、张军、陈颂清、郑逸文、刘可、丁波见证签约。根据协议，双方将全力推动资源共享、优势互补，创新开展新闻政务落地联动，具体围绕新闻宣传融媒实践与数字化转型，静安区城区经济、科创、文化重要承载区建设以及城市更新等方面展开，在助力加快建成具有世界影响力的社会主义现代化国际大都市、打造文化自信自强上海样本、建设习近平文化思想最佳实践地等方面贡献区企合作最大力量。

（杨文涵）

【第七届中国·上海静安国际雕塑展新闻宣传】 年内，区新闻办扎实做好雕塑展预热推广和开幕宣传工作，央、市级主流媒体累计报道近百篇。开幕前举行新闻发布会，会后共刊发开幕式预告报道近30篇。邀请20余家中央、市级主流媒体提前探营，并组织中外艺术家接受采访，为开幕宣传做好预热。开幕式前后，上海发布、上海电视台、《新民周刊》等主流媒体共刊播图文及视频原创报道50余篇，近20家行业媒体和自媒体对雕塑展进行宣传和解读。12月28日，《文汇报》推出专版总结报道。借助《上海日报》《大公报》《香港经济导报》等媒体平台做好外宣报道，在IP SHANGHAI、新华丝路网等平台及海外200多家媒体落地推广，覆盖近亿人群。

（蔡子祺、孙倩、郭晓菁）

【上海互联网业联合会自媒体专委会2023年度会员会议】 于12月20日在区大宁路街道党群服务中心举行。市互联网业联合会会长姜迅，市委网信办副主任、市互联网业联合会副会长俞旻骁，区委常委、宣传部部长莫亮金出席会议，金融、教育、卫生健康、房管、市场监管等部门，区委网信办相关负责人及上海属地135家重点自媒体负责人参加会议。会议现场，宣读35名新入选的会员名单，并对2023年度优秀会员进行表彰。同时举办主题为"AIGC背景下自媒体发展的机遇与挑战"的圆桌对话。

（甘陈通、沈晓云）

（五）统战工作

【概况】 2023年，区委统战部深入学习贯彻党的二十大精神和习近平总书记关于做好新时代党的统一战线工作的重要思想，立足静安"党的统一战线政策提出地所在区"定位，扎实推进统战各领域工作，为全面推进中国式现代化静安生动实践凝聚人心、汇聚力量。切实做好党的二十大精神学习宣传贯彻工作，制定《2023年静安区统一战线思想政治引领工作指引》，支持统一战线各领域组织开展主题教育活动。举办培训班及社院讲坛19期，1650人参训。完善大统战工作格局，修订区委统战工作领导小组工作规则，制定"1+7"专项议事协调机制工作规则，召开领导小组全体会议及各协作机制会议。落实基层统战工作责任制，制定《关于贯彻落实〈上海市基层统战工作责任制指引（试行）〉的实施意见》、统战工作考核评分细则、责任清单。完成"统战源·上海静安统战文化中心"建设，市委常委、统战部部长陈通和区委书记于勇为中心揭牌，中央统战部副部长陈小江等实地调研。在第三届长三角统战工作研讨会、上海市统一战线研究和宣传工作会议上作交流发言。承办"上海统战文化周"开幕活动、同舟讲坛，梳理统战历史文化点位55个，开发线路2条，出版纪念画册，打造苏河湾统战文化综合项目。提升统战宣传信息质量，公众号发布内容673篇，累计阅读量近25万人次。工作类信息获中央统战部采用6篇；建言类信息获市委主要领导批示3篇。年内，落实政党协商安排，召开党外人士座谈会，完成5轮协商反馈，形成意见建议47条。深化专项民主监督，修订静安区各民主党派与政府有关部门对口联系工作机制。各民主党派区委、区工商联、无党派人士提出意见建议60条。落实党外代表人士及党外干部配备要求，确保各项比例均达标。健全联谊交友机制，印发《静安区党员领导干部与党外代表人士联谊交友工作实施细则》。协助区中华职业教育社完成换届工作。推进无党派人士、党外知识分子和新的社会阶层人士统战工作，建设"星光·同心"工作品牌，成立专家服务团。制定《静安区无党派人士日常联系工作实施细则》，完成2名无党派人士认定。深入开展统战领域调查研究，联合主办2023年上海统一战线史研讨会，完成统战史研究成果1篇。开展统战领域重点课题研究，举办区统战调研成果交流会，完成统战调研课题50项。扎实推进主题教育，开展机关建设年活动，打造"统战青年说"品牌，培养"统战源"机关讲解员队伍。

（王豪斐）

【中共静安区委统一战线工作领导小组第七次全体（扩大）会议】 于3月9日在常德路370号召开。区委书记、领导小组组长于勇主持会议并讲话。区委常委、统战部部长、领导小组常务副组长顾定鋆出席。会议审议领导小组工作机制有关文件。区委统战工作领导小组成员单位、各街道（镇）党（工）委

主要负责人参加会议。　　　　　（王豪斐）

【2023年各党派团体新年学习会】　于1月28日在同舟大楼召开。区委常委、统战部部长顾定鋆出席会议并就2023年重点工作提出要求。各民主党派区委主委、秘书长，区工商联负责人，无党派人士代表参会。　　　　　　　　　　　　　（王豪斐）

【区委统战部、区侨联机关党支部结对共建签约仪式】　于2月22日举办，与石门二路街道郑家巷居民区党总支、大宁路街道八方花苑居民区党总支、静安区闸北实验小学党总支、凯迪克大厦党委、上海瑞慈瑞铂门诊部有限公司党支部、中航物业上海分公司党支部6家单位党组织签约共建。（王豪斐）

【2023年静安区统战工作会议】　于3月20日在常德路370号召开，会上学习传达中央、市委和区委2023年统战相关工作会议精神，全面部署2023年全区统战工作重点任务。区委常委、统战部部长顾定鋆出席会议并讲话。　　　　　　　　　（王豪斐）

【区委统战部机关建设年活动】　于2月2日在恒隆广场启动。上海市纪委监委驻市委统战部纪检监察组组长蔡桂其，区委常委、统战部部长顾定鋆出席并讲话。　　　　　　　　　　　　（王豪斐）

【"统战青年说"系列活动】　分别于2月2日、5月21日、11月15日举行，来自静安区统战系统的青年同志分别以"学习二十大、踔厉新征程""统战好榜样、青春正能量""团结奋进新征程"为主题进行汇报展示。该项目获评静安区区级机关党建特色项目——2023年度优秀案例。　　　（王豪斐）

【2023年静安区统战系统党风廉政建设大会】　于3月21日在胶州路58号召开。会上布置2023年静安区统战系统党风廉政建设和反腐败工作要点，对区委统战部、各民主党派区委、区工商联、区侨联和区社会主义学院机关建设年工作进行任务再细化、进度再明确、责任再落实。区委常委、统战部部长顾定鋆出席会议并讲话。　　　　　　　　（王豪斐）

【召开党外人士座谈会】　3月30日，中共静安区委就"法治静安建设"听取党外人士意见建议。6月25日，中共静安区委书记于勇就"推动科创动能增强"听取党外人士意见建议。7月28日，就"推进养老服务高质量发展"听取党外人士意见建议。8月31日，就"党风廉政建设和反腐败工作"听取党外人士意见建议。10月24日，就静安区"'十四五'规划中期评估"听取党外人士意见建议，区委副书记、区长王华出席会议并通报有关情况。12月20日，中共静安区委书记于勇就《区委工作报告》听取意见建议。
　　　　　　　　　　　　　　（王豪斐）

【2023年静安区社会主义学院院务咨询委员会会议】　于3月29日在胶州路58号召开。会议听取静安区社会主义学院2022年工作总结及2023年工作要点。委员们重点围绕做好教学管理、丰富培训形式等方面提出意见建议。区委常委、统战部部长、区社院院长、区院务咨询委员会主任顾定鋆出席，来自区委宣传部、区委统战部、各民主党派区委、工商联、区侨联、区知联会等院务咨询委员会成员单位的10余名委员参加会议。　　（王豪斐）

【静安区知联会二届二次理事（扩大）会】　于4月12日在区文化馆召开，共40余名理事、监事、会员参会。区委常委、统战部部长顾定鋆出席并讲话。会前，审议通过工作架构、2022年工作亮点和2023年工作要点，围绕"培育发展本土优质企业"展开专题交流。　　　　　　　　　　　　（王豪斐）

【静安区2023年各民主党派新成员培训班】 于4月20日由中共区委统战部、区社会主义学院联合举办。培训班围绕"统一战线与中国式现代化——学习贯彻党的二十大精神""中国民主党派发展史"等内容进行专题辅导。培训采用学分制，分阶段实施课程安排，课堂学习、自学、学习讨论等各阶段课程都赋予一定数量的学分，修满学分即可结业。全区近100名民主党派新成员参加培训。 （王豪斐）

【2023年专项民主监督】 4月26日，年度中共静安区委委托各民主党派、工商联、无党派人士开展专项民主监督工作正式启动。区委常委、统战部部长顾定鋆出席会议并讲话。中共静安区委委托各民主党派区委就"加强基层治理体系建设"开展监督，委托区工商联就"推动科创动能增强"开展监督，委托无党派人士就"培育发展优质本土企业"开展监督，并打破以往党派与街道（镇）结对的固有模式，调整监督对口安排，增强与区政府有关部门的联系和沟通。11月15日，中共静安区委书记于勇在常德路370号7楼主持召开2023年专项民主监督专题协商座谈会。各民主党派区委、区工商联主要负责人，无党派人士代表就专项民主监督工作开展情况进行交流。 （王豪斐）

【纪念"五一口号"发布75周年】 4月26日，静安区召开纪念"五一口号"发布75周年专题座谈会。区委常委、统战部部长顾定鋆出席会议并讲话，各民主党派区委、无党派人士围绕主题作交流分享。4月27日，静安区知联会和上海广播电视台（SMG）知联会合作出品纪念短片《75年前的一道霞光》。 （王豪斐）

【市委统战部调研静安区基层统战工作】 5月17日，市委统战部副部长房剑森、市委统战部协调处相关负责人调研静安区基层统战工作。会上，围绕落实区级机关统战工作责任制进行交流讨论。区委常委、统战部部长顾定鋆参加调研。 （王豪斐）

【毕马威（上海）中青年党外知识分子联谊会和新的社会阶层人士联谊会】 于5月17日在恒隆广场成立。区委常委、统战部部长顾定鋆出席揭牌仪式并致辞。大会选举产生毕马威（上海）知联会、新联会第一届理事会理事、监事、会长、副会长。 （王豪斐）

【静安区委统战部中心组、区档案局、上海大学统战部联组学习（扩大）会】 于5月18日在区档案局举行。会议围绕"统一战线政策提出地"开展研讨交流，全面推进"党的统一战线政策提出地工程"和"上海新时代党的统一战线研究工程"在静安落地见效。区委常委、统战部部长顾定鋆主持会议并讲话。 （王豪斐）

【2023年静安区统战分管领导、统战干部培训班】 于5月25日在江宁路街道党群服务中心举行。中共静安区委常委、区委统战部部长、区社会主义学院院长顾定鋆作开班动员。培训班围绕"上海大学与上海统战历史的渊源及统战文化建设""统战影响力自媒体制作"开展专题报告。 （王豪斐）

【静安区党外知识分子工作协作机制全体会议、新的社会阶层人士统战工作协作机制会议】 于5月31日在胶州路58号召开。会议分别传达上海党外知识分子工作协作机制全体会议精神及上海新的社会阶层人士统战工作协作机制全体会议精神，并对下一阶段静安党外知识分子工作及新的社会阶层人士统战工作实践创新基地创建工作实施细则和区新阶层统战工作重点进行部署和介绍。区委常委、统战部部长顾定鋆出席会议并讲话。 （王豪斐）

【"统战源·上海静安统战文化中心"开启试运行】 7月14日,上海市委常委、统战部部长陈通率队到静安区开展中心组学习,并与区委书记于勇为"统战源·上海静安统战文化中心"揭牌。　　　　（王豪斐）

【"同舟讲坛——统战文化与上海城市精神"】 于7月22日在统战源·静安苏河湾统战文化中心举行。活动由市委统战部主办,市文史馆、静安区委统战部承办。活动中,市委统战部副部长房剑森,区委常委、统战部部长顾定鋆共同发布静安区苏河湾统战文化水岸联动线路。　　（王豪斐）

【《寻美苏河湾——静安区统战源文化巡礼系列片》】 于7月22日正式发布。该片为2023年上海统战文化周期间,由中共静安区委统战部、SMG知联会、静安区知联会合作出品,全景式展示静安区苏河湾统战文化水岸联动线路。　（王豪斐）

【2023年静安区知联会、新联会"凝心铸魂强根基、团结奋进新征程"主题教育实践活动暨公益集市】 于8月23日在区文化馆举行。市委统战部二级巡视员、市欧美同学会党组书记李霞,区委常委、统战部部长顾定鋆出席活动。会前,静安区党外知识分子专家服务团和新的社会阶层人士志愿服务团以集市的形式举办公益咨询服务活动。　（王豪斐）

【静安区委统战部关于学习贯彻习近平新时代中国特色社会主义思想主题教育工作部署会】 于9月19日在胶州路58号召开。会上,传达上海市学习贯彻习近平新时代中国特色社会主义思想主题教育第一批总结暨第二批部署会议、静安区学习贯彻习近平新时代中国特色社会主义思想主题教育动员大会精神,并部署区委统战部主题教育工作。区委常委、统战部部长顾定鋆出席并讲话。　　　　　　　　（王豪斐）

【2023年静安区统战系统全面从严治党警示教育大会暨党风廉政党课】 于9月19日在胶州路58号召开。会议传达静安区全面从严治党警示教育大会精神,并通报一批违纪违法典型案例。区委常委、统战部部长顾定鋆出席会议并授课。　（王豪斐）

【2023年静安区各民主党派区委委员培训班】 于9月21日在同舟大楼举行。培训班围绕"新形势下做好参政议政、民主监督等信息工作的方法和经验""长三角生态绿色一体化发展实践与理论问题探析"等内容进行专题辅导。　　（王豪斐）

【第二届"新勇者杯"静安新阶层电竞赛事】 于9月19日至22日在线上举行,并于9月24日启动线下决赛。共有26支队伍进行激烈的线上角逐,8强队伍冲入线下决赛。　　　　　　　（王豪斐）

【2023年静安区新的社会阶层代表人士培训班】 于10月27日在美丽园大酒店举行。培训围绕"新社会阶层的兴起、特征与当代中国国家治理"作专题辅导。　　　　　　　　　（王豪斐）

【2023年静安区统战调研成果交流会】 于10月31日在静安寺街道社区党群服务中心召开。区委常委、统战部部长顾定鋆出席会议并讲话。区委统战部新阶层工作科、区民宗办民族科、民进区委、区工商联、区侨联5个调研成果完成部门(单位)交流年度统战调研成果。会上邀请市委统战部研究室相关专家对静安统战调研成果进行点评,并作专题授课。　　　　　　（王豪斐）

【"溯统战历史,瞻苏河未来"——静安新阶层人士统战文化寻美行活动】 于10月27日举行。活动以"统战源·上海静安统战文化中心"为起点,串联起苏河湾统战文化水岸联动路线。来自静安区新联

会、街镇新联会、行业新联会的50多名新阶层人士参加活动。（王豪斐）

【2023年静安区无党派人士培训班】 于11月2日在同舟大楼举行，区委常委、统战部部长、区社会主义学院院长顾定鋆做学习动员。培训班围绕"深入学习习近平文化思想——浅谈海派文化的前世今生""党外知识分子政策的演进及启示"等内容开展专题辅导，并组织40余名无党派人士参加统战源·静安统战文化中心现场教学。（王豪斐）

【2023年静安区统战人士认捐座椅启用仪式暨公共空间休憩座椅工作现场会】 于11月10日举行。上海市绿化和市容管理局副局长金维伦、区委常委、统战部部长顾定鋆为认捐座椅揭幕。（王豪斐）

【"静英青年，芯向未来"——上海创新创业青年50人论坛静安创芯论坛】 于11月22日举行。市委统战部二级巡视员、市欧美同学会党组书记李霞，区委常委、统战部部长顾定鋆出席论坛并讲话。论坛上，成立上海创新创业青年50人论坛创新创业接力站·大宁创芯加速器。该加速器已获静安区首批大企业开放创新加速器授牌，首批实体入驻企业15家。（王豪斐）

【2023年静安区基层统战工作会议】 于11月28日在江宁路党群服务中心召开。区委常委、统战部部长顾定鋆出席会议并讲话。市委统战部协调处相关负责人围绕"完善大统战工作格局，做好基层统战工作"主题，就《上海市基层统战工作责任制指引（试行）》作专题培训。（王豪斐）

【静安区"凝心铸魂强根基、团结奋进新征程"主题教育推进会】 于12月20日在常德路370号召开。各民主党派区委主委和区知联会、区新联会负责人作交流发言。区委常委、统战部部长顾定鋆出席会议并讲话。（王豪斐）

【静安区委统战部、区侨联、区社院2023年学习讨论会】 于12月27日在胶州路58号召开。学习贯彻十二届市委四次全会及市委、区委学习讨论会精神，并就2024年工作规划进行交流讨论。区委常委、统战部部长顾定鋆主持会议并讲话。（王豪斐）

（六）政法工作

【概况】 2023年，静安区政法工作按照市委、区委部署要求，紧扣推进政法工作现代化目标，全力维护国家政治安全，确保社会大局稳定，促进社会公平正义，保障人民安居乐业，推进更高质量平安静安、法治静安建设，为加快建设卓越的现代化国际城区提供有力政法保障。坚决捍卫政治安全，压紧压实重大政治责任，坚定维护国家政权安全、制度安全和意识形态安全。强化风险监测预警，严格落实重点地区、重点领域管控，开展防范打击邪教渗透破坏专项行动，推进教育转化、巩固帮扶和解脱回归一体化。深化反暴恐斗争，守牢不发生暴恐案（事）件的底线。聚焦高风险点位和城市重点部位，加强节点守护和日常巡查，完善敏感案（事）件依法办理、舆情引导、社会面管控"三同步"工作机制，严防发生现实危害和负面炒作。做好重大活动维稳安保工作，加强部门协同、情报预警、线索核查、依法处置等，确保杭州亚运会、第六届"进博会"等重大活动安全举办。维护社会大局持续稳定。成功创建"全国市域社会治理现代化试点合格城市"，形成一批市域社会治理理论成果、制度成果、实践成果。发挥平安静安建设协调小组职能作用，强化社会治安整体防控。依托反诈联席会议制度，加大电信网络新型违法犯罪打击治理力度。常态化推进扫黑除恶斗争,成立区级扫黑除恶专家库,完成重点行业领域专项整治。落实新形势下重大决策社会稳定风险评估工作机制,从源头防范应对涉稳风险。推进以法治服务中心(站)为载体的矛盾纠纷"一站式"调处平台建设,全面推广派出所、司法所、律师事务所"三所联动"化解机制,及时就地化解矛盾纠纷,深入推进疑难信访矛盾化解攻坚。加大社会治安复杂地区排查整治,有效消除问题隐患。推动落实实有人口管理"四个一"措施(工作机制、采集队伍、评价体系、信息库),实有人口准确率位列全市前列。积极拓展政法宣传阵地,区政法综治网获2022年度中国优秀政法网站称号。提升执法司法质效。深化政法改革,坚持权责统一,推进规范用权,全面准确落实司法责任制,完善政法机关运行体系。提升执法司法公信力,涉法涉诉信访突出问题实现100%化解办结。锻造过硬政法铁军。强化政治建设,坚决落实党对政法工作的绝对领导,举办全区政法综治系统领导干部政治轮训和平安建设培训。认真开展学习贯彻习近平新时代中国特色社会主义思想主题教育,把开展主题教育与落实年度重点工作、加强基层党组织建设紧密结合,推动主题教育成果转化。深化拓展政法队伍教育整顿成果,坚持从严治警,常态化开展政治督察,全面落实"四责协同"机制,严格落实防止干预司法"三个规定",严格执行新时代政法干警"十个严禁",深入贯彻中央八项规定,坚持不懈纠治"四风"。建立"一平台(区委党校)、两载体(政治轮训、政法讲堂)、三层次(政法单位领导班子、政法单位中层及后备干部、平安静安建设协调小组成员单位和各街镇分管领导)"同堂共训机制,联合复旦大学法学院举办静安区政法系统"习近平法治思想"培训班,孵化"高、精、尖"政法人才。加强政法干警执法权益保护,激励广大干警奋进新征程、建功新时代。

(黄婧煜)

【诸葛宇杰、张亚宏到静安区督导检查春节社会面防控工作】 见"领导视察和调研"栏目相关条目。

(黄婧煜)

【上海首家平安主题餐厅揭牌】 2月5日,由区委政法委指导、上海法治报社联合区公安分局主办、上海肯德基有限公司承办的上海首家平安主题餐厅在静安区广中西路758号举行启动仪式。区委常委、政法委书记王翔出席启动仪式并致辞。上海报业集团、区公安分局和上海肯德基有限公司负责人参加启动仪式。

(黄婧煜)

【区委政法委员会第一次全体会议】 于2月8日在区委政法委机关会场召开。区委常委、政法委书记王翔主持会议并讲话,强调要坚持高起点、高站位,谋划好静安政法工作现代化布局;要加强制度建设,提升区委政法委员会的履职能力、履职水平;要坚持精益求精、善作善成,全力以赴补短板、锻长板、树样板,为建设卓越的现代化国际城区提供坚强可靠的政法保障。区委政法委员会全体委员参加会议,区委政法委机关其他领导班子成员列席会议。

(黄婧煜)

【区公安工作会议】 于2月10日在区公安分局会场召开。区委常委、政法委书记王翔出席会议,强调要突出政治属性,铸牢静安公安队伍的忠诚警魂;要牢记职责使命,服务建设卓越城区的生动实践;要从严管党治警,锻造全面、过硬、可靠的公安铁军。副区长、区公安分局局长姜坚,区公安分局领导班子成员和相关部门负责人出席会议,全区公安干警通过视频形式观看会议直播。

(黄婧煜)

【于勇到区委政法委调研】 2月20日,区委书记于勇到区委政法委调研,听取2022年政法工作情况和2023年重点工作汇报,强调要坚持固底板、补短板、锻长板、树样板，从健全完善矛盾纠纷多元调解工作体系、织密社会面防控群防群治网络等方面纵向发力，全力推动市域社会治理再上新台阶，更好服务护航区域经济社会发展大局。区委常委、政法委书记王翔，区委办公室、区委研究室负责人，区委政法委机关领导班子成员参加。（黄婧煜）

【区政法信访工作会议】 于2月27日在区机关会场召开。区委书记于勇强调要以习近平总书记对政法工作的重要指示为根本遵循，全面贯彻落实党的二十大和中央、市委政法工作会议精神，锚定"奋力推进政法信访工作现代化"目标，更好统筹发展和安全，以新安全格局保障新发展格局，以高水平法治护航高质量发展，在全市政法信访工作现代化进程中走在前、做表率、当示范。区委副书记、区长王华主持会议，区委常委、政法委书记王翔作政法工作报告，副区长、区公安分局局长姜坚作信访工作报告。区委副书记王益群、区检察院检察长董学华出席会议。区政法各单位班子成员，区各部、委、办、局，各人民团体、区管重点企业主要负责人，各街道(镇)主要领导、分管领导参加会议。（黄婧煜）

【区检察工作会议】 于3月1日在区检察院会场召开。区委常委、政法委书记王翔出席会议，强调要坚持政治引领，以更高站位把牢正确方向；要坚持法治保障，以更优服务护航经济社会发展；要坚持深化改革，以更高质效做强法律监督主业；要坚持从严治检，以更高标准锻造过硬队伍。区检察院检察长董学华主持会议，区检察院全体干警参加会议。（黄婧煜）

【区政法综治宣传工作培训】 于3月23日召开。区委政法委副书记陈瑜栋作开班动员，市委政法委相关部门人员作辅导交流。培训结合实际案例，讲解新媒体时代新闻写作和新闻摄影技巧。区政法各单位宣传工作负责人、相关科室宣传干部、各街道(镇)宣传联络员40余人参加。（黄婧煜）

【王翔实地调研矛盾纠纷多元调处工作】 4月4日，区委常委、政法委书记王翔先后到区公安分局交警支队交通事故受理中心、市北高新集团走访调研，分别就行政复议案前调解与专业领域人民调解衔接机制运行情况、风险防范和园区管理等方面工作进行座谈探讨，强调要进一步加强谋划和统筹，不断满足实践需求；要进一步完善程序流程，提升服务能力和工作效果；要进一步优化重点特色，做精做强"一站式"调解品牌。区委政法委、区公安分局、区司法局、区法院、区检察院、区市场监管局相关负责人参加调研。（黄婧煜）

【政法综治领导干部政治轮训】 于4月18日在区委党校会场举行。区委常委、政法委书记王翔出席并作开班动员，强调要坚持把政治建设摆在首要位置，筑牢政法工作的"根"和"魂"；要坚持站在全局高度谋划思考，为建设"国际静安，卓越城区"提供坚强可靠的政法保障；要坚持把"细致、精致、极致"的静安特质融入日常，在平凡的岗位上作出不平凡的贡献。区政法各单位领导班子成员、中层领导干部参加政治轮训。（黄婧煜）

【政法机关读书会成立仪式暨首场活动】 于4月23日在区检察院会场举行。区委常委、政法委书记王翔出席并讲话，强调读书会是全面加强新时代政法文化建设的重要载体平台，全区干警要静下心来"学理、学技、学礼"，真正学出忠诚信仰、学出实践真知、学出使命担当，为静安发展作出应有贡献。市检察院党组成员、政治部主任荚振坤应邀出席读书会活动。区政法各单位负责人、政治部(处)主任参加活动。（黄婧煜）

【吕南停到南京西路街道调研】 4月25日,市委政法委副书记吕南停一行到南京西路街道调研,听取街道矛盾纠纷排查及重点矛盾化解开展情况、群体性矛盾化解成功案例。吕南停肯定街道在矛盾纠纷排查化解方面取得的成绩,并对如何应对城市治理、更新过程中的问题提出具体要求。市委政法委社会稳定处处长杜大伟、区委政法委副书记陈琪陪同,南京西路街道党工委书记周惠珍等参加调研。

(黄婧煜)

【丁伯婕到静安区调研矛盾纠纷化解工作】 5月5日,市委政法委副书记丁伯婕到静安区调研矛盾纠纷化解工作,实地走访道路交通事故人民调解委员会并开展座谈交流。区委常委、政法委书记王翔,区委政法委、区公安分局、区司法局等职能部门和彭浦新村街道负责人参加调研。

(黄婧煜)

【区委依法治区委员会第五次会议暨专题述法会议】 于5月17日在区机关会场召开。区委书记于勇主持会议并讲话,强调要深学笃行习近平法治思想,在法治轨道上全面推进中国式现代化静安实践;要全面巩固示范创建成果,推动依法治区工作取得新成效;要进一步强化组织领导,奋力开创全面依法治区工作新局面。会上,区委书记、区委全面依法治区委员会主任于勇,区委副书记、区长、区委全面依法治区委员会副主任王华以及曹家渡街道、宝山路街道主要负责人作专题述法。区委全面依法治区委员会全体委员出席会议。

(黄婧煜)

【政法讲堂】 于5月18日在区法院会场举办。区委政法委、区政法各单位干警代表结合学习《习近平新时代中国特色社会主义思想学习纲要》《习近平法治思想学习纲要》,围绕"恪守初心,厚植信仰""秉持公心,司法为民""凝聚匠心,追求极致""坚持恒心,砥砺奋进""锤炼丹心,奋楫笃行"5个主题,分享读书体会,展现静安干警好学善思、拼搏进取的精神风貌。

(黄婧煜)

【重大决策社会稳定风险评估工作培训会】 于5月19日召开。市委政法委社会稳定处、上咨集团相关负责人作主题培训,分别就相关文件内容、社会稳定风险评估操作实务开展解读。区相关成员单位、各街道(镇)、区属重点企业的分管领导和联络员参加会议。

(黄婧煜)

【区委国安委会议暨区委平安建设工作例会】 于5月22日在区机关会场召开。区委书记于勇主持会议并讲话,强调要牢记"国之大者",把学习贯彻总体国家安全观作为重要政治任务,坚定扛牢做好新时代国家安全工作的重大政治责任,增强忧患意识,强化底线思维,牢牢掌握维护国家安全的主动权,以新安全格局保障新发展格局,以实际行动拥护"两个确立"、做到"两个维护"。要以更大力度、更实举措推进更高水平平安城区建设,扎实做好防风险、保安全、护稳定工作,切实筑牢静安发展的安全屏障和平安防线,持续巩固发展政治安全、社会安定、人民安宁的良好局面。区领导王华、王翔、莫亮金、梅广清、龙婉丽、姜坚、李震、张军、张慧、董学华出席会议并讲话。区委国家安全委员会成员单位、平安静安建设协调小组成员单位、区扫黑除恶斗争领导小组成员单位、区管重点企业主要负责人参加会议。

(黄婧煜)

【吕南停到南京西路街道华业居委会调研】 5月23日,市委政法委副书记吕南停到南京西路街道华业居委会调研矛盾化解工作,听取华业居委会关于积极发挥党建引领作用,利用"五早工作法"(早发现、早介入、早协调、早化解、早落实)破解群体性矛盾的工作汇报,并实地察看原邻避矛盾发生现场。吕南停肯定居委会通过"五早工作法"有效化解群体性

一、中共静安区委员会

5月28日，静安区举办迎"六一"法治嘉年华活动　　　　　　　　　　　　　　　　　　　　　　（区委政法委　供稿）

矛盾，传承和发展新时代"枫桥经验"，为维护社会稳定作出积极贡献。区委政法委副书记陈琪、南京西路街道党工委书记周惠珍等陪同调研。

（黄婧煜）

【迎"六一"法治嘉年华活动】　5月28日，区委政法委牵头政法各单位，联合上海法治报社共同举办"法治小记者探秘'政能量'大本营"——迎"六一"法治嘉年华活动。40名法治小记者先后走进区公安教育基地、区人民法院、上海肯德基平安主题餐厅，通过丰富多彩、寓教于乐的普法教育主题活动，树立法治理念和法治意识，养成遵纪守法的好习惯，扣好人生的"第一粒扣子"。　　（黄婧煜）

【区委政法委员会第二次全体会议】　于6月15日在区委政法委机关会场召开。区委常委、政法委书记王翔主持会议并讲话，强调要进一步健全矛盾纠纷深入排查多元调处工作机制，提升矛盾风险的防范化解能力；要清醒认识当前形势，把维护安全稳定的防线筑牢夯实；要着眼年度工作推进，集中精力抓好上半年工作收官。区委政法委员会全体委员参加会议。

（黄婧煜）

【政法机关第二场读书会】　于6月21日在嘉定区未央学宫举办。通过"课-礼-工"三位一体的传统文化学习体验，进一步坚定文化自信，引导干警以学铸魂、以学增智、以学正风、以学促干。区政法各单位政治部（处）领导、区新时代政法干警榜样人物、区政法各单位优秀青年干警等参加活动。（黄婧煜）

【"6·26国际禁毒日"主题宣传活动】　于6月26日在静安大悦城举行"同心同聚同行，共建共治共享——静安区6·26主题宣传启动仪式"。区委常委、政法委书记王翔出席活动并致辞。活动现场举行志愿者车队发车仪式和区第一批法治建设宣传基地挂牌仪式，设置禁毒、反邪教、反诈骗宣传主题展板，营造良好宣传氛围。市委政法委相关业务处室、区委政法委、区公安分局、相关街道（镇）主要领

导参加。 （黄婧煜）

【全民禁毒宣传月工作】 6月，区全方位、多角度、广覆盖开展禁毒宣传。活动月期间，共开展禁毒宣传活动262场，制作发放宣传折页、宣传品12000余份，在辖区内户外电子屏幕滚动播放禁毒宣传视频，受益群众达12万人次，组织发动群众参与市禁毒办"喵星人学禁毒"在线竞答活动，第一期参与人数12159人。强化部门联动，区禁毒办与区公安分局共同开展"平安校园与法童行"主题宣传教育活动；与区检察院共同拍摄反毒微电影《迷途》；联合区司法局等单位举办上海市第十三届"爱的黄丝带"社会帮教活动月启动仪式暨社区矫正安置帮教招聘会和法治宣传活动。 （黄婧煜）

【区政法系统"习近平法治思想"青年培训班】 7月14日至8月11日，"政能量"系列之"政研习"——静安区政法系统"习近平法治思想"青年培训班在复旦大学法学院举办。该次培训由区委政法委主办，区司法局和复旦大学法学院承办，以深入学习贯彻习近平法治思想、强化能力素养提升为主题，专题讲授学习贯彻党的二十大关于全面依法治国精神，推进法治中国建设重大决策部署，构建人类命运共同体习近平法治思想等内容，采取专家授课、主题研讨、学习观摩等形式。区委政法委、区法院、区检察院、区公安分局、区司法局、区法学会青年干警，区司法行政系统的青年律师等参加培训。（黄婧煜）

【区平安建设工作培训】 于9月7至8日举办，围绕平安建设、基层社会治理、矛盾纠纷多元排查调处等主题开展专题辅导授课。区委常委、政法委书记王翔出席结业仪式，强调要深入贯彻落实市委和区委决策部署，紧紧围绕静安发展大局，进一步提高政治站位、找准工作定位，牢牢把握正确的政治方向；要锤炼过硬本领、敢于担当作为，坚决打好防范风险主动仗；要树牢法治思维、提升治理水平，以高质量法治供给保障区域经济社会更高质量发展。平安静安建设协调小组、区扫黑除恶斗争领导小组各成员单位，各街道(镇)分管领导，各街道(镇)平安办、信访办、司法所负责人和区委政法委全体机关干部参加培训。 （黄婧煜）

【区委平安建设工作例会暨杭州亚运会安保维稳工作会议】 于9月18日在区机关会场召开。区委书记于勇主持会议并讲话，强调要认清形势、提高站位，切实增强紧迫感、责任感；要切实把思想和行动统一到中央和市委相关部署要求上来，坚持战时标准、战斗姿态，全力把各项工作做得更靠前、把平安防线筑得更牢固，为杭州亚运会的顺利举办保驾护航、助力添彩；要突出重点、严管严控，坚决打好安保维稳主动仗。区领导王华、王翔、梅广清、龙婉丽、姜坚、李震、张军、张慧出席会议并讲话。区相关职能部门、各街道(镇)、区管重点企业主要负责人参加会议。 （黄婧煜）

【丁伯婕调研区市域社会治理现代化试点工作】 9月20日，市委政法委副书记丁伯婕到静安区调研市域社会治理现代化试点工作。先后调研走访凯迪克大厦，听取"肖素华工作室"关于党建引领推动楼宇治理的有关情况介绍，实地查看临汾路街道社区法治服务中心、"社区大脑"、"数字驾驶舱"运作情况，了解基层社区在探索法治保障、智治支撑等方面的具体实践。区委常委、政法委书记王翔陪同调研，区委政法委、石门二路街道、临汾路街道、临汾路派出所等有关人员参加调研。 （黄婧煜）

【王翔为区委政法委机关全体党员讲授主题教育专题党课】 9月28日，在区委政法委机关会场，区委常委、政法委书记王翔围绕"以科学理论凝心铸魂，奋力开创静安政法工作新局面"主题，为机关全体党员上党课。王翔指出，要紧紧围绕"学思想、强党性、重实践、建新功"的总要求，以严实作风、务实举措抓好机关主题教育；要坚持以科学理论凝心铸魂，打牢绝对忠诚、绝对纯洁、绝对可靠的思想根基；要深入践行习近平法治思想，奋力开创静安政法工作新局面；要坚持和发展新时代"枫桥经验"，推进矛盾纠纷化解法治化。区委政法委机关领导班子成员、机关全体党员参加读书班学习。

（黄婧煜）

【区委政法委、区法院、区检察院、区司法局党委理论学习中心组联组学习会】 于11月23日召开。会议以"践行党的二十大精神，争做新时代奋斗者"为主题，邀请来自"法治先锋"宣讲团的6名先进典型代表围绕自身岗位先进事迹开展宣讲。市司法局政治部，区委政法委、区法院、区检察院、区司法局有关领导，市委主题教育领导小组第二巡回指导组、区委主题教育领导小组办公室有关人员出席会议。区司法局全体机关干部、司法所、法援中心全体干部，区司法行政系统全体基层党组织书记及党员代表等240余人参加。

（黄婧煜）

【区政法综治宣传青年融媒体成长营】 于11月23日在上海报业大厦举办。邀请《新民晚报》首席记者、法治日报社上海记者站站长、上海农行宣传舆情专家作主题授课，加强静安政法综治宣传队伍媒介素养和舆情应对水平，助力政法综治网军业务能力提升。区政法各单位网军工作负责人、区委政法委相关科室工作人员、各街道（镇）及相关职能部门核心网评员参加。

（黄婧煜）

【区禁毒志愿者联盟成立暨"雨和"志愿者五周年成果展示主题宣传活动】 于12月5日在上海金融街购物中心广场举行。区委常委、政法委书记王翔出席活动并致辞，强调要通过更加扎实、细致、有效的工作，更广泛地汇聚社会各界的智慧和力量，为静安百姓营造更安全、更干净、更宜居的城区环境。市委政法委毒品预防宣传处、区相关职能部门和天目西路街道负责人出席活动。

（黄婧煜）

【区委全面依法治区委员会司法协调小组会议】 于12月6日召开。区委常委、政法委书记王翔主持会议，强调要进一步聚焦司法实务，以高质量法治供给保障静安高质量发展；要坚决捍卫公平正义，以最坚定的意志维护司法权威；要践行司法为民宗旨，让法治成为静安发展核心竞争力的重要标志。区法院院长孙静、区检察院检察长董学华出席会议。区人大法工委、区政协社法委、区政法各单位相关负责人参加会议。

（黄婧煜）

【区委政法委员会第三次全体会议】 于12月13日在区法院召开。区委常委、政法委书记王翔主持会议，强调要深化政治建设，为新时代静安政法工作注入强大动力、提供坚强保证；要加强制度建设，提升政法委员会的牵头抓总能力、统筹协调水平；要聚焦能力建设，在重大风险、重大考验面前磨炼本领意志、展现担当作为。区委政法委员会全体委员参加会议。

（黄婧煜）

【区法治服务中心揭牌仪式】 于12月21日在老沪太路202号举行，并召开区矛盾纠纷多元排查调处工作领导小组会议。区委书记于勇强调，要把牢正确方向，打造以人民为中心的枢纽型治理平台；要加强协同联动，搭建以服务为重心的全域化工作网络；要聚焦体制机制，不断推动法治服务体系提质增效。区委副书记、区长王华，区委副书记、组织部部长宋宗德，区委常委、政法委书记王翔，区委常委、常务副区长傅俊，区政协副主席陈琦华出席活动。

（黄婧煜）

【恒隆广场楼宇法治服务工作站揭牌】 12月21日,南京西路街道恒隆广场楼宇法治服务工作站举行揭牌仪式,区委常委、政法委书记王翔出席并致辞。恒隆广场工作站点的设立,旨在整合南京西路商圈丰富的法治资源,凝聚提升区域法治服务工作合力,更好助力经济社会发展。区委政法委、区司法局、南京西路街道主要领导和相关职能部门负责人出席活动。

(黄婧煜)

【成功创建"全国市域社会治理现代化试点合格城市"】 年内,区严格落实中央和市委政法委试点验收部署要求,全面开展自查自评和迎检验收工作。制定区《试点验收实施方案》,多次召开专题工作部署会、推进会和培训会,各成员单位逐条逐项对照,明确时间节点,细化任务要求,压实工作责任,系统梳理试点开展以来静安实践探索,形成区自评报告。坚持以验促建,着力构建"体制现代化",深入推进"五治融合",坚决防范"五类风险"。5月4日至6日,全国市域社会治理现代化试点市级验收组到区开展验收工作。5月4日,市委政法委副书记、验收组组长丁伯婕主持验收工作汇报会并讲话,区委政法委书记王翔作工作汇报,区相关职能部门、各街道(镇)分管领导参加会议。10月,静安区被确定为"全国市域社会治理现代化试点合格城市"。

(黄婧煜)

【推进常态化"扫黑除恶"斗争】 年内,在市委政法委、市扫黑办指导下,紧密结合区情实际,聚焦线索核查、案件办理、行业领域整治等重点,保持对黑恶势力的严打高压态势,一体化推进防范整治长效机制。年内,累计打击13类苗子性团伙55个,完成教育、金融放贷、市场流通等重点行业领域专项整治。强化部门联动共治,成立区级扫黑除恶专家库。加强社会动员,开展《反有组织犯罪法》宣传。

(黄婧煜)

【推进矛盾纠纷多元排查调处工作】 年内,聚焦"处理新形势下人民内部矛盾",由区委政法委牵头,联合司法局、公安、检察院、法院等政法部门和相关职能部门、街道(镇),通过实地走访、座谈研讨、联动会商等方式,全面总结梳理全区矛盾纠纷排查调处工作现状问题。创新和发展新时代"枫桥经验",制定《关于坚持和发展新时代"枫桥经验"全面深化完善矛盾纠纷多元排查调处工作的实施意见》《静安区关于推广"三所联动"工作机制加强矛盾纠纷多元排查化解的实施方案》,成立由区委、区政府主要领导任组长,区委常委、政法委书记,区委常委、常务副区长任副组长,区相关职能部门及各街道(镇)、相关重点区属企业的主要领导为领导小组成员的区矛盾纠纷多元排查调处工作领导小组。推进以"区、街道(镇)、居民区(楼宇、园区)三级法治服务中心(站)"为载体的矛盾纠纷"一站式"调处平台建设。12月21日,全市首家区级法治服务中心正式揭牌运行。截至年底,有4个街镇完成法治服务中心建设,恒隆广场、市北高新园区及居民区法治服务站试点工作扎实推进。

(黄婧煜)

【区委政法委机关开展学习贯彻习近平新时代中国特色社会主义思想主题教育】 在区委主题教育领导小组办公室第二联络组的指导下,区委政法委机关强化组织领导、扎实部署推进,严格按照时间节点完成理论学习、调查研究、推动发展、检视整改相关规定动作。9月至12月,累计开展机关读书班10天,专题研讨11次,班子成员专题党课5节,跨部门跨区域联组学习2次,党支部组织全体党员学习活动6次;班子成员确定5项调研课题,开展调研92次,其中深入一线调研52次、典型案例解剖式调研18次,调研发现13项问题,并推动转化形成了有质量、可操作、见实效、管长远的调研成果,其中建章立制6项;走访15家居民区、企业,对结对联系点开展2次"一个支部一件实事"活动;对照查摆出2项问题,制定5条整改措施,动态管理推进,区、单位两级整改问题清单实现销号。

（黄婧煜）

表1-2　2023年静安区获区见义勇为先进个人称号情况表

姓名	单位	职务	事迹
周渭贤	无	无	3月9日17时20分许,在万春街162弄70号及时制止一起火灾,并通知邻居们紧急疏散撤离现场
罗逸桑	无	无	3月9日17时20分许,在万春街162弄70号及时制止一起火灾,并通知邻居们紧急疏散撤离现场
徐建宏	北站街道综合行政执法队	副中队长	3月27日13点30分许,在苏州河中救出落水老人

（黄婧煜）

（七）党校工作

【概况】 2023年,区委党校(区行政学院)以习近平新时代中国特色社会主义思想为指导,贯彻落实党的二十大精神,学习贯彻习近平总书记在中央党校建校90周年庆祝大会暨2023年春季学期开学典礼上的重要讲话精神,践行"为党育才、为党献策"党校初心,围绕区委、区政府中心工作,发挥党校(行

10月24日,"基层党建高质量:功能、体系与路径学术研讨会"在静安区举行　　　　（区委党校　供稿）

政学院）干部培训、思想引领、理论建设、决策咨询作用。7月，区委印发《中共静安区委关于加强新时代党校（行政学院）建设的实施意见》，加强党对党校工作的全面领导。开展学习贯彻习近平新时代中国特色社会主义思想主题教育。组织教职工、学员开展世界读书日、世界环境日、网络安全宣传周、保密宣传教育月、宪法法律宣传月、党风廉政教育月等活动。打造党建特色项目"党章学堂"，获区级机关2023年度优秀案例表彰。校（院）获上海市党校（行政学院）系统第六届教学管理优秀奖，《学习习近平法治思想，全面建设法治中国》获评上海市党校（行政学院）系统第十届精品课。　（洪雪怡）

【**干部教育培训**】　年内，区委党校（区行政学院）完成16个班次、1429人次培训任务，10737人次服务保障。坚持以学习习近平新时代中国特色社会主义思想作为教学中心内容和首要任务，把党的二十大精神作为干部教育培训必修课，突出党的理论教育和党性教育主业主课地位，加强专业化能力培训。将习近平法治思想列为干部教育培训重点课程。加强干部意识形态教育培训。图书馆作为党的二十大精神学习宣传延伸课堂，开展"二十大学习'声'入人心"活动，完成红色诵读录音作品53篇、红色书印书法作品43幅；开展"学习用典，益智修身"活动，完成红色诵读录音作品74篇、红色书印书法作品39幅；在教学区设置党的二十大主题之"两个结合"文化走廊。完善教学管理系统应用，以数字化转型推动教学管理创新。对社区党校课程开发、师资培训、教学管理等方面进行业务指导。

（洪雪怡）

表1–3　2023年中共静安区委党校（区行政学院）培训班情况表

时间	班名	班次（期）	人数（人）
合计		16	1429
2月6日至10日	静安区处级领导干部学习贯彻党的二十大精神专题培训班（第五期）	1	80
3月9日至4月7日	静安区第十九期处级干部进修班	1	42
4月3日至5月9日	2023年静安区优秀青年干部培训班	1	43
5月10日至30日	2023年第一期静安区科级领导职务公务员任职培训班	1	51
5月16日至18日	2023年静安区居民区党组织书记全员培训班	1	264
5月30日至31日	2023年第一期静安区社区党校业务培训班	1	35
6月8日至9日	2023年静安区"2+X"（基层治理）领导干部专题培训班	1	42
6月14日至16日	2023年静安区"2+X"（推动科创动能增强）专题培训班	1	50
8月19日至24日	全国社区党组织书记和居委会主任视频培训班	1	470
8月30日、9月5日至11月8日	静安区第六期中青年干部培训班	1	42

（续表）

时间	班名	班次（期）	人数（人）
9月4日至15日	2023年静安区新录用公务员区情教育培训班	1	72
9月20日至21日	2023年静安区"2+X"（习近平法治思想）专题培训班	1	60
10月9日至27日	2023年第二期静安区科级领导职务公务员任职培训班	1	48
10月30日至11月3日	2023年度全国新录用公务员初任培训班上海市静安区分课堂	1	53
8月30日、11月10日至12月7日	静安区第二十期处级干部进修班	1	42
12月11日	2023年第二期静安区社区党校业务培训班	1	35

（洪雪怡）

【教研咨一体化发展】 年内，制定《中共静安区委党校（静安区行政学院）学科建设规划方案》，聘请知名教授担任党的建设学科首席专家。用好"名师工作室"平台，邀请市委党校专家、重要报刊媒体主编等，举办20场次系列讲座。组织教师开发11门党的二十大专题课程。教师深入基层宣讲127场，受众9528人次。组织教师开展上海楼宇党建"善治理"、上海"新就业群体"党建等调研，完成调研报告2篇。探索教师咨政与学员调研双线并进工作机制，指导学员撰写社会调研报告6篇，教师完成决策咨询研究报告8篇，获区委书记肯定性批示；其中1篇调研"五床联动"项目后形成的决策咨询报告获区长肯定性批示。结合"社区宝宝屋"建设，教师撰写教学案例，拍摄视频课程，咨政报告获区委领导肯定性批示。组织教师申报各级、各类课题，立项3项上海市哲学社会科学规划课题、3项上海市党校系统课题，完成7项校（院）决策咨询研究课题。教师公开发表学术论文13篇，参与上海市党建研究会征文，2篇论文获优秀奖。校（院）与中共上海市委党校党建教研部、上海市党建研究会"两新"组织党建专委会联合举办"基层党建高质量：功能、体系与路径"学术研讨会，为推动基层党建高质量发展贡献经验与智慧。 （洪雪怡）

（八）老干部工作

【概况】 至2023年12月31日，静安区有离休干部212人，其中区属离休干部194人（女离休干部77人），易地安置离休干部18人；正局级2人、副局级4人；抗日战争时期参加革命工作37人，解放战争时期参加革命工作175人。离休干部平均年龄为93.28岁。年内，56名离休干部去世。有社区离休干部495人。全区有264个关心下一代组织。区委老干部局持续贯彻落实《关于加强新时代离退休干部党的建设工作的意见》，围绕学习贯彻习近平新时代中国特色社会主义思想主题教育、推进"乐龄申城·五心行动"等内容，加强党建引领、作用发挥、服务管理、文化养老、自身建设等各项工作。强化离退休干部党的建设，召开离退休干部党员主题教育动员部署会，举办离退休干部党支部书记理论读书班。推动离退休干部党建教育品牌建设，组织"静老思政"宣讲团成员到街道（镇）为离退休干部宣讲党的二十大精神10场，并录制视频党课。开展第二轮"静安区离退休干部示范党支部"推荐命名工作，共有8个优秀党支部获得命名。夯实党建阵地，推进静安区离退休干部之家体系功能建设，编印离退休干部之家服务手册，加强离退休干部社区报到、教育管理、学习活动、发挥作用、关心照顾等工作。探索离退休干部流动党员教育管理，与江苏省南通市通州区委老干部局开展共建，成立驻沪离退休干部"金夕暖云"流动党员党支部。制定《离退休干部党支部书记学习培训制度》《干部荣誉退休工作制度》，加强离退休干部党员监督管理，加大意识形态教育、宗旨意识教育、纪律规矩教育力度。注重作用发挥，建立离退休干部志愿服务大队，聘任优秀离退休干部党员担任互联网企业党建指导员。组织区老干部大学书法班志愿者开展"迎春艺术惠民"活动，为社区居民送福字、写春联。成立静安区关心下一代工作委员会"五老"百人团，开展红色教育，传承红色基因。聚焦精准服务，制定《静安区离休干部"一人一策"工作方案》，解决特殊医疗问题50人次，持续推进"静老·易出行"，提供优先叫车服务439次，为近160户社区孤老、独居和纯老离休干部家庭上门提供安全检查、应急维修服务，为离休干部免费清洗空调559台。加强离退休干部精神文化建设，围绕"学习二十大、银耀新时代"主题，举办书画摄影展、文艺会演等活动。依托区内红色文化资源，打造红色研学线路，将思政元素有机融入老年素质教育，推动区老干部大学"大思政"课程体系建设。扩大老干部工作"朋友圈"，吸收区域内23家老干部工作部门为成员单位，成立静安区域老干部工作共同体。深化部门自身建设，按照主题教育调查研究工作要求，赴街镇、居民区、为老服务机构等开展老干部工作专题调研50余次，向市委老干部局申报相关课题和成果转化案例7个，举办为期2天的全区老干部工作者培训班，区属各部门老干部工作者共105人参加培训。　　（杨纬杰）

【**离退休干部区情通报会**】　于3月22日在区老干部活动中心举行。区委书记于勇为老同志作区情通报，传达二届区委六次全会精神，介绍区经济社会发展情况，展望区下一阶段奋斗目标。区人大常委会主任顾云豪、区政协主席丁宝定、区委副书记王益群出席会议。会议由区委常委、组织部部长宋宗德主持。8月16日，第二场区情通报会在区老干部活动中心举行。区委书记于勇向离退休干部传达二届区委七次全会精神并通报下半年工作安排。区委常委、组织部部长宋宗德出席会议并主持。

（杨纬杰）

【**市委老干部局领导到静安区开展专题调研**】　3月2日，市委老干部局副局长包龙根一行到静安区就区域老干部活动中心（室）联合体工作、老干部工作共同体转型工作前期开展情况进行专题调研，并对做好下一步工作提出要求。4月12日，市委老干部局副局长龚怡一行到静安区就离退休干部党建工作进行专题调研。调研组前往彭浦新村街道彭五小区、平顺小区走访慰问社区老同志，了解社区离退休干部之家工作情况，实地考察街道离退休干部之家，听取城市社区离退休干部党建工作情况汇报。6月5日，市委老干部局副局长窦忠秋一行到静安区就离退休干部发挥作用和宣传工作进行专题调研，听取相关汇报并对做好下一步工作提出要求。11月3日，市委老干部局副局长张家科一行到静安区就离休干部特殊医疗经费使用管理和建立健全离休干部"一人一策"机制工作进行专题调研和检查指导。

（杨纬杰）

【**离退休干部"健康云"课堂系列讲座**】　3月14日，静安区离退休干部"健康云"课堂第五讲在临汾路街道离退休干部之家开讲。讲座邀请复旦大学附属静安区中心医院心内科副主任医师陶文其以"聊聊新冠那些'烦心事'"为题进行授课，帮助老干部了解感染新冠后心脏健康问题，线上、线下近千人观看讲座。12月5日，"健康云"课堂第六讲在老干部活动中心举行。讲座邀请复旦大学附属华东医院疼痛科副主任医师王华为老干部讲授腰腿疼痛的预防及治疗知识。

(杨纬杰)

【区城市社区离退休干部党建工作部署会】 于4月21日在区老干部活动中心召开,全区14个街镇分管离退休干部党建工作的科室负责人、党建联络员和居民区书记代表参加会议。会议围绕加强党的理论武装、强化党组织功能建设、做好"静老一家"能级提升、开展正能量主题活动、发挥老干部独特优势作用和做好关心下一代工作6个方面内容对2023年度离退休干部党建重点工作进行部署。

(杨纬杰)

【浙江省委老干部局领导到静安区开展调研】 6月6日,浙江省委组织部副部长、老干部局局长龚和艳带队到静安区调研老干部大学工作。市委老干部局副局长窦忠秋,静安区委常委、组织部部长宋宗德陪同调研。龚和艳一行参观静安区老干部活动中心各教学、活动场所,了解老干部大学日常办学、活动开展和各类硬件设施设备等情况,并与正在参加学习活动的老干部进行交流。

(杨纬杰)

【离退休干部庆祝中国共产党成立102周年主题活动】 6月29日,"唱响静安变化,舞动苏河美景"静安区离退休干部庆祝中国共产党成立102周年主题活动在四行仓库码头举行。老干部们坐船游览苏州河沿线景观,品读经典老建筑,领略两岸新美景,感受静安发展新变化。游览过后,老干部们在四行仓库用歌声唱响静安新貌,庆祝党的生日。

(杨纬杰)

【驻沪"金夕暖云"流动党员党支部成立仪式】 7月2日,江苏省南通市通州区离退休干部流动党员区域化管理启动暨驻沪"金夕暖云"流动党员党支部成立仪式在静安区离退休干部之家举行。南通市

6月29日,开展"唱响静安变化、舞动苏河美景"静安区离退休干部庆祝中国共产党成立102周年主题活动。图为老同志游览苏州河沿线景观

(区委老干部局 供稿)

通州区在沪离退休干部流动党员代表近30人参加活动。静安、通州两地老干部局签订流动党员教育管理友好合作备忘录。 （杨纬杰）

【静安区域老干部工作共同体成立】 7月20日,静安区域老干部工作共同体成立仪式在区老干部活动中心举行。市委老干部局副局长窦忠秋,静安区委常委、组织部部长宋宗德出席活动并讲话。共同体首批23家成员单位分管领导、联络员和区老干部工作者代表参加启动仪式。窦忠秋对静安区老干部工作提出要求。 （杨纬杰）

【区老干部大学秋季学期开学典礼暨红色文化研学启动仪式】 于9月8日在区老干部活动中心举行,首批25名老同志学员参加该次红色文化研学首发之旅。学员们按照"两馆一园"研学线路,参观中国劳动组合书记部旧址陈列馆、中共中央军委机关旧址纪念馆和静安雕塑公园,通过"上一堂情景党课、听一段重要军史、走一程悦心之旅",将红色文化研学与思政课程建设、老年素质教育融合。 （杨纬杰）

【区离退休干部党员学习贯彻习近平新时代中国特色社会主义思想主题教育部署会】 于9月26日在区老干部活动中心举行,全区各单位离退休干部党支部书记、党建联络员近150人参加会议。会议对开展区离退休干部主题教育提出要求,并就推进主题教育各项工作作出部署。 （杨纬杰）

【区离退休干部党支部书记理论读书班】 9月26日,首场理论读书班在区老干部活动中心举行,邀请市委党校副教授黄真作题为"正确理解和大力推进中国式现代化"的讲座。10月31日,第二场理论读书班在区老干部活动中心举行,邀请市委党校副教授、上海国资委党校专职党建研究员顾美华作题为"党组织生活的守正创新"的讲座。11月8日,第三场理论读书班组织获得市、区示范离退休干部党支部的书记们赴静安区档案馆新馆和中共中央秘书处机关旧址纪念馆进行现场教学。 （杨纬杰）

【离退休老干部文艺会演及书画摄影展】 10月20日,静安区离退休干部学习宣传贯彻党的二十大精神暨迎重阳文艺会演及书画摄影展揭幕式在区老干部活动中心举行。市委老干部局副局长包龙根,区委副书记、组织部部长宋宗德出席活动。文艺会演汇集乐器、舞蹈、合唱、小组唱、配乐朗诵等艺术表达形式,展现老同志正能量风采。书画摄影展共征集书画、摄影作品700余件,精选208件优秀作品进行展出。全区离退休干部代表150余人参加活动。 （杨纬杰）

【区老干部工作者培训班】 于11月2至3日在区老干部活动中心举行。培训班邀请市委老干部局生活待遇处及政治待遇处相关负责人围绕老干部生活待遇政策与业务工作以及抓好离退休干部党建工作进行专题培训。邀请市中共党史学会会员、金山区理论宣讲团成员、金山区委党校副教授何庆兰就如何提升有效沟通技巧能力开展专题培训。全区各单位老干部工作者100余人参加培训。 （杨纬杰）

（九）机关党建工作

【概况】 2023年,静安区区级机关党建工作坚持以习近平新时代中国特色社会主义思想为指导,全面学习宣传贯彻党的二十大精神,学习贯彻市第十二次党代会精神和区二次党代会精神,开展学习贯彻习近平新时代中国特色社会主义思想主题教育。全面落实机关基层党建工作责任,聚焦核心任务,抓实机关基层党组织建设，培育打造"机关党建特色项目"，引领区级机关基层党组织和广大党员强基赋能、守正创新，推动机关党建高质量发展，为静安建设卓越的现代化国际城区提供坚强保障。按照中央、市委、区委部署要求，成立区级机关党工委主题教育领导小组，制定主题教育实施方案。加强对区级机关基层党组织的分类指导，制定《静安区区级机关党工委关于区级机关党组织基层党支部开展学习贯彻习近平新时代中国特色社会主义思想主题教育的工作要点》，召开专题部署培训会，并加强工作跟进，下发工作提示、配送学习资源、搭建联动平台。组织开展党的二十大精神专题讲座，举办"展示静安志，奋进新征程"——区级机关党团员学习宣传贯彻党的二十大精神征文演讲比赛和党的二十大报告知识竞赛。带领机关党员深入系统学习习近平新时代中国特色社会主义思想，学习习近平总书记考察上海系列重要讲话精神和关于加强机关党建、城市基层党建工作的重要论述等。制定学习教育计划，建设党员轮训资源库，完善机关讲坛工作机制，开展党的建设、形势教育、意识形态、法治专题等专题讲座12场。加大"先静者"党建载体示范引领作用，围绕"主题教育""先学先悟""先行先试""先锋先进"等专题，推送信息135条，传播党的声音，讲好身边故事。针对区级机关党组织在"围绕中心、建设队伍、服务群众"核心任务，研究形成"机关党建特色项目"遴选工作的具体方案，通过展示交流一批可复制、可推广、可升级的党建特色项目进一步提升机关党建工作质效。相关工作情况和案例在《静安报》专版刊登，在机关党建公众号上专题宣传，并制成宣传展板在机关集中办公点巡展。提升区级机关"双报到、双报告""双结对"工作能级，制定《关于区级机关深化"先静者"行动，不断推进"双结对"工作向纵深发展的工作方案》，指导督促机关基层党组织和在职党员常态化参与社区治理，开展主题党日、专题党课、志愿服务等结对共建活动，做好资源下沉、力量下派、项目下设、帮扶下移等"四个一"共建任务，为建设韧性社区提供智力支持和力量支撑。巩固拓展文明创建成果，动员机关党员干部2000余人次参加"助力创全"活动。认真落实组织生活各项制度，按照《2023年静安区党支部"三会一课"和主题党日学习教育工作安排》要求，持续抓实"三会一课"、主题党日等，完成上年度组织生活会和民主评议党员工作，部署机关离退休党支部换届选举工作。制定《关于全面深化区级机关系统党支部标准化规范化建设的工作方案》，完善机关党建工作考核评价体系，落实机关党建责任制监督检查。选树15个基层党组织为静安区区级机关系统第一批"党支部建设示范点"。实施"区级规定课程+党工委指定课程+党组织自定课程"党员培训课程模式，提高党员教育管理质效。加强党务干部队伍建设，采用线上、线下教学相结合的方式，开展机关基层党组织书记和委员集中轮训和专项培训，开展新党员专题培训，高质量完成《2019—2023年全国党员教育培训工作规划》目标任务。做好党员发展工作，年内发展党员49名，不断优化党员队伍结构。深化机关党员职工思想政治教育、爱国主义教育、传统文化教育，围绕"五一""五四"以及中国传统节日等重要时间节点，开展青春课堂、青春宣誓、青春打卡等活动，启动青春赋能工作项目。在春节、"七一"等节点，对区级机关获得荣誉称号的党员、困难党员和老党员等开展慰问，共慰问800余人次，发放慰问款56万余元。开展"健康关爱"、高温"送清凉"、防控选派人员及感染人员慰问，共慰问3400余人次。全面落实管党治党责任，打造清廉高效机关。按照"四责协同"机制，推动全面从严治党全链条责任有效落实。加强对关键岗位、关键人员监督，推进党风廉政建设承诺、践诺，加强巡察整改落实和成果运用。组织开展党风廉政教育月活动。坚持以严的基调强化正风肃纪，锲而不舍落实中央八项规定精神，持续深化纠治"四

6月26日，区区级机关党工委举办区级机关系统庆祝中国共产党成立102周年暨党建成果展示活动

(区区级机关党工委　供稿)

风"，提高机关党组织和党员干部的"政治三力"。坚持正面教育和警示教育相结合，开展重要节点提醒教育，督促领导干部严于律己、严负其责、严管所辖。截至2023年12月31日，区区级机关党工委下属有11个党委、12个党总支、198个在职党支部、102个离退休党支部，共有党员6929人，其中在职党员3702人，离退休党员3227人。区区级机关工会下属有54个工会组织，工会会员2973名。区区级机关团工委下属有27个团组织（其中独立团支部26个、联合团支部1个），团员有209名。　　（周敏）

【机关慈善"一日捐"捐款仪式】 1月3日，区区级机关党工委举办"蓝天下的至爱——2023年静安区区级机关慈善'一日捐'"捐款启动仪式。区四套班子领导以及部分区级机关部门主要负责人参加仪式。共有56家机关党组织、3500余名机关干部职工参与，共捐款56万余元用于济困、助学和对口支援、乡村振兴等项目。慈善"一日捐"活动是静安区区级机关干部职工弘扬慈善精神，为社会公益奉献爱心、传播正能量的传统项目，坚持在新年首个工作日举办捐款仪式。

（周敏）

【区级机关系统工会主席培训暨2023年工会工作部署会】 于2月16日召开。会议传达区总工会2023年工会工作学习讨论会精神，开展工会上位法规制度培训，解读2023年度区级机关工会工作要点，并对重点工作进行专题部署。区级机关系统工会主席50余人参加会议。

（周敏）

【区区级机关团工委召开2023年静安区机关系统团干部培训暨团员青年工作会议】 于3月16日召开。会上解读2023年静安区区级机关团工委工作计划，从强化思想引领、服务青年成长、培树先进典型和培育骨干队伍四方面，对区机关共青团工作作部

署。区级机关系统团支部书记和党组织青年委员40余人参加会议。　　　　　　　　　　（周敏）

【静安区"机关党建特色项目"交流展示活动】 5月30日,区区级机关党工委举办静安区"机关党建特色项目"交流展示活动。培育和打造"机关党建特色项目"为构建"先静者"机关党建品牌矩阵的重要抓手和推进模范机关建设的重要载体,通过自主申报和专家初评,共有20家机关党组织入围交流展示活动。20家机关党组织以"五个过硬"为目标指向,在活动现场分享特色项目案例的背景依据、举措成效、经验特色等内容。　　　　　　　（周敏）

【区级机关系统庆祝中国共产党成立102周年暨党建成果展示活动】 6月26日,区区级机关党工委开展"永远跟党走,奋进新征程"主题集会。活动中播放区级机关党建工作宣传片《对标高质量,踔厉向未来——静安区区级机关系统基层党建工作回眸》,并向静安区"机关党建特色项目"2023年度十佳案例、优秀案例、机关党团员征文演讲比赛和学习党的二十大精神知识竞赛活动中表现优秀的机关党员干部颁发奖牌和证书。活动邀请5个区级机关党组织代表,现场展示机关党建特色项目经验做法。　　　（周敏）

【区级机关系统廉政微剧展演活动】 9月25日,区纪委监委、区区级机关党工委举行"崇廉尚洁、实干担当"区级机关系统廉政微剧展演活动。区级机关系统各基层党组织围绕"崇廉尚洁、实干担当"主题,以身边人、身边事为素材创作呈现22个精彩的廉政剧本,经过遴选,5个具有代表性的优秀作品由创作单位机关干部进行自编自导自演,活动当日展演《左耳》《"缘"来如此》《重来》《茶》《多此一举》廉政主题情景微剧。该活动是2023年静安区党风廉政教育月"六个一"活动之一,通过鲜活生动的教育形式,引导党员干部进一步增强纪律规矩意识,把铁的纪律和规矩融入到日常和工作中。区纪委监委机关、区区级机关党工委、区机关系统各基层党组织负责人和纪检委员、驻区单位代表等120余人参加活动。　　　　　　　　　（周敏）

【主题教育联组学习暨"四百"大走访行动】 10月25日、27日,区区级机关党工委领导班子及全体机关干部分别与大宁路街道大宁新村第二居委会、天目西路街道华丰居委会开展联组学习活动。居民区党总支就社区的基本情况和主题教育开展以来的一系列工作情况进行介绍,互相就"关于机关党员如何更好地参与社区治理"等主题进行交流,并现场调研大二居民区人员进出交通状况,参观学习华丰居民区"领跑善治"实事项目,并和居民进行交流,倾听群众的意见和建议。

【2023年基层党组织书记和委员培训班】 于11月1日至3日举办。聚焦学习贯彻习近平新时代中国特色社会主义思想主题教育总要求,通过党课、政治理论专题辅导、专题培训、现场教学"行走的党课"等课程安排,丰富学习形式和内容,赋能区级机关系统基层党组织书记和委员提升政治素养、业务素质和实践能力,增强党建业务本领。（周敏）

（十）档案工作

【概况】 2023年,区档案工作紧紧围绕区域中心工作,扎实开展学习贯彻习近平新时代中国特色社会主义思想主题教育,切实推进档案治理和服务工作高质量发展。年内,区档案馆新馆正式启用,档案馆高分通过"全国示范数字档案馆"测评,区档案馆作为上海市唯一一家单位集体,被推荐为全国档案系统先进集体。依法治档,围绕习近平总书记提出档案工作"三个走向"重要论述20周年,开展"奋战新征程,兰台谱新篇"国际档案日宣传活动,邀请"两代表一委员"参加档案行政检查。围绕区域重点工作,积极推进张园"一幢一档"、蕃瓜弄拆除重建等"四重"档案工作。推进机关档案分类方案、文件材料归档范围和档案保管期限表三合一制度,明确区各街道(镇)档案移交进馆工作要求,档案治理能力进一步提升。完成档案学会换届工作,组织会员开展各类学术交流活动,进一步推进区域档案事业交流发展。数字赋能,完成数字档案馆升级项目建设,《AI+档案开放审核关键技术研究及实践应用》课题列入国家档案局科研计划;推动"一网通办"电子文件归档,印发《关于做好"一网通办"电子文件归档工作的通知》,28家单位全部完成"一文两图两表"制定工作,档案数字化转型扎实推进。强化档案展览与编研,举办汤兆基作品艺术展及刘居时红色廉政题材画展;与静安淮剧艺术家周筱芳流派促进中心合作,推进馆藏淮剧档案的开发利用。积极发挥档案馆爱国主义教育基地作用,扩大档案德育联盟,实现从幼儿园到大学各学龄段全覆盖;开展红色故事学生讲解员活动,与回民中学、中兴路小学举办各类合作共建活动。夯实基础,接收、征集共同推进,开展蕃瓜弄拆除重建名人、名家档案征集工作。年内,接收区婚姻登记和收养中心档案7114件,汤兆基无偿赠予绘画、篆刻、书法、工艺作品约120件,画家刘居时捐赠书画作品80多幅,馆藏资源进一步丰富。切实维护档案实体安全和信息安全,完成55万卷、66万件馆藏档案和3万册馆藏资料搬迁(消毒)工作,扎实筑牢事业发展根基。以档惠民,新馆对外窗口正式启用,开发"远程查档身份认证"小程序,该案例获"2023年度全国十佳档案利用创新案例"。完成馆藏档案满25年开放鉴定,新增开放档案10696卷。全年,档案查询窗口共接待23933人次,查阅档案27004卷

件。其中全市通办受理336件、审批19716件;单位查档193家、查阅档案598卷/件;协助法院调查令查档174人、235件,公证处查档704人、2348件;信函查档25件,长三角通办32件,全国档案联查45件,远程在线查档37件,"12345"市民服务热线咨询40件。政府信息公开窗口,完成政府信息公开受理157件次、接待咨询211人次,为各部门提供行政复议、诉讼等材料。

(吴瑶)

【区档案馆新馆建设工作座谈会】 于2月2日在静安区档案馆新馆召开,市档案局(馆)长徐未晚,副局(馆)长、一级巡视员蔡纪万,市档案局(馆)相关科室以及相关各区档案局(馆)领导参加,区委常委、组织部部长宋宗德参加调研。座谈会上,区档案局(馆)长林捷汇报新馆建设情况,浦东新区、徐汇区、虹口区等区档案局(馆)进行工作交流。徐未晚肯定静安区档案新馆建设,并对全市各区档案新馆建设工作提出指导意见。

(吴瑶)

【区档案德育联盟2023年第一次工作例会】 于2月22日在区档案馆新馆召开。区档案馆、区教育局相关领导和科室成员,区档案德育联盟学校的分管领导和德育主任参加会议。会议回顾7年来档案德育工作成果,介绍年内档案德育活动,并就进一步做好档案德育工作,提出"三联合""六结合"的要求;与会人员就相关工作开展研讨。

(吴瑶)

【"档案育人"指导研究活动第一课开讲】 3月10日,区档案馆新馆迎来一批来自回民中学的高中生"研究员"。在区档案馆区级中小学思政课校外讲师带领下走进档案馆,参观"喜庆二十大,档案颂辉煌——静安区红色档案史料展",聆听主题为"红色档案见证静安百年发展"的校外"大思政课"。

(吴瑶)

【"丹青留芳"——书画作品捐赠仪式】 3月15日，区档案馆举办书画作品捐赠仪式。该批书画作品共24幅，于2022年9月由12名画家捐赠，涵盖革命人物、红色遗址、静安风貌等。仪式上区档案局(馆)长林捷向沈皋、刘居时和冯树荣等部分画家颁发捐赠证书。捐赠仪式由区档案馆副馆长康德山主持，原香梅画苑秘书长林瑞安、画家刘洁等参加活动。
（吴瑶）

【共建共享，协同育人——静安区档案馆与中兴路小学举行社会实践活动结对共建签约仪式】 于3月16日在区档案馆新馆举行。区档案馆、区教育局相关人员，中兴路小学领导、党团员教师、家长代表、学生代表参加仪式。特邀上海大学市北附属中学、风华初级中学作为观察员，共同见证签约时刻。
（吴瑶）

【数字普惠，渠道可及——区档案馆启用"远程查档身份认证"小程序】 为进一步强化数字赋能，融合线上线下服务，区档案馆于4月3日起推出"远程查档身份认证"小程序，为广大市民提供足不出户的在线查档、取档服务。
（吴瑶）

【2023年静安区档案史志工作会议】 于4月14日在区档案馆新馆召开。区委常委、区委组织部部长宋宗德，副区长龙婉丽出席会议并讲话。各单位档案史志工作分管领导出席会议，会议线上线下同步进行。区档案局(馆)长、区委党史研究室主任、区地方志办公室主任林捷主持会议。会上，宋宗德、龙婉丽肯定近年来区档案史志工作取得的成绩，并就进一步做好2023年档案史志工作分别提出意见和要求。
（吴瑶）

【区档案馆开展红色故事学生讲解员培训活动】 4月14日，区档案馆特别邀请中共二大会址纪念馆馆员、中共中央军委机关旧址纪念馆负责人葛尹，为学生讲解员们及带队教师题为"少年讲党史，红心向未来"的讲座，百余名师生参加讲座。活动按照学生年龄段分两批次进行，第二批次培训时间为4月18日。
（吴瑶）

【区档案学会开展"数字档案室建设"学术交流】 4月21日，区档案学会在区档案馆新馆开展"数字档案室建设"学术交流。该次交流是区档案学会换届后举办的第一场活动，旨在拓展档案学会会员视野，加强区数字档案室建设与管理，促进信息化条件下档案工作的转型和发展。
（吴瑶）

【区档案馆第一批红色故事学生讲解员正式上岗】 5月16日，静安区中兴路小学的9名学生讲解员，在静安区档案馆新馆展厅，为学校师生、退休教师及家委会成员约140人作"喜庆二十大，档案颂辉煌——静安区红色档案史料展"讲解，成为区档案馆第一批红色故事学生讲解员。
（吴瑶）

【区档案局开启疫情后首轮档案岗位培训】 5月17日，区2023年档案管理岗位业务知识培训班在区业余大学开班。培训班为期3个月，自5月17日起至8月中旬结束。来自区机关、街道、学校等单位的80余名学员积极响应，学员数比往年增加约25%。
（吴瑶）

【区委统战部中心组、区档案局、上海大学统战部举行联组学习（扩大）会】 5月18日，区委统战部中心组、区档案局、上海大学统战部举行联组学习（扩大）会，深入学习贯彻落实党的二十大精神，围绕"统一战线政策提出地"开展研讨交流，全面推进"党的战线政策提出地工程"和"上海新时代党的统一战线研究工程"在静安落地见效。区委常委、统战部部长顾定鋆主持会议并讲话。
（吴瑶）

【上海市档案局(馆)副局(馆)长葛影敏到区档案局(馆)调研指导工作】 5月19日,上海市档案局(馆)副局(馆)长葛影敏就静安区档案事业发展数字化转型和"十四五"规划执行情况开展专项调研。葛影敏对静安区高质量推动档案事业数字化转型和"十四五"规划执行表示肯定,并就进一步做好档案工作提出要求。 （吴瑶）

【区档案馆查档窗口正式搬迁至新馆】 5月29日(周一)起,档案查阅窗口迁至区档案馆新馆——灵石路169号4楼对外服务大厅。位于秣陵路46号7楼的查档窗口对外接待至5月26日(周五)截止。查档咨询电话更新为021-56031057、021-56031058(长途及传真)。 （吴瑶）

【"苏河瑞旭,花开福地"——汤兆基艺术作品展隆重开幕暨档案里的牡丹研讨会召开】 5月24日,"苏河瑞旭 花开福地"汤兆基艺术作品展开幕暨档案里的牡丹研讨会在区档案馆召开。仪式上市政协书画院艺委会委员、上海文史馆资深馆员、上海工艺美术大师汤兆基作主题发言,上海工艺美术博物馆顾问陈毓其等10余名嘉宾参加仪式并进行研讨。为庆贺区档案馆新馆落成启用,汤兆基先生作捐赠近120件精品力作。该次艺术作品展选取其中的100余件参展,内容涵盖诗、书、画、印和漆画钢琴、折扇、瓷器、漆器等。 （吴瑶）

【静安区档案馆新馆正式启用】 6月6日,静安区档案馆新馆启用仪式举行。区委书记于勇,市档案局局(馆)长徐未晚,区委常委、组织部部长宋宗德,副区长龙婉丽,各区档案局馆领导、区内有关部门领导以及特邀嘉宾等参加仪式。于勇、徐未晚共同为

6月6日,静安区档案馆新馆启用,区委书记于勇、市档案局局(馆)长徐未晚共同为新馆启用按下启动键
（区档案局　供稿）

新馆启用按下启动键,区档案局(馆)局长林捷致欢迎辞。新馆启用后,将对公众开放,让更多的市民在查阅档案、观看展览、文化社交中感受档案文化的魅力,成为静安城市文化新地标、新名片。(吴瑶)

【区档案局(馆)举办国际档案日活动】 6月9日,是第16个国际档案日,是习近平总书记提出档案工作"三个走向"二十周年,区档案局(馆)开展以"奋战新征程,兰台谱新篇"为主题的宣传活动。活动以国际档案日、《档案法》和《上海档案条例》为内容制作15块宣传板面,在区档案馆进行展出。 (吴瑶)

【区档案局为老党员徐玉庆颁发"光荣在党50年"纪念章】 6月30日,在"七一"建党节到来之际,区档案局机关党支部书记林捷带领年轻党员慰问退休老党员徐玉庆,并送上"光荣在党50年"纪念章。
(吴瑶)

【区档案馆高分通过"全国示范数字档案馆系统"专家测试】 7月13日至14日,国家档案局组织专家对上海市静安区数字档案馆系统进行测试。国家档案局科信司副司长郝晨辉、处长王大众和河南省档案馆副馆长李宝玲等专家组成员参加测试工作,上海市档案局副局长郑泽青,静安区委常委、组织部部长宋宗德等出席测试反馈会,会议由王大众主持。通过听取报告、查阅台账、观看系统演示,专家组一致同意上海市静安区数字档案馆系统以"全国示范数字档案馆"报请国家档案局审批。 (吴瑶)

【"红色档案保护"专题培训会在区档案馆新馆举行】 7月21日,上海市档案局(馆)、上海市档案学会在区档案馆举办"红色档案保护"专题培训会。市档案局巡视员肖林出席会议并讲话,各区档案局(馆)分管领导,部分市级机关企事业单位档案干部以及静安区相关单位的档案干部约60人参加

会议。 (吴瑶)

【区档案馆新馆举行政府开放日活动】 8月10日,区档案馆举办政府开放日活动,街道、社区居民、中小学生共40余人参加。活动现场,工作人员向市民们详细介绍新馆建设情况和档案公共服务内容,带领市民参观"喜庆二十大、档案颂辉煌——静安区红色档案史料展"和汤兆基艺术作品展。 (吴瑶)

【区档案馆获批"全国示范数字档案馆"】 8月11日,国家档案局正式发文批准静安区档案馆为"全国示范数字档案馆"。 (吴瑶)

【"光芒——刘居时红色·廉政题材画展"开幕】 9月26日,由区档案馆主办、高式熊艺术研究中心协办的"光芒——刘居时红色·廉政题材画展"在区档案馆开展。区委宣传部副部长姚掌宏,大宁路街道党工委副书记、办事处主任洪波,区纪委第一派驻组组长朱娴华以及文史、书画等各界来宾40余人应邀参加。画展涵盖刘居时创作的红色故事题材、包公廉政故事题材、静安八景等画作共65幅,已全部捐赠区档案馆永久收藏。 (吴瑶)

【全面推进"一网通办"电子文件归档工作】 10月13日,区档案局联合区"一网通办"工作专班,印发《关于做好"一网通办"电子文件归档工作的通知》,对相关部门开展针对性指导,确保形成完善的"两图两表",为日后"一网通办"电子文件归档工作的开展提供支撑和依据。 (吴瑶)

【国家级科研课题《AI+档案开放审核关键技术研究及实践应用》开题会召开】 10月18日,区档案馆召开《AI+档案开放审核关键技术研究及实践应用》课题开题会。开题会上课题组成员就课题研究背景、核心技术、应用场景等展开交流探讨。 (吴瑶)

【走进档案馆，讲好静安红色故事"金牌学生讲解员"评选活动举行】 10月20日，由区档案馆、区青少年学生校外活动联席会议办公室联合主办的走进档案馆，讲好静安红色故事"金牌学生讲解员"评选活动在区档案馆举行。来自10所档案德育联盟校的37名选手参与决赛。活动邀请区教育学院中学语文高级教师、省市级普通话测试员、区语言文字工作委员会办公室副主任、上海市人民政府教育督导室督学丁炜，中共一大纪念馆党政办公室负责人马玮佳，区教育学院德育研究员、高级教师刘亚鹏担任评委。上海市回民中学沈俊杰、上海大学市北附属中学刘毅然等19名同学获得"金牌学生讲解员"称号，中山北路小学、大宁国际学校、上海大学市北附属中学分获团体一、二、三等奖，上海市回民中学、上海大学市北附属中学、静安区大宁国际学校等5所学校获得优秀组织奖。　　　　（吴瑶）

【区档案馆选送案例作为优秀案例在第二届全国档案馆馆长论坛展出】 以"加强档案资源建设，记录伟大复兴历史"为主题的第二届全国档案馆馆长论坛10月25日在北京国际会议中心召开。区档案局（馆）选送的案例"数字赋能出新招，激活红色档案内生力"，阐述数字赋能红色档案的经验做法，作为优秀案例在第二届全国档案馆馆长论坛上展出。
（吴瑶）

【国际档案理事会执行主席参观区档案馆】 11月2日，国际档案理事会执行主席卡洛斯·塞拉诺·巴斯克斯（Carlos Serrano Vásquez）应上海大学邀请来沪，在上海大学文化遗产与信息管理学院党委书记丁华东、静安区档案局（馆）长林捷陪同下，参观区档案馆并作工作交流。　　　　（吴瑶）

【2023年档案人员继续教育培训班】 11月2日，区档案局2023年档案人员继续教育培训班正式开班。培训班自11月初起至12月下旬结束，为期2个月。来自区机关、街道、学校等单位近150名学员报名参加。通过考核的学员获得"上海市专业技术人员继续教育单科结业证书"。　　　　（吴瑶）

【一堂生动的党课——区档案局领导班子上门看望"七一"勋章获得者吕其明】 11月3日，区档案局（馆）长、区委党史研究室主任、区地方志办公室主任林捷带领班子成员上门看望作曲家、"七一"勋章获得者吕其明，并赠送《红旗颂》1965年8月版手稿的高清复制件。吕其明向档案馆赠送最新完成的《红旗颂》双钢琴版手稿复印件，以及历年来出版的曲谱和音乐文集，包括吕老珍藏的2本1979年出版的序曲《红旗颂》管弦乐总谱。
（吴瑶）

【静安区档案馆举办"沧海一粟，壮丽一生——刘海粟艺术人生专题沙龙"】 11月6日，区档案局（馆）、区文旅局联合举办"沧海一粟，壮丽一生——刘海粟艺术人生专题沙龙"。画家、刘海粟之女刘蟾女士，刘海粟美术馆特聘研究员梁晓波先生应邀出席。　　　　（吴瑶）

【区档案馆获赠98岁高龄指挥家曹鹏指挥棒】 12月7日，区档案局（馆）长林捷等看望指挥家曹鹏。曹老将签有"曹鹏时年98岁"的指挥棒捐赠给区档案馆永久保存，同时捐赠《大爱交响——曹鹏传》和《曹爷爷和他的星际乐队》2本签名书籍。　（吴瑶）

【"走进档案馆，讲好静安红色故事——静安区档案德育展示会"召开】 12月13日，由区档案馆、区青少年学生校外活动联席会议办公室、大宁国际学校联合主办的"走进档案馆，讲好静安红色故事——静安区档案德育展示会"在大宁国际学校举行。会上对红色故事学生讲解员活动进行回顾总结、成果展示、优秀表彰。
（吴瑶）

【区档案馆获赠国内书法家挥毫书写毛泽东诗词作品】 12月26日,在毛泽东同志诞辰130周年之际,区档案馆与区书法家协会联合邀请潘善助、丁申阳、田文惠、金重光、管继平等书法家挥毫书写毛泽东诗词67首,以纪念伟人丰功伟绩。书法作品全部捐赠给区档案馆永久保存。

(吴瑶)

(十一)党史工作

【概况】 2023年,区委党史研究室工作坚持"一突出、两跟进",把握"党史和文献工作姓党"政治方向,定位"忠诚、守正、科学、严谨"本色,围绕中心、服务大局,全面加强征、编、研、宣、资、审各项工作。发掘红色资源,推进革命场馆建设。6月,中共中央秘书处机关旧址纪念馆开馆并向社会开放。中央特科机关旧址纪念馆完成布展并优化升级。深化党史研究,完成著作编撰。《激荡百年——中国共产党在静安》编撰出版。《中共二大史》完成修改校对。继续编撰《中共中央在上海大事记(1921—1933)》。完成《新时代非凡十年的静安答卷》提纲及初稿编写。继续组织《重回老弄堂——中共隐蔽战线的静安地标》修订。校对上海市红色资源联合目录数据库(静安区),并提供相关照片及史实信息。完成中共中央早期机关在静安课题研究。完成中共中央早期机关在静安课题调研工作。继续组织拍摄《红色印记》系列宣传纪录片。进行史料征集,开展党史宣传。3月,组队前往北京开展史料征集工作,口述采访相关革命后代。参与隐蔽战线红色资源保护利用"薪火"专项工作。审校"光荣与使命——中共中央在上海巡展"版面,并在区档案馆展出。在"岁月静安"微信公众号开辟《红色静安——首部党章诞生地的100个故事》专栏,连载10余篇文稿。发挥党史工作合力,构建"大党史"工作格局。配合"统战源"布展,提供相关照片及视频资料。对静安区涉隐蔽战线历史展览情况进行调研,填报《上海市涉隐蔽战线历史展览情况调研表》。为区纪委、区机关党工委、区委统战部、区城管执法大队、区民防办、区总工会、区残联、区委政法委、区人民武装部、宝山路街道、华新居委会等部门提供党史学习教育素材。审校区委宣传部文创产品"1921—1933红色静安打卡行"。审读《漫步红色宝山路》《革命先驱郑家康画传》等稿件。年内,陪同市委党史研究室调研民生工程彭三小区、蕃瓜弄小区。接待中央党史和文献研究院、市委办公厅、上海市档案局、宋庆龄基金会、市法学会、武汉国安局、合肥市委党史和地方志研究室、郑州党史和地方志研究室、南阳党史和地方志研究室、邵阳市新宁县委党史研究室等部门及李一氓、博古、沈安娜等革命先烈后代参观红色革命旧址、遗址和纪念场馆等。(范建英)

【中共中央秘书处机关旧址纪念馆开馆】 6月27日,中共中央秘书处机关旧址纪念馆正式开馆。纪念馆由旧址复原区、基本陈列展区、临展区、广场雕塑区4个部分组成,布展总面积505平方米。基本陈列展区的中共中央秘书处史料陈列展,共展出图片78张和实物21件,运用图文、实物、雕塑、视频等多种形式,系统介绍中国共产党秘书工作的发端等,展示秘书战线工作者忠于使命、深藏功名,立下的特殊功勋。仪式现场特邀李达孙女李ei典、张纪恩之子张海天夫妇、王若飞儿媳张九九、秦邦宪与张越霞孙子秦洋、黄玠然之孙黄文等革命后代参加,共同见证这一历史时刻。当日,秦洋向纪念馆捐献博古生前使用的皮箱一个。区委党史研究室作为中共中央秘书处机关旧址纪念馆筹建主体单位,年内完成《展陈大纲》相关内容报审工作,复原优化旧址场景,完成二楼多媒体展项《中央文库》沉浸式党课,接受中央党史和文献研究院及市委宣传部领导、专家实地巡查。完成中共中央秘书处机关旧址纪念馆配套工程改造，包括秘书处北面植物幕墙布设、景观水池改造、广场石碑制作安装、雕塑周边绿化、铁门及停车桩设置等事宜。开馆前后，区委党史研究室主任林捷、副主任郭晓静分别接受各类媒体的采访，中央及上海数十家新闻媒体给予报道，中新网还开设"行走的思政课——重温中共中央秘书处在上海的奋斗事迹"，进行全网直播。（范建英）

【中央特科机关旧址纪念馆布展优化提升】 5月17日，中央党史和文献研究院赴中央特科机关旧址，实地考察审核展陈，并提出展陈具体修改意见。专项工作推进小组结合市公安局、市国安局等参与单位提出的意见建议，对布展大纲进行修改。同步向中央党史和文献研究院报送待审核照片等内容。修改后的《展陈大纲》及《上墙版设计方案》经市委宣传部审核后报中央宣传部。年内，施工方对布展的展陈手段做进一步优化，"中央特科上海地区重要工作点分布图"的查询视频升级为全屏触控电视。《屡建奇功》档案柜展项新增《捍卫"中央文库"》专题片。《群英荟萃》部分新增2.1米×0.9米魔屏，将可触控和互动形式集成展示。《永不消失的电波、龙潭三杰沉浸式多媒体专题展》完成专项提升。完成中央特科机关旧址房屋产权过户工作。武定路930弄14号，建筑面积322.9平方米。

（范建英）

【《激荡百年——中国共产党在静安》编撰出版】 12月，《激荡百年——中国共产党在静安图史》由上海人民出版社、学林出版社联合出版。该书作为"中国共产党在上海图史系列丛书"的静安篇章，忠

6月27日，张越霞儿媳郭少妹（右一）向中共中央秘书处旧址纪念馆捐赠秦邦宪曾经使用过的皮箱。出席秘书处机关旧址纪念馆开馆仪式的革命后代在秘书处原址合影留念（左一为黄玠然孙子黄文，左二为王若飞儿媳张延忠，左四为张纪恩儿子张海天，右二为秦邦宪、张越霞孙子秦洋） （区委党史研究室 供稿）

实记载1921年至2021年,在中国共产党的正确领导下,静安区人民在新民主主义革命时期、社会主义革命和建设时期、改革开放和社会主义现代化建设新时期、中国特色社会主义新时代等不同历史阶段取得的光辉业绩。全书31万字,历史图片460余张。书中档案、图片资料来自新华社、市委党史研究室、市图书馆、市档案馆、区融媒体中心、区档案馆、区地方志办公室及区相关部门等,同时引用解放日报社电子报纸及部分网络图片,部分图片为首次公布。

（范建英）

【组团赴北京开展史料征集】 3月28日至31日,区委党史研究室由林捷主任带队赴北京征集中共中央秘书处、中央特科机关旧址纪念馆等相关革命文物和史料。征集团队分赴中央档案馆查阅档案,并参观中国共产党历史展览馆、中国人民抗日战争纪念馆、陈独秀故居暨《新青年》编辑部旧址、老一辈革命家的家教家风展等红色场馆及中央档案馆特色档案展陈。在中央档案馆查阅征集档案8件,珍贵资料有1926年中共第一份关于秘密工作的决议——《中央组织部通告第三号——加强党的秘密工作》,瞿秋白草拟和总注、周恩来批注的中共第一个档案管理办法——《文件处置办法》。其间,集中口述采访中共二大代表李达孙女李典、中共二大代表罗章龙之孙罗滨、原中央交通局局长吴德峰之女吴持生、原中共中央秘书处秘书科科长张唯一孙女张兰、原中共中央秘书处副秘书长黄玠然之孙黄文等革命后代。采访中,吴持生、罗滨代表革命家属后人向中共中央秘书处、中央特科机关旧址纪念馆捐赠革命文物,包括罗章龙手迹、吴德峰生前使用的眼镜,及《罗章龙晚年文集》《三户楼纪事》《吴德峰》等党史资料和书籍。

（范建英）

【中共中央早期机关在静安研究课题研究】 该课题是中央党史和文献研究院宣传专项引导资金项目,以党的早期领导中枢在静安开展的一系列艰苦卓绝的革命活动为切入点,全面梳理党中央机关在静安期间的组织框架和机构职能变迁,深刻揭示中国共产党从小到大、从弱变强、从稚嫩走向成熟的历史经验及其现实启示。年内,课题结项书及研究成果上报中央党史和文献研究院。

（范建英）

（十二）中共二大会址纪念馆工作

【概况】 2023年,中共二大会址纪念馆健全治理机制,强化内涵提升,聚焦重点任务,创新内容载体,推动纪念馆事业迈上了新台阶。年内,中共二大会址纪念馆（含三馆：中共中央军委机关旧址纪念馆、中共中央秘书处机关旧址纪念馆、中央特科机关旧址）参观量达306066人次,团队2730批次。"四馆五址"相继挂牌5个基地,包括上海市就业见习基地（二大馆）、女性教育发展研修基地（二大馆）、上海市爱国主义教育基地（军委馆）、校外红色实践基地（秘书处馆、特科馆）。中共二大会址纪念馆获"2021—2022年度上海市爱国主义教育基地年度考核评估先进单位"称号,通过国家5A级旅游景区复核,与云南省麻栗坡县实现红色文化结对共建,与福建省三明博物馆、陕西省西柏坡纪念馆交流合作临展。纪念馆全年提供讲解服务1400余批次,开展教育活动80余场。全年共推出"初心讲堂"党课10场,完成馆内外授课50余次。配合区委宣传部推出对外巡展总计6场,累计团队参观500余批次,吸引观众25000余人次。其间开展合作交流展2个。媒体报道480余篇,其中央媒65篇。

（张一卓）

表1-4 2023年副部级以上领导参观中共二大会址纪念馆情况表

日期	事项
2月4日	上海警备区少将政治委员胡世军一行参观中共二大会址纪念馆，静安区委常委、宣传部部长莫亮金，区人武部政委陈志忠陪同
3月28日	九三学社市委主委谢丽娟、专职副主委周锋一行40人参观中共二大会址纪念馆
4月12日	辽宁省委常委、省委统战部部长胡立杰一行9人参观中共二大会址纪念馆
4月12日	马来西亚民政党全国主席、国会上议员刘华才一行12人参观中共二大会址纪念馆，上海行政学院二级巡视员、公务员培训处(主持工作)赵赵陪同
4月18日	全国妇联党组书记、副主席、书记处第一书记黄晓薇一行10人参观中共二大会址纪念馆，上海市妇联党组书记、主席马列坚，区委副书记王益群，区妇联主席、党组书记陆颖陪同
4月29日	商务部副部长盛秋平一行10人参观中共二大会址纪念馆，区委书记于勇、副区长张军陪同
5月23日	广东省政协副主席许瑞生一行13人参观中共中央军委机关旧址纪念馆
5月25日	中央纪委国家监委驻中国工商银行纪检监察组组长、工行党委委员杨少俊，工商银行上海分行党委书记、行长付捷一行30人参观中共二大会址纪念馆
6月13日	中央军事委员会委员、原军委后勤保障部部长赵克石上将一行8人参观中共二大会址纪念馆和中央军委机关旧址纪念馆，上海警备区副政委韦昌进，区委常委、宣传部部长莫亮金陪同
6月21日	上海市人民政府副市长华源一行9人参观中共二大会址纪念馆
6月27日	中共中央党史和文献研究院副院长王全春一行10人参观中共中央军委机关旧址纪念馆，区委常委、宣传部部长莫亮金陪同
6月27日	中共中央党史和文献研究院副院长王全春，上海市委常委、宣传部部长赵嘉鸣，上海市委常委、组织部部长、秘书长张为，区委书记于勇，区委副书记、区长王华一行100人参观中共中央秘书处机关旧址纪念馆
6月29日	上海市政府党组成员彭沉雷一行10人参观中共中央秘书处机关旧址纪念馆，静安区委常委、宣传部部长莫亮金陪同参观
7月3日	上海市人民政府副市长张小宏一行20人参观中共中央秘书处机关旧址纪念馆，区委书记于勇，区委副书记、区长王华陪同
7月6日	中央和国家机关工委原副书记、纪检监察工委原书记、副组长任正晓一行8人参观中共二大会址纪念馆
7月8日	商务部党组书记、部长王文涛一行30人参观中共二大会址纪念馆，上海市商务委党组书记、主任朱民陪同

（续表）

日期	事项
7月10日	中国新闻社总编辑张明新一行22人参观中共二大会址纪念馆，上海市委统战部副部长房剑森陪同
7月23日	武警海军总队司令员陈源一行2人参观中共二大会址纪念馆
7月26日	广东省委常委、统战部部长王瑞军一行44人参观中共二大会址纪念馆
10月26日	武警部队中将、副政委陈剑飞一行60人参观中共二大会址纪念馆
10月30日	内蒙古自治区党委常委、统战部部长胡达古拉一行6人参观中共二大会址纪念馆，上海市委统战部部长陈通，上海市委统战部二级巡视员、市欧美同学会党组书记李霞，区政协主席丁宝定，区委常委、统战部部长顾定鋆陪同
10月31日	全国人大常委会委员、全国人大教科文卫委副主任委员郑卫平一行6人参观中共二大会址纪念馆，上海市人大教科文卫委员会主任委员徐建光陪同
11月1日	中国人民解放军某部队政治工作部潘辉大校主任一行15人参观中共二大会址纪念馆
11月6日	中纪委副书记刘学新一行43人参观中共二大会址纪念馆
11月18日	中央社会主义学院党组成员、副院长朱沛丰一行45人参观中共二大会址纪念馆，上海市委统战部副部长、上海市社会主义学院党组副书记、常务副院长蔡忠，区委统战部部长顾定鋆陪同
12月6日	山西省政协党组书记、主席吴存荣一行15人参观中共中央秘书处机关旧址纪念馆，上海市政协副主席肖贵玉陪同
12月8日	国务院国资委副秘书长、管理局党委书记张文宏一行17人参观中共二大会址纪念馆

（张一卓）

【**麻栗坡县红色文化结对共建**】 于6月6日在中共二大会址纪念馆开展。活动中，麻栗坡县和中共二大会址纪念馆分别介绍红色文化发展及场馆建设的相关情况，双方表示将共同致力红色文化的创新发展。静安区委宣传部、区合作交流办、区文旅局、区委党史研究室以及硕风文旅集团也分别进行交流讨论。
（张一卓）

【**国家5A级旅游景区复核检查**】 6月20日，市文旅局资源管理处等专家小组一行3人在区文旅局市场管理科的陪同下到中共二大会址纪念馆进行国家5A级旅游景区复核检查。检查组现场听取汇报并查看台账资料，按照国家5A级旅游景区复核评定细则标准对相关工作做了详细了解。检查组对常看常新的展陈内容予以充分认可，并对二大文创产品开发、多语种展陈内容、数字化展陈形式等方面提出意见和建议。
（张一卓）

【**中共中央秘书处机关旧址纪念馆开馆仪式活动**】 于6月27日举办，并于7月1日正式面向公众开放。中央党史和文献研究院副院长王全春，上海市委常委、宣传部部长赵嘉鸣，上海市委常委、组织部部长、秘书长张为出席开馆活动。中央党史和文献研究院第七研究部主任刘荣刚，市委宣传部副部长、市文明办主任潘敏、市档案局局长、市档案馆馆长徐未晚、市委党史研究室主任严爱云、市文旅局党组书记、局长方世忠，静安区委书记于勇、区委副书记、区长王华、区委常委、组织部部长宋宗德、区委常委、宣传部部长莫亮金参加活动。革命后代代表获颁荣誉证书，11家位于静安区的红色文物保护建筑入选上海市"建筑可阅读"项目名录，"红途学苑"静安专题同步发布上线。展览首讲采用"沉浸式演出+讲解"的形式，展示了党的秘书战线工作者忠于使命、为党和人民的事业立下的特殊功勋。 （张一卓）

【**党章研究中心实体化建设**】 年内，在区委宣传部指导下，先后完成赴中共一大纪念馆、中国浦东干部学院、中共上海市委党校、静安区"白领驿家"、上海交通大学、中共上海市委宣传部、中共上海市委法规处、华东师范大学等多部门走访调研10余次。形成由中共静安区委与华东师范大学合作建设，并指导中共二大会址纪念馆、华东师范大学马克思主义学院围绕学术研究、宣传推广、思政教育合作共育的阶段性成果，着力推进实体化、常态化运行。（张一卓）

【**"初心讲堂"等党课品牌打造**】 全年，配合市委组织部、市委宣传部，紧扣学习贯彻习近平新时代中国特色社会主义思想主题教育主线，服务全市主题教育工作，举办《以中国式现代化全面推进中华民族伟大复兴》《平等、发展、共享：中国共产党领导下的妇女事业进程》《坚守"真理大道"，践悟"回信精神"》《深入学习习近平文化思想，努力建设社会主义文化强国》等10场"初心讲堂"专题党课，深受各级党组织欢迎。同时，根据党的二十大精神，完成党章课程的更新调整，纳入市委宣传部"红途学苑"百节大思政课，面向全市机关企事业单位授课30余次。（张一卓）

【**"永远的旗帜——中国共产党党章学习流动教室"巡展**】 纪念馆充分联动全国的红色场馆资源、机关、学校、社区、军营等，以1+X的形式，通过展、讲、演相结合的方式持续提升项目影响力。年内，"永远的旗帜——中国共产党党章学习流动教室"巡展相继在上海财经大学、华东政法大学、格致中学、金茂商业上海生活时尚中心、静安区公安分局、六十中学等高校、机关、企事业单位开展。 （张一卓）

【**"永远跟党走，奋进新征程"——庆祝中国共产党成立102周年红色骑行主题活动**】 于7月1日在中共二大会址纪念馆举行。上海市社体（竞赛）中心副主任李易飞，静安区体育局党组副书记、二级调研员邓铭一等领导和嘉宾出席活动，活动还特别邀请奥运冠军、共青团上海市委副书记（兼职）钟天使。骑手们从中共二大会址纪念馆出发，开启"七一"红色骑行旅程，焕发新的时代活力。 （张一卓）

【**"红色文化铸军魂、革命精神永传承"——八一建军节进军营活动暨共建签约仪式**】 于7月31日上午在驻沪海军部队军营举办。海军部队、上海交通大学以及中共二大会址纪念馆相关领导，官兵代表、青少年代表及中共中央军委机关旧址纪念馆工作人员等110余人参与活动。通过情景演绎、双拥慰问、共建签约、专题讲座等形式，与部队官兵一起追寻红色记忆，丰富新时代全民国防教育内涵。

（张一卓）

【**庆祝"八一"建军节96周年主题活动暨"风展红旗如画——走进中央苏区三明图片展"开幕**】 活动于8月1日上午在中共二大会址纪念馆举办。福建省三明市委宣传部、静安区委宣传部、区人武部、区国动办、区退役军人局、三明市博物馆及中共二大会址纪念馆相关领导等出席活动。三明市博物馆宣讲员深情讲述红色故事《一本珍贵的军用号谱》，中共中央军委机关旧址纪念馆志愿者们生动演绎情景党课"革命家书"。三明市博物馆馆长宁娟与中共二大会址纪念馆党支部书记、副馆长（主持工作）尤玮现场签约，静安区退役军人局、静安区国防动员办相关领导向部队官兵志愿者代表送上节日慰问，静安区委宣传部副部长、区委网信办主任李晟晖和三明市委宣传部副部长林菲共同启动图片展。

（张一卓）

【"诵读党章，讲述初心"研学活动】 7月11日至8月11日期间，每天在上海新闻广播FM93.4，12∶57/16∶57/18∶27/21∶27四个点位滚动播出"诵读党章，讲述初心"文化短音频，详细介绍中共中央军委机关旧址纪念馆、中共二大会址纪念馆等历史遗迹，讲述红色初心故事，并在上海新闻广播、话匣子App、阿基米德等重要新闻平台开展融媒体宣传，进一步擦亮二大"首部党章诞生地"的红色品牌。

（张一卓）

【"明灯"映照前行路，汇聚"宁"的公益力量——2023年中共二大会址纪念馆暑期夏令营活动】 于8月11日在中共中央军委机关旧址纪念馆开营。20余名来自"兴家"残疾人子女义务辅导学校的小营员们走进中共中央军委机关旧址纪念馆，重温百年前革命先烈们开展艰苦卓绝的革命工作以及在狱中坚持斗争的故事。随后，小营员们来到大宁路街道社区党群服务中心，观看红色电影《1921点亮中国》，一起上手工课。结营仪式上，相关领导及爱心企业代表等向学生代表颁发学习包。学生代表获颁结营证书，"兴家"残疾人子女义务辅导学校房金妹校长受赠爱心文创。

（张一卓）

【"走进党章诞生地，党章知识打卡"——2023年青少年暑期互动体验日活动】 于7月至8月在中共二大会址纪念馆举行。其间，全市10余所中小学300余名学生通过线上及线下方式报名参与体验日活动。通过参观学习、答题卡竞答的方式，学习党章知识，了解党的光辉历程，用红色资源滋养青少年爱国情怀。

（张一卓）

年内，中共二大会址纪念馆打造"初心讲堂"等党课品牌　　　　（中共二大会址纪念馆　供稿）

【"绘声绘色忆英雄"——青少年暑期打卡活动】 于7月9日至8月31日在中共中央军委机关旧址纪念馆举行。活动面向全市中小学生,2个月共征集到200余件充满童趣、打动人心的作品。通过青少年亲身讲述红色故事或绘画英雄形象的形式,以线上、线下相结合的方式,营造崇尚英雄、捍卫英雄、学习英雄的氛围。

(张一卓)

【"小红苗"少年讲演团暑期夏令营活动】 于7月31日至8月14日在中共中央秘书处机关旧址纪念馆举行。20余名青少年组成"小红苗"少年讲演团。专业指导老师为"小红苗"们循序渐进地进行讲演内容教学,将情景剧融入红色教育,鼓励孩子们走向舞台,大胆展示自我。结营仪式上学生家长也受邀出席,纪念馆负责人为"小红苗"颁发结业证书。

(张一卓)

【两馆三校同上"开学第一课"】 活动于9月1日在静安区第一中心小学、上海市第六十中学、静安区教育学院附属学校同步举行。此次"开学第一课"系列活动,两馆三校齐聚合力,共享共建红色德育,共谋共创新发展。通过将文物、展览、演出送进校园的多元方式,让学生足不出校就能感受红色文化的魅力。

(张一卓)

【"缅怀革命先辈,弘扬英烈精神"930烈士纪念日主题活动】 于9月30日在中共中央军委机关旧址纪念馆举行。驻沪部队官兵代表、公安干警代表、消防员代表、退役军人代表、青少年代表等50余人参与活动。通过敬献花篮、情景演出、诗朗诵、退伍军人发言等环节,持续强化国防教育,增强全民国防观念。

(张一卓)

【"祖国万岁"——庆祝中华人民共和国成立74周年升旗仪式】 于10月1日上午在中共二大会址纪念馆举行。由静安区消防救援支队恒丰站国旗班组成的护旗方阵,高举五星红旗庄严入场。通过现场直播连线,云南省文山州麻栗坡县天保出入境边防检查站边检同志在天保口岸国门列队完毕,五星红旗在沪、滇两地同时升起。讲解员和志愿者代表共同带来《新时代,新征程——家是初心的约定》微宣讲,表达对祖国的热爱。华东政法大学传播学院党委副书记、副院长孙晓芳和中共二大会址纪念馆党支部书记、副馆长(主持工作)尤玮签署共建协议并发布首条City Walk路线,华东政法大学传播学院党委副书记、院长范玉吉,静安区委宣传部副部长、区委网信办主任李晟晖共同见证签约。上海市委党史研究室副主任唐洪涛为"西柏坡——新中国从这里走来"专题交流展揭幕。

(张一卓)

二、静安区人民代表大会

编辑　庞雅琴

（一）综述

2023年，区人大共召开区人民代表大会1次，常委会会议9次，人大常委会主任会议16次。听取和审议"一府两院"专题工作报告25项，听取"一府两院"有关工作情况汇报4项。任免国家机关工作人员336人次。终止区人大代表资格17人，补选区人大代表15人，市人大代表5人。

区人大常委会加强政治建设，把牢人大工作正确方向。扎实开展学习贯彻习近平新时代中国特色社会主义思想主题教育。成立常委会党组及机关党组主题教育领导小组，制定实施方案。采取多种形式组织开展10次集体学习和3次专题研讨会。制定区人大常委会关于加强和改进人大调查研究工作的意见，围绕"助力静安区科技创新载体高质量发展"等课题，形成调研报告，召开调研成果交流会。开展"四百"大走访。按照边学习、边对照、边检视、边整改的要求，建立整改问题清单，逐一进行整改。认真落实区委意见和人大部门项目责任书59项任务，推动人大工作不断取得新成效。安排常委会重点监督议题、专题调研、自身建设等46项工作，及时向区委请示报告。按照区委统一部署，组织开展"关于加快推动卓越的现代化国际城区建设"课题调研，形成1份总课题调研报告和6份专题报告。加强机关党的建设，坚持将全面从严治党与人大工作同谋划、同部署、同推进、同落实。深化"四责协同"机制，扎实开展党风廉政建设责任承诺。认真落实意识形态工作责任制，切实维护意识形态安全。加强机关党组、机关党支部建设，指导机关党支部、机关工会换届工作。加强机关干部队伍建设，举办5场青年干部论坛活动。深化人大宣传工作。用心用情做好老干部工作。完成区人大工作研究会换届工作。

区人大常委会积极探索新举措，推进全过程人民民主最佳实践地建设。制定《静安区人大常委会关于推进全过程人民民主最佳实践地建设的工作计划》。总结近年来区人大及其常委会履职工作实践，制定区人大常委会推进全过程人民民主制度化、规范化、程序化项目清单，完成21项制度、规范、程序的制定和修改工作。围绕常委会重点监督议题，明确16个联动工作项目，实现街工委、镇人大参与人大常委会监督工作全覆盖。加强专工委与街工委、镇人大的工作对接。落实常委会审议议题征询代表参与工作机制，共70余人次市人大代表和

900余人次区人大代表广泛深度参与常委会执法检查、专题调研等重点工作。结合区域特点和代表专业优势，在市北园区、华侨大厦、苏河湾中心等园区、楼宇新增9个人大代表联络站。培育具有静安特色的高水平站点，围绕恒隆广场代表联络站和市北园区代表联络站功能定位，打造服务"营商环境"和"科技创新"的特色优势。做好四级人大代表进驻"家站点"（人大代表之家、人大代表联络站、人大代表联系点）工作，发挥"家站点"在基层社会治理中的重要作用，积极有效整合社区资源，与社区各类服务阵地功能融合、协同运行。各级代表参与"家站点"活动1800余人次，密切联系人民群众7600人次，收集1220余件意见建议，解决率达到81%。进一步支持和保障市人大常委会江宁路街道基层立法联系点开展工作。着力提升区人大常委会基层立法信息采集点建设水平，主任会议听取立法联系点工作情况汇报，并首次听取信息采集点工作情况的汇报。

区人大常委会坚持寓支持于监督中，进一步增强监督实效。紧扣"十四五"中期评估开展监督，召开党组会议专题研究部署，成立领导小组，制定监督方案；坚持突出重点，聚焦主要指标、重大项目，全面评估实施情况和成效；开展市区联动、区人大各专工委协同互动、区街镇人大联动和街镇人大间的联动；各专工委选取重点监督专题，开展专项规划实施情况的调研，人大各街道工委、镇人大根据区域特点开展专题调研，形成调研报告；召开人大代表座谈会，广泛听取意见建议，并汇总形成专报报区委，部分意见建议得到采纳；常委会开展集体调研，全面了解规划指标、任务的完成落实情况，对存在的问题和薄弱环节提出解决思路和对策建议；常委会听取和审议中期评估报告，为推进规划实施、高质量编制下一个五年规划提出审议意见。紧扣经济高质量发展开展监督，制定区人大常委会关于加强经济工作监督的决定，构建经济工作监督长效机制。听取区政府上半年工作情况的报告，组织全体区人大代表进行评议。审查批准财政决算、预算调整方案，听取审议预算执行、审计工作和审计查出问题整改情况等报告，深化国有资产管理监督。围绕科技动能增强，开展《上海市推进科技创新中心建设条例》执法检查，先后到30余家科技企业和园区开展实地调研，提出有针对性意见建议，助力静安构建上海科创中心特色承载区。围绕服务效能增优，开展优化营商环境专项监督和专题询问，召开专题座谈会，听取企业、人大代表的意见和建议，为市人大修改《优化营商环境条例》提出建议。开展国资国企改革、数据智能产业发展专题调研。推进预算联网监督系统二期建设和应用，以小梁薄板房屋改造项目为试点，积极发挥预算联网监督平台作用。紧扣依法行政、公正司法开展监督。听取区政府关于法治政府建设工作情况的报告，助力巩固法治政府建设示范区创建成果。听取和审议区人民检察院关于适用认罪认罚从宽制度工作情况的报告，不断提升刑事司法制度改革成效。加强对普法工作的监督，听取区政府关于"八五"普法中期评估工作情况的汇报。对区人民法院贯彻落实区人大常委会对发挥法院职能、持续优化法治化营商环境审议意见的情况进行跟踪监督，开展矛盾纠纷多元化解专题调研。做好规范性文件备案审查工作。紧扣城区建设和治理开展监督。开展社会治理法治化综合执法检查，对全区14个街镇开展全覆盖检查和调研，找准法规实施中的不足和短板；首次在执法检查中成立专家顾问团，发挥区人大社会委非驻会委员工作室作用，提升执法检查专业化水平。听取和审议区2022年环境状况和环境保护目标完成情况的报告，区2023年城区规划制定和实施情况的报告，听取张园等南京西路核心功能区重大项目推进情况的报告，开展城市更新专题调研。开展深化城市民族工作情况专项监督，对区政府落实《上海市安全生产条例》《上海市城市更新条例》《上海市非机动车安全管理条例》执法检查和生活垃圾管理工作审议意见情况开展跟踪监督。紧扣增进民生福祉开展监督。认真审议《关于对加快推进蕃瓜弄等小梁薄板房屋改造监督的议案》，听取和审议区政府办理情况报告。开展"两旧"改造（旧区改造、旧住房成套改造）推进情况和长期护理保险试点推进情况专项监督。听取区重大疫情防控救治体系和应急能力建设情况的报告。开展促进就业工作专题调研。开展完善现代公共文化服务体系工作情况跟踪调研。

区人大常委会加强代表工作能力建设，支持和保障代表依法履职。组织110余名区人大代表集体学习贯彻习近平总书记全国"两会"期间重要讲话和十四届全国人大一次会议精神。多层次、多形式、多渠道开展代表履职线上线下专题培训。举办6期专题学习班，分批次到全国人大培训中心等地开展集中学习培训，累计95人次代表参加。围绕"十四五"规划中期评估监督等重点工作，开展线下专题培训。在"静安人大"微信公众号发布11期"代表应知应会应为"等履职学习资料。组织开展年度区人大代表集中视察活动，共248人次参与活动。增设区人大社会委非驻会委员工作室和8个区人大代表工作小组；全区15个代表工作小组全年共开展视察调研90次，形成4份调研报告。优化升级"静安人大代表履职平台"。修订常委会组成人员联系代表、代表联系人民群众的制度规定。组织开展"小型、分散、多样"的代表开放日活动，共275名代表参与活动。开展2次市区人大代表集中联系社区活动，全国人大代表3人次、市人大代表70人次、区人大代表611人次参与，累计覆盖选民群众4352人，开展座谈、视察、走访等活动297场，收集意见建议418件。组织区人大代表向原选区选民报告履职情况，全年累计67名代表完成履职报告。落实市人大代表联系区人大代表制度，为市、区代表联动履职打好基础。修订代表建议、意见和批评处理办法，进一步完善办理机制。开展主任会议成员领衔督办，主任会议成员对7件代表建议开展重点督办。加强专工委专业督办，代表工作室、专工委、街工委和镇人大联动督办、协调督办。探索代表意见建议分类分级闭环处理机制，用好用活"家站点"，充分听取代表和人民群众意见建议。常委会会议听取和审议区政府关于代表建议办理工作情况的报告，督促代表建议办理工作取得实效。抓好街工委条例贯彻落实，组织条例专题学习交流。制定贯彻条例实施意见，不断推动街工委建设制度化、规范化、长效化。完善街镇人大工作月度例会制度，促进街镇相互学习交流。统筹开展街工委工作评估和街镇人大工作绩效考核，加强街镇人大宣传等工作。做好市人大静安代表团关于城市更新议案的相关服务保障工作。协助市人大开展市人大代表静安组活动，年内新建5个市人大代表工作小组，承办市人大代表工作小组中部片区第三次交流活动，共形成2份工作小组成果上报市人大。进一步健全市人大代表专题调研工作机制，以"点燃文旅'新引擎'，助力上海加快建设国际消费中心城市"为主题，组织市人大代表开展专题调研。

（郑曦）

（二）重要会议和活动

【区二届人大三次会议】 于1月5至7日在海上文化中心举行。294名人大代表参加。会议听取、审议和批准区长王华作的政府工作报告，审查和批准区2022年国民经济和社会发展计划执行情况与2023年国民经济和社会发展计划草案的报告，批准区2023年国民经济和社会发展计划，审查和批准区2022年预算执行情况与2023年预算草案的报告，批准区2023年预算；会议听取、审议和批准区人大常委会主任顾云豪作的区人大常委会工作报告、区法院院长孙静作的区人民法院工作报告、区检察院检察长董学华作的区人民检察院工作报告。大会收到1名代表领衔、14名代表附议提交的议案1件，收到代表建议、批评和意见182件。　　　　（郑曦）

【于勇到区人大调研】 2月9日，区委书记于勇、副书记王益群到区人大调研，听取关于区人大常委会2022年工作情况和2023年工作打算的汇报。区人大常委会主任顾云豪，副主任杨志健、孙明丽、林晓珏、江天熙，区人大常委会原副主任宋震，区委办公室、研究室，区人大各专门委员会、区人大常委会各部门负责人参加会议。　　　　　　　（郑曦）

【区人大常委会和区政府领导班子工作沟通会】于2月14日召开，重点围绕2023年工作安排进行沟通交流。区委副书记、区长王华，区人大常委会主任顾云豪，区委常委、常务副区长傅俊，区委常委、副区长梅广清，区人大常委会副主任杨志健、孙明丽、林晓珏、周伟、江天熙，副区长姜坚、李震、张军、张慧出席会议，区人大常委会办公室、研究室和区政府办公室、研究室负责人参加会议。（郑曦）

【传达学习十四届全国人大一次会议精神】 3月15日，区人大常委会召开专题会议，传达学习贯彻十四届全国人大一次会议精神。区人大常委会党组书记、主任顾云豪传达市委、市人大和区委主要领导在传达学习全国"两会"精神会议上的讲话，并结合区人大工作实际，就贯彻落实提出要求。区人大常委会副主任杨志健、孙明丽、林晓珏，区人大各专门委员会、常委会各部门负责同志，区人大各街道工委和彭浦镇人大有关负责人，全体机关干部参加会议。　　（郑曦）

【社会治理法治化综合执法检查】 于4至9月开展。区人大常委会制定执法检查工作方案，成立综合执法检查组。执法检查期间组织或参与专题培训4次，开展实地视察和专题座谈会13次，检查组成员和人大代表共111人次参与。针对执法检查发现的问题，区二届人大常委会第十五次会议经听取和审议执法检查报告后建议要提高政治站位，切实履行法定职责，紧扣法规条款，压实各方责任，不断提高社会治理法治化水平。要注重多措并举，健全完善社会治理体系，践行全过程人民民主，引导社会各方有序参与基层治理，构建共建共治共享的基层治理格局；牢固树立"一盘棋"思想，强化协同作战，进一步凝聚条块联动的治理合力；推动治理重心下移、力量下沉，持续为基层减负增能；强化科技赋能，完善基层治理平台，全面提高治理数字化水平。要坚持问题导向，持续提升基层治理能力，紧紧围绕人民群众急难愁盼和普遍关心的问题，加强统筹协调，狠抓责任落实，着力破解城市社会治理难题；加强队伍建设，提高基层干部运用法治思维和法治方式处理问题的能力。　　　　　　（郑曦）

【《上海市推进科技创新中心建设条例》执法检查】于5至10月开展。区人大常委会成立执法检查组，制定执法检查工作方案，确定主要内容。5月5日，召开启动会。执法检查期间到30余家科技企业和园区开展实地调研，召开专题调研座谈会10场，130余人次参加。针对执法检查发现的问题，区二届人大常委会第十六次会议经听取和审议执法检查报告后建议要落实法定职责，对照条例的要求和"十四五"规划提出的目标任务，梳理研究落实相关意见建议，认真履行法定职责，以更大力度开辟新领域新赛道，塑造新优势新动能，努力实现以创新驱动助力高质量发展。要优化创新生态，强化科技要素和金融资本对接，加强创新创业人才队伍建设，推动创新链、产业链、资金链和人才链深度融合；着力打造高水平科创平台，加大数字科创场景开放和应用力度，完善各类主体协同创新机制，提高科技成果转化效率和产业化水平。要加强创新主体建设，加大政策支持力度，形成引领带动效应;引进和培育高潜能成长型企业,完善梯度培育体系,建立全生命周期培育机制,不断提升科创产业能级。 (郑曦)

【**市人大财经委到静安区调研城市数字化转型工作情况**】 5月5日,市人大财经委主任委员曹吉珍带队到静安区开展基层城市数字化转型专项监督调研,实地调研江宁路街道社区卫生服务中心"便捷就医服务"数字化转型情况和江宁路街道基层立法联系点、人大代表之家建设情况。市人大财经委副主任委员、常委会预算工委主任金为民,市人大财经委副主任委员吴祖强,市人大常委会预算工委副主任文月寿,市人大财经委立法监督处和办公室负责人,部分市人大代表,静安区人大常委会副主任林晓珏,区人大财经委、区科委、江宁路街道有关负责人,部分区人大代表、企业代表、居民代表参加调研。 (郑曦)

【**市北高新园区人大代表联络站揭牌成立**】 5月5日,市北高新园区人大代表联络站正式揭牌成立。区人大常委会主任顾云豪,副主任杨志健,上海市北高新(集团)有限公司负责人,驻站市、区、镇人大代表,区人大常委会代表工作室负责人,以及相关街工委、镇人大有关负责人参加揭牌仪式。 (郑曦)

【**市人大社会治理法治化综合执法检查组到静安区开展调研**】 5月8日,市人大常委会委员、社会委副主任委员周宏带队到静安区开展社会治理法治化综合执法检查,到临汾路街道社区卫生服务中心、临汾小区、临汾路街道办事处,实地察看安宁疗护志愿服务项目、社区自治推动加装电梯、数据支撑赋能基层治理等方面工作情况。区人大常委会副

10月16日,区人大常委会领导带队开展《上海市推进科技创新中心建设条例》执法检查(区人大办 供稿)

主任孙明丽,区人大社会委、区相关部门负责人和临汾路街道有关负责人参加活动。（郑曦）

【周慧琳到静安区开展推动公共文化服务高质量发展工作调研】 5月23日,市人大常委会党组副书记、副主任周慧琳,市人大教科文卫委主任委员徐建光一行到静安区开展推动公共文化服务高质量发展工作调研,到马勒别墅、蝴蝶湾花园、静安区少年儿童图书馆、石门二路社区文化活动中心,实地视察文旅融合创新实践、公共文化场馆运营、群众文化活动开展等方面的工作情况。区委书记于勇、区人大常委会主任顾云豪、副主任孙明丽、副区长龙婉丽,市人大教科文卫委,部分市人大代表,区委办公室、区人大常委会办公室、教科文卫工委负责人,石门二路街道、南京西路街道、区政府相关职能部门负责人等参加调研。（郑曦）

【赵嘉鸣到静安区开展代表集中联系社区活动】 6月2日,市人大代表、市委常委、宣传部部长赵嘉鸣到南京西路街道开展市人大代表集中联系社区活动,围绕市"十四五"规划纲要实施情况中期评估监督工作、社会治理法治化综合执法检查、人民群众关切的民生问题,听取人民群众的意见建议。区委书记于勇、区人大常委会主任顾云豪、副主任杨志健等参加活动。（郑曦）

【静安区第二届人大工作研究会第一次会员大会】 于6月6日在区机关四楼多功能厅举行。市人大工作研究会副会长潘志纯出席会议并致辞。区人大常委会主任顾云豪出席会议并讲话。历届区人大常委会老领导出席会议。大会听取、审议和表决通过区第一届人大工作研究会理事会工作报告,宣布2022年度调研报告评审结果等。大会选举产生静安区第二届人大工作研究会理事会理事、监事以及研究会会长、副会长、秘书长。（郑曦）

【苏河湾中心人大代表联络站揭牌成立】 6月6日,苏河湾中心人大代表联络站正式揭牌成立。区人大常委会党组书记、主任顾云豪为联络站揭牌,区人大常委会副主任杨志健致辞,区人大常委会办公室、代表工作室、北站街道工委负责人出席揭牌仪式。联络站驻站的全国、市、区三级人大代表及北站街道代表组城市建设专业小组成员参加活动。（郑曦）

【郑钢淼到静安区开展代表集中联系社区活动】 见"领导视察和调研"栏目相关条目。（郑曦）

【曹扶生到静安区开展代表集中联系社区活动】 6月9日、11月2日,市人大代表、市人大常委会副秘书长、办公厅主任曹扶生到芷江西路街道开展市人大代表集中联系社区活动,先后实地调研238街坊旧基地和中兴路1377弄小区,了解老旧小区改造相关情况。召开座谈会听取街道民生实事项目落实情况。区人大常委会主任顾云豪、副主任杨志健参加活动。（郑曦）

【"学习贯彻党的二十大精神"专题学习会】 于6月13日在区机关709会议室举行,市委党校公共管理教研部副教授汪仲启以"全过程人民民主:中国现代国家治理的民主形态"为题,结合实际案例,讲解全过程人民民主的具体内涵和实践要求。区人大常委会党组书记、主任顾云豪主持会议并讲话。党组副书记、副主任杨志健,党组成员、副主任孙明丽、周伟,副主任江天熙,区人大各街道工委和彭浦镇人大有关负责人,区人大机关全体干部参加会议。（郑曦）

【宗明到静安区开展调研】 7月14日,市人大常委会副主任宗明带队就修改《上海市优化营商环境条例》到区开展调研座谈,听取意见建议,实地调研南京西路街道恒隆广场人大代表联络站、基层立法信息采集点建设情况。市人大财经委主任委员曹吉珍、副主任委员王霞、吴祖强、市人大常委会法工委副主任崔凯、市发改委副主任陈国忠，市司法局副局长罗培新、区人大常委会主任顾云豪，副主任林晓珏，区人大法制委、财经委、区发展改革委、区商务委、人大南京西路街道工委有关负责人，部分市、区人大代表、企业代表，市人大常委会江宁路街道办事处基层立法联系点和部分区人大常委会基层立法信息采集点有关人员参加调研。（郑曦）

【专题学习习近平总书记关于科技创新重要讲话精神】 8月16日，区人大常委会党组举行中心组（扩大）学习会，邀请上海交大行业研究院特聘研究员、上海社会科学院创新创业经济研究中心执行主任、研究员张剑波以"学习总书记关于科技创新重要讲话，加快高质量发展"为题作专题辅导报告，讲解习近平总书记关于科技创新重要讲话的具体内涵和实践要求。区人大常委会党组书记、主任顾云豪主持会议并讲话。党组成员、副主任孙明丽、林晓珏、周伟，副主任江天熙，区人大各街道工委和彭浦镇人大有关负责人，区人大机关全体干部参加会议。（郑曦）

【市人大城建环保委到静安区开展调研】 8月17日，市人大城建环保委主任委员王醇晨带队到区开展"两旧一村"改造（旧区改造、旧住房成套改造和城中村改造）专项监督调研，实地视察蕃瓜弄小区小梁薄板房屋改造以及张园城市更新情况。召开座谈会听取区政府关于"两旧一村"改造工作情况的汇报。市人大城建环保委副主任委员、一级巡视员魏蕊，市住建委副主任马韧，市人大城建环保委、市住建委、市房管局相关处室负责人，区人大常委会副主任周伟，区政府副区长张慧，区人大常委会城建环保工委、区两旧办、区规划资源局、区旧改总办、区房管局、天目西路街道、置业集团负责人参加。（郑曦）

【市人大侨民宗委到静安区开展调研】 见"领导视察和调研"栏目相关条目。（郑曦）

【曹远峰到静安区开展调研】 9月6日，市委组织部常务副部长、市人大常委会代表资格审查（人事任免工作）委员会主任委员曹远峰率市人大常委会代表资格审查（人事任免工作）委员会、代表工作委员会一行到区调研，听取静安区贯彻落实《上海市人民代表大会常务委员会关于区县和乡镇人民代表大会工作的若干规定》《上海市罢免和补选各级人民代表大会代表程序的规定》有关情况及修改建议和《上海市区人民代表大会常务委员会街道工作委员会工作条例》实施情况汇报。市人大常委会代表资格审查（人事任免工作）委员会副主任委员（副主任）、代表工作委员会副主任董勤，市人大常委会代表工作委员会副主任胡成韻，市人大代表曹炜，区委书记于勇，区人大常委会主任顾云豪，副主任杨志健等参加调研。（郑曦）

【学习贯彻习近平新时代中国特色社会主义思想主题教育动员会】 于9月14日在区机关709会议室举行。区人大常委会党组书记、主任顾云豪出席会议并讲话。区人大常委会党组副书记、副主任杨志健主持会议，并通报区人大常委会党组和机关党组关于深入开展学习贯彻习近平新时代中国特色社会主义思想主题教育实施方案。区人大常委会党组成员、副主任林晓珏、周伟，区人大常委会副主任江天熙出席会议。（郑曦）

【主题教育专题研讨会】 于10月19日、11月15日、12月20日在区机关709会议室召开，分别邀请复旦大学国际关系与公共事务学院教授、博士生导师唐亚林，市委党校原副校长、上海市习近平新时代中国特色社会主义思想研究中心特聘研究员朱亮高，上海交通大学上海高级金融学院副院长张湧作专题辅导报告。　　　　　　（郑曦）

【**市人大常委会研究室到静安区调研**】 10月19日，市人大常委会研究室副主任李刚带队到区就区贯彻全过程人民民主重大理念情况开展调研。区人大常委会副主任杨志健，《上海人大月刊》编辑部负责人，区人大常委会办公室、研究室、区人大社会委负责人，区人大常委会城建环保工委、部分街道工委有关负责人参加会议。 （郑曦）

【**区人大代表2023年度集中视察活动**】 于11月10日至21日开展。240余名人大代表围绕"一网通办""一网统管"、养老服务、重大项目、城市更新、公共体育设施建设、中医药卫生、旁听刑事案件等主题，分7条路线视察静安青年体育公园、彭浦新村社区市民健身中心、彭三小区、和养宝华养护院、和养老年福利院、合生MOHO、新业坊、广场公园（静安段）、张园西区、曹家渡街道社区卫生服务中心、静安区中医医院（平型关路院区）、区城市运行综合管理中心、区政务服务中心、区人民法院。区人大常委会主任顾云豪，副主任杨志健、孙明丽、林晓珏、周伟分别带队视察，区委常委、人武部政委陈志忠参加。区委常委、常务副区长傅俊，副区长龙婉丽、李震、张军以及区有关部门负责人陪同视察。

（郑曦）

表2-1　2023年静安区人大常委会会议情况表

会议名称	日期	主要内容
区第二届人大常委会第十次会议	1月8日	表决通过《静安区人民代表大会常务委员会关于接受姚捷辞去上海市第十六届人民代表大会代表职务请求的决议》；听取和审议区人大常委会副主任杨志健受主任会议委托作的《关于请求补选贾宇同志为上海市第十六届人大代表的议案》，经无记名投票等额选举，补选贾宇为上海市第十六届人大代表
区第二届人大常委会第十一次会议	3月1日	审议通过静安区人大常委会2023年工作要点；听取区政府关于法治政府建设工作情况的报告；审议通过区政府、区监察委员会、区法院有关人事任免事项
区第二届人大常委会第十二次会议	4月18日	听取和审议区人大常委会副主任周伟受主任会议委托作的《关于区二届人大三次会议主席团交付审议的代表议案审议结果的报告》；听取和审议区政府关于区2022年环境状况和环境保护目标完成情况的报告；听取区政府关于区重大疫情防控救治体系和应急能力建设情况的报告；审议通过《上海市静安区人民代表大会常务委员会关于加强经济工作监督的决定》；审议通过区政府有关人事任免事项
区第二届人大常委会第十三次会议	6月20日	听取和审议区政府关于代表建议、批评和意见办理情况的报告；听取区政府关于张园至南京西路核心功能区重大项目推进情况的报告；审议通过区人大常委会代表资格审查委员会关于部分代表的代表资格的报告；审议通过区人大常委会、区政府、区监察委员会有关人事任免事项

（续表）

会议名称	日期	主要内容
区第二届人大常委会第十四次（扩大）会议	7月20日	表决通过《静安区人民代表大会常务委员会关于接受印海蓉等辞去上海市第十六届人民代表大会代表职务请求的决议》；补选虞潘、臧熹为上海市第十六届人大代表；听取关于区人大代表评议区政府上半年工作情况的报告；听取和审议区政府关于2023年上半年国民经济和社会发展计划执行情况的报告、关于2022年财政决算和2023年上半年预算执行情况的报告、区2022年预算执行和其他财政收支的审计工作报告，决定批准2022年财政决算；听取和审议区政府关于办理区二届人大三次会议代表议案审议结果报告的情况报告；审议通过区人大常委会有关人事任免事项；决定接受刘庆、刘建红、许骅、阮兴祥、李莉、张玉婷、张春雨、高凌云、曹文龙、蒋善勇等10人辞去静安区第二届人民代表大会代表职务的请求，其代表资格终止，刘庆、许骅的区人大常委会委员职务相应终止
区第二届人大常委会第十五次会议	9月20日	听取和审议区政府关于贯彻实施社会治理相关法规情况的报告和区人大常委会执法检查组关于检查区贯彻实施社会治理相关法规情况的报告；听取和审议区政府关于优化营商环境工作情况的报告，并开展专题询问；听取和审议区检察院关于适用认罪认罚从宽制度工作情况的报告；表决通过《静安区人民代表大会常务委员会关于批准区政府调整2023年财政预算的决议》；书面审议区政府关于2022年度国有资产管理情况的综合报告；审议通过区人大常委会代表资格审查委员会关于区第二届人民代表大会补选代表资格的审查报告；审议通过区政府、区监察委员会、区法院、区检察院有关人事任免事项
区第二届人大常委会第十六次会议	11月22日	听取和审议区政府关于"十四五"规划实施情况中期评估的报告；听取和审议区政府关于贯彻实施《上海市推进科技创新中心建设条例》情况的报告，区人大常委会执法检查组关于检查区贯彻实施《上海市推进科技创新中心建设条例》情况的报告；听取和审议区政府关于调整2023年财政预算的报告，表决通过《静安区人民代表大会常务委员会关于批准区政府调整2023年财政预算的决议》；审议通过《上海市静安区人民代表大会常务委员会主任会议议事规则》等制度；决定接受胥燕红、谢军辞去静安区第二届人民代表大会代表职务的请求，其代表资格终止，谢军的区人大常委会委员、区人大法制委员会主任委员、监察和司法委员会主任委员、区人大常委会代表资格审查委员会委员职务相应终止；讨论关于召开区二届人大四次会议的有关事项，表决通过《关于召开静安区第二届人民代表大会第四次会议的决定》；听取陈宏、潘书鸿2名市人大代表的履职情况报告；审议通过区人大常委会、区政府、区监察委员会、区法院、区检察院有关人事任免事项

(续表)

会议名称	日期	主要内容
区第二届人大常委会第十七次会议	12月17日	表决通过《静安区人民代表大会常务委员会关于接受个别代表辞去上海市第十六届人民代表大会代表职务请求的决议》；听取和审议区人大常委会副主任杨志健受主任会议委托作的《关于提请补选曹晴晴等同志为上海市第十六届人大代表的议案》；听取区政府关于区促进就业情况的报告；表决通过《上海市静安区人民代表大会常务委员会关于开展专题询问的办法》等制度
区第二届人大常委会第十八次会议	12月27日	听取和审议区政府关于2022年度本级预算执行和其他财政收支审计查出问题整改情况的报告；对区政府《关于静安区2023年国民经济和社会发展计划执行情况与2024年国民经济和社会发展计划草案的报告》《关于静安区2023年预算执行情况和2024年预算草案的报告》进行初步审查，同意将报告提交区二届人大四次会议审议；听取和审议区政府关于区2023年城区规划制定和实施情况的报告；听取区政府关于2024年实事项目征集和立项工作情况的报告，同意将民生实事项目作为政府工作报告的附件，提交区二届人大四次会议审议、表决；书面审议区人大法制委关于规范性文件备案审查情况的报告和人大街道工委工作评估情况的报告；决定接受个别代表辞去代表职务的请求；就《静安区人民代表大会常务委员会工作报告（讨论稿）》进行讨论，同意将报告提交区二届人大四次会议审议；讨论通过区二届人大四次会议的有关文件草案；审议通过区人大常委会、区政府、区法院、区检察院有关人事任免事项

（郑曦）

表2-2　2023区人大常委会主任顾云豪调研视察情况表

日期	调研视察内容
1月17日	走访慰问困难党员、低保家庭和彭浦新村街道社会救助事务管理所职工
1月20日	走访慰问区信访办、曹家渡街道执法中队、静安消防站春节加班职工
1月29日	走访慰问上海市领军人才、上海梦创双杨数据科技股份有限公司董事长宋汝良
2月7日	走访常委会组成人员、民建静安区委副主任、上海昊元资产经营管理有限公司执行董事、总经理张自强
2月14日	参加区人大常委会和区政府领导班子沟通交流会。区委副书记、区长王华，区委常委、常务副区长傅俊，区委常委、副区长梅广清，区人大常委会副主任杨志健、孙明丽、林晓珏、周伟、江天熙，副区长姜坚、李震、张军、张慧参加
2月15日	走访常委会组成人员、上海市耀尹景观规划设计咨询有限公司设计总监张珺琳

（续表）

日期	调研视察内容
3月2日	牵头召开"关于加快推动卓越的现代化国际城区建设"区委课题启动会，区委常委、副区长梅广清，区人大常委会副主任林晓珏，副区长姜坚出席会议
3月7日	走访优秀人才像航(上海)科技有限公司董事长兼总经理张兵
3月16日	带队就"关于加强基层医疗卫生建设，构建有效分级诊疗的建议"(第133号代表建议)开展督办，区人大常委会副主任孙明丽参加
3月29日至4月2日	带队到北京参加代表履职培训
4月6日至9月8日	作为上海市第一批学习贯彻习近平新时代中国特色社会主义思想主题教育市委第五巡回指导组组长开展主题教育相关工作
5月5日	出席市北高新园区人大代表联络站揭牌仪式，区人大常委会副主任杨志健，上海市北高新(集团)有限公司党委书记、董事长罗岚参加
5月23日	牵头召开"关于加快推动卓越的现代化国际城区建设"区委课题结题会，区委常委、宣传部部长莫亮金，区人大常委会副主任林晓珏，副区长姜坚出席会议
5月23日	陪同市人大常委会党组副书记、副主任周慧琳，市人大教科文卫委主任委员徐建光开展推动公共文化服务高质量发展工作调研，区委书记于勇，区人大常委会副主任孙明丽，副区长龙婉丽参加
6月2日	陪同市人大代表、市委常委、宣传部部长赵嘉鸣到南京西路街道参加市、区人大代表集中联系社区活动，区委书记于勇、副主任杨志健等参加
6月6日	陪同市人大代表、市人大常委会党组副书记、副主任郑钢淼到江宁路街道参加市、区人大代表集中联系社区活动，市人大常委会委员、代表工作委员会主任邬立群，区委书记于勇，区人大常委会副主任杨志健参加
6月6日	出席苏河湾中心人大代表联络站揭牌仪式，区人大常委会副主任杨志健致辞
6月19日	到苏河湾功能区召开《上海市推进科技创新中心建设条例》执法检查专题调研座谈会，区人大常委会副主任孙明丽、林晓珏参加
6月25日	到中共一大纪念馆和会址开展"七一"主题党日活动，区人大常委会党组副书记、副主任杨志健，副主任孙明丽、林晓珏、周伟参加
7月14日	陪同市人大常委会副主任宗明就修改《上海市优化营商环境条例》开展调研座谈，市人大财经委主任委员曹吉珍，副主任委员王霞、吴祖强，市人大常委会法工委副主任崔凯，市发改委副主任陈国忠，市司法局副局长罗培新，区人大常委会副主任林晓珏参加
7月21日	到南京西路红旗班、张园东区在建工地和静安区(南)房屋维修应急中心，慰问一线职工
7月26日	走访慰问老干部陈永弟

(续表)

日期	调研视察内容
9月6日	陪同市委组织部常务副部长、市人大常委会代表资格审查(人事任免工作)委员会主任委员曹远峰调研,市人大常委会代表资格审查(人事任免工作)委员会副主任委员(副主任)、代表工作委员会副主任董勤,市人大常委会代表工作委员会副主任胡成韻,区委书记于勇,区人大常委会党组副书记、副主任杨志健参加
9月21日	到华侨大厦人大代表联络站召开"以高质量孵化器建设助力科技创新发展"主题教育党组重点课题专题调研座谈会,区人大常委会副主任孙明丽参加
9月21日	陪同市人大常委会副主任郑钢淼到天目中路749弄,集中视察蕃瓜弄旧住房成套改造项目,区人大常委会副主任周伟参加
10月10日	到区档案馆、区城运中心开展主题教育参观见学。区人大常委会党组副书记、副主任、主题教育领导小组常务副组长杨志健参加
10月16日	到大宁功能区开展《上海市推进科技创新中心建设条例》执法检查专题调研,区人大常委会副主任孙明丽、林晓珏参加
10月18日	到上海大学科技园新型显示实验室、昀光微电子(上海)有限公司、上海龙腾医疗器械有限公司、新华文化科技园、上海奥帆多媒体科技有限公司专题调研区科技创新载体建设情况
10月25日	到芷江西路街道芷江新村居民区开展"四百"大走访
10月26日	到市北功能区开展《上海市推进科技创新中心建设条例》执法检查专题调研,区人大常委会副主任孙明丽、林晓珏参加
10月31日	陪同市人大常委会党组副书记、副主任,市总工会主席郑钢淼参加2023年市、区人大代表第二次集中联系社区活动,市人大常委会代表资格审查委(人事任免工委)副主任委员(副主任)、代表工委主任郜立群参加
11月2日	陪同市人大代表、市人大常委会副秘书长、办公厅主任曹扶生参加2023年市、区人大代表第二次集中联系社区活动,区人大常委会副主任杨志健参加
11月6日	到"进博会"场馆,走访慰问曹炜、张丽慧、曹敬衡、邵黎明、陈佳昕、张莺等市、区人大代表,了解企业参展和洽谈成交情况,倾听企业需求,区人大常委会副主任杨志健、孙明丽、林晓珏、周伟、江天熙参加
11月13日	到区自然资源确权登记中心、区房地产交易中心,以"帮办员"身份深入一线服务窗口,为企业和群众开展"帮办"服务,面对面听意见、送服务、解难题
11月14日	到合生MOHO、新业坊和广场公园(静安段)开展代表集中视察,区委常委、人武部政委陈志忠,区人大常委会副主任孙明丽、周伟,副区长李震参加

(郑曦)

（三）监督工作

【"十四五"规划实施情况中期评估专项监督】 4月至11月，区人大常委会依法对政府"十四五"规划实施中期完成情况开展监督。召开党组会议专题研究部署，拟制监督工作方案，建立领导小组及办公室例会制度。召开"十四五"规划实施情况中期评估监督工作启动会。结合区委"加快推动卓越的现代化国际城区建设"课题调研，组织召开3场专题座谈会。各专工委在区级36个专项规划中选取4个重点监督专题，开展专项规划实施情况的调研。街道人大工委、镇人大形成各街镇人大对区"十四五"规划实施情况意见建议的报告。区人大常委会开展"十四五"规划中期评估工作集体调研，全面了解区政府中期评估工作开展情况，规划指标、任务完成落实情况。组织召开区"十四五"规划实施中期评估情况人大代表座谈会，梳理总结代表意见建议形成专报并报区委，部分意见建议得到采纳。区二届人大常委会第十六次会议听取和审议区政府关于"十四五"规划实施情况中期评估的报告，建议要提高站位，准确把握大局大势，按照"四个放在"的战略定位，聚焦强化"四大功能"，紧密结合静安区域实际，主动识变应变求变，抢抓战略主动，加快提升城区能级和核心竞争力，以静安的生动实践，奋力打造中国式现代化的城区样本。要量质并重，着力推进蓝图高效落地，坚持突出重点，抓好"十四五"规划重要目标、重点任务、重大工程的落实落地；坚持问题导向，找准短板弱项、难点堵点及制约因素，提出对策措施，持之以恒将"施工图"高质量转化为"实景画"。要着眼长远，系统谋划静安未来发展，坚持系统思维，强化战略引领，统筹把握好当前和长远的关系，科学谋划未来发展目标，构筑静安竞争新优势打下坚实战略基础；进一步激发新动能、提升城区功能品质、增进民生福祉，推动静安改革创新不断取得新进展新成效，努力开创建设卓越的现代化国际城区新局面。

（郑曦）

【"两旧"改造推进情况专项监督】 5月至7月，区人大常委会城建环保工委与江宁路街道、天目西路街道和芷江西路街道就"两旧"改造推进情况开展联动监督调研活动。到区"两旧"专班、区旧改总办、区房管局等部门调研，了解区"两旧"改造总体部署、零星旧改和旧住房成套改造推进情况。实地调研238街坊和76街坊等零星旧改项目、蕃瓜弄小区小梁薄板房屋改造项目，到彭三五期调研成套改造经验成效。区二届人大常委会第二十四次主任会议听取区政府关于"两旧"改造推进情况的汇报，建议要聚焦"十四五"规划目标任务，为2025年全面完成零星旧改、基本完成小梁薄板房屋改造打下基础。要积极创新工作机制，进一步推动静安城区结构优化、功能完善和品质提升。大兴调查研究之风，认真听取人民群众意见建议，切实把好事办好、实事办实，更好满足人民群众对美好生活的向往。

（郑曦）

【优化营商环境工作情况专题询问】 5月至9月，区人大财经委、常委会预算工委开展优化营商环境工作专题调研，结合"十四五"规划实施情况中期评估监督工作安排，到区发展改革委、区商务委、区市场监管局、区投资办、区金融办、区行政服务中心等部门听取相关工作情况汇报。根据市人大开展《优化营商环境条例》（简称《条例》）修改和优化营商环境专项监督工作要求，市区联动开展《条例》修改调研工作。区人大法制委、财经委与相关人大街道工委上下联动，发挥基层立法联系点、基层立法信息采集点作用，听取和收集社区、选民、市场主体对《条例》修改的意见和建议共40条。与人大静安寺、南京西路、天目西路、大宁路街道工委联动召开3场优化营商环境专题座谈会,人大代表、企业代表等50余人次参加。区第二届人大常委会第十五次会议听取和审议区政府关于优化营商环境工作情况的报告,并开展专题询问。7名常委会组成人员就区政府关于优化营商环境工作情况的报告进行专题询问,常务副区长傅俊结合审议情况和专题询问情况作回应讲话。会议建议要以坚持系统观念,把优化营商环境作为稳定市场预期的重要抓手、提振企业信心的实际行动和推动静安经济社会高质量发展的重大举措,扎实抓好各项工作落地落实。要以更大力度深化营商环境改革创新,促进行政审批改革深化和整体效能提升;强化数字赋能,推动服务效能提升;形成工作合力,打出更多优化营商环境"组合拳"。要以更实举措提升市场主体满意度,坚持企业全生命周期服务理念,聚焦营商环境工作中的不足和短板,不断破解难题,完善工作机制,激发企业发展活力和动力。

(郑曦)

【深化城市民族工作监督】 6月至7月,区人大常委会侨民宗工委对区深化城市民族工作情况开展专题调研。与人大石门二路街道工委组建专题调研组,通过实地视察、听取汇报、个别访谈等形式了解区深化城市民族工作有关情况。区二届人大常委会第二十四次主任会议听取区政府关于深化城市民族工作情况的汇报,建议要深入学习贯彻习近平总书记关于城市民族工作的重要论述和党对民族工作的新要求,切实把铸牢中华民族共同体意识作为一条主线贯穿到民族工作的全过程和各方面,充分发挥政府的主导性作用,推动基层社会治理与民族工作有机融合,把各民族群众的智慧和力量凝聚到促进民族团结、助力静安加快建设卓越的现代化国际城区的生动实践中来。

(郑曦)

【区人民检察院适用认罪认罚从宽制度专项监督】 6月至9月,区人大监察和司法委员会就适用认罪认罚从宽制度开展专项调研。召开专项监督启动会,邀请刑事诉讼法专家进行专题培训,并通报工作方案。听取区公安分局、检察院、法院、司法局的相关工作汇报,召开座谈会。现场观摩听庭,与办案人员、辩护人进行工作交流。与人大南京西路街道工委协同开展专项监督调研,邀请区人大代表参与调研。区二届人大常委会第十五次会议听取和审议区人民检察院关于适用认罪认罚从宽制度工作情况的报告,建议准确适用认罪认罚从宽制度,坚持公正为本,坚持宽严相济刑事政策和罪责刑相适应原则,实现政治效果、社会效果和法律效果的有机统一;加强沟通协调,健全工作机制,强化队伍建设,做好宣传工作,更好发挥认罪认罚从宽制度在依法治区中的重要作用。

(郑曦)

【计划和预算监督】 7月,区人大财经委及常委会预算工委对2023年上半年国民经济和社会发展计划执行情况、2022年财政决算和2023年上半年预算执行情况、区2022年预算执行和其他财政收支的审计情况开展调研,对区财政局《关于静安区2022年财政决算及2023年上半年预算执行情况的报告》和区审计局《关于2022年度静安区本级预算执行和其他财政收支的审计工作报告》进行审查。区二届人大常委会第十四次(扩大)会议听取区政府2023年上半年国民经济和社会发展计划执行情况的报告、关于2022年财政决算和2023年上半年预算执行情况的报告、区2022年预算执行和其他财政收支的审计工作报告,作出《关于批准静安区2022年财政决算的决议》。会议建议要全力以赴完成全年目标任务,围绕区委《实施意见》提出的聚焦全球资源配置、科技创新策源、高端产业引领、开放枢纽门户"四大功能"，在提升开放能级、加快科技创新、推进城市更新、增进民生福祉上持续用劲使力，把稳增长、强信心、促发展的政策举措推进落实好，着力巩固经济平稳增长态势，不断提升城区治理和民生保障水平。要扎实做好财政预算工作，全面落实各项助企政策，助力经济稳进提质；加强税收分析研判，努力挖掘增收潜力空间；强化重点领域支出保障，提高资金使用的有效性和精准性；提升预算绩效管理水平，优化财政资源配置效率；加强债务管理，守住安全底线。要充分发挥审计监督作用，以高质量审计监督更好服务保障静安经济社会高质量发展；做好审计整改"下半篇文章"，坚持系统观念，以扎实有效的审计整改推动源头治理、防患于未然，进一步提升审计监督质效。

（郑曦）

【政府上半年工作情况监督】 7月19日至20日，区二届人大常委会第十四次（扩大）会议听取和评议区政府上半年区域经济社会发展总体情况、下半年工作总体考虑以及代表、委员们关心的若干问题的报告。代表们在评议中对区政府2023年以来的工作表示肯定，并就着力推动经济高质量发展、持续提升城区治理水平、全力以赴保障改善民生、切实加强政府履职能力建设等方面提出意见建议。

（郑曦）

【2022年国民经济和社会发展计划调整监督】 8月，区政府提出关于调整2022年国民经济和社会发展计划的报告。区人大财经委调研区发改委、财政局等部门，开展工作研究，对区政府提出的计划报告进行审查，提出审查结果报告。区二届人大常委会第四次会议听取和审议区政府《关于调整2022年国民经济和社会发展计划的报告》，作出《关于批准区政府调整2022年国民经济和社会发展计划的决议》。

（郑曦）

【"八五"普法中期评估专项监督】 9月至10月，区人大监察和司法委员会成立专项监督调研组，与区人大北站街道工作委员会联动对区"八五"普法中期评估工作开展专题调研。区二届人大常委会第二十九次主任会议听取区政府关于"八五"普法中期评估工作情况的汇报，建议要提高政治站位，压实工作责任，进一步健全工作机制，强化普法责任落实，聚焦普法重点，提高针对性和有效性，坚持普治并举，推进普法与依法治理深度融合，让法治成为实现"国际静安，卓越城区"的有力保障。

（郑曦）

【2023年财政预算调整监督】 11月，区政府提出关于调整2023年财政预算的报告。区人大财经委员会、常委会预算工委专题听取区财政局关于调整2023年财政预算的汇报，对调整方案进行调研和初审，并提出审查结果报告。区二届人大常委会第十六次会议听取和审议区政府《关于调整2023年财政预算的报告》，作出《关于批准区政府调整2023年财政预算的决议》。

（郑曦）

【2022年审计查出问题整改情况监督】 11月至12月，区人大财经委、常委会预算工委采取走访调研、听取工作汇报等方式，并结合开展2024年部门预算编制汇报会，对部分被审计部门、单位的审计查出问题整改落实情况进行跟踪监督和调研。区二届人大常委会第十八次会议听取区政府关于2022年审计查出问题整改情况的报告，建议区政府及其相关部门要进一步提高政治站位，自上而下建立责任机制，着力打通审计整改"最后一公里"，健全长效机制，推动相关领域改革，实现标本兼治，以高质量审计监督推动区域经济社会高质量发展。

（郑曦）

【落实重大事项报告制度】 根据区政府向区人大常委会提交的重大事项报告和重大决策,年内,区人大常委会共听取11项重大事项报告,讨论、决定重大事项2项。其中区二届人大常委会第十一次会议听取区政府关于法治政府建设工作情况的报告;第十二次会议听取和审议区政府关于区2022年环境状况和环境保护目标完成情况的报告,听取区政府关于区重大疫情防控救治体系和应急能力建设情况的报告;第十三次会议听取和审议区政府关于代表建议、批评和意见办理情况的报告,听取区政府关于张园等南京西路核心功能区重大项目推进情况的报告;第十四次会议听取和审议区政府关于2023年上半年国民经济和社会发展计划执行情况的报告、关于2022年财政决算和2023年上半年预算执行情况的报告、区2022年预算执行和其他财政收支的审计工作报告,作出关于批准区2022年财政决算的决议;第十六次会议听取和审议调整2023年财政预算的报告,作出批准区政府调整2023年财政预算的决议;第十七次会议听取区政府关于区促进就业情况的报告;第十八次会议听取和审议区政府关于2022年度本级预算执行和其他财政收支审计查出问题整改情况的报告、区政府关于区2023年城区规划制定和实施情况的报告。   (郑曦)

(四)代表工作

【代表集中联系社区活动】 分别于5月中旬至6月上旬、10月下旬至11月上旬开展,全国、市、区三级人大代表684人次参与活动,接待群众4300余人次,开展座谈、视察、走访等活动297场次,收集意见建议418件(含市级、区级和街镇层面及当场答复)。市人大代表赵嘉鸣、郑钢淼、曹扶生、顾云豪等参加。   (郑曦)

【开展项目化联动】 年内,区人大常委会深化街工委与专工委对接联系,推动落实16个联动监督项目,广泛组织和动员代表主动、经常参与视察调研、执法检查等监督活动,深化联动形式,为代表建言献策创造有利条件。部分街工委撰写联动调研报告,报常委会会议书面审议。扩大市、区人大代表对常委会审议议题参与度,坚持代表工作室征询市区代表意向、街工委镇人大推荐代表、专工委邀请代表相结合工作机制,共72人次市人大代表和400余人次区人大代表反馈参与意向。   (郑曦)

【开展街镇代表组专题调研】 年内,区人大常委会围绕"十四五"中期规划监督评估工作,开展街镇代表组专题调研。指导各街镇结合区域特点,充分发挥代表专业小组和代表工作小组作用,在"家站点"吸纳人民群众的意见建议,开展专题调研,撰写调研报告汇编成册,形成《关于各街镇人大对区"十四五"规划实施中期评估情况调研的汇总报告》。   (郑曦)

【健全代表建议办理机制】 年内,区人大常委会细化形成《关于进一步完善代表建议办理工作的意见》,落实"两提前一通报一听取"工作办法,用好用活"家站点"平台,不断提升办理规范化水平。由人大常委会主任会议成员选取7件代表建议开展领衔督办;选择区房管局、区卫健委作为2个重点部门,以及大宁路、江宁路2个街工委开展"2+2"重点督办;各街工委、镇人大协助督办本街镇代表组所提出的代表建议。区二届人大三次会议以来,区人大代表共提出代表建议189件,1件不属于区级层面办理,作为市人大代表建议,其余188件均办结并答

复代表。　　　　　　　　　　（郑曦）

【推进"家站点"提升能级】　年内，区人大常委会加强日常指导，规范平台运行管理，开展平台绩效评估。起草"家站点"提质增效工作方案，推动"家站点"更好融入"生活圈""工作圈"，实现平台与园区、社区等各类服务阵地功能融合、协同运行，充分发挥恒隆代表联络站服务"营商"功能；在市北高新园区增设代表联络站，扩大园区内群众有序政治参与，培育具有静安特色高水平站点。至年底，共建有人大代表之家17个、居民区人大代表联系点263个、人大代表联络站37个（含在建）。新建上海华侨大厦、静安中华大厦、苏河湾中心、信谊药业代表联络站。　　　　　　　　　　　　（郑曦）

【加强代表履职平台建设】　年内，区人大常委会学习借鉴市和兄弟区人大的优秀做法和实践经验，实地调研杭州、闵行等地，完善区人大代表履职平台功能，落实登记责任、明确履职维度，推动建立代表履职电子档案，提升代表履职服务管理效能。依托"静安人大"微信公众号，建设区人大代表履职平台移动端口，助力代表实现"掌上履职"。通过布局功能设计，借助图样分析，帮助代表知晓履职进度和方向重点。　　　　　　　　　　（郑曦）

【开展代表履职学习】　年内，区人大常委会多层次、多角度、多渠道开展代表线上线下学习培训。组织全区150余名代表，学习贯彻习近平总书记全国"两会"期间重要讲话和十四届全国人大一次会议等各类会议精神。区人大常委会领导带队，组织代表分别到北京、深圳、云南等地开展6场履职专题学习班，共95人次参加学习和座谈交流。在"静安人大"微信公众号上发布11期"代表应知应会应为"等履职资料。　　　　　　　　　　（郑曦）

【做好市人大代表服务保障工作】　年内，区人大常委会协助市人大开展市人大代表静安组活动，新建5个市人大代表工作小组，承办市人大代表工作小组中部片区第三次交流活动，加大对代表工作小组的支持和服务保障力度，共形成2份代表工作小组成果上报市人大。进一步健全市人大代表专题调研工作机制，以"点燃文旅'新引擎'，助力上海加快建设国际消费中心城市"为主题，组织做好市人大代表专题调研各项工作。　　　　　　　（郑曦）

（五）人事任免

【任免国家机关工作人员】　全年共任免国家机关工作人员336人次。其中，任免区人大及其常委会工作人员24人次，任免区政府组成人员12人次，"一委两院"任免300人次。　　　　　　（郑曦）

表2-3　2023年区人大常委会任免国家机关工作人员情况表

任免时间	任免会议名称	任免人员及职务
3月1日	区第二届人大常委会第十一次会议	任命吕平为静安区司法局局长，免去其静安区退役军人事务局局长职务
		免去吕忆农的静安区司法局局长职务

（续表）

任免时间	任免会议名称	任免人员及职务
		免去陈靖宇的静安区监察委员会委员职务
		免去朱一心的静安区人民法院审判委员会委员、审判员职务
4月18日	区第二届人大常委会第十二次会议	任命徐忠柱为静安区国防动员办公室主任
6月20日	区第二届人大常委会第十三次会议	任命周海波为静安区人大常委会彭浦新村街道工作委员会副主任
		免去沈建忠的静安区人大常委会大宁路街道工作委员会委员职务
		任命郁霆为静安区退役军人事务局局长
		任命许昌文、张峰为静安区监察委员会委员
		免去王茜的静安区监察委员会委员职务
7月20日	区第二届人大常委会第十四次会议	任命余萍为静安区人大常委会北站街道工作委员会副主任
		免去曹文龙的静安区人大常委会预算工作委员会委员职务
		免去阮兴祥的静安区人大常委会城市建设环境保护工作委员会委员职务
		免去刘庆的静安区人大常委会教育科学文化卫生工作委员会委员职务
		免去高凌云的静安区人大常委会曹家渡街道工作委员会委员职务
		免去蒋善勇的静安区人大常委会北站街道工作委员会委员职务
		免去李莉的静安区人大常委会大宁路街道工作委员会委员职务
9月20日	区第二届人大常委会第十五次会议	任命胥燕红为静安区民政局局长
		任命陈磊为静安区卫生健康委员会主任
		免去焦志勇的静安区民政局局长职务
		免去叶强的静安区卫生健康委员会主任职务

(续表)

任免时间	任免会议名称	任免人员及职务
9月20日	区第二届人大常委会第十五次会议	免去茅建宏的静安区监察委员会副主任职务
		任命陆罡、傅朱钢为静安区人民法院副院长、审判委员会委员、审判员
		任命江晓丹、张末然、张萌、张静淑、陈亚新、彭春晓、韩雨奇7人为静安区人民法院审判员
		免去朱建国、陈树森的静安区人民法院副院长、审判委员会委员、审判员职务
		任命马玮玮、王强为静安区人民检察院副检察长、检察委员会委员、检察员
		任命时婕为静安区人民检察院检察委员会委员
		任命丁沁怡、轩翠、谢丽娟、雷思聪等4人为静安区人民检察院检察员
		免去吕颢的静安区人民检察院副检察长、检察委员会委员、检察员职务
11月22日	区第二届人大常委会第十六次会议	免去谢军的静安区人大常委会人事工作委员会委员职务
		任命程蓓蕾为静安区人力资源和社会保障局局长
		免去王光荣的静安区人力资源和社会保障局局长职务
		任命沈昭为静安区监察委员会副主任
		任命邱元超、梁诗园、程一婧3人为静安区人民法院审判员
		任命马仁喜等257人为静安区人民法院人民陪审员
		任命黄娟为静安区人民检察院副检察长、检察委员会委员、检察员
12月27日	区第二届人大常委会第十八次会议	任命陈万钧为静安区人大法制委员会委员
		任命庄虔赞、吴文伟为静安区人大财政经济委员会委员
		任命施函文为静安区人大常委会预算工作委员会委员
		任命王玉东、周子闳为静安区人大常委会城市建设环境保护工作委员会委员

(续表)

任免时间	任免会议名称	任免人员及职务
12月27日	区第二届人大常委会第十八次会议	任命李传缨为静安区人大常委会教育科学文化卫生工作委员会委员
		任命孙建明为静安区人大常委会曹家渡街道工作委员会副主任
		任命马文祥为静安区人大常委会曹家渡街道工作委员会委员
		任命于敏惠为静安区人大常委会北站街道工作委员会委员
		任命凌云峰、徐吉平为静安区人大常委会大宁路街道工作委员会委员
		免去张建光的静安区人大常委会曹家渡街道工作委员会副主任职务
		免去王伟的静安区人大常委会天目西路街道工作委员会委员职务
		免去张慧的静安区人民政府副区长(挂职)职务
		任命王菁、朱燕妮、乔续宁、祁婷婷、孙志超、余诗诗、张靓佶、周婷婷、洪虹、郭珺洁、潘喆11人为静安区人民法院审判员
		任命江静良为静安区人民检察院副检察长、检察委员会委员、检察员
		免去孙琳的上海市静安区人民检察院副检察长、检察委员会委员、检察员职务

注：同一次常委会任命一人两个职务算1人次，免职一人两个职务算1人次，不同常委会任命同一个人2个职务算2人次，同一次常委会同一人一任一免算2人次。

(郑曦)

三、静安区人民政府

编辑 李佳丽

（一）综述

2023年是贯彻党的二十大精神的开局之年，是全面建设社会主义现代化国家开局起步的重要一年，也是实施"十四五"规划承上启下的关键一年。区政府坚持以习近平新时代中国特色社会主义思想为指导，在市委、市政府和区委的坚强领导下，紧紧围绕"四范目标"，实施"七增计划"，推进"五大工程"，完成年度各项目标任务。

区域经济运行持续恢复。面对严峻复杂的宏观环境，牢牢把握高质量发展首要任务，保持定力，稳扎稳打，推动经济实现质的有效提升和量的合理增长。全年实现地区生产总值2846.03亿元，比上年增长7.0%；税收总收入847.50亿元，比上年增长7.1%；区级一般公共预算收入287.80亿元，比上年增长3.0%，总量居中心城区第一。六大重点产业实现税收675.33亿元，比上年增长5.7%。200幢重点楼宇实现税收622.08亿元，亿元楼达88幢，其中月亿楼9幢、百亿楼1幢。在全市率先发布优化消费环境的实施方案，获评全市首个"国际消费中心城市数字化示范区"，启动实施南京西路"千亿商圈"三年行动计划。实现社会消费品零售总额1707.89亿元，比上年增长15.3%，总量居中心城区第一；实现商品销售总额10963.56亿元，比上年增长5.4%，增幅居全市第一。

开放创新活力不断激发。实施增强科技创新动能三年行动，出台区级科技创新政策，加快引育高水平创新型企业，全区高新技术企业达540家、上海市科技小巨人企业达111家、专精特新企业达160家，成功入选上海市首批科技服务业发展示范区。启动实施"百企成长计划"，构建本土优质企业动态遴选机制和全生命周期培育体系，"一企一策"支持企业做大做强。深化科技创新载体培育，落实张江静安园"一园一方案"，布局建设8家大企业开放创新加速器。推进总部经济增能，全年新增跨国公司地区总部12家、贸易型总部2家、创新型总部1家。深入实施全球服务商计划，制定发布新一轮若干意见，强化与长三角四市交流合作。成功创建全市首个"优质产品进口示范区"，打造"专业服务贸易集聚区"，支持更多企业开展AEO高级认证，推进进口服装检验采信等贸易便利化举措落地。全年实现外贸进出口总额561.02亿元，比上年增长7.8%；外商直接投资实到金额12.14亿美元，比上年增长43.3%；涉外经济规模和占比保持中心城区第一。

承接"进博会"溢出效应,静安参展企业数量达历届之最,意向采购订单金额位列全市各区首位。

营商环境建设持续升级。落实市优化营商环境6.0版行动方案,深入实施六大赋能行动,年度营商环境评价位于全市前列。拓展"一业一证"改革覆盖面,制发15个业态、2402张行业综合许可证。创新实施"区长每周帮办日"制度。新设"办不成事"反映窗口,各政务服务窗口好评率达99.98%。加强惠企政策高效直达,依托企业专属网页完成351项政策精准推送、285项个性化主动提醒,建立重点企业"服务包"制度,帮助企业解决实际困难。深化国资国企改革,区管企业全面推行经理层成员任期制契约化管理。完善支持民营经济发展的政策措施,推进市北高新民营企业总部集聚区建设,新增民营企业总部3家,累计达26家。发挥"卫企"联盟等平台作用,切实保护企业知识产权。落实减税降费及退税缓费等各类惠企政策,加大中小微企业融资担保力度,提振市场主体信心。

重大工程建设稳步实施。推进桩基施工先行、水电气网联合报装等工程审批改革举措,助力重大工程增速,全社会固定资产投资总额达427.67亿元,创"撤二建一"以来新高,比上年增长20.9%。全年重大工程开工面积103.6万平方米、竣工面积101.2万平方米,南北通道二期北段(中山北路—芷江西路)等3条区内道路完成建设。推动土地亩产增长,启动5幅工业用地转型升级,静安入选全国首批"自然资源节约集约示范县(市)"。推进重大事故隐患专项排查整治2023行动,聚焦建筑施工、消防、燃气、自建房、高空坠物、特种设备等重点行业领域,全力防范化解各类安全生产事故隐患,对7处区级挂牌督办项目予以重点整治。

城区治理水平有效提升。完善"一网通办"静安频道,已接入849项政府行政许可事项,"市民云"访问量位列全市第一,长三角跨省通办受理事项达40项。推进城市运行"一网统管"4.0版建设,完善城市运行生命体征感知网络,健全平急融合运行机制,城运指挥大厅新址投入运行。优化"12345"市民服务热线工单处置机制,实际解决率和市民满意度显著提升。打造高品质市容环境,完成南京西路后街景观商业区、苏河秀带景观区等6个市级"美丽街区"创建。完成17条道路大中修、积水改善和10.44千米架空线入地工程。建成各类绿地8.31万平方米、立体绿化2.52万平方米、绿道2.04千米,新增3座口袋公园,三泉公园、广场公园(静安段)完成改造并对外开放。落实河湖长制、林长制,加强林绿资源保护。推广可回收物精细化分类、装修垃圾不落地收运新模式,湿垃圾日均处置量达471吨。推进无违建示范街镇、"零违建"居村创建。加大低碳示范创建力度,超额完成既有公共建筑节能改造任务。深化基层减负增能,依托全要素社区治理智能平台,推动基层数据高效集成、共享使用和安全管理。在全市率先试点个人政务远程虚拟窗口服务模式,打造"静邻帮办"品牌。健全实有人口管理工作机制,实有人口信息准确率居全市前列。创新"静邻物业"党建品牌,住宅小区综合治理水平继续领跑全市。

社会民生福祉更加殷实。扎实推进"两旧"改造(旧区改造和旧住房成套改造),启动10幅零星地块征收,完成9幅地块收尾,全市体量最大的小梁薄板小区蕃瓜弄拆除重建项目提前实现100%签约、100%搬场并开工建设。完成旧住房修缮改造80万平方米,既有多层住宅加装电梯开工500台、完工335台,完工量在全市"三连冠"。加强养老服务设施建设,华兴新城养老院、久合科技园养老院改造项目实现竣工,新增养老机构床位475张,老年人居家环境适老化改造户数连续三年位列中心城区第一。在全国首创"五床联动"居家和社区整合型照护服务模式,并在街镇全覆盖推广。在全市率先实现长护险服务全流程"AI+监管"。新增就业岗位34368个,帮助长期失业青年就业901人。实施低保救助和临时救助12.25万人次,救助金额1.59亿元。完成450户残疾人家庭无障碍改造、200条老旧小区无障碍坡道改造。全面启动街镇"15分钟社区生活圈"规划蓝图编制工作。增加普惠性托育服务资源供给,托幼一体园所比例达72.4%,社区托育"宝宝屋"实现街镇全覆盖。完善公共卫生体系,开展新一轮社区卫生服务中心标准化建设,区疾控中心新实验室大楼、区中医医院平型关路新院区投入使用。深入开展"十百千万"文化配送工程,推进国家文化和旅游消费试点城市建设,举办静安国际光影节、现代戏剧谷等活动。优化体育设施布局,新建、翻建10条健身步道,新建20处益智健身苑点,成功举办2023国际剑联花剑大奖赛、上海赛艇公开赛等赛事。

政府自身建设切实加强。扎实开展学习贯彻习近平新时代中国特色社会主义思想主题教育,深入大兴调查研究,坚定捍卫"两个确立",切实增强"四个意识"、坚定"四个自信"、做到"两个维护"。深化细化全面从严治党"四责协同"机制,锲而不舍纠"四风"、树新风。巩固全国法治政府建设示范区创建成果,推进法治建设示范街镇创建,深化行政复议体制改革,切实提升依法履职效能。加强财政资金规范管理和高效使用,进一步严明财经纪律。全面完成"十四五"规划中期评估工作,跨前谋划事关静安长远发展的关键问题。依法接受区人大及其常委会的监督,自觉接受区政协的民主监督,主动接受社会和舆论监督。

(张迎雪)

(二)重要会议和活动

【区政府季度工作会议】 于3月2日在区机关大楼会场召开。区政府领导王华、傅俊、梅广清、姜坚出席。会议要求:要全力推进经济高质量发展,挖掘增长潜力,强化投资拉动,释放消费活力,努力实现一季度"开门红";要全力增强科创发展动能,推动实施"百企成长计划",培育更多高成长型创新企业;要全力优化营商环境,打造具有静安特色的六大赋能行动,提升对内对外开放水平;要全力扩大有效投资,聚焦"两个一百万"年度目标,加快重大工程项目建设;要全力提升城市治理现代化水平,持续深化"一网通办""一网统管",加强实有人口信息采集和管理,做好生态环境保护督察迎检工作;要全力增进民生福祉,加快推进"两旧"改造,提升为老服务品质,加强就业服务保障,推动社会事业均衡发展。

(张迎雪)

【区2023年安全生产、防灾减灾和消防工作会议】 于3月2日在区机关大楼会场召开。区政府领导王华、梅广清、姜坚出席。会议要求:要提高政治站位,以"时时放心不下"的责任感,切实维护人民群众生命财产安全和社会稳定;要精准排查隐患,聚焦解决安全风险隐患、消防安全问题和防灾减灾长效问题,着力提升大安全保障能力;要强化系统防控,压实企业主体责任、属地管理责任、部门监管责任、党政领导责任,用好科技手段,提升城区安全韧性。

(张迎雪)

【区"稳增长"工作推进会】 于3月20日在区机关大楼会场召开。区政府领导王华、梅广清、李震、张军出席。会议要求:坚决落实中央会议精神和市委、市政府工作部署,积极应对机遇和挑战,落实好"稳增长"各项任务;围绕全年既定目标持续发力,紧盯重点行业、重点领域、重点企业发展,培育服务业发展新动能;高质量开展招商引资,加大"走出去""请进来"力度,全覆盖推进安商稳商,帮助企业解决实际困难;加强经济运行数据分析,因时因势优化工作举措,强化统计队伍建设,提升统计数据质量,切实做到应统尽统。

(张迎雪)

【区政府党风廉政建设工作会议】 于3月31日在区机关大楼会场召开。区政府领导王华、傅俊、梅广清、龙婉丽、姜坚、李震、张军、张慧出席。会议强调：要增强做好政府系统党风廉政建设的思想自觉、行动自觉，深化纠治"四风"，强化纪律约束，严厉惩治腐败，积极改进工作作风；要把政府系统党风廉政建设引向深入，以权力"瘦身"为廉政"强身"，严格财经纪律，加强审计监督，坚决贯彻落实中央八项规定精神，营造风清气正的良好氛围；要严守政治纪律和政治规矩，持续完善"四责协同"机制，推动党风廉政建设各项任务落到实处。

（张迎雪）

【区"一网通办"工作推进会议】 于4月14日在区机关大楼会场召开。区政府领导王华、傅俊、龙婉丽、姜坚、张军、张慧出席。会议要求：增强做好"一网通办"工作的责任感、紧迫感，正视问题不足，加大改革攻坚力度，不断提升群众和企业的获得感；聚焦关键瓶颈和核心指标开展攻坚，加强数据归集和数据安全管理，提升"一网通办"工作水平和服务效能；压实各单位主要领导第一责任人责任，细化分解指标任务到人，持续跟踪工作进展，有力督促责任落实。

（张迎雪）

【区政府季度工作会议】 于4月28日在区机关大楼会场召开。区政府领导王华、傅俊、梅广清、龙婉丽、姜坚、李震、张军、张慧出席。会议强调：要增强做好二季度工作的紧迫感危机感，准确把握当前经济社会发展形势，推动经济运行持续整体好转，跑出发展加速度；要聚焦重点、持续发力，全力以赴抓好招商提质、科创动能增强、安商稳商、促进消费、建设投资等各项工作，推进城区治理现代化，持之以恒保障和改善民生，守牢城区运行安全底线，确保二季度实现"时间过半、完成任务过半"；要以主题教育为契机，狠抓作风建设，进一步加强调查研究，突出重点、以上率下，把主题教育各项要求落到实处。

（张迎雪）

【区2023年绿化委员会全体会议】 于6月15日在区机关大楼会场召开。区政府领导王华、李震出席。会议强调：要统一思想、提高站位，深入学习贯彻习近平生态文明思想，以绿色生态彰显国际静安城区品质；要突出重点、狠抓落实，探索绿地开放共享的可实施途径，形成特色鲜明的公园文化品牌，促进绿地品质和管养品质提升，系统开展专项治理，推进依法治绿；要压实责任、凝聚合力，加大宣传发动力度，增强市民爱绿护绿意识，引导鼓励社会各界参与绿化建设和保护工作。

（张迎雪）

【区养老服务工作推进会暨"五床联动"项目启动会】 于6月25日在区机关大楼会场召开。区政府领导王华、傅俊出席。会议要求：提高政治站位，以试点全国首批居家和社区基本养老服务提升行动为契机，探索建设老年友好型城区，真正让静安老年人共享改革发展成果；聚焦重点难点，推动"五床"之间服务转介、信息互通、资源共享，形成相互可接续的联动模式，不断提升全区为老服务水平；强化责任担当，持续加强人才建设，督查督导、宣传推广，规范服务行为，为市民提供高质量的养老和医疗服务。

（张迎雪）

【"艺术苏河"启航仪式】 于7月16日举行。区长王华，百联集团有限公司党委副书记、总裁濮韶华，市文化和旅游局副局长向义海，副区长龙婉丽出席。活动指出：静安是上海国际文化大都市的核心区，拥有"最上海"的文化地标和"最国际"的艺术体验。苏河湾地区是上海中心城区独有的"一河两岸、中西合璧"滨水活力中枢，汇集众多优秀历史建筑、风貌保护街区、顶级艺术机构等文化艺术资源。静安要以启航"艺术苏河"为契机，着力打造苏河湾世界级滨水文化艺术走廊，搭建国际化文化艺术交流平台，推动更多国内外艺术展览展示、文化生态元素在苏河水岸集聚，努力建设成为展示上海文化艺术魅力的重要窗口。 （张迎雪）

【区政府重点工作推进会】 于8月22日在区机关大楼会场召开。区政府领导王华、傅俊、梅广清、姜坚、李震、张军出席。会议强调：要提高政治站位，坚定目标信心，切实增强做好各项重点工作的责任感紧迫感；要锚定目标任务，抓好稳增长、招商安商、促消费等工作，深化改革开放，营造一流营商环境，持续增强科创动能，完善创新生态，加快重大工程建设，提升城区治理水平，切实增进民生福祉；要全面加强自身建设，把解决问题作为提高能力、增长才干的机会，提升工作合力，增强履职效能，全力创先争优，高质量完成全年目标任务。 （张迎雪）

【区政府党组学习贯彻习近平新时代中国特色社会主义思想主题教育动员大会】 于9月12日在区机关大楼会场召开。区政府领导王华、傅俊、梅广清、龙婉丽、姜坚、李震、张军、张慧出席。会议要求：深入学习贯彻习近平总书记重要讲话精神，严格落实"学思想、强党性、重实践、建新功"总要求，以饱满的政治热情投身主题教育；牢牢抓住目标任务，系统全面抓理论学习，聚焦重点抓调查研究，多出实招抓高质量发展，动真碰硬抓检视整改，有力有序有效推进主题教育深入扎实开展；切实加强组织保障，强化责任落实，统筹兼顾，求真务实、真抓实干，努力把主题教育成效转化为推动静安经济社会高质量发展的实绩实效。 （张迎雪）

【区中医医院平型关路院区启用仪式】 于9月17日举行。市卫生健康委副主任、市保健局局长胡鸿毅，区政府领导王华、龙婉丽出席。活动指出：区中医医院平型关路院区建设工程是"十四五"期间重大工程项目，也是静安构建优质高效中医药服务体系的一项重要成果。区中医医院要以新院区启用为契机，强化"一院两址"功能定位，做强做优中医药特色优势，加快学科建设和人才培养，推动中医药传承创新发展，让市民群众享受到更高质量的中医药服务。 （张迎雪）

【区政府工作会议】 于10月20日在区机关大楼会场召开。区政府领导王华、梅广清、龙婉丽、张慧出席。会议要求：认清形势、坚定信心，切实增强抓好四季度工作的责任感紧迫感；聚焦重点、狠抓落实，做好稳增长工作，优化投资营商环境，推动科创动能增强，提升精细治理效能，更大力度保障和改善民生，确保社会面平稳有序，全力完成经济社会发展目标；奋发有为，改进作风，以昂扬向上的奋斗姿态攻坚冲刺，抓紧谋划明年工作，开好局、起好步。 （张迎雪）

【区主题教育民生疑难事项督办部署会暨"12345"市民服务热线工作推进会】 于11月1日在区机关大楼会场召开。区政府领导王华、傅俊、姜坚出席。会议强调：要结合主题教育，提高政治站位，将"12345"市民服务热线作为听民情、解民忧、办实事的重要抓手；要聚焦短板不足，夯实高效协同、联合督办的工作机制，集中梳理和解决一批民生难点；要紧盯关键指标，主动跨前做好群众工作，推动办理质量再提升。 （张迎雪）

【区2023年国民经济和社会发展计划执行情况与2024年国民经济和社会发展计划编制工作专题研究会】 于12月11日在区机关大楼会场召开。区政府领导王华、梅广清、龙婉丽、李震、张军出席。会议要求：严格按照2023年国民经济和社会发展计划明确的目标任务，层层压实责任，奋力冲刺收官；深入实施"十四五"规划，抓紧分解目标指标和重点任务，确保明年各项工作实现"开门红"；全力优化营商环境，推动科创动能增强,加快形成新质生产力;发挥重大项目牵引作用,完成年度开工、竣工目标不动摇,进一步提升城区环境品质;持续增进民生福祉,切实改善群众居住条件,加快"15分钟社区生活圈"建设,提升为老助餐、就医配药等便民服务水平。(张迎雪)

【区安全生产委员会(扩大)会议】 于12月29日在区机关大楼会场召开。区政府领导王华、傅俊、李震、张军出席。会议指出:要提高思想认识,牢固树立安全发展理念,落实"三管三必须"要求,下大力气夯实安全生产工作基层基础;要针对冬季火灾事故多发易发等特点,聚焦重点行业领域、人员密集场所、老旧小区等,直插现场开展检查,紧盯问题推动深查彻改,完善应急预案和防范举措;要严格应急值守工作,确保政令畅通、运转高效,做到守土有责、守土尽责;要优化春运服务保障,营造平安温馨的春运出行环境。(张迎雪)

表3-1　2023年静安区人民政府常务会议情况表

日期	会议名称	主要内容
1月3日	区政府第34次常务会议	会议听取并同意区文化和旅游局关于批准并公布静安区第四批区级非物质文化遗产代表性项目名录的汇报。会议要求:进一步做好区非物质文化遗产调查保护工作,结合商旅文联动,深入挖掘非物质文化遗产价值,展现静安优秀历史文化底蕴。会议还研究了其他事项
1月9日	区政府第35次常务会议	(一)会议听取区发展改革委员会关于制定第三轮静安区助行业强主体稳增长政策的情况汇报。会议要求:扎实推动政策落地见效,更好服务经济社会发展。(二)会议听取区法治政府建设工作领导小组办公室关于2022年静安区法治政府建设情况的汇报。会议要求:继续扎实推进法治政府建设各项工作,全面提升依法行政水平。(三)会议听取并同意区政府办公室关于2022年度静安区行政规范性文件备案审查、重大行政决策等工作开展情况的汇报。会议要求:认真学习贯彻落实上级文件精神,切实提高行政规范性文件质量,完善重大行政决策程序,进一步提升总体工作水平。(四)会议听取区科委关于推荐上海市城市数字化转型工作先进集体、先进个人的情况汇报。(五)会议听取区房管局关于推荐2022年度上海市重点工程实事立功竞赛先进个人的汇报
2月6日	区政府第36次常务会议	会议研究了相关事项
2月14日	区政府第37次常务会议	(一)会议听取区政府办公室关于2023年区政府重点工作安排编制情况的汇报。会议要求:全力以赴抓好贯彻落实,要紧紧抓牢高质量发展这个首要任务,统筹实施"七增计划",创新工作举措,吸引一批产业细分领域的隐形冠军,进一步推动科创动能增强、招商引资增质;要坚持"一轴三带"发展战略,构筑功能区优势;要夯实基层基础,推进高效能治理,持续深化"两张网"建设;要保障和改善民生,打造高品质生活;要维护城区运行安全,建设安全韧性城市;要加强政府自身建设,提升治理能力现代化水平。(二)会议听取区体育局关于上海市第十七届运动会静安区代表团比赛情况的汇报。会议要求:总结经验,对标先进,深化体教融合,促进青少年健康成长,实现学校体育和竞技体育全面发展

（续表）

日期	会议名称	主要内容
2月20日	区政府第38次常务会议	（一）会议听取并同意区政府办公室关于2023年区"两会"人大代表建议和政协提案相关情况的汇报。会议要求：高度重视建议提案办理工作，主动加强与代表委员的沟通交流，扎实提高办理质量；要把办理建议提案作为密切联系群众、接受群众监督的重要途径，加强梳理、总结规律，持续强化政府制度建设。（二）会议听取区发展改革委员会关于2023年静安区加强集成创新持续推动营商环境建设情况的汇报。会议要求：统筹实施六大"赋能行动"，建立"区长每周帮办日"制度，打造静安营商环境的特色亮点；用好数字化手段为优化营商环境赋能，促进政府职能转变和服务效率提升。（三）会议听取区科委关于制定和发布区级科技创新政策的情况汇报。会议要求：做好政策宣传，充分借助媒体力量与涉企活动，突出特色亮点，彰显政策"引力"；整合资源、分类施策，不断提高服务效率与服务质量；深入挖掘优质潜力企业，全面提升区域科技创新能级
2月28日	区政府第39次常务会议	会议听取区城运中心关于静安区"12345"市民服务热线工作情况的汇报。会议要求：高度重视、压实责任，把"12345"市民服务热线工作作为改进工作作风、提升为民服务实效的重要抓手，不断提高热线办理工作质量。会议还研究了其他事项
3月6日	区政府第40次常务会议	会议听取区发展改革委关于拟调整静安区发展规划工作领导小组的汇报。会议还研究了其他事项
3月14日	区政府第41次常务会议	（一）会议听取区政府办公室关于2023年度静安区人民政府重大行政决策事项目录相关情况的汇报。会议邀请3名公众代表列席并发表意见建议。会议要求：提高思想认识，不断强化科学、民主、依法决策意识，加强决策事项管理，确保实现"应纳尽纳"；严格履行法定程序，全力以赴抓好落实推进，进一步提升区重大行政决策工作水平。（二）会议听取区投资办关于2023年度招商引资增质工作推进情况的汇报。会议要求：聚焦商业载体、枢纽型机构，深耕静安，挖掘潜力；加快培育发展新动能，持续增强产业发展后劲；加强统筹协调，推动营商环境持续向"优"，推进招商引资提质增效。（三）会议听取区商务委关于《静安区关于进一步优化消费环境的实施方案》相关文件制定情况的汇报。会议要求：围绕"首发经济""夜间经济""露台经济"等，持续打造静安消费的特色亮点；做优服务，做优环境，深化行政审批制度改革，提升精细化管理水平；努力拓展招商渠道，探索线上消费提质升级，以打造千亿级商圈为抓手，增强载体能级，进一步强化精准招商、主动招商、定向招商。（四）会议听取区统计局关于制定《静安区贯彻落实〈关于更加有效发挥统计监督职能作用的意见〉的实施办法》情况的汇报。会议要求：高度重视统计监督工作，明确分工，压实责任，严格遵守统计工作纪律，打造具有静安特色的统计创新亮点。（五）会议听取区发展改革委关于《静安区提信心扩需求稳增长促发展行动方案》制定情况的汇报。会议要求：加强统筹协调，做好政策的执行评估；坚定信心，齐心协力，抓好方案的贯彻落实。（六）会议听取区文化旅游局关于举办2023年上半年静安文化品牌活动的汇报。会议要求：精心组织筹划，力争办出最高水平；加大宣传力度，打响国际静安文化品牌，提升静安文化影响力。会议还研究了其他事项

(续表)

日期	会议名称	主要内容
3月21日	区政府第42次常务会议	(一)会议听取区建设管理委关于"静安区节水型社会达标建设工作实施方案"的汇报。会议要求:进一步完善节水管理体制,加强沟通协调,加大宣传力度,提升节水意识,推动全区水资源节约、利用、保护取得更大成效。(二)会议听取区发展改革委关于静安区服务业发展引导资金政策相关情况的汇报。会议要求:加强统筹协调,严格审核把关,切实发挥服务业发展引导资金的杠杆作用,促进区域经济高质量发展。(三)会议听取了区商务委关于2023年静安区总部经济增能工作情况的汇报。会议要求:深入挖掘总部企业增长潜能,不断提升总部经济能级,积极探索政策驱动下新的增长点。会议还研究了其他事项
3月28日	区政府第43次常务会议	(一)会议听取区碳达峰碳中和工作领导小组办公室、区节能减排工作领导小组办公室关于2023年碳达峰碳中和及节能减排重点工作相关情况的汇报。会议要求:提高政治站位,确保责任落实到位。(二)会议听取区生态环境局关于静安区2022年度环境状况和环境保护目标完成情况的汇报。会议要求:始终高度重视生态环境保护工作,聚焦重点领域,打好污染防治攻坚战。(三)会议听取并同意区政府办公室关于拟推荐申报2023年度上海市对外表彰候选人的汇报。(四)会议听取区城运中心关于拟推荐上海市城市数字化转型工作先进个人的汇报。会议还研究了其他事项
4月4日	区政府第44次常务会议	(一)会议听取区发展改革委关于静安区"十四五"规划中期评估工作方案的汇报。会议要求:高质量完成"十四五"规划中期评估工作;坚持以习近平新时代中国特色社会主义思想为指导,对标"四个放在",进一步统一思想、提高政治站位;着眼未来,总结提炼"十四五"以来的工作经验和成效,客观科学提出改进规划实施的对策建议,以静安生动实践奋力打造中国式现代化城区样本。(二)会议听取区卫生健康委关于静安区重大疫情防控救治体系和应急能力建设情况的汇报。会议要求:紧扣公共卫生服务能级提升,优化服务软硬件,多措并举补短板,全力以赴推进本区重大疫情防控救治体系和应急能力建设。(三)会议听取区统计局关于静安区第五次全国经济普查工作的汇报。会议要求:广泛部署动员,充分调配力量,全面摸清底数,高质量完成经济普查工作,助推区域经济发展提质增效。(四)会议听取区统计局关于2023年统计重点工作情况的汇报。会议要求:提高政治站位,坚持统筹推进统计工作与招商引资、安商稳商工作;加强队伍建设,强化业务培训,推动统计工作再上新台阶。(五)会议听取区发展改革委关于2023年推动苏河湾滨水商务集聚带高质量发展情况的汇报。会议要求:助力苏河湾打造世界级滨水商务区,合力把"施工图"转化为"实景画"。(六)会议听取区妇儿工委办关于拟调整静安区妇女儿童工作委员会的汇报

(续表)

日期	会议名称	主要内容
4月4日	区政府第44次常务会议	(七)会议听取区体育局关于2023国际剑联花剑大奖赛(上海站)情况的汇报。会议要求:认真做好赛事各项筹备工作;高标准打造赛事周边环境,提高沿途景观、绿化和道路水平,展示国际静安城区形象;加强宣传报道,充分利用媒体资源,结合"五五购物节"等活动,持续提升静安南京西路商圈影响力。(八)会议听取并同意区房管局关于蕃瓜弄小区旧住房改建工程工作情况的汇报。(九)会议听取并同意区房管局关于共和新路802弄18—20、21—23号旧住房综合改造工程的汇报。(十)会议听取并同意区商务委关于"静安区关于促进设计产业发展的实施方案"的汇报。会议要求:加强重视,整合资源,促进设计产业集聚发展。(十一)会议听取区商务委关于2023年静安区"五五购物节"总体情况的汇报。会议要求:精心组织,把"五五购物节"各项活动办出特色、办出影响力;积极谋划"咖啡文化节"等活动,创新商旅文联动模式;加大宣传力度,扩大活动辐射效应。(十二)会议听取上海站管委办关于拟推荐2023年上海市春运工作优秀集体的汇报。会议还研究了其他事项
4月21日	区政府第45次常务会议	(一)会议听取并同意区政府办公室关于静安区政务公开2022年工作情况和2023年工作要点的汇报。会议邀请3名公众代表列席并发表意见建议。会议要求:进一步统一思想,提高认识,严格落实国家和本市各项工作要求,细化分工、加强联动,推动区政务公开工作提质增效;提高政策可感度,发挥各级数字化资源平台作用,优化政策集成式发布、多元化解读和精准化推送;提高服务便利度,探索政社合作、多元参与的政策推送"接力"机制,持续深化政策办理和政民互动。(二)会议听取消防救援支队关于今年以来区消防工作的情况汇报。会议要求:深刻吸取近期事故教训,充分认清当前消防安全形势严峻性、紧迫性;迅速开展消防安全专项整治,聚焦重点领域、重点环节,坚持人防和技防相结合,全面深入排查整治风险隐患;严格按照"党政同责、一岗双责"和"三个必须"要求,抓实党政领导责任,落实部门监管责任,压实属地管理责任,夯实企业主体责任。(三)会议听取区应急局关于静安区安全生产工作的汇报。会议要求:提高政治站位,增强底线思维,以"时时放心不下"的责任感,坚持统筹抓好发展和安全两件大事;紧盯重点环节,全力织密风险防控网络,确保隐患排查不留死角、不留盲点;加强组织领导,压实压紧责任,多措并举抓好"五一"期间安全防范工作。(四)会议听取并同意区信访办关于静安区信访工作情况的汇报。会议要求:提高政治站位,深入学习贯彻习近平总书记关于加强和改进人民信访工作的重要思想,充分发挥信访工作"了解民情、集中民智、维护民利、凝聚民心"重要作用,为静安经济社会高质量发展创造安全稳定的社会环境。

(续表)

日期	会议名称	主要内容
4月21日	区政府第45次常务会议	(五)会议听取区政府办公室关于2023年静安区东西部协作和对口支援工作要点相关情况的汇报。会议要求：深入学习贯彻习近平总书记关于巩固拓展脱贫攻坚成果同乡村振兴有效衔接的重要讲话精神，以高度的政治责任感和使命感做好东西部协作和对口支援工作。(六)会议听取区统计局关于拟成立静安第五次经济普查领导小组及其组成人员的汇报。会议要求：加强统筹协调，深入研究完善工作架构，认真组织实施区第五次经济普查工作。会议还研究了其他事项
4月28日	区政府第46次常务会议	会议研究了相关事项
5月9日	区政府第47次常务会议	(一)会议听取区公安分局关于静安区实有人口管理工作情况的汇报。会议要求：强化条块结合，优化人员配置，细化责任分工，提高区实有人口信息登记率、准确率；深化数字赋能，打破部门数据壁垒，切实为基层减负。(二)会议听取区建设管理委关于2023年河湖长制工作情况的汇报。会议要求：提高政治站位，切实增强贯彻习近平生态文明思想的思想自觉和行动自觉；坚持问题导向，结合大兴调查研究，着力补齐短板，提升区河长制工作水平。会议还研究了其他事项
5月16日	区政府第48次常务会议	(一)会议听取区应急局关于开展静安区重大事故隐患专项排查整治2023行动的汇报。会议要求：层层压实责任，以"时时放心不下"的责任感，坚决筑牢城市运行和安全生产防线；按照"全面覆盖、突出重点"的原则，切实提高隐患排查整改质量；坚持"当下改"和"长久立"相结合，健全完善长效机制；结合大兴调查研究，推动问题解决，提高工作实效。(二)会议听取区消防救援支队关于静安区消防安全重大风险隐患专项排查整治2023行动工作情况的汇报。会议要求：彻底排查各类风险隐患，紧盯重点领域、薄弱环节，进一步摸清底数；切实提高问题整改质量、完善应急预案编制、丰富监测预警手段，全面提升应急处置能力；加强消防安全宣传警示，增强群众防灾意识。(三)会议听取区教育局关于静安区教育工作的汇报。会议要求：以教育高质量发展为首要任务，严格落实中央、市、区各项决策部署，扎实推进"双减""初中再加强"等教育重点工作。勇于创新，继续推广"三段式"课后服务、"宝宝屋"社区托育建设，积极探索教育服务新模式；持续深化教师队伍建设，加大教育人才"引育留用"力度，搭建教师专业发展平台，优化队伍培养路径。会议还研究了其他事项

（续表）

日期	会议名称	主要内容
5月23日	区政府第49次常务会议	(一)会议听取区商务委(区粮食物资储备局)关于静安区粮食安全工作的汇报。会议要求：提高政治站位，全面落实粮食安全责任制，筑牢粮食安全防线。(二)会议听取并同意区绿化市容局关于申请修订《静安区单位生活垃圾处理费征收管理办法》的汇报。会议要求：提高政治站位，协同发力、精准施策、久久为功，着力打造资源节约与环境友好型城区；以单位生活垃圾处理费征收工作为抓手，加强宣传教育，促进源头减量；规范征收流程，加强监督管理，确保征收工作平稳有序；强化规范性文件合法性审核，提升法治化营商环境"软实力"。会议还研究了其他事项
6月5日	区政府第50次常务会议	(一)会议听取并同意区政府办公室关于静安区第二届人民代表大会第三次会议代表建议办理情况的汇报。会议要求：高度重视，主动加强与代表的沟通交流，提高代表建议办理的满意率；结合主题教育和大兴调查研究，进一步推动成果转化，提升城区治理精细化水平。(二)会议听取区建设管理委、区应急局关于2023年防汛准备工作情况的汇报。会议要求：强化底线思维，提高政治站位，压实防汛责任；围绕重点区域、重点领域，抓好隐患排查整改；加强预案演练、情况报送，提高应急处置能力。会议还研究了其他事项
6月13日	区政府第51次常务会议	(一)会议听取区司法局关于静安区2022年度行政复议行政诉讼情况的汇报。会议要求：提高政治站位，深入践行全过程人民民主重大理念，巩固法治政府建设示范区创建成果，扎实推进依法行政；深化能力建设，把行政复议应诉工作做深做细做实；推进多元矛盾解纷平台建设，提升矛盾争议化解能级。(二)会议听取并同意区民政局关于"五床联动"工作情况的汇报。会议要求：统筹整合区医养康护等服务资源，推动"五床联动"项目落地落实。(三)会议听取并同意区医保局关于本区长护险试点工作情况的汇报。会议要求：加大政策宣传，优化服务管理，着力提升长护险试点工作整体效能，不断提增辖区失能老人幸福感；加强部门联动，督促引导服务机构落实主体责任；积极探索数字化支撑，完善长护险评估护理全过程监管场景，促进数据共享和互联互通。(四)会议听取区建设管理委关于张园等南京西路核心功能区重大项目推进情况的汇报。会议要求：对标世界一流，不断提升南京西路核心功能区硬件环境、功能载体、商业业态能级。会议还研究了其他事项

(续表)

日期	会议名称	主要内容
6月20日	区政府第52次常务会议	(一)会议听取区民政局关于静安区养老服务设施布局专项规划(2023—2035)编制情况的汇报。会议邀请3名公众代表列席并发表意见建议。会议要求:突出规划的科学性,坚持系统观念,优化功能布局,进一步提升养老服务的均衡性、可及性;加大规划落地力度,压实近远期规划目标责任,共同打造静安"乐龄家园"特色品牌。(二)会议听取区文化和旅游局关于静安区推进国际文化大都市核心区建设情况的汇报。会议要求:提高政治站位,深入学习贯彻习近平总书记在文化传承座谈会上的重要讲话精神,以高度的文化自信和守正创新精神,构建公共文化新格局,提升营商环境软实力;完善现代公共文化服务体系,丰富公共文化服务供给,打造公共文化高质量发展的"静安样本"。(三)会议听取区双拥办关于双拥工作的汇报。会议要求:高度重视,主动跨前做好拥军优属各项工作。会议还研究了其他事项
6月27日	区政府第53次常务会议	(一)会议听取区行政服务中心关于静安区"一网通办"工作的汇报。会议要求:高度重视"一网通办"工作,聚焦问题瓶颈,强化责任落实,促进能力提升;深入挖掘资源,积极探索创新,锻长板扬优势,不断提高办事企业和群众获得感;加强宣传推广,进一步扩大本区"一网通办"工作的知晓度和影响力。(二)会议听取区城运中心关于静安区"一网统管"工作的汇报。会议要求:加大统筹协调力度,发挥平台枢纽作用,提高问题发现、处置能力,依托数字孪生等数字化应用技术,推动城区治理数字化转型;高度重视"12345"市民服务热线工作,优化完善工作机制,提升热线办理工作实效。会议还研究了其他事项
7月3日	区政府第54次常务会议	(一)会议听取并同意区商务委关于静安区进一步推动产业园区能级提升工作机制的汇报。会议要求:统一思想,形成合力,加强沟通,推动产业园区高质量发展。(二)会议听取并同意区民族和宗教办关于静安区深化城市民族工作的汇报。会议要求:提高思想认识,强化责任落实,始终铸牢中华民族共同体意识,推动本区城市民族工作提质增效;深化"家在上海"主题建设,扎实推进各类民族交流活动,擦亮做强民族特色品牌;加强少数民族群众服务管理,牢固树立"三个离不开"思想,切实防范化解民族领域风险隐患。(三)会议听取区两旧办关于本区旧区改造和旧住房成套改造工作推进情况的汇报。会议要求:完善机制,形成合力,扎实细致做好前期准备工作,高效有序推进本区"两旧"项目。(四)会议听取区国资委关于静安区国资国企工作的汇报。会议要求:聚焦主业,增强核心竞争力,围绕薄弱环节,落实问题整改,切实为区域经济高质量发展作贡献。(五)会议听取区市场监管局关于拟推荐全国市场监管系统"长江禁捕、打非断链"专项行动表现突出集体事宜的汇报

（续表）

日期	会议名称	主要内容
7月10日	区政府第55次常务会议	（一）会议听取并同意区建设管理委、区应急局关于2023年入汛以来防汛工作情况的汇报。会议传达了习近平总书记关于防汛救灾工作的重要指示精神，市委、市政府有关批示精神和市委常委会精神。会议要求：提高政治站位，充分认清防汛工作的重要性，坚持人民至上、生命至上，扎实做好防汛防台各项工作；以"时时放心不下"的责任感，加强隐患排查整改，提升防御能力；严格落实值班值守制度，压紧压实责任，强化防汛工作整体合力。（二）会议听取并同意区建设管理委、区应急局关于静安区开展燃气安全隐患大检查工作的汇报。会议要求：以对人民高度负责的态度，切实守牢静安燃气安全防线；深入细致做好问题整改，坚持常抓不懈，层层落实责任；提高数字化治理效能，加强"一网统管"平台应用场景建设，不断提升城市运行管理和突发事件处置效率。（三）会议听取区发展改革委关于静安区2023年上半年国民经济和社会发展计划执行情况的汇报。会议要求：统一思想、提高站位，坚定信心、齐心协力，围绕"四范目标""五大工程""七增计划"，全面推动区域经济社会高质量发展。（四）会议听取并同意区商务委关于静安区加快推进"上海市北高新民营企业总部集聚区"建设相关情况的汇报。会议要求：持续优化民营经济健康发展环境，加大对民营企业政策扶持力度，充分发挥"上海市北高新民营企业总部集聚区"示范带动效应，鼓励支持民营企业"走出去"，促进民营经济高质量发展。（五）会议听取并同意区房管局关于办理区二届人大三次会议代表议案审议结果情况的汇报。会议要求：进一步深化规划研究，细化项目安排，做好前期准备工作，坚持尽力而为、量力而行，扎实办好民生实事，持续增进民生福祉。（六）会议听取并同意区审计局关于2022年度静安区本级预算执行和其他财政收支的审计工作汇报。会议要求：对照审计发现问题逐一落实整改，持续跟踪督促，推动整改全流程闭环管理。（七）会议听取区财政局关于静安区2022年财政决算及2023年上半年预算执行情况的汇报。会议要求：规范预算支出管理，提高预算编制的科学性，强化预算刚性约束。会议还研究了其他事项
7月17日	区政府第56次常务会议	会议听取区发展改革委关于2023年静安区服务效能增优计划推进情况的汇报。会议要求：不断提升企业服务效能，整合信息渠道，实现涉企政策广泛宣传、精准推送，加快信息化项目建设，推动静安营商环境持续优化。会议还研究了其他事项

(续表)

日期	会议名称	主要内容
7月24日	区政府第57次常务会议	（一）会议听取区建设管理委关于静安区城市精细化管理工作的汇报。会议要求：系统谋划，明确任务，聚焦城市更新、"美丽家园"、"美丽城区"、市容环境、营商环境等，不断增强人民群众获得感，持续打造城市精细化管理的静安样本。（二）会议听取并同意区房管局关于静安区南京西路愚园路、万航渡路284弄零星旧城区改建项目房屋征收与补偿工作的汇报，同意作出征收决定。（三）会议听取区建设管理委关于拟调整静安区城市更新工作领导小组的汇报。（四）会议听取区发展改革委关于2023年静安区重点产业增效计划推进情况的汇报。会议要求：坚定信心，抓紧抓实产业培育、企业服务、招商引资等各项工作，进一步推动重点产业提质增效。（五）会议听取并同意区人力资源和社会保障局关于静安就业创业政策调整的汇报。会议要求：加大政策宣传力度，切实强化帮扶稳就业、促进创业扩就业、提升能力强就业。会议还研究了其他事项
7月31日	区政府第58次常务会议	（一）会议听取区规划资源局关于静安"十四五"规划期间全面推进"15分钟社区生活圈"行动工作情况的汇报。会议要求：强化顶层设计，统筹布局，突出规划的系统性、专业性，高质量推进"15分钟社区生活圈"行动；坚持以人民为中心，聚焦群众需求，完善功能配套；充分排摸、挖掘现有空间载体，提升空间综合利用效率。（二）会议听取并同意区房管局关于静安区76街坊零星旧城区改建项目房屋征收与补偿工作的汇报，同意作出征收决定。（三）会议听取并同意区房管局关于静安青云路宝昌路、264街坊及王家宅34弄零星旧城区改建项目房屋征收与补偿工作的汇报，同意作出征收决定。会议还研究了其他事项
8月16日	区政府第59次常务会议	（一）会议听取区商务委关于静安区"优质产品进口示范区"创建情况的汇报。会议要求：高度重视"优质产品进口示范区"创建工作，充分发挥静安商贸业特色优势，探索推动进口贸易新模式新业态落地。（二）会议听取并同意区人力资源和社会保障局关于重新制发《静安区征地养老人员管理实施办法》的汇报。会议要求：做好政策解释，提升服务质效，确保静安征地养老人员管理工作平稳有序运行。会议还研究了其他事项
8月21日	区政府第60次常务会议	（一）会议听取区商务委关于做好静安区第六届进口博览会城市服务保障工作的汇报。会议要求：高度重视，紧紧围绕"越办越好"总要求，高质量完成城市服务保障各项任务，充分展示静安形象；以"进博会"为契机，紧扣放大溢出效应，加大营商环境宣传推介力度，推动招商引资、企业服务提质增效。（二）会议听取并同意区房管局关于静安区238街坊零星旧城区改建项目房屋征收与补偿工作的汇报，同意作出征收决定。（三）会议听取区文化和旅游局关于2023年上海旅游节静安金秋都市游暨第二十八届上海国际茶文化旅游节活动情况的汇报。会议要求：精心谋划部署，细化应急预案，确保安全有序；深化商旅文体联动，激发消费活力。会议还研究了其他事项

（续表）

日期	会议名称	主要内容
8月28日	区政府第61次常务会议	(一)会议听取并同意区应急局、区消防救援支队关于静安区安全生产、消防工作情况的汇报。会议传达了习近平总书记关于安全生产重要论述和市委书记陈吉宁对安全生产工作的批示精神。会议指出:安全生产事关人民群众生命财产安全,事关经济社会发展和社会和谐稳定;全区上下要以"时时放心不下"的责任感,深入开展重大事故隐患排查治理专项工作,扎实做好安全生产各项工作,确保城区运行安全有序。会议要求:提高站位、认清形势,切实增强安全生产责任感、紧迫感;凝聚合力、压实责任,坚决守牢静安区运行安全底线;聚焦重点,全力确保重大事故隐患排查整治专项行动取得实效。(二)会议听取区民政局关于静安区为老服务工作的汇报。会议要求:深入谋划、大胆创新、兼顾安全,全力落实年度工作目标;持续提升为老服务工作水平,加快推进适老化改造,切实增强老年人获得感、幸福感。(三)会议听取区商务委关于静安区推进国际消费中心城市示范区建设的情况汇报。会议要求:主动跨前,做强优势、挖掘潜力,以打造南京西路"千亿商圈"为撬点,充分利用空间载体,统筹线上、线下消费渠道,鼓励发展新消费,持续推动静安国际消费中心城市示范区建设高质量发展。(四)会议听取并同意区地区办关于修订《静安区政府购买社会组织服务实施办法(2020版)》的情况汇报。会议要求,进一步推动政府购买社会组织服务提质增效。(五)会议听取了财政局关于调整2023年财政预算的汇报。(六)会议听取区双拥办关于推荐上报上海市爱国拥军模范街道(乡镇)、单位和个人的汇报。(七)会议听取市场监管局关于申报国家知识产权强市建设试点城区的汇报。会议还研究了其他事项。
9月4日	区政府第62次常务会议	(一)会议听取区发展改革委关于静安区优化营商环境工作情况的汇报。会议邀请3名公众代表列席并发表意见建议。会议要求:深入开展六大"赋能行动",完善人才、法律和楼宇服务,扩大惠企举措受益范围,推动营商环境建设持续优化;以企业感受度为抓手,健全服务网络,强化企业服务中心建设;把握当前形势,打造有速度、有温度、有态度的政务服务,切实帮助企业解决问题,支持企业发展。(二)会议听取区地区办关于静安区贯彻实施社会治理相关法规情况的汇报。会议要求:充分发挥社区社会组织作用,加强政府购买服务绩效评估,全面提高基层治理水平,不断打造静安特色亮点;强化静安科技支撑,完善城市运行生命体征,推进数据资源共享;聚焦"减负不减责",提升基层工作实效。(三)会议听取教育局关于静安区托幼工作的汇报。会议要求:主动担当、压实责任、狠抓落实,不断提升托幼服务质量。(四)会议听取体育局关于2023上海赛艇公开赛的情况汇报。会议要求:各相关单位配合,做好赛事保障工作;推动"商体融合",加大宣传力度,积极展示"国际静安·卓越城区"形象和苏河湾滨水商务集聚带格局风貌。

(续表)

日期	会议名称	主要内容
9月4日	区政府第62次常务会议	(五)会议听取区商务委关于制定《静安区推动对外贸易高质量发展的实施意见》相关情况的汇报。会议要求:健全完善信息沟通机制,推动企业服务、招商引资工作提质增效。(六)会议听取区商务委关于2023年静安区总部经济增能计划实施情况的汇报。会议要求:齐心协力,抓好总部企业引进和认定工作,扩展总部经济产业影响力,增强企业发展的属地"黏性",持续推动我区总部经济增能。(七)会议听取区市场监管局关于制定《静安区政府质量奖管理办法》的汇报。会议要求:严把审核关,充分发挥政府质量奖激励引导作用,强化示范引领,推动提升本区总体质量水平。(八)会议听取区财政局关于2022年度静安区国有资产管理情况的汇报。会议要求:压实主体责任,建立长效机制,优化整合资源,盘活低效资产,不断提高国有资产管理水平。会议还研究了其他事项
9月12日	区政府第63次常务会议	(一)会议听取区投资办关于2023年静安区招商引资增质计划实施情况的汇报。会议要求:高度重视、坚定信心、压实责任、全力以赴,多措并举深化招商引资,建立健全安商稳商工作机制,持之以恒加强企业服务,优化提升营商环境,推动区域经济高质量发展。(二)会议听取并同意区卫生健康委关于制订《静安区社区卫生服务能力提升工作实施方案》的汇报。会议要求:细化工作任务,优化资源配置,强化数智赋能,加强人才队伍和学科建设,推动社区卫生服务能力提升,打造居民"家门口"的高品质、整合型卫生健康服务平台。(三)会议听取并同意区房管局关于静安区胶州路319弄零星旧城区改建项目房屋征收与补偿工作的汇报,同意作出征收决定。(四)会议听取区科委关于制定《静安区进一步增强科技创新动能三年行动方案(2023—2025)》的情况汇报。会议要求:把握机遇、深入谋划、狠抓落实,健全完善工作机制,创新优化企业服务举措,进一步增强科技创新动能,助推区域经济高质量发展。(五)会议听取并同意区绿化市容局关于第七届中国·上海静安国际雕塑展筹备工作的汇报。会议要求:对标最高标准、最好水平,深入社区文化,带动社群互动,提升公众参与度和展览影响力;科学制订应急预案,扎实做好安全保卫工作,确保本届雕塑展安全有序进行;精心组织谋划,进一步展现国际静安文化品质和艺术魅力。(六)会议听取并同意区金融办关于举办全球财富管理论坛2023上海苏河湾峰会的汇报。会议要求:加强沟通协调,全力以赴做好活动组织筹备、服务保障各项工作,充分体现论坛国际化水准和影响力,不断提升静安、苏河湾金融产业能级。(七)会议听取区商务委关于拟调整静安区推进产业园区转型升级领导小组的汇报。会议还研究了其他事项

(续表)

日期	会议名称	主要内容
9月18日	区政府第64次常务会议	(一)会议听取并同意区卫生健康委关于制订《静安区加强公共卫生体系建设三年行动计划(2023—2025年)》情况的汇报。会议要求:聚焦重大疫情防控、机构内涵建设、人群健康需求、疾病预防控制体系高质量发展,强化分级分类诊疗,健全平急结合的医疗应急体系,全面提升公共卫生服务能力。(二)会议听取区建设管理委关于2023年重大工程增速计划实施情况的汇报。会议要求:紧盯瓶颈问题,加大统筹协调力度,攻坚克难、跨前服务,全力推动重大工程项目建设。(三)会议听取区绿化市容局关于推荐全国绿化奖章候选对象的汇报。会议还研究了其他事项
9月19日	区政府第65次常务会议	会议研究了相关事项
9月26日	区政府第66次常务会议	(一)会议听取区应急局关于静安区安全生产工作的汇报。会议要求:深刻认识安全生产工作的极端重要性,紧盯关键环节、重点领域,狠抓风险隐患排查整治;进一步健全完善安全生产责任体系,强化宣传教育和警示震慑,督促企业落实主体责任。夯实城区治理数字支撑,坚持人防与技防相结合,全面提升安全防范能力。(二)会议听取区发展改革委关于静安区政府投资项目代理建设管理办法制定相关情况的汇报。会议要求:加强政府投资项目管理,始终绷紧党风廉政建设这根弦,进一步规范政府投资项目代建行为,全面提升政府投资项目建设管理水平和投资效益。(三)会议听取并同意区商务委关于"静安区提信心扩需求稳增长促发展行动方案"实施相关情况的汇报。会议还研究了其他事项
10月9日	区政府第67次常务会议	会议听取并同意区司法局关于贯彻执行《静安区人大常务委员关于本区开展第八个五年法治宣传教育的决议》中期工作报告的汇报。会议要求:深入学习贯彻习近平法治思想,全面压实普法责任,夯实法治政府建设示范区创建成果,优化法治营商环境,不断提高依法治理水平;创新法治宣传方式,特别是围绕群众密切关注的事项,提升普法针对性、实效性,打造静安特色亮点。会议还研究了其他事项

(续表)

日期	会议名称	主要内容
10月17日	区政府第68次常务会议	(一)会议听取并同意区房管局关于静安区轨道交通3/4号线宝山路站接轨改造工程项目房屋征收与补偿工作的汇报,同意作出征收决定。(二)会议听取区规划资源局关于2023年静安区土地亩产增长计划实施情况的汇报。会议要求:抓紧抓实抓细各项目进度,全力推动区土地亩产提质增效。深入谋划研究,加强项目招引储备,进一步夯实土地利用工作基础,为区域经济高质量发展蓄势赋能
10月30日	区政府第69次常务会议	会议听取并同意区房管局关于静安区北京西路1177弄及周边零星旧改项目、石门一路零星旧改项目房屋征收与补偿工作的汇报,同意作出征收决定
11月8日	区政府第70次常务会议	(一)会议听取区发展改革委关于《静安区国民经济和社会发展第十四个五年规划和二〇三五年远景目标纲要实施中期评估报告》的汇报。会议要求:把中期评估成果切实转化为推动区域经济社会发展的举措,聚焦短板弱项,深入研究分析,加大推进力度,高质量完成"十四五"各项目标任务。(二)会议听取并同意区政府办公室关于2023年度静安区人民政府重大行政决策推进情况的汇报。会议要求:进一步提高政治站位,增强依法决策意识,规范重大行政决策程序,不断提升重大行政决策工作质量。(三)会议听取并同意区体育局关于举办2023电竞上海大师赛的情况汇报。会议要求:认真做好赛事各项筹备工作,确保安全有序;以赛事活动为契机,不断吸引产业集聚。(四)会议听取并同意区体育局关于2023年上海马拉松静安区情况的汇报。会议要求:认真做好赛事各项筹备工作,确保安全有效;高标准打造赛事周边环境,推进商旅文体联动,加大宣传力度,展示国际静安城区形象,提升静安南京西路"千亿商圈"影响力。(五)会议听取区科委关于贯彻实施《上海市推进科技创新中心建设条例》情况的汇报。会议要求:主动对接和服务上海科创中心建设,深入挖掘特色亮点,彰显工作成效,不断提升区域科技创新产业能级。(六)会议听取区发展改革委关于拟成立静安区推进儿童友好城区建设领导小组的汇报。(七)会议听取区人力资源和社会保障局关于上海市促进就业先进集体和先进个人评选初步推荐对象情况的汇报。会议要求:主动担当作为,充分发挥人力资源服务产业优势,进一步推动静安区促进就业工作提质增效。会议还研究了其他事项

（续表）

日期	会议名称	主要内容
11月13日	区政府第71次常务会议	(一)会议听取并同意区财政局关于静安区开展成本预算绩效管理工作的情况汇报。会议要求:深入推进成本预算绩效管理改革,进一步提高财政资金使用效益。(二)会议听取区人力资源和社会保障局关于静安区促进就业工作情况的汇报。会议要求:凝聚合力,全力以赴、仔细分析、深挖潜力,充分发挥人力资源服务产业优势,不断提高静安区促进就业工作水平。(三)会议听取区发展改革委关于"全球服务商计划"有关工作情况的汇报。会议要求:加强政策宣传,高质量发布《出海服务手册》,精心组织筹备"全球服务商计划"推进大会,持续扩大"全球服务商计划"的影响力和辐射力,更好实现"聚静安、在上海、为全国、链世界"。(四)会议听取区财政局关于调整2023年财政预算的汇报。会议要求:加强预算执行管理,提高财政资金执行效率。会议还研究了其他事项
11月23日	区政府第72次常务会议	(一)会议听取区建设管理委关于制定《静安区"卓越城区"城市更新行动方案(2023—2025年)》的汇报。会议要求:高度重视,压实责任,加强前瞻性研究,以"两旧"改造、低效园区转型升级、市政基础设施建设等工作为抓手,不断满足人民对美好生活的向往,提升城区空间品质能级,打造静安城市更新特色亮点。(二)会议听取区建设管理委关于静安区2023年度贯彻落实河湖长制工作情况的汇报。会议要求:提高思想认识,强化履职尽责,高标准做好河湖长制工作。(三)会议听取区建设管理委关于2023年度静安区市级重点工程实事立功竞赛先进集体和先进个人评选情况的汇报。会议还研究了其他事项
11月28日	区政府第73次常务会议	(一)会议听取区绿化市容局关于2023年静安区林长制工作的汇报。会议要求:深刻认识全面推行林长制的重要意义,积极探索林长制工作创新机制,扎实推进静安区林长制工作再上新台阶;持续打造静安特色亮点,高质量建设"城市微更新"立体绿化项目,提升居民的获得感。(二)会议听取并同意区生态环境局关于《静安区减污降碳协同增效实施方案》编制情况的汇报。会议要求:高度重视,压实责任,以减污降碳协同增效为抓手,加快推进城区绿色低碳转型发展,全面提高环境治理综合效能。(三)会议听取区食品药品安全委员会办公室关于2023年度静安区食品安全工作的汇报。会议要求:高度重视,齐心协力,严格落实"四个最严",压紧压实"两个责任",全面提升食品安全工作水平,坚决筑牢食品安全防线;持续加强食品安全风险监测,强化数字赋能,扩大食品安全智慧监管系统覆盖面,严厉打击食品安全违法行为,切实保障人民群众"舌尖上的安全"。会议还研究了其他事项

(续表)

日期	会议名称	主要内容
12月5日	区政府第74次常务会议	(一)会议传达学习全国安全生产电视电话会议及上海市贯彻落实会议精神。会议要求:深入贯彻习近平总书记关于安全生产重要指示精神,认真落实全国安全生产电视电话会议及上海市贯彻落实会议精神,牢固树立安全发展理念,以更硬举措、更严要求、更实作风抓实抓细安全生产工作;进一步健全完善安全工作责任体系,不折不扣落实"四个责任""三个必须"和"一岗双责"要求;以"时时放心不下"的责任感,扎实做好隐患排查整治和岁末年初安全生产工作,坚决守牢城区安全底线。(二)会议听取区地区办关于强化基层治理数字化、专业化能力建设的汇报。会议要求:聚焦"数字赋能",为基层减负增能,立足好用、有用、实用,打造一口采集、数据共享的基层治理平台,推动基层治理提质增效。加强基层治理队伍建设,提升培训实效。(三)会议听取并同意区房管局关于静安区石门二路170弄及周边零星旧城区改建项目房屋征收与补偿工作的汇报,同意作出征收决定。(四)会议听取区房管局关于推荐2023年度上海市重点工程实事立功竞赛先进个人的汇报。(五)会议听取区应急局关于拟推荐北站街道办事处为第一次全国自然灾害综合风险普查先进集体的汇报。会议还研究了其他事项
12月13日	区政府第75次常务会议	(一)会议听取区政府办公室关于2024年区政府实事项目征集和立项工作情况的汇报。会议邀请4名公众代表列席并发表意见建议。会议要求:深入贯彻学习中央经济工作会议精神,不折不扣抓落实、雷厉风行抓落实、求真务实抓落实、敢作善为抓落实;坚持目标管理、质量管理,严格把好安全生产和工程质量关,全力推进项目建设,确保实事项目"当年立项、当年完成";坚持问题导向、效果导向,把惠民生的事办实、暖民心的事办细、顺民意的事办好,不断提高群众幸福感、满意度和获得感。(二)会议听取并同意区商务委关于合力推进静安产业园区提质增效工作的汇报。会议要求:压紧、压实责任,强化招商队伍建设,全面落实目标任务;充分发挥静安区推进产业园区转型升级领导小组作用,加强服务支撑,形成工作合力,进一步推进静安区产业园区提质增效。(三)会议听取并同意区审计局关于2022年度静安区本级预算执行和其他财政收支审计查出问题整改情况的汇报。会议要求:高度重视,压实责任,以审计整改为契机,建立健全长效机制,不断提高工作能力。会议还研究了其他事项
12月20日	区政府第76次常务会议	(一)会议听取区发展改革委关于静安区2023年国民经济和社会发展计划执行情况与2024年国民经济和社会发展计划草案的汇报。会议要求:锚定目标、坚定信心、攻坚克难,全力推动经济社会高质量发展。(二)会议听取区规划资源局关于静安区2023年城区规划制定和实施情况的汇报。会议要求:着力加强规划前瞻性研究,优化完善城区功能布局,推动提升土地亩产效益,服务保障区域经济社会高质量发展。(三)会议听取区政府办公室关于开展新一轮农村综合帮扶工作有关情况的汇报。会议要求:加强沟通对接,落实帮扶任务,推动帮扶工作取得实效。

(续表)

日期	会议名称	主要内容
12月20日	区政府第76次常务会议	(四)会议听取区生态环境局关于全国生态环境系统先进工作者评选情况的汇报。(五)会议听取区财政局关于静安区2023年预算执行情况和2024年预算草案的汇报。会议要求:坚持厉行节约,牢固树立"过紧日子"思想,全力保障民生领域重点支出,提高财政资金使用效益。(六)会议听取区公安分局关于2023年静安公安工作情况的汇报。会议指出:要以打造"一流的平安城市、一流的警务模式、一流的警察形象"为目标,统筹高质量发展和高水平安全,为静安打造中国式现代化城区样本作出更大贡献。会议还研究了其他事项
12月29日	区政府第77次常务会议	(一)会议听取区应急局关于静安区安全生产工作情况的汇报。会议要求:高度重视、举一反三、常抓不懈,以"时时放心不下"的责任感,把隐患排查整改落到实处;研判事故发生规律,坚持"技防+人防",提高防范应对能力;加强应急值守,严格履行值班带班责任,切实强化值班信息报告;扎实做好春运工作,精细化服务保障群众出行;继续抓牢烟花爆竹安全管控,全力确保城区公共安全。(二)会议听取并同意区建设管理委关于《静安区城乡建设领域碳达峰实施方案》编制情况的汇报。会议要求:细化落实,进一步推动静安区城乡建设领域绿色低碳发展。(三)会议听取区民政局关于2024年元旦春节帮困送温暖活动情况的汇报。会议要求:切实兜牢民生底线,将党和政府的关心温暖送到困难群众心坎上。(四)会议听取区财政局关于制发《静安关于进一步加强财会监督工作的实施方案》情况的汇报。会议要求:切实发挥财会监督职能作用,提高财会监督工作实效。(五)会议听取司法局关于推荐全国行政复议行政应诉先进集体的汇报。会议还研究了其他事项

(张迎雪)

表3-2　2023年静安区人民政府区长王华调研情况表

日期	调研视察内容
1月4日	出席区政协二届二次会议开幕会
1月5日	出席区二届人大三次会议第一次全体会议,并作政府工作报告
1月5日	走访上海朱庇特创意设计有限公司、上海绘之纫文化创意有限公司
1月17日	走访宝山路街道社会救助事务所,并看望慰问社区困难群众
1月20日	到南京西路派出所、静安区中心医院和静安公园,慰问春节假期加班职工

（续表）

日期	调研视察内容
1月20日	到铁路上海站地区、昌化菜市场和MOHO购物中心，检查春运保障、疫情防控、安全生产和节日市场保供工作
1月30日	走访天翼数字生活科技有限公司
1月31日	到区财政局督导局领导班子2022年度民主生活会。要求认真履行管党治党政治责任，弘扬清正廉洁之风，始终践行为民理财观念，对查摆出的问题抓好整改
2月1日	到张园调研，察看周边环境及品牌业态。要求继续高标准推进招商引资工作，集聚更多高端品牌、潮流品牌，形成层次合理、相得益彰的品牌效应
2月1日	走访普罗旺斯欧舒丹贸易(上海)有限公司、中旅旅行华东区域公司、永和食品(中国)股份有限公司
2月2日	走访中国电气装备集团有限公司
2月7日	走访上海思慧莉化妆品有限公司、参数技术(上海)软件有限公司
2月8日	走访上海亘曦私募基金管理有限公司、上海瑞静琪企业管理有限公司、老虎环球管理咨询(上海)有限公司、嘉民管理咨询(上海)有限公司
2月9日	走访康成投资(中国)有限公司、科勒(中国)投资有限公司、思琳商贸(上海)有限公司
2月14日	到风华初教育集团永和东路校区，检查春季学期开学准备工作。要求把校园安全放在第一位，加强师资队伍建设，优化教育资源配置，营造健康、和谐、平安的良好育人环境，持续办好人民满意的教育
2月16日至17日	赴北京开展招商引资，先后前往中国·北京·清华科技园、北京微芯区块链与边缘计算研究院、国家区块链技术创新中心(筹)，学习考察科技服务体系建设、科技生态系统培育、区块链产业发展及科技园区运营管理等工作
2月18日	出席区政府与山西证券股份有限公司战略合作协议签约仪式
2月28日	出席区2022年度经济贡献二百强企业颁奖仪式活动
3月1日	到区行政服务中心开展区长"帮办"服务
3月6日	走访希思黎(上海)化妆品商贸有限公司
3月8日	到和养老年福利院调研养老服务工作。要求持续探索可复制可推广的"五床联动"方案，更好为老人提供优质服务
3月8日	到大宁路街道社区事务受理服务中心调研社区延伸服务工作。要求加强24小时自助服务区建设，优化工作流程，扩大居民群众受益面
3月9日	到南西功能区调研。要求统筹谋划招商引资和产业升级，抓好区域空间扩容和重大工程项目建设，积极打造"世界级中央商务区"

（续表）

日期	调研视察内容
3月10日	到江宁路街道社区综合为老服务中心、社区宝宝屋、苏州河贯通长寿路桥节点调研民生实事项目进展。要求把群众是否满意作为检验工作成效的根本标准,完善民生实事项目方案,加快推进养老、教育、医疗等设施建设,打造更多民生实事示范亮点
3月14日	出席全球机构投资人推介静安专场活动
3月17日	到苏河湾功能区调研,并主持召开苏河湾建设管理委员会会议。要求对标世界级滨水商务区建设,不断提升区域环境品质,完善政务服务、综合配套及社区服务,吸引更多行业龙头企业集聚发展
3月24日	到临汾路街道闻喜路251弄小区、大宁路街道宁和小区,督导全国文明城区创建复评工作。要求对标对表创建复评要求,进一步提升社区治理水平,完善常态长效机制,打造文明宜居的美好社区
3月24日	到JULU758园区、巨鹿路、长乐路、富民路沿线区域调研"巨富长"地区商业发展。要求梳理盘活"巨富长"各类空间载体,推动沿线老建筑优化提升,打造引流强、效果好的核心IP,支持特色本土品牌和新兴消费业态集聚发展壮大
3月28日	走访慰问驻区部队,向部队官兵致以诚挚问候和崇高敬意
3月29日	到区统计局调研。要求加强统计数据全流程管理,有效提升统计数据质量,坚决做到应统尽统,确保数据真实可靠、颗粒归仓,扎实做好稳增长、"五经普"等各项重点工作
3月29日	到区审计局调研。要求围绕中心服务大局,聚焦重点领域、突出问题深入开展专项审计监督,善于从全局角度看问题、找原因、提建议,持续提升审计工作质量
3月29日	走访尤尼克斯(上海)体育用品有限公司
4月14日	到区机管局调研。要求广泛了解机关服务需求,不断提升服务能力;加强安全生产管理,坚决守牢安全底线;提高房产管理绩效,规范政府采购行为,持续推动党风廉政建设向基层一线延伸
4月14日	到区体育局调研。要求开展好各层级体育赛事活动,打造"国际静安"特色体育赛事品牌;促进"体教融合"和社会力量办训,提升区域青少年体育训练综合实力;探索市场化运营机制,全力支持体育企业品牌做大做强
4月17日	出席"静安·夷陵号"旅游专列发车仪式
4月17日	到铁路上海站地区专题调研便民服务设施建设工作。要求按照无障碍环境建设标准,加快制定改建方案,完善轮椅坡道、无障碍电梯、安全扶手等设施配备,切实提升群众出行的安全性和便利性
4月17日	到天目西路街道河滨融景居委会、曹家渡街道叶庆居委会调研基层社会治理工作。要求提升实有人口管理水平,形成条块职责明晰、保障支撑有力的基层社会治理工作格局;进一步整合各类信息平台,建强区级数据底座,确保个人信息安全和系统安全

（续表）

日期	调研视察内容
4月18日	到大宁功能区调研。要求以更宽视野谋划区域经济发展，不断丰富"科创+文创"产业提升内涵，积极推介"大宁数字源""大宁创芯谷"等重点区域，持续推动园区转型升级，助力提升区域经济活力
4月18日	出席"大美巨富长"本土品牌时尚文化大赏启动仪式
4月19日	走访国泰君安期货有限公司、泰浦陞迪(上海)商贸有限公司
4月20日	出席静安区重点载体"月月推"系列活动启动仪式暨苏河湾滨水商务集聚带载体推介会
4月20日	走访璞琳梦(上海)珠宝商业有限公司
4月22日至26日	带队前往云南省文山壮族苗族自治州调研东西部协作工作，慰问援滇干部
4月28日	到大徐家阁、豪锦奥秀养老院、爱以德高平护理院等点位，开展"五一"节前城区安全生产和消防安全检查督导工作
5月6日	到市北功能区调研，主持召开市北园区管委会三届二次会议。要求坚持和深化产业定位，加快推动新一代信息技术、人工智能、生物医药等战略性新兴产业融合发展，加大"卡脖子"技术攻关力度，打造具有国际竞争力的创新产业集聚区
5月6日	开展大兴调查研究专题调研"百企成长计划"，走访米居网络科技有限公司、上海有个机器人有限公司
5月6日	到天目西路街道调研蕃瓜弄旧住房成套改造推进工作。要求坚持公平、公正、公开，严格按照政策规定，依法依规加快推进征询签约、过渡安置等环节，推动早开工早建成早入住
5月8日	到区税务局办税服务大厅开展区长"帮办"服务
5月11日	走访懿奈(上海)生物科技有限公司
5月12日	到天目西路街道调研蕃瓜弄旧住房成套改造推进工作。要求选派精干专班力量，压紧压实包干责任，加强横向经验交流和纵向情况剖析，建立每日研判协商机制，坚决啃下"硬骨头"
5月15日	到天目西路街道调研蕃瓜弄旧住房成套改造推进工作，看望慰问街道干部和一线工作人员。要求发扬连续战斗的精神，复制推广成功经验，加强法律服务支撑，依法合规解决居民合理诉求
5月16日	出席2023政企对话圆桌会议暨北站街道"苏河左岸CEO CLUB"揭牌仪式
5月17日	走访上海布歌企业管理有限公司、诺悠翩雅(上海)商贸有限公司
5月18日	走访苏富比拍卖行
5月24日	出席静安区重点载体"月月推"活动北京专场暨市北国际科创社区推介会

（续表）

日期	调研视察内容
6月5日	到市北中学高考考点检查高考准备工作。要求认真落实考务工作方案，严格考场纪律管理，细致做好综合服务保障，营造良好的考试环境
6月5日	到天目西路街道调研蕃瓜弄旧住房成套改造推进工作。要求聚焦重点攻坚突破，压实包干到户责任，"一户一方案"把群众工作做实、做深、做细、做透，争取群众理解和配合
6月8日	到区市政养护工程有限公司、静安寺下沉式广场泵站，开展防台防汛和安全生产检查
6月20日	走访上海众喜广告有限公司、澎湃新闻
6月20日	出席苏河湾企业家联盟成立仪式暨"国际企业家话苏河——打造世界级滨水区"企业家交流会
4月20日	出席静安区重点载体"月月推"系列活动启动仪式暨苏河湾滨水商务集聚带载体推介会
6月21日	到区中医医院、区医保局调研卫生健康和医保服务工作。要求做强中医特色优势，加强人才队伍建设，不断提高诊疗服务能力；深化医疗救助"免申即享"改革，推动医保资金依法合规精准使用
6月25日	到市北初级中学及市北初级中学（分部）新建工程、全民健身中心项目、中兴社区配套学校项目等在建工地，调研教育事业及公共服务设施建设项目，实地督导推进重大工程建设，检查安全生产工作
6月28日	到区公安分局调研公共安全工作。要求坚持打防并举、防范为先，坚决遏制电信网络诈骗犯罪高发势头；深入研究分析相关街区的业态分布和人员特点，创新深化区域综合治理
6月28日	出席2023年静安区外资合作伙伴服务季暨西班牙企业圆桌会议
6月29日	出席"共促高质量发展，共迎未来新篇章"静安区中部医联体第二轮签约仪式暨上海市地方标准《慢性肾脏病早期筛查规范》发布仪式
6月29日	到中山北路805弄小区和居委会、达安城小区和居委会，调研全要素智能治理平台建设和基层社会治理工作。要求加快推进"无废城市"建设，完善装修垃圾收运管理体系；推动数字赋能实有人口管理，切实为基层减负增效
7月8日	出席2023世界人工智能大会全球产业区块链高峰论坛、元宇宙产业创新论坛并致辞
7月10日	到江宁路街道73号地块建筑工地、新昌平泵站和中信泰富广场，检查防汛防台准备和燃气安全工作
7月11日	走访海通证券股份有限公司
7月12日至15日	赴福建开展招商引资工作，出席静安重点载体"月月推"活动福州专场暨南京西路高端服务集聚带推介会，走访多家企业
7月16日	出席"艺术苏河"启航仪式

(续表)

日期	调研视察内容
7月18日	到区残联调研社会事业工作。要求扎实推进助残关爱领域的政府重点工作和实事项目,提升无障碍环境建设和管理水平,着力保障和改善残疾人民生,依法合规使用各类资金,推动残疾人事业健康发展
7月20日	参加东广新闻"把工作做到群众心坎上——2023夏令热线:区长访谈"栏目,现场接听前方记者和市民来电,督促解决群众"急难愁盼"问题
7月21日	先后到共和新路派出所、共和新路市场监管所、中兴消防救援站开展高温慰问,看望一线工作人员
7月26日	走访多啦阿梦(上海)网络科技有限公司
7月26日	到临汾路街道调研基层减负和社区治理工作。要求以数字化转型赋能基层治理为抓手,充分挖掘数据要素价值,全面强化数据安全管理,用活用好数字化工具
7月27日	走访慰问国防大学政治学院、海军军医大学等驻沪部队单位,向部队官兵致以"八一"节日祝福和诚挚问候
7月28日	走访中国电气装备集团有限公司、莱珀妮商贸(上海)有限公司
7月31日	到拾影花园、玫瑰花园等点位,专题调研公园城市建设工作。要求科学规划、优化布局,盘活闲置空地资源,形成更多开放共享的高品质生态空间,一园一策提升口袋公园日常养护精细化水平
7月31日	到天目西路街道调研,实地走访普铁新村、普善小区。要求广泛听取居民意见,不断优化更新旧住房成套改造工作方案,发挥基层党组织战斗堡垒作用,推动基层减负、安全管理、两旧改造等工作提速增能
8月2日	走访世邦魏理仕(上海)管理咨询有限公司、多特瑞(上海)商贸有限公司
8月3日	到石门二路街道企业服务中心开展区长"帮办"服务
8月3日	到石门二路街道调研,实地走访社区综合为老服务中心、社区文化活动中心。要求提升基层治理效能和水平,探索电动自行车违规充电整治新路径,推动社区事务"就近办""远程办",全心打造"15分钟社区生活圈"
8月3日	到江宁路街道调研,实地察看乐宁文化生活馆运行、东安公寓小区外墙高坠隐患整治情况。要求持续打造"15分钟社区生活圈",探索更多共建共治共享的公共服务项目,加快消除住宅小区高坠风险隐患,确保小区安全度汛
8月14日	到芷江西路街道调研,实地察看交通公园居民区社区治理、上海电话设备厂低效园区转型升级等推进情况。要求发挥"三驾马车"作用,提升社区服务"软实力",加快推动园区载体更新和产业转型升级,吸引更多企业投资落地
8月15日	走访电竞企业

（续表）

日期	调研视察内容
8月17日	到南京西路、铜仁路沿线商业载体和门店，专题调研南京西路商业发展工作。要求紧抓消费新趋势，推动商业与艺术、文化、运动等元素相结合，打造年轻人喜爱的高品质生活消费环境，增强对青年消费客群的吸引力
8月24日	实地督查重大安全生产事故隐患排查整治工作进展
8月27日	出席欧莱雅"企业公民日"启动仪式
8月30日至9月2日	赴深圳开展招商引资工作，出席静安区重点载体"月月推"活动深圳专场推介会，走访多家企业
9月6日	走访俊思（上海）商业有限公司、威富服饰（中国）有限公司上海分公司、光大证券股份有限公司
9月7日	到闸北实验小学龙盛校区调研基础教育工作，看望慰问一线教职员工。要求运用集团化办学平台，加强教学质量管理，丰富教学内容供给，更好满足学生成长成才需要，促进区域教育优质均衡发展
9月8日	到静工集团调研。要求围绕改革升级、创新驱动，提高企业核心竞争力，拓宽招商视野和合作渠道，提供高品质园区管理服务，促进"静工塑园"品牌可持续发展，抓好党风廉政建设和干部队伍建设
9月12日	出席上海英国商会政企沟通会
9月14日	到北站街道踏勘燃气断停事故现场，指挥调度应急抢修工作
9月17日	出席静安区中医医院平型关路院区启用仪式
9月21日	走访中建东方装饰有限公司、上海灿瑞科技股份有限公司、圣戈班（中国）投资有限公司
9月21日	出席市北啤酒节嘉年华开幕式暨优秀企业答谢会、中国法国工商会秋季鸡尾酒会
9月26日	出席外资律所招商安商座谈会
9月27日	走访上海梦创双杨数据科技股份有限公司、金融街集团、上海华泓商业管理有限责任公司、蜚声上海首座旗舰场馆Live House
9月28日	到区域医疗中心、张园东区、威海路500号城市更新项目、永源浜4号地块等重大工程项目建设现场，调研建设进展情况，开展节前安全生产检查
9月30日	到铁路上海站地区检查节日期间大客流服务保障和安全生产工作
10月1日	到曹家渡街道胶州路319弄零星旧改项目调研，看望慰问节日期间坚守岗位的旧改一线工作人员，分析研判未签约居民户有关情况。要求坚持问题导向，结合实际一户一策细化方案，合法合规、合情合理解决居民困难，加快促进签约，尽早改善居住环境
10月8日	出席"全球时尚产业指数·时装周活力指数"发布会

(续表)

日期	调研视察内容
10月10日	走访上海一谈网络科技有限公司、上海瑞静琪企业管理有限公司
10月11日	走访鹏卫齐商业(上海)公司
10月16日	到静安区中心医院、日月星养老院开展主题教育典型案例解剖式调研,实地察看区域医疗中心建设、"五床联动"推进情况,并主持召开案例解剖式调研座谈会。要求坚持公益普惠原则,办好家门口的医疗机构,进一步细化养老健康服务标准,把"五床联动"打造成为静安为民服务亮点
10月18日	走访上海盛世大联汽车服务股份有限公司
10月19日	出席申万宏源证券资产管理有限公司开业仪式并致辞
10月19日	到欧莱雅(中国)有限公司、天目西路街道普铁居民区开展"四百"大走访
10月19日	走访奶酪博士(上海)科技有限公司、上海鸿源鑫创材料科技有限公司
10月20日	走访慰问部分老同志,送上重阳节祝福和问候。要求相关部门关注老年人需求,用心用情做好为老服务工作,不断增强老年人的获得感、幸福感
10月21日至22日	出席"全球财富管理论坛·2023上海苏河湾大会"并致辞,会见美国黑石集团联合创始人、主席兼首席执行官苏世民,对黑石集团在静安新设黑石(上海)私募基金管理有限公司并完成QDLP备案表示祝贺
10月25日	出席2023年静安区外资合作伙伴服务季暨法国企业圆桌会议
10月26日	走访梵登贸易(上海)有限公司、泽之生物科技(上海)有限公司、恒天然商贸(上海)有限公司
10月27日	到共和新路街道金纺小区调研基层治理工作。要求夯实共建共治共享机制,压实开发商主体责任,科学制定房屋修缮方案,动员居民形成广泛共识,多措并举破解房屋修缮资金筹集难题
10月31日	走访爱马仕(上海)商贸有限公司、上海通办信息服务有限公司。
10月31日	到城发集团调研。要求立足主责主业,彰显国企担当,高标准开展市容环卫、市政养护、绿化园林等工作;压紧压实安全生产责任,强化企业安全文化建设;持续改进工作作风,提高"12345"市民服务热线办理质量
11月2日	到停车资源优化工程(沉井式车库)、国庆路相关路段架空线入地、永和三村加装电梯、宝矿社区市民健身中心建设、彭越浦两岸陆域贯通环境改造、彭越浦楔形绿地建设等项目现场,调研民心工程和实事项目推进落实情况,开展进博会前安全生产检查和河长制、路长制、林长制巡查
11月2日	走访平安资产管理有限责任公司
11月2日	到区政务服务中心开展区长"帮办"服务
11月3日	出席静安区"一网统管"应用场景交流分享活动决赛

（续表）

日期	调研视察内容
11月3日	出席白玉兰获奖企业家座谈会并致辞
11月6日 至7日	到第六届"进博会"实地走访静安参展企业展台
11月9日	走访艺术苏河文化新空间、上海品源文华市场营销策划有限公司、苏河皓司商业管理（上海）有限公司
11月9日	到七浦路服饰商业街区相关市场开展安全生产和消防检查，针对问题提出具体整改要求，并现场逐项督促整改
11月14日	走访思朗科技、信医科技等多家企业，调研科创产业发展工作
11月21日	到区科协调研。要求发挥科协桥梁纽带作用，高效服务各类科技人才，打造具有静安亮点的科普品牌，助力区域科创动能增强
11月23日	出席西卡BFM中国与市北高新园区签约仪式、静安区与UR集团签约仪式
11月24日	到上海机场城市航站楼、阿波罗大厦开展安全生产和消防安全检查，调研重大工程推进落实情况
11月24日	出席百家上市公司走进国际静安活动
11月27日	到曹家渡街道调研。要求突出城市精细管理，加强各类矛盾纠纷排查和化解，构建高效能治理格局；结合重点企业"服务包"制度实施，持续提升为企服务能级；大力推动零星旧改，持续改善人居环境
11月29日	到石门二路街道调研。要求高度重视"12345"市民服务热线工作，回应解决群众急难愁盼，强化民生服务保障，推进"15分钟养老服务圈"建设，持续优化营商环境，吸引更多优质企业和项目"近悦远来"
11月30日	走访江铃福特汽车科技（上海）有限公司、宝格丽商业（上海）有限公司、美诺电器有限公司
11月30日	到天目西路街道调研。要求大力推进两旧改造，加快建设"15分钟社区生活圈"，做细做实招商安商稳商各项工作，切实守牢城区安全底线
12月1日	出席2023上海电竞大师赛开幕式并致辞
12月4日	到南京西路街道调研。要求集中力量攻克零星旧改难题，用心用情办好民生实事，提升"巨富长"街区管理能级，做优区域营商环境，推动安全防范举措扎实落地
12月6日	到宝山路街道开展专题下访，听取信访群众代表诉求，现场协调相关部门研究解决群众反映事项。要求坚持源头治理，畅通民意诉求表达渠道，完善基层矛盾纠纷多元预防化解机制

(续表)

日期	调研视察内容
12月6日	到宝山路街道调研。要求持续高标准推进"12345"市民服务热线工作,结合"15分钟社区生活圈"建设,提升社区各项资源复合利用率;发挥街道资源优势,帮助企业扩大"朋友圈";牢固树立"三管三必须"意识,守牢安全底线
12月6日	走访上海茵赫实业有限公司
12月7日	走访高雅德商业(上海)有限公司、思琳商贸(上海)有限公司
12月7日	到江宁路街道调研。要求大力推动零星旧改,加强各类服务场所设施综合利用;扎实做好企业走访服务和"五经普"工作;深入开展风险隐患排查,统筹好发展和安全
12月11日	走访国泰君安期货有限公司
12月12日	出席上海国晨创业投资管理有限公司开业仪式
12月21日	到铁路上海站地区检查雨雪冰冻灾害防范应对工作,慰问坚守岗位的一线工作人员
12月22日	出席区城运大厅启用仪式
12月27日	出席区块链产业发展专家座谈会
12月31日	到区公安分局开展节日安全检查,慰问假期坚守岗位的一线公安民警

(张迎雪)

(三)实施项目和办理工作

【2023年区政府实事项目】 2023年,区政府确定10大类实事项目:(1)推进"美丽家园"建设。完成80万平方米各类旧住房修缮改造项目。既有多层住宅加装电梯开工500台。(2)推进"美丽街区"建设。完成17条道路大中修、积水改善和10.44千米架空线入地工程。建成公共绿地5.77万平方米、绿道2.04千米、立体绿化2.52万平方米。(3)完成25幢高层住宅消防基础设施改造以及36个平安屋。完成18个平安商户联盟的群防群治建设工程。完成20个封闭式小区安装智能门禁设备工程。完成80个住宅小区电动自行车充电设施提升改造工程。(4)全年新增475张养老床位、2家社区长者食堂,改建105张认知障碍照护床位。完成784户老年人居家环境适老化改造;持续推进"为老服务一键通"项目,累计服务1.14万人次。为听力言语障碍者及70岁以上一级、二级视力残疾高龄视障人士提供就诊助医爱心服务,累计服务3138人次。完成450户残疾人家庭无障碍改造、200条老旧小区无障碍坡道改造。(5)帮助长期失业青年就业创业901人。促进技能人才培养,培训新型学徒制技能人才776人次。(6)推进大宁国际学校(小学部)建设,完成地下结构施工和主体结构封顶。社区托育"宝宝屋"实现街道(镇)全覆盖。开设小学生"爱心暑托班"41个办班点、82个班。(7)推进2家公立医疗机构高质量发展,其中静安区闸北中心医院全面启动创建三级医院工作,江宁路街道社区

卫生服务中心成功创建为上海市示范中医站点，并已建成康复中心。推进2家示范性康复中心建设，临汾路街道社区卫生服务中心和彭浦镇社区卫生服务中心成功创建为上海市示范性社区康复中心。新建4家中医药特色示范社区卫生服务站。组织开展6次社区大型义诊活动。(8)推出苏河湾全域文旅地图及38条特色水岸探秘微旅行线路，开展以"探秘锦绣华章""桥见百年静安""旅行+桥见百年静安""忆苏河湾南岸追寻红色基因"等为主题的苏河湾水岸微旅行活动并做好宣传推广工作。累计核销公益电影配送券逾19.9万张。(9)新建3个市民健身驿站、2个社区市民健身中心、20处益智健身苑点。新建6条、翻建4条市民健身步道。翻建2片公共运动场。区属公共体育场馆游泳、羽毛球、乒乓球等项目向市民公益开放19.62万人次。静安"体育公益配送"服务市民11.95万人次。免费为市民提供体质测试服务1.55万人次。(10)完成3家菜市场标准化建设。优化调整2家白领午餐网点单位，组织开展"2023年静安区白领午餐套餐展示暨白领餐厅厨师技能比武大赛"，切实提升其经营品质和服务能级。

（张迎雪）

【人大代表议案和政协提案办理】 2023年，静安区二届人大三次会议和静安区政协二届二次会议期间（含闭会后），共收到需由区政府系统承办的区人大代表议案176件、区政协提案140件。各职能部门对人大代表议案和政协提案全部研究处理完毕，并答复代表、委员。在已经办复的176件人大代表议案中，办理结果为："已经解决"147件，占总数83.5%；"计划解决"10件，占总数5.7%；"留作参考"19件，占总数10.8%。在已经办复的140件政协提案中，办理结果为："解决或采纳"137件、占总数97.9%，"列入计划拟解决"1件、占总数0.7%，"留作参考"2件、占总数1.4%。代表、委员对各承办单位的办理工作总体表示满意或理解。

（张迎雪）

(四)外事工作

【概况】 2023年，共办理因公出国团组32批、169人次；办理参团4批、6人次；办理32批次企业、133名外籍人员来华签证邀请；接待25批、400余人来到团组。区推荐的欧莱雅集团北亚区总裁兼中国区首席执行官费博瑞、东方汇理银行(中国)有限公司行长魏可思、吉宝企业中国首席代表暨吉宝资本中国总裁吴来顺获上海市白玉兰纪念奖。　（侯春婉）

【外事管理】 1月，召开全区因公出国(境)管理工作会议，进一步明确各部门工作职责，部署因公出访管理工作要求，排摸全区各单位各部门出访意向。3月，区委外事工作领导小组专题调研全区外事工作，听取区政府外办工作汇报，研判全区对外工作形势，明确和部署全年工作方向和工作重点，确保区委外事工作领导小组集中统一领导落到实处。5月，制订《2023年度区管重点企业因公出国计划》等并报区委外事工作领导小组审议通过。区委外事工作领导小组统筹协调全区外事管理工作，在因公出访管理、城区对外交往、意识形态管理、涉外事件处置等工作中发挥领导作用。进一步落实全区重大涉外工作向区委外事工作领导小组请示报告制度，健全重要外事信息报告和通报机制。全年共办理局级因公出国团组11批、66人次；区管重点企业因公出国13批、74人次，办理参团4次、6人次。各部门、各单位将因公出访工作作为党委重大工作，加强贯彻落实中央八项规定有关精神主要内容，严格执行出访人员选派、出访信息公开、出访经费安排、社会服务机构管理、行前教育、证照管理等制度，做到出访管理科学化、系统化、规范化。（侯春婉）

【涉外经济服务工作】 年内，做好外籍人员来华签证邀请申请工作。1至7月，根据市政府外办部署，会同相关单位和部门,协助企业申请办理来华签证邀请工作,更新高效办理流程。4月,区内展会企业高美艾博展览(上海)有限公司为53名土耳其籍客户来华参展申请来华签证邀请函,区政府外办会同区商务委特别开通批量审核流程,在市政府指导下及时为其办理邀请函。8月起,来华邀请正式改为来华邀请核实单,由市政府外办统一审批,区政府外办继续为区内有需求企业做好相关指导工作。年内,推荐区优秀外籍人士参与上海市对外表彰评选工作。区委外事工作领导小组专题研究2023年度对外表彰推荐申报工作,以此为契机,服务外资企业,营造良好营商环境。11月,为感谢企业参与支持区对外表彰相关工作,稳定外资企业投资信心,增强企业发展归属感,区政府举办"白玉兰企业家座谈会",进一步发挥外事工作为外资企业发展服务作用,建立与外资企业的情感纽带。根据市政府外办工作要求,与区商务委、区投资办、区金融办、区人力资源和社会保障局、各功能区等相关部门为区内有对外业务发展需求的企业办理APEC商务旅行卡,加强沟通联系、优化办理流程,努力使其成为外事工作服务区域经济发展的抓手之一。年内,共提交办理APEC商务旅行卡39张。

(侯春婉)

【"进博会"保障工作】 年内,根据静安区第六届"进博会"城市服务保障组要求,牵头会同相关成员单位落实外事服务保障组相关工作职责,形成《第六届进口博览会外事服务保障组相关工作方案》。

(侯春婉)

【上海市静安区与韩国釜山广域市沙下区正式建立友好城市关系】 10月20日,静安区与韩国釜山广域市沙下区举行建立友好城市关系签约仪式。受王华区长委托,静安区委常委、常务副区长傅俊出席签约仪式,双方交换文本并致辞。沙下区区厅长李甲俊、副区厅长郑荣兰出席签约仪式。静安区部分委办局、沙下区相关部门负责人参加。签约仪式在沙下区区政府举行。签约仪式上,静安区常务副区长傅俊表示两区友好交往由来已久,此次正式建立友好城市关系,又适逢上海-釜山结为友城关系30周年,这既是对两区过往友好交流的重要总结,也是双方未来合作的崭新起点,两区情谊将更加深厚,合作前景也将更为广阔。沙下区区厅长李甲俊表示,欢迎静安区代表团再次来到沙下区,两区在过去十几年中保持了不间断的互动,希望两区正式成为友城之后,继续保持往来、紧密联系,互帮互助、共同发展。沙下区是静安区缔结的第一个友好城市。静安区与沙下区自2008年建立友好关系以来,双方开展了多层次多领域的友好交流活动,建立了长期稳定的沟通交流机制。此次两地签署建立友好城市关系协议书,实现了从友好交流关系到友好城市关系的新突破。双方将进一步挖掘互动合作机遇,不断巩固提升双方友好关系和合作水平。

(侯春婉)

【何塞·马蒂诞辰纪念仪式在静安举行】 1月28日,为纪念古巴民族英雄何塞·马蒂诞辰170周年,古巴驻上海总领事馆在延富绿地何塞·马蒂雕像前举办何塞·马蒂诞辰纪念仪式。古巴驻上海总领事梅莱迪女士(Mileidy Aguirre Díaz)致辞。区委常委、常务副区长傅俊出席活动,并与梅莱迪女士共同献花。上外静安外国语中学等学校的18名学生们为参加活动的嘉宾朗诵何塞·马蒂的简诗。参加此次活动的还有巴西、俄罗斯、白俄罗斯等国驻沪总领事,市政府外办领事处代表,市友协欧美处代表,雕塑家严人,居住工作在上海的古巴人等。

(侯春婉)

【"城市美育日"静安区专场活动】 4月8日,中外朋友在静安区文化馆开展上海市民文化节"城市美育日"系列活动,共享独具静安魅力的沉浸式文化盛宴与人文魅力。12小时不间断的一站式"美育"嘉年华,以经典精致的文化内容服务人民,满足人民

三、静安区人民政府

5月9日，洪都拉斯主流媒体记者团到静安区访问　　　　　　　　　　　　（区政府外办　供稿）

群众多样化、品质化、个性化艺术需求，为不同年龄、不同爱好的市民搭建起具有静安特色的美育平台。手冲咖啡体验、黑胶唱片DIY、创意皮具制作、帆布袋彩绘等活动。其中国家级非物质文化遗产项目海派盘扣制作活动邀请乌拉圭驻沪总领事马塞罗·马龙先生(Marcelo Clovis Magnou Pérez)、古巴驻沪总领事梅莱迪女士及其家人现场体验。这是静安特色传统文化项目以全新的互动形式呈现，让更多中外人士感受到经典与时尚的交融。(侯春婉)

【洪都拉斯主流媒体记者团到访静安】 5月9日，洪都拉斯主流媒体记者团一行29人到访静安，代表团先后参访上海市第一师范学校附属小学和新福康里居民区。3月26日，中国同洪都拉斯签署建交公报正式建交。此次应外交部邀请，洪都拉斯主流媒体记者团成为两国建交后访华的首个代表团。在上海市第一师范学校附属小学，代表团参加全体三年级学生的"诗意童年、快乐吟诵、自主成长"十岁成长礼，并参观学校阅读吧、新能源汽车馆、创智空间、服装设计坊等各类综合活动学习空间。洪都拉斯QHubo电视台记者克里斯蒂安·阿尔瓦莱斯表示，这里的孩子们不是在翻阅油印的书页，而是通过桌子上的虚拟书籍学习科技知识，给代表团留下了非常深刻的印象。在石门二路街道新福康里居民区，代表团听取楼组自治金项目介绍、社区基层党建情况、美丽家园及加装电梯项目、社区为老服务设施等情况的介绍。

(侯春婉)

【"洋高参"领略城市魅力之旅】 10月5日，第35次上海市市长国际企业家咨询会议在沪举行。历经3年线上会议后，来自全球12个国家的30位顶尖国际企业家相会上海，共聚一堂，围绕"变局与新机：加快建设更具活力与韧性的国际大都市"主题，发表真知灼见和分享实践案例，推动上海与国际企业深化合作，共谋发展。10月14日下午大会前夕，与会的"洋高参"在上海市人民政府副秘书长章雄，中共静安区委副书记、区长王华，区委常委、常务副区长傅俊，上海市人民政府外事办公室二级巡视员李春平等领导的陪同下，到静安区苏州河畔，参观天后宫、慎余里，乘船游览苏州河，在行进间感受城市变迁，畅想上海未来发展图景。　　(侯春婉)

（五）国内合作交流与对口支援

【概况】 2023年，静安区坚决贯彻落实习近平总书记重要讲话和党中央、国务院的总体部署，在上海市委、市政府带领下，助力云南省文山壮族苗族自治州（简称云南文山州）一市三县(文山市、砚山县、麻栗坡县、广南县)，新疆维吾尔自治区喀什地区巴楚县（简称新疆巴楚县），湖北省宜昌市夷陵区等各对口帮扶地区巩固拓展脱贫攻坚成果、有效衔接乡村振兴，全面推动静安东西部协作和对口支援工作再上新台阶。人才支援方面，根据上海市委组织部统一安排，静安共选派援外干部27名。5月，轮换援疆党政干部14名，援三峡（夷陵）干部2名。根据上海市统一安排，选派援外医生、教师等专业人才共61人(援滇28人，援疆33人)。9月，继续选派8名教师和8名医生赴云南每个结对县，确保每个结对县均有2名医生和2名老师开展结对帮扶。按照两地协议和年度培训计划，为对口地区举办党政干部培训班50期，组织进修挂职培训各类人才3705人次，到沪挂职38人；举办技术人才培训班37期，培训4410人次，到沪进修466人。消费协作方面，静安区鼓励机关部门及国有企业设置部分福利费购买对口地区农特产品，并在静安大悦城设立"百县百品"静安直营店，开展各类"六进"活动60次。参与"百县百品"品牌建设，协助对口地区打造文山雷猪、黄金油桃、巴楚巴尔楚克羊等农特产品品牌38个。年内，消费协作金额约2.59亿元，其中云南省约2.32亿元。开展文旅合作，组织旅客赴上海对口帮扶地区共1552人次。劳务协作方面，帮助云南省文山壮族苗族自治州对口帮扶一市三县就地就近就业和异地就业共7105人，其中脱贫劳动力5565人，完成脱贫劳动力来沪就业478人。在云南省文山壮族苗族自治州组织开展各类劳务协作招聘活动29次，其中在易地搬迁安置点举办招聘会5场。与对口帮扶县市积极联系协调，区人力资源和社会保障局与当地人社部门联手，开展组织化劳务输出、点对点就业直通车等活动6次，开展劳务技能培训班49场，培训农村劳动力1786人，其中脱贫劳动力1723人。携手兴乡村方面，广泛动员街镇、企业和社会组织参与对口地区贫困乡（镇）结对帮扶工作。静安区14个街道(镇)与云南省文山壮族苗族自治州39个乡镇和72个村结对，与新疆维吾尔自治区巴楚县14个乡镇及林场结对，与湖北省宜昌市夷陵区14个乡镇及园区结对。区商务委、国资委、投资办、工商联等部门开展新一轮村企结对，动员60家企业和社会组织与云南省文山壮族苗族自治州76个村开展结对帮扶活动；文山壮族苗族自治州东西部协作地区结对学校共16个、结对医院20个；静安区与对口帮扶地区开展各类文化旅游等交流、交往、交融活动，在对口支援地区安排"三交"项目17个，投入资金2858.5万元。除"静安·夷陵号"专列、新疆静安包机等活动外，还积极组织机关、企业以及社会组织等赴对口地区开展各类交往交流活动，组织对口地区青少年到沪开展"手拉手"夏令营活动。区政府合作办深化区域合作，注重服务协调，营造优质环境，服务各地驻沪办事机构、来沪企业。依托区各地投资企业协会载体，以协会会员企业为主体，采取重点和常态化走访相结合，走近企业，了解企业在经营中的实际需求，提供针对性强的服务，为各地在区投资企业营造良好的发展环境。年内,规范开展国内公务接待,共接待各地代表团来访24批次、333人次。

(仵祯莹)

【援(驻)外干部新春座谈会】 1月19日,静安区援(驻)外干部新春座谈会举行,区委书记于勇出席会议并讲话。区委副书记、区长王华,区委常委、组织部部长宋宗德,区委常委、常务副区长傅俊出席会议。于勇代表区委、区政府向静安区援(驻)外干部致以节日的问候和崇高的敬意,向援(驻)外干部家属表示慰问和感谢。

(仵祯莹)

【"静安·夷陵号"旅游专列启程】 4月17日8时30分,300名上海游客搭乘首趟旅游专列从上海驶往素有"三峡门户"之称的湖北夷陵,开启为期5天的峡江人文观光之旅,为沪鄂两地文旅合作及夷陵乡村振兴助力赋能。上海市政府合作交流办党组书记、主任潘晓岗,静安区委副书记、区长王华,上海市政府合作交流办党组成员、副主任熊英,上海市文化和旅游局副局长张旗,静安区委常委、常务副区长傅俊,黄浦区委常委、副区长徐知,湖北省宜昌市夷陵区副区长程琼等出席"静安·夷陵号"旅游专列发车仪式。

(仵祯莹)

【王华率团赴云南省文山壮族苗族自治州考察对口支援工作】 4月22日至26日,静安区委副书记、区长王华率队赴云南文山州考察访问;4月23日下午,召开两地东西部协作联席会议。文山州委书记陈明,静安区委副书记、区长王华讲话。会上,静安区帮助协调引进的上海大宁资产经营(集团)有限公司、

4月22日至26日,区委副书记、区长王华率队到云南省文山壮族苗族自治州考察对口支援工作

(区政府合作交流办 供稿)

上海苏河湾(集团)有限公司分别与麻栗坡农旅开发投资集团有限公司、文山高新技术产业开发区管理委员会签订园区共建合作框架协议。（仵祯莹）

【东西部协作联席会议】 5月9日，云南省文山壮族苗族自治州州委书记陈明带领文山州代表团一行到静安区考察交流。其间，召开上海市静安区和云南省文山壮族苗族自治州东西部协作联席会议。区委书记于勇，区委副书记、区长王华，区委副书记王益群，区委常委、统战部部长顾定鋆，副区长张军，以及文山州委副书记、州委统战部部长李朝伟，文山州委常委、副州长陈鸢成出席会议。（仵祯莹）

【静安区和云南省文山市、麻栗坡县、广南县东西部协作联席会议】 6月6日，静安区和云南省文山市、麻栗坡县、广南县召开东西部协作联席会议。静安区委常委、常务副区长傅俊，文山州委常委、文山市委书记蒋俊，麻栗坡县委书记冯锐，广南县委副书记、县长陈伟，文山州委副秘书长、上海援滇干部联络组文山小组组长严真出席会议。会上，上海九百(集团)有限公司与广南县农特产品加工和商贸物流园区管理委员会签订园区共建合作框架协议，双方将在资源、产业、技术、人才等方面开展共建合作。（仵祯莹）

【2023年静安区对口支援与合作交流工作领导小组会议】 于6月25日召开。市政府合作交流办党组书记、主任潘晓岗，静安区委副书记、区长王华，区委常委、组织部部长宋宗德出席会议，会议由区委常委、常务副区长傅俊主持。会议总结2022年静安区东西部协作和对口支援工作，并对2023年工作进行部署。区人力资源和社会保障局、区国资委、区工商联作交流发言。潘晓岗肯定静安区在东西部协作和对口支援工作上所取得的成绩，传达习近平总书记和市委、市政府关于巩固脱贫攻坚成果同乡村振兴有效衔接的工作精神。（仵祯莹）

【新疆维吾尔自治区喀什地区党政代表团到静安区考察】 7月20日，喀什地委书记聂壮率喀什地区党政代表团一行到静安区考察，区委书记于勇，区委副书记、区长王华，区委常委、组织部部长宋宗德，区委常委、宣传部部长莫亮金，区委常委、常务副区长傅俊与喀什地区党政代表团举行会晤，双方交流静安区对口支援喀什地区巴楚县工作情况及下一步工作重点，进一步推动两地对口支援工作再创佳绩。代表团在静安期间，考察张园城市更新项目建设情况。（仵祯莹）

【静安区第六届中国国际进口博览会内宾接待工作】 第六届中国国际进口博览会于11月5日至10日在上海举办。区政府合作交流办负责落实静安区对口江苏、湖北两省省部级重要团组的接待保障任务。面对接待规格高、情况变化多、防疫要求严的复杂局面，区政府合作交流办作为区内宾接待工作组牵头部门，秉持"竭诚服务来沪宾客，全力落实进博保障"的宗旨，发挥静安力量，完成接待任务。组织协调区局级领导4人、工作人员20余人参与，共接待有关省部级重要团组人员24人，其中省部级领导6人，厅局级领导8人，交易团团部成员10人。（仵祯莹）

【于勇率团赴新疆维吾尔自治区喀什地区巴楚县考察对口支援工作】 8月23日至25日，区委书记于勇率静安区党政代表团赴喀什地区巴楚县考察对口支援工作。喀什地委副书记、行政公署专员艾尼瓦尔·吐尔逊，喀什地委副书记、上海市对口支援新疆工作前方指挥部总指挥孟庆源，巴楚县委书记张涛，巴楚县委副书记、县长阿布拉江·吐尔逊等参加有关活动。在巴楚县考察期间，静安区党政代表团实地察看静安区对口支援和结对援建

三、静安区人民政府

8月23日至25日，区委书记于勇率团到新疆维吾尔自治区喀什地区巴楚县考察对口支援工作

（区政府合作交流办　供稿）

工作情况，看望慰问援疆干部人才，召开对口支援工作联席会议，并举行静安区对口帮扶巴楚县项目签约仪式，推动巴楚县各项事业再上新台阶，实现更高质量发展。

（仵祯莹）

表3-3　2023年静安区国内合作交流情况表

时间	主要内容
2月10日	重庆市副市长商奎带队考察静安区张园，副区长李震接待考察团一行
2月24日	云南省文山壮族苗族自治州砚山县代表团到沪参观市北高新技术服务业园区，常务副区长傅俊接待代表团一行
2月28日	静安区定向捐赠价值28万余元的床垫、被子、被套等防疫物资抵达云南省文山壮族苗族自治州广南县，进一步加强广南应急物资储备添砖加瓦，提升应对突发事件公共服务能力注入动力

(续表)

时间	主要内容
3月8日至12日	上海市总工会主席莫负春、副主席周奇等一行在新疆维吾尔自治区喀什地区考察调研上海援疆项目并看望慰问上海援疆干部人才，喀什地委副书记、上海援疆前方指挥部总指挥侯继军等陪同考察慰问
3月9日至10日	民盟上海静安区委主委、上海市市西中学代表团到云南省文山壮族苗族自治州广南县民族职业高级中学、广南县第十中学开展调研工作，慰问援滇教师
3月17日	陕西省西安市政府副市长杨建强带队一行到静安区交流城市更新工作情况，并实地考察张园，副区长张慧接待代表团一行
3月21日	浙江省绍兴市上虞区委副书记、区长率团一行到静安区考察张园，区政府合作交流办接待代表团一行
3月24日	江苏省靖江市政府代表团到静安区考察，区委副书记、区长王华接待代表团一行。其间，代表团实地考察张园建设情况
4月17日	"静安·夷陵号"动车旅游专列启程，300名上海游客搭乘首趟专列从上海驶往素有"三峡门户"之称的湖北夷陵，开启为期5天的峡江人文观光之旅，为沪鄂两地文旅合作及夷陵乡村振兴助力赋能。上海市政府合作交流办党组书记、主任潘晓岗，静安委副书记、区长王华，上海市政府合作交流办党组成员、副主任熊英，上海市文化和旅游局副局长张旗，静安区委常委、常务副区长傅俊，黄浦区委常委、副区长徐知，湖北省宜昌市夷陵区副区长程琼等出席"静安·夷陵号"旅游专列发车仪式
4月22日至26日	静安区委副书记、区长王华率队赴云南省文山壮族苗族自治州考察访问，并召开两地东西部协作联席会议。会上，静安区帮助协调引进的上海大宁资产经营（集团）有限公司、上海苏河湾（集团）有限公司分别与麻栗坡农旅开发投资集团有限公司、文山高新技术产业开发区管理委员会签订园区共建合作框架协议
4月25日	静安区委组织部派送第十六批挂职干部来夷工作座谈会召开，来自静安区的两名干部赴夷陵开展为期三年的挂职工作
4月28日	广东省深圳市委办公厅代表团到静安区考察张园，区政府合作交流办、置业集团人员陪同接待
5月6日至8日	上海市慈善基金会静安代表处慈善项目考察团到云南省文山市验收往年帮扶项目成果，对接、落实2023年乡村振兴项目
5月9日	云南省文山壮族苗族自治州委书记陈明带领文山州代表团一行到静安区考察交流期间，召开东西部协作联席会议。区委书记于勇，区委副书记、区长王华，区委副书记王益群，区委常委、统战部部长顾定鋆，副区长张军，以及文山州副书记、州委统战部部长李朝伟，文山州委常委、副州长陈莺成出席会议

（续表）

时间	主要内容
5月10日	浙江省杭州市上城区政府代表团到静安区考察城市更新建设情况，实地考察张园，区委副书记王益群、区政府合作交流办人员陪同参观
5月13日	由上海市静安区足协、新疆维吾尔自治区巴楚县教育局指导，巴楚县中等职业技术学校、上海市逸夫职业技术学校承办的"巴楚县第一届'鹿谊杯'教职工足球邀请赛"在巴楚县中等职业技术学校开赛
5月16日	新疆维吾尔自治区巴楚县人民医院迎来第十一批上海援疆专家，在医疗技术、服务能力、学科建设、人才培养和医院管理等方面持续推动巴楚县医疗事业发展，为全县各族群众提供更加优质的医疗服务
5月27日	由中共上海市援疆支教教师巴楚小组支部委员会举办的文化润疆教师书法、绘画、摄影作品展在静安援疆教师驻地开展，作品展共展出30余件作品，作品均由历届与本届援疆支教教师创作
5月30日	静安区召开东西部协作和对口支援工作推进会。会上，区政府合作交流办对2022年考核情况进行总结分析。各对口地区的援外干部汇报工作推进情况和存在困难。区政府合作交流办传达市、区领导对东西部协作和对口支援工作的精神和要求，围绕年度考核、项目进度、产业合作等工作部署并提出要求
6月1日	云南省文山市委常委、副市长带领文山市高新技术产业园区相关负责人到位于苏河湾集团进行考察访问并交流座谈，细化协作静安区苏河湾集团与文山市高新技术产业园区共建协议方案
6月1日	湖北省宜昌市夷陵区委常委、常务副区长带队一行到静安区考察临汾路街道城运中心，区政府合作交流办、临汾路街道人员接待代表团
6月6日	静安区和云南文山市、麻栗坡县、广南县召开东西部协作联席会议。区委常委、常务副区长傅俊出席会议
6月6日	中共二大会址纪念馆与云南省文山壮族苗族自治州麻栗坡县红色文化结对共建仪式在中共二大会址纪念馆举行。中共二大会址纪念馆与麻栗坡县签订"红色文化结对共建协议"。双方将在平台搭建、工作机制、宣传培训、课题研究、国防教育等多领域合作共建，逐年深化技术、管理、制度的全方位赋能，以点带面共同推动两地红色文化共建和文旅高质量发展
6月7日	云南省文山壮族苗族自治州麻栗坡县代表团到彭浦新村街道、上海大宁资产经营（集团）有限公司开展调研，相关街道、企业人员陪同考察

（续表）

时间	主要内容
6月14日	湖北省宜昌市机关事务服务中心代表团到静安区学习机关事务工作特色和经验做法，区机管局、区政府合作交流办接待代表团
6月15日	四川省成都市双流区区长率团到静安区考察临汾路街道城运中心，临汾路街道人员接待代表团
6月15日	湖北省宜昌市夷陵区民政系统考察团到静安考察社会救助、社会组织服务体系建设工作，区政府合作交流办人员接待代表团
6月25日	静安区召开2023年对口支援与合作交流工作领导小组会议。市政府合作交流办党组书记、主任潘晓岗，区委副书记、区长王华，区委常委、组织部部长宋宗德，区委常委、常务副区长傅俊出席会议
7月20日	新疆维吾尔自治区喀什地委书记聂壮率喀什地区党政代表团到静安考察交流，区委书记于勇，区委副书记、区长王华，区委组织部部长宋宗德，区委常委、宣传部部长莫亮金，区委常委、常务副区长傅俊接待代表团一行
7月25日	北京市通州区代表团到张园考察学习，区政府合作交流办、置业集团人员接待代表团一行，并介绍静安城市更新工作经验做法
7月26日	"三峡孩子看上海"暨"生态小公民进静安"夏令营活动开展，来自湖北省宜昌市夷陵区的30名"生态小公民"代表与静安的孩子们牵手结对、互赠生态环保纪念礼物
8月2日	静安区组织辖区内27名优秀青少年代表赴湖北省宜昌市夷陵区参加"上海孩子看三峡"夏令营活动
8月23日至25日	静安区党政代表团赴新疆维吾尔自治区巴楚县考察对口支援和结对援建工作情况，看望慰问援疆干部人才，召开对口支援工作联席会议，举行静安区对口帮扶巴楚县项目签约仪式
8月22日	静安区召开区沿边产业转移机制工作专班成员单位工作推进会，上海临港集团向区相关部门介绍中国老挝磨憨–磨丁经济合作区情况
9月13日	静安区选派的3名援滇支教教师赴云南省文山壮族苗族自治州文山市与文山市教育体育局在文山市第一中学座谈交流
9月21日	四川省成都市政府代表团一行交流电子竞技产业工作，并实地走访英雄体育VSPO，区政府合作交流办人员接待代表团一行
9月22日至24日	静安区与新疆维吾尔自治区喀什地区行署、上海市对口支援新疆工作前方指挥部、上海市人民政府驻新疆办事处共同主办的2023新疆喀什美食节在兴业太古汇北广场举行
10月10日	静安区体育局、上汽集团、五星体育传媒有限公司、上海海港俱乐部赴新疆维吾尔自治区巴楚县参加2023年巴楚县足球共建活动，上海海港俱乐部为巴楚县足协捐赠1万元；静安区体育局、五星体育传媒有限公司和上汽集团为巴楚县业余体校和巴楚县第三中学捐赠100只品牌足球和100件品牌球衣

(续表)

时间	主要内容
11月5日	北京市西城区政府考察团调研静安区城市更新工作,实地考察丰盛里、张园和星巴克臻选上海烘焙工坊的建设情况,区政府合作交流办人员接待代表团一行
11月5日	第五师双河市党委副书记、师长,双河市人民政府党组书记、市长王强率新疆生产建设兵团第五师双河市代表团来考察张园城市改造项目,参观百佑佳食品贸易(上海)有限公司,区委书记于勇、区委副书记宋宗德、区委办人员陪同参观
11月28日至30日	北京市东城区委副书记、区长周金星率团考察静安城市更新建设情况,实地考察苏河湾万象天地和张园,副区长张慧接待来访团一行
12月8日	静安区举行第七届"中国·上海静安国际雕塑展少年主题绘画征集活动"颁奖仪式,收到来自对口地区巴楚县和文山壮族苗族自治州的150余幅作品

(仵祯莹)

表3-4　2023年静安区对口支援地区干部教育培训班次情况表

时间	培训内容
4月2日至9日	湖北省宜昌市夷陵区2023年乡村振兴专题培训班
5月14日至6月11日	云南省文山壮族苗族自治州35名教师校长到沪进修1个月
5月22日至8月18日	湖北省宜昌市夷陵区2名党政干部挂职3个月
5月28日至11月25日	云南省文山壮族苗族自治州麻栗坡县2名医生来沪学习进修6个月
6月11日至17日	云南省文山壮族苗族自治州疾病预防控制专题培训班
6月25日至7月1日	云南省文山壮族苗族自治州实施乡村振兴战略示范培训班
6月25日至7月1日	云南省文山壮族苗族自治州经济金融知识专题培训班
6月25日至7月4日	静安区-夷陵区基层社会治理暨法治建设专题研修班
7月2日至8日	云南省文山壮族苗族自治州全面深化改革专题培训班
7月6日至10月1日	新疆维吾尔自治区30名党政干部到沪挂职3个月
7月9日至15日	云南省文山壮族苗族自治州现代农业发展专题培训班
7月12日至21日	静安区·夷陵区媒介素养能力提升专题研修班
7月24日至8月2日	静安区·夷陵区优化营商环境专题研修班

（续表）

时间	培训内容
10月21日至26日	云南省文山壮族苗族自治州中、高级会计人才管理培训班
10月23日至11月22日	湖北省宜昌市夷陵区10名教师校长到沪进修1个月
10月23日至11月23日	湖北省宜昌市夷陵区5名医护管理人员到沪进修1个月

（仵祯莹）

（六）信访工作

【概况】 2023年，静安区信访办全面贯彻落实党的二十大精神、各级信访工作会议精神和《信访工作条例》，坚决贯彻落实区委、区政府工作要求，以党的政治建设为统领，以系统观念推动矛盾化解，以信访工作创新服务发展大局，持续巩固平稳有序的信访形势。全区信访总量16283件，其中来信6816件，占比41.9%，网信7724件，占比47.4%，来访1743件，占比10.7%。 （王昭媛）

【完善信访工作机制】 年内，推进区领导接访、下访制度，四套班子领导到信访办接访22场次，专题研究信访事项30件。发挥信访工作联席会议机制作用，区联席会议召集人主持召开信访稳定例会15次，研商化解矛盾42件。深入贯彻落实"四百"大走访要求，扎实推进"四下基层"经验做法，印发《关于深入学习践行"浦江经验"结合主题教育开展区领导下访的工作方案》《区信访办关于深入开展领导干部下访工作的实施方案》，带案下访，持续增强化解矛盾质效。 （王昭媛）

【提升信访事项办理效能】 年内，坚持考核通报与业务指导相结合，细化目标责任考核评分办法，每月通报责任单位考核情况，每季度开展针对性业务培训，因时因势调整工作举措，对可能影响考核结果的苗头性问题发出19份工作提示，按期转送率、按期受理率、国家局交办件按期办结率、国家局督办件按期办结率均达到100%，初信办理联系率99.17%，信访机构参评满意率98.98%，有权处理机关参评满意率99.18%。信访事项复查缓解率达到77.78%，未出现复核撤销情况。 （王昭媛）

【推进疑难复杂矛盾化解】 年内，坚持区委定期专题研究、区联席办专项推动、各部门协同联动工作机制，选优配强区委信访矛盾督解工作组力量，强化6个突出领域信访矛盾化解专班，落实各级领导包案，持续打好疑难信访矛盾攻坚战。注重化解资源融合，落实"一牵头四统一"工作要求和重点积案"双组长制"，挂图作战，集中攻坚，国家局交办信访矛盾1368件全部办结，区内自排546件动拆迁领域积案化解196件，化解率35.9%。 （王昭媛）

【全面启动信访问题源头治理三年攻坚行动】 年内，在控增量上滚动开展矛盾纠纷排查，完善突出问题和重大风险"预见、处置、总结、提升"闭环机制。在减存量上，持续深化信访积案化解工作，进一步健全工作体系，完善工作机制，推动疑难信访问题一次性办结和实体性化解。在防变量上，强化风险预警和应急处置，不断健全应急处置机制，筑

牢城区发展的安全稳定防线。　　　（王昭媛）

【信访工作法治化建设】　年内，推进预防法治化，运用社情民意推动工作改进。推进受理法治化，分清性质，依法分流，明确管辖，精准转送；加强引导，高效服务。推进办理法治化，落实依法办理责任，深化信访事项上门办理，强化督查督办工作，提高复查工作规范化水平。推进监督追责法治化，从严监督问责，定期开展信访事项受理办理规范化评查，履行"三项建议"职责。推进维护秩序法治化，强化信访工作和信访行为"双向规范"。　　　　（王昭媛）

【人民建议征集工作】　年内，构建"群体全覆盖、建言全天候、办理全流程"的工作体系，推进建议征询点深入小区、学校、商圈，在全区组织4次公开征集活动，在各街道（镇）开展主题宣传活动。上报的人民建议4件得到市领导批示，6件得到区委、区政府主要领导批示，2件由中央级媒体或上海市主流媒体（三报两台）宣传推广，1篇信访工作经验被央媒报道，在《上海信访》发行一期静安专刊。（王昭媛）

（七）行政审批制度改革

【概况】　2023年，区行政审批制度改革办公室（简称区审改办）按照区委、区政府全面深化改革总体部署，加快转变政府职能，深化行政审批制度改革，不断推进"一网通办"工作，全力打造法治化、国际化、便利化营商环境。推进区级行政许可事项清单管理，推进行政备案规范管理改革，有序开展"一件事"改革，推进"一业一证"改革，持续推进"两个免于提交"，做好线上行政协助工作，持续优化办事指南准确度，探索综合监管"一件事"改革，开展公共服务事项标准化建设工作，开展窗口服务质量检查，推进政务微信试点工作。　　　（周琳）

【区级行政许可事项清单管理】　年内，贯彻落实《国务院办公厅关于全面实行行政许可事项清单管理的通知》和市政府办公厅有关工作部署，严格全面实行行政许可事项清单管理。完成区级部门2022年度行政许可实施情况年度报告并公开发布。2023年3月，区各行政许可审批部门完成2022年度本部门行政许可办理和批后监管情况梳理和总结，并通过区门户网站"行政许可实施情况年度报告"专栏等渠道，依法向社会公布本部门年度报告。组织开展《静安区行政许可事项清单（2023年版）》修订工作。根据《上海市人民政府办公厅关于公布上海市行政许可事项清单（2023年版）的通知》精神，按照清单管理工作机制，组织区各相关部门按照《上海市行政许可事项清单（2022年版）》修订情况，对事项删除、增加及事项名称、主管部门、实施机关、设定和实施依据变更等内容进行梳理，明确涉及静安区调整事项，形成各部门2023年行政许可事项清单。汇总形成"区级清单"并印发公布。根据相关部门明确的事项清单，完成"区级清单"编制，并按照市《区级行政许可事项清单编制工作提示》的具体要求，形成《上海市静安区人民政府办公室关于公布静安区行政许可事项清单（2023年版）的通知》，在上海静安门户网站公开发布。"区级清单"中共包含静安区辖区范围内实施的行政许可事项202项，涉及区级部门24个、垂直管理机构4个、乡镇政府1个。　　　　　　　　　　（周琳）

【行政备案规范管理改革】　年内，根据市政府办公厅《关于做好行政备案规范管理改革工作的通知》要求，全面梳理静安区行政备案事项，实行行政备案事项清单管理。制发工作通知布置静安区规范行政备案管理工作，组织指导各部门、街道（镇）梳理行政备案事项，明确事项设定依据、实施层级、备案条件等内容，完成行政备案事项基本情况梳理登记表填报。对"学生集体外出活动用车备案"等3项区级自行政备案事项，在上海市政务服务事项管理系统上填写提交，并形成行政备案事项基本情况梳理汇总表报市政府办公厅。

（周琳）

【"一件事"改革】 年内，按照立足企业、群众视角，围绕高频办事需求，进一步拓展"一件事"改革覆盖面。对涉及跨部门、跨层级的事项进行梳理，经与区发展改革委、区卫生健康委等部门深入研究相关业务流程优化再造工作，确定区2023年度"轻微失信信用修复""老年人健康服务"2个新增"一件事"，其中"轻微失信信用修复"一件事探索"一件事"改革与"免申即享"改革的深度融合，为轻微失信企业提供"免申即享"的信用修复服务。分事项召开"一件事"改革工作布置会议，组织制定"轻微失信信用修复""老年人健康服务"2个"一件事"改革工作方案，明确区级"一件事"各阶段性工作完成时间节点，以及牵头部门和配合部门任务分工。按照需求导向、问题导向的要求，指导区发展改革委、区卫生健康委和相关配合部门对"轻微失信信用修复""老年人健康服务"2个新增"一件事"的业务流程、申报方式、受理方式等进行完善。其中"轻微失信信用修复一件事"在医疗卫生、生态环境、消防安全、政府采购、安全生产、定点医药机构、人防工程、建设管理等信用信息修复申请较多的领域推行，做到"免申即享""即办即修"。"轻微失信信用修复一件事"改革实现"四减一增"。减环节：由原先的失信企业自行申请，转变为行政机关主动作出信用修复决定，免去企业申请环节，实现信用修复的"免申即享"。减跑动：从改革前线下提交变为线上确认，实现从"跑多次"到"零跑动"。减时间：通过流程再造，整个业务的办结时间从改革前的"7—10个工作日"，直接缩短至"当场办结"。减材料：通过数据核验等手段，申请表、身份证明和相关证明材料等材料均免于提交。增服务：通过电话告知的形式，提醒失信企业信用已修复，提供更暖心的服务。 （周琳）

【"一业一证"改革】 年内，根据《关于深化"一业一证"改革全市推广实施工作的通知》等文件要求，持续推进"一业一证"改革，进一步提高市场准入准营便利度。建立发证清单定期核对机制。组织部门和配合部门之间、部门和行政服务中心每周沟通核对发证清单，掌握企业办证情况，为调证、制证提供依据，进一步提高行业综合许可证发证量和覆盖行业数量。截至10月底，共制发2048张行业综合许可证，涉及15个业态。积极推动问题沟通解决。梳理改革过程中存在的问题，到浦东新区、长宁区学习借鉴发证制证、窗口受理办理等业务流程，总结完善区"一业一证"改革举措，提高工作效能。同时，要求部门重点关注区内网吧、电影院、宾馆等发证量较少或为零的行业，及时和市、区沟通反馈电子证照无法调取导致相关行业综合许可证不能制发等问题。探索行业综合监管。为进一步提高区事中事后监管整体效能，将书店、电影院、网吧、游艺机房等文化娱乐场所和游泳场馆等经营高危险性体育项目纳入行业综合监管，结合综合监管"一件事"改革，深入探索建立协同高效的综合监管制度。 （周琳）

【"两个免于提交"推进】 年内，根据"两个免于提交"工作要求，进一步规范电子证照应用和数据共享，提升窗口宣传和服务水平，不断推动"两个免于提交"工作向纵深开展。就"两个免于提交"工作中存在问题和建议进行梳理调研，形成相关调研报告报市政府办公厅参考。组织各部门、各街道（镇）持续加大"两个免于提交"推广落实力度，开展办事窗口专题调研，明确线下窗口"两个免于提交"操作口径，并及时更新"两个免交"清单，确保办事指南免交材料落地比例100%。通过加大工作推进力度，线下窗口免交率不断提升，免交比率由年初的0.47%大幅提升至51%，位于全市前列。对照市"一网通办"月度运营报告有关电子证照调取率的实际情况，积极对接市政府办公厅，联系区行政服务中心和相关部门进行排摸并整改，切实提升电子证照调取率和规范用证率。

（周琳）

【线上行政协助工作】 年内，为健全部门间协调配合机制，提高行政效能，根据行政协助相关工作要求，进一步规范行政协助行为。建立部门沟通机制。要求部门做好沟通工作，及时解决工作推进时发现的问题，确保每个项目精准分配到被请求部门，减少材料补正次数。动态关注行政协助平台系统。按照行政协助发起的时间要求，督促被请求部门在规定时间节点内按期办结，不断提高区行政协助时效性。规范线上行政协助工作流程。会同区规划资源局召开规范使用行政协助管理平台沟通会，提出规范流程相关建议，督促请求部门、被请求部门进一步完善本部门行政协助工作流程，确保线上行政协助项目的准确性与规范性。

（周琳）

【办事指南准确度优化】 年内，开展静安区办事指南普查。对全区近400项依申请行政权力事项的办事指南，完成两轮逐事项逐要素检查，并督促相关部门对照问题逐项进行整改。加强新版行政许可和公共服务事项办事指南的审核，对1000项办事指南中基本信息、办理流程、申请材料等内容逐一进行检查，确保办事指南准确度。

（周琳）

【探索综合监管"一件事"改革】 年内，静安区以"高效管好一件事"为目标，聚焦监管薄弱环节，开展综合监管"一件事"改革。根据《关于深入推进跨部门综合监管改革的通知》工作要求，对区跨部门综合监管行业领域进行梳理，确定"经营高危险性体育项目综合监管""文娱场所综合监管"为区2023年度综合监管"一件事"工作。组织召开"经营高危险性体育项目综合监管""文娱场所综合监管"工作会议，部署综合监管"一件事"改革工作，分别指导区文旅局、区体育局制定综合监管"一件事"改革实施方案并上报市审改办。按照"行动统一、标准统一、流程统一、目标统一"的原则，强化跨部门的协同监管力度。区文旅局、区体育局按照"双随机、一公开"规则，分别对辖区内文化娱乐场所(电影院、书店、游艺场)、经营高危险性体育场所(游泳场馆)开展综合监管联合执法检查。通过实地查看、查阅台账，对场所的证照公示、应急预案等重点内容进行专项检查，同时在监管过程中各监管部门互通监管记录，初步共享系统数据，基本实现"一次检查、全面体检"的综合监管和"全程闭环、无缝衔接"的联动监管。

（周琳）

【公共服务事项标准化建设】 年内，根据《全国一体化政务服务平台公共服务事项编码及要素要求》和市政府办公厅相关工作要求，结合区实际，推进区公共服务事项标准化建设工作。召开公共服务事项标准化建设工作培训会议，传达主要工作、责任分工、时间节点等内容，要求各部门按时完成事项认领、指南编制和事项办理等相关工作。对"一件事""免申即享"等改革工作涉及的公共服务事项，及时与市政府办公厅沟通事项保留情况，确保相关改革工作正常推进。在市级部门确定的公共服务事项目录范围内，组织部门认领并确定区实施的公共服务事项，共认领79个自管公共服务事项，并完成区自管及统管事项的办事指南编制及事项办理等后续工作。

（周琳）

【窗口服务质量检查】 年内，规范政务服务窗口建设，不断提高窗口政务服务水平。召开政务服务窗口第三方检查工作会议，介绍前期检查情况、存在问题并布置后续检查相关工作。制定第三方窗口检查方案，明确"两个免交"、设施设备等检查内容及暗访巡查、真实办理等检查方式。委托第三方测评公司，通过指南纠错、暗访检查、陪同真实办理等手段，对各部门、各街镇政务服务窗口建设情况和工作质量等方面进行检查。结合在暗访中发现的问题进行分析研究，形成检查专报上报区委、区政府主要领导，为部门和街镇提升政务服务能力提供参考和依据。对窗口大厅内发现的未设置"一网通办"显著标识、无室内导向系统、工作人员服务礼仪和行为举止不规范及"两个免于提交"落实不到位等方面问题，及时反馈至相关部门并督促整改。　　（周琳）

【政务微信试点工作】　年内，根据市政府办公厅统一部署，持续做好"一网通办"政务微信试点及"窗口啄木鸟"轻应用落地等工作。按照市政府办公厅要求，组织召开"一网通办""窗口啄木鸟"轻应用平台应用培训会，召集各窗口事项承办部门、区行政服务中心和各街镇社区事务受理服务中心参会，重点对如何使用"窗口啄木鸟"平台发现、发起和承办窗口问题进行实操。加强平台运行推广，要求各部门、行政服务中心和街镇社区事务受理服务中心积极应用"窗口啄木鸟"平台解决业务问题。同时督促各部门及中心充分利用平台发现、发起、承接问题，并查看反馈办件进度，不断提高平台的活跃度和访问率。及时沟通系统使用情况。召开"一网通办""窗口啄木鸟"轻应用平台工作会议，召集发现问题较多的社区事务受理服务中心、部门及行政服务中心共同研究"窗口啄木鸟"平台使用情况，提出完善啄木鸟平台相关建议。　　（周琳）

（八）民族宗教工作

【概况】　2023年，静安区共有常住少数民族人口15247人，其中沪籍少数民族人口为7912人。辖区内有回民中学、共康中学及上海市新中高级中学西藏班、上海市育才中学新疆班，4所学校共有少数民族学生近1500人。年内，区民族宗教工作坚持以习近平新时代中国特色社会主义思想为指导，深入贯彻落实党的二十大、中央统战工作会议、中央民族工作会议、全国宗教工作会议精神，准确把握和全面贯彻党关于加强和改进民族工作的重要思想和关于宗教工作的重要论述，积极铸牢中华民族共同体意识，坚持我国宗教中国化方向，不断开创新时代静安区民族宗教工作新局面。静安区民族宗教工作坚持以社会主义核心价值观为引领，用中华优秀文化浸润国内各宗教，以革故鼎新的精神和较真碰硬的劲头推动宗教中国化不断深入；动员广大信教群众投身现代化建设，引导信教群众树立正确的国家观、历史观、民族观、文化观、宗教观，加强"家在上海""海上论道"主题品牌建设，积极讲好静安民族宗教故事，设立"宗教活动场所爱国爱教宣传角"，引领民族宗教界爱国人士积极投入到建设和谐社会中去，维护民族宗教界和睦，确保民族宗教界领域的安全稳定。年内，开展民族宗教政策法规宣传学习月活动，通过在静安公园设立宣传专场、开展覆盖全部265个居村委会专题讲座、举行中国少数民族艺术系列展览（第10展）"多彩映秀——贵州少数民族风情艺术摄影精品展"，树立社会主义法治理念，使活动有重点、有特色、有创新、有成效。全区各街镇、各单位共有450人次参加宣传服务活动，分发宣传资料8000余份，制作展示宣传电子屏24块，发布各类微信公众号宣传信息33条，组织各类民族宗教法制讲座、集中学习活动25次，宣传服务面达57000人次。　　（陆经纬）

【静安区领导会见佛教界人士】　1月28日，区领导于勇、王华、王益群、傅俊、顾定鋆等会见静安寺方丈慧明法师、宝华寺方丈永觉法师、圆明讲堂监院崇林法师等佛教界人士，双方互致新春问候。区委

办、区政府办、区民宗办负责人陪同会见。(陆经纬)

【区民宗"一网统管"平台入选第五届中国(上海)社会治理创新实践案例】 3月1日,区委统战部申报案例《率先探索将民族宗教事务纳入"一网统管"大平台》入选第五届中国(上海)社会治理创新实践案例。这是2017年上海市开展社会治理创新实践案例征集评选活动以来,静安区统战系统首次获此殊荣。

(陆经纬)

【静安区首处宗教活动场所爱国爱教宣传角挂牌】 3月21日,中共静安区委常委、统战部部长顾定鋆,上海市基督教教务委员会主席耿卫忠牧师为静安区首处"宗教活动场所爱国爱教宣传角"——上海基督教闸北堂"牧长纪念室"揭牌。 (陆经纬)

【"海上论道——静安民宗故事我来讲"第二讲活动】 3月21日,区委统战部、区民宗办在基督教闸北堂举办"静安民宗故事我来讲"第二讲——"坚持我国宗教中国化方向,共谱爱国爱教时代华章"活动。区委常委、统战部部长顾定鋆出席活动并讲话。上海市基督教教务委员会主席耿卫忠牧师、静安区民族宗教界代表人士、宗教工作老同志代表和信教群众代表等60人参加活动。 (陆经纬)

【民族和宗教工作领导小组会议】 5月11日,静安区召开区委统一战线工作领导小组暨民族和宗教工作协作机制全体(扩大)会议。会议传达中央、市委有关会议精神,并就下阶段区民宗教工作进行部署。区委常委、统战部部长顾定鋆出席会议并讲话。会上,宣读《关于命名上海市共康中学等单位为"上海市静安区民族团结进步教育基地"的决定》,区民族和宗教工作协作机制成员单位分管领导、静安区首批民族团结进步教育基地负责人40余人参加会议。 (陆经纬)

【民族宗教政策法规宣传学习月活动】 6月6日,在静安公园开展"2023年静安区民族宗教政策法规主题宣传日活动"。宣传学习月紧扣铸牢中华民族共同体意识和坚持宗教中国化方向工作主线,深入开展民族宗教政策法规宣传教育,培育践行社会主义核心价值观,弘扬上海静安城市精神,吸引周边众多社区居民和各族同胞热情参与。

(陆经纬)

【梅尔尼科夫美术馆举办"多彩映绣"——贵州少数民族风情艺术摄影精品展】 6月25日至7月25日,由区委统战部、区民宗办指导,共和新路街道党工委、区少数民族联合会支持,上海梅尔尼科夫美术馆、贵州省民族博物馆联合主办的"中国少数民族艺术系列展览(第10展)"多彩映秀"贵州少数民族风情艺术摄影精品展在梅尔尼科夫美术馆举办。

(陆经纬)

【静安区开展各族青少年赴新疆维吾尔自治区夏令营活动】 7月22日至28日,静安区组织足球、跆拳道2支青少年运动队等一行38人,赴新疆巴楚开展夏令营活动,开启两地青少年相互交流、相互学习、手足相亲、共同成长的友谊之旅。 (陆经纬)

【"海上论道——民族宗教故事我来讲"第三讲活动】 7月25日,区委统战部在上海佛教居士林举办"海上论道——民族宗教故事我来讲"第三讲暨静安区政协"静·界"读书会·七月场活动"爱国爱教,进而有为——讲好赵朴初居士的故事"。区政协副主席陈琦华、区民族宗教界代表人士、宗教工作老同志代表和信教群众代表等70人参加活动。

(陆经纬)

【钱锋到静安区调研民族工作】 见"领导视察和调研"栏目相关条目。 (陆经纬)

9月24日至10月1日，静安区举办沪疆各族青少年（上海）科技夏令营活动。图为夏令营——静安社区行，民族一家亲活动

（区民宗办　供稿）

【沪疆各族青少年（上海）科技夏令营】　9月24日至10月1日，静安区举办沪疆各族青少年（上海）科技夏令营活动。区委常委、区委统战部部长顾定鋆，市民族宗教局、区民宗办、临汾路街道党工委、区政府合作交流办、上海援疆巴楚分指挥部等领导及志愿服务组织嘉宾代表出席总结分享会。（陆经纬）

【黄红到静安区开展民族工作专项监督调研】　8月22日，市人大侨民宗委主任委员黄红带队到静安区开展上海市深化城市民族工作专项监督调研。市人大侨民宗委副主任林海平、市民宗局副局长毛俊、区人大常委会副主任孙明丽等参加调研。

（陆经纬）

【文明和谐寺观教堂四星级场所评估】　10月14日，区委统战部副部长、区民宗办主任俞彪带队，会同市级宗教团体、区民宗、公安、文明办及属地街道（镇）等部门，对静安区四星级文明和谐寺观教堂场所进行评估。上海圆明讲堂、大田路德肋撒天主堂、基督教闸北堂、基督教新恩堂、基督教灵泉堂获评本轮文明和谐寺观教堂四星级场所。（陆经纬）

【承办"家在上海，情系中华"民族团结进步故事汇决赛】　12月3日，"家在上海，情系中华"民族团结进步故事汇决赛在静安区举行。全市16个区共18个故事入围决赛。上海市民族和宗教事务局副局长毛俊，静安区委常委、区委统战部部长顾定鋆，上海市少数民族联合会会长王霞，各区民宗办，市民族联及各区民族联、各族群众代表500余人出席。

（陆经纬）

【2023年民族宗教界中青年骨干培训班】　12月14日至12月15日，区社会主义学院、区民宗办联合举办静安区第26期民族宗教界中青年骨干培训班。

全区民族宗教界中青年骨干、各街道(镇)统战干部共80人参加培训。

（陆经纬）

（九）侨务工作

【概况】 2023年，静安区侨务工作找准切入点和发力点，进一步为静安区经济社会贡献智慧力量。坚持党的集中统一领导，发挥区委统一战线工作领导小组作用，召开静安海外统战与侨务工作协作机制全体会议，制定《2023年静安海外统战和侨务工作协作机制重点工作清单》，有效统筹整合好资源和力量。以"白领驿家"梦想家为初创基地，创新提出"新时代·侨创力"——"静安侨创课堂"。首次举办"首席来了——乐动仲夏夜，团结向未来"专场音乐会进社区，引导新侨融入社区共治、增强文化自信。举办中华文化美育启蒙体验活动3场，组织区内3所华文教育基地学校约150名学生参加。全年接待各类交流参访团组18批次、350余人。积极推动第二届"我眼中的中国"外国人讲中国故事短视频有奖征集活动，以"中国传统文化之美"为主题，请外籍友人用短视频记录他们眼中的中国传统文化故事、中国非遗文化以及上海、静安城市发展。加强留学归国人员思想引领，静安欧美同学会举办1次会长会议和2次理事会(扩大)会议，发动分会会员热议欧美同学会成立110周年。完成市委统战部、市侨办"点亮心愿项目"工作要求，为全区39户老归侨安装一键通。2023年"侨界法治宣传月"期间，发动区侨界法律志愿队为社区侨界群众进行法律法规专业解读和涉侨政策宣传，共接待咨询50余人，发放《2023版涉侨服务手册》百余册和宣传品。为全区730户侨界高龄、独居、患大病重病、残疾老人发放健康爱心包。完成2023年中高考"三侨生"加分出证工作，收到申请25人次，完成出证19人次。举办基层侨务工作培训班，区海外统战和侨务工作协作机制相关单位统战干部，各街镇侨务干部、侨务社工30余人参加培训。全年接待来电来访咨询212人次。

（姚瑶）

【顾定鋆走访慰问市欧美同学会静安分会名誉会长曹鹏】 3月6日，区委常委、统战部部长顾定鋆看望上海市欧美同学会静安分会名誉会长、指挥家曹鹏及其家人。顾定鋆对曹鹏在第一届"上海慈善奖"表彰中获慈善楷模奖表示祝贺，并感谢曹鹏长期以来对静安统战及归国留学人员工作的大力支持和作出的卓越贡献。同时，就静安海联会换届工作听取意见建议。区委统战部副部长、区政府侨办主任俞彪陪同走访。

（姚瑶）

【上海市静安海外联谊会第二届理事会第一次会议】 于3月28日召开。中共上海市委统战部常务副部长、上海海外联谊会执行副会长黄红，中共静安区委书记于勇，中共静安区委常委、统战部部长顾定鋆，以及市、区有关部门领导，区海联会理事、嘉宾等130余人出席大会。会议由中共静安区委统战部副部长、区政府侨办主任俞彪主持。会议听取《上海市静安海外联谊会第一届理事会工作报告》《上海市静安海外联谊会第一届理事会财务收支情况报告》《上海市静安海外联谊会换届筹备情况报告》；通过《上海市静安海外联谊会章程(修订)说明》；选举产生上海市静安海外联谊会第二届理事会会长、副会长、总干事、常务理事和第一届监事会监事、监事长；审议通过上海市静安海外联谊会第三届香港联会会长、副会长名单。顾定鋆当选上海市静安海外联谊会第二届理事会会长。

（姚瑶）

【静安"侨海驿站"打造"静安侨创课堂"助力新侨创新创业】 5月16日，"新时代·侨创力"新侨创新创业创造系列活动"静安侨创课堂"发布仪式暨第一课活动在"白领驿家"举行。区委常委、统战部部长顾定鋆，上海市团校党委书记、校长戴冰，市委统战部侨务事务处处长蒋立，区委统战部副部长、区侨办主任俞彪，上海市团校党委委员、副校长华莉莉出席活动，静安海联会理事、"白领驿家"党总支书记、理事长史逸婵主持活动。活动由静安区委统战部、上海市团校指导，静安区政府侨办主办，静安海联会、上海青少年创新学院协办，"白领驿家"承办，并得到静安区多家单位支持。全年共举办3场活动，线上、线下500余人参与互动。 （姚瑶）

【顾定鋆会见静安海联会常务理事杨东东】 5月18日，上海市静安海外联会会长顾定鋆会见中国侨联海外委员、上海侨联海外委员、静安海联会常务理事、澳中商业峰会主席杨东东。区政府侨办主任、静安海联会副会长兼秘书长俞彪，区侨联主席李敏，区侨联副主席郑艳陪同。 （姚瑶）

【顾定鋆会见静安海联会常务理事倪晓一】 5月23日，上海市静安海外联会会长顾定鋆会见中意贸易促进会常务副会长、静安海联会常务理事、意大利第一地产有限公司董事长倪晓一。希望倪晓一发挥意中商会资源优势，进一步搭建交流平台，加强两地企业合作交流、发展共赢，为推动静安经济发展发挥积极作用。 （姚瑶）

【侨海驿站"首席来了"音乐会首次走进社区】 7月16日至23日是以"团结向未来"为主题的2023年上海统战文化周。7月21日，区政府侨办携手临汾路街道党工委共同举办"首席来了——乐动仲夏夜，团结向未来"专场音乐会，让海归青年音乐家们走出音乐厅、走近白领、走进社区，从一件乐器、一部

11月4日，"聚侨筑梦·同心致远"——侨海驿站十周年主题分享会在"白领驿家"举办 （区侨办 供稿）

作品讲艺术发展史、学音乐会礼仪，逐步培养市民群众鉴赏高雅艺术的能力。活动共吸引社区侨界人士约200人参加。

（姚瑶）

【市欧美同学会静安分会召开第二届理事会（扩大）会议】 10月29日，市欧美同学会静安分会召开第二届理事会（扩大）会议。区委统战部副部长、区政府侨办主任俞彪，市总会副会长、静安分会会长冯丹龙，市总会会员部副部长朱勇文出席会议。分会副会长兼秘书长王勤智主持。会上学习近平总书记在欧美同学会成立110周年庆祝大会上的贺信内容。分会会长冯丹龙、赴京参会的分会常务副会长胡志宇及部分理事、会员代表分享学习收获。

（姚瑶）

【"聚侨筑梦·同心致远"——侨海驿站十周年主题分享会】 11月4日，由区委统战部指导，区政府侨务办公室主办，上海静安区白领驿家两新组织促进中心承办的"聚侨筑梦·同心致远"——侨海驿站十周年主题分享会在"白领驿家"举办。区委常委、区委统战部部长顾定鋆，市委统战部侨务事务处处长蒋立，上海市白玉兰荣誉奖得主、静安海联会副会长、上海思博卫生技术与护理学院院长沈小平，区委统战部副部长、区政府侨办主任俞彪，上海市华侨事务中心副主任陈静华出席活动。市区侨界相关企业、机构、协会负责人、侨胞、侨眷、新侨人士等近百人参加分享会。

（姚瑶）

【顾定鋆走访"进博会"静安海联会部分港澳侨参展企业】 11月8日，区委常委、统战部部长，静安海联会会长顾定鋆前往上海国家会展中心，走访丰隆集团、国泰航空、汇泉国际、金百加、南非中国梦投资股份有限公司等第六届中国国际进口博览会部分港澳侨参展企业，深入了解企业经营发展状况，希望企业聚焦上海和静安的发展大局，拓展各领域交流合作。区委统战部副部长、区政府侨办主任，静安海联会副会长兼总干事俞彪陪同。

（姚瑶）

【2023第二届"我眼中的中国"短视频征集活动】 11月25日，由上海市欧美同学会、上海市静安海外联谊会主办，上海市梦想加油站青年发展交流中心和欧美同学会静安分会联合承办，上海华侨华人科创服务基地协办的2023第二届"我眼中的中国"外国人讲中国故事短视频有奖征集活动颁奖仪式在张园举行。上海市欧美同学会专职副会长、秘书长邹芳，上海市静安海外联谊会副会长兼总干事俞彪等领导和嘉宾出席活动。活动历时4个月，共吸引来自21个国家的近百件短视频参与投稿。经过多轮角逐，专业评委会评选出最佳文化创意奖、最佳导演奖、美好静安奖、最佳题材奖、最佳创新奖、最佳艺术奖六大类奖项。来自澳大利亚的艾莉获得最佳文化创意奖。

（姚瑶）

（十）港澳工作

【概况】 2023年，静安区完善区政府外办牵头，区商务委、区政府侨办、静安海联会等相关单位参与的港澳工作沟通协调机制，在市政府港澳办指导下，拓展和深化与港澳地区的合作交流。年内，办理专程赴港澳团组5批，29人次。推进经贸合作。4月，区属国企市北高新（集团）组团赴香港参加"沪港数据合作的产业交流峰会"，并走访香港部分重要机构和企业开展产业招商工作。5月，区政府代表团赴澳门及香港，走访澳门信德集团、嘉华集团、香港希慎集团等企业，围绕区内房地产开发项目投资意愿、意向及促进楼宇属地化开展业务洽谈。7月，区属国企九百集团组团赴香港洽谈久光百货及静安寺城市航站楼建设项目。同时，静安区还结合静安国际消费中心城市示范区建设、五五购物节、第六届"进博会"等系列活动平台，积极联动嘉里商务中心、久光中心、中信泰富广场、张园、MOHO等区内重点港资商业载体，结合静安产业特色，聚焦高端消费、品质消费等多个领域，加大力度对接港澳优质资源。加强互动交流。4月，区委统战部组团赴香港开展工作交流，参加沪港社团总会成立庆典暨就职典礼以及第十届沪港大都市发展研讨会，加强静安海外联谊会与港籍社团的交流互动。8月，作为沪港合作会议机制建立20周年系列活动之一，上海市梦想加油站青年发展交流中心和区海外联谊会共同发起的"上海V印象——香港同胞讲上海故事短视频有奖征集活动"正式开启，该活动为向香港同胞展现新时代真实、立体、全面的上海，促进上海与香港的人文交流，并于11月26日在百乐门举行活动颁奖仪式。11月3日至12日，为庆祝沪港合作机制建立20周年，沪港合作成果展在兴业太古汇举行。该展览以图片、文字、视频、图表等形式，立体展现20年来沪港合作的标杆性项目、典型性案例、代表性人物和标志性成果。年内，沪港社团总会、香港中华总商会、香港浸会大学、香港食物环境卫生署等来自香港地区的代表团到静安区访问，交流经济发展和社会事业建设。静安区深入开展港澳统战工作，赴港走访重点代表人士、港资企业和社团。完成静安香港联会换届。做好沪港两地交流交往工作。开展在沪港人流感疫苗接种专场，近60名在沪港人参加专场。

（侯春婉、姚瑶）

【顾定鋆会见沪港社团总会一行】 1月16日，区委常委、统战部部长顾定鋆会见沪港社团总会主席姚祖辉，会长关百豪，常务副会长麦德铨、李可庄、樊敏华，万顺昌中国投资有限公司主席陈依薇，沪港

6月3日，由第十四届全国政协常委、香港中华总商会会长、新华集团主席蔡冠深率领的香港中华总商会代表团一行近30人到访静安区张园 （区侨办 供稿）

联合控股有限公司运营总监黄桂新等沪港社团总会骨干一行8人。区委统战部副部长、区政府侨办主任俞彪陪同。 （姚瑶）

【静安区委统战部、静安海外联谊会代表团赴港开展交流交往】 4月16日至20日，静安区委常委、统战部部长、静安海外联谊会会长顾定鋆率静安代表团一行6人赴香港，走访重点代表人士、港资企业及相关社团，拜访各界新老朋友，开展联谊交友活动，共谋未来发展。 （姚瑶）

【香港中华总商会到静安区访问】 6月3日，由第十四届全国政协常委、香港中华总商会会长、新华集团主席蔡冠深率领的香港中华总商会代表团一行近30人到静安区张园访问，考察城市更新项目。市委统战部常务副部长、市侨办主任黄红出席活动。区委常委、统战部部长顾定鋆，副区长张军等陪同参观考察。 （姚瑶）

【接待"2023港澳青年学生实习计划"香港浸会大学学生参访】 6至8月，静安海联会接待"2023港澳青年学生实习计划"来自香港浸会大学20余名大学生到静安区开展4次参访活动。该实习计划根据上海市委统战部2023年港澳台侨青年学生实习计划，由沪港社团总会主办。静安海联会立足区位优势，以静安区"四大功能区"（南京西路功能区、苏河湾功能区、大宁功能区、市北功能区）为核心设计"四大板块"4条参访路线，涵盖静安政治、经济、人文、科技、商业等方面的20个点位，帮助参访团多层次、多渠道了解静安区。 （姚瑶）

【沪港"同心同行创未来"夏令营走进静安区】 6月24至27日，由国际热爱大自然促进会（香港）、东华三院主办的沪港"同心同行创未来"夏令营在上海举办。6月25日，在静安海联会支持下，来自东华三院吕润财纪念中学、东华三院伍若瑜夫人纪念中学的近60名师生到静安区参访四行仓库抗战纪念馆、UCCA Edge尤伦斯当代艺术中心。 （姚瑶）

【"苏河湾畔、沪港情长"——沪港青年企业家走进静安活动】 6月30日，在上海海外联谊会指导下，由上海市静安海联会、上海市新沪商联合会主办，静安区投资促进办公室、北站街道办事处、上海市香港商会协办，香港贸易发展局支持开展的"苏河湾畔、沪港情长——沪港青年企业家走进静安"活动举行。市委统战部常务副部长董依雯，静安区委常委、统战部部长、静安海联会会长顾定鋆，上海海外联谊会总干事邹芳，静安区委统战部副部长、区政府侨办主任、静安海联会副会长兼总干事俞彪，新沪商联合会轮值主席、新沪商青峰会会长郑驹，新沪商联合会轮值主席李贤威，静安区投资促进办公室主任龙芳，静安北站街道办事处主任姚磊出席活动。 （姚瑶）

【顾定鋆走访歌手张明敏、静安海联会理事张颂华父子】 7月27日，区委常委、统战部部长、静安海联会会长顾定鋆走访歌手张明敏、静安海联会理事张颂华父子，区委统战部副部长、区政府侨办主任、静安海联会副会长兼总干事俞彪陪同走访。 （姚瑶）

【2023年内地与港澳台青少年体育舞蹈交流活动】 8月19日，由上海市静安海外联谊会、上海市社会体育管理中心（上海市体育竞赛管理中心）、静安区体育局与香港大中华会联合举办的2023年内地与港澳台青少年体育舞蹈交流活动在静安体育中心举行。市政协港澳台侨委员会常务副主任张浩亮，市体育局一级巡视员赵光圣，静安区委常委、静安海联会会长顾定鋆，香港大中华会主席、第十至十二届全国政协委员胡葆琳，市体育总会秘书长、市社体（竞赛）中心书记章璐，静安区政府侨办主任、静安海联会副会

长兼总干事俞彪，静安区体育局党组书记、局长马嘉槟，上海海外联谊会副总干事陈轩，市社体（竞赛）中心副主任季峰，市政协常委、沪港社团总会常务副会长麦德铨，市政协委员、大中华会执行主席江山等领导和嘉宾出席活动。活动由静安海联会理事周吉天所在的上海市天千青少年体育舞蹈俱乐部承办，特别邀请中华台北舞蹈团体联合总会代表队、沪港社团总会代表队、香港青少年舞蹈总会代表队、澳门青少年体育舞蹈协会代表队等地青少年选手和专业评审团350余人参加，共进行130场比赛，吸引超2200人次选手切磋舞技。 （姚瑶）

【香港元朗区议会外访团一行到静安区参访交流社区工作】 8月22日，港区全国人大代表、元朗区议会主席、沈黄律师事务所合伙人沈豪杰、元朗区议会副主席、元朗锦田乡事会主席邓贺年等外访团一行在静安海联会领导陪同下到静安区彭浦新村街道，参观街道事务中心、数字化养老平台体验馆、彭三旧区改造项目、为老社区食堂并进行座谈交流。市委统战部港澳台处副处长钱菲陪同参观。彭浦新村街道党工委书记任伟向代表团一行介绍街道基本情况，并就社区治理、旧房改造项目、养老服务等相关问题与代表团成员进行沟通交流。 （姚瑶）

【香港培侨中学到静安区参观考察】 10月23至24日，香港培侨中学伍焕杰校长一行到静安区参观考察。区政协香港委员、香港培侨中学华东校友会创会会长吴嘉林，校友会创会副会长张俊丰陪同。静安海联会会长顾定鋆，静安海联会副会长兼总干事俞彪对伍校长一行的到访表示欢迎，希望发挥静安海联会平台作用，进一步在城市建设、社区服务、教学科研等方面加强合作。 （姚瑶）

【香港"东区青藤计划"参访团走进静安】 10月23日，区委常委、统战部部长、静安海联会会长顾定鋆，区委统战部副部长、静安海联会副会长兼总干事俞彪接待香港"东区青藤计划"参访团一行40人。活动由沪港社团总会协办，总会常务副会长麦德铨、总会执委包鸿勋参加活动。参访团赴超竞集团、上海风语筑文化科技股份有限公司等参访。 （姚瑶）

【香港特区政府政制及内地事务局胡健民一行到静安区访问】 11月4日，香港特区政府政制及内地事务局胡健民副局长一行到静安区访问，并与静安香港联会代表座谈。香港特区政府驻上海经济贸易办事处主任蔡亮、静安香港联会会长陈昆葳等陪同参观。会前，胡健民参观位于兴业太古汇的沪港合作机制建立20周年沪港合作成果展。 （姚瑶）

【"上海V印象"香港同胞讲上海故事短视频有奖征集活动颁奖仪式在静安区举办】 11月26日，由上海市人民政府港澳事务办公室和上海市梦想加油站青年发展交流中心联合主办，上海市静安海外联谊会和上海市白玉兰国际友好交流基金会协办的2023"上海V印象"香港同胞讲上海故事短视频有奖征集活动颁奖仪式在百乐门举办。上海市人民政府港澳事务办公室副主任叶靓、上海市静安海外联谊会会长顾定鋆、上海市黄埔军校同学会会长周亚军、静安海外联谊会副会长兼总干事俞彪等出席活动。"上海V印象"活动历时3个多月，征集到近百件短视频作品，由专业评委会评选出最佳文化创意奖、最佳导演奖、最佳编剧奖、最佳题材奖、最佳创新奖、最佳艺术奖六大类奖项。沪港青年会获得最佳组织奖。来自市政府港澳办、香港特区政府驻沪办、静安海联会、白玉兰基金会、静安区外办、香港贸发局、上海香港商会、上海香港联会、静安香港联会、沪港青年会，以及上海市部分高校港澳办相关负责人近百人出席活动。 （姚瑶）

【静安区举行第六届沪港两地法律人才交流研讨会】 12月18日，第六届沪港两地法律人才交流研讨会在静安区举行。区政府侨办主任、静安海联会副会长兼总干事俞彪,区司法局党委书记、局长吕平出席活动。国际争议解决及风险管理协会创会主席、香港和解中心会长罗伟雄博士,上海市律师协会副会长、国浩律师(上海)事务所合伙人黄宁宁,上海市律师协会静安律师工作委员会主任、静安海联会理事丁德应律师,香港教育大学应用政策研究及教育未来学院副院长顾敏康教授等来自香港和静安法律界律师代表等40余人参与。研讨会由上海锦赋律师事务所执行主任、静安海联会常务理事邵开俊主持。 （姚瑶）

(十一)台湾事务

【概况】 2023年,静安区深化与台湾全方位交流合作,在端午节、中秋节等传统节假日,通过书信等方式慰问社区台胞台属,做好台籍学生中考加分工作,举办"3·5社区涉台政策法规宣传日"活动,为社区台胞提供惠台政策、法律法规等方面的咨询工作,将"两岸一家亲"理念贯穿始终。全年做好高温慰问及冬季慰问高龄独居台胞台属工作。依托街道(镇)走访社区常住台胞家庭、涉台婚姻家庭等,了解社区常住台胞情况、邀请台胞参与社区活动,不断拓展联系服务面。两岸互访逐步恢复后,静安区接待海协会台湾师生参访团、台湾中华侨联总会海外优秀青年台胞中华文化参访团、世新大学参访团等15批次、525人次参访。 （李佳）

【2023年区台胞台属联谊会新春座谈会】 于2月3日在"白领驿家"召开,区台胞台属欢聚一堂,一同开启新年新征程。区委常委、区委统战部部长顾定鋆,区台办主任王立萍、副主任任箴,区台联会会长季淑惠及副会长、秘书长、副秘书长、理事代表等近30人出席活动。 （李佳）

【"情满张园话未来"区政协港澳台侨委员会、台联界别委员、台界人士联情联谊活动】 于2月27日在张园举行。区政协副主席陈琦华出席并讲话,区台办主任、区政协港澳台侨委员会主任王立萍,区政协港澳台侨委员会全体委员、台联界别委员、台商代表等共32人参加活动。 （李佳）

【"一路向暖、静候花开"台商台胞迎新活动】 2月28日,"一路向暖、静候花开"台商台胞迎新活动暨"发现静安之美"台青系列宣传片启动仪式在美丽园酒店举办。区委常委、统战部部长顾定鋆,市台办副主任王立新、市台办经济处长丁磊、区台办主任王立萍、市台协会长张简珍,以及市台协常务副会长、静安工委会主委杨明潭等区内重点台资企业负责人约100名嘉宾参加活动。活动现场发布《发现静安之美——台湾青年在静安"第一辑》。 （李佳）

【中国台湾桃园市议会议长邱奕胜率团参访张园】 3月10日,中国台湾桃园市议会议长邱奕胜率领桃园市议会一行24人抵沪,开展为期4天的参访交流。中共上海市委常委、统战部部长陈通会见邱奕胜一行。3月12日,代表团参访张园,体会上海的城市风貌和人文底蕴,区台办主任王立萍陪同。 （李佳）

【"缘聚SH,寻YOU苏河"沪台青年交友活动】 3月19日,以"缘聚SH,寻YOU苏河"为主题的沪台青年交友活动在静安苏州河畔举行,60余名沪台单身青年参加活动。市台办副主任阳礼华,团市委副书记、市青联主席丁波,区台办主任王立萍,团区委书记吴佳妮出席活动。 （李佳）

【中国国民党前主席马英九一行参访上海四行仓库抗战纪念馆】 4月6日,中国国民党前主席马英九一行45人参访上海四行仓库抗战纪念馆。国台办副主任陈元丰，市委常委、统战部部长陈通，市台办副主任李骁东、阳礼华，区委书记于勇，区委常委、统战部部长顾定鋆等陪同参观。（李佳）

【"携手同行，共话发展"台商春季考察活动】 为助力台企丰富产业布局及多元化投资，4月8日至9日，市台协静安工委组织会员一行近30人到松江区天马体育小镇及浙江乌村开展考察实践活动，区台办主任王立萍等参加活动。（李佳）

【新党主席吴成典率团参访静安】 4月27日，新党主席吴成典率领新党参访团一行6人到上海访问。参访团在沪期间，参访四行仓库抗战纪念馆、苏河万象天地、慎余里、天后宫等静安区苏州河段沿线地标，感受上海城市发展成果，体会独具特色的城市风貌及历史底蕴。区委常委、统战部部长顾定鋆等陪同参观。（李佳）

【台协静安工委与南阳学校建立"学生成长关爱联盟"】 5月12日，在南阳学校举办的爱心志愿活动研讨交流会上，台协静安工委会常务副主委蔡世明代表静安工委与南阳学校建立"南阳学校学生成长关爱联盟"。5月19日，台协静安工委会应邀参加南阳学校"短别向新望未来，执笔画爱绘明日"爱心助力活动，区台办主任王立萍以及静安工委理事、会员代表出席。通过此次联盟的建立，双方达成长期爱幼资助意向，为特殊儿童等弱势团体提供更多帮助及细致关怀，为孩子们的成长提供助力。（李佳）

【2023海峡两岸新媒体产业发展研讨会】 于5月21至23日在美丽园酒店举办。市委常委、统战部部长陈通，区委书记于勇，市台办主任钟晓敏，国台办新闻局副局长、国台办新闻发言人朱凤莲，区委常委、统战部部长顾定鋆，市台办副主任阳礼华及市区各相关部门负责人，两岸知名专家学者、媒体人士等80余人参会，共同探讨两岸新媒体产业发展趋势。陈通、于勇、钟晓敏共同启动"2023海峡两岸新媒体产业发展研讨会"。阳礼华、中国传媒大学媒介与公共事务研究院副院长安峰山及哔哩哔哩网站、新浪微博、小红书等平台相关负责人分别为"海峡两岸新媒体产业发展研讨会常驻嘉宾"授纪念牌。台湾世新大学新闻系专任教授江岷钦，复旦大学国际关系与公共事务学院国际政治系教授、复旦大学网络空间国际治理研究基地主任沈逸，台湾中国时报社董事长兼发行人王丰，上海东亚研究所所长、研究员王海良围绕"城市，文化的传承和融合"主题作主旨演讲，相关媒体人阐述对新媒体产业发展的思考，分享新媒体融合发展经验。（李佳）

【2023数字经济产业高峰论坛】 6月25日，由台协静安区工委会及区内台资企业鼎捷软件承办的"2023数字经济产业高峰论坛"在上海虹桥西郊假日酒店举办。市台办副主任王立新，区委常委、统战部部长顾定鋆，区台办主任王立萍、市台协会长张简珍，常务副会长杨明潭、李崇章、叶子祯以及来自半导体领域、科创金融领域的专家学者和企业代表共350余人参加活动，共话未来、共促融合、共谋发展。（李佳）

【"邂逅光影，文化传情"电影沙龙活动】 于6月27日在百美汇影院举办。区台办主任王立萍，区域内台商、台青、台胞，区台联会骨干共80余人参加活动，进一步增进台商沟通交流，增强台协静安工委会及区台联会凝聚力。（李佳）

【台北市里长联谊会总会长陈木松率团参访静安】 6月29日至7月4日，台北市中正区、万华区里长参访团一行85人在台北市里长联谊会总会长陈木松带领下到上海市参观交流。代表团参访静安寺街道社区文化中心及社区食堂、静安寺、四行仓库抗战纪念馆、上海自然博物馆等,并在静安寺街道与社区干部进行座谈。其间,区委常委、统战部部长顾定鋆,区台办主任王立萍等与参访团进行交流。（李佳）

【"保"持健康、"龄"动盛夏五区保龄球联谊赛】7月2日,由上海市台协静安工委会主办,长宁、徐汇、黄浦、普陀五区工委会协办的"'保'持健康、'龄'动盛夏——2023上海市台协五区保龄球联谊赛"在欧登保龄球馆举办。静安区台办主任王立萍、副主任任箴,静安工委会主委杨明潭、长宁区工委会主委黄国栋及五区台商台青百余人参加活动。（李佳）

【国台办法规局局长张万明到静安区调研】7月8日,国台办首席法律顾问、法规局局长张万明一行到静安区调研指导涉台法治工作及"台湾青年法律人才实践基地"项目开展情况,区委常委、统战部部长顾定鋆,国台办法规局一处处长张英武、市台办协调处处长龚昶、区台办主任王立萍以及君伦律师事务所主任丁德应等参加调研。（李佳）

【第六届"台湾青年法律人才实践基地"重启】7月23日,第六届"台湾青年法律人才实践基地"正式重启。来自岛内政治大学、东吴大学等高校的7名学生到静安区完成为期5周的实践生活,增进对上海的认识。其间,7家律所参与"台青基地"项目,华东政法大学继续参与项目共建。项目组共举办活动12场,平均每周2至3场,为学员搭建了解上海和学习沟通的平台。市台办副主任王立新,区委常委、统战部部长顾定鋆,华东政法大学党委副书记唐波等出席相关活动。（李佳）

【"新青年、新力量"台青沙龙活动】8月12日,市台协静安工委举办"新青年、新力量"台青沙龙活动,区台办主任王立萍、台协静安工委常务副主委蔡世明等出席活动。30余名工作生活在上海的台湾青年参加交流分享。（李佳）

【2023区委对台工作领导小组（扩大）会议】于8月18日在区政务大楼召开,区委对台工作领导小组组长于勇、常务副组长顾定鋆、副组长傅俊及区委对台工作领导小组成员单位负责人及扩大单位负责人近40人出席会议。于勇带头研究部署对台工作,各成员单位坚决树立对台工作"全区一盘棋"意识,加强工作协同。（李佳）

【台湾篮球协会参访静安区】8月18至22日,台北市篮球协会参访团应邀到静安区参访交流。代表团参观区青少年业余体育学校昌平路校区,观看青少年女子篮球队训练,并进行互动交流。到静安雕塑公园共享运动场调研区公共体育设施,参观区运动健身中心并和体育界人士座谈。（李佳）

【台湾法律协会参访静安区】8月23至27日,台湾法学研究交流协会一行应邀到静安区参访交流。参访团到访盈科律所上海洲际办公室、上海君伦律师事务所参观交流,并参加"台湾青年法律人才实践基地"结业仪式。（李佳）

【于勇会见中国国民党台北市中正区党部参访团】9月20日,中共静安区委书记于勇会见前来开展党际交流的中国国民党台北市中正区委员会主委蔡秀玲及参访团一行并座谈交流,区委常委、统战部部长顾定鋆,区委办、区委组织部、区台办、静安寺街道、南京西路街道、石门二路街道、天目西路街道、北站街道、大宁路街道、临汾路街道、九百集团、置业集团等单位领导参加座谈。其间,代表团还参访大宁路街道、石门二路街道社区文化活动中心等地,实地体验基层干部为民服务的热情和社区建设的浓郁氛围。（李佳）

【"同一轮月,同一个家"台商台胞中秋联谊活动】 9月26日,举办"同一轮月,同一个家"台商台胞中秋联谊活动暨"发现静安之美"台青系列宣传片第二辑发布仪式。区委常委、统战部部长顾定鋆,市台办副主任王立新,市台盟副主委李海泳,市台办经济处处长丁磊,区台办主任王立萍以及市台协常务副会长、静安工委会主委杨明潭等区内重点台资企业负责人约100名嘉宾参加活动。活动现场发布《发现静安之美——台湾青年在静安"第二辑》。

(李佳)

【"团结奋进,光影学史"系列主题活动】 10月13日,区台联会举办"团结奋进,光影学史"主题活动。区台办主任王立萍结合第二批主题教育,作题为"凝心铸魂、以学增智,不断推进祖国和平统一事业发展"的主题教育讲座,区台联会近50名理事、会员参加。活动中还组织与会人员观看以抗美援朝战争为背景的电影《志愿军》。

(李佳)

【"凝心聚力、携手向前"台商秋季考察活动】 11月4至5日,台协静安区工委会组织台商赴江苏省苏州市开展"凝心聚力、携手向前——台商秋季考察活动",区台办主任王立萍、市台协常务副会长、静安工委会主委杨明潭及30余名台商会员参加。(李佳)

【各街道(镇)举办社区台胞迎新活动】 12月,各街道(镇)通过举办"聚福长乐,辞旧迎新"联谊会、"畅叙友情,共话发展"联谊会、"赏雅乐——陶笛"鉴赏会、社区迎新集会、"重温静安历史,徒步美好苏河"活动、"非遗绢人制作手工体验"迎新活动等引导台胞融入社区。

(李佳)

【做好台商台企服务工作】 年内,区长王华,区委常委、统战部部长顾定鋆等带头关心走访台资企业,深入了解企业在经营过程中遇到的各类情况,发掘培育台资税收亿元级企业,助力企业扎根静安、长久发展。顾定鋆赴第六届"进博会"了解参会台资企业森田药妆、旺旺集团等参会情况。关注台资企业新形势下的转型发展,牢固树立法治理念,积极调处和化解涉台矛盾纠纷,优化台企台商营商生活环境,及时介入阿波罗大厦、宝莱纳等涉台矛盾协调。

(李佳)

(十二)地方志工作

【概况】 2023年,静安区地方志工作深入贯彻落实党的二十大精神,以"传承中华优秀传统文化"为指引开展修志编鉴等各项工作。区地方志办公室认真开展学习贯彻习近平新时代中国特色社会主义思想主题教育,参与中共静安区委编写的《习近平在静安》主题教育材料。年内,组织召开《静安年鉴(2023)》组稿培训会议,并完成出版工作。开展《静安区志(2011—2015)》《闸北区志(2006—2015)》评议稿精编精校,于11月提请静安区地方志编纂委员会审阅,并提请市方志办组织专家组对2部志书进行评议。推动区方志事业信息化建设,启动静安区数字方志馆建设项目申报。年内,与市方志办及普陀区、徐汇区、杨浦区、浦东新区、青浦区方志办等开展业务交流。

(李佳丽)

【地方志法规宣传周活动】 4月,根据市地方志办公室要求开展地方志宣传活动,制作《我在静安修方志》短视频,并在"岁月静安"公众号进行宣传推广,该短视频获"我为上海修方志"上海市地方志系统短视频有奖征集展播活动三等奖。

(李佳丽)

三、静安区人民政府

7月7日,上海市地方志办公室主任王玉梅(中)等领导到静安区地方志办公室调研　　(区方志办　供稿)

【王玉梅到静安区调研】 7月7日,上海市地方志办公室主任王玉梅到静安区方志办调研并座谈,区委常委、区委组织部部长宋宗德接待一行人员。王玉梅肯定静安区地方志办公室作为全国地方先进集体单位所取得的各项成果,表示静安区红色资源丰富、历史底蕴深厚,地方志工作充分彰显静安特色,既传承优秀历史文化,又紧扣时代脉搏,希望进一步加强市区联动和资源共享,在方志队伍培训、业务交流等方面共同提高。　　　　(李佳丽)

【静安区地方志办公室获"上海市第二轮新编地方志书编纂优秀组织单位"称号】 7月26日,在上海市地方志编纂委员会全体委员(扩大)会议上,静安区地方志办公室获"上海市第二轮新编地方志书编纂优秀组织单位"称号,叶供发获"上海市第二轮新编地方志书编纂优秀编纂工作者"称号。(李佳丽)

(十三)投资促进工作

【概况】 2023年,区投资办大力实施"招商引资增质计划",围绕各项指标任务,多措并举,聚力突破,扎实推进项目质数齐优。全年全区新增注册企业数11839户,引进千万级项目156个,税收亿元楼达到88幢,持续落地一批重量级项目和标杆性企业,产业优势进一步凸显,投资静安影响力持续提升。

(万洁琼)

【2022年度经济贡献二百强企业颁奖仪式】 2月28日,静安区2022年度经济贡献二百强企业颁奖仪式在上海展览中心举行。区四套班子领导出席,为优秀企业代表颁发奖杯,感谢企业为静安区经济社

会发展作出重要贡献。颁奖仪式增设2022年度"静安楼宇卓越贡献奖"和"静安园区突出贡献奖",并特别向33家深耕静安区20年以上企业代表颁发"金色成就奖",期待与"老朋友"开展新征程,也向"新朋友"发出邀约,欢迎更多企业走进静安、扎根静安区。

(万洁琼)

【重点企业"服务包"工作】 年内,根据《关于静安区建立重点企业"服务包"制度工作方案》要求,建立有针对性的"服务包"走访机制。根据"一企一服务包"原则,会同相关行业主管单位为重点企业梳理适用政策、定制个性服务。按照"一部门一联络员""一企一管家"原则为全区1000家重点企业配备专属"服务管家",高效联动,快速解决企业所需所盼。至12月底,已完成全部"服务包"发放工作,走访中共收集52条企业诉求,并全部办结。(万洁琼)

【重点载体"月月推"系列活动】 4月20日,静安区举行重点载体"月月推"系列活动启动仪式暨苏河湾滨水商务集聚带载体推介会,进一步扩大重点载体影响力,提升区域招商引资综合实力。区投资办会同相关部门、功能区,于5月24日到北京市、7月14日到福建省福州市、8月31日到深圳市开展域外招商系列活动,扩大静安区重点载体推介的覆盖面和辐射面,打响静安品牌,加快吸引更多优质企业落户静安。

(万洁琼)

【"推动高质量发展"工作专题培训】 10月13日,区投资办配合区委组织部举办为期4天的2023年"推进高质量发展"工作专题培训,安排资深专家、相关部门业务骨干及行业龙头企业权威人士分享最新行业信息和前沿动向,帮助从事相关经济工作的领导干部和业务骨干把握招商引资、企业服务、安商稳商等工作中的重点、难点和关键点,准确研判产业和市场风向、挖掘发展潜力、提升企业服务水平,切实增强经济工作综合能力。

(万洁琼)

2月28日,静安区举行2022年度经济贡献二百强颁奖仪式　　　　　　　　　　　(区投资办　供稿)

【静安区投资促进劳动和技能竞赛】 年内,区投资办会同区总工会,组织开展"建功十四五,奋进新征程"2023年静安投资促进劳动和技能竞赛,全区共31支队伍报名参赛,经过3个月的赛程,于11月28日在大宁公园会议中心举办决赛暨闭幕式。通过竞赛活动,全区招商和企业服务队伍专业化水平得到提升,营造浓厚的"比学赶超"工作氛围,展示全区各招商团队精神风采。 （万洁琼）

【第六届中国国际进口博览会投资推介会】 11月7日,以"聚静安、共发展"为主题的静安区2023年"进博会"投资推介会在国家会展中心举行。"进博会"期间,区投资办牵头推出"1+4"系列推介活动,南京西路商圈、苏河湾地区、大宁商圈、市北功能区悉数登台推介,从区域规划、产业特色、载体亮点、宜居宜业等方面,呈现更立体、更全面、更广阔的静安。该进博推介会是2023年"月月推"活动的收官之作,让更多的国内外优质企业了解静安、走进静安、扎根静安。 （万洁琼）

（十四）区级机关后勤工作

【概况】 2023年,区机管局做好机关事务管理、服务、保障工作,完成各项工作任务。做好区二届人大三次会议和区政协二届二次会议、区委全会、区纪委全会等重要会议的后勤服务保障工作,共保障各类会议2200余场,接待与会人员5.9万人。做好常德路370号、大统路480号、巨鹿路915号、胶州路58号、胶州路300号等机关集中办公点餐饮、物业、安保、通讯、车辆等日常服务保障工作。全区12个机关食堂累计供餐112.6万人次,客饭1.1万人次,政务接待1535人次。10月下旬至11月上旬,开展"'静'享美食·'味'爱而来"机关食堂美食节,同步推出对口支援地区产品展销等活动,受到机关干部好评。强化对消防、食品卫生、设施运行、车辆运行等重点领域的安全管理,加强日常监管、培训教育和应急演练,提高应急处置能力。加强集中统一管理,抓好重点工程项目管理,规范党政机关办公用房日常管理。落实过紧日子要求,开展机关运行成本统计,推进节约型机关建设。加强公共机构节约能源资源管理,运用市场化方式实施节能改造。推进机关事务标准化、信息化建设,优化管理模式,提升服务保障水平。做好政府集中采购工作,完成政府集中采购项目216个,完成预算金额8.53亿元,节约金额2087.09万元,节约率2.51%。合理依规调度车辆,全年提供用车保障2527次,安全行驶4万余千米。稳步推进全区机关干部住房货币改革工作,截至年底,完成567人次住房补贴发放提职及完善工作。 （周沁沅）

【加强集中统一管理】 年内,履行建设主体职责,推进区办公用房、业务用房建设等重大工程项目。天目西路派出所改建工程竣工验收,区看守所改扩建项目实现顺利开工。持续做好装修、修缮项目管理工作,完成区总工会职工援助服务中心、统一战线展陈室等11个装修工程项目,推进区消防应急救援指挥中心及配套信息化、工人文化宫院内消防改造等9个装修、修缮工程。强化房屋出租出借管理,年内牵头召开区党政机关办公用房联席会议2次,完成31处区属行政、事业单位房屋对外出租出借会审。加强党政机关闲置房屋管理,完成11处闲置产权房屋转让工作,落实12处公建配套用房接收及产证办理,提高国有资产利用率。 （周沁沅）

【能源资源集约利用】 年内,完成2023年度全区公共机构能耗统计,制定印发《静安区公共机构能源资源消费统计调查制度实施方案》。采用集中统一合同能源管理模式,一体推进区委党校、区运动健身中心节能改造项目,包括照明系统节能改造、淋浴系统节水改造、空气源热泵热水系统建设、太阳能光伏发电系统建设四方面优化，预计年节约标准煤119吨，节约能源费用支出53万元。完成大统路480号机械车库光伏项目建设，年发电量约3.9万度。开展节能宣传周线上知识竞答活动，参与人数达1104人。强化通信资源循环利用，开展集中办公点闲置分机专项排查清理，年内回收电话资源约500台。机关食堂采取大锅小炒、分批烧制、供应小份菜、设置餐饮浪费专职监督员等措施，减少食品浪费。大统路480号机关食堂湿垃圾日均同比下降20%，相关做法被《新民晚报》刊登报道。（周沁沅）

【节约型机关创建】 年内，完成32家单位节约型机关创建工作，全区67家党政机关实现参评率100%、达标率100%。推进节水型载体创建工作，17家党政机关创建为上海市节约用水示范（标杆）机关，14家事业单位创建为上海市节约用水示范（标杆）单位。组织临汾路街道办事处、上海市第三康复医院申报创建上海市节约型公共机构示范单位。（周沁沅）

【机关事务标准化、信息化建设】 年内，制定《静安区政务服务中心重大接待活动后勤保障管理办法》，保障区行政服务中心"区长帮办"活动顺利开展。推进重点领域标准落地，制定《静安区机关集中办公点中大修工作规范》《静安区机关集中办公点物业服务购买办法》等标准10余项。结合"标准推进月"活动，在10个机关集中办公点开展标准化机房建设。加强物业数据收集利用，年内收集各集中办公点重要设施设备维修数据56项、检测数据65项。推进区公务用车信息化管理平台功能升级，为统筹车辆调配、优化使用管理、加强监督检查提供数据支撑。（周沁沅）

四、政协静安区委员会

编辑 庞雅琴

（一）综述

2023年，区政协围绕市委、区委各项决策部署，践行全过程人民民主重大理念，聚焦区委"四范目标"，围绕大力实施"七增计划"、全面推进"五大工程"等全区中心工作开展调查研究、协商议政、民主监督，广泛凝聚共识，为全面推进中国式现代化的静安生动实践贡献政协智慧和力量。

强化理论武装，坚定不移把牢正确政治方向。坚持用党的创新理论武装头脑，把学习贯彻中共二十大精神作为首要政治任务，更加深刻领悟"两个确立"的决定性意义，增强"四个意识"、坚定"四个自信"、做到"两个维护"。坚持党对政协工作的全面领导，常委会会议、主席会议及时传达中央、市委、区委工作要求，严格落实重大问题、重要工作及时向区委请示报告等重要制度。坚持筑牢共同思想政治基础，深化"中共党员委员联系党外委员"工作机制，通过有效运行和民主程序，把党的主张转化为社会各界共识，把区委决策部署落实到全区各党派、各团体、各界别。

服务中心大局，多措并举提高协商议政水平。积极开展广泛多层协商，成功召开政协二届二次会议和年中"小全会"，组织好2场专题议政性常委会会议、3场专题协商会、6场专题通报会。举办各类协商活动48次，开展视察考察调研11次，形成11篇高质量调研报告，报送区委、区政府，助力科学决策。扎实做好提案办理协商，遴选16件重点提案由14名区委、区政府领导领衔督办，举行3场提案归并办理协商会，开展9件提案办理情况"回头看"，进一步推动提案办理落地走实。持续推进民主监督协商，以"'两旧'改造工作推进情况"为主题召开专项民主监督协商会，开展5场"啄木鸟行动"并与相关职能部门开展对口协商，共同提出改进举措。开展委员年末视察活动，为委员履职尽责作好准备。

致力履职为民，持续助推民生改善和基层治理。打造践行全过程人民民主政协委员工作站，指导16家政协委员工作站开展124场各类活动，共有834人次三级委员参与。江宁路街道、大宁路街道2家单位成为践行全过程人民民主政协委员工作站示范点。做好84名在沪全国政协委员和市政协委员入站工作，更好地协同履职。更好服务基层群众，以"共筑绿色守护，同助儿童友好"为主题举办教育论坛，以"春暖静安，筑梦未来"为主题，办好2023年静安区政协委员单位暨百家企业招聘会和人力资源服务分享会,举办"洒向人间都是爱"红十字大型义诊活动。积极反映社情民意,全年收到社情民意信息1415件,报送市政协1009件,130件信息被市政协采用,4件信息被全国政协采用,16件信息获市领导批示,3件信息获区领导批示。

促进团结合作,广泛凝聚人心汇聚共识。更好发挥统一战线组织功能,与区委统战部开展联组学习,参观"统战源·上海静安统战文化中心";围绕"纪念中共中央'五一口号'发布75周年"开展联组学习,深刻领会"五一口号"的重大意义。定期召开党派团体参政议政座谈会、区政协秘书长会议,加强各党派参加政协工作的共同性事务情况交流机制。持续做优委员品牌读书活动,全年开展7场读书会活动,线上线下共吸引超过11万人次社会各界群众观看,进一步加强社会各界的交往交流交融。拓宽面向社会传播共识渠道,全年各类媒体平台共报道静安政协86篇,"静安政协"微信公众号推送信息188条,编辑《静安政协》简报13期。政协之友社完成换届,香梅画苑创建书画创作基地,丰富对外交流内容和方式。

夯实工作基础,全面推进政协自身建设。始终把常委会建设摆在突出位置,全年开展8次常委会会议,组织53名常委参与各类学习培训,开展36场常委联系委员活动,增强政协组织凝聚力和向心力。发挥专委会基础性作用,全年开展115场活动,有2388人次委员参与。重视发挥界别特色作用,推动8个界别委员工作室揭牌成立,鼓励各界别与委员工作站围绕区域发展实际、人民群众关切,延续联手推动设立江宁路街道"宝宝屋"的经验做法,推动界别资源向基层延伸。增强委员履职协商能力,组织委员参加市、区政协委员学习研讨班、到福建古田开展理想信念教育、全国政协第170期地方政

12月26日,区政协党组和区委统战部理论学习中心组一行到"统战源·上海静安统战文化中心"参观见学　　　　　　　　　　　　　　　　　　　　　　　　　　　　　(区政协办　供稿)

协委员（干部）履职业务培训。围绕"责任与担当"主题，开展全体委员网上培训。做优"静安政协"App，做好委员履职情况统计分析，促进委员更好履职尽责。 （林敏慧）

（二）重要会议和活动

【召开区政协二届二次会议】 于1月4日至6日在海上文化中心召开。会议采用主会场+分会场的形式召开。330名政协委员出席会议。大会审议通过区政协常委会工作报告和提案工作报告。与会委员列席区二届人大三次会议，分成16个小组讨论并赞同区政府工作报告、区人民法院工作报告、区人民检察院工作报告和其他报告。区领导出席开、闭幕会议，聆听大会发言，并分别参加静安寺、天目西路等街道的分组会议，听取委员意见并与委员进行互动交流。中共静安区委书记于勇在闭幕会议上讲话。会议通过区政协二届二次会议决议。大会期间，共收到提案157件，确定立案144件。 （林敏慧）

【学习宣传贯彻党的二十大精神】 年内，区政协把学习贯彻中共二十大精神，作为首要政治任务，精心组织集体学习和专题研讨，邀请中共二十大精神专家宣讲团成员作"团结奋斗、接续新长征、谱写新华章"专题报告，引导广大委员和机关干部切实把思想和行动统一到中共二十大精神上来。 （林敏慧）

【开展学习贯彻习近平新时代中国特色社会主义思想主题教育】 年内，区政协认真落实学习贯彻习近平新时代中国特色社会主义思想主题教育各项安排，组织常委参与主题教育读书班，与政协党组成员开展共学，不断深化对党的创新理论认识和把握，更加深刻领悟"两个确立"的决定性意义，增强"四个意识"、坚定"四个自信"、做到"两个维护"。 （林敏慧）

【系列协商活动】 年内，区政协协助区委制定协商工作计划，全年以专题议政性常委会、专题协商会、提案办理协商、对口协商等形式，围绕"构建静安现代化产业体系、不断推进区域高质量发展""持续增进民生福祉、不断提高人民生活品质"等主题，开展48次协商活动。 （林敏慧）

【专题通报会】 年内，区政协组织6场专题通报会，邀请区委、区政府领导分别就区人才工作情况、区社会稳定工作、区"两院"半年工作情况等进行通报，172人次委员参与。 （林敏慧）

【专项民主监督和"啄木鸟行动"】 年内，区政协立足协商式监督定位，以"'两旧'改造工作推进情况"为主题，组织委员到相关部门和街道（镇）了解工作推进情况，进行实地视察，邀请区领导和区相关部门召开专项民主监督协商会，形成"两旧"改造工作推进情况民主监督专报，助力工作有效开展。围绕"'推进绿地建设、提升环境品质'工作推进情况""'美在静安'公共文化圈建设情况"等主题，开展5场"啄木鸟行动"，与相关职能部门开展对口协商，共同提出改进举措，向区委、区政府报送5篇监督专报。 （林敏慧）

【"静·界"读书会】 年内，区政协围绕"深入学习贯彻中共二十大精神""培育创新文化，弘扬科学家精神""青年与苏河""静安'最'咖啡""爱国爱教，进而有为——讲好赵朴初居士的故事""解码中国式现代化：探寻人与自然和谐共生之道""讲好中国故事、传播好中国声音——传统文化（评弹）进社区"主题，开展7场读书会活动，共有191人次三级委员参与，线上线下超过11万人次社会各界群众观看。 （林敏慧）

【政协委员工作站建设】 年内，区政协指导16家政协委员工作站，围绕"推动静安寺商圈向西辐射""强化加梯后续管理""共商共议碳中和一条街试点打造"等主题，组织开展124场各类活动，共有834人次三级委员参与。江宁路街道、大宁路街道2家单位成为践行全过程人民民主政协委员工作站示范点。做好84名在沪全国政协委员和市政协委员入站工作，实现三级委员入站全覆盖，197人次入站委员参与87场活动。 （林敏慧）

【界别委员工作室建设】 年内，区政协坚持"成熟一个、挂牌一个"，推动农工党、总工会、工商联、医药卫生、文化艺术、共青团、青联、少数民族等8个界别委员工作室揭牌成立。围绕区域发展实际、人民群众关切，全年组织开展33场服务为民活动。
（林敏慧）

【政协委员单位暨百家企业招聘活动】 3月24日，区政协联合区人力资源社会保障局等有关部门，以"春暖静安，筑梦未来"为主题，办好2023年静安区政协委员单位暨百家企业招聘会和人力资源服务分享会，包括34家委员单位在内的183家企业提供3238个岗位。 （林敏慧）

【"洒向人间都是爱"红十字健康服务活动】 6月11日，区政协联合上海市医院协会、市红十字会、华山医院等单位，共同举办"洒向人间都是爱"红十字大型义诊活动，活动当天有2253人次现场问诊，36.7万人次收看义诊直播，3.7万人次收看科普讲座。
（林敏慧）

【2023年教育论坛】 6月25日，区政协联合区教育局、民盟区委和民进区委等有关部门，以"共筑绿色守护，同助儿童友好"为主题，举办2023年教育论坛，探讨全社会共同关心的"少年儿童心理健康教育"，助推"暖心护成长"心理友好校园建设公益项目在静安顺利实施。 （林敏慧）

【政协委员年末视察】 11月28日至12月7日，区政协围绕推动高质量发展、创造高品质生活、实现高效能治理3个专题，策划6条线路，组织开展委员年末视察活动，共255名委员参加。 （林敏慧）

表4-1　2023年区政协常务委员会会议情况表

会议名称	日期	主要内容
区政协二届六次常委会议	1月4日	会议审议政协上海市静安区第二届委员会第二次会议决议(草案)；审议通过区政协部分专委会主任调整增补名单
区政协二届七次常委会议	1月6日	会议通过政协上海市静安区第二届委员会第二次会议决议(草案)；听取提案审查情况的汇报；听取分组讨论情况的汇报
区政协二届八次常委会议	3月9日	会议听取政协常委述职；审议通过静安区政协2023年工作要点；通报静安区政协2023年度协商工作计划和静安区政协2023年课题调研安排表；审议干部人事事项
区政协二届九次常委(扩大)会议	5月31日	区委书记于勇出席并讲话。会议围绕"构筑未来发展战略优势，推动高质量发展"开展重点提案办理协商；围绕"构建静安现代化产业体系，不断推进区域高质量发展"开展专题议政性常委会协商

（续表）

会议名称	日期	主要内容
区政协二届十次常委（扩大）会议	6月27日	区委副书记、区长王华出席并讲话。会议围绕"深入践行人民城市理念，创造高品质生活"开展重点提案办理协商；围绕"持续增进民生福祉，不断提高人民生活品质"开展专题议政性常委会协商
区政协二届十一次常委会议	7月19日	会议审议通过关于政协常委调整、委员调整增补名单
区政协二届十二次常委（扩大）会议	7月20日	会议听取区法院、区检察院上半年工作情况通报；主席会议向常委会议报告工作；书面听取区政协二届二次会议以来提案工作情况的报告；听取委员讨论区政府上半年工作情况和下半年工作安排的报告意见汇总
区政协二届十三次常委会议	12月29日	会议传达学习十二届市委四次全会和二届区委八次全会精神；审议通过区政协常委、委员调整增补建议名单，召开区政协二届三次会议的决定（草案），会议议程（草案），会议日程（草案），会议邀请名单（草案），有关会议主持人、报告人名单（草案），委员分组及各组召集人名单（草案），大会秘书长、副秘书长和秘书处各组组长名单（草案），常委会工作报告（送审稿），提案工作报告（送审稿）；听取2023年委员履职情况统计分析的汇报

（林敏慧）

表4-2　2023年区政协主席丁宝定调研视察情况表

日期	调研视察内容
1月17日	走访调研区人力资源社会保障局
2月16日	走访区总工会
3月21日	走访开开集团
4月4日	走访政协老领导刘晓明
4月10日	走访南西功能区
4月11日	走访区法院
4月21日	走访万隆建设工程咨询集团有限公司
5月10日	走访上海锦江国际电子商务有限公司、德莎国际货运代理（上海）有限公司
5月11日	走访中信泰富（中国）投资有限公司、上海光大证券资产管理有限公司
5月25日	走访统战人士潘书鸿、陈峰
5月31日	走访统战人士叶强

(续表)

日期	调研视察内容
6月13日	走访调研共和新路街道
6月14日	走访调研芷江西路街道
7月12日	走访区检察院
7月17日	带队走访慰问海警东海海区指挥部
7月21日	走访慰问彭浦西初雨调蓄池工地、市北医院、临汾路街道760弄居委会
7月25日	带队走访慰问武警上海总队
8月25日	到区地区办调研
9月8日	走访睿侈(上海)贸易有限公司
9月18日至22日	到对口援建的云南省文山壮族苗族自治州广南县、麻栗坡县和文山市政协考察调研
10月16日	到临汾路街道调研
10月19日	带队到江宁路街道句容里居民区开展"四百"大走访活动
10月23日	到民盟区委走访调研
10月24日	走访上海嘉楠捷思信息技术有限公司
10月25日	到民革区委走访调研，到惠氏党支部开展"四百"大走访，走访华院计算技术(上海)股份有限公司、上海浪潮云计算服务有限公司、上海加宁新材料科技有限公司
10月31日	到彭浦镇北一居民区开展"四百"大走访
11月1日	到九三学社区委走访调研
11月3日	走访全国政协委员、静安寺主持惠明法师
12月7日	带队开展年末委员视察

(林敏慧)

(三)提案工作

【"提升教育品质"专题政协提案归并办理协商】 3月29日，区政协举行"提升教育品质"专题政协提案归并办理协商会，由区政协提案委员会、区教育局、区政府督查室联合开展。区政协副主席、提案委员会主任宋大杰主持并讲话。委员们参观静安区业余大学。在随后举行的协商座谈会上，区教育局对政协提案中的相关意见建议进行集中答复，并对区教育事业发展情况作通报。8名提案者对区教育局提案办理工作给予充分肯定，并围绕进一步完善"宝宝屋"建设、加大推动体教结合力度、完善职业教育规划和职校生职业发展、开设数字经济和新能源等职业课程、加强老年人口的数字化培训和服务等方

面提出意见建议。　　　　　　（林敏慧）

【"城市建设和管理"专题政协提案归并办理协商】
4月7日,区政协举行"城市建设和管理"专题政协提案归并办理协商会,由区政协提案委员会、区建设管理委、区政府督查室联合开展。区政协副主席、提案委员会主任宋大杰主持并讲话。在协商座谈会上,区建管委对年度建管委的工作形势与目标进行介绍,对政协提案进行集中答复,并对提案办理基本情况和城市建设工作推进情况作通报。3名提案者对区建管委提案办理工作给予充分肯定,并围绕优化建筑节能减排政策、加装无障碍电梯、完善路面架空线路等方面提出意见建议。会后,委员们到北苏州路公共空间、苏河湾绿地、苏河湾中心进行视察。
　　　　　　　　　　　　　（林敏慧）

【"医疗服务能力提升"专题提案归并办理协商】　4月13日,区政协举行"医疗服务能力提升"专题提案归并办理协商会,由区政协提案委员会、区卫生健康委、区政府督查室联合开展。区政协副主席陈琦华主持并讲话。委员们参观区疾病预防控制中心新实验楼,听取实验楼建设情况。在随后举行的协商座谈会上,区卫生健康委对政协提案进行集中答复,并围绕构建高水平卫生健康服务体系、推动卫生健康事业高质量发展作通报。9名提案者对区卫生健康委提案办理工作予以肯定,并围绕进一步完善医疗分级诊疗、护理专业化培训、医疗服务体系构建、医师线上培训、医疗人才培育、医疗系统数字化转型、中医健康持续发展等方面提出意见建议。
　　　　　　　　　　　　　（林敏慧）

【"提升城区治理现代化水平,实现高效能治理"重点提案督办协商】　4月20日,区政协举行"提升城区治理现代化水平,实现高效能治理"重点提案督办协商会。副区长、区公安分局局长姜坚,副区长李震出席并讲话。区政协副主席宋大杰主持会议,

区政协副主席聂丹,区委组织部、区司法局、区建管委、区房管局、区地区办等部门负责人,相关提案者及部分政协委员出席。会上,区房管局、区建管委、区司法局、区委组织部、区地区办分别通报4件重点提案及相关提案的办理落实情况。4名委员作回应发言,认为办理单位认真负责,主动与提案者协商沟通,积极研究工作举措,提案建议得到很好的采纳落实,并从加强法治建设、加大数智应用、满足多元化需求等方面提出意见建议。　　（林敏慧）

【"构筑未来发展战略优势,推动高质量发展"重点提案办理协商】　5月31日,区政协举行二届九次常委(扩大)会议暨"构筑未来发展战略优势,推动高质量发展"重点提案办理协商会,区委书记于勇出席并讲话,区委常委、副区长梅广清作情况通报。区委办公室、区发展改革委、区商务委、区科委、区司法局、区财政局、区人力资源社会保障局、区文化旅游局、区市场监管局、区统计局、区投资办、区金融办、区税务分局,南西功能区、苏河湾功能区、大宁功能区、市北功能区等部门负责人参加。区政协常委、副秘书长、各专委会主任、相关提案者及部分政协委员出席。会上,梅广清通报静安区现代化产业体系情况。区发展改革委、区商务委、区科委分别通报6件重点提案以及相关提案的办理情况。3名委员对办理部门负责人及时主动上门办理、认真细致办理答复、充分交流达成共识表示满意,认为提案办理高效高质,体现了提案价值、提高了办理质量。
　　　　　　　　　　　　　（林敏慧）

【"深入践行人民城市理念,创造高品质生活"重点提案办理协商】　6月27日,区政协举行二届十次常委(扩大)会议暨"深入践行人民城市理念,创造高品质生活"重点提案办理协商。区委副书记、区长王华出席并讲话,区委常委、常务副区长傅俊作专题通报。区政府办公室、区教育局、区民政局、区人力资源社会

保障局、区规划资源局、区文化旅游局、区卫生健康委、区体育局、区档案局等部门负责人参加。区政协常委、副秘书长、各专委会主任、相关提案者及部分政协委员出席。会上，傅俊通报区民生工作情况。区规划资源局、区民政局、区文化旅游局、区方志办分别通报重点提案及相关提案办理情况，区卫生健康委、区教育局、区体育局书面通报重点提案及相关提案办理情况。3名委员对提案后续办理落实情况表示满意，认为提案办理过程体现部门认真细致的工作态度和严谨务实的工作作风，对办理部门的高度重视、积极办理感到满意。　　　　　　　　　　（林敏慧）

【"西藏北路海宁路天桥四角亟需设置电梯的建议"提案办理"回头看"活动】 11月23日，区政协举行"西藏北路海宁路天桥四角亟需设置电梯的建议"提案办理"回头看"活动，区政协副主席、提案委员会主任宋大杰出席并讲话。区政协提案委员会及相关提案者、委员参加。会前，与会人员实地考察西藏北路海宁路天桥，听取区建管委相关负责人对西藏北路海宁路天桥加装电梯工作的情况介绍。会上，区建管委相关负责人对相关提案再次办理答复，并介绍西藏北路天桥电梯加装后续安排。9名委员作交流发言，对提案办理工作予以肯定，并围绕总结提案办理过程中的优秀案例和经验，加大提案办理的督办力度，加强市区政协联动、多渠道多途径推动问题解决等提出意见建议。（林敏慧）

表4-3　2023年静安区政协优秀提案情况表

（按提案号顺序排列）

序号	提案号	提案者	案由	办理结果
1	004	民革区委	精心做好安居服务，促进人才无忧发展	解决或采纳
2	011	民盟区委	系统谋划，彰显品质，推进静安城区精细化管理水平迭代升级	解决或采纳
3	014	民建区委	引流跨境电商产业，打造静安经济新势力	解决或采纳
4	015	民进区委	关于丰富社区就医模式，推动分级诊疗有效落地的建议	解决或采纳
5	019	农工党区委	创新跨界发展静安大健康产业	解决或采纳
6	021	致公党区委	践行依法治国方略，提升社区依法治理水平	解决或采纳
7	023	九三学社区委	静安区数字经济发展建议	解决或采纳
8	025	区工商联	关于推动静安绿色低碳产业高质量发展的建议	解决或采纳
9	027	区政协文化文史和学习委员会	关于进一步开发利用静安区文化文史资源的建议	解决或采纳
10	029	区政协教科卫体委员会	静安区打造高质量"15分钟公共生活圈"的思考	解决或采纳
11	031	区政协港澳台侨委员会	深入实施全球服务商计划，持续扩大品牌影响力	解决或采纳

（续表）

序号	提案号	提案者	案由	办理结果
12	036	姚耀　钟岭　王红兵　彭德荣	关于创新区积极应对老龄化挑战的新思路	解决或采纳
13	050	王蔷　王蕴	关于推进全民健身运动，打造活力城区的建议	解决或采纳
14	104	孙忠　徐继红	关于西藏北路海宁路天桥四角亟需设置电梯的建议	解决或采纳
15	123	区政协教育界别	关于静安区持续推进"教育友好型城区"共建共治共享的建议	解决或采纳
16	138	任新建	打响"总·商·会"Slogan，全面提升苏河湾功能区规模能级	解决或采纳
17	144	宋汝良　张丽珍	坚持党建引领，充分发挥数智赋能技术支撑，提升基层治理能力的建议	解决或采纳

（林敏慧）

表4-4　2023年静安区政协重点提案情况表

序号	提案号	提案者	案由
1	138	任新建	打响"总·商·会"Slogan，全面提升苏河湾功能区规模能级
2	031	区政协港澳台侨委员会	深入实施全球服务商计划，持续扩大品牌影响力
3	023	九三学社区委	静安区数字经济发展建议
4	014	民建区委	引流跨境电商产业，打造静安经济新势力
5	019	农工党区委	创新跨界发展静安大健康产业
6	025	区工商联	关于推动静安绿色低碳产业高质量发展的建议
7	029	区政协教科卫体委员会	静安区打造高质量"15分钟公共生活圈"的思考
8	036	姚耀　钟岭　王红兵　彭德荣	关于创新我区积极应对老龄化挑战的新思路
9	123	区政协教育界别	关于静安区持续推进"教育友好型城区"共建共治共享的建议
10	027	区政协文化文史和学习委员会	关于进一步开发利用静安区文化文史资源的建议
11	015	民进区委	关于丰富社区就医模式，推动分级诊疗有效落地的建议
12	050	王蔷　王蕴	关于推进全民健身运动，打造活力城区的建议
13	011	民盟区委	系统谋划，彰显品质，推进静安城区精细化管理水平迭代升级

(续表)

序号	提案号	提案者	案由
14	002	民革区委	关于成套改造项目审批流程的若干问题及建议
15	144	宋汝良 张丽珍	坚持党建引领,充分发挥数智赋能技术支撑,提升基层治理能力的建议
16	021	致公党区委	践行依法治国方略,提升社区依法治理水平

(林敏慧)

(四)调研工作

【静安区出实招、硬招、新招,推动重点产业体系发展研究】 4月至5月,由区政协经济委员会牵头,开展"静安区出实招、硬招、新招,推动重点产业体系发展研究"重点课题调研。课题组多次走访区有关部门,开展多场座谈研讨,在调研报告中提出"出实招:打好开放创新牌,落定实政策、实服务;出硬招:打好模式创新牌,强化硬链接、硬辐射;出新招:打好路径创新牌,催生新赛道、新动能"3个方面,共27条建议。 (林敏慧)

【持续增进民生福祉,不断提高人民生活品质】 4月至10月,由区政协教科卫体委员会牵头,开展"持续增进民生福祉,不断提高人民生活品质"重点课题调研。课题组多次走访市区有关部门,进行座谈研讨,在调研报告中提出"多措并举,做实援企稳岗保用工;动态作为,切实提供优质均衡教育;扩容增能,提升基层卫生服务能级;挖潜提效,提供融合智慧体育服务"4个方面,共10条建议。 (林敏慧)

【深化落实"全球服务商计划",推动静安高水平开放创新】 5月至9月,由区政协经济委员会牵头,开展"深化落实'全球服务商计划',推动静安高水平开放创新"课题调研。课题组多次走访市区有关部门,开展多场座谈研讨,在调研报告中提出"深化'运营',创新服务机制;强化'吸引',扩大影响能级;优化'培育',提升内生动力"3个方面,共11条建议。 (林敏慧)

【调动各方资源,合力推动静安区"两旧"工作高质量发展】 4月至10月,由区政协人口资源环境建设委员会牵头,开展"调动各方资源,合力推动静安区'两旧'工作高质量发展"课题调研。课题组多次走访市区有关部门,进行座谈研讨,在调研报告中提出"加强市区两级统筹协调,形成政策合力;根据'两旧'实际工作情况,争取政策突破;针对静安南部地域特点,打造'静安模式';吸引多元主体参与旧改,引导资金平衡;探索简易高效司法路径,拔除不利因素;及时总结阶段经验教训,形成工作规范"6个方面,共19条建议。 (林敏慧)

【进一步提升本区社区卫生服务能力的建议】 4月至10月,由区政协教科卫体委员会牵头,开展"进一步提升区社区卫生服务能力的建议"课题调研。课题组多次走访市区有关部门,进行座谈研讨,在调研报告中提出"加强顶层设计,建立政府保障基层发展的新机制;多方携手共进,构建整合型医疗卫生服务新体系;依托信息技术,赋能基层发展的新动能;注重示范引导,营造家庭医生签约发展的新环境"4个方面,共10条建议。 (林敏慧)

【打造人文苏河IP，扩大"苏河湾"品牌效应】 4月至10月，由区政协文化文史和学习委员会牵头，开展"打造人文苏河IP，扩大'苏河湾'品牌效应"课题调研。课题组多次走访区有关部门、企业，进行座谈研讨，并到外省市调研考察。在调研报告中提出"从内容上找燃点，丰富人文苏河IP内涵；从宣传上建矩阵，塑造人文苏河IP形象；从机制上求突破，夯实人文苏河IP保障"3个方面，共6条建议。 （林敏慧）

【完善区养老服务体系，建设老年友好型城区】 4月至10月，由区政协社会和法制委员会牵头，开展"完善我区养老服务体系，建设老年友好型城区"课题调研。课题组多次走访市区有关部门，进行座谈研讨，在调研报告中提出"扩量增效，推进养老机构建设达标；服务均衡，打造嵌入式'15分钟乐龄生活圈'；总结推广，通过'五床联动'整体提升老年人福祉；统筹资源，建设一支专业化、职业化养老服务队伍；整合资源，实现老年人生活'老有颐养'"5个方面，共13条建议。 （林敏慧）

【静安民族团结进步创建社会化运行的实践与思考】 8月至11月，由区政协民族和宗教委员会牵头，开展"静安民族团结进步创建社会化运行的实践与思考"课题调研。课题组多次走访区有关部门，进行座谈研讨，在调研报告中提出4个方面建议。 （林敏慧）

【深化静安国际消费中心城市示范区建设】 4月至10月，由区政协港澳台侨委员会牵头，开展"深化静安国际消费中心城市示范区建设"课题调研。课题组多次走访市区有关部门、企业，进行座谈研讨，并到外省市调研考察。在调研报告中提出"以品牌化'聚能'，构筑全球消费新高地；以特色化'强能'，激发消费市场热活力；以便利化'储能'，营造品质消费软环境"3个方面，共14条建议。 （林敏慧）

【践行全过程人民民主，推进政协协商有效服务基层治理】 4月至10月，由区政协社区建设委员会牵头，开展"践行全过程人民民主，推进政协协商有效服务基层治理——静安区政协委员工作站实践探索中的思考"课题调研。课题组多次走访市区有关部门，进行座谈研讨，在调研报告中提出"强化制度建设，扩大'协商议事厅'的影响力，让其真正成为静安的一张名片；强化效果导向，提升'协商议事厅'的实效性；注重委员联系，切实提升委员的参与率和感受度"3个方面，共10条建议。 （林敏慧）

【静安区科技创新体系建设研究】 4月至10月，由区政协科技科协界别牵头，开展"静安区科技创新体系建设研究"课题调研。在调研报告中提出"发挥科技创新平台的牵引作用，打造科技创新策源引擎；坚持以企业为主体、以需求为导向，完善科技创新创业服务生态；重视科技金融的支撑作用，打造精准有效的企业融资服务体系；注重科技创新投入产出效率，形成长短结合、质量并重的科技创新指标体系；注重政策协同、紧抓有效落地的政策制度体系"5个方面建议。 （林敏慧）

五、纪检·监察

编辑 庞雅琴

(一) 综述

2023年是全面贯彻党的二十大精神的开局之年，也是静安区实施"十四五"规划承上启下的关键一年。在市纪委监委和区委的坚强领导下，静安区纪委监委坚持以习近平新时代中国特色社会主义思想为指导，深入学习贯彻党的二十大精神，全面落实二十届中央纪委二次全会、十二届市纪委二次全会精神，坚决执行二届区委六次、七次全会工作部署，坚持稳中求进工作总基调，以协同推进主题教育、教育整顿、巡视整改重点任务为主线，充分发挥全面从严治党引领保障作用，认真履行纪检监察职责，坚定不移正风肃纪反腐，着力健全"全生态护航、全周期管理、全方位监督、全领域纠治、全流程提质、全系统铸魂"的静安纪检监察工作体系，为静安打造中国式现代化城区样本提供坚强保障。紧紧围绕"国之大者"，切实担负起捍卫"两个确立"、践行"两个维护"重大政治责任。做深做实"整篇文章"，坚决打好反腐败斗争攻坚战持久战。牢牢把握"第一职责"，充分释放纪检监察体制改革治理效能。全面擦亮"金色名片"，有力强化求真务实、清正廉洁的新风正气。始终保持"利剑震慑"，持续推动新时代巡察工作高质量发展。深入灵魂"精神洗礼"，着力打造忠诚干净担当的纪检监察铁军。年内，区纪委监委把学习贯彻习近平新时代中国特色社会主义思想主题教育和深入开展纪检监察干部队伍教育整顿作为贯彻落实党的二十大精神的重要举措，建立党课教学、集体研学、个人自学、现场深学、联组共学的"五学联动"机制，领导班子带头领学促学，先后开展19次中心组专题学习，15次主题教育读书班集中学习。2023年全区纪检监察组织处置问题线索419件次。立案102件，其中自办件77件。涉及处级干部21人。对12人采取留置措施。结案103件，处分95人，移送司法机关17人。挽回经济损失8084.60万元。运用监督执纪"四种形态"处理331人次，各形态分别占比68.0%、18.7%、4.2%、9.1%。

(田如安)

(二) 重要会议和活动

【二届区纪委三次全会】 于1月19日在常德路370号召开。区委书记于勇出席会议并讲话。会议提出，要深入学习、全面把握党的二十大精神和习近平总书记在二十届中央纪委二次全会上的重要讲话精神，认真落实十二届市纪委二次全会精神，切实把思想和行动统一到党中央和市委关于全面从严治党的形势判断和决策部署上来，持之以恒推进全面从严治党，深入推进新时代党的建设新的伟大工程。区委副书记、区长王华主持全会第一次会议，区委常委、区纪委书记、区监委主任高飞代表区纪委常委会向全会作工作报告。区四套班子领导、区法院院长、区检察院检察长及其他市管干部出席第一次会议。市纪委专门派员指导。高飞主持全会第二次会议。全会审议通过《保持自我革命定力，坚定不移推进全面从严治党，为静安加快建设卓越的现代化国际城区提供坚强保障》的工作报告和二届区纪委三次全会决议。区纪委委员、区监委委员，区委巡察办、巡察组主要负责人，区属各单位党组织主要负责人，区纪委监委机关各部室、派驻纪检监察组主要负责人等参加会议。会议邀请部分特约监察员参加。　　　　　　　（田如安）

【市纪委监委领导调研】 2月9日，市纪委副书记、市监委副主任杨慧亮到静安调研指导，区委常委、区纪委书记、区监委主任高飞陪同调研。杨慧亮深入基层一线，实地走访江宁路街道党群服务中心，就地召开部分街镇居民区干部座谈会，围绕整治形式主义为基层减负与大家进行交流，并听取区纪委监委有关工作汇报。市纪委监委党风政风监督室，区纪委监委有关人员参加调研。　（田如安）

【党风廉政教育月系列活动】 9月，静安区党风廉政教育月围绕"崇廉尚洁、实干担当"主题，组织开展"六个一"活动，召开一次全面从严治党警示教育大会。9月5日，静安区召开全面从严治党警示教育大会，区委书记于勇出席会议并讲话，会议由区委副书记、区长王华主持，区四套班子领导等市管干部，各部、委、办、局、各人民团体，相关事业单位，区管各重点企业，各街镇区管干部，全区纪检监察干部，年轻干部代表等参加会议。会议还特邀市纪委监委教育整顿第四督导组和市纪委监委七室相关

1月19日，召开中国共产党上海市静安区第二届纪律检查委员会第三次全体会议　　（区纪委　供稿）

负责人,以及特约监察员代表到会指导监督;通报一批违纪违法典型案例,在全面从严治党警示教育大会上,区委常委、区纪委书记、区监委主任高飞通报一批违纪违法典型案例;开展一次网上廉洁文化展馆参观活动,进一步发挥全市首家网上廉洁文化展馆数字化、便捷化效应,优化展馆设置和内容,吸引近3万人次参展体验;举办一堂廉政党课,党风党规党纪宣讲团和"清风侠"宣讲团共宣讲118次;观看一部警示教育片,在全面从严治党警示教育大会上,与会人员观看警示教育片,全区各机关单位共借阅83次;举办一次廉政微剧展演活动,由区法院等5家单位干部自导自编自演的5部优秀廉政微剧,展现新时代党员干部廉洁用权、廉洁修身、廉洁齐家的风采。

(田如安)

(三)纪检监察体制改革

【政治监督】 年内,区纪委监委聚焦学习贯彻党的二十大精神、为基层减负、优化营商环境等任务明确5项年度政治监督重点事项,逐项分解任务,明确责任、跟进监督,增强工作实效。聚焦习近平总书记重要讲话精神和党中央决策部署,围绕市纪委监委政治监督"一账三看六清单"("一账":政治监督重点任务的工作台账;"三看":看党的二十大战略部署落实了没有、落实的好不好,看党中央提出的重点任务、重点举措、重要政策、重要要求贯彻得怎么样,看属于本地区本单位本部门的职责有没有担当起来;"六清单":监督清单、问题清单、反馈清单、整改清单、"回头看"清单、报告清单)工作要求,市区联动承接24项重点政治任务,加强问题发现、督导整改、闭环管理等关键环节设计,制定符合静安实际、融入"四项监督"(纪律监督、监察监督、派驻监督、巡察监督)格局的6项政治监督精准化具体举措,以项目化、清单化推动政治监督见人见事见效。坚持以政治监督引领日常监督,健全完善项目清单管理机制,加大考核指标量化和分值比重,监督保障作用有效发挥。

(田如安)

【日常监督】 年内,区纪委监委强化顶层设计,建立统筹"四项监督"领导小组,制定1个实施意见,配套7项运作机制,形成"1+1+7"体系架构。坚持目标任务引领,分层分类建立141项监督重点事项,实行台账管理、挂图作战,推动监督工作质效提升。深化"小切口"监督模式,围绕农民工欠薪问题处置、稳就业促就业政策落实、工作手机使用管理等开展专项监督调研,促进监督成果转化为治理实效。制定《关于进一步加强党内监督与审计监督、财会监督、统计监督贯通协同的实施方案》,加强工作统筹、信息统筹、人员统筹。充分发挥派驻监督的前哨、探头作用,推进派驻监督从"有形覆盖"向"有效覆盖"提升。建立委领导班子带信下访工作机制,指导督促基层化解近年来反映集中的10件信访件,有效回应群众关切。

(田如安)

【专项监督】 年内,区纪委监委聚焦重点领域深入督促检查,对市委主要领导批示的一起加装电梯舆情及时主动跟进监督,围绕项目启动、工程发包、资金使用、日常监管、矛盾处置等环节开展责任调查,党纪政务处分3人,组织处理9人。深化案后治理,督促相关职能部门修订完善4项工作机制,推动长治长效。聚焦重大事故隐患开展专项检查,推动开展安全生产事故防范专项整治,查处1起安全生产责任事故,给予警告处分1人,批评教育1人。聚焦医疗领域腐败问题配合开展集中整治工作,精准处置问题线索,推动整治见行见效。

(田如安)

【实施下沉包联机制】 年内,区纪委监委紧盯基层纪检监察力量薄弱问题,实施静安区纪检监察力量下沉包联机制，探索构建"区纪委监委联片、街镇纪（工）委抓面、居（村）监督力量管点"的上下贯通监督模式，以高质量监督推动基层治理高质量发展。

（田如安）

（四）"四责协同"机制建设

【在深化"四责协同"中压实政治责任】 年内，区纪委监委制定全区党风廉政建设和反腐败重点任务清单，分解细化为31项具体任务，推动全区各单位对照落实。协助区委开展全区党委（党组）"一把手"述责述廉，对大口单位党委进行民主评议；抽取14家单位开展落实管党治党责任专项调研，压紧压实政治责任。从区委至基层党组织全覆盖开展党风廉政建设责任承诺制，对536份处级领导干部责任承诺书进行备案检查，指出问题38个，并对问题突出的7家单位在全区范围内进行通报。依托《静安报》平台，分批组织8家单位党政纪主要负责人以及年轻干部谈"四责协同"认识体会和方法举措，营造履责践诺良好氛围。

（田如安）

（五）监督执纪执法

【重大腐败案件查处】 年内，区纪委监委在保质保量完成区线索案件处置的同时，高效推进市纪委监委交办和指定管辖的办案任务，深挖细查一起房地产领域的重大腐败窝串案，涉案人员6人，涉案金额高达4000余万元。坚持受贿行贿一起查，在依法查处上海实业发展有限公司总监桂某受贿案的同时，对相关行贿人立案处置并移送司法，坚决斩断"围猎"和甘于被"围猎"的利益链。

（田如安）

【深化系统施治举措】 年内，区纪委监委巩固拓展国资国企领域系统施治成果，深化"靶向切入"有效手段，对国资国企领域退休职工返聘、存量房交易、高温津补贴发放和商业医疗保险购买等开展专项监督调研，以重点问题为切入口深入推进专项治理，形成13篇调研分析报告，推动完善6项监管机制，进一步规范国资国企管理运营。深化区粮食购销领域腐败问题专项整治，制定专项整治实施方案，督促区粮食和物资储备部门对专项治理和巡察发现问题开展"回头看"，有效运用"两书一单"，推动堵漏建制，强化风险防范。

（田如安）

【中央八项规定精神监督检查】 年内，区纪委监委坚持严字当头，对12家机关事业单位及其5家下属单位开展贯彻执行中央八项规定精神解决形式主义为基层减负专项督查，查找九大类98个问题，移交4条问题线索，对顶风违纪行为从严查处。牢牢把握"节点就是考点"的工作要求，常态化开展明察暗访，深化运用公务用车监督管理平台、税控发票系统等大数据平台，深入扎实纠治节点易发多发问题，推动营造清廉过节的浓厚氛围。共处置违反中央八项规定精神问题线索124件，立案36件，处分38人，公开曝光6起违反中央八项规定精神典型问题。

（田如安）

【损害群众合法权益检查】 年内，区纪委监委聚焦群众关注度高、问题多发频发行业领域，制定作风整治专项行动方案，深入开展"12345"市民服务热线工单办理、窗口服务单位作风建设、对口支援项目资金使用管理等8个领域专项治理，督促职能部门起底梳理问题，系统自查自纠，切实推动解决侵害群众利益的突出问题。深化落实扫黑除恶"打伞破网"常态化机制，开展重要线索起底梳理和重点案件"回头看"，推动与司法机关协同协作走深走实。处置民生领域问题线索31件，立案11件。

（田如安）

【干部担当作为问题检查】 年内,区纪委监委坚持问题导向,全覆盖调研14个街镇及部分居民区,深入核查群众反映强烈的形式主义、官僚主义重点问题,督促完善三方面工作机制,移交问题线索1件。多轮次开展"为基层减负"问题整改督查和"回头看",围绕居村挂牌、证明事项、信息系统等重点问题深入整治,让干部群众把精力真正花在干实事上。针对监督发现的在群租整治工作中存在的形式主义、官僚主义问题,强化督促检查,推动开展综合整治,有力整治群租乱象,对3人予以问责,以有力有效监督推动干部担当作为。 （田如安）

（六）巡视巡察工作

【在落实巡视整改中强化政治担当】 年内,区纪委监委全力做好配合市委巡视静安、提级巡视区纪委监委等工作。巡视整改中,建立并实施组织领导、专班运作、协同督办"三项机制",问题清单、任务清单、责任清单"三张清单",周督周报、对账销号、滚动清零"三种措施"。贯通落实巡视整改主体责任和监督责任,以强有力的监督加强对全区各责任单位巡视整改落实情况的督促检查,推动整改任务落地见效。市委巡视静安涉及纪委监委的六方面问题,提级巡视的17项问题,基本完成整改,巡察专项检查五方面问题全部完成整改。由表及里推动问题深挖根治,修订完善相关制度13项,推动实现问题整改、机制完善和效能提升的有机贯通。 （田如安）

【统筹推进提升工作质效】 年内,区委巡察办协助区委修订二届区委巡察工作规划,科学谋划巡察工作布局。完成二届区委第三、四轮对16家单位党组织的常规巡察,共发现问题468个,形成专题报告3份,移交问题线索30件。压茬推进第五轮巡察,启动对7家单位党组织的常规巡察和"回头看",进一步发挥巡察利剑作用,形成有力震慑。 （田如安）

【压实责任强化整改运用】 年内,区委巡察办协助区委制定《关于深化"四方联动"工作机制进一步加强巡察整改和成果运用的意见》,压实各方责任、健全工作机制、形成工作合力,推动巡察整改和成果运用落地见效。加强巡察整改日常监督,紧盯重点问题和关键环节,全程跟进监督,推动问题整改措施落实落细。强化统筹督促职能,对一届区委巡察中的整改落实情况进行系统梳理和监督推进,形成3篇专题调研报告并报送区委主要领导,做到"件件有着落,事事有回音"。 （田如安）

【完善机制加强规范建设】 年内,区委巡察办系统构建巡察工作制度体系,完善优秀年轻干部培养使用机制,将优秀巡察干部纳入区"三个一批"优秀年轻干部选培管用。建立巡察前与巡察组组长谈话机制,压紧压实巡察监督责任和组长"第一责任"。结合巡视信息管理不规范专项整治工作开展全面梳理自查,夯实信息化建设基础,提高巡察工作数字化、规范化水平。 （田如安）

（七）净化政治生态

【在涵养新风正气中净化政治生态】 年内,区纪委监委实行常态化政治生态分析研判,形成国资国企领域综合和专题各1份政治生态分析报告。完善政治生态考核评价体系,量化10项指标分值,实现考核评价以定量为主、定性为辅。制定落实"三个分开来"操作指引,探索建立重大改革事项备案机制,营造干事创业良好环境。协助区委制定《关于进一步加强年轻干部教育管理监督工作的实施意见》，帮助年轻干部筑牢廉洁从政防线。推进区管干部"红黄绿"分类管理制度，动态更新全区领导干部廉政档案，摸清底数精准廉政"画像"。严把党风廉政意见回复关，当好政治生态"护林员"，出具党风廉政意见2699人次，提出否定性意见6条。

（田如安）

【**推进廉洁文化共享**】 年内，区纪委监委着力打造"静安区廉洁文化共享圈"，与4家驻区央企和2所辖区内高校签订合作协议，共享共用廉洁文化教育资源。有形有效完善"区委主导、纪委主推、系统主抓、单位主责"常态化推进机制，深化打造廉洁教育品牌，连续14年举办党风廉政教育月活动，组织召开全面从严治党警示教育千人大会，对43个违纪违法典型案例点名道姓通报曝光，形成强大震慑。

（田如安）

（八）干部队伍建设

【**强化学习教育**】 年内，区纪委监委结合主题教育和教育整顿认真落实中心组理论学习"第一议题"制度，健全完善区纪委常委会理论学习中心组先学、领读、研讨"三联动"学习机制。发挥关键少数示范引领作用，主要负责人先后给全区纪检监察干部作专题党课报告4次，营造浓厚以上率下学习氛围。集中精力抓好理论学习，多形式多渠道推动学习融入日常、常抓长效。持续深化"四范型"模范机关建设，中共上海市静安区纪律检查委员会获评上海市模范机关建设表扬单位、上海市优秀学习型组织。

（田如安）

【**推进检视整治**】 年内，区纪委监委根据纪检监察干部队伍教育整顿相关要求，坚持刀刃向内，组织干部对照6个方面开展4轮自我检视，班子、全系统分别查摆问题13条、4908条。全面梳理工作中存在的各类风险隐患，形成问题清单、责任清单、措施清单并实时动态更新。"三张清单"自查问题31项，均完成整改。分层分类开展多轮全员谈心谈话，做深做细思想政治工作，引导督促3名干部主动说清问题。对党的十八大以来涉及区纪检监察干部的30件问题线索进行再起底，27件经查作不实办结，3件作组织处理。新受理纪检监察干部问题线索12件，其中9件办结，1件作党内严重警告处分并将受处分人调离纪检岗位，1件作党内警告处分，1件经谈话

4月26日，举办静安区纪检监察干部队伍专题党课 （区纪委　供稿）

处置后作批评教育。　　　　　（田如安）

【纪检干部能力培训】　年内，区纪委监委持续推进全员培训，拓展多渠道干部培训途径，举办全区纪检监察干部专题培训班，选派52人次参与上级纪委监委专案、市委巡视及各类培训，以培训结合实战练兵促进能力提升。开展办案、监督、学习、宣传"四能手"岗位技能大练兵，推动形成比学赶超浓厚氛围。加强年轻干部教育培养，通过"清风侠"风采展示活动、征文比赛、业务学习沙龙等形式，着力打造中青年干部蓄水池。完成全系统137名监察官等级首次确定工作，稳妥有序加强队伍建设。聘请15名区监委第二届特约监察员，广泛接受社会监督。　　　　　　　（田如安）

【规范权力运行机制】　年内，区纪委监委依托"监督检查审查调查业务办理平台"，推动线索管理实现全周期闭环统管，不断提升线索管理质效。开展办案安全专项督查检查，强化留置场所管理，牢牢守住办案安全底线。紧盯岗位履职的薄弱点、易发多发的风险点、队伍建设的关键点，健全内控管理机制，抓好巩固提升，新建修订《干部日常行为规范》等21项制度机制，促进教育整顿成果制度化、规范化、长效化。　　　　　　　（田如安）

（九）开展调研工作

【主题教育、教育整顿联动】　年内，区纪委监委把调查研究作为主题教育、教育整顿的重要内容，主要负责人牵头开展"静安区纪检监察干部队伍担当作为作风建设"课题调研，全委处级以上领导干部每人牵头1个课题开展调研，以调研抓队伍、强作风、促发展。　　　　　　　（田如安）

【强化市区上下联动】　年内，区纪委监委积极融入市纪委监委课题调研项目，市区联动合作开展"区统筹、抓街镇、促村居"课题调研，初步建立起基层监督"1+7"制度体系。　　　（田如安）

【强化整改整治联动】　年内，区纪委监委把调研课题同开展主题教育、推进教育整顿、落实巡视整改、完成业务工作有机融合起来，做到在学习上一体安排，查摆上一体推进，整改上一体落实，坚决做到全面查、深处剖、实里改。　　　　　（田如安）

六、民主党派·工商联

编辑 庞雅琴

（一）民革区委

【概况】 2023年是全面贯彻落实中共二十大精神开局之年，是静安实施"十四五"规划中期评估之年，民革区委始终把思想政治建设摆在自身建设的核心位置，深入学习贯彻中共二十大精神和习近平新时代中国特色社会主义思想，认真开展"凝心铸魂强根基、团结奋进新征程"主题教育，牢牢把握"学思想、强根基、重履职、建新功"的总要求，组织全区民革党员开展专题辅导报告、主题学习、参观学习、专题网络培训等，凝聚党员思想共识，推动主题教育走深走实。组织党员积极参加民革市委会举办的"风雨同舟75载——纪念'五一口号'发布75周年暨民革成立75周年"主题征文，共报送征文19篇，并在内部简报《传承》开设"纪念'五一口号'发布75周年"专栏予以选登。2023年是统战机关建设年，民革区委按照中共区委统战部机关建设年活动方案要求，结合民革工作实际，完善修订相关制度，提升机关干部的能力水平，推动机关工作高质量发展。注重夯实组织建设，指导部分支部开展届中调整工作，巩固前两批示范支部创建活动成果，发挥示范引领作用，推进民革示范支部（第三批）创建活动。引导支部开展形式多样的组织生活，关心关爱困难、高龄党员，增强基层组织的活力和凝聚力。继续做好寒暑两季对老同志及代表人士慰问走访工作，共慰问近80人次。成立民革静安区第二届委员会各专门委员会和《传承》编委会，加强专委会专业化、特色化建设，指导新一届专委会结合主题教育，推进各项工作。妇老委紧扣三八妇女节、敬老节等节点，组织50余名女党员到松江区开展学习活动，举办重阳节敬老座谈会，并为39名80岁以上的高龄党员送去重阳糕点。5月，祖统委接待湖州民革市委会一行到区考察调研，并开展共建交流；9月，民革市委会祖统委与静安区委祖统委开展联合学习交流活动。7月，参政议政委召开第一次全体委员会议，交流分享撰写社情民意信息的经验和体会，并参观北京盈科（上海）律师事务所以及宝矿洲际商务中心"楼宇会"党建主题展、人大代表之家、民革党员之家等阵地建设。10月，经济与社会服务委组织全体委员参观上海市中心城区首个"留改拆"城市更新试点项目——张园，助力课题调研工作。着力完善高层次和代表性人才发现、联系、培养和使用的机制与平台，强化代表人士及干部队伍教育培训，推进人才梯队建设。年内，选派1名党员参加民革市委会第40期中青年骨干培训班、1名党员参加民革市委会第11期参政议政骨干研修班、1名党员参加民革市委会反映社情民意信息工作培训班、1名党员参加民革市委会第11期祖统工作学习班、1名党员参加民革市委会2023年度宣传干部培训班、5名区委委员参加区社会主义学院举办的2023年静安区各民主党派区委委员培训班、18名新党员参加区社会主义学院举办的新成员培训班。年内共发展新党员21人,平均年龄36.8岁,其中硕士研究生学历9人,本科12人,中高级以上职称5人。转入组织关系3人,至年底,民革区委有支部17个,党员621人。发挥党派特色,主动参政履职。年内,向区政协二届二次全会提交集体提案5件,完成调研课题13篇,报送社情民意信息300余条,举办第八期新党员参政议政培训班。全年召开区委会议3次,编印内部简报《传承》6期。民革区委获民革上海市委会2022年度反映社情民意信息工作先进集体二等奖、静安区政协2022年度反映社情民意信息工作优秀单位称号。党员梁顺龙获民革上海市委会2022年度反映社情民意信息工作优秀个人称号,党员陈添获民革上海市委会2022年度反映社情民意信息工作优秀信息联络员称号,党员梁顺龙、牛培山获静安区政协2022年度反映社情民意信息工作优秀个人称号。　　　　　　　　（朱薇）

【参政议政工作】 为巩固和提高建言献策质量,保障参政议政工作长效开展,年内修改制订《关于进一步推进参政议政工作的指导意见》。年初,向区政协二届二次全会提交《精心做好"安居服务",促进人才无忧发展》《聚焦核心功能区,提升"一轴三带"发展能级》《关于成套改造项目审批流程的若干问题及建议》《关于老年人健身服务建设的建议》《关于进一步完善我区安全生产体系建设的几点建议》5件集体提案,并在区政协全会上作大会发言。2022年提交的集体提案《砥砺奋进,持续推进倍增计划,开创招商引资新局面》被评为区政协二届一次会议以来优秀提案。民革党员中的人大代表、政协委员积极履职,参加专题协商和视察活动,聚焦经济社会发展重点,结合专业所长建言献策。4月启动课题调研工作,结合区委、区政府重点工作,向各专委会发布调研课题选题参考方向,由各专委会根据专业优势和成员特色申报相关课题,组成课题小组,通过调查研究,共完成调研课题13篇。建立两个由骨干党员领衔的参政议政工作室,营造骨干带头、广泛参与的履职氛围,培育扩大参政议政队伍。全年,共编辑报送社情民意信息近300件,被全国政协采用1件,民革中央采用3件,被市级部门采用20篇次,其中3篇次获市领导批示。　（朱薇）

【社会服务工作】 年内,民革区委加强对口联系,探索共建内容,拓展社会服务渠道。9月,民革区委社法委协办"服务促就业,筑梦赢未来——2023年静安高校毕业生等青年十个'一'就业服务攻坚行动暨江宁同乐坊夜场招聘活动",并委派2名党员律师到场结合《劳动法》相关法律实务向应聘者提供法律咨询服务。12月4日是第十个国家宪法日,民革区委与南京西路街道在吴江路步行街联合举办宪法普法宣传活动,向广大市民宣传宪法的重要意义,并为居民、白领提供现场法律咨询服务,活动赠送《中华人民共和国宪法》200余本,发放《反电信网络诈骗宣传手册》200余本、禁毒手册100余本、法治文化宣传品500余份。深化公益活动品牌,为社会发展贡献力量。持续开展"上海也有我的家"关爱共康中学西藏学生活动,组织党员为共康中学贫困学生助学圆梦,首批结对8组。1月,民革区委和共康中学联合举办"迎新纳福,'柿柿'如意——'上海也有我的家'2023迎新活动",200余名七年级学生一起做游戏、猜灯谜、制作柿子树盆栽,在欢度新春佳节的同时,加深对中国传统文化的认识和了解。2月,民革区委联合区科协、上海科普教育促进中心举办"走进空中交通岗"科普体验活动，通过视频、漫画、抢答等多种方式，为500余名共康中学藏族学生开展空中交通科普活动。6月，民革区委彭浦支部党员陪同共康中学七（3）班全体学生到上海市历史博物馆参观学习，丰富藏族学生的学习生活。继续助力"博爱图书，十年百馆"公益捐书活动，民革区委青工委向云南省文山壮族苗族自治州广南县八宝镇第三中学校捐赠青少年课外读物200余本。民革区委文一支部参与"音乐的翅膀"文化交流公益项目，为贵州贫困山区学校捐建钢琴教室2所，培训钢琴教师2名。

（朱薇）

【民主监督工作】 年内，民革区委按照中共区委办公室《关于2023年中共静安区委委托民主党派、工商联、无党派人士开展专项民主监督有关事项的通知》要求，就"加强基层治理体系建设"开展专项民主监督，对口区司法局、南京西路街道。制订《民革静安区委关于开展2023年专项民主监督工作的实施方案》，成立由民革区委主委任组长的专项民主监督工作小组，组员由来自司法行政系统、律师行业等具有基层治理相关工作经验背景，参政议政能力突出、民主监督经验丰富的党员组成，结合民革在社会与法制领域优势，重点围绕"律师队伍在基层治理中的作用"开展专项民主监督。民革专项民主监督工作小组先后到区司法局彭浦新村司法所，南京西路街道福民法律服务中心、国际集团大厦商务楼宇公共法律服务工作站进行实地走访和座谈调研。8月，完成《民革静安区委开展"加强基层治理体系建设"专项民主监督工作汇报》的调研报告。

（朱薇）

【第二届专门委员会和《传承》编委会成立】 年内，

12月4日，民革公益律师为市民提供法律咨询　　　　　　　　（民革区委　供稿）

经民革区委二届八次会议讨论决定，成立民革静安区第二届委员会祖统工作委员会、参政议政工作委员会、妇女与老年工作委员会、社会与法制工作委员会、青年工作委员会、经济与社会服务工作委员会和《传承》编委会。祖统工作委员会主任由陈杨担任，宋之珺、施洋、沈杰任副主任；参政议政工作委员会主任由李明担任，周小羊、牛培山、李金柱任副主任；妇女与老年工作委员会主任由茅英英担任，乐理、徐跃文、王红任副主任；社会与法制工作委员会主任由周少白担任，陈芳、夏颖、沈丹锋任副主任；青年工作委员会主任由沈晓庆担任，刘斌、张晨璐、曹琼任副主任；经济与社会服务工作委员会主任由吴连娇担任，周家广、李颖豪、王玮任副主任；《传承》编委会主编由许遵鸣担任，李启新、吴国昌、朱薇、许先锋任副主编。

（朱薇）

【部分民革支部届中调整】 年内，民革区委为夯实基层组织建设，2月起对一支部、二支部、九支部、彭浦支部4个支部委员会开展届中调整工作，以无记名投票或举手表决方式增补部分支部委员，共调整9名支部委员。重点对九支部进行人员调整充实，转入20名党员，并选举产生新的支部委员会。

（朱薇）

【2023年党员学习会】 于3月13日下午在上海美丽园大酒店悉尼厅召开，特邀民革上海大学委员会主委、上海大学马克思主义学院副院长、中共党史党建研究院执行院长、上海市学习贯彻党的二十大精神专家宣讲团成员高立伟教授作"以中国式现代化全面推进中华民族伟大复兴——深入学习贯彻党的二十大精神"专题辅导报告。会议部署2023年民革区委重点工作，宣读关于成立民革静安区第二届委员会各专门委员会和《传承》编委会的决定，并对2022年度民革工作先进集体、先进个人进行表彰。近150名党员参加学习会。

（朱薇）

【"观故居，走多党合作之路"活动】 为纪念"五一口号"发布75周年、民革成立75周年，4月24日至26日，民革区委组织区委委员、支部委员、专委会负责人等骨干党员54人，到安徽省六安市朱蕴山纪念馆、刘邓大军千里跃进大别山前方指挥部等参观学习，回顾多党合作发展历程，继承和弘扬民革优良传统，进一步巩固政治共识，强化组织凝聚力。

（朱薇）

【走访民革党员所在企业】 8月21日，中共区委常委、统战部部长顾定鋆，区人大常委会副主任、民革区委主委江天熙一行走访民革党员所在企业巴丽（上海）商业有限公司。民革党员、巴丽（上海）商业有限公司总经理李颖豪介绍企业发展历程、经营情况和未来发展方向，顾定鋆指出要充分发挥统一战线桥梁纽带作用，为统战人士提供更多的平台和资源，助力服务企业发展，为静安建设国际消费中心城市示范区贡献力量。

（朱薇）

【市、区祖国统一工作联动】 9月1日，民革市委会祖统委与静安区委祖统委联合举办"走进统战源"学习交流活动。民革市委会二级巡视员、办公室主任、祖统委主任金颖，区人大常委会副主任、民革区委主委、二级巡视员江天熙出席，市、区祖统委委员共20余人参加活动。委员们参观新揭牌的"统战源·上海静安统战文化中心"，学习党对新时代做好统一战线工作的新理念和新战略，重温上海统战工作的百年征程、了解静安统战工作所取得的成绩，并在中共二大会址纪念馆会议室举行座谈交流。

（朱薇）

【第八期新党员参政议政培训班】 于9月13日在锦荣国际大酒店举办。民革区委青年骨干、近3年发展的新党员、联系对象等共40余人参加培训，区人大常委会副主任、民革区委主委江天熙作开班动员。学员们听取"静安区如何加快推动卓越的现代化国际城区建设的实践探索""新形势下如何提高反映社情民意信息工作质量"2场专题辅导报告,并就如何结合专业特长积极建言献策进行探讨与交流。

(朱蒇)

(二)民盟区委

【概况】 2023年,民盟区委在民盟市委和中共区委领导下,在中共区委统战部指导下,坚持以习近平新时代中国特色社会主义思想为引领,认真学习贯彻中共二十大精神、习近平总书记考察上海重要讲话精神,认真学习民盟十三大精神,深入开展"凝心铸魂强根基、团结奋进新征程"主题教育活动,加强思想引领,提高政治素养。组织盟员参加全国"两会"精神传达会,民盟市委专职副主委丁光宏应邀作"解读全国'两会'精神"第二十八期社院讲坛专题报告。组织盟员参加中共区委统战部开展的纪念"五一口号"发布75周年征文活动,提交征文5篇。组织新盟员参加民主党派新成员培训班,举办社情民意撰写培训班1期、暑期干训班1期、读书会2次。3月,组织30余名女盟员到中华艺术宫参加纪念"三八"国际妇女节主题活动。年内,以"静安民盟"微信公众号为宣传主阵地,共推送52期、97篇信息。至年底,民盟区委有总支部4个、基层支部48个、盟芽班1个,有盟员1295人。大学及以上文化程度占比93%,中上层人士占比88.4%。全年发展盟员41人,平均年龄39岁,其中高级职称4人、代表人士1人。民盟区委有全国人大代表1人、全国政协委员1人、市人大代表1人、市政协委员1人、区人大代表6人、区政协委员21人。民盟区委被评为民盟中央"民盟思想政治建设和宣传工作先进集体",被民盟中央、司法部评为民盟系统"黄丝带帮教"工作先进集体,被区政协评为2022年度社情民意信息工作优秀单位。经济总支部被评为"民盟中央社会服务工作先进集体",羽毛球队获民盟市委2023年度上海羽毛球联赛团体赛冠军。盟员唐敏峰、徐娟、范凌云被民盟中央、司法部评为民盟系统"黄丝带帮教"先进个人。

(朱璟)

【主题教育活动】 年内,民盟区委根据民盟中央"凝心铸魂强根基、团结奋进新征程"主题教育工作方案及民盟市委主题教育工作方案,并结合民盟区委实际,带领全区盟员深入学习贯彻全国"两会"精神,通过开展读书会、主题教育现场教学、座谈会等形式,深入推进主题教育。5月至6月,先后举办3场"强根基、话盟务、促发展"——静盟主委谈活动,邀请各总支部、支部主委座谈交流,为组织高质量发展谈经验、提建议。6月,民盟中山市委、民盟文山壮族苗族自治州委到区考察交流。7月,民盟区委到四川省泸州市与民盟泸州市委在蒋兆和故居陈列馆、泸顺起义陈列馆联合开展主题教育现场教学;到兴义市与民盟黔西南州委联合开展主题活动。8月,民盟景德镇市委会到沪开展主题教育现场学习并与民盟区委座谈交流。10月,民盟区委与民盟长宁、杨浦、宝山、奉贤、崇明区委及民盟云南支教支部联合举办师陶节活动,弘扬陶行知教育家精神,推动主题教育走深走实。

(朱璟)

【参政议政工作】 年初,民盟区委向区政协二届二次会议提交《关于进一步优化区内慢行交通设施布局,完善非机动车道路网的建议》《提升区域"15分钟社区美好生活圈"空间品质的建议》《关于统筹静安红色资源,建设红色文化教育共享平台的建议》《关于推进静安区老旧小区改造的建议》《关于推进静安区基层街道社区托幼工作的建议》《系统谋划,彰显品质,推进静安城区精细化管理水平迭代升级》6件集体提案并作大会发言。民盟区委《引才磁场、育才舞台、留才高地,将静安打造成国际级高品

7月13日，受民盟中央委托，静安民盟助教团一行到贵州省黔西南州望谟县开展"统一战线教育帮扶——民盟名师大讲堂"活动
（民盟区委　供稿）

质人才生态区》被评为区政协二届一次会议以来优秀提案。年内，民盟区委围绕托育服务开展课题调研，申报民盟市委课题1项，获重点指定课题；围绕新时代党外知识分子思想政治引领，申报中共区委统战部课题1项。
（朱璟）

【社会服务工作】　年内，民盟区委发挥界别优势与盟员专业力量，开展、参与各类社会服务活动。3月，民盟区委组织盟员参加"学雷锋·树新风"文明实践志愿服务市集，盟员王浏浏、戴晨昊提供教育咨询；沈锋、吴正昊提供医疗咨询。同月，到云南省文山壮族苗族自治州慰问援滇盟员教师并开展助教专题讲座。4月，盟员蒯一冰、费时顺、季烨走进上海大学"双创课堂"，与大学生交流分享创业经历。7月，组织静安民盟助教团到四川省泸州市开展智力助教并走访调研。同月，受民盟中央委托，助教团一行到贵州省黔西南州望谟县开展"统一战线教育帮扶——民盟名师大讲堂"活动，为当地200余名中小学、职校校长进行培训指导。8月，河北省涿州市受灾严重，为助力防汛救灾，民盟区委成立保障小组，整合物资驰援涿州，民盟保定市委向民盟区委致感谢信。10月，民盟区委、华东医院、芷江西路街道联合举办民盟义诊暨"芷·爱"为民医疗服务活动，盟员沈锋、何惟薇、吴正昊、袁景参与义诊。11月，民盟区委组织动员，参与上海民盟同舟公益基金会爱心义卖活动，筹得善款6854.72元。同月，民盟区委、四行仓库联合举办，司法总支部承办上海民盟"百名律师普法行"静安分场活动，11名盟员律师为居民解读相关法律法规条文。12月，甘肃省积石山地震，静安盟员捐资1万余元与30箱免洗洗手液驰援甘肃。
（朱璟）

【专项民主监督工作】　年内，民盟区委按照《关于2023年中共静安区委委托各民主党派静安区委开展专项民主监督有关事项的通知》精神及要求，制定《民盟静安区委关于开展2023年专项民主监督工作的实施方案》。7月，民盟区委领导班子率专项民主监督小组到江宁路街道围绕"15分钟社区生活圈"进行座谈调研。同月,专项民主监督小组到区业余大学就帮助老年人跨越数字鸿沟为主题对区教育局开展专项民主监督工作。通过走访调研,形成调研报告并报送中共区委。　　　（朱璟）

【庆元宵团拜会】　2月3日,民盟区委在美丽园大酒店举办党盟恳谈暨庆元宵团拜会。民盟市委副主委、静安区副区长龙婉丽,民盟新疆区委主委、静安区副区长（挂职）张慧,中共区委统战部、区教育党工委、江宁路街道党工委、芷江西路街道党工委等领导应邀出席。全区近130名盟员代表参加,观看歌舞、朗诵等文艺节目,并进行猜灯谜等联谊互动。
（朱璟）

【智力助教活动】　7月6日至9日,受民盟泸州市委邀请,民盟区委助教团到四川省泸州市开展智力助教。助教团分别在三河职业学院、泸州十二中、龙马高中先后开展9场专题讲座,并走访调研四川合江少岷教育集团、泸州市兆和学校。　（朱璟）

【承办"统一战线教育帮扶——民盟名师大讲堂"活动】　7月13日至14日,受民盟中央的委托,民盟区委助教团到贵州省黔西南州望谟县开展"统一战线教育帮扶——民盟名师大讲堂"活动。民盟中央社会服务部一级巡视员段海溪,民盟中央社会服务部教育处处长高睿强,民盟中央教育委员会委员、民盟静安区委原主委王钢等领导出席开班仪式。助教团围绕基础教育及职业教育,共开展9场教育专题讲座。　　　　　　　　　（朱璟）

【举办暑期干训班】　8月8日至12日,为进一步深化"凝心铸魂强根基、团结奋进新征程"主题教育,民盟区委主委张芸,副主委张骏、吴文育率青年骨干盟员到云南省开展主题教育现场教学。先后参观西南联大博物馆、云南陆军讲武堂、李公朴先生殉难处、西南联大蒙自分校纪念馆,以及由民盟红河州委参与援建的"烛光行动"定点学校——蒙自市多法勒中学。　　　　　　　　（朱璟）

【"籽爱公益"项目签约】　9月26日,上海民盟同舟公益基金会、民盟静安区委"籽爱公益"项目签约揭牌暨"民盟静安,静心企航"志愿者服务团授旗仪式在上海民主党派大厦17楼会议室举行。上海民盟同舟公益基金会同民盟区委签署"籽爱公益"项目创立合作协议。　　　　　　　（朱璟）

【2023年师陶节活动】　10月26日,民盟静安、长宁、杨浦、宝山、奉贤、崇明区委,民盟云南支教支部于静安区党建服务中心联合举办2023年度师陶节。静安区教育党工委书记、局长陈宇卿,民盟上海市委组织部部长汪皓俊受邀出席并讲话。6个区及云南支教支部教师代表50余人线下、线上参加,以作品朗诵、二胡独奏等形式向陶行知先生致敬。陶行知曾孙、上海市陶行知纪念馆副馆长陶侃作微讲座。　　　　　　　　（朱璟）

【上海民盟"百名律师普法行"静安分会场活动】　11月26日,由四行仓库、民盟区委联合举办,民盟静安区司法总支部承办的上海民盟"百名律师普法行"活动（静安分会场）在四行仓库抗战纪念馆晋元广场举行。11名司法总支部盟员现场为居民提供法律咨询与帮助。　　　　　　　（朱璟）

【2023年度党盟恳谈会】　于12月29日在上海美丽园大酒店举行。民盟市委组织部部长汪皓俊出席会议并讲话。民盟区委主委张芸主持会议并总结年度区委重点工作,民盟区委副主委时笃仑、王振东就社会服务、参政议政分管工作进行述职。回民中学、育才初级中学、市西初级中学中共党组织领导就深化党盟合作作分享交流。中共区委统战部、

大口单位、结对共建单位、民盟各独立支部所在单位党组织领导受邀出席会议，各总支部、各支部主委、盟芽班班长、盟员代表近70人参加。

（朱璟）

（三）民建区委

【概况】 2023年，民建区委共召开7次主委会议、8次全委（扩大）会议。年内，民建区委选送部分骨干会员参加由民建市委举办的中青年骨干会员、企业家会员、新会员、参政议政等培训班；组织会员参加由民建市委举办的全国"两会"精神传达会、由静安区政协主办及民建区委等联合承办的解读中共二十大精神专题辅导报告会、由区社会主义学院举办的社院大讲坛和民主党派区委新成员培训班。民建区委全年编发《民建静安信息》584期，在"静安民建"微信公众号推送会务工作动态、基层支部工作、专（工）委会工作及会员报道共150篇，编发《民建静安简讯》4期。民建区委2023年发展会员70人。至年底，下设1个总支、43个基层支部、1个新会员小组、11个专委会。有会员1653人，平均年龄54.2岁，男会员966人，女会员687人，在职会员1356人，中级以上职称682人，大专及以上学历占比94.5%。经济界别人数占比82.7%。年中增补民建区委委员1人，现有区委委员22人。会员中有市政协委员5人，静安区政协委员27人（其中静安区政协常委6人），普陀区政协委员1人，浦东新区政协委员1人；有市人大代表2人，静安区人大代表19人（其中区人大常委1人），长宁区人大代表2人，虹口区人大代表1人，嘉定区人大代表1人，宁夏回族自治区银川市兴庆区人大代表1人。年内，民建区委获民建中央"民建组织思想政治建设工作先进集体"称号；获民建市委2022年度组织工作先进集体一等奖、宣传思想工作先进组织一等奖、参政议政工作先进组织一等奖、"'致敬统战百年·赓续民建传统'民建市委2022年会史宣讲比赛优秀组织""上海民建'星五读书会'活动先进组织"称号；获2022年度静安区政协社情民意信息工作"优秀单位"称号。6个支部被评为民建市委"2022年度基层支部创先争优先进集体"。会员郑海阳获民建中央"2023年度参政议政先进个人"、民建市委"2022年度社情民意先进个人"称号；会员朱旭东获"民建中央定点帮扶工作先进个人"称号；副主委张自强获"2021—2022年上海民建十佳优秀企业家"称号；会员丁祖昱、高敬梅、李朝辉、王奕、吴炯、杨学寅、张楠赓、朱旭东获"2021—2022年上海民建优秀企业家"称号；会员张媛、邱艳平获民建市委"2022年度宣传思想工作先进个人"称号；会员郑海阳、丁祖昱获民建市委2022年度参政议政工作先进个人一等奖，邱艳平获参政议政工作先进个人二等奖，雷俊、陈华刚、沈懿获参政议政工作先进个人三等奖；会员雷俊、陈华刚、郑海阳、邱艳平、沈懿获静安区政协2022年度反映社情民意信息工作"优秀个人"称号，23篇社情民意被评为静安区政协优秀社情民意信息。

（丁理豪）

【参政议政工作】 年内，民建区委在区政协一届八次会议上提交组织提案3件，其中《引流跨境电商产业，打造静安经济新势力》一篇入选大会发言。完成2篇民建市委调研课题报告《关于推进上海市基层政务部门数字化转型的调研与建议》《深入了解会员思想状况，推动思想政治工作守正创新发展》，2篇中共区委统战部调研课题报告《打通服务联系界别群众的"最后一公里"，汇聚同心同行的磅礴力量》《新时代民主党派基层组织社会服务创新的思考——以民建静安区委为例》，1篇"统一战线服务民生实事"案例征集《助力推动民生实事工程，履行社会服务基本职能》。《加快数据产业配套升级，领航数据资产价值化进程》提案被评为区政协二届次会议以来优秀提案。全年收到会员提交社情民意494篇，报送民建市委、区政协、中共区委统战部信息直报点461篇，其中393篇被各条线采用，采用率85.2%。其中全国政协采用2篇，民建中央采用11篇，市领导批示5篇，中共市委办公厅采用4篇，市政协采用41篇，民建市委采用105篇，民建市委《调研建言》采用18篇，区政协采用340篇。　　（丁理豪）

【专项民主监督工作】　年内，民建区委认真开展2023年专项民主监督工作，对口区国资委和天目西路街道，围绕"加强基层治理体系建设"主题，组织专业相关的骨干会员组成专项民主监督小组，实地调研蕃瓜弄小区旧住房改建(拆除重建)项目并进行座谈交流。在整合实地调研和座谈交流获得信息基础上，发挥会员专业优势，形成《加强基层治理，国企示范先行——民建静安区委2023年专项民主监督调研报告》，并撰写多篇相关社情民意报送有关条线。　　（丁理豪）

【社会服务工作】　年内，民建区委领导走访多家会员企业，听取企业家会员意见建议，助力企业健康成长发展。民建区委认领2023年度上海民建扶帮公益基金会项目中的儿科医院公益救助项目，资助在儿科医院接受外科手术治疗的贫困患儿。配合民建市委做好"暑期送清凉""春节送温暖"和"暖心活动"。全年慰问400余人次。3月，民建区委组织中心组成员到民建温州市委开展结对共建活动，依托两地民建资源优势继续加强交流合作，为推动两地经济社会发展和推进长三角更高质量一体化发展多做探索。6月，民建区委受中共区委统战部委托接待大连市中山区委统战部到访，参观会员企业并进行座谈交流。11月，为推动基层组织交流和提

6月14日，民建区委专项民主监督小组实地调研蕃瓜弄小区旧住房改建(拆除重建)项目

（民建区委　供稿）

升基层组织能力建设,民建区委与民建许昌市委进行结对共建。11月底至12月初,民建区委组织企业家会员到静安区对口支援文山州的4个县市开展学习教育和调研考察,对接当地项目合作,关注支持民建区委及企业家会员援建学校和幼儿园的后续发展需求,向广南县第十中学、广南县民族职业高级中学捐赠价值30万元物资。12月,民建区委多名会员积极向甘肃青海地震灾区捐款近万元,并捐赠当地急需的抗寒救灾物资。

（丁理豪）

【"凝心铸魂强根基、团结奋进新征程"主题教育】
年内,民建区委以学习贯彻习近平新时代中国特色社会主义思想为主题开展"凝心铸魂强根基、团结奋进新征程"主题教育,以"学思想、强根基、重履职、建新功"为总要求抓好理论学习、调查研究、助力发展、检视整改等主要任务。下发《习近平新时代中国特色社会主义思想学习纲要（2023版）》,通过领导班子带头学,以"关键少数"带动大多数,动员各支部、专委会组织观看学习专题片《大道薪传——中国的民主党派》民建篇,组织会员参加民建市委"奋进新征程、经典伴我行"读书活动并报送征文22篇,参加中共区委统战部纪念"五一口号"发布75周年主题征文活动并报送征文13篇,在"静安民建"微信公众号开设征文刊登、"支部工作感悟分享""寻统战足迹,忆合作初心"等文章和活动报道专栏。3月,民建区委组织中心组成员和部分骨干会员到福建省龙岩市古田镇开展主题教育学习考察活动。6月,举办纪念中共中央发布"五一口号"75周年暨主题教育书画展。8月,召开主题教育调研座谈会,组织中心组成员和部分骨干会员聆听民建市委领导作主题教育指导宣讲。9月,与区社院联合举行上海民建"星五读书会"（2023）活动,特邀市社会主义学院教授作"学习习近平新时代中国特色社会主义思想"专题辅导报告,并由会员代表分享读书心得。11月,与民建嘉定区委举行联组学习暨主题教育推进会。

（丁理豪）

【内部监督工作】 6月7日,民建区委根据《民主党派中央、省级组织内部监督委员会产生办法》和民建中央组织部《关于传达民建省级组织内部监督委员会产生办法有关精神的通知》,于二届七次全会上表决决定民建静安区第二届委员会内部监督委员会组成人员,并制定《民建静安区委内部监督工作条例》,确保内部监督工作有规可依。召开民主生活会,听取领导班子内部、支部和专委会以及区委委员对于区委各项工作的意见建议,并形成整改意见。

（丁理豪）

(四)民进区委

【概况】 2023年是全面贯彻中共二十大精神开局之年,也是民进"作风建设"主题年。民进区委深入学习贯彻习近平新时代中国特色社会主义思想,开展"凝心铸魂强根基、团结奋进新征程"主题教育,以"学思想、强根基、重履职、建新功"为总要求深化政治共识、夯实组织基础、主动参政履职、积极服务社会。至年底共有会员1116人,共有基层支部37个,全年发展新会员29人。民进静安委会员中市人大代表1人；市政协委员1人；区人大代表7人（其中常委1人）；区政协委员27人（其中副主席1人、常委5人）。2023年,民进区委被民进中央授予"民进信息化建设先进集体"称号,被民进市委评为2023年度反映社情民意信息工作先进集体、上海民进公益群星奖。思想建设方面,民进区委在民进市委和中共区委统战部的领导下,开展"凝心铸魂强根基、团结奋进新征程"主题教育。组织专题学习,市科协副主席、上海市习近平新时代中国特色社会主义思想研究中心特聘研究员石谦作"学习贯彻习近平新时代中国特色社会主义思想,奋力实现高水平科技自立自强"主题报告,民进复旦大学委员会副主委、复旦大学附属中山医院内镜中心主任、大国工匠周平红作"培育创新文化,弘扬科学家精神"主题报告,250多人次参与。围绕纪念"五一口号"发布75周年,协助民进市委在四行仓库抗战纪念馆举办专题书画展,主办"初心之旅·民进印记"健步行活动,并在民进市委专题征文活动中,获优秀组织奖,1篇征文获一等奖、1篇征文获二等奖、2篇征文获三等奖;设立静安民进"会员之家",打造思想政治教育新阵地,由18名会员排演话剧《共和国不会忘记》作为首场组织生活会;重视线上宣传教育阵地,"静安民进"微信公众号2023年共发布主题教育、理论学习、工作动态、支部活动、会员风采等原创推文82篇,其中23篇被民进市委、中共区委统战部录用。组织建设方面,2023年是"作风建设"主题年,民进区委将主题教育和主题年贯穿于全年工作中。完善班子建设,增补贺婕、徐艳伟、陆珺3人为区委委员。以"五个一"和创先争优单项特色奖评选为抓手促进基层支部组织建设,29个基层支部共获得73个单项奖,26个支部在"静安民进"微信公众号发布组织生活报道,双岗建功人物风采共33篇,会员陶志诚获市五一劳动奖章,陶志诚、罗凤琴获评正高级职称。成立由38名会员组成的第四届新会员支部,组织新会员开展入会教育、参与民进区委参政履职活动、参观民进成立旧址、祭奠民进创始人马叙伦、参与中共区委课题调研工作。新会员支部主委作为会员代表参与庆祝民进成立78周年生日主题活动,民进中央主席蔡达峰出席活动并作现场教学。参政议政方面,民进区委由主委班子牵头开展参政议政课题调研,其中聂丹执笔的《数字化转型背景下中小学科创教育高质量发展的策略研究》、刘轶男执笔的《多方协作共治,护航未成年人健康成长》、徐艳伟、聂丹、曾云执笔的《提高上海企业科创能级,助力经济高质量发展的研究》、江蕾执笔的《上海中心城区科技创新动能增强的对策研究》4项课题成果分别转化为民进市委在市政协十四届二次会议上的集体提案、界别提案、书面发言,4项转化为民进区委在区政协二届三次会议上的大会发言、集体提案。1项联合课题获民进上海市委2022年度参政议政成果奖特等奖、1项课题获一等奖、3项课题获二等奖,1项民进区委集体提案被评为静安区政协二届二次会议以来优秀提案。全年,民进区委报送社情民意信息172篇,其中获市领导批示4篇,市政协、民进中央采用7篇,报送全国政协1篇,民进市委采用143篇;成立由16名青年会员组成的新一届信息员队伍,邀请3名社情民意专家任导师,民进区委被评为民进市委2023年度反映社情民意信息工作先进集体。聂丹、徐艳伟被评为民进市委2023年度反映社情民意信息工作先进个人。徐艳伟的1篇社情民意获民进市委2022年度参政议政成果奖一等奖,叶涛的1篇社情民意获二等奖,沈嘉华、包嵩、王琦、朱倩山的4篇社情民意分别获三等奖。民进区委被评为区政协2022年反映社情民意信息工作优秀单位。楼凌宇、徐艳伟被评为区政协2022年反映社情民意信息工作先进个人,10篇社情民意被评为静安区政协2022年优秀社情民意。根据中共区委对专项民主监督布置的新任务新要求,民进区委对口宝山路街道和区文化旅游局就"加强基层治理体系建设"开展专项民主监督,将"一老一少"(社区老年和青少年民生服务工作)作为调研切入点,组织参政议政骨干到街道社区和文旅场馆开展调研,形成《整合资源,融合发力,共促基层治理体系建设》调研报告。社会服务方面,民进区委持续强化"'静'心为你,服务有我"社会服务品牌。民进区委主委聂丹和区委委员、静安区闸北一中心小学校长蔡喆炯随民进市委到贵州省毕节市金沙县开展帮扶工作,与当地小学签订3年的对口帮扶协议,发挥民进主体界别优势,支援当地教育事业发展;将服务送进街道社区,组织5名会员向宝山路街

民进区委组织"初心之旅·民进印记"——纪念中共中央发布"五一口号"75周年行走红色场馆健步行活动

（民进区委　供稿）

道、石门二路街道、江宁路街道提供37课时的爱心暑托班课程，联系医卫界别民进会员为石门二路街道主题党建活动提供医疗义诊服务。　　（樊靖杰）

【**民进区委召开二届三次会员代表大会**】　于2月10日在海上文化中心召开。会议总结2022年度工作并表彰先进支部。中共区委统战部副部长季军出席会议并讲话。民进区委主委聂丹作2022年度工作报告，专职副主委杜国英主持会议。静安民进会员代表90余人参会。会议进行集体学习，曾云传达上海市第十六届人民代表大会第一次会议精神，叶涛传达静安区第二届人民代表大会第三次会议精神，刘轶男传达静安区政协第二届委员会第二次会议精神。聂丹作民进区委2022年度工作报告。会议表彰先进基层支部。杜国英宣读《民进静安区委关于表彰2022年度静安民进基层支部创先争优工作单项特色奖的决定》，23个基层支部被评为"民进静安区委2022年度组织建设先进支部"，29个基层支部被评为"民进静安区委2022年度社会服务先进支部"，16个基层支部被评为"民进静安区委2022年度参政议政先进支部"，21个基层支部被评为"民进静安区委2022年度宣传教育先进支部"，与会领导为获奖的基层支部颁奖。　　（樊靖杰）

【**"初心之旅·民进印记"——纪念中共中央发布"五一口号"75周年行走红色场馆健步行活动**】　5月4日，为纪念中共中央发布"五一口号"75周年，民进市委与民进区委联合组织"初心之旅·民进印记"——纪念中共中央发布"五一口号"75周年行走红色场馆健步行活动，民进市委专职副主委杨蓉出席并讲话，民进区委主委聂丹主持活动，来自民进上海各级组织和民进区委的100余名会员参加活动。健步行活动结合民进市委举办"翰墨书同心、丹青绘正道"书画展的契机，从上海四行仓库抗战纪念馆出发，途经中共三大后中央局机关历史纪念馆、上海总商会旧址，最后抵达上海铁路博物馆（原上海北火车站）。纪念77年前，六二三反内战大会在北火车站广场举行，10万余人民群众在欢送以马叙伦为团长的和平请愿团后,开展声势浩大的反内战大游行。

（樊靖杰）

【中共二十大报告专题学习】 10月23日,为学习贯彻习近平新时代中国特色社会主义思想,深入开展"凝心铸魂强根基、团结奋进新征程"主题教育,民进市委科技专委会、民进静安区委、静安区科协在上海美丽园大酒店悉尼厅共同举办主题教育专题学习,特邀上海市科协党组成员、副主席石谦作题为"学习贯彻习近平新时代中国特色社会主义思想、奋力实现高水平科技自立自强"的主题讲座,学习由区政协副主席、民进市委科技专委会副主任、民进区委主委、区科协主席聂丹主持,民进市委科技专委会、区科协机关、静安民进会员百余人参加。

（樊靖杰）

【民进区委"会员之家"启用】 12月20日,民进区委"会员之家"启用仪式暨2023年度戏剧营成果展示在江宁路428号平行空间举行。民进市委专职副主委杨蓉、中共区委统战部副部长季军出席会议并讲话,民进区委主委聂丹致欢迎辞。民进区委原主委沈沉、民进市委社会服务部副部长（主持工作）蔡南南、民进区委秘书长刘轶男和80余名静安民进会员参加活动。民进区委委员王霆主持仪式。由静安民进会员排演的话剧《共和国不会忘记》,成为"会员之家"启用后的首场演出。演出以音诗画串联起整场剧目,会员们用精彩的表演、深情的朗诵,生动演绎了在一望无际的戈壁滩上远离亲人、舍身忘己、赤心报国的科学家们"两弹一星·596工程"背后感人至深的故事场景,缅怀并追随先辈遗志,感受澎湃的爱国主义精神。

（樊靖杰）

【民进市委到静安区开展"作风建设"主题年工作调研】 9月15日,根据民进市委"作风建设"主题年工作要求,民进市委副主委潘向黎带队到静安区开展调研,民进市委组织部副部长（主持工作）范秀敏、组织部桑晨奔出席座谈会。会前,中共区委统战部副部长季军会见民进市委一行,对民进市委长期以来对静安区的关心和支持表示感谢。民进区委主委聂丹、副主委曾云、杜国英接待民进市委一行,区委委员、支部主委、工委会委员等10人参与座谈。民进区委介绍"作风建设"主题年和"凝心铸魂强根基、团结奋进新征程"主题教育学习开展的基本情况和年度各项工作。与会人员分别从工委会工作、基层支部建设、会员成长等方面,交流分享工作经验和心路历程,并就民进市委关心的问题予以答复。

（樊靖杰）

【民进区委召开扩大会议增补区委委员】 8月22日,民进区委二届九次（扩大）会议在同舟大楼召开。民进市委组织部副部长（主持工作）范秀敏出席会议并宣读市委会关于民进静安区第二届委员会委员候选人的批复,区政协副主席、民进区主委聂丹出席会议并讲话,民进区委副主委杜国英、叶涛,秘书长刘轶男,区委委员,支部主委等共37人参加会议,会议由杜国英主持。会议以无记名投票形式选举产生民进静安区第二届委员会委员,贺婕、徐艳伟、陆珺3人增补为民进区委委员。

（樊靖杰）

【民进新会员入会教育】 10月27日,民进区委专职副主委杜国英带队到浙江省杭州市开展主题教育学习,缅怀民进主要创始人马叙伦先生,传承民进先辈优良传统,做好新会员入会教育。民进区委第四届新会员支部及各工委会20余名会员参加学习。民进会员参观马叙伦与杭州主题展览馆,展览馆以马叙伦的诗词缀连篇名为主题陈他在杭州生活、求学、工作、革命的足迹,会员们从中学习了民进先辈与中共在新民主主义革命时期同舟共济的事迹,深刻理解马叙伦"跟着共产党走才是在正道上行"的政治遗训。随后登上西湖群山南麓,瞻仰马叙伦先生墓,会员们献花缅怀先辈,追思他的革命事迹

和对民进的殷殷嘱托。　　　　（樊靖杰）

【民进区委2023年参政议政表彰大会】　于6月20日在静安寺街道社区党群服务中心召开。民进市委专职副主委杨蓉、中共区委统战部副部长吴季军出席会议并讲话，区政协副主席、民进区委主委聂丹，民进市委参政议政部副部长（主持工作）康琳，民进区委副主委曾云、杜国英、秘书长刘轶男出席会议，民进区委委员、支部主委、工委会委员、新会员支部会员等60余人参加大会。会议由杜国英主持。会议表彰陆珺等获民进上海市委2022年度参政议政成果奖的5个课题组和徐艳伟等5名个人，他们分获1项特等奖、2项一等奖、4项二等奖、4项三等奖。会上宣布成立由16名会员组成的民进区委2023年社情民意信息员队伍，并聘任曾云、江海雄、徐艳伟为导师。会后，由社情民意专家、民建会员郑海阳和民进区委参政议政工委会副主任徐艳伟为与会会员作社情民意信息撰写培训。　　　（樊靖杰）

【民进区委到区文化旅游局开展专项民主监督】
7月5日，区政协副主席、民进区委主委聂丹、副主委曾云率队在区图书馆天目路馆对区文化和旅游局开展专项民主监督。区文化和旅游局党组副书记周英、二级调研员张众、副局长邹森陪同调研。调研座谈会由周英主持。调研组一行首先参观2023年"世界读书日"刚刚升级焕新开放的区图书馆天目路馆。区文化和旅游局从打造苏州河文旅新地标、推进"建筑可阅读"示范区建设、营造苏河湾高品质生活环境等方面介绍以多元的"文化生态"和"文化动能"发展，打造世界级城市会客厅的卓越文化力量的情况。　　　　　　　　　（樊靖杰）

【到贵州毕节开展对口帮扶工作】　5月9日至12日，为深入贯彻落实民进中央深化"同心·彩虹行动"工作计划要求，由民进上海市委专职副主委杨蓉带队，静安区政协副主席、民进静安区委主委聂丹、民进静安区委委员、静安区闸北第一中心小学校长蔡喆炯随民进上海市委一行，到贵州省毕节试验区金沙县，开展对口帮扶暨乡村振兴调研活动。座谈会上，上海市静安区闸北第一中心小学和金沙教育研究院附属第一实验小学签订对口帮扶协议。协议明确双方建立对口帮扶关系，帮助第一实验小学提炼办学理念、完善管理规范、开展课题研究、培育双方学生交流等具体内容。蔡喆炯和金沙教育研究院附属第一实验小学校长黄琴分别发言。（樊靖杰）

（五）农工党区委

【概况】　农工党区委在农工党市委和中共区委的坚强领导下，深入学习贯彻中共二十大精神，深刻领会习近平新时代中国特色社会主义思想的精神实质和丰富内涵，全面、准确、完整学习领会习近平总书记考察上海重要讲话精神，认真开展"凝心铸魂强根基、团结奋进新征程"主题教育，带领全区农工党党员，围绕中心服务大局，积极履行参政党职能，全面加强自身建设，不断开创各项工作新局面。自"凝心铸魂强根基、团结奋进新征程"主题教育启动以来，农工党区委及时制定方案，成立领导小组，专题学习传达，对标对表理论学习、调查研究、助力发展、检视整改、建章立制五大任务，逐项分解、有机融合、一体推进。组织中心组成员到古田会议会址等处开展爱国主义学习教育，接受思想洗礼，提升思想认识，锤炼思想作风。会议学习最新版《中国农工民主党章程》，组织全体党员积极参加农工党市委"学党章"线上知识问答，以题促练、以练促学，获农工党市委二等奖。组织代表队参加农工党市委"伟大梦想，共同分享——朗读者分享赛"，深情歌颂伟大祖国，讲述中国新型政党制度故事，获先进组织奖,党员蒋雯朗诵《月光下的中国》获一等奖。组织党员听取相关论坛、报告会、参加有关座谈会等,不断强化自觉接受中国共产党的领导,始终与中国共产党同心同德、同向同行的政治意识。党员朱俊涛获中共中央统战部"学习贯彻党的二十大精神,坚定推动高质量发展信心"主题征文活动二等奖。主题教育中,农工党区委加强检视整改,征求意见建议近20条,经梳理后逐项分类,形成问题清单,应改尽改,能改即改。农工党区委制定《专门工作委员会工作办法》,梳理完善各项规章制度,朝着打造适合自身的制度体系目标不断迈进。农工党区委有力履行中国特色社会主义参政党职能。区"两会"期间,提交集体提案2件,党员提交提案、议案9件。年内,农工党区委组织党员申报课题24篇。其中1篇被市政协选为定向课题,4篇获农工党市委立项,1篇获中共区委统战部立项。2篇作为农工党区委重点课题立项,8篇作为农工党区委自立课题立项。社情民意信息工作方面,农工党区委向农工党市委、区政协和中共区委统战部报送社情民意和各类建言214篇,录用188篇。组织反映社情民意信息积极分子参加"农工党社情民意信息工作推进会",听取全国政协办公厅研究室信息局同志授课。年内,对口区卫生健康委、静安寺街道,以"加强基层治理体系建设"为主题,围绕"加强居民委员会公共卫生委员会建设"专题,开展专项民主监督。社会服务方面,通过联合有关部门、单位共同举办"静心守正,悬壶安民——2023年静安区中医药文化节"、多渠道携手服务社会等,践行服务宗旨、履行社会职责。7月,在北京召开的农工党第十七届中央专委会成立大会上,农工党区委党员叶强任健康中国建设工作委员会公共卫生和健康促进分会委员,姚耀任美丽中国建设工作委员会海洋流域区域分会委员,邱兰婷任人口均衡发展工作委员会副秘书长、人力资源分会委员。同月,经区政协常委会讨论,增补农工党区委副主委罗维为区第二届政协委员。年内,农工党区委经与大口沟通协商,梳理确定新一轮后备干部名单上报有关部门;扩大人才储备视野,梳理排摸非区属体制内优秀党员,完善第一批数据库;经组织部门选派,1名党员到南京西路张园地区管委会挂职;经上级部门推荐,1名党员参加第1期上海市党外青年干部培训班。培训方面,组织农工党区委委员参加静安区各民主党派区委委员培训班,新党员参加农工党市委新党员培训班、中共区委统战部民主党派新成员培训班。推荐优秀后备干部及机关干部参加农工党市委党务工作研修班、农工党市委27期中青年骨干培训班、中共市委统战部2023年暑期学习会精神专题培训班。推荐新一轮农工党一干会址讲解志愿者2人,报送"益心为公"平台核心志愿者2人,申报静安区道德模范人选1人。党员在本职岗位建功立业,成绩显著。党员周帆获上海市五一劳动奖章;党员彭德荣被评为上海市优秀社区卫生管理者,9月,作为2023年度上海唯一获奖者,获全科医学重磅奖项"吴阶平全科医学奖"等。年内,农工党区委发展党员26人,平均年龄39岁,其中大学以上学历25人,中级以上职称18人,医药卫生界人士18人。至2023年底,农工党区委有委员17人,其中主委1人,副主委4人。下辖支部19个,有党员846人,平均年龄60岁。其中在职417人,退休429人。医药卫生界人士597人,占总人数的70.57%。中级以上职称686人,占总人数的81.09%,其中高级职称207人,占总人数的24.47%。党员中有农工党上海市委副主委1人、委员3人。市人大代表1人、市政协委员1人、区人大代表3人、区政协委员23人。

(严宇)

【参政议政工作】 年内,区"两会"期间,农工党区委提交《创新跨界发展静安大健康产业》《关于推动社区卫生服务中心高质量发展的建议》2件集体提案,党员提交提案、议案9件。集体提案《创新跨界发展静安大健康产业》及党员姚耀、钟岭、王红兵等提交的个人提案《关于创新我区积极应对老龄化挑战的新思路》被区政协评选为2023年度重点提案及优秀提案。年内,农工党区委组织党员申报课题24篇。其中1篇被市政协选为定向课题,4篇获农工党市委立项,1篇获中共区委统战部立项。2篇作为农工党区委重点课题立项,8篇作为农工党区委自立课题立项。社情民意信息工作方面,向有关方面报送社情民意214篇,被录用188篇。其中全国政协采用4篇、农工党中央采用12篇、市政协综合报送全国政协21篇、市政协社情民意刊载或转送市有关部门8篇。有3篇获市领导批示。　　　　　　　（严宇）

【民主监督工作】　年内,农工党区委根据《关于2023年中共静安区委委托民主党派、工商联、无党派人士开展专项民主监督有关事项的通知》及《农工党静安区委2023年民主监督工作实施方案》要求,对口区卫生健康委、静安寺街道,以"加强基层治理体系建设"为主题,围绕"加强居民委员会公共卫生委员会建设"专题,开展专项民主监督。通过实地走访、听取介绍、座谈交流等,客观总结经验做法,分析研判问题困难,提出科学有效的意见建议,形成专项调研报告上报中共区委,并在中共区委召开的专项民主监督协商座谈会上汇报交流,较好履行党派的民主监督职能。　　　　　（严宇）

【社会服务工作】　年内,农工党区委与有关单位联合举办中医药文化节外,与大宁路街道联手,开展中医"节气"项目。多次进楼宇、进园区、进社区开展中医问诊咨询,在活动现场录制"春季健康养生小贴士""夏季养生、冬病夏治小知识"等视频通过公众号进行健康科普。活动信息被农工党中央《前进论坛》刊载,科普视频被"学习强国"平台收录。农工党区委参与中共区委统战部"双拥"慰问活动,针对需求、细化方案,组织有关科室医生到军营开展医疗咨询服务。农工党区委参与农工党市委2023年"环境与健康宣传周"上海站活动。以"共护母亲河,促进人与自然和谐共生"为主题,由农工党区委主委钟岭代表农工党区委共同参与发起联动倡议:携手共护母亲河,做生态文明理念的积极传播者和模范实践者,为健康中国、美丽中国建设作出自身贡献。　　　　　　　　（严宇）

【纪念"五一口号"发布75周年系列活动】　年内,农工党区委以纪念"五一口号"发布75周年为契机,开展紧扣主题、形式多样的学习活动。开展纪念"五一口号"发布75周年征文活动,择优精选9篇征文在农工党市委平台、5篇征文在中共区委统战部平台刊载。联合农工党市委、农工党黄浦区委,举办"吾谈五一口号"——纪念"五一口号"发布75周年分享交流会。党员代表结合自身工作和履职实践,深入探讨"五一口号"历史意义和时代价值,分享学习感悟。开展"铸牢初心、铭记使命,做新时代合格农工党党员"党史学习活动,组织新党员探寻农工党一干会址,重温农工党先烈前赴后继、艰苦卓绝的革命奋斗历程,以及接受中国共产党领导、共同致力于建设中国特色社会主义事业的光荣历史。制作题为"不忘初心、砥砺奋进——农工党静安区委工作展示"视频,总结回顾农工党区委自"撤二建一"后,牢记使命、勠力同心,推动各项工作传承开拓、创新发展的历程,提升广大党员作为新时代中国特色社会主义参政党成员的使命感、责任感与荣誉感。　　　　　　　　（严宇）

【王晓鹏获农工党中央2023年理论研究优秀论文奖一等奖】　11月,农工党中央2023年理论研究论文评选结果揭晓,农工党区委党员王晓鹏(上海七方律师事务所管理合伙人)提交的《论"五一口号"法治精神在新时代的传承和发展》获农工党中央2023年理论研究优秀论文奖一等奖。该论文从"五一口号"提出的历史意义、对于中国法治近现代化发展及政治协商制度的影响、习近平法治思想与"五一口号"的联系与传承等方面阐述"五一口号"中所蕴含的法治精神，并结合习近平法治思想的精髓，论述新时代中国特色法治建设的各方面要义。整篇论文体系完整，理论扎实，立意新颖，获得农工党中央高度认可，被评为一等奖。 （严宇）

【社情民意信息工作获奖】 在11月召开的区政协2023年社情民意信息座谈会上，农工党区委以总分第一的成绩被评为区政协"2022年度反映社情民意信息工作优秀单位"；党员姚耀、彭德荣、朱俊涛，与党员傅颂华、于雅君、谢伟分获委员组别与非委员组别"2022年度反映社情民意信息工作优秀个人"，有26篇报送信息被评为"2022年度优秀社情民意信息"，姚耀作为获奖代表作交流发言。 （严宇）

【联合举办中医药文化节】 11月，农工党区委联合有关部门、单位共同举办"静心守正，悬壶安民——2023年静安区中医药文化节"。揭幕式上，由区政协牵头，农工党区委、区卫生健康委、大宁路街道以及雷允上西区共同参与建设的"汉医工坊"正式宣布成立，力求将优质、专业的中医药健康服务及特色体验活动送到百姓身边。与会领导共同为区政协农工党界别委员工作室、区政协医药卫生界别委员工作室揭牌，为两界别委员知情明政、服务群众搭建新桥梁。作为"中医药文化节"首场活动——2023年静安区冬令大型中医义诊在广延路广中绿地同步举行，包括农工党区委党员专家在内的全市12家医疗及研究机构共20名名医专家现场为百姓提供专业的问诊咨询服务及冬令健康养生建议。 （严宇）

11月，农工党区委联合有关部门、单位共同举办"静心守正，悬壶安民——2023年静安区中医药文化节"
（农工党区委 供稿）

（六）致公党区委

【概况】 2023年，致公党区委深入学习贯彻习近平新时代中国特色社会主义思想和中共二十大精神，以贯彻落实致公党十六大提出的各项部署为主线，强化理论武装，不断提高思想政治站位。致公党区委围绕中共二十大、致公党第十六次代表大会等重要会议精神及致公党新党章，召开主委会、区委会、新年学习会等传达和学习会议精神，始终把政治思想学习放在致公党区委工作首位。组织开展习近平总书记考察上海重要讲话精神专题学习，提高致公党区委中心组成员的政治素养。组织致公党党员参加致公党市委及中共区委统战部纪念"五一口号"发布75周年专题辅导报告、社院讲坛及征文征集活动，收到征文11篇，其中5篇被中共区委统战部采用，2篇入选致公党市委征文集，1人在致公党市委专题座谈会上交流发言。通过重学习、强引领、搭平台、给任务，推动致公党党员用习近平新时代中国特色社会主义思想武装头脑、指导实践，加深对新时代统一战线思想的认识。开展主题教育活动。根据致公党中央和致公党市委部署，把"凝心铸魂强根基、团结奋进新征程"主题教育贯穿全年工作。以"学思想、强根基、重履职、建新功"为总要求，通过致公党区委、支部及各专委会多层次、多角度开展主题教育活动。组织动员致公党党员参加致公党市委"点亮心生活，奋进新征程"线上摄影展作品征集活动，5名党员摄影作品入选。5月、10月，致公党区委组织区委委员、支部主委、骨干党员等先后到云南文山和广东潮汕开展主题教育活动。7月，致公党区委召开主题教育中期推进会，组织区委委员、支部主委到上海市华侨事务中心参观"同心百年"上海侨史发展陈列馆，致公党区委中青委

到区档案馆（新馆）和浦东新区新场镇国防教育主题馆、历史文化陈列馆主题学习参观。开设信息宣传平台。6月，静安致公新媒体学习宣传平台正式上线运行，并建立每周定时上线制度，至年底，《静安致公》共开设28期，有23名党员积极撰稿投稿。通过主题教育、工作动态、党员风采等栏目，进一步增进信息交流和党员联系，提高党员对统战及致公党市委、区委工作的知晓度，扩大致公党区委工作影响力，加强优秀党员宣传力度。同时，编辑制作纸质版《静安致公》1期。致公党区委先后向致公党市委和中共区委统战部报送信息50余条，其中多篇被《上海致公》杂志及微信公众号、"静安统战"微信公众号录用。夯实致公党区委工作制度。制定致公党区委2023年工作计划，加强致公党区委日常工作制度建设。全年召开主委会议4次、区委会议4次、支部工作会议1次。认真落实重大议题集体讨论制度，确保基本工作有序推进。持续深化党内监督制度执行，做好2022年领导班子民主生活会和致公党区委委员述职评议。致公党区委监督委员会全程列席区委会议，推动区委班子规范建设。加强致公党支部组织建设。制定支部争先创优活动方案，开展优秀支部和优秀党员评比。动员各支部根据致公党区委要求积极开展主题教育活动。静安寺支部与江宁支部联合开展中共中央秘书处机关旧址纪念馆参观；南西支部开展静安区档案馆、四行仓库抗战纪念馆参观。落实致公党支部手册制度，推动支部加强自身建设。一、二、三、四支部联合开展共赏瓷画艺术活动；石二支部前往张园参观；综合支部与曹家渡支部联合开展中华优秀传统文化讲座。支部建设有效提高党员参与度，增强组织向心力。全年致公党各支部开展组织生活会共56次。重视党员队伍建设。积极发展新党员，优化队伍结构。全年发展新党员15人，平均年龄36.8岁，研究生以上学历53%，侨海比例达93%。至年底，全区有党员325人，平均年龄54.54岁。其中在职党

员227人，占69.8%，具有侨海关系的党员266人，占81.8%。4月，致公党区委举行新党员进支部仪式，为新党员颁发证书，为各基层组织充实新生力量，并开展新党员培训。全力为中青年党员成长搭设舞台，创设机会。推荐1人成功入选第四届青年50人论坛，1人当选区侨青会理事，1人为优秀自由职业代表，1人为首届上海统一战线岗位建功十大楷模，组织2人参加第二届"静英"创新创业大赛。加强梯队建设，注重挖掘和培养骨干党员，压担子，给任务，在党派建设的实践中发现人、培养人。丰富专委会活动。依托专委会平台，开展丰富多彩的联谊活动，切实发挥专委会关心党员、服务党员、凝聚党员的作用。妇委会开展以"手作胸花，为美丽人生添彩"为主题的庆祝三八妇女节活动；中青委组队参加致公党市委爱心义卖，在数智运动会中获"勇于拼搏奖"；夕阳红专委会在敬老节期间向退休党员等致以节日问候，累计慰问退休党员近80人。致公党区委慰问医护党员21人，在"冬送温暖、夏送清凉"活动中累计慰问大重病党员、80岁以上党员、离任领导及区委委员82人次，上门慰问7人，切实把组织的关心送到党员身边。

（王明霞）

【**参政议政工作**】 年内，致公党区委按照年度工作计划，成立致公党区委参政议政委员会金融分会，建成经济、民生、金融3个分会，推动参政委人才扩容，努力打造成专业人才汇聚，参政力量集聚的主阵地和蓄水池。年内举办2期新党员参政议政学习交流活动，邀请上海社会科学院研究员花建作"文化产业的新格局、新业态和新举措"专题讲座。积极建言献策。致公党区委完成《践行依法治国方略，提升社区依法治理水平》和《关于坚持企稳提振双向发力，实现高质量经济发展的建议》2篇政协大会集体提案，其中《践行依法治国战略，提升社区依法治理水平》被评为区政协二届二次会议优秀提案。全年上报党员提交的社情民意信息102件，其中致公党中央录用4件、市领导批示2件、市政协录用8件、致公党市委录用39件、区政协录用51件。全年有44名党员提交社情民意，社情民意的党员参与度和数量质量达到新高度，参政议政氛围得到培育。致公党区委被评为区政协2022年度反映社情民意信息工作优秀单位，1人被评为反映社情民意信息工作先进个人。开展课题调研。致公党区委组织开展年度课题申报、评审和结题活动，建立重点课题和储备课题制，完成《推动商旅文一体发展，促进消费示范区建设》等3篇重点课题调研。开展参政调研考察活动，致公党区委先后与致公党市委生态环境专委会到浙江省绍兴市联合开展"无废城市"建设专题考察，与致公党黄山市委开展"文化传承与文旅发展"主题调研，不断丰富党员对课题的认识和了解。

（王明霞）

【**社会服务工作**】 年内，围绕"致爱环保"社会服务品牌建设，致公党区委社会服务专委会先后联合区政协人资环专委会和临汾路街道到嘉定污水处理厂、上海老港固体废物处理基地开展环保学习参观活动，加深对污染防治、垃圾分类的认识，增强环保意识和理念。5月，致公党区委向云南省文山市薄竹镇乐诗冲中心学校捐赠价值约1.5万元的图书、文具及体育用品，进一步发挥"致公书林"社会服务功能。在甘肃发生地震后及时通过致公党市委捐赠赈灾款项，不断提升致公党区委社会服务覆盖面。

（王明霞）

【**民主监督工作**】 年内，致公党区委组织党员就"加强基层治理体系建设"主题开展年度专项民主监督。到区人力资源社会保障局和北站街道进行实地走访调研，了解区就业服务、人才服务、社区治理等工作，完成民主监督报告。

（王明霞）

【**致公党2023年新年学习会**】 于2月24日在海上文

5月18日，致公党区委到云南省文山市薄竹镇乐诗冲中心学校开展"致公书林"助学捐赠活动

（致公党区委　供稿）

化中心三楼会议室举行。会议由致公党区委副主委李成梅主持。区委主委吴月，副主委胡奇敏、顾宏伟，部分区委委员，支委会成员，各专委会主任及成员和获奖党员40余人参加学习会。致公党区委监督员、委员会委员应邀列席会议。会上，吴月总结2022年致公党区委工作，并部署2023年主要工作任务。胡奇敏传达区"两会"和致公党第十六次代表大会精神，顾宏伟宣读《关于表彰2022年度"书香支部"和优秀党员的决定》。区委主委班子向获奖的先进支部和先进党员颁发荣誉证书。（王明霞）

【致公党2023年参政议政工作会议暨新党员学习交流活动】　于4月4日在区文化馆举办。致公党区委主委吴月，副主委胡奇敏，各支部主委、专委会主任、骨干党员及2022年新党员共40余人参加活动。会上，吴月代表致公党区委对新党员表示欢迎，并介绍中国致公党发展历程、统一战线史、"五一"口号的提出和致公党区委工作概况。各支部向新党员颁发新党员证书。胡奇敏部署致公党区委参政议政工作，对课题申报调研、社情民意撰写等提出要求。会上下发《关于开展2023年度区委调研课题申报工作的通知》和《关于开展2023年度先进支部和优秀党员创评活动的通知》，明确下一阶段主要任务。致公党区委特邀上海社会科学院文化产业研究中心主任、研究员花建作题为"文化产业的新格局、新业态、新举措"的主题讲座。最后，党员们参观静安区文化馆的非遗项目展，了解静安区非遗项目的种类、特色、传承和保护情况，感受中华民族传统文化的魅力和价值。

（王明霞）

【到云南文山开展"致公书林"社会服务活动】　5月18日，致公党区委到云南省文山市薄竹镇乐诗冲中心学校开展"致公书林"社会服务助学捐赠活动。致公党区委主委吴月，部分区委委员、支部主委及骨干党员参加。大家实地参观乐诗冲中心学校学生宿舍楼、教学楼、综合楼等场所，详细了解学生学习生活、文体活动情况以及图书室、阅览室建设状况。在随后举行的座谈会上，文山市委常委、副市

长黄磊，市教体局副局长彭现文、薄竹镇党委书记唐雷、乐诗冲中心学校校长张会能分别介绍2023年东西部协作项目开展、文山市教体工作、薄竹镇美丽乡村建设及乐诗冲中心学校近年的发展情况。吴月在座谈会上对薄竹镇及学校的精心组织安排表示感谢，今后将进一步激发和培养党员的社会责任感，服务脱贫攻坚大局，为援建地区的发展贡献绵薄之力。黄磊代表文山市委、市政府对致公党静安区委的关心关爱表示感谢，希望今后能一如既往支持文山市的建设，加大项目合作援助力度，在更宽领域、更深层次、更高水平上推动静安——文山两地共建。活动中，致公党区委向乐诗冲中心学校捐赠价值约1.5万元的图书、文具及体育用品等，乐诗冲中心学校向致公党区委赠送"同为关爱 共浴书香"锦旗表示感谢。 （王明霞）

【**到广东潮汕开展主题教育活动**】 为深入开展"凝心铸魂强根基、团结奋进新征程"主题教育，加强思想政治引领、坚定理想信念，10月29日至11月1日，致公党市委委员、静安区委主委吴月带队到广东潮汕开展主题教育，部分区委委员和被评为2022年度优秀支部和优秀党员代表参加。学习考察团在汕头市民主党派大厦受到致公党汕头市委会专职副主委庄晓热情接待，庄晓介绍汕头的城市发展历史、地域文化特点和侨海工作情况。吴月就静安区经济社会发展、区委自身建设和主题教育开展等情况进行交流。双方表示今后要进一步加强两地交流，学习借鉴兄弟组织的工作经验方法，取长补短，共享发展，共同为致公党的建设作出更大贡献。致公党区委主题教育学习团队先后参观南昌"八一"起义纪念馆、红色交通站、侨批文史馆，沿着习近平总书记的足迹考察开埠纪念馆、汕头小公园等风貌街区，了解汕头在革命战争时期，为打通红色根据地秘密交通线、建立隐蔽战场发挥的巨大作用。通过主题教育活动，党员们感受到海外华侨华人对祖国建设的大力支持，更加坚定要发挥好致公党的侨海特色，服务好、团结好华侨华人。同时更加提高政治站位，增强发展信心，力争把主题教育成果落实到自身工作实践中，在新时代、新征程中展示静安致公党员的新风貌、新作为。 （王明霞）

【**致公党区委中青委开展主题教育活动**】 为深入推进"凝心铸魂强根基、团结奋进新征程"主题教育，进一步提高中青年党员的政治素养，切实坚定"四个自信"，做到"两个维护"，11月3日，致公党区委中青委组织开展专题现场教学，部分区委委员、支委会委员、各专委会成员及中青年党员等参加活动。大家到区档案馆（新馆），参观静安红色档案史料展、静安区史陈列展，重温习近平总书记关于档案工作重要论述，回顾中国共产党初创时期在静安的战斗历程、第一部《中国共产党章程》和统一战线纲领的诞生历史，以及静安革命、建设、改革、发展的伟大征程。之后，大家到浦东新区新场镇，参观国防教育主题馆、历史文化陈列馆等，现场感受当地深厚的文化底蕴和无数革命先烈在这片热土上留下的红色印迹。活动中，大家还就近期学习教育、参政议政、社会服务等工作进行交流。（王明霞）

【**"致爱环保"社会服务活动**】 11月17日，致公党区委联合结对联系的临汾路街道，围绕固体废物治理和"无废城市"建设主题，开展"致爱环保"社会服务活动。致公党区委副主委顾宏伟、社会服务专委会委员和骨干党员、临汾路街道社区居民等一行近30人到上海城投集团老港基地进行参观学习。观看上海生活垃圾科普展示馆，了解生活垃圾管理处置体系的建设发展历程和科学知识。参观老港基地生态园及医疗废物焚烧场，了解医疗废物的管理及处置流程，现场观摩医疗废物焚烧炉的进料。通过参观学习，大家加深对固体废物分类处置、无害化处理和循环利用的认识，提升环保素养，感受到上海立足新时代高质量发展,在生态环保、绿色低碳建设上的巨大成就,为静安区深入开展"无废城市"建设,打造政府主导、社会主体、公众参与的多方共治格局强化基础。 （王明霞）

【致公党区委成立参政议政委员会金融分会】 12月4日,致公党区委在上海市银行博物馆会议室举行参政议政委员会金融分会成立仪式。致公党区委主委吴月,区委委员、参政委主任杨飞飞,秘书长王明霞及各支部主委和部分参政委成员参加活动。成立仪式上,吴月在致辞中向金融分会的成立表示祝贺。王明霞宣读《关于成立参政议政委员会金融分会的决定》,并宣布金融分会成员名单。活动开始前,参会人员参观由中国工商银行主办的中国第一家金融行业博物馆"上海市银行博物馆"。 （王明霞）

（七）九三学社区委

【概况】 2023年,九三学社区委以深入开展"凝心铸魂强根基、团结奋进新征程"主题教育为主线,以习近平新时代中国特色社会主义思想为指导,学习贯彻中共二十大精神,深入贯彻九三学社十二大精神,按照中共区委和九三学社市委的工作要求和部署,开拓社务工作新局面,获得多项荣誉：九三学社中央2021—2022年参政议政先进集体、九三学社上海市委2023年组织工作先进集体、2023年宣传思想工作先进集体、2022年参政议政工作先进集体一等奖和信息工作一等奖,在九三学社市委"新征程、新社章"学习教育暨知识竞赛活动中,获优秀组织一等奖；获得区政协2022年度反映社情民意信息工作优秀单位称号。《静安区数字经济发展建议》在区政协二届二次会议上作为九三学社区委大会发言并获评优秀提案。思想建设方面,九三学社区委把学习贯彻中共二十大精神作为首要政治任务,与区静工集团开展联组学习,邀请中共上海市委党校教授卜新兵作"迎难而上搏开局、团结奋斗创未来——当前国内外形势与党的二十大精神解读"讲座。利用"九三静安"企业微信,及时宣传反映九三学社区委各项工作,全年编辑《九三·静安》电子刊4期,刊用稿件33篇；积极参与九三学社市委和中共区委统战部开展纪念"五一口号"发布75周年主题征文活动,收到征文10余篇,报送5篇。组织建设方面,举办"走进张园"庆祝"三八"妇女节活动；召开"敬老节"茶话会；在"世界水日"到嘉定南翔污水处理厂,组织参观地下污水处理设施、水景观公园与科普馆等。继续开展"九三智荟"项目,一支社组织世博文化公园双子山植树活动；四支社组织参观颐和苑老年服务中心,调研上海养老产业发展；十三支社组织"文化名人进校园"教师节活动,三期活动吸引100余名社员参加。在现有的4个专委会基础上,组建青年工作委员会。举办大型户外闯关形式的支社委员会和青年工作委员会联合团建活动,提升基层组织团队凝聚力和支委会的组织领导力。进一步细化完善星级支社评比标准,制定统一的支社工作手册,推动支社组织生活制度化,在2023年星级支社评比中,四支社、十二支社、十三支社获"五星支社"称号；一支社、二支社、五支社、六支社、十四支社获"四星支社"称号。全年发展新社员32人,其中博士3人,硕士16人；高级职称10人,平均年龄38.2岁。至年底,九三学社区委下属支社13个,小组1个,有社员781人。其中高级职称占比超过50%,从事科技、高等教育、医卫方面的社员占比约75%。 （戴隽）

【参政议政工作】 年内,九三学社区委申报九三社市委课题9项,其中《加快扶持养老机构的日常医疗护理能力》和《打造上海边缘算力网络与运营平台,助力上海城市数字化转型与产业"新赛道"发展》被单独立为重点课题；《完善公共数据安全保障体系,构建数据全生命周期安全管理机制》和《打造数据全流程合规与监管规则体系,保障数据国家安全》被联合立为重点课题;《5G与石化行业融合发展路径研究》《聚焦数据要素流通合规共识,打通数据交易的"最后一公里"》《数字创新驱动智慧交通,打造新城基础设施新样板》为九三学社市委参政议政培育课题。收到下属各支社申报九三学社区委课题15项,最终立项并结题8项,分别是《布局智能网联新赛道,打造静安数字经济新高地》《关于推动社区配建公共停车区域的建议》《关于推进小区业委会制度建设及进一步提升业委会规范化运作能力的建议》《后疫情时代下基层医疗体系优化的研究——以静安南部医联体为例》《静安区科技创新体系建设研究》《静安区社区养老机构现状及其问题分析》《疫情封控对Z时代人群心理影响及是否需要心理干预评估调研报告》《关于长期护理保险试点工作情况的调研报告》。重视新社员参政意识培养和能力培训,分别在4月和8月针对2021年和2022年入社的新社员开展参政议政和社情民意2次专题培训。建立参政议政"导师"机制,择选4名参政议政意识较强、履职能力突出的导师,指导新社员社情民意的撰写。九三学社区委全年提交社情民意179篇,其中获市领导批示7篇,获九三学社中央录用14篇、市政协录用34篇、中共市委统战部录用1篇。 (戴隽)

【民主监督工作】 年内,受中共区委委托,九三学社区委就"加强基层治理体系建设"开展专项民主监督,成立民主监督工作组先后到区科委、曹家渡街道开展座谈调研,深入了解基层治理体系现状、区科委和曹家渡街道的经验做法,分析研判基层工作面临的困难和问题。充分发挥九三学社科技界别的特色优势,从加快推动基层治理的数字化转型入手,提出打通基层数据"断头路"、推动个性化应用百花齐放、建立基层治理"大模型"3项建议,形成专项民主监督工作报告助力增强基层"智理"能力。 (戴隽)

【社会服务工作】 4月22日,九三学社区委与上海市地质学会等联合主办"跨越冈身,上海古文明与地质环境变迁"上海科普高端论坛;11月3日,与上海市曹鹏公益基金会联合,在"爱咖啡——自闭症社会实践基地"举办关爱"星星的孩子"公益活动;12月1日在曹家渡街道举办国际志愿者日暨九三学社健康咨询活动,服务地区居民100余人;"亮康行动在静安"活动远赴新疆维吾尔自治区喀什地区,社员吴良成率队开展多次学术讲座、义诊、复明手术等,并向喀什地区巴楚县医院捐赠全自动电脑验光仪。 (戴隽)

【开展"凝心铸魂强根基、团结奋进新征程"主题教育】 年内,九三学社区委把握"学思想、强根基、重履职、建新功"的总要求,通过理论学习、调查研究、助力发展、检视整改、建章立制,扎实推进"凝心铸魂强根基、团结奋进新征程"主题教育。5月,成立主题教育领导小组,制定工作方案;9月,举办主题教育暨庆祝建社78周年趣味嘉年华活动,设置携手前行、同舟共济、齐心聚智、团结奋进4个趣味竞技类项目和主题教育知识竞赛,加强基层组织队伍建设;10月,组织班子成员、骨干社员分2批到辽宁省大连市和抚顺市、福建省古田县和泉州市开展主题教育学习考察,探访九三学社全国传统教育基地和统一战线足迹,与九三学社抚顺市委、北方集团泉州公司进行座谈交流等,夯实多党合作的共同思想政治基础;组织人大代表和政协委员等参观上海城市数字化转型体验馆、举办主题教育音乐党课等主题教育学习实践活动。结合实施"党的统一战线政策提出地工程"和纪念"五一口号"发布75周年,联合中共区委统战部,在上海世博文化公园双子山举办"黄浦江畔统战情,双子山麓树同心"植树活动;

主办由九三学社市委副主委周锋作主题宣讲,相关九三学社组织共同参与的主题教育领学领讲活动和加强新时代参政党建设座谈会等。根据主题教育工作方案中检视整改的要求,九三学社区委经梳理查找出2个方面5项问题,制定整改措施14项,并对九三学社区委委员提出5条履职要求,修订完善《主委、副主委联系支社制度》等制度。 (戴隽)

【参政议政工作获九三学社中央、九三学社市委表彰】 年内,九三学社区委被评为九三学社中央2021—2022年参政议政先进集体。社员贺仁龙被评为九三学社中央2021—2022年参政议政先进个人。九三学社区委获九三学社市委2022年参政议政工作先进集体一等奖、信息工作先进集体一等奖。《关于培育具有全球竞争力的先进制造业集群的建议》《关于加强我国超大型平台的算法监督的提案》《关于完善我国代码安全审查工作机制的提案》被评为九三学社市委优秀调研成果一等奖;《关于加强文旅IP法规建设的提案》《关于加快推进工业软件国产化的建议》《关于我国车联网产业生态高质量发展的建议》《关于提升"长护险"居家养老护理质量的建议》《关于拓展WIPO上海中心职能,打造国际知识产权争议解决首选地的建议》《关于打造文化创意产业版权运营中心,助力上海知识产权强市建设的建议》被评为九三学社市委优秀调研成果二等奖;《医联体对居民就医影响的调研》《关于长三角一体化产业协同中上海需要的招引机制创新的建议》《关于推进中小企业工业互联网应用的建议》《传承上海红色基因,推进红色文化创意产品研发》《关于5G行业应用和个人应用发展的建议》

4月7日,举办"黄浦江畔统战情,双子山麓树同心"植树活动 (九三学社区委 供稿)

《韧性城市视角下基层应急能力建设路径研究》《关于对旧区改造土地储备项目开展预算绩效评价工作的建议》《关于进一步完善养老助餐服务的建议》《支持新型研发机构创新发展机制研究》被评为九三学社市委优秀调研成果三等奖。　　（戴隽）

【成立青年工作委员会】 年内，九三学社区委在已有4个专委会基础上，于7月25日召开青年工作委员会成立大会，经九三学社区委和各支社推荐，32名社员任青年工作委员会委员。会前社员们参观中国航发商用航空发动机有限责任公司。成立大会后召开青年工作委员会第一次工作会议。（戴隽）

（八）区工商联

【概况】 2023年，区工商联紧紧围绕加强思想政治引领，促进非公有制经济健康发展和非公有制经济人士健康成长，认真贯彻落实党中央、国务院《关于促进民营经济发展壮大的意见》，通过建立健全各种平台机制，提振信心，凝聚人心，不断促进静安民营经济高质量发展。区工商联被评为2022—2023年度全国"五好"县级工商联，曹家渡街道商会被评为全国"四好"商会。深入学习贯彻党的二十大精神，开辟热议专栏、民营经济人士大讲堂等专题宣讲，并通过企业家座谈会、线上党课、基层商会学习等各种形式深入推进党的二十大精神进商会进民企活动。组织民营企业家认真学习习近平总书记在民建工商界联组会上的重要讲话、上海市促进民营经济发展大会、习近平致中华全国工商业联合会成立70周年的贺信等精神，增强企业发展信心。组织基层商会、女企业家联谊会到福建宁德、寿宁下党等实地开展理想信念教育活动。组织青年商会到安徽芜湖、祁门学习考察，促进长三角地区青年企业家之间互通交流；到崇明区开展理想信念教育活动，并同崇明区青创联进行座谈交流；与浦东新区工商联青创联开展"走进上戏"活动；与徐汇区青商会开展创业创新交流。扎实推进静安区与云南省文山壮族苗族自治州25个结对乡村振兴项目，组织部分民营企业家代表到实地开展考察交流，援助资金90万元。组织会员企业参加"政协委员企业及民企招聘会""静安区秋季校园招聘月活动暨静安区重点企业进校园活动"等。召开静安区促进民营经济高质量发展大会，区委书记于勇出席会议并对促进民营经济高质量发展作再动员再部署。会上发布《静安区关于加快推进"上海市北高新民营企业总部集聚区"建设的政策措施十条》与《静安区关于加大力度培育本土优质企业的行动方案（2023—2025年）》，发布《2023年静安区促进民营经济高质量发展行动计划》。区工商联会同区科委就科技创新、数智产业，会同区法院、区检察院就法律保护，会同区司法局就行政复议依法维权等主题举行圆桌会议，职能部门现场向企业家答疑解难。推荐民营企业参加区政府常务会议等有关会议，第一时间让民营企业了解政策，并及时反映民企政策诉求。通过"静安总商会"微信公众号及时发布支持民营经济发展的政策，并通过15个基层商会面向民营企业包括个体工商户开展政策发布和解读引导。积极推动基层商会对接驻区22家银行，举办"政会银企"活动7次，推荐有融资需求企业约200家次。浙江泰隆银行向北站街道、市北高新技术服务园区、大宁路街道3个商会授信3亿元。上海农商银行向大宁路街道、临汾路街道、彭浦新村街道、彭浦镇等商会提供2亿元一揽子金融服务。协调有关职能部门继续做好"企业贷""信易贷"等政策性融资的宣传推广活动，推动解决民营企业融资贵、融资难问题。梳理公平竞争、政府采购等领域支持民营企业和中小微企业健康发展的相关制度、工作机制，并结合企业诉求、意见建议，开展《破解招投标难题、维护民营企业公平竞争》课题调研，形成调研稿。积极推动调研成果转化，依托区民营经济发展联席会议平台，协调相关职能部门，研究制订推动破除招投标等方面隐形壁垒的举措。持续深化与公检法司等部门的协作，维护企业合法权益。与区法院联合举行"推进法治化营商环境工作"新闻发布会。区工商联、区检察院继续推动企业合规工作，完成6家民营企业合规工作。共同召开静安区涉案企业合规改革工作推进会暨侵犯公民个人信息犯罪涉案企业合规专项评估审查标准发布会，联合发布《保险行业刑事风险防范合规指南》。为进一步推进法律服务，各街道商会与属地司法所签署合作共建协议，并聘请法律顾问。协调区四套班子领导走访民营企业，实地听取民企诉求，解决企业困难。区工商联机关干部对执委企业及其他重点民营企业进行走访调研和联系服务。在与民营企业交往中关注民营企业发展过程中遇到的困难瓶颈，协调解决民营经济人士的意见与诉求，为民营企业解难题、办实事，构建亲而有度、清而有为的政商关系。积极参与区委重点课题《加大力度培育本土优质企业》课题调研工作，在充分调研基础上，向区政府有关部门推荐优质入库企业。推进商会党建工作规范化建设，街镇商会全部建立实体型党支部。完成民营经济组织党建工作联谊会换届工作，94家民营企业党组织加入党建联谊会。区工商联党支部与党建联谊会到安徽省金寨、霍山等全国工商联教育基地联合开展学习贯彻习近平新时代中国特色社会主义思想主题教育，增强教育效果。召开基层商会工作推进会，推进"一会一品牌"创建。基层商会分成南中北3个片区，资源共享、沟通交流，扩大活动服务会员企业数量，效果明显。推荐2个商会参加全国"四好商会"评比。持续推进基层商会改革创新，探索建立中国特色新型行业商会组织，成立静安区大健康行业商会。在5月24日召开的上海市促进民营经济高质量发展大会暨第六届上海市优秀中国特色社会主义事业建设者表彰大会上，授予80名非公有制经济人士第六届"上海市优秀中国特色社会主义事业建设者"称号，静安区有4名非公有制经济人士获奖。　　　　（武世安）

【**首个大健康产业商会成立**】　11月10日，上海市静安区大健康产业商会第一次会员代表大会在市北高新园区召开，标志着静安区首个产业商会正式成立。围绕"3+3"重点产业体系，静安积极携手民营企业共同发展。成立静安区大健康产业商会，积极发挥区工商联及商会组织的核心职能和桥梁纽带作用，充分依托市北作为首批"民营企业总部集聚区"的产业集聚效应，将进一步凝聚产业合力，助推静安民营经济健康成长。　　　　（武世安）

【**基层商会会长会议**】　于8月11日举行。区委统战部副部长、区工商联党组书记李帆出席会议。会议由区工商联副主席史海云主持。会上，各基层商会会长围绕商会党支部建设和"一会一品牌"建设等通报商会工作进展和下一步工作打算。各商会围绕中心、服务大局、积极作为，工作各具特色，很好发挥商会作用，展示良好形象。史海云就规范商会党支部建设和开展理想信念教育活动等工作进行部署。李帆对商会建设提出具体要求，要强化政治引领，抓好党建促会建；要加强政企沟通，优化服务促发展；要创建"四好"商会，打造"一会一品牌"；要丰富活动内容，增强商会凝聚力。　　（武世安）

【**静安区促进民营经济高质量发展大会**】　于7月10日在区政府四楼多功能厅举行。市委统战部副部长、市工商联党组书记王霄汉，区委书记于勇出席会议并讲话。会议由区委副书记、区长王华主持。区委常委、副区长梅广清，区委常委、统战部部长顾定鋆，区人大常委会副主任林晓珏，副区长张军，区政协副主席、区工商联主席沈刚，区政协副主席周新钢等出席会议。会上,顾定鋆传达上海市促进民营经济高质量发展大会会议精神,宣读静安区获第六届上海市优秀社会主义事业建设者名单。马文胜、李晖、苗衍旸、骆海东4名民营企业家上台领奖。第六届优秀建设者代表作交流发言。区政协副主席、区工商联主席、上海唐神广告传播有限公司董事长沈刚代表民营企业家发出静安区促进民营企业高质量发展倡议。张军发布《静安区关于加快推进"上海市北高新民营企业总部集聚区"建设的政策措施十条》。梅广清发布《静安区关于加大力度培育本土优质企业的行动方案(2023—2025年)》。区民营经济发展联席会议成员单位,四大功能区,区工商联主席(会长)班子,基层商会会长、监事长、党支部书记、秘书长,区工商联机关共160人参加会议。　　(武世安)

【**区工商联青年商会与浦东新区工商联青年企业家商会"走进上戏"活动**】　于6月13日在上海戏剧学院举行。上海戏剧学院副院长刘庆,浦东新区工商联党组副书记、副主席沈浩,静安区工商联副主席龚晓鸣等参加活动。上海戏剧学院创意学院院长刘志新以"科艺融合·新媒体演艺的跨界创新"为主题进行交流分享。静安区、浦东新区两地青年企业家进行座谈,相互介绍企业发展、行业前景,纷纷表示要加强交流合作,共融发展。青年企业家们参观上海戏剧学院校区,并观看由上戏学生表演的话剧。静安区工商联青年商会会长、沪港国际集团有限公司首席执行官郭纯青,浦东新区工商联青商会会长、中路股份有限公司董事长陈闪等30名青年企业家参加活动。

(武世安)

【**区工商联到区科委开展2023年度专项民主监督工作**】　8月10日,区工商联民主监督工作小组到区科委召开"增强科创动能"专项民主监督科技企业座谈会,区委统战部副部长、区工商联党组书记李帆,区工商联副主席龚晓鸣,区科委副主任吴启南、王宏彪等参加座谈会。受区委委托,区工商联对口区科委就区"增强科创动能"工作开展专项监督。区工商联与区科委积极对接,共同拟定工作方案,通过实地走访、调研问卷等形式对区内科技型民营企业开展调研。

(武世安)

8月10日,区工商联民主监督工作小组到区科委召开"增强科创动能"专项民主监督科技企业座谈会

(区工商联　供稿)

【静安区工商联与枣庄市工商联缔结友好工商联】6月4日,上海市枣庄商会第一届会员大会第一次会议暨成立大会举行。区委常委、统战部部长顾定鋆出席会议并讲话。区人大代表、区工商联常委、临汾路街道商会会长、上海沪佳建筑装饰有限公司董事长李刚当选为第一届理事会会长。成立大会上,静安区工商联与枣庄市工商联缔结为友好工商联。顾定鋆在讲话中表示,静安区工商联与枣庄市工商联缔结为友好工商联标志着两地民营经济合作进入新阶段,希望两地工商联和民营企业以此为纽带加强合作,抓住发展战略机遇期,实现同频共振、协同发展。 (武世安)

【静安区工商联女企业家联谊会到福建宁德、寿宁学习考察】5月25日至27日,在区工商联副主席史海云带领下,区工商联组织女企业家联谊会、基层商会近30名企业家到福建宁德、寿宁下党等地开展理想信念教育和学习考察活动。企业家一行参观宁德新能源科技有限公司、宁德思客琦智能装备有限公司、三祥新材股份有限公司,实地了解宁德市锂电新能源、新能源汽车、新材料等主导产业的良好发展势头。参观宁德摆脱贫困主题展览,重点参观"难忘下党"主题馆、鸾峰桥,重走"党群连心路",感受"弱鸟先飞、滴水穿石"的闽东精神;聆听总书记当年"三进下党"的感人故事,重温总书记那段贴近群众、深入基层、现场办公"异常艰苦、异常难忘"的历史,深刻领悟中国共产党人的初心和使命,进一步坚定理想信念,厚植爱党爱国情怀。行程中,静安的女企业家们与宁德女企业家进行充分交流,并相约在条件成熟后互结友好商会。 (武世安)

【施登定调研总部型民营企业】5月18日,市工商联党组成员、副主席施登定和市工商联调研部一行到市北高新技术服务园区开展总部型民营企业专题调研。区委统战部副部长、区工商联党组书记李帆,市北高新(集团)有限公司副总裁周晓芳等参加调研。上海风语筑文化科技股份有限公司、舜杰建设(集团)有限公司、上海博道电子商务有限公司、上海璞康实业有限公司、上海秦森园林股份有限公司、均和控股有限公司等总部型民营企业的负责人介绍企业当前发展状况,交流企业在发展中碰到的困难、问题和建议。施登定表示,上海正在大力推动各类总部型经济机构集聚发展,民营企业要树立发展信心,加大创新力度,在参与全市经济高质量发展中抓住机遇、打造品牌;民营企业要高度重视党建工作,以党建引领企业高质量发展,勇于承担社会责任;工商联作为民营企业的"娘家人",要汇聚服务企业合力,持续优化营商环境,助推企业高质量发展。 (武世安)

【民营企业家座谈会】于4月19日在北上海大酒店三楼A厅举行。区政协副主席、区工商联(总商会)主席(会长)沈刚参加座谈会。会议由区委统战部副部长、区工商联党组书记李帆主持。30余名企业家参加座谈。会上,全国政协委员、上海港湾集团有限公司董事长徐士龙作"解读全国'两会'精神"专题报告。徐士龙对习近平总书记看望参加全国政协十四届一次会议的民建、工商联界委员时的重要讲话、政府工作报告进行认真传达、系统阐释和生动解读,并结合自身经历,围绕提案工作等内容分享履职体会。参会企业家认为听后深受启发、收获颇丰。市北高新技术服务业园区作为全市唯一的云计算和大数据产业基地,被评为全市首批"民营企业总部集聚区"。企业家们实地走访市北高新园区,听取园区相关政策,同园区方面就更好为企业提供服务进行交流。 (武世安)

【区工商联青年商会到安徽省芜湖市、祁门学习考察】为进一步促进静安区工商联青年企业家与长三角地区青年企业家之间交流，4月13日至15日，在区工商联副主席史海云带领下，区工商联青年商会一行30余人到安徽省祁门、芜湖两地参观学习。在祁门，青年商会一行先后实地考察安徽省祁门红茶产业集团有限公司、中国祁红科技博览园、经济开发区和格瑞特电子公司，并与祁门县青年商会缔结友好商会并进行交流。在芜湖，青年企业家们考察奇瑞新能源汽车股份有限公司、中国视谷等企业，并与芜湖市青年企业家、高新区管委会进行座谈交流。在座谈中，三地青年企业家分别介绍各自企业的经营发展情况，并就青年企业家如何推动长三角高质量一体化发展进行探讨。 （武世安）

【上海（静安）民营经济圆桌会】 于4月10日在新理想大厦二十五楼会议室举行。圆桌会以"科技赋能、创新活力、助推发展"为主题，区委常委、区委统战部部长顾定鋆出席会议并讲话。区委统战部副部长、区工商联党组书记李帆主持会议。会上，区发展改革委、区科委等相关部门负责人介绍助推科技创新的各项政策和举措，并就发挥职能优势、搭建服务平台、加强企业服务等方面交流经验做法。上海合信信息科技股份有限公司、上海浪潮云计算服务有限公司、上海天好信息技术股份有限公司、上海海尔医疗科技有限公司、珍岛信息技术（上海）股份有限公司、上海薄荷健康科技股份有限公司、上海陶术生物科技有限公司、上海梦创双杨数据科技股份有限公司8家企业负责人结合发展实际，对数据智能、生命健康等行业中的科技创新进行交流。 （武世安）

【顾定鋆调研区工商联工作】 2月17日，区委常委、统战部部长顾定鋆到区工商联调研。区委统战部副部长、区工商联党组书记李帆等参加。顾定鋆对区工商联的工作成效表示肯定，并对下一步工作提出要求。要对标市级工作要求，提高品牌含金量。明确考核目标、量化指标，找准着力点和切入点，提高品牌创建含金量；要提升服务大局能力，培育创新"核爆点"。做好加减法，打好组合拳，完善"民营经济圆桌会""政会银企"等机制，聚焦科创等重点领域，深化市、区两级重点工作项目结合，提升民营经济对区域经济的贡献度；要加强干部队伍建设，扎实开展机关建设年活动。夯实基础，练好内功，以开展机关建设年活动为契机，抓实主题教育，为统战干部提升能力、展示风采创造平台条件，发出静安统战好声音。 （武世安）

【静安区召开民营经济圆桌会议】 7月7日、18日，静安区工商联在同舟大楼召开以"法治护企，服务暖企"为主题的上海（静安）民营经济圆桌会议系列活动之法治专场。7月7日，区法院副院长陈树森、区检察院副检察长吕颢及10名企业家参加圆桌会议，会议由区政协副主席、区工商联（总商会）主席（会长）、上海唐神广告传播有限公司董事长沈刚主持。吕颢通报近期区检察院服务保障民营经济健康发展工作情况。针对当前经济下行压力较大，让企业能平稳运行，检察机关依法严厉打击侵害企业权益的各类刑事犯罪，落实涉企案件快速办理机制，综合运用认罪认罚、刑事和解等制度促进退赃退赔，及时为企业挽回损失；发挥知识产权检察办公室"四合一"办案机制优势，积极服务企业创新发展；深化涉案企业合规改革，让民营企业"活下来、留得住、经营好"；对办案发现的企业乃至行业经营管理漏洞，以发布检察白皮书、编发法律服务手册、线上线下普法宣传等形式，提升企业风险防范能力，推动行业溯源治理。7月18日，市司法局行政复议二处处长宓怡青及7名企业家参加圆桌会议。宓怡青聚焦《中华人民共和国行政复议法》等有关法律法规，结合近年来相关案例，对行政复议受案范围、行政复议申请、法律援助等内容作详细讲解，引导企业在遇到政企纠纷时如何通过行政复议依法维权。企业家们结合自身企业实际情况，就行政复议、生产经营、行政执法、法律知

4月10日，上海（静安）民营经济圆桌会在新理想大厦举行　　　　（区工商联　供稿）

识等问题踊跃发言，积极互动。　　　（武世安）

【**静安区工商联（总商会）召开二届四次执委会（理事会）会议暨静安区光彩事业促进会二届二次理事会会议**】　于12月26日在海上文化中心举行。会议由中共静安区委统战部副部长、区工商联党组书记、常务副主席李帆主持。近200名执委会员出席会议。会议审议由区政协副主席、区工商联（总商会）主席（会长）沈刚作的《静安区工商联（总商会）二届三次执委会（理事会）工作报告》；审议《静安区总商会监事会工作报告》；审议《静安区光彩事业促进会二届一次理事会工作报告》；审议《静安区工商联（总商会）第二届执委会（理事会）有关人事调整事项的报告》，补选王远为静安区工商联（总商会）第一届执委会执委、常委、副主席（副会长），选举王涛、许智云、芦传江等8人为静安区工商联（总商会）第二届执行委员会执委。　　　　　　（武世安）

【**区检察院、区工商联联合发布《保险行业刑事风险防范合规指南》**】　为促进保险企业依法合规经营，维护保险企业、金融消费者合法权益，推动行业健康发展，8月1日，区检察院联合市保险同业公会、区工商联召开新闻发布会，发布《保险行业经营安全刑事风险防范合规指南》。　　　　　　（武世安）

【**民营经济人士全国"两会"精神传达会暨基层商会工作推进会**】　于3月16日在海上文化中心举行。区委常委、统战部部长顾定鋆出席并讲话。会议由区委统战部副部长、区工商联党组书记李帆主持。顾定鋆对基层商会在开展政治引领、做好服务企业、强化自身建设，特别是在提升区域经济、承担社会责任方面所作出的积极贡献给予肯定。对下阶段基层商会工作提出要求。要强化政治引领，坚定理想信念。要开展精准服务，促进经济发展。要联政府。加强与各部门的协同合作，深化"公检法司"工作机制，搭建政企服务平台。要联资金。推进"政会银企"四方合作机制，充分发挥基层商会金融服务点作用，实现金融服务有效覆盖。要联市场。要引导企业积极参与长三角一体化发展；请进来、走出去，共建"一带一路"；积极参与"进博会"，广阔市场，民营企业大有可为。还要强化党建引领,全面覆盖到位。完善商会党建工作机制;提升基层商会"一会一品"特色;进一步探索推进商会数字化改革。
(武世安)

【静安区工商联与枣庄市工商联缔结友好工商联】
6月4日,上海市枣庄商会第一届会员大会第一次会议暨成立大会举行。区委常委、统战部部长顾定鋆出席会议并讲话。区人大代表、区工商联常委、临汾路街道商会会长、上海沪佳建筑装饰有限公司董事长李刚当选为第一届理事会会长。成立大会上,静安区工商联与枣庄市工商联缔结为友好工商联。顾定鋆在讲话中表示,静安区工商联与枣庄市工商联缔结为友好工商联标志着两地民营经济合作进入新阶段,希望两地工商联和民营企业以此为纽带加强合作,抓住发展战略机遇期,实现同频共振、协同发展。
(武世安)

【静安区民营经济组织党建工作联谊会第二次会员代表大会】 于4月27日在同舟大楼举行。区委常委、统战部部长顾定鋆出席会议并讲话。会议审议《静安区民营经济组织党建工作联谊会第一届理事会工作报告》;选举产生静安区民营经济组织第二届理事会会长、副会长、理事、秘书长。区委统战部副部长、区工商联党组书记李帆当选会长。区工商联副主席史海云兼任秘书长。聘请区委常委、统战部部长顾定鋆为名誉会长。顾定鋆对民营经济党建工作提出进一步要求,要强化党建引领,擦亮静安民营经济党建鲜红底色、打响静安民营经济党建新品牌、赋能静安民营经济党建高质量发展。
(武世安)

【区工商联(总商会)二届三次执委会(理事会)会议暨静安区光彩事业促进会二届一次理事会会议】
于3月23日在海上文化中心召开。会议由区委统战部副部长、区工商联党组书记、常务副主席李帆主持。近200名执委会员出席会议。会议审议由区政协副主席、区工商联(总商会)主席(会长)沈刚作的《静安区工商联(总商会)二届二次执委会(理事会)工作报告》;审议《静安区工商联(总商会)第二届执委会(理事会)有关人事调整事项的报告》;审议《静安区总商会监事会工作报告》。随后召开的静安区光彩事业促进会二届一次理事会议审议《静安区光彩事业促进会第一届理事会工作报告》;选举产生静安区光彩事业促进会第二届理事会领导班子。区委统战部副部长、区工商联党组书记李帆当选会长。新湖期货有限公司董事长马文胜等30名民营经济代表人士任副会长,区工商联(总商会)副主席(副会长)龚晓鸣兼任秘书长。聘请区政协副主席、区工商联(总商会)主席(会长)沈刚为名誉会长。
(武世安)

七、人民团体·群众团体

编辑 庞雅琴

（一）区总工会

【概况】 2023年，区总工会辖街道总工会13个、镇总工会1个、园区总工会1个、机关事业工会17个、企业集团工会14个。基层工会2490个，涵盖单位10771家。职工255247人，其中女职工122031人。工会会员225025人，其中女会员107838人，农民工会员24099人。工作机构设办公室、基层工作部、劳动关系部、权益保障部、宣传教育部。另有工人文化宫、工人体育场、职工援助服务中心3家事业单位。区总工会坚持高站位思想引领，引领静安职工群众更紧密团结在党的周围；坚持高质量建功立业，发挥工人阶级主力军作用；坚持高标准维权工作，防范化解劳动领域风险隐患；坚持高品质服务职工，提升职工获得感幸福感安全感；坚持高水平自身建设，有效激发工会组织生机活力。（裘梅芳）

【"静安工会陪你过大年"活动】 元旦、春节期间，区总工会聚焦"在沪过年职工"和"医务人员、新就业形态劳动者、城市保供人员、劳模先进和困难职工"五大重点职工群体，共走访慰问8300多名职工代表，发放30多万元兔年定制专属慰问包，1400多份节气腊八粥。开展"农民工健康医疗补贴行动"，为2500余名农民工申请通讯、医疗补贴。开展线下主题市集进一线，线上"会员活动服务日"抢购活动，静安职工"创意年夜饭"比赛，将静安工会的温暖送到职工身边。针对连续战斗在疫情防控和医疗救治第一线的医务人员，市、区两级总工会共向区医务工会下拨313万余元专项补助经费用于实物慰问。联动爱心企业，为物业维修、保洁护理等城市保供人员送上水果和防护口罩。

（黄欢）

【静安区总工会二届二次全委（扩大）会议】 于2月23日在海上文化中心五楼多功能厅召开。区委副书记王益群讲话。区人大常委会副主任、区总工会主席林晓珏作常委会工作报告。会议审议并通过区总工会常委会工作报告，以及区总工会经费审查委员会工作报告。区总工会第二届委员会委员，区总工会第二届经费审查委员会委员，各街镇（园区）、机关事业、企业集团工会主席、副主席，区总工会各部室负责人及事业单位党政主要负责人出席会议。 （张圣奥）

【郑钢淼率新一届市总工会领导班子瞻仰中国劳动组合书记部旧址陈列馆】 见"领导视察与调研"栏

目相关条目。　　　　　　　　（姚磬）

【"五一"国际劳动节庆祝活动】 5月9日,区总工会在大宁剧院举办"五一"国际劳动节庆祝活动,区委书记于勇,区人大常委会主任顾云豪,区政协主席丁宝定,市总工会党组成员、副主席桂晓燕,区委副书记王益群,区人大常委会副主任、区总工会主席林晓珏,副区长龙婉丽,区政协副主席、民进区委主委、区科协主席聂丹等出席活动,并向获2023年全国和上海市五一劳动奖、静安工匠的先进集体及先进个人颁奖。活动分"阳光路上,我们同心""发展路上,我们同向"和"逐梦路上,我们同行"3个篇章展开,节目均为静安职工自编自排自演,素材紧扣五一劳动奖的典型事例,有关注新就业职工群体入会的原创小品,有凸显静安职工投身城市更新工程建设、民生保障、促进区域经济繁荣繁华的情景朗诵《暖阳》,静安劳模先进代表、五一劳动奖获奖代表通过访谈为大家演绎《送你一朵小红花》。静安不同行业职工带来工装秀表演《我们》给人耳目一新的感觉。主题活动中,王益群宣布开启2023年度"建功'十四五',奋进新征程"劳动竞赛。活动前,市、区领导接见受表彰的先进集体和个人,并与他们合影留念。　　（姚磬）

【静安区工会代表会议】 于4月26日在静安区工人文化宫召开。会议选举产生静安区出席上海市工会第十五次代表大会代表26人。分别来自全区各行各业的工会工作者、先进模范人物、生产和工作一线工人、管理、专业技术人员、新就业形态等群体,体现代表广泛性、先进性。代表的产生程序、结构比例符合上海市工会第十五次代表大会代表选举工作的各项要求。林晓珏向26名当选代表表示祝贺,并提出希望。　　　　　　　（沈诗贤）

【宝山里2号修缮展陈工作专题会】 7月3日,"五卅"运动初期上海总工会遗址(宝山里2号)修缮展陈工作专题会召开。市人大常委会副主任、市总工会主席郑钢淼出席,市总工会党组书记、副主席黄红主持。会上,区人大常委会副主任、区总工会主席林晓珏对"五卅"运动初期上海总工会遗址的基本情况作简要介绍,从工作进展情况、当前遇到的主要问题和下阶段工作建议等方面作汇报。静安区从有利于地块开发以及参观接待、宣传展示的角度,提出宝山里2号更新调整方案。与会人员分别从城区规划布局、地块开发、历史建筑保护、工运历史展陈等不同角度讨论更新改建方案的可行性和必要性,从发展、保护、开发角度,全力推进后续工作。市总工会副主席桂晓燕,市总工会副主席丁巍,上海工会管理职业学院党委书记、劳动报社总编王厚富,上海工会管理职业学院党委副书记、院长李友钟,区总工会党组书记、副主席许俊,区规资局局长施煜,区文旅局二级调研员张众,市总工会宣教部副部长李明,静安区总工会副主席黄亚芳,静安置业集团副总经理史立辉,上海社会科学院历史研究所副研究员段炼等参加会议。　（方岚）

【静安区工人文化宫(北宫)开工】 7月7日,静安区工人文化宫(北宫)建设项目正式启动。区委书记于勇,市总工会党组书记、副主席黄红,区委副书记、区长王华,区人大常委会副主任、区总工会主席林晓珏,副区长李震、张军,中建八局党委书记、工会主席于金伟等出席开工仪式。开工仪式后,林晓珏为北宫项目工地一线建设者送上慰问信和高温慰问品,叮嘱广大工友夏季高温作业,在保证工程质量的同时做好自我防护,向他们送上清凉并致以最诚挚的问候。静安区工人文化宫(北宫)项目位于宝山路街道,东至268-01地块,西至宝昌路,南至268-01地块,北至宝源路,占地面积4939.2平方米,总建筑面积18918平方米,项目总投资约2.67亿元。　（杨宇骏）

【市、区工会领导深入基层慰问一线职工】 7月,连续高温,市、区工会领导深入基层,慰问在烈日下工作业的一线职工,为他们送去防暑降温用品,送上工会"娘家人"的关心。7月11日,市总工会党组成员、副主席赵德关、市总工会劳动关系工作部副部长孔瑞琨等一行走访慰问区顺丰速运江宁营业点的快递员代表。区人大常委会副主任、总工会主席林晓珏,江宁路街道党工委副书记、办事处主任余文君,静安区总工会经审会主任张伟,江宁路街道党工委副书记、总工会主席张海翔等陪同。7月5日,林晓珏带着印有"辛苦了"字样慰问信和"情系职工,夏送清凉"高温慰问品,走访慰问坚守岗位在露天、高温作业的一线职工代表,叮嘱他们要加强自我保护,防范热射病等职业性中暑事件发生。7月7日,区总工会党组书记、副主席许俊一行慰问南京西路街道社区卫生服务中心一线医护职工和城发静安园林延中广场公园的养护班组露天作业职工,对职工们战高温、不怕苦不怕累的精神给予高度赞扬,叮嘱他们注意劳逸结合,做好防暑降温措施。 (饶智捷)

【静安区总工会二届三次全委(扩大)会议】 于7月27日在海上文化中心五楼多功能厅举行。会议由区人大常委会副主任、区总工会主席林晓珏主持。会上,区医务工会、城发集团工会、九百集团工会、彭浦镇总工会、石门二路街道总工会5家大口工会作交流发言。区总工会分管领导就各自分管工作发言,并提出下一阶段的工作思路和具体要求。会议审议并通过有关人事任免事项。 (张圣奥)

【2023年静安区政府与区总工会联席会议(扩大会议)】 于9月21日在区政府四楼多功能厅召开。区人大常委会副主任、区总工会主席、政府与工会联席会议协调小组组长林晓珏,副区长、政府与工会联席会议协调小组组长龙婉丽,区总工会党组书记、副主席、联席会议协调小组副组长许俊等出席。会上通报2022年联席会议议题落实情况,各街镇联席会议制度推进情况及2023年工会重点工作。会议审议并通过3项议题:一是劳动关系建设、持续优化区域营商环境的议题;二是关于加强静安区安全生产工作,提升职工权益保障的议题;三是关于加强静安区医务职工工间休息室建设的议题。林晓珏要求:一要提高思想认识,进一步用好联席会议的制度平台。要抓好会前沟通、会中协商、会后督办,不断推动联席会议制度深入发展;二要聚焦主业主责,发挥好联席会议制度的积极作用。进一步着力提升协商协调机制效能,形成"政府重视支持、工会积极作为、相关职能部门密切配合"的工作格局。龙婉丽提出:一要把牢政治方向,将联席会议制度作为深入践行全过程人民民主的有力抓手;二要把握关键环节,将联席会议制度作为助推政府与工会工作有机结合的重要平台;三要强化协作意识,将联席会议制度作为源头维护职工合法权益的长效机制。 (黄琼)

【静安职工文化季开幕式暨传统文化直通车第76站市北高新技术服务园区专场活动】 9月27日,艺起来静安职工文化季开幕式暨传统文化直通车第76站市北高新技术服务园区专场活动在园区举行。市总工会党组成员、副主席丁巍,区人大常委会副主任、区总工会主席林晓珏,市工人文化宫党委书记、主任高越,区总工会党组书记、副主席许俊,上海市北高新(集团)有限公司党委书记、董事长罗岚等出席。活动中,丁巍、林晓珏共同启动静安职工文化季开幕式。高越、许俊代表市工人文化宫和区总工会就双方文化服务项目共建共享进行签约。罗岚致辞。活动为区总工会"'工'同读经典·绘声品静安"职工文化展示活动的30名获奖选手代表颁奖。专场活动由艺起来静安职工文化季开幕式、艺起来职工才艺秀、艺起来职工文化服务市集三大板块组成。市工人文化宫茉莉花艺术团带来了川剧变脸、魔术表演等节目。静安职工表演自编自排自演的工装秀及音乐情景剧,快递小哥乐队歌曲串烧,展示新就业形态劳动者的风采。职工文化服务市集。市总工会的"传统文化直通车"、原创剪纸、迎中秋猜灯谜、投壶冰壶等节目让人目不暇接。有静安"幸福直通车",来自静安的老字号商户和市北自有商户联手为职工送上专项福利,活动现场人头攒动,热闹非凡。区总工会搭建职工展示平台,打造富有静安特色的"工"字文化品牌,艺起来静安职工文化季为更多职工提供广阔舞台,让大家"艺"起秀才艺、"艺"起来展示、"艺"起赛风采,不断满足静安职工对美好生活的向往。

(姚磬)

【学习宣传贯彻中国工会十八大精神】 10月25日,区总工会以线下+视频会议形式召开全区工会干部学习宣传贯彻中国工会十八大精神会议。区人大常委会副主任、区总工会主席林晓珏作为中国工会十八大代表,传达中国工会十八大精神。区总工会党组书记、副主席许俊主持会议。林晓珏宣讲习近平总书记关于工人阶级和工会工作的重要论述、中国工会十八大精神及习近平总书记与全国总工会新一届领导班子成员集体谈话时的重要讲话精神。

(张圣奥)

【静安区"安康杯"知识技能比赛】 10月24日,2023年度"安康杯"静安职工安全生产知识技能比赛在静安区卫生人才培训中心乙二楼多功能会议室举行。全区46个大口工会138名一线职工参加比赛。比赛主题为"学知识、提技能、促发展、保安康",采用线下组织集中、线上统一答题的方式进行。内容涵盖安全生产相关领域的政策法规要求,重点聚焦隐患排查治理工作,包括重大隐患排查治理专项行动、重大事故隐患判断标准等相关要求。经过激烈角逐,大宁路街道总工会选送的中建五局安装公司华东公司参赛队的3名选手最终胜出,组队代表静安区参加市总工会组织的决赛。

(饶智捷)

9月27日,静安职工文化季开幕 　　　　　　　　　　(区总工会　供稿)

【2023年静安区投资促进劳动和技能竞赛落幕】
11月28日,"建功'十四五'、奋进新征程"2023年静安区投资促进劳动和技能竞赛决赛暨闭幕式在大宁公园会议中心举行。区投资办力压群雄获得一等奖。区委书记于勇,市总工会党组书记、副主席黄红,区委副书记、区长王华,区委常委、副区长梅广清,区人大常委会副主任、区总工会主席林晓珏,副区长张军,区政协副主席陈琦华等出席。招商引资是培育经济增长的"头号工程",是推动经济高质量发展的源头活水。近年来,静安区不断完善投资促进体制机制,持续优化营商环境,紧扣重点企业"服务包"制度,连续3年实施招商引资倍增计划,区内从事招商工作的各个团队用热情服务、专业能力,尽心尽力为企业排忧解难,招商引资多点开花、硕果累累。竞赛于9月11日开赛,经过5个赛区31支参赛队多轮角逐,12支参赛队伍晋级决赛。决赛中,各参赛单位和选手通过演讲、小品等形式,展示区内各相关单位及部门的安商稳商成果、服务企业品质等招商工作亮点。决赛由区总工会、区投资办主办,区委宣传部支持,大宁集团承办。经现场评委打分以及网络投票得分,最终区投资办获竞赛一等奖。 (宋怡文)

【构建和谐劳动关系"五方联动"工作机制】 11月22日,区总工会联手区法院、区检察院、区人力资源社会保障局、区司法局等部门在山西北路99号苏河湾中心四十二楼举办"多方联动聚合力、共创和谐促发展"主题活动,构建区域和谐劳动关系"五方联动"工作机制。市总工会副主席赵德关,区人大常委会副主任、区总工会主席林晓珏,区法院院长、党组书记孙静,区检察院检察长、党组书记董学华,市总工会劳动关系工作部部长曹宏亮,区总工会党组书记、副主席许俊,区司法局局长、党委书记吕平,区法院副院长陆罡,区检察院副检察长王强,区人力资源社会保障局副局长徐礼根,区司法局二级调研员吴群,区总工会经审会主任张伟等出席。林晓珏致辞。五方领导分别介绍各自单位依法化解劳动纠纷情况并作表态发言。静安区三方劳动人事争议联合调解中心工会分中心获评2022年度"上海市金牌劳动人事争议调解组织"。曹宏亮代表市协调劳动关系三方为区总工会颁奖。区总工会与区法院成立工会驻法院劳动争议调解工作室。陆罡和许俊为工会调解工作室揭牌。区成立"益心为工"维权志愿者联盟。吕平和区检察院副检察长王强共同为静安"益心为工"维权志愿者联盟代表颁发聘书。许俊、陆罡、王强、吕平、徐礼根代表五方签订《静安区构建和谐劳动关系"五方联动"机制工作纪要》。赵德关在发言中指出,静安区5个部门联手建立"五方联动"工作机制,是深入推进法治工会建设、持续加强对劳动领域社会公共利益和劳动者权益维护的有力探索,是进一步促进静安社会稳定、构建新时代和谐劳动关系的重要起点。(严琪)

【走访慰问户外职工】 12月21日,区人大常委会副主任、区总工会主席林晓珏,区总工会党组书记、副主席许俊分别走访慰问户外职工,送上工会关怀。林晓珏走访静安城发集团静环环卫分公司作业一部南京西路"红旗清道班",看望市"五一劳动奖章"和市"优秀农民工"称号获得者周艳、"最美公厕保洁员"和"公厕保洁服务标兵"包爱梅,为"城市美容师"们送上慰问礼包。劳模班组南京西路"红旗清道班"主要负责南京西路街区的道路保洁工作,建立上海市首部具有自主知识产权的"精细化保洁"标准体系,创新"三配三适"保洁模式,优化一轴三段全项目管理模式。道班房二楼是新建的环卫职工工间休息室,配备桌椅、直饮水、冰箱、微波炉、洗衣机和职工书屋。林晓珏强调,城发集团工会要用心打造好职工工间休息室,尽全力服务好工友的实际需求,解决好后顾之忧。同时,勉励环卫职工继续在岗位上发光发热,不断提升静安城区颜值,擦亮品质静安闪亮名片。在静安大融城新建有一家服务商圈周边新业态新就业群体的户外职工爱心接力站。许俊详细了解站点建设情况,并为外卖小哥代表送上慰问礼包。站点设有空调、冰箱、微波炉、直饮水、应急药品、雨伞、手机充电等设施,准备了棋类、飞镖等休闲游戏,开辟阅享书屋。街道总工会发动辖区内上海蒙牛乳业有限公司党支部和上海云海饭店党支部为站点添置牛奶、冻疮药膏和饮料。众多快递、外卖、网约车小哥都喜欢到这里歇歇脚、喝喝茶、聊聊天。许俊希望大家保重身体,充分利用好户外职工爱心接力站,照顾好自己的同时,不断温暖静安这片城区。区总工会向坚守在一线的户外职工发出温馨提醒,请注意防寒保暖,如有休息、热饭、取暖、饮水等需求,欢迎大家到附近的户外职工爱心接力站,站点竭诚为大家提供暖心服务。

(沈佳)

【静安区3家户外职工爱心接力站被评为全国总工会2023年"最美驿站"】 12月,全国总工会发布2023年"最美工会户外劳动者服务站点"(简称"最美驿站")名单,全国2000个工会户外劳动者服务站被确认为2023年"最美驿站"。静安区有3家户外职工爱心接力站获评"最美驿站"。分别为上海市静安区临汾路街道临汾户外职工爱心接力站、上海市静安区市北高新园区户外职工爱心接力站、上海市静安区静安寺街道社区事务受理中心户外职工爱心接力站。近年来,全国总工会针对户外劳动者"吃饭难、喝水难、休息难、如厕难"等实际问题,推动各级工会建立以户外劳动者为主要对象的户外职工爱心接力站,改善户外劳动者工作条件。户外职工爱心接力站在提供饮水、热饭、应急简易药品、休息、如厕(附近)等服务基础上,逐步健全基本服务内容,因地、因时制宜,开展送温暖、送清凉、送文化等活动,推动部署一键扫码入会,解决建会入会问题,强化宣传功能,大力宣传党的创新理论和政策。做好户外劳动者关心关爱工作。

(夏晨荷)

【6家单位被评为2020—2023年度上海市推动厂务公开民主管理工作先进单位】 12月4日,上海市厂务公开领导小组印发《关于通报表扬2020—2023年度上海市推动厂务公开民主管理工作先进单位、十佳厂务公开民主管理工作先进单位、厂务公开民主管理工作先进单位的决定》,静安区总工会、静安区人民政府江宁路街道办事处被评为2020—2023年度上海市推动厂务公开民主管理工作先进单位,沪港国际咨询集团有限公司、静安区闸北中心医院、欧莱雅(中国)有限公司、上海雷允上药业西区有限公司被评为2020—2023年度上海市厂务公开民主管理工作先进单位。

(黄琼)

(二)共青团区委

【概况】 2023年,团区委坚持以习近平新时代中国特色社会主义思想为指导,紧紧围绕学习宣传贯彻党的二十大精神主题主线,切实抓好青年思想引领、岗位建功、权益服务、深化改革、从严治团五方面重点工作。全年,紧紧围绕迎接和学习宣传贯彻党的二十大主题主线,办好"青马工程"培训专题班次,累计培养学员2000余人,开展学习贯彻党的二十大精神专题学习15场。推动学习贯彻习近平新时代中国特色社会主义思想主题教育见行见效,先后组织开展专题读书班、中心组(扩大)学习会、正反面典型案例教育等10场专题学习会。用好用活区域内红色资源,组织开展上海市青少年纪念五四运动104周年主题团日活动暨中国社会主义青年团中央机关遗址纪念广场启动仪式,将"先锋广场"打造成为上海青少年仪式教育主阵地和理想信念教育红色新地标。聚焦团员和青年主题教育目标任务,团中央第一书记阿东到静安区团中央遗址纪念广场调研,团中央基层建设部部长齐虎调研静安区高中阶段学校关于团员和青年主题教育的推进情况,充分认可静安模式。开发"2节中学团课+16个团支部"学习资源包,指导全区2867个团(总)支部、26108名团员全部完成4个专题的理论学习。相关学习经验做法1次被团中央团员和青年主题教育简报录用,7次被团市委简报录用,1篇《青年报》整版刊发。做强"静安新青年"新媒体矩阵,蝉联"上海共青团十大影响力"微信公众号。开设"小红书"官方账号,联合快手开展"快赞静安"活动,聚合600余名青年视频创作者宣传静安形象,点击播放量突破6840万,促进各商圈GMV(商品交易总额)消费订单超100万元。选拔培养第六期青年英才,举办十周年英才分享会;成立全球服务商青年人才联盟、张园地区团建联盟、体育青年人才联谊会、安居青年人才联谊会、新兴领域青年人才联谊会等,吸纳各层次人才;推进"安聚人才——大学生挂职实践计划",与12所高校达成常态化合作,全年提供岗位545个;选树100名新时代"上静青年",获评上海市"强国复兴有我"群众性主题宣传教育重点项目。承办"青春红途,向前一步"上海青少年红色大寻访活动,推进青年网络文明行动,联合团市委举办"青春e行,网安有我"——2023年国家网络安全宣传周上海地区青少年日主题活动,建设20名骨干网宣员、40名宣传员及400人的宣传志愿者队伍。针对新兴领域和灵活就业青年群体,首创"青春学院"培育模式。推动职业青年岗位建功,围绕"旧区改造""进博会"成立25支专项突击队;推动合作交流,为新疆维吾尔自治区、云南省对口援建地区公益捐赠达88万元;围绕稳岗就业、创新创业形成6篇专题调研,人民建议百条,承办上海首届"科技青年说"微论坛,启动科学家进社区项目。召开区第二次少代会,完成区少工委换届,明确今后3年发展目标和任务。召开区学联第3次代表大会,完成换届工作,谋划未来3年发展。开设小学生爱心暑托班41个,惠及小学生3000人次。加强高中高校推优一体化建设,各级团组织"推优入党"形成常态化发展工作机制,实现团组织推优入党率100%。深化区中学生共产主义学校培养工作,持续开展"走进人大""模拟政协"品牌活动,全年累计报送青少年模拟政协提案118件,建设2个"青春上海"人民建议征集联系点。充分发挥区青年工作联席会议机制作用,联合57家成员单位"同题共答",举办"城市与青年可持续发展"主题论坛和共创峰会,挂牌静安首个"创新实验室",发布首条区青少年创新游学路线,推动出台涵盖青年就业创业、租赁住房、新兴领域青年发展等标志性政策10余项。至2023年底,全区共有团组织3074个,团员22572人。

(涂毓敏)

【团中央领导到静安区调研】 12月16日,共青团中央书记处第一书记阿东、团中央书记处书记王艺到上海调研,指导面向广大团员和青年开展学习贯彻习近平新时代中国特色社会主义思想主题教育。其间,阿东到静安团中央机关遗址纪念广场,提出加强党的创新理论和红色文化的青年化阐释要求。团市委书记上官剑,中共区委书记于勇,区委副书记、组织部部长宋宗德陪同。团区委书记吴佳妮作情况介绍。10月12日,团中央基层建设部部长齐虎、团中央基层建设部组织发展处处长郭城、中央基层建设部全国学联办挂职副主任谷川一行到区调研,团市委副书记徐豪、挂职副书记唐志宇等陪同调研。齐虎调研芷江西路街道城上城青春社区基层组织改革试点工作,并到市北中学就静安区高中阶段学校关于团员和青年主题教育的实施推进情况开展座谈。齐虎肯定城上城青春社区"三步走""三定位""三破圈"的工作方法(坚持"三步走",持续壮大队伍,推动社区青年从"松散型"向"组织化"发展。一是多走一步,立好"主心骨";二是快走一步,吸纳"显眼包";三是深走一步,细分

"小群组"。聚焦"三定位",赋予新身份,推动社区青年从"旁观者"到"建设者"转变。一是领办网上社群,当好"网络代言人";二是参与自治议事,当好"社区规划师";三是参与弹性值班,当好"便民帮办员"。通过"三破圈",开辟新路径,推动社区资源从"自转自足"到"破圈入链"升级。一是以事破圈,打造IP新形象;二是以制破圈,开展握手行动;三是以人破圈,强化组织吸纳),并指出要进一步做好青年典型选树,多渠道发现培养一批青年骨干和青年社团负责人;要发挥社区青年及其组织的"主人翁"意识,从"要我为"到"我要为""我善为";要多渠道拓宽青年组织吸纳路径,不断凸显青年在社区中的显示度、感知度和获得度。齐虎听取团区委、区教育团工委及高中阶段学校团员和青年主题教育开展情况,并与师生代表进行座谈交流。3月8日,团中央基层建设部团员管理处副处长张长宏一行到区调研,实地调研芷江西路城上城居民区并指导共青团城市基层组织建设工作,重点了解城上城青年工作特点、"青春治立方"党建引领下青年参与基层治理新模式、青春公寓创建、青年服务项目落地等情况,召开青年代表座谈会,提出要在社区进一步打响"青字号"招牌,凸显青年在社区中的显示度、感知度和贡献度。

(涂毓敏)

【上海市青少年纪念五四运动104周年主题团日活动暨中国社会主义青年团中央机关遗址纪念广场启动仪式】 于5月4日在静安区先锋广场举办。区委书记于勇,团市委书记上官剑,市纪委监委驻市总工会机关纪检监察组组长胡霞菁,区委副书记王益群,团市委领导邬斌、徐豪、王江、周建军、赵国强、唐志宇、钟天使、朱珉沌、刘真,团市委相关部室负责人,区相关部门领导出席活动。于勇、上官剑共同启动中国社会主义青年团中央机关遗址纪念广场。王益群为活动致辞。活动现场,通过团史纪录片回顾静安共青团围绕"党的诞生地"续写先锋传奇背后的故事,激励广大青少年传承红色基因、担当时代使命。由上海市选树的静安"闪光青年"与少先队员代表演绎《青年先锋在身边》的报告剧,展现静安青少年昂扬向上、朝气蓬勃的青春风采。现场举行升国旗和集体入团仪式。团区委继续团结引领广大青少年传承"五四"薪火,不负伟大时代,不负青春韶华,奋力践行"请党放心、强国有我"青春誓言,为国家繁荣昌盛,为城市发展进步奏响青春强音,贡献青春力量。

(涂毓敏)

【少先队上海市静安区第二次代表大会】 于5月24日在大宁剧院召开。市少工委主任、市少先队总辅导员赵国强,区委常委、组织部部长、区少先队队长学校名誉校长宋宗德,区人大常委会副主任孙明丽,区政协副主席周新钢、聂丹,团市委少先队工作部部长王云飞等出席。各校少先队员精心准备、精细彩排,呈现一场精彩盛会。宋宗德为大会致辞,现场表彰全国及市优秀集体、个人,观看少先队员提案视频,发布静安区青少年创新游学路线,新一届区红领巾理事会理事进行宣誓,全体队员代表庄严呼号。大会听取并审议少先队上海市静安区第一届工作委员会和上海市静安区第一届红领巾理事会所作的《学习二十大、争做好队员,为建设"国际静安、卓越城区"时刻准备着》工作报告,回顾奋斗历程,共绘发展蓝图,谋划静安区少先队事业新发展新篇章。

(涂毓敏)

【"争做新时代好队员"静安区"静润童心、播种幸福"主题队日活动】 于10月13日在上海市第一师范学校附属小学举办。团中央书记处书记王艺、中共区委书记于勇,团市委书记上官剑、市少工委主任、市少先队总辅导员赵国强及区少工委、区少先队员代表出席活动。内场活动在《致敬红领巾》的舞蹈中开场,随后"乘风破浪"混龄小队展示他们红

10月13日,"争做新时代好队员"静安区"静润童心、播种幸福"主题队日活动在上海市第一师范学校附属小学举办

(团区委 供稿)

色巡访等"15分钟社区少先队幸福圈"社会实践活动体验感受。活动现场为中共中央秘书处机关旧址纪念馆、先锋广场(中国社会主义青年团中央机关遗址纪念广场)、上海市静安区芷江西路街道城上城居民区"15分钟幸福圈"少先队社会化实践基地授牌。来自上海和湖南的团十九大少先队员献词代表通过云端连线形式启动上海静安学校与湖南农科院实验附小"做一颗好种子"手拉手项目。外场同步启动"传承·当红色遇上非遗"静安区红领巾文创校园微展览巡展。活动在团市委、市少工委指导下,由团区委、区教育局、区少工委在上海市第一师范学校附属小学联合举办。 (涂毓敏)

【静安区学生联合会第三次代表大会】 于12月20日在区青少年活动中心召开,区委副书记、组织部部长宋宗德,副区长龙婉丽,区政协副主席聂丹,市学联主席李俨达,团市委学校工作部部长、市学联秘书长任泞等出席,区25所高中中职学校的141名正式代表参加会议。会上启动发布专题团课学习资源包,区学联第二届委员会向大会作《牢记跟党初心、勇于挺膺担当、彰显青年风范,为打造中国式现代化的城区样本凝聚青春力量》工作报告。与会人员观摩2023年度静安区高中中职学校"明星社团""优秀社团"外场展示。大会选举产生静安区学生联合会第三届委员会委员团体25个,上海市市西中学学生会主席马征当选静安区学生联合会第三届主席。大会共收到代表提案127份。 (涂毓敏)

【团区委推进学习贯彻习近平新时代中国特色社会主义思想主题教育】 年内,为推动学习贯彻习近平新时代中国特色社会主义思想主题教育见行见效,团区委统筹部署,通过专题研讨、参观学习、交

流分析等方式多措并举持续推进主题教育走深走实。9月18日,团区委召开学习贯彻习近平新时代中国特色社会主义思想主题教育部署会。12月26日,团区委举行学习贯彻习近平新时代中国特色社会主义思想主题教育调研成果交流会,区委主题教育第三指导组副组长郑艳到会指导,团区委书记班子及相关部室人员参加。主题教育期间,团区委先后组织开展专题读书班、中心组(扩大)学习会、正反面典型案例教育等10场专题学习会,书记班子分别以"党的自我革命——从严治党、从严治团""初心召唤使命、青春彰显担当"为题进行专题党课宣讲,与宝山路街道党工委开展联组学习,同时追寻习近平总书记在静安区的足迹,参观学习高和大厦静安寺商圈党群服务中心、江宁路街道"孺子牛精神"初心展厅等点位,做到主题教育的学思践悟、入脑入心。

(涂毓敏)

【**面向广大团员和青年开展学习贯彻习近平新时代中国特色社会主义思想主题教育**】 根据团中央统一部署,团员和青年学习贯彻习近平新时代中国特色社会主义思想主题教育于2023年9月至2024年1月集中开展。团员和青年主题教育开展以来,团区委牢牢把握主题主线,科学制定学习方案,夯实学习内容、丰富学习载体,努力把理论学习抓出高质量、好效果。9月28日,召开面向广大团员和青年开展学习贯彻习近平新时代中国特色社会主义思想主题教育工作部署会,团市委团员和青年主题教育第五指导组与会指导,部署《静安区团员和青年主题教育的实施方案》,启动以静享诵读、静思传习、静润童心、静燃有我、静我所能为主题的5个重点项目。10月8日,召开面向团员和青年主题教育工作推进会,重点对基层团组织进行风险防范提示和分层分类推进指导。发挥领学、导学作用,开发"2节中学团课+16个团支部"学习资源包,指导全区2867个团(总)支部、26108名团员全部完成4个专题的理论学习,相关学习经验做法1次被团中央团员和青年主题教育简报录用,7次被团市委简报录用,1篇被《青年报》整版刊发。

(涂毓敏)

【**首届上海"科技青年说"微论坛**】 于12月7日在苏河湾中心举办。中央候补委员、中国科学院院士、上海科技大学党委书记李儒新,团市委副书记王江,区委副书记、组织部长宋宗德,市青联副主席习铮等参加。王江发表致辞,对青年梦想和创造力给予肯定和支持。宋宗德致欢迎辞,着重推荐静安区在科技创新环境和人才政策等方面的优势。李儒新围绕科技发展现状、趋势以及青年科技人才在其中的作用和责任等方面进行演讲。5名市青联、区青联科技界别的委员从成长之路、行业贡献、青联委员履职感想等方面进行分享,并邀请专家做主题授课。活动后,青年们共同走进苏河湾中心,了解科技企业的创新历程和发展成果,沉浸式感受科技创新的力量和魅力。

(涂毓敏)

【**全球服务商青年人才联盟成立**】 仪式于9月25日在上海最高的云端"红色引擎"——苏河湾党群服务中心举行,由区发展改革委、团区委主办。区委书记于勇通过视频代表静安区委、区政府向联盟的成立表示祝贺。区委常委、副区长梅广清,团区委书记吴佳妮,区委组织部副部长黄蓓华、区发展改革委副主任徐姣共同宣布全球服务商青年人才联盟正式成立。团市委组织部部长孙现印、华润置地集团团委常务副书记王燊共同为全球服务商青年人才会客厅揭牌。苏河湾党群服务中心作为上海最高青年中心,将为全球服务商青年伙伴破圈交流提供更全面的服务和更舒适的空间,为静安凝聚人才、发展人才提供有力支撑。成立仪式后,举办题为"全球服务商青年力量将如何助力静安发展"圆桌论坛,来自各知名企业的管理层就为更好服务专业人才成长进行充分交流,为青年人才联盟"服务

全球、链接未来"达成共识、贡献智慧。　（涂毓敏）

【"百年张园、当燃有我"张园地区团建联盟成立仪式】　于9月22日在张园举行。区委组织部副部长、区社会工作党委书记周玉鸿，区委宣传部副部长、文明办主任朱凤及联盟成员单位负责人出席活动。为进一步落实区委关于张园地区静安样板党建品牌打造计划，强化党建带团建工作实效，会上成立的团建联盟下设3个分团，分别以5家张园城市更新党建联盟单位下属团组织纳入联盟示范团，SMG团委、上海国际集团团委等10家区域化团建单位团组织纳入联盟助力团，税务、市场监管、卫生健康等6家相关联合团组织纳入联盟服务团，形成"红色学习、青心服务、青力推荐、青为助力"四大共同行动框架，将"百年张园、当燃有我"打造成为青年践行"青春范、先锋范、卓越范"的共同行动。　（涂毓敏）

【2023年静安区"青年马克思主义者培养工程"与分领域专题培训】　开班仪式于3月29日在区委党校举办，来自第六期"静英"青年英才60强候选人、年轻团干部、社会组织骨干、新兴领域青年、学校大队辅导员等150余名学员参加。区委副书记、区长王华为大家上开班第一课，区委副书记王益群进行开班动员，区委组织部副部长华洁蓉与学员代表共同发布"青年发展型城区建设"专项调研课题。4月10日至14日，第六批静安青年英才60强学员前往深圳改革开放干部学院，围绕国内国际形势、学深悟透党的二十大精神、聚焦改革开放和实践创新，结合静安实际，采取专题授课、现场教学、交流研讨相结合的方式，开展为期5天的外出培训。4月14日至20日，团区委联合区民政局，指导区社会组织团工委举办青年社会组织骨干和新兴领域青年高质量发展专题培训班，以"线下集中详学+线上分组研学"的方式组织集中学习，其间带领学员到杨浦区、长宁区开展调研。培训共培养学员2000余人，开展学习贯彻党的二十大精神专题学习15场。　（涂毓敏）

【静安区新兴领域青年联谊会暨青春学院正式亮相】　9月7日、9月15日，团区委为更好引领凝聚、组织动员、联系服务新兴领域青年群体，结合政府开放月活动，让社会各界全方位、多角度了解团区委青年工作内容，开展两场"走进静安、共享未来"政府开放月活动，邀请网络作家、影视导演、文化创意产业等多领域约30余名新兴领域青年代表参与活动。团区委书记吴佳妮与大宁路街道党工委副书记陆迪在大宁路街道党群服务中心共同揭牌"筑梦空间"，为新兴领域青年提供服务、交流、创业的空间和创新服务。11月16日，静安区新兴领域青年联谊会暨青春学院开学典礼在"娜娜的大房子"青年中心举办。活动现场，团区委书记吴佳妮为青春学院和新兴领域青年寄语，与东方广播中心主持人晓君、小畅，趣头条党委副书记金真等一起为青春学院揭牌。面对新兴领域青年遇到的急难愁盼等问题，团区委经过半年的调研走访、整合需求，邀请区市场监管局、区税务局、人力资源社会保障局、区公安分局、江宁路街道、区人才服务中心、上海文化发展基金会等部门答疑解惑，线上线下提供业务咨询。青春学院以思想引领为要、多元服务助力成长为基，聚合静安新兴领域青年代表、创新共青团青年人才工作机制。　（涂毓敏）

【"强国志·青春说"青联大讲堂暨静安区青年联合会二届四次常委会】　于8月17日在巨鹿大厦召开，会议传达学习团十九大精神和市青联十二届九次常委会扩大会议精神，对相关工作细则修订、人员调整、吸纳会员团体等事项进行审议。会议要求深入学习习近平总书记在同团中央新一届领导班子成员集体谈话时的重要讲话精神，进一步提高政治站位、统一思想认识、带头深学细悟、推动转化实践。会上与会青联常委、界别组代表分别作交流发言。会后举行由市青联主办，区青联承办的青联大讲堂活动。大讲堂邀请上海大学经济学院执行院长、教授、博导聂永有作"国际政治经济格局重构与我国经济的高质量发展"授课。　　（涂毓敏）

【静安区青企协二届七次理事会】 于5月5日在沪港国际大厦召开。会议听取并审议通过协会主管单位由共青团上海市静安区委员会变更为静安区工商联等重要决定。会上，理事们围绕"汇静安、慧静安、绘静安、惠静安"年度活动主题展开热烈讨论。团区委、区工商联表示，共同期待静安区青企协能以服务静安经济社会发展为主线，继续发挥好协会作用，为静安的高质量发展贡献青年企业家力量。　　（涂毓敏）

【静安区青志协二届五次理事会】 于5月29日在国网上海市电力公司市北供电公司召开。会议讨论通过协会会员增补人选名单。区建管委清清护河志愿服务队、中建八局总承包青年志愿者服务队、上海谈家桥青年志愿者服务队、中铁二十四局彭一城市青年志愿服务队分别聚焦一江一河建设、困境青少年"梦想空间"改造进行分享交流。会议要求，在增强协会活跃度和制度规范化上下功夫，以更多好项目牵动多方力量，实现资源链接互享，共同擦亮静安志愿服务品牌，进一步提升青年志愿服务在青年发展型城区建设中的显示度、感知度和贡献度。　　（涂毓敏）

【共青团上海市静安区委员会代表会议】 于3月9日在巨鹿大厦召开，89名代表通过差额选举方式推选出19名共青团上海市第十六次代表大会代表。会议邀请中共上海市委党校副教授程熙作"党的二十大精神解读"专题讲座。　　（涂毓敏）

【"锋"行静安——2023年度"3·5"学雷锋志愿服务主题活动】 于3月5日在蝴蝶湾公园举行。活动启动"梦想空间"微改造公益项目并成立"梦想助力团"，聚焦困境未成年人学习环境简陋等实际困难，对其原有居住空间进行设计改造，同时提供成长式陪伴关爱；成立区青年志愿者协会企业社会责任专委会，为"邻里石二·青春追梦"青年志愿者宣讲队授旗。仪式结束后，在社区少工委组织下，联动区域化团建单位资源，少先队员们参与到"行走的团课"、粮食科普讲座、生态鱼瓶制作3个志愿服务体验活动中。　　（涂毓敏）

【"缘聚SH，寻You苏河"——沪台青年交友活动】 于3月19日在静安苏州河畔举行，活动由上海市海峡两岸交流促进会、上海市青年联合会主办，静安区青年联合会承办。市海峡两岸交流促进会会长、市台办副主任周礼华，团市委副书记、市青联主席丁波等出席活动。60余名来自沪台的单身男女青年在团组织引导下，秉持"两岸一家亲"的理念，共同探秘城市、悠游苏河，开展游戏互动和联谊交流。　　（涂毓敏）

【"寓见"·静安——区青春公寓创建暨科技青年人才驿站成立仪式】 于3月5日在供享家青年公寓举行。区委副书记王益群、上海市供销合作总社党委书记程颖等出席活动。现场，首次推出"青春公寓创建指标体系"，成立区安居青年人才联谊会。市供销合作社工会主席、党群办主任姜伟与团区委书记吴佳妮共同签署青春公寓战略合作协议，倡议共同开展科技青年人才驿站项目。王益群在讲话中指出，要让青年感受到静安引贤纳才的态度、贴心暖心的温度和高质量发展的速度。　　（涂毓敏）

【区青年工作联席会议全体会议暨青年发展型城区建设推进会】 于11月22日在八佰秀创意园举行。市青少年服务和权益保护办主任周建军，区委副书记、组织部部长、区青年工作联席会议组长宋宗德，副区长、区青年工作联席会议副组长龙婉丽及区青年工作联席会议57家成员单位的分管领导参加会议。周建军和龙婉丽共同启动"安聚人才"大学生职业实践计划。来自区人力资源社会保障局、静安寺街道、大宁路街道以及上海外服人力资源咨询有限公司4家单位代表作交流发言,多角度展现青年发展型城区建设中人才创新、科技创新及街镇社区的亮点做法和有效经验。

(涂毓敏)

【"拾光绽放,全新出发"静安青年英才十周年活动】于11月22日在八佰秀创意园举办。2013年,区委组织部、区人社局、团区委一起启动"静安青年英才开发计划",设立专项资金,主要用于英才评审选拔、青年英才高级研修班、理想信念教育、素质拓展、高质量人才培训、课题调研等。该项目凝聚一批体制外优秀青年人才,拓宽静安青年人才工作视野,完善静安人才队伍梯次结构。2013年至2022年,"静安青年英才开发计划"选拔产生5批共173名"静安青年英才"。

(涂毓敏)

【"卓越静安人人向往、卓越青年人人出彩"静安区青年参与社会治理共创会】于11月22日在八佰秀创意园举行。区人大社会委主任委员杨景明、团市委学校工作部部长任浮、团市委社会工作部部长薛铮、上海大学团委书记王鸿栋、团区委书记吴佳妮出席。活动现场,28个高校院系团学组织与静安28个高中阶段学校团学组织进行签约结对,其中14个高校学院团委还与区14个街镇团(工)委进行结对;颁发静安党建引领青年参与基层治理十大品牌项目,开展静安团区委与高校团委共建仪式,授牌16家梦想空间改造项目合作企业。来自静安区域内企业的优秀人才、复旦大学、同济大学、上海师范大学的就业指导中心相关负责人,以及部分企业高管围绕避免高校与行业的人才"供需错配"进行圆桌论坛。静安的社会组织青年代表进行主题分享,探索团的基层组织建设新思路、新模式。活动践行"青春合伙、共建共享"工作理念,通过共建、共学、共践、共创深化合作,强化联结。

(涂毓敏)

【"青年善治理、卓越青春范"静安区党建引领青年参与基层治理品牌项目评选】2月初,团区委正式启动党建引领青年参与基层治理品牌项目评选工作,机关、企事业单位、社会组织等多家单位积极申报,经过前期排摸、专家评审,共16家竞演项目进入最终环节。4月21日,评审会在临汾路街道社区党群服务中心举办。团区委、区地区办及部分高校专家组成评审团,评选出"党建引领青年参与基层治理十大品牌项目"。进一步丰富团区委"青春治立方"工作内涵,响应区委"五个聚力"工作要求,推动静安青年在"青年治理赛道"上持续发声。

(涂毓敏)

【"青春e行,网安有我"——2023年国家网络安全宣传周上海地区青少年日主题活动】于9月15日在大宁路街道党群服务中心举行,由团市委联合共青团静安区委共同举办。团市委副书记邬斌出席活动并致辞。主题活动以上线一首AI主题曲、发布一份文明上网倡议书、推出一部反诈话剧、开展一场闯关问答、组建一支宣传联盟等"五个一"形式扎实推进。帮助广大青少年树牢网络安全理念,像守护绿水青山一样守护网络生态,像净化空气环境一样净化网络空间。

(涂毓敏)

【"未成年人警务与社会服务的融合发展"分论坛】9月28日,为进一步推动未成年人警务与社会服务融合发展,由上海市阳光社区青少年事务中心、共青团静安区委员会、上海市公安局静安分局共同主办的"踔厉奋发二十年"阳光系列主题论坛之"共同守护少年的你:未成年人警务与社会服务的融合发展"分论坛在中铁上海设计院举行。上海市公安局治安总队法制支队支队长黄金松,中共上海市静安区委政法委员会副书记胡长春、中铁上海设计院集团有限公司党委书记、董事长刘建红为论坛致辞。论坛上,相关领域的法学专家、社会组织负责人、一线社工围绕社会工作与未成年人警务融合发展等议题进行深入研讨。活动上,静安首个儿童平安屋——大宁茶城儿童平安屋揭牌,由静安团区委、静安公安分局与市阳光中心静安工作站合作建立的儿童平安屋,为离家出走、流离失所的未成年人提供庇护和救助。

(涂毓敏)

【云南对口支援专题调研及精准帮扶】 6月25日至30日,团区委带领区青联、青企协、青志协、阳光青少年静安工作站代表一行18人到云南省文山壮族苗族自治州,开展静安青联青企协云南乡村振兴专题调研及精准帮扶行动。调研团队走访文山市砚山县,文山壮族苗族自治州的广南县旧莫乡的龙瓜小学、广南县民族职业高级中学、广南县的黑支果乡等地,考察产业振兴成果,探访乡村学校,捐献爱心物资,深化拓展沪滇共青团对口帮扶工作,进一步发挥团组织在乡村振兴工作中的作用,动员和引导静安区企业参与云南省文山壮族苗族自治州携手爱心公益、乡村振兴项目,共创共同发展新局面。8月21日,上海市静安区代表团11人在副区长龙婉丽带领下到对口支援地区云南省文山壮族苗族自治州广南县开展调研和帮扶,并在广南县第十中学校举行爱心捐赠仪式。仪式上,团区委书记、青联主席吴佳妮为松树脚村委会、洛里村委会、海子村委会、小阿慕村委会、广南县第十中学校捐赠体育设施设备,进一步促进当地青少年体育发展;同时,为广南县第十中学校、广南县民族职业高级中学授牌"静安青联希望小屋",带去由中国青年创业就业基金会等捐赠的《百年巨匠》书籍200套。

(涂毓敏)

【"上海孩子看三峡"夏令营活动】 于8月1日至5日举办,静安28名优秀少先队员代表们在团区委和少先队辅导员老师带领下到湖北省宜昌市夷陵区开展活动。静安区与夷陵区的青少年代表们牵手结对,通过参观"全国对口支援夷陵区30周年成果展",了解沪夷情谊的缘起及夷陵静安两地对口支援丰硕成果。为期5天的"上海孩子看三峡"夏令营包含各类丰富多彩的研学活动,让少先队员们深入了解宜昌的风土人情和特色文化,感受对口援建31年以来静夷两地的深厚情谊。

(涂毓敏)

【"静等你来,缘在高铁"交流联谊活动】 由团区委联合铁路上海局集团公司团委于5月21日举行。来自20家区域化团建单位的单身青年搭乘1921次列车到嘉兴南湖,重走"一大"路并登船游湖学习"红船精神"。一行人共同参观游览复刻老站房、手作博物馆、月河历史街区,体验端午包粽子的传统文化。活动受到青年欢迎,搭建更多缔结友谊、寻觅知音的平台,引导青年树立正确的婚恋观,帮助青年收获幸福姻缘。

(涂毓敏)

【2023年"安聚人才"静安优秀大学生挂职实践项目】 年内,团区委联合沪上12所高校开展"安聚人才"优秀大学生挂职实践计划,旨在通过多维度、全方位的挂职大学生培养模式,引导和鼓励优秀大学生到基层建功立业,为卓越静安建设助力添彩。项目开展以来,有137名优秀大学生到静安区35家单位挂职,13名优秀大学生到静安7家区属国企实习,28名团学骨干到14家街镇挂职团(工)委副书记。9月14日,召开"安聚人才"大学生挂职实践交流结业仪式暨静安选调生招录挂职大学生专场政策宣讲与解答会议。区公务员局向挂职大学生们就静安区选调生招录计划进行专项解读,并欢迎大家安业、就业于静安。

(涂毓敏)

【2023年静安区小学生爱心暑托班项目】 为缓解双职工家庭小学生暑期"看护难"问题，在区委、团市委指导下，7月3日至8月11日，静安区开设为期6周的小学生爱心暑托班。团市委副书记唐志宇、学校工作部部长任浡一行在开班首日到静安区调研暑托班开办情况。区委副书记、区长王华实地调研石门二路街道暑托班相关工作，与小朋友亲切互动。静安区副区长龙婉丽走访静安寺街道暑托班并慰问志愿者。年内，全区共设立41个教学班、82个班次，14个街镇全覆盖，惠及小学生3000人次，并为400多名大学生、200多名高中生提供社会实践的志愿者岗位。　　　　　　　　　　（涂毓敏）

【"梦想空间"——静安区困境未成年人居室微改造公益项目顺利推进】 年内，团区委探索参与社区治理方式创新，联合区建管委团工委、阳光静安工作站、区青志协会员单位及爱心企业成立"梦想助力团"，开展"梦想空间"——静安区困境未成年人居室微改造公益项目，聚焦团区委直接联系服务的困境未成年人，紧扣其学习环境简陋的实际困难和现实需求，对原有空间重新规划设计、改造升级，并提供成长式陪伴关爱，完成20户居室微改造。

（涂毓敏）

【"青年小店"支持计划】 自3月计划发布以来，团区委把握区委主题教育工作安排和大兴调查研究部署要求，摸排张园地区、巨富长地区近80家青年小店，召开3场青年小店座谈会，了解小店需求，整合资源帮助解决小店困难。与短视频公司快手合作的"快赞静安"主题活动，聚合600余名青年视频创作者，赋能城市新业态，激活城市新消费，发布视频达5000余部，小店转化消费订单营业额突破80万元，至5月底，话题点击量突破6100万次。同时，团区委集合多部门团（工）委，组建"青年小店服务团"。5月19日，团区委书记吴佳妮参加中国青年创业就业基金会和中国青年报社组织的《AI如何赋能青春小店》直播，观看人数达152万次，全网话题浏览量达1.05亿次。　　　　　　　（涂毓敏）

（三）区妇联

【概况】 2023年，区妇联围绕区委、区政府中心工作和全国、市妇联工作要求，切实做好事关妇女儿童事业、家庭家教家风、妇联改革和建设的工作。围绕深入学习宣传贯彻党的二十大精神，区妇联整合各方资源，组建区巾帼思政宣讲队伍，打造"她享"学习课堂新模式，通过开展主题宣讲、走访参观、音乐党课等各类形式活动，开展线上线下宣传宣讲等各类主题活动152场，受众18300余人次。优化"静安女性"微信公众号栏目设置和内容建设，线上推送宣传文章479篇，其中原创文章191篇。成立"她力量"巾帼先进联盟，为不同领域女性和女性群体之间搭建学习交流、合作发展与关爱互助平台。联合大宁新媒体直播行业妇联制作并推送静安女性"她故事"系列视频6期，展示为静安区域经济建设和社会发展作出积极贡献的优秀女性，用典型示范带动妇女，鼓励广大妇女见贤思齐、比学赶超。录制发布"女律师话妇保法"电子宣讲菜单，将妇保法、妇保条例送进社区、送到家庭，完成线上线下法治宣传教育活动296场，服务超16000人次。成功推荐全国巾帼文明岗、全国巾帼先进集体2个。开展2023年市"巾帼文明岗""巾帼建功标兵"选树活动，全区28个岗组、6名个人进入候选名单，与市宣传系统共同举办对口交流活动，互学互鉴共同提高选树质量。结合"进博会"，动员38家市巾帼文明岗窗口班组开展进博巾帼服务岗"亮标识、强服务"活动。开展2022—2023年度"静安最美家庭"公众推选活动，推选出102户"静安最美家庭"，同时推荐产生

"全国最美家庭"1户,"海上最美家庭"9户。推荐产生全国维护妇女儿童权益先进集体1个,市维护妇女儿童权益先进集体2个、个人4人。发布"她成长"女性人才计划,实施静安智慧女性慧创助力行项目,开展2场线上项目宣讲会和3场赋能培训。积极链接区人力资源社会保障局及园区资源,建立3个嵌入式"她空间"女性创新创业孵化基地。联合妇基会、玫琳凯、恩派公益实施"全职妈妈支持计划",覆盖5个街道200余名全职妈妈,组建7个线上妈妈帮帮群,开展8场线下活动,发现并培育骨干20余人,为全职妈妈赋能助力。深化区"两新"组织女性领军人物联谊会建设,吸纳65名优秀高层次女性人才入会。支持女性社会组织健康发展,全年共20家社会组织参与承接区、街镇、居民区三级妇联组织服务妇女儿童家庭的相关项目。推进家庭教育指导,推出一批共参与、同服务的家庭教育"WE"项目,全区开展主题宣传和指导服务活动40场。开展好家校社协同育人案例征集活动,区推选的《父子阅读联盟引领家庭学校社会阅读新风向》案例被评为上海市家校社协同育人十佳模式。联合相关单位线上线下开展"家风家训伴成长"廉洁作品征集、"幸福的样子"摄影作品征集、"幸福启航"结婚登记主题颁证活动等,展示优秀家风家训文化。优化"邻家妈妈"项目,关心关爱监护缺失或监护不当困难儿童家庭。做好三级妇联组织群众来电、来信、来访及"12338"妇女维权热线、"12345"市民服务热线交办事项,受理各类信、访、电及开展心理疏导480件。实施白玉兰开心家园项目,处理群众来访来电81人次;完成第六轮知心妈妈维权维稳项目5个个案矛盾化解;妇女维权驿站服务30户家庭,上门走访近170人次。与区司法局共同完善区婚姻家庭纠纷人民调解委员会工作,并制定实施意见。全区16个派出所全覆盖建立家暴受理点,第一时间接受妇女群众家暴求助和维权。在元旦、春节、六一、暑期"8·18"等时间节点,利用市、区两级资金,对困难重症妇女、老三八红旗手、0—3岁低保低收入家庭儿童、应届高中生、大学生、残疾儿童等7类对象进行帮困慰问,共为205名困难群众发放市、区帮困款及专项帮扶金32.13万元。持续做好退休妇女和生活困难妇女妇科、乳腺病筛查实事项目,服务人数6200人,同时逐步扩大受益面,为417名环卫工人、女护工等一线服务人员提供免费两病筛查。持续开展"邻家妈妈"结对帮扶工作,为监护缺失儿童提供更加精细化关爱服务。组织近30名自强队员到市少年儿童佘山活动营地参加"科技强国、未来有我"2023年市"自强队员"科普研学夏令营活动。成立F659大厦妇联、大宁国际茶城妇联和南京西路街道社会组织妇联,全区已有7家涵盖行业、楼宇、园区、社会组织等"四新"妇联。为全区325个妇女之家配送便民服务箱,开展"最美妇女之家"寻访活动,挖掘打造一批各具特色的妇女之家典型。围绕主题教育"四百"走访,在全区妇联系统开展"千名妇联执委大走访",各级妇联组团244组,参与走访执委1090人次,收集意见建议169条,走访困难家庭340户。

(范斯婕)

【纪念三八国际劳动妇女节113周年主题活动】
3月8日,以"凝心聚力共奋进、巾帼逐梦谱新篇"为主题的区纪念三八国际劳动妇女节113周年主题活动,在上海八佰秀创意园举办。区委四套班子主要领导、市妇联领导、相关委办局分管领导、各界女性代表和社区家庭代表等近200人参加。区委副书记王益群致辞,区委副书记、区长王华为全国巾帼文明岗、全国巾帼建功先进集体颁发奖牌,区委常委、组织部部长宋宗德为上海市提高级妇女之家授牌,区委常委、宣传部部长莫亮金和区委常委、统战部部长顾定鋆分别为百名静安最美巾帼志愿者代表颁奖,区人大常委会主任顾云豪、区政协主席丁宝定和先进女性代表共同启动静安区"她力量"巾帼先进联盟,区委常委、常务副区长傅俊为3个园区进行"她空间"女性创新创业孵化基地授牌，区委书记于勇和市妇联副主席王剑璋共同启动静安区"她成长"女性人才计划，激励广大女性为建设卓越的现代化国际城区贡献巾帼智慧与力量。（范斯婕）

【"三八"妇女维权月主题宣传活动】 3月16日，区妇联在区妇女儿童发展指导中心举行"爱在静安、维护'她'权益"2023年"三八"妇女维权月主题宣传暨法治宣传嘉年华活动。来自区各级妇联组织的代表、妇女工作者、巾帼律师代表及社会组织代表70余人参加。会上，区妇联发布及展示3个妇女维权项目，并与区检察院、区法院、区公安分局、区民政局、区司法局共同启动"平安静万家"妇女维权聚力荟，在强化维权协作机制的同时进一步推动重点维权工作的创新发展。（范斯婕）

【区妇联第二届执行委员会第二次全体会议】 于3月22日在巨鹿大厦二楼第一会议室召开。选举产生26名静安区出席上海市第十六次妇女代表大会代表。区委副书记王益群出席会议并讲话，区妇联第二届常委、执委，各街道、镇分管领导和妇联主席等参加会议。（范斯婕）

【2023年区妇儿工委全体（扩大）会议】 于4月17日在区政府召开。副区长、区妇儿工委主任龙婉丽出席会议并讲话。区妇儿工委成员单位、各街镇妇儿工委分管领导及联络员近百人参加会议。会上，区妇儿工委常务副主任、区妇联主席陆颖总结区妇儿工委2022年工作，部署2023年工作重点。会议对静安区儿童友好社区三年建设成果和经验进行回顾总结，并对获评2022—2023年上海市儿童友好社区的街镇颁发证书和奖杯。（范斯婕）

【全国妇联党组书记、副主席、书记处第一书记黄晓薇在中共二大会址以及平民女校调研】 4月18日，全国妇联党组书记、副主席、书记处第一书记黄晓薇在中共二大会址以及平民女校调研。市妇联主席、党组书记马列坚，区委副书记王益群等陪同。（范斯婕）

【"两新"组织女性领军人物联谊会第四届会员大会第一次会议】 于4月26日在上海美丽园大酒店召开。区妇联主席陆颖、区民政局三级调研员杨烨烽等主管及登记单位领导应邀参加会议。大会选举产生第四届理事会会长、副会长、秘书长和理事及第二届监事会监事长和监事。（范斯婕）

【困难妇女司法救助】 5月19日，区妇联与市检察院第二分院、区检察院召开座谈会，并会签《关于加强困难妇女司法救助的实施意见》，市检察院第二分院副检察长秦明华、区检察院副检察长吕颢、区妇联副主席沈艳参加会签座谈。（范斯婕）

【第二十五届家庭教育宣传周主题活动】 5月20日，由区妇联、区教育局联合主办，区家庭文明建设指导中心、区家庭教育指导中心和区儿童科探馆承办的"乐享家庭教育、共育时代新人"区第二十五届家庭教育宣传周主题活动在区儿童科探馆举行，市妇联二级巡视员、家庭儿童部部长顾秀娟和区人大社会建设委员会主任委员杨景明应邀出席。现场60余户家庭分场地参与亲子科技探索营、亲子阅读体验营、家长赋能工作坊、亲子运动和家庭教育促进法互动宣传五大板块活动，引导家庭树立正确的育人观、成才观，共同营造家校社协同育人的良好氛围。（范斯婕）

【"她力量"巾帼先进联盟音乐党课】 5月26日，在市妇联指导下，上海音乐学院、市三八红旗手联谊会主办，区妇联承办，石门二路街道妇联协办的"巾帼心向党、奋进新征程"2023年上海市三八红旗手讲师团宣讲之静安区"她力量"巾帼先进联盟音乐党课,在蝴蝶湾党群服务中心举办,各级三八红旗手(集体)、巾帼文明岗(标兵)、优秀女性代表等100余人参加。 （范斯婕）

【"多特瑞"杯霸王花女子羽毛球倾城赛】 6月23日,由市体育局、市体育总会主办,市社会体育管理中心、区体育局、区妇联、霸王花羽会承办的女子羽球盛宴"创卓越、享静赛"静安精英挑战赛——"多特瑞"杯霸王花女子羽毛球倾城赛在区体育馆举办,来自羽毛球俱乐部及企事业单位的羽毛球爱好者共300多人参加。 （范斯婕）

【"凝聚多元'她'力量、同心共筑美好'家'"主题活动】 6月26日,区妇联、大宁路街道、上海少年儿童图书馆在大宁德必易园联合举办"凝聚多元'她'力量、同心共筑美好'家'"主题活动。市妇联组织部部长孙红岩,区委组织部副部长、区社会工作党委书记周玉鸿,区妇联主席、党组书记陆颖,大宁路街道党工委书记、人大工委主任ী静等领导出席,来自全区14个街镇妇联组织代表、居住在周边居民区的亲子家庭等近50人参加活动。活动中,区妇联积极链接资源为全区妇女之家配送资源,并启动寻访"最美妇女之家"活动。上海少年儿童图书馆在大宁德必易园设立全市首家楼宇园区馆外服务点,提供首批300本绘本供园区家长借阅。 （范斯婕）

【顾定鋆一行调研妇联工作】 6月28日,区委常委、统战部部长顾定鋆一行到区妇联开展调研工作。顾定鋆对区妇联工作给予肯定,并就妇联发挥"联"字功能,进一步做好妇女群众统战工作提出工作要求。 （范斯婕）

【龙婉丽一行调研"两病筛查"工作】 6月30日,副区长、区妇儿工委主任龙婉丽一行到区妇幼保健所调研"两病筛查"工作并慰问一线医务人员,区妇联主席、区妇儿工委常务副主任陆颖,区卫生健康委主任叶强及区妇儿工委办、区妇幼保健所相关负责人参加。 （范斯婕）

【"石榴花·巾帼援疆行动"最美家庭融情交流活动】 8月2日,区妇联和新疆维吾尔自治区巴楚县妇联在曹家渡街道社区文化活动中心联合举办"石榴花·巾帼援疆行动"最美家庭融情交流活动,来自静安和巴楚两地的22户最美家庭及先进女性代表相聚一堂,共话民族团结情。区妇联主席陆颖,巴楚县妇联副主席王妍,区合作交流办四级调研员蒋明亮出席活动。联欢活动上,两地最美家庭带来丰富多彩的才艺表演。会后,新疆的最美家庭代表们参观上海毛泽东旧居陈列馆和上海市青少年活动中心。 （范斯婕）

【马列坚到静安区走访调研】 8月14日,市妇联主席、党组书记马列坚到静安区走访调研,开展"送思想、送关爱、送温暖"活动,区委常委、组织部部长宋宗德,区妇联主席、党组书记陆颖陪同调研。
（范斯婕）

【小小绿色夏令营活动】 8月20日至22日,区妇联携手上海宋庆龄基金会、华侨永亨银行(中国)有限公司举办"小小绿色夏令营",静安区近30名自强队员到海洋公园和上海宋庆龄故居参加活动。
（范斯婕）

【沈跃跃在静安区开展调研】 9月13日,全国政协副主席、全国妇联主席沈跃跃在上海市、江苏省调研期间,到静安区开展"注重家庭家教家风建设"调研,走进江宁路街道社区党群服务中心、家庭文明建设指导中心听取需求。 （范斯婕）

【区第二十届家庭文化节】 10月10日，由区家庭文明协调小组指导，区妇联、区文明办主办的"小家传大爱·幸福满静安"——静安区第二十届家庭文化节在石门二路街道蝴蝶湾党群服务中心举行。市妇联副主席张庆玲、区妇联主席陆颖、区家庭文明建设协调小组成员单位分管领导和联络员、各街镇家庭文明建设指导中心社工、居民区妇联干部代表和2023年最美家庭代表近200人参加活动。活动回顾2023年"静安最美家庭"公众推选活动，为全国最美、海上最美和静安最美家庭颁发"最美礼遇包"，发布静安"好家风·文明行"项目，倡导更多静安家庭积极参与文明实践活动。

（范斯婕）

【陈琦华一行到区妇联调研工作】 10月11日，区政协副主席陈琦华一行到区妇联开展调研工作。区妇联主席、党组书记陆颖，区妇联副主席、区政协妇联界别召集人姚嬿参加调研座谈。

（范斯婕）

【"礼遇巾帼、健康暖心"活动】 10月18日，区妇联、区卫生健康委和北站医院携手，在北站医院举办"礼遇巾帼、健康暖心"活动，居住在静安区的全国、市级老三八红旗手代表共30余人参加。区妇联主席、党组书记陆颖，区卫健工作党委副书记凌云，北站医院党政领导和专家出席活动。活动中，老三八红旗手们获赠健康服务暖心包，听取北站医院眼科、中医科专家的科普讲座，并DIY中药香囊。

（范斯婕）

【张媛媛到大宁路街道走访调研】 11月13日，全国妇联组织部组织二处处长张媛媛、市妇联组织部部长孙红岩一行到静安区大宁路街道走访调研，了解大宁新媒体直播行业妇联工作情况。区妇联主席、党组书记陆颖，大宁路街道党工委副书记陆迪陪同调研。

（范斯婕）

【海鸥计划创新创业政策宣讲暨女大学生创业服务资源对接活动】 11月17日，在市妇联、市教委的指导下，海鸥计划创新创业政策宣讲暨女大学生创业服务资源对接活动在区星满园商务中心举办。活动为来自14所高校、近40名投身创新创业项目的同学，开展创新创业政策宣讲和创业服务资源对接活动。

（范斯婕）

【市妇女代表履职活动静安专场】 11月21日，区妇联携手上海苏河湾(集团)有限公司在苏河湾中心MT举办"遇见最静安、共话新发展"——2023年上海市妇女代表履职活动静安专场暨区域化妇女组织共建活动，邀请市第十六次妇女代表大会第五代表团代表以及区"她伙伴"共建联盟单位代表，共话区域发展。

（范斯婕）

【区儿童参与支持项目启动仪式】 12月5日，"童心筑愿，共创静彩"区儿童参与支持项目启动仪式暨交流研讨活动在市青少年活动中心举办。市妇儿工委办副主任郑晔、市妇女儿童发展研究中心主任张燕华、区妇联主席陆颖、区地区办副主任潘文波、区主题教育第三联络组副组长郑艳出席，静安区妇儿工委各成员单位代表，儿童友好工作领域的专家及区域单位代表70余人参加活动。会上，来自政府、高校、研究机构、社会组织、法律服务机构等领域的专业人士共同参与讨论，为推进城区和城市儿童友好建设工作指明方向。

（范斯婕）

【静安区"两新"组织白领集体婚礼暨风采展示活动】 12月9日，由区社工委、区民政局、区妇联等单位支持指导，区白领驿家和区社联会联合主办的"情定苏河湾、缘来驿家人"静安"两新"组织白领集体婚礼暨风采展示活动在蝴蝶湾公园举办。为喜结良缘的8对新人送上新婚祝福，祝愿新人传承优良家风、谱写优秀家训。

（范斯婕）

【**巾帼建功选树工作对口交流活动**】 12月14日，市宣传系统与静安区在上海博物馆举办2023年巾帼建功选树工作对口交流活动。市委宣传部基层工作处处长刘显存、上海博物馆党委副书记、纪委书记王万春、区妇联主席陆颖等相关领导及市宣传系统与静安区的市巾帼文明岗候选班组负责人和市巾帼建功标兵候选人等50余人参加。来自市宣传系统与静安区选送的5家市巾帼文明岗候选班组以PPT演讲的形式展示班组特色、创建过程与创建成效，通过互学互鉴共同提高选树质量。 （范斯婕）

【**区妇联二届三次执委会议**】 于12月20日在巨鹿大厦二楼第一会议室举行。会上，姜舒当选为区妇联第二届常务委员会委员、第二届执行委员会挂职副主席。 （范斯婕）

（四）区科协

【**概况**】 2023年，静安区科协坚持以习近平新时代中国特色社会主义思想为指导，全面学习贯彻党的二十大精神，深入开展学习贯彻习近平新时代中国特色社会主义思想主题教育。学习贯彻市科协第十一次代表大会精神，扎实落实区委、区政府决策部署，以党的政治建设为统领，围绕全面推进中国式现代化在静安的生动实践，稳步推进区科协各项工作。切实落实习近平总书记关于科技创新与科学普及"一体两翼"的重要指示，党建引领科建，着力打造有温度的"科技工作者之家"，助力区域科技创新；以提升公民科学素质为总目标，依托"社区

12月9日，"情定苏河湾、缘来驿家人"静安"两新"组织白领集体婚礼暨风采展示活动在蝴蝶湾公园举办

（区妇联 供稿）

书院"主阵地,不断创新科学普及理念和模式,塑造"科学一家,'静'在你我"科普品牌,构建15分钟科普生活圈。中国科协最新统计调查结果表明,静安区具备科学素质的公民比例达31.2%,位居全市前列。1月,静安区被中国科协命名为全国科普示范区。

(袁晓琼)

【静安区科协第二届委员会第二次全体会议】 于2月7日在上海图书馆东馆举行。区科协主席聂丹作2022年度工作报告并通报2023年工作计划,区科协党组书记周隽讲话并对全体科协委员提出要深入学习贯彻党的二十大精神、要不断加强党建引领、要不断提升服务科技工作者能级等三点希望。区科协副主席孙勇主持会议,区科协兼职副主席陆伟根、周晓芳、保志军、姜坚华出席会议。

(袁晓琼)

【静安科协——上海十院科普平台建设启动暨"肺心脑中西医协同"数字化转型科普丛书赠书仪式】于3月16日在大宁路街道"'宁'的书房社区书院"举行。市科协副主席倪前龙、副区长张军、区科协党组书记周隽、区科协主席聂丹、上海市第十人民医院党委书记范理宏共同启动静安科协—上海十院科普平台建设。仪式现场,静安区科协与上海市第十人民医院签订健康科普进社区合作框架协议,并为"上海十院社区书院"正式揭牌。

(袁晓琼)

【2023年静安区科技节】 5月29日,由上海市粮食和物资储备局、静安区人民政府主办,静安区粮食和物资储备局、静安区科学技术协会承办的以"悦享科技、智创未来"和"储备安全、科学减损"为主题的2023年上海市粮食和物资储备科技活动周暨静安区科技节在静安区八佰秀创意园启动。上海科技馆馆长倪闽景、市科委副主任陆敏、市粮食和物资储备局副局长殷飞,市科协党组成员、二级巡视员刘伟,区人大常委会副主任孙明丽,区政府副区长张军,区政协副主席陈琦华,以及市科委、市科协、市粮食和物资储备局相关处室、各区粮食和物资储备局、区市场监管局等单位领导和嘉宾出席活动。静安区科协抖音号全程直播,吸引5.3万人次线上观看。科技节期间,区各科普基地、各街镇、企业园区、社区书院、中小学校等单位集中开展形式多样、内容丰富的科技节活动100余项,让市民感受科技的魅力,营造"讲科学、爱科学、学科学、用科学"的浓厚氛围,共同推动静安科技创新和科普事业高质量发展。

(袁晓琼)

【市科协领导调研区科协】 6月28日,市科协党组书记、副主席韩志强一行调研静安区科协相关工作。区委副书记、区长王华出席,副区长张军,区科协党组书记周隽,区科协主席聂丹参加调研。韩志强指出,在新形势新环境下,科协工作应当聚焦"四个服务一加强"职能(为科技工作者服务、为创新驱动发展战略服务、为提高全民科学素质服务、为党和政府科学决策服务,加强自身建设),赋能高质量发展。

(袁晓琼)

【2023年静安区公民科学素质工作领导小组全体会议】 于7月4日在区政府召开,区公民科学素质工作领导小组组长、副区长张军出席会议并讲话。全区40个领导小组成员单位科普工作分管领导参加会议。张军肯定2022年以来全区科普工作所取得的成绩,特别是圆满完成创建全国科普示范区的各项任务,并对下一阶段全区公民科学素质工作提出新要求,进一步提升静安公民科学素质。

(袁晓琼)

【海智基地(静安)——2023 Protechting青年科技创新研讨会】 9月12日,区科协、区侨联与上海复星公益基金会(简称复星基金会)携手举办"汇聚青春力量、驱动科技创新"2023 Protechting青年科技创新研讨会。市侨联党组书记、主席齐全胜,市科协党组成员、副主席石谦、副区长张军,葡萄牙驻沪总领事夏思雅、上海复星公益基金会理事长李海峰,复星创富联席董事长、首席执行官徐欣,以及区相关单位领导出席会议。会上,复星国际联席首席执行官陈启宇、静安区科协主席聂丹、葡萄牙驻沪总领事夏思雅先后致辞。为构建全球青创孵化器,促进protechting项目在上海地区的落地,静安区科协、静安区侨联、复星基金会共同协商建立"Protechting×中国科协海智工作基地(上海静安)·新侨双创在上海"青年创新创业成长空间。上海市侨联、静安区人民政府、复星基金会三方领导共同为平台揭牌。

(袁晓琼)

【2023年静安区"全国科普日"活动】 于9月22日举行。区委常委、副区长梅广清,市科协副主席倪前龙与长三角地区部分科协代表、上海市部分区科协代表、静安区公民科学素质工作领导小组成员单位代表,以及部分市民群众100余人参加活动,通过"静安科协"抖音号直播平台观看活动的观众逾11.3万人次。市科协领导、区领导共同为全国科学技术协会授予静安区的"2021—2025全国科普示范区"铭牌揭幕,同时,"静安云上科技馆"与上海航天八院五所合作开展"航天科普线上线下联展"正式启动。科普日活动期间,举办科普活动近百项,覆盖20余万人次。静安科普集市连续3日在大宁音乐广场举办,活动汇聚上海自然博物馆、雷允上、区市场监管局、区消防支队、蔡司公司等单位的科普资源,公众可以体验航天模型、3D打印、创意手作、科幻漫画等互动活动项目,寓教于乐感受科学生活。

(袁晓琼)

12月19日,"上海十院社区书院"正式揭牌 　　　　　　　　　　　　　　　　　　　　(区科协　供稿)

【第六届长三角地区科普漫画大赛颁奖仪式】 9月22日,区科协举行第六届长三角地区科普漫画大赛颁奖仪式。在以"美丽城市、我的家园"为主题的第六届长三角地区科普漫画大赛颁奖仪式上,中国科学院院士、上海科普志愿者协会理事长、大赛评委会主任樊春海致贺信;市文联副主席、上海美术家协会主席郑辛遥,曲艺表演艺术家王汝刚等为获奖选手颁发证书。以漫画形式传播科技成就、普及科学知识、畅想科学未来,既体现艺术融合科学、漫画诠释科普的传播特色,又有助于营造科技创新氛围,提升城市软实力。 (袁晓琼)

【区领导到区科协开展调研】 11月21日,区委副书记、区长王华,副区长张军到区科协开展调研。区科协党组书记周隽、区科协主席聂丹、区科协党政班子成员,以及区政府办公室、区科委、区政府研究室、区政府督查室等相关人员参与调研。座谈会上,王华听取区科协主席聂丹关于科协工作的汇报,详细了解区科协在政治建设、服务科技人才、助力科技创新、科学普及等方面的工作情况及下一步工作计划。王华对区科协全力推进各项重点工作表示肯定,并提出3点要求,一是要深学笃行习近平总书记关于科技创新和科协工作的重要论述;二是要以高质量科普厚植科学文化沃土;三是要建设平台型、开放型、枢纽型科协组织。 (袁晓琼)

【第九届上海国际自然保护周随手拍大赛优秀作品展】 于11月24日在静安区彭浦镇社区文化活动中心揭幕。作为"上海国际自然保护周"九大主题活动之一,大赛以"静观自然之美,安居生态之城"为主题,收到全国各地作品近1500幅,评出获奖作品116幅。开幕式上,区科协二级调研员赵伟明、彭浦镇党委副书记丁晓青向获奖代表颁发荣誉证书。 (袁晓琼)

【2023静安"社区书院"建设交流展示活动】 于12月19日举行。区科协党组书记周隽、市科协科普部副部长龙琳、区科协二级调研员赵伟明、区委组织部组织二科科长田时雨、区党建服务中心主任袁文珺,以及各街镇相关领导、区公民科学素质工作领导小组成员单位相关领导、社区书院建设点相关负责人、科普联络员等60余人参加活动。赵伟明作静安区"社区书院"工作总结。周隽和龙琳为2023年新增的上海十院社区书院、1717科创汇社区书院等10家社区书院颁发铭牌。彭浦镇、静安寺街道、大宁路街道、石门二路街道和鼎捷软件有限公司代表作"社区书院"工作交流发言,周隽做总结发言,并对下一步"社区书院"工作提出要求。 (袁晓琼)

【静安区科协第二届委员会第三次全体会议】 于12月26日在上海天文馆举行。区科协第二届委员会委员出席会议。会上,区科协主席聂丹向大会报告区科协2023年工作总结及2024年工作计划。区科协兼职副主席、上海大学科产系统党委书记、上大资产经营管理有限公司总经理潘志浩,区科协常委、江宁路街道科协主席、同济大学附属七一中学校长周筠,区科协委员、静安区爱芬环保科技咨询服务中心理事长江峰分别从科技园区服务创新创业及产学研合作、青少年科创教育实践成果、城市生活垃圾分类爱芬模式及未来展望等方面作交流分享,区科协党组成员、副主席孙勇代表区科协党组讲话。 (袁晓琼)

(五)区侨联

【概况】 2023年,静安区侨联组织侨界学习贯彻党的二十大精神,举办"静安区各街镇侨联党的二十大精神学习交流分享会",开展"新侨双创在上海,

七、人民团体·群众团体

4月7日,厄瓜多尔思邈维华国际学校师生走进静安大宁国际小学,图为大宁国际小学学生和厄瓜多尔思邈维华国际学校学生共绘上海非遗"金山农民画"后合影　　　　　　　　　　　（区侨联　供稿）

红色寻访静安行"活动,举办第十一次全国归侨侨眷代表大会精神传达学习会暨区侨联骨干培训班,组织各街镇侨联工作骨干参观"上海侨史发展陈列展",到奉贤区参观学习,组织侨界群众观看爱国主义题材纪录电影。参加市侨联"侨连五洲、沪上进博"专班,做好侨领侨胞的接待服务工作。参与酝酿商讨"侨连五洲、沪上进博"活动。与区科协、复星公益基金会联合举办"汇聚青春力量、驱动科技创新 2023 Protechting 青年科技创新研讨会"。支持区侨商联合会开展工作,静安区、长宁区、普陀区侨商联合会签署"三区联动"合作协议,并到浙江省宁波市、舟山市开展考察活动。成立有64名理事的静安区侨联青年委员会,并承办上海市侨青总会2023年会暨2024年迎新会。推荐第十一次全国归侨侨眷代表大会代表人选2人,李敏、蓝箭被评为全国侨联系统先进个人,徐晓唯被评为全国归侨侨眷先进个人。举办"亲情中华、欢聚上海"厄瓜多尔思邈维华国际学校"感知中国行"代表团走进大宁国际小学活动。接待澳大利亚华裔大学生上海数字经济企业研学团参访市北高新园区企业和张园。接待海外委员及新西兰上海总商会、澳中商业峰会、南部非洲上海工商联谊总会等海外侨胞、侨领10余人次。组织开展"爱在女神节"文化交流活动。举办静安区"侨界法治宣传月"专场活动。在区政协全会大会上作《激发潜力,助力静安国际消费中心城市示范区建设》发言。持续深化"侨爱心"工程,落实好市区两级为侨服务实事项目,惠及侨界群众1139人次,约52万元。机关干部参加市侨联"强国复兴有我"主题演讲比赛,区侨联协办决赛。参加中国侨联主办的省（市、区）侨联干部培训班（海南班）。大宁路街道侨联的工作品牌《"宁"音"侨"语,文化新说》入选上海市街镇侨联工作品牌项目选树名单。接待奉贤区侨联到区考察交流。（曹奇琳）

【区侨联二届三次全委（扩大）会议】 于3月10日在江宁路街道社区党群服务中心召开。会议传达中国侨联十届六次全委会议、市侨联十二届四次全委会议主要精神，审议通过《静安区侨联2023年工作报告》和有关人事事项，宣读2022年度区侨联组织获国家和市级奖项名单并颁奖。会前参观江宁路街道学思践悟"孺子牛"精神初心展厅。 （曹奇琳）

【齐全胜调研静安新侨驿站工作并参加区"侨界法治宣传月"专场活动】 3月16日，市侨联党组书记、主席齐全胜到静安区调研新侨驿站工作，实地走访调研瀛东新侨驿站，听取工作汇报并提出要求。出席在静安国际中心下沉式广场举行的静安区侨界法治宣传月专场活动，为"侨界法治宣传志愿者服务队"和"侨界律师为老志愿者服务队"授旗。区委常委、统战部部长顾定鋆为静安区侨联涉侨法律服务瀛东工作站站长颁发聘书。 （曹奇琳）

【厄瓜多尔思邈维华国际学校师生走进大宁国际小学】 4月7日，厄瓜多尔思邈维华国际学校"感知中国行"代表团一行近40人走进大宁国际小学开展文化交流。代表团参观学校，和大宁国际小学的学生们体验共绘"金山农民画"，进行文艺会演。市侨联党组书记、主席齐全胜为活动致辞。 （曹奇琳）

【陈迈率调研组到静安区调研楼宇企业和新侨驿站】 4月26日，中国侨联秘书长、办公厅主任陈迈率中国侨联调研组到区调研楼宇企业和新侨驿站。走访上海热巢网络科技有限公司和瀛东新侨驿站，并与相关负责人座谈。市侨联党组书记、主席齐全胜，中国侨联办公厅副主任刘红，市侨联副主席兼秘书长陶勇，区委常委、统战部部长顾定鋆陪同。 （曹奇琳）

【成立静安区侨联青年委员会】 4月26日，静安区侨联青年委员会成立大会暨第一届理事会第一次会议在区党建服务中心召开。市侨联副主席兼秘书长陶勇到会祝贺，区委常委、统战部部长顾定鋆提出工作要求。大会选举郭纯青为第一届理事会会长。 （曹奇琳）

【"新侨双创在上海，红色寻访静安行"活动】 于5月31日举办。近20名新侨和归国留学人员行走阅读苏河湾沿岸建筑，在中共三大后中央局机关历史纪念馆体验情景党课。市侨联副主席徐大振出席活动。 （曹奇琳）

【街镇侨联党的二十大精神学习交流分享会】 于6月20日在市华侨事务中心举办。各街镇侨联负责人、秘书长等30余人参加。区委党的二十大精神宣讲团成员、教授陈新光作报告，与会人员围绕党的二十大精神学习体会和侨联工作感悟作交流分享，区侨联党组书记、主席李敏提出基层侨联学习贯彻党的二十大精神工作要求。会后参观"同心百年——上海侨史发展陈列展"。 （曹奇琳）

【澳大利亚华裔大学生上海数字经济企业研学团到静安区参观】 9月4日，澳大利亚华裔大学生上海数字经济企业研学团一行28人到静安区参观，访问市北高新园区AI体验馆、卡斯柯信号有限公司、上海合合信息科技股份有限公司、风语筑数字展示中心和张园。区政府侨办主任、静安区海联会副会长兼总干事俞彪，区侨联主席李敏会见澳大利亚悉尼上海商会会长、领队卞军。 （曹奇琳）

【第十一次全国归侨侨眷代表大会精神传达学习会暨2023年区侨联骨干培训班】 于9月20日在静安寺街道党群服务中心举办。市侨联副主席兼秘书长陶勇作专题辅导报告。区侨联党组书记、主席李敏传达第十一次全国归侨侨眷代表大会精神并提工作要求，区侨联副主席郭纯青分享出席大会的参

会感悟。区侨联委员、区侨青会理事、各街镇侨联主席、秘书长和统战社工近50人出席。（曹奇琳）

（六）区残联

【概况】 2023年，区残联坚持稳中求进工作总基调，积极践行人民城市重要理念，按照市残联和区委、区政府工作部署，持续深化残联群团组织改革和建设，持续完善残疾人社会保障制度和关爱服务体系，将残疾人工作融入静安区加快建设卓越的现代化国际城区大局，全力促进区残疾人事业高质量发展，努力让国际静安卓越城区的底色更加温暖。区残联做好残疾人工作宣传，上海助残周期间在《新民晚报》刊登专版。至年底，"静安残联"微信公众号累计推送各类信息398条，《新民晚报》、市残联融媒体、区融媒体等刊登播报信息63条。至年底，全区有持证残疾人42139人，其中视力残疾人6949人、听力残疾人7305人、言语残疾人317人、肢体残疾人20172人、智力残疾人2460人、精神残疾人3832人、多重残疾人1063人、其他四证41人。（薛程）

【区重点工作和实事项目】 年内，"静安有爱、就医无碍——协助特殊困难群体就诊服务""为400户有需求且符合改造条件的残疾人家庭实施无障碍改造，为老旧小区改造无障碍坡道200条"被列为区政府实事项目，"为全区'阳光之家'约250名智障学员配备北斗定位腕表"被列为区政府重点工作，"深化就业创业服务，做好残疾人救助帮扶工作"被列为区委重点工作。区残联制订工作方案，按程序完成项目招标工作，完成项目合同、项目监理合同签订工作。年内，在华东医院、市北医院、第十人民医院开设助聋助盲就诊爱心服务，累计服务3138人次；开展医务术语手语及志愿服务专项培训12次，约200人次参加；街镇助医联络员开展社区宣传活动28次，约144人次咨询。5月21日（第三十三个全国助残日）中央电视台新闻直播间栏目、9月24日（国际聋人节）新华社客户端分别播放该项目在华东医院的专访，取得较好社会反响。全年为450户有需求且符合改造条件的残疾人家庭实施无障碍改造，其中标准型210户、基本型240户。为老旧小区改造无障碍坡道200条。完成北斗定位腕表采购和配发工作，以街镇为单位开展使用培训，帮助"阳光之家"学员和管理人员正确使用腕表。年内，区残联对204名就业年龄段残疾人开展技能培训，其中23人获职业技能等级证书。全年推荐6名应届残疾人大学毕业生就业，就业安置率100%；累计推荐残疾人就业325人。上海王家沙餐饮股份有限公司被认定为非遗保护试点就业单位。听障人士何琼华代表中国参加在法国举办的第十届国际残疾人职业技能竞赛获文本处理铜牌。元旦、春节期间，走访慰问困难残疾人5513人，发放慰问金286.82万元。2023年度残疾人综合保险项目由中国人寿保险股份有限公司上海市分公司中标。结合残疾人基本状况入户调查工作将保险理赔宣传手册发放到人，在"静安残联"微信公众号推送保险理赔业务解读信息，进一步宣传政策。（薛程）

【完成市残联和区委、区政府下达的专项工作】 年内，区残联积极承接市级残疾人文化体育等活动。8月13日至8月19日，区听障电竞队代表上海参加第13届残疾人健身周"喜迎亚残运"（浙江）主场活动暨全国残疾人电子竞技项目推广活动获第二名。9月18日至9月24日，区听障飞镖队代表上海参加第13届残疾人健身周"红色精神"（江西）主场活动暨全国残疾人飞镖项目推广活动获个人组1个第二名、2个第三名和1个第五名。3月28日，区残联会同区体育局在区体育馆承办"2023年上海城市业余联赛上海残健融合运动会——融合电竞赛"，区残

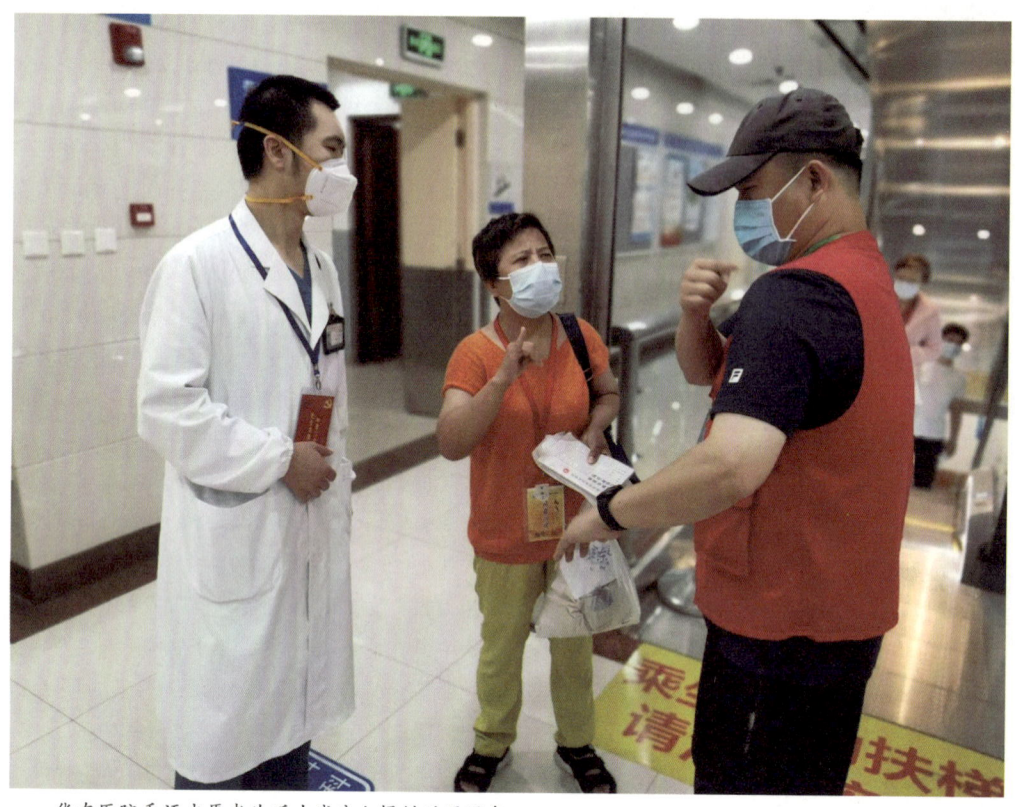

华东医院手语志愿者为听力残疾人提供助医服务　　　　　　　　　　　　　　　　　　　　（区残联　供稿）

健融合电竞队获第二名。3月30日，区残联会同区文旅局在沪北电影院承办"2023上海市无障碍电影再出发"重启仪式，全市300多名视障人士观看疫情后的首场无障碍电影《不二兄弟》。4月25日，区残联承办市残联融媒体粉丝见面会。5月21日，区残联承办"共享法制、爱满申城"市残疾人法律知识竞赛活动启动仪式。根据市残联统一部署，完成2023年区持证残疾人基本状况调查和"两高"指标评价体系监测工作。完成区委、区政府下达的单项工作。配合天目西路街道推进蕃瓜弄小区旧住房改建（拆除重建）项目。走访慰问涉改的2户残疾人家庭，针对其实际困难，会同天目西路街道制定一对一帮扶方案。经过努力，2户残疾人家庭如期签约、如期搬离。按要求开展"十四五"规划中期评估工作，完成区级纲要

重点任务完成情况总结和区残疾人事业发展"十四五"专项规划自评报告。组织30余名党员干部参与"助力文明城区创建，卫生清洁文明实践"志愿活动，做好共和新路街道洛平菜场点位卫生清洁工作，同时做好区残联门前"三包"（包卫生、包绿化、包秩序）工作，为静安区创建文明城区助力。

（薛程）

【区残联第二次代表大会】 于2月3日召开。区四套班子领导，市残联党组成员、副理事长郭咏军出席开幕式。会议采用线上线下相结合、1+14主分会场同步方式召开。大会选举产生区残联第二届主席团、静安区出席市残联第八次代表大会代表18人；推举产生区残联第二届执行理事会，市残联第八届主席团委员静安区候选人4人。按程序选举产

生区第二届专门协会主席、副主席、委员,完成全区265个居(村)残疾人协会换届工作。居(村)残疾人协会配备主席1人,由居委会书记或主任担任;配备副主席1至2人,由居委会主任、民政干部或残疾人专职委员等担任。　　　　　　　　　　(薛程)

【残联系统组织建设】　年内,区残联加强与各职能部门的沟通协作。4月13日召开区残联第二届主席团第二次会议、2023年区政府残疾人工作委员会扩大会议,通报2022年残疾人工作情况,部署2023年工作任务。制定2023年残工委工作要点,协同各成员单位有序推进工作开展。区民政局有效落实残疾人"两项补贴"和帮困救助工作;区人力资源社会保障局开展就业援助月活动,推进残疾人就业稳岗工作;区卫生健康委用心做好残疾评定和"康复之家"建设工作;区体育局积极推进残疾人体质监测工作;区文旅局协同推进残疾人千人美育活动,区委宣传部为手语新闻播报提供保障;区教育局开展无障碍知识进校园公益活动;团区委开展特奥知识进暑托班活动。举办年度培训班。组织举办2023年度静安区扶残助残政策业务街镇培训班。自4月20日起,共分3场,就党的二十大精神、残疾预防、就业培训、救助保障、群众工作能力等方面开展专题辅导。各街镇分管领导、残联理事长、残联专职干部及区残联全体干部职工参加。通过线下线上方式,举办新一届专门协会、居村残协专题培训班,区和街镇专门协会、居(村)残疾人协会班子成员,市级委培残疾青年骨干等300余人参加。召开街镇残联季度工作会议,沟通推进工作开展情况。(薛程)

【残疾人救助保障工作】　年内,区残联开展临时救助工作,累计救助89人,发放帮扶资金14.94万元。开展帮困助学工作,为21名残疾学生和36名困难残疾人家庭子女核发助学补贴36.61万元。为符合条件的残疾人发放交通补贴,累计178555人次,发放815.87万元。为423名残疾人发放精准帮扶补贴80.40万元。为8697人次重残无业人员按月缴纳养老补助金21.74万元。为75名重残无业人员新申请城乡居民基本医疗保险,为35名重残对象新申请居民社会养老保险。为4名残疾人核发成人学历教育补贴2.61万元。为125人办理聋人信息卡,为16人办理视力残疾人固定电话补贴,为27人办理英伦出租车补贴,为103人办理盲人乘车证,审核上报残疾人配偶户口迁沪资料18份。为374名精神残疾人提供免费服药服务。　　　　　　　　　　(薛程)

【残疾人就业培训工作】　年内,区残联对204名就业年龄段残疾人开展技能培训,其中23人获得职业技能等级证书。全年推荐6名应届残疾人大学毕业生就业,就业安置率100%;累计推荐残疾人就业325名。截至12月,全区"阳光之家"有学员216名,"阳光基地"有援助对象777名,"阳光心园"有注册学员82名、非注册学员19名。"阳光之家""阳光基地""阳光心园"累计投入培训、午餐、岗位、社保等补贴4518.13万元。全区有社区残疾人工作专职委员150名,累计使用岗位补贴1230.71万元。完成1153家企事业单位残疾人就业保障金年度申报工作,766家单位申请超比例奖励;向49家单位核发分散安排残疾人就业岗位补贴294.47万元,向6家单位核发全日制普通中高等院校残疾人毕业生社会保险费补贴18.59万元。　　　　　　　(薛程)

【残疾人康复服务工作】　年内,区残联制定《静安区落实〈上海市残疾预防行动计划(2023—2025)〉工作方案》,会同区残工委成员单位共同推进残疾预防工作。8月24日在闸北公园举办"预防先天残疾,守护美好未来"静安区第七次全国残疾预防日宣传活动;"静安残联"微信公众号推出"残疾预防,普及健康"线上有奖知识竞答活动,并推送科普视频15条。区残联将家庭医生签约与"送康复服务上门"相结合,推进残疾人"康复之家"建设试点工作。经过努力,曹家渡、江宁路、宝山路、共和新路街道和彭浦镇第二社区等5家卫生服务中心顺利通过市级验收,建设成为残疾人"康复之家"。年内,区残联为325名重残无业人员、1名重残少儿提供机构养护服务,为816名重残无业和高龄重残人员提供居家养护服务。组织1022名残疾人参加市级健康体检,1990名残疾人参加区级健康体检。全额类辅助器具适配12560件,补贴类辅助器具适配2件,电动类辅助器具适配10例,组合类辅助器具适配3例,助听类辅助器具适配799台,助视类辅助器具适配368件,装配假肢、矫形器、矫形鞋275例,为83名脊髓损伤者配发护理用品。为350人次残障儿童核发《0~18岁残障儿童康复救助》补贴356.49万元,为83名脊髓损伤者配发护理用品。全区残疾人机动(电动)轮椅车共3052辆。 （薛程）

【残疾人文体工作】 3月1日为《上海市无障碍环境建设条例》实施首日,区残联邀请区人大代表、政协委员、专家及残障人士代表,开展区域无障碍环境视察活动。5月18日,在上海四行仓库抗战纪念馆晋元广场举办"踔厉奋发新征程,残健融合创卓越——第三十三次全国助残日暨第二十四次上海助残周静安区主题活动",区政协副主席陈琦华、市残疾人文化体育促进中心主任龚佳韬出席活动。活动由主题仪式、健康接力走和残障人士千人美育计划3个部分组成,200余名残疾人和志愿者参加。依托区域资源,着力筹划推动"红色静安红色教育——千人美育计划"。开展国庆升旗仪式暨City walk活动、光影节观摩讲座、文化和自然遗产日红歌快闪、八一三淞沪抗战纪念日专题讲座、艺术苏河行走、观摩主题摄影展等活动16场,1616人次参与。4月起在沪北电影院播放无障碍电影9场,873人次观影;组织214名残障人士及其家属等观看上海电影节参展影片。依据《关于上海运动员在残奥会上获奖后涉及相关区配套奖励的函》,经区政府同意,向章勇、杨少桥、王洋3名轮椅竞速运动员发放东京残奥会获奖配套奖励226.56万元。组队积极参加残疾人群众体育赛事,分别获上海残健融合运动会城市定向赛团体第一、市残疾人柔力球聋人组比赛一等奖,五子棋比赛团体第一,排舞比赛获第三,钓鱼比赛团体第三,轮椅太极拳三等奖,坐式八段锦三等奖等。组织4349名残障人士参与残疾人体质监测。 （薛程）

【残疾人维权】 年内,区残联受理"12345"市民服务热线工单387件,办结率100%;答复来信27封、网信114封,接待来访231人次、来电410人次;提供残疾人法律咨询服务197人次,提供民事刑事法律援助21件次。与区检察院联合会签《关于充分发挥检察职能,加强残疾人权益保障的协作意见》,切实维护残疾人的合法权益。截至12月,区残联组织残疾评定210余次,经评定发放残疾人证4952本,残疾关系转出332人、转入596人,死亡注销1945人。为符合条件的申请人提供上门评残服务,评估80人,评定80人;协调区精神卫生中心为23名儿童福利院失智孤儿提供上门评残服务。对49张残疾人证开启动态核查,依职权注销14张证。整理评残档案36000余份。 （薛程）

(七)区红十字会

【概况】 2023年,区红十字会坚持以习近平新时代中国特色社会主义思想为指导,认真学习贯彻党的二十大和市、区党代会精神,全面落实习近平总书记考察上海以及对红十字事业发展的重要讲话精神,结合《上海市红十字会条例》《上海市红十字会事业2023—2027年发展规划纲要》,坚定不移全面从严治党,为红十字事业高质量发展提供坚强政治保障,坚持守正创新,红十字参与基层治理工作取得新成效,坚守为民情怀,红十字核心业务实现新突破,坚持人道使命,红十字文化传播展现新气象,不断为打造中国式现代化静安城区样本提供红十字人道力量。

(张艳芳)

【静安区红十字会第二次会员代表大会】 于6月25日召开。区委书记于勇,市红十字会党组书记、常务副会长李江英出席会议并讲话。区委副书记、区长王华,副区长、区红十字会会长龙婉丽,区政协副主席陈琦华,市红十字会副会长孙群荣出席,区人大常委会副主任、区红十字会常务副会长江天熙主持开幕式。大会听取区红十字会第一届理事会工作报告,依照《中华人民共和国红十字会法》《中国红十字会章程》《上海市红十字会组织规程》有关规定,选举产生静安区红十字会第二届理事会和第二届监事会。区有关部门、各街道(镇)、卫生系统、教育系统、社会各界代表近200人出席大会。

(张艳芳)

【王益群到区红十字会调研指导工作】 2月23日,区委副书记王益群到区红十字会开展走访调研。在听取区红十字会工作汇报后,王益群对区红十字会在救灾、救助、救护培训、志愿服务、生命健康安全体验、红十字文化传播等方面所作出的努力表示肯定。希望区红十字会充分发挥党和政府在人道领域的助手作用,推动红十字事业高质量发展。

(张艳芳)

【静安区首个"红十字博爱周"启动仪式】 5月8日,由区红十字会主办,天目西路街道党工委、办事处,天目西路街道红十字会承办的"博爱申城、你我同行"——静安区纪念第76个世界红十字日暨首个"红十字博爱周"主题宣传活动在达邦协作广场举办。副区长、区红十字会会长龙婉丽,区人大常委会副主任、区红十字会常务副会长江天熙等领导,区各级红十字组织单位代表,红十字志愿者等参加活动。(张艳芳)

【区委常委、组织部部长宋宗德调研区红十字会工作】 8月17日,区委常委、组织部部长宋宗德,副部

6月25日,召开静安区红十字会第二次会员代表大会 (区红十字会 供稿)

8月17日，区委副书记、组织部部长宋宗德（右二）调研区红十字会工作　　　　（区红十字会　供稿）

长华洁蓉到区红十字会调研指导工作，区红十字会领导班子成员参会。宋宗德听取区红十字会整体工作情况以及党建工作、基层组织建设、干部队伍建设情况等工作汇报，并对区红十字会取得的工作成效给予肯定。指出区红十字会要围绕"静安建设卓越的现代化国际城区"大局，推进红十字工作融入区域党建一体化平台，调动社会各方资源，体现红十字会作为群团组织在区域发展中的积极作用。

（张艳芳）

【红十字"救"在身边特色品牌】　年内，区红十字会开展红十字应急救护知识普及，持续推进应急救护培训进社区、进学校、进楼宇、进园区、进企业"五进"工作，织密生命安全救护网。全区完成持证培训人员13105人，其中救护员1454人，完成知识普及人员14346人。开展全区公益性公共场所自动体外除颤器（AED）排查设置工作，新增设公共场所自动体外除颤器（AED）46台，实现党群服务中心、社区事务受理中心、文化活动中心、为老服务中心全覆盖，并为所有点位的工作人员开展配套的心肺复苏+AED操作培训。元旦、春节期间"红十字千万人帮万家"，共计帮助1748户家庭、128.93万元；捐赠对口帮扶云南省文山壮族苗族自治州三县一市的学校文具和生活用品，价值46.21万余元；为9名接受造血干细胞移植患者、2名白血病患者和1名先天性心脏病患儿，共申请市、区人道救助款40万元，中央专项公益基金救助款9万元。

（张艳芳）

【博爱家园建设】　年内，开展全国博爱家园示范点和市级博爱家园建设工作，彭浦新村街道成功建设成为全国首批100个示范点之一。石门二路街道、江宁路街道获上海市"博爱家园"称号，引导各街镇逐步将博爱家园建设成为救护培训、志愿服务、生命安全体验和红十字精神文化传播四大核心职能的主阵地。

（张艳芳）

【深化"一站一品"建设】　年内，区红十字会持续推进红十字服务总站便民服务窗口、志愿服务基地、培训传播中心、公益项目平台和事业发展阵地"五重"功能定位。深化"一站一品"特色项目建设,召开项目评审会,出台全新管理办法,形成"全流程、闭环式"规范管理,从"申报范围—进展跟进—成果验收—外部评估"全方位把关,培育出真正贴近群众生活、服务群众的优秀项目。全年共投入"一站一品"特色项目扶持资金46.5万元。

(张艳芳)

【点燃生命的希望】 年内,区红十字会为5支区级红十字志愿服务队、1支街道红十字志愿服务队授旗,积极开展无偿献血和造血干细胞捐献宣传工作,联手高校、社区、驻区单位等开展多场次宣传培训和集中招募,全年造血干细胞捐献共配对成功并实现捐献2例,入库登记志愿者近455名。遗体及角膜捐献登记志愿者共198人次,实现者截至年底共55例,并对捐献实现者逐户开展走访慰问,携手社会组织为登记者开展健康讲座、艺术课堂、心理舒缓等服务。

(张艳芳)

【聚焦"一老一小"特殊群体】 年内,静安区作为第一批上海市红十字社区为老志愿服务项目的试点区,区内4个街道参与"行愿无尽,情暖夕阳"上海市红十字为老志愿服务项目,占全市50%。开展25场次老人喜闻乐见的活动,累计惠及700余名老人,切实增强老年人对"身边的红十字会"的获得感和满意度。

(张艳芳)

【少儿住院基金"窗口"工作】 年内,区红十字会"守护绿苗"项目给予辖区内突发大病青少年家庭每户一次性最高6000元救助,共发放10.2万元;少儿住院基金覆盖近11万人,总参保率达98.97%。2023学年,累计支付少儿住院基金医疗费用约5849万元、19071人次,累计支付居保(少儿住院)医疗费用约13571万元、21785人次。

(张艳芳)

(八)黄埔军校同学会静安区工委会

【概况】 2023年,上海市黄埔军校同学会静安区工委会(简称区黄埔工委会)有同学1人,年龄103岁。年内,市黄埔同学会共为区黄埔工委会同学送上节日慰问金及住院补助金28500元;区黄埔工委会联络员每逢节假日或同学住院,都及时上门走访慰问,了解其生活情况,积极做好各项服务工作。年内,区台办共为其送上节日慰问金等各类补助5438元。

(黄金珠)

八、法治

编辑 庞雅琴

(一) 公安工作

【概况】 2023年，区公安分局深入学习贯彻习近平总书记关于上海工作、公安工作重要讲话精神，牢牢把握主题教育"学思想、强党性、重实践、建新功"总要求，紧扣"三个一流"奋斗目标，以阶段性"小目标"为牵引，统筹抓好"防风险、保安全、护稳定、促发展"各项工作。至11月底，全区报警类110警情数、刑案立案数相较2021年同期分别下降35.4%和22.1%；没有发生影响政治安全和社会稳定的重大案事件，没有发生重大公共安全事故。维护社会治安秩序。依托"砺剑2023"专项行动，强力推进打击整治，建立"双勘查"机制，开发"静调"小程序，着力加强被害人刻画；根据预警指令每月开展上门劝阻2000余次，对"30个高发案小区"制定"一点一方案"；年内共破获电诈网诈案件495起，采取刑事强制措施1192人，比上年分别上升46%和172%。打击各类违法犯罪。快侦快破"2·16"系列抢劫卖淫女案、"钻石小鸟店"特大盗窃案等一批案件；侦破2起20年以上命案积案；通过主动出击、异地用警，黄赌案件破案数、抓获数较2021年同期分别上升9.5%、9.9%。全年累计查破经济犯罪案件409起，挽回经济损失2.81亿元；深入开展"猎狐行动"，全国首例办理从摩洛哥引渡经济犯罪嫌疑人。夯实基层基础建设。依托"经济风险洞察"等系统和开源查询渠道，监测预警相关风险38项；依托"全岗通"机制，落实居村委干部人口信息采集职责；针对多业态混合单体，创新建立"警力集中投放、信息集中研判、设备集中应用"清查模式；会同区大数据中心，建成启用"实有人口动态信息库"；实有人口信息准确率由全市末位跃升至全市第一；查处"三非"（非法入境、非法居留、非法就业）外国人200余人，工作绩效位列全市前列。深入推进道路交通事故预防"减量控大"专项行动，查处各类交通违法行为56万余起，排查整改交通安全隐患4300余处。配合完成"全国文明城区"复评迎检工作，扎实开展老旧小区、"九小"场所、多功能单体、医疗养老机构等消防隐患排查整治，行政处罚单位73家，责令"三停"200家、行政拘留75人；按期建成"一站式"执法办案管理中心，优化"一网通办"政务服务。加强公安队伍建设。认真开展主题教育。严格执行"第一议题"和首学制度，按规定开展读书班、每周述学、专题党课、走访调研等活动，统筹分局党委为民办实事90件，完善解决民生问题制度机制58项。强化典型选树，用好表彰激励手段,持续传递队伍正能量。年内,区公安分局有4个集体、6名个人立二等功,3个集体、37名个人立三等功。 (张碧时)

【社会治安环境净化】 年内,区公安分局建立"双勘查"机制,开发"静调"小程序,着力加强被害人刻画;根据预警指令每月开展上门劝阻2000余次,对"30个高发案小区"制定"一点一方案";年内共破获电诈案件495起、采取刑事强制措施1192人,比上年分别上升46%和172%;侦办的2780万元电诈案,是近年来全市该类案件"打击链条最长、捕诉效能最高、冻结资产最多"的一起;成功查阻"假借静安区生源留学生在新加坡遭绑架"骗取巨额赎金案,被央视专题报道。 (张碧时)

【经济领域犯罪严打严防】 年内,区公安分局依托"经济风险洞察"等系统和开源查询渠道,监测预警相关风险38项;全年累计查破经济犯罪案件409起,挽回经济损失2.81亿元;侦破全市首例利用策略量化交易软件非法接入证券市场从事证券投资咨询案;深入开展"猎狐行动",全国首例办理从摩洛哥引渡经济犯罪嫌疑人。结合安商、稳商、留商工作,发挥静安区"卫企"经济安全工作联盟作用,先后帮助"路易威登""卡骆驰"等企业破获侵犯知识产权案件122起。 (张碧时)

【大数据赋能公安工作】 年内,区公安分局大力推进图像监控补盲调优,新建监控点位881个,优化点位1762个;获取长途客运、电力公司、燃气公司等41类283万条社会数据,自主搭建"用电异常识别模型""宽带流量异常识别模型""代扣分发现模型"等模型49个;围绕打拉横幅、路口"拖尾"、要人警卫、

2月9日,区公安干警对重点场所进行消防检查 (区公安分局 供稿)

户外大屏插播等场景,丰富模型算法,夯实"机器看视频"能力基础,研判预警各类异动信息890次。

(张碧时)

【城区公共安全基础建设】 年内,区公安分局针对铁路上海站地区道路拥堵难题,落实车道调整、动线优化、设施加装等整改措施,有效改善道路通行状况。为80岁以上独居老人、卧床老人配装手持式灭火器;试点运用电表智能感知设备,探索建立电动自行车入户充电治理新模式。针对文旅市场快速复苏,充分预估风险,加强现场管控,助力静安国际光影节、上海书展等1084场次商业演出活动安全顺利举行。牵头开展网络安全检查和"护网"攻防演练,发现整改隐患漏洞64处,对全区3.5万余块电子屏落实赋码管理工作。深入开展"破墙打网"专项行动,组织破获"11·13"非法侵入计算机系统案,打击VPN翻墙软件实现"零"的突破。

(张碧时)

【"情指行"一体化运行机制完善】 年内,区公安分局聚焦"警情、网情、社情"3种信息渠道,常态化推行每月治安形势分析会、派出所每日晨会、案例讲评会等制度;战时启动党委成员牵头、多部门参与的高等级会商研判机制,及时全面准确搜集研判各类情报。严格执行110警情"6分钟到场"标准,以"命案标准"争分夺秒、提级盯办失踪警情,966名报失踪人员全部及时找回;自主研发"警情全生命周期管理系统",做实警情全量纳管、过程管理和重警核查,相关做法受到市公安局主要领导肯定。至11月底,110接处警首次回访满意率达95.22%。

(张碧时)

【执法规范化建设】 年内,区公安分局建立健全重大疑难复杂案事件集体评议、区公安分局领导审核审批案件、部门行政领导100%出庭应诉等机制措施;按期建成"一站式"执法办案管理中心;制定法制员队伍建设规范,遴选专职法制员49人;优化"一网通办"政务服务,出入境办证总量32.5万证次、公安业务网办率达98.3%,电子证照调用率和政务服务评价率均达100%。

(张碧时)

【警务保障建设】 年内,区公安分局推进重大基建项目,顺利启动区看守所改建工程,建成启用天目西路派出所新址和全区11个治安岗亭,新建完成区公安分局教育训练基地和靶场。强化警用装备保障,为不同警种更新配备八大类共8000余件警用装备,采购配发新型国产电台2500个;全面列装新型非杀伤性警械,在处置多起持刀警情中发挥重要作用。

(张碧时)

【公安队伍建设】 年内,区公安分局严格执行"第一议题"和首学制度,按规定开展读书班、每周述学、专题党课、走访调研等活动,统筹区公安分局党委为民办实事90件,完善解决民生问题制度机制58项。坚持"严在平常、管在经常",组织开展严禁违规宴请饮酒"六项规定"专项整治,对2名履职不力的中层领导干部给予免职,严肃查处民警违纪违法案件6起6人。组织开展全员家访,为基层配发自动体外除颤器(AED),推广应用心理训练与放松系统,举行"名医进警营"健康咨询活动,持续关注民警身心健康。

(张碧时)

【侦破吴友朴投资购买虚拟币被诈骗案】 1月6日,被害人吴某(男,80岁,上海市人)被人诱导通过投资购买虚拟币的方式被骗2785万元。案发后,静安分局刑侦支队在市局刑侦、网安总队等相关单位的指导协助下,联合区公安分局网安支队和13家派出所经缜密侦查,通过多途径的研判深挖,于2023年2月起数次集中收网,共抓获韦某某(男,25岁,广西柳州人)等阿联酋回流对象58人、资金对象64人、明确金主3人、发布红通案犯10人、抓获引流对象10

人、衍生打击菲律宾回流对象15人、锁定泰国直播间开发团队1个、越南网站开发设备1台。查封金主以非正常支付流程购买的房产3套，总值5000万元。该案的侦破受到各级领导的高度评价，市公安局局长张亚宏专门就该案听取汇报并表示肯定，专案组主办侦查员获评市公安局个人二等功一次，该案被评为市公安局年度精品案例金奖。　　（张碧时）

【知湘新媒体公司非法经营（证券投资咨询业务）案】　2月10日，根据市公安局、区公安分局"砺剑"系列专项行动第一次全区集中清查的工作要求，区公安分局经侦支队会同彭浦镇派出所对辖区商务楼宇检查过程中，发现位于万荣路777号大宁音乐广场H座商务楼1905室上海知湘新媒体科技有限公司涉嫌以荐股方式诱使他人购买指定"新三板"股票实施非法经营，遂立即开展现场查处，一举抓获以犯罪嫌疑人邹某某（女，41岁，黑龙江省通河县人）为首的犯罪团伙成员17人，当场查获作案用手机、电脑97部，涉案金额2200万余元。该案获评市经侦总队2023年一季度经济犯罪案件侦查破案精品案例。　　（张碧时）

【平安保险公司被李庆等人团伙职务侵占案】　2月，区公安分局经侦支队会同江宁路派出所从一起已侦破的职务侵占案中研判发现犯罪嫌疑人李庆等人侵占平安公司因客户新购买保单所发放的佣金，涉案金额巨大。4月13日，区公安分局经侦支队会同江宁路派出所、南京西路派出所、三泉路派出所对该案开展集中收网行动，一举抓获以犯罪嫌疑人李某（男，45岁，山东省青岛市人，平安保险公司辉腾部原部门经理）、王某（男，41岁，上海市人，平安保险公司辉腾部原业务主管）为首的团伙成员25人，涉案金额600万余元。该案获评市经侦总队2023年二季度经济犯罪案件侦查破案精品案例。　　（张碧时）

【杭州迅动互联网技术有限公司非法经营案】　4月10日，区公安分局接到深圳市财富趋势科技股份有限公司上海分公司提供线索反映：该公司在对其为全国主流92家证券公司研发建设并提供日常维护的交易服务器开展日常巡检中发现，存在非法接入交易外挂并频繁开展非法交易股票行为，危害金融安全。7月14日，区公安分局经侦支队在经侦总队指导下，经过近90天集中研判，跨省打击一起利用策略量化交易软件非法接入证券市场非法从事证券投资咨询案。涉案杭州迅动互联网技术有限公司在未获取证券投资咨询资质情况下，自主研发"迅动量化"App股票交易软件，通过网络搭识黑客购买非法交易通道，实现利用炒股外挂为客户非法提供证券投资咨询服务，销售软件费用近1000万元，涉嫌非法经营罪。该案获评2023年度上海市公安局打击经济犯罪精品案例。　　（张碧时）

【侦破"7·7"特大钻石盗窃案】　7月7日12时许，天潼路623号钻石小鸟珠宝店报警称：店内一颗5.09克拉的裸钻（价值343万余元）被人以调包的手法盗走。案发后区公安分局刑侦支队会同北站派出所在相关部门的协助配合下，与犯罪分子争分夺秒，综合运用多种侦查措施，案发后3小时即抓获犯罪嫌疑人陈某某（男，35岁，河北省衡水市人），并在韵达快递上海分拣中心截获即将被快递送离上海的被盗钻石，成功破案追赃，为被害企业挽回损失。破案后，上海电视台新闻记者专门至区公安分局采访，并在上海电视台"东方110"栏目中播出，受到社会各界和人民群众的高度好评及强烈反响。追回钻石的侦查员获评区公安分局专案嘉奖一次。　　（张碧时）

【侦破拐卖云南迪庆妇女案】　8月，区公安分局刑侦支队从一起性侵案件中循线深挖，发现被害人余某某（女，18岁，云南省迪庆藏族自治州傈僳族人）

于3年前(时年15周岁)被人以婚姻介绍为名,以谋取钱财为目的,从云南省迪庆藏族自治州拐卖至江西省抚州市,后随抚州家庭暂住静安区,经司法精神鉴定,该女子智商仅为42分,属于智力缺损状态,且无性自我防卫能力。区公安分局刑侦支队会同市刑侦总队"打拐办"在云南、江西等地成功抓获拐卖犯罪嫌疑人4人,解救被拐妇女1人,有力打击拐卖犯罪,坚决维护弱势群体合法权益,全力清除社会隐患。该案在公安部夏季行动通报中被点名表扬,专案组主办侦查员获评市公安局个人二等功一次。

(张碧时)

【传播淫秽物品牟利案】 8月,区公安分局治安支队日常网络线索巡查,发现有不法分子在微信群内通过推广二维码链接方式引流至某黄色网站,并通过充值会员等方式贩卖淫秽视频牟利。支队多管齐下全面深挖扩线,通过多点研判结合各路侦查,确定每一名犯罪嫌疑人的角色及对应落脚点。8月31日,区公安分局治安支队分别在湖南省长沙市、湘潭市、郴州市同时收网,一举抓获以陈某某(男、25岁,湖南籍)为首的贩卖淫秽视频的犯罪团伙共15人,已逮捕9人。该案是区公安分局首例涉及全国各地利用网络平台贩卖淫秽物品案件,且犯罪嫌疑人分工明确、技术专业性强、涉案人员众多、涉及微信群交易、非法结算的黑灰产链条。

(张碧时)

(二)检察

【概况】 2023年,区检察院受理审查逮捕案件1135件、涉1703人,经审查批准逮捕613件、涉900人;受理审查起诉案件1656件、涉2603人,经审查提起公诉1326件、涉1950人。严厉打击故意杀人、强奸等严重暴力犯罪,提起公诉25件、涉28人。常态化开展扫黑除恶斗争,以制发检察建议、联合"回头看"等形式,推动违法群租、娱乐场所管理等问题源头治理。依托侦查监督与协作配合办公室,完善提前介入、案件会商、引导取证机制,确保办案"三个效果"(法律效果、政治效果、社会效果)有机统一。依法惩治工程建设、房产交易等领域职务犯罪,办理区监察委移送案件14件、涉15人,已提起公诉13人,1件贪污、职务侵占、受贿、洗钱案获评上海检察机关惩治群众身边的腐败优秀事例。依法严惩跨境、团伙型电信网络诈骗犯罪,妥善办理虚拟币投资、冒充主播助手引流等新型诈骗案件,起诉电信网络诈骗犯罪164件、涉225人。高效办理涉35名被害人的招工诈骗案、涉8家被害企业的套路应聘案,实现对企业和劳动者权益的双重保护。突出打击非法收集、贩卖公民个人信息等犯罪,积极开展涉"人脸识别"等领域公益诉讼,办理相关案件28件。

(周佳蕾)

【金融产业健康发展保障】 年内,区检察院重点打击涉众型金融犯罪,提起公诉集资诈骗、非法吸收公众存款等案件142件191人,追赃挽损2100余万元。突出惩治非法经营证券期货、骗购外汇等新型金融犯罪,1件利用网络场外配资案获评上海检察机关网络犯罪检察白皮书十大典型案例。推动金融风险防范化解,就期货居间人管理疏漏、电子钱包运行安全等问题,督促相关企业建章立制、整改完善。

(周佳蕾)

【知识产权犯罪检察】 年内,区检察院制定服务保障10条措施,发挥知识产权检察综合履职优势,办理侵犯知识产权犯罪案件244件385人,办案量居全市前列。打击网络销假犯罪,提起公诉119件211人。对假冒"汪汪队""太太乐鸡精"案开展刑事附带民事公益诉讼,让消费者买得放心吃得安心。1件假冒注册商标案入选最高检新时代检察故事汇十佳检察办案故事,1件侵犯著作权案获评上海检

10月23日，区检察院举行"全链条打击医保诈骗，全方位保护涉老权益"2023年涉老型医保诈骗典型案例新闻发布会
(区检察院　供稿)

察机关服务营商环境知识产权保护十大案例，区检察院被国家版权局评为查处重大侵权盗版案件有功单位。

(周佳蕾)

【总部经济营商环境优化】　年内，区检察院开展"护企"专项行动，办理侵犯企业权益犯罪案件366件582人，挽回企业损失2500万余元。依法保护各类所有制经济，常态化清理涉企"挂案"，办理相关行政检察监督案件41件。

(周佳蕾)

【中心城区诉源治理】　年内，区检察院注重抓前端，"治未病"，制发社会治理检察建议125件。与区建管委完善建筑施工领域行刑衔接机制，相关做法入选上海检察机关惩治重大犯罪，守护城市安全优秀案事例。就寄递贩卖"上头电子烟"防治难题，与区公安分局、邮政管理局深化寄递安全常态化监管，1件案件获评上海检察机关打击治理寄递领域毒品犯罪案事例。

(周佳蕾)

【新时代"枫桥经验"践行】　年内，区检察院做好群众信访"件件有回复"，受理来信来访276件。注重信访矛盾源头治理，化解信访积案12件，2件获评上海检察机关推进信访工作法治化、深化检察为民办实事优秀案例。融入区法治服务中心，深化检调对接，人民调解员、律师参与公开听证，矛盾化解133次。探索轻伤害案件一体化办理机制，促推刑事和解25件。构建立体化司法救助格局，向202名因案致困的群众发放救助金，入选2023年人民群众最期待的法治为民办实事项目。

(周佳蕾)

【老年人司法保护】　年内，区检察院深化老年人案件专办机制，办理老年人犯罪案件85件、涉97人，侵犯老年人权益案件78件、涉115人。持续对最高检挂牌督办的养老诈骗案件深挖彻查，追捕追诉45人，追赃挽损1300万余元。突出打击涉老型医保诈骗犯罪，就"长护险"虚假结算、职业配药人等问题发布典型案例、开展行业治理。依法惩治网络主播假

冒名人诈骗老年人犯罪。办理赡养费纠纷等涉老支持起诉案件13件。 （周佳蕾）

【"静心未你"未检品牌打造】 年内，区检察院坚持"双向保护"原则，起诉侵害未成年人犯罪7件、涉7人，对涉嫌轻微犯罪未成年人不批捕19人、不起诉9人。与区公安分局、区卫生健康委健全机制，督促旅馆业、医疗卫生机构落实侵害未成年人案件强制报告制度，照亮"隐秘角落"。与区民政局会签意见，选派检察官兼任街镇未保工作站法治副站长，推动"未"爱升级。对监护不力、教育失当等问题，以"训诫+督促监护令+家庭教育指导"方式，督促家长"依法带娃"。 （周佳蕾）

【特殊群体关爱】 年内，区检察院与区总工会、区法院、区人力资源社会保障局、区司法局共建和谐劳动关系"五方联动"机制，加强劳动纠纷预防调处化解。与市检察院二分院、区妇联会签实施意见，对84名困境妇女开展心理辅导、经济帮扶。邀请区残联参与圆桌会议、公开听证、跟进调查等，强化残疾人无障碍环境、信息安全等方面司法保护。会同区市场监管局、消保委加强支持起诉、公益诉讼协作配合，维护消费者合法权益。深化军地检察协作，办理相关案件3件。 （周佳蕾）

【刑事检察高质量监督】 年内，区检察院加强立案和侦查活动监督，针对办案程序不规范等问题，及时制发监督文书，助推规范高效。全面准确贯彻宽严相济刑事政策，不批捕803人，不捕率47%，不起诉372人，不诉率16%。加强刑事审判监督，依法抗诉6件。加强刑事执行监督，开展"判实未执、应收未收"专项清理，经跨省持续监督，1名重罪罪犯被成功收监。深化"嵌入+巡回"监督模式，对社区矫正各环节进行同步动态监督。 （周佳蕾）

【民事检察精准化监督】 年内，区检察院受理民事监督案件370件，提请抗诉4件。依法严惩虚假诉讼，对涉"套路贷"、车牌诈骗等虚假诉讼案开展类案监督。探索涉股权类财产查控措施执行监督，制发检察建议3件。加大民事支持起诉力度，对追索劳动报酬、服务合同纠纷等支持起诉100件，促成和解7件，帮助38名外来务工人员追回100余万元血汗钱。 （周佳蕾）

【行政检察穿透式监督】 年内，区检察院始终秉持监督与支持并重，受理行政监督案件82件，向行政机关制发检察建议8件，实质性化解行政争议29件。依托行政检察监督工作办公室，开展道路交通安全和运输执法领域专项法治督察，推动提升行政执法水平。探索构建行刑反向衔接机制，对刑事不起诉案件，建议行政机关对相关单位及个人予以行政处罚。开展行政案件信用惩戒措施执行监督，制发检察建议10件，助力社会信用体系建设。 （周佳蕾）

【公益诉讼检察精准规范】 年内，区检察院履行公益保护崇高使命，立案131件，制发诉前检察建议90件，督促治理光污染问题行政公益诉讼案入选最高检公益诉讼守护美好生活典型案例、十案示范案例。联合区生态环境局等4家单位建立生态环境损害赔偿制度，综合运用"赔偿磋商+司法确认"、多元替代性修复、设立公益保护观察点等方式，打好蓝天、碧水、净土保卫战。对雨污混排、电动车"飞线充电"等公益损害问题，适用简案快办机制办理83件案件，解决家门口的烦心事。深化特邀检察官助理制度，联合区城管执法局、区市场监管局等开展燃气安全、餐厨垃圾、无证区美专项监督，保障群众高品质生活。 （周佳蕾）

【检察办案质效提升】 年内，区检察院以数字检察为引擎，按照"个案办理—类案监督—系统治理"路径，构建保险行业黑灰产犯罪、汽修厂无备案排废等法律监督模型9个，筛查异常数据322条，成案112件。

以提高质效为导向，全市率先探索"四大检察"简案快办，会同区公安分局、区法院优化刑事速裁工作机制。以过程管理为抓手，每月开展研判会商，对核心业务和薄弱项目持续补强。以内部监督为约束，开展案件流程监控2795件，案件质量评查1101件，对6名检察官进行办案质效面谈。

（周佳蕾）

【检察队伍建设】 年内，区检察院认真开展学习贯彻习近平新时代中国特色社会主义思想主题教育，院领导牵头调研7个重点课题，落实为民办实事项目20个，推动建章立制56项。深化党建业务融合，"四范"（当好模范、勇做示范、打造典范、引领风范）党建工作法获评上海检察机关党建与业务深度融合典型案例。成立全市首家"法律语言检察应用研究基地"，区检察院被确定为国家检察官学院教学实践示范基地。邀请专业导师参与重点课题调研等35次，技术调查官协助办理金融知产等领域案件49件，开展同堂培训交流14场。深化岗位带教、见习主任等制度机制，组织业务培训、岗位练兵等46场。7个集体、20人次获市级以上表彰，1人被评为2023年度全国法治人物、全国模范检察官，1人被评为上海市最美公务员、首届上海最美检察官、第六届上海检察业务专家，未成年人检察办案团队被评为全国巾帼建功先进集体；2人分别获评全国检察机关刑事检察业务竞赛标兵（全国第一）、全国公益诉讼检察业务竞赛能手，7人被评为市级优秀公诉人、业务标兵。

（周佳蕾）

（三）审判

【概况】 2023年，区法院受理案件76643件，比上年上升20.43%；结案76821件，比上年上升20.71%，结收比100.23%，较好完成全年审判任务。审结刑事案件1623件、2138人（包括少年刑事案件），审结民商事案件（不含金融案件）18106件，审结金融案件37079件，集中管辖浦东新区、杨浦区、嘉定区3区行政案件，审结行政案件1253件，执结案件17894件，实际执行到位标的额30.98亿余元。区法院围绕上海法院"政治建设引领、司法质效为本、数字改革赋能"工作主线，始终坚持服务大局、司法为民、公正司法，认真履行审判职责，为静安全面建设卓越的现代化国际城区提供有力司法服务保障。严厉打击刑事犯罪，从严惩处侵犯未成年人犯罪，常态化开展扫黑除恶斗争，召开专项会议推动工作走深走实，不断推进平安静安建设。切实发挥民商事审判稳定就业、促进消费等保障作用，深入研究共享经济、平台经济等新兴经济领域的法律适用难题，召开"规范与发展平台经济相关法律问题"等研讨会，为规范公正高效审理新业态等疑难复杂案件提供智力支持。有效发挥金融审判助力金融行业防风险、明底线、树规则作用，以主动作为强化风险防范，通过召开专项座谈会、走访辖区重点企业等，助力企业降低涉诉风险，推动地方金融组织业规范健康可持续发展。助推法治政府建设，依法审查行政行为合法性和合理性，全面推进行政争议实质性解决机制。扎实开展涉民生专项执行活动，重点突破一批涉农民工工资、赡养费、人身损害赔偿等涉民生执行案件，强化善意文明执行理念，着力把强制力聚焦到对规避执行、逃避执行、抗拒执行行为的依法打击和惩处上来。构建涉老审判全流程观护体系，通过制定涉老审判工作意见、立审执各环节配套工作方法及类案操作指引，把特殊的司法服务保障贯穿于诉讼全过程。推动社会治理创新，以服务大局为己任，做深做实能动司法，助力蕃瓜弄小区旧住房改建项目"零诉讼"完成签约。结合办案中发现的"群租"等社会管理漏洞，职务侵占等企业运营风险，程序不规范等依法行政薄弱环节，积极建言献策，向8家行政机关、20家企事业单位发出司法建议28份，发布专项审判白皮书6份。构建执法办案风险源头防范、来信来访严格规范办理、矛盾实质化解和堵漏建制的立体化、闭环式工作体系,被最高法院予以经验转发。认真落实"谁执法谁普法"普法责任制要求,协助央视拍摄《家事如天——上海静安篇》;设立静安法院青少年保护基地(曹家渡街道工作点)、成立"白云法官工作室",依托"法暖夕阳"等平台载体开展巡回审判、社区宣讲,有效推动案件审理与社会治理同频共振。制作70块普法展板发放至辖区街镇开展普法巡展,促进普法工作线上线下协同发力,区法院政治部被最高法院评为"人民法院媒体融合工作先进集体"。优化便民诉讼举措,努力实现当事人"只跑一次,最好一次不跑"的目标,92.19%的案件通过网上立案,50.74%的审理采取线上方式,"12368"诉讼服务平台回复办结联系法官、案件咨询等来电26807件次。诉调对接中心共审结民商事案件19186件,占全院审结案件数的24.97%,司法确认案件1416件。年内,区法院坚持党对法院工作的绝对领导,扎实开展主题教育,坚持以习近平新时代中国特色社会主义思想凝心铸魂,进一步筑牢忠诚之基。大兴调查研究之风,聚焦全面准确落实司法责任制等目标任务,由党组牵头完成7项专项调研课题,制定制度机制15项,切实把调查研究成果转化为解决问题、推进工作的实际成效。严把选人用人关,严格执行《静安法院干部政治素质考察实施细则》,将政治素质考察作为干部任用的关键环节,不断强化政治能力、提升斗争本领、优化政治生态。积极做好配合区委巡察和整改落实工作。年内,区法院不断加强专业化审判团队建设,通过繁简分流、轻重分离、快慢分道的审判模式和办案流程再造,实现审判工作全面提质增效。通过加强小额诉讼适用率、案件权重等指标数据的分析研判,准确理清简案、繁案的占比情况及工作量对比情况,为审判团队人员精准配置提供科学依据。全院各主要业务部门均配置速裁团队,"简案快审、类案专审、繁案精审"高效运作模式初显成效,法官人均结案数位居全市基层法院第一。年内,区法院严格落实党风廉政建设主体责任,落细落实"四责协同"机制。制定《关于严格执

10月20日,区法院举行2016—2022年赡养纠纷涉老案件审判白皮书新闻发布会　　　　(区法院　供稿)

行防止干预司法"三个规定"的实施意见》，严格执行防止干预司法"三个规定"。加强日常和专项审务督察，先后开展49次、通报24期。制定《静安法院干警八小时外行为规范和监督管理的办法（试行）》，明确3个方面27种情形的纪律要求等，切实维护法院干警良好的司法形象，努力织密廉政风险防控网。
（范婷婷）

【刑事审判】 年内，区法院从严打击抢劫、诈骗等侵犯公民人身财产权利的刑事犯罪，对刘某非法拘禁、抢劫、强奸前妻案判处有期徒刑8年；对私人辅导班教师唐某猥亵儿童案判处有期徒刑4年，并处终身从业禁止；稳妥审理由最高法院挂牌督办的3起养老集资诈骗案，涉案资金达50.8亿元；依法严惩贪污贿赂等职务犯罪，审结8件、涉9人；组织召开公开听证会4次，旁听200余人次，着力推进反腐倡廉建设。 （范婷婷）

【民（商）事审判】 年内，区法院加大对劳动争议、服务合同等纠纷案件矛盾化解力度，民商事案件调撤率61.79%。着力推动民事审判维护家庭和睦、引领社会风尚、弘扬传统美德等导向作用，"行李箱坠落伤人案"入选上海法院弘扬社会主义核心价值观十大典型案例，"遗嘱信托案"入选上海法院参考性案例。努力提升金融案件审判质效，积极探索实践电子证据在线审查等数字化便民举措，相关案件平均审理天数缩短30天，为当事人每案平均节约电子证据公证费用3000余元，该项改革获评"上海法院司法体制综合配套改革创新奖"十大案例。以典型案例强化示范指引，"某物流公司诉某财产保险公司等财产保险合同纠纷案"入选最高法院公报案例。（范婷婷）

【行政审判】 年内，区法院严格贯彻落实监督依法行政和维护当事人合法权益"双侧重"理念，判决行政机关败诉34件，败诉率为2.71%。实现浦东新区、杨浦区、嘉定区3个辖区行政争议多元调处中心全覆盖，协调化解行政案件353件、行政和解撤诉率28.17%。召开行政案件集中管辖5周年新闻发布会，促进政府不断提升依法行政水平，推动法治政府建设。
（范婷婷）

【涉老审判全流程观护体系构建】 2023年，区法院认真贯彻落实最高法院《关于为实施积极应对人口老龄化国家战略提供司法服务和保障的意见》，结合静安人口深度老龄化的区域特点，先行先试，积极作为，构建立审执全程贯通的"1+3+X"涉老案件全流程观护体系（即制定1份涉老审判工作意见，针对立案审判执行各阶段出台3份配套工作办法，形成若干份涉老案件办理详细工作指引）。全年共对2766件涉老案件予以分层、分类的全流程观护，工作实效及影响力不断提升，中国老龄协会到区法院专题调研，《人民法院报》予以经验刊登、入选最高法院涉老审判前沿理论调研课题，获评2023年度上海法院十大创新工作成果。
（范婷婷）

【法治化营商环境建设】 年内，区法院制定《持续优化法治化营商环境工作的实施办法》，明确工作目标及工作责任，确定"六个一"（召开一次座谈会，充分听取各类市场主体在法治化营商环境建设中的司法需求；召开一次调研会，积极了解相关行政机关、职能部门的意见建议，着力形成工作合力；形成一份整体分析报告，梳理意见建议、查摆工作不足；召开一次专题研究会，专题研究部署优化法治化营商环境工作；制定一份工作计划，明确年度工作目标、各部门任务、责任考核等；制发一份白皮书，做到审理与治理并行，有效拓展审判工作效果）工作举措。着力提升商事案件审理效率，商事普通程序案件平均审理天数比上年减少23.47天。稳妥审理侵犯"振鼎鸡""五粮液"等知名品牌商标权纠纷案件。通过与区公安分局、区检察院、区市场监管局构建协同保护机制，发布专项审判白皮书，组织知识产权刑事案件集中宣判等方式,努力打造"知识产权司法保护优选地"。探索设置"缓冲期"执行方式,对暂时陷入经营困境的被执行企业给予执行宽限期,助力企业盘活经营。主动对接市场主体法治需求,以召开"企业家进法院"系列座谈会等方式问需问计于企。发布优化法治化营商环境的十大事例及十大案例,连续第四年有案例获评上海法院依法保障民营企业健康发展典型案例。

（范婷婷）

【立体化涉诉信访工作体系构建】 年内,区法院制定《执法办案风险评估、预警、化解工作办法》,针对六大类33项情形,分层分类明确评估办法、化解方案和主体责任。制定《办理人民群众来信工作办法》,做到"件件有回复、事事有着落"。着力实质性化解矛盾,建立常态化院庭长接访机制,共接访156人,化解信访积案10件;加强院长信箱来信办理,共办理来信328件;积极开展司法救助,共对15人予以司法救助137.6万元。注重问题整改,制定《规范解除限制高消费及失信人员名单的规定》等专项整改制度。

（范婷婷）

【助力成立浦东新区新场镇行政争议化解司法服务站】 年内,区法院助力成立浦东新区新场镇行政争议化解司法服务站,力争在基层属地实质化解行政争议,行政机关败诉率比上年下降50.91%。积极履行《"三合一"进党校活动框架协议》,与浦东新区司法局、区委党校等合作开展行政机关负责人出庭、旁听、讲评"三合一"进党校、进高校活动,形成推进法治政府建设的强大合力。

（范婷婷）

【数字法院建设】 紧扣"数助办案、数助监督、数助决策、数助便民、数助政务"五大板块,开展应用场景建设工作,共申报场景188项、建立模型49项、推广应用24项,在全市法院位居前列。其中"完善税收监管体系"等6个社会治理类应用场景获推广应

用,位居全市首位。如"偷逃税预防数据模型",仅5年来劳动争议纠纷中企业高管涉嫌偷逃税,就筛查出案件线索761件,结案总标的达4.65亿元,以全院审结的40件案件线索为例,结案总标的为3067万元,应征税收入为2261万元,该数据模型获新华社等权威媒体关注报道。

（范婷婷）

【审判权运行监督管理】 年内,区法院以全面准确落实司法责任制为导向,探索构建监督管理与业绩考核为一体的数字化信息系统。根据最高法院新指标体系等要求设置19类91个监管点,明确监管方式和监管部门,对审判权运行及每个案件质效进行全流程监管。案件核心评价要素逐项列明分值,准确自动量化每个案件业绩,进而集成任何时段每个法官办案业绩,努力打造"全员、全面、全时"评案与考核人相贯通的数字化监管考核机制。

（范婷婷）

【法院队伍建设】 年内,区法院着力转变审判理念,组织开展"学习贯彻习近平新时代中国特色社会主义思想、践行审判理念现代化典型案(事)例评选活动",引导干警牢固树立现代审判理念。扎实推进区法院《人才培养规划(2022—2025年)》,积极开展2023年度岗位技能大比武暨优秀干警评选活动,分层分类选拔法官、法官助理等各序列优秀骨干和后备人才梯队。努力提升干警综合能力,选拔年轻干部挂职新闻中心、轮岗立案窗口、参与信访接待;与浙江大学、上海大学等高校合作成立教学实践基地等举措助力青年干警尽快成长成才。18名干警被评为全国级、市级标兵能手等;59篇案例、论文、课题获全国级及市级奖励;"静航"全周期人才培养工程入选"上海法院十大文化品牌"。区法院获上海法院系统2023年度三等功。

（范婷婷）

【自觉接受监督】 年内,区法院主动接受人大、政协及社会各界监督,认真向区二届人大三次会议报

告法院工作,认真听取区人大各代表团、政协各组审议、讨论法院工作报告的意见建议。扎实开展人大代表"走进法院走近法官"系列活动,建立人大代表监督"月月行"工作机制,组织人大代表参加旁听庭审、座谈会等共120余人次。自觉接受检察机关的法律监督,办结检察建议106件。 （范婷婷）

【**最高法院挂牌督办的3起养老集资诈骗案**】 沈某某(另案处理,外逃)于2013年7月成立裔睿集团,在不具备相关金融资质的情况下,招揽业务团队通过旅游宣讲会等方式向社会不特定公众推销"养老、旅居类"理财产品,承诺保证本金并获取固定收益,非法募集资金。经查,裔睿集团向社会不特定公众特别是老年人群体吸收资金共50.8亿余元,未兑付15.8亿余元。裔睿集团非法集资后大部分资金未用于生产经营活动,公司养老、旅居业务收益无法覆盖资金使用成本,仅靠借新还旧维持运转。2020年3月前,裔睿集团陆续出现客户资金无法兑付、员工提成暂停发放、公司无新项目实际投入使用等经营困难。被告人周某某等6人作为裔睿集团高层、股东、销售总监在2020年3月后仍积极参与公司运营、募集公众资金。被告人方某等3人、被告人肖某某作为裔睿集团销售人员、行政人员、讲师,参与公司非法募集资金。区法院经审理认为,被告人周某某等6人构成非法吸收公众存款罪、集资诈骗罪,依法应予数罪并罚;被告人方某等3人、被告人肖某某构成非法吸收公众存款罪,结合10名被告人在共同犯罪中的地位、作用、认罪态度、退赔等情节,依法对10名被告人分别判处有期徒刑3年至16年不等的刑期,并处罚金。3起案件均由最高法院挂牌督办。 （范婷婷）

【**行李箱坠落伤人案**】 2020年9月6日,被告王某(15周岁,中学生)在上海市静安区地铁曲阜路站内乘坐自动上行扶梯时,因看手机未拉住随身携带的拉杆箱,致拉杆箱从扶梯顶端快速滑落,砸伤在扶梯底端的原告黄某;后送至医院救治,经医院诊断为头骨开裂、寰椎骨折等;为治疗伤情,支付医疗费合计11746.2元。区法院经审理认为,被告在地铁站内乘坐上行自动扶梯时,因看手机未能拉好其随身携带的行李箱,致使行李箱滑落砸倒原告致人身损害,原告人身受损与被告过失之间存在因果关系,构成侵权,被告应承担全部侵权赔偿责任;现因被告系限制民事行为能力人,应由监护人承担侵权责任。区法院遂判决被告及监护人共同赔偿原告医疗费、营养费、护理费等全部损失共计26045.2元。一审判决后,原、被告均未上诉。该案入选2022年度最高法院、上海高院"小案大道理"案件,被评为2022年度上海法院弘扬社会主义核心价值观典型案例。 （范婷婷）

【**遗嘱信托案**】 2015年8月11日,被继承人李某明因病过世。原告李某系其与前妻之女,被告钦某某系其妻子,被告李某今系其与钦某某之女,第三人李甲、李乙、李丙系其兄弟姐妹。过世前,李某明写下亲笔遗嘱一份,表明针对其名下证券、房产等约1400万元资产,成立"李某明家族基金会"管理,由钦某某、李甲、李乙、李丙共同负责。因各方对李某明遗嘱是否可以执行、如何执行产生争议,致涉诉。审理中,被告钦某某向法院表示其拒绝担任遗产管理人。区法院经审理认为,被继承人李某明自书遗嘱有效,设立信托的意思表示明确且符合法定要件,属于有效信托文件。本着最大化促成遗嘱有效的原则,虽有部分信托内容无法执行,但不影响遗嘱中与之无关联的其余部分的效力。鉴于被告钦某某经法院再三释明仍拒绝担任管理人,法院予以准许。遂判决确认李某明通过2015年8月1日自书遗嘱设立信托有效,第三人李甲、李乙、李丙为受托人,按照法律规定以及判决确认的遗嘱内容履行受托人义务。一审判决后,双方上诉。二审中,钦某某又提出成为遗产管理人。二审法院认为,自然人已经明确拒绝受托,在审理过程中反悔并无正当理由,应不予准许,故维持原判。该案系国内少见的认定遗嘱信托成立并执行的案例,受到广泛关注并被称为"遗嘱信托第一案",对我国尚待细化发展的遗嘱信托制度具备较高的参考价值。该案入选中国法院2021年度案例,并入选上海高院2023年第三批参考性案例。

(范婷婷)

【某物流公司诉某财产保险公司等财产保险合同纠纷案】 2018年3月30日,原告某物流公司向被告某财产保险公司等投保物流责任保险。保险期间内,某车辆在为原告运货途中发生交通事故,致原告承运的货物受损。被告以出险车牌号未在保单中记载且原告未向其申报事故车辆信息为由拒绝赔付。原告认为拒赔系被告未按原告的要求进行承保所致,故起诉要求被告赔付其货物损失及相应利息损失。区法院经审理认为,根据案涉保险合同的缔约过程,不能仅以缔约过程中的承保条件与某第三方财险公司一致来确认双方最终形成的意思合意,在无相反证据推翻的情况下,应当将原告盖章递交的投保单认定为其最后作出的要约,被告同意承保并出具保险单,该案保险合同即依法成立并生效。原告作为物流运输企业,其对承运的货物并不享有所有权,若仅以其自身作为被保险人投保其要求的货物运输险,出险后非但不能如愿获赔,更是不具有保险利益。被告向其销售物流责任险产品,并在邮件中提及承保条件与之前某第三方财险公司一致,不仅未构成对原告的误导;相反,系充分考虑了其希望转移物流运输潜在责任风险的真实投保需求。该案中,出险车辆并非原告所有,亦不属于投保单和《自有货运车辆清单》中列明的车辆,保险单的特别约定部分明确保险责任以上述列明车辆为限,且被告已尽到提示和明确说明义务,故被告有权拒赔。遂判决驳回原告全部诉请。一审判决后,被告上诉,二审法院维持原判。该案入选2023年第8期最高法院公报案例。

(范婷婷)

(四)司法行政

【概况】 2023年,静安区司法局围绕区委、区政府中心工作,着力推动学习宣传习近平法治思想走向深入,做好法律服务、法治宣传和法治保障等职能工作,发挥全国法治政府建设示范区引领作用,推广区法治建设工作经验,巩固示范创建成效。推动主题教育见行见效,与重点工作、基层党组织建设紧密结合,发挥法治在党建引领基层治理、区域化党建、苏河湾功能区优化营商环境中的积极作用。稳步推进全面依法治区,压实党政主要负责人法治建设责任,推行领导干部述法,加强法治建设考核和法治督察。顺利完成"八五"普法中期评估,在红色法治融合、优化法治化营商环境等方面全面深化。积极推进法律顾问工作,持续推进落实区行政执法"三项制度"工作。提升复议监督实效,制订《静安区行政复议局规章制度汇编》,形成行政复议、应诉工作全流程闭环管理制度体系。持续抓好行政机关负责人出庭应诉"三合一"活动,有效促进司法、执法、普法三大环节融合互通,开展行政执法案卷评查。开展道路交通安全执法领域专项整治,组建工作专班核查问题线索24批次、233件,各类媒体累计报道13篇。完善基层法治观察机制,征集法治观察建议75条,其中3条建议获评全市优秀观察建议,内容涉及优化基层社会治理等方面,并不断推动观察建议成果转化。推进行业党建品牌建设,建立"正午时光"党建工作分享会制度,成立"苏河·菁律汇"律师行业党建联盟,指导相关律所党组织参加苏河湾功能区党建联盟工作。积极参与上海国际法律服务中心建设,构建"南京西路—苏河湾国际法律服务集聚带"。重启特色交流项目,举办第六届"台湾青年法律人才实践基地"项目,举办"一带一路"高端经贸法律人才实践基地项目活动。探索成立静安区行政争议调解委员会,有效提升行政争议、行政复议调解的广度和深度。在全市范围内率先成立一站式矛盾纠纷多元调处中心——静安区法治服务中心,构建多元解纷新格局。　　　　(张顺飞)

【法治建设示范街镇创建工作动员会议】 于2月28日在静安区公共法律服务中心举行。进一步推进基层法治建设,落实好新一轮上海市法治建设示范街镇创建工作。会议由区司法局副局长刘义主持。各街镇分管领导、司法所所长及联络员参加会议。区司法局党委书记、区委依法治区办副主任吕平动员部署第二批法治建设示范街镇创建工作。会议邀请上海市法治研究会副会长王奕蓉作"持续开展法治示范创建,全力推进基层法治建设

现代化"的专题讲座。会议解读《静安区进一步加强党政机关法律顾问工作管理办法》。(张顺飞)

【构建多元解纷工作交流会】 于3月9日在静安区人民法院举行。区法院介绍到浙江省安吉县社会矛盾纠纷调处化解中心调研学习的总体情况,区司法局副局长施齐介绍区司法局拟建设的静安区一站式多元解纷中心的基本概况,强调该一站式多元解纷中心将首推行政调解联动机制,率先对接信访矛盾化解,切实把多元解纷工作走深走实,为基层社会治理贡献静安力量。　　　　(张顺飞)

【静安区司法局主要负责人出庭应诉】 4月17日,一起涉及公证行业投诉举报的行政诉讼案件在闵行区人民法院依法进行公开审理。静安区司法局党委书记、局长吕平作为行政机关主要负责人出庭应诉。静安区司法局副局长施齐作为区行政复议机关负责人出庭应诉。静安区司法局相关领导及

2月28日,召开静安区法治建设示范街镇创建工作动员会　　　　　　　　　　　　　　　　(区司法局　供稿)

科室、区行政复议局以及静安公证处有关人员参与旁听。庭审过程中，诉讼双方围绕行政行为的法定职权、程序规定、事实认定及法律适用等进行举证、质证，并充分发表意见。庭审结束后，区司法局相关科室、区行政复议局对庭审全过程进行全方位、多角度研讨，重点围绕该案所涉公证事项的投诉处理、行政复议、行政应诉中的争议焦点和当庭应对答辩等进行深入剖析，全面总结工作中经验与不足，进一步提升办案质效。　　　　　（张顺飞）

【静安区司法局与上海市第十人民医院签订暂予监外执行对象体检合作协议】　于4月19日在静安区社区矫正管理局签订，进一步规范静安区暂监对象病情复查工作，保障暂予监外执行决定的正确执行。静安区司法局分管领导王平、上海市第十人民医院副院长李颖川出席签约仪式。（张顺飞）

【2023年区委全面依法治区委员会守法普法协调小组全体（扩大）会议】　于4月26日在常德路370号举行。会议传达市委全面依法治市委员会守法普法协调小组第四次全体会议精神，通报2022年度静安区国家机关"谁执法谁普法"普法责任制落实情况，审议通过《2023年静安区守法普法工作要点》和《关于进一步加强领导干部学法用法工作的实施意见》。区委常委、区委宣传部部长、区守法普法协调小组组长莫亮金出席会议并讲话。（张顺飞）

【《中华人民共和国反有组织犯罪法》宣传活动】　5月12日，"平安上海·平安静安·平安曹家渡"——《反有组织犯罪法》系列宣传活动在万航渡路780号金融街广场举行。活动由静安区委政法委、上海市公安局刑侦总队、静安区人民法院、静安区人民检察院、静安公安分局、静安区司法局、曹家渡街道等联合主办。通过《反有组织犯罪法》宣传版面现场巡展、《中华人民共和国反有组织犯罪法》有奖知识问答、法治宣传视频演播、平安助力签名活动，以及各参与单位发放宣传资料和宣传品等形式，着重宣传《反有组织犯罪法》制定的重要意义、责任主体、立法目的、法条释义等，对《反有组织犯罪法》进行全面宣传和解读。（张顺飞）

【静安区委全面依法治区委员会第五次会议暨专题述法会议】　于5月17日在区机关大楼举行。会议传达市委全面依法治市委员会会议精神。区委书记、区委全面依法治区委员会主任于勇，区委副书记、区长、区委全面依法治区委员会副主任王华作专题述法。区领导于勇、王华、王翔、高飞、莫亮金、周伟，区法院院长孙静，区检察院检察长董学华等出席会议。（张顺飞）

【市司法局到静安区调研全面依法治市和司法行政工作】　5月19日，市司法局党委书记、局长吴坚勇一行到区调研全面依法治市和司法行政工作，实地走访方达律师事务所，并召开调研座谈会。区委副书记、区长王华参加调研。区司法局领导班子成员、市律师协会会长、部分涉外律师事务所负责人参加座谈会。吴坚勇表示，中共静安区委、区人民政府高度重视依法治区和司法行政工作，静安区司法局各项工作开展齐头并进、有声有色，展现良好的法治化营商环境、法治政府建设和法治社会建设水平。（张顺飞）

【"爱的黄丝带"社会帮教活动月启动】　6月13日，上海市第十三届"爱的黄丝带"社会帮教活动月启动仪式在市政协礼堂举行。现场15家招聘单位覆盖餐饮、印刷、护理、中医药等多个领域，提供前台、传菜员、面点师、驾驶员、后勤等93个岗位。这是静安区社会帮教志愿者协会和市帮教志愿者协会联合举办的第七次"爱的黄丝带"社会帮教活动月启动仪式。2011年起，该活动已连续成功举

办12届。 （张顺飞）

【迎"七一"文艺党课暨基层党组织书记培训】 6月29日，区司法局党委组织开展"学思践悟新思想，踔厉奋进新征程"区司法行政系统迎"七一"文艺党课暨2023年第二次基层党组织书记培训，区司法局、司法所全体干部，区法律援助中心、静安公证处、闸北公证处全体工作人员，系统内各基层党组织书记近200人参加。党课培训邀请复旦大学教授潘伟杰作"现代国家的法治基础与当代中国的法治选择"专题讲座。讲座结束后，由局机关、司法所、各基层党组织的代表为大家带来一堂丰富精彩的文艺党课，向党的102周年华诞献礼。

（张顺飞）

【公共法律服务行业诚信专题系列宣传】 7月10日至14日，区司法局开展公共法律服务行业诚信专题系列宣传活动，面向区内法律服务机构及公益法律服务从业者们进行诚信专题宣传，推动营造区内诚信兴商良好氛围。区司法局着眼继承、婚姻、民商事等高频法律事项，通过将信用建设与公共法律服务行业相结合，向静安区公益法律服务从业者们进行诚信主题宣讲，提升行业守信意识。 （张顺飞）

【静安区"八五"普法中期检查验收组到南京西路街道和彭浦新村街道开展实地检查】 7月13日，静安区"八五"普法中期检查验收组，由区司法局党委书记、局长、区委依法治区委守法普法协调小组副组长吕平带队，到南京西路街道、彭浦新村街道进行抽查。检查组实地查看南京西路街道国际集团大厦公共法律服务工作站、彭浦新村街道彭五居民区和894居民区的法治文化阵地建设情况，听取南京西路街道、彭浦新村街道贯彻实施"八五"普法规划的落实情况，详细查阅相关台账资料。

（张顺飞）

【静安区委全面依法治区委员会办公室（扩大）会议】 于7月26日在常德路370号举行。区委常委、政法委书记、区委依法治区办主任王翔主持会议并讲话。区法院院长孙静、区检察院检察长董学华等出席。会议通报区委全面依法治区上半年工作情况以及下一步工作打算。区检察院、彭浦新村街道汇报"2023年度上海市法治为民办实事"中期推进情况。区委依法治区办组成人员，执法协调小组、司法协调小组、守法普法协调小组副组长，各街道（镇）法治建设委员会办公室主任等参加会议。

（张顺飞）

【2023年度行政机关负责人出庭、旁听、讲评"三合一"活动】 为深入贯彻落实习近平法治思想，进一步提高静安区各行政机关依法行政能力，推动区法治政府建设，7月31日，静安区人民政府与闵行区人民法院共同组织举办静安区行政机关负责人出庭、旁听、讲评"三合一"活动。静安区委副书记、区长王华，静安区委常委、常务副区长傅俊，上海市司法局党委委员、副局长董海峰，闵行区法院党组书记、院长王宇展，上海交通大学医学院党委副书记、副院长吴正一，闵行区法院副院长李国泉等出席。区各委办局、街镇的负责人，上海市教委、上海市医保局的相关人员，上海交通大学医学院师生及附属医院的医务工作者等百余人参与活动。 （张顺飞）

【行政复议开放日活动】 于8月22日举行。活动邀请区政协委员、民革市委社会和法制委员会委员、上海仁良律师事务所高级合伙人李冰担任"行政争议调解员体验官"。活动中，办案人员详细介绍行政复议与应诉工作近况及受理审理流程，李冰参与行政复议案件调解工作。 （张顺飞）

【迎进博应急预案演练】 8月30日，静安区社区矫正管理局组织开展迎进博应急预案演练，区矫正中心和司法所近20名工作人员参加演练。演练从异常情况捕捉、分析研判、启动预案、快速反应、现场指挥到局所联动、走访排查、现场找寻带回、信息整合上报等流程有序展开,提高工作人员应急意识和现场处置能力,检验通讯器材、执法记录仪、警用车辆等应急设备保养维护状况。进一步加强应对突发情况的综合指挥能力、快速反应能力、应急处置能力,确保第六届中国国际进口博览会期间社会面安全与稳定。 （张顺飞）

【"一网通办"静安区旗舰店上线"宪法宣传"】 9月11日,静安区司法局为探索公共法律服务新方式,适应"八五"普法工作新要求,促进普法与依法治理工作的数字化、精准化、常态化建设,携手"一网通办"静安区旗舰店,设立"宪法宣传"专栏,打造便捷智慧的公共法律服务普法新平台。通过设立区级自管公共服务事项与架设全程网办路径,结合自身优质的法治宣传工作基础,区司法局在"随申办"App上的静安区旗舰店首页,设置"宪法宣传专栏",实现"即点即申请",开设新的法治宣传窗口,使居民在使用"随申办"时更有机会接触法治宣传。

（张顺飞）

【第四季度基层法治观察行、法治观察座谈会】 10月24日,静安区委依法治区办为推动静安法治工作高质量发展,有效发挥基层法治观察工作机制优势,组织第四季度基层法治观察行、法治观察座谈会,彭浦新村街道陆金弟人民调解工作室、彭浦镇综合行政执法队、曹家渡街道商会、江宁路街道基层立法联系点、临汾路375弄居民委员会等观察点的10余名法治观察员以及区司法局、区房管局等职能部门派员参加。活动参观彭浦新村街道全国模范人民调解员陆金弟人民调解工作室,听取法治建设工作介绍。在座谈会上,观察员围绕人民调解工作、居委会指定监护人、加装电梯等主题开展座谈交流,相关职能部门、专家律师等予以回应指导。 （张顺飞）

【区司法局到监狱开展"送文化、送温暖、送法律"活动】 11月2日至3日,区司法局为全面落实帮教衔接工作机制,切实推进安置帮教工作更高质量发展,携手帮教志愿者协会组织"爱的黄丝带"法治巡演、一对一帮教、法律援助、送温暖等系列活动再次走进远在安徽的上海市白茅岭监狱、军天湖监狱。区司法局、市社会帮教志愿者协会、区社会帮教志愿者协会、区法律援助中心、帮教志愿者等50余人参加活动。 （张顺飞）

【上海司法行政"法治先锋"巡回宣讲静安专场报告会】 11月23日,以"践行党的二十大精神,争做新时代奋斗者"为主题的上海司法行政"法治先锋"巡回宣讲静安专场报告会在海上文化中心举行。报告会上,来自"法治先锋"宣讲团的6名先进典型代表,围绕自身岗位的先进事迹开展宣讲。市司法局政治部,静安区委政法委、区法院、区检察院、区司法局有关领导,上海市委主题教育领导小组第二巡回督导组、静安区委主题教育领导小组办公室综合组、第二联络组有关人员出席会议。区司法局全体机关干部、区司法所、法援中心全体干部,区司法行政系统全体基层党组织书记及党员代表等240余人参加报告会。 （张顺飞）

【学习贯彻《中华人民共和国行政复议法》】 11月30日至12月1日,静安区司法局（行政复议局）为深入学习宣传贯彻新修订的《中华人民共和国行政复议法》,全面准确把握新法精神、新任务、新要求,深化推进区法治政府建设,着力提升全区各行政机关依法行政能力和水平,举办2023年静安法治工作培训会。静安区委常委、常务副区长傅俊作开班动员。各委办局、街镇法治工作分管领导、法制部门负责人近100人参加培训。 （张顺飞）

【静安区人民调解协会第二届会员大会暨换届选举大会】 于12月14日在静安区人民调解中心举行。会议审议通过第一届理事会工作报告、监事会工作报告、财务工作报告及法人离任审计报告,修订协会章程,选举产生新一届理事会、监事会成员。在第一次理事会、监事会会议上,选举产生第二届协会会长、副会长、监事长,聘请了秘书长,聚力为静安调解工作高质量发展提供坚强有力的组织保证、人才保障。区医患纠纷调解委员会主任张新当选会长。

(张顺飞)

【静安区法治服务中心揭牌】 12月21日,作为全市首个区级层面"一站式"矛盾纠纷多元调处平台,静安区法治服务中心揭牌仪式在老沪太路202号举行。区委书记于勇,区委副书记、区长王华,区委副书记、组织部部长宋宗德,区委常委、政法委书记王翔,区委常委、常务副区长傅俊,区政协副主席陈琦华出席活动。静安区法治服务中心采用"常驻、轮驻、随驻"三结合的进驻模式。行政复议、人民调解、法律援助等司法行政职能部门常驻办公。公安、检察院、法院等相关业务部门实行专人轮驻。区矛盾纠纷多元排查调处工作领导小组成员单位按照"谁主管谁负责"原则,根据矛盾化解实际工作需要,以随叫随驻方式参与矛盾化解工作,实现部门共驻、资源共享、矛盾共调。

(张顺飞)

12月21日,区领导于勇(中)、王华(右)、宋宗德(左)为静安区法治服务中心揭牌　　(区司法局　供稿)

九、人民武装·国防动员·应急管理·退役军人管理

编辑 庞雅琴

（一）人民武装

【概况】 2023年，静安区武装工作在上海警备区党委和区委坚强领导下，坚决贯彻党中央、中央军委和习近平主席决策部署，紧紧围绕强军目标总要求，聚力备战打仗，狠抓工作落实，全面建设取得新进步。政治引领坚强有力。区人武部充分发挥静安丰富红色文化资源优势，统筹开展好2项重大教育，突出加强专武干部和广大民兵思想政治教育，深刻领悟"两个确立"的决定性意义，官兵践行"两个维护"更加自觉。用好"三共三固"（共学创新理论固信念信仰、共建基层组织固一线堡垒、共树文明新风固军民团结）经验做法，创新开展联组联学模式，采取"请进来、走出去"方法，打造"强军静学""强军静读"学习读书平台，持续深耕党的创新理论学习，做到学思悟结合、知信行统一。加强政治文化建设，设立"习近平主席著作学习书柜"，改建强军文化主题小公园，用浓厚的政治氛围涵养政治素养。党管武装扎实推进。区人武部常态坚持把党管武装工作纳入街镇考评，深入调研基层武装工作矛盾困难，指导基层重点抓好专武干部队伍建设、民兵思想教育、武装工作规范化建设等工作，定期分析武装工作形势，不断强化各级抓好武装工作的政治自觉。在国防动员专项任务、民兵整组、兵员征集、双拥创建等大项任务中，各级领导坚持重大事项亲自过问、重要活动积极参加、重点工作主动协调，较好提升全区党管武装工作质效。援战准备持续深入。区人武部扎实推进民兵工作，坚持党委统揽抓建，成立静安区民兵整组工作领导小组，细化成员单位职责分工，组织领导进一步加强。紧贴辖区特点和任务需求，紧紧扭住民兵整组硬性指标，抓实组织调整和结构优化，着力推进战建备一体转型。组织多批次民兵分队训练，完成年度民兵军事训练任务。区民兵综合应急连二排代表区民兵首次参加"沪动精兵-2023"练兵比武，其中轻武器实弹射击在全市排名第三。积极组织民兵参与安保执勤、志愿服务等工作，累计出动110余人次参与铁路上海站春运执勤，出动30余人次参加南京西路光影秀秩序维护。兵员征集稳中有进。区人武部全面落实主体责任，多措并举破解中心城区"当兵冷""征兵难"问题。区委、区政府多次召开专题会议研究征兵工作，紧盯突出问题，创新机制，精准发力，制定出台《静安区征集毕业生士兵入伍优待实施办法》，实施毕业生士兵"带编入伍"，进一步激发参军入伍热情。注重宣传发动，借助传统媒介和新兴媒

体平台双驱动,在人员密集区域投放征兵宣传视频,在各居民区张贴征兵海报,形成全方位宣传攻势,营造崇军尚武氛围。年内,完成征兵任务。基层基础夯实稳固。区人武部持续推进"四个秩序"规范化建设,改建民兵训练基地,规划新建室内靶场,解决中心城区训练基地短缺弱项问题。加强对基层武装部帮带,规范镇(街)武装部和村(居)民兵连的办公场所、内部设置、器材配备、日常管理以及软件资料。在警备区组织的全市基层武装部星级等级评定中,共和新路、彭浦新村街道武装部被评为最高星级"三星"。加强内部管理,提升所属人员规矩意识和办文办会办事质量水平。推进历史遗留问题解决,直面矛盾,以事不避难、义不逃责的担当,依法依规解决旺武宾馆问题,顺利推进区民兵管理保障中心人员转聘。 (吴海涛)

【学习贯彻习近平新时代中国特色社会主义思想主题教育】 年内,区人武部党委班子统一部署,制作专题学习展板,营造学习氛围。部长戴建平亲自领读原著,政委陈志忠先后以"坚守信仰高地、铸牢绝对忠诚""凝心铸魂强根基、纯正风气干事业"为主题作专题辅导。多次组织观看专家学者授课视频。全体人员将专题学习与自我学习相结合,深刻领会习近平总书记系列重要讲话精神,开展相关座谈和研讨活动。组织全体党员到中共二大会址纪念馆等红色场馆参观学习和聆听党课。11月27日,上海警备区副司令员徐国安到区人武部进行相关调研。通过多元形式提升全体人员政治觉悟和理论水平。 (陈姗姗)

【上海警备区政委胡世军到静安区调研】 见"领导视察和调研"栏目相关条目。 (陈姗姗)

【2023年度党管武装暨民兵建设工作会议】 于5月5日在区政府多功能厅举行。区委书记、区人武部党委第一书记于勇出席会议并讲话。区委常委、副区长梅广清主持会议。于勇提出要加强党对武装工作

5月5日,召开2023年度党管武装暨民兵建设工作会议 (区人武部 供稿)

的领导、落实国防动员和征兵任务、深化双拥共建和军地交流合作。区人武部部长于清祥传达上海警备区党委十三届十二次全体扩大会议精神,部署区民兵建设工作。区委常委、区人武部政委陈志忠总结2022年工作,部署2023年任务。区国动委成员单位相关人员、各街镇党(工)委书记参会。 （陈姗姗）

【参观江南造船厂和长兴岛拉练】 5月12日,静安、黄浦、徐汇、长宁区人武部等单位组织所属人员到江南造船厂实地参观学习和在长兴岛进行徒步拉练。参观江南造船博物馆,了解现代军事船舶建造的工艺流程、技术创新和国防工业的发展现状。通过拉练,全体人员强化体魄,坚定意志,提高战备素质,激发战斗力。 （陈姗姗）

【参观中共一大纪念馆】 5月16日,按警备区统一部署,静安、黄浦、徐汇、长宁区人武部等单位全体人员组成区域协作组到中共一大纪念馆参观学习。一大纪念馆馆长对全体人员进行党课教育,回顾党的成长历程和革命斗争中取得的成就。全体人员参观展馆,加深对党的历史和奋斗精神的理解。大家表示要以此为契机,凝心聚力,履行武装工作职责。

（陈姗姗）

【静安区双拥模范创建考评工作部署会】 于5月17日在区政府会议室举行。区双拥工作领导小组副组长、区人武部政委陈志忠,区退役军人局局长郁霆出席会议。部署《静安双拥模范创建考评工作方案》和相关工作。陈志忠指出全区各单位和驻区部队要统一思想认识,发扬区双拥工作优良传统,聚焦创建目标,把双拥工作做好做实。区双拥工作领导小组成员单位、驻区各部队参会。 （陈姗姗）

【沪动精兵2023民兵骨干集训】 9月上旬,区人武部组织民兵应急分队在杨行民兵训练基地集训。训练内容包括共同基础训练、专业训练、任务行动训练。9月12日,接受上海警备区组织的考核。

（陈姗姗）

【人武部规范化建设】 年内,区人武部着眼依法治军、从严治军要求,按照《人武部规范化建设试点工作实施方案》,积极推动规范化建设,提升场所管理水平。明确人员职责,对人武部战备、训练、工作和管理秩序进一步规范,特别是各类场所按照标准进行规范化建设。升级改造现有健身房、阅览室,添置新书,邀请专家学者授课,打造强军静读读书平台,启动和完成国防教育宣传区亮化工程,营区推广使用太阳能环保照明灯。 （陈姗姗）

【到福建进行乡村振兴调研】 5月22日至23日,上海警备区副政委韦昌进、区人武部政委陈志忠一行到福建省龙岩市上杭县展开扶贫帮困、乡村振兴实地调研,听取村干部工作汇报,逐个项目进行现场调研论证,并到田间地头与群众交流,广泛听取意见;就如何建设宜居宜业和美乡村,把振兴乡村工作做到实处,切实让老百姓受益、得实惠提出建议。11月8日,上杭县委副书记范垂青等人回访区人武部,继续加强军地协同工作。 （陈姗姗）

【2023年征兵工作】 年内,区人武部按照上海市征兵办部署,开展征兵宣传、兵役登记、初审初检、体检政审、走访调查、集体定兵等各项征兵工作,对新兵进行役前集训和部队回访。完成年度征兵任务。（陈姗姗）

(二)国防动员

【概况】 3月14日,静安区国防动员办公室(区国动办)举行挂牌仪式,区委书记于勇和区长王华出席仪式并揭牌。7月28日，区委常委会研究通过区深化国防动员体制改革实施方案、区国防动员办公室机关和事业单位"三定"规定，标志着静安国动体制改革圆满完成阶段性任务。办机关内设机构由原先6个科室精简至5个，具体为综合科、动员协调科、潜力调查与督导科、指挥行动科和防护工程科。合并区人民防空工程管理所、区民防指挥信息保障中心和区民防特种救援中心3家事业单位，组建区国防动员事务管理中心，加挂区人民防空工程管理所牌子，下设综合服务科、动员保障科、工程管理一科、工程管理二科、信息保障科、防护救援科，机构规格由正科级升格为副处级。年内，区国动办坚持以习近平新时代中国特色社会主义思想为指导，主动对标静安"四范"定位要求，围绕"保一创优"的奋斗目标，锚定实战标准，国防动员应急应战能力有效提升；坚持规划先行，人防工程防护体系有力筑牢；围绕社会动员，持续推进人防宣教走深走实；聚焦使命担当，国防动员夯基垒台开新局，在全市国防动员系统业务综合考核中获第一名。（糜大卫）

【**防空警报"电动改电声"指标完成**】 截至2023年底，全区共有电声防空警报器53台，占比80.3%，提前并超额完成"十四五"建设任务（原定目标为73%）。将警报设置点既有建筑改造为警报设施专用房1处，实现警报专用房数量"零突破"。 （糜大卫）

【**人防专业队整组**】 年内，共组建11支人防专业队伍，包括抢险抢修、医疗救护、防化防疫、消防、治安、通信、运输、对空观察、防护救援、心理防护和信息（网络）防护专业队。其中防护救援、心理防护、

3月14日，区领导于勇（左）、王华（右）为静安区国防动员办公室揭牌 （区国动办 供稿）

信息（网络）防护等新型人防专业队占比约10%，提前并超额完成"十四五"规划指标任务。（糜大卫）

【"一区一品牌"志愿者队伍建设】 年内，区国动办设立上海市民防防护救援志愿服务总队静安支队，签约上海慕佰通讯科技有限公司无人机飞手合作团队。依托该团队开展疏散引导和无人机培训，组织人员参加无人机飞手证培训考试并全员通过。

（糜大卫）

【应急支援】 年内，区国动办防护救援分队共应急出动17次，及时完成化学事故和报警应急处置，出动率和单位（居民）满意率均达100%。 （糜大卫）

【到安徽省六安市开展人口早期疏散演练】 年内，由区国动办牵头组织，分2个批次，市国动办党组成员、副主任汪耀明，区委常委、武装部长陈志忠先后带队区国动委相关成员单位分管领导、14个街镇武装部部长和社区人防骨干共170人，分别通过公路和铁路+公路输送方式，与安徽省六安市对接协作，开展"实战化、实案化"和"全要素、全过程"人口早期疏散与接收安置演练。 （糜大卫）

【牵头组织"沪盾—单元·2023静安"人民防空信息防护行动演练】 年内，区国动办会同普陀、杨浦、青浦区国动办，动员协调信息、通信、金融、电力、政务数据等19家单位和各类装备20台（套），历时1个月，参演200余人，顺利完成预设科目和演练任务，形成演练纪实和成果汇编。 （糜大卫）

【组织"9·16"防空警报试鸣暨疏散演练】 9月16日，区国动办启用区人防指挥部，指挥全区14个街镇进行防空演练，紧扣"重要目标及其毗邻区遭敌空袭时的人民防空行动"课题，重点指导曹家渡街道按照防空袭行动方案开设街道人防指挥所，共组织社区居民、学生和企业白领10.52万人参加，并做实"三项尝试"：尝试建立观察员制度，尝试组织电声警报语音广播测试，尝试推广无人机在防空演练中的广泛应用。

（糜大卫）

【"十四五"中期评估】 按照市国动办下发的八大项规划指标，年内，区国动办提前并超额完成人防专业力量、新型专业力量和应急避难场所面积3项指标，提前完成新增1台户外防空警报器，民防工程建设等4项指标按规划要求稳步推进中。其中民防工程建筑面积总量完成87.4%，骨干工程建设完成95.3%，总体呈现出"总体规划稳健实施、重点项目创新发展、重大任务加速推进、重要指标提前超额"的良好态势。

（糜大卫）

【人防行政审批】 年内，区国动办共完成结建项目22个，其中配建项目14个，核准配建面积约77476.2平方米；缴费项目7个，人防工程建设费633613.8元；无建设要求项目1个，为工业用地。联合竣工验收项目12个，竣工面积46644.41平方米。拆除审批项目5个，拆除工程17处，拆除面积1663.84平方米，人防工程拆除补偿费8811740元。完成警报设施专用房配套建设审批6个。

（糜大卫）

【完成区政府重点工作】 截至9月底，区国动办共完成5处计3034平方米老旧工程治理，58处计5万平方米公用人防工程战备养护，28处计12000平方米人防工程技防监控设施建设安装等区政府重点工作。

（糜大卫）

【行政执法立案数较上年增加】 年内，区国动办行政执法立案28起，其中：一般执法22起，简易执法6起。在不影响主责主业前提下，以特救中心人员充实一线执法力量，组成联合督查小组，配合管理所开展联合执法检查。联合小组进行理论和实践培

训5次，实习检查71人次，检查工程208处，发现问题63处，全部完成整改。　　　　　　　　（糜大卫）

【重大安全隐患专项排查整治2023行动】　年内，区国动办开展全年度人防工程日常安全检查，强化重大节日、防台防汛及"进博会"等重要时间节点期间的安全隐患整治。共通过短信平台发送防汛通知13775条，检查工程5510个次，发现各类问题160起，全部完成整改。　　　　　　　（糜大卫）

【应急避难场所建设】　年内，区国动办协调区体育局、区教育局，完成静安区体育中心和闸北第一中心小学应急避难场所改造项目。积极与所属街镇协同，加强对所在单位及维保单位的督促检查，重点对深井、发电机组等关键设施设备进行维护。
　　　　　　　　　　　　　　　　（糜大卫）

【人防集中宣传】　年内，区国动办广泛开展人防宣传。在全民国防教育日前，着重在各级办公场所、各居民小区、各大商圈、人防工程、建筑工地、医院、公园、绿地、银行网点、电信营业厅，以及铁路上海站、长途客运总站等人流密集场所，广泛张贴人民防空宣传海报和警报试鸣通告1.98万份。在南京西路商圈、苏河湾商圈、大宁商圈等地，以及各级机关公共场所和全区所有户外电子屏，滚动播放电子版通告与海报、人防宣传短片；区有线台在警报试鸣前一周，每晚播放人防宣传片；市教育电视台专题报道区中小学人防宣教、培训与演练情况；呈现"荧屏群播人防事，行人时闻人防声"的态势，使人防声音传播更广、宣教覆盖面更宽。
　　　　　　　　　　　　　　　　（糜大卫）

【人防常态化宣教工作】　年内，区国动办通过楼宇党建平台，将人防宣教内容融入楼宇党建范畴，开展"走进上海铁路通信有限公司""走进上海九百集团"和"走进宁家人才公寓"等专场活动，吸引百余名企业职工、楼宇白领和商圈业主参加。通过课程体系优化，将国防形势、周边局势、战备态势宣教，融入党校处（科）级干部培训内容。通过拓展课外辅导学习内容，将《学校人民防空知识讲义（长三角版）》融入中小学"330课程体系"，组织部分中小学编撰教案，指导七一中学开展人防教学公开课，推广"民防+科技"科研成果。组织各街镇开展小规模、多批次人防培训，参训的楼组长和人防骨干达1.75余万人；指导各街镇利用黑板报、宣传栏、广告屏、社区报、街镇及居村微信号，多渠道、全方位、立体式宣传人防。　　　　　　　（糜大卫）

【指导基层参加各类国防教育活动】　年内，区国动办指导基层参加各类国防教育活动，彭浦新村街道武装部刘怡鸣《川藏公路——一条一生未走完的路》获2023年上海市全民国防教育红色征文一等奖，民办杨波中学获2023年上海全民国防教育知识竞赛（小学组）一等奖，彭浦镇"小镇之星"代表队获2023年上海全民国防教育知识竞赛（社区组）季军，临汾路街道《千里探母祭战友》获"爱我国防"微视频大赛银奖。　　　　　　　　（糜大卫）

【人防宣传阵地作用发挥】　年内，静安区民防教育培训基地（馆）全年累计接待参观培训团队69批次，共14997人次，其中社区民众49批次，共3223人次；学校20批次，共11774人次。　　（糜大卫）

【地下空间安全监管】　年内，区国动办下发《2023年静安区地下空间管理工作要点》《2023年静安区地下空间安全使用管理检查计划》等相关文件。牵头组织区建管委、区应急局、区消防救援支队、区市场监管局、相关街镇等单位，定期对区域内大型商务办公场所和人员密集场所的地下空间开展联合安全检查，对发现的问题要求做到即知即改。组织街道和市北高新集团等单位,开展地下空间数据信息普查工作。

(糜大卫)

(三)应急管理

【概况】 2023年,区应急管理工作"坚持人民至上、生命至上"原则,牢固树立红线意识和底线思维。强化安全生产主体责任、政府部门监管责任、街镇属地监管责任,强化对安全生产工作的组织领导。持续加强风险研判、源头管控和日常防范,全面提升辖区安全水平。开展年度安全生产巡查,强化城区安全风险管控,推进重大事故隐患挂牌督办,深化危险化学品安全综合治理,依法开展事故调查、执法检查和信访处理。积极推进应急管理体系建设,做好应急管理资料收集、应急执法检查、突发事件应急处置。推动自然灾害综合管理体系建设,做好防汛防台工作等。

(刘璐)

【应急管理工作体系健全】 年内,区应急局为确保区应急工作网络正常运行,建立全区范围内常态化摸清底数的工作机制,做到"四清"即全区各单位预案制定情况清、应急演练工作情况清、应急队伍情况清、物资储备情况清。对全区各相关部门、街镇和企业的突发事件应急联络人员名册进行重新梳理,印发《静安区突发事件应急处置工作通讯录》。确保做到底数清、情况明,为应急状态下启动应急响应和开展人员物资调配打下良好基础。(邓虎成)

【应急处置、演练、培训】 年内,区应急局对市应急局推送及区总值班室通报的各类突发事件信息,第一时间进行核实甄别,完善应急处置接报流程。高度重视可能涉及生产安全事故的信息,通过与110、119、街道平安办、报警人等方面联络沟通,深入了解人员伤亡、现场处置等一系列情况,并迅速通报给相关单位和人员,积极应对突发状况。组织开展"台风灾害应急处置推演""燃气爆炸事故应急处置推演""平急融合综合应急演练"3次综合性演练活动,通过演练强化区应急预案可操作性,提升不同部门、单位应急队伍协同作战能力,提高各类突发状况下的应急实战水平。

(邓虎成)

【应急管理宣教培训】 年内,区应急局在安全生产月期间,围绕"人人讲安全,个个会应急"主题,以区安委会为平台,动员成员单位组织"安全生产大家谈""班前会""以案说法"等活动600余场,参与网络知识竞赛3.8万余人,开展应急演练500余场和"安全宣传咨询日"现场活动80余场。宪法宣传周和安全生产法宣传周期间,创作《聆听宪法故事,践行宪法精神》宪法宣传动漫,联合多部门开展法律咨询,组织开展安全文化教育体验馆试运行参观。发挥线上宣传作用,改版升级"静安应急"微信公众号。新设"静守者应急小课堂""以案释法""安全生产人人讲""隐患曝光台""应急约课"等专栏,重点宣传安全生产法律知识和安全生产领域重点工作,有力推动安全生产法家喻户晓、深入人心。积极承担面向社会的普法责任,定期开展以案释法教育活动,结合重大隐患专项排查整治2023行动,组织开展面向物业管理人员和工贸企业管理人员近500人的专业培训,安全生产法律意识和能力更加入脑入心,防风险遏事故成果更加见行见效,企业主体责任更加抓严抓实。

(张晓亮)

【应急管理法治化工作】 年内,区应急局坚持法治引领,围绕法治建设和法治政府创建,发挥法律顾问、公职律师在重要决策事项上的指导性作用,制发《静安区应急管理局重大行政执法决定法制审核办法》。出具重大行政执法决定法律意见书5份,参与部分重大疑难复杂案件研讨,积极稳妥推进重大

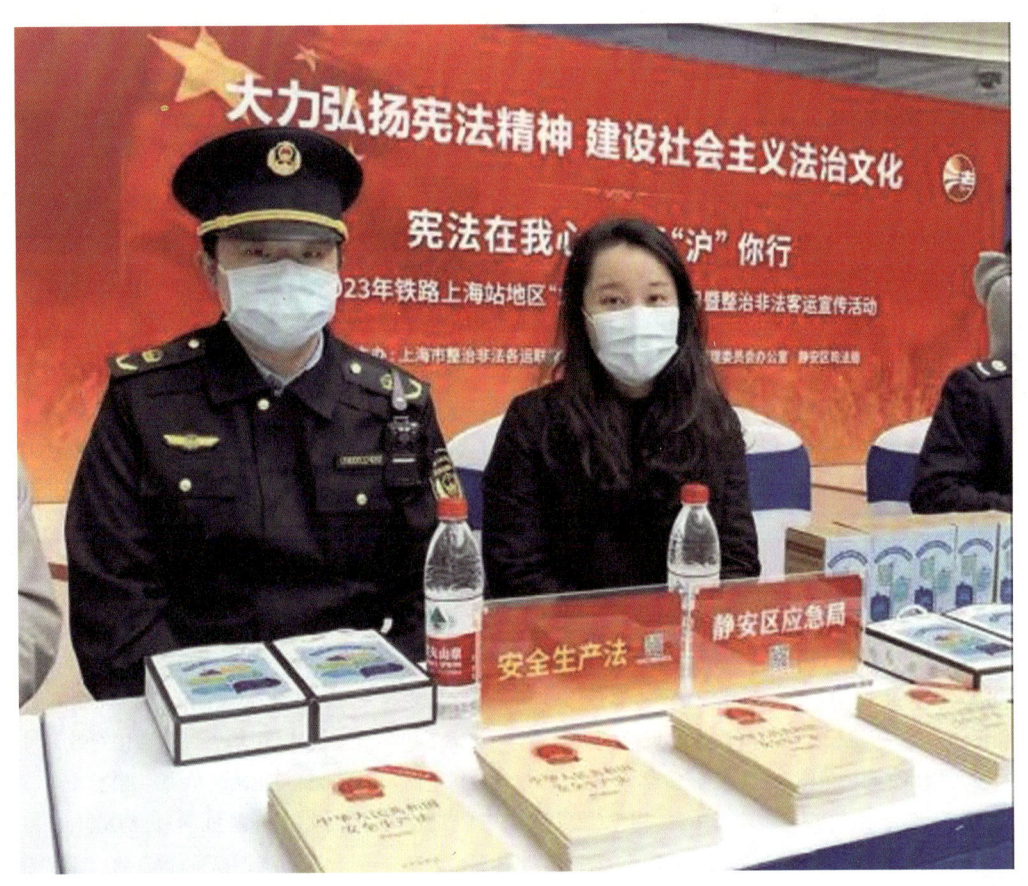

12月4日是国家宪法日,区应急局联合上海站管办、静安区司法局等部门开展宪法、安全生产法法律咨询和宣传活动　　　　　　　　　　　　　　　　　　　　　　　　　　　　　　　　　　（区应急局　供稿）

执法决定法制审核工作,促进规范文明执法。健全完善日常学法用法制度,加强法治培训和考核评估,全年组织局系统人员开展习近平法治思想与法治政府建设、美好生活-民法典相伴、法治专题培训等学习讲座,不断加强执法人员学法自觉,树牢法治思维,规范执法行为,确保严格规范公正文明执法。　　　　　　　　　　（张晓亮）

【防灾减灾救灾机制建设】　年内,区应急局按照落实《上海市自然灾害防治责任规定》要求,推动制定《上海市静安区自然灾害防治责任规定》。按照市灾防委2023年工作意见要求,结合区实际情况及工作计划,制定并印发《静安区2023年自然灾害防治工作意见》。　　　　　　　　　（韦胜利）

【自然灾害应对】　年内,区应急局针对年初强冷空气和寒潮天气,按照印发的《关于全区做好今冬明春低温雨雪冰冻灾害应对工作的通知》要求,并通过工作提示的方式,督促各相关部门、各街镇、各有关单位严格按照《静安区应对雨雪冰冻灾害专项应急预案》相关要求,落实值班值守和防控措施,确保人民群众生命财产安全和正常生活供应。与区防汛办联手,对区各街镇、防汛物资仓库、重点单位、重点区域开展汛前检查,督促各相关部门、街镇落实汛前工作,确保主汛期前人员、预案、物资、培训、撤离点等各项保障措施到位。按照市防汛办要求,会同区建管中心和各街镇对全区需转移人员进行排摸,其中计划撤离建筑工地61个、工人11232人,撤离危棚简屋居民217人,涉及4个街道,准备的应急避难场所49处,可容纳15000余人。　　（韦胜利）

【防灾减灾救灾能力建设】　年内,区应急局推进基层创建工作,指导2022年创建完成上海市安全发展和综合减灾示范社区的石门二路街道恒丰居委和大宁路街道金茂雅苑居委报名参加2022年度全国综合减灾示范社区创建工作;组织南京西路街道陕南居委等8个居委开展2023年度上海市安全发展和综合减灾示范社区创建申报工作。围绕"5·12"全国防灾减灾日,区级层面在时代中学举办宣传周启动仪式,并组织全校师生开展防震减灾应急演练。同时,要求部门、街镇结合各自实际情况,开展相关防灾减灾宣传活动,进一步普及防灾减灾知识,提升公众防范自然灾害及事故的意识和能力,营造群防群治的良好社会氛围。　　（韦胜利）

【自然灾害风险隐患治理工作】　年内,区应急局在全面排摸、调研基础上,聘请专业机构运用专业设备对大宁路街道延长中路561弄危墙进行勘察,确定其因为台风暴雨侵蚀面临倾倒风险,作为专业意见,同时因危墙涉及2个小区的共用墙,积极协调街道、居委,广泛征求广大居民的意见建议,最终确定重建并采用铁艺围栏,聘请专业设计公司,出效果图和具体施工方案。在各方共同努力下,将存在的隐患整治完成。　　（韦胜利）

【危险化学品安全综合治理】　年内,区应急局继续深入推进危险化学品安全综合治理,按照《危险化学品安全管理条例》《静安区危险化学品安全综合治理实施方案》开展全区危险化学品综合治理工作,加强危险化学品领域精细、精准管理。协调区公安分局、区市场监管局等行业主管部门加大对相关企业的联合安全检查,同时指导督促街镇(包括市北高新园区、铁路上海站地区)对辖区各类生产经营单位危险化学品经营使用储存情况进行监督检查。通过各相关部门协作配合,保障全区危险化学品安全监管工作平稳有序。　　（王睿）

【安全生产综合监督管理】　年内,区应急局按照"四不放过"要求,开展事故调查处理,共调查生产安全事故5起,处罚金额共326.2645万元,指导监管企业开展安全生产标准化创建和应急预案备案,受理安全生产标准化三级企业初评和复评22家。严格按照国家和相关法律法规,做好危险化学品经营许可证审核发证和非药品类第三类易制毒化学品备案工作。贯彻实施《中华人民共和国行政许可法》,全面实行行政许可事项清单管理制度,全年收到行政许可申请200件、受理200件、办结200件。根据国务院安委会、应急管理部"全国危险化学品安全监管工作视频会议""全国工贸行业粉尘涉爆企业事故警示视频会"的工作要求,排查区各行业领域涉及使用危险化学品从事生产、检验、科研、实验等活动的生产经营单位,对存在粉尘涉爆、有限空间作业、特种作业人员无证上岗作业的工贸企业开展重大事故隐患专项排查整治。　　（王睿）

【年度安全生产巡查考核】　7月,由区安委办牵头,应急、建管、公安、市监、消防等部门组成联合巡查组,对区民政局等10个部门(单位)开展安全生产巡查,延伸抽查20家生产经营单位,深入了解各部门、单位安全履职情况,共排查并整改问题隐患155项。年末,牵头对全区各部门、街镇及区管国有企业开展安全生产绩效考核。推动各部门党政同心、上下

同力,抓实抓细问题发现和闭环整改,切实提升行业领域安全水平。　　　　　　（徐庆欣）

【城区安全风险管控】　年内,区应急局以重大事故隐患专项排查整治2023行动为主线,成立工作专班统筹推进十大领域重大事故隐患排查整治工作,持续深入开展有限空间、厂房仓库、养老医疗、燃气安全等专项行动,结合区实际开展住宅小区风险隐患专项排查、"土制"升降机专项整治。委托第三方开展安全发展示范城市创建与城区安全风险隐患评估。组织开展多轮督导检查,动态管控城区重大风险源,防范化解重大安全风险,全面建设韧性中心城区。　　　　　　　　　　　　（徐庆欣）

【重大事故隐患挂牌督办】　年内,区应急局督促区各部门、街镇及区管国有企业开展全覆盖隐患排查治理工作。将大徐家阁违规使用"土电梯"隐患和上海家饰佳建材商场有限公司、上海瀚丰实业有限公司、金城大厦、上海金新投资管理有限公司、上海健桥医院有限公司等重大事故隐患列为2023年区级挂牌督办治理项目予以重点整治。年内,挂牌督办的市、区级重大事故隐患全部清零。　（徐庆欣）

【安全生产执法监督工作】　年内,区应急局开展现场执法检查257家次,其中计划检查207家次,非计划检查50家次,实现重点监管单位覆盖率、年度计划检查完成率2个100%。其中针对企业、自然人违法行为依法立案16起,下达行政处罚决定13份,实施行政处罚20.7万元。根据案件中存在的突出问题,总结执法典型案例4例。年内,区应急局与区市场监管局、区生态环境局共同组织开展跨部门"双随机、一公开"在监管过程中随机抽取检查对象,随机选派执法检查人员,抽查情况及检查结果及时向社会公开。安全生产联合检查,检查加油站、大型商业综合体等场所共5次。参与调查安全生产类举报事项8件,全部及时处置到位,实现举报办理率、按期办结率、反馈回复率3个100%。　（冯超）

【应急执法队伍规范化建设】　年内,区应急局执法大队不断完善制度保障,强化执法人员管理、监督检查等一系列制度规范,制定内控制度23项,严格落实行政执法公示、执法全过程记录、重大执法决定法治审核三项制度,全面加强对行政执法权力的监督制约。区应急局执法大队强化执法信息化应用,全面落实"市统一综合执法系统"在安全生产执法全过程中使用。
　　　　　　　　　　　　　　　　（冯超）

(四)退役军人管理

【概况】　2023年,区退役军人局紧紧围绕贯彻落实习近平总书记"组建退役军人管理保障机构,维护军人军属合法权益,让军人成为全社会尊崇的职业"指示精神,深入贯彻落实习近平强军思想和习近平总书记关于双拥工作重要论述,以新一轮双拥模范创建为重点,不断创新思路、拓展领域、丰富内涵,服务强国兴军目标,深化军政军民团结,推动静安双拥工作和退役军人服务保障工作再上新台阶。完善"区—街镇—居民区"三级联动、"社区—校区—园区"多点延伸的立体式保障体系,着力在街镇和居民区打造"信访遗留问题动态清零、应就业未就业动态清零、生活困难动态清零"的"三基"服务站,推进延伸性服务站建设。开展2023年度"静安区最美退役军人"学习宣传活动,评选出"静安区最美退役军人"10人。完成军队转业干部、退役士兵接收安置和军休干部移交接收工作,加大退役军人就业促进和创业扶持。有序推进拥军优属工作,围绕"拓展优待领域、提升服务能级、突出静安特色"工作宗旨,全面拓展优待证使用场景,投入399万元完成9项实事拥军建设项目，发放各项抚恤优待金2943.68万元，向生活困难的优抚对象发放临时困难补助21.6万元、医疗补助268.8万元。区军休中心新址启用，成为上海首家位于商务楼宇并拥有独立产权的军休机构。做好军休干部日常服务管理，持续落实军休干部"两个待遇"，鼓励军休干部融入社区、奉献社会。静安军休老益壮医疗志愿服务队获评上海市军休系统志愿之星，军休二所二支部获评静安区离退休示范党支部。

（徐阳鸣）

【最美退役军人评选】 年内，区委宣传部和区退役军人事务局联合开展"静安区最美退役军人"学习宣传活动，推出一批积极响应党的号召、在静安建设各个领域取得显著成就、作出突出贡献的优秀退役军人典型。经各单位内部选拔推荐，有48人参选。经区委宣传部和区退役军人局初选，23人进入复评，而后组织召开评审会，最后选出10名"静安区最美退役军人"，即上海市公安局静安分局临汾路派出所民警王学良、上海市消防救援总队训练与战勤保障支队职业教育科副科长王腾蛟、上海千机创新文旅科技集团有限公司董事长石磊、上海站地区夜间及应急管理专班队长吕贝贝、曹家渡街道姚西居委退役军人思想指导员李宗伟、上海城投水务集团污水公司白龙港污水处理厂污泥处理工俞佳杰、复旦大学附属华山医院输血科主任夏荣、北京盈科（上海）律师事务所破产与不良资产法律事务部副秘书长徐建功、静安区石门二路街道办事处社区管理办副主任徐朝军、上海时炫电子科技有限公司总经理章军。举行"静安区最美退役军人"发布仪式，并为10名入选者拍摄宣传片，在区内营造学习模范、爱国拥军社会氛围。年内，复旦大学附属华山医院普外科副主任王正昕被评为"2023年上海市最美退役军人"。

（徐阳鸣）

11月10日，举行2023年"静安区最美退役军人"发布仪式　　　　　　　　　　（区退役军人局　供稿）

【退役军人接收安置】 年内，区退役军人局完成9名军队转业干部、61名退役士兵、41名军休干部、2名复员干部和14名随军家属移交安置工作，充分依托"军人退役一件事"系统，为复员军官、退役士兵办理报到、信息登记、预备役登记及落户提供"一站式"便捷服务。联合区人力资源社会保障局、区总工会、行健学院开展退役军人（随军家属）专场招聘会，指导街镇开展退役军人（随军家属）专场招聘会。开展退役军人就业入户调查工作。组织退役士兵参加市退役军人适应性培训会，举办退役军人返乡迎接仪式，组织退役军人职业技能培训班，开展"政策进军营"活动3次。举办2023年第三届"戎创"上海市退役军人创业创新大赛静安选拔赛，选送的千机科技集团获市级大赛一等奖。常态化开展部分退役士兵社保接续申请和补缴工作。开展第一批退役军人档案移交工作。常态化做好退役士兵学费补助的审核与发放、企业退休复员干部生活补助审核和发放、辖区内无军籍退休退职职工、易地退休人员服务管理工作。开展部分特困复员干部慰问工作。

（徐阳鸣）

【双拥模范创建工作】 年内，区退役军人局逐项推进落实双拥模范创建考评任务。总结梳理上届失分点，结合本届考评要求，制定《静安区双拥模范创建迎检工作方案》和《各街道（镇）模范双拥创建考评实地检查方案》，编制时间表和任务分解表，并从区内抽调优秀青年干部组成工作专班。5月17日，召开全区双拥创建部署会。7月26日，召开"区双拥工作领导小组（扩大）会议暨部署双拥创建动员大会"，部署全区迎检工作。完成双拥模范城区、模范单位和模范个人的申报、推荐工作。线上依托国防双拥知识测试小程序，线下深入各居民区、驻区部队、区属各学校和军休中心等走访排摸，扎实开展"第三方模拟预测评"工作。9月26日，完成市级"第三方测评"。全面落实双拥氛围营造工作。10月18日，静安区创建上海市双拥模范区考察评估汇报会召开，市双拥模范区考评组对静安双拥创建工作进行实地考察评估。12月11日，参加市双拥办组织召开的上海市双拥模范区创建评选集中评议报告交流会。

（徐阳鸣）

【拥军优属工作】 年内，区退役军人局在春节和建军节，向驻沪、驻区部队开展节日慰问，赠送慰问金（品）605.12万元，面向全区重点优抚对象、现役军人家属和军休干部发放慰问金（品）310.05万元。开展2023年驻区部队军政主官体检工作。完成230名现役军人子女优待入学。开展驻区部队年度立功受奖和困难帮扶工作，发放奖励金19.6万元、困难补助金33.67万元。完成9项拥军实事建设项目，共投入399万元。组织开展静安区首届"双拥杯"军民健身大赛。

（徐阳鸣）

【优待抚恤工作】 年内，区退役军人局为全区优抚对象发放定期抚恤补助金2943.68万元；为部分优抚对象发放医疗补助268.8万元；为49人次优抚对象发放临时困难补助21.6万元。为13名残疾人员办理新评、补评、抚恤关系转移接收；为141人次办理优抚对象身份确认。为854名优抚对象发放元旦、春节节日补助131.58万元；组织开展优抚对象体检，服务599人，投入经费53.91万元；完成30户优抚对象厨卫改造，7户全屋整修任务；常态化做好"关爱功臣"优抚之家项目活动，全年投入96.94万元。

（徐阳鸣）

【优待证工作】 年内，区退役军人局指导军休中心、服务中心、街道（镇）服务站做好全区军休干部、退役军人和其他优抚对象的建档立卡及优待证申领发放工作，共受理优待证申领申请577人，完成审核667人。链接全区社会化拥军服务优势资源，与22家企业达成合作，发布《静安区社会化拥军服务项目名录》,举办首批社会化拥军优待项目合作单位授牌仪式,向合作企业发放"拥军优属合作单位"铜牌。其中梅龙镇酒家、绿杨村酒家、北上海大酒店、西区老大房、堡尼服饰、闸北中心医院等9家区属企业入选市退役军人局"崇军魔方"系列服务,向全市发布。年内,在全区设立"双拥食堂"17家,为所有持证的现役军人、退役军人和优抚对象提供优先、优惠服务。 (徐阳鸣)

【烈属慰问和烈士纪念】 年内,区退役军人局在烈士纪念日前夕走访慰问全区烈属,发放慰问金27.2万元。组织开展"网上祭扫英烈纪念活动",并为28名烈属做好异地祭扫服务保障。为区安葬在外省市的2名烈士找到亲属。在清明节、烈士纪念日,会同辖区内3处纪念设施管理单位向烈士敬献花圈开展主题纪念活动。 (徐阳鸣)

【军休中心新址建设】 年内,按照市里"对标最好、打造样板"要求,静安区拿出中环南翼黄金地段近5000平方米的楼宇作为军休中心新址,建成上海首家位于商务楼宇并拥有独立产权的军休机构。9月28日,区军休中心新址揭牌仪式举行。新的军休中心不仅是全市设备最先进、功能最完善、服务最到位的军休干部服务保障场所,同时是全市首个立足上海、辐射长三角的军休社会化服务示范基地。军休中心新址聚焦军休干部实际需求和军休中心功能定位,以服务保障数智阵地、党建联建创新阵地、红色文化宣扬阵地、医康养结合养老阵地、教育实践活动阵地"五个阵地"建设为抓手,着力打造军休共建新典范和军地融合新高地,推动新时代军休工作高质量发展。 (徐阳鸣)

【军休管理服务】 年内,区退役军人局全面落实军

9月28日,静安区军休中心新址揭牌。图为军休干部在新址活动室上书法课 (区退役军人局 供稿)

休干部"两个待遇"(政治待遇、生活待遇)。坚持以党建为引领,加强思想政治教育,持续学习贯彻党的二十大精神,深入开展学习贯彻习近平新时代中国特色社会主义思想主题教育,举办"光荣在党50年"纪念章颁发仪式,组织开展"佳作寄戎情、丹心颂党恩"书画摄影展览。新增共建单位5家,新推选社区政委2人,市关爱下一代工作委员1人,首批上海市社区少先队政治辅导员1人,区"五老"(老干部、老战士、老专家、老教师、老模范等离退休干部)百人团成员20人,新增军休讲师团成员4人。坚持做好春节、七一、八一、重阳等重大节日慰问工作,走访困难党员、老党员和重点服务对象超400人次,开展"冬送温暖、夏送清凉"活动,上门慰问150余人次。为67户高龄、疾病军休干部申请安装"安康通",为247户重点服务对象申请安装"一键通",为813名军休干部办理住院互助保障保险,4名困难军休干部获批护理费。新接收军休干部41人,完成新接收师职干部医疗证办证及部分师职干部医疗证换证工作,完成118名解放军退休军官证发放工作。做好军休服务App注册工作,静安注册率超90%。落实军休干部"五个一"(一份电子健康档案、一次医疗体检、一次疫苗接种、一次健康讲座、一份互助保险)医疗服务保障、"7×24"小时重大病患者密切联络制度和日常卫生保健服务,着力畅通特色就医、住院绿色通道,协调近50人次就近就医入院,保障军休干部住院应收尽收,就医便捷高效。持续丰富老干部文体活动,落实经费保障,开展特色主题活动,组织三八妇女节踏青、摄影采风、户外垂钓、重阳金婚钻石婚庆典仪式等活动。开设军休老年大学摄影班、舞蹈班、书法班、合唱班、电脑班等19门线下课程。引进有声图书桌,持续更新各所"有声图书墙"内容资源。支持军休干部个人及团队参加各级各类演出或比赛,先后参加红色歌曲征集、红色典藏微党课、军休老年大学教育成果展示、"魅力军休·秋之运"等活动。落实《静安区军休干部投稿奖励办法实施细则》,鼓励军休干部参与"纪念延安双拥运动八十周年""我们的军休党支部""纪念改革开放45周年"等各类主题征文活动,上报推送近40篇文章。工休人员参加"同心圆梦"专项基金募捐,捐赠款项共99550元。

(徐阳鸣)

【退役军人服务中心(站)建设】 年内,区退役军人局聚焦"五有"(有机构、有编制、有人员、有经费、有保障)"全覆盖"要求,持续建强建优退役军人服务保障体系。开展14家街镇服务站、264家居民区服务站的电子地图上线工作。开展延伸性服务站建设,完成1家园区服务站、1家高校服务站的建设任务。通过一对一走访联络,指导街镇、居民区服务站开展政治文化环境建设、常态化走访慰问、困难帮扶等工作,试点打造"一街镇一特色"的"退役军人之家"。全年,服务中心窗口接待来访588人次、来电1157人次。

(徐阳鸣)

十、综合经济管理

编辑　顾瑞钧

（一）计划投资管理

【概况】 2023年，静安区发展改革委推进"全球服务商计划"，制订新一轮若干意见。与市发展改革研究院开展合作，在评估总结第一轮"全球服务商计划"推进成效，对标新加坡、中国香港等世界节点城市，以及广泛听取全球服务商和市级部门意见基础上，形成《关于实施"全球服务商计划"的若干意见》。明确下一轮"全球服务商计划"的实施目标和工作任务。推动"全球服务商计划"服务辐射长三角。"全球服务商计划"再次被纳入《长三角区域一体化发展2023年度计划》和《长三角城市经济协调会2023年度工作计划》。落实《全球服务商融入长三角经济高质量发展行动方案》，带领2批次16家全球服务商赴合肥市和杭州市调研，组织与当地制造业和科创企业进行业务对接交流，助力全球服务商拓展业务。毕马威、安永、方达、莱茵、米高蒲志等全球服务商受邀参与到长三角城市关于数字经济、绿色低碳、人才引进等各类论坛活动；鼎捷与浙江大学达成战略合作，合作培养数字化高端复合型人才，XNode和科大讯飞建立合作关系，并于6月20日共同在新加坡举办产品发布活动。推动全球服务商理事会平台运作。启用全球服务商计划微信公众号，参与会员单位举办的各类活动，加大"全球服务商计划"宣传力度。围绕"助力苏河湾打造世界级滨水商务区""赋能百企成长计划""共话营商环境""助力本土企业出海"等主题开展理事会活动。梳理排摸全球服务商的出海服务能力和全球服务网络，形成《全球服务商出海专业服务手册》。推动双创示范基地建设。年内，区发展改革委制订2023年双创工作要点，结合双创示范基地三年建设方案明确的建设目标、指标、重点任务和改革措施等，会同区相关部门形成《静安国际创新走廊双创示范基地2023年工作要点》。按照国家要求，按月报送专项行动工作开展成效数据，定期报送创新创业政策、活动赛事、典型案例和创新举措。推进重点产业增效工作，建立重点产业增效季度例会制度，产业主管部门围绕产业发展情况、重点关注企业发展情况、产业发展趋势等内容进行交流，提出下阶段重点工作任务，形成《关于2023年以来重点产业增效计划实施情况的报告》。牵头实施"百企成长计划"，会同产业主管部门形成"百企成长计划"入库企业名单，并制定"一企一策"。打造更优营商环境，制订

《2023年静安区加强集成创新持续推动营商环境建设的工作计划》，总结2022年全市营商环境测评中区各责任部门有关工作情况，每月跟踪各单位营商环境工作情况，完成每月工作情况报送。召开全区优化营商环境工作推进大会。收集营商环境建设宣传案例线索，向市级层面进行推送。相关工作阶段性成果纳入市发改委2023年第一批各区优化营商环境工作经验做法。印发《关于2023年静安区营商环境迎评暨营商环境考核工作方案》。开展"十四五"规划中期评估，组建"十四五"规划中期评估工作机制，协调推进"十四五"规划纲要和36个专项规划开展实施情况中期评估。起草"十四五"规划中期评估报告，对"十四五"规划已明确的总体目标、主要指标、重点任务、重大项目进展情况进行客观评估，系统总结经济社会等方面取得的进展和成效，剖析存在的问题和原因，根据党的二十大、市第十二次党代会、区第二次党代会精神，结合国内外发展环境新变化，提出"十四五"后半程推进规划实施的任务举措，并征求区政府各相关单位、社会各界意见建议。推进落实"一轴三带"发展战略，完成区委重点课题"加快推动卓越的现代化国际城区建设"研究，制订"一轴三带"2023年度重点工作安排，推动苏河湾集聚带高质量发展2023年度工作安排，协调推进各部门、各功能区聚焦年度重点任务、指标、项目落实。　　（黄辉）

【区优化营商环境工作推进大会】 3月1日，静安区优化营商环境工作联席会议办公室召开2023年静安区优化营商环境工作推进大会。区委书记于勇在会上要求全年营商环境建设工作，要对标市6.0版行动方案，围绕市场化、法治化、国际化，抓好优化营商环境各项任务落细落实，实现营商环境质量的新提升、新进步。区委副书记、区长王华主持会议并讲话；市发展改革委总经济师陈国忠出席会议并讲话；区委常委、副区长梅广清通报2022年静安区营商环境建设工作推进情况，部署2023年营商环境建设工作；副区长、区公安分局局长姜坚出席会议。会议发布《2022年静安区营商环境建设十佳案例》，还向获2022年静安区营商环境"最佳体验官""优秀体验官"的代表颁发证书。　　（刘润）

【区委领导调研区发展改革委】 3月1日，区委书记于勇，区委常委、副区长梅广清到区发展改革委调研，听取工作汇报并提出工作要求。于勇在讲话中对区发展改革委的工作表示肯定，强调要继续保持昂扬斗志和奋进姿态，紧扣区委"四范目标""七增计划""五大工程"，更好发挥综合经济牵头部门参谋助手作用，推动各项工作取得新突破。要聚焦重点任务，推进"全球服务商计划"建设，深化"静安国际创新走廊"建设培育新动能，推动服务业开放创新和产业稳增长，组织开展"十四五"规划中期评估等工作。要加强经济和社会运行分析研究，为区域发展提供决策保障。要加强干部队伍建设，打造一支有凝聚力、有战斗力的队伍。　　（刘润）

【区2023年碳达峰碳中和工作领导小组扩大会议】 于4月4日召开，部署全区碳达峰实施方案及年度重点工作。区委书记、区碳达峰碳中和工作领导小组组长于勇强调，要深入学习贯彻党的二十大精神和习近平生态文明思想，按照中央和市委决策部署，推进"双碳"工作，走好生态优先、绿色低碳发展道路。区委副书记、区长、区碳达峰碳中和工作领导小组组长王华主持会议，市发展改革委副主任陈石燕出席会议，区委常委、副区长、区碳达峰碳中和工作领导小组副组长梅广清通报《静安区碳达峰实施方案》以及年度重点工作安排，副区长、区碳达峰碳中和工作领导小组副组长李震出席会议。会上，区生态环境局、区建管委、临汾路街道、市北功能区相关负责人结合本部门、本单位的"双碳"工作，做了交流发言。　　（刘润）

【全球服务商党建联盟主题教育联组学习会】 11月2日，全球服务商党建联盟主题教育联组学习会暨静安区发展改革委与上海农商银行静安支行党建共建签约活动在上海农商银行静安支行举行。区发展改革委党组书记、主任赵剑峰，上海农商银行静安支行党委书记、行长钱晟出席并讲话，区社工委副书记陈卫慧到会指导。区发展改革委及上海农商银行静安支行班子成员、全球服务商党建联盟成员单位代表等参加。区发展改革委党组与上海农商银行静安支行党委共同签订党建共建合作协议。　　　　　　　　　　　（刘润）

【"全球服务商计划"推进大会暨"链全球·创未来"全球化可持续发展大会】 于11月23日由市发展改革委、静安区政府共同举办。大会主要任务是学习贯彻党的二十大精神，深化落实上海市委、市政府对"全球服务商计划"的新要求，凝聚全区共识，推动"全球服务商计划"融入和服务上海建设"五个中心"、强化"四大功能"的发展大局。会议发布新一轮"全球服务商计划"若干意见。区委书记于勇为第四批14家全球服务商授牌；市发展改革委副主任裘文进致辞；区委副书记、区长王华主持会议；区领导顾云豪、宋宗德、梅广清、张军出席会议。大会发布全球服务商出海服务手册。现场还举行全球服务商长三角合作项目签约仪式，毕马威中国与英飞特电子，莱茵技术与南京质检院，蔚蓝创造、盈科律师事务所与云ળ在线，鼎捷软件与浙大管理学院，力德人才服务与浙江科信会计师事务所分别签订合作协议。　　（刘润）

【区"十四五"规划中期评估通过区人大常委会审议】 年内，静安区开展"十四五"规划实施中期评估工作。在全区上下共同努力、社会各界广泛参与和支持下，11月23日，《静安区国民经济和社会发展第十四个五年规划和二〇三五年远景目标纲要实施中期评估报告》通过区人大常委会审议。（刘润）

（二）节能减排管理

【概况】 2023年，区发展改革委贯彻落实市政府下达的能耗双控目标，完善能耗双控相关工作机制，制订年度碳达峰碳中和及节能减排重点工作安排，履行监管责任，对全区重点用能单位进行监测预警，指导和督促企业建立健全节能管理制度。统筹专项资金管理，编制形成年度节能减排专项资金预算。定期梳理摸排项目进展情况，以及专项资金使用进度。重点推进相关楼宇和企业的节能技术改造，共兑现企业补助和奖励23家，兑现扶持资金约290万元，带动投资额约1500万元，实现节能效益516吨标准煤，支持光伏项目2492千瓦。全年建成屋顶分布式光伏发电项目70个，建设规模9729千瓦。　　　　　　　　　（蔡大虎）

【强化节能责任追究】 年内，区发展改革委按照市政府下达的节能降碳目标责任评价考核办法，制订静安区2023年碳达峰碳中和及节能减排工作考核办法。明确每个部门和街镇具体承担的工作内容、进度、目标及分值。对各部门按季度开展跟踪和督查，开展区政府重点工作评议。　（蔡大虎）

【企业节能扶持资金审核】 年内，区发展改革委指导区各行业主管部门做好节能减排项目备案和初审工作。严格执行相关政策和内部审核流程，并督促各项目单位规范节能减排专项资金使用，加强预算和资金管理。会同区财政局协调做好企业节能减排扶持资金落实兑现工作。完成对23家企业申报的节能减排扶持资金审核，核准扶持资金290万元，实现节能效益516吨标准煤，支持光伏项目2492千瓦。

（蔡大虎）

【重点用能单位监管】 年内，区发展改革委开展2022年度重点用能单位考核。对2022年度32家区重点用能单位进行节能目标责任考核，评选出4家优秀企业并在区政府门户网站公开。其中19家市重点用能单位考核结果：10家完成、9家基本完成。考核结果按规定上报市发展改革委并由其统一公布。确定区重点用能单位32家，将2022年能源消耗1500吨标准煤以上的工业企业、3000吨标准煤以上的非工企业、8000吨标准煤以上楼宇共35家纳入考核评价范围，并将年综合能耗1000吨标准煤以上的28幢楼宇纳入监控。按照条块共管原则，明确主管部门责任分工，指导各部门做好2023年重点用能单位节能目标任务制订，指导和督促企业建立和完善节能工作机构和工作制度。开展跟踪督查。加强数据分析，对能耗异动的企业开展数据比对，督促企业加强用能管理，提高能源利用效率。 （蔡大虎）

【新能源利用推进】 年内，区发展改革委推动分布式光伏发电和电动汽车充电桩建设。全年建成屋顶分布式光伏发电项目70个，建设规模9729千瓦。新增公共（含专用）充电桩2139个，超额完成410个的年度目标。北站街道七浦商厦和彭浦镇海鹰小区成功创建充电桩示范小区。 （蔡大虎）

（三）物价管理

【概况】 2023年，静安区物价局完成国家和市发展改革委下达的包括食用油价格周应急监测、主副食品价格日监测、家庭日用消费品及成品粮价格旬监测、劳动力工资收入、小农产品价格月监测等监测任务。在上述监测工作基础上，率先在全市对区内保基本养老机构17类工种薪酬成本开展月监测，为保基本养老机构服务收费定价、调价积累数据样本。推进"网上晒价"工作，坚持对民生商品和时令商品价格开展线上调查，丰富监测商品结构，在原有选品基础上增加牛肉商品、洗护用品和调味品等。在通过门户网站发布价格信息同时，完成主副食品月报及周报分析工作，并结合春节、国庆、两会等重要时点，形成专题分析报告。为探索研究食用油价格传导机制和关联规律，丰富区内价格监测系统预警预测功能，完成《静安区食用油价格多维度调查研究》。 （常征）

【政府定价事项管理】 年内，区物价局按照《上海市政府制定价格行为规则》文件规定，会同区教育局启动上海市民办扬波中学、上海市民办风范中学、上海田家炳中学开展收费价格调整工作；根据《上海市公共文化设施收费管理办法》精神，对区内利用公共文化设施提供服务收费的项目进行价格调查，并形成《静安区公共文化设施收费情况调研报告》。 （常征）

（四）统计管理

【概况】 2023年，静安区统计工作围绕"服务全市、服务区域"2个大局，聚焦服务兴统、改革强统、数字助统、依法治统，做好各项区域统计工作。开展"线上+线下"各类常态化企业培训90余场，覆盖6000余人次，帮助企业精准掌握报表制度。坚持关键时点线下集中办公制度。加强事前、事中和事后质量检查，加大对异常数据、零申报数据、极大极小数据审核力度，及时发现并纠正报表错误。年报完成30类、3117家单位、20366张报表，上报率99.95%；月报完成17类、4387张报表，上报率100%。开展自主名录库调查，调查单位1.11万家，完成率109.77%。完成"准四上"核查工作，纳入统计调查单位360家。 （王彦）

【统计分析监测】 年内,区统计局开展统计月报、稳增长重点指标月报、统计公报、统计年鉴数据统计和发布工作,为相关政策制定提供数据参考。每月向区委、区政府、区发展改革委、区商务委等职能部门提供定制数据,满足各个个性化数据需求。就季度经济形势、国内生产总值(GDP)稳增长情况、税收千强企业、重点行业、重点领域等方面着手分析,形成相关专业统计分析报告10余篇、统计专报23篇,获区主要领导批示23篇。 （王彦）

【"稳增长"指标统计】 年内,区统计局落实区委、区政府稳增长工作要求,以强化统计监测为抓手,对商业、金融、规上服务业等构成区国内生产总值(GDP)的重点行业及重点企业实行全面监测、跟踪、汇报。加强与部门联动,密切关注主要行业主管部门指标数据的运行特点,对波动较大指标进行重点监控,提前研判,综合分析。根据行业指标增速与增加值增速之间的折算关系,定期对区国内生产总值(GDP)增速进行测算,对比增长目标找差距。针对稳增长指标中薄弱环节,提出落实稳增长工作措施。多维度、多渠道与企业建立联系,重点加强企业动态走访和监测,了解企业行业发展和经营状况,掌握企业收入异动原因,挖掘新的增量,助力区经济高质量发展。区全年地区生产总值2846.03亿元,总量位列中心城区第三,全市第五;比上年增长7.0%,增速均位列全市和中心城区第三,较全市高出2个百分点。 （王彦）

【开展第五次经济普查】 年内,区统计局按照全市统一部署,健全完善经济普查机构,建立区经普办联络员制度,优选优配普查队伍,落实保障"两员"(普查员、普查指导员)经费。建立分级分层培训机制,实现培训具体化、差异化、精准化,确保经济普查培训全覆盖。每周召开2次联络员例会,落实联络员下基层走访调研和专项指导。将经济普查与楼宇党建深度融合,因地制宜组织普查,实现排查全覆盖。依托"一网通办'亮数'"平台,实现两员亮证功能。聚焦楼宇经济特点、瞄准白领人群焦点、打造市容景观亮点、追踪互联网宣传热点,开展形式丰富多样的第五次经济普查宣传。全年共核查底册单位数12.3万家,完成率百分百,单位采集数5.05万家,比第四次经济普查增长33.27%,个体户采集数1.35万家。 （王彦）

【统计执法】 年内,区统计局制订《静安区统计造假专项治理行动自查自纠工作方案》,成立工作领导小组,统筹谋划专项治理行动。在全区范围清理违反统计法律法规文件和做法,开展统计造假不收手不收敛问题自查自纠,完成31期专项治理周报,开展百余家单位数据核查。对28家调查单位开展重点统计执法检查,其中25家单位数据质量良好,未发现统计违法行为。对3家单位提供不真实统计数据单位作行政处罚。综合运用统计法律事务告知书、统计约谈等法律手段,分别对14家单位和4家单位进行监督,对统计违法行为保持高压态势。 （王彦）

（五）财政管理

【概况】 2023年,区财政局坚持稳中求进工作总基调,围绕"四范"目标,推进"五大工程",实施"七增计划"。全年区级一般公共预算收入完成287.80亿元,为预算的99.52%,比上年增收8.38亿元,比上年增长3.00%。区级一般公共预算支出完成345.96亿元,为预算的97.18%,比上年增加21.27亿元,比上年增长6.55%。区级政府性基金收入10.86亿元,为预算的107.68%。区级政府性基金支出69.15亿元,为预算的90.38%。区级国有资本经营收入0.87亿元,为预算的100.00%。区级国有资本经营支出0.64亿元,为预算的99.40%。 （郁晓雯）

【区域经济恢复向好财政支持】 2023年，区财政局立足静安区发展基础和特色优势，统筹推进四大功能区产业功能升级，全年投入资金81.74亿元，增强静安区科创功能、总部功能、商业功能，推进全球服务商发展计划，加快培育和塑造经济发展新动能，助力区域经济结构优化，增强核心竞争力。加大政策性融资担保力度，对区内中小企业获得的融资担保贷款的担保费全额给予补贴，利息给予20%—50%的补贴。全年区政策性融资担保企业户数576家，在保金额20.83亿元，财政承担补贴资金843万元。

（郁晓雯）

【民生福祉财政投入】 2023年，区财政局推动改善群众居住环境。提速旧住房成套改造，推进蕃瓜弄、共和新路802弄等小梁薄板非成套职工住宅改造任务，实施华山路421弄、常德路新闸路等二级旧里以下零星地块改造等。坚持利民为本，办好惠民实事，全年投入资金76.87亿元。推动优化城区环境建设。推进"美丽街区"建设，完成南京西路后街景观商业区、江宁温馨休闲区等高品质"美丽街区"创建，完成广场公园（静安段）整体改造，推动苏州河沿线全要素整治。开展"美丽家园"建设，实施80万平方米旧住房修缮改造；保障既有多层建筑加装电梯项目，完成182台电梯补贴发放；支持17条道路大中修、积水点改善和10.44千米路段架空线入地和合杆整治工程；巩固生活垃圾分类实效，提升垃圾回收处置能力；加强河道水质监测，落实精细化养护措施。全年投入资金440.55亿元。推动夯实基本社会保障。聚焦养老服务能级提升，重点推进华新新城养老院等养老机构建设，支持家门口养老服务站建设、居家养老适老化改造、"五床联动"整合型照护服务、为老服务一键通等项目，探索老年人医养康养融合发展。聚焦稳就业，支持创业带动就业、高校毕业生就业、职业技能培训等各项政策落地落实，推动就业创业环境改善。聚焦保基本，保障老年综合津贴、社会救助、医疗互助帮困、残疾人保障、退役安置等各类综合帮扶政策落实。全年投入资金24.72亿元。

（郁晓雯）

【社会事业财政投入】 2023年，区财政局支持教育均衡发展。优化教育经费结构，推进静安区各级各类教育高位优质均衡发展；逐年提高托幼一体幼儿园占比，增加普惠性托育服务资源供给；加强融合教育标杆校、先锋校建设，探索融合教育普惠创新发展。全年投入资金64.19亿元。深化卫生健康服务。完善慢病防治、康复医疗、爱国卫生、中医药内涵等建设；深化公立医院和社区卫生服务中心综合改革，保障人才学科建设、紧密合作医联体试点、便捷就医数字化转型等项目，支持基层医疗服务能级转换提升；加大硬件设施投入，完成中医医院建设并投入使用，推进区域医疗中心、老年健康中心、社区卫生服务中心标准化建设等项目。全年投入资金23.40亿元。丰富文化体育供给。落实文旅民心项目，丰富群众文化活动，提供高质量现代公共文化服务。打造静安品牌活动，提升城区文化品质。整合场馆服务资源，提升场馆智能化服务水平，促进公共体育服务提质增效。引导社会力量培育体育后备人才，挖掘体育训练新动能，增强竞技体育综合能力。全年投入资金6.44亿元。

（郁晓雯）

【城区建设财政投入】 2023年，区财政局推动完善社区综合治理。支持基层治理向群众生活的细枝末梢延伸，推进民心工程，在全市率先开展"宝宝屋"托育服务。支持基层治理效能化建设，打造线上线下全链条便民服务模式，完善网格化管理、精细化服务、信息化支撑的基层治理平台。全年投入资金22.69亿元。推动保障城区运行安全。支持高层住宅实施消防基础设施改造、住宅小区充电设施改造工程，深化交通事故预防"减量控大"专项行动，防范化解各类安全生产事故隐患。夯实基

层应急资源要素保障，健全应急救援和联动处置机制，打造安全、和谐、宜居城区。全年投入资金26.48亿元。 （郁晓雯）

【财政治理效能提升】 2023年，区财政局深化预算绩效管理。坚持问题导向，聚焦专项债券、政府购买服务等重点领域，强化"全方位""全过程""全覆盖"预算绩效管理。通过跟踪政府购买服务问题整改落实情况，规范政府购买服务行为，提出优化成本构成、完善考核制度等建议；通过专项债券项目运行监控和绩效评价，探索建立全生命周期跟踪问效机制。此外，选取民生保障、公共服务、城区管理、行政运行4个领域先行开展成本预算绩效管理改革试点工作。推进预算管理一体化。作为全市预算管理一体化系统3个试点区之一，静安区完成预算管理全部功能、预算执行大部分功能、资产管理功能和债务管理功能上线。通过反复试错、不断总结，形成可复制推广的经验做法，为全市预算管理一体化系统全面推广工作夯实基础，提高财政预算管理规范化、标准化水平。加强财会监督。贯彻落实《关于进一步加强财会监督工作的意见》，健全财会监督体系，完善工作机制，依法依规加强对国家机关、企事业单位等的财政、财务、会计活动监督。开展财会监督和预算执行监督等专项行动，强化预算执行约束，为落实国家、上海市和静安区重大决策部署提供支撑。做好问题整改"下半篇文章"，把"当下改"和"长久立"结合起来，压实整改责任，督促整改落实。 （郁晓雯）

（六）税务管理

【概况】 2023年，静安区税务局坚持稳中求进工作总基调，聚焦"抓好党务、干好税务、带好队伍"，加强政治机关建设，依法依规组织收入，抓实抓细政策落实，推进税收征管改革，优化区域营商环境。年内，区域税收呈现"前低、中高、后稳"走势，全年完成税收总收入847.5亿元，比上年增长7%，增收55.8亿元；完成区级税收收入256.4亿元，比上年增长3%，增收7.5亿元；完成区级财政收入287.8亿元，比上年增长3%，增收8.4亿元。批发零售业、交通运输仓储和邮政业、住宿和餐饮业、金融业、房地产业、租赁和商务服务业六大主要行业合计实现税收735.1亿元，比上年增长5.3%，占总收入比重86.7%，比上年增长37亿元。税收总收入排名前200强企业实现税收567.2亿元，占税收总收入66.9%，比上年增长9.1%，增收47.3亿元。"一轴三带"重点税源企业1459户，合计实现税收486.7亿元，比上年下降9%，减收48.1亿元。200幢重点监控楼宇合计实现税收622.1亿元，比上年下降3.1%，减收19.6亿元，占全局税收比重73.4%。全年"亿元楼"达88幢（比上年新增6幢），"月亿楼"9幢，其中恒隆广场完成税收101.8亿元，连续3年税收破"百亿元"。坚持"税费皆重"理念，全年完成社保费征收377.2亿元，比上年增长22.0%，非税收入216.7亿元（其中国有土地出让收入196.9亿元），比上年下降4.2%。 （朱家熠）

【减税降费政策落实】 年内，区税务局聚焦"政策找人"，通过电子税务局、短信等平台，分对象、分阶段、分周期完成精准推送信息73批次、9.2万户次。运用问题快速反馈机制，收集、研判和解决在税费政策落实中的各类问题。依托"小微政策应享未享"等17项指标定期开展分析排查，做好风险防范。全年新增减税降费及退税缓税缓费32.7亿元，惠及全区23.1万企业纳税人及自然人，其中新增减税降费24.4亿元，年内新出台政策中"提高专项附加扣除标准"减免2.6亿元，延续小规模纳税人减免增值税、加计抵减等政策减免7.2亿元，企业所得税小微减免、加计扣除等合计4.3亿元，个人所得税三项附加个体工商户减半、居民换购住房合计2.8亿元，车购税0.5亿元。全年留抵退税8.1亿元，阶段性缓缴社保费0.2亿元。 （朱家熠）

【**税收经济分析**】 年内，区税务局夯实税收经济分析人才梯队建设，发挥税收大数据优势，围绕"国际静安"区域定位、"一轴三带"发展核心以及"千亿商圈"建设目标，聚焦楼宇、总部、奢侈品行业、新兴产业等区域特点精准开展税收经济分析。全年报送经济分析类专报11篇，参与市税务局《2022年全市经济运行情况分析》《我市总部企业税源贡献情况分析》等分析报告，获市委、市政府主要领导表扬性批示。针对静安区楼宇经济、消费市场、新增企业等方面提出的建议措施，先后6次转发至各委办局、功能区阅研。结合前期开展静安区出口行业分析取得的成果，牵头开展全市外贸出口专题分析。围绕重点外资项目落地、企业高端人才引进困难等主题完成税务总局约稿工作，按月完成消费行业监测分析，在全市范围内打造消费领域和总部经济经典品牌。 （朱家熠）

【**税收征管改革**】 年内，区税务局围绕中办、国办《关于进一步深化税收征管改革的意见》，针对158项规定任务和12项创新任务开展中期评估，梳理任务落实情况，总结阶段性成果，开展评估调研座谈会30余场，收集意见建议16项。全年完成改革任务41项，推进改革任务66项。推进数电票扩围工作，重点抓牢开票平台切换、赋额调整及风险防控等环节，按时完成"去三专"目标，数电票（全面数字化的电子发票）覆盖率97.3%，纯单轨试点户数40175户，纯数电率97.4%以上。运用"数据扫+分级管"理念，优化数电票授信调整模式，解决纳税人用票需求问题。聚焦大企业关切，通过"乐企直连宣传周""数电票答疑会"等形式，推动65户企业完成"乐企"直连及使用申请。并在全市范围率先试点个体工商户市场委托代办开具数电票模式，近200户个体工商户纳入试点。联合区法院探索共建"数字法院"，在全市范围率先针对诉讼案件中涉嫌偷逃税行为集中高发情形搭建数字模型，共享案件疑点线索，建立"审中提示—判后推送—税务跟踪—执行落地"联动机制，试行阶段在2起案件中完成个税征缴13万元。
（朱家熠）

【**社保费"统模式"改革**】 年内，区税务局推进用人单位和灵活就业人员"统模式"，做好缴费政策梳理、业务差异分析、信息系统改造等准备工作。联合市、区、街道等多部门开展分类培训80余场，确保对内对外培训全覆盖以及业务系统有效衔接。将社保费投诉举报先行联系前移至纳税服务所，压实争议处置"所—科—局"三级责任链，制订《社保费工单常见问题回复指引》《关于企业欠缴社保费的投诉举报类工单处理规范》，规范矛盾化解机制。年内，社保费申报率98%、征收率99.6%，征收进度和覆盖面较改革前均有提升。 （朱家熠）

【**税种管理基础夯实**】 年内，区税务局规范做好企业所得税汇算清缴及后续管理，依托电子工作平台，合理安排、全程监控汇算清缴工作，完成3.9万余户企业所得税汇缴，申报率、汇缴率达到双百目标，补退税合计44.8亿元，完成后续质量管理9个项目、1120余户次，调增应纳税所得额5.25亿元，比上年增长60%；创新汇缴和退税同步机制，完成退库2200余户，退税金额4.2亿元，较往年提前3个月，实现汇缴退税率100%。提升个人所得税汇缴质效，抓牢"重点企业"和"重点人群"2个关键点，完成申报总人次73万，申报率近98%，实现申报人数和申报率"双提升"；其中1519名大额补税重点人群100%完成申报，累计申报补税超1.3亿元。加强房产行业税收协同管理，实现61个土地增值税项目台账动态管控，年内完成项目清算审核12个，补退税合计超23亿元。推进出口退税服务监管新机制,畅通审核流程,平均办理时限下降至1天,全年累计办理出口退税28.14亿元。
（朱家熠）

【新时代"枫桥式"税务所创建】 年内,区税务局制订《"枫桥式"税务所创建四年行动规划（2023—2026年）》,将"枫桥经验"与重点工作、改革任务、税费争议化解相融合,引领19个税务所结合自身职责特点,通过完善工作机制和瞄准关键小事,创推"321+N"服务模式。区局层面选树办税服务厅、重点税源管理所、新办企业孵化所、纳税评估所、专业职能所等6家"枫桥式"税务所进入重点培育名单。创建以后,聚焦"窗口"矛盾、"云端"诉求,实现退税签报审批、授信额度审核等涉税事项办理提质增效,解决个性化疑难业务180余项,精简税费资料报送20余项,实现容缺办理8项。
（朱家熠）

【税费服务优化】 年内,区税务局创新税费服务理念,"线上+线下"共同发力提升办税服务质效。线上,依托"网上""掌上"智能化办税服务体系,线上办理量占比再提升22%,总占比达90%以上;推进"送问办询评"一体化征纳互动服务,上线以后服务2万余次,接通率98%,"12366"纳税服务热线全年接听总量近13万次,满意率近100%。线下,推进"一窗通办",简并办税窗口10个,采用"智能导办+全预约"服务模式,提升窗口办税效能20%以上。形成以市北园区共治点为核心,4个街道（静安寺、石门二路、江宁路、大宁路）共治点为辐射的"以点带面"共享共治服务布局,为更多纳税人缴费人提供就近咨询办税智慧化场所,全年提供办税及咨询服务1800余次,打造"15分钟办税服务圈"。
（朱家熠）

【税收营商环境优化】 年内,区税务局连续10年推进"便民办税春风行动",确保5批次、109条便民举措落地,对接世界银行营商环境评估标准,打造市场化、法治化、国际化一流营商环境。以主题教育为契机,聚焦数电票风险防控管理、社保费"统模式"、提升社

2023年2月23日,江宁路街道税务共治点正式启用　　　　　　　　　　（区税务局　供稿）

会共治效能等重点工作，完成专项、典型案例调研21项，深入企业、基层开展调研120余次，收集问题57项，解决问题48项，长期推动9项。以"服务高质量发展"为目标，局领导班子带队赴四大功能区联学联议，现场为企业解决授信额度调整等问题6项。优化网格化服务机制，全年迁入及新办企业8800余户，创建重点企业"绿色通道"，解决新办企业开票等疑难问题40余项。聚焦区128户"走出去"企业，以需求为导向，建立完善"一户一档""一企一策"和常态化沟通机制，助力"一带一路"发展。配合解决菁瓜弄旧房改造产权登记和税收难题，获市主要领导肯定。组建青春助企服务团，在"巨富长"网红街区提供创业就业政策咨询服务，获团中央团员和青年主题教育简报刊载。制订便民办税春风行动方案，先后推出5批次便民办税缴费举措，联合区工商联、市北园区等开展2场营商环境体验师座谈活动，收集意见建议21条。依托"劳模工作室""静税好声音"团队，开展"纳税人学堂""流动税驿站"宣传辅导，区分政策类别、辅导对象，针对性选择"可视化答疑""互动式交流"等不同形式，全年累计开展各类宣传辅导100余场，惠及9万余人次。

（朱家熠）

【纳税人权益保护】 年内，区税务局处理复议、诉讼案件11件、政府信息公开申请19件，在依法依规妥善处理同时，以问题为导向，召开税费服务诉求联席会、复议诉讼分析会等10余场，分析问题，总结经验，以案释法，在执法程序及环节上改进优化。优化纳税信用评价，加强过程监督，发挥沟通会商机制作用，防止违规调整评价结果，完成49032户纳税信用等级评定，其中A级纳税人5119户、B级纳税人17640户、M级纳税人18487户，M级及以上纳税人占比84.12%。落实新设立纳税人复评流程12户，坚持审慎原则，修复、复评、调整34户。坚持需求导向，全年受理办结投诉、举报、咨询各类涉税需求6100余件，通过"一次先行联系，有效信息全采集"

处理模式，重复工单下降55%，工单重新交办量下降80%。

（朱家熠）

【依法治税】 年内，区税务局深化"三项制度"执行规范，全年执法公示1005户次，全过程执法记录433条，重大执法决定法制审核89次。落实长三角行政处罚裁量基准，抓实"首违不罚"事项清单，对一般纳税人登记等6项涉税事项推行非强制性执法。完善内部执法风险防控，运用54项内控指标开展"T+1"监控，实现疑点信息提前提示、及时应对，区局全年执法过错预警下降90%。

（朱家熠）

【税务监管】 年内，区税务局综合运用货物流、关联信息等大数据分析，全年完成风险应对1200余户次，入库税款及滞纳金6.31亿元。开展普票虚开综合治理专项工作，制订普票虚开综合治理工作方案，累计对696户次企业开展风险核查，确认存在风险298户次，累计补缴税款金额175.53万元，缴纳滞纳金13.05万元。加强独资合伙企业个人所得税征收管理，加强"核转查"后经营所得税收辅导和监管，开展查账征收事中管理，规范权益性投资经营所得管理，完成对204户独资合伙企业核实整改，累计补税2889.53万元。加强涉税举报查处，全年办理检举案件241件，累计补缴税款、滞纳金260余万元，罚款50余万元。

（朱家熠）

（七）市场监督管理

【概况】 2023年，静安区共登记各类市场主体79035户，注册资本合计7974.0367亿元，分别比上年增长5.17%、7.61%。其中内资企业4797户，注册资本3376.2471亿元，分别比上年增长6.89%、9.91%；私营企业42526户，注册资本3204.6712亿元，分别比上年增长11.28%、5.46%;外商投资企业3739户,注册资本1388.8599亿元,分别比上年下降4.37%、增长7.20%;企业分支机构9235户,比上年增加0.15%;个体工商户18738户,注册资本4.2585亿元,分别比上年下降2.98%、增长2.73%。全区发明专利授权数1040个,有效数5091个;实用新型授权数1714个,有效数12560个;外观设计授权数593个,有效数3358个;PCT(《专利合作条约》英文缩写)申请数148个。年内,区市场监管局共查处各类案件1718件,罚没款金额2330.21万元,分别比上年增长14.7%、3.9%。区市场监管局获"'长江禁捕,打非断链'专项行动表现突出集体"称号;区消费者权益保护委员会获中国消费者协会"2022—2023年度消费维权先进集体"荣誉称号。

(高凯)

【商事制度改革深化】 年内,区市场监管局依托"上海企业登记在线"网上服务平台,实现企业登记各环节"全程网办"。建立企业登记在线帮办服务专区,增配现场"一网通办"帮办人员,组织"网办"操作流程培训指导,宣传引导企业使用全程电子化方式办理全周期登记业务。"易码办"升级版——静安标准化住所数据库项目主体框架和基础功能开发完成,为静安区企业登记提供更为便利的准入服务。探索在部分网络平台展示入驻企业"企业码",形成更为透明、公平的营商环境。

(高凯)

【高效许可登记服务打造】 年内,区市场监管局试行食品经营许可"云核查",以大悦城、久光、太古汇3个商场内小餐饮企业为试点,视频查看经营场所布局、设施、设备,提出整改意见,实现食品经营许可"零跑动""零接触"办证,完成20余家企业"云核查"工作。取消单独酒类许可,并入食品经营许可"两证合一",省下约7成许可证办理时间。落实市局"许可便利名录",受理连锁食品企业门店便利化审批,最快当日完成审批发证,指导意百、茵赫2个

咖啡品牌企业总部获批市市场监管局便利化审批资格。在食品经营领域深化"放管服"改革,探索将热食类食品制售(熟制坚果、籽类、豆类)、糕点类食品制售(中式干点)2个现制现售项目纳入免于现场核查范围,在对申请材料进行审查后,可以免于现场核查,直接作出行政许可决定,为食品企业提供更多许可便利。

(高凯)

【"双随机、一公开"监管改革深化】 年内,区市场监管局共通过"互联网+监管"平台实施单部门随机抽查74批次、跨部门联合抽查54批次,涉及监管对象5785户次,发现问题474个,转案件63个。对检查发现的问题及时落实责令改正、列入经营异常名录、立案调查等后续措施,提升"双随机、一公开"监管效能。

(高凯)

【"长江禁捕,打非断链"专项行动】 年内,区市场监管局推进"长江禁捕,打非断链"专项行动,出动执法人员4825人次,检查农贸市场344个次、商超561个次、餐饮单位2338个次,立案10件,罚没款0.563万元,被国家市场监管总局授予"长江禁捕,打非断链"专项行动表现突出集体"称号。

(高凯)

【放心消费创建活动】 年内,区市场监管局推进放心消费创建活动,赋能"放心消费在静安"工作,把放心消费商圈创建与区优化营商服务环境工作有机融合,打造区"放心商圈",会同区商务委、区商联会、区消保委、区网信办等部门,在兴业太古汇、苏河湾万象天地、大宁国际久光中心开展大型主题宣传咨询服务活动,获得良好反响。注重放心消费创建队伍建设,打造一支由区商联会、商圈创建单位代表组成的"放心消费商圈协同共建队伍",发挥社会各方力量开展放心消费宣导工作。全年共申报创建放心消费承诺单位1138家、达标单位218家,推荐优秀单位48家,培育线下无理由退货承诺单位

541家，参与"长三角实体店异地异店退换货联盟"活动3家，指导2家电商平台建立和完善消费者权益保护机制，落实先行赔付制度，设立消费者权益保证金。　　　　　　　　　　　　　（高凯）

【市北电商云盟揭牌暨快速赔付"聚力资金池"启动仪式】　11月10日，区市场监管局市北高新园区所联合市北高新集团举办电商云盟揭牌暨快速赔付"聚力资金池"启动仪式。市市场监管局消保处处长谢正豪，区市场监管局副局长王政，区工商联副主席史海云，市北高新集团副总裁周晓芳出席活动。区局消保科、市北高新园区所相关负责人，市北电商云盟企业代表参加活动。市北高新园区所负责人主持仪式。仪式上，王政与周晓芳为市北电商云盟揭牌。云盟企业代表共同签署云盟公约。
　　　　　　　　　　　　　　　　　　（高凯）

【精细化综合治理推进】　年内，区市场监管局规范互联网+无证无照经营管理系统使用，对发现的无证无照经营行为开展查处。全年共开展执法检查1830次，系统内共录入整治信息30条，均已闭环处理。完善"自治+共治+慧治"监管模式，推进食品安全"自治、共治、慧治"工作和商业综合体团体标准修订，全区所有街镇均申报创建，由静安区食品药品协会根据团体标准统一验收。案例获2023年度食品安全社会共治"十佳案例"，并在全国食品安全监管信息工作交流大会上获表彰。　　（高凯）

【标准化试点项目建设推进】　年内，区市场监管局围绕静安区国家服务业综合改革试点，推进人力资源、商贸等服务领域标准化工作，"薪酬数字化标准化试点""智慧型社区零售菜市场标准化试点"等项目通过验收。以城市精细化管理为重点，聚焦社区食堂、为老助餐等社区综合服务领域，"社区食堂服务标准化试点"项目通过验收。培育推荐"社区临时托育服务标准化试点""智慧楼宇AI应用标准化试点"申报2023年市级标准化试点，并成功获批立项。　　　　　　　（高凯）

【特种设备安全监管】　年内，区市场监管局共出动监察员4905人次，比上年增加9%；检查特种设备生产使用单位1680家次，比上年增加18.9%；检查特种设备4765台件，比上年增加8.6%；处置各类特种设备安全问题隐患524个，比上年减少20.2%，开具特种设备监察指令书156份，比上年增加28.9%。　　（高凯）

【网络交易监管】　年内，区市场监管局聚焦网络交易监管重点领域，依法开展专项行动和网络监测工作，强化网络商品交易监管，打击假冒侵权、虚假宣传、不正当竞争等网络市场突出问题。全年网络案件立案273件，办结316件，罚没款640.2万元，浦软翔鹰新增留证1254条。现有网络企业4499家，网站（网页）6938个，其中交易类（含交易兼信息类）网站247个，实现网上亮照网站242个。　　（高凯）

【提高行刑衔接效率】　年内，区市场监管局与区公安、区检察院共同签署的《关于加强静安区知识产权案件行政执法与刑事司法衔接的三方协议》打通知识产权全链条保护环节，打破"信息孤岛"状态，提高行政保护与司法保护的联动保护效率，开展"铁拳""双打""昆仑"等专项行动，严厉打击侵犯商标专利等知识产权违法案件。全年共向公安机关移送案件1件，移送案件线索19条，收到公安机关移送案件线索3件。通过建立知识产权跨部门联动，健全线索通报、证据转移、案件协查工作机制，实现资源共通，信息共享，确保形成对知识产权全方位保护，提高联动保护效率。　　（高凯）

【打击侵权假冒工作交流及培训活动】　年内，静安区召开2023年知识产权联席会议暨区打击侵权假冒工作会,副区长张军出席会议。区委政法委、区委宣传部、区政府办、区发展改革委、区商务委等28家打击侵权假冒工作领导小组成员单位和区知识产权联席会议成员单位的负责人与联络员参加会议。会上发布《2023年静安区知识产权联席会议工作要点》,总结部署打击侵权假冒工作,推动部门联动,形成知识产权保护合力。区市场监管局与区检察院、区法院、区公安分局共同开展知识产权综合履职工作交流会;区市场监管局开展"2023世界知识产权日宣传周"活动,涵盖企业知识产权专业服务及政策交流、知识产权维权保护案例分享;区市场监管局还开展"4·26"知识产权主题宣传活动暨知识产权海外维权工作站揭牌仪式,在四行天地进行知识产权执法保护沙龙活动,举行静安区知识产权执法工作交流会。　　(高凯)

【NQI服务站点建设】　　年内,区市场监管局一方面布局全区国家技术基础(NQI)产业点位,理顺制度框架。经过2年统筹推进,全区设立14个质量基础设施一站式服务站点。依托1个线上平台,14个线下窗口,打造"1+14"静安模式,根据街镇特色产业形成具有鲜明区域特色的NQI服务手册。另一方面,各个站点有效运行,质量赋能显成效。质量月期间,多个街镇依托质量基础设施一站式服务平台,开展质量技术帮扶活动、宣传优秀质量管理模式,提升区域质量管理水平。静安区国际消费品NQI服务站点整合静安寺街道经济发展服务中心各项服务举措,与南德认证检测(中国)有限公司上海分公司代表签署合作备忘录,拓展站点服务范围,帮扶企业精准对接质量需求,服务区域25家企业开展消费品质量咨询和提升工作;数据智能质量基础设施服务站点打造数字化转型运用场景,签约数字化转型企业平台供应商代表珍岛信息技术(上海)股份有限公司,区域20余家单位依托区块链综合试点丰富数据场景运用;儿童用品质量基础设施服务站点推动落实质量安全主体责任,召开全区儿童用品单位落实工业产品主体责任的两个规定贯宣大会,全区50余家单位参与培训贯宣活动。　　(高凯)

【食品安全示范城市创建】　　年内,区政府与相关委办局、街镇签订创城工作目标责任书,落实工作职责,围绕创建目标、难点堵点,层层分解、一一落实。制订任务落实节点,把控目标实施节奏,并在食药安委全体(扩大)会议上部署创城工作。营造浓厚氛围。全区上下围绕静安区创建国家食品安全示范城市重点任务,在食品安全宣传周、世界食品安全日等期间,累计开展线上线下活动70余场次,发放宣传册、海报7000余份,在微信推文、抖音视频等区级线上媒体上共发布300余篇推文和科普视频;拓宽食品安全宣传阵地,新建3个特色科普站和1个标准化科普站;定期开展科普站开放日活动,确保每月24小时开放时间,向居民科普食品安全、农残检测等知识;在抖音开通静安食安账号,录制并播放科普视频;区食药安办与区文明办联合开展静安区群众满意的"文明餐厅"评选活动,累计投票数225195人次。全区各中小学校通过开展"5·20中国学生营养日"主题宣传和食品安全宣传周等活动,增强学生食品安全意识。辖区内相关医疗卫生机构开展全民营养周系列宣教活动。　　(高凯)

【食品安全"两个责任"贯彻落实】　　年内,静安区17位领导干部发挥榜样示范带动作用,带头包保深入食品单位督导检查,包保区17家A级主体。区食药安办指导各级包保干部开展督导工作,前三季度全区累计开展38606户次督导检查,发现243项问题,全部处置完毕,各街镇、站管办的主体督导完成率和问题处置整改率均为100%。为激励表彰包保干部,区食药安办表彰15名优秀包保干部。主体责任方面,聚焦"最小工作单元",督促企业建立健全并落实保证食品安全各项管理制度,配齐配强食品

安全管理人员，重点做好企业主要负责人、食品安全总监和食品安全员等"三类人"的配备。（高凯）

【用药用械安全保障】 年内，区市场监管局对药品、医疗器械、化妆品的生产、经营和使用单位实施日常监督检查3423户次。其中药品经营和使用单位704户次，医疗器械生产、经营和使用单位1545户次，化妆品生产、经营和使用单位1174户次。完成各级药品抽检任务397件，现场快检411件，各级化妆品抽检83件，各级医疗器械抽检35批次。收到辖区内各药械化相关主体单位上报可疑药品不良反应报告2714例（其中一般药品不良反应报告2415例，新的/严重的药品不良反应报告299例）、医疗器械不良事件报告687例、化妆品不良反应报告1514例。

（高凯）

（八）审计

【概况】 2023年，区审计局立足经济监督定位，围绕区委、区政府中心工作，聚焦"抓巩固、求深化"年度工作目标，履行经济监督职责，一体推进揭示问题、规范管理和促进改革，审计监督成效显著。全年开展审计项目32个，审计期间，督促即知即改金额4142万元，提出审计建议63条。对审计工作报告中的28个问题，完成督促整改工作。一审计项目获市审计局优秀项目三等奖。

（卢成韵）

2023年4月，区审计局审计人员开展2020—2022年度公共体育设施运营管理情况专项审计调查

（区审计局　供稿）

【财政预算执行审计】 2023年，区审计局聚焦高效统筹疫情防控和经济社会发展的年度预算执行目标，对预算的支出结构、国有企业的监督管理、存量资金和结转结余资金的统筹盘活、政府采购的数据信息管理和具体执行等情况进行审计，强化预算执行和决算草案编制工作，推动强化财经纪律刚性约束，促进资金有序流动，发挥财政政策宏观经济功能。 （卢成韵）

【经济责任审计】 2023年，区审计局围绕领导干部经济权力运行和责任落实，深化领导干部经济责任审计，全年共开展9家单位领导干部（人员）经济责任审计，涉及领导干部（人员）17名；推动建章立制，推进两办《规定》制度落实，探索经济责任审计结果反馈会机制，强化领导干部经济责任审计整改责任落实。 （卢成韵）

【国有企业审计】 2023年，区审计局紧盯国有资产运营重点领域和关键环节，对国有企业的资产规模、主业发展、经营状况等情况开展排摸，揭示资本运行效益、偿债能力等方面存在的问题及风险隐患，督促被审计企业和国资监管部门优化国有企业布局结构，提升企业资本运作能力和资产经营管理效率。 （卢成韵）

【固定资产投资审计】 2023年，区审计局聚焦主责主业，以推动高质量发展、促进政令畅通为目标，对静安区80号地块新建静教院附校工程等建设项目开展审计项目，揭示重大政策落实中存在的难点、堵点问题和体制机制漏洞，推进体制机制优化、措施落地有效，发挥审计监督"治已病、防未病"作用。 （卢成韵）

【旧区改造审计】 2023年，区审计局践行人民城市理念，以保障民生、规范管理、促进公平为目标开展零改审计项目，加强旧区改造审计监督力度。采取外聘专家、实地丈量、件袋审核等方式，促使相关部门加强旧改项目征收补偿管理和监督，严格落实征收补偿方案，有效控制征收成本，推进区旧区改造工作可持续发展。 （卢成韵）

【专项审计调查】 2023年，区审计局对行政单位绩效评价开展及结果应用进行专项审计调查，完善绩效指标体系，树立成本效益理念，对强化项目实时管理、实现资源优化配置方面起到积极作用。对公共体育设施运营管理情况、静安区优秀历史建筑保护利用情况开展专项审计调查，促进完善制度、健全机制和规范管理，保障政策落实到位，提高资金使用效益。 （卢成韵）

【增强审计工作成效】 2023年，区审计局贯彻研究型审计理念，深化审计领域探索创新，做深做实研究型审计，促进完善审计工作机制。探索优化审议会实体和程序要求，审议会主体功能和业务权威性得到强化。深化"审计决定当面宣告"工作机制，促进实际整改工作提质增效，理论研究成果被《中国审计报》学习专刊刊登推广。探索综合分析报告制度，将审计发现的同质性问题分类汇总分析，剖析深层次体制性障碍、机制性梗阻、制度性漏洞，有效防范风险。建立推行"国企以审代训"工作模式，助推工作制度化、内审规范化，获《中国审计报》关注。完善《被审计单位权利义务告知书》等5项工作范式，强化审计规范和操作标准，推进审计高质量发展。 （卢成韵）

（九）国有资产管理

【概况】 2023年，静安区共有国有企业424户，区国有资本及权益总额565.62亿元，比上年增加61.41亿元，增幅12.18%。区国资委深化国资国企改革。召开静安区国资国企工作会议，对区管企业经理层成员实行任期制契约化管理，完善企业法人治理结构，加强区管企业领导人员垂直兼职监管，推进总会计师委派管理。深化工资决定机制改革。提高国资监管效能。加强考核引导，对区管企业2019年至2021年任期进行考核评价，研究制订2022年至2024年任期经营业绩考核方案。深化全面预算系统企业房产模块功能，加强信息化监管。促进企业高质量发展。开展房屋资产管理提质专项行动、加强参股投资管理专项行动、亏损企业减亏专项行动，发挥上市公司平台功能，推动区管企业降本增效，提高经营管理水平。优化国资布局。聚焦国企主业发展，优化内部资源配置，逐步清理非主业投资，增强主业发展动力。增加区管企业注册资本，增厚企业发展实力。推动稳增长促发展。做好扩岗稳就业工作，加大高校毕业生招聘力度。组织系统企业参与惠民促消费活动，擦亮静安区国资消费品牌。推动国企参与静安区"两旧一村"改造，提高区域贡献。开展领导干部走访服务企业工作，优化营商环境。加强国资国企党的建设。组织国资系统学习贯彻党的二十大精神，开展学习贯彻习近平新时代中国特色社会主义思想主题教育，加强思想政治引领。加强基层党组织标准化规范化建设。深化区国资系统党建品牌创建工作。加强干部人才队伍建设，开展各类培训，搭建平台，促进干部轮岗交流。做好党风廉政建设，推动企业党组织切实履行主体责任。　　　　　　　　　　　（曹晨曦）

【"学思践悟二十大·砥砺奋进新征程"主题系列活动】　年内，区国资委党委开展14次中心组学习，其中集体研讨、交流发言7次。组织国资系统处级干部、各级党组织书记、基层理论宣讲团等群体开展党的二十大精神宣讲共44次，覆盖受众1416人。开展学习贯彻习近平新时代中国特色社会主义思想主题教育。成立区国资委主题教育领导小组，制订实施方案，落实理论学习、调查研究、推动发展、检视整改各阶段任务。国资委领导干部联系自身职责和分管工作，围绕推进国企信息化建设、干部人才培养、加强房产管理、国有资本收益管理、城市更新风险控制等主题开展6个课题调研，并形成调研报告。通过专题调研、解剖典型案例、推动问题整改等形式，为企业解决难题，推动工作，结合年度目标形成工作措施22项。督促13家区管企业党委制订学习实施方案、指导下属各基层党支部细化学习计划，总结阶段性推进成果。区国资委团工委举行"青春拥抱新时代，国企筑梦向未来"学习党的二十大精神主题活动。以党建品牌为牵引，推出"青资范"团建品牌，打造"一团一品一特色"团建工作新格局。　（曹晨曦）

【国资系统基层党建】　年内，区国资委加强基层党组织标准化规范化建设。制订下发《上海市静安区国资系统企业基层党支部规范化建设细则（试行）》，对基层党组织落实"三会一课"等基本制度情况开展专项督查。开展13家区管企业党组织书记抓基层党建述职评议，压实党建工作任务。举办2023年度静安区国资系统基层党组织书记、党务干部培训，共170余人参加，提高基层党务工作者能力水平。开展区国资系统党建品牌创建工作。对标区委提出的"四范"工作要求和企业实际，形成实施方案，打造"菁资汇"党建品牌体系，培塑区域党建品牌和基层支部党建品牌。年内，国资系统举办4次菁资汇·支部书记沙龙活动，开展党组织优秀微党课征集，做好精品党课展示。组织6家区管企业申报企业文化优秀案例，其中开开集团上海雷允上药业西区有限公司入选上海市国资系统企业文化建设优秀案例。　　　　　　　　（曹晨曦）

【国资干部人才队伍建设】　年内，为加快培育精专业、懂管理、善经营的国有企业领导人员队伍，区国资委党联合区委组织部、上海大学经济管理学院举办2023年静安区国资系统中高层经营管理者研修班，共14名区管企业副职领导人员、26名企业优秀年轻干部参加，部分课程培训对象扩展至企业中高级经营管理人员120余人。推动国资系统干部人才轮岗交流。强化系统整体联动培养，建立健全工作机制，制订《静安区国资系统干部交流锻炼实施办法（试行）》，搭建平台，先后选派企业干部24人参与区委巡察、区张园城市更新专班、区妇联、国资系统房产清理专项工作小组等轮岗锻炼。加强国企中层管理人员管理，对企业中层管理人员重点岗位选拔任用进行预审及备案，继续开展人事档案专项审核。做好国资系统各类人才推荐工作，2人获第二届区领军人才，3人获第二届"静安区中青年拔尖人才"；上海雷允上药业西区有限公司"允上先锋"青年突击队获"上海市青年五四奖章集体"；在第三届静安区道德模范评选中，城发集团朱道义入选"最美初心守护人"。 （曹晨曦）

【党风廉政建设】 年内，区国资委落实党风廉政建设责任制。制订下发《2023年静安区国资委党风廉政建设和反腐败工作重点任务》，与区管企业党委签订2023年度落实全面从严治党主体责任书，推动企业党组织履行主体责任。抓好中央八项规定精神落实。根据区委关于中央八项规定精神专项督查意见，落实整改，形成情况报告。在国资系统开展商务招待等9个方面问题排查，修订《区管企业领导人员履职待遇和业务支出管理办法》。完善基础性廉政防范工作，召开党风廉政学习教育会议、组织国资系统开展"国资清风筑廉有声"学习党的二十大精神廉政影视剧配音大赛等一系列活动。 （曹晨曦）

【巡视、巡察问题整改】 年内，市委对静安区进行巡视，区委对区国资委进行巡察监督。根据巡视、巡察反馈意见，分别召开专题会议，制订巡视、巡察整改工作方案，建立问题清单、责任清单、整改清单，做好跟踪督导和检查验收，层层传导整改压力。坚持"当下改"和"长久立"相结合，从制度机制、运行管理、权力监督等方面查漏补缺、强化执行，建立健全各类规章制度。配合区纪委监委、区委组织部指导8家年内接受巡察的区管企业召开巡察整改专题民生活会，指导区管企业落实整改任务。 （曹晨曦）

【加强考核引导】 年内，区国资委完成区管企业2019—2021年任期考核评价，根据考核结果核算薪酬，突出任期激励中关于招商引资工作的考核。拟定区管企业2022—2024年新任期经营业绩考核方案，加大经济指标考核力度。优化考核指标设置。增加正向激励指标，合理区分绩效考核、任期激励、正向激励3类指标。针对2022年突发疫情状况，在2022年考核中，将企业完成区委、区政府交办的防疫抗疫任务列入正向激励评价。 （曹晨曦）

【违规责任追究】 年内，区国资委对部分存在租金错误减免、转租穿透不到位等问题的企业出具监管提示函，按照违规投资责任追究管理制度规定，指导企业开展内部追责，形成违规情况调查报告、调查谈话笔录、相关责任人书面检查材料、处理意见等内部处理档案，规范完善区管企业开展内部追责的程序及档案要求。 （曹晨曦）

【深化全面预算信息化监管】 年内，区国资委以界面更优化、数据更准确、运用更数智为要求，深化系统企业房产模块功能。12月7日，召开静安区国资系统全面预算系统分中心功能深化会议，总结系统建设成果，明确各企业2022—2024年任期系统建设工作目标。 （曹晨曦）

【静安区国资国企工作会议】 于3月9日召开。会议由区委副书记、区长王华主持，区委书记于勇、区委常委、副区长梅广清出席会议并讲话。会议贯彻落实党的二十大和中央经济工作会议精神,总结2020—2022年区国资国企改革发展工作,部署下一阶段工作任务。

（曹晨曦）

【实行任期制契约化管理】 年内,区国资委为提高企业经营管理人员的市场化水平,完善企业领导人员分层分类管理制度,建立健全考核评价和薪酬激励机制,在区管企业全面推行经理层任期制契约化管理。指导企业制订集团经理层人员岗位聘任协议和经营目标责任书,明确聘任期限、岗位职责、权利义务、薪酬待遇、续聘和解聘条件。按照"定量与定性结合,以定量为主"原则,科学合理设置年度与任期经济指标、招商指标、改革任务以及任期激励、正向激励目标,确保各项指标"跳一跳"才能完成。各企业均完成制订任期制契约化管理工作方案。

（曹晨曦）

【企业法人治理结构完善】 年内,区国资委组织学习《上海市国资委监管企业公司治理效能提升行动方案》《上海市国资委监管企业董事会及其专门委员会审议事项指引》,根据企业"三会一层"规范化建设要求,指导部分未建立权责清单的企业,继续建立董事会、经理层权责清单,并以清单为基础,探索董事会向经理层授权制度。探索加强外部董事管理,调研走访其他区县,学习外部董事管理相关经验。加强区管企业领导人员垂直兼职监管,做好垂直兼职清理规范工作。

（曹晨曦）

【总会计师委派管理】 年内,区国资委配合区委组织部完成总会计师任期届满交流任职。制订新的总会计师定期报告模板,重点关注企业融资、房产经营、股权收入方面财务状况,按季度汇总分析总会计师报告内容,对报告反映重大风险事项进行跟踪督办。

（曹晨曦）

【工资决定机制改革】 年内,区国资委全面清算区管企业2021年、2022年工资决定机制改革实施情况。2021年,8家年度制企业、6家周期制(三年)企业总体执行情况较好,符合区实施办法各项要求。对个别工资总额超出工效联动指标的企业,进行约谈提醒,要求超额发放部分在下一周期额度内扣回。部署2022—2024年工资总额管理工作。在2022—2024年周期,要求竞争类企业与任期考核同步,实行周期制工效挂钩机制,周期内工资总额增长幅度与同期企业经济考核指标联动;功能类企业的工资增幅受年度市平均工资增幅约束,采用年度制管理,工资总额人均增幅以不超过工资指导线的平均线安排。下放管理权限,将以往报区国资委审批的企业分板块执行工效挂钩联动情况改为由集团统一管理。

（曹晨曦）

【房屋资产管理提质专项行动】 年内,区国资委推动落实《关于规范区管企业房屋出租管理的意见》精神。制发《关于开展2023年度房产管理相关工作的通知》,明确国资系统房产管理专项提升年度目标、工作要求及时间节点,并纳入考核评价,对企业房产空置、租金欠缴、低价出租、全面预算系统房产模块规范录入等情况明确考核要求。审定各区管、委管企业房屋租赁制度、履职清单、租金收缴细则和合同模板,统一规范系统企业房屋出租管理。开展资产清查,夯实资产家底。针对巡视、巡察、专项审计反映的个别企业房屋资产管理混乱现象,成立区国资委房产清理专项工作小组,以企业房产底数清晰、分类统计规范标准为目标,在系统内开展房屋资产清查工作。加强对转租行为规范管理。严格禁止承租人以简单赚取差价为目的的各种转租行为。

（曹晨曦）

【参股投资管理专项行动】 年内,区国资委以"底数要清、管理要实、收益要管、无效要退"为原则,梳理各区管企业参股投资情况，督促企业加强参股投资管理、清理低效无效参股投资，有效维护国资安全、确保国有资产保值增值。年内，各企业均完成参股投资情况梳理。

（曹晨曦）

【亏损企业减亏专项行动】 年内，区国资委排摸统计区属企业合并范围内所有全资及控股企业近3年（2020—2022年）连续亏损情况，区分政策性亏损、功能性亏损、阶段性亏损、经营性亏损等不同情况。经综合研判后，要求经营性亏损企业建立数字化台账，以及减亏督导督办机制，通过内部挖潜、重组盘活、市场出清、破产重组、平台发力等措施路径，实现低效企业扭亏目标。

（曹晨曦）

【发挥上市公司平台功能】 年内，区国资委为拓宽融资渠道，发挥上市公司融资功能，支持西藏城投启动房地产业务再融资工作，通过向特定对象发行A股股票方式，募集资金总额不超过10亿元，以夯实公司资本实力，降低财务压力。年内完成相关审批程序。

（曹晨曦）

【国有资本布局优化】 年内，区国资委为大宁集团和苏河湾集团分别增资3亿元、4.3亿元，使其在加快功能区建设、促进区域经济繁荣发展方面发挥更大作用；对静投集团增资4亿元，助推企业发挥资本运作和资金投入在产业发展中的作用；对置业集团、新静安集团分别增资3亿元、5000万元，支持企业在区内城市更新方面工作；将梅陇镇广场房地产无偿划转至九百集团，加强对国有资产管理；将锦顺物业管理有限公司无偿划转至置业集团，做大区管企业主业规模；指导市北集团以公开挂牌方式转让小贷公司46.67%股权，清理集团非主业投资，使集团能够集中力量聚焦主业发展。年内，区管企业完成重大股权或资产转让6项，涉及金额约13亿元；重大对外投资21项，涉及项目投资总金额约150亿元，主要投向为中兴路地块、张园550地块、蕃瓜弄地块等区域内城市更新项目，以及普维英华、瑞丽脉通、瑞丽新消费、浦江数链等创新基金投资等。

（曹晨曦）

【扩岗稳就业】 年内，区国资委动员组织国资系统企业参与2023年区政协委员单位暨百家企业招聘活动。紧扣时间节点，协调各企业做好岗位征集、信息上传及完善、直播企业比选推荐等工作，共23家企业参加，提供85个岗位、276人招聘需求。联合团区委开展为期半年高校优秀大学生挂职锻炼工作。面向交大、上财等8所知名高校，发布岗位72个。组织系统企业参与市2023届高校毕业生春季和秋季招聘会。在市国资委专题招聘网站发布社招和校招岗位信息、市国资委优秀大学生暑期实习岗位信息等。年内，国资系统企业共招收高校应届毕业生47名。

（曹晨曦）

【参与惠民促消费活动】 年内，区国资委落实《静安区提信心扩需求稳增长促发展行动方案》，制订《静安区落实"国潮四季美好申活"行动方案》，鼓励区管企业旗下商业零售企业、"老字号"品牌和商业载体对接市国资委平台，举办、参与各类重点活动，擦亮静安区国资消费品牌。8家区管企业积极参与，通过在张园、丰盛里等举办高端商业活动、制发静安寺商圈消费券、静安"老字号"商品折扣券等形式，让利促销，促进市场回暖。

（曹晨曦）

【推动"两旧一村"改造】 年内，区国资委将区管企业参与"两旧一村"改造情况纳入正向激励。指导区管企业根据《静安区"两旧一村"改造计划（2022—2025）》相关要求，全年实施10幅二级旧里以下零星地块改造，提速旧住房成套改造。支持区管企业通过加强前期研究，对零星旧里周边进行用地整合利用，优化规划方案，最大限度提升土地利用价值。在做好地块投资收益测算基础上，通过地块打包实现整体平衡,并根据自身实力,参与旧改地块一二级联动开发,推动改善群众生活居住条件,提升城区环境和品质。 （曹晨曦）

【参与招商引资增质计划】 年内,区国资委推动区管企业参与市"潮涌浦江"系列投资推介活动、上海全球投资促进大会和上海城市推介大会,围绕"一轴三带"发展战略和四大功能区布局,推进下属商业载体建设和重点楼宇载体发展。聚焦六大重点产业,走出去、引进来,组织专业化招商团队开展产业链招商、平台招商、以商招商以及专题招商推介活动,吸引头部企业和高能级项目,提升全区经济发展质量。 （曹晨曦）

【信访稳定和国企安全生产】 年内,区国资委贯彻落实《信访工作条例》,紧盯国企信访工作重点难点问题,推进新时代国企信访工作高质量发展。指导、督促各区管企业做好安全生产、消防安全与房屋隐患排查治理、防汛防台等工作。下发阶段性工作提示,组织对企业的安全检查、重要时间节点检查、节假日检查共95家次,各区管企业安全生产、消防安全和防汛防台态势处于稳定受控状态。 （曹晨曦）

【结对帮扶】 年内,区国资委推进第五轮"崇明结对"帮扶工作,动员区管企业分别以党建援建、项目化扶贫协作形式,向崇明区36个村党支部提供助力脱贫攻坚资金720万元。组织区属12家集团公司、27家子公司与云南省麻栗坡县10个乡镇、30个村委会开展村企结对。全年投入资金920.6万元,重点帮扶麻栗坡县劳动力就业转移项目、农村小学运动场地建设项目、产业道路修建项目、园区共建项目等。
（曹晨曦）

十一、商贸服务业

编辑　顾瑞钧

（一）综述

2023年，静安区商品销售总额10963.56亿元，增幅列全市第一，规模列上海市中心城区第三；实现社会消费品零售总额1707.89亿元，规模保持中心城区第一；实现进出口总额561.02亿元；实到外资12.14亿美元。

年内，静安区商务委推进"国际消费中心城市"示范区建设。开展制度创新。在全市率先发布《静安区关于进一步优化消费环境的实施方案》，明确5个大类、20条、46项任务清单，从升级消费类企业准入准营服务、优化进口商品通关服务、完善免退税政策措施、打造全球消费展示窗口、提升安全友好消费体验等方面，以制度安排优化消费环境。做强商圈示范引领核心功能。在全市率先提出打造南京西路"千亿商圈"三年行动计划，推进张园等项目招商工作和活动落地，推动张园地区成为上海文化地标和国际消费中心城市重要标杆。推进苏河湾商圈功能形态"双升级"，成功举办首届"静安国际光影节"。推进大宁市级商圈能级提升，结合潮玩电音、游戏电竞、运动户外等体验消费新趋势，打造活动新IP，助力大宁商圈市场繁荣。做大做强"首发经济""品牌经济"、全年引进各类首店236家，其中包括2家全球首店、4家亚太首店、31家全国首店。加大培育本土品牌力度，鼓励薄荷健康、优时颜、波司登、％咖啡等新兴本土品牌参与五五购物节，并从中精选一批新品爆款，制作"静安礼物"盲盒。打造主题消费活动和场域。落地开展静安五五购物节、迎春消费季、暑期消费季、金秋购物旅游季、拥抱进博首发季、跨年迎新季等主题促消费活动。打造静安消费新IP。五五购物节期间首次推出"静享全球，静安礼物"，打造"环球美食节""露台季""好兜静安"直播等重点活动IP矩阵；依托首届静安国际光影节，首次举办"静安享耀消费季"，联动银联、商场、品牌店铺，推出消费券和积分兑换；凸显特色消费。开展重量级首发活动，联合市商务委举办"上海全球新品首发季"，开创新场景激发消费新动能；创新露台经济与夜间经济，静安区的"夜食天台节""那么苏河湾""中信泰富peko by run"3个项目获评"2023上海夜生活节最佳实践案例"，新增"张园—茂名北路限时步行街"等8处"2023上海夜生活好去处"。推出国别活动，举办"环球好物嘉年华"，推出国别产品线下首发，联动三大商圈聚焦国际品牌、国别文化、进口消费、生活方式开展特色活动。

年内，区商务委稳住外资外贸基本盘。推进总部经济增能计划，夯实总部服务专员制度和总部全覆盖走访，在人员出入境、通关便利等方面给予协调支持。做好新版跨国公司地区总部政策宣传贯彻与落实，加强对事业部总部企业的辅导。全年新增各类总部企业20家。完成12家总部企业申请总部专项资金材料审核，涉及扶持金额7200多万元。完成2020—2022年评审通过项目2023年资金的核查和拨付，涉及扶持金额7149.4万元。依托"外资促进合作伙伴计划"，组织静安区外资合作伙伴服务季暨意大利、西班牙、法国企业圆桌会议，形成常态化政企沟通机制。稳住对外贸易规模。创建上海首个"扩大优质产品进口示范区"，发布《静安区推动对外贸易高质量发展的实施意见》。动员组织全球知名企业参加"进博会"，连续6届意向成交金额在全市各交易团中名列前茅。探索贸易便利化新突破。联合上海海关商检处、车站海关举办进口服装采信政策企业宣贯会，推进进口服装检验采信工作的贸易便利政策在静安区落地。与车站、海关先后到访张园、MOHO IGFD，就保税展示交易相关要求在项目中具体运用进行实地指导，指导相关操作细节。承接国际服务贸易。打造"静安专业服务贸易集聚区"，获市商务委支持，将之纳入上海市国家服务贸易创新发展示范区创建方案中"一区一特色"区域发展格局。

年内，区商务委培育壮大产业发展新动力。推动文创产业提质增效。深化上海时装周与东方国际集团合作，两季时装周期间，订货会共吸引近4万买手和专业观众，意向成交额近20亿元。召开市文创产业发展专项资金项目申报动员培训会，成功指导17个企业获得市文创专项资金支持，占初审上报项目比例68%，获评率全市最高。促进产业技术创新发展。重点聚焦企业技术中心能力建设，指导国药集团医药物流有限公司成功创建上海市第29批市级企业技术中心，组织银联智策、合合信息、天翼数字生活等企业创建上海市第30批市级企业技术中心。开展2023年静安区企业技术中心认定工作，9家企业被认定为"静安区企业技术中心"。推动园区转型升级。年内，26家园区载体获评市级文化创意产业园区（楼宇、空间），数量规模居全市第一，其中"800秀"园区、多媒体谷被评为市级示范园区。强化产业园区全生命周期管理，研究制订72个产业园区责任分工工作方案，推动现代产业园区加快改造升级、提质增效。推动民营经济发展。制订发布《静安区关于加快推进"上海市北高新民营企业总部集聚区"建设的实施意见》，聚焦加强政策扶持、鼓励做大做强、激活创新动能、优化发展环境4个方面，落实10条具体政策措施，推进"上海市北高新民营企业总部集聚区"建设。开展专精特新中小企业梯度培育。会同区科委制订发布静安区产业科技创新政策，建立健全专精特新企业等全生命周期成长培育机制，区内共有创新型中小企业223家、市级专精特新中小企业144家、工信部"专精特新'小巨人'"企业4家。

年内，区商务委加强民生保障，优化公共服务。提升"菜篮子"服务能级。完成2022年度"菜篮子"区长负责制考核工作。推进3家菜市场标准化建设工作，余姚菜市场、宝德菜市场、联华生活鲜巨鹿店完成标准化改造。推进示范性智慧菜场创建，镇宁菜市场增加人工智能识别秤，提升智慧化管理水平；平顺菜市场获评2023年上海市示范性智慧菜场。修订《静安区"菜篮子"项目相关资金管理办法》，增加乡村振兴、智慧菜场、应急保障等相关内容。做好社区直供服务，通过开展街镇专场惠民活动+设置社区便民直供点相结合方式补足供应空白。夯实粮食安全工作。依托区粮食安全责任制工作领导小组，部署落实责任制考核要求相关工作，梳理《静安区粮食应急预案》《静安区粮食市场监测管理办法》等一系列规章制度。优化粮食社会责任储备企业布局，完成1200吨大米、150吨食用油的粮油社会责任储备。建设"一刻钟便民生活圈"。发动街镇申报2023年"一刻钟便民生活圈"示范社区建设试点单位，南京西路街道等7个申报街镇全部入选。

（夏敏）

（二）商业活动

【全新城市文化潮流聚集地MOHO亮相】 1月13日，合生商业首个高端产品线项目MOHO在静安区江宁路699号正式亮相。该项目总体规划建筑面积18万平方米，包含约8万平方米的MOHO潮奢购物中心以及甲级智能写字楼、高端酒店式公寓。MOHO潮奢购物中心分为地下二层、地上三层，业态覆盖高端零售、品质生活、先锋潮流、舌尖风味等多元空间，并引入超50家高能级品牌首店。

（夏敏）

【2023秋冬上海时装周】 2023秋冬上海时装周静安区域活动于3月23日至3月31日举办。时装周以"共序新自然"为主题，联动静安区主要商圈与时尚地标加快打造全球新品首发地与夜经济建设，加强区域经济联动，提升"上海购物"品牌影响力、吸引力和辐射力，助力静安区"全球新品首发地示范区"建设。

（夏敏）

【2023年静安五五购物节】 从4月中旬持续至6月底，以"国际风尚，'静'享全球"为主题，打造"全场景、全域化、全年度"的大消费格局，聚焦"静·时尚""新·消费""潮·文化""享·生活"四大板块，推出一系列营销促销活动，激发市场创新动力，实现消费"稳增长"。新品首发全意启航。5月7日，由市商务委、静安区政府联合主办，静安区商务委、东方网联合承办的2023"上海全球新品首发季"暨静安区五五购物节启动仪式开幕。副市长华源，市政府副秘书长章雄，市商务委党组书记、主任朱民，区委书记于勇，区委副书记、区长王华，市商务委副主任、一级巡视员刘敏，商务部驻上海特派员办事处副特派员贺少军，市财政局副局长顾宏祥，市统计局副局长阮大成，副区长张军出席活动。

（夏敏）

【2023第四届上海国际美妆节】 5月11日，美妆节启动仪式在静安区MOHO户外广场举行。区委书记于勇，区委副书记、区长王华，商务部驻上海特办副特派员贺少军，市商务委副主任刘敏，副区长张军等出席启动仪式。

（夏敏）

【FENDI Casa中国首家旗舰店揭幕】 知名意大利奢华家具品牌芬迪卡萨（FENDI Casa）全球第三家旗舰店暨中国首家旗舰店地处南京西路商圈的南京西路1818号一七八八国际中心，7月初开业。占地756平方米，店内有多个生活体验区和丰富的设计师作品展示。为消费者带来沉浸式参观体验，多维呈现融合时尚、建筑、匠心和工艺的全新设计。

（夏敏）

【上海金秋购物旅游季启动】 9月15日，上海2023金秋购物旅游季正式启动，持续至10月中旬。全市各大商圈、品牌企业、电商平台积极参与，结合中秋、国庆等重要节假日，围绕"文旅+商业"深入联动，陆续推出400余项营销活动。静安区以打造"大消费"格局为目标，结合首届"SHINING SHANGHAI 2023静安国际光影节"，在9月至10月推出以"Shining静安,享'耀'消费"为主题的金秋促消费活动。活动聚焦"耀品质""耀消费""耀潮流""耀生活"四大板块，覆盖静安区南京西路、苏河湾和大宁三大商圈主要商业载体，联动文化、旅游、体育等服务消费领域，整合中国银联、品牌企业等活动资源，推出近百场促消费活动。

（夏敏）

【南京西路商圈新年亮灯仪式】 12月27日晚,2024年静安区跨年迎新购物季暨南京西路"千亿商圈"新年亮灯仪式在中信泰富广场七楼露台举行。市商务委主任朱民,市商务委副主任刘敏,区委书记于勇,区委副书记、区长王华,副区长张军出席活动,共同为南京西路"千亿商圈"点亮新年的绚丽灯光,点燃新年消费热情。 （夏敏）

（三）涉外经济

【静安企业上榜新一批跨国公司地区总部和研发中心】 2月2日,第36批跨国公司地区总部和研发中心颁证仪式举行,静安区共有1家跨国公司地区总部和2家扎根上海发展20年总部企业参加颁证活动。其中跨国公司地区总部为世界知名国际性物流服务公司法国乔达国际集团。扎根上海发展20年总部企业代表为全球性工业集团瑞典阿特拉斯·科普柯公司和全球知名的食品生产销售企业日本三得利公司。

（夏敏）

【2023年静安区外资合作伙伴服务季暨西班牙企业圆桌会议】 于6月28日在新泰仓库举行,助力西班牙企业在静安区生根发展。区委副书记、区长王华,市外国投资促进中心主任薛锋,西班牙加泰罗尼亚自治区贸易发展局上海代表处贸易与创新官员薛蓝出席会议并讲话。圆桌会议由区商务委主办,爱特思、海斯坦普、芒果、璞致、基立福等多家西班牙知名外资企业代表参加会议。 （夏敏）

【2023年静安区外资合作伙伴服务季暨法国企业圆桌会议】 中法建交60周年之际,10月25日,该会议在张园举行。会议加强静安区与法国企业、法国商协会、投资促进机构的交流合作,推动静安"外资促进合作伙伴计划"与"奔流计划"同频共振,助力法国企业在静安区深耕发展、做大做强。 （夏敏）

【第六届"进博会"静安分团集中签约仪式】 于11月8日在国家会展中心(上海)举办。市商务委员会副主任、上海交易团副秘书长申卫华,副区长、静安交易分团团长张军,中国银行上海分行行长张守川出席活动并致辞。 （夏敏）

（四）粮食工作

【开展社会责任储备企业专项检查】 2月15日,区粮食和物资储备局前往社会责任储备企业上海熙轩农副产品有限公司、上海祥森米业有限公司,实地察看粮食仓储情况,重点检查社会责任储备粮食数量、质量安全快速检测能力及应急配送等内容。

（夏敏）

（五）商务交流

【科创企业知识产权海关保护中心市北工作站启动】 4月26日,区商务委、区科委、上海海关综合业务处、上海科创中心海关、上海车站海关在市北高新园区内举办以"激发创新活力,助力产业发展"为主题活动。活动上,上海科创中心海关与市北高新园区签署《联系配合办法》,在与会各部门及重点企业见证下,科创企业知识产权海关保护中心市北工作站正式启动。 （夏敏）

【2023对接"进博会"上海投资促进交流会】 10月18日,该交流会在市北高新园区举行,旨在放大"进

博会"投资促进溢出效应,加快区域高质量外资集聚。交流会由市商务委、静安区政府主办,市外国投资促进中心、区商务委、市北高新(集团)有限公司和区外国投资促进中心承办。　　　（夏敏）

【第五届上海国际设计节开幕】 11月16日,为期4天的2023年第五届上海国际设计节在"800秀"开幕。设计节以"共生·智汇"为主题,以"可持续设计"和"数字文创"为核心,围绕对现代社会多元共生理念和元宇宙文创的深刻理解而展开,旨在探索在这个信息时代的智能社会中,如何通过设计创意与数字技术的融合,实现智慧的集聚和共享。（夏敏）

十二、金融业·专业服务业

编辑　顾瑞钧

（一）金融服务业

【概况】 2023年，静安区金融服务业实现总税收134.96亿元，比上年增长0.45%，税收占比15.92%，比上年下降1.05%；实现区级税收32.1亿元，比上年下降2.49%，税收占比12.52%，比上年下降0.71%。区金融办根据区委、区政府全年招商引资各项指标任务，围绕"建设上海全球资管中心重要承载区和全球财富管理高地"的区域产业定位，全年累计引进千万元级项目13个，包含申万宏源证券资管、山西证券资管子公司等优质项目。引进百万元级项目11个，持牌金融机构20个。结合重点企业"服务包"制度，分层分类走访联系企业，重点聚焦企业发展需求，做优服务。至年底，区金融办共走访联系企业300余次，围绕企业设立、展业过程中遇到的问题，加强与区市场监管局、区税务局、区财政局等部门横向沟通，帮助企业解决难题。关注金融企业发展动态，掌握税收、营收等情况，做好金融产业运行分析，提升金融产业对区域经济发展的贡献度。举办"全球财富管理论坛·2023上海苏河湾大会"，提升静安区在国际国内金融领域的影响力和知名度，彰显静安区金融产业发展特色和优势。开展产业细分领域交流活动，如联合相关部门、行业组织和研究机构开展各类座谈会、政策解读、沙龙等活动，促进同业交流。开展自由贸易账户拓展工作，全年梳理申报自由贸易账户企业20家，至年底，全区共有805家企业获开设自由贸易账户资格，在跨境结算和境内划转业务等方面享受快捷化服务。开展静安金融悦读、金融行业城市定向赛、金融行业劳动竞赛、行业党建等活动，以贴心服务提升静安区金融影响力，增强金融行业人才凝聚力。深化政银交流，组织召开区内银行行长工作会议，合力推动区域经济稳增长，提升金融服务实体经济实效。动员银行做好全国文明城区创建及"进博会"宣传工作。建立银行存贷款余额月报表制度，为精准分析预测提供依据。年底，区内40家重点银行分行、支行人民币存款余额11596.25亿元，比上年增长9.50%，人民币贷款余额6023.47亿元，比上年增长7.54%。

（元斌）

【区政府与山西证券股份有限公司签署战略合作协议】 2月18日，静安区人民政府与山西证券股份有限公司在山西国贸中心签署战略合作协议，并进行座谈交流。区委副书记、区长王华，山西证券党委

书记、董事长侯巍出席并见证签约仪式。（元斌）

【**2023年静安区银行行长工作会议**】 于2月22日在大宁会议中心召开。区内40余家内、外资银行行长应邀出席。副区长张军出席会议并讲话，区政府办公室、区金融办、区规划资源局、区建设管理委、区国资委、区房管局、区统计局等职能部门及四大功能区相关负责人出席会议。会上，银行机构代表就推动区域经济稳增长、提升金融服务实体经济实效、打造优质营商环境等方面开展交流讨论，为区域经济发展提出意见。 （元斌）

【**"全球财富管理论坛·2023上海苏河湾大会"**】 于10月21—22日在上海静安瑞吉酒店三楼举办。在1天半的议程里，共设置1场全体大会、6场主题论坛、4场闭门会议及1场高端对话，大会邀请政府及监管部门负责人、学界领袖及知名资管机构负责人共同参加，共话金融助力经济复苏与全球合作。揭牌成立的"上海国研财富管理研究院"作为全球财富管理论坛的上海总部，将更好对接上海国际金融中心和全球资管中心建设。全球财富管理论坛理事长、中国财政部原部长楼继伟，市政府副秘书长王平，区委副书记、区长王华出席并为全体大会致辞。中国财富管理50人论坛理事长、原银监会主席、证监会原主席尚福林，亚洲国际法律研究院联席主席、香港证监会前主席梁定邦等嘉宾在全体大会上作主题演讲。顾云豪、丁宝定、宋宗德等静安区领导出席。 （元斌）

【**"2023上海全球资产管理年会"**】 于11月16日在上海静安瑞吉酒店三楼举办。活动由静安区政府、上海报业集团指导，财联社主办，萃达万博联合主办。年会以"把握科技新机遇，展望资管新动向"为主题，探寻行业发展方向，践行高质量发展初衷。副区长张军、上海报业集团副社长丁波、Tradeweb亚洲区总裁孙晨致辞。全国社保基金理事会原副理事长王忠民、中国人民银行调查统计司原司长盛松成、中国政策科学研究会经济政策委员会副主任徐洪才、复旦大学经济学院院长张军等嘉宾做主旨演讲。 （元斌）

（二）金融监督管理

【**概况**】 年内，区金融办提升地方金融监管成效。至年底，辖区内共有小额贷款、融资担保、融资租赁、商业保理及典当行5类地方金融组织53家。全年对符合检查范围的48家金融组织开展现场检查工作，提出并督促企业落实整改意见，其中监管评级为A类、B类的地方金融组织占比75%。加强排查治理，妥善处置风险。全年有序推进31家涉及伪金交所、解债类非法集资、第三方财富管理等业务风险企业的排查和处置工作，维护区域金融市场稳定良好发展秩序。加强准入管理，做好源头防控。与区市监局强化联合审查工作机制，对投资类企业开展综合研判，通过新设及迁入投资类企业31家。保持与街镇、功能区及重点楼宇园区工作对接力度，做好源头防控，有效拦截风险企业入驻静安区。

（元斌）

【**"金融进社区·金融可阅读"系列活动**】 10月26日，静安区"金融进社区·金融可阅读"启动仪式在华山艺术馆拉开帷幕。活动由市教委、市地方金融监督管理局、静安区政府指导，区金融办、区教育局、静安区业余大学、逸夫职业技术学校、湘财证券投教基地、建设银行上海静安支行等单位联合主办。该活动拓展"智金坊"品牌效应，秉持公益、开放、共享原则，形成基于"政府—学校—企业"多元主体协作的金融素养教育推进机制，通过文艺展览、金融巡讲等群众喜闻乐见的形式,推进金融风险防范宣传教育进社区、进楼宇、进园区。全年共开展专题活动20场次,参与人数近千人。（元斌）

（三）金融服务实体经济

【**概况**】 年内,区金融办多措并举推进区域内企业上市服务工作,支持企业借助多层次资本市场发展,推动实体经济高质量发展。至年底,区上市培育企业库共有企业58家。全年共为证监会在审拟上市企业出具7份协调函、情况说明。配合上海证监局做好上海筑想信息科技股份有限公司股票终止挂牌后续风险防范工作。上海合合信息科技股份有限公司于10月获证监会同意其IPO注册的批复。开展企业上市培育工作,拓宽企业融资渠道。组织"迎接全面注册制改革,服务企业跨越式发展"2023年静安区助力企业对接资本市场交流活动、静安区上市培育企业"走进上交所"活动,共为70余家区内上市培育企业解读股票发行注册制改革内涵、要义,搭建与市级上市服务部门、金融机构的互动交流平台。 （元斌）

【**普惠金融顾问制度落实落地**】 4月27日,在上海素凯泰酒店二楼上海厅举办2023年静安区普惠金融助力科创产业发展启动仪式,揭牌成立"上海普惠金融顾问静安服务枢纽",并以南京西路、苏河湾、大宁、市北4个核心功能区为主阵地,成立"静安区普惠金融顾问咨询室"。组建以金融专家为主、产业专家为辅的普惠金融顾问专家和服务团队,以区域产业需求为导向,拓展综合金融服务覆盖面。9月19日,在新华文化科技园举办静安区普惠金融顾问咨询室成立仪式,揭牌成立新华文化科技园、新慧谷科技产业园2个静安区普惠金融顾问咨询室。聘请中国银行闸北支行、南京银行上海分行和光大证券投行部的专业金融领域从业人员担任普惠金融顾问服务专员,以专业团队给予企业专业支撑,为园区企业提供周期性、多元化、个性化综合金融服务。来自共和新路街道的近30家辖区中小微企业参加仪式。 （元斌）

【**2023年私募基金行业沙龙活动**】 年内,共开展3期私募基金行业沙龙活动。6月20日,在张园第七会议室,区金融办联合市基金同业公会共同举办2023年私募基金行业沙龙活动,组织企业代表参观张园城市更新项目,围绕私募新规开展同业交流,促进行业高质量发展。8月24日,在UCCA Edge美术馆二楼会议室,区金融办联合区人才服务中心共同举办金融人才沙龙活动,围绕区内金融行业人才关心、关注的人才落户问题,开展互动交流,合力为金融人才引进、落户、安居等提供全方位服务。11月28日,在苏河湾中心四十五楼会议室,区金融办联合市基金同业公会、市国际股权投资基金协会共同举办2023年"私募基金清算退出"专题沙龙活动,活动围绕私募基金清算退出涉及的法律、税务等问题开展交流。 （元斌）

【**"融无限,创未来"企业资本对接路演活动**】 年内,共开展3期"融无限,创未来"企业投融资对接路演活动。第一期"绿色低碳"专场于6月26日在大宁公园会议中心举办,邀请产业布局在新能源、节能环保、先进材料等细分赛道领域的股权投资机构和创新创业项目共同参与。第二期活动与市投资促进服务中心(上海市中小企业上市促进中心)合作,于7月27日在苏河湾中心MT举办"浦江之光"生物医药行业峰会,促进生物医药领域初创企业的交流互动。第三期"未来新兴产业"专场于11月29日在苏河湾中心MT举办,邀请新兴数字、信息通信等上海市九大战略新兴产业领域的创新创业项目参加。 （元斌）

【"建功'十四五',奋进新征程"——2023年静安区金融行业迎进博劳动竞赛】 于9月15日在美丽园大酒店举办。该活动由区金融办、区文明办、区总工会、区商务委主办,中国银行上海市静安支行承办。主办部门相关负责人、承办方相关领导、静安区内各银行代表、工会干部、市民巡访团代表等100余人出席活动。竞赛分为点钞挑战赛、计算器平打接力赛、知识竞赛和情景展示4个项目,全面检验银行员工各项业务技能,区内6家银行的18名参赛选手同台切磋竞技。 （元斌）

【2023年金融行业城市定向赛】 9月23日,"乐跑静安,筑梦金融"2023年静安金融行业城市定向赛在静安公园拉开序幕,副区长张军、区金融办、区体育局、区委组织部等部门领导出席活动并为开跑鸣枪。区内55支金融企业参赛队伍近300名金融人才参与。活动结合静安区重点城市更新项目、金融产业集聚区以及特色人文地标,设置如张园、四行仓库、苏河湾中心等任务打卡点,推动区内金融企业和金融人才了解静安区城市风貌和金融产业发展布局,感受静安地标魅力、体验静安金融文化。 （元斌）

【参加第十七届金洽会】 10月17日—11月16日,区金融办作为主办单位之一,参加第十七届上海金融服务实体经济洽谈会,围绕普惠金融、科创金融两大主题,通过线上数字展厅介绍静安区金融服务业发展特色、亮点。以"金融助力科创企业发展"为主题,举办线下主题分论坛,组织国泰君安证券、交通银行静安支行、火山石投资等区内重点金融机构参与热点金融话题研讨。活动吸引50余家区内外科技创新企业参加。 （元斌）

（四）专业服务业

【概况】"十四五"期间,静安区巩固优势产业基本盘,培育产业发展新动能,重点发展商贸服务、金融服务、专业服务、数据智能、文化创意、生命健康六大产业,形成创新型的高端化、国际化现代服务业体系。2023年,全年六大产业共实现税收675.33亿元,比上年增长5.7%,占全区税收总收入的79.7%,占比较上年减少1.0个百分点。其中专业服务业全年实现专业服务业税收收入118.08亿元,比上年增长2.4%,占全区税收总收入13.9%,比上年减少0.7个百分点。其中企业管理服务实现税收54.25亿元,增长5.1%;商务咨询服务实现税收63.44亿元,增长0.2%。 （元斌）

表12-1 2023年静安区六大产业税收情况表

六大产业	税收收入(亿元)	增长率(%)	比重(%)
商贸服务业	271.18	-1.5	32.0
专业服务业	118.08	2.4	13.9
金融服务业	134.96	0.4	15.9
文化创意产业	43.26	4.3	5.1
数据智能产业	57.38	114.9	6.8

（续表）

六大产业	税收收入(亿元)	增长率(%)	比重(%)
生命健康产业	50.47	10.4	6.0
六大产业税收合计	675.33	5.7	79.7
全区税收收入合计	847.50	7.0	100.0

（元斌）

十三、房地产开发和管理

编辑 顾瑞钧

（一）综述

2023年，静安区内住宅开工26.97万平方米、施工147.94万平方米、竣工15.08万平方米；住宅供应914套，供应面积9.82万平方米，成交1739套，成交面积22.57万平方米，成交金额271.29亿元，网签均价120219元/平方米。住宅项目中均为全装修住宅。商品房预售许可证核发5张，包含4个项目（3个住宅项目、1个商办项目），总套数965套，总建筑面积18.59万平方米。商品房销售方案备案证明核发18张，包含14个项目（9个商办类项目、5个地下车位项目），总建筑面积46.16万平方米（含自持）。住宅交付使用许可证核发5张、建筑面积15.08万平方米。装配式住宅项目证明单核发4张。房地产开发企业二级资质新办38件、延期1件、变更4件。房地产经纪机构备案新办（含变更、换证）84件，注销15件；经纪人确认办理42件，经纪人注销2件。销售人员上岗证备案办理52件，注销11件。存量房合同备案3061件，撤销173件、变更187件。租赁网签备案1169件，一手房集中认购2332件、非集中认购187件，房屋状况查询8051件。房屋建筑面积实测58件、建筑面积120.21万平方米，预测17件、建筑面积116.21万平方米，房屋变更调查测量18件，房屋灭失调查8件，房屋进度签证10件。优秀历史建筑修缮（装修改造）项目受理18件，设计方案审批11件。优秀历史建筑简易装修备案申请受理174件、备案167件。物业服务企业招投标11家，物业区域项目核定10个，物业管理用房项目核定10个。维修资金归集10142万元，划转5411万元。公房凭证核发113件，其中换发证88件、补发证6件、差价换房18件、新发证1件。为物业服务企业办理公房系统账号4件。公房租赁信息注销3件。区"962121"物业服务呼叫中心受理维修8.33万件。区房屋应急维修中心维修5474件（含险单175件），处置老干部、劳模特约服务维修105件。对区内1330户、150779.65平方米私房开展安全巡查，发放《私有房屋督修通知书》1262份。完成开发商房屋权属核查20件，认定教育局产证权属27件。完成10件国有建设土地使用权招拍挂出让征询和22件建设工程设计方案咨询意见答复、6个新建住宅项目11173.4722万元配套费征收、7个项目公建配套合同签订、12个项目公益性公共服务设施认定和16处4.85万平方米公共服务设施调拨，并做好5个住宅项目的保障房配套费免缴和2个已竣工项目的配套费结算退款工作。行政复议29

件。行政应诉71件（一审27件、二审25件、再审19件，另有庭前调解19件、行政监督案件11件），比上年下降12.35%，败诉0件。行政首长出庭率97%。受理信息公开申请606件，比上年上升107.14%，作出答复629件。房地产限制交易、解除限制审核11件。办理信访件861件，接待来访1927批次、来电2755个。信访复查17件。区政府民生专场共接待753批次。处置区城运中心和市物业中心转派的工单6165件。区行政服务中心房管局窗口受理266件，比上年下降5.34%；咨询1914人次，比上年上升11.6%。

（张川）

（二）房地产市场

【商品住宅供销同比下降】 年内，区内商品住宅市场供应914套、9.82万平方米，供应面积比上年下降72.43%；成交1739套、22.57万平方米，成交面积比上年下降37.1%，成交金额271.29亿元，成交面积和成交金额均居中心城区第四；网签均价120219元/平方米，居全市第二，比上年上升2.4%。全年新增供应3个市场化商品住宅项目，分别是静雅名邸1.79万平方米（191套）、中兴华庭第一批3.25万平方米（291套）、第二批2.57万平方米（227套）和静悦名邸2.20万平方米（205套）。

（张川）

【商办项目供销比上年下降】 年内，区内商办项目供应（含自持）753套、32.83万平方米；商业项目成交30套、1.09万平方米，居中心城区第五，成交面积比上年下降65.8%；成交金额4.82亿元，居中心城区第三。成交量主要来自农房熙藏苑（10套）、桥东二期（9套）和黄山锦庭（5套）。成交均价44146元/平方米，居全市第二，比上年下降19%。办公项目成交53套、1.80万平方米，成交面积比上年下降88.8%；成交金额6.76亿元。成交量主要来自农房熙藏苑（44套）和铭德国际广场（4套）。成交均价37524元/平方米，居全市第五，比上年下降32.9%。

（张川）

表13-1　2023年静安区市场化商品住宅网签月度情况表

月份	成交面积（平方米）	成交套数（套）	成交均价（元/平方米）	成交均价全市排名
1	104251	722	123805	3
2	2305	16	105558	3
3	14097	69	115997	4
4	2323	11	135044	1
5	6229	60	129301	2
6	7090	70	136263	2
7	20200	179	119699	3
8	15881	141	117934	4
9	1479	13	121952	4

(续表)

月份	成交面积(平方米)	成交套数(套)	成交均价(元/平方米)	成交均价全市排名
10	22789	209	104965	5
11	25767	225	116410	3
12	3250	24	121625	2

注:网签情况随交易状况变化而异,本表仅反映年内各月网签的实际情况。

(张川)

表13-2 2023年静安区商品住宅成交情况表

项目名称	所在街镇	成交面积(平方米)	成交套数(套)	成交总价(元)	成交均价(元/平方米)
静悦名邸	大宁路街道	80078.37	641	845588	105595
中兴华庭	宝山路街道	56252.08	505	666849	118547
鸿印里	江宁路街道	56951.22	332	808652	141990
静雅名邸	宝山路街道	15384.73	161	210858	137057
新湖青蓝国际一期	宝山路街道	3542.43	24	35392	99908
明园森林都市	大宁路街道	2611.86	11	26073	99827
金茂雅苑	大宁路街道	1821.5	11	19017	104404
宝珀公寓	宝山路街道	1250.91	11	13822	110494
市北华庭	大宁路街道	1023.97	9	9878	96470
铭德漪景庭	宝山路街道	1800.53	7	20730	115133

注:按成交套数取前10位。

(张川)

表13-3 2023年静安区新建商品住宅交付情况表

建设单位	项目名称	地址	交付面积(平方米)	许可证核发时间
上海北航置业发展有限公司	福新名苑	恒通东路99弄	10168	2023.3.27
上海市北高新不动产经营管理有限公司	市北云谷公寓	寿阳路535弄	53732	2023.7.7
上海名新投资管理有限公司	汇智星居苑	江场二路88弄	12343	2023.7.14

(续表)

建设单位	项目名称	地址	交付面积(平方米)	许可证核发时间
上海晟宇置业有限公司	黄山秀庭	平型关路123弄	40270	2023.11.23
上海集银房地产开发有限公司	宝珀公寓	宝源路128弄	34291	2023.12.29

（张川）

表13-4　2023年静安区地下车库(位)交易价格情况表

项目名称	成交数量(个)	最高销售价格(万元/个)				最高租赁价格(元/月)			
		标准	子母	微型	无障碍	标准	子母	微型	无障碍
璟安悦庭	439	52	90	40	70	1000	1000	1000	1000
静雅名邸	311	58	99	45	70	1200	1200	1200	1200
映然都	293	52	—	—	70	1000	—	—	1000
静安华邸	167	48	80	38	—	1000	1000	800	—
福新名苑	117	75	125	60	75	1600	2400	1050	1600

注：按成交套数取前5位，仅含备案项目。

（张川）

表13-5　2023年静安区房屋交易(网签)情况表

项目	2022年	2023年	同比(%)	项目	2022年	2023年	同比(%)
新建商品房交易				二手存量房交易			
成交套数(套)	4128	4756	+15.2%	成交套数(套)	7580	9397	+24.0%
其中：1.住宅	2896	1739	-40.0%	其中：1、住宅	6569	7992	+21.7%
2.商办、其他	1232	3017	+144.9%	2、商办、其他	1011	1405	+39.0%
成交面积(万平方米)	59.34	38.70	-34.8%	成交面积(万平方米)	54.58	67.06	+22.9%
其中：1.住宅	35.86	22.57	-37.1%	其中：1、住宅	45.63	55.37	+21.3%
2.商办、其他	23.48	16.13	-31.3%	2、商办、其他	8.95	11.69	+30.6%
成交金额(亿元)	532.31	295.25	-44.5%	成交金额(亿元)	295.58	359.87	+21.8%
其中：1.住宅	420.98	271.29	-35.6%	其中：1、住宅	274.36	330.48	+20.5%
2.商办、其他	111.33	23.96	-78.5%	2、商办、其他	21.23	29.39	+38.4%

（张川）

（三）住房保障和房屋管理

【**静安区2023年党建引领建设"静邻物业"暨加装电梯和"美丽家园"工作推进大会**】 于5月10日在芷江西路街道邻里中心召开。市住房和城乡建设管理委员会、市房屋管理局主要负责人，区相关部门和街镇主要负责人出席。会议观看《党建引领综合治理"静邻"筑梦美丽家园》宣传片，向年度临时物业预选库企业代表授牌，并部署区"静邻物业"党建品牌建设、"美丽家园"建设和加装电梯工作。曹家渡、共和新路街道签订"静邻物业""美丽家园"及加装电梯目标任务书。区房管局、芷江西路街道、彭浦镇作交流发言。

（张川）

【**既有多层住宅加装电梯完工量连续3年全市第一**】年内，全区加装电梯签约314台，开工500台，完工335台。2021年至2023年完工量均排名全市第一。

（张川）

表13-6 2023年静安区既有多层住宅加装电梯情况表

街镇	开工数（台）	完工数（台）
静安寺	1	1
曹家渡	13	11
江宁路	5	7
石门二路	1	0
南京西路	1	1
北站	0	2
芷江西路	6	8
天目西路	18	6
共和新路	29	27
宝山路	4	7
大宁路	12	20
临汾路	102	89
彭浦新村	176	79
彭浦镇	132	77
合计	500	335

（张川）

【蕃瓜弄小区启动改造】 蕃瓜弄建于20世纪60年代,系北方集团管理的非成套直管公房小区,占地面积2.6万平方米。为配合北横通道建设,2015年小区内32%房屋被拆除,留下14幢非成套住宅楼(建筑面积4.2万平方米,居民1122户),均系小梁薄板房屋。区内计划以拆除重建方式对未拆房屋实施改造,改造后新建房屋建筑面积12.1万平方米(地上8.3万平方米、地下3.8万平方米),包括6幢7至33层多、高层住宅,并建设社区公共服务设施、社区商业、菜场、地下2层停车库等配套设施。2015年4月,市房屋管理局将蕃瓜弄列入全市首批拆除重建试点项目。2023年5月15日,启动改造签约,当日完成签约1106证(签约率98.6%),达到生效比例;7月2日,1122户居民100%签约。11月1日,取得桩基施工许可证。

(张川)

【保障性租赁住房筹措供应指标超额完成】 年内,区筹措指标4179套(间)、实筹6315套(间),计划供应2611套(间)、实供4314套(间)。

(张川)

表13–7 2023年静安区保障性租赁住房项目情况表

认定项目	项目地址	可供房源(套、间)
彩虹公寓	万荣路948号	64
中建幸福公寓	场中路1988弄至2028弄	438
南山大厦	南山路100号	249
环卫驿站	胶州路699号3层	38
青鸢公寓	汶水路4号	170
城家公寓上海火车站苏河一号店项目	恒丰路668号	141
魔方公寓上海汶水路社区项目	静安区平陆路601号301、302、401、402、501、502	284
魔方公寓延长路社区	民晏路39弄4号楼	156
魔方公寓汉中路店项目	汉中路158号、188号7至14层	231
魔方公寓大宁国际社区项目	共和新路1207号4号楼和6号楼	357
魔方公寓上海恒丰路社区项目	恒丰路610号1号楼1至7层	174
市北华庭	东至22-01、西至云秀路、南至汶水路、北至云飞东路(共和新路505弄)	48
通源公寓	宝源路209弄36号	9
微领地中环沪太路社区	沪太支路668弄1至5号	981

（续表）

认定项目	项目地址	可供房源（套、间）
静安区中兴社区C070202单元322-09地块项目	东至东宝兴路，西至宝通路，北至天通庵路，南至规划322-08地块、宝通公寓、长征大厦	273
宁嘉馨苑(晋元北)宁家公寓(国庆路店)	乌镇路155弄、国庆路232号	38
城市e族公寓	宜川路733弄19号3至4层	26
申浦公寓	平陆路397弄7至10号	120
供享家	中华新路470号	152
凿若公寓	中山北路198号15层	19
宇祺客栈	北宝兴路600号	98
得怡公寓	沪太路815号	228
简在公寓	康定路977号	86
嗨悦公寓	汾西路490号	52
新驰公寓·保德路店	保德路88号	417
宝客公寓	中兴路457号4、11、14、15、19层	139
昶玖公寓	余姚路169号2层	40
兴展公寓	柳营路205弄20号	36
魔方公寓西藏北路二期项目	南山路100号裙房	52
贝壳海盐公寓	共和新路3388号4至12层	564
合计		6315

（张川）

【上海市户籍第十一批次和非上海市户籍第五批次共有产权保障房供应】 2月20日至22日咨询（预检），2月23日至3月13日受理申请，接待咨询4316户、发放申请表826户、出具材料收件单588户。6月27日，东方网现场直播第十一批次供应摇号排序，545户（含第十批次未参加当期选房的99户）到场。8月1日至3日在云峰剧院完成选房，其中本市户籍第十一批次备8个基地、706套房源，销售基准价格区间10900—16100元/平方米，购房人产权份额区间55%—65%，545户取得准购资格，实际选房385户，选房率70.64%；非上海市户籍第五批次备3个基地、32套房源，销售基准价格区间13500—16250元/平方米，购房人产权份额区间55%—60%，20户取得准购资格并实际选房。上海市户籍11个批次累计受理24511户、审核通过20994户、实际选房18386户,非上海市户籍5个批次累计受理84户、审核通过70户、实际选房69户。　　　　　　　(张川)

【廉租房和公租房供应】　年内,廉租房受理546户,新增配租518户,发放租金补贴12526.09万元;复核798户,清退不符合条件861户。发放市筹公租房准入资格确认书967份;审核通过区筹公租房申请2570户。公租房新增受益652户。签订配建公租房项目5个、331套。公租房新增供应3个项目、133套。
　　　　　　　　　　　　　　　　(张川)

【"美丽家园"建设】　年内,区财政投入4.08亿元,实施屋面及相关设施改造、综合整治20个项目、82万平方米,受益8975户。完成80个小区电动自行车充电设施新增或改造。区内有业委会708个(年内新增6个),组建率97.56%。　　　　　　　(张川)

【零星旧里改造】　年内,启动零星旧里改造地块10幅(发布7个征收决定),均征询生效,涉居民2500余户,占地面积9.77万平方米。作出房屋征收补偿决定1证,系73号街坊被撤销协议。受理建(构)筑物备案、报监9件。完成蕃瓜弄房屋拆除工作。
　　　　　　　　　　　　　　　　(张川)

【住宅配套道路建设】　年内,3条道路开工,1条道路取得施工许可批复,2条道路取得规划方案批复。　　　　　　　　　　　　(张川)

表13-8　2023年静安区新开零星改造地块情况表

地块	街道	征收决定发布日	生效比例(%)	计划(证)居民	计划(证)单位	剩余(证)居民	剩余(证)单位	当年进展
南京西路愚园路万航渡路284弄	静安寺	7.24	100	157	0	0	0	100%签约
76街坊	江宁路	7.31	99.86	667	42	0	1	100%签约
青云路宝昌路、264街坊及王家宅路34弄	宝山路	7.31	99.20	497	25	0	0	100%签约
238街坊零星旧改	芷江西路	8.21	99.74	768	8	0	0	100%签约
胶州路319弄零星旧改	曹家渡	9.22	96.92	61	4	2	0	96.92%签约
北京西路1177弄及周边零改、石门一路零改	南京西路	10.21	100	323	20	0	0	100%签约
石门二路170弄	石门二路	12.5	99.57	218	14	1	0	99.57%签约

(张川)

表13-9 2023年静安区住宅配套道路建设情况表

道路	长度(米)	开工时间	竣工	进展
中华新路(西藏北路—宝昌路)	675	6月	—	在建
止园路(天通庵路—中华新路)	196	6月	—	在建
公兴路(中华新路—中兴路)	118	6月	—	在建
新疆路(乌镇路—规划兖州路)	110	—	—	取得施工许可批复
宝源路(宝山路—宝川路)	380	—	—	取得规划方案批复
江场三路(汶水路—永和路以北125米)	212	—	—	取得规划方案批复

（张川）

十四、旅游业·会展业

编辑　顾瑞钧

（一）综述

2023年，静安区全区旅游业实现营业总收入65.03亿元，旅行社、星级旅游饭店和A级旅游景区共接待境内外游客436.42万人次，星级旅游饭店客房平均出租率62.86%，星级旅游饭店平均房价663.95元/间/天。全区有经营性文化娱乐场所268家，其中影剧院15家、歌舞娱乐场所34家、游戏游艺场所6家、互联网上网服务营业场所31家；旅游企事业单位285家，其中星级旅游饭店17家（白金五星级1家、五星级3家、四星级10家、三星级2家、二星级1家）、一般旅行社161家、出境旅行社52家、旅行社分社52家、3A级旅游景区2家（上海四行仓库抗战纪念馆、大宁灵石公园）。

年内，区文化旅游局推进"建筑可阅读"示范区建设，制作完成苏河湾全域文旅地图；拍摄编辑《海派城市考古·静安苏河湾水岸》《夜游苏河湾》宣传片，更新上线海派城市考古·静安苏河湾水岸文旅VR全域数字导览；开展苏河湾水岸行走+乘船游览的线下活动，推出不同主题微游线路30余条。

提升文旅产业体系竞争力，营造国际文旅消费新高地。聚焦"两电一新"核心领域，加大"全球影视创制中心""宇宙电竞中心"核心区建设。贯彻落实上海"电竞20条"文件精神，提升电竞产业能级，引进影视电竞企业。支持开展2023全球电竞大会和第三届中国游戏创新大赛颁奖礼等活动。

开展"精彩尽享，乐游静安"静安文旅消费季活动。首次与中国银联、上海银行合作，发放近5万张消费券，涵盖近千家文旅商户，各类宣传触达人次近9000万。开展静安好时"光"户外直播以及静安文旅消费季带货直播；全区发放6000册静安文旅消费季宣传特刊，内含总计超7万张独家优惠券，助推提振城市消费能级。

（蔡萌萌）

（二）旅游活动

【2023静安·新湖郁金香花博会】 3月，2023年花博会以"绽放静安·上海的第一眼春天"为主题在静安区举办。作为上海中心城区开春以后举办最早、规模最大的花展之一，花博会郁金香种球总量约60万株，覆盖静安区的超33个点位，包括公园、商圈、街区花带绿地以及社区等。郁金香花博会重要点位

静安雕塑公园,占地面积约6.5万平方米,是上海市中心唯一以雕塑为主题、具有现代园林风格的专类公园,郁金香在此与雕塑相映成趣、互相烘托。

（蔡萌萌）

【"浓情静安·爵士春天"音乐节】 于4月28日至5月3日举办。活动持续6天6晚,包含3晚大师殿堂、四大户外舞台,5个快闪点位,超100位国内外音乐人轮番登台,活动时间与活动规模都是历年之最。活动首次跨越苏州河,与静安区商圈联名合作,设置上海苏河湾万象天地分会场和大宁国际商业广场分会场。既有商圈舞台演出,也有不同空间的爵士快闪,开启音乐与市民、音乐与河滨的美好相遇。爵士音乐节共吸引5万人次观演,拉动周边商圈客流及消费,上海苏河湾万象天地销售额环比上升35%。

（蔡萌萌）

【"精彩尽享,乐游静安"静安文旅消费季活动】 于9月23日至10月3日开展。活动首次与中国银联、上海银行合作,发放近5万张消费券,涵盖近千家文旅商户,各类宣传触达人次近9000万。开展静安好时"光"户外直播以及静安文旅消费季带货直播;全区发放6000册静安文旅消费季宣传特刊,内含总计超7万张独家优惠券,助推提振城市消费能级。

（蔡萌萌）

【2023年上海静安世界咖啡文化节】 于4月29日至5月3日举行。该活动以"一杯咖啡的时间,爱上静安"为主题在静安嘉里商务中心举办。聚焦静安区国际消费城市示范区、国家级文旅消费示范区建设,静安咖啡文化节首次与"安义夜巷"联名举办,打通文旅消费新赛道,总人流达到25万人次,为嘉里商务中心引入客流比上年增加50%。首发"咖啡文化节线上小程

4月28日,2023"浓情静安·爵士春天"音乐节开幕式在上海商城剧院举行　　（区文旅局　供稿）

序",打造线上抢券、到店核销的文旅消费新模式,共发放2万余张咖啡免费券及满减券。（蔡萌萌）

【静安国际光影节】 9月26日至10月6日,以"光影夜上海"为主题的首届静安国际光影节在万象天地慎余里、天后宫、上海总商会、上海大悦城等地标建筑上开展。打造凸显上海特质的夜间海派城市光影氛围,展现充满魅力的"夜上海",全网总点击量逾20亿次。（蔡萌萌）

【2023年静安金秋都市游】 该活动坚持"乐游静安、精彩无限"主题,收集汇总"经典品牌、重点内容、特色项目"等系列主题活动,有七大主题共37个项目,其中第28届上海国际茶文化旅游节、静安国际光影节、上海静安国际雕塑展、静安文旅消费季等作为静安区重点活动,同步纳入上海旅游节方案。深受广大市民游客喜爱的上海旅游节花车巡展于9月17日举办,16辆花车驶入大宁国际商业广场,吸引市民游客逾7万人驻足观摩。（蔡萌萌）

【2023第28届上海国际茶文化旅游节】 于9月15日至10月4日举办。以"一场市集、四项评选、全城有茶"作为核心内容,完成年度百家"上海茶馆""上海茶饮"和年度全国"十条最美茶乡之旅推荐线路""全国十大名茶"评选。9月15日至19日,在吴江路休闲街区举办茶文化市集,汇集全国各地20多家知名茶品牌、部分城市的茶文旅宣推等。茶文化市集销售额达百万元,形成意向合同10笔,合同金额达千万元。首次推出"文旅消费季·茶饮活动",通过政府补贴、品牌让利,发动知名茶饮品牌共同参与惠民活动,与T9 tea合作的活动限定饮品销售量近3000杯。举办"全城有茶"活动,面向全市16个区中小学生,举办"少儿茶艺大赛";在区旅游服务中心举办"喝坦洋工夫,享全家福安"茶文化主题活动;在陆家嘴上海中心举办"白领午间茶"公益体验活动;在浦东世博园区举办"一席东方"茶文化发展论坛暨《茶经》译注新书分享活动;在位于嘉定区的上海海纳吴觉农茶文化博物馆举办坦洋工夫非遗上海基地揭牌以及茶文化展等活动。（蔡萌萌）

（三）旅游宣传与市场开发

【全新"乐游静安,漫步苏河湾"文旅护照再次发布】 "乐游静安漫步苏河湾"文旅护照于2月在区旅游服务中心再次发行,护照展现苏州河两岸的历史足迹和百年工业特质,更有配套印章打卡活动供市民参与。（蔡萌萌）

【"家门口的好去处"景点参与市级评选活动】 年内,区文化旅游局开展第四批"家门口好去处"遴选推荐工作,指导区内6家单位进行申报,最终3家入选名单。根据《2023年度上海市旅游发展专项资金申报指南要求》做好发动及初审工作,提交5个项目参加专项资金评审。向市局推荐5条长三角革命文物主题游径,选送5项区域品牌活动及5条旅游线路参加2023"游上海·我最爱"网络评选活动等。（蔡萌萌）

（四）旅游管理

【旅游饭店星级评定与复核】 年内,区文化旅游局开展旅游饭店星级复评工作,指导、推进2家四星、五星级旅游饭店评定性复核和1家五星级旅游饭店年度复核检查工作。（蔡萌萌）

【旅游景区评定与复核】 年内,区文化旅游局完成上海四行仓库抗战纪念馆和大宁公园2家3A级景区复评工作。（蔡萌萌）

（五）住宿业

【精品酒店例会暨企业沙龙】 于4月3日举行，活动主题为"汇艺术精品，促文旅消费"。活动由区文化旅游局副局长吴芳艺主持，辖区内相关艺术品企业、精品酒店负责人参加。苏富比、瑞吉、宝华万豪3家企业代表进行分享交流，区文化旅游局相关业务科室负责人介绍文旅消费季及文旅重大活动情况。

（蔡萌萌）

（六）会展业

【消失的法老——胡夫金字塔沉浸式探索】 系全球首个商业化运营的大空间沉浸式探索项目，于5月12日在兴业太古汇开展。在静安区的展览是除法国巴黎本土外的全球首展。开展后，连续4次延展，9个月的展陈时间累计接待市民游客近10万人，营收超2000万元，带动商圈及周边消费超亿元。项目获超220家媒体报道，长期占据猫眼网红展览榜第一名，是国内元宇宙文旅体验项目的"天花板"、商业化落地最成功的项目之一。

（蔡萌萌）

【Fotografiska开幕影像艺术展】 于10月21日在苏州河畔开幕。开幕展览汇集4位中西方影像艺术家冯立、爱德华·伯汀斯基（Edward Burtynsky）、范西和杨嘉辉的影像作品。四大特展同日开放，邀请观众进入内容丰富及视角多元的影像艺术视觉盛宴。

（蔡萌萌）

【苏河艺术季】 于11月3日于苏河皓司开幕。首届苏河艺术季活动由主办方苏河皓司、联合主办方栩栩华生媒体集团旗下的《Life and Arts 集锦》共同策划主办。展览从机构、未来、公共、交流4个角度出发，打破艺术博览会的常规范式，为策展和实验项目提供一个多元的展示和讨论的平台，连接画廊、机构、策展人和艺术家，为艺术循环建立一种新的试验场，让艺术家、策展人、收藏家共同孵化出一种有机的艺术生态。

（蔡萌萌）

【马蒂斯的马蒂斯—亨利·马蒂斯个展】 于11月4日在UCCA Edge开展。展览从位于法国勒卡托-康布雷齐的法国北方省省立马蒂斯美术馆馆藏中，精选280余件涵盖油画、雕塑、素描、纸上墨水、版画、剪纸、书籍插画、织物等多元媒介的作品与藏品，呈现自现代主义艺术巨匠亨利·马蒂斯学徒时代开始，到开创野兽派并成为其代表人物、直至后期投身剪纸艺术，再到晚年主持旺斯礼拜堂设计的完整艺术生涯与毕生探索轨迹。此外，展览还增设特别章节，对马蒂斯与"野兽派"对中国20世纪20—40年代现代绘画运动的联系与影响进行探讨。

（蔡萌萌）

【第十一届ART021上海廿一当代艺术博览会】 于11月9—12日再次在上海展览中心举办。博览会展商总数量创历史新高，规模也为历届最大。共有来自16个国家及地区、34个城市的近150家海内外优质画廊齐聚一堂，带来近1万件当代艺术佳作。博览会延续MAIN GALLERIES主画廊单元、APPROACH单元、BEYOND公共单元、特别项目，以及同期多场主题论坛等。

（蔡萌萌）

十五、国有重点企业

编辑 李佳丽

(一)上海市北高新(集团)有限公司

【概况】 上海市市北高新技术服务业园区(简称市北高新园区)成立于1992年8月,园区总规划面积3.31平方千米,规划建筑面积550万平方米。园区按照"云、数、智、链"产业演化路径,发展数智经济,布局新赛道,形成"数智赋能+总部增能+科创释能"的产业特征,是全市首批"数字化转型示范区""在线经济特色产业园区""民营企业总部集聚区"以及首个上海市云计算产业基地、首个上海市大数据产业基地。2023年,市北高新技术服务业园区内企业实现总营收2520亿元,缴纳税金87.6亿元。至年底累计吸引企业4900家,在地经营企业超过2500家。其中经认定的跨国公司地区总部28家,约占静安区总数的五分之一;经认定的民营企业总部13家,约占静安区的二分之一;具有总部特征的央企、国企、行业龙头企业近100家;数据智能企业700余家,其中核心大数据企业占全市三分之一。在上海市开发区协会组织的园区综合评价中,市北高新技术服务业园区单位土地税收产出强度连续多年排名全市第二,仅次于上海自贸区。 (沈昀)

【市北高新集团获"上海市城市数字化转型工作先进集体"称号】 7月17日,市北高新集团获由市城

静安青年体育公园(南区)足球场

(市北高新集团 供稿)

市数字化转型工作领导小组办公室、市经济和信息化委员会、市人力资源和社会保障局授予的"上海市城市数字化转型工作先进集体"称号。在产业生态建设方面，作为上海首批"城市数字化转型市级示范区"的建设者，市北高新技术服务业园区对标上海城市数字化转型总体要求，围绕"云、数、智、链"产业演化路径，完善数据智能产业体系，成功创建国家区块链创新应用综合性试点，并以可信数据制度创新实践为突破口，培育数据要素市场主体，致力于打造上海城市数字化转型的"可信数据经济试验区"。在场景建设方面，市北高新技术服务业园区依托自身大数据、区块链、物联网、人工智能等新一代信息技术集聚优势，打造"智感知""智中枢""慧资产""慧服务"的可信数字底座平台以及数字生活创新示范应用场景，支持园区精益运营，实现园区数据和服务共享，为园区近万名企业员工提供数字化生活服务，促进园区数字经济消费内循环经济体量。面向租赁式住宅的第一个场景上线运营，为租户提供在线签约、移动支付、水电管理等功能，为管理团队提供租赁管理、能耗管理、基础物联管理、运营指标管理、公寓多维分析等多种实用功能，后续计划开发移动端元宇宙看房，链接场景用户端数据进入可信区块链底座，实现低碳激励等智能运营服务，为智慧租赁提供更为丰富的用户画像。可信数字底座将通过集成运营平台的设计，预留后期场景接入的空间。

（沈昀）

【**静安青年体育公园(南区)落成**】 5月9日，位于市北高新技术服务业园区内的静安青年体育公园(南区)落成。静安青年体育公园总建设面积1万余平方米，主要涵盖10个运动项目及12个运动场地，绿地面积占比超70%。可以开展足球、飞盘、跑步、骑行等运动，并引进国际顶尖进口球场高清智能摄录系统，智慧体感陪跑系统，还将设立露营区、健身房、AR互动骑行、AR太极拳等智能健身活动设施，配合绿地内原有游憩和服务建筑合理布局，发挥"以体会友、以体招商"的作用，成为上海最具园区特色的高质量企业体育活动基地。

（沈昀）

【**市北高新人才公寓入市**】 3月，市北高新技术服务业园区首个保障性租赁住房项目市北高新人才公寓·西苑公寓正式入市。8月，北苑公寓正式上线"随申办"开启配租。西苑共推出房源504套，北苑共推出889套住房，分别配备一居室、两居室、三居室。公寓配置集智能门禁系统、云对讲云报警系统、智能楼宇对讲系统、视频监控系统、智能安防系统等功能于一体的智能集成系统。

（沈昀）

【**市北高新技术服务业园区走马塘规划转型区首个项目完成主楼结构封顶**】 11月27日，位于市北高

市北高新技术服务业园区绿色生态健康步道

（市北高新集团　供稿）

新技术服务业园区的上药信谊江场西路新建项目（简称上药信谊项目）完成主楼结构封顶，市北高新走马塘沿线城市更新项目达成重大阶段性成果。上药信谊项目位于市北高新技术服务业园区N070501单元的06街坊核心位置，由上海绿地建设（集团）有限公司承建。项目总建筑面积约57884平方米，地上17层建筑面积约38492平方米，地下3层建筑面积约19392平方米，外立面主要为玻璃幕墙，实现整体立面明快、科技流动的视觉光影效果。建成后，上药信谊项目将成为上海医药集团研发营销中心，建筑涵盖研发实验室、综合办公区、生活服务区以及其他配套功能区，可容纳企业员工2000余人。

（沈昀）

【静安国际科创社区·云汇数智中心竣工】 12月27日，作为上海中心城区老工业基地转型升级为高端产业社区的示范项目——静安国际科创社区·云汇数智中心（简称云汇数智中心）完成竣工验收备案。项目参建各方克服前期新冠肺炎疫情影响，将原计划于2024年4月30日竣工的项目提前了125天。云汇数智中心地处静安国际科创社区核心位置，将由"空中连廊"实现与轨道交通1号线汶水路站的无缝衔接。该项目总建筑面积27万平方米，包含15万平方米办公面积，其中9万平方米为可售办公面积。面对项目体量大、结构复杂等挑战，来自中建八局的建设团队以BIM信息化技术模型指导现场施工，精准控制基坑变形程度，有效规避对周边老厂房及高架道路的影响。针对双塔建筑间最大跨度63米，总重量约1500吨的连廊，团队采用国内领先的"超大液压同步整体提升技术"，由计算机控制12台液压同步提升器，配备132根钢绞线，以每小时5—6米的速度爬升，提升至99米高空，实现双塔楼的高空"牵手"，创下上海市超高层建筑钢连廊提升高度之最。

（沈昀）

（二）上海九百（集团）有限公司

【概况】 2023年，上海九百（集团）有限公司（简称九百集团）强化责任担当、狠抓工作落实、夯实基础管理，激发集团内生动力、增强创新驱动力、提升市场竞争力，完成全年各项经营工作。至年底，集团营业收入为31.54亿元，归母净利润为8385.64万元，上缴税金5.82亿元。全年自主引进税收规模千万元级及以上项目20个（指标认定11个），百万元级项目79个（指标认定72.5个），全年共参与项目招引落地288个，申万宏源、世邦魏理仕、斯博滋等一批重点企业加速落地发展，凤凰传媒、始途科技、恩高光学等一批新产业、新媒体重点企业加速推进集聚，投资促进实现量质齐升。

（励雯洁）

【王华调研南京西路功能区】 3月9日，区委副书记、区长王华一行调研南京西路功能区。副区长李震、张军参加调研。区政府有关部门、南西功能区相关街道主要负责人以及南京西路功能区投资服务中心、九百集团班子全体人员参加调研座谈会。

（励雯洁）

【丁宝定走访南京西路功能区】 4月10日，区政协主席丁宝定一行走访南京西路功能区，了解南京西路功能区发展和建设情况并召开座谈会。区政协副主席陈琦华，区政协秘书长、办公室主任李颖婷，区政协专委办主任王赪，区政协文化文史和学习委员会主任姚建伟等相关负责人，南京西路功能区主要负责人及九百集团党政班子全体成员参加座谈。

（励雯洁）

【申一百货"玉兰盛开"真丝系列产品获红色文创大赛优秀作品奖】 5月30日，"伟大精神，崭新征程"

第三届上海红色文化创意大赛获奖作品揭晓。九百集团旗下白玉兰真丝的"玉兰盛开"系列从6100余件作品中脱颖而出,获文化创意产品设计优秀作品奖。

（励雯洁）

【"白玉兰""泰昌"成功认定上海老字号】 2022年2月,市商务委开展上海老字号认定工作,经过精心筹备,九百集团旗下百货品牌"白玉兰"真丝首次申请评选并入选上海老字号,食品品牌"泰昌"也通过上海老字号复评。2023年5月30日,上海老字号嘉年华启动仪式暨上海老字号授牌仪式在豫园海上梨园举办。

（励雯洁）

【九百集团旗下5家品牌参展第十三届中国新疆喀什·中亚南亚商品交易会】 6月21日,第十三届中国新疆喀什·中亚南亚商品交易会在喀什国际会展中心开幕。集团旗下西区老大房、三阳盛、正章、白玉兰真丝、景德镇艺术瓷器商店5家品牌参展。

（励雯洁）

【九百集团亮相2023中华老字号博览会】 9月22日至9月24日,九百集团携手旗下西区老大房、三阳盛、新长发、正章、丰丰、泰昌、白玉兰、景德镇、九百中糖、阿咪10家品牌企业完成第十七届中华老字号博览会参展工作。展会期间,副市长华源、市商务委主任朱民、市商务委副主任刘敏、副区长张军等领导先后来到九百集团展位参观"国潮好礼"等集团特色产品和"900国潮直播间",并指导集团老字号发展建设工作。

（励雯洁）

【九百集团旗下品牌入围"2023上海伴手礼"】 10月16日,市消保委举行2023年上海伴手礼优选轮评测,经过3个月的角逐,九百集团旗下西区老大房的"老糕兴"、一大文创×老大房"礼盒、正章的"飞行棋旅盒"、白玉兰的"丝瓷之礼·盛世牡丹"、景德镇九景阁的"依好"马克杯4件产品从初赛213件产品中脱颖而出,最终入围"2023上海伴手礼"。在最终优选轮的评测中,正章的"飞行棋旅盒"入选"上海金榜伴手礼"和"2023长三角伴手礼"。

（励雯洁）

【南京西路商圈举行都市三项赛】 9月26日,由南西功能区主办的2023"南西.NANXI"杯上海静安区南京西路商圈都市三项赛开赛。赛事以"释FUN多巴胺运动潮有趣"为主题,设置登楼、飞镖、骑行3项竞赛项目。来自静安区南京西路沿线企业员工及市民参加比赛。

（励雯洁）

【九百集团旗下多家品牌入驻第六届"进博会"上海人文交流馆】 年内,围绕"以进博首发彰显溢出效应"主题,第六届进博会设立"一带一路名品""本土品牌国际化""品牌联手出海""老字号产品创新"等7个主题展区。九百集团所属西区老大房、白玉兰真丝、阿咪食品等品牌入驻"进博会"上海人文交流馆,以优质产品为载体,依托"进博会"平台优势,向全世界展示"老字号"守正创新,传承品牌悠久底蕴、弘扬优秀传统文化、扩大品牌"朋友圈"的举措。

（励雯洁）

【九百集团青年干部赴云南省麻栗坡县开展学习培训】 年内,集团落实人才强企战略部署,立足企业高质量发展的人才战略定位,贯彻落实集团人才队伍建设规划,聚力构筑人才"蓄水池"。11月下旬,集团组织20余名青年干部赴云南省麻栗坡县学习培训,培育有理想、有追求、有担当的高素质企业青年人才。

（励雯洁）

【九百集团获2023年静安区投资促进劳动和技能竞赛二等奖】 11月28日,由区总工会、区投资办主办的"建功'十四五'奋进新征程"2023年静安区投资促进劳动和技能竞赛决赛暨闭幕式在大宁公园会议中心举行。区委书记于勇,市总工会党组书记、副主席黄红,区委副书记、区长王华,区委常委、副区长梅广清,区人大常委会副主任、区总工会主席林晓珏,副区长张军,区政协副主席陈琦华出席活动。九百集团南西功能区青春"西"引力队的情景讲述节目《凝聚卓越"西"引力》位列总分第二名、获二等奖,并因在网络投票环节中的超高点赞数,获大赛人气奖。

(励雯洁)

【九百集团完成梅龙镇广场不动产产权划转及改扩建事项】 2月,九百集团收到区国资委关于梅龙镇广场的提前收回事宜抄告单,随即启动产权变动登记工作,并于3月取得梅龙镇广场的不动产权证。集团相关部门和第三方专业机构,按照梅龙镇广场项目初步设计方案和运营预期情况,进行项目经营效益测算和投资回报分析,编制可行性研究报告,于5月获准项目立项并开展项目改扩建工程的前期服务单位确定工作。

(励雯洁)

【完成爱尔生公司改制】 上海爱尔生实业发展有限公司(下称"爱尔生公司")原名上海爱尔生儿童营养食品厂,于3月进行公司制改制。4月,完成更名并调整主营业务为房地产开发经营。5月,取得房地产开发企业资质二级证书,将成为愚园路、胶州路地块项目的开发公司。

(励雯洁)

【完成锦都房产公司划转和托管】 年内,完成锦都房产公司无偿划转的工商变更、国有产权系统变更登记工作,并完成中安发展公司托管锦都房产公司的相关审批程序,以减少管理层级,降低运营成本。

(励雯洁)

【美瑞时(上海)钟表贸易有限公司入驻南西功能区】 6月30日,瑞士独立制表企业美瑞时(上海)钟表贸易有限公司入驻南西功能区,作为中国地区总部,在九百中安名品长廊(南京西路1079号)开设亨利慕时(H.Moser&Cie)钟表中国大陆地区首店。

(励雯洁)

【引进瑞士钟表品牌】 8月22日,瑞士奢侈品企业历峰集团旗下名士(Baume&Mercier)钟表品牌,在九百中安名品长廊开设亚洲首家新概念旗舰店。

(励雯洁)

(三)上海北方企业(集团)有限公司

【概况】 2023年,上海北方企业(集团)有限公司(简称北方集团)、西藏城市发展投资股份有限公司(简称西藏城投)实现房产销售收入22.94亿元,房产租赁收入5587.67万元,直管公房物业租金收入1594万元,客房餐饮收入209.36万元,收到商场经营收入6809.11万元,上缴全税(含北万置业、静安更新及外地项目)5.64亿元,净利润3988万元。 (王永莹)

【西藏城投启动向特定对象发行股票项目】 年初,西藏城投正式启动向特定对象发行股票项目,经过前期项目尽调、监管沟通及材料准备工作,确定募集资金总额10亿元及世贸铭城DK3世贸馨城DK1及补充流动资金作为募投项目等基本方案。5月4日,收到上海市国资委批复。6月7日,向上海证券交易所报送《关于2023年度向特定对象发行A股股票的申请报告》并正式受理。6月21日,收到审核问询函。西藏城投分别在7月22日、9月2日及9月15日完成问询函回复并披露。10月19日,收到上海证券交易所审核通过的通知。12月8日,收到中国证监会同意注册的批复。

(王永莹)

【配合旧区改造征收】 年内，北方集团完成蕃瓜弄1122户及共和新路802弄34户居民安置协议签订、退房交房等工作。完成青云路宝昌路、246街坊、王家宅路34弄、芷江西路238街坊零星旧改项目前期资料摸底、签约及退房交房等工作。完成华兴新城、安康苑、宝丰苑等旧区改造基地残值补偿款合同签订，累计上缴公房残值19.94亿元。（王永莹）

【推进彭一、谈家桥拆除重建项目】 年内，彭一住宅小区旧住房拆除重建项目基本完成主体结构封顶，彭一小区养老院新建工程于10月底完成主体结构封顶，彭一小区配套公建项目完成底板浇筑。谈家桥155弄、121弄部分旧住房拆除重建工程完成主体及二次结构施工。（王永莹）

【蕃瓜弄小区旧住房改建工程开工】 蕃瓜弄小区旧住房改建工程地块面积约25766.8平方米，拆除建筑面积约42546平方米，保留派出所建筑面积4303.3平方米。新建住宅、社区级公共服务设施等用房，新建总建筑面积117019.78平方米。项目共有居民1122户，6月30日完成居民100%签约，8月14日完成居民搬场，11月1日取得桩基部分施工许可，11月12日正式开工，至年底进行桩基施工。（王永莹）

【共和新路802弄18—20、21—23号旧住房改扩建工程开工】 共和新路802弄18—20、21—23号旧住房改扩建工程总用地面积3093.6平方米，拆除部分建筑，保留并保护部分墙体，对2栋旧住房进行改扩建，改扩建后总建筑面积1440平方米。项目共有居民34户，6月2日完成居民100%签约，同月完成居民搬场，10月完成房屋拆除，12月1日取得施工许可证，12月7日正式开工，至年底进行土体加固施工。（王永莹）

【推进洪南山宅项目】 洪南山宅项目于2月17日获取施工许可证，桩基工程开工，6月17日获取主体结构施工许可证，进行基坑土方开挖及支撑施工，10月1日地下室底板浇筑完成，至2024年1月4日实现

11月12日，蕃瓜弄小区旧住房改建工程项目开工仪式举行　　　　　　　　　　　　（北方集团　供稿）

项目整体全部出地下室正负零线。项目于9月取得地名使用批准书,确定项目备案名为"南山里",项目推广名为"静安玺樾"。　　　　　（王永莹）

【雅宾利四期项目】 雅宾利四期项目于6月30日获取桩基围护施工许可证,桩基工程开工;8月3日获取地下部分施工许可证,进行基坑土方开挖及支撑施工,A区底板10月26日浇筑完成;11月22日,获取上部施工许可证。至12月31日,A区4、5号楼基础出零,开始上部结构施工;B区第三道支撑完成,开始第四皮土方开挖;C、D区桩基、围护工程基本完工。（王永莹）

【招商引资】 年内,北方集团引进项目156个,年目标达成率104%,其中税收百万元级项目15.5个,税收千万元级项目2.5个,补充完成税收千万元级项目1个。对口服务存量企业财力总计11303万元,引进企业贡献区财力2035万元(含归口在文旅局的企业)。对口服务税收奖励协议新签13家、续签9家。
　　　　　　　　　　　　　　（王永莹）

【盐湖矿业开发规模化产线建设】 7月,取得西藏自治区生态环境厅《关于西藏自治区日土县结则茶卡盐湖矿区(改扩建)6万吨锂盐矿产资源(3万吨工业级氢氧化锂)开发利用项目环境影响报告书的批复》,启动结则茶卡委托加工3300吨氢氧化锂生产线建设工作,开始首个产线建设,公司矿业板块工业化扩能正式开始。11月,龙木错盐湖矿区硼锂矿综合利用项目可行性研究报告通过专家评审。12月,龙木错盐湖矿区矿产资源开发利用方案通过专家评审。年内,结则茶卡生产出锂精矿约1300吨(折千折百),结则萃取提锂中试线继续运行,300吨吸附中试线自1月19日开始通水运行。（王永莹）

【西安北关项目进展有序】 至12月底,北关项目DK1工程C-1标段及C-2标段完成外立面、公区装修、道路绿化及地下车库地坪施工,幼儿园已完成基础及主体结构。3月,完成DK3商业地块商业不动产首次登记办理;4月,完成DK3商场《不动产权证》办理;5月,完成商业地块车位不动产登记分户表办理。年内,北关项目全盘共销售549套,认购面积约5.36万平方米,认购金额约8.89亿元,已回款7.80亿元。　　　　　　　（王永莹）

【西安铭城DK3一标段、馨城DK1一标段开盘销售】年内,世贸铭城DK3一标段室内精装修工程完成50%,安装工程整体完成70%;世贸铭城DK1一标段室内精装修工程完成80%,安装工程整体完成90%。世贸铭城、世贸馨城其他标段为配合交付标段验收及使用需求,有序推进部分配套工程施工。世贸新都项目完成高层范围土方开挖与基坑支护。4月27日,取得世贸铭城DK3一标段26#、32#楼"商品房预售许可证",可售住宅360套,6月17日开盘。5月26日,取得世贸馨城DK1一标段1号楼至5号楼"商品房预售许可证",可售多层住宅168套,9月22日开盘。　　　　　　　　　　　（王永莹）

【西安锂碳产业园招商】 4月,组建锂碳产业园招商团队,联合泾河新城管委会招商部一同推进锂碳产业园产业招商工作。根据前期调研,确定园区产业招商方向:一期科研生产楼招商面向办公研发类企业、实验室、展示中心等机构;二期生产厂房依托国能新材料,整合上下游及合作企业资源,面向新能源、新材料行业招商;后期根据实际招商落地情况,打造以锂碳为基础的总部产业集群。（王永莹）

【泉州项目进展顺利】 4月27日,泉州C-3-2项目完成竣工验收;6月13日,完成整体竣工验收备案,住宅部分联合泉州市城建单位完成一房一验并具备交付条件。泉州C-3-1二期酒店项目至12月底完成项目竣工验收,于2024年1月5日经住建局消防科验收完成并出具合格意见书。C-3-2地块商业广场项目商业综合体的公共部位装修方案初步设计工作，进入方案调整确认阶段。年内，泉州C-3-2项目住宅部分完成整体认购及回款、交接工作，回款9.06亿元。商场部分产权完成登记工作，为项目财务工作提供保障。此外，完成LOFT、商铺、车位等其他存量产品签约回款约4580万元。　　（王永莹）

【酒店管理业务拓展】 上海藏投酒店自1月17日起结束政府疫情隔离征用，因饰面及管道老化等原因自1月18日起停业装修，年内完成品牌升级及更名，由北方智选假日酒店改牌为静安假日酒店，并进行客房装修。2月，成立泉州藏投酒店有限公司；4月，进行开业筹备；年底，泉州藏投酒店已初步具备开业条件。11月，世贸之都二期酒店项目与酒店管理方完成"管理合作意向书"签约。（王永莹）

【静安荟奥莱商业管理】 静安荟奥莱公园、静安荟生活奥莱全年累计洽谈品牌2057个，其中精品18个、运动户外17个、女装202个、男装24个、儿童136个、皮具配饰36个、餐饮1260个、生活配套364个。全年招商调整品牌7个，静安荟奥莱公园风尚荟男装调整后业绩提升265%。调整后不仅促进品牌销售业绩增长，还带动风尚荟男装品类整体比上年提升103.37%。年内，静安荟奥莱公园完成销售20975.43万元，静安荟生活奥莱完成销售30424.69万元。

（王永莹）

【安全生产及应急管理】 年内，集团完成安全管理平台建设，该安全管理平台将泉州、西安、西藏等外地各级公司一并纳入安全管理范围，分别嵌入宣传教育、安全任务、日常隐患排查、修缮及装修、报表和报告五大业务模块，集团各级公司可根据业务情况独立且随时设置阶段性、临时性、特殊时段的任务要求，分管领导、主要领导可做到全过程监督，便于各级公司做到安全工作可控、防患于未然；完成安全生产标准化三级企业评审，更新集团安全生产管理各项制度和预案，巩固集团安全生产标准化管理和安全生产风险管控与隐患排查治理工作。年内，应急管理部出动检查人员累计2573人次，组织安全专项检查421次，发现安全隐患287处，整改287处，共开具隐患整改告知单8份。组织安全生产教育培训及演练共12次。完成房屋应急维修工单2348张，及时率和满意率均为100%。　（王永莹）

（四）上海开开（集团）有限公司

【概况】 2023年，上海开开（集团）有限公司（简称开开集团）累计完成营业收入18.37亿元。年内，集团围绕大健康产业转型发展战略，聚焦项目攻坚，运用数字化思维，助推大健康产业质效双增。区域化SPD项目建设全面完成，静安区27家区属医疗机构系统上线；门诊部口腔科项目开展工程施工，编制完成《口腔科运营实施方案》。夯实数字化新基建架构，推进"全渠道经营管理平台"（ERP系统）三期建设；深化以"四朵云"为核心的药事管理、药学服务平台集群构建，"云药城"互联网销售平台入驻"健康静安"；"云健康"客户管理平台系统与"云药城"实现信息对接；"云药房""中药云"平台服务功能建设得到优化。开拓批发零售业务增量，承担区域中药饮片代配代煎延伸服务；雷允上零售连锁门店围绕美团、饿了么、天猫、微商城等O2O和B2C线上公私域平台，扩品种、做营销。助推医疗医养服务资源提质，市北高新门诊部做优体检服务，完成与上海华测艾普医学检验所有限公司的检验接口对接，降低外送检测成本；雷允上西区门诊部做强专业优势，加大特色科室建设与名医引进力度。加速布局销售网络，静安制药开拓省外市场，主打产品全年利润再创新高。集团坚持真抓实干，聚焦各板块突破。食品板块抢抓机遇，静安粮油稳定红宝石公司发展态势，完善冷链渠道，提升新品研发能力，加大电商平台建设，提升"古寺"综合基地产能，深挖良源公司酒类销售渠道，引进飞天茅台等热销品种，抢占市场先机；新镇江公司秉承淮扬菜底蕴，推出多款时令菜品、团购套餐，愚园路富麦包子铺开业，富麦咖啡馆老店新开。服饰板块优化布局，开发新品222款，开发文创产品24款。开开制衣调整全国经销业务，清理优化经销商，盘活黄渡园区资产，推出净无痕三防衬衫，尝试直播带货，引流线下门店，推进团购业务；龙凤旗袍将传统文化精髓和现代审美理念融合，开发"巧设计"蝶恋花、"重工艺"凤鸣朝阳等系列，参与法国娇兰VIP尊享会等活动，推出10场非遗文化技艺DIY体验活动；深耕亨生团服定制市场，完成超过150万人订单交付任务，优化蓝棠-博步渠道及库存。民生板块推进东亚公司国家级标准化试点工作，扩大标准化覆盖面，升级智慧菜场管理；联合街镇社区，为特殊人群提供个性化服务；开展社区便民服务，全年共开展256场社区活动。年内，集团党委推动主题教育走深走实，以党建引领企业发展。组织全体党员学习党的二十大精神，把理论学习、调查研究、推动发展、检视整改贯穿主题教育全过程；领导班子带头学，做好领学促学、潜心自学、集体研学，大兴调查研究，紧扣大健康产业、老字号升级、民生服务等主业，班子成员每人领题调研并形成调研报告7篇；支部党员跟进学，做好深学细学；开展"一个支部一件实事"19项，办好群众身边好事实事45件。引进高素质人才，全年引进大专及以上人才54人，提升人才工作与企业发展相互支撑能力，共开展18场专题培训，共培训1131余人次。　　　　　　（江跃辉）

【陈吉宁到静安区调研镇宁菜市场】　见"领导视察与调研"栏目相关条目。　　　　　　（江跃辉）

【"雷允上云药城"入驻"健康静安"平台】　年内，"雷允上云药城"互联网销售平台上线，并于4月7日入驻"健康静安"平台，为市民群众提供安全、便利、专业的"一站式"药学服务，引导和促进各类人群健康自我管理。　　　　　（江跃辉）

【开开集团旗下老字号品牌亮相"喀交会"】　6月21日至25日，第十三届中国新疆喀什·中亚南亚商品交易会在喀什举行。集团旗下"开开""蓝棠-博步"等中华老字号品牌参展。开幕当天，市对口支援新疆工作前方指挥部总指挥孟庆源、静安区政府合作交流办主任等一行参观集团展台，并对集团展品给予肯定。　　　　　　（江跃辉）

【愚园路590号富麦咖啡馆老店新开】　2022年，富春小笼、富麦咖啡先后为配合镇宁路愚园路零星旧改工作，暂别愚园路。8月31日，富麦咖啡携"富春小笼+香浓咖啡"的跨界组合回归，在愚园路590号老店新开。从富春小笼到香煎小笼包，从小馄饨、双档到咖啡、果汁，创新老字号美食，探索吸引年轻消费群体的发展之路。　　　（江跃辉）

【东亚公司通过国家级服务业标准化试点（商贸流通专项）评估验收】　9月1日，受国家市场监督管理总局委托，市市场监管局会同市商务委组织专家，对上海东亚食品储运经营有限公司开展国家级服务业标准化试点（商贸流通专项）项目评估验收工作。验收采取集中会议和现场观摩相结合形式。专家组听取项目建设情况汇报，实地走访镇宁菜市场，经过材料审查、问题质询、现场打分等环节，形成考核结论。东亚公司通过验收，获得专家组高度评价和一致认可。　　　　　（江跃辉）

【龙凤旗袍手工制作技艺走进新疆维吾尔自治区喀什地区】　9月2日，龙凤旗袍的匠人团队抵达新疆喀什地区泽普县技工学校，开设为期2周旗袍制作课程。该次授课由龙凤旗袍非遗技艺第四代传承人江满宗带队，课程设计中既有文化分享，也有技艺实操。匠人团队中还有2名"90后"的龙凤旗袍"小师傅"，作为年轻的带教老师，她们以青年话语体系现场示范指导，展示龙凤旗袍魅力，培养当地年轻人对旗袍文化的兴趣，传授海派旗袍制作技艺。　　　　（江跃辉）

【开开集团旗下新品亮相中华老字号博览会】　9月22日至24日，第十七届中华老字号博览会在上海展览中心举行。集团集结旗下雷允上、开开、龙凤、亨生、鸿翔、蓝博、大美华、第一西比利亚等老字号品牌参展博览会，为消费者提供一站式打卡集团旗下老字号品牌新品。9月23日，副市长华源、市政府副秘书长章雄、市商务委副主任刘敏等一行视察集团展位，肯定集团老字号品牌创新发展。（江跃辉）

【开开集团旗下5款伴手礼入选"2023上海金榜伴手礼"】　10月16日，市消费者权益保护委员会公布30件"2023上海金榜伴手礼"，集团旗下雷允上西区伴手礼"'允上生活×东方明珠'珠香韵礼盒""四时雅韵无火香薰系列"、开开制衣伴手礼"开开'开明珠光'文创真丝披肩系列"、龙凤旗袍伴手礼"香意香韵——盘香佩礼盒"、"萌宝——熊猫系列手工盘扣"5款伴手礼入选。　　　　（江跃辉）

【雷允上膏方养生文化节】　10月20日，2023年静安区"全国安全用药月"主题宣传活动暨雷允上膏方养生文化节启动仪式在雷允上药城举行。雷允上药城一楼特设药学服务专区，面向全市市民开展专场服务，通过多种形式宣传安全用药理念和使用知

9月22日至24日，开开集团在第十七届中华老字号博览会上的展位　　　　（开开集团　供稿）

识，发挥药学服务、药学门诊作用，提高公众药品安全科学素养。活动现场，雷允上还为静安区青年优秀人才赠送食养膏方礼包及健康关爱服务，为区域百姓健康生活保驾护航。（江跃辉）

【"镇宁智慧化菜市场"获区"一网统管"应用场景最佳案例】 11月3日，区"一网统管"应用场景交流分享活动决赛在城运大厅举行。决赛现场，13个应用场景轮流进行交流汇报。综合专家评审意见和现场观众投票，集团旗下"镇宁智慧化菜市场"应用场景获评静安区"一网统管"最佳案例之一。（江跃辉）

【"情暖社区，服务有我"党员志愿服务活动】 12月8日，集团党委在武定菜市场前广场开展"情暖社区，服务有我——开开集团党员志愿服务日"活动。现场设置30余个摊位，分设惠民服务区和惠民销售区2个展区，为市民免费提供健康检测、茶饮体验、皮衣养护、家电维修等服务，并将集团旗下雷允上西区、开开、蓝棠-博步、鸿翔、大美华等老字号品牌的国潮好物、精美文创、养生美食等，以特惠折扣回馈消费者。（江跃辉）

【区域化SPD项目建设完成区内27家区属医疗机构系统上线工作】 年内，上海雷西精益供应链管理有限公司立足"政府满意、医院受益、患者得益、企业发展"工作目标，上下联动推进供应商谈判进度，提升区域耗材使用集中度，压实责任提高上线医院耗材试剂产品的资源优质度，一体化推进院内SPD系统、卫生健康委SCCP中台、BI系统、ERP、WMS、OMS系统的开发部署，全面完成静安区27家区属医疗机构系统上线工作，初步建成区域化医用耗材试剂供应链管理模式。（江跃辉）

表15-1　2023年开开集团及下属企业获奖情况表

获奖单位名称	荣誉称号	颁发部门
上海市静安区第六粮油食品商店有限公司	全国放心粮油示范工程示范销售店	中国粮食行业协会
上海雷允上药业西区有限公司	2020—2023年度上海市厂务公开民主管理工作先进单位	上海市厂务公开工作领导小组
上海雷允上药业西区有限公司	"天士力"杯第18届店长技能大赛团体一等奖	上海医药商业行业高技能人才培养基地
上海雷允上药业西区有限公司	上海市国资系统企业文化建设优秀案例	中共上海市国有资产监督管理委员会
上海雷允上药业西区有限公司	上海市模范职工之家	上海市静安区总工会
上海雷允上药业西区有限公司"允上先锋"青年突击队	上海市五四青年奖章集体	共青团上海市委员会 上海市人力资源和社会保障局
上海东亚食品储运经营有限公司（镇宁菜市场）	静安区"一网统管"应用场景最佳案例	静安区城市运行综合管理中心

（江跃辉）

表15-2 2023年开开集团及下属企业品牌获奖情况表

获奖单位名称	荣誉称号	颁发部门
上海市静安区第六粮油食品商店有限公司	上海老字号	上海市商务委员会
上海东亚食品储运经营有限公司		
上海雷允上药业西区有限公司	2023上海金榜伴手礼	上海市消费者权益保护委员会
上海开开制衣公司		
上海龙凤中式服装有限公司		
上海开开制衣公司	2023长三角特色伴手礼	长三角消保委联盟
上海龙凤中式服装有限公司		
上海雷允上药业西区有限公司	2023年上海市首发经济引领性本土品牌	上海市商务联合会
上海开开制衣公司		
上海龙凤中式服装有限公司		
上海开开制衣公司	2023上海礼物	
上海龙凤中式服装有限公司		

（江跃辉）

表15-3 2023年开开集团先进个人获奖情况表

获奖个人	荣誉称号	颁发部门
庄虔赟	2023年度企业领袖	界面新闻（上海报业集团）
谢静	2023年度静安工匠	上海市静安区总工会
孟秋婷	第六届全国药品流通行业药师岗位技能竞赛个人总成绩（药师岗位）铜奖	中国医药商业协会
徐瑶	第六届全国药品流通行业药师岗位技能竞赛个人优秀奖（药店经理岗位）	
陶丽敏	"天士力"杯第18届店长技能大赛个人二等奖	上海医药商业行业高技能人才培养基地

（江跃辉）

（五）上海大宁资产经营（集团）有限公司

【概况】 2023年，上海大宁资产经营（集团）有限公司（简称大宁集团）围绕"七增计划"，以"三大重点、一个引领"为核心，推进各项目标任务，构筑发展新动能新优势。至年底，大宁集团合并资产总额301.84亿元，合并营业收入6.62亿元。 （魏丽娜）

【扩大文创集群效应】 年内，大宁集团与华登国际开展"招投联动"战略合作，加快科技企业引入和资源对接。2021年3月投资的华芯远景VC基金，已于投资期进行4次收益分配；2022年7月投资的华芯云开PE基金，9家投资企业中3家进入上市辅导，3家进行股改。基金投资的深圳云天励飞于2023年4月4日在上交所科创板上市，大宁集团出资参与战略配售。联合金浦投资、国贸资本等专业机构打造的大宁创芯助推器获静安区首批大企业开放创新加速器授牌；与公安部三所、上海电信共同建设的大宁数字化安全中心启动仪式暨"护航数字新征程、共铸信息安全城"网络安全大会于12月1日举办；携手深圳云天励飞打造大宁中心广场（二期）智慧园区，并接入区"一网统管"城运平台；此外，还举办汽车电子产业联盟投融资专委会工作会、"银企融合，资本赋能"——静安大宁功能区科创企业金融服务对接会、大宁创"芯"论坛等多场主题论坛活动。全年新引进科创企业120余家，大宁功能区已集聚科创企业342家，其中高新技术企业134家、市级专精特新企业34家。全年配合区文旅局新引进影视企业14家，累计吸引338家影视企业入驻；新引进电竞企业6家，已有44家头部电竞企业入驻。功能区内入驻的影视企业完成立项影片18部，上映影片5部，票房超20亿元。7月，集团收购上电影业股权，与上海大学电影学院在多个领域展开合作，加强产教融合。

4月4日，深圳云天励飞技术股份有限公司在上交所科创板上市　　　　　　　（大宁集团　供稿）

2023电竞上海大师赛于12月1日至5日升级回归,并将于未来五年继续落户静安大宁,中央广播电视总台首次参与主办电竞赛事。
(魏丽娜)

【优化营商环境】 年内,大宁集团围绕年度招商指标,招大引强。集团全年完成区级税收7.54亿元,比上年增长17.82%;大宁功能区完成区级税收21.56亿元。共引进项目1004户,其中跨国地区总部2户、千万元级企业14户、百万元级企业80.5户,新增"亿元楼"2幢。大宁功能区全年共引进项目2422户,其中跨国地区总部2户、千万元级以上企业22.83户、百万元级企业123.5户,均超额完成全年目标。大宁音乐广场开业七周年,商场注册会员超37万人。大宁中心广场、宁汇广场等办公楼宇出租率保持平稳,园区属地率稳步提升,大宁星光耀办公楼、大宁商务中心属地率达100%。东方明珠欧洲城于12月底完成减资收购。
(魏丽娜)

【深化载体开发建设】 年内,大宁集团深化城市更新,实现功能区"软硬"实力双提升。238街坊零星旧改项目,静安区天目社区C070102单元07-03地块住宅项目按计划进度推进。宁嘉馨苑项目于2023年11月完成全部施工。新建472街坊公共绿地和地下空间开发项目于8月结构封顶并通过验收。彭盛菜市场回迁平稳过渡;宝德菜市场完成改造升级;平顺菜市场被评为"2023年市政府为民办实事项目示范性智慧菜场"。大宁功能区2023上海静安女子半程马拉松于4月22日在大宁公园最美赛道开赛;12月8日,全市最长的"智慧跑道"在大宁公园投入使用。
(魏丽娜)

(六)上海静工(集团)有限公司

【概况】 2023年,上海静工(集团)有限公司(简称静工集团)围绕"新发展理念"的决策部署,结合企业战略定位与主题教育工作,聚焦综合改革、招商引资、机制建设、民生保障,较好完成全年各项指标任务。集团公司结合区位条件和集团实际,进行新一轮综合改革。建立以完善合规制度体系、优化招商运营模式为核心,以扩大服务辐射能级、提升资本管理效能、加强创新赋能发展为抓手的"4-5-6"(4个板块、5个职能部门、六大公司)模式。该模式对资源进行优化整合,形成招商运营、工业制造、托幼托育、托管托养四个互相独立的业务板块。"八佰秀"园区主办上海国际设计节,以"共生·智汇"为主题,提升园区知名度和影响力,促进园区文创生态圈建设。H951园区成功引进上海景莱酒店管理有限公司总部,为静安区引入优质税源。以"总部办公+配套商业"为定位的安远路899弄改造项目开展前期方案咨询工作,为拿地后项目方案获得批复打下基础。物业公司在原有管理基础上提高管理能级,完善安全生产管理制度,适时更新升级老旧设备,所辖工程项目立项开工11项。投资公司通过资产管理部和投资运营部两大抓手,做好零星房日常运营管理与静进宝基金投后退出监督,接管管理部房产管理、股权管理职能。新中厂拓展国内、国外2个市场,乘着"一带一路"政策东风,获得赞比亚项目等海外项目加持;并做好公司制转型工作,经济效益实现稳定增长。方霄公司、静创公司、劳服公司、运输公司开展归口合并管理,4家公司合并后,以方霄公司为上述企业集中统一归口管理单位,成为具有集团公司退管会下属退管办职责的平台企业。申静商业服务有限公司完成和托幼管理中心全面合并,以申静商业服务有限公司的管理运营团队对下属各园所负责统一管理、考核、市场营销等;围绕"静工翌园"品牌,加强市场调研与分析,结合社区"宝宝屋"政策,做好普惠性托育点开办工作和招生工作。以建立健全产权清晰、权责明确、管理科学的现代企业制度为方向,开展系统制度规范改革。加强安全生产与信访稳定工作,保障企业正常运转。
(王烨)

【静工集团开展新一轮国企改革】 年内,围绕区委、区政府与国资委关于国资国企改革的有关精神与要求,在巩固国企改革三年行动成果基础上,静工集团推进国企改革深化提升行动,以更大力度、更实举措推进各项工作,构建招商运营、工业制造、托幼托育、托管托养四大业务板块。集团公司专门成立静工集团综合改革工作领导小组,下设党建工作专班和企业运营工作专班。各项改革工作在不同条线、不同业务板块得到稳步落实,并在降本增效、破除分散化管理、提高效率方面取得良好效果。(王烨)

【"800秀"——上海国际设计节举办】 年内,上海国际设计节以"共生·智汇"为主题,在为期近1周的国际设计节期间,融合最新、最热门、最潮流的主题论坛和展示,例如元宇宙大会、可持续商业论坛、第十届景观论坛等,众多行业领头企业、领军人物,知名设计公司及国际院校参与其中。秀场商业活动亮点纷呈。2023秋冬上海时装周、2024春夏上海时装周KIDS WEAR童装发布分别于3月和10月举办,集中展示潮流的国际时尚童装。小鹏汽车"行云直上"2023技术架构发布会,带来高端电动汽车智能出行的领先体验。欧莱雅创新策划大赛为年轻人提供创意输出的舞台、商业解决方案落地的平台。11月,以"闪耀的品质:为人与环境设计"为主题的第八届意大利品牌设计展,聚集一系列知名意大利品牌。全年八佰秀秀场共举办18场各类形式多样的活动。

(王烨)

【"招商运营"闭环管理系统构建】 年内,根据双循环发展格局下的新趋势和静安区经济结构转型新要求,静工集团结合自身优质空间资源,以"静工创意800秀"品牌效应为引领,带动集团招商引资,主动承接南西功能区及苏河湾功能区楼宇及园区的溢出,建设投资园区载体、招商招租、运营服务无缝衔接的闭环管理系统。其中上海静工投资顾问有限公司为载体投资平台,上海长翎管理咨询有限公

上海国际设计节现场 (静工集团 供稿)

司为招商招租平台，上海静工物业管理有限公司为运营服务平台。

（王烨）

【静工集团内控制度体系完善】 年内，依据区国资委要求和优化整合需要，静工集团完善内控组织架构与制度建设。将原有的9个职能部门整合为5个职能部门，突出管理、统筹、协调、推进、服务、监管等职责，促使管理通畅、贯彻有方；开展系统制度规范改革，力图在制度调整基础上完成立改废释，整合碎片化的零散规定，确立集团一级管理制度51项；通过全面预算管理，推动企业内控制度的完善和全面风险管理体系的建立，实现以全面预算管理为主线的企业内部信息资源共享、动态监控和可视化管理，提升工作效率和数据信息质量；实现财务和审计人员集中管理，建立统一的财务人员管理、培训和考核体系。

（王烨）

【调查研究成果转化工作】 年内，根据市委、区委大兴调查研究部署要求，静工集团领导班子成员陆续开展调研走访活动，通过深入基层、深入一线、深入群众，聚焦研究解决涉及发展稳定的深层次关键性问题、具有普遍性和制度性的问题等，形成一批有温度、有质量、有实效的调研成果，总结提炼、复制推广有效经验做法及典型工作案例，推动主题教育与中心工作紧密结合、深度融合。

（王烨）

【工业制造综合竞争力提升】 静工集团下属上海新中冶金设备厂作为静安区内科技"小巨人"企业，是冶金设备行业中为数不多的小型公有工业制造企业，也是连铸坯火切机国家标准的制定企业。年内，凭借"新中•智造"金字招牌，上海新中冶金设备厂凭借雄厚的技术实力、显著的创新成果、领先的智冶方案成功通过复核，继续在"专精特新"中小企业名单中榜上有名。为克服钢铁寒冬的低迷形势、完善国有企业法人治理结构体系，新中厂开展公司制改革，将企业类型由集体所有制企业变更为有限责任公司，目标从传统制造业企业向以设计为主、创新服务为辅的智造企业转型，从机制上提升企业核心竞争力。

（王烨）

【精品幼教事业】 年内，静工集团下属托幼园所进行公司化转型，通过对下属托幼园所进行统一运营管理，理顺托幼园所隶属关系及管理体系，弥合管理裂缝、提高管理效率。除机制调整之外，申静商服（中心）还争取区教育局、各街道支持，尽可能与所管园区融合，坚持把园所建在小区、嵌入网格、融入园区，实现"幼教-区域-服务"三环节同频共振，尽可能提升园所生源数量。根据静安区托育服务三年行动计划，华业托儿所、良清托儿所继续与南京西路、石门二路、江宁路街道合作，承接普惠性托育点项目。9月，华业托儿所、余姚托儿所相继承接开办南京西路、曹家渡街道嵌入式"宝宝屋"托育服务点。

（王烨）

（七）上海苏河湾（集团）有限公司

【概况】 2023年，上海苏河湾（集团）有限公司（简称苏河湾集团）深入实施"一轴三带"发展战略，推进国资国企综合改革，依托苏河湾建设管理委员会平台，发挥区域"服务商""运营商"功能，加强统筹协调，加大开发力度，做实主业经营，打造高质量滨水商务集聚带。全年累计完成营业收入7413.73万元，实现利润总额372.51万元，上缴税金3529.99万元。年内，苏河湾集团推进产业集聚、项目代建、地产开发、城市更新等板块重点任务。实施招商引资倍增计划，招大引强，强化战略招商、精准招商，实现量质齐飞。Coach母公司Tapestry集团亚太总部、德国知名企业海格电气、瑞典摄影博物馆Fotografiska等优质企业相继落地苏河湾区域。全年苏河湾功能区累计产税116.20亿元,比上年增长14.71%;累计实现区级税收41.41亿元,比上年增长4.05%;区域内税收"亿元楼"20幢。根据区重大办要求,推进房修房建和道路代建等工程项目建设。参与苏河湾区域土地开发建设,推进中兴社区313-07地块(市北高中东)项目建设。承担静安区第一批零星旧改中的青云路宝昌路、264街坊及王家宅路34弄零星旧改工作,项目总投资约83亿元。推进苏州河沿线(静安段北岸)建筑外立面综合整治工程、静安区工人文化宫(北宫)新建工程、静安区看守所改扩建工程、大宁路街道慧芝湖邻里中心及居委会维修工程、天目西路派出所改建工程等7个房修房建类代建项目,总建筑面积23.22万平方米,总投资7.9亿元。南北通道二期工程(中山北路—芷江西路)、平陆路(汶水路—永和路)新建道路、北苏州路(浙江北路—福建北路)道路新建工程等3条市政道路建设重点项目竣工通车,其中平陆路工程、北苏州路工程相继被纳入"上海市基础设施设计指南优秀案例工程",北苏州路工程成为全市首个完成线性工程竣工规划资源验收"多测合一"试点项目。扩大示范效应,做优做强产业园区运营管理。深耕专业服务,运营中国上海人力资源服务产业园主园区,被确立为"上海市服务业创新发展示范区";培育科创动能,运营云华科技创新创业园区,首批被认定为"上海市科技服务业发展示范区",深化"一器多基地"建设,推进苏河湾科技服务业核心区建设。履行苏河湾建设管理委员会办公室职能,协调推进宝丰苑养老院、华兴新城等17个区域重点功能性开发项目,总量达209.26万平方米(商办81.87万平方米、住宅121.17万平方米),全年实现开工项目8个,建筑面积84.29万平方米,实现竣工项目4个,建筑面积21万平方米。提升滨河空间品质,选定苏河湾东部核心区域0.87平方千米,完成上海市绿色生态城区创建工作。推进天星大厦城市更新改造以及福新面粉厂、会审公廨等历史保护保留建筑修缮维护

和活化利用等。拓宽宣传渠道,提升苏河湾品牌知名度。2023年是苏河湾品牌建设年,先后举办静安楼宇月月推苏河湾专场、欧美同学会、中欧AMP校友企业走进苏河湾等"走进系列"主题活动,以及年度重量级活动"奔流计划——两河对话"启动仪式暨上海论坛、全球财富管理论坛·2023上海苏河湾大会、桨板公开赛、上艇公开赛、"Shining Shanghai"2023静安国际光影节等众多大型产业论坛和文体赛事。苏河湾功能区全年共举办各类活动52场,覆盖企业794家次、1302758人次(含光影节全时段客流总量),共有45家媒体报道300次。 (王乙静)

【王益群走访调研静安新业坊】 1月30日,区委副书记王益群一行到静安新业坊园区调研,深入科创文创产业和科技孵化一线开展走访慰问,并与园区相关负责人开展座谈会,听取工作计划。区领导一行到静安新业坊园区,实地走访园区文创企业——上海东方传媒技术有限公司、中创文旅,科创企业——佳能光学设备(上海)有限公司,调研企业服务工作,支持企业创新发展,增强企业发展信心。苏河湾集团董事长朱明胜、总经理韩益和区商务委、临港集团等相关负责人陪同调研。 (王乙静)

【苏河湾建设管理委员会会议】 3月17日,苏河湾建设管理委员会会议在苏河湾集团召开,区委副书记、区长王华主持会议并讲话,副区长李震、张军参加会议。会上,苏河湾管委办汇报近期工作情况和下一步计划,管委会成员单位围绕2023年推动苏河湾滨水商务集聚带高质量发展的重点工作安排,就提升区域品质、品牌形象和运营能力,推动招商引资和产业集聚等工作进行交流发言。王华对管委办在推动区域高质量发展中作出的努力表示肯定,强调要认真贯彻落实市委、市政府关于苏河湾区域发展的要求,坚定不移实施"一轴三带"发展战略,将苏河湾打造成世界级滨水中央活动区,并对下阶

段工作提出要求。　　　　　　（王乙静）

【"上海市科技服务业发展示范区"揭牌】4月14日,以苏河湾功能区为核心区域的"上海市科技服务业发展示范区",在静安区苏河湾功能区正式揭牌。市科学技术委员会副主任谢文澜、副区长张军为示范区揭牌。静安区将依托"上海市科技服务业发展示范区",打造新兴技术策源高地、创新要素集聚高地,建设世界知名、全国领先的新兴产业创新发展先导区、应用融合示范区的高品质载体。苏河湾集团与国控达晨、和电融建、广州集妍等9家知名科创企业签订落户苏河湾协议;静安国家级孵化器与联合国工业发展组织全球创新网络项目上海全球科技创新中心、阿斯利康上海国际生命科学创新园签订战略合作协议,宣布将共同联手打造全球科创中心的核心节点,推动形态多元、内涵丰富的"总部经济",繁育"总部增能+科创赋能"的融合发展新模式。静安区政府相关产业部门负责人共同为上海技交所、普华永道、上海外服、国控达晨、盈科律所等企业和机构颁发上海科技服务业发展示范区营商服务团服务证书。活动现场举行2023"创在上海"科技服务业专题赛启动仪式以及"集聚科技创新要素,助力区域高质量发展"企业对话沙龙活动,区科委、苏河湾集团、营商服务团和部分优质科创企业代表齐聚一堂,共同为推进"上海市科技服务业发展示范区"建设献计献策。　（王乙静）

【新党主席吴成典一行参访苏河湾】4月27日,新党主席吴成典率领新党参访团一行6人到上海参访。其间,参访区内四行仓库抗战纪念馆、苏河万象天地、慎余里、天后宫等静安区苏州河段沿线地标,感受上海城市发展成果,体会独具特色的城市风貌及历史底蕴。区委常委顾定鋆,区台办、区文旅局、苏河湾集团等相关人员陪同参观。　　（王乙静）

年内,南北通道二期工程(中山北路—芷江西路)竣工通车　　　　　　　　　　　　　　　　（苏河湾集团　供稿）

【静安区苏河湾党群服务中心启用】 4月28日,举行静安区苏河湾党群服务中心启用仪式暨"静邻一家·苏河荟"党群服务阵地体系发布会,位于苏河湾中心42楼、上海最高的云端"红色引擎"正式点燃。市经信委书记程鹏、区委书记于勇出席活动并讲话。华润集团群众工作部副部长黄先锋,市经信委副书记张义,区委副书记王益群,区委常委、组织部部长宋宗德,中共一大纪念馆馆长薛峰等出席活动。苏河湾党群服务中心采取"央地共建"模式,根据"组织联设、资源联享、活动联办、服务联动、发展联促"原则,在区委组织部指导下,由北站街道党工委和华润置地华东大区党委共同运营,内部设置"初心启航""红色苏河""润心学苑""青年驿家""一网通办"五大功能服务区域,常态开展"红色苏河"思政教育、"苏河行动"志愿公益、"苏河之声"文化乐活、"苏河讲堂"职业成长、"苏河家园"楼内共治等系列服务项目,是引领、发展、服务和凝聚党员群众的"红色"服务空间。 （王乙静）

【Coach母公司Tapestry入驻苏河湾中心】 5月10日,全球奢侈品头部品牌Tapestry集团入驻苏河湾中心,在新址举行地区总部办公室启用仪式。副区长张军到场祝贺,区商务委、华润集团和苏河湾管委会代表参加新址启用仪式。Tapestry大中华区总裁杨葆焱陪同各位嘉宾参观总部新办公室。杨葆焱表示,Tapestry进入中国、扎根静安已经10余年,旗下Coach、Kate Spade和Stuart Weitzman 3个品牌在中国市场都获得成长与突破。新址启用将成为企业一个新的里程碑式发展节点,Tapestry将会在未来继续开拓中国市场,为消费者提供别具一格的产品、服务与体验。 （王乙静）

【上海苏富比空间在苏河湾揭幕】 5月18日,全球艺术与奢侈品收藏平台领军者苏富比Sotheby's"上海苏富比空间"开幕。位于龙盛·福新汇的"上海苏富比空间"总面积约2000平方米。开幕当天,苏富比Buy Now"即时收藏"中文业务正式发布,并以收藏级手袋、珠宝、腕表、街头服饰为首发品类。该平台旨在丰富藏家的收藏形式、拓宽除拍场以外的收藏场景;并降低更广泛收藏爱好者的收藏门槛,实现从"好收藏不怕等"到"好收藏不必等"的延伸,满足藏家日益更迭的收藏需求。苏富比Buy Now微信小程序及苏富比中文官方网站Sothebys.cn双平台同步上线,均提供完备且便捷的即时收藏体验,并支持寄送。 （王乙静）

【2023"苏河湾"上海桨板公开赛】 6月10日,2023"苏河湾"上海桨板公开赛在苏州河静安区段举行。比赛吸引来自长三角地区的近300余名选手参赛。副区长龙婉丽,市船艇运动协会会长、立信会计金融学院副校长赵荣善等出席开赛仪式。赛事主赛场位于苏州河静安区段蝴蝶湾区域,设竞速赛、技巧赛、接力赛、巡游赛等竞赛项目。 （王乙静）

【"上海市服务业创新发展示范区"揭牌】 6月16日,"变革谋发展创新赢未来"静安区人力资源服务产业重大项目推进暨"梅园论剑"活动举行。区委副书记、区长王华与市人才服务中心党委书记林晓伟共同为中国上海人力资源服务产业园区获评"上海市服务业创新发展示范区"揭牌。王华向5家新引进的人力资源服务企业颁发"金钥匙"。活动中,区人力资源和社会保障局介绍2023年上半年静安区人力资源服务业重大项目推进情况。 （王乙静）

【SUHE ONE苏河湾企业家联盟成立】 6月20日,苏河湾企业家联盟成立仪式暨"国际企业家话苏河——打造世界级滨水区"企业家交流会,在苏河湾中心举行。区委副书记、区长王华出席活动并讲话。市商务委副主任诸旖、副区长张军、新华社上海分社副社长肖春飞,与苏河湾功能区内的部分中外行业龙头企业代表参加活动。活动由苏河湾建设管理委员会、新华社上海分社、华润置地主办。苏河湾企业家联盟，由苏河湾功能区内的商贸、金融、专业服务、科技创新、文化创意、生命健康等领域的中外龙头企业，以及关心支持苏河湾区域发展的重要企业组成。联盟将紧扣苏河湾区域产业升级，以总部集聚、立足静安、面向全球为目标，共同推进苏河湾"世界级滨水区"建设。活动现场，分别举行苏河湾企业家会客厅"SUHE ONE SPACE"、上海市外国投资促进中心苏河湾服务点、"新华社InShanghai@SuheOne"演播室揭牌仪式。普华永道中国管理合伙人黄佳在分享交流环节发表《比肩世界水岸城市打造苏河湾世界级滨水区》主旨演讲。随后举行的"国际企业家话苏河——打造世界级滨水区"企业家交流会上，阿斯利康全球执行副总裁王磊、联博中国区副总经理宋婷婷、Fotografiska董事总经理Christian Devillers、科蒂中国总经理陈旻、仲量联行战略顾问部中国区董事总经理徐岱雄等知名企业高管，对苏河湾地区浓厚的历史文化底蕴、充满活力的创新创业环境予以赞扬，并为苏河湾打造世界级滨水区出谋划策。 （王乙静）

【"艺术苏河"启航仪式】 7月16日，区委副书记、区长王华，百联集团有限公司党委副书记、总裁濮韶华，市文旅局副局长向义海，副区长龙婉丽等出席在苏河湾中心举行的"艺术苏河"启航仪式，共同见证"艺术苏河"品牌的扬帆起航。静安区将通过提升艺术资源禀赋，挖掘历史建筑价值，增加公共文化配置，举办文化节展赛事，吸引高端艺术产业，推进苏河湾文化艺术生态建设，使苏河湾地区成为上海艺术地图中重要组成部分。为打响"艺术苏河"品牌，静安区将围绕联盟共建、载体共享、品牌共创、宣传共推、政策共申5个方面，建设苏河湾艺术生态高地。 （王乙静）

【苏河湾功能区党建联盟成立】 8月29日，"奋楫苏河，静邻行动"静安苏河湾功能区党建联盟成立仪式暨2023年静安区区域化党建工作推进会在苏河湾党群服务中心举行。区委书记于勇，市委组织部部务委员、市社会工作党委副书记徐树杰出席活动并讲话。区委副书记、区长王华，区委常委宋宗德、王翔、高飞、莫亮金、傅俊、梅广清、陈志忠，以及上海大学、南京市人民政府驻上海办事处、上海自然博物馆管委会、苏河湾集团、华润集团等相关负责人出席。活动中，王华为智库专家代表颁发聘书。现场启动静安区党建智库赋能街镇结对。静安区建立区域党建智库，邀请来自复旦大学、上海交通大学等高校的知名教授担任专家。成立由领衔专家牵头的课题组，与14个街道（镇）全覆盖"一对一"结对共建，为全区基层治理工作把脉赋能，打造一批可复制、可推广的静安基层治理样本。活动围绕初心传承、文旅休闲、科技创新、营商发展、民生服务、精细治理等工作方向，发布以"静听、静览、静创、静育、静享、静聚"六大系列为引领、以23个区域重点项目为支撑的滨水党建项目矩阵，推动各区域单位多元协同、跨界联动，共同擘画善治图景，把"我与苏河湾"变为"我们的苏河湾"。现场进行重点项目签约。在"解码苏河"主题访谈环节，嘉宾共话如何从临水到乐水，共同展望苏河未来发展、共同助力打造世界级滨水中央活动区。现场还举行区域化党建三张清单发布仪式。 （王乙静）

【2023上海赛艇公开赛】 于9月16日至17日在苏州河水域举行。市长龚正出席开幕活动。赛事口号为"艇力潮头"，来自世界各地的赛艇运动员齐聚上海，同场竞技。该届赛事升级扩容，除高校组、俱乐部组外，新增精英组和青少年组赛事，强化专业性。共有51支八人艇队伍、10支四人艇队伍，以及14名单人艇运动员参赛，总人数近700人。赛事全程4.2千米，出发点设在静安区普济路桥至安远路桥间，

终点为外白渡桥。静安区涉及80%赛程,且是唯一兼顾赛道两岸的行政区域,沿途经过12座桥(安远路桥—普济路桥—昌平路桥—恒丰路桥—成都路桥—新闸路桥—乌镇路桥—西藏路桥—浙江路桥—福建路桥—山西路桥—河南路桥),河岸依次接壤江宁路街道、石门二路街道、天目西路街道、北站街道4个街道辖区。　　　　　　(王乙静)

【"苏州河对话塞纳河"中法人文经贸交流】 9月21日,"奔流:从上海出发——全球城市人文对话"(简称"奔流计划")启动仪式暨首季上海论坛在上海总商会旧址拉开序幕。"奔流计划"以水为题,以河为媒,对话世界,推动上海每年与一座国际大都市展开深度对话,旨在通过开放、务实、跨界、持续的对话,厘清全球城市面临的共同挑战与机遇,构建全球城市协作网络。"奔流"首季由静安区政府、市"一江一河"工作领导小组办公室、市地方志办公室支持,上海报业集团、市对外文化交流协会主办,澎湃新闻、苏河湾集团承办,法国驻上海总领事馆特别支持。以"更新与相逢:当苏州河遇见塞纳河"为主题,涵盖城市更新、滨水区域治理、经济可持续发展、文化创新等重要议题。首季上海论坛邀请中国城市规划设计研究院原院长李晓江、法国城市规划师埃里克·丹尼尔·拉孔贝发表主旨演讲,12名来自文化界、商界、学界的中法嘉宾对双城在人文、科创、生态等方面如何碰撞交流提出真知灼见。普华永道在论坛现场发布《世界级滨水区发展研究报告》,展现建设高品质滨水区的"上海方案"。9月22日晚,举办"奔流水上音乐会",通过中法音乐人艺术交流展现上海苏州河沿岸风采,营造中法人文交流氛围。　　　　　　　　(王乙静)

【2023静安国际光影节】 "Shining Shanghai"2023静安国际光影节于9月26日在苏河湾万象天地天后宫拉开帷幕。国际光影节为期11天,以"点亮城市之光、赋能城市更新"为主旨,以慎余里、天后宫、上海总商会旧址、静安大悦城等地标建筑为"点",演绎多场沉浸式互动建筑光影秀。国际光影节期间,全网推送光影节相关信息64469条,总点击量逾20亿次。其中抖音平台点击量超过8.7亿次,小红书平台点击量超过4.5亿次。国际光影节通过396场光影盛宴、十大主题日、36场活动聚客引流,吸引和带动周边商圈的娱乐、餐饮、购物、会展等消费人群。2个路段全时段总客流共计131万。苏河湾万象天地内场日均客流量突破5万,单日客流近9万,创历史新高。静安大悦城日均客流超8万人次,较上年增长近120%。国际光影节区域销售额呈现明显增长,多个品牌业绩位列同城及区域第一。场内商户整体日均销售较平日提升1倍以上、较周末提升30%以上。　　　　　　　　(王乙静)

【全球财富管理论坛·2023上海苏河湾大会】 10月21日至22日,以"金融助力经济复苏与全球合作"为主题的"全球财富管理论坛·2023上海苏河湾大会"在静安区举行。大会由市金融工作局、静安区政府作为指导单位,由清华大学经济管理学院提供学术支持,由上海国研财富管理研究院、上海苏河湾(集团)有限公司联合主办,申万宏源证券有限公司作为战略合作单位,中关村国研财富管理研究院作为支持单位。共举行1场全体大会、6场主题论坛、4场闭门会议以及1场高端对话。"上海国研财富管理研究院"在大会上揭牌,全球财富管理论坛理事长、中国财政部原部长楼继伟,市政府副秘书长王平,区委副书记、区长王华出席并为全体大会致辞。中国财富管理50人论坛理事长、原银监会主席、证监会原主席尚福林,亚洲国际法律研究院联席主席、香港证监会前主席梁定邦等嘉宾在全体大会上作主题演讲。顾云豪、丁宝定、宋宗德等静安区领导出席。在各场主题论坛环节,来自安联投资、安本集团、中保投资、友邦保险、交银理财等机构的负责人，围绕全球经济复苏的挑战与应对、金融业未来趋势与发展展望、当前形势下长期资金管理的机遇与挑战、金融支持构建可持续未来等各方共同关心的议题展开深入交流与探讨。　　　（王乙静）

【Fotografiska影像艺术中心亚洲首馆开馆】　10月21日，全球规模最大影像之家Fotografiska的亚洲首馆——位于静安区苏河湾功能区的Fotografiska影像艺术中心，向公众正式开放，开放当日还举行"冯立：白夜幻境""爱德华·伯汀斯基：抽象与改变的景观""范西：模拟游戏""杨嘉辉：96和弦空间变奏"等4名中西方影像艺术家的影像作品开幕展览。作为亚洲首馆的Fotografiska影像艺术中心，坐落于上海苏州河畔，由始建于1931年的历史建筑百空间光三分库改造而成，总面积4600余平方米。在该中心不仅能看到世界级影像艺术表达，还有丰富的艺术活动、露天酒吧、空中花园、冰激凌店和咖啡厅、餐厅等。　　　　　　　（王乙静）

【苏河湾集团连续第二年亮相"进博会"】　11月5日至10日，苏河湾集团携手包括摹根麦肯立、任仕达、科锐国际、米高蒲志等区域内15家人力资源服务机构组团参加第六届中国国际进口博览会，系苏河湾集团第二次以组团参展方式亮相"进博会"。苏河湾展区名为"SUHEWAN全球人力资源服务联合展区"，展区以"才聚苏河，智汇进博"为主题，集中展示园区企业的新产品、新服务以及苏河湾区域的发展情况。11月8日，苏河湾功能区第六届"进博会"推介会在国家会展中心（上海）8.2服务贸易展区的"SUHEWAN全球人力资源服务联合展区"举行。区人力资源和社会保障局、区金融办、宝山路街道、芷江西路街道、天目西路街道、北站街道等部门及区内12家企业代表参加推介会。普华永道综合商务主管合伙人唐慈明在推介会上发布《世界级滨水区总部经济发展报告》。结合企业在苏河湾区域的发展，泰佩思琦（Tapestry）集团中国区副总裁周广华，美守安管理（上海）有限公司董事长菅匡彦，云月投资管理（上海）有限公司副总裁、UCCA Edge总经理郑俊跃作为苏河湾区域重点产业企业高管代表，分享他们眼中的苏河湾。　　　　　　　（王乙静）

（八）上海新静安（集团）有限公司

【概况】　2023年，上海新静安（集团）有限公司（简称新静安集团）按照区委、区政府推进"一轴三带"发展战略，落实"实现新作为、开创新局面"要求，围绕企业"立足静安、围绕主业、双轮驱动、多元发展，朝着规范化、精细化、专业化发展"指导思想，完成全年各项经济目标和工作任务。全年完成营业收入6.62亿元，利润总额2.32亿元，税后净利润1.72亿元，上缴各类税金1.54亿元，其中区级税收0.94亿元。（刘文炜）

【静安区73街坊北地块项目快速推进】　1月，启动东区土方开挖；6月，完成五层支撑、开挖东区及底板浇筑；10月21日，东区地下室结构回筑施工完成B0板；12月下旬，完成东区全面出正负零零线（±0.00标高线）。8月，启动西区土方开挖；9月21日，项目整体土方开挖全部完成；10月5日，完成西区底板浇筑。10月24日，1号楼出正负零零线（±0.00标高线）；11月24日，西区全面出正负零零线（±0.00标高线）。　　　　　　　　　　　（刘文炜）

【静安区73街坊南地块项目实现开工】　2022年8月24日，新静安集团取得市发展和改革委员会完成静安区江宁社区C050201单元047-3地块（73街坊南）上海市企业投资项目备案证明。同年12月12日，取得静安区江宁社区C050201单元047-3地块（73街坊南）建设用地规划许可证。2023年12月12日，取得静安区江宁社区C050201单元047-3地块(73街坊南)方案批复。同年12月20日,取得静安区江宁社区C050201单元047-3地块(73街坊南)桩基建设工程施工许可证。同年12月27日,区重大工程——江宁社区C050201单元047-3地块(73街坊南地块)项目开工。 (刘文炜)

【承接并启动静安区76号街坊一二级联动开发】 1月,完成项目公司(上海淇铭成和置业有限公司)筹备及工商注册工作;7月27日,增加注册资本5000万元,注册资本增至1亿元。5月4日,取得《上海市静安区人民政府关于上海淇铭成和置业有限公司参与76街坊零星旧改项目旧区改造的批复》。6月1日,取得《关于同意向上海淇铭成和置业有限公司出具〈旧区改造项目地块预供地意见书〉的批复》。6月5日,取得静安区76街坊旧区改造地块预供应意见书。 (刘文炜)

【静安区76街坊零改征收项目完成征收】 4月4日取得《上海市住房和城乡建设管理委员会关于确认静安区2023年零星旧改地块房屋征收范围的复函》;4月10日,取得《上海市静安区人民政府关于确认静安区76街坊零星旧改项目房屋征收范围的批复》。5月29日,新静安集团完成征收范围定界等工作。静安区76街坊零改征收基地共有居民667证、单位42家。4月29日,第一轮意愿征询以98.3%同意率通过。8月26日开始第二轮征询和签约工作。8月26日签约首日,完成签约707证,以99.72%签约率达成生效。9月7日,完成100%签约。 (刘文炜)

【静安区86号地块静安老年健康中心项目结构封顶】 年内第一季度完成地下二层结构;5月底,出正负零零线(±0.00标高线);10月底,2号楼结构封顶;11月底,1号楼结构封顶;12月底,3号楼结构封顶。该项目工地获评2023年上海市文明工地。 (刘文炜)

【彭浦新村街道社区卫生服务中心分中心项目开工】 年内第一季度取得项目桩基施工许可证;4月8日,启动桩基施工;6月底,取得主体工程施工许可证并完成桩基施工。9月,项目正式开工;12月,完成围护结构施工及首道支撑。 (刘文炜)

【市社保中心沪太路1026号、1028号办公楼特殊装修工程竣工验收】 年内第一季度完成结构加固;5月,完成水电安装;6月底,设备安装基本完成;9月底,项目竣工;10月底,项目验收。 (刘文炜)

【共和新路街道延长中路755号社区党群服务中心(文化活动中心)装修工程竣工验收】 年内第一季度完成该项目报建;5月19日,取得施工许可证,正式开工;12月14日,取得项目竣工备案证明。
(刘文炜)

【高景花园长租公寓项目实现租赁运营】 高景长租公寓项目位于高泾路999弄,共4868平方米。项目分两期进行改造装修。7月,全面完成并投入租赁运营,当年整体出租率达90%。 (刘文炜)

【外地项目整体租赁实现突破】 7月,佛山市恒安置业有限公司与佛山一家整形美容医院就环球国际广场裙房3-4层商场(面积11254.07平方米)签署租赁合同。11月,天津光大静安有限公司与天津一家酒店管理有限公司就静达大厦2号楼北楼(面积11198.94平方米)签署租赁合同。2个项目建成后,空置多年问题得到解决。 (刘文炜)

【上海宏安瑞士大酒店成功发行债券】 7月13日,上海新静安(集团)有限公司上海宏安瑞士大酒店资产支持计划(CMBS)成功发行。债券简称:新静安集团-上海宏安瑞士大酒店资产支持专项计划。主体和债项评级AAA。发行规模12.81亿元。债券期限12年。票面利率3.10%。全场倍数2.11倍。(刘文炜)

(九)上海城市发展(集团)有限公司

【概况】 2023年,上海城市发展(集团)有限公司(简称城发集团)把握高质量发展首要任务,提信心、稳增长、促发展。全年实现营业收入12.14亿元,归母净利润5445.21万元。围绕打造"国际静安,卓越城区"目标,提升城区保障能力,推动企业提质增效。

(胡亦斌)

【打造高品质市容环境】 年内,城发集团新创建"一河两岸"(苏州河南北两岸)综合养管和大宁音乐广场等3个"高标准保洁"区域。年底,全区建成13个"高标准保洁"区域,面积82.8万平方米,达到道路保洁总面积20%,在全市排名第四。完成24小时开放公厕44座,适老适幼化公厕15座。中兴公园公厕、万象天地公厕、广场公园公厕被评为"最美公厕",曹家渡绿岛公厕获"特色厕所"最佳科技智慧奖,位列全市第一。

(胡亦斌)

【推进装修(大件)垃圾收运新模式】 年内,城发集团按照固定装修垃圾箱房、临时交付点和"以箱换箱"等三种模式,实施装修垃圾收运"一小区一方案",采用统一预约收运系统全闭环管理。新模式覆盖率达90%以上,在全市排名第一。

(胡亦斌)

【完成市政工程任务】 年内,城发集团完成17条道路大中修、42项架空线入地、合杆整治工程。推进"清管工程",保养下水道约920千米,清捞检查井约4.8万座、进水口约5.5万座,启动第一批17处沿街住宅小区雨污水分流改造工程。

(胡亦斌)

【提升城区景观品质】 年内,城发集团完成广场公园(静安段)改造工程,于7月1日正式向市民开放。建成曹家渡中心绿岛、南京西路青海路公共绿地(拾影花园)约0.5万平方米,提升绿地观赏性。营造特色绿化景观,全年种植时令花卉47万余盆、草花96万余棵。

(胡亦斌)

【加强物业管理】 年内,城发集团在管基地27幅,以加强保护建筑看护及坍塌房屋风险巡查为重点工作,确保基地管理平稳、安全、有序。优化运营方案,提高出入库效率,有效应对铁路上海站客流高峰历史极值。

(胡亦斌)

【加快数字化转型】 年内,城发集团制订集团《推进数字化转型的实施意见》,成立集团数智研究中心,统一集团数字化系统平台建设,形成平台数字集约化管理机制。打造"1+4+X"数字底座,构建"一级平台、二级板块、三级场景"顶层架构,为集团科学精准决策提供支撑。集团装修垃圾不落地项目获评静安区数字化转型应用场景优胜奖。

(胡亦斌)

【探索拓展新业务】 年内,城发集团在环卫经营板块巩固住宅小区覆盖率,拓展非住宅领域装修垃圾清运和病媒生物防治,主动对接牛奶盒精细化收运和小型医疗机构医废清运扩容。市政和绿化板块依托品牌和技术优势,拓展市场项目和区外业务,弥补传统养护经费减少。物业板块承接商品住宅小区和体育公园物业管理。

(胡亦斌)

(十)上海静安置业集团有限公司

【概况】 2023年,上海静安置业集团有限公司紧扣"历史建筑的守护人、城市更新的领跑者、社区生活的服务者、后街经济的引领者"战略定位,以"焕新"

理念统筹推进政府交办任务和企业经营管理工作。全年实现营业收入12.29亿元、归母净利润0.05亿元、主业利润-0.15亿元、归母净资产收益率0.06%。集团获评2023年度上海市重点工程实事立功竞赛先进集体,以上海第2名、全国第31名的名次入围全国首席质量官质量变革创新典型案例,并获2023年全国"质量月"苏浙皖赣沪企业首席质量官质量变革创新典型案例50佳荣誉。 （邹逸雯）

【推进张园项目】 张园西区自2022年11月27日揭幕以后,累计入驻迪奥、路易威登等16个国际知名品牌,联动茂名北路举办品牌首秀、首发及各类文化艺术活动60余场,其中"六幕拾光·张园百年"主题光影秀得到央视新闻频道、央视综艺频道、新华社等宣传播报;"街头有噱头"北面滑雪快闪赛在央视综合频道晚间新闻中亮相报道。至2023年底,张园西区累计接待国家相关部委、各省市政府、各级委办局、国内外企业机构等800余批次、近15000人次参观考察;年内日均人流量达3万人次、单日峰值达8万人次。张园东区全面展开平移及桩基施工,年内完成14栋房屋平移至中间址,其中9栋房屋采用国内最先进的步履式平移技术;推进东一区桩基围护施工,中区平移房屋基础加固桩基完成100%;完成公惠医院附楼临时通道开通,以及115-07地块（原公惠医院通道）市政综合管线及路面建设。此外,张园文化建设取得实质进展,包括完成张园文化发展行动计划编制、打造张园全媒体平台、建成启用安垲第——张园海派文化交流中心,引入上海博物馆、上海东方报业成为"张园文化合伙人";举办"甦生·再生·共生——城市更新主题展"和"共生·共享·共为——2023澎湃城市更新大会",张园成为澎湃城市更新大会永久会址以及首个澎湃城市更新示范区,获评澎湃城市更新高质量发展榜样奖、WWD HONORS年度时尚零售产业成就者、The Best BANG Awards 2024年度时尚文化艺术地标等称号。 （邹逸雯）

【历史建筑保护修缮】 年内,静安置业集团完成苏河湾沿线综合整治（二标段）——光复路195号（四行仓库光二分库）、巨鹿路（常熟路—富民路）提升改造、静安区不可移动文物"一点一测"五期等重点战略项目;推进"五卅运动初期上海总工会遗址"（宝山里1号）、巨富国潮展示馆、福新面粉一厂旧址等历保、文保修缮项目。锤炼和传承修缮技艺,下属装饰公司揭牌成立技能大师工匠工作室,新增1名上海工匠、2名静安工匠、1间静安区工匠创新工作室,获评静安区品牌建设奖励单位;"上海石库门（木作）修缮技艺"入选静安区第四批区级非物质文化遗产代表性项目名录,"石库门里弄建筑营造技艺"入选第七批上海市非物质文化遗产代表性项目名录推荐项目;百年张园《提高屋面观感品质成优率》技术课题获上海市工程建设QC成果奖;张园西区保护修缮和更新工程获第四届上海市建筑遗产保护利用示范项目（活化利用类）。 （邹逸雯）

【物业服务优化升级】 年内,置业集团以物业劳动竞赛等为抓手,推进旧公房小区一体化及规范化、标准化管理进程,推动住宅小区硬件设施和管理水平双提升。适应城区数字化转型趋势,加快探索"物业+互联网",推动"易享家"平台及装修、零售等衍生服务产品落地;联合外部科技力量开展智慧物业项目运作,完成小区停车道闸智能升级,试点安装智能烟感、压力和振动传感器、地磁传感器等,在推动物业管理降本增效同时,优化居民物业服务体验。在区域运中心开展的"一网统管"应用场景交流分享活动中,集团下属静置物业参与的张园物联网BIM平台和易享家社区智慧物业平台分别获优秀案例奖和优胜奖。 （邹逸雯）

【商业地产运营】 年内,静安置业集团提升丰盛里-吴江路运营水平,对商户开展落位排列组合专项计划,优化调改租赁方案,成功引进飞利浦、红鲤乐团等符合消费趋势的体验、零售类业态,提升商圈人气,出租率达到95%以上;先后开展上海国际茶文化旅游节、环球好物嘉年华、"光明市集"等20余场线下推广活动,助力打响"上海购物"品牌,先后获全国商业街"先进集体"、"十佳优秀自律组织"、2023年度"五五购物促销费,文明静安我先行"先进集体等称号。推进静安寺广场项目,完成与苹果公司租赁场地交付,以及静安寺广场设备及管线整改工程、室内公共部位装修工程、下广场遗留项目施工等工作。

(邹逸雯)

【服务区域发展】 年内,置业集团完成年度招商引资任务目标,共引进税收千万元级以上项目3个,百万元级项目23个,一般项目448个。推进2023年度"美丽家园"项目建设,涉及4个街道、7个居住小区,建筑面积共7.21万平方米,受益居民1572户;完成康定路949号厨卫改造工程。完成常德路新闸路、华山路421弄、南愚万、胶州路319弄、轨道交通3号线和4号线宝山路站、北京西路1177弄及周边、石门一路、石门二路170弄及周边5个零星旧改征收项目,涉及居民800证、单位48证。参与"两旧"改造,成立集团零星旧改工作领导小组,对接启动愚园路627弄(30、31号)及常德路695号成套改建项目。践行住房保障职能,做好保障性住房筹措及受理和供后服务工作,推动昌化路600弄129套房屋成为公共租赁住房,丰富保障房源;完成宝山区、浦东新区惠南镇公租房装修及共和新路619弄公租房加装电梯工作,提升公租房品质。根据相关部门要求,配合推进轨道交通3、4号线宝山路站接轨改造工程;提前完成普善路643号清场工作。

(邹逸雯)

【筑牢安全稳定防线】 年内,静安置业集团压实安全生产和消防安全工作主体责任,健全安全事故隐患排查整治常态管理机制,落实综合治理和信访维稳工作。全年集团上下共开展安全生产检查4738人次,排查安全隐患1540处,发出整改通知162份,按期整改率100%;共办理"12345"市民服务热线工单707件、来信67件、来访135件、邮件69件,办结率均为100%。做好防台防汛工作,组织150人左右的应急队伍,并配足防汛物资,落实汛前、汛中、汛后各项工作,安全平稳度汛。

(邹逸雯)

(十一)上海凯成控股有限公司

【概况】 上海凯成控股有限公司(简称凯成公司)是静安区国资委下属国有独资公司。作为区属功能型企业,公司主业为养老事业与产业、旧改征收与服务和城市更新与建设。2023年,凯成公司围绕静安区发展战略,坚持"精、锐、善、和"的企业文化,完成零星基地征收2块,完成静安区代建项目23个,提升区域养老服务质量,探索物业新业务。

(洪艳丽)

【征收2块零星基地】 年内,凯成公司征收团队完成宝山路街道青云路宝昌路、264街坊及王家宅路34弄以及芷江西路街道238街坊2个零星地块的两清工作。明确把征收工作重心转移到化解历年征收(动迁)矛盾上的战略部署,事务所成立矛盾化解专项工作小组,年内化解签约个案35件,"12345"市民服务热线信访接件384件,均在时间节点内答复处理。

(洪艳丽)

【代建项目23个】 年内,凯成公司承担代建项目23个,其中区卫生系统9个、区公安系统7个、区文旅局1个、区民政局1个、区体育局1个、区教育局2个、配合北横通道的隔声降噪改造工程1个、养老机构抢修工程1个。上述项目办理前期审批手续3个、在建3个、完工17个。2023年列入区重大办考核的重点工程4个,其中静安区区域医疗中心改扩建工程区域公共卫生中心封顶,能源中心施工完成;新建上海市静安区中医医院平型关路院区(暂名)工程完工并完成竣工验收;静安区全民健身中心新建工程和市北初级中学(分部)新建工程年底完成基坑土方开挖。

(洪艳丽)

【区域养老服务质量提升】 年内,凯成公司下属7家养老机构共收住长者926人,占总可用床位数的64%。爬楼机各服务站全年服务12112人次。护理站居家养老服务老人3950人,全年累计服务时长60万小时。长护险评估年内收到申请25716人次,完成评估24129人次。居家环境适老化改造完成734户。下属天目西养老院新增40张认知症床位,完成认知症专区改造收尾工作;和养老年福利院"智慧养老院"通过市级专家组现场验收。推进久合科技园养老项目装修工程、宝丰苑医养设施更新改建项目和新建北站新城养护院(暂名)工程项目建设;华兴新城养护院改扩建项目建筑工程综合竣工验收合格。

(洪艳丽)

【物业新业务探索】 年内,凯成公司下属联合产权公司筹备养老机构物业部,在公司自管的养老机构物业管理上开拓新路。8月,接管彭浦养护院物业服务工作,保安、保洁及工程维修等工作有序开展。年内,配合养护院接受消防、民政等部门检查接待任务。

(洪艳丽)

(十二)上海静安投资(集团)有限公司

【概况】 2023年,上海静安投资(集团)有限公司(简称静投集团)坚持深化国资国企改革,聚焦投资主业发展,打造区国有资本投资平台。推进"城市更新、投资管理、资产运营"三大板块建设,做强"静安投资"品牌,推动企业高质量发展再上新台阶。至年底,集团合并口径资产总额200亿元,营业收入1.86亿元,比上年增长28.24%,全年合计贡献税金9.89亿元。

(王希元)

【投资主业发展】 年内,区产业引导基金按照"政府引导、市场运作、分类管理、风险可控"原则运作,贯彻落实区委、区政府产业战略重点部署,引导优质项目开展投资合作,推动高新产业发展。至年底,引导基金公司实缴注册资本12亿元,实缴对外投资7.91亿元,账面净资产12.40亿元;管委会累计通过8支基金的投资方案,累计认缴投资规模11.5亿元。子基金投资领域覆盖数据智能产业、生命健康产业等区内六大重点产业。已完成签约实缴的7支基金中4支基金实现账面增值。注重发挥投资杠杆效应,推进被投基金招商、阶段性返投与税收落地完成情况。直接或配合引进重点企业数量超50家,其中含思朗科技等独角兽企业以及施罗德交银理财有限公司等千万元级税收规模企业,相关方提供招商线索超20条。至年中,根据企业申报并报区投资办核定,引导基金已签约的7支基金完成返投数累计超25亿元,为引导基金累计认缴规模的约2.5倍,直接带来新增落税累计金额合计超1.4亿元,为区内税收贡献超3亿元(相关方企业纳入计算)。至年底,静投股权基金投资项目认缴总额3.8亿元,实缴3.5亿元。英飞延华基金与瑞力嘉成基金实现部分退出,合计对外投资项目20个,累计对外投资金额约12.93亿元,回收约7733.54万元,其中英飞延华基金作为静投基金投资的首支基金,5年内全部回本,且实现投资收益203万元。

(王希元)

【城市更新建设】 1月,静安72号街坊旧改项目完成住宅项目公证摇号,实现线上开盘,鸿印里333套房源全部售罄,总销售金额81亿元。静投集团推进静安区中兴社区地块项目前期工作,共同推动区政府重大工程项目如期开工。通过办公楼改保障型租赁住房长期租赁以及项目公司股权交易方式,引入项目战略合作方,签订合作备忘录,提前落实办公楼去化方案,探索项目建设管理新路径。承担区"两旧"零星旧改项目开发任务。静投集团管理运营的上海静投置新城市更新建设有限公司,分3个批次推动项目建设,征收总证数565证,征收签约率完成超过99%。推进园区建设和文化街开放工作。区城市更新"静安后街"的重点改造项目M+马利创意园区被打造成网红园区,成功申报上海市文创扶持资金,获"2023年上海市文化创意产业示范空间"称号。8月16日,集团携手上海史专家薛理勇共同编写的《中国历史文化名街陕西北路(西摩路)画传》一书正式发布,引发社会各界热烈反响。 （王希元）

【公租房管理工作】 静投集团落实"一窗受理,一事全办"工作模式,至12月15日,共接待政策咨询5293户、受理2553户、审核通过2415户。公租房和人才公寓整体出租率99.03%,租金收入3750万元,超额完成全年预算。配建房源接收工作有序推进。提高网络化管理力度,实施公租房管理系统网上选房,加强"一网通办"网上办事便利性。创设静航公寓7楼休憩空间,打造有温度的公租房社区,更好地服务租户。 （王希元）

【招商引资】 静投集团全年共完成引进千万元级企业1.5家,百万元级企业11家,一般企业206家;对口服务存量企业18家,税收目标5512.29万元,实际产税5920.39万元,完成率107.4%。发挥集团投资主业引导效应,深化"招投联动"工作模式,强化"双落地、返投"要求,对接已投基金,挖掘招商引资线索,累计上报千万元级有效信息29条。 （王希元）

年内,静投集团城市更新重点项目72号商住办综合体项目施工现场　　（静投集团　供稿）

十六、城区建设

编辑 李佳丽

(一)规划和自然资源管理

【概况】 2023年,静安区规划和自然资源局完成静安区总体及单元规划的实施评估、静安区城区功能和土地利用"十四五"规划中期评估和静安区养老服务设施布局专项规划工作,形成社区卫生服务中心全区配置规划方案。发挥"三师"联创(规划师、建筑师、评估师)机制引领作用,启动东斯文里地区、大徐家阁(扩大范围)城市设计研究工作。做好土地供应工作,完成中兴社区C070202单元306-04地块(242街坊)等8幅地块出让,全年土地出让总价约为196.83亿元。按照"四个一批"实施路径促进市属国企存量土地资源盘活利用,完成11家国企、104个地块的入库审核以及百联等企业框架协议签订。落实土地亩产增长计划,启动永和路390号飞乐等5幅地块转型升级。加强统筹提高土地储备工作实效,完成万荣一路160号等6幅地块土地收储。推进审批制度改革,完成全区首例"交地即交证"项目,开展领导"帮办服务";确权登记事务中心设立24小时自助服务专区,完善房屋买卖"一件事"流程。锚定2个"一百万"平方米开竣工目标,推进上海马戏城中剧场等市级重大工程项目与南京西路永源浜4号地块等区级重点项目审批工作。践行人民城市理念,选聘设计团队,拟定社区规划师实施办法,启动各街道(镇)规划蓝图编制,推动"15分钟社区生活圈"建设,提升城市管理精细化水平。 (李涛)

【重点项目控规调整工作】 年内,区规划和自然资源局完成中兴社区C070202单元控制性详细规划272街坊局部调整(JA-01-Ⅱ风貌保护街坊保护规划)、上海市衡山路—复兴路历史文化风貌区保护规划097街坊局部调整、上海市南京西路历史文化风貌区保护规划082街坊局部调整、上海市静安区中兴社区C070202单元控制性详细规划283街坊局部调整。 (王倩雯、杜艳佩)

【恒隆广场城市更新和控规调整】 年内,区规划资源局推进恒隆广场城市更新,为恒隆广场再增加高品质的商业空间,助力南京西路千亿商圈的实现,还结合公共空间联动更新,促进南阳路空间品质提升。该控规调整于7月14日获市政府批复。 (王倩雯)

【中环南翼核心区城市更新研究工作】 中环南翼核心区位于静安区中部,是中环创新轴和南北向复合发展轴交会处、静安区中环南北两翼重要组成部分。地区现状仓储用地有待更新,企业发展情况较为薄弱,近年来相继开展包括规划评估、历史风貌保护甄别、城市设计、土地高质量利用专题研究等多类规划研究,为地区未来整体转型发展奠定基础。规划研究在该基础上,参照"三师"联创机制,委托权威机构分别进行规划、设计和评估。规划将大徐家阁与鼓风机厂、自仪厂地块统筹考虑,从长远发展角度考虑中环南翼核心区的城市功能布局优化,强化科创加文创功能,注重市场和需求,完善商务配套,强化环境品质,尊重历史文脉,创造区域新的增长亮点。年内,中环南翼核心区的城市设计、规划研究和经济评估均形成阶段性成果。

(张璐)

【静安区石门二路-01更新单元城市更新工作推进】 石门二路-01更新单元是市规划资源局探索"三师"联创机制的重要试点项目之一。年内,根据市局要求,区规划资源局邀请国内外顶级规划、建筑和评估机构共同参与城市更新研究工作。在市局领导和专家指导下,区规划资源局牵头三方,按照工作坊模式,发挥建筑师在建筑方案的设计创意、规划师在公共配套资源的平衡统筹、评估师在成本收益的经济测算方面的独特作用,通过赋能"三师"形成合力,创造一个既富有创意、标识突出、造型优美又兼顾风貌保护、完善配套、经济平衡的城市设计方案,做到规划前瞻性和实施可操作性的统一。

(杜艳佩)

【风貌保护和"两旧"地块利用】 区规划和自然资源局按照既定的"两旧"(旧区改造、旧住房成套改造)工作目标,立足区域资源禀赋,发挥规划智慧,对全区零星旧改和旧住房改造地块进行研究。年内,重点推进"76街坊零星旧改项目""青云路宝昌路、264街坊及王家宅路34弄零星旧改项目"等零星旧改地块规划研究。

(杜艳佩)

【区域评估】 年内,区规划资源局选取市北走马塘高质量利用转型区开展规划实施平台管理工作。《关于建立上海市北走马塘高质量利用转型区(暂名)建设项目规划实施平台工作方案的请示》取得区政府批复,批准市北高新集团作为综合实施主体。区规划资源局会同区建设、交通、绿化等管理部门,指导综合实施主体,共同推动项目实施,并集结规划研究、土地研究、城市设计、景观研究、生态环境、交通研究、产业定位研究等各专业团队完成区域内相关研究、评估工作。

(杨硕)

【土地出让】 年内,区规划资源局开展出让地块招商推介工作,按年度土地出让计划落实土地出让相关工作,全年共出让地块8幅,出让总面积9.17万平方米,建筑面积16.6万平方米。土地出让总收入为196.83亿元,其中商住用地4幅:中兴社区C070202单元306-04地块(242街坊)、中兴社区C070202单元280-06地块(149街坊)、天目社区C070102单元04-05、05-01地块(北站新城地块)、中兴社区C070202单元272-03地块(宝丰苑商住地块);保障性住房用地1幅:天目社区C070101单元08-12地块(蕃瓜弄保障性租赁住房部分);商业用地2幅:JA-01(JAS)公共基础设施专项规划001-08地块(镇宁路愚园路零改地块)、JA-03(CJD)公共基础设施专项规划14-10B地块(胶州路康定路零改地块)。推进产业载体落地,10月17日,上海瑞创锦荣置业有限公司以总价1.1619亿元成功竞得市北高新技术服务园区N070501单元02B-05地块及02B-02地块部分地下空间产业用地,建筑面积10753.2平方米。(潘明熙)

【土地收储】 年内,根据区委、区政府"聚焦民生保障和区域经济发展"要求,区规划资源局优先保障"一轴三带"重点发展区域的土地需求,为产业转型和能级提升提供土地资源和空间发展保障,做好土地储备各项工作。全年完成6幅地块土地收储目标任务,涉及土地面积2.88万平方米(约合43.17亩),建筑面积约1.5万平方米,收购总价58576万元。其中签订收储合同5个:万荣一路160号、180号地块,沪太支路900号(光明蔬菜公司彭浦镇396街坊5丘)、冠松地块37丘、38丘、39丘/2丘、41丘,收储土地面积2.61公顷(约合39.09亩),合同总价5.06亿元;完成合同上报区政府请示件1个:天通庵路51号(宝山路街道258街坊9丘),涉及土地面积0.27公顷(约合4.07亩),合同金额7972万元。 (俞俊)

【土壤污染防治及修复工作】 年内,区规划资源局根据土壤污染防治专项工作要求做好土壤检测修复工作。全年完成1幅土壤修复工程:149街坊旧改地块,覆盖土地面积0.78万平方米;完成9幅地块土壤污染状况初步调查:蕃瓜弄地块(0.40万平方米)、宝丰苑医养设施改扩建项目地块(0.50万平方米)、152街坊规划283-05地块(0.9万平方米)、7街坊天目社区C070102单元32-02地块(2.1万平方米)、258街坊9丘、25丘(0.77万平方米)以及258街坊规划绿地地块(0.33万平方米)、宝丰苑146街坊旧改地块(1.38万平方米)、汶水路400号规划幼儿园地块(0.66万平方米),覆盖土地面积7.04万平方米;完成1幅地块的土壤污染应急处置工程:242街坊旧改项目地块(规划306-04地块及规划306-06地块),覆盖土地面积0.56万平方米。开展静安区中环两翼区域内收储地块区域评估,对3个典型地块进行采样调查,其中完成汶水路400号幼儿园地块和160/180地块。完成每季度地块安全利用率核算,涉及9个出让和划拨地块,安全利用率100%。

(董晨洁)

【静安区看守所改扩建工程项目审批】 该项目位于彭浦镇,大宁社区JA-11单元092a-06地块内,地址灵石路900号。基地北侧紧邻灵石路,周边城市道路分布有东侧运城路、南侧广中西路、西侧沪太路。项目原来建设用地为看守所用地,在不改变原建设用地性质前提下,对现状用地进行改扩建,提高容积率。项目建设基地面积13960平方米,总建筑面积40420.41平方米,容积率2.62,高度48.45米,地上8层。8月18日,获方案批复;10月27日,取得工规证,项目实现施工建设。 (郑冰芳)

【马戏城中剧场项目审批】 上海马戏城中剧场项目位于大宁路街道,大宁社区N070301单元098C-02地块内西北角,东、南、北至地块规划边界,西至现状马戏城内部道路,项目西北侧为大宁灵石绿地。该项目是市级文化项目,建设基地面积3381平方米,总建筑面积3705平方米,高28米。6月9日,核发方案;11月27日,核发工规证,项目实现施工建设。 (郑冰芳)

【洪南山宅地块住宅项目审批】 洪南山宅地块住宅项目位于芷江西路街道,东至共和新路,西至新建全民健身中心及市北初级中学,南至中华新路,北至南山路,地块用地性质为三类住宅组团用地(含建筑面积3000平方米养老设施),用地面积31352平方米,总建筑面积152880.84平方米,其中地上建筑面积约95624.82平方米,地下建筑面积53761.76平方米,计容建筑面积95624.82平方米。地块内配置1处1栋养老设施用房,建筑面积3001.9平方米。该项目于1月11日核发设计方案批复;6月6日,核发工规证审批,实现开工。(王衍杰)

【中兴路322-09地块(电影技术厂静投地块)项目审批】 中兴路322-09地块(电影技术厂静投地块)位于宝山路街道,东至东宝兴路,西至宝通路,南至规划322-08地块、宝通公寓、长征大厦,北至天通庵路。规划用地性质为三类住宅组团用地、商务办公用地，建设用地面积34973.5平方米，总建筑面积158891.1平方米，其中地上建筑面积107779.6平方米，地下建筑面积51111.5平方米，计容建筑面积104920.5平方米。地块内新增市、区级文化设施3000平方米，设净菜超市建筑面积1500平方米，并设附建式公共厕所。地块内有文物保护点建筑面积不少于1958平方米，需要保留的历史建筑建筑面积不少于5291平方米，均为里弄建筑。该项目于6月30日核发方案批复；9月25日，核发地上商办及地下部分工规证；10月27日，核发综合配套及垃圾房工规证；12月13日，核发住宅部分工规证。（吴娱）

【新建市北高新技术服务园区N070501单元02B-05地块研发项目实现"交地即交证"】 该项目位于走马塘0.6平方千米低效工业用地转型区域，东至02B-06地块，西至2B-03地块、02B-04地块保留加油站，南至万荣一路，北至走马塘，用地性质为教育科研设计用地。地上用地面积3584.4平方米，地下用地面积4593.1平方米，总建筑面积18007平方米，容积率3.0。该项目先后完成区域规划环评和区域交评，出让前区域评估成果纳入"用地清单"，向企业提供清晰、明确的地块开发建设条件和政府部门管理要求，实现用地单位拿地后即可开展报批报建工作。建设用地使用权首次登记全程网办，对于已签订土地出让合同的用地主体，在"一网通办"平台申请出让土地使用权或划拨土地使用权首次登记、申领建设用地规划许可证，实现"交地即交证"全程网办服务。市北02B-05研发地块在当天办理"交地确认书"时，取得"用地规划许可证""建设工程规划许可证""不动产权证"，完成所有建设开工前的规划资源手续，是静安区首例"交地即交证"。（杨硕）

【全市首个线性工程竣工规划资源验收"多测合一"试点项目】 9月7日，北苏州路完成竣工规划资源验收，成为全市首个线性工程竣工验收"多测合一"试点项目。该试点是区规划资源局对标世界银行营商环境深化改革指标，提升建设项目审批效能和管理服务水平的新尝试。北苏州路（浙江北路—福建北路）临近苏河湾一河两岸区域，是区域内部的一条东西向支路，衔接苏河湾绿地和苏河湾公共空间。该项目结合苏州河沿岸地区公共活动功能的发展，促进城市商务、创新、文化、宜居、生态、旅游等功能相互融合。区规划资源局在对该道路进行方案审批时，聚焦道路景观化设计，注重品质融入城市道路。北苏州路年内完成竣工验收，道路景观提升方案亦落地。（张菊亮）

【"比邻万象"——2023上海城市空间艺术季·静安苏河湾公共艺术现场策展工作】 该城市空间艺术季案例展由静安区政府主办，区规划资源局承办，上海苏河湾万象天地协办，上海大学策展。4月开启策展工作，确定主题为"比例万象"，选址在苏河湾绿地及万象天地范围内。10月20日开幕。苏河湾绿地紧邻苏州河，保留了慎余里和天后宫2处重要历史文化遗址，还包含地面中央公园和地下商业体，空间开阔，层次丰富。展览通过生态公共艺术现场的演绎，从"多角度、多空间、多场景、多维度"来诠释上海城市空间艺术季的主题"共栖"。展览共放置6组公共艺术作品及多场公共艺术参与活动。展览于12月20日谢幕。（张洁）

【"15分钟社区生活圈"推进】 年内，区规划资源局推动"15分钟社区生活圈"建设，提升城市管理精细化水平。全年"15分钟社区生活圈"项目共170个，主要以综合类设施改造、居住环境改善项目为主。区规划资源局精心选聘团队，确定社区规划师实施办法，并通过社区规划师论坛主题党日、"更新者"党建品牌发布会等一系列活动，扩大"更新者"品牌传播范围，践行"开门做规划"理念。（傅挺挺）

【确权登记中心24小时服务专区对外运营】 年内,区确权登记中心"24小时自助服务专区"正式对外运营,设置自助缮证机、自助查阅机,通过人脸识别、身份证感应,打通空间、时间限制,解决办事群众"上班没空办、下班没处办、办事需等待"的难点,让群众真正实现"随时办"。以"公开透明,阳光政务"为主题开展"政府开放日"活动,招募5名热心市民,以"体验官"身份实地观摩体验"24小时服务专区",扩大专区知晓度,了解群众真实体验感。全年通过自助缮证完成发证152件。

（张逸儿）

【拓展房屋买卖"一件事"业务】 年内,区确权登记中心拓展服务内容,将带有资金监管的"带押过户"买卖业务也纳入"一件事"服务范围;对于设有抵押的待过户房屋,从原先需提前办理抵押注销后再办理转移登记的分步模式,调整为通过"一件事"网上平台同时上传注销和转移登记材料,线上审核通过后线下合并办理,减少跑动次数。召开"一件事"中介座谈会,协同中介一起推行"税费同缴"新模式,加强代办机构关于"一件事"的操作指导。全年共完成"一件事"1384件,较上年同期增长81%。

（张逸儿）

【缩短抵押登记出证时间】 6月起,区确权登记中心立足缩时间不缩质量、减时限不减服务的原则,将除个人之间、涉及公证委托及补件外的所有抵押登记业务缩短至3个工作日出证,有效降低客户办理抵押登记的时间成本。全年提速相关抵押类案件3000多件,占6月启动该举措后抵押受理量96%以上。

（张逸儿）

【率先完成全市首例拆落地重建项目首次登记】 彭三小区四期旧住房综合改造项目,是为解决小区居民厨卫长期共用,生活条件差,而被列入全市首批拆除重建试点项目的小区,改造完成后居民回搬原址。由于该项目是首批试点项目,办证工作中遇到的问题均属首次,相应政策处于空白,无例可循,也无法按常规新建商品房办证要求归集申请材料,改造项目大产证的办理及项目内居民小产证的办理均存在诸多难点。区确权登记中心主动作为,采用下联上方式,多次与市规划资源局、市登记局进行联系,并与区房管局、项目开发企业等部门沟通研究解决方案,创新先行,打通大产证、小产证办理各个环节,办证路径得到明确,形成行之有效且可复制可推广的成功经验。该项目大产证于5月办结,条件成熟的居民小产证开始办理后共登记32件。

（张逸儿）

【全市首例大测调新系统环境下"测算合一"项目搭建】 年内,区规划资源局在"测算合一"模块上线后,立即着手推进"新建共和新路街道285街坊养老院工程"项目楼盘搭建工作,与市登记中心沟通,克服新系统上线后存在的种种问题,于6月完成大测调新系统环境下全市首例"测算合一"项目搭建,为企业争取时间,节约成本。

（张逸儿）

【国土年度变更调查】 年初,区规划资源局按市规划资源局部署开展区级国土年度变更调查工作,共完成271个图斑的外业、个案建库及区级检查工作,其中线上图斑115个,线下图斑156个,并斑后最终形成166个图斑,对应94个案件。3月初,完成并通过市级检查;8月初,完成国家级核查整改。为完善土地日常"管理-监测-执法"闭环,加强规则协同、流程协同、数据协同,制订《静安区土地管理、监测、执法协同工作方案(试行)》,提升区土地管理"先于发现、先于执法"的工作效能。

（陈晓华）

（二）建设和交通管理

【概况】 2023年，静安区建设管理工作推进重点房建类项目和市政路桥建设，实施苏州河静安段两岸综合提升，常态化开展建筑业、交通、燃气等行业管理和应急管理。建设426个公共停车泊位，新增公共充电桩2167个。落实新建且在监绿色建筑项目15个。

（王萬）

【苏州河两岸公共空间贯通提升综合整治工程】 年内，苏河湾亲水公共空间节点建成并对外开放。该区段长约250米，本次通过二级防汛墙后退、一级防汛墙降低进行亲水性改造。结合北侧苏河湾绿地建设，同步实施道路改建及高品质公共空间建设，总面积约8000平方米。6月15日，上海市委书记陈吉宁带队以苏河湾亲水公共空间为案例，专题调研新一轮民心工程推进落实情况。推进苏州河滨水公共空间一体化管养。在细化排摸一体化管养内容和标准并进行责任分工基础上，全面制定静安区苏州河滨水公共空间一体化管理养护方案，计划2024年起对运行秩序管理、市容环境保护、市政设施养护、园林绿化养护等相关内容开展一体化管养。

（张垚）

【燃气管理】 年内，提前完成两项市政府实事项目。其中居民燃气软管更换项目率先完成3.7万户安装目标。高龄独居老人加装报警器项目为区内7300余户高龄独居老人加装燃气报警器，超额完成年度安装目标。推进燃气老化管道改造，区年度考核指标12.3千米，超额完成13.9千米。开展专项整治工作，牵头抓总，明确责任，细化分工，组织各行业主管部门和属地街道（镇）开展拉网式排查。

（张垚）

【推进停车难综合治理】 年内，开工建设4个项目（闸北广场城市更新项目、山东能源大厦项目、灵石社区N070403单元095a-02地块项目、中国电气装备集团总部园区建设项目），共计426个公共停车泊位。完成3个停车综合治理先行项目，分别为彭三五期小区、临汾花园小区、屹立公寓项目，通过内部挖潜增建、周边资源共享等方式向附近居民提供约600个停车泊位。完成2处示范性智慧停车场（丽丰天际中心智慧停车场项目、皮肤病医院智慧停车场项目）；示范性智慧道路停车场方面，累计完成增补高位视频或地磁道路17条。

（吴越）

【停车场（库）管理】 年内，新增备案场库25个。新增与市级平台联网公共充电桩2167个。向市级公共停车信息平台新接入25个公共停车场（库）的电子支付功能，完成7个停车共享项目的电子签约功能，共计175个共享泊位。抽查公共停车场库检查93家，对42家企业开具责令整改通知书。

（吴越）

【推进绿色建筑发展】 年内，落实新建且在监在建绿色建筑一星项目2个，建筑面积共计43248.67平方米；二星项目13个，建筑面积865664.12平方米。

（邢慧娟）

【静安区建筑绿色低碳发展分论坛】 10月31日，上海国际城市与建筑博览会系列论坛静安区建筑绿色低碳发展分论坛于上海世博展览馆举办。论坛由静安区人民政府（静安区建设管理委、静安区发展改革委）主办，上海市建筑科学研究院有限公司承办，论坛主题为"精细化管理，赋能城区绿色低碳发展"。论坛聚焦城市绿色低碳与高质量发展，关注绿色低碳城市和"双碳"战略的推进，构建生态智慧城市的工作理念，展示静安区城乡建设领域"碳达峰、碳中和"的发展规划、管理政策和技术措施。上海市城乡建设和管理委员会副主任裘晓、静安区副区长梅广清和区建管委、区发展改革委领导共同宣布静安区能源和双碳智慧监管平台启动。该平台将通过构建"一张地图"把握全区能源和双碳情况，主抓"两个重点"：重点用能建筑、重点用能单位，覆盖"三个领域"建筑、企业和交通三大核心，全方面提高区内能源消费和碳排放监测预警能力，形成区级能源、碳排放数据统计、管理和对外发布的权威平台。

（邢慧娟）

表16-1　2023年新建且在监在建项目装配式建筑项目情况表

序号	项目名称	装配式建筑面积（平方米）	单体预制率（%）	单体装配率（%）	建设单位	施工单位
1	乐颐养老院新建工程项目	31669.75	40	—	上海乐颐养老服务有限公司	中建一局集团建设发展有限公司
2	新建市北高新技术服务园区N070501单元02B-05地块研发项目	11059.60	40	—	上海瑞创锦荣置业有限公司	上海城建市政工程（集团）有限公司
3	静安区中兴社区C070202单元306-04地块项目	11854.84	40	—	上海樾秀房地产开发有限公司	浙江省地矿建设有限公司
4	静安区中兴社区C070202单元313-07地块项目	13409.80	40	—	上海兴慧文房地产开发有限公司	上海通鹏建设发展（集团）有限公司
5	静安区工人文化宫（北宫）新建工程	11080.00	60	—	上海市静安区总工会	中建八局总承包建设有限公司
6	中国电气装备集团总部园区建设项目	48000.00	40	—	中国电气装备集团资产管理有限公司	中国建筑第八工程局有限公司
7	静安区中兴社区C070202单元322-09地块项目（暂名）	104352.20	40	—	上海兴铷房地产开发有限公司	中铁二十四局集团有限公司
8	新建静安区中兴社区C070202单元304-03地块商住办及配套设施项目	251950.48	40	—	上海北万置业有限公司	上海泾东建筑发展有限公司
9	静安区看守所改扩建工程	36515.34	40	—	上海市静安区机关事务管理局	中国建筑第二工程局有限公司
10	静安区曹家渡社区C050301单元4-3b地块	28274.00	30/40	—	上海信瓴置业有限公司	上海劲豪建设工程有限公司
11	静安区江宁社区C050201单元047-3地块	17918.67	40	—	上海中远泰兴置业有限公司	上海建工四建集团有限公司
12	静安区天目社区C070102单元07-03地块住宅项目	9957.20	40	—	上海宁立房地产开发有限公司	上海培成建设集团有限公司

（邢慧娟）

表16-2　2023年新建且在监在建项目绿色建筑项目情况表

序号	项目名称	绿建星级	建筑面积（平方米）	建设单位	施工单位
1	乐颐养老院新建工程项目	二	42231.25	上海乐颐养老服务有限公司	中建一局集团建设发展有限公司
2	新建市北高新技术服务园区N070501单元02B-05地块研发项目	二	18007.00	上海瑞创锦荣置业有限公司	上海城建市政工程(集团)有限公司
3	静安区中兴社区C070202单元306-04地块项目	二	19352.65	上海樾秀房地产开发有限公司	浙江省地矿建设有限公司
4	静安区中兴社区C070202单元313-07地块项目	二	14748.26	上海兴慧文房地产开发有限公司	上海通鹏建设发展(集团)有限公司
5	静安区工人文化宫(北宫)新建工程	二	18918.00	上海市静安区总工会	中建八局总承包建设有限公司
6	中国电气装备集团总部园区建设项目	二	71000.00	中国电气装备集团资产管理有限公司	中国建筑第八工程局有限公司
7	静安区中兴社区C070202单元322-09地块项目(暂名)	二	165000.00	上海兴铆房地产开发有限公司	中铁二十四局集团有限公司
8	新建静安区中兴社区C070202单元304-03地块商住办及配套设施项目	二	383376.23	上海北万置业有限公司	上海泾东建筑发展有限公司
9	静安区看守所改扩建工程	二	40420.41	上海市静安区机关事务管理局	中国建筑第二工程局有限公司
10	静安区曹家渡社区C050301单元4-3b地块	二	55477.00	上海信钣置业有限公司	上海劲豪建设工程有限公司
11	静安区江宁社区C050201单元047-3地块	一	39548.67	上海中远泰兴置业有限公司	上海建工四建集团有限公司
12	静安区天目社区C070102单元07-03地块住宅项目	二	23925.68	上海宁立房地产开发有限公司	上海培成建设集团有限公司
13	江宁路街道社区卫生服务中心二期扩建工程	二	5387.64	上海市静安区江宁路街道社区卫生服务中心	中铁十五局集团有限公司
14	新建巨富国潮文化馆	一	3700.00	上海市静安区文物史料馆(中国劳动组合书记部旧址陈列馆)	上海静安建筑装饰实业股份有限公司

序号	项目名称	绿建星级	建筑面积（平方米）	建设单位	施工单位
15	新建彭浦新村街道社区卫生服务中心分中心项目	二	7820.00	上海市静安区彭浦新村街道社区卫生服务中心	舜元建设(集团)有限公司

（邢慧娟）

（三）旧区改造

【概况】 2023年，静安区启动10幅零星地块改造，完成9个地块收尾，旧区改造受益居民3181户。

（肖旭锋）

【零星旧改地块启动】 年内，全区10幅地块启动二轮征询签约，签约当天完成高比例生效，其中8幅零星地块签约率达到100%，惠及3181户居民。

（肖旭锋）

【零星旧改地块收尾】 年内，全区完成9幅地块收尾，包括2022年结转项目华山路421弄、康定路陕西北路、常德路新闸路3幅地块，及2023年新开项目南京西路愚园路、万航渡路284弄、青云路宝昌路、264街坊及王家宅路34弄、76街坊、238街坊等6幅地块。

（肖旭锋）

（四）重大项目推进

【概况】 2023年，静安区落实每周推进制度、重要节点协调制度、项目催办督办制度等，全年完成开、竣工面积分别为103.6万、101.2万平方米，工程质量安全处于总体受控状态。

（赵慧敏）

表16-3 2023年静安区重大工程房建项目开工情况表

项目名称	分类	面积(平方米)
南京西路永源浜4号地块项目	商办项目	170680.00
万荣消防站	公共服务和民生保障	4000.00
全民健身中心	公共服务和民生保障	28690.90
市北初级中学	公共服务和民生保障	21534.20
静安区中兴社区C070202单元321-01地块(华发)	住宅建设	95008.00
洪南山宅240街坊建设项目	住宅建设	152880.00
江宁路街道社区卫生服务中心二期	公共服务和民生保障	5111.38

（续表）

项目名称	分类	面积(平方米)
巨富国潮文化馆	公共服务和民生保障	3260.00
上海市静安区彭浦新村街道社区卫生服务中心	公共服务和民生保障	8467.50
明园酒店	商办项目	31351.20
万科雅宾利四期	商住办	387958.48
曹家渡115街坊	住宅建设	55477.00
80号北地块	商办项目	71633.60

（赵慧敏）

表16-4　2023年静安区重大工程房建项目竣工情况表

项目名称	分类	面积(平方米)
78号地块(3号楼)	商办项目	48919.90
市北高新人才公寓北苑及配套幼儿园项目	住宅项目	87077.30
新建共和新路街道285养老院工程	公共服务和民生保障	10521.40
市北园区02-16-B纺控租赁住宅	住宅项目	19240.00
中粮二期商办(商业部分)	商办项目	14650.40
285养老院	公共服务和民生保障	11000.00
市北园区纺控租赁住宅	租赁住宅	19240.00
久合科技园养老院	公共服务和民生保障	11768.00
华兴新城养老院	公共服务和民生保障	8836.20
地梨港110KV变电站土建新建工程	市政基础设施	2579.00
华东医院南楼整体修缮改造工程	公共服务和民生保障	10777.00
华山医院病房综合楼改扩建工程	公共服务和民生保障	31209.00
新建上海市静安区中医医院平型关路院区(暂名)工程	公共服务和民生保障	17572.30
54A嘉禾中心项目	商办项目	75325.00
平型关路民和路征收安置房	保障性住宅	78000.00
闸北实验小学明德校区	公共服务和民生保障	4155.00

（续表）

项目名称	分类	面积（平方米）
川宝基地	住宅项目	57492.00
市北国际科创社区17-02云芯科创中心	产业项目	160000.00
市北国际科创社区21-02云汇数智中心项目	商业办公	270905.00
上海大学延长校区改建	公共服务和民生保障	73000.00

（赵慧敏）

（五）市政道路建设和配套管理

【概况】 2023年，静安区推进市属路桥工程建设，配合推进北横通道地面恢复工程，配合开展北横中运量工程及南北高架中运量工程前期手续办理。推进区属路桥项目建设，基本建成南北通道二期北段（中山北路—芷江西路）、平陆路（永和路—汶水路）和北苏州路（浙江北路—福建北路）；配合普陀区推进百合桥（原M50桥）建设；推进宝川路（宝源路—宝昌路）、句容路（安远路—海防路）、育婴堂路（中华新路—南山路）前期手续办理。推进彭浦西初雨调蓄池、志丹系统提标调蓄池项目建设。对城市道路及其附属设施实施养护维修、品质提升、示范创建等工作。 （张垚、王菡）

【调研静安区城市道路桥梁技术状况】 2023年，开展全区城市道路、桥梁技术状况排摸调研。根据《静安区城市道路路面技术状况分析报告》，区域主干路、次干路、支路平整度整体良好。根据《静安区城市桥梁技术状况分析报告》，区域城市桥梁51座，其中车行桥39座、人行桥11座、非机动车地道1座，均为A、B级桥梁，无C、D、E级桥梁，平均状况高于全市平均水平。 （杜莉敏）

【实施市政道路养护维修工程】 年内，实施宝源路（东宝兴路—宝川路）道路大修工程，恒丰北路（中兴路—交通路）、七浦路（山西北路—河南北路）、胶州路（余姚路—安远路）、陕西北路（延安中路—威海路）、育婴堂路（中华新路—中兴路）、华康路（汉中路—共和路）、共和路（恒丰路—华盛路）、长安路（梅园路—共和新路）、塘沽路（浙江北路—河南北路）、天潼路（浙江北路—山西北路）道路中修工程，以及架空线入地道路修复工程、市政道路品质提升工程等17个养护维修项目。实施交通缓拥堵工程3项，分别是西藏北路芷江中路港湾式公交站改造工程、西藏北路中山北路港湾式公交站改造工程、场中路阳曲路港湾式公交站改造工程。 （杜莉敏）

【国庆路（乌镇路—晋元路）道路新建工程竣工】 年内，完善静安苏州河滨区域城市路网结构，实施国庆路（乌镇路—晋元路）道路新建工程。工程东起晋元路，西至乌镇路，全线长度为288米。道路等级为城市支路，规划道路红线宽度为16米至17米，建设规模为双向2快、2慢车行道路布置，设计车速每小时20千米。 （杜莉敏）

【实施道路积水点改善工程】 年内，完成上海市水务局下达的静安区道路积水点改善项目。分别是宝源路（东宝兴路—宝川路）、三泉路（共康路—保德路）

下水道改建工程。累计新建直径1400—1500排水管道211米，翻排直径1200—1800雨水管646米。

（杜莉敏）

【实施道路架空线入地和合杆整治工程】 年内，围绕北横通道高架段、不夜城区域、市北高新区域，实施威海路、宝山路、康定路等16条道路架空线入地和合杆整治，合计约10.44千米，完成静安区10千米的年度任务数。

（杜莉敏）

【实施慢行交通体验提升工程】 年内，完成9项慢行交通专项提升项目。完善慢行网络，实施光复路（南北高架—西藏北路桥）非机动车专用路、新建安远路桥；优化苏州河垂河慢行空间，实施福建北路新建人行天桥、苏河湾万象天地新建人行地道、光复路（长寿路桥—长安西路）新增复合慢行系统；提升慢行设施品质，实施西藏北路芷江中路交叉口隔离岛改造、轨道交通14号线武宁路站增设周边非机动车停车点位和设施、茂名北路分时段步行街；创建慢行示范区域，建设苏河湾绿地慢行示范区。

（杜莉敏）

【创建精品示范道路和精品示范区域】 年内，创建9条上海市精品道路。分别是福建北路（天潼路—北苏州路）、天潼路（浙江北路—福建北路）、浙江北路（天潼路—北苏州路）、北苏州路（浙江北路—福建北路）、山西北路（天潼路—北苏州路）、巨鹿路（常熟路—富民路）、吴江路（茂名北路—石门一路）、光复路（普济路—恒丰路桥）、老沪太路（万荣路—运城路）。创建静安区精品示范区域，结合苏河湾绿地构建"苏河湾中央绿地+水岸+文化+道路+里弄"的模式布局，建设苏州河万象天地周边邻水慢行通道和连续的景观绿道。

（杜莉敏）

【开展城市道路及其附属设施日常养护管理】 年内，实施市政道路及其附属设施日常养护维修。累计维修城市道路车行道102981平方米，人行道102383平方米，侧平石5396米，维修保洁、油漆护栏865千米×次，维修保洁、调换路名牌43571块×次，道路日常养护小修率达到3.72%。推进道路精细化管理工作。开展人行道高低差整治20处，人行道过窄整治3处；开展人行道品质提升，加强日常养护管理。开展道路井盖整治，处置井盖缺失、损坏和高低差等1867个；开展道路塌陷排查工作，及时治理巡查发现的问题，排除道路塌陷隐患。开展桥梁设施专项维修。实施三泉路地道中修工程，主要维修内容为裂缝封闭，破损修补和渗漏水、涌水封堵等，为地道维修加固工程。实施静安寺人行地道中修工程，工程主要对原通道的平面及室内翻新设计及墙面顶面局部裂缝修缮；整体防水涂料粉刷，地道装修，强弱电系统重新布放，监控系统整体更换等。加强排水设施日常养护管理：全年累计疏通排水管道972千米，清捞窨井5.7万余只，进水口5.4万余只，调换窨井、进水口719座；开展管道外部巡视45305千米，完成检查井内部检查51619座，完成雨水口内部检查45490座；实施排水管道检测和修复改造，排水管道结构性检测，完成主管专项检测52千米。根据2022年度检测评估报告，实施康定路（昌化—泰兴）等14条道路排水管道修复工程，并采用非开挖技术和开槽埋管方式修复老旧排水管道约2000米。

（杜莉敏）

【志丹系统提标调蓄池工程建设启动】 该工程于12月开工，位于静安区运城路与广中西路交叉口东南侧，设计容积5000立方米。新增提标调蓄池、除臭设备间、变配电间、控制间、楼梯间及格栅井。建成后的提标调蓄池在雨水系统内发挥暂存高峰雨量雨水的作用，待降雨高峰过后，调蓄池内雨水应送回雨水系统。

（杜莉敏）

【防汛排水应急抢险】 汛期，极端降雨频发，中心启动不同等级响应行动，第一时间组织救援排除道路积水。"7·21"大暴雨突袭、台风"杜苏芮"等带来的风雨影响,造成区域内安远路(长寿路—延平路)、大宁路(共和新路—广延路)等多条道路出现短时积水,中心立即组织养护公司快速响应、全力处置,把灾害影响降到最低。汛期累计出动防汛应急人员6419人次、车辆515次,切实维护城市运行平稳有序和人民群众出行安全。

(杜莉敏)

【行政许可审批和执法监督管理】 全年核发掘路许可278件,核发占路许可250件,核发施工临时排水许可43件,夜间施工备案1046件,双向告知46件,配合城管执法回复相关事项5件。开展建筑工地、雨污混接、洗车店专项整治、投诉举报件等水务执法检查36次,参加人员107人次,查处水务违法案件3起。开展燃气车辆加气站、液化气配送站、燃气公司窗口、小餐饮燃气安全等燃气执法检查,出动154次,参加人员462人次,查处燃气设施不符合规定立案1起。

(杜莉敏)

【雨污混接综合整治】 全年累计调查市政雨、污水井786座,雨水进水口2123个。针对园区开展专项排摸,发现并整改23处混接点。配合区房管局推进完成42个末端截留小区的内部雨污混接改造。

(杜莉敏)

(六)水务管理

【概况】 2023年,静安区17个水质监测断面年均值均达到或好于Ⅲ类。推进彭浦西系统初雨调蓄池项目建设。完成积水点改善工程2个。改造市政、企事业雨污混接点25个,完成外部截留住宅小区内部雨污分流改造39个。完成排水管道主管专项检测52千米、修复管道2千米。抵御2次台风和多场暴雨袭击,实现安全度汛。

(赵露)

【防台防汛】 年内,全区内出现局部暴雨9次、大暴雨4次,经历2次台风外围影响。区防汛指挥部发布防汛防台预警33次、Ⅳ级响应22次、Ⅲ级响应11次。汛期内降雨量789毫米(防汛办基准点测得雨量),最大降雨量982.9毫米(大宁灵石公园监测站);梅雨期24天(6月17日至7月11日),梅雨季节降雨量274.5毫米,最大降雨量379.8毫米(场中泵站监测站)。7月21日15时30分至17时30分,区域出现特大暴雨,最大累计雨量114.8毫米(闸北公园),最大小时雨量102.8毫米(闸北公园),导致23条道路和33个小区积水。3月,印发做好基层"六有"标准化建设和做好汛前准备和安全排查的通知。4月,修订完成《静安区防汛防台专项应急预案》。5月10日,开展汛前培训;5月24日,召开全区防汛工作会议;5月9日、19日,组织城市内涝抢险排水、管道和进水口沟眼疏通、防汛墙堵漏和居民小区积水抢排等防汛演练。汛期区市政中心出动防汛应急人员6419人次、车辆515次。

(姚亚平)

【安全监管】 全年开展水务安全生产检查67次、351人次,发现并整改隐患17个,整改率100%。开展安全和质量专题宣贯培训,67人次参加。组织参加市级水利行业安全生产网络知识竞赛,29人次参加。开展水上应急救援培训,37人次参加。

(陈琦晟)

【规划编制】 1月,经区政府批复同意后印发《静安区雨水排水规划(2020—2035)》,该规划以提升排水标准、控制径流污染、优化系统布局、完善设施功能为重点,规划期限2020至2035年,规划基准年2019年,近期规划期限截至2025年。

(赵露)

【工程建设】 年内,推进彭浦西系统初雨调蓄池工程细格栅井基坑维护结构和交汇连通井南侧的包管井围护结构、基坑开挖、主体结构建设,完成基坑开挖和主体底板浇筑。3月31日,苏州河北岸(浙江路桥—福建路桥)防汛墙改建工程通过完工验收;10月24日,彭越浦(汶水路—江场西路)两岸陆域贯通环境改造工程通过竣工验收。8月2日至9月30日,完成宝源路(东宝兴路—宝川路)道路积水点改善工程,新建直径1400—1500排水管道211米,新建直径1000连通管2米,预留直径1000排水管道17米;同时期完成三泉路(共康路—保德路)道路积水点改善工程,翻排直径1200—1800雨水管646米。全年完成上一轮雨污混接整治中39个外部截流住宅小区内部雨污分流改造;调查市政雨、污水井786座,雨水进水口2123个,发现并整改市政、企事业雨污混接点25处。

(陈琦晟、杜丽敏)

【河长制工作】 5月,印发《静安区河长制工作要点》;5月11日,区委书记于勇、区长王华召开河长制、林长制工作会议;11月,街道(镇)、部门、企业总河长述职;12月,开展各级河长年度考核。全年召开二级河长办会议5次,培训人员86人次;区总河长、副总河长巡河10人次,街道(镇)、部门、企业总河长巡河257人次,民间河长巡河576人次。

(章格)

【水利设施管理】 年内,区水务管理部门完善《静安区河道维修养护操作细则》《静安区河道长效管理养护考核评分细则》《静安区河道长效管理养护巡查手册》等制度。完成清洁、勾缝防汛墙427752米,养护防汛通道366680.4平方米,养护河道绿化2042853.6平方米。油漆除锈除尘护栏220324.8米,养护河道标识标牌9972块次,养护水闸、泵站60座次,养护水处理设施24座次。水域日常保洁出动打捞船只10800艘次、打捞人员21600人次,打捞水面垃圾669.543吨;清除清理福寿螺、螺卵7681.39千克。

(陈琦晟)

【河道水质维护】 年内,区内市管河道沿线市政泵站放江63天、330座次,出动放江专班打捞1154船次、2307人次,打捞放江漂浮物35.756吨。12月,完成市管河道泵站排放口河段应急疏浚项目,疏浚并无害化处置淤泥3219.2立方米。

(陈琦晟)

【排水设施管理】 年内,全区疏通排水管道972千米,清捞窨井5.7万余只、进水口5.4万余只,调换窨井、进水口719座,巡视管道外部45305千米,检查雨水口内部45490座,检查井内部51619座。完成排水管道主管专项检测52千米;实施康定路(昌化—泰兴)等14条道路排水管道修复工程,采用非开挖技术和开槽埋管方式修复老旧排水管道约2000米。完成数据整改"埋深疑似有误""泵站与市政管线疑似未接通""井深为0和地面高程疑似有误"等问题1894处,完成排水户数据录入、复核20户,增加新建、改建道路排水管道设施数据。

(杜丽敏)

【水务海洋执法】 全年开展防汛保安、河湖面积变化、河湖"清四乱"、"违法取水"等水利执法巡查45次、90人次,立案2起,行政处罚2万元。开展捕鱼"清网行动",清理地笼等捕鱼装置32件。开展建筑工地、雨污混接、洗车店专项整治、投诉举报件等水务执法检查36次、107人次,立案3起。开展生产建设项目水土保持批后监管,完成在建项目现场跟踪检查11个,开展验收后核查项目3个,书面检查项目38个,印发监督检查意见2份。

(陈琦晟、杜丽敏)

【热线处置】 年内,河道方面受理工单74件(其中市水务热线平台热线工单12件,区网格平台62件),工单处置满意率100%;市政排水方面受理工单200件,受理水务热线接听306件,处置反馈完成率100%。

(陈琦晟、杜丽敏)

【行政服务】 全年受理河道管理范围内从事有关活动审批9件,在河道管理范围内建设项目工程建设方案审核1件,在河道管理范围内建设项目施工方案审核4件,河道管理范围内树木迁移审核2件,供水接入掘路许可43件,施工临时排水许可43件。

(陈琦晟、杜丽敏)

(七)建筑建材业管理

【概况】 2023年,区建管中心履行建设工程行政审批、招投标、安全质量监管等职责,受理监督工地(土建+装修+市政)400个,加装电梯项目736个,完成招投标备案项目175项。

(叶丽卉)

【加强工程安全质量监督】 年内,受理各类信访投诉数量总计3927件(2022年2275件),比上年上升72.6%,涉及金额19327.95万元。完成信访投诉处理3934起,完成率100%。

(张烨)

表16-5 2023年静安区建管中心受理监督工地情况表

项目类别	数量(个)
土建工地(建筑面积573.6万平方米)	74
装饰工地	277
市政工地	49
加装电梯	736

(叶丽卉)

表16-6 2023年静安区建管中心受理信访投诉情况表

受理信访投诉类别	数量(起)
安全	725
质量	1365
维权	1606
其他	231

(张烨)

表16-7 2023年静安区建管中心受理工程项目情况表

发放施工许可证(张)	项目类别	数量(个)	建筑面积/造价
	土建	49	1500554.82平方米
	装饰(包括加固及修缮)	354	232644.61万元
	市政	24	24061.67万元

（续表）

项目类别		数量（个）	建筑面积/造价
竣工备案（个）	土建	13	823255.07平方米
	装饰	373	223387.69万元
	市政	27	24722.42万元

注：申请企业资质47家（其中延期20家，告知承诺0家）。安全生产许可证申请116家（其中新申请30家，延期86家）。

（陆奕）

【招投标备案管理项目】 至12月31日，区建管中心完成招标项目175个（全部为政府及国有资金的公开招标项目），合计中标价88.34亿元；按招标类型分为施工招标67个、监理招标19个、设计招标18个、工程总承包招标32个、勘察招标2个、暂估价招标33个、设计勘察合并招标4个。招标率与公开招标率100%。年内调整招标方式0个，涉及招投标串围标行政处罚0起。 （盛萍）

【建设工程消防审验】 年内，在市住建委业务指导下，全区共完成建设工程消防竣工验收项目108个，完成消防竣工备案项目204个。 （叶丽卉）

【推进行政审批制度改革】 在市审改工作领导小组的统一部署下，深入推进工程项目审批制度改革，牵头成立静安区社会投资项目审批审查中心，审批环节、时限、跑动次数均呈缩短趋势。全年共通过联审平台发放403张施工许可证，完成竣工备案326个，其中土建13个、装修313个。 （陆奕）

【加强建筑市场稽查工作】 年内，区建设工程质量安全巡查工作由日常巡查、专项巡查组成。以双随机方式共组织领导带班检查等84个在建工程项目，出动检查人员420人次。巡查重点围绕危大工程施工、装配式建筑质量安全、特殊类装饰装修及玻璃幕墙施工等在建项目。年度累计签发整改通知单84份，局部暂缓和暂停施工25项，项目经理质量安全违法违规行为记分44人次。提高基坑安全法规性认识，开展基坑工程专项检查，对全区现有19个处于基坑施工阶段工程项目从参建各方质量安全责任落实、承发包管理、项目负责人到岗履职以及实体质量和安全生产、文明施工等方面进行全面检查。全年累计签发整改通知单451份，局部暂缓单97份，停工单40份，动态记分90人次。行政处罚结案131件，罚款金额373.40万元。 （陆奕）

表16-8 2023年静安区建管中心行政处罚情况表

处罚项目	数量（件）	处罚金额（万元）
安全生产类案件	20	34.25
建设程序类案	26	192.87

(续表)

处罚项目	数量(件)	处罚金额(万元)
市场行为类案	19	36.02
质量类案件	19	96.33
执业人员类案件	47	13.93

(叶丽卉、金钰)

表16-9　2023年静安区创优工程情况表

申报创优工地(市级)	数量(个)	申报创优工地(区级)	数量(个)
市优质结构工程	7	区优质结构工程	15
白玉兰工程	1	区优质工程"静安杯"	2
市文明工地	6	区文明工地	10

(潘生幸)

表16-10　2023年静安区申报上海市优质结构工地情况表

序号	工程名称	施工单位
1	静安区天目社区C070102单元38-01、39-01地块项目2号楼	江苏南通二建集团有限公司
2	静安区天目社区C070102单元38-01、39-01地块项目4号楼	江苏南通二建集团有限公司
3	静安区天目社区C070102单元38-01、39-01地块项目5号楼	江苏南通二建集团有限公司
4	静安区95号C地块6号楼商办	中铁建工集团有限公司
5	南西社区C050401单元115-12地块项目1号塔楼	上海建工一建集团有限公司
6	谈家桥路121弄、155弄部分旧住房拆除重建工程5号楼	中国建筑第二工程局有限公司
7	上药信谊江场西路新建项目研发楼	上海绿地建设(集团)有限公司

(潘生幸)

表16-11　2023年静安区申报上海市优质工程(白玉兰)工地情况表

序号	工程名称	施工单位
1	天目西路街道130街坊13丘城市更新项目(闸北广场合并重建城市更新项目)商业办公楼	上海建工一建集团有限公司

(潘生幸)

表16-12　2023年申报上海市文明工地情况表

序号	工程名称	施工单位
1	新建市北高新技术服务业园区N070501单元22-02地块商住办项目	浙江舜杰建筑集团股份有限公司
2	上药信谊江场西路新建项目	上海绿地建设(集团)有限公司
3	静安区中兴社区C070202单元268-01地块	上海海宏建设集团有限公司
4	谈家桥路121弄、155弄部分旧住房拆除重建工程	中国建筑第二工程局有限公司
5	静安区天目社区C070102单元08-01、08-04地块华兴新城项目	上海建工一建集团有限公司
6	静安区江宁社区C050201单元047-1、047-9地块	上海建工七建集团有限公司

(潘生幸)

表16-13　2023年申报静安区优质结构工地情况表

序号	工程名称	施工单位
1	静安区天目社区C070102单元38-01、39-01地块项目2号楼	江苏南通二建集团有限公司
2	静安区天目社区C070102单元38-01、39-01地块项目4号楼	江苏南通二建集团有限公司
3	静安区天目社区C070102单元38-01、39-01地块项目5号楼	江苏南通二建集团有限公司
4	静安区95号C地块6号楼商办	中铁建工集团有限公司
5	南西社区C050401单元115-12地块项目1号塔楼	上海建工一建集团有限公司
6	谈家桥路121弄、155弄部分旧住房拆除重建工程5号楼	中国建筑第二工程局有限公司
7	上药信谊江场西路新建项目研发楼	上海绿地建设(集团)有限公司
8	静安区72号街坊旧改地块商办住宅新建项目7号商办综合楼	上海建工二建集团有限公司
9	市北高新技术服务业园区N070501单元22-02地块商住办项目T1号	浙江舜杰建筑集团股份有限公司
10	市北高新技术服务业园区N070501单元22-02地块商住办项目T2号	浙江舜杰建筑集团股份有限公司
11	兴亚广场二期租赁住宅项目	上海建工集团股份有限公司
12	谈家桥路121弄、155弄部分旧住房拆除重建工程1号楼	中国建筑第二工程局有限公司

(续表)

序号	工程名称	施工单位
13	谈家桥路121弄、155弄部分旧住房拆除重建工程2#楼	中国建筑第二工程局有限公司
14	静安区区域医疗中心改扩建工程科教行政楼	上海建工一建集团有限公司
15	中兴社区N070202单元332-01-A地块、333-01-A地块新建商品房项目2号房	上海泾东建筑发展有限公司

(潘生幸)

表16-14　2023年申报静安区优质工程(静安杯)工地情况表

序号	工程名称	施工单位
1	天目西路街道130街坊13丘城市更新项目（闸北广场合并重建城市更新项目）商业办公楼	上海建工一建集团有限公司
2	上海市静安区青云中学修缮工程教学楼、南教学楼及乒乓房	上海君阳建设发展有限公司

(潘生幸)

表16-15　2023年申报静安区文明工地情况表

序号	工程名称	施工单位
1	新建市北高新技术服务业园区N070501单元22-02地块商住办项目	浙江舜杰建筑集团股份有限公司
2	上药信谊江场西路新建项目	上海绿地建设(集团)有限公司
3	静安区中兴社区C070202单元268-01地块	上海海宏建设集团有限公司
4	谈家桥路121弄、155弄部分旧住房拆除重建工程	中国建筑第二工程局有限公司
5	静安区天目社区C070102单元08-01、08-04地块华兴新城项目	上海建工一建集团有限公司
6	静安区江宁社区C050201单元047-1、047-9地块	上海建工七建集团有限公司
7	兴亚广场二期租赁住宅项目	上海建工集团股份有限公司
8	南西社区C050401单元115-12地块项目	上海建工一建集团有限公司
9	大宁社区N070302单元117b-01地块租赁住宅项目	上海建工七建集团有限公司
10	静安区全民健身中心新建工程	中国建筑第二工程局有限公司

(潘生幸)

十七、市容环境

编辑 李佳丽

(一)绿化和市容管理

【概况】 2023年,静安区绿化和市容管理局围绕建设"绿化生态引领区""景观灯光标志区""环卫管理示范区""市容环境样板区"工作目标,坚持党建引领,优化绿化生态,改善市容环境,加强景观管理,提升环卫工作,全面提高绿化市容各项工作水平。在上、下半年及全年上海市生活垃圾分类实效综合考评中,静安区均位列全市第一;在上、下半年市容环境质量社会公众满意度测评中,均位列全市第一;在上半年和全年林长制工作考评中,均位列全市第一;在2023年区绿化市容、林业工作目标考核中,静安区绿化市容综合评定等级为优秀,排名全市第一。其中绿化管理评定等级为优秀,市容景观管理评定等级为优秀,环卫管理评定等级为优秀。 (余青)

【绿化建设】 年内,全区新建各类绿地8.31万平方米,其中公共绿地5.77万平方米、专用绿地2.54万平方米。新增立体绿化2.52万平方米,绿道2.04千米。完成彭越浦楔形公共绿地二期、472街坊公共绿地和地下空间开发等公共绿地建设。完成24处点位立体绿化建设。完成广场公园(静安段)改造,打造成为市中心城区唯一一座以自然山水为主要特色的高品质城市公园。创建光复路(长寿路桥—普济路)为2023年上海市绿化特色道路。完成迎"十一""进博会"花卉布置工作。 (余青)

【林长制工作推进】 年内,区林长办印发《静安区林长制约谈办法(试行)》《关于明确静安区林长制办公室组织架构和组成人员的通知》《标准化街镇林长办创建方案》《街镇林长制工作考核办法》,进一步健全工作机制。完成全区12个街道(镇)标准化林长办创建。建成启用曹家渡、东茭泾、闸北公园、西康公园等8个市民园艺中心(林长驿站)。基本建成林绿资源数字化平台和市民服务应用端,形成绿化资源信息化管理和巡查发现、整改、反馈闭环管理。全年发布区总林长令2个,开展巡查督查工作12次,开展林长制宣传活动104次。 (余青)

【提升绿化服务水平】 年内,新增数智花园、半里绿廊、幸福绿地3座口袋公园,建成静安青年体育公园(一期)并成功纳入城市公园名录。完成上海火车站南广场景观改造。开展2023年全民义务植树"互联网+"认养工作,共认养树木850株,其中古树

45株。举办周末花市3次、市民园艺嘉年华3次,开展居住区绿化养管宣贯培训17次,累计送花1700余盆,受众逾1000人次。　　　　　　（余青）

【推进单位配套绿地开放共享】　年内,辞书出版社、大众东朔空间、丽丰天际中心3个单位附属绿地开放共享。辞书出版社旧址位于陕西北路457号,秉承"绿色、开放、共享"理念,以"都市书院"为主题,通过开放共享的绿地空间展现辞书文化的文脉新生,植物配置兼顾使用与观赏,营造四季可赏的城市开放共享空间。　　　　　　（余青）

【践行公园城市重要理念】　年内,区绿化市容局与上海戏剧学院、上海大学美院、上海自然博物馆、其他社会艺术家及艺术机构合作,举办《着色·绘声绘色》作品展、《东西南北中·2023学院雕塑邀请展》及3次科普直播导览活动,累计观看人数达78万人次。完成三泉公园围墙拆除和雕塑公园艺术中心大修,全区8座公园草坪开放共享。　　（余青）

【第七届静安国际雕塑展】　第七届中国·上海静安国际雕塑展于9月20日开幕,展期102天,至12月31日闭幕。本届雕塑展以"空间进化"为主题,展品共计34组、42件,共有来自16个国家的28名艺术家作品参展,参观游客180万余人。除主展区静安雕塑公园外,延伸展区覆盖至张园、上海苏河湾万象天地（苏河湾中央绿地）等9处点位,并设置2个室内展。开展雕塑展公共艺术峰会,举办草地音乐节、摄影大赛、青少年主题绘画征集等40场公共活动,受到市民群众广泛好评。　　　　（余青）

【保障重大活动市容环境】　年内,按照第六届"进博会"等重大活动市容保障工作的部署和要求,突出抓好重要区域、主要道路、窗口地区及接待点位周边的环境治理,高质量完成绿化布置、道路环境治理、景观灯光养护、环卫设施投放等工作,强化市容环境整治和景观提升。加强督办工作机制,紧逼督办、逐项落实,协调相关部门和街道（镇）加快解决市容保障工作中的各类事件和部件问题,落实保障任务180项,整改完成市级督办件198件。
　　　　　　　　　　　　　　（余青）

【"美丽街区"建设】　年内,完成创建"苏河秀带景观区""南京西路后街景观商业区""中环商业休闲区""威海路历史风貌区""江宁温馨休闲区""广中西路郁金香公园周边景观区"6个片区共5.8平方千米范围的"美丽街区"。完成区52个道路景观节点提升改造项目立项实施,启动推进巨鹿路、华山路、昌平路、胶州路、余姚路、威海路、中山北路等一批景观一体化提升改造。　　　　　　（余青）

【公共空间休憩座椅优化提升】　年内,区绿化市容局持续推进公共空间休憩座椅优化提升,根据区公共空间休憩座椅设置导则和工作方案,开展推动全区性休憩座椅的新建、改建、共建、共享认养工作和城市家具品质的优化提升,新增改建休憩座椅276（处）把,社会爱心人士认捐座椅54（处）把,静安区获2023年上海市公共空间休憩座椅优化提升工作"优秀组织奖"。　　　　　　（余青）

【强化门前责任区管理】　年内,区绿化市容局深入贯彻上海市市容环境卫生责任区管理制度,组织每月15日"城市清洁日行动",开展轨道交通站点出入口整治、"净窗行动"等市容环境专项整治,完成6条道路市容环境薄弱区域治理和3个街道（镇）市容环境综合管理达标和示范街道（镇）复评、创建工作,北站街道创建成为静安区第10个市容环境综合管理示范街镇。深化自律、自治组织建设,1家单位获评市2023年度十佳优秀自律组织。
　　　　　　　　　　　　　　（余青）

年内,举办"7·15公众开放日暨形象宣传周"活动　　　　　　　　　　　　　　　　(区绿化市容局　供稿)

【落实"一河两高架"景观照明建设提升】　年内,区绿化市容局推进"一河两高架"静安段沿线区域景观照明建设,完成苏州河沿岸、延安路高架及南北高架沿线共25处楼宇建筑的景观照明改造提升,其中苏州河沿线4处、延安路高架沿线7处、南北高架沿线14处。　　　　　　　　　　(余青)

【完成苏州河桥梁景观照明提升】　年内,区绿化市容局根据《苏州河桥梁景观提升计划》要求,对昌平路桥桥底与安远桥实施景观照明亮化升级,实现昌平路桥"苏河之眼"与安远桥"苏河之链(恋)"的效果呼应。昌平路桥在桥底设置点光源,采用节能灯具,营造"暗夜星空"的意境;安远桥以"苏河之链(恋)"为意向,展现"流光韵影,相映成'趣'"的设计主题。　　　　　　　　　　　　　　(余青)

【推动南京西路商圈及周边夜景提升】　年内,区绿化市容局完成石门一路(南京西路至威海路段)节日彩灯的新建工作。以南京西路(常德路—陕西北路)节日彩灯的提升,打造"海上星空"主题节日彩灯。首度使用全息动态水晶灯,利用新材料、新技术,以动态画面渲染节日氛围,彩灯内容也可随节假日或重要事件灵活变换。对南京西路沿线的中央公寓、泰兴大楼等优秀建筑和威海路(延安中路—成都北路)沿线的威海大楼、威海别墅、太阳公寓等重要节点进行灯光提升,推进创意灯光小品在南京西路沿线重要节点的安家落户,进一步优化南京西路沿线的整体景观照明效果。(余青)

【首届"闪亮·上海"2023静安国际光影节】　9月26日至10月6日,举办首届"Shining Shanghai 闪亮·

十七、市容环境

上海"2023静安国际光影节,设置3条光影路线和20多个光影点位,先后呈现396场光影盛宴、10个主题日和36场各色活动,覆盖慎余里、上海总商会旧址、河南路桥等沿线地标建筑,光影节期间的现场总客流约131万人次,超12.7万人登录"闪耀苏河"官方小程序进行浏览和预约,苏河湾万象天地、大悦城区域的销售额创下历史新高,实现商、旅、文融合发展。 （余青）

【《静安区户外广告设施设置阵地实施方案》编制】 年内,区绿化市容局根据新发布的《上海市户外广告设施设置规划（2023—2027）》,修编并获批实施《静安区户外广告设施设置阵地实施方案》,共设置户外广告设施点位438个,其中新增点位130个、撤销点位117个、调整点位33个。静安区成为全市首个获批实施户外广告设施设置规划的区域。 （余青）

【完成景观户外设施督办整治】 年内,根据市绿化市容局督办要求,推进全区重点区域、重点道路违规户外广告、户外招牌及各类电子走字屏的整治工作,全年共完成市绿化市容局督办整治的违规户外广告32块、走字屏9块、违法户外招牌12块,100%完成市绿化市容局下达的整治任务。 （余青）

【户外景观设施安全管理】 年内,区绿化市容局强化户外广告、招牌设施的安全排查,加大汛期的安全检查力度,在台风"杜苏芮"与"卡努"期间共出动人员400余次,检查户外广告、招牌17500余块,拆除临时广告20处,加固户外招牌3处。对全区重点区域户外招牌进行钢结构结构安全检测,全年共检测户外招牌14647块。 （余青）

【生活垃圾全程分类体系构建】 静安区为上海市垃圾分类示范城区,14个街道(镇)为上海市垃圾分类示范街道(镇)。全区生活垃圾分类覆盖40余万户居民,460余家重点单位实施强制分类,13000余家沿街商铺上门分类收集全覆盖。截至12月,建成可回收物服务点1098个、可回收物中转站18座、

南京西路(陕西北路—常德路)"海上星空"主题节日夜景彩灯　　　　　　　　　　　　　　　　　（区绿化市容局　供稿）

可回收物集散场1座。生活垃圾无害化处置率达100%,全区居住区、单位达标率95%以上。全年,日均分出干垃圾704.43吨、湿垃圾470吨、可回收物319.38吨,生活垃圾回收利用率52.84%。　　(余青)

【装修垃圾收运新模式推广】　　年内,区绿化市容局积极推广装修垃圾收运新模式,至年底,静安区14个街道(镇)覆盖新模式小区804个,完成"装修垃圾新模式"推进的居住区占比达到100%,率先超额完成市局下达的目标任务,实现装修垃圾3种新模式静安全覆盖。其中采用固定厢房模式187个,专用回收箱模式21个,临时交付点模式596个。　(余青)

【高标准保洁区域打造】　　年内,根据《高标准保洁区域(道路)检查办法(2023)》要求,持续推进2023年高标准保洁区域(道路)创建工作。2023年共创建高标准保洁区域3处,其中苏州河沿线区域全线纳入高标准保洁范畴。具体区域:苏州河沿线南岸[西苏州路(安远路—泰兴路)、泰兴路(西苏州路—康定路)、昌平路桥面(西苏州路—昌平路1/2桥面)、康定东路(泰兴路—石门二路)、南苏州路(石门二路—成都北路)];苏州河沿线北岸[北苏州路(山西北路—福建北路、浙江北路—西藏北路)、光复路(乌镇路—远景路)];大宁音乐广场周边[广中西路北(共和新路—万荣路)、万荣路东(广中西路—灵石路)]。
　　　　　　　　　　　　　　　(余青)

(二)城市"一网统管"

【概况】　　2023年,区城运中心围绕"站好民生前线,守住安全底线,切实提升人民群众安全感满意度"工作理念,聚焦"持续提升一网统管服务效能,推动迭代升级"工作目标,推进城市运行"一网统管"4.0平台建设,深化城运应急指挥体系,有效赋能基层,

年内,静安区城市运行"一网统管"4.0平台正式上线　　　　　　　　　　(区城运中心　供稿)

提升治理能力。践行"人民城市"重要理念,扎实改进热线工单处理流程,着力解决人民群众急难愁盼,把惠民生、暖民心、顺民意的工作做到群众心坎上,确保"12345"市民服务热线工作提质增效。

（纪佳遥）

【完善城市运行生命体征】 年内,区城运中心以场景应用和数据共享为牵引,进一步完善城市运行生命体征。围绕城运体系数据资源需求,加强社会数据和商业数据的采集,不断丰富城运主题数据库。梳理城运平台流转数据、已有场景数据,提升数据质量,增强数据实时性和鲜活度。加快"卫星遥感城市监测服务平台"的开发和应用,基于遥感数据采集,叠加物联感知数据、视频监控数据等,进一步完善城市生命体征核心指标。

（纪佳遥）

【优化视频管理中台功能】 年内,区城运中心依托公安"视频共享"平台,建立整合街面、小区、商圈等各重点场所的视频管理中台,通过多维度视频标签化归集,叠加AI算法,形成实时监测、智能预警和信息报告体系。探索医院（急诊室）、在建工地等各类公共场所、重点区域视频的整合接入,结合"151"项目物联感知系统、网络舆情态势感知系统、"12345"市民服务热线分析平台深度应用,打造感知敏锐、互联互通、实时共享的"人、机、物"融合感知体系,为城区安全运行筑就一张"感知网",为清明、五一、五五购物节、中高考等重要节点的城区安全运行做好平台保障。

（纪佳遥）

【深化完善平台枢纽功能】 年内,区城运中心从需求和问题出发,加快各类应用场景的完善和上线运行,并注重不同场景在城运平台底座的有机融合,真正实现"一网管全区"。优化防汛、防台应用场景并上线运行,通过数据赋能和智能指挥,助力汛期指挥调度。上线智能交通应用场景,并率先在大宁路街道试点街镇版数字交通场景应用,搭建共享单车管理、机动车位潮汐错峰共享等模块,探索交通管理堵点和难点解决方案。平台拥有210万基础要素,日均处置工单6500件,处理数据1T以上,产生业务标签4万条,采集数据200万条。

（纪佳遥）

【提升"平战结合"实战指挥能力】 年内,区城运中心随着新建城运指挥大厅投入运行,逐步促进安全生产、灾害防治、应急处置、消防抢险和市民热线、网格巡查、物联传感等进一步相结合,通过业务整合、信息共享、机制完善、力量调整,更加有效地实现"城区常态化运行与应急指挥"衔接和联动。深化固化"城市运行+应急管理"7×24全年无休的"日常+应急"值班备勤工作机制,提升"一网统管"平台对城区日常监测和应急处置的技术和人力保障能力。依托"一网统管"城运平台智能发现手段和区、街道两级巡查力量,在文明城区复评、爱卫创建、五五购物节、国庆假期、"进博会"等重要时间节点对重点区域开展视频轮巡和专项督查,实现问题快发快处,提升重点区域市容环境和街面秩序。

（纪佳遥）

【开发完成民防管理场景】 年内,区城运中心在与区国防动员办公室深入对接基础上,实现业务数据落地,并完成业务场景搭建,进一步提升民防工作效能。会同区生态环境局,以城运平台为载体,依托信息化手段打通管理执法部门之间的数据壁垒,优化和升级区和街道（镇）两级生态环境智能应用系统,建立全区固定污染源信息库,不断提升城区管理成效。持续对接相关业务部门需求,完成数字街区、数字站区和数字单元等应用场景开发,重点体现城市治理、社会治理和经济治理等要素,进一步提升数字应用标杆实用性。

（纪佳遥）

【接入特色场景实现数据互通】 年内,区城运中心按照应接尽接、应通互通的原则,通过系统互联、数据互通、资源共享，提升各业务系统或场景的管理效能，实现城运平台基于大数据分析对职能部门的赋能，提高城市运行综合管理的效率。先后接入大宁智慧园区可视化平台、平顺路智慧菜场应用场景、静安寺街道"1+4"数字化转型应用场景、区统计局静安区经济社会发展综合数据平台，实现资源互通、数据共享。

（纪佳遥）

【"一网统管"应用场景交流分享活动】 年内，区城运中心围绕上海市治理数字化转型目标，为推动打造更多"实战管用、基层爱用、群众受用"应用场景，持续赋能基层治理，不断提升群众的获得感和满意度，举办"一网统管"应用场景交流分享活动，共22家区职能部门、街道（镇）和区属国企，现场交流28个特色应用场景的建设、运行情况及取得的成效。综合专家评审、现场观众打分和网络投票，6个应用场景获静安区"一网统管"应用场景最佳案例。

（纪佳遥）

【提升"12345"市民服务热线工单办理实效】 年内，全区共受理热线工单87015件（其中"12345上报"来源工单77068件、"随申拍"来源工单9947件），先行联系率89.52%，比上年提升23.8%；满意度77.11，比上年提升6.91分；不属实率20.25%，比上年下降9.39%。年度"12345"市民服务热线排名全市第5名，较去年上升10位，进入全市优秀行列。重点依托法制研判机制、"工作例会"和实地督导，强化全区面上工作协调。坚持日提、周评、月报、年考机制，开展先行联系录音备案抽查、结案前现场复核抽查、结案后回访抽查，强化日常工作督导。推动联合督查机制落地，对发现的问题，督促各承办单位及时改进。加强热线数据的分析挖掘，通过预警提示、不定期专报等形式，及时传递民情、民意，快速反映存在问题，为各部门决策咨询、政策完善、工作改进提供参考依据。聚焦能力提升，持续开展热线业务培训和工作指导，不断提升热线队伍业务能力和素质，夯实业务基础。

（纪佳遥）

【抓好热线办理质量管控】 年内，区城运中心继续严格把好关键环节，严格结案规范性审核。进一步优化"不属实"三级审核和有现场工单结案前复核制度。重点强化督办督查。增加市抽查未解决工单跟办制度，抽调专人对市里抽查未解决工单进行复核，复核存疑的发放跟踪督办单，必要时实地督办。开展工单结案后回访抽查工作，对回访不满意、未解决工单及时提示承办部门继续做好工作。继续坚持每日提示、双周评议、每月排名、年度考核制度。强化对先行联系环节的指导，紧急增设先行联系短消息功能，坚持录音备案制度，对市抽查未先行联系较多单位进行提示督办。继续开展重复来电专项治理工作，对45件重复来电进行跟踪治理，有效治理率达到97.8%。

（纪佳遥）

【建设"静安码"项目】 年内，静安区首批落实全市"随申码·一码推送"应用场景，试点"静安码"上线运行，完成市政消火栓等部件贴码2371张，采集街镇码各类数据800余条，处置区职能部门和市民群众反映的各类问题159件。开发完成"AI视觉中枢"系统。通过智能算法，实现对暴露垃圾、跨门营业、道路积水、共享单车4类问题的自动抓拍和自动推送，形成工作闭环，进一步提高城市精细化管理水平。

（纪佳遥）

【提升网格精细化管理效能】 年内，静安区全年接报城运网格案件82.68万件，结案率100%，督办案件实际解决率87.30%。发出案件预警超时信息225批次，产生区级督查案件12494件（区级优先发现率78.29%）、区级督办案件12456件（解决率87.30%），案件质控抽查24批次。结合"林长制""河长制"和"防汛防台"等工作要求，会同各街道（镇）和有关

门开展古树名木、防汛防台、桥梁隧道和夏季冬季突出问题等10余项专项检查任务。　　（纪佳遥）

（三）城市管理行政执法

【概况】　2023年，静安区城管执法工作围绕"一支队伍、一个手势、一套标准"工作目标，推进落实五大专题三年行动计划，全面深化综合行政执法体制改革，不断提升城管执法精细化水平。全年获得市级集体荣誉10项、个人荣誉7项。　　（徐乔旭）

【深化街镇综合行政执法体制改革】　年内，召开全区街镇综合执法体制改革推进会议，并发布静安区城管执法系统队伍建设、综合教育培训、形象宣传提升、精细化管执、数字化转型5个专题三年行动方案，共计24项任务、95个项目，按照2022年启动年、2023年深化年以及2024年提升年分步实施。年内，修订街镇综合行政执法体制改革队伍建设干部管理、转任、考核、挂职锻炼、序贯式培养5个办法文件。组织挂职锻炼36人、启动转任交流36人、推动职务职级晋升118人，跨部门提任1人。（徐乔旭）

【违建治理】　年内，共拆除存量违建点位532处，拆除面积72120.43平方米，完成年度任务量175.90%，位列全市中心城区拆违量第一。完成江宁路街道联宝里居委等3个"零"违建居村创建，创成北站街道、临汾路街道为2023年度市级示范街镇。
　　（徐乔旭）

【执法办案】　年内，全系统共办理行政处罚案件9465起（其中普通程序案件5142起、简易程序案件4323起），开展重大法制审核案件144起，开展案卷评查工作12次。　　（徐乔旭）

【实行精细化管理执法】　年内，推进违法户外广告专项整治，拆除市级督办点位51块，完成率100%。开展建设工程渣土执法保障，开展建设工地检查工作469次，教育改正2处，拦停检查61车次，处罚运输单位12家。配合各街道（镇）和相关管理部门科学设置夜间集市、特色集市、特色小店"外摆位"，对43件案件依法采取轻微免罚措施，涉及罚金1.01万元。10月31日至11月1日晚间，区城管执法系统勤务增援力量累计出动100余人次，在区临时指挥部的领导下，城管执法队员在"巨富长"等相关重点区域内，依照城市管理相关法律法规，累计整治占道设摊15起，劝离游摊、游贩20人次，劝阻跨门经营商户7家，及时清除违法经营行为，确保客流通行顺畅。
　　（徐乔旭）

【教育培训】　年内，组织开展全员普训、四员专训共12批次，累计144学时，开展线上集中培训2次，参训人员达1100余人次。　　（徐乔旭）

【城管进社区工作】　年内，区城管执法局完成芷江西路街道交通公园居委会、彭浦镇场中路801居委会年度优秀城管工作室称号创建工作。（徐乔旭）

【推进数字化转型】　年内，区城管执法局完成5G执法记录仪和便携式打印机全员配备，执法车辆全系升级5G+AI车载视频。区城运中心"观域静安"公安道路监控平台完成后台对接，实现指挥中心"观全域、管全员"功能。　　（徐乔旭）

【"城挚·三带共建"城管执法党建联盟】　年内，区城管执法局组织全系统举办"城挚·三带共建"城管执法党建联盟启动仪式，指导南京西路、北站、大宁路等12家中队党组织分别签订南西商圈、静安苏河、市北高新城管执法党建联盟协议书。举办"城挚·三带共建"城管执法党建联盟+静安苏河管养执

一体化共同体启动仪式暨研讨会,组织6家党组织签订协议书。 （徐乔旭）

【形象宣传工作】 年内,区城管执法局共制发微信公众号信息337篇,制发短视频6个,开拓宣传阵地16个。在彭浦镇大融城、北站街道万象天地分设主会场,举办"7·15公众开放日暨形象宣传周"活动,增强市民群众的参与感、获得感和满意度。 （徐乔旭）

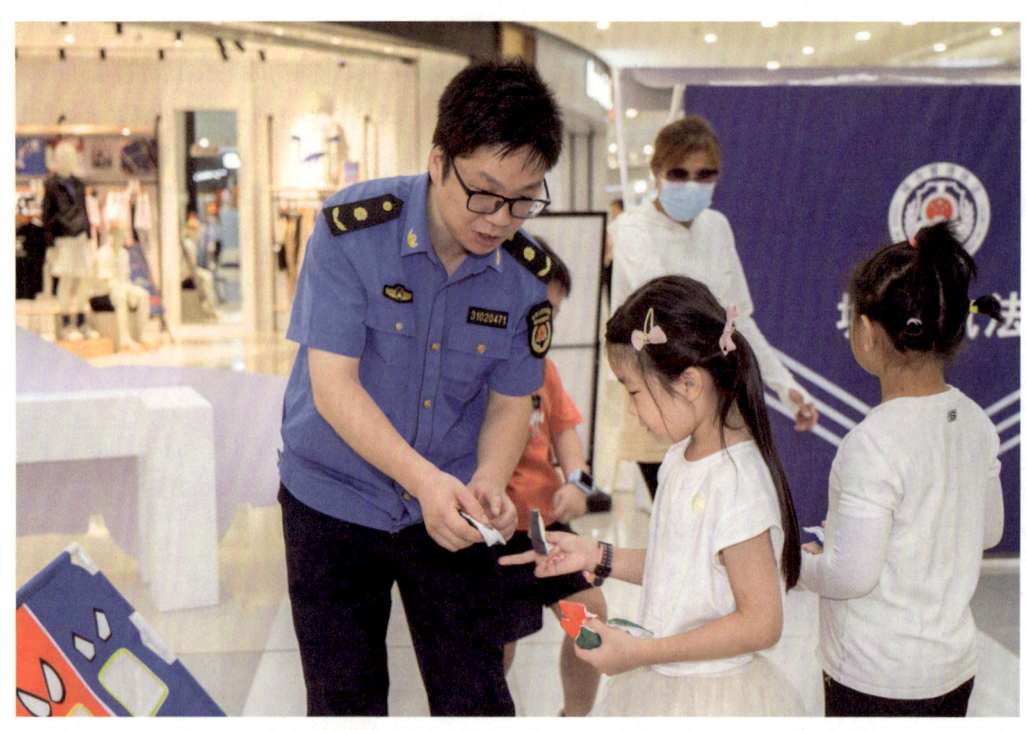

"7·15公众开放日暨形象宣传周"活动期间,执法队员和小朋友亲切交流　　（区城管执法局　供稿）

十八、环境保护

编辑 李佳丽

（一）综述

2023年，区生态环境局以习近平新时代中国特色社会主义思想为指导，全面贯彻党的二十大、习近平总书记考察上海重要讲话、全国生态环境保护大会精神和上海市生态环境保护大会精神，深入贯彻习近平生态文明思想，紧紧围绕区委、区政府总体部署，立足新发展阶段、贯彻新发展理念、构建新发展格局、推动高质量发展，生态环保"十四五"规划和第八轮环保三年行动计划各项任务达到预期目标，减污降碳协同增效，生态环境风险有效防范化解，环境安全得到切实保障。年内，区域生态环境质量持续改善，环境空气质量指数（AQI）优良率为86.3%，比全市平均值低1.4%；可吸入颗粒物PM2.5平均浓度为29微克每立方米，比全市平均值高3.6%。水环境质量持续改善，6个市考断面稳定达标，Ⅱ至Ⅲ类断面比例为100%。土壤环境质量总体保持稳定，污染地块安全利用率保持100%，区域环境噪声保持稳定，辐射环境质量良好，环境安全风险平稳可控。加大执法检查力度，依法查处群众反映强烈、环境管理不力的排污单位。全年累计出动1167批次、3402人次，检查1625户次。以"双随机"执法检查为主，开展排污许可证、挥发性有机物（VOCs）、汽修、餐饮、非道路移动机械、辐射、固体废物、加油站、土壤等专项执法工作。对违反环保法律法规的行为作出行政处罚决定52件（其中简易处罚决定32件），处罚金额共104.25万元（简易处罚1.9万，一般处罚102.35万），警告13件，作出查封（扣押）行政强制措施决定3件，发出责令改正违法行为决定书68份、执法建议书103份，对4起轻微违法行为免于处罚。持续优化审批服务，累计完成各类行政许可183件、行政备案591件、行政协助42件。加强对10个环境空气、13个地表水环境、38个声环境监测点位的环境质量监测，做好污染源监督、移动源、信访投诉等监测工作，共取得281437个环境质量监测数据，为摸清环境质量现状和进一步加强环境监管提供技术支持。进一步优化环境投诉处置机制，加强与街道（镇）及相关部门协作联动。全年受理各类环境信访投诉256件，办结244件，先行联系率保持100%，主动跟踪回访，切实提高信访投诉满意率。按时办理答复2件区人大代表建议和4件区政协委员提案，落实领导包案制，办结率和满意率保持100%。

（黄重文）

（二）环境管理与监察

【环境保护投入】 年内，静安区共完成环境保护投入2.7893亿元，其中区财政投入2.1636亿元，其他投入0.1706亿元。用于污染源防治0.4251亿元，用于城市环境基础设施建设2.2372亿元，用于生态环境管理能力建设0.6356亿元，用于环保设施运转0.0412亿元。

（黄重文）

【减污降碳工作】 年内，静安区充分发挥区生态文明建设领导小组办公室和区生态环境保护督察办公室的牵头抓总作用，协调各成员单位共同推进区生态环保"十四五"规划，全部完成区第八轮环保三年行动计划及专项行动计划。深化落实长江经济带生态环境警示片和市生态环境警示片等问题整改，全力做好第三轮中央生态环境保护督察等迎检准备。压实《静安区生态环境保护工作责任清单》，进一步落实各部门、街道（镇）环保工作责任。举办街道（镇）生态环境管理培训，夯实街道（镇）属地责任，提升环境监管水平。开展"无废城市"建设。推进辖区危险废物安全收运托底保障，结合"全域纳管"工作推进，加强小微企业危险废物管理。深化落实小型产废机构医疗废物收运"最后一公里"项目，在市级目标基础上，提前完成指标，并主动进一步拓展服务范围。加大汽修行业废弃零部件等一般固废集中回收管理，搭设统一收运和利用平台，推动提升全品类固废资源化回收利用水平。启动全区"无废城市"数据平台建设，形成有静安特色的"无废城市"一张图、一个库、一张网。积极挖掘各行各业绿色创建载体，深入推进"无废"建设普及和理念传播，编制印发"无废城市"建设方案一图读懂、宣传手册，开设微信公众号专栏，精心组织"创绿色低碳，建'无废'静安"六五环境日主题活动。深化低碳示范社区创建。召开低碳社区创建工作会议，推进低碳示范社区创建工作。石门二路街道、彭浦镇永和二村按照年度创建计划，结合全国低碳日、全国生态日等环境节日，营造全民低碳良好氛围，开展低碳学堂、知识讲座、可回收物兑换、变废为宝等形式丰富的生态环保绿色低碳宣传教育活动，积极应用低碳技术，实施推进社区低碳示范改建项目，石门二路街道完成6个居民区低碳微更新项目，永和二村文明实践站"近零"低碳改造项目投入使用。推荐市北高新技术服务业园区参评现代环境治理优秀案例。鼓励支持市北高新技术服务业园区积极布局双碳经济，持续推进节能降碳，竭力营造低碳氛围，依托数智市北"区块链+大数据"技术，探索打造"节能、减排、固碳、碳汇、交易"等要素为一体的可信碳普惠平台，低碳发展实践区创建取得新成效。

（黄重文）

【重点领域污染防治】 年内，区生态环境局开展大气网格化、精细化监测预警体系建设，完成30个点位建设，开展大气预警预报跟踪调查处置。启动并开展第三轮清洁空气行动计划，完成《上海市静安区清洁空气行动计划（2023—2025年）》及臭氧、机动车等配套工作方案的编制，持续推进各项重点任务，聚焦工业企业、工地、餐饮、汽修、加油站、机动车及非道等重点领域，加大问题发现处置力度。会同城管执法局对扬尘数据异常的30家工地开展检查，督促落实管理要求。完成夏季臭氧、杭州亚运会和"进博会"重点时段保障工作。完成入河排污口排查、监测、溯源，推动源头防控、水岸同治。完成29.31千米河道的排查溯源工作，共排查出各类排口73个，形成《静安区入河排污口排查及质控工作报告》，编制《静安区入河排污口整治方案》及《一口一方案》。推动医疗机构自动在线监控系统安装及管理。建立医疗机构污水处理设施信息台账，形成并完善49家医院在内的医疗机构污水处理设施基础信息表。跟踪分析考核断面水质，做好数据动态分析和趋势预警，科学研判断面水质达标情况，持续强化河道巡查整治工作。推进土壤污染防治，逐步建立土壤环境管理和土地资源利用联动机制，全年完成地块场地环境调查、风险评估、修复方案编制、修复效果评估环节第三方评审12次，其中初调8次、详调1次、风评1次、修复方案1次、效果评估1次。积极探索"修复+"试点，对辖区内3处土壤污染地块及土地使用权人进行专项执法，监督污染地块落实土壤风险管控措施，持续巩固污染地块安全利用率100%的工作成效。

（黄重文）

【环境风险防控】 年内，区生态环境局做好突发环境事件和生态环境领域安全生产风险隐患排查工作，对企业环保设施运行情况、危险废物贮存情况和资料台账等开展检查，排除风险隐患。制定《上海市静安区生态环境局2023年固体废物监管工作计划》，做好危险废物、一般固体废物管理。牵头做好区新污染物治理工作，区生态文明建设领导小组办公室制定并印发《静安区新污染物治理行动工作方案》，完成辖区内4家涉及新污染物企业的现场执法及信息统计调研培训等，督促企业落实主体责任。开展突发环境事故、突发辐射事故应急演练，提高应急处置能力。制定《2023年静安区辐射安全监管工作要点》，明确辐射安全监管联动机制，优化辐射行政审批服务，严格落实辐射安全监管。修订《静安区处置核与辐射事故应急预案（2023年版）》，进一步健全区核与辐射事故应急处置机制，细化各相关单位工作职责。按照区级职权和市局委托职权，开展辐射安全许可证日常审批与咨询服务。与市固体废物处置有限公司达成静安区危险废物和医疗废物应急收运托底保障意向，完成医疗废物"最后一公里"收运项目全覆盖工作，实现对辖区内所有医疗废物在48小时内应收尽收，有力保障辖区环境安全。

（黄重文）

【现代环境治理服务完善】 年内，静安区完成建设项目环评审批18件，建设单位自行网上备案689件。办理辐射类建设项目审批2个、电离备案68个、电磁备案523个，辐射安全许可证审批163件。完成42个项目的行政协助咨询、办理和回复。服务市、区重大建设项目，完成轨道交通3、4号线宝山路站接轨改造、彭浦新村街道社区卫生服务中心分中心等项目的环评审批，主动做好轨道交通19号线及20号线一期东段等项目前期沟通，对马戏城中剧场建设、静安区中兴社区C070202单元313-07地块工程初步设计方案等提出环保意见建议。联合区卫生健康委推出医用影像诊断"一件事"，并完成全市首家办件。新增"夜间施工审批"行政协助办理模式，配合推进"加油站综合监管"一件事。新增"轻微失信信用修复"事项和环评许可、排污许可"两证合一"办事情形。推广实施"一业一证"改革事项。聚焦高频办理事项，落实领导帮办制度，完成5件次许可帮办。做好企业服务和招商引资工作，9家对口服务企业全覆盖走访，帮助解决问题1个，引进新建企业2家。建立固定污染源全域纳管体系。依托环保数字化转型升级，完成数据中台、"绿盾通"等系统"全域纳管"联动场景开发。从固定污染源存量和增量2个方面着手，在摸清固定污染源基本库信息的基础上，聚焦餐饮油烟、危废处置、污水排放等重点污染防治领域，以"行业+污染因子"为模型坐标，突出"5+11"类行业监管，主动跨部门合作，加强线上、线下协同，采用"系统数据治理+人工现场核查"方式，创造"3+1"纳管工作法，即线上以市级数据回流、法人库注册、行业资质认证为三大纳管信息源，线下开展属地街镇现场联动核查和纳管确认，推动固定污染源"全域纳管"并实现动态更新。通过构建全区统一的固定污染源信息库，为监管全覆盖和分类分级综合监管打牢基础。2023年,全域纳管工作累计对1820个拟纳管信息开展现场核查,确认新增入库污染源988个,全区固定源库纳管污染源总数达10238个。加强信息系统数字化转型融合,持续深化环保数据中台建设,打通市区固定源信息、移动执法、行政处罚、任务场景、标签管理等数据对接回流,实现法人库、行业证照、泵站放江、入河排污口等数据共享接入。完成"绿盾通"应用程序(App)"常见环保问题反馈""常态化巡查"等场景应用的功能开发和升级优化,进一步赋能"3+X"监管联动。区域一体化生态环境智慧治理平台(一期)项目完成可研评审、政府采购等前期手续,启动实施系统开发,"环保移动执法系统新增联勤联动子应用"通过验收报备。认真做好部门公共数据上链各项工作,累计梳理报送199项数据资源,完成12项数据目录的目录发布、资源挂载、数据归集及业务标准文档提交工作。打造"大气精细化管理"应用场景案例参加全区"一网统管"应用场景交流分享展示,综合评分第一,获评最佳案例。　　　　　　(黄重文)

【生态环保法治建设】　年内,区生态环境局切实履行法治建设责任制要求,推进落实法治政府建设示范创建工作,对照法治政府建设示范指标体系,全面完成本部门创建任务。推动及时完善决策合法合规性审查,进一步规范和履行依法决策程序,提高决策法治化和透明度。认真执行区政府重大行政决策规则,落实政务信息公开规定,强化生态环境信息公开,及时向社会公开并开展政策解读,主动回应社会关切。自觉接受区人大及常委会监督,向区人大报告上一年度全区生态环境状况和生态环境保护目标任务完成情况,听取代表审议意见。落实法治建设责任制,贯彻执行行政执法"三项制度",更新本部门重大执法决定法制审核目录,严格把好法制审核关,不断规范生态环境行政行为。2023年,累计公示执法结果记录1342条,对执法视频、音像等记录情况开展抽查检查12个批次,确保执法过程全记录。对13个案件启动重大执法决定法制审核,做到应审尽审。加强普法宣传,编写"以案释法"普法案例及"生态环保E指引"普法宣传册,制作普法动画视频,开展汽修

年内,举行"创绿色低碳,建'无废'静安"2023年静安区六五环境日主题宣传活动　(区生态环境局　供稿)

行业危险废物规范管理专项普法活动。1个法治宣传案例入选市局2022年度生态环境法治宣传典型案例集。做好本部门法治政府建设"十四五"规划和"八五"普法规划中期评估。落实领导包案制，完成2件人大代表意见和4件政协提案办理。加强生态环境损害赔偿案件线索梳理，年内累计梳理线索280条，对生态环境部下发的《生态环境损害赔偿线索清单》（第四批）的4条案件线索开展核实办理，对5条案件线索启动损害赔偿。加强环境信用探索实践，对80家企业开展环境行为评价。

（黄重文）

【生态文明宣传】 年内，联合区文明办、区科协、临汾路街道等部门，举办"创绿色低碳、建'无废'静安"2023年静安区六五环境日主题宣传主会场活动，线上、线下参与活动超过50万人次。聚焦全国低碳日、全国生态日等生态环境节日，线上开展全国低碳日专项答题，线下结合低碳示范创建，发动社区、园区开展低碳学堂、低碳宣讲、可回收物兑换、低碳实践双碳建设经验交流等活动。会同区政协、区文明办、彭浦镇、石门二路街道、区检察院、区水务局等部门，分别组织开展全国生态日"静·界"读书会活动、"万物生长·申城之美"环境日文明实践活动、5·22生物多样性日主题宣传、"益心守护，共建绿色生活"生态环境公益宣传、第七届中小学生水环境科普夏令营等宣传活动。静安区第四届环保短视频大赛活动收官，共评选出一、二、三等奖及最佳创意奖、最佳人气奖及优秀奖作品23个，所有获奖作品进行线上、线下展播。结合"政府开放月"，继续打造好"公众开放日"品牌活动，全年共组织开展"环境监测设施公众开放"活动7批次，81人次参与。持续加强新媒体环保阵地宣传。全年发布推送微信公众号文章1233篇次、微博文章1137篇次，累计被"中国环境""上海环境""上海静安"等区级以上媒体平台录用转载126篇次。

（黄重文）

（三）环境监测

【概况】 2023年，围绕加强静安区生态环境质量改善的需求，加强自动站运维管理、质量监督及数据审核，发挥区域水环境预警评估作用。持续开展地表水水质断面监测，加强对采测分离现场监测和采样的监督。根据不同的监测周期和频次分别在10个环境空气、13个地表水环境、38个声环境监测点位开展环境质量监测，共取得281437个环境质量监测数据。编制完成《2022年静安区环境质量报告书》，定期编制并公示静安区环境质量月报、静安区空气质量月报、静安区地表水水质状况月报。配合生态环境部、市环境监测中心开展环境空气自动监测站点的数据审核工作，做好3个市控空气自动站的基础保障工作；落实好数据记录、跟踪、汇报工作。落实生态环境监管、监察、监测"三监"联动工作机制，按照"双随机、一公开"和静安区固定污染源监管管理的相关要求开展日常监测，累计完成121家次固定污染源执法监测。持续打好柴油货车污染防治攻坚战。采用联合监测方式，开展在用柴油车路检路查及入户检查，对于车辆停放集中的重点场所及重点单位开展定期或不定期监督抽测。完成机动车路检路查800辆；完成柴油车入户监测250辆；对辖区内的39台非道路移动机械开展监督监测；对14家加油站进行油气回收系统的监测抽查和油气在线系统比对；开展车载诊断系统（OBD）和柴油车车用尿素质量情况检查入户监督抽检，各抽检30辆；开展车用油品质量调研采样工作，7至12月共抽取样品12个；通过机动车排放检验机构监管平台对车辆排放检验数据进行核查；对属地范围内3家机动车排放检验机构全覆盖开展日常监管和在线监管。继续加强监测数据的支撑作用，配合落实环境信访处置要求，累计完成25户次的信访投诉监测,其中噪声类17户次、餐饮油烟类7户次、废气类1户次。加强监测站的技术监督职能。对照排污许可证管理要求,对已发证排污单位自行监测方案制定及实施情况开展专项检查,以线上、线下相结合的方式组织开展排污单位自行监测的技术检查、实际排放量核查等工作。开展排污单位自行监测检查68家,现场检查排污单位33家,对属地范围内机动车排放检验机构进行9户次检查,开展生态环境监测社会化服务机构监督检查66家,自动监控设施备案时间信息录入及设备信息录入19家、运维记录电子化检查19家。会同区市场监管局完成对区内1家生态环境监测机构开展"双随机、一公开"联合抽查工作。根据新标准的实施及区生态环境监管和执法需求,开展扩项和方法变更工作,提升检测能力,完成2次资质认定扩项评审工作,新增检测能力11项。探索推进特色站建设,成立大气专项小组,完善区域大气环境质量监测网络建设,对大气小尺度监测感知网络数据开展智能高值分析和人工研判,对污染区域进行精确溯源定位。配合市监测中心开展静安媒中心碳点位风场测试课题研究,评估现有采样口风场稳定性。

(黄重文)

表18-1　2023年静安区环境空气质量综合评价情况表

项目/指标		数值
AQI	优良天数(天)	315
	优良率(%)	86.3
环境空气质量综合指数		3.59
二氧化硫(SO_2)年平均浓度($\mu g/m^3$)		5
二氧化氮(NO_2)年平均浓度($\mu g/m^3$)		31
可吸入颗粒物(PM10)年平均浓度($\mu g/m^3$)		45
细颗粒物(PM2.5)年平均浓度($\mu g/m^3$)		29
一氧化碳(CO)24小时平均第95百分位数(mg/m^3)		0.8
臭氧日最大8小时滑动平均值(O_{3-8h})第90百分位数($\mu g/m^3$)		157

注:依照《环境空气质量标准》(GB 3095—2012)评价。

(黄重文)

表18-2　2023年静安区地表水市考断面水质类别评价情况表

河流名称	走马塘	彭越浦	夏长浦	徐家宅河	江场河—先锋河	中扬湖
监测断面	共和新路桥	汶水路桥	物华苑桥	徐家宅河桥	江场西路1550号	中扬湖桥
水质类别	Ⅲ类	Ⅲ类	Ⅱ类	Ⅱ类	Ⅱ类	Ⅱ类

(黄重文)

表18-3　2023年静安区功能区声环境质量评价情况表

单位：分贝

时段	二类	三类	四类
	武定西路1480号	江场三路280号	昌平路658号
昼间	61.5	75.3	57.6
夜间	60.7	71.2	50.1

注：噪声值为年均值。

（黄重文）

十九、现代交通

编辑　李佳丽

（一）铁路上海站地区建设与管理

【概况】　2023年，铁路上海站地区建设与管理工作优化各项措施，提升站区治理效能，扎实推进客运保障各项工作，努力建设安全、有序、文明的"美丽站区"。上海站管委办、武警五中队、上海锦炜保安公司开展双拥共建活动。上海站管委办获评"2023年上海市春运工作优秀集体"称号；获2021—2023年静安区国家通用语言文字推广普及和"中华经典诵写讲"系列活动优秀组织奖和2023年静安区首届"双拥杯"军民健身大赛优秀组织奖；铁路上海站地区获评"上海市诚信计量示范街区"称号。（储峥）

【罗震川到铁路上海站地区督导检查】　1月13日，市春运办副主任、市公安局副局长罗震川带队到铁路上海站地区督导检查春运安保工作。到上海长途汽车客运总站、上海站北广场地下安置区、上海站等重点区域，实地检查旅客及车辆的进、出站安检，到沪人员的出站引导，夜间到达旅客的临时安置等保障工作，现场听取相关单位春运情况介绍。

（储峥）

【王华到铁路上海站地区检查】　1月20日，上海站地区管委会副主任、区长王华带队检查指导上海站地区春运安全保障工作，察看上海站南进站口、西南出站口、南广场春运大棚等点位春运保障工作，听取静安区春运指挥部、铁路上海站、静安分局、上海站派出所等单位负责人工作汇报，要求各单位加强值守备勤，强化应急演练，全力以赴确保春运安全。

（储峥）

【2023年铁路上海站地区重大安全事故和消防风险隐患排查专项整治工作推进会】　于6月13日召开。站区23家重点企业参加会议，会议由站区平安办负责人传达静安区安全生产委员会关于印发《静安区重大事故隐患专项排查整治2023行动方案的通知》，以及静安区消防安全委员会关于印发《静安区消防安全重大风险隐患专项排查整治2023行动和工作方案的通知》等相关文件精神。

（储峥）

【"扬志愿风采、享科普生活"开放活动】　8月21日，由上海站管委办、静安区科学技术协会、上海科普教育促进中心联合主办，上海科普教育志愿服务总队、铁路上海站地区志愿者服务基地共同承办的静安区政府开放活动暨"扬志愿风采、享科普生活"急救培训在铁路上海站地区举行。上海苏河湾集团有限公司、站区治安派出所、铁路上海站派出所、轨交上海火车站站派出所、铁路上海站、上海长途汽车客运总站、轨道交通3、4号线上海火车站站、世缘公司、站区综合管理大队、站区夜间及应急管理专班和新理想大厦员工、市民等30余名学员参加急救培训。 （储峥）

【王华检查上海站地区雨雪冰冻灾害防范应对工作】 12月21日，入冬以来最强寒潮来袭，为确保人民群众安全温暖过冬及城市安全有序运行，当日晚，区委副书记、区长王华检查上海站地区雨雪冰冻灾害防范应对工作，慰问坚守岗位的一线工作人员，区委常委、常务副区长傅俊参加检查。 （储峥）

【春运工作】 1月6日，静安区以视频形式召开全区春运工作动员会，副区长、上海站管委办主任、区春运指挥部第一指挥李震出席大会并讲话。2023年春运40天期间（1月7日至2月15日），静安区内铁路上海站、长途客运总站、沪太路客运站、中山客运站4家客运单位累计发送旅客285.1万人次，比上年增加51.27%；到达旅客269.47万人次，比上年增加29.78%。其中铁路上海站发送旅客276.5万人次，比上年增加55.7%；到达旅客261.33万人次，比上年增加31.94%。此外，轨道交通1、3、4号线上海火车站站累计接送旅客538.92万人次，比上年增加约17.95%。上海站管委办坚持执行站区"红、橙、黄"三色预警处置和联动机制，实行24小时值班、每日零报告制度，加强信息报送工作。上海站管委办制定《2023年静安区春运工作实施意见》《2023年静安区春运应急预案》，建立健全工作分工、监督检查、值班值守和信息共享、信息统计及舆情监测机制、建立机动应急队伍、强化防疫保障措施与物资保障，春运期间累计向市春运办宣传处报送春运信息40余篇，实时关注各类自媒体平台信息，做好春运期间舆情监测工作。春运期间在5处重要场所和关键点位开展模拟处突演练，开展"1、3、5分钟"处置演练6次，拉动警力42人次。区春运办组织协调铁路上海站地区相关执法部门，集中打击票贩、"黑车"、盗窃、拉客等违法行为。上海站地区治安派出所累计投入街面警力2120人次，开展巡逻防控、交通管理、客流疏导等工作。春运期间共接处110总警情216起，接报刑事案件6起、治安案件8起，交通处罚1325起，会同交警支队、交通执法一支队开展非法客运整治4次，处理非法客运案件16起。铁路上海站派出所查获各类危险品59192批、103715件、8132.3公斤，查处各类刑事案件8起，抓获刑事嫌疑人7人；办理各类治安案件55起，行政处罚57人。市公安局轨交总队每日投入6名特警警力维护地铁安全秩序，在1、3、4号线地铁站辖区投放警力18人次，共计开展安全检查7次，查获危险、违禁品148件。区交警支队二大队累计投入警力650人次，设置临时执勤点2个，开展夜间集中统一行动30次，检查长途客车240余辆、客运包车60余辆。共处罚机动车违法行为2524起、非机动车1558起，处罚长途汽车和出租网约车等车辆乘坐人不系安全带交通违法403人次、站外上下客2起。市交通执法总队一大队、区交警支队二大队、站区综合管理大队等单位开展"春晖"专项整治行动，打击非法营运车辆，累计开展4次非法客运集中整治行动，出动执法力量43人次、执法车辆11辆，查获各类违法行为50余辆次，市交通执法总队一大队累计查处出租车案件60件。市场监管部门持续开展特种设备安全检查及餐饮单位防疫检查，春运期间共出动检查人数264人次，检查特种设备使用单位24户次、特种设备207台、餐饮单位109户次，排查、整改隐患3项，核查超期设备62台。城管部门组织开展整治活动，积极维护市容环境，春运期间共出动执法人员214人次，执法车辆86次，分别对店牌店招、户外广告检查91次，入店铺进行跨门营业执法检查和巡查196次，跨门营业整改73起，占道堆物47起，并对来往旅客提供政策法规、问路等咨询服务119起。

（储峥）

【综合治理工作】 年内，上海站管委办持续加强综合治理，组织站区相关执法单位针对站区重点区域开展常态化巡查和各类专项执法整治。召开2023年度整治非法客运工作推进会暨整治非法网约车客运行为专项行动联席会议3次。全年内，站区综合管理大队配合各执法单位累计开展非法客运集中整治行动21次，查获非法营运网约车56辆，由市交通执法一大队立案处理56辆，查获残疾车51辆，查获其他违规车辆169辆并处罚处理，劝离黄牛528余人次，协助公安抓获2名逃犯，开展非法客运整治宣传活动4次。

（储峥）

【市民服务热线及信访工作办理】 年内，上海站管委办按照区委、区政府要求，做好市民服务热线及信访工作，切实提升市民、旅客的幸福感和满意度。共接处"12345"市民服务热线136件，网格化管理平台工单30件，均在时限内完成答复。回复人大代表意见2件、信访办件2件。

（储峥）

【安全生产及隐患排查工作】 年内，上海站管委办联合第三方专业机构，对站区内26家消防安全重点单位及92家沿街商铺的消防安全隐患进行排查，年内累计开展各类安全检查363次，其中领导带队检查87次。开展2022年度星级"平安单位"创建活动，评选出"五星级平安单位"5家，"四星级平安单位"9家，"三星级平安单位"2家。

（储峥）

【创建复评文明城区工作】 年内，上海站管委办按照全国文明城区测评实地考察指标要求，对跨门营业、不合规的户外设施和店招店牌进行整治，整治共享单车等非机动车乱停乱放，联合开展创城"拔钉子"行动，共开展6次集中整治露宿人员行动，救助、劝离露宿人员123人次，劝离公共场所躺卧人员202次，查处违章停车100余辆次，清理共享单车3600辆次，清理"无主垃圾"等10多车，联合处置一些"僵尸车"，整治沿街商户跨门营业行为近10家次。

（储峥）

【市政市容设施设备维护工作】 年内，上海站管委办完成重点项目——上海站南广场地下人行通道大修项目施工并顺利验收，全年完成春运环境布置、北广场零星绿化维护、南广场东侧水景绿化维护、南北广场多功能导向牌维护维修项目、上海站地区广场地坪维修工程、上海站南广场西侧排污道改造、导向标识更新制作等项目8个。完成沿街商铺外立面占道施工审批21件，室内装修项目登记备案13件。

（储峥）

【大兴调查研究】 10月20日，上海站管委办召开"大兴调查研究"调研成果汇报会，进一步巩固提升学习贯彻习近平新时代中国特色社会主义思想主题教育成效，推动大兴调查研究走深走实。会议分别围绕综合交通枢纽建设、档案信息化建设、志愿者服务基地建设、内控管理、合同管理等课题的前期调研情况汇报主要调研成果。11月3日，在区退役军人事务局牵头组织下，上海站管委办与区退役军人事务局、区司法局、区医保局、区残联开展学习贯彻习近平新时代中国特色社会主义思想主题教育读书班联组学习。

（储峥）

【"爱心伴你行"志愿者服务工作】 年内，上海站管委办围绕学习宣传贯彻党的二十大精神文明实践主题活动工作要求，依托铁路上海站地区志愿服务基地，着力打造融"和谐站区筑同心、志愿服务增信心、情满旅途暖人心"为一体的"爱心伴你行"志愿服务品牌，组织来自机关部门、站区单位、大专院校、社会团体等各方的志愿者队伍，为过往站区的旅客及市民竭诚提供志愿服务,推进"暖心站区"建设,全年开展"爱心伴你行"志愿者服务活动10次。

(储峥)

(二)铁路运输

【概况】 中国铁路上海局集团有限公司(简称上海局集团公司)地处长三角地区,位于多重国家战略交汇点,与长三角一体化发展战略高度契合(《长江三角洲区域一体化发展规划纲要》《长江三角洲地区交通运输更高质量一体化发展规划》《交通强国建设纲要》《国家综合交通网规划纲要》),铁道线路主要分布在安徽、江苏、浙江、上海三省一市,是全国旅客运输最繁忙的铁路局集团公司。上海局集团公司前身为成立于1949年8月1日的上海铁路管理局,是中国国家铁路集团有限公司(简称国铁集团)下属的18个特大型运输企业之一,承担管内铁路运输和铁路建设管理等任务,具有5A级物流企业资质。铁路基本建设投资完成额连续八年(2016—2023)超800亿元,旅客发送量持续排名全路第一。管辖范围:上海局集团公司分别与济南、郑州、武汉、南昌局集团公司毗邻。营业里程及主要干线、支线:2023年末,上海局集团公司铁路营业里程14321.3公里(比上年增加571.6公里),其中国铁营业里程4064.9公里,合资铁路营业里程10235.4公里(控股合资铁路5753.7公里,非控股合资铁路4481.7公里,地方铁路21.0公里);高铁营业里程7100.5公里。区域内上海市铁路营业里程490.9公里(高铁里程172.3公里);江苏省铁路营业里程4580.8公里(高铁里程2500.5公里),比上年增加313.9公里;浙江省铁路营业里程3737.9公里(高铁里程1876.5公里),比上年增加141.1公里;安徽省铁路营业里程5379.0公里(高铁里程2499.9公里),比上年增加115.4公里;江西省铁路营业里程22.4公里(比上年增加11.1公里);河南省52.2公里、湖北省58.2公里。管内允许时速200公里及以上高铁、客货共线Ⅰ级铁路29条,其中允许时速300公里至350公里京沪、合蚌、宁杭、沪昆、徐兰、郑阜、京港、合流、盐通、徐连、杭台、合福、沪宁沿江高铁,沪宁城际高铁等14条线路(含客运专线,不含杭深杭甬段、杭昌黄昌段);允许时速250公里宁安客专、杭深(杭甬段350公里/小时,无砟)、沪蓉、杭昌高铁(黄昌段350公里/小时,无砟)、徐盐客专、连镇客专,以及淮萧联络线7条线路;允许时速200公里客货共线(客运专线)Ⅰ级铁路8条:金温、衢九、青盐、沪苏通铁路,沪宁城际虹桥联络线、安庆联络线、合宁绕行线、肥西联络线。管内普速线路主要有:京沪、沪昆、陇海、京九、萧甬、金山、阜六、宁西、宁启、阜淮、淮南、青阜、符夹、宣杭、宁波穿山港、衢宁、水蚌、双雷、宁芜、新长、皖赣线21条。上海局集团公司线路延展里程32946.0公里,其中国铁11891.6公里,合资铁路21025.8公里。复线营业里程10825.3公里,复线率75.6%,其中国铁2961.6公里。电气化铁路营业里程11743.2公里,电化率82.0%,其中国铁3130.3公里,合资公司8612.9公里。主要技术设备:2023年末,上海局集团公司(运输口径)管辖车站(含线路所61个)819个(金温公司管内各站,墟沟北站、上海客技站、线路所未纳入统计),其中高铁车站229个、普铁车站529个、高铁线路所47个、普铁线路所14个,另有动车所10个。普速铁路中,特等站7个(徐州北、南京东、常州、无锡、南翔、北郊、上海站),一等站29个(徐州、徐州西、阜阳北、阜阳、蚌埠、蚌埠东、合肥、淮南西、芜湖东、南京北、南京、南京西、镇江普速场、无锡南、苏州普速场、昆山、苏州西、何家湾、上海南、上海西、杭州、杭州东普速场、乔司、义乌普速场、义乌西、金华东、金华普速场、宁波北、宁波站),二等站56个,三等站98个,四等站246个,五等站93个。其中路网性编组站2个(徐州北、南京东),地区性编组站4个

(南翔、阜阳北、芜湖东、乔司);高普共站(不分场,按普速管理)8个,高普共站分场设置33个。金温公司管辖车站28个、线路所1个,按车站级等分:一等站1个(温州站),二等站1个,三等站3个,四等站1个,五等站22个。配属机车1451台(统计口径;不含动力集中动车组FXD1-J型),其中内燃机车703台、占总配属台数48.4%,电力机车748台、占总配属台数51.6%。动车组资产648组、7036辆,其中"复兴号"动车组216组、2336辆。配属普速客车2644辆,其中国铁配属2081辆,合资配属563辆。配属机车主要担当京沪、沪昆、华东二通道等客货运输任务,共担当客货机车交路1107对,其中最长的客运机车交路为上海南至南宁区段(2166公里)、货运机车交路为南京东至济南西区段(669公里)。机务系统共担当动车、客运、货运乘务交路计3197对,其中最长动车乘务交路为杭州东至福州(681公里)、客运乘务交路为徐州至启东(652公里)、货运乘务交路为徐州北至海安(450公里)。管内直属运输站段74个:直属站17个,车务段8个,客运段4个,机务(机车检修、机辆)段6个,车辆(动车)段5个,工务(桥工、大机、大修、高铁基础设施)段14个,电务(通信)段6个,供电段4个,房建公寓段5个,铁路物流中心5个。直属非运输企业14家。其他直属单位4个:职工培训中心、疾控所(卫生监督所)、科研所、党(干)校。枢纽工程建设指挥部5个。管内控股合资铁路公司15家,由上海局集团公司分别与安徽省、江苏省、浙江省、上海市人民政府出资人代表和中国铁路发展基金股份有限公司、有关企业合资组建,分别为合武、芜湖大桥、宁安、皖赣安徽、杭黄、沪宁城际、沪杭客专、宁杭、金山、浦东、萧甬、沿海浙江、杭甬、杭州枢纽、沪昆浙江公司;参股合资铁路公司7家,分别为江苏高铁、庐铜、合安、徽黄、浙江铁路发展控股集团、通苏嘉甬、上海东站公司。参股合资铁路公司子公司8家,分别为新长、丰沛、苏南沿江城际、湖杭、金温、九景衢浙江、金台、杭黄(浙江)公司。2023年末,上海局集团公司固定资产原值6084.62亿元,其中国铁2967.68亿元,合资铁路公司3067亿元,非运输企业49.94亿元。用工总量157539人,比上年末(定员)减少3417人。在岗管理和专业技术人员21473人,其中管理人员14227人,专职专业技术人员7246人,具有专业技术资格17643人。上海局集团公司机关设在上海市静安区天目东路80号。　　(孔令贵)

【国家战略、重点任务运输服务保障】　年内,上海局集团公司深入贯彻党的二十大精神,扎实开展学习贯彻习近平新时代中国特色社会主义思想,认真落实国铁集团党组和地方党委政府部署要求,全面加强企业党的建设和党风廉政建设,加快建设一流的现代运输企业,取得明显成效。完善落实"第一议题"制度,第一时间跟进学习贯彻习近平总书记重要讲话、重要文章和重要指示批示,不断增强政治判断力、政治领悟力、政治执行力,年内专项督办落实重点工作21项。主动对接服务长三角一体化发展、长江经济带发展、共建"一带一路"等国家建设计划,有效发挥路网建设和铁路运输拉动投资、扩大内需、互联互通等作用。助力乡村振兴,投入定点帮扶资金227万元,完成消费帮扶3500万元,招录脱贫地区用工3164人,开行乡村振兴班列3列。高标准做好杭州第十九届亚运会、(上海)第六届"进博会"运输服务保障等工作。至年末,上海局集团公司发运中欧班列13.9万辆,比上年增长6.4%;发运中老班列2153辆,比上年增长12.3%。(孔令贵)

【年度主要指标完成情况】　年内,上海局集团公司面对形势的快速发展变化和内外部多重叠加考验,统一思想、坚定信心,稳中求进、守正创新,高标定位、担当作为,脚踏实地、真抓实干,统筹发展和安全,疫情防控和运输经营、铁路建设、改革管理等重点工作,高质量完成年度各项目标任务。至年末,上海局集团公司(运输口径)图定每日开行旅客列车1315.5对（动车组列车1110.5对、普速旅客列车205对）、货物列车1333对。完成运输收入1278.09亿元（统计口径），比上年增加609.57亿元、增长91.2%。其中客运收入1072.78亿元，比上年增加600.94亿元、增长127.4%；货运收入205.31亿元，比上年增加8.64亿元、增长4.4%。盈亏总额196.5亿元，其中运输业务盈利总额154.4亿元。 （孔令贵）

表19-1　2023年上海局集团公司主要指标完成情况表

项目名称	计量单位	年度预期值	年末实绩	上年实绩（2022年）
换算周转量	百万换算吨公里	—	424085	269732
旅客周转量	百万人公里	—	279010	121375
货物周转量	百万吨公里	150000	145075	148357
直通货物周转量	百万吨公里	—	108154	113044
旅客发送量	万人	79050	80832	34628
占全路旅客发送量	%	—	21.9	21.5
安徽省内车站旅客发送量	万人	—	14996	7201
江苏省内车站旅客发送量	万人	—	28020	11399
上海市内车站旅客发送量	万人	—	13007	4313
浙江省内车站旅客发送量	万人	—	24445	11646
动车组旅客发送量	万人	—	69623	30210
货物发送量	万吨	19850	20155	19682
占全路货物发送量	%	—	5.15	5.04
安徽省内车站货物发送量	万吨	—	8005	7769
江苏省内车站货物发送量	万吨	—	6997	6826
上海市内车站货物发送量	万吨	—	527	497
浙江省内车站货物发送量	万吨	—	4574	4522
集装箱发送量	万吨	6080	6122	5728.3
煤炭发送量	万吨	—	7195	7071
货车周转时间	天	2.26	2.15	2.19
货车中转时间	小时	5.0	4.9	4.8

(续表)

项目名称	计量单位	年度预期值	年末实绩	上年实绩(2022年)
货车停留时间	小时	18.3	18.6	18.0
货车旅行速度	公里/小时	—	44.7	46.7
日均装车数	辆/日	11870	12333	11703
日均卸空车	辆/日	—	16243	16674
货车静载重	吨/辆	—	44.8	46.1
客车出发正点率	%	—	100.0	100.0
客车运行正点率	%	—	100.0	100.0
货车出发正点率	%	—	98.7	98.6
货车运行正点率	%	—	98.0	97.9
货机日产量	万吨公里	120.3	129.2	131.1
货机日车公里	公里	485	526	525
货机列车平均总重	吨	2705	2712	2752
内燃机车单耗	千克/万吨公里	—	33.6	32.1
电力机车单耗	千瓦时/万吨公里	—	201.1	178.8
货车运用车	辆/日	63000	61670	61518
部属现在车	辆/日	—	63673	64191
工作量	辆/日	—	28619	28111
运输收入	亿元	—	1278.09	668.51
其中客运收入	亿元	—	1072.78	471.84
货运收入	亿元	—	205.31	196.67
非运输业营业收入	亿元	—	429.99	293.3
其中安徽省内单位运输收入	亿元	—	232.47	138.98
江苏省内单位运输收入	亿元	—	440.56	235.26
上海市内单位运输收入	亿元	—	255.51	96.64
浙江省内单位运输收入	亿元	—	349.55	197.63

（续表）

项目名称	计量单位	年度预期值	年末实绩	上年实绩（2022年）
运输业从业人员劳动生产率	万吨公里/人	—	300.7	189.2
铁路客货服务第三方满意度测评	%	—	88.97	88.37
客运服务总体满意度	%	—	87.07	86.65
货运服务总体满意度	%	—	90.61	89.56
年末固定资产原值	亿元	—	6084.62	6027.97
安全天（无责任一般A类及以上铁路交通事故）	天	—	3519	3154
盈利总额	亿元	—	196.5	−168.2

注：1.资料来源于《上海局集团公司2023年统计公报》，上海局集团公司运输部、客运部、货运部、工务部、安监室、调度所、劳卫部、财务部（收入部）等相关部室；2.货机日车公里、货机日产量、货机列车平均总重自2023年1月1日起口径由国铁改为国铁及控股，上年（2022年）完成指标作同口径调整。　　　　（孔令贵）

【**安全运输生产**】　年内，上海局集团公司面对铁路运量快速回升带来的冲击，加强设备检修维护，攻关整治"松脱断"、联锁失效、站台沉降等突出隐患，组织有砟高铁线路和编组站大机清筛，年内设备设施投入120亿元，补强物防技防设施。面对各类施工点多、面广、风险大，周密组织实施，"六位一体"管控，在98个工点应用"智慧工地"系统，共完成营业线施工1.8万项、邻营施工监督1.3万项，均创历史新高。面对恶劣天气多发频发，健全内外部预警会商和应急联动机制，全面升级汛期客车安全风险防范措施，出台强对流天气特定行车办法，经受住恶劣天气考验。针对消防、外部环境、安保、劳动等安全风险，常态化开展检查整治和重点时期督导检查，规范动火作业管理，建成投用线路巡防平台，扩大音视频监控平台覆盖面。坚持不懈强基达标，连续十年召开标准化规范化建设现场会，启动编组站整体创建三年行动，制定、修订安全生产管理规定等一批制度办法，全面推开干部履职管理规范年行动，表扬奖励一批防止事故及发现突出隐患的职工。至年末，上海局集团公司杜绝一般A类及以上铁路交通事故，杜绝责任一般C类及以上行车事故，杜绝责任旅客伤亡事故。实现安全生产（无责任一般A类及以上铁路交通事故）3519天、连续第九个安全年。

（孔令贵）

【**企业改革管理**】　年内，上海局集团公司完成年度47项重点改革任务，制定细化改革、深化提升行动方案。修订集团公司、所属单位党委会工作细则，探索建立董事会授权机制，不断完善党的领导下的法人治理结构，完善各治理主体议事决策规则。实施建设系统、非运输企业管理机构整合，优化调整现代物流组织体系，局属单位数量减少6个。优化"对标找差、创优争先"指标体系，标准化站段考评标杆数量继续保持全路第一。改进全面预算管理，优化成本定额标准和内部清算办法，深化项目预安排机制，年内完成"四类"（技改、大修、安全生产费、专项支出）项目142.6亿元，比上年增加25.5亿元，"财务共享中心"在6家试点单位全业务上线运行。

深化"三项制度"改革,制定落实岗位绩效考核工作指引,构建多元化用工"1+4"制度体系和图谱。抓实巡视、巡察、审计等问题整改,建立合规风险管控机制,年内办结纠纷和维权案件140件,挽回和避免经济损失6858万元。内部审计促进堵漏增收7887万元。新增土地确权领证5882亩,收回被侵占用地和房屋3.9万平方米。

(孔令贵)

【科教人才工作】 年内,上海局集团公司投入科研经费3033万元,立项课题237项。评定上海局集团公司科技进步奖成果200项。承担国铁集团五峰山特大桥安全风险防控等重点课题9项。"站台限界测量尺"等多项成果在局内外推广应用。评选表彰合理化建议和技术改进成果奖100个。统筹推进22个信息化重点项目,实施"上云、用数、赋智"行动,深化信息系统统型、系统数量压减至143个。加强干部人才队伍建设,提拔"80后"领导人员32人、"85后"正科119人、"90后"副科167人,组织挂职锻炼373人。一批骨干人才获中华技能大奖、上海市领军人才、詹天佑东方雨虹专项奖、茅以升铁道工程师奖等称号,新选树全路技术能手36人、上铁工匠25人,新建技能大师工作室10个。改进加强培训竞赛工作,集团公司层面举办各类培训班2024期,完成脱产轮训7.3万人次。探索推广"理实一体"、培考分离、免培直考等培训新模式新机制,组织季度业务抽考5398人,实作抽考比例超过40%。参加国铁集团技能竞赛获团体一等奖5个,各工种竞赛前五名46人(第一名11人)。

(孔令贵)

【旅客运输】 年内,上海局集团公司面对疫情影响消退后爆发式出行出游旅客带来的运输压力,深化按需开车和算账开车,在"质的有效提升"基础上,推动"量的快速增长"。总结完善大客流组织和应急处置方案,强化动车组有效供给,实施枢纽大站峰值调控,拓展列车晚点信息发布,抓好厕所等客运服务设施整治,推行商务座提质、"一碗好饭""一个好觉"等服务新举措,在高峰期单日、单月客发均创历史新高的情况下,站车安全秩序、旅客出行体验均好于以往。至年末,旅客发送量首次且在全路率先突破8亿人次,完成8.08亿人次,超调整预算1782万人次,较全路增幅高7.8%。其中动车组发送旅客69623万人次,比上年增长130.5%,占集团公司总客发量86.1%。客票收入率增长12.3%,担当列车付费率下降2%、减少付费支出近16亿元。客运收入1072.8亿元,比上年增加601亿元(其中合肥客运段客收入17591.0万元,南京客运段客收入46235.8万元,上海客运段客收入44105.2万元,杭州客运段客收入31707.4万元)。

(孔令贵)

【客运产品结构优化】 年内,上海局集团公司坚持深化运输供给侧结构性改革和扩大内需协同发力,发挥长三角高铁成网优势,不断优化客运产品结构。重点围绕沪宁沿江高铁开通进行调整,形成沪宁间第三高铁通道,江阴、武进、金坛地区纳入高铁网覆盖范围,安排开行旅客列车38对(直通19对、管内19对),直通列车通达京津经济圈、粤港澳大湾区、成渝地区双城经济圈、长江经济带等中心区域,管内列车覆盖长三角主要城市;太仓、常熟、张家港地区往省会南京实现快速通达;适当疏解繁忙的京沪高铁沪宁段、沪宁城际高铁及宁启线通过能力,腾挪京沪高铁3对、沪宁城际高铁1对、宁启线3对列车,为客流高峰期储备热点方向运行线位。进一步充实热点方向运力供给:福厦方向运能供给扩能,增开南京南—厦门北2对、杭州西—厦门北1对、太仓—福州1对、江阴—厦门北1对;南宁方向再开新车,增开南宁东—南京南G3592/G3591次1对、途经合肥、武汉、长沙、衡阳等主要城市;首开经宁安线、合杭高铁运行福厦方向列车,增开福州—太仓

G3266/7 G3268/5次1对、调整G2380/77 G2378/9次1对经由，填补芜湖、宣城至福州、厦门方向高铁产品空白；首开经宁安线往成渝方向列车，上海虹桥—重庆北D2216/7 D2218/5次1对、改经沪宁沿江高铁宁安线运行，实现芜湖、铜陵、池州、安庆等地区往成渝方向直达出行。高品质列车进一步扩容：沪宁沿江高铁4对列车在高新园线路所至武进间109公里按最高时速350公里运行，包括上海虹桥—北京南G104/G141、G113/G148次2对、上海虹桥—六安G7114/5、G7116/3次1对、南京南—常熟G8995/G8996次1对。 （孔令贵）

【**节假日旅客运输**】 年内，上海局集团公司实时跟踪分析客流，针对春运、春游、暑运、五一、十一等季节性客流特点，下发专项工作通知，明确管理、作业重点。完善车站层面"一站三案"。运用三级督导机制，重点对站车进出站组织、秩序维护、乘降组织、安全卡控等情况进行督导检查，确保现场安全受控和秩序良好。编发节日运输工作情况通报。针对全国"两会"、杭州第十九届亚运会、（上海）第六届"进博会"等重点时段，督促指导各单位做好安检查危、实名制查验、进出站通道管理等工作，确保运输安全有序。 （孔令贵）

表19-2 2023年上海局集团公司节假日旅客运输主要指标完成情况表

节假日名称	旅客发送量（万人）	运力补充		
		加开（列）	重连/扩编（列）	普速加挂（辆）
元旦小长假（2022年12月30日至2023年1月2日）	427.0	815	280	139
春运（1月7日至2月15日）	6758.5	1251	8028	3354
春游（3月10日至4月10日）	6935.5	1493	1303	1479
清明节（4月5日）	203.3	40	166	5
五一小长假（4月27日至5月4日）	2661.1	2076	2777	1137
端午小长假（6月21至25日）	1472.3	791	1161	339
暑运（7月1日至8月31日）	16778.3	2040	8426	7273
国庆节（9月27日至10月8日，含9月29日中秋节）	3846.0	3361	2640	1736

注：资料来源于上海局集团公司客运部。 （孔令贵）

【**货物运输**】 年内，上海局集团公司加快构建现代物流体系，克服年初开局不利影响，大力"稳黑增白"。加大运输挖潜力度，巩固扩大技术站服务中间站成果，开展作业计划、机列衔接等专项攻关，机车牵引总重、走行公里均创历史新高，货车周转时间、计费车占用等效率指标同比向好。年内日均装车12333辆，比上年增长5.38%。单日装车9次创新高，其中10月29日装车14350辆为历史最高。至年末，完成货物发送量2.02亿吨，超年初预算305万吨，比上年增长2.4%，吨收入率增长2%。其中发送"白货"4397万吨，比上年增长10.2%；煤炭等大宗货物发送量15758万吨，比上年增长0.4%。集装箱物运输421.1万标箱（TEU），比上年增长8.4%；集装箱货物发送量6121.7万吨，比上年增长6.9%。货运收入205.36亿元，超年度预期值9.14亿元，比上年增长4.34%。

（孔令贵）

表19-3　2023年上海局集团公司各站段、货运中心（含合资铁路公司）客货发送量完成情况表

所在省市	单位名称	旅客发送量（万人）	上年实绩	货物发送量（万吨）	上年实绩	所在省市	单位名称	旅客发送量（万人）	上年实绩	货物发送量（万吨）	上年实绩
安徽省	蚌埠（直属）站	1695.1	776.1	165.8	120.1	浙江省	金华车务段	4287.9	2081.0	1168.4	1185.5
安徽省	合肥（直属）站	5205.9	2545.7	0.1	0.1	浙江省	宁波车务段	7823.0	3844.7	2037.6	2040.0
安徽省	淮南西（直属）站	704.8	351.8	3243.8	3109.2	浙江省	金温铁道公司	132.4	79.1	789.4	745.6
安徽省	阜阳北（直属）站	1747.1	881.2	208.3	260.2	上海市	南翔（直属）站	539.1	322.6	397.3	386.3
安徽省	芜湖东（直属）站	20.6	6.4	511.5	479.8	上海市	上海（直属）站	12316.9	3947.1	0	0
安徽省	淮北车务段	519.6	183.7	2757.2	2750.8	上海市	芦潮港（集装箱中心站）	0	0	123.3	99.7
安徽省	合肥车务段	1567.7	798.2	808.8	718.6	上海市	浦东铁路公司	0	0	8.1	11.5
安徽省	芜湖车务段	3389.5	1583.4	357.3	411.8		上海局集团公司合计	80831.8	34628.1	20154.8	19681.8
江苏省	徐州（直属）站	3157.7	1420.4	3.0	2.4	安徽省	蚌埠货运中心	—	—	6375.2	6240.3
江苏省	徐州北（直属）站	0	0	87.1	70.0	安徽省	合肥货运中心			808.8	718.7
江苏省	南京（直属）站	8219.5	3382.4	0	0	江苏省	徐州货运中心			5452.5	5584.1
江苏省	南京东（直属）站	0	0	632.4	414.5	江苏省	南京货运中心			2111.9	1852.9
江苏省	镇江（直属）站	1113.8	459.4	122.6	119.0	浙江省	杭州货运中心			2614.5	2589.3
江苏省	常州（直属）站	1667.4	681.2	213.2	169.1	浙江省	金华货运中心			1168.4	1185.5
江苏省	无锡（直属）站	2181.1	780.7	177.0	149.0		金温铁道公司			789.4	745.6
江苏省	苏州（直属）站	5577.6	2077.1	128.4	118.9						
江苏省	徐州车务段	1702.9	694.4	5362.5	5511.6						
江苏省	新长车务段	4910.2	2047.4	274.8	258.7						

(续表)

所在省市	单位名称	旅客发送量（万人）	上年实绩	货物发送量（万吨）	上年实绩	所在省市	单位名称	旅客发送量（万人）	上年实绩	货物发送量（万吨）	上年实绩
浙江省	杭州(直属)站	9416.7	4415.2	80.1	82.7	上海市	上海货运中心	—	—	20154.8	765.5
浙江省	乔司(直属)站	0	0	100.7	91.0						
浙江省	嘉兴车务段	2935.1	1269.0	395.7	375.6		各货运中心合计				19681.8

注：1.资料来源于《上海局集团公司2023年统计公报》；2.各车务单位(车站、车务段)货物发送量为联挂考核指标≈各货运中心指标；3.部分货运中心有跨省市业务，如上海货运中心含上海市、江苏省苏州、无锡地区和浙江省嘉善地区；4.本表指标为铁路全行业统计数据；5.货运指标不含行包专列。

(孔令贵)

【**列车运行图编制、调整、实施**】 年内，上海局集团公司按照"客运提质、货运增能"总体要求，发挥长三角发达路网功能，完善路网作用，编制、调整、实施列车运行图14次(含"4·1""7·1""10·11"基本图及春运、春游、五一、端午、暑运、国庆等节假日分号运行图；第一季度基本图为"2022·12·26"图)。年末(运输口径)图定每日开行旅客列车1315.5对(动车组列车1110.5对、普速旅客列车205对)、货物列车1333对。"2022·12·26"运行调整图：主要针对义乌站改施工对沪昆高铁沿线停站进行优化调整，针对宿州站改施工结束安排宿州站增加12趟旅客列车办客。此外，调整运行区段9.5对(直通5.5对、管内4对)，调整运行经由2.5对(直通2对、管内0.5对)。结合客运提质优化运行图：第三季度调图，国铁集团组织重构全路普速旅客列车运行框架，优化直达、特快、快速、普快旅客列车运行时刻。上海局跨局直达列车旅行速度提高5.8%、技术速度提高6.2%，特快旅客列车旅行速度提高3.1%、技术速度提高1.5%。结合货运增能优化运行图：增加上海局集团公司分界口货物列车11对(新沂西增加3对、阜阳北口增加4对、王楼口增加2对、虞城口增加2对)；增加货物班列48列(快速货班5列、普速货班37列、大宗班列6列)；增加管内主要港口(宁波港)货物列车对数，宁波北—穿山港间货物列车增加4列。完善并释放高铁路网红利，挖掘枢纽潜力。利用新线资源，在沪宁沿江高铁开通初期安排开行动车组旅客列车38对，其中增开18对(直通3对、管内15对)，调整列车运行区段14.5对(直通12.5对、管内2对)，调整列车运行经由5.5对(直通3.5对、管内2对)。上海枢纽净增动车组旅客列车10对。结合节假日客运市场运输需求，组织编制春运、春游(含清明)、五一、端午、暑运、中秋国庆6次节假日临客图。共安排临客运行线826对，其中直通临客运行线286对，管内临客运行线540对。

(孔令贵)

【**货运系统生产力布局调整**】 12月6日，根据《国铁集团关于铁路局集团公司相关职能机构及物流中心机构设置的意见》精神，发文明确货运部为集团公司物流业务专业管理部门，承担物流业务专业管理、经营管理和市场开发、产品设计、市场营销等职责，并负责开展企业"总对总"业务，集团公司经营开发部不再承担物流业务的专业管理职责。成立上海局集团公司95306货运物流服务中心，按集团公司生产机构管理，主要负责货运物流需求受理、核算制单、收入进款、交付理赔、客户服务等工作。将上海铁路客户服务中心调整更名为上海"12306"旅客服务中心，按集团公司生产机构管理。优化调整集团公司现代物流组织体系，撤销徐州、南京、上海货运中心，分别成立徐州、南京、上海铁路物流中心；撤销蚌埠、合肥货运中心，合并成立合肥铁路物流中心；撤销杭州、金华货运中心，合并成立杭州铁路物流中心。将江苏铁联物流有限公司调整为南京新干线物流有限公司的控股子公司，上海港海铁联运有限公司调整为上海铁路物流有限公司的参股子公司，杭州萧山铁路东方运输有限公司调整为浙江省八达物流有限公司的全资子公司，浙江铁道畅兴物流有限公司调整为浙江省八达物流有限公司的控股子公司，上铁浙港海铁联合物流有限公司调整为浙江省八达物流有限公司的参股子公司。将亚欧大陆桥国际商运有限公司、安徽安达物流有限公司、南京新干线物流有限公司、上海铁路物流有限公司、浙江省八达物流有限公司分别与徐州、合肥、南京、上海、杭州物流中心进行整合，实行"一套人马、两块牌子"。

（孔令贵）

【**新线运营维修管理机构和管界**】 3月2日，发文明确沪宁沿江高速铁路（简称沪宁沿江高铁）、洋吕铁路、金甬铁路、池黄铁路、宁波庄桥三四线以及派河港物流基地等新线开通运营维修管理机构和管界。

（孔令贵）

【**经营开发**】 年内，上海局集团公司坚持运输业与非运输业一体化发展，整体经营创造最好业绩。商旅服务板块优化招商策略、拓展自主经营，基本建成长三角1小时热链餐供应圈。资产开发板块杭州西站上盖项目实现商办楼销售和自持酒店租金收益8.8亿元，南京安德门淮风晓月项目销售去化率87%。建筑施工板块新签代建合同217.6亿元、拉动产业链投资61.8亿元。工业制造维修板块集装箱门吊、轨道板、磁卡票等业务走向路外国外市场，标准化交易基地全年进场交易超2000场、较预算节支3亿元。科信服务板块研发应用一大批信息化项目，数智赋能作用进一步显现。光伏新能源迅速打开局面，年内并网发电项目5个、在建项目4个。至年末，非运输业完成营业收入429.99亿元，比上年增长11.4%；实现利润59.71亿元，比上年增长2.1%。

（孔令贵）

【**节支降耗**】 年内，上海局集团公司坚持多渠道开源节流，设备修程修制改革、动车组与和谐型机车自主修持续释放红利，物资采购节支4.8亿元、库存较年初下降13.2%，融资利息节支6000万元，间管费比上年压减4500万元，清理存量风险债权3100万元，完成资产处置收益5.9亿元，争取开车补贴和各类优惠政策13亿元，实施沪昆高铁客运清算单价协商机制、增加效益近3000万元。至年末，运输总支出较预算压缩11.6亿元，完成盈亏总额196.5亿元，创历史最好水平。

（孔令贵）

【**旅游列车、通勤列车、市域铁路运输**】 年内，上海局集团公司共开行普速旅游专列45趟（直通41趟、管内4趟），主要方向为昆明、成都、深圳、漠河、温州等。开行高铁旅游专列7趟（均为包车厢），其中直通1趟、管内6趟。围绕上海、杭州、南京、合肥4个区域中心扩大通勤辐射圈，开行早晚通勤车，优化停站方案及开行组织，增开南京南—上海虹桥G7179次0.5对，解决京沪高铁沪宁段早通勤能力不足问题；增开芜湖—合肥南G7738/7次1对，解决芜湖至合肥南早通勤问题。配合地方政府继续开行上海金山线、宁波市域城际、绍兴风情旅游新干线、台州市域铁路列车。"10·11"图，管内安排开行市域列车73.5对，其中金山线市域列车37.5对、萧甬线市域列车15对、金台线市域列车11.5对、连云港地区市域列车9.5对。上海金山市域铁路旅客发送量日均2.22

万人,萧甬线市域铁路旅客发送量日均0.316万人。

(孔令贵)

【年度基建项目投资任务完成】 年内,上海局集团公司管内沪苏湖沿江和昌景黄高铁、甬金铁路、合肥派河港物流基地4个项目投产运营,北沿江高铁合武段、潍宿高铁江苏段、金义三四线、北仑支线、萧山机场联络线、上海东站地下土建工程6个项目开工建设。沪苏湖等26个在建项目施组兑现率95%以上。累计完成技改投资25.3亿元,建成启用专用线项目5个、物流基地和货场改造项目15个。深化科技赋能和管理创新,开展长大桥梁隧道和箱梁、枢纽引入及15项工装工艺技术创新,探索完善非控股项目代建和非代建全过程咨询服务模式。至年末,完成国铁和代建项目投资1253亿元,首次突破1200亿元,创历史新高。

(孔令贵)

【工程质量安全】 年内,上海局集团公司完善全方位全过程提前介入和安全质量管控机制。开展系列专项排查整治,解决重大隐患问题42件,在98个工点应用"智慧工地",推动营业线施工安全形势逐步好转。至年末,建设系统生产安全生产总体平稳,工程质量保持"零事故"和合格率100%。嘉兴站站房改扩建工程等3个项目获国家优质工程奖。

(孔令贵)

【技术改造投资】 年内,上海局集团公司完成国铁技术改造(局管项目)投资14.76亿元,比上年增加45.3万元,计划完成率99.8%。其中行车安全设备设施技改投资2.74亿元,客运设备设施技改投资0.43亿元货运设备设施技改投资1.64亿元、机务、供电、车辆、工务、电务设备设施和重点技术措施完成技改投资6.38亿元,文教、生产生活设施、卫生和节能环保设施技改投资2.02亿元。合资铁路技术改造完成投资10.21亿元,比上年增加1.42亿元,计划完成率91.0%。其中控股合资铁路公司完成技改投资6.25亿元,计划完成率96.1%;非控股合资铁路公司完成技改投资3.96亿元,计划完成率84.1%;行车安全技改投资5.06亿元,客运设备设施技改投资1亿元、机务、供电、车辆、工务、电务设备设施技改投资2.09亿元,生产生活设施、节能环保设施技改投资0.63亿元,货运及其他设备设施技改投资0.3亿元。

(孔令贵)

【项目开通运营】 年内,上海局集团公司新增营业里程572公里,总里程和高铁里程分别突破1.4万公里和7000公里,区域路网功能持续升级。年内有4个建设项目建成投产,分别为新建江苏南沿江城际铁路(简称沪宁沿江高铁)、新建合肥派河港铁路物流基地、新建金华至宁波铁路;其中新建江苏南沿江城际铁路为非控股委托代建铁路。

(孔令贵)

(三)铁路上海站

【概况】 2023年,中国铁路上海局集团有限公司上海站所辖上海站(简称铁路上海站)日均开行列车153对,除青海、甘肃、西藏、香港、澳门、台湾外,全国其他省、自治区、直辖市均可到达,主要集中在中原、京津、西北、山东等方向。全年运输收入57.02亿元,比上年增长249.6%。发送旅客3479.51万人次,比上年增长261.97%。春运期间发送旅客275.60万人次,比上年增长55.27%。

(张黎刚)

【安全生产】 年内,面对客流快速回升、工作强度陡增、恶劣天气多发等给现实安全带来的冲击,一以贯之深化安全双重预防机制运作,健全完善每日每班安全风险研判制度,针对性加大行车安全、消防用电、安检查危、劳动作业等重点风险管控力度,全年发现解决各类安全问题2639件，确保全国"两会"、杭州亚(残)运会、第六届"进博会"等重点时期安全稳定。统筹推进重大事故隐患专项排查整治行动和常态化隐患排查治理，整治销号虹桥站外侧围墙风化开裂、消防水炮双波段故障等Ⅲ类以上隐患7件。分层分类组织应急补强培训，分站开展旅客大面积滞留路地联动应急演练，建立完善晚点信息公告发布、应急通信、应急供电、火灾救援等响应机制，着力推动应急能力提升。以深化安全基础建设三年行动为牵引，持续加强安全治理体系建设和标准化规范化建设，承接落实"干部履职规范年"行动、构建"1+2"干部履职管理体系，全年督查问责19人次，嘉奖发现和防止事故的有功人员14人次。截至年底，车站安全生产10718天，连续实现第29个安全年。

(张黎刚)

【运输经营】 年内，适应疫情影响消退后客运市场快速回升、持续恢复、高位增长的态势，突出加强周末、小长假及暑运营销组织，优化完善每周运能管理模式和列车分类分级管理机制，落实重点列车"一站到底"、临客"削峰填谷"等营销策略，高峰增能申请兑现率保持在75%以上，全年人均客票收入达173.75元。收集梳理上海地区大型会展和文旅活动资讯，建立并动态更新"营销日历"，搭建大客户服务平台，拓宽团体预订渠道，策划开展第二季"走进百家社区(园区)"大型营销服务宣传推广活动116场次，制作发布线上宣传产品412个。全年累计完成旅客发送1.23亿人、运输收入214.28亿元，超调增后的任务指标296.9万人和2.38亿元，分别占全局总量的15.22%和19.9%。贯彻"运输业与非运输业一体化经营"理念，积极推动商旅融合、共同发展，全年完成其他业务收入7797.23万元。坚持收支双向发力，多渠道开源节流，全年成本支出较有权支出压减1863.8万元，累计获得资金优惠、财税减免接近400万元，全年实现利润4313.7万元。

(张黎刚)

【服务提质】 年内，铁路上海站以需求为引领深化分类服务，扩大"一窗通办"窗口数量，补强站区动静态引导标识，开展重点旅客服务专项整治，建成启用上海站商务座候车区，固化完善客服专员制度，推动自助服务更加便捷、重点服务更有温度、商务服务更高品质、应急服务更人性化。深化"畅通工程""厕所革命"，开辟小件行李旅客快速安检通道，试点实施模块化安检，增设可调节活动栏杆，根据时段性客流动态调整旅客客流线、通道设置和缓冲区布局，完成上海站候车室4个大厕所改造，集中攻克厕所堵塞顽症，紧盯厕所保洁质量，努力解决影响旅客体验的痛点难点。积极组织实施客站提档升级工程，完成上海站7、8、10号候车室改造，多轮次梳理优化虹桥站、南站提档升级项目，持续实施站区绿化补强、广播音量调节、客服及房建设施整治等"三微工程"，为旅客营造良好出行环境。深化"心尚"服务品牌建设，不断提高影响力、引领力，"心尚"服务工作室获评"2023感动上海年度人物"称号。

(张黎刚)

【改革管理】 年内，全面实施项目制预算管理，深化业财融合、收支弹挂，全年完成"四类"项目5388.94万元，率先加入财务共享中心试点并全业务上线运行。有序推进新一轮生产劳动组织改革，核减内部清算定员23名，截至年底，车站现员略低于集团公司下达的定员标准，首次实现总体不超员。深入实施柔性化作业组织，推动行包装卸业务全面外包，加强高峰期用工内部挖潜，四季度末车站劳动生产率达27.05次/人/日。新增安检外包承揽单位，调整队伍薪资结构，建立转岗录用机制，引入智慧安检模拟培训考试系统，举办首届安检工种职业技能竞赛，全年安检人员离职率较上一年下降8%，禁限带品查获率长期位列全局第一。优化完善"五位一体"标准化创建体系和"对标找差、创优争先"指标体系，坚持对标一流抓创建，车站再次被国铁集团评为"标杆站段"。结合实际不断完善站区一体化管理运作机制，压紧压实各方责任，跨前一步解决结合部问题顽症。开展"靠路吃路""微腐败"等专项整治以及劳务外包费用、报废物资处置、考勤和二次分配管理等自查自纠，有力促进依法治企、规范管理。

（张黎刚）

【科教人才工作】 年内，深化数智赋能，高标准改造升级车站安全生产指挥中心，引入融合通信、单兵系统等数字技术，启用上铁云办公平台，在安全风险管理预警系统中增加"关键人员预警"功能，研发运用平过道综合报警智能管控、外部环境智能监控分析、行车混合作业综合卡控、重点旅客服务等信息系统并取得良好效果。积极推动技术和管理创新，两项科研成果分别获集团公司科技进步二、三等奖，两项品质控制（QC）成果获集团公司质量管理一等奖。加强干部队伍建设，恢复举办车站管理骨干培训班，全年选拔任用管理人员18人、交流11人，车站40岁以下中层正职、35岁以下中层副职占比分别达42%和30%。有序开展各类资格性、适应性培训，全年举办各类培训418期、40082人次，完成行车工种轮训254人、客运轮训1816人，兑现业务抽考奖励4.4万元、安全类考试奖励170.65万元。开展"三新"人员安全教育培训专项自查自纠，加强日常培训质量监督，落实挂钩考核制度，着力补齐职培工作短板。

（张黎刚）

二十、科学技术·信息化

编辑 顾瑞钧

（一）科技创新

【概况】 2023年，区科委以"推动科创动能增强"作为全年工作任务主线，有序推动区域科技创新工作，为加快建设卓越的现代化国际城区提供科技支撑。把科技创新摆在更加突出的位置，在原本实施"六增计划"基础上，增加"科创动能增强"，并放在第一位。完成中共静安区委一号课题"加快科技创新、增强科创动能"，实施增强科技创新动能三年行动计划。出台区级科技创新政策，加快吸引和集聚高水平创新型企业，助力各阶段创新型企业快速成长，打造创新企业标杆，提升创新平台能级。 （唐陈艳）

【区委一号调研课题完成】 2月23日，区委书记、课题组组长于勇主持召开"推动科创动能增强"区委重点调研课题开题会，会上确定调研课题工作方案，明确调研目标、分工和进度安排等。9月27日，于勇主持召开静安区2023年度科技创新工作会议，会议发布《静安区进一步增强科技创新动能三年行动方案（2023—2025）》，提出落实区委一号课题调研成果的思路和举措，细化任务书、时间表、责任人；明确发展目标，推出"六大专项行动"，提出保障措施，打响静安"国际静安、卓越城区、科创福地"品牌。 （唐陈艳）

【静安区产业科技创新政策发布】 年内，区科委正式对外发布《静安区加快吸引和培育创新型领军企业打造高水平产业集群的若干政策》，通过"上海科技""上观新闻""上海静安""张江头条""静安科技"等微信公众号广泛宣传，并通过"一图读懂"等形式开展政策解读。通过发布促进区域产业发展科技创新政策，加快吸引和集聚高水平创新型企业，并助力各阶段创新型企业快速成长，打造创新企业标杆，提升创新平台能级。9月，区科委对外发布静安区产业科技创新相关政策实施计划，分批分项目推动产业科技创新政策逐步落地实施。 （唐陈艳）

【上海科技服务业发展示范区落地静安区】 4月14日，以苏河湾功能区为核心区域的上海市科技服务业发展示范区在静安区揭牌。静安区将依托"上海市科技服务业发展示范区"，推进苏河湾科技服务业核心区建设，打造新兴技术策源高地、创新要素集聚高地，建设世界知名、全国领先的新兴产业创新发展先导区、应用融合示范区的高品质载体。围绕提升产业发展能级、着力区域特色示范、优化服务生态环境、壮大专业人才队伍、激活科技服务市场等五大任务,推进"上海市科技服务业发展示范区"建设。静安区有创新驱动显著特征的高新技术企业累计达500家,上海科技小巨人(培育)企业110家。到2025年,全区科技服务业发展将形成结构优化、支撑有力、创新引领的科技服务体系,成为全市提升服务经济量能,打响"上海服务"品牌,构筑新阶段上海产业发展战略优势的有力支撑。

(唐陈艳)

(二)企业服务

【**概况**】 年内,静安区瞄准大数据、云计算、人工智能以及工业互联网、智能制造等行业,吸引一批行业影响力强、创新实力强、产业生态塑造能力强的龙头创新型企业落地,并引入一批核心技术能力突出、市场占有率高的细分领域"链主企业""隐形冠军""单项冠军"。加大对企业研发攻关、人才引进、科技项目培训等服务。培育具有行业标杆作用、示范作用的头部企业,挖掘"隐形冠军",推进"百企成长计划"。

(唐陈艳)

【**科技企业招商稳商**】 年内,区科委对照年度区投资促进工作目标,围绕科技领域重点产业、新兴产业发展趋势,发挥功能区(街镇)和部门各司其职、协同作战工作优势,突出精准招商、专题招商和统筹招商,强化平台招商、服务稳商和外向型招商。全年共引进项目72个,其中千万元级项目17个,百万元级项目55个,全球服务商1家,其中包括大唐恩智浦、永中软件、寰宇航天、国焊科技、艾立粒子医疗、凌雄科技、面朝科技等8个行业隐形冠军,这些企业不仅有税收贡献,而且在各自细分行业领域均处于领军地位,带动了静安区战略性新兴产业的发展和集聚。做好重点企业走访联系工作,根据三级网络对口服务企业名单,细化落实稳商留商走访清单,按优先度有序开展走访调研。

(唐陈艳)

【**科创政策梯度式培训**】 年内,区科委加强与各功能区、街镇间相互协同,多次联动召开科技型企业政策培训会,就科技型中小企业评价、高新技术企业认定、市科技小巨人工程、人才引进政策等各个方面提供梯度式政策培训服务,强化基层宣传功能,提升政策知晓度,助推科技型企业高质量发展。并通过"静安科技"微信公众号等新媒体方式,发送培训预告、报名信息及相关政策宣传内容,增强政策宣传实效性。全年共开展科创政策梯度式培训6场,覆盖企业200余家,解决了企业需求,提升2023年度中小企业入库、高新技术企业认定等各类科技项目申报积极性。

(唐陈艳)

【**中小企业入库工作落实**】 年内,区科委对接功能区,开展中小企业入库政策培训及操作面对面指导。对区内重点科技企业、园区及众创空间开展走访调研、参观学习、座谈交流等活动,点对点走访企业70余家,开展座谈交流近10场。针对中小企业入库工作流程,整理操作指南,联合区国资委、区商务委、区投资办、区文旅局等部门向企业进行宣传。并对四大功能区分派指标,引导功能区内科技型中小企业参与入库工作。全年科技型中小企业入库490家,相较于上年全年入库总数增幅达40.4%。

(唐陈艳)

【**本土优质企业培育**】 年内,区科委紧跟区委、区政府统一部署,立足"加大力度培育本土优质企业"区委重点课题调研成果,重点围绕数据智能与生命健康领域,通过点对点调研、专题座谈、发放问卷等

2023年内，静安区科委举办"创·在上海"创新创业大赛。图为参赛选手合影　　　　（区科委　供稿）

多种形式，开展本土优质企业调研，推进"一企一策"制订。根据公司成长性、资本背景、经营质量、企业规模、知识产权、风险状况等筛选依据，共筛选出41家企业，建立"一企一档"，明确企业专属管家与协调服务部门，根据企业发展诉求匹配相关政策与服务，支持一批有发展潜力的本土企业加速成长。至年底，区内高新技术企业累计达540家，科技"小巨人"累计达111家。　　　　（唐陈艳）

【"创·在上海"创新创业大赛】　年内，区科委举办"创·在上海"创新创业大赛赛前及赛后服务工作，围绕大赛和创新资金邀请专家等开展各类培训，共设3个赛点，111家企业参与。大赛采用参赛项目"7分钟路演汇报+5分钟答疑"方式进行，评委专家围绕项目的商业模式、市场定位、经营管理能力、团队组成等方面进行评审，并给予针对性建议及指导。为使参赛团队以优良竞技状态投入比赛，各赛点在赛前举办大赛政策解读、撰写商业计划书要领等大赛系列主题培训，并在赛后进行宣传。　（唐陈艳）

（三）科创载体培育

【概况】　年内，静安区深化科技载体培育，开展张江静安园"一园一方案"，提出切实可行的园区建设发展"施工图"和"工期表"。强化区域联动，依托区级共创空间联盟，支持园区、创业团队等开展各种路演、培训等活动。　　　　　　　（唐陈艳）

【张江静安园发展推进】　年内，区科委开展张江静安园"一园一方案"课题研究，提出切实可行的园区建设发展"施工图"和"工期表"。区科委联合相关园区管理机构相互协作，共同推进火炬统计调查工作。结合《上海张江高新技术产业开发区静安园"十四五"规划》中涉及的目标和任务，完成静安园"十四五"规划中期评估。对张江静安园"十四五"规划中期张江专项资金重点项目开展绩效评价，及时跟踪绩效目标完成情况，形成评价报告。按照《张江高新区静安园专项发展资金项目管理细则》，规范、细化项目管理、验收环节工作流程。全年共完成7个项目验收，并按合同完成验收项目尾款拨付。

（唐陈艳）

【**科技创新载体培育**】 年内，区科委结合《上海市高质量孵化器培育实施方案》，制订《静安区推进上海市高质量孵化器建设三年行动计划（2023—2025年）》，落实静安区科技园区房租减免补贴政策，认定被减免企业数近30家，补贴金额超过40万元。完成静安区众创空间联盟促进会换届工作。依托静安区科技创新创业联盟，开展政策宣讲、创赛培训、路演等各类创新活动共68场，惠及企业1275家。

（唐陈艳）

（四）智慧城区建设

【**概况**】 年内，区科委加强通信基础设施建设，推进5G基站建设，推进5G应用场景探索和落地，协调运营商做好信号质量较差点位的补盲补弱。推进静安区为民办实事项目"住宅小区地下车库移动通信网络覆盖工程"有序开展。跟踪推进重点项目和场景建设，完善工作机制，推进城市数字化转型。

（唐陈艳）

【**数字化转型推进**】 年内，临汾路街道数字家园应用场景、华山医院基于医疗大模型的元宇宙应用平台、区卫生信息中心健康静安全程健康数字惠民应用平台等7家单位的场景成功入选城市数字化转型（生活领域）揭榜挂帅项目。区科委配合申报一批上海市城市数字化转型专项资金项目，对区内企业申报的数字化创新应用、数据要素市场培育、区域转型发展3个方向的15个申报项目进行受理审核。推进数字化转型水平测试相关的数据补充工作。

（唐陈艳）

【**信息化项目管理及公共数据上链**】 年内，区科委梳理区内现有信息系统情况，推进各部门信息化项目全周期管理。加强与各街镇联系，精准对接街镇居村需求，与市级部门和区级部门沟通，了解居村系统下发情况，配合推进区内居村组织减负工作。配合推进静安区公共数据上链工作。区科委组织区内相关部门开展2024年信息化预算项目申报，有针对性做好培训和指导工作，完成部门材料接收、部门联审、专家评审等工作。

（唐陈艳）

【**通信基础设施建设**】 年内，区科委推进通信基础设施建设，聚焦重点区域信号弱覆盖问题，协调区内三大运营商及铁塔等相关部门，针对区内医院、交通枢纽、知名商圈、大型公园、居民区、3+1中心、快速路及地铁线路等重点区域开展信号自测与信号补盲工作，全年共完成5G室外基站建设2644个。推进2023年静安区为民办实事项目"住宅小区地下车库移动通信网络覆盖工程"，至年底，共完成住宅小区地下车库移动通信覆盖147个。并通过"上海静安"微信公众号、上海电视台新闻综合频道等媒体开展宣传。

（唐陈艳）

【**技术保障能力提升**】 年内，区科委经过与市大数据中心确认网络对接方案、对接设备型号等相关信息。于9月底前完成电子政务外网管理系统承载网络建设。配合市大数据中心完成国家电子政务外网"护网2023"网络攻防演习，做好网络、机房等安全保障和技术服务工作。共处理各类服务和故障175起,涉及41个部门。

(唐陈艳)

(五)聚才引智

【概况】 年内,区科委优化营商环境,吸引海外人才回流,组织策划各类活动,为外国专家提供个性化精准服务。贯彻落实"静英"产业英才计划,面向全球引进海内外高层次科技人才(团队)至区创新企业。辅导科技企业开展人才项目申报,并跟进前期推荐的人才项目,打造静安区科技人才高地。

(唐陈艳)

【海外引智环境优化】 年内,区科委外国人来华工作许可工作量统计25836件,办理业务统计4748件,新政受益量4142件。推动"外国人才在上海"系列活动落地实施,召开"'外国人才在上海'大讲堂走进企业"等线下政策宣讲活动,为区内企业宣讲创新政策举措、解答企业咨询。发挥区内外国人来华工作许可业务"单一窗口"优势,实施外国人来华工作许可业务提质增效计划,通过线上人工客服、线下窗口帮办员等举措,帮助区内有需要的企业、群众全流程办理外专许可事项,并为区重点企业提供上门一对一业务指导服务,高效便捷地解决企业在外籍人才申报时遇到的痛点难点问题,确保惠企政策落到实处。

(唐陈艳)

【引才求职生态圈构建】 年内,区科委开展享政府特殊津贴、上海首届杰出人才等国家及省部级高层次人才计划;白玉兰纪念奖、白玉兰人才计划浦江项目等涉外人才奖项;市科委条线"启明星计划""学术技术带头人"等人才项目推荐;产业领域人才引进重点机构、重点产业领域人才专项奖励的推荐申报。通过对区内优秀人才走访慰问,区内优秀人才租房补贴申报、特殊人才引进、推进落实政协招聘会相关工作等方式服务科技人才,协助企业解决急难愁盼的引才留才问题。

(唐陈艳)

【维护培训市场稳定】 年内,区科委为巩固"双减"工作成效,对辖区内科技类校外培训机构开展多次寒暑期专项治理检查工作,针对机构是否存在违规开展学科类培训情况、收费行为是否规范、培训教材和从业人员是否合规、日常安全管理工作是否落实到位等进行逐项摸排检查,维护广大家长和学生合法权益,维持良好教育生态。对疑似涉嫌违反国家有关校外培训机构收费监管问题的科技类培训机构,及时沟通整改,并开展"回头看",随时走访巩固落实情况。

(唐陈艳)

二十一、教育

编辑　顾瑞钧

（一）综述

2023年，静安区有区属教育机构167所，其中高级中学9所、完全中学8所、初级中学25所、九年一贯制学校6所、小学44所、幼儿园58所、中职校2所、区属高职校1所、业余大学1所、其他教育单位13所。基础教育在校学生100296人，其中高中生13295人、初中生29541人、小学生38036人、幼儿17451人、职校学生1973人。在职教职员工11766人，其中教师10354人、在职上海市特级教师44人。

深化综合改革。市政府教育督导委员会开展对静安区政府"十四五"规划期间依法履行教育职责评价工作实地督导。推进"十四五"规划教育部重点课题"激活学生创造力：发达城区教学深度变革的实践性循证研究"，召开主题为"引领·凝聚·创造——激活学生创造力的教学变革"的上海普教科研高质量发展静安专场暨"静安教育学术季·第七季"闭幕式，举行"激活学生创造力·日常教学新样态"专项行动推进会暨以"新样态·新常态·新状态"为主题的"静安教育学术季·第八季"开幕式。在第三届国家级教育成果奖评选中，静安区获6个二等奖。推动"三段式"课后服务高质量发展，推进教育友好型社区建设。实现全区14个街镇"宝宝屋"全覆盖。义务教育学区化、集团化学校覆盖率达65.5%，其中紧密型教育集团占57.1%。与上海戏剧学院就上海戏剧学院附属高级中学、上海戏剧学院附属静安学校开展新一轮合作办学。

推进立德树人。开展"奋斗新征程，强国必有我"——上海市中小学生学习宣传贯彻党的二十大精神系列主题活动。启动"三全育人"高标准实践项目建设，落实大中小学思政课一体化建设，推进学科德育实践，继续打造静安大思政"第二课堂"品牌。完善学校心理健康教育工作体系，开展静安区中小学心理健康教育活动季系列活动。推进德育队伍建设，加强班主任队伍建设，推进全员导师制建设，助推家庭教育专业队伍成长。加强家庭教育指导，与电视台合作制作"开学第一课（小学篇）"并在开学初向全市播放；以宣传落实"一法三文件"为抓手推进学校家长学校建设；开放"静安家"家校共育平台，近4万家庭参与。启动中学生社会实践活动，建设区、校级劳动教育实践基地。加强未成年人学校保护，制订《关于进一步加强静安区未成年人学校保护工作的若干意见》，开展全国中小学生安全教育日等活动，加强校车安全管理，开展预防校园欺凌和网络诈骗宣传等主题的法治教育活动。

提升学生综合素养。推进体质健康测评，落实学校体育"一条龙"体系建设和招生工作，制订具有静安特色的体质健康测评标准。做好卫生工作，做好传染病防控、近视防控、食品安全等方面工作。重视科技教育，开展"静安梦想星""创意梦工厂"等品牌活动，静安区科创教育成果展作为2023国际工业博览会唯一的基础教育展亮相科技创新展高校展区。加强艺术教育，落实"一条龙"人才培养体系建设，承办第38届上海之春国际音乐节"音乐伴你左右"等市级活动。关注国防教育，开展"国防动员和人民防空进校园"等主题宣教活动。

完善队伍建设。推进"青年菁英教师计划""职初教师胜任力发展专项行动""中青年教师团队发展计划""515工程"等培养项目。静教院附校校长张人利获评"全国最美教师"，市西中学校长董君武获评"上海市教育功臣"，和田路小学校长张军瑾获评上海市"四有好老师（教书育人楷模）"提名奖，7名教师获评上海市特级教师称号。

各类教育协调发展。举办"数字化场景新时代阅读——2023年静安区'4·23世界读书日'"活动。发布《静安区老年人跨越"数字鸿沟"标准指南（2.0版）》。以"学习润人生，数字向未来"为主题举办静安区"全民终身学习周"活动。　　　　　（万翰杰）

（二）教育行政

【"静安教育学术季·第七季"闭幕】 3月15日，以"引领·凝聚·创造——激活学生创造力的教学变革"为主题的上海普教科研高质量发展静安专场暨"静安教育学术季·第七季"闭幕式在区教育局大礼堂举行。市教育科学研究院副院长陆璟、市教育科学研究院普通教育研究所所长徐士强、华东师范大学心理与认知科学学院副教授邵志芳出席闭幕式。全市各区科研室主任、静安区教育局领导及相关科室负责人、静安区教育学院领导及业务部门负责人、静安区中小学校长、幼儿园园长及其他教育机构负责人400人与会。会议采用线上线下结合方式进行，线上参会对象包括全市各区教科室科研员、外区学校科研负责人、静安区中小学及幼儿园科研室主任。专场论坛以上海普教科研高质量发展的学术活动为契机，全面回顾静安区教育科研的发展求索之路，立足以研助教促进区域整体教育水平继续提升。　　　　　（万翰杰）

【公办初中"强校工程"通过市教委验收】 5月24日，市教委在五四中学对静安区推进公办初中"强校工程"开展为期1天的绩效评估市级复核指导工作。专家组由市教委原副主任瞿钧领衔，成员包含市基教处原处长余利惠、浦东教发院原院长顾志跃、市教研室原副主任赵才欣、市普教所原主任朱怡华、市基教处副处长刘中正等。该轮静安区"强校工程"实验校是：上海市华灵学校、上海彭浦第三中学、上海彭浦第四中学、上海市市北初级中学北校和上海市五四中学。经市级专家组评估，所有评价栏目均获评A级，通过市级验收。　（万翰杰）

【庆祝第39个教师节大会暨教育人才工作大会】 9月8日，2023年静安区教育系统庆祝第39个教师节大会暨教育人才工作大会在区青少年活动中心举行。区人大常委会副主任孙明丽、副区长龙婉丽、区政协副主席宋大杰，以及区教育局党政班子领导以及区内近200家教育单位的教师代表300人出席大会。教师节的主题是"躬耕教坛，强国有我"。会上表彰包括全国最美教师、上海市教育功臣、市"四有"好教师（教书育人楷模）提名奖、市特级教师在内的一批优秀教师，发布《静安教育系统人才队伍建设工作报告》。　　　　　（万翰杰）

【上海戏剧学院与静安区教育局新一轮合作办学签约仪式暨尚戏星剧场项目启动仪式】 9月21日,由上海戏剧学院、区教育局主办,上海戏剧学院附属高级中学、上海戏剧学院附属静安学校共同承办的该启动仪式在上海戏剧学院附属静安学校举行。参加仪式的有上海戏剧学院党委副书记、副院长张伟令,区教育党工委书记、教育局局长陈宇卿,区教育局副局长邱中宁,区教育学院党委书记周瑾,以及上海戏剧学院相关部门领导、区教育局部分科室领导、区教育学院教研员、区校园戏剧联盟校和各兄弟学校的领导与老师300人。区政府与上海戏剧学院立足高校和区域经济社会发展特点,在"合作互动、优势互补、互利共赢、共同发展"理念指引下,联合签署战略合作框架协议。 （万翰杰）

【市政府教育督导委员会开展实地督导】 根据国务院《教育督导条例》和《上海市教育督导条例》有关规定,10月10日,市政府教育督导委员会在海上文化中心召开对静安区政府"十四五"规划期间依法履行教育职责评价工作实地督导区政府自评汇报会,启动第四轮对静安区政府综合督政工作。该次对静安区的实地督导是上海突破和创新综合督政方式方法,启用信息化平台采集数据,开展"学前教育普及普惠、义务教育优质均衡、政府依法履行教育职责"统整实施督政的首次尝试。市教卫工作党委副书记、市教委主任、市政府教育督导委员会副主任周亚明,市教委总督学、市政府教育督导委员会办公室主任平辉,督导组组长、上海开放大学校长贾炜,督导组副组长、市教委副总督学张慧,静安区委副书记、区长王华,区人大常委会副主任孙明丽,副区长龙婉丽,区政协副主席宋大杰等150人出席自评汇报会。实地督导专家组成员,市政府教育督导委员会有关成员单位、市教委相关处室工作人员,静安区委、区人大、区政府、区政协相关部门,各街镇、相关人民团体负责人参加会议。会议由平辉主持。督政期间,督导组实地走访区教育学院、31所中小幼学校、2所中职校、1所社区学校、1所老年大学和1个校外培训机构,查阅各类资料782卷,座谈访谈505人,全面系统考察静安区教育事业的改革发展情况。10月13日,市政府教育督导委员会对静安区政府依法履行教育职责评价工作实地督导反馈会在区政府召开,督导组对静安区依法履行教育职责给予高度肯定。 （万翰杰）

【"静安教育学术季·第八季"开幕】 11月2日,"激活学生创造力·日常教学新样态"专项行动推进会暨以"新样态·新常态·新状态"为主题的"静安教育学术季·第八季"开幕式在区教育局举行。开幕式采用线上线下结合方式,华东师大教授、华东师大二附中校长周彬,区教育局领导及业务科室负责人,区教育学院领导及业务部门主任,区中小学、幼儿园正职校(园)长与分管校长,区其他教育机构负责人,以及苏州工业园区教育局副局长徐晓燕带领的教师团队300余人出席。线上同步收看直播的人员有区教育学院全体专任教师、各学校教学教导主任、师训专管员、科研室主任、教研组长、以及外省市合作单位的同行。会上对"激活学生创造力·日常教学新样态"专项行动提出实施要求。（万翰杰）

【《静安区促进中小学校体育高质量发展进一步提升学生体质健康水平行动方案》推进会】 于12月13日在区教育局召开。区教育党工委书记、教育局局长陈宇卿,区教育局副局长邱中宁,区教育局体卫艺科科长管立,全区中小学校长和体育分管校长200人出席会议。会上发布《静安区促进中小学校体育高质量发展进一步提升学生体质健康水平行动方案》。 （万翰杰）

【静安区义务教育阶段项目化学习推进会】 12月26日,"静安区义务教育阶段项目化学习推进会"暨

"静安教育学术季·第八季"现场活动在区教育学院大礼堂举行。市教师教育学院副院长纪明泽、华东师范大学课程教学研究所博士生导师胡惠闵教授、市教委基教处副处长刘中正、区教育局副局长孙忠、区教育局副局长邱中宁及区教育局、区教育学院相关科室负责人、区义务教育阶段全体中小学校长、分管副校长约200人参会,各校项目化学习的负责人、学科教师等在线上参会。区教育局、区教育学院教研室、学校代表介绍静安区工作成果,与会领导和专家进行点评和指导。

(万翰杰)

(三)基础教育

【"学思践悟二十大,课程思政育新人"——静安区学科德育教育实践系列活动】 于4月27日在彭浦第四中学召开。市学生德育发展中心副主任孙红、区教育局副局长徐剑宏、区教育学院党委书记周瑾,区教育局、教育学院相关科室人员,以及各中小学德育干部150人参加活动。活动通过学科德育课堂实践展示、"新思想家园主题论坛"、德育实践探索新主张等环节,探索学科教学中渗透德育的有效途径、方式、载体,加强学科德育研究,建设"新思想家园"品牌。

(万翰杰)

【"悦劳动,越快乐"——2023年静安区劳动教育月启动仪式】 于5月10日在闸北第八中学召开。该活动是市中小学德育研究协会三十周年庆系列专场活动之一。市中小学德育研究协会会长姚家群、副会长陈镇虎,区教育局副局长徐剑宏,区教育学院党委书记周瑾,区教育局未建办、德育室,区中小学生心理健康教育发展中心、区家庭教育指导中心,以及静安区中小学校、中等职业学校的德育分管领导、德育干部150人参加活动。活动中,与会嘉宾参观静安区中小学校"劳动教育特色校实践成果展"以及闸北第八中学校内劳动实践体验基地,区青少年活动中心、区少年宫、区河道水政管理所3家单位被授予第

11月11日,2023年上海市科学育儿指导公益活动静安区专场在江宁路街道社区党群服务中心宝宝屋举行

(区教育局 供稿)

二批"静安区劳动教育实践基地"称号。（万翰杰）

【"静安梦想星"参与第二十三届中国国际工业博览会基础教育展】 第二十三届中国国际工业博览会于9月19日至23日在国家会展中心（上海）举办。作为工博会唯一的基础教育参展单位，区青少年科创教育联盟又一次在科技创新展高校展区亮相。活动中心"静安梦想星"项目参与交流展示。（万翰杰）

【2023年"反诈宣传进校园"主题教育活动】 10月31日，在回民中学举办"反诈同行守护成长"——2023年"反诈宣传进校园"主题教育活动。区委常委、政法委书记王翔，区委政法委副书记胡长春，区教育党工委书记、教育局局长陈宇卿出席活动，区域师生及干警代表400人共同参与。活动包括主题微课、宣传倡议、聘请反诈宣传校外辅导员等板块内容。（万翰杰）

【2023年上海市科学育儿指导公益活动静安区专场活动】 11月11日，以"亲亲宝贝·'育'见美好"为主题的该活动在江宁路街道社区党群服务中心宝宝屋及区14个街镇的科学育儿指导站开启。区委副书记、组织部部长宋宗德，市教育卫生工作委员会二级巡视员杨伟人，区政协副主席宋大杰等出席。现场500余户家庭参加，线上近900户家庭参与。活动聚焦婴幼儿动作与习惯、语言与沟通、认知与探索、情感与社区四大领域，通过科学育儿大讲堂、"教养医"专家咨询、"4+N协商共育"亲子游戏、家庭滋养型育儿沙龙等形式，指导家长把握家庭科学养育的关键点和方法。活动在原有的上海科学育儿指导公益活动"进楼宇、进园区、进场馆、进社区、进家庭"的"五进"基础上，升级为"六进"即"进宝宝屋"。活动中，静安区创新建设的"宝贝活力联动营"正式开营，通过联动部门、社区与家庭为婴幼儿健康成长提供支持；随申办·静安旗舰店"宝宝屋"

及"科学育儿"App正式上线。 （万翰杰）

【"暖心护成长"心理友好校园建设项目首次师训活动】 于12月7日在风华初级中学南校举行。市儿童基金会常务副理事长王禄宁、市精神卫生中心党委书记谢斌、区教育学院党委书记周瑾、建行上海市分行私人银行部副总经理李黎，市精神卫生中心宣传科、儿少科负责人，区教育局未建办成员，区教育学院培训部、德育室成员，公益支持伙伴以及静安区初中心理骨干教师代表45人参加活动。"暖心护成长"心理友好校园建设项目得到市儿童基金会、市精神卫生中心等支持，推动"研学—培训—竞赛—展示"模式形成。
（万翰杰）

【宪法宣传周校园法治集市活动】 12月8日，普法"静"行时，共筑好"未"来——2023年静安区宪法宣传周校园法治集市活动在彭浦第四中学举行。活动由区法宣办、区教育局、彭浦新村街道主办，彭浦第四中学承办。市教委政策法规处处长郁能文、彭浦新村街道办事处主任李彦平，区教育局副局长邱中宁、区司法局副局长刘义，彭浦新村街道办事处副主任崔发鹏、彭浦新村街道二级调研员赵万辉、市教育委员会政策法规处四级调研员陆海佳、区教育局政策法规科负责人、彭浦新村街道司法所负责人、区教育局中小学校法治工作分管领导106人参与活动。活动包括宪法教育国防专项升旗仪式、法治体验游园会、法治知识初体验和互动式法治实践展示四大板块。 （万翰杰）

【上海市优秀班主任展示交流活动总结表彰会在新中高级中学举行】 12月8日，由市中小学幼儿教师奖励基金会、市学生德育发展中心、区教育局、市中小学德育研究协会联合主办，区教育学院、市中小学德育研究协会班主任专业委员会、市中小学德育研究协会中等职业学校德育管理专业委员会联合承办的"拨动学生心弦的艺术"上海市"静安杯"班主任基本功竞赛暨上海市优秀班主任展示交流活动总结表彰会在新中高级中学举行。市教委德育处处长朱敏,市教委德育处二级调研员江伟鸣,市教育科学研究院副院长、德育发展研究院院长王戎,市中小学幼儿教师奖励基金会理事长史国明,市中小学德育研究协会会长姚家群,市中小学德育研究协会副会长陈镇虎,区教育党工委副书记徐剑宏,区教育学院党委书记周瑾,金山区教育局副局长黄萍,金山区教育学院党总支副书记邵文斌,市中小学德育研究协会相关专委会主任、副主任和秘书长,各区教育学院德研室主任、班主任德研员,各相关中职校分管校长,市班主任带头人工作室联盟主持人、各工作室主持人,"静安杯"班主任基本功竞赛各等第奖获得者,市优秀班主任展示交流活动"最佳奖"和"优秀奖"获得者400余人参会。大会旨在贯彻落实习近平新时代中国特色社会主义思想和党的二十大精神,坚持立德树人根本任务,推进班主任队伍专业化建设,提升班主任建班育人的能力和水平。"静安杯"班主任基本功竞赛在3月14日举行开幕式,"静安杯"实现全面对接长三角大赛和全国班主任基本功展示交流活动的赛事内容,构建起班主任基本功大赛的校、区、市、长三角、全国的五级专业成长阶梯。

(万翰杰)

(四)终身教育

【"4·23世界读书日"活动】 4月21日,"数字化场景 新时代阅读"——2023年静安区"4·23世界读书日"活动在江宁路街道社区党群服务中心举办。区学习型城区建设与终身教育促进委员会各成员单位相关领导以及社区教师代表共120余人出席。活动将党的二十大精神学习与世界读书日活动相结合,展示静安区全民阅读品牌,推出"2023年静安区世界读书日荐读书单",推介静安学习网、e读静安小程序、静安阅读公共平台等数字化阅读资源。

(万翰杰)

【老年数字教育进社区行动启动】 9月26日,区教育局联合区委网信办发布《2023年静安区老年数字教育进社区行动工作方案》,启动2023年老年数字教育进社区行动。建立静安老年数字资源进社区专题网页,配送5000份《静安老年数字教育一点通》、233节微课、1万份"静安学习网"微课推荐三折页至各个居委会学习点。招募并培育一支专兼职相结合、志愿者协助的师资队伍,深入社区为老年人提供数字教育服务。从10月到12月,面向全区14个街镇、258个居委会,开展274场老年数字教育进社区活动,惠及4481人。

(万翰杰)

【区全民终身学习活动周开幕】 11月17日,"学习润人生数字向未来"2023年静安区全民终身学习活动周开幕式暨宝山路街道市民学习成果展演活动在宝山路街道社区党群服务中心举行。区学习型城区建设与终身教育促进委员会各成员单位相关领导以及市民代表共110人出席。活动通过系列表彰、舞台展演、特色展览等形式展现静安区终身教育成果。现场发布《静安区老年人跨越"数字鸿沟"标准指南(2.0版)》。

(万翰杰)

(五)上海戏剧学院

【概况】 2023年,上海戏剧学院有华山路、莲花路、虹桥路和昌林路4个校区,设表演系、导演系、舞台美术系等10个二级教学单位和戏曲学校、舞蹈学校2所附属中专。全日制在校本科生2256人、硕士生846人、博士生180人、留学生(含非学历教育)61人、成人本科教育576人。招收本科生622人、硕士生290人、博士生44人、留学生（含非学历教育）35人、成人本科教育37人。应届毕业本科生467人、硕士生207人、博士生18人、成人本科教育283人、留学生（含非学历教育）44人。全校教职工688人，其中专任教师337人。年内，学院本科正式实行新版人才培养方案。巩固专业、课程、教材等基本建设，7个专业获软科排名"A+"、9门课程立项上海市重点课程、4本教材出版。获"国家级教学成果二等奖"2项、第二批"上海高校示范性本科课堂"1门、市级一流课程6门、市级重点课程9门、市级本科教改项目3项。1组教师获上海市高校教师教学创新大赛一等奖。在语言文字方面，获中华经典诵写讲大赛教师组一等奖1项、大学生组一等奖2项、大学生组二等奖3项。"双创"教育取得突破，首次摘得全国"挑战杯"金奖。推进产教融合，建成国家大剧院、北京人艺等高水平教学实践基地。首次进行学位论文全覆盖抽查和毕业生中长期跟踪调研。研究生学科专业学位点调整形成3博4硕设置结构，培育建设专业学位博士点。芭蕾舞表演中本贯通专业获批新增。2023年大学生创新创业计划市级立项项目58个、国家级项目18个。承办第八届"汇创青春"——上海大学生文化创意作品展示活动戏剧舞蹈类优秀作品展演暨颁奖典礼，上戏学生在十个类别中斩获77个相关奖项。2个项目分别获中国国际"互联网+"大学生创新大赛（上海赛区）一等奖、三等奖。学院把握政策契机、强化自主培养，提升教师队伍能力。人才揽蓄工程引进A类人才1人、B类人才4人。获国家级人才计划和荣誉称号2项、科技部外国专家项目2项，其中第4次入选教育部"CJ学者激励计划"讲席学者，首次入选"全国黄大年式教师团队"，取得国家级教师团队历史性突破。获13个省部级人才计划（"白玉兰"计划1人、"东方英才计划"12人）、2项市级荣誉称号（"四有"好教师提名奖、宝钢优秀教师奖）。强化打造教师梯队，评选出学校首轮"华山英才支持计划"10人、"创新团队启航计划"7支，优化青年人才成长环境，逐步形成国家级教师团队、市级创新团队、校级启航团队三个层面梯队合理的高水平教师队伍。思政工作通过支持高地大项目、特色马院建设、创新团队建设等，强化马克思主义学院重要地位和思政课第一课程地位。巩固优化课程思政示范项目申报、优秀案例汇编、建设指南制订等办法，推动课程思政建设走深走实。开展师德集中学习教育，落实习近平总书记给优秀教师代表致信精神，推出教师节主题活动、"毓"你有约交流活动等"十个一"行动，加强优秀教师典型事迹宣传，弘扬优良师德师风。围绕青年学生心态、状态和动态用用力，重点建成"三日答、两步走、一站式"接诉即办工作机制，创新推出"上戏青年说"宣讲品牌，实现就业去向落实率和落实质量双提升，获省部级奖项3项、市级荣誉称号15项，"戏剧+思政"学生工作模式成效显著。就业创业工作培育生涯教育师资力量，举办"TTT-3生涯课堂设计与授课技巧实战培训"班。开展生涯教育工作，举办为期各一个月求职训练营、生涯探索营活动，培训学生220人次；拓展就业渠道，举办校级招聘会3场，线下参会单位184家，提供岗位744个，用人总需求超4000人。对接多家大型头部企业到校专场宣讲。组织创新创业教育活动23场，累计参与学生2165人次。开展校级创新创业大赛，20支团队获大赛奖金，7支获奖团队入驻上海戏剧学院大学生创新创业孵化基地；共有1000余人次学生，300余个项目报名参加第九届中国国际"互联网+"大学生创新创业大赛，获国赛铜奖1项、上海市金奖1项、市铜奖3项，学校获"优秀组织奖"；创业指导站服务评估等级为B级，并获"思创特色奖"；在2023年上海社会组织公益创业大赛中获金奖1项、公益创新创业奖1项，学校获"优秀组织奖"；第十三届"挑战杯"中国大学生创业计划大赛获全国总决赛金奖1项。科研工作围绕建构中国特色艺术学"三大体系"重大命题,高规格承办文旅部"新时代中国艺术学发展研讨会"。召开学校"三大体系"建设成果发布会,成立高等院校影视表演创研中心、国际导演艺术协同创新中心,奏响理论强音,彰显上戏主动作为。全年省部级及以上科研项目立项7项,省部级及以上科研项目结项8项。出版《粉墨中国:京昆折子戏选介》《导演大师班2023行动分析法》《青少年经典音乐剧唱段解读》《表演专业声乐基础教程》《冯远征台词训练课》《戏剧教育创新性课程案例集锦》6部编著或教材,出版《电影导演方法(第四版)》《导演与构作法:点燃剧场》(尤金尼奥·巴尔巴著)、《艺术社会学》2部译著,出版《中国电影的历史重述与理论建构》《戏曲程式表演审美特征研究》《"玻璃屋"里的纷争——电视真人秀中的戏剧性》《陕西易俗社新论(1912—1949)》《戏之为戏:中国古典戏曲的本体与源流》《戏剧内外:中国话剧的接受研究》《德国政治喜剧倡导者—皮斯卡托导演艺术研究》《先秦儒道名篇精义阐微》《史学与年谱:中国电影表演美学述评》《当代昆剧创作研究(1949—2021)》《新中国中国电影表演美学思潮史述(1949—1978)》《中国舞台上的欧美戏剧演出研究(1949—2015)》12部学术著作。全年共获上海市第十六届哲学社会科学优秀成果奖10项,其中学术新锐奖1项、学科学术优秀成果奖一等奖3项、学科学术优秀成果奖二等奖6项。重大创作剧目《寻找归宿的流浪者》《兰考》《路遥的世界》《辅导员》《情满都江堰》成功首演,青春版《前哨》巡演北京大学。实习毕业剧目致敬中外经典,木偶、皮影、沪剧剧目推动传统艺术创造性转化创新性发展,大创作品、研究生作品展现青年原创活力。校园内外艺术节展精彩纷呈,"上戏艺术季"重回线下,"青年创想周"回顾十年,多部作品亮相"中国校园戏剧节""静安戏剧谷""大凉山戏剧节"。师生创作频创佳绩,获"曹禺剧本奖""荷花奖""首尔国际舞蹈比赛"等重要奖项,入围"桃李杯""梨花杯""文旅数字化创新示范十佳案例"等评选,教师主创作品在央视播出,入选上海国际电影节、中国戏剧节、上海国际艺术节等头部节展。学院师生参加杭州亚运会开幕式、中国国际大学生创新大赛"上海三分钟"表演等重大演出任务。举办"一带一路"国家传统表演艺术展演及研讨,当选亚太戏剧院校联盟主席校,成立中外戏剧译介中心,多维度促进中华优秀文化国际传播。连续举办大师班、研修班,承办首届上海青年编剧"启航营",服务社会人才培养需求。深化高水平社会合作,与闵行区政府、华东师大、国家大剧院、SMG等签订合作协议16项,自觉服务国家和上海高质量发展。学院联合国际剧协,主办2023年"国际舞蹈日"、亚太戏剧院校联盟校长会议等国际交流活动,累计接待英国大学校长团等10余批次外国院校和机构来访,选派18个团组出访、37名学生赴海外学习,与英国创意艺术大学等12所境外院校签署合作协议,戏曲学院、导演系演出团受邀赴俄罗斯演出。

(李莉)

【与国家大剧院签署战略合作协议】 2月24日,上海戏剧学院与国家大剧院签署战略合作协议。国家大剧院与上海大剧院艺术中心也签署了战略合作协议。代表三家单位参加签约仪式的分别是:国家大剧院党组书记、院长王宁,党组成员、副院长王诚,上海戏剧学院党委书记谢巍,党委副书记、院长黄昌勇,上海大剧院艺术中心党委书记、总裁张颂华。上海市教卫工作党委书记沈炜,上海市委宣传部副部长、市电影局局长高韵斐等领导见证签约。此次签约后,上戏将与国家大剧院在原有基础上深度联合,共同打造艺术创作展演平台、高校师生实践平台、艺术普及教育平台、艺术课题研究平台,为中华文化传承发展、艺术人才成长进步搭建更大的舞台。

(李莉)

【举办上海市大学生红色文化创意大赛作品展】 4月6日,上海市大学生红色文化创意大赛作品展在上戏昌林路校区开幕。院党委书记谢巍,党委副书记胡敏,党委副书记、副院长张伟令,副院长唐立兔,总会计师张佳春,上海市学生事务中心副主任周红星,华东理工大学学工部部长崔姗姗,上戏宣传部长徐咏,组织部部长陈云,红途平台专家库成员、上海宋庆龄故居纪念馆宣教部主任杭垚等共同启动展览。大赛立足"弘扬伟大建党精神"和"展示辉煌发展成就"两条主线展开,共设"文化创意产品设计""数字文化创意产品设计""文化旅游线路设计"三个赛道,历时数月,共征集到来自全市21所高校、近400位同学的162组投稿作品。经过两轮答辩和组委会筛选,共选出80组优秀文创作品进行展示。 （李莉）

【"致公戏曲社"落地上海戏剧学院附属戏曲学校】4月6日,致公党闵行区委、中共上海戏剧学院附属戏曲学校总支部委员会、致公党上海戏剧学院支部共同举办"启航新征程唱响新华章"——区校共建活动暨"致公戏曲社"揭牌仪式,"致公戏曲社"正式落地上海戏剧学院附属戏曲学校并聘任"昆曲王子"张军、国家一级演员唐禾香为顾问,聘任12位戏曲专业老师为指导专家。揭牌仪式上,致公党闵行区委与合作共建的致公党上海交通大学委员会、致公党华东师范大学委员会、致公党上海中医药大学支部、致公党上海戏剧学院支部、中共上海戏剧学院附属戏曲学校总支部委员会等6方联合发布《弘扬戏曲文化,坚定文化自信》倡议书》。 （李莉）

【与中国国家话剧院签署战略合作协议】4月19日,上戏与中国国家话剧院、中国国家话剧院与上海大剧院艺术中心战略合作协议签署仪式在华山路校区举行。三家单位依托各自优势,在教学实践、创作演出、学术研讨、产教融合等领域开展深度合作,共同推动人才培养和文化艺术繁荣。上海戏剧学院党委书记谢巍,党委副书记、院长黄昌勇,全国政协常委、中国国家话剧院院长田沁鑫,上海大剧院艺术中心党委书记、总裁,上海大剧院院长张颂华等出席仪式。签约仪式后,举行中国国家话剧院、上海戏剧学院数字智慧剧场建设交流会。 （李莉）

【承办新时代中国艺术学发展研讨会】4月22至24日,由文化和旅游部科技教育司暨全国艺术科学规划领导小组办公室、市文化和旅游局主办,上海戏剧学院承办的"新时代中国艺术学发展研讨会"在上海举行。文化和旅游部党组成员、副部长卢映川出席活动并讲话,市委宣传部副部长、文明办主任潘敏到会致辞。来自文化艺术研究领域的专家学者及相关单位负责人近百人齐聚一堂,共谋新时代中国艺术学发展大计。研讨会发布艺术学理论、戏剧、影视、音乐、舞蹈、美术、艺术设计等8个学科的十年研究发展调研报告,邀请7位全国艺术科学规划优秀项目负责人发言。上海戏剧学院院长黄昌勇作为戏剧研究十年发展调研项目负责人,在研讨会上对十年来戏剧研究取得的主要成果、遇到的瓶颈及解决路径,以及未来发展方向等作介绍,并分享课题组关于戏剧学"三大体系"建设的思考。上海戏剧学院党委书记谢巍宣读上海戏剧学院发出的"关于加快建设艺术学'三大体系'的倡议书",倡议书提出助推艺术学"三大体系"建设的方向和思路,呼吁全国艺术学人为世界艺术发展贡献中国经验、中国理论、中国范式。 （李莉）

【两个重点实验室落成】5月10日,数字演艺集成创新文旅部重点实验室、上海市虚拟环境下的文艺创作重点实验室新校区实验空间落成典礼暨上海戏剧学院与利亚德集团合作签约仪式在昌林校区举行。上海戏剧学院院长黄昌勇、上海戏剧学院创意学院院长、数字演艺集成创新文旅部重点实验室主任刘志新、上海市虚拟环境下的文艺创作重点实验室(VPA)主任铁钟、上海市科学技术委员会周婧、上海电影（集团）有限公司总裁王隽、爱图仕联合创始人刘一慧、Epic Games 中国区教育负责人褚达、AME 创始人曹雨以及上海戏剧学院相关部门领导出席仪式。铁钟主持仪式。刘志新、利亚德集团董事长李军致辞。黄昌勇和李军共同揭牌。仪式结束后，与会嘉宾一起参观两个实验室新空间，并观摩上戏创意学院2023届本科毕业生作品展"见未来"。

（李莉）

【举办首届优秀青年编剧上海"启航营"】 6月16日，首届优秀青年编剧上海"启航营"开幕式在上戏华山路校区举行。"启航营"为上海国际电影节和上海电视节的官方企业活动，为期一周，由上海市广播电视局作为指导单位，上海戏剧学院主办、戏剧文学系承办，北京百纳千成影视股份有限公司和上海福得文化创意有限公司协办。市文化和旅游局、市广播电视局副局长罗毅，上海戏剧学院副院长刘庆，市文化和旅游局组织人事处处长方坤，市广播电视局电视处处长刘祎呐，上海戏剧学院戏文系主任陈军，上海福得文化创意有限公司总经理、制片人、编剧饶俊，以及来自全国的20名青年编剧出席开幕式。开幕式由上海戏剧学院戏文系副主任李世涛主持。举办首届优秀青年编剧"启航营"，遴选在校本科生和研究生参与"启航营"做正式学员、旁听生和志愿者，旨在让学生在课堂学习和社会实践中了解行业需求、增强专业本领、明晰创作方向、提升文化使命感。

（李莉）

【与静安区教育局签署新一轮合作办学协议】 9月21日，上海戏剧学院与静安区教育局新一轮合作办学签约仪式暨"尚戏星剧场"项目启动仪式在上海戏剧学院附属静安学校举行。静安区教育党工委书记、教育局局长陈宇卿，上海戏剧学院党委副书记、副院长张伟令，上海戏剧学院相关部门领导，以及来自静安区教育局、静安区教育学院、静安区园戏剧联盟校等兄弟院校师生代表参加活动。会上，双方代表签署合作协议。"尚戏星剧场"项目宣布正式启动。与会代表一同观摩由上戏附属静安学校带来的原创独幕剧《光》。

（李莉）

【第二十二届中国上海国际艺术节之"扶持青年艺术家计划暨青年艺术创想周"开幕】 于10月20日在华山路校区开幕。在"扶持青年艺术家计划暨青年艺术创想周"十周年之际，中国上海国际艺术节中心与上海戏剧学院共同策划推出系列活动，通过作品演出、回顾展览、主题论坛等形式提升原创扶持平台能级，凸显中国青年艺术表达能量、共谋新十年发展。端钧剧场内，"扶持青年艺术家计划"十周年回顾展以图片、影像、数据相结合方式，展现这个国内首个创设的综合性青年扶持平台携手青年艺术家们共同走过的"非凡十年"。运用科技+手段拓展展览的外延空间成为展览一大特色，展览的户外艺术布置采用增强现实（AR）技术，弥合虚拟和现实之间界限，让这个文教结合的大美育项目更为生动地跃入观众眼中。

（李莉）

【大型原创话剧《前哨》北大专场】 10月21日至22日，"为了忘却的记念——大型原创话剧《前哨》北大专场"在北大推出。教育部思想政治工作司司长魏士强，退役军人事务部就业创业司司长于景森，国家大剧院党组副书记、分管日常工作的副院长李志祥，中国文化报副主编赵忱，北京人民艺术剧院副院长张鹏，中国艺术研究院话剧研究所所长宋宝珍等嘉宾，以及上海戏剧学院院长黄昌勇，上海市退役军人事务局党组书记、局长邓小冬等剧组代表观摩演出。北京大学党委副书记、纪委书记、国家监委驻北京大学监察专员顾涛，党委副书记、副校长、党委统战部部长宁琦参加相关活动。话剧《前哨》走进北大，以年轻化的表演形式，将红色资源转化为可视可感的动人故事，在青年学子中推动

着红色精神传播。首场演出结束后,在北京大学艺术学院教授顾春芳主持下,剧组主创与观众们开展交流讨论。 （李莉）

（六）上海大学

【概况】 上海大学在静安区内设延长校区(延长路149号),前身是1960年创办的上海工学院,1972年与上海机械学院合并,被称为上海机械学院(总部),1979年2月恢复上海工学院建制,并改名为上海工业大学,1994年5月合并形成新上海大学后,形成了以校本部为"一体"、延长校区和嘉定校区为"两翼"的"一体两翼"的校园格局。上海大学延长校区校园占地面积为24.56公顷,校舍等建筑面积约35万平方米。延长校区的主要学院及研究机构有上海电影学院、新闻传播学院、上海美术学院、国际部国际教育学院、MBA教育管理中心、上海市应用数学和力学研究所、上海温哥华电影学院、上海研究院、继续教育学院、巴黎国际时装艺术学院等。延长校区共有全日制本科生2000余人、研究生2200余人,留学生800余人次。 （王霖）

【上海电影学院】 成立于2015年7月5日,至2023年形成覆盖学士、硕士、博士三个层次的完整的教育体系。拥有表演、戏剧影视导演、影视摄影与制作、动画、戏剧影视美术设计、电影制作、戏剧影视文学、广播电视编导、数字媒体技术等9个本科专业,拥有戏剧与影视学、艺术学理论、数字媒体创意工程3个学术型博士和硕士学位点,以及MFA、电子信息专业硕士学位点。此外还拥有戏剧与影视学博士后流动站。2023年,学院共有教职工125人,其中专职教师95人,教授(含研究员等)19人,副教授(含副研究员等)22人。至2023年12月公开发表CSSCI论文32篇,SCIE一区2篇;出版专著7部,教材5部,译著1部;新增国家社科基金艺术学一般项目1项,国家社科基金青年项目1项,外专项目1项,其他省部级项目2项;完成高水平艺术创作21项。艺术创作有科普微电影《深林信号:户外生存法则》、纪录片《范文照与上海建筑》、人文纪录片《回文诗情缘》、纪录片《她说》完成创作并在主流媒体播出。美术系陆苇副教授担任美术指导的《志愿军:雄兵出击》在2023年9月全国上映,青年教师郭子敬导演的年代传奇剧《欢颜》在腾讯视频播出,青年教师张璇謺摄影指导完成的专题片《走遍中国》在CCTV4播出;国家二级编剧刘思作为编剧的大型话剧《立场》在国家大剧院上演。创作获奖上:陈凯歌担任总导演的影片《我和我的祖国》获第十八届中国电影华表奖优秀故事片奖、优秀导演奖、优秀男演员奖、优秀女演员奖。陈凯歌联合执导并担任监制的影片《长津湖》获第十九届中国电影华表奖优秀故事片奖、优秀导演奖、优秀电影音乐奖。全年举办国际会议2次,举办"We爱·第七届两岸青年短片大赛",进行外籍专家讲座10次。学院分别与美国达特茅斯大学,英国萨塞克斯大学以及巴西坎皮纳斯大学展开合作洽谈,期待在未来有实质性合作。 （王霖）

【新闻传播学院】 成立于上2018年10月20日。由中共上海市委宣传部、中国社会科学院新闻与传播研究所和上海大学共同重点建设,是全国新闻传播学科中唯一一个由宣传部和中国社会科学院与高校合作"双共建"学院。学院现有新闻传播学系、广告学系、智能传播系、智能视听系4个系,有广播电视学、新闻学、广告学、会展、网络与新媒体等5个本科专业,有新闻传播学一级学科硕士点、博士点、新闻与传播专业硕士点以及新闻传播学博士后流动站。至2023年12月,学院有教职工100人,其中专任教师65人,包括教授20人,副教授22人,讲师23人。国家级人才2名,省部级人才7名,全职外聘海外高端人才2名。截至2023年12月,在学学生983人,其中本科生367人、硕士研究生415人、博士研究生82人、留学生119人。年内,学院建设国内高校第一个"智能媒体传播创新平台"。获得各类纵向课题资助12项;国家社科基金资助1项;省部级项目8项,其中重大项目1项;其他类项目3项。全年公开发表各类学术论文221篇,其中CSSCI论文32篇、南大核心集刊1篇,SCIE论文4篇、SSCI论文13篇;A&HCI论文1篇,出版专著6部、译著2部、编著2部。各类专报要报39条,获得省部级及以上采纳28条。入账科研经费905万元。获2023年上海市第十六届哲学社会科学优秀成果奖论文类一等奖。有国家一流专业建设点广播电视学、新闻学、广告学等3个。2023年度上海高校市级重点课程立项2项、校级重点课程立项2项、研究型挑战性课程认定1项、马工程重点教材申报4项、校级教材建设基地申报1项。在第十八届"挑战杯"全国大学生课外学术科技作品竞赛中,两个项目团队分别获得主赛道三等奖、红色专项二等奖的好成绩。《兵团精神》创新实践团队获得2023年第18届"挑战杯"上海市总决赛特等奖;《讲述开国将士动人故事,传承我党鲜明红色基因》获得2023年"知行杯"上海大学生社会实践大赛一等奖。学院团委获"2023年度上海高校活力团委"称号,学生团支部获"上海高校活力团支部""上海大学五四红旗团支部"等荣誉称号。

(王霖)

【上海美术学院】 1959年,上海市人民政府重建上海市美术专科学校(本科),于1983年并入新组建的上海大学,命名为上海大学美术学院。学院拥有3个一级学科博士点(美术学、设计学、艺术学理论)、1个一级学科硕士点(建筑学),2个专业硕士学位点(美术、艺术设计),2个博士后流动站(美术学、艺术理论)。学院现有中国画、绘画、雕塑、美术学、视觉传达设计、环境设计、艺术与科技、数字媒体艺术、建筑学、城乡规划、艺术设计学、产品设计、工艺美术、实验艺术、书法学、艺术管理、城市设计17个本科专业,其中7个国家级一流本科专业建设点,3个省级一流本科专业建设点。学院下设8个教学系、1个国家级实验教学示范中心"公共艺术技术实验教学中心"、1个首批市级协同创新中心"上海公共艺术协同创新中心"。2023年,学院共有教职工275人,专职教师233人,其中教授37人,副教授72人,本科生1473人,硕士644人,博士172人,留学生79人。年内,上海美术学院获批新增3个本科专业,分别为城市设计、艺术管理和书法学。曾成钢、王海松受邀参加威尼斯国际建筑双年展。由宝山区政府、上实集团、上海大学联合主办的吴淞创新城上实集团首批(重大)项目暨上大美院"蝶变·图强"计划全球创作征集活动启动。启动仪式上,公布上海大学上海美术学院主校区、轨交18号线二期江杨南路超级TOD等项目最新进展,并启动了"蝶变·图强"计划全球创作征集活动。德国gmp国际建筑设计有限公司合伙人兼执行总裁吴蔚介绍上大美院主校区建筑方案。作为首批启动的先导性、标志性、功能性重大项目,上海大学上海美术学院主校区是对标世界级老工业区的转型发展,打造产城融合的一个极佳的观察样本。

(王霖)

【国际教育学院】 国际教育学院是上海大学国际学生的归口管理部门,同时也是从事国际学生语言教学和研究的教研部门。2023年,学院积极拓展招生渠道,线上线下共同发力。国际教育学院领导亲自带队第一时间前往10个海外目标生源国(马来西亚、新加坡、越南、俄罗斯、亚美尼亚、阿联酋),开展"留学上大"线下教育展,开拓生源渠道。另一方面,积极推进优质生源基地建设。2023年新拓展2个基地。2023年国际学历生申请人数达到1342人,较2022年同比增加92.8%,招生热度逐步回暖。国际学历生占比位居上海第三,在2023年的178名研究生新生中,有40名研究生新生毕业于QS全球排名前500的学生，占比22.5%，超过2023年核心指标。2023年，组织15期知华讲堂，知华实践35次，"践行实践育人，传播中国非遗"入选上海高校来华留学教育优秀案例。积极推进知华导师工作室建设工作，2023年度陆续成立5个知华导师工作室："一带一路"音乐文化工作室、"海派文化"工作室、"国学双语传播"工作室、"体育文化"工作室和"心理健康"工作室。2023年李慧副教授获得国家社科基金1项，学院其他教师在SCI、SSCI期刊发表论文8篇。裴雨来教授荣获2023年度宝钢教育奖。3个校级课程建设项目立项。初步建成汉硕研究生微课教学案例库、毕业论文案例库。4月1日，上大—唐风中文数字教育国际化研究中心（原称：上大—唐风微课研究中心）第一次工作会议于西北师范大学顺利召开，本次会议共有来自全国各地教育专家、学者等20余人参加。8月12日至13日，在上海电机学院（临港校区）举办了第四届"一带一路"国际中文教育研讨会，教育部语合中心宋永波书记出席并做重要讲话。国内外近30位专家、百余位各大高校教师、学生参加会议。

（王霖）

【MBA教育管理中心】 是2003年教育部批准的MBA专业硕士第五批授权单位，于2004年正式开始招生MBA专业学位研究生。中心共设置全球本土MBA（GLMBA）、全球中国MBA（GCMBA）、以及全球产业MBA（GIMBA）三类MBA项目。2023年QS全球MBA排名发布，上海大学MBA创佳绩——QS Global MBA排名中国大陆第8位，亚洲第32位；QS Executive MBA Rankings（非全日制MBA）全球排名，亚洲第28位。年内获评央视网教育论坛·2023年度·商科教育综合实力突出MBA院校、央视网教育论坛·2023年度·商科教育社会责任MBA院校、MBACHINA·2023年度·中国商学院"最佳MBA项目TOP100"、腾讯商学院·2023年度杰出特色MBA项目。

（王霖）

【上海温哥华电影学院】 成立于2014年9月29日，是国内唯一一所以北美师资、英语教学为主，以好莱坞电影工业规范为教学内容的中外合作高等教育学院。学院目前开设有"电影制作、3D动画与视觉特效设计、视觉媒体声音设计、影视化妆设计、游戏设计、影视表演、影视编剧"等7个全日制专业，开设一年制高端培训和2+2中外合作本科教学。除此以外，学院还根据市场需求，开设有影视制片与管理、影视长剧本编剧训练营等周末课程和短期课程。学院实行以英文为主的双语教学，注重实操能力培养，是国内影视教育改革的成功试点。2023年学院教学人员有37名（其中讲师21名，高级讲师2名，助教7名，教学行政人员7名），行政人员17名，含外籍人士10名。2023年共有127名学员完成所有课程，顺利毕业，其中春季毕业生44人，秋季毕业生83人；共新招收学员193人，其中春季入学新生38人，秋季入学新生155人。年内举办2023"温影之光"暨上海温哥华电影学院九周年庆典，成立温影新一届理事会成员及领导班子上海大学党委副书记欧阳华担任上海温哥华电影学院理事长，副理事长詹姆斯·格里芬，执行理事：蒋为民、中方理事：程波、汤琛平、外方理事：乔纳森·贝尔、迈克·贝瑟。2023年6月17日晚，第二十五届上海国际电影节金爵奖获奖名单公布，由上海大学上海温哥华电影学院电影制作系FP06班校友陈仕忠导演、编剧，温影班底参与主创的电影《寻她》荣获第25届上海国际电影节金爵奖艺术贡献奖。《寻她》是陈仕忠导演的首部长片处女作，主创团队更汇聚了10位具备创新意识、专业能力突出的温影校友，担任包括摄影指导、剪辑指导、副导演、副美术等重要职务。2023年10月11日，上海大学上海温哥华电影学院电影制作系06班毕业校友张钰长片《杀死紫罗兰》获第七届平遥电影展获（怡宝·观众票选荣誉）卧虎·最受欢迎影片。张钰在温影就读期间的学生毕业短片《3+2》还曾在2018年参加过第二届平遥国际电影展"平遥一

角"单元。12月10日,法国著名导演吕克·贝松携其最新执导佳片《狗神》现身温影院课堂。（王霖）

【上海研究院】 成立于2015年6月。是由中国社会科学院与上海市人民政府共同创建的新型智库。2023年是上海研究院发展历史上具有重大战略意义的一年。以咨政建言为主攻方向,服务党中央决策的水平大幅提升。2023年,按照精准化、精细化及规范化要求,上海研究院共设立科研项目39项。2023年上海研究院正式成为中国社会科学院决策信息直报点,1篇《专报》获得采纳。年内共计向上海市委、市政府报送决策咨询报告27篇,其中研究人工智能和高水平服务业发展的2篇决策咨询报告获得上海市领导肯定性批示。上海研究院充分发挥智库启迪民智和公共外交功能,在2023年共召开大型论坛6次,包括第五届"世界考古论坛·上海""中国哲学社会科学话语体系建设·上海论坛—法学·2023""第三届中国哲学论坛·2023""中国特色社会主义政治经济学系列高端论坛·2023""蓝天下的至爱·2023年上海慈善论坛""中国经济形势分析圆桌峰会"。不断深化与上海地方智库合作,并与国家部委相关研究机构在科研选题、项目合作、专家评审等方面建立紧密联系。2023年上海研究院共资助出版各类学术著作12本,涵盖经济、文化、对外开放等多个研究领域。其中,由上海研究院自主研创的《上海服务"一带一路"建设发展报告(No.4)》中的单篇报告《上海致力于全球碳市场建设改革探索》,获第十四届"优秀皮书报告奖"一等奖。 （王霖）

【继续教育学院】 至2023年底,上海大学继续教育学院共有教职员工59人,其中高级专业技术人员5人,中级44人,其他人员10人;其中博士5人,硕士35人。年内,2项课程分获上海高校课程思政教学展示活动一等奖、二等奖。开展"业界导师"引领工程,组织10场"劳模工匠课堂""杰出校友分享会"

"专家大师讲坛"等专题报告。加强党外知识分子的思想政治引领,2023年获首届上海高校课程思政教学展示(人文艺术组)一等奖一项,获上海高校学历继续教育课程思政优秀项目一等奖。严格落实《教育部关于推进新时代普通高等学校学历继续教育改革的实施意见》要求,全面修订人才培养方案、教学大纲和《上海大学高等学历继续教育学分制收费管理办法》等制度,形成学历教育制度汇编;加强对教材的建设与管理,2023年出版"高等院校财经应用型系列教材"三本,完成高等学历继续教育教材专项排查工作;加强信息化资源建设,提升数字化水平,全年完成开发建设在线课程资源10门,完成学历教育一网通办第一阶段目标,实现教务系统学生移动端功能;探索"学历与非学历教育"融合机制,"集成电路与电子信息行业"获批"上海市'双元制'职工继续教育高校试点基地(培育)"。进一步规范和促进非学历教育工作,学院先后颁布实施《上海大学继续教育学院非学历教育人员(团队)引进及绩效考核办法(试行)》《关于教育培训项目劳务费的发放办法》《非学历教育制度汇编》等制度性文件,切实履行学校各项规范管理要求,并根据学院业务发展要求,引进优秀市场团队,建立明确的团队目标和职责,不断激发员工的积极性和创造力,积极应对非学历教育转型发展。2023年成功举办上海、山东、四川、河南、福建、江西、江苏、浙江等全国多地培训共80余期,培训学员近6000人次。自学考试共开设机械设计制造及其自动化、金融等6个本专科专业。2023年上半年报考7362门次,下半年报考5750门次,全年累计报考13112门次,新生1169人,毕业生287人。承担全市计算机公共实践课考试组考工作。 （王霖）

【巴黎国际时装艺术学院】 上海大学-巴黎国际时装艺术学院(以下简称"上大巴黎")是由上海大学(Shanghai University)与法国巴黎国际时装艺术学

院(MOD'ART International)合作创办的专业时装艺术类高等院校。学院采用法国先进的时装教学模式,体现当代法国时装艺术设计风格,传承法国高级定制设计工艺,融东西方文化于一体,形成鲜明的中外合作办学特色,学院注重质量和艺术品位。现开设时装设计与制版、奢侈品营销与管理、时尚传播。学院面向全球招生,现有在校生中,国外和港澳台学生约占学生总数的10%。2023年度学院受邀于黄山市政府分别于6月25日、9月15日、11月7日,赴黄山潜口民宅、黄山脚下南大门坊、歙县古城,组织策划上演三场国际时尚潮流发布会,发布会分别以"马头墙里吐新蕊"(潜口民宅)、"古韵国风荟佳丽 迎客松前赞非遗"(南大门坊)、"歙采缤纷、魅力四歙"(歙县)为主题,由黄山市人民政府主办,获得中国服装协会、中国国际贸易促进委员会纺织行业分会、中国服装设计师协会以及上海市非物质文化遗产保护协会的支持。上海大学静安校区(新闸路1220号)在1994年5月四校合并前为原上海大学国际商学院。四校合并后上海大学国际商学院由新闸路1220号迁入梅陇校址办学。新闸路1220号作为上海大学静安校区,目前处于规划调整阶段。

(王霖)

(七)上海第二工业大学

【概况】 2023年,上海第二工业大学(简称二工大)有浦东、宝山、静安、闸北4个校区,设16个二级教学单位。人才培养覆盖工学、管理学、经济学、文学、理学、艺术学、教育学等7个学科门类、24个专业类别。有8个硕士学位点,47个本科专业及一批高水平高职专业。在校全日制学生14151人(其中普通本科生11349人,专科生1485人,预科生48人,硕士生1119人,国际生150人)。有教职工1159人,其中专任教师881人,副高级及以上专业技术职务的教师369人,具有博士学位教师占比近50%。获批教育部新世纪优秀人才计划、上海市领军人才(海外)计划、东方学者特聘教授(含青年)、东方英才计划、启明星计划、浦江计划、曙光计划、阳光计划、扬帆计划、晨光计划等人才类项目60余项。学校是上海市博士学位授权单位建设(培育)单位、上海市"高水平地方高校建设"培育单位、浦东新区博士后创新实践基地。"环境科学与工程(资源循环科学与工程)"学科为上海高校Ⅱ类高原学科建设。拥有国家级特色专业3个、国家级一流本科专业建设点3个,教育部卓越工程师教育培养计划专业、教育部"本科教学工程"地方高校第一批本科专业综合改革试点、上海市属高校应用型本科试点专业、上海市一流本科专业建设点、上海市本科教育高地建设项目等30余项。承担国家级及上海市新工科研究与实践项目、教育部产学合作协同育人项目、上海市新文科研究与改革实践项目、上海文化创意产教融合引领项目、上海高校本科重点教学改革项目、上海高校课程思政教育教学改革项目等60余项。建设国家级一流本科课程、国家级精品课程、上海市一流本科课程、上海市课程思政示范课程、上海高校市级重点课程、上海市精品课程等180余门。学校在上海高校分类评价排名跃居第五,取得历史性突破,跨入第一阵营阵列。年内,二工大加强党的领导,以高质量党建引领高质量发展。学校开展学习贯彻习近平新时代中国特色社会主义思想主题教育,加强党对学校全面领导,坚持党委领导下的校长负责制。指导二级党组织按期换届,加强托管中职校党建工作,落实中职校党组织领导的校长负责制。实施基层党建质量提升工程。推进全国党建工作样板支部,上海党建工作标杆院系、样板支部等工作,8个党组织进入市级以上党建攀登计划序列。开展"百个支部百件实事"活动。加强党建工作阵地布局,指导新时代上海高校党建创新实践基地和教育系统示范性党建服务中心建设，推行组织生活公示观摩评价工作制度。入选上海市"双元制"职工继续教育高校试点基地。新增上海市热物性大数据专业技术服务平台、上海市绿色低碳服务机构、上海市企事业专利工作示范单位、上海市科技成果转化创新改革试点单位、上海第二工业大学智能制造技术科创教育基地5个省部级科研创新和成果转移转化平台(协同创新中心2个、工程技术研究中心1个、专业技术服务平台1个)；各级各类科研项目立项近600项，涉及智能制造、材料等多个学科，科技成果转化19项，发表论文419篇，其中收录论文173篇；获上海市哲学社会科学优秀成果奖一等奖，获浦东新区科普课件大赛、中国商业联合会科技奖等具有较高影响力的奖项10余项；工程科学学科首次进入ESI全球排名前1%，迈入国际高水平行列；围绕上海"3+6"产业布局，新申报能源动力、应用统计、工程管理、机械、马克思主义理论5个硕士学位授权点。新增"新能源科学与工程"和"标准化工程"2个本科专业，机械工程和环保设备工程专业工程教育认证申请被受理，电子商务专业通过长三角新文科教育专业认证，英语专业新文科专业认证申请获批受理；新增国家级一流本科课程3门、国家级精品在线开放课程1门，上海市级一流本科课程7门、上海高校市级重点课程20门、上海市职业教育一流核心课程1门，两门课程入选上海市"上海高校示范性本科课堂"；3本教材入选首批"十四五"职业教育国家规划教材；获批上海高校本科重点教改项目立项5项；在"第三届上海市高校教师教学创新大赛"中获一等奖3项、二等奖3项，在"第五届全国高校混合式教学设计创新大赛"中获优胜奖3项；获上海市优秀教学成果奖特等奖1项、一等奖3项、二等奖8项；国家级教学成果二等奖1项，作为参与单位获国家级教学成果二等奖1项。学生参加省部级及以上各类学科技能竞赛120余项，共获奖项600余项，其中国家级奖项200余项。2023届毕业生初次毕业去向落实率98.21%，连续3年高于上海市平均水平和应用技术型高校平均水平；毕业生服务浦东"六大硬核产业"比重达47.72%。中国薪酬网发布的《中国高校毕业生薪酬指数排行榜》数据显示，多年以来，学校毕业生平均薪酬水平始终保持在全国高校Top100之列，2023年排名40位，位列市属高校前三。

中意合作办学项目申报工作有序开展，布基纳法索"鲁班工坊"(培育)筹建工作稳步推进，"上海第二工业大学-纳兹博尼大学职业教育学院"揭牌；新缔结合作协议23个，新建1个全英专业，新建23门全英课程，其中上海高校国际学生英语授课示范性课程(培育)5门；新开拓学生国(境)外项目20余项，其中硕士联合培养项目9项，博士联合培养项目4项；获批中国-中东欧国家高校联合教育项目2项、教育部"春晖计划"国际合作科研项目3项、欧盟伊拉斯谟+师生交流项目1项。主动融入上海"五个中心"和浦东社会主义现代化引领区建设。聚焦建设国家航运中心，推动筹备船海装备工程学院；深化校地合作，围绕浦东硬核产业，与浦东金桥管委会共建浦东智能制造产业学院；与临港管委会战略合作，加入临港新片区产教融合联盟；举办长三角产学研用一体化高质量协同发展研讨会，为长三角企业提供智能化改造咨询诊断服务；与江南造船厂等10余家头部企业签署合作协议，与上海飞机制造公司联合培养举办航空复合材料成型加工本科专业，与宝钢签订"宝钢班"培养协议；助力企业人才队伍建设，立足上海劳模学院平台，举办各类劳模班，推进新时期上海产业工人队伍建设改革。　　(孙金懿)

【二工大与浦东新区教育局签约合作共建上海浦东职业技术学院】　3月2日，浦东新区教育工作党委书记、教育局局长高国忠，教育工作党委副书记毛力熊，教育局副局长陈强等一行到访。校长谢华清，副校长丁力在学术交流中心会议室会见来宾，

双方就合作共建上海浦东职业技术学院进行深入交流,并举行签约仪式。　　　　　　（孙金懿）

【二工大首届"七立方杯"大学生创新创业大赛举行】 3月13日,二工大第一届"七立方杯"大学生创新创业大赛总决赛在校学术交流中心举行。大赛由校产业发展办公室与国家大学科技园共同举办,旨在引导和激励学生勇于创新,挖掘和培育优秀的创新创业人才,促进和加强以新一代信息技术、人工智能、工业设计、新能源、新材料、智能制造、电子商务等为代表的科技领域的产学研结合,在推动学校科技成果转化的同时为学生搭建创新创业交流平台。总决赛上各参赛团队按照项目所属领域分成4个小组,采用"10+10"现场路演与答辩相结合形式进行评选。经过角逐,最终共有7个项目获奖。其中一等奖1个、二等奖2个、三等奖4个。　（孙金懿）

【二工大加入临港新片区产教融合联盟】 3月23日,临港新片区举行加快推进国家产教融合试点城市建设大会。市委常委、临港新片区党工委书记、管委会主任陈金山,同济大学校长郑庆华,市政府副秘书长王平等出席活动。活动现场,临港新片区产教融合首批84家单位联盟正式成立,上海第二工业大学位列其中。校党委书记吴松代表学校参加临港新片区产教融合联盟单位成立仪式。会上,新一轮支持临港新片区加大先行先试探索深化产教融合试点城市建设若干措施公布,提出产教融合发展评价体系。　　　　　　　　　　（孙金懿）

【二工大举办上海教育系统首届劳模创新论坛】 4月7日,以"学习贯彻二十大 劳模领跑新征程"为主题的上海教育系统首届劳模创新论坛在二工大举行。论坛由市总工会、市教卫工作党委指导,中国教育工会上海市委员会主办,中国教育工会上海第二工业大学委员会、市教育系统劳动模范协会承办,市劳模文化研究中心协办。市总工会党组成员、副主席桂晓燕,市教卫工作党委二级巡视员、教育工会常务副主席李蔚出席并讲话,校党委书记吴松致欢迎辞,30多位上海教育系统"劳模创新工作室"劳模代表以及各高校工会、各区教育工会(含中职联)、机关直属单位工会负责人等出席论坛。论坛以线上线下相结合方式举行,上海教育系统工会干部在线参加论坛。　　　　　　（孙金懿）

【二工大入选上海市"双元制"职工继续教育高校试点基地】 5月4日,市教育委员会发布《关于公布上海市"双元制"职工继续教育高校试点基地(培育)名单的通知》,二工大成功入选上海市"双元制"职工继续教育高校试点基地(培育)名单(高端装备行业基地)。　　　　　　　　　　（孙金懿）

【上海大中小学"劳模工匠进校园"推进会在二工大举办】 5月11日,市教卫工作党委、市教委、市教育系统关心下一代工作委员会和市青少年学生校外活动联席会议办公室、市劳模协会工会管理学院劳模学员分会在二工大召开上海市大中小学"劳模工匠进校园"推进会。市教卫工作党委副书记、市教委副主任闵辉,市教育系统关工委主任李宣海,市总工会副主席桂晓燕,校党委书记吴松,静安区教育局党工委副书记顾炜等出席会议。市教育系统关工委执行主任高德毅主持会议。市劳模协会工会管理学院劳模学员分会会长王连云和著名全国劳模吴尔愉、陶依嘉、翁伟樑等30位劳模代表,市教委德育处、市校外联办、部分高校、各区教育局、关工委等相关部门负责人,以及百名劳模进校园劳模工作室学校校长、师生代表等300余人参会。　　（孙金懿）

【第四届全国标准化学科建设与专业人才培养研讨会在二工大举办】 8月26日,第四届全国标准化学科建设与专业人才培养研讨会在二工大举行。国家市场监督管理总局、市市场监督管理局、市教委、市各区市场监督管理局有关领导和来自全国标准化大学联盟成员高校的专家学者、标准化领域企业专家等围绕推进标准化学科建设与专业人才培养的改革创新,就学科专业、产业学院、人才培养等方面开展研讨,共促全国标准化学科专业建设和人才培养。研讨会由市教委、市市场监督管理局指导,全国标准化大学联盟主办,二工大联合中国计量大学承办,来自全国16所高校的70余位领导、专家和专业负责人现场参会,百余名专家和师生代表线上参会。

（孙金懿）

【二工大举办"长三角产学研用一体化高质量协同发展研讨会"】 9月20日上午,二工大在学术交流中心301会议室举办"长三角产学研用一体化高质量协同发展研讨会",中国工程院院士、上海石油化工研究院院长杨为民,市高校科技发展中心主任陆震,浦东新区科技和经济委员会、中国（上海）自由贸易试验区管理委员会金桥管理局、张江产业工程院、曹路镇政府相关领导,以及长三角地市科技局、企业负责人及相关嘉宾代表100余人出席会议。

（孙金懿）

【二工大举行海聚英才—上海第二工业大学第二届国际青年学者论坛】 于11月4日举行。来自北京大学、清华大学、上海交通大学、中国科学技术大学、瑞士洛桑联邦理工学院、新加坡国立大学、爱尔兰都柏林大学、香港理工大学、香港城市大学等30多所海内外知名院校的优秀青年学者"线上线下"齐聚一堂。市教卫工作党委人才工作处处长王庆宇,校长谢华清、各承办学院负责人及教师代表参加论坛。

（孙金懿）

【二工大新增1个上海市学生（青少年）科创教育基地】 11月10日,市科创教育指导委员会对2023年上海市学生（青少年）科创教育基地（2023—2026）拟入选名单进行公示,由学校智能制造与控制工程学院牵头申报的"智能制造技术科创教育基地"位列其中,成为二工大获批的第二个上海市科创教育基地。获批的科创教育基地依托学校智能制造工厂实验室,通过发挥学校智能制造方向学科优势,整合智能制造主要使能技术、智能装备与系统、智能工厂集成等科技创新成果资源,开展智能制造技术领域科创教育课程和探究实践项目建设,提供前沿专题讲座和定制化科普服务,为青少年群体提高科创兴趣、培育科创素养、体验科创过程、开展科创实践搭建共享共通平台。

（孙金懿）

【二工大与喀什大学签订新一轮合作交流框架协议】 12月15日,喀什大学校长买买提明·木沙一行到校访问交流,校长谢华清在学术交流中心会见来宾,双方进行座谈并举行新一轮合作交流框架协议签约仪式。座谈会上,双方有关部门负责人围绕科研项目联合申报、联合建立科研团队、研究生联合培养等方面展开交流。

（孙金懿）

二十二、文化

编辑 顾瑞钧

(一)综述

2023年,区文化旅游局围绕"国际静安、卓越城区"总目标,发挥静安区资源禀赋和功能优势,推动公共文化服务、文旅产业发展、文旅市场监管、文化遗产保护传承等各项工作再上新台阶,实现新跨越。

构建高质量现代公共文化服务体系,落实民心工程和民生实事。开展"十百千万"文化配送工程,全年公共文化场馆线下服务1216万人次,线上服务243079万人次。推进"一街一品"特色文化工作,开展各类活动9943场。打造"社会大美育课堂"静安样本,四行仓库抗战纪念馆、大宁剧院、UCCA静安尤伦斯美术馆被列入市级"社会大美育课堂"目录。举办2023年中外家庭戏剧大赛,共有2000余组家庭参赛。静安区文化馆成功入选全国首批、上海唯一"中国儿童青少年戏剧艺术普及推广中心"。发放20万张公益电影配送券。推进巨富国潮文化馆建设。

加强文物保护与活化利用,彰显城市考古新风采。加强重点历史建筑保护利用;推进张园、安康苑等区域文物保护开发与活化利用。推进文物建筑"一点一测"项目,召开2022年"一点一测"项目终期专家评审会。挖掘天后宫历史文化资料,整理《天后宫大事记》;发布《上海天后宫·慎余里》专题纪录片。推进"建筑可阅读"示范区建设,制作完成苏河湾全域文旅地图;拍摄编辑《海派城市考古·静安苏河湾水岸》《夜游苏河湾》宣传片,更新上线海派城市考古·静安苏河湾水岸文旅VR全域数字导览;开展苏河湾水岸行走+乘船游览的线下活动,推出不同主题微游线路30余条。

提升文旅产业体系竞争力,营造国际文旅消费新高地。聚焦"两电一新"核心领域,加大"全球影视创制中心""宇宙电竞中心"核心区建设。贯彻落实上海"电竞20条"文件精神,提升电竞产业能级,引进影视电竞企业。支持开展2023全球电竞大会和第三届中国游戏创新大赛颁奖礼等活动。 (蔡萌萌)

(二)公共文化建设

【"十百千万"文化配送工程实施】 年内,区文化旅游局构建公共服务"大格局",公共文化场馆线下服务1216万人次,线上服务243079万人次,开展各级各类文化配送活动1万余场,完成市、区两级指导员配送10304课时。加强服务供给绩效评估工作,开展2023年区级配送项目满意度和2024年静安区市民文化需求调研。

（蔡萌萌）

【"一街一品"特色文化工作】 年内,区文化旅游局为街镇提供各类交流展示平台,开展各类活动9943场。为街镇文教干部和群文团队骨干开展各类学习观摩活动,服务2004人次。完成全区14个街镇社区文化活动中心评估定级初评工作,实施《静安区公共文化惠民工程三年行动计划（2023—2025年）》。

（蔡萌萌）

【公共文化服务数字化转型】 年内,区文化旅游局推进文旅数字化服务精准供给。至10月31日,"静安文化公益配送及文旅消费"微信小程序注册用户达11.9万人。静安文旅智服务平台累计共发布各类文化活动信息2733篇,微信公众号发布推文875篇。阅读服务的"你点我购"项目于8月上海书展期间正式启动。

（蔡萌萌）

【2023中外家庭戏剧大赛】 于3月15日启动,共收到2000余组来自上海及全国各省市的中外家庭报名,报名家庭数量再创历史新高。经专家评审,共有107组家庭获2023中外家庭戏剧大赛"美好戏剧之家"称号。4月15日至16日,在大宁国际商业广场"戏剧站点",2023中外家庭戏剧大赛携手2023年上海·静安现代戏剧专属"戏剧巴士",开启2023中外家庭戏剧大赛佳作展演。5月7日,在静安区文化馆举行颁奖典礼。

（蔡萌萌）

【首届《静·安》文学奖颁奖活动】 于3月22日在静安区图书馆海关楼二楼举办。《静·安》由区作家协会与区图书馆联合主办。《静·安》文学奖共评选出小说、散文、诗歌、热点等7类奖项,共12篇获奖作品。在当日随后进行的《静·安》评刊沙龙上,各栏目编辑、获奖作者以及区作协会员展开讨论,对《静·安》今后发展提出意见和建议。

（蔡萌萌）

【静安区图书馆（天目路馆）开馆】 静安区图书馆（天目路馆）于2017年启动整体改建,于2023年4月23日世界读书日在静安区图书馆（天目路馆）一楼举办开馆仪式。区委常委、宣传部部长莫亮金,上海图书馆副馆长林峻,区文化旅游局局长陈宏共同为天目路馆揭牌。

（蔡萌萌）

【2023"浓情静安·爵士春天"音乐节】 于4月28日至5月3日举办。4月28日,在上海商城剧院举办开幕仪式暨首场演出。区委副书记、区长王华,市文化旅游局副局长金雷,区人大常委会副主任孙明丽,副区长龙婉丽等出席。王华、金雷与荷兰音乐家劳拉·费琪（Laura Fygi）、音乐人肖骏共同启动仪式。活动持续6天6晚,超100名国内外音乐人轮番登台演绎。该活动首次跨越苏州河,与静安区商圈联名合作,设置上海苏河湾万象天地分会场和大宁国际商业广场分会场。既有商圈舞台演出,也有不同空间的爵士快闪,开启音乐与市民、音乐与河滨的美好相遇。爵士音乐节共吸引5万人次观演。

（蔡萌萌）

【2023年中国儿童青少年戏剧艺术普及推广中心上海市静安区推广中心授牌】 于5月7日在静安区文化馆举行授牌仪式。中国儿童艺术剧院院长、第十四届全国政协委员、中国儿童戏剧研究会会长、国际儿童青少年戏剧协会中国中心主席冯俐出席活动。静安区文化馆被授予"中国儿童青少年戏剧艺术普及推广中心"铜牌,为2023年上海地区唯一入选的单位。

（蔡萌萌）

【"艺术苏河"启航仪式】 于7月16日在苏河湾中心举行。区委副书记、区长王华,百联集团有限公司党委副书记、总裁濮韶华,市文化旅游局副局长向义海,副区长龙婉丽等出席启航仪式,共同见证"艺术

苏河"品牌的扬帆起航。 （蔡萌萌）

【2023上海书展暨"书香中国"上海周】 于8月16日至22日在上海展览中心举办。活动期间，静安区在静安嘉里商务中心设置"悦读静安'最美的书'展"系列活动，并在区图书馆同步开展以"万象可阅读"为主题的"悦读静安"2023静安书周，各街道图书馆分馆也投身其中，共同打造"阅读静安·书香中国"。（蔡萌萌）

【2023第九届上海街艺节】 于10月8日在静安大宁音乐广场开幕。至10月15日，百余名街头艺人走进静安、黄浦等旅游景点、公园广场、购物商圈、街头巷尾，带来200余场精彩纷呈的"零距离"公共文化演出，成为街头靓丽的风景线。静安公园广场大铜牛雕塑前的街艺表演点，2015年被命名为"上海街艺发源地"，据市演艺协会提供的数据，至2023年10月31日，静安区内共有2932场街艺表演，演员4584人次，近200万观众观看。 （蔡萌萌）

【2023"美在静安"公共文化旅游成果展】 于12月26日在大宁剧院举办。展示2023年静安区公共文化旅游工作成果，并表彰2023年静安区"五星级团队""十大公共文化旅游事件""十大公共文化旅游人物"。区委常委、宣传部部长莫亮金，副区长龙婉丽，区政协副主席陈琦华，市文化旅游局公共服务处处长吴琼，市文化旅游局非遗处处长陈平，市群艺馆党总支书记、馆长吴鹏宏，区文化旅游局局长陈宏出席并颁奖。（蔡萌萌）

（三）历史文化保护

【《百载重光，文化赋能——上海天后宫·慎余里》专题纪录片首映】 于4月13日举行首映式。纪录片旨在将上海天后宫打造成为传统与现代交融、高端与时尚汇聚的上海文旅新地标，彰显沪上天后宫历史文化内涵，提升天后宫知名度与美誉度。以此为契机，探索城市更新进程中天后宫异地复建保护性利用创新实践。 （蔡萌萌）

【"从三曾里到甲秀里"主题巡展】 于6月26日在上海轨道交通13号线南京西路站开启巡展第一站。2023年是中国共产党第三次全国代表大会召开100周年，也是毛泽东诞辰130周年，中共三大后中央局机关入驻三曾里100周年。为了加强红色文化教育，传承红色基因，区文物史料馆携手广州中共三大会址纪念馆共同主办"从三曾里到甲秀里"主题巡展。
（蔡萌萌）

【行走的博物馆公教课】 7月3日，区文物史料馆自主打造的品牌项目——行走的博物馆公教课《峥嵘岁月》在石门二路街道社区文化活动中心开课，为区域化党建单位代表以及100余名社区居民现场展演，带领大家共同感悟共产党员的初心使命。11月27日，公教课《峥嵘岁月》在市北高新园区党员集中轮训班暨支部书记培训班上开课，为企业高质量发展注入"红色动能"。 （蔡萌萌）

【静享·非遗十二时辰——2023年"文化和自然遗产日"静安区非遗主题活动】 于6月10日"文化和自然遗产日"在区文化馆（区非遗保护中心）举办。活动分三大板块，提供集"嗨吃非遗、汉服变装、非遗市集、微缩非遗、非遗演艺"五位一体的沉浸式非遗体验。打造"大医'静'诚"上海市中医医院义诊现场，吸引300余名市民参与。开展家庭成员一同参与的打花棍、绿杨村包子、香囊制作活动，加大非遗项目在青少年学子中的传播普及力度，体现传统文化的当代表达。当日，《2023年度静安区非物质文化遗产项目保护专项资金申报指南》正式发布，激发全社会共同参与非遗项目的宣传、保护和传承，促进静安区

非遗可持续发展。　　　　　　　（蔡萌萌）

【《辅德里》微缩模型展专配进社区巡展】　首展于11月15日在宝山路街道天通庵路190号商务印书馆旧址开幕。《辅德里》微缩模型展是静安区"辅德里五星计划"的组成部分。呈现1922年中共二大召开前后16个重要事件的场景瞬间以及表现中国共产党第二十次全国代表大会审议通过关于《中国共产党章程（修正案）》的决议的共17个微缩模型，以此向百年来的中国共产党历史伟人们致敬。
　　　　　　　　　　　　　　　（蔡萌萌）

【推进"建筑可阅读"示范区建设】　年内，区文化旅游局以苏州河区域历史沿革为时间引线，以苏州河静安区段13座桥梁为空间引线，制作完成苏河湾全域文旅地图。拍摄编辑《海派城市考古·静安苏河湾水岸》《夜游苏河湾》宣传片，更新上线海派城市考古·静安苏河湾水岸文旅VR全域数字导览。围绕海派城市考古，开展以探秘中华力量、追寻红色基因等为主题的苏河湾水岸行走+乘船游览的线下活动，推出不同主题微游线路30余条。　　　（蔡萌萌）

（四）文化产业

【游戏与电竞产业学术交流会】　于4月26日举办。游戏与电竞产业学术交流会暨中国电竞产业研究院揭牌仪式由中国音像与数字出版协会指导，中国音数协游戏工委、中国音数协电竞工委主办，中国游戏产业研究院、中国电竞产业研究院承办，市委宣传部、静安区政府支持，上海北方企业（集团）有限公司联办。
　　　　　　　　　　　　　　　（蔡萌萌）

【第五期"光影π"文旅企业沙龙活动】　于第25届上海电影节期间在区文化馆举行。市文化旅游局产业发展处处长胡恩同出席企业沙龙。在影视文旅行业加速全面复苏背景下，活动汇聚影视文旅公司、投资机构、数字文娱等产业上下游公司，在上海影视产业的核心区之一静安区，围绕"影视'新'动能"这一主题展开探讨。第六期"光影π"文旅企业沙龙活动于11月1日在区文化馆举办。主题为"新数字·新文旅"，旨在吸引行业优质企业和项目聚焦静安区的国际化、数字化氛围。　　　　　　　（蔡萌萌）

【2023全球电竞大会】　于7月28日在静安区宝华万家酒店举行。中国音像与数字出版协会理事长孙寿山，中宣部出版局局长冯士新，中国音像与数字出版协会第一副理事长张毅君，市委常委、宣传部部长赵嘉鸣，市人大常委会副主任周慧琳，副市长刘多，市政协副主席金兴明，市政府副秘书长尚玉英，市委宣传部副部长王亚元，市文化旅游局局长方世忠，市体育局局长徐彬等以及区委书记于勇，区委副书记、区长王华，副区长龙婉丽出席大会。大会以"以开放心态探索全球市场"为议题，5名嘉宾展开圆桌对话。
　　　　　　　　　　　　　　　（蔡萌萌）

【第三届中国游戏创新大赛颁奖典礼】　于7月29日举行。大赛自2月开启征集工作，共征集作品150余款，参赛者覆盖全国15个省份及直辖市。
　　　　　　　　　　　　　　　（蔡萌萌）

【2023年"精彩尽享，乐游静安"文旅消费季活动】于9月23日—10月6日配合2023静安国际光影节和上海旅游节等重大节庆活动开展活动。该活动首次与中国银联、上海银行合作，发放近5万张消费券，涵盖近千家文旅商户，各类宣传触达人次近9000万人次。开展静安好时"光"户外直播以及静安文旅消费季带货直播；全区发放6000册静安文旅消费季宣传特刊，内含总计超7万张独家优惠券，助推提振城市消费能级。　　　　　　（蔡萌萌）

【企业服务】 年内，区文化旅游局根据对口服务企业名单和2023年度企业走访工作安排，完成千万元级税收规模企业全覆盖走访。根据企业服务包制度工作要求，走访重点企业30家，全年累计服务企业60余次。 （蔡萌萌）

（五）文化市场

【执法监管】 年内，区文化旅游局执法大队共出动执法人员2525人次，巡查各类场所3881家次，开展"双随机"检查场所151家；受理举报1753件，处罚案件62件，罚没款62.32万元。 （蔡萌萌）

【2023年"扫黄打非"工作会议】 于6月16日召开。区委常委、宣传部部长、区"扫黄打非"工作小组暨文化市场管理工作领导小组组长莫亮金，副区长、区"扫黄打非"工作小组暨文化市场管理领导小组副组长龙婉丽出席会议。会议总结2022年区"扫黄打非"工作情况并部署《2023年静安区"扫黄打非"行动方案》。区公安分局、彭浦新村街道作交流发言。会议对获2020—2022年上海"扫黄打非"工作先进的集体和个人进行表彰。 （蔡萌萌）

【"互联网+"监管】 年内，区文化旅游局完成静安区"互联网+监管"系统双告知信息反馈，主动联系企业提供政策咨询以及政务服务，推动政务服务便利高效，打造优质营商环境，提升企业和群众办事便捷度、体验度和满意度。会同区市场监管局、区卫生健康委、区执法大队开展文娱场所综合监管一件事。完成20个行政协助事项，推动20项区级工程建设。完成2022年度行政许可办理和批后监管情况统计表以及2022年度行政许可事项实施情况年报并公示于区门户网站。总结"一业一证"改革工作情况，优化"一业一证"相关事项受理流程。完成两个免于提交工作专项梳理，强化"两个免于提交"制度建设。提升"一网通办"工作，对于政务服务事项深化"减时限、减跑动"，提升行政审批即办程度、加大网办深度，提升网办率和全程网办率。核实行政许可事项清单，提升监管精准性和有效性。 （蔡萌萌）

（六）现代戏剧谷

【2023年上海·静安现代戏剧谷】 于4月20日—5月10日举行。汇聚国内外名团佳作，集中展演23部剧目、73场次，上海首演作品超过85%，原创作品、文学改编舞台作品以及女性创作者作品比例较往年都有增加，优选3部国外剧目率先登上舞台，逾5万人次走入剧院观演；汇合国际国内各类优质演艺资源，在静安城区各类场馆、街区、园区等演绎300场次以上，为周边商场引入超百万人流。 （蔡萌萌）

【2023上海·静安现代戏剧谷开幕仪式】 于4月20日在大宁剧院开幕。区委书记于勇，上海戏剧学院党委书记谢巍，上海广播电视台台长宋炯明，中国文联副主席、市文联主席、2023上海·静安现代戏剧谷艺委会成员奚美娟，上海话剧艺术中心演员、知名影视演员、2023上海·静安现代戏剧谷艺委会成员、上海话剧艺术中心演员雷佳音等共同启动开幕仪式，奚美娟代表全体艺委会成员致辞。根据王蒙原著改编而成的同名话剧《活动变人形》作为开幕大戏率先亮相，该剧折射出传统与现代、东方与西方的思考与碰撞，曾获第十七届文华导演奖。 （蔡萌萌）

【2023上海·静安现代戏剧谷戏剧巴士】 首次打造的"戏剧巴士"于4月1日首发。"巴士站点"覆盖美琪

5月8日,2023"壹戏剧大赏"颁奖典礼在上海话剧艺术中心举行　　　　　　　　　　　　　（区文旅局　供稿）

大戏院、艺海剧院、云峰剧院、大宁剧院等静安区主要剧院,以及静安嘉里中心、兴业太古汇、中信泰富广场、大宁国际商业广场等多个核心商圈。市民不仅可以在"巴士站点"的化妆间妆扮成戏剧角色、打卡拍照,在站点观赏精彩的巡游、演出活动,还能在"戏剧巴士"的移动售票亭,以当日剧目余票的票面对折价,限量购买"戏剧巴士专享惠民公益票"。

（蔡萌萌）

【2023上海·静安现代戏剧谷"壹戏剧大赏"颁奖典礼】 于5月8日在上海话剧艺术中心举行,由静安区政府、上海广播电视台、上海戏剧学院共同主办。来自全国各地的戏剧人士与戏剧爱好者汇聚一堂,揭晓12项大奖。区委副书记、区长王华,市文化旅游局局长方世忠,上海戏剧学院党委书记谢巍,副区长龙婉丽,上海文化广播影视集团有限公司副总裁陈雨人,上海戏剧学院副院长刘庆,国家一级演员、中国戏剧家协会会员、2023上海·静安现代戏剧谷艺委会成员焦晃,以及提名剧组、社会各界人士等应邀出席,共同见证2023上海·静安现代戏剧谷闭幕。"壹戏剧大赏"共收到144部申报剧目,继上一届后在数量上再创新高。

（蔡萌萌）

二十三、卫生和健康

编辑 顾瑞钧

（一）综述

2023年，静安区户籍人口平均期望寿命83.01岁（全市83.18岁），其中男性80.39岁、女性85.90岁。婴儿死亡率0.64‰，无孕产妇死亡。每10万常住人口甲乙类传染病总发病率为1628.51，除新型冠状病毒感染外每10万常住人口甲乙类传染病总发病率为101.12，户籍人口为1975.66，除新型冠状病毒感染外每10万户籍人口甲乙类传染病总发病率为115.68。常住人口出生性别比105.5。户籍人口出生3407人，出生率3.77‰；流动人口出生663人，出生率3.08‰。户籍人口自然增长率-8.38‰，仍处于负增长状态。年底全区有医疗卫生机构407家；其中三级医院11家（综合性4家、中医医院2家、专科医院5家），二级医院10家（综合性医院5家、中医医院1家、专科医院4家），未评级医院20家；社区卫生服务中心15家，社区卫生服务站66家；公共卫生机构9家；其他卫生机构11家；各类门诊部、诊所、医务室、护理站265家。全区医疗机构实有床位数13792张。2023年度共受理办结医疗机构行政审批783件；其中医疗机构执业新证许可14件、注销医疗机构6件、医疗机构停业3件、医疗机构执业许可证校验310件、执业许可证延续（换证）67件、医疗机构执业许可证变更182件、精麻印鉴卡换证等61件、诊所备案、义诊备案等44件。监督检查5362户次，行政处罚511件、警告275件、罚款408件，罚款金额208.91万元，没收违法所得1.9万元，医疗机构不良记分160户次、339分，医师7人次、14分。办理行政许可、备案4893件，其中公共场所卫生许可516件、医师护士和母婴保健放射人员3813件、建设项目预防性卫生审核50件、放射诊疗许可证264件、医疗广告审查212件、病原微生物实验室备案15件、消毒服务机构备案申请23件（含二次供水设施清洗消毒备案7件）。受理举报投诉629件，其中公卫439件（控烟392件、传防2件、二次供水3件、职业卫生2件、公共场所40件），查实73件，立案70件；医政190件（无证行医24件、医疗执业166件），查实35件，立案30件，协调解决71件。接待医疗纠纷事故148起，其中患者来访80起，来电68起，医疗事故申请3起（均移交市所）。诉讼案件共11件（其中2件重审），8件驳回、2件撤销一审判决，1件正在审理中；行政复议11件，5件驳回、3件维持、2件撤销复议、1件复议调解。临床用血单位37576家，献血25604人份。共审核未参保及支内支边独生子女父母年老退休时一次性计划生育奖励313人，发放资金169.87万元；审核独生子女伤残死亡家庭一次性补助407人，发放资金165.3万元。审核计生家庭特别扶助金24472人次，发放资金8091.41万元。

年内，区卫生健康委落实新冠病毒感染"乙类乙管"措施。聚焦监测报告、分析预警、应急应对"三个环节"，优化指挥调度、培训演练、督导检查、宣传引导四方面机制。加强信息监测处置工作。辖区49家医疗机构开展"基于医院HIS直推的传染病疫情报告与管理信息系统"的应用。作为市首批试点区，率先完成传染病直报系统的单轨运行。推进辖区基于多源数据的传染病综合监测预警和应急处置信息平台建设和使用，覆盖辖区8家发热门诊及15家哨点诊室。开展新冠疫情应对处置演练。推进新冠病毒疫苗接种工作，至年底，全区3岁及以上人群累计完成新冠疫苗接种2469785剂次；完成首剂接种1009217剂次，完成全程接种941292剂次，完成首剂加强免疫552956剂次，完成第二剂加强免疫6348人。

年内，区卫生健康委构建大健康促进服务体系。开展爱国卫生运动和健康上海行动。对标市政府《关于推进健康上海行动的实施意见》工作要求，以专项工作带动健康上海行动的推进落实。发挥区健康促进中心职能。做好健康促进医院培育推荐工作。普及健康生活，组织医疗机构工作人员参与市健康科普推优选树活动，开展各类科普大赛活动。制订静安区健康科普能力提升专项实施方案，探索静安区科普人才专项培育模式。组建静安区健康科普专家库。建设健康环境，完成国家卫生区复评审各项工作。彭浦镇、大宁路街道2个街镇入选市级卫生健康街镇试点。组织芷江西路街道城上城居委会、芷江新村居委会开展上海市健康居村委申报建设工作。落实各类场所病媒生物防制措施。

制订《静安区加强公共卫生体系建设三年行动计划（2023—2025年）》，以4个方面、13项主要任务、29个建设项目为重要抓手，提升公共卫生服务能力。促进疾病预防控制体系高质量发展。紧扣疾控体系改革战略机遇，加快构建防治结合、医防融合、全社会协同的疾病预防控制体系。区疾控中心新实验室大楼投入使用。深化实验室能力建设，具备和储备的检测能力达到650项。优化完善公共卫生体制机制。为基层公共卫生治理赋能助力，完成居委会下设公共卫生委员会建设。提升公共卫生服务能力。推进营养支持型社区建设。彭浦新村街道和静安寺街道被推荐入选国家级营养支持型社区试点建设。落实基本医疗和重大公共卫生服务项目。

结合公立医院发展实际和学科建设潜力，形成南部、中部和北部各具特色亮点，又有区域特征区域医疗中心。"AI助力静安北部医联体慢性致盲性眼底病筛查"项目获第六届上海医改十大创新举措提名奖。静安区与华山医院新一轮合作签约准备就绪。制订上海市第四康复医院和公惠医院深度融合初步方案。静安区闸北中心医院作为市公立医院高质量发展辅导类试点单位，探索区域医疗中心高质量发展模式和路径，启动创建三级医院工作，与交通大学、同济大学等洽谈附属医院建设合作模式与意向。开展与瑞金医院等医联体合作单位沟通，推动医疗服务能级提升。

立足社区四大功能，系统化推进社区卫生服务机构高质量发展。研究制订《静安区社区卫生服务能力提升实施方案》。以江宁路街道社区卫生服务中心（市级试点）建设为重点，每个社区卫生服务中心都开设3—5个特色专病门诊，开展门诊适宜手术。全区5家社区卫生服务中心新增CT设备。曹家渡和石门二路街道申报市级标准化口腔诊室。彭浦新村社区作为健康管理中心建设试点，提供针对性健康评估及管理服务。新增2家上海市示范性社区康复中心，累计完成6家示范性社区康复中心建设。拓展社区护理服务内涵，开设PICC导管护理门诊，江宁和彭二申报护理中心建设试点。建设4家中医药特色示范社区卫生服务站，累计完成12家中医药特色示范社区卫生服务站建设。"完善药品配备供应衔接，提升社区卫生服务能力"获第六届上海医改十大创新举措奖。

制订《静安区中医医院高质量发展五年规划（2023—2027年）》，提升中医药服务能级，市卫生健康委对区政府绩效考核中医药部分考核满分，列全市第一。社区成为中医药服务主阵地优势凸显，社区中医诊疗人次数占总诊疗人次51.84%。至年底，100%的社区卫生服务中心规范设置中医馆。8个名中医工作室入驻社区，6个社区专科专病项目立项，陆氏针灸静安基地挂牌。推进中医药专科建设。完成"静安区中医药临床重点专科建设项目（2020—2023年）"项目评估验收。传播中医药文化，和区教育局合作建设具有中医药特色的学校，形成可复制、可推广的"中医药进校园"范式。新增4家中医药特色示范社区卫生服务站通过验收。

强化公立医院对社区医疗服务支撑，落实专家下沉社区开设全专、中医、康复、药学、门诊小手术、多学科诊疗团队（MDT）门诊等，区域医疗中心预留专家、专科号源提供给社区达到50%。落实双向转诊，上级医院设立社区转诊专门服务窗口，安排经家庭医生转诊的签约居民优先就诊、优先检查、优先住院。社区患者上转至二级医院3345人、三级医院569人，上级医院下转社区1166人次。做实家庭医生签约服务，完成签约44.48万人，常住人口覆盖率45.49%，重点人群覆盖率（65岁）89.86%，签约居民评估率98.85%。加强区域优质医疗资源联动，建立区内医联体内多点执业及双聘机制。

研究制订《静安区紧密合作医疗联合体试点工作实施方案》，以一体化管理为基础，医联体牵头机构为核心和枢纽，下联专科医院、社区卫生服务中心和社会办医疗机构。通过3家医联体建设牵头单位擂台竞争，由市北医院牵头开展紧密合作医联体建设试点，并制订《静安区北部区域紧密合作医共体试点工作实施方案》。完成与华东医院康复医疗服务体系建设新一轮合作签约，推动康复医疗服务体系建设。

梳理完善"慢病一体化管理"规范，明确标准化疾病管理流程，依据《静安区慢性病一体化管理实施方案》，项目病种在原有7个慢病（高血压、糖尿病、脑卒中、慢性阻塞性肺病、慢性肾病、压力性尿失禁、慢性眼底病变）基础上增加1个（前列腺疾病），加强医联体间合作，拓展慢性病健康管理人群覆盖，推进社区与区域医疗中心慢病诊疗同质化，加强基于"互联网+"和大数据的慢病管理平台建设。

研究出台《静安区"五床联动"整合性照护服务项目试点方案》，与区民政局联手推进"五床联动"模式，全区15家社区卫生服务中心完成与43家养老机构医养合作协议签署，建成28个"非标站点"和15个"家庭医生工作室"，共派驻124名家庭医生、79名护士以及中医、康复人员组成的全科团队下沉养老机构，提供医、养、康、护及中医适宜技术等各类服务。累计提供上门巡诊2614次，服务老人2980人，服务49761人次，新建家庭病床407张。开辟绿色通道，进行机构间联动和转介。推进"五床联动"模式，建成28个"非标站点"和15个"家庭医生工作室"，提供医、养、康、护及中医适宜技术等各类服务，形成"五床"之间紧密无缝衔接，已为143位老人完成机构间联动和转介服务。实现医疗"三张床"和养老"两张床"之间的融合，形成老年人有序分级诊疗、康复和养老的医养康护闭环，满足社区老年人不同阶段养老健康需求。

做好计划生育特殊家庭扶助关怀，建立计生特扶对象医疗补助制度。推进以"生育指导、优生优育、生殖健康"为重点的健康家庭建设。启动市、区社区行项目，为孩子们构建寓教于乐的平台。

开展创建儿童青少年近视智慧精准综合干预示范模式、老年肌少症筛查与干预等5项市级试点项目。3项案例入选全国社会心理服务体系建设优秀案例。开展社区居民大肠癌筛查项目,全区共完成初筛24335例。完成国家慢性病综合防控示范区第二轮复评审和第四轮"艾滋病综合防治示范区"建设终期评估。

加强人才队伍和学科建设。加快构建人才引进新机制。完成卫生人才队伍建设专题调研,针对调研中反映集中高层次人才引进工作,重新修订《静安区卫生健康委高层次人才引进工作管理办法》,逐步构建人才培养和引进的新机制。将高层次紧缺人才的培养和引进作为人才队伍建设的核心环节,发挥高层次紧缺人才在人才队伍建设中引领示范作用,促进优势学科发展和专业团队建设。做好区级重点学科建设督导工作。调研全部在建的19个重点专科、培育学科、优势专病建设情况,了解建设中的问题,督促项目按既定计划推进。开展2023年区级课题申报和评审工作。组织申报上海市卫生健康委级课题,静安区中标2个面上项目、1个青年项目。上海市"医苑新星"青年医学人才项目,静安区2位全科医师中标。静安区中心医院邱彦群获上海市第十九届"银蛇奖"三等奖。

推进"便捷就医"数字化转型工作。率先完成云胶片、互联网医院专区服务、一键病案、云陪诊、医保电子处方中心5个场景建设,剩余1个场景由上海健康云统一承建。深化"健康静安"系列便民应用建设。优化一系列便捷功能,推进智能客服机器人、互联网医院"一键续方"、住院一件事、云陪诊服务、一键病案服务等新功能。形成社区互联网医院区域性一体化标准。社区与区域医疗中心互联网"云药房"药品目录一致率达85.91%。以彭浦新村为试点建立区级统一的居民健康评估系统,满足居民日益增长的健康管理需求。2023年,"健康静安"微信公众号实名注册数超157万人,关注用户超66万人;互联网医院视频问诊30651人次,其中60岁及以上老人使用占比61.32%,回复居民图文咨询33187人次,累计开出处方27449张,处方金额466万元。连续3年获上海市"便捷就医服务"数字化转型示范区评选第一名。

推进卫生硬件设施建设。静安区中医医院建成并投入使用。区域医疗中心和静安老年健康中心建设工程结构封顶。新建彭浦新村街道社区卫生服务中心分中心项目围护桩施工完成,江宁社区卫生服务中心二期扩建工程地下室顶板浇筑完成。加快社区卫生服务中心标准化建设,制订实施方案,加快彭浦镇、共和新路、天目西路、宝山路、大宁路和北站街道等社区卫生中心住院床位建设,其中彭浦镇通过租赁方式新设设住院床位135张,基本满足群众住院需求。天目西路街道完成项目预可研并于年底前取得项目建议书批复。共和新路街道申报2024年区财力建设预备项目。宝山路街道落实过渡选址。大宁路街道和北站街道落实控规,待所在地块移交后确定具体安排。

强化卫生监督综合监管,创新监管方式。探索办公楼宇控烟工作监督"三色标记重点管控"新模式。创新开展中药饮片处方在线点评及监管。成立监管体系,在静安区"中药云"系统中初步嵌入中药饮片处方点评模块、中药材价格公示模块、代煎药信息公示模块。启用统一综合执法系统。

强化行业管理。推进医药领域腐败问题集中整治,加强对办医主体和医疗机构督查指导。加强组织领导,完善组织架构。联合相关部门成立工作专班,明确各成员单位职责分工。通过加强部门联动,实现部门间信息共建共享及区域间监管互联互通,建立联合办案、医警联动工作机制。 (陈平华)

(二)健康城区建设

【国家卫生区新一轮复评审】 3月23日,区政府召开国家卫生区复审动员会,50多个成员部门参会。

会上,市爱国际卫生运动委员会主任、市卫生健康委副主任陆韬宏期望静安区以"高标准、快行动、实作风、好状态"做好国家卫生区复审迎检准备。7月,迎接全国爱卫办专家暗访评估,高质量通过现场复评审。10月底,彭浦镇通过国家卫生镇市级复评审。

(陈平华)

【彭浦镇、大宁路街道申报示范试点"上海市卫生健康街镇"】 年内,静安区14个街镇全部开展"上海市卫生健康街镇"创建工作,彭浦镇、大宁路街道申报示范试点。为强化创建效果,通过设立专项建设经费,以项目促建设,共有17个来自街镇、社区卫生服务中心、居委会和辖区单位的卫生健康街镇项目进入复评,最终8个项目确定立项。

(陈平华)

【第35个爱国卫生月暨巩固国家卫生区主题宣传活动】 4月13日,在九九广中绿地举办第35个爱国卫生月主题宣传活动,区爱国卫生运动委员会副主任、卫生健康委主任叶强,大宁路街道办事处主任洪波等出席。活动通过"健康生活·踏春前行"打卡活动、灭蚊灭蟑知识论坛、健康脱口秀等形式丰富的互动型活动向市民普及卫生防病、除四害科普知识。借助居委会公共卫生委员会平台,将大卫生、大健康宣讲送入250多个居委。开展《上海市爱国卫生与健康促进条例》宣传,在全区形成爱卫创卫氛围。

(陈平华)

(三)医疗服务

【区属医疗卫生健康单位医用耗材试剂SPD项目实现线上运营】 3月,区属卫生健康机构的医用耗材试剂供应链管理服务项目推进会在市北医院召开。项目旨在更高效地服务区域民众,提升医疗机构物资管理水平。通过数字化、信息化技术平台,以及试剂耗材供应链的优化,提高医疗机构物资管理精细化水平。4月,闸北中心医院率先完成耗材上线。至6月,15家社区卫生服务中心的耗材试剂全面实现线上运营。

(陈平华)

【北站医院试行住院患者在院结算及DIP结算并轨运行】 3月起,北站医院试行住院患者在院结算及按病种分值收费(DIP,Diagnosis-Intervention Packet缩写)结算并轨运行。需要医疗救治的患者住院实行DIP结算;患有多种慢性病需要长时间康复护理照护的住院患者,实行在院结算。满足附近居民尤其是高龄患者长期护理照护方面的实际需求,解决老年人医疗护理供需矛盾,体现公立医院的公益性。

(陈平华)

【"5·12"国际护士节庆祝活动】 5月8日,静安区庆祝"5·12"国际护士节表彰大会暨文艺演出在市政协大礼堂举办。区委副书记王益群、副区长龙婉丽、区卫生健康委党政班子领导以及区内各级医疗机构党政领导和护理工作者代表们出席活动。大会表彰63名明星护士以及在科普健康教育微视频竞赛和"寻找身边最美丽的身影"——主题微摄影活动中表现突出的个人。

(陈平华)

【紧密合作医疗联合体试点工作座谈会】 6月初,静安区召开紧密合作医疗联合体试点工作座谈会。会议明确以区域医疗联合体为试点,以推动分级诊疗制度建设,构建医联体内有序、整合、连续诊疗体系为目标,2至3年逐步建成目标明确、权责清晰、协同高效、信息共享的区域内紧密合作医联体,实现"基层首诊、双向转诊、急慢分治、上下联动",促进管理体制更加科学、运行机制更加完善、服务模式更加优化、医疗资源供需更加匹配、就医格局更加合理、医疗质量和服务更加同质化,提高人民群众健康获得感和满意度,逐步实现服务、责任、利益、

管理共同体。 （陈平华）

【静安区中部医联体第二轮签约仪式暨上海市地方标准《慢性肾脏病早期筛查规范》发布仪式】 6月29日,"共促高质量发展,共迎未来新篇章"上海市静安区中部医联体第二轮签约仪式暨上海市地方标准《慢性肾脏病早期筛查规范》发布仪式在区海上文化中心举办。出席活动的有市卫生健康委主任闻大翔、区委副书记、区长王华等领导。（陈平华）

【第二期"华东医院—静安区康复医疗联合体"合作框架协议签约】 8月8日,"华东医院—静安区康复医疗联合体"二期签约仪式在华东医院举办。副区长龙婉丽、区卫生健康委主任叶强、申康医院发展中心办公室主任杨佳泓、区康复医联体成员单位相关负责人、华东医院党政领导班子成员、相关临床科室及职能部门负责人等出席仪式。 （陈平华）

【"五床联动"模式启动运营】 年内,区卫生健康委与区民政局联手推进"五床联动"模式,通过在养老机构内增设社区卫生服务中心执业点或建立"家庭医生工作室"的方式,由社卫派驻全科医生、护理、康复团队为住养老人提供定期上门医疗增值和转介服务,推动医疗"三张床"和养老"两张床"之间的融合,形成老年人有序分级诊疗、康复和养老的医养康护闭环,深化区医养结合工作,15家社区卫生服务中心已完成43家养老机构医养合作协议签署,建成28个"非标站点"和15个"家庭医生工作室",签约服务2980位老年人,为143位老人完成机构间的联动和转介,提升住养老人医养服务质量。 （陈平华）

【区中医医院平型关路院区启用】 9月17日,静安区中医医院平型关路院区建成启用。院区占地面积5800平方米,总建筑面积17600平方米,设置病床200张,开设骨伤科、心病科、脑病科、妇科、肿瘤科、肺病科、老年病科、脾胃病科等临床科室。以"中医老年友善智慧病房项目"为基础,丰富"智慧养老"就医场景应用,在实干中探索更多元化合作机制,实现向智慧医疗模式转变,争创品质一流、技术一流、服务一流"三个一流"的区属特色中医医院。 （陈平华）

【纠正医药购销领域和医疗服务中不正之风】 12月19日—25日,由区卫生健康委牵头,联合区医保局、区审计局、区市场监管局成立督导组,对26所公立医疗机构、区医学会及区社会医疗机构协会开展督导。各单位结合主题教育契机,建立健全本单位内部工作机制,成立工作专班,多措并举,严格落实集中整治工作,深化药品耗材试剂采购供应机制改革。 （陈平华）

【药品集中议价采购试点】 年内,各区属公立医疗机构以团体会员形式加入采购联盟,试点开展药品集中议价采购,降低医疗机构医疗费用成本,减轻患者药费负担。 （陈平华）

【区域化智能云陪诊上线】 年内,静安区"便捷就医服务"数字化转型3.0,以区域统建模式推出区域"智能陪诊助手",为每位居民提供按时、按序的就诊行程提醒,以"超前思考"为患者带来"无需思考"的就医体验,解决"一步一问"就诊困难。针对老年人,"健康静安"以亲情账户为纽带,通过智能陪诊助手协同线上陪诊人,打造双重"云陪诊"陪诊模式,帮助就医困难人群无障碍地完成就诊流程,减少数字化发展带来的"数字鸿沟"。 （陈平华）

（四）公共卫生

【新冠肺炎病毒感染实施"乙类乙管"措施】 1月8日起,根据国家、上海市和区委、区政府工作部署,区卫生健康委实施新冠肺炎病毒感染"乙类乙管"措施。科学精准开展新冠病毒感染疫情分析预警,自3月13日起每周制作《静安区常态化疫情防控工作专报》。自4月15日起启动新冠肺炎病毒感染疫情监测分析周报。（陈平华）

【传染病综合监测预警平台投入使用】 3月15日起,"传染病综合监测预警平台"区级平台在全区正式投入使用,覆盖辖区8家发热门诊、15家哨点诊室和全部二级及以上综合性医院。静安区作为市首批试点区率先实现传染病直报系统单轨运行。（陈平华）

【7家单位列入市老年肌少症筛查试点单位】 5月18日,市老年肌少症社区筛查试点建设工作启动仪式在彭浦镇社区文化中心举行。在江宁路街道社区卫生服务中心、彭浦镇第二社区卫生服务中心2家市级试点单位基础上,增设彭浦镇社区卫生服务中心、市北医院、北站医院、上海市第三康复医院、上海市第四康复医院5家区级试点单位,通过发挥各级各类医疗机构本身优势,扩大筛查覆盖面、制订规范转诊流程、开展联合特色干预,了解并掌握辖区内试点社区老年人肌少症患病情况,探索建立"筛查—转介—治疗"一体、"营养支持—运动康复—中医药"综合干预的静安区老年肌少症人群干预管理模式。（陈平华）

【区公共卫生工作联席会议】 于6月29日在区政府四楼多功能厅召开。区公共卫生工作联席会议第一召集人、副区长龙婉丽出席会议并讲话,区公共卫生工作联席会议成员单位分管领导及联络员参加会议。会议回顾2022年工作情况,部署2023年重点工作,区公安分局、区民政局、彭浦镇作交流发言。（陈平华）

【完成区疾控中心达标建设和能力提升工程】 7月,区疾控中心新实验室大楼正式启用。大楼建设投入2.4亿元,建筑面积6547.21平方米,扩建后区疾控中心人均建筑面积增加到80.9平方米,达到国家标准要求;至年底,区疾控中心实验室获市艾滋病检测实验室(确证实验室、筛查中心实验室)资质和检验检测机构资质认定证书。实验室具备和储备检测能力达683项,超过市要求的525项参数标准;配置6辆业务用车、应急用车和特种专业技术用车,满足应急和日常大规模现场调查、现场采样监测、标本运输、物资运输和应急处置等业务需要。（陈平华）

【静安区通过国家慢性病综合防控示范区复评审】 8月9日,静安区接受国家慢性病综合防控示范区建设复审现场调研。国家评审专家组实地了解静安区慢病一体化管理系统、医养结合五床联动、慢性病分级管理、中医药适宜技术应用、心理咨询服务、健康食堂、健康社区、健康单位等慢病综合防控工作。听取副区长龙婉丽的工作汇报,开展小组访谈深入了解各部门推进慢性病综合防控示范区建设的具体健康举措。（陈平华）

【静安区公共卫生工作联席会议精神卫生综合管理组会议】 9月20日,该会议在区精神卫生中心召开,区委政法委副书记胡长春、区卫生健康委主任陈磊出席会议,区公共卫生工作联席会议精神卫生综合管理组成员单位分管领导及联络员参加会议。（陈平华）

【静安区第六轮公共卫生体系建设三年行动计划启动】 9月28日,区政府办正式发文并启动静安区第六轮公共卫生体系建设三年行动计划。计划以能力提升为主线,聚焦重点,补短板、强弱项、增能力,明确4项主要任务:聚焦重大疫情防控,提升公共卫生应急能力;聚焦机构内涵建设,提升公共卫生服务能力;聚焦人群健康需求,提升公共卫生协同能力；聚焦疾病预防控制体系高质量发展，提升公共卫生综合保障能力。以29个建设项目为重要抓手，其中市级项目9个。　　　　　　　　（陈平华）

【3家社区通过社区慢性病健康管理支持中心验收】年内，彭浦新村街道社区卫生服务中心获市级优秀建设单位、共和新路街道及南京西路街道社区卫生服务中心获市级达标建设单位称号。针对高血压、糖尿病、慢阻肺、脑卒中、肿瘤等主要慢性病，按照专病防治指南标准，开展慢性病综合危险因素精准化采集和监测，提供慢性病风险评估、疾病筛查、监测随访、综合干预和健康教育等健康管理服务。推动社区慢性病健康管理核心服务的规范化、综合化、精准化、标准化。　　　　　（陈平华）

【助力提升基层公共卫生治理能力】年内，区卫生健康委协同区民政局指导加强居委会下设公共卫生委员会能力建设，明确其人员构成和工作职责。制订并实施"静安区居委会公共卫生委员会健康助力菜单"，制订"点菜"服务流程，助力公共卫生委员会提高专业素质和工作效能。将"公共卫生服务助力基层能力提升"列入区公共卫生三年行动计划的公共卫生综合保障能力提升项目；加强对街镇"指导督促公共卫生委员会组织居民参与公共卫生治理，协助提供公共卫生服务"职责落实的考核，注重过程管理和成效产出。　　　　（陈平华）

【生殖道衣原体感染综合防治试点】年内，静安区作为全国生殖道衣原体感染试点项目上海市唯一的行政区，制订并印发《上海市静安区生殖道衣原体感染综合防治试点项目方案》，推进试点工作。采用"三个结合、三个体系、三类人群和一套防治措施"，即"3331"策略，探索区衣原体感染综合防控模式，为上海市或全国制订可推广实施的综合防治规划或行动计划提供依据；提高区衣原体感染综合防治能力，促进防治工作及其效果，并评估综合防治策略框架及技术措施实施的可行性和有效性。（陈平华）

【2个社区纳入国家营养支持型社区试点】年内，静安寺街道、彭浦新村街道经市卫生健康委综合评估，营养健康管理工作基础好，特色亮点突出，符合市营养支持型社区建设标准，并在此基础上纳入营养健康社区国家试点建设。　　　（陈平华）

【静安区疾病预防控制局挂牌】年内，静安区卫生健康委加挂静安区疾病预防控制局牌子，接受市疾病预防控制局业务领导，任命局长1人，兼任区卫生健康委副主任。　　　　　　　（陈平华）

（五）社区卫生

【江宁社区卫生服务中心二期工程改造】年内，推进江宁路街道社区卫生服务中心二期工程建设。聚焦服务能级转换提升，整合全专项目共同发展，推进房颤、高血压、慢性阻塞性肺病(COPD)、骨质疏松和慢病管理药学联合门诊等特色项目。（陈平华）

【静安区十佳家庭医生及社区卫生特色服务项目评选】7月至8月，区卫生健康委开展"静安区十佳家庭医生"和"静安区社区特色服务项目"活动，确定扎根社区、精诚奉献、医德高尚、守护群众健康的十佳家庭医生培育人选10人；具备静安特色，有创新性、实用性、操作性和可推广性的社区特色服务培育项目10项，并在区卫生健康委8月19日"中国医师节"活动中予以表彰。　　　（陈平华）

【区社区卫生服务能力提升工作实施方案制订】9月25日，经区政府第63次常务会议通过的《静安区社区卫生服务能力提升实施方案》，提出"四大目标""六项任务"，提升社区卫生服务能力，落实社区卫生服务中心标准化建设和高质量发展，打造居民"家门口"的高品质、整合型卫生健康服务平台。

（陈平华）

【区家庭医生团队技能竞赛活动】 7月，区卫生健康委根据《静安区全科医生能力提升方案》要求，开展静安区社区家庭医生全科技能竞赛，江宁路街道、宝山路街道、天目西路街道社区卫生服务中心的家医团队分别获竞赛前3名。 （陈平华）

【七浦路219弄社区卫生服务站投运】 12月20日，准予设立北站街道社区卫生服务中心七浦路219弄社区卫生服务站。同日，该站点投入运行。（陈平华）

（六）老龄服务

【老年友善医疗机构示范单位创建】 1月8日，静安区中心医院入选"上海市老年友善医疗机构优秀服务品牌"单位，在行业内发挥示范引领作用。（陈平华）

【全国示范性老年友好型社区创建】 3月22日，区老龄办制订下发《静安区关于开展上海市老年友好型社区创建工作的通知》，根据创建工作计划，组织培训，开展督导，指导申报。2024年1月15日，临汾路街道闻喜路251弄社区、石门二路街道华沁社区、彭浦新村街道第三社区获国家卫生健康委、全国老龄办颁发的2023年全国示范性老年友好型社区称号。

（陈平华）

【市级老年心理关爱点建设】 3月30日，开展关爱行动。区内列入2023年市级老年心理关爱点共13个，静安寺街道三义坊居委会2022年被列为国家关爱点。区卫生健康委组建区老年心理关爱行动工作小组，协调推进辖区内老年心理关爱行动。区精神卫生中心做好社区老年人心理关爱工作技术指导，各社区卫生服务中心、各街镇居委会配合开展相关工作。每个关爱点完成200人的筛查样本量，10月，为符合条件的老年人开展心理健康评估并进行分级干预，完成年度工作任务。 （陈平华）

【2023年敬老月系列活动】 10月1日—31日，开展以"实施积极应对人口老龄化国家策略，推进无障碍环境共建共享"为主题的"敬老月"系列活动。开展"温暖重阳"节日走访慰问活动。区领导走访慰问区内有特殊贡献、高龄、独居困难的10位老人。为每名静安区户籍的90岁以上老年人送上100元的节日慰问金。加强宣传，共建共享无障碍环境。区教育局开展《无障碍环境建设法》宣传活动，普及无障碍环境理念和知识，推进"智慧助老"行动。各街镇结合各类活动，宣传市区级适老化改造项目，助老无障碍设施改造。各街镇开展丰富多彩文体活动，促进老年人社会参与。发动各街镇参与"上海市第十七届老年文化艺术节"系列活动。 （陈平华）

【老年营养改善行动】 年内，开展老年营养改善行动，区疾控中心结合相关主题活动日，宣传"三减三健"健康生活方式以及膳食平衡等营养健康知识。各社区结合家庭医生签约工作，在辖区内开展普及营养知识科普宣传。彭二社区联合华东医院开展分离乳清蛋白加HMB、VD3联合运动康复干预对老年肌少症多中心随机对照临床研究。区疾控中心开展"南京西路街道自管小组营养促进试点项目"，进行营养健康科普教育及个体化营养评价，引导健康饮食行为，实现吃动平衡，促进营养健康。各社区卫生服务中心配合疾控中心、街道开展上海市健康食堂建设工作。 （陈平华）

【口腔健康促进行动】 年内,开展老年口腔健康促进行动。区牙防所联合各社区卫生服务中心开展社区老年人口腔健康管理项目。全区共完成老年人口腔健康检查及口腔健康建档950份。承办"第35个全国爱牙日口腔专家健康咨询活动",共接受口腔健康咨询373人次,发放口腔健康宣传资料400余份。对辖区老年居民进行口腔健康宣传,引导社区居民养成良好口腔卫生习惯。

(陈平华)

(七)人口监测与家庭发展

【实施疫情后人文关怀】 年内,区卫生健康委重视失独对象一对一陪伴疏导。开展"一对一"心理辅导,并以电话、短信、微信等多种形式与服务对象进行疏导沟通,倾听心声,梳理情绪,缓解痛苦。重视新失独家庭干预守护。对166户新失独家庭,尤其是6户疫情期间出现的新失独家庭,在1个月内由联系人携专业心理咨询师上门开展心理疏导,使处在哀伤期的家庭及时得到帮助。重视失独老人帮扶爱护。区协会安排有专业、有爱心、有经验的志愿者对接服务,让这些老人减轻老无所依的恐惧。

(陈平华)

【实施三孩生育政策】 年内,区卫生健康委组织参加2023年上海市第二届"好孕来—生育促进暨家庭健康宣传服务直通车"网络知识竞赛,共参赛4719人,区卫生健康委获集体三等奖。

(陈平华)

【科学育儿社区宣传活动】 年内,区卫生健康委与区教育局、区妇联联手举办2023年度上海市科学育儿指导公益活动静安区专场,助力家长把握家庭科学养育的关键点和方法。启动静安区"健康家庭—家庭能力发展之科学育儿社区行"项目。

(陈平华)

【巴楚县青少年青春健康教育课程培训】 9月,区卫生健康委携手上海市静安培熠社区幸福调解事务所,联合新疆维吾尔自治区巴楚县"小胡杨"家庭教育专家团队,为当地送去专业家庭教育及青少年性教育课程培训。

(陈平华)

二十四、体育

编辑 顾瑞钧

（一）综述

2023年，静安区体育事业落实《上海市社区全民健身公共服务标准》和《全民健身公共资源拓展工程三年行动计划（2023—2025年）》，高质量完成区体育中心配套工程、市民健身步道、市民益智健身苑点、市民健身驿站等体育设施建设，指导完成（彭越浦）静安青年体育公园（一期）建设，区全民健身中心新建项目实施推进。完成2023国际剑联花剑大奖赛、上海赛艇公开赛、苏河湾上海桨板公开赛、中国女子围棋甲级联赛上海静安寺专场等重大体育赛事。指导南京西路、苏河湾、大宁三大核心功能区举办各具特色的自主IP赛事。开展"创卓越、享静赛"静安精英挑战赛43项区级赛事，参赛者7.54万人次。落实"一街（镇）一品"赛事培育工作，指导辖区各街镇开展各类主题丰富的群众体育赛事活动。优化"一体两翼"青训模式，全年完成运动员注册4676人，出台《上海市静安区青少年体育精英基地扶持办法》，鼓励社会力量参与人才培养。深化体教融合发展，加强重点项目"一条龙"人才培养体系建设。全年开展区级教练员培训8次。6支运动队被评为"2023—2026年度上海市青少年高水平运动队"。开展体育专项课程进校园工作，全年共向全区85所中小学配送27项专业体育课程，课时数7068小时，受益学生20.32万人次。向全区各街镇开展体育课程配送268节，配送体育项目8个，受益青少年近万人次。升级体育科技赋能服务。加快"静安体育综合服务平台"建设，整合场馆服务资源，提升体育场地使用坪效。全年区属体育场馆共接待健身市民81.87万人次，其中向市民公益开放19.62万人次。全区共享运动场共接待健身市民37.15万人次。静安区符合开放条件的75所公办中小学校室外体育场地全年接待健身市民43.11万人次。丰富科学健身指导服务内涵。密切体医联动，依托长者运动健身之家为老年群体提供"一站式"运动康养服务。全年为街镇社区、企事业单位开展项目课程配送817课时，受益市民17260人次。为市民提供免费体质测试服务15465人次。开展"静安体育公益配送"服务市民11.9万人次。释放体育产业活力。做实做强区体育总会，完成区体育总会换届工作，优化区体总工作架构及运行管理制度。指导区域下设体育社会组织完成年审和协会换届工作。搭建区体总招商引资平台，走访体育税收重点服务企业，全年成功引进0.5家千万元级和4.5家百万元级企业落户静安区。至年底，全区体育彩票销量4.51亿元，列中心城区第一名。依法加强对社会经营性体育场所和高危性体育项目许可、备案和监管的相关工作。

（李钧）

（二）体育赛事、体育管理

【静安区代表团参加第十七届市运会取得佳绩】 上海市第十七届运动会于2022年11月至2023年1月举办。静安区选拔1882名运动员，参加市运会青少年组棒垒球、篮球、排球、体操、田径、游泳等34个大项、48个小项比赛，获金牌99枚、银牌56枚、铜牌73.25枚，共计5428.5分，在该届市运会周期内各类全国比赛及优秀体育后备人才的培养和输送中共带分392.5分、带牌30枚。代表团在市运会周期综合排名团体总分和团体奖牌均列全市第五，获赛会"体育道德风尚奖"。

（李钧）

【全民骑行赛线下总决赛在静安区举行】 2月25日，"兴业银行杯"上海城市业余联赛"创卓越、享静赛"静安精英挑战赛，五星运动汇"柠动健康"全民骑行赛线下总决赛在静安区运动健身中心开赛。比赛共吸引1031名骑行爱好者。总决赛设女子组、男子组、混合团体3个项目。上海环境能源交易所副总经理李瑾为静安区体育局颁发赛事碳中和证书。（李钧）

【首届静安区"足协杯"足球赛决赛】 3月11日，区"足协杯"足球赛决赛在静安区全民健身中心广延路足球场举行。静安公安队获冠军，中国男足前主教练朱广沪出席活动并为获胜队伍颁奖。（李钧）

【上海市残健融合运动会融合电竞赛在静安区举办】 3月28日，2023年上海城市业余联赛上海残健融合运动会——融合电竞赛在静安区体育馆举办。比赛项目为王者荣耀5对5团战赛，吸引来自全市16个区的运动员参赛。赛事由市残奥委员会、市特奥委员会、市残疾人文化体育促进中心（上海特奥竞赛训练中心）共同主办，区残联、区体育局联合承办。

（李钧）

【临汾路街道长者运动健康之家对外开放】 4月1日，临汾路街道长者运动健康之家向社区老年居民免费开放，引进适老化健身器材和智慧服务，为周边的老年群体提供基础健康检测、科学健身指导、适老化器械锻炼、功能团操课程、健身科普讲座服务。

（李钧）

【2023上海静安女子半程马拉松暨女王跑上海站比赛】 4月22日，大宁功能区2023上海静安女子半程马拉松暨女王跑上海站在大宁公园举行。副区长张军出席起跑仪式。赛事设女子个人半程组、暖男陪跑半程组、5.2千米情侣组、个人组4个组别。赛事总规模约4800人参赛。

（李钧）

【静安区青少年攀岩队成立】 4月中旬，静安区攀岩队开展首届招生工作，25名学生成为首批队员，成立上海静安区青少年攀岩队。上海"攀岩主义"青少年体育俱乐部作为静安区少体校合作办训单位，开展带训及组织参赛工作。

（李钧）

【国际剑联花剑大奖赛（上海站）在静安区举办】 5月19日至21日，区体育局成功举办国际剑联花剑大奖赛（上海站），吸引世界50多个国家的500多名教练员、运动员、裁判员及工作人员参与。区体育局联手五星体育电视栏目开展"I CAN I SHOW"国际剑联花剑大奖赛静安论剑系列活动，系列活动包括击剑体验赛、冠军进校园、精英挑战赛、击剑公益课、冠军小解说5个部分。

（李钧）

2023年5月19日至21日,国际剑联花剑大奖赛(上海站)在静安区举办　　　　　　(区体育局　供稿)

【苏河湾上海桨板公开赛】　6月10日,举行2023"苏河湾"上海桨板公开赛。比赛吸引来自长三角地区300名选手参赛。主赛场位于苏州河静安段蝴蝶湾区域,设竞速赛、技巧赛、接力赛、巡游赛等竞赛项目。　　　　　　　　　　　(李钧)

【市北高新园区第十五届白领职工运动会】　6月17日,市北高新园区"第十五届白领职工运动会开幕式"暨首届"市北杯"足球赛在静安青年体育公园举行,300名白领职工参与该次运动会。开幕式上市北高新园区足球联盟宣告成立。　　(李钧)

【上海市攀岩业余联赛"创卓越、享静赛"静安站赛】　6月17日,2023年"兴业银行杯"上海城市业余联赛"中国体育彩票"上海市攀岩业余联赛"创卓越,享静赛"静安站在攀岩主义攀岩馆举行。赛事由市体育局、市体育总会作为指导单位,市社会体育管理中心(上海市体育竞赛管理中心)、静安区体育局主办,市登山户外运动协会、上海攀竞体育发展有限公司承办。该赛共设7站,"参赛就有积分,有积分就有排名"。　　　　　　　　(李钧)

【南西门球队在市门球锦标赛中获冠军】　6月17日,2023年"兴业银行杯"上海城市业余联赛"闵行·虹桥杯"上海市门球锦标赛开幕,静安区南西门球队获该次比赛冠军。　　　　　　(李钧)

【静安寺街道队夺得围棋之乡联赛四连冠】　6月19日,由中国围棋协会、衢州市柯城区人民政府主办的2021烂柯·衢州有礼,运动柯城"中国围棋之乡联赛总决赛在山东省临沭县体育馆举行。静安寺街道队获第一名,实现围棋之乡联赛四连冠。　　(李钧)

【城市业余联赛SOC上海体育舞蹈公开赛在静安区举办】　7月8日至9日,2023"兴业银行杯"上海城市业余联赛SOC上海体育舞蹈公开赛在梅龙镇广场举

行，来自全市各中小学、舞蹈俱乐部等60支代表队的百名选手参与。　　　　　　　　　　（李钧）

【国际静安精英挑战赛跆拳道、空手道比赛】　7月8日，2023上海城市业余联赛"创卓越、享静赛"国际静安精英挑战赛跆拳道、空手道比赛在静安区汉森运动中心精英店举行，来自全市500名跆拳道、空手道爱好者参加。　　　　　　　　　（李钧）

【中国女子围棋甲级联赛静安专场赛】　7月20日，2023"中信置业杯"中国女子围棋甲级联赛静安专场暨"静安论棋"中国围棋之乡联赛四连冠总结会在静安寺举行。上海清一队获胜。　（李钧）

【"创卓越、享静赛"共享运动场篮球赛开幕】　7月22日，该篮球赛在静安久光中心开赛，16支球队参加比赛。比赛赛程1个月，在静安共享市民球场举办分站赛，同期开展静安消夏运动派对、亲子运动嘉年华和三对三篮球等系列活动。　（李钧）

【周周赛共享篮球联赛及篮球亲子嘉年华活动】　7月至10月，静安体育周周赛举办共享篮球联赛及篮球亲子嘉年华活动，吸引1550人次参与；举办飞镖比赛7场、划船机比赛6场、趣味运动会6场，3600人次参与。　　　　　　　　　　　　　　（李钧）

【静安区拔河混合团体赛】　8月7日，2023年"兴业银行杯"上海城市业余联赛全民健身日静安区拔河混合团体赛在静安体育中心举行。全区40支代表队的420名运动员参与。静安消防救援支队、上海静安城市发展（集团）有限公司和北站街道绿巨人队分获机关组、企业组和社区组冠军。　（李钧）

【上海赛艇公开赛】　9月16日至17日，2023上海赛艇公开赛在苏州河水域举行，共有51支八人艇、10支四人艇以及14名单人艇运动员参赛，共计700人。赛事设高校组、俱乐部组、精英组和青少年组。比赛起点设在静安区普济路桥至安远路桥间，全程4.2千米赛程中80%赛程设在苏州河静安段。全区相关职能部门参加赛事保障工作。　（李钧）

【杭州亚运会静安区输送运动员取得优异成绩】　第19届亚运会于10月8日在浙江省杭州市落幕。静安区培养输送的运动员获1金、1银、1铜、1个第4名的成绩。　　　　　　　　　　　　　　（李钧）

【静安区足协杯暨第一届"添睦杯"社区足球比赛】　10月14日，该比赛在火车头体育场举行。静安区14个街镇代表队以及国贸集团、阿维塔汽车2支区内企业代表队参赛。前中国国家足球队主教练、市足球协会技术总监朱广沪，市足球协会副主席范志毅，前中国国家足球队队员李彦等出席开幕式。
　　　　　　　　　　　　　　　　　　（李钧）

【静安区南京西路商圈都市三项赛】　10月21日，2023"南西·NANXI"杯上海静安区南京西路商圈都市三项赛开赛。赛事以"释FUN多巴胺，运动潮有趣"为主题，设登楼、飞镖、骑行3项。静安区南京西路沿线企业员工及市民参加比赛。　（李钧）

【上海市第二十二届中老年舞蹈（服饰）大赛健身舞（操）比赛】　于10月29日，在静安区曹家渡社区文化活动中心举办。区级赛吸引14个街镇的170名骨干队员参加，市级赛吸引288名健身舞爱好者参与。
　　　　　　　　　　　　　　　　　　（李钧）

【上海市体彩业务技能大赛获佳绩】　10月31日，区社会体育管理中心选派区优秀体彩销售员参加"体彩之星"上海第十届体彩业务技能大赛。专管员冯佳磊获优秀专管员称号，体育彩票销售网点04647

获十佳优秀体彩爱心驿站称号。（李钧）

【静安区组建的市五子棋队参加第五届全国智力运动会获佳绩】 第五届全国智力运动会于11月4日在安徽省合肥市青少年活动中心闭幕。静安区组建的市五子棋队运动员代表上海获2金3银。（李钧）

【全区高危场所联合检查】 年内，区体育局对开放场所开展4轮检查。开展高危场所执法检查2次，每次检查6家；分组检查45次，每次检查212家。（李钧）

【"静安论道"极真空手道青少年精英邀请赛】 11月5日，2023国际静安精英挑战赛"静安论道"极真空手道青少年精英邀请赛在静安体育中心举行，来自上海、北京、深圳、重庆等地300名空手道爱好者参赛。（李钧）

【全国百城千村健身气功静安区交流展示活动】 11月16日，2023年全国百城千村健身气功静安区交流展示活动在昌平路728号4楼体育馆举行，200名习练者参赛。（李钧）

【静安区输送运动员参加第一届全国学生（青年）运动会获佳绩】 第一届全国学生（青年）运动会于11月16日在广西闭幕。静安区培养输送的运动员们参加游泳、女子排球、水球等项目获5金、12银、6铜的成绩。（李钧）

【上海马拉松健身跑赛事服务】 11月26日，2023上海马拉松在外滩金牛广场开赛。健身跑终点设于区内上海展览中心，万余名跑者参赛。（李钧）

【上海电竞大师赛在静安区举办】 12月1日，2023上海电竞大师赛在静安体育中心开幕。设英雄联盟、DOTA2、王者荣耀、第五人格4个比赛项目和街头霸王6表演项目。来自各项目职业联盟的顶尖俱乐部选手参赛。（李钧）

【全国桥牌老年公开赛在静安区举办】 12月5日，2023年"启美杯"全国桥牌老年公开赛在静安区举办，赛程4天，来自全国各地32支队伍的200名老年桥牌爱好者参赛。（李钧）

【"15分钟社区体育生活圈"建设】 年内，区体育局完善"15分钟社区体育生活圈"，完成新建6条、翻建4条市民健身步道；翻建1片篮球场、1片足球场；完成新建2个社区市民健身中心、3个市民健身驿站、20处益智健身苑点；更新69处以上老旧健身苑点。推进（彭越浦）静安青年体育公园（一期）建设工作。彭浦镇万荣中心广场市民健身驿站、宝山路街道市民健身驿站向市民开放。静安区全民健身中心新建项目进入实质性施工阶段，完成区体育中心配套工程施工建设。（李钧）

【社区科学健身指导】 年内，静安区区属体育场馆接待健身市民81.87万人次，全区共享运动场共接待健身市民37.15万人次。为街镇社区、企事业单位开展健身气功、广场舞等项目公益课程配送817课时，组织科普讲座23场，受益市民17260人次。为市民提供免费体质测试服务15465人次。（李钧）

【体育公益配送】 年内，"静安体育公益配送"服务市民11.9万人次，区体育局配送经费256.9万元，带动市民直接体育消费605.2万元。面向全区85所中小学配送27个项目的体育课程，课时数7068小时，受益学生20万人次。向各街镇开展8个项目的体育课程配送268节。（李钧）

二十五、民政

编辑 竺慧君

（一）社会救助

【概况】 至2023年12月底，全区有最低生活保障对象0.89万人，全年救助最低生活保障对象10.89万人次，发放最低生活保障金1.54亿元；落政救助130.67万；粮油帮困353.8万元，实物帮困960元；临时救助1.36万人次，救助资金526.63万元；因病支出型贫困生活救助230人次，救助资金31.25万元。 （陈艳华）

【救助帮困】 2023年，全区各部门、各街镇共发放元旦春节帮困送温暖和节日慰问金6990.37万元，帮困人数11.08万人次。全年发放支援外地建设退休（职）回沪定居人员帮困补助16万人次，补贴金额2.32亿元。至12月底，享受帮困补助对象共39749人。全年共为5676人次实施综合帮扶，使用资金322.1万元。其中个案帮扶90人次，使用资金63.24万元。 （陈艳华）

【开展社会救助领域"政策找人"】 2023年，区民政局深化"政策找人"工作机制，制定《静安区2023年深化"政策找人"工作实施方案》，促进区域内各部门、街镇加强协调联动，多源头发现困难对象，夯实"政策找人"工作网络，优化"政策找人"工作路径，优化主动发现综合救助工作机制。加强信息化数据比对、信息预警机制建设，区级层面完善"区困难家庭精准服务信息管理系统"功能，在精准评估和对接困难群众服务需求基础上，完善线上识别、智能查找等服务功能；在街镇层面，结合"民情日志""社区云""一网统管"等系统在基层的运用，落实信息采集维护、数据比对分析等工作，完善救助对象主动发现和精准识别机制。 （陈艳华）

【社区救助顾问工作】 2023年，区民政局制定《关于进一步推进静安区社区救助顾问工作的实施细则》，明确责任清单、流程清单、服务清单，规范推进社区救助顾问工作。组织街镇、居委社区救助顾问开展全覆盖救助业务培训，通过政策实务、主动发现技巧、综合需求评估、个案解析等，提升社区救助顾问服务能力。开展2023年度静安区十佳社区救助顾问案例、十佳救助顾问评选，挖掘辖区内社区救助顾问优秀经验做法。编写《社区救助顾问手册（服务项目篇）》和社区救助顾问优秀案例集，形成政策库、项目库及典型案例，为救助顾问工作有序开展提供支持。 （陈艳华）

【"物质+服务"综合救助推进】 2023年,区民政局推进桥计划项目,发挥社工专业优势,了解困难对象个性化需求、制订针对性帮扶方案、开展"物质+服务+心理"分层分类服务,全年共为5201人次提供服务救助。开展"心手相伴,情满静安"特困分散供养老年人关爱照护服务项目,全年对201名对象开展电话关爱服务1900余次,走访慰问189人,为有需要的对象提供助医陪护服务3小时。 （陈艳华）

【居民经济状况核对】 2023年,区民政局完成13个项目、18523户居民经济状况核对,其中共有产权住房项目582户、廉租住房项目1113户、最低生活保障项目14664户、因病支出型贫困项目78户、医疗救助项目885户、临时救助项目141户、教育救助项目222户、老年照护项目36户、残疾人生活补贴项目286户、特困供养项目316户、资助参保项目37户、工会帮扶项目157户、就业援助项目6户。 （陈艳华）

【流浪乞讨人员救助管理】 2023年,区救助管理站全年受理各类城市生活无着流浪乞讨人员1009人次,其中站内救助519人次,街面巡查引导490人次。站内救助对象中,男性436人次,女性83人次;18周岁以下人员29人次、18—60周岁人员455人次、60周岁以上人员35人次。医疗救助（包括急病、精神病、传染病等）247人次。全年为376人次救助对象购买火车票助返。开展寒冬专项救助,联合区公安、城管部门开展街面巡查工作,为集中露宿人员发放食品和防寒保暖用品。7月至8月高温期间,加强重点区域巡查,及时为救助对象开展劝离安置和寻亲服务,并发放防暑降温用品和食品,确保救助对象得到及时救助。围绕"科技赋能筑大爱,温情救助守初心"主题,组织开展全国救助管理机构"开放日"主题宣传活动。 （陈艳华）

【慈善工作】 2023年,区民政局加强与慈善超市运营方沟通,开展走访调研,了解各慈善超市的运营情况。与徐汇区开展慈善超市"互学互鉴"专项交流活动,沟通交流慈善超市运营现状和发展计划。开展"聚善聚力,共话发展"静安区2023年"上海慈

8月4日,静安区第一张宗教活动场所法人登记证书颁证仪式在宝华寺举行 （区民政局 供稿）

善周"主题活动、"静善巡游"静安区慈善超市打卡集贴纸活动、麦光循环市集等活动，组织多方共同参与，弘扬慈善文化。挖掘和培育有代表性的慈善楷模、慈善项目、捐赠企业和捐赠个人，开展第四届静安区"慈善之星"选树活动，为申报第二届"上海慈善奖"和第十三届"中华慈善奖"作准备。市慈善基金会静安代表处全年接收捐款4358.67万元，共有612家爱心单位、6.17万人次捐赠善款；全年公益性资助支出4306.83万元，共开展268个慈善帮困项目，受益人次18.02万人，帮困项目覆盖安老、扶幼、助学、济困、乡村振兴等方面。

（陈艳华）

（二）养老服务

【概况】 至2023年底，全区户籍总人口90.39万人，其中60岁及以上老年人口38.06万人，占全区户籍总人口42.1%；80岁及以上人口5.28万人，占户籍老年人口13.9%，占总人口5.8%。

（陈艳华）

【养老服务设施建设】 2023年，区民政局完成区级养老服务设施布局专项规划（2022—2035）编制。静安老年健康中心养老项目和彭一小区养老院项目均实现结构封顶；加快推进楔形绿地10号楼养老院项目、宝丰苑养老院项目、塘南飞马旅项目、鹏程宝都项目开工建设；完成改建105张认知障碍照护床位。全区共有养老机构（含长者照护之家）48家，建成养老床位8113张，其中护理型床位建设达到总建成床位数的65%。新增2家社区长者食堂、4个家门口养老服务站和2家长者运动健康之家。按照新修订的社区养老服务设施日常运行评估标准，推进社区养老服务设施评估，有效指导街镇提升设施运行水平和服务质量，发放运行补贴资金610万元。

（陈艳华）

【养老服务保障】 推进居家环境适老化改造项目，完成改造784户，完成量连续3年位居中心城区第一位。开展为老服务"一键通"项目，线上线下宣传，优化一键服务内容，新装话机2595人，服务覆盖1.14万余人。印发《静安区开展特殊困难老年人探访关爱服务的工作方案》，形成服务对象名单库，开展探访关爱督查工作，指导街镇居委落实工作要求，确保探访关爱服务落到实处。组织区内400余名养老顾问开展业务培训，提升养老顾问员的专业服务能力，4名养老顾问获市级金牌养老顾问称号。为200名社区居家养老服务员开展理论知识和技能操作等服务专业知识培训，提升社区居家养老服务员的业务能力。持续开展"老吾老"家庭照护能力提升计划，为240户困难老年人家属提供上门指导、培训专业知识，提升照护能力。康复辅具社区租赁点建设实现街镇全覆盖，为有需求老年人提供便捷的辅具租赁服务，完成租赁629件。

（陈艳华）

【养老服务创新】 年内，区民政局聚焦老年人全年龄段健康管理，联合区卫生健康委共同发布《静安区"五床联动"整合性照护服务项目实施方案（试行）》，于8月开始在全区推广试点。按照老年人健康预防、疾病诊治、长期照护、临终关怀的综合需求，推动养老"两张床"（家庭照护床位、养老机构床位）和医疗"三张床"（家庭病床、医疗病床和安宁疗护病床）之间的服务转介、信息互通、资源共享，形成家庭照护床位、养老机构床位、家庭病床、医疗病床和安宁疗护病床之间相互可接续的联动模式，从系统上打通医养壁垒，增强养老机构医疗能力的同时，提升医疗领域对养老的服务能力。全区43家运营的养老机构（含长者照护之家），均与对应的社区卫生服务中心和区域医疗中心签约。全区住养老人2985名，签约"五床联动"老人2754名，签约率92.26%。在天目西路、共和新路、大宁路街道和彭浦镇试点开展"沪助养老时光汇"项目，为80名特殊困难老年人提供非专业性养老服务,按照规则将服务时间储入时间银行个人账户,用于兑换服务,缓解服务人员力量不足矛盾。在彭浦新村、曹家渡、石门二路、大宁路街道开展智能水表项目试点,共有247人接受监测服务,产生异常工单198个,城运派单80个,监测老年人居家安全。推进爬楼机服务,全年服务"悬空老人"12112人次。新增2家"养老院+互联网医院"和2家智慧养老院,通过互联网医院、智慧入院管理等,为养老院的老人提供更方便快捷的住养服务。

(陈艳华)

【惠老政策落实】 2023年,区民政局为区内1.05万名符合养老服务补贴政策的老人发放服务补贴,全年发放4621.9万元。开展老年人意外伤害险项目,全年受理保险理赔602人次,赔付资金99.23万元。开展老年综合津贴发放,为全区29.71万名老人发放老年综合津贴4.71亿元。规范老年人牛奶发放工作,为区内1.33万名90岁及以上、低保等老年人每日发放一瓶牛奶。全区设有342个养老顾问点,配备454名顾问员,全年提供咨询服务2912人次。开展"老伙伴"计划,组织3450名志愿者为区内1.8万名高龄独居的老人提供上门、电话等关爱服务。推进"乐龄有伴"项目,发动795名关爱员结对5000名无子女独居老人,提高独居老人生活安全系数。规范社区为老助餐服务,持续提高助餐服务能效,为4.1万名老人提供助餐服务,全年供餐307.91万客。

(陈艳华)

【养老服务行业保障】 2023年,区民政局全面提升养老行业服务质量,开展养老机构行业监管,利用养老服务"云监管"平台,对全区正常执业的养老机构、长者照护之家进行监管,做好日常工单处置。会同区消防支队、区应急局对部分养老机构开展消防安全巡查,并组织上半年安全生产及消防安全工作汇报。召开部分养老机构服务质量监测专题会,逐一分析存在的问题,讨论解决方案,提升机构服务质量水平。开展养老机构督导,聘请第三方机构每月进行运营情况监督,做到全覆盖、常态化。指导街镇按照最新评估标准要求抓好落实,提升养老机构运行水平,提高服务质量。全年对88家日间服务中心、乐龄家园助老服务站开展日常运行评估,发放补贴资金610万元。强化养老服务人才队伍建设,参与市级部门组织的养老机构服务质量日常监测培训、长者照护之家服务质量日常监测培训和养老机构等级评定培训,组织开展全区养老机构负责人护理主管业务培训,分批次开展养老机构护理员继续教育培训。为200名社区居家养老服务员培训理论知识和技能操作内容。做好护理员权益保障,成立静安区养老机构护理员行业工会联合会,召开第一届第一次会员代表大会,选举产生第一届委员。举办区级养老护理员职业技能竞赛,提高养老护理员实战能力,提高静安区养老服务职业化、专业化和规范化水平。

(陈艳华)

(三)基层政权建设和社会工作

【基层减负工作】 年内,静安区精简居委会出具证明清单至3项,动态跟踪居委会减负进展情况,配合区地区办会同区相关部门,开展挂牌的居(村)委会抽查检查工作。组织各街镇"社区云"系统管理员参加相关工作培训,指导使用"社区云"系统中3项证明的线上出具流程和操作规范。梳理传达市各级部门向社会公开的不再由居村组织出具的44项证明事项。

(陈艳华)

【居委会标准化建设】 推进居委会下设五大专业委员会(自治群团委员会、公共卫生委员会、环境物业委员会、民生服务委员会、平安调解委员会)实体化、项目化运作,指导各街镇完善专业委员会的组织架构、工作职责、功能定位和运作机制。做好居委会标准化督导实地走访工作，建立常态长效督查机制，形成全区督查评估报告。落实居委会首问接待、巡查走访等工作制度，强化"全岗通"服务模式。

（陈艳华）

【数字化平台推广应用】 2023年，区民政局引导居民区使用新版"社区云"平台，做好人房数据匹配，完善人房基础数据库。应用居社互动平台的"居务公开""议事厅"等应用场景，加强居委会与居民的有效互动，推动居民区社区工作者开展"四百"（进百家门、访百家情、解百家难、暖百家心）大走访活动。发挥"社区云"平台在居村减负工作领域的作用，至2023年底，全区上云家庭22.68万户，上云率63.53%，接待走访记录125.6万余人次，解决处理各类需求问题16000余件。

（陈艳华）

【社区工作者队伍建设】 2023年，区民政局根据静安区社区工作者年度招聘工作部署，通过线上学习、考试和线下授课，开展为期3周、累计42学时的新进社区工作者知识普及培训，共193人参加培训。下半年，组织各街镇91名社区工作者开展专业体验工作坊，通过走访学习社区治理成果突出的松江区、嘉定区、宝山区社区工作经验，拓宽社区工作者视野，提高社区工作能力。

（陈艳华）

【"静邻帮办"延伸服务点建设】 2023年，区民政局在全市率先试点打造"静邻帮办"品牌，将群众办事向居委会全覆盖延伸，加大宣传力度，提高"静邻帮办"知晓度，扩容可办事项。指导各街镇合理优化调整点位，完善点位硬件软件设施，并做好相关人员培训工作。

（陈艳华）

【专业社会工作发展】 2023年，区民政局推进社工站项目实施，依托公益福彩金支持，全区14家综合社工站均开展公益服务项目。深化"三实基地"（实践、实训、实习基地）建设，共签约社会工作实习基地22家，实习合作单位38家，涵盖为老、助残、青少年、社区服务、医疗、志愿者、社区等多个领域。开展"暑意于你"实习基地推广活动。通过静安社工"随身听"发布《社区社会工作服务流程》《制定社区活动计划的有效工具——甘特图》《社区美丽楼组建设交流方案》等课程，帮助社工快速掌握各种实用工具及社会工作实务技巧。静安社工"随身听"全年共上线10期，阅读量5229次，完成答题705人次。

（陈艳华）

【社区公益服务项目化】 2023年，区民政局完成上海社区公益招投标项目5个，均为安老类项目，项目资金110.47万元。为全区老年人、困难人群、社区居民提供各类服务20万人次。委托专业机构，对实施项目进行过程管理与服务监测。完善监测管理制度，做好现场活动跟踪、项目中末期评估、项目资金保障，保障项目有序推进。

（陈艳华）

【行政区划调整】 2023年，区民政局做好共和新路街道部分居委会行政区划调整工作。至年底，全区有13个街道、1个镇、266个居委会和1个村委会。

（陈艳华）

表25-1 2023年静安区居（村）委会情况表

单位：个

街镇	2022年底居委会	2022年底村委会	2023年底居委会	2023年底村委会
静安寺街道	11	0	11	0

（续表）

街镇	2022年底居委会	2022年底村委会	2023年底居委会	2023年底村委会
曹家渡街道	14	0	14	0
江宁路街道	16	0	16	0
石门二路街道	11	0	11	0
南京西路街道	12	0	12	0
天目西路街道	12	0	12	0
北站街道	14	0	14	0
宝山路街道	18	0	18	0
芷江西路街道	18	0	18	0
共和新路街道	26	0	26	0
大宁路街道	25	0	25	0
彭浦新村街道	33	0	33	0
临汾路街道	20	0	20	0
彭浦镇	36	1	36	1
合计	266	1	266	1

（陈艳华）

（四）社会组织登记管理

【概况】 至2023年底，全区共有社会组织1004家，其中社会团体190个（专业性102个、学术性14个、联合性72个、行业性2个）。民办非企业单位814个（教育134个、卫生39个、文化61个、科技15个、体育55个、劳动69个、民政154个、法律15个、其他272个）。

（陈艳华）

【登记审批】 2023年，区社团管理局加强对社会组织成立登记的前置联合审查。推进全区4家普通高中学生学科类培训机构"营转非"工作和宝华寺、佛教居士林宗教活动场所法人登记专项工作。会同公安、税务、人社等部门，对社会组织成立登记的办事流程进行"一件事"整合。 （陈艳华）

【群团管理】 2023年，区社团管理局开展专题讲座培训，做好群团对象备案，指导各街镇做好群众团体活动开展和日常管理规范。全区群众活动团队共有1098个。

（陈艳华）

【发挥社会组织作用】 2023年，区社团管理局引导行业协会商会链接资源，持续助力乡村振兴。组织开展高质量发展社区社会组织专项行动，引导社区社会组织参与社区治理，解决群众"急难愁盼"问题。至年底，全区有社区社会组织510家，其中生活服务类358家、公益慈善类16家、文体活动类57家、社区事务类79家。推动街镇社区社联会和社会组织服务中心融合发展。支持社会组织开展济贫、帮困、助残、扶弱、关爱邻里、守望相助等各项活动和服务。

（陈艳华）

【社会组织综合监管】 2023年，区社团管理局落实区社会组织建设与管理工作联席会议制度，强化审批协同把关、信息互通和协助执法，形成监管合力。举办部门联络员培训，落实"访谈、评估、审计、查处""四必"管理措施，对50家社会组织进行财务审计和综合检查。组织5场区层面的社会组织内部治理专题业务培训，对25家新登记及问题社会组织法定代表人进行约谈，宣传法规政策，促进自律自治。推进社会服务机构换届指导文件、社会组织法定代表人离任审计"全覆盖"和社会组织重大事项报告制度落地。强化信用管理，深化行业协会商会服务高质量发展专项行动和"乱收费"治理。 （陈艳华）

【社会组织年度检查】 2023年，区社团管理局按照年检与年报公示并行、直接登记管理与双重管理并行制度，实行网上填报与抽查审计、实地检查相结合的工作模式，完成2023年度社会组织年检（年报）工作，全区应检社会组织1001家，实际参检社会组织948家，参检率94.7%，合格率（含基本合格）93.8%。另有6家慈善组织参加年报。 （陈艳华）

【社会组织执法监察】 2023年，区社团管理局组织召开区级层面的专项行动部署会议，推进"僵尸型"社会组织清理、社会服务机构非营利监管、社会组织领域重大风险防范化解、打击整治非法社会组织等整治工作常态化。对18家"僵尸型"社会组织进行清理整治，其中注销登记5家、撤销登记11家、限期整改2家。协同市民政局执法总队和公安部门对1家涉嫌非法社会组织进行调查处置。开展养老服务机构综合监管和专项执法行动，重点对4家养老机构进行专项检查，针对存在问题督促落实整改。

（陈艳华）

【社会组织等级评估】 2023年，区社团管理局调整区社会组织评估委员会成员，严格执行社会组织评估督导制度，确保第三方评估质量。拓展评估覆盖面，采取自愿评估和指定评估相结合方式，重点督促"成立时间较长、发展势头较好、开展服务较优"的社会组织主动参评。召开区社会组织评估工作动员培训会，通过指标解读、财务管理、观摩学习、实操介绍等4场集中培训和常态化线上咨询服务，提升社会组织参评能力。2023年，全区共有38家社会组织获评估等级，其中5A级10家、4A级3家、3A级及以下25家。全区评估等级在有效期内社会组织共180家。 （陈艳华）

【社会组织预警网络建设】 2023年，区社团管理局建立完善专项行动的预警联络机制，确保预警网络工作长效常态。加强与市民政局执法总队、业务主管单位和街镇的联动，做到适时交流信息、定期通报情况，掌握一手信息。发挥区社联会和社服中心的引导性作用，引导辖区内社会组织参与预警网络建设。发挥商务楼宇中党建联络员、物业保安、社会组织联系人等人员作用，拓宽信息采集渠道，为查违打非提供重要线索。指导街镇开展预警网络培训，全区预警信息员受训人数970人次。年内收到预警信息86条，处理相关社会组织信访事件9件。 （陈艳华）

【公益慈善主题活动】 2023年，区民政局围绕"聚善聚力，共话发展"主题，举办静安区2023年"上海慈善周"主题宣传活动，邀请慈善公益领域专家、学者和一线实践者共同探讨和交流如何加强慈善公益资源集聚,协同多元力量参与,助推社会治理创新,实现慈善公益事业可持续高质量发展。"慈善周"活动期间,区、街镇、部门点面结合、上下联动,组织多方共同参与,通过讨论分享、成果展示、公众体验——"静善巡游"慈善超市打卡、社区市集、典型宣传——"最爱·慈善超市"等系列活动,营造人人参与慈善公益"软实力"建设的浓厚氛围,展示静安慈善公益新风采。

（陈艳华）

（五）未成年人保护和儿童福利

【未成年人关爱保护】 2023年,区民政局落实区未保委和未保办的会议制度和工作制度。举办"童心逐梦,未来可期"静安区未成年人保护主题活动暨未成年人保护宣传月启动仪式,组织开展2023年静安区未成年人保护宣传月系列活动。加强暑假期间未成年人保护和困境儿童等特殊困难未成年人关爱服务工作。举办未成年人保护工作成果展示会暨未成年人保护工作培训研讨活动。制发《静安区关于深化推进街镇未成年人保护工作站建设的实施方案》,聚焦"全覆盖"向"高品质"跃升,以"品牌+品质"建设为导向,全面推进街镇未成年人保护工作站(简称未保站)提质增能。各街镇未保站全年妥善处置突发事件和特殊个案30余起。开展重点对象实地走访和线上随访2194人次。开展相关未成年人保护普法教育和法律服务、未成年人心理健康关爱服务、安全教育等各类宣传教育服务,以及各类公益活动4567次,累计覆盖未成年人及监护人或实际照料人66106人次。

（陈艳华）

【儿童福利】 2003年,全区有享受基本生活费补贴的儿童对象83人,每月通过民政资金内控平台确保生活费及时发放。全年累计发放基本生活费158.58万元,共发放3次"福彩圆梦孤儿助学工程"项目补助资金1万元。推进"为义务教育阶段家庭监护缺失或不当的儿童提供支持服务"项目,对21名参与项目的困境儿童开展上门走访服务142次,上门走访服务总时长291小时,其他服务110次,时长225.5小时,总计投入服务504人次。

（陈艳华）

（六）残疾人福利

【精神障碍社区康复服务】 2023年,区民政局在江宁路、石门二路、共和新路、彭浦新村街道开展精神障碍社区康复服务项目。全年共覆盖服务对象251人,其中患者197人、家庭照料者54人,开展相关康复和照护者支持服务2820人次。

（陈艳华）

【残疾人两项补贴】 2023年,区民政局完善残疾人两项补贴申请、变更电子档案信息。优化两项补贴"不见面"线上办理流程,调取电子证照,提升残疾人业务办理效率。全年发放困难残疾人生活补贴3497人,补贴金额1591.75万元;重度残疾人护理补贴15039人,补贴金额3425.24万元。

（陈艳华）

（七）婚姻登记管理

【概况】 2023年,区婚姻登记中心全年依法办理结婚登记7480对,结婚补证649份;办理离婚申请2870对,离婚登记2297对,离婚补证406份;开具(无)婚姻登记记录证明28人次。其中"全市通办"结婚登记2919对,离婚申请697对,离婚登记600对。静安区婚姻登记机关获上海市婚姻登记颁证技能大赛团体二等奖、获个人金牌颁证员称号。

（陈艳华）

【跨省通办】 自6月1日起,推进内地居民婚姻登记"跨省通办"工作落实,满足群众在非户籍地办理婚姻登记的需求。年内依法办理"跨省通办"结婚登记780对;离婚申请104对、离婚登记63对。（陈艳华）

【优质服务】 2023年,区婚姻登记中心通过制订工作预案、加强人员配备、完善窗口设置等措施,升级优化服务质量。周六增开离婚登记窗口,全年累计办理391对;开展婚姻登记材料线上预审服务,累计服务2503例;提供婚姻登记免费证件照拍摄服务,惠及4716人次,满足人民群众对于婚姻登记服务便捷化、智能化需求。（陈艳华）

【婚姻文化】 2023年,区婚姻登记中心擦亮"美丽静安,幸福启航"颁证服务品牌,扩大特邀颁证师队伍,聚焦传统文化和区域特色开展多场主题颁证活动,如"囍于静安"劳动节主题、"赓续红色基因"七一主题和"苏河为媒"国庆主题等,组织非遗手工艺品制作、中阮民乐演奏和苏州河游览等文化体验活动,全年累计提供颁证服务2274人次。（陈艳华）

【婚姻家庭辅导】 2023年,区婚姻登记中心"舒心驿站"婚姻家庭辅导服务品牌提供一站式家庭辅导服务,全年接待婚前辅导919人次,心理辅导281人次、法律咨询253人次、离婚调适7起,回访21起。在微信公众号开设"家庭教育"专栏,收集典型工作案例并形成16篇专栏文章"情感实录"。在国际家庭周期间,开展以"大手牵小手,你我共成长"为主题的线下家庭教育普法活动,共计50人次参与,深化婚姻家庭关系调适。（陈艳华）

【婚介管理】 2023年,区民政局对全区8家非营利性婚介服务机构开展年检,重点检查上年度年检整改情况及运营情况。全年共处理婚介投诉10起。针对处置过程中发现的问题,加强与区市场监管局等部门的联动、协作和沟通。（陈艳华）

9月28日,静安区民政局举办"漫游苏河湾,幸福新生活"结婚登记主题颁证活动,特邀颁证师为新人颁发结婚证并送上祝福　　　　　　　　　　　　　　　　　　　　　　　　　　　　　　　　　（区民政局　供稿）

二十六、人力资源和社会保障·医疗保障

编辑　竺慧君

（一）人力资源和社会保障

【概况】 2023年，区人力资源和社会保障局全力做好"稳就业"工作。支持重点企业用工，依托全区70个楼宇党群服务站，发放《致静安企业的一封信》5000余份，宣传稳岗用工服务。排摸140家区重点企业情况，安排专员对接企业需求，助力解决急难愁盼问题。举办"沪岗行动""春风行动"暨就业援助月招聘活动、2023年政协委员单位暨百家企业招聘活动等，持续开展周周招聘系列活动。帮扶重点群体就业，深入社区走访就业困难群体，了解求职意向与服务需求，分类提供精准服务。大力推进高校毕业生就业工作，将"周周求职专列"开进高校，举办高校毕业生专场招聘活动58场，1157家企业参与，截至10月底，静安区离校未就业高校毕业生就业帮扶率89.47%。推进"15分钟就业服务圈"建设，打造静安寺、芷江西、大宁3处服务站点。发挥创业带动就业倍增效应。针对各类意向创业者、创业组织与创业孵化载体，积极落实市区两级创业政策与指导帮扶举措，促进创业带动就业。举办"创业计划书撰写"经验分享会、"逸创700"创新创业系列讲座、海归创业下午茶等活动，搭建创业服务共享平台。举办"数字运营官成长计划"培训活动，丰富企业新媒体运营技巧；与区仲裁院合作举办"静益课堂，以案说法"，帮助企业形成用工规范；与创业孵化示范基地联动举办"创业担保贷款推介会"，帮助企业解决融资难题；开展创业驿站给力计划评审活动，38家创业组织通过现场评审路演并获得奖项。加大职业技能培训力度。开展政策宣讲拓展服务，通过培训政策宣传和引导，鼓励企业参与并开展培训相关业务。同时，为重点企业开展上门政策宣讲，如高技能人才培训、企业新型学徒制、线上培训、教育附加费培训等政策，为有培训需求的重点企业提供进一步服务。组织参与市级技能大赛，积极落实上海市第一届职业技能大赛的赛事宣传和报名发动，对接选手及执裁专家的各项赛事安排及赛事服务，静安区选手取得4金、5银、2铜较好成绩。促进人力资源服务产业发展。上海人力资源服务产业园主园区获批成为市服务业创新发展示范区。持续打造人力资源服务品牌活动，提升"梅园论剑"品牌内涵，推动"梅园论剑"走向长三角，举办首届长三角（宁波）高端人才寻访与评价合作暨浙江省"双强汇聚"交流会；举办"创新发展、服

务全球"2023年国际人力资源服务交流会,促进国际猎头企业与静安区名企间的业务对接;举办"角逐新赛道,创造新优势"人力资源服务业创新分享活动,发布"人力资源服务青年派苏河湾倡议"。积极组织参加第六届进博会,设置全球人力资源服务联合展区,组织15家人力资源服务机构现场推介。推进人才服务数字化转型。做好人才发展规划系统的推广和应用工作,产生静安区首批"静安才管家"人才发展规划系统重点服务企业,并在大宁、苏河湾、市北、南西4大功能区举行人才规划师与重点服务企业线下签约活动,惠及重点企业39家。推进人机互动智能镜面屏"一图看懂"自查程序升级,加入对应所选申报条件可直接生成用户专属材料清单的功能,用户可通过手机扫码将查询结果"带回家"。持续推进根治欠薪工作。开展两轮工地实地督查,实施动态监管。针对首轮实地督查发现29个重点工地存在的问题,进行通报并联合区建管中心积极督促整改。强化区街联动处置工作机制,及时核实处置各类欠薪舆情,坚决防范重大群体性极端事件。进一步加强案件信息的通报反馈机制。全面推进工资保证金存储备案工作,协调相关保险单位和银行单位送服务上门,为治理拖欠农民工工资做好托底保障。开展各类联合专项行动,多元化解各类劳资矛盾,分专题联动相关街镇和部门开展设摊宣传活动。提升调解仲裁工作效能。推进"静益课堂"品牌建设,联合主办《助力成长——初创企业用工风险防范》专题讲座,以"以案说法,调解先行"为题给百余家参会企业授课;推进第三批金牌调解组织选树工作;对案件评议制度进行更新升级,进一步规范工作流程,提升仲裁员的办案能力,切实保障仲裁工作整体提质增效。

(周森)

【傅俊、张慧调研人力资源企业】 1月31日,区委常委、常务副区长傅俊和副区长张慧走访调研人力资源服务企业,了解企业生产经营状况,促进企业健康发展。区领导一行先后前往走访上海仕卿人力资源有限公司、上海英达国际人才有限公司,向企业负责人致以新春祝福,感谢企业为静安经济社会发展所作出的积极贡献。

(周森)

【商务部服务贸易和商贸服务业司副司长王志华一行调研人力资源服务出口基地建设情况】 3月9日,商务部服务贸易和商贸服务业司副司长王志华一行至中国上海人力资源服务产业园区调研国家特色服务出口基地建设情况。市商务委副主任周岚陪同调研,区商务委、区人力资源社会保障局、苏河湾集团等有关负责同志参加。王志华对上海人力资源服务产业发展与基地建设成果的领先地位给予充分肯定。并指出出口基地建设发展目标明确,要坚持服务上海、服务全国、服务全球,以提升基地企业国际竞争力为前提,通过政策支持与配套措施推动基地建设,促进人力资源服务企业关注、拓展国际业务。同时要求上海人力资源服务出口基地做好工作经验总结提炼,发挥好示范带动作用。

(周森)

【静安区人才工作会议暨区优秀人才表彰大会】于6月8日在上海展览中心召开。市委组织部常务副部长曹远峰,区委书记于勇,区委副书记、区长王华,区人大常委会主任顾云豪,区政协主席丁宝定出席会议,并为受表彰的优秀人才颁奖。会上,王华作2022年静安区人才工作总结,于勇作重要讲话。此次会议受到表彰的共有100位优秀人才,经平台初审、专家评审、综合评审等环节评选产生,其中杰出人才10名、杰出人才(提名)12名、领军人才28名、中青年拔尖人才50名。

(周森)

【傅俊到区就业促进中心窗口体验"帮办"业务】 6月28日,区委常委、常务副区长傅俊来到区就业促进中心，走入一线窗口，零距离体验窗口办事流程，为企业和群众开展"帮办"服务，面对面帮企业、送服务、解难题。在区就促中心服务大厅的企业指导室，傅俊以帮办员身份为上海强生出租汽车有限公司开展"企业职工就业参保登记一体化"服务，为企业办理新员工的招录和参保手续，悉心询问、认真倾听企业对政务服务的感受与建议。 （周森）

【**静安区劳动人事争议仲裁院搬迁新址**】 自8月28日起，静安区劳动人事争议仲裁院从柳营路291号搬迁至共和新路708弄1号4楼新址办公。正式投入使用全新的案管系统及庭审系统。新案管系统、庭审系统作为静安仲裁院信息化建设的一部分，集业务办理、辅助办案、综合办公三项功能于一体，新增案件数据分析等内容，实现线上审批、线上流转，系统智能分案等功能，有效提升仲裁信息化水平，促进案件立案流转便捷化。同步上线的庭审系统经过升级改造，配备高清显示设备、高清扫描仪，可实现庭审全程多角度录像、笔录同步传印、庭审语音转文字、证据材料同步演示。另外，新址专门设置线上庭审的"云庭"，配备远程开庭系统及大屏显示设备，双方当事人可通过手机端、电脑端远程加入庭审，同时可展示双方证据材料。庭审结束后，当事人通过线上电子签名完成笔录的签署，有效提升办案流程。9月6日，新址的首场线上庭审顺利完成。 （周森）

【**91家静安企业获评2022年度"上海市和谐劳动关系达标企业"**】 年内，根据《上海市人力资源和社会保障局等四部门关于授予"上海市和谐劳动关系达标企业"称号的决定》，静安区共有91家企业新获"上海市和谐劳动关系达标企业"称号。至此，获评该称号的静安企业达843家。 （周森）

【**静安区首家社区层面人才服务站落户宝山路街道**】 为进一步加快落实静安区建设高水平人才集聚区的战略目标，打造更为精准、有效的人才服务体系和模式，探索建立"15分钟人才服务圈"，8月25日，在宝山路街道召开的"科创新动能，消费新赛道"——2023年宝山路街道营商伙伴日专题活动上，正式推出静安区首家社区层面的人才服务站——静安区宝山路街道人才服务站。区人力资源社会保障局党组书记、局长王光荣，区委组织部副部长黄蓓华，宝山路街道党工委书记胡建文，宝山路街道党工委副书记、办事处主任俞宙冬，宝山路街道党工委副书记蒋丽丽，宝山路街道办事处副主任赵峰等出席活动。 （周森）

【**国家级人力资源服务标准化示范项目展示和交流活动**】 11月30日，"标准引领人力资源服务业高质量发展"——国家级人力资源服务标准化示范项目展示和交流活动在上海人才大厦4楼多功能厅举办。活动由区人力资源和社会保障局、区市场监管局、上海人才服务行业协会共同主办。静安区委常委、常务副区长傅俊，市人才服务中心主任丁峰，市市场监督管理局标准创新处副处长周勤，市人力资源社会保障局人力资源开发和市场管理处副处长陈志福，区市场监管局党委书记、局长陈平，区人力资源社会保障局党组书记、局长程蓓蕾出席。上海人力资源服务行业及静安人力资源服务机构企业代表共50余人参加。傅俊常务副区长、丁峰主任和陈平局长共同启动"人力资源服务标准化'云展厅'"。区人力资源社会保障局局长程蓓蕾介绍静安区人力资源服务业标准化工作推进情况。市市场监管局标准创新处副处长周勤与上海人才服务行业协会副会长苏永华共同发布4项团体标准。活动现场，上海财之网信息科技有限公司CEO张成、上海云生未来技术集团有限公司市场总监张建生、薪太软（上海）科技发展有限公司数字化产研中心总监叶坤分别分享了企业在标准化建设中的成功经验和做法。2023年，静安区标准化建设再升级，经国家标准委审评，获批国家级

年内，依托区社联会对打击欺诈骗保作政策宣传　　　　　　　　　　　（区人力资源和社会保障局　供稿）

服务业标准化示范项目,这也是全国第一个国家级人力资源服务产业园区获此殊荣。　　　　　（周淼）

（二）社会保险

【概况】　上海市社会保险事业管理中心静安分中心（简称静安分中心）是由上海市社会保险事业管理中心（简称市社保中心）直接管理的、"参照公务员管理"的全额拨款事业单位。静安分中心的主要职责为负责城镇职工基本养老保险等社会保险的申报结算、待遇核定；稽核检查社会保险工作；协办行政诉讼、行政复议、投诉举报；负责参保人员个人账户变更管理、账户查询、权益记录以及基本养老保险关系跨省市转移接续；管理离退休人员养老保险个人账户管理、养老金社会化发放和资格认证；接待群众咨询、来信来电回复等工作。2023年,静安分中心全年办理退休12719人,办理工伤保险业务3284人次。　　　　　　　　　　　（严夔）

【静安分中心与区税务局建立联席工作机制】　2月8日,静安分中心根据市社保中心年度工作要点,与税务建立联席工作机制,通过畅通沟通渠道、建立常态联席会议机制,共同为参保对象营造良好的营商环境。　　　　　　　　　　　　　（严夔）

【开展人大工作室进社区活动】　3月23日,在共和新路街道党工委的牵头安排下,启动由静安分中心主要负责的人大工作室进社区活动。3月至10月,静安分中心每月安排2名工作人员至共和新路街道相关居委向居民介绍宣传社保政策。　　（严夔）

表26-1　2023年静安区参加养老保险人员情况表

年份	参保户数(万户)	参保职工人数(万人)	离退休人数(万人)
2023	8.24	122.75	54.08

（严斐）

【市社保中心副主任丁昉同志赴静安分中心现场检查指导疫情防控工作】 1月18日，市社保中心丁昉副主任赴分中心开展调研，实地了解分中心落实疫情防控、近期业务经办推进等情况，并听取分中心意见建议以及对新一年工作的设想打算。（严斐）

【市人社局长杨佳瑛赴静安分中心走访调研】 3月21日，市人社局长杨佳瑛在相关工作人员的陪同下，至上海人才大厦调研相关工作，其间，静安分中心主任朱敏向杨佳瑛局长汇报分中心梅园路经办点工作情况。（严斐）

【"静·社区"特色活动】 4月27日，静安分中心依托社保业务延伸街镇的工作基础，打造"静·社区"特色活动。静安分中心在宝山路街道社区事务受理中心举行"静·社区"活动启动会。"静·社区"既表明静安分中心持续将支撑服务下沉到社区的决心，也彰显社保经办服务与社区是紧密关联、密不可分的。（严斐）

【工伤宣传开展】 为进一步宣传、普及工伤保险政策法规，助力企业安全生产，预防和减少各类工伤和职业伤害，依法维护企业职工特别是建筑业工人的工伤保障权益，7月起，分中心开展为期一个月的"工伤保险普法宣传"活动。（严斐）

【"社保服务进万家"活动】 10月，根据人力资源社会保障部组织开展2023年"社保服务进万家"活动的要求，分中心按照市社保中心统一部署，在10月集中、有序开展送政策"进社区、进园区、进校区"系列活动。（严斐）

【静安分中心与市劳动人事争议仲裁院开展学习调研】 10月20日，分中心咨询信访科代表、部分稽核工作人员以及分中心"法务先锋队"队员组成联合学习小组，赴市劳动人事争议仲裁院开展学习调研暨"法苑沙龙"活动。本次学习交流以"社会保险缴纳与劳动纠纷裁定"为主题开展，旨在借鉴经验、开拓思路、提升经办过程中的法治意识和为民服务水平。（严斐）

【静安分中心现场办公优化企业办事营商环境】 11月9日，针对大口企业在管理中遇到办理社保业务过程中遇到的各种困惑，也结合参保个人了解更多社保政策的希望，分中心业务分管领导及经办科室业务骨干走进中国铁路上海局集团有限公司，来到职工、社保经办人身边中间，宣讲养老保险相关社保政策。（严斐）

【《社会保险经办条例》实施】 12月1日，随着《社会保险经办条例》实施，重大政策及配套口径相继出台，审核工作人员将面对越来越高的审核要求，分中心主动求变，调动工作人员主动制作审核要点图表，让工作人员在经办中学习，在学习中总结，在总结中辐射，为更好地为人民服务打下坚实的基础。（严斐）

（三）医疗保障

【概况】 2023年，区医保局优化基金体系监管建设，探索"协议管理+行政执法"实践路径，推进"双随机、一公开"监管机制，完成全市首例行政处罚信息信用修复；完善医疗救助实施办法，上线医疗救助年度清算相关功能，归集数据、优化算法，确保救助资金精准高效使用；利用多层面优势互补，优化待遇保障工作机制，推进服务对象体征采集工作，强化长护险安全管理；搭建"静心办"医保综合管理信息平台，抓稳抓好"静心服务"品牌内涵建设，规范医保经办服务；推动医保电子凭证在医保服务领域应用，落实参保扩面，提升医保公共管理水平。年内，区医保局被国家机关事务管理局等4部门评为"节约型"机关。 （万雪宜）

【新型基金监管机制构建】 年内，区医保局探索"协议管理+行政执法"实践路径。针对医保基金监管推进过程中的难点、痛点、堵点，开展统筹区域医保协议管理和行政执法的实践路径研究大调研。制订《静安区医疗保障局医疗保障基金使用行政检查及线索处理重点流程工作规范(试行)》《上海市静安区医疗保障局关于办理医疗保障案件的取证指引》等相关制度，全年对19家医疗机构开展医保协议管理和行政执法协同行政检查，实现"进一次门，查多项事"。推进"双随机、一公开"监管机制，完成定点零售药店"双随机、一公开"联合抽检工作方案。与区市场监管局对接完成22家药店双随机现场检查，对11家医疗机构开展单部门双随机检查，转办案件10件。启动静安区2023年医保定点医疗机构医保违规行为自查自纠，明确自查自纠负面清单21项。联合区检察院、区公安分局、区财政局、区卫生健康委、区民政局、区市场监管局6部门制订《2023年静安区开展医保领域打击欺诈骗保专项整治工作方案》，各单位累计主动上报违规医保结算321.72万元。确定《静安区加强查处骗取医保基金案件行政执法和刑事司法衔接工作方案》，联合打击欺诈骗保行为，年内完成3起涉嫌欺诈骗保案件的"行刑衔接""刑事衔接"。12月，区医保局"卜某冒证住院骗取居民医保基金案"执法案例入选上海市医保监督执法典型案例库。 （万雪宜）

【医保监管政策"大讲堂"系列培训】 年内，区医保局经过前期征求意见、课程设置、信息支持，静安区医保监管政策"大讲堂"系列培训于4月18日正式开课，将医保监管培训纳入医学继续教育范畴，细化课程内容及工作目标，共覆盖培训对象1500人次。推进"培训+引入"机制，加强医保执法队伍建设，通过集中培训、分地区分批次专题培训、以查代训等多种方式，增强医保基金监管队伍培训实效性，并引入第三方机构专业服务，提高执法队伍专业性。 （万雪宜）

【多元化普法宣传】 年内，区医保局履行"谁执法谁普法"责任，并完成"八五"普法中期评估。以"医保基金监管集中宣传月"为契机，开展医保基金监管法治医保知识竞赛，近9300人次线上答题。依托各街镇"静邻一家"便民集市、区社联会"月月大篷车"、各街道(镇)社区卫生服务中心"社区健康讲堂"等载体，围绕"安全规范用基金，守好人民看病钱"主题，开展医保政策宣传，为社区居民答疑解惑，普及医保政策及医保基金监管相关法律法规，全年共组织法治医保宣传20余次。并向定点机构招募志愿者，共同参与社区宣传，将区医保局印制的涵盖医保政策、以案释法欺诈骗保典型案例、举报奖励政策等内容的宣传折页送到居民手中，向社区居民发出"增强法律意识和风险防范意识，安全规范用基金"倡议。 （万雪宜）

【医疗保障信用管理推进】 年内，区医保局创新研究出台《静安区医疗保障局行政处罚信息信用修复工作方案(试行)》，完成全市首例医疗保障领域行政处罚信息信用修复，鼓励和引导医保定点机构主动纠正失信行为。依托区"轻微失信信用修复"一件事平台，指导完成信用修复25家次，维护信用主体合法权益。指导定点机构完善医保基金使用内部管理制度,对违规医保医师实施记分处理,发挥医保医师约谈及记分管理制度震慑和警示作用。探索实施医保基金信用监管,推进信用监管与医保基金总额预算及监督检查挂钩。

（万雪宜）

【长护险区块链试点深化】 年内,区医保局依托护理员携带的生命体征检测设备,在服务过程中检测老人的体温、脉搏、呼吸、心率、血压、血氧等生命体征指标,实时采集服务场景、对象体征数据并通过蓝牙将其上传至长护险区块链平台。平台汇总整合长护险服务基础信息、每次服务获得的老人生命体征基础信息等,通过静安旗舰店"长护险服务信息推送"小程序和区医保局"静心办、码上查"政务微信小程序向老人家属或者监护人发出服务提示和健康提醒。并指导各长护险服务机构建立服务跟踪机制,每季度上门开展访护评价,主动了解老人健康和疾病状况,根据老人健康变化及时调整变更护理计划

内容。8月,静安区搭建长护险数字化治理平台的实践探索,被作为亮点经验写入《上海市医疗保障"十四五"规划》中期评估报告。9月,区数字化赋能长护险工作案例被上海新闻广播专题报道。12月,区《AI助力长护险精准监管,保障失能老人健康》工作案例入选第六届"上海医改十大创新举措"提名奖项。

（万雪宜）

【静安长护险行业"安全宣传周"活动】 年内,区医保局为增强面对突发情况的应急处置能力,深化长护险服务向高标准、深水区试点,组织全体长护险服务机构对各项生活照料和医疗护理期间易发多发问题进行风险认知和异常识别,防范事故发生,事后主动化解矛盾争议。将每年4月最后一周确定为静安区长护险行业的"安全宣传周",以"基金安全、安全生产与百姓健康、维护护理人员权益"为主题,各机构开展安全教育25家次。

（万雪宜）

长护险生命体征检测设备　　　　　　　　　　　　（区医保局　供稿）

【医疗救助年度清算相关功能上线】 年内，区医保局完善医疗救助免申即享相关业务系统，根据市医保局相关清算要求，明确医疗救助清算规则，上线医疗救助年度清算相关功能。利用市医疗救助平台下发数据，在原有17项数据集的基础上，打通区残联、区民政局、区退役军人局相关数据，优化救助算法，做到及时预警、精准清算，保障救助资金安全使用。并完成医疗救助免申即享相关实施文件、结算办法、工作要求的拟定，规范医疗救助事后稽核工作流程，建立医疗救助日常业务监督和反馈机制，确保区内医疗救助规范化运行、资金精准支付。11月，区《医疗救助免申即享，基层经办减负增效》工作案例入选全国医保经办系统"为民办实事"典型案例。 （万雪宜）

【"静心办"医保综合管理信息平台建设】 年内，区医保局在全市率先建设完善全区统一、标准规范、高效便捷的"静心办"医保综合管理信息平台，将市级、区级、街镇级各类医保系统进行系统整合，实现业务经办全流程管理，服务质量有效管控，业务数据科学分析。做到每笔业务"可追溯"，材料交接"电子化"，急件要件"提醒办"，信息统计"智能化"。增设在线教育培训模块，做到在线培训、考试"常态化"。并配套开发上线"静心办、码上查"微信小程序，实现线下办事进度"码上查"，业务推送"云通知"，高频政策"智能答"。 （万雪宜）

【智慧医保应用场景拓展】 年内，区医保局开展服务大厅标准化建设，完成服务大厅叫号电子屏更换换代，对业务档案库房等进行标准化改造。推进医保公共服务"四进"（进楼宇、进园区、进医院、进校园）工作，在上海大学校医院配置医保自助机1台，在区党建服务中心、南京西路街道华业居民区、彭浦镇"小镇驿站"等处共配置"一网通办"自助机9台。优化"1+14+N"（区级医保部门、14个街镇、N个医保服务终端）三级医保服务网络，完善"15分钟医保服务圈"，提升医保服务可及性。开展"预约服务、延时服务、上门服务"，试行"容缺受理"，为困难人群"无偿代办"，设立"英语服务窗口"为外国参保人提供专业服务。全年完成窗口现金报销32827人次，金额14996.01万元（其中上海市报销25833人次，金额9418.89万元；减负4125人次，金额4951.90万元；互助帮困报销2859人次，金额624.81万元；民政对象报销10人次，金额0.41万元）；医疗救助99967人次，金额3911.19万元；公务员医疗补助12665人次，金额1341.62万元；生育保险给付待遇13084人次，金额63031.80万元；办理各类非现金业务37305人次，各类接待、电话咨询25831人次；开展延时服务185小时、服务1572人次，无偿代办4864人次。 （万雪宜）

【市、区联动攻坚项目推进】 年内，区医保局推动医保电子凭证在医保服务领域应用，制订区医保电子凭证推广应用实施方案，提高参保群众对医保电子凭证的激活率和使用率，实现全区定点医药机构全流程扫码就医、购药。推进参保扩面工作，强化全民参保计划宣传，加强与区社保中心、区就业促进中心、区劳动监察大队等部门配合，整体排摸辖区内企业用工人数、参保人数等情况，找准切入口。挖掘宣传阵地，拓展宣传半径，联合区党建服务中心、支付宝公司、医疗机构、居民区、上海铁路局、高校等，先后开展多形式、多载体的医保政策宣传活动，提高门诊共济、异地就医备案、电子医保凭证等医保新政策知晓率、使用率。 （万雪宜）

【医保经办服务规范】 年内，区医保局聚焦新业务、新职能，梳理生育保险政策和街道（镇）医保经办服务操作规范及实施细则，完成《生育保险政策汇编及经办规则》和《静安区街道（镇）医疗保险经办服务制度汇编》，为区内医保经办服务提供统一标准，为街道（镇）医保经办服务提供有效指导。在完善、修订90余项制度和实施细则基础上，开展"规章制度落实年"活动，发挥规章制度在内部控制、经办管理等工作中的作用。 （万雪宜）

二十七、街道·镇

编辑 竺慧君

(一)社会建设与管理

【概况】 2023年,区地区办以奋发有为的精神状态,"稳中有进"推动基层治理高质量发展,全力以赴完成年度各项目标任务;一是加强系统谋划,构建基层治理工作新格局;二是落实减负增能,高效能推动基层治理上台阶;三是加强协调推进,抓好抓实基层治理重点工作;四是发挥牵头作用,夯实基层治理的保障机制;五是注重绩效导向,推动社会组织高质量发展。

（高燕）

【社区治理"十四五"中期评估】 2023年,区地区办以静安区社区治理"十四五"规划为蓝本,围绕69项具体工作任务开展相关调研,了解掌握相关职能部门和街镇的推进落实情况,从7个版块、17个方面总结回顾社区治理"十四五"规划前半段的发展情况;加强顶层设计和宏观把控,通过数据分析和案例运用,对"十四五"规划后半段的定性定量目标提出相关意见建议,形成社区治理"十四五"中期评估,为构建完善政治引领、法治保障、德治教化、自治强基、智治支撑的基层治理体系作出系统谋划和战略部署。

（高燕）

【社会组织扶持培育体制机制顶层设计】 2023年,根据中央关于大兴调查研究之风精神,结合第二批主题教育,成立课题组,专门开展静安社会组织高质量发展路径调研。通过问卷调查、座谈访谈等形式,提出从理顺社会组织管理服务体制、优化社会组织发展政策环境、形成提升社会组织人才队伍的强大合力、持续加强社会组织能力建设等4个方面推动社会组织高质量发展,最终形成调研报告。组织开展修订一个购买服务政策、制定一套品牌评价指标、开展一次品牌项目选树、举办一系列赋能活动"四个一"专项行动。

（高燕）

【区委重点课题子课题调研】 2023年,区地区办根据区委"关于加快推动卓越的现代化国际城区建设"的重点课题调研要求,会同区委组织部、区人大社会委、区政协社建委、区民政局、区委政法委和相关街镇开展分课题调研,通过座谈会等形式,广泛听取区职能部门、街镇、社区以及部分人大代表、政协委员和专家等意见建议,总结当前静安区在发展全过程人民民主提升基层治理效能中的经验做法,剖析存在的主要问题和短板,研究提出相关工作建议和具体举措,不断探索全过程人民民主的理论内涵和实践内涵,推动形成共建共治共享的新格局。

(高燕)

【开展挂牌、系统、报表"三减"工作】 2023年,根据中共上海市委办公厅、上海市人民政府办公厅印发《关于进一步为居村组织减负的若干措施的通知》文件精神,抓实居委会挂牌标识精简工作,结合区情实际制订《静安区居委会挂牌清单(2023)》,推动落实各街镇对辖区居委会挂牌标识进行自查清理并开展抽查工作。制订形成《关于进一步规范本区居委会挂牌标识的指导意见》,进一步巩固清理成果,严控居委会室外挂牌,规范室内服务机构标牌和室内功能性指引牌;抓实基层信息系统精简工作,系统梳理出街镇、居(村)使用信息系统的情况,摸清系统归属部门、使用层级、用途目的和使用频次,第一批10个信息系统由此纳入一体化办公平台,实现"一个入口、一键登录"功能;抓实报表台账精简工作,牵头梳理6个代表性街道来自职能部门的表格填报任务,并与职能部门下派基层的报表、台账进行比对,对14个街镇下派居(村)的相关报表、台账牵头进行再梳理、再排摸。通过开发数字台账和智慧报表2个全新应用场景,将前期梳理排摸的56张到街镇、居(村)的报表,精简为7项数字化报表、台账,并全部接入全要素社区治理智能平台,做到"原则上取消日报、周报",实现居(村)表格、台账数字化、智能化。

(高燕)

【基层减负源头管理】 年内,区地区办修订完善《静安区下沉社区工作管理办法(2023)》,调整和新增相关内容表述,对流程作优化调整,以此破解基层实践操作中遇到的瓶颈问题。同时,将系统、报表和台账等内容纳入下沉准入的规范化管理范畴,对后续新增的系统、报表和台账必须经准入后,方能通过智能化、信息化的方式下沉街镇、居(村)。

年内,根据区纪委党风室转送举报线索,协调区市场监管局对该部门关于食品安全属地管理责任落地落实实施方案工作补办下沉准入程序;根据区科委对2024年信息化系统建设项目征询意见,协调区绿化市容局对该部门拟建设的林绿资源数字化管理平台启动下沉准入程序。

(高燕)

【以数治手段赋能基层治理】 2023年,区地区办依托区数据资源平台,注重夯实数据底座建设,加强与市、区两级数据衔接以及各业务条线、平台间的横向联动,形成以人口库、房屋库、法人库数据为基础,分类标签为扩展,基层实用数据为补充的数据底座,畅通数据交互渠道,实现功能升级叠加。结合居村组织减负专项工作,深耕全要素社区治理智能平台二期建设,注重强化流程再造,开发事件中心功能,使街镇、居(村)工作中发现的各类问题、需求集中在事件中心,通过这一"枢纽站",实现在街道内设机构和居(村)间的信息对称、有效流转和协同办理,并实现区级层面的条块协同,共同处置基层问题和需求。结合居民区日常工作的需要,通过基础数据源与业务标签组合,创设10张可"一键生成"的赋能清单,真正让数据用起来。围绕基层治理的重点和难点,平台搭建共7个版块、24个场景、53项应用,为基层治理精准施策、提升效能提供数智化支撑。

(高燕)

【赋能基层治理队伍能力素质提升】 2023年,区地区办坚持需求导向、问题导向、效果导向,开展面对基层干部的系列培训工作。通过收集、梳理区委组织部、区发展改革委、区财政局等12家部门与社区治理相关的培训计划,整合形成"1+14+X"的培训体系,为基层提供及时有效的培训资源,避免重复培训,造成师资浪费。培训对象上,切实把培训资源下沉到基层,组织居民区"两委"班子成员、社区工作者、一长五大员、业委会骨干、物业服务企业负责人、社区志愿者、社区"达人"等参与到各类培训当中,提升基层队伍的专业技能和综合素质。培训内容上,注重邀请区领导、委办局领导、街镇主要领导"现身说法"传授经验,通过案例分析和现场教学,对重点工作进行详细解读,增强条块互动。培训形式上,注重严、精、实,突出过程把控、学用转化、结果运用,坚持有培训必有考核,提升培训实效。 （高燕）

【静安区实有人口信息采集工作调研】 2023年,区地区办以实有人口信息采集存在的问题为导向,聚焦"党委领导、政府主导、公安指导、部门司职、专兼结合、属地为主、社区实施"的工作体制和推进机制,会同区公安分局广泛听取街镇、公安派出所、社区等各个层面反映的情况问题及意见建议,深入了解当前实有人口信息采集取得的经验成效,认真查找存在的差距不足,并研究提出相关对策建议,优化调整工作体制和"区—街—居"三级推进机制,压实区公安分局人口办、街镇、派出所、居委会等各方责任,切实形成高质量的课题调研成果,成功助力区公安分局落实100人规模的人口信息采集专职队伍。（高燕）

【街道所属企业清理工作】 年内,围绕清理目标,指导街道对尚未清理完毕的企业进行梳理分析,形成清理的路径,明确计划安排表,细化预计完成目标数和时间节点,推动街道对表时间节点,通过注销、股权转让、司法强制清算、暂时托管等方式进行分类处置,履行清理的主体责任,积极开展自查清理,并对一时难以清理的企业落实暂时性托管。同时,汇总相关街道在企业托管期间遇到的难点和问题,搭建平台使区国资委、静工集团等相关业务部门加强与街道面对面的交流,帮助街道解决实际问题。 （高燕）

【"美丽楼组"建设推进】 2023年,区地区办推动各街镇制订形成"美丽楼组"工作方案,落实楼组建设重点任务,因地制宜打造楼组特色和品牌,提升社区居民议事协商和自治互助的能力和水平,助力全国文明城区创建复评工作。结合为居村组织减负工作,进一步走深走实党的群众路线,切实把居民群众对楼组建设的评价作为衡量"美丽楼组"成效的重要评判依据。 （高燕）

【3岁以下普惠性幼儿托育点功能布局完善】 围绕2020—2023学年招生情况、财政资金使用情况、使用绩效情况、落实日常监管等基本情况,区地区办推动各街镇开展普惠性托育点实施情况自查,形成自查报告。在此基础上,会同教育部门就14个街镇的社区普惠性托育点进行研商,提出下阶段工作思路和建议,并针对个别招生需求不足、公办园所能够覆盖承接的托育点位进行优化调整。结合年度财政预算要求,汇总审核2024年各街镇普惠性幼儿托育点资金安排。 （高燕）

【社区工作社会绩效满意度测评启动】 2023年,围绕区委、区政府中心工作和街镇层面重点工作,坚持以公众满意度为评价导向,会同第三方评估机构进一步就评估体系、具体评价指标和问卷内容进行优化调整。在此基础上,开展2023年度全区各街镇机关及相关职能部门派出机构的社会绩效评价工作,启动对14个街镇公共服务、公共管理和公共安全等领域工作的群众满意度测评。 （高燕）

【条块沟通协商机制落实】 2023年,围绕区委、区政府中心工作,通过每季度街镇例会,区地区办牵头区有关职能部门提出工作意见,落实工作指导,统一条块工作认识和基本思路,切实发挥地区办协调条块的桥梁纽带作用。年内,围绕人口信息管理、防汛防台、燃气安全、预算资金安排、社区充分就业、政协议事厅、街道所属企业清理等条块重点难点工作,邀请区公安分局人口办、区建管委、区财

政局等7家单位和部门,面对面与街镇主要领导进行沟通协商。　　　　　　　　　　　（高燕）

【梳理编印基层治理案例】　2023年,区地区办充分发挥典型引路的优势,结合疫情防控中好的经验做法,开展优秀案例梳理工作,通过基层选送、专家遴选,从中精选收录34篇优秀案例。依托社区治理智库,组织6名专家学者,就相关领域的案例开展案例剖析点评,总结推广静安基层治理的先进典型,并印制成案例汇编到基层,以便起到辐射和示范效应,进一步指导和推进基层治理。　　　（高燕）

【开展居委会约请跟踪问效】　2023年,区地区办梳理汇总2023年静安区居委会约请制度实施情况,完成年度统计分析报告。在此基础上,积极跟踪居委会约请未解决事项,针对2020年彭浦镇晋城居委会就阳城世家苑小区和永和幼儿园共用围墙出现开裂弯曲,存在严重安全隐患久未解决一事,沟通联系彭浦镇与区教育局,根据双方意愿,由彭浦镇政府相关科室牵头召开协调会,约请区教育局和阳城世家苑小区业委会,推动小区和幼儿园共用危墙重建问题解决。　　　　　　　　　　（高燕）

【社区治理智库建设】　2023年,区地区办围绕静安区社区治理智库建设,深入挖掘国内外关于基层治理的动态信息、学术文献、官方统计、研究报告以及优秀案例等内容,结合静安区基层治理经验和做法,牵头研究并形成《学习参阅》,定期印发给街镇和相关职能部门,为静安区基层治理提供智力支持和有效借鉴。　　　　　　　　　（高燕）

【强化政府购买社会组织服务全过程管理】　2023年,区地区办启动《静安区政府购买社会组织服务实施办法(2020年版)》文件修订工作,经联审小组会议、区政府常务会议审议通过后,最终形成《静安区政府购买社会组织服务实施办法》及其配套文件,进一步明晰各方责任,对负面清单作规范调整,更加强调立项时的绩效导向,并优化调整购买服务程序。同时,针对社区公共服务设施专门制定《关于加强对街镇公共服务设施绩效评价的相关要求》,强调责任方对于绩效结果的审核把控。以文件修订为契机,科学组织2024年政府购买社会组织服务立项申报工作,对各街镇社工站、康健驿站、优抚之家、业委会等项目分类梳理,对新增项目、金额增幅较大和绩效不高的项目安排答辩。拟通过34个部门申报的309个项目,涉及资金9000余万元。　　　　（高燕）

【社会组织专项资金政策有效性提升】　2023年,区地区办有序完成对两批次社会组织发展专项资金补贴受理、审核、拨付工作,共涉及76个项目,合计资金618余万元。完成2020年两批次、2021年一批次专项资金项目审计及全过程绩效评价审计工作,并对资金使用存在问题的机构发出整改通知书,启动2021、2022年专项资金项目审计采购、实施工作。一年来,结合全过程人民民主、新阶段全民健康管理、城区数字化转型、社会组织高质量发展等区委、区政府重点工作,围绕发展重心严选公益创投项目。通过社服中心预审、管委会初审、专家终审,累计资助21个公益创投项目,涉及金额301余万元。完成2022年公益创投项目结项评估,强化过程指导和监督,助力创投项目实现成果转化。　　（高燕）

【社会组织品牌化建设】　2023年,区地区办持续探索建立社会组织品牌建设评价体系,启动社会组织品牌建设计划,经过全区范围的深入调研,先后组织召开10余场专家研讨会,形成品牌社会组织评价指标和品牌项目评价指标,并通过上海市检验检测认证协会评审,作为团体标准发布。对全区159家3A级及以上社会组织开展了品牌建设情况评价,根据不同评分等级作为进一步分层分类品牌化扶持的依据。开展"品牌领航铸梦同行"第四届静安·最佳实践公益品牌项目评选活动,通过台账查看、现场答辩对入选组织及其项目从品牌基础、品牌塑造、品牌效益等方面进行评价打分。根据综合评分及评选规则安排,评选出《爱传递·再生电脑教室》等8个最佳实践公益品牌项目(静安品牌项目)。 （高燕）

【规范社会组织支持平台运营】 2023年,区地区办切实发挥区社会组织服务中心的业务指导作用,理顺工作职责,完善工作流程,通过集中培训和"送服务上门"加强对街镇社会组织服务中心的指导,协助做好社会组织年检、规范化评估等政策咨询和指导工作。进一步规范区级培育孵化基地功能管理运营,在委托第三方评估机构进行房租评估的基础上,拟定收费运营方案,规范孵化基地管理费收费方式,实现孵化基地规范运行与择优入驻有机结合。 （高燕）

（二）静安寺街道

【概况】 静安寺街道位于静安区西南部,东起富民路、常德路,西至镇宁路,南迄长乐路,北至万航渡路、新闸路。面积1.57平方千米。辖区内有户籍数1.2万余户,户籍人口3.49万余人。下设11个居委会、335个居民小组。街道办事处位于万航渡路55弄7号。2023年,街道累计发放社会救助帮困总金额1461.5万元,受益18290人(户)次。发放元旦春节帮困资金57.996万元,覆盖对象956人(户)次。社区事务受理中心全年业务受理量25386件,其中收受分离38件,"一网通办"499件。超额完成投资促进目标任务,全年共引进项目468个,其中税后规模千万级项目2个、百万级项目16.5个。街道获上海市平安示范社区称号,街镇市容环境公众满意度测评连续29次获全市第一名。 （施瑾）

【党建引领】 2023年,静安寺街道开展学习贯彻习近平新时代中国特色社会主义思想主题教育,大兴调查研究。推进全面从严治党"四责协同"(党委的主体责任、纪委的监督责任、党委书记的第一责任,班子成员的一岗双责),全面深化党风廉政建设和反腐败工作。以擦亮"同心家园"核心品牌为引领,提出党建引领基层治理的"六建六同"(在楼宇、区域化、网格以及机关、行业、智慧党建等全领域发挥党的领导作用,朝着党建同心、民主同商、发展同促、治理同行、资源同享、文化同乐的目标奋斗)工作布局和"五好五议"(广泛提议参与好、民主商议协商好、分类决议决策好、多方咨议管理好、社会评议监督好)路径方法,参与区委关于超大城市中心城区"毗邻党建"新模式的推进落实,开展"巨富长"(巨鹿路、富民路、长乐路)街区联动治理重点项目。成立静安寺商圈金融行业党建联盟,培育5幢核心楼宇"楼务会"特色品牌。常态化做实党组织规范化建设,规范党员培养发展和教育管理。加强党建引领下的群团建设。服务统战对象,凝聚各界力量参与基层治理。深化基层民主政治建设,指导居民区完成民主协商议事项目上百个。完成人大代表补选工作。严格依法行政,依法接受人大代表和政协委员的民主监督,加强社会公众监督和舆论监督。发挥"社区云"等平台功能,畅通和规范群众诉求表达、利益协调、权益保障通道。 （施瑾）

【城区管理】 2023年,静安寺街道推进数字治理,完成"一网统管"1+4"("1"是指打造建设静安寺街道数字孪生基座,构建适应数字时代需求的基础设施支撑体系;"4"是指"智慧党建""数字经济""数字生活"和"数字治理"4个应用场景)数字化转型应用场景一期建设,其中数字治理场景获全区"一网统管"应用场景最佳案例奖。保障一流市容环境，缓解"一商圈、两医院"（静安寺商圈、华山医院、华东医院）等重点区域的非机动车停放问题。启动南京西路愚园路、万航渡路284弄零星旧改项目，居民全部搬迁完成。开展"美丽家园""美丽街区"城市更新改造，开展申田大楼、柳迎邨等"美丽家园"建设和"巨富长"街区景观环境升级改造建设，打造华山路699号枕流公寓和华山路303弄2处社区更新"示范点"。推行林长制、河长制工作。 （施瑾）

【社会事业】 2023年，静安寺街道打造南部文化活动分中心，推进围棋、书法和国画大师工作室落地。实施文化惠民工程，全年共开展文艺演出配送25场，师资配送1400余课时，各级各类文化服务受益面2万余人次。推进老年数字教育进社区行动，白领学院与上海书画院合作惠及3000余人次。扶持团队建设。组织居民家庭参与中外家庭戏剧大赛，2部作品进入决赛获"百个美好戏剧之家"称号。完成宝宝屋建设运营。加大公共体育服务配送力度，承办2023中国女子围甲联赛静安专场暨"静安论棋"中国围棋之乡联赛四连冠总结会。做好康健驿站嵌入文化活动中心综合服务体系工作。推进营养健康社区国家试点建设工作。加强街道新时代文明实践分中心和实践站的建设。 （施瑾）

【民生保障】 2023年，静安寺街道推进"一刻钟便

8月17日，在街道社区党群服务中心举行南京西路愚园路、万航渡路284弄零星旧城区改建项目摇号选房仪式 （静安寺街道 供稿）

民服务圈"建设，被确定为上海"一刻钟便民生活圈"示范社区试点单位。制作街道"幸福一刻达"便民服务指南（商圈版）。布局"幸福一刻达"便民菜点。建成全新街道党群服务中心，升级"一网通办"服务水平，在居民区建立统一的"静邻帮办"服务，打造数字延伸政务服务新体验。建成"同心荟"社区食堂，每日供餐量达1200客，开展乐龄站点及助餐车智能恒温设备全覆盖升级。华山居民区和青凤老年护理服务中心分别获"全国老年友好社区"和"全国为老服务先进单位"称号。乐龄"十助"（助餐、助洁、助浴、助急、助乐、助聊、助学、助困、助医、助行）服务累计超60万人次，其中助餐服务超38万人次。升级"长乐966"就业创业服务站，高校应届毕业生就业率达91%，帮助长期失业青年成功就业35人，辖区失业人数控制在315人内。创建上海市金牌劳动人事争议调解组织。开展全国双拥模范城创建。做好退役军人、未成年人保护、残联、慈善帮扶、红十字工作。社区事务受理服务中心设立全区首个"办不成事"反映窗口。（施瑾）

【经济发展】 2023年，静安寺街道挖掘辖区楼宇企业产业链潜力，向外省市和外区开拓资源，吸引更多优质企业入驻。做实"商圈管家"品牌。持续开展专业惠商、服务稳商，做好对口服务企业安商留商工作。开展大走访、大调研，通过四级问题处置闭环，解决企业难点问题。深耕"一网统管"服务企业智能化应用场景，用好全市"一网通办"政务服务平台。完成重点企业"服务包"走访工作，建立"一企一管家""一企一服务包"。推进市第五次全国经济普查工作。（施瑾）

【公共安全】 2023年，静安寺街道开展"群租"等专项整治行动。为各居民区增配更新1827支灭火器，为70岁以上独居老人加装烟感报警器347户，加装"电管家"50处。全年发现并整改安全生产隐患140处，整改率100%。加强在建工地安全生产工作。常态化开展扫黑除恶，做好信访受理和社会面稳定工作。健全依法行政相关工作制度，推动普法宣传、人民调解工作在一线开展。（施瑾）

【实事项目】 2023年，静安寺街道启动申田大楼整治项目，消除申田大楼高空坠物安全隐患，项目建筑面积17121平方米。完成柳迎邨综合整治项目，涉及建筑面积2350平方米。完成北京西路、愚园路、长乐路、新闸路等景观提升项目，新增休憩座椅20处。在镇宁路404弄1—5号、长乐路942弄、1242号及华山路748号等6处无门岗小区和楼栋安装"智慧门禁"。完成改造或新增充电车棚及单点式充电桩6处，分别为愚园路483弄、乌北路69、99弄（2处）、延安中路1157弄、常熟路113弄12号、乌中路15弄。党群服务中心"家门口"养老服务站投入使用。完成"为老服务一键通"申请77个。同心康养小站升级为"长者屋"。长乐966便民菜点投入使用，开展大篷车进社区累计43次。提供社区直供服务600余次。"长乐966"就业创业指导站共开展3场"毕业季"系列活动。加强小福熊托育园招生宣传推广，社区宝宝屋正式运行，为有需求的1—3岁幼儿提供临时照护。扶持社区体育团队，完成市级健身指导课程配送额度。开展2场社区大型健康科普活动。以康健驿站为抓手，提供社区健康讲座配送、面向居民的健康检测服务。打造嘉园小区物业规范化建设示范点。做实5幢楼宇"楼务会"新型楼宇治理平台，组织开展各类主题活动近30场，开展楼宇协商议事25次、深入走访企业150余家、解决问题99个、形成推动楼宇治理的重点项目20项。（施瑾）

【静安寺街道红十字会第二次会员代表大会】 于2月9日在街道社区党群服务中心召开。会议由街道办事处副主任郭海燕主持。社区单位、各居民区红十字干部、志愿者代表共89人参加。大会听取并审议《静安寺红十字会2017—2022年工作报告》，选举产生20人组成的静安寺街道红十字会第二届理事会和3人组成的第一届监事会。　　　　（施瑾）

【区委常委、组织部长宋宗德到街道调研】　2月16日，区委常委、组织部长宋宗德到静安寺街道调研党建引领基层治理网格化管理工作，先后走访华山路231号街道街区网格化治理联盟阵地、四明居民区愚园路608弄网格融合围墙透绿，以及街道城市运行管理中心，详细了解街道网格化党建推进和城区精细化治理等相关工作情况。　　　（施瑾）

【静安寺街道第三届社区代表会议第一次会议召开】　3月9日，街道第三届社区代表会议第一次会议在街道城运中心召开。社区各界代表分别在主会场和8个分会场参加会议。会议听取和审议静安寺街道2022年工作报告、2022年实事项目完成情况，表决确定街道2023年实事项目，表决通过街道第三届社区委员会主任、副主任、秘书长、委员名单和街道第三届社区代表会议第一次会议决议。　（施瑾）

【"静安寺街道青年发展型街镇共建联盟"揭牌】　5月4日，在以"青春同心·微光如JU"为主题的静安寺街道纪念五四运动104周年主题活动上，团区委书记吴佳妮和街道党工委书记洪明铭共同为"静安寺街道青年发展型街镇共建联盟"揭牌。区卫生健康委、光明食品国际有限公司、中国建设银行上海静安支行3家联盟代表单位现场认领"青春同心·微光如JU"街区相关共建项目。　　（施瑾）

【静安寺街道社区社会工作三年行动计划发布暨网格深耕五社联动工作推进会召开】　6月14日，街道召开"同心社工·让美好发生"静安寺街道社区社会工作三年行动计划发布暨网格深耕五社联动工作推进会"。区委常委、常务副区长傅俊出席会议，街道领导、区地区办、民政局、区社联会、社服中心、社工协会等部门领导以及众多专家学者受邀出席。街道各办、居民区全体成员、社工代表以及伙伴团成员代表共同参加。　　　　（施瑾）

【市政协机关到静安寺街道调研工作】　6月25日，市政协机关党组成员，办公厅副主任、一级巡视员，机关党委书记杨峥一行到静安寺街道开展走访调研，实地了解街道工会整体工作情况。　（施瑾）

【静安寺街道2023年双拥工作领导小组会议暨军民共建签约仪式召开】　6月21日，街道召开2023年双拥工作领导小组会议暨军民共建签约仪式。街道党政领导、各办公室、各居民区负责人及相关职能部门、社区单位及驻区部队负责人作为领导小组成员参加会议。会议由街道双拥工作领导小组副组长、静安寺街道办事处副主任郭海燕主持。（施瑾）

【静安寺街道举行"上海市政协社情民意信息联系点"揭牌活动】　6月27日，街道举行"上海市政协社情民意信息联系点"揭牌活动。市政协副秘书长、办公厅主任袁鹰，市政协办公厅副主任杨峥，市政协机关党委专职副书记谢军以及街道领导参加。（施瑾）

【"七·一"主题党日活动暨静安寺商圈金融行业党建链盟成立仪式】　6月28日，"同心聚力新征程，善治家园新样板"——静安寺街道"七·一"主题党日活动暨静安寺商圈金融行业党建链盟成立仪式举行。区委常委、组织部部长宋宗德等领导，街道党政领导班子全体成员、街道各机关支部党员代表、各居民区党组织负责人和优秀党员群众代表、两新组织党员，以及来自金融行业、驻区单位、重点楼宇"楼务会"和"巨富长"街区的代表共130余人参加活动。

　　　　　　　　　　　　　　　　（施瑾）

【"走进静安寺街道"活动】 7月6日,街道以"携手把握新机遇,合作共赢谱新篇"为主题,组织上海安徽经济文化促进会部分会员企业及专家学者开展"走进静安寺街道"活动。上海铁路局原局长、党委书记、上海安徽经济文化促进会会长刘涟清,上海电能电气集团董事长、上海安徽经济文化促进会常务副会长吴献忠等,以及街道部分领导出席活动。(施瑾)

【2023"中信置业杯"中国女子围棋甲级联赛静安专场暨"静安论棋"中国围棋之乡四连冠总结会】7月20日,2023"中信置业杯"中国女子围棋甲级联赛静安专场暨"静安论棋"中国围棋之乡四连冠总结会在静安寺举行。副区长龙婉丽等领导,市棋牌运动管理中心主任、上海棋院院长刘世振,市围棋协会副会长钟海等领导和嘉宾出席。 (施瑾)

【副区长龙婉丽到静安寺街道爱心暑托班调研】 7月20日,副区长龙婉丽到街道爱心暑托班,视察办班情况,慰问爱心暑托班志愿者代表。 (施瑾)

【静安寺街道举办"红光璀璨,我心向阳"联欢文艺会演】 7月31日,为庆祝中国人民解放军建军96周年、纪念延安双拥运动80周年,街道在社区党群服务中心举办"红光璀璨,我心向阳"联欢文艺会演。共建部队官兵代表、退役军人及优抚对象、居民等共100余人观看演出。 (施瑾)

【市政协副主席陈群到街道视察指导工作】 9月5日,市政协副主席陈群一行到街道开展"本市进一步强化三级联动、合力推动大数据赋能基层社区治理情况"平时视察工作。区政协党组书记、主席丁宝定等领导陪同调研。 (施瑾)

【学习贯彻习近平新时代中国特色社会主义思想主题教育动员大会】 9月15日,街道召开学习贯彻习近平新时代中国特色社会主义思想主题教育部署会。区委第七联络组组长徐浩出席会议。街道党工委书记、街道学习贯彻习近平新时代中国特色社会主义思想主题教育领导小组组长洪明铭作动员讲话。街道党工委副书记、办事处主任、街道学习贯彻习近平新时代中国特色社会主义思想主题教育领导小组第一副组长韩松主持会议。街道党工委副书记、街道学习贯彻习近平新时代中国特色社会主义思想主题教育领导小组副组长柴春羚作工作部署。区委第七联络组成员、街道党政领导班子成员、全体机关党员,各居民区党总支书记、副书记、党务干部和党员居委会主任,"两新"专职党群工作者及党员代表,街道离退休党支部书记代表等参加会议。 (施瑾)

【区委书记于勇调研街道百乐居民区】 11月7日,区委书记于勇到街道百乐居民区,开展"进百家门、访百家情、解百家难、暖百家心"为主题的"四百"大走访,倾听群众呼声,回应群众关切,解决群众困难,推动主题教育走深走实、见行见效。 (施瑾)

【区委副书记、组织部长宋宗德到街道调研】 11月15日,区委副书记、组织部长宋宗德调研街道工作,实地查看"长乐966"就业创业服务站实体阵地、枕流公寓社区更新样板间等建设情况,并在社区文化活动中心南部分中心进行座谈交流。 (施瑾)

【主题教育优质微党课集中展示活动暨2023年度同心家园共建理事会年会】 12月27日,"同心微光耀家园,身边榜样聚人心"主题教育优质微党课集中展示活动暨2023年度同心家园共建理事会年会在街道社区党群服务中心举行。街道党政领导班子成员、区委组织部相关科室负责人、区委主题教育第七联络组成员出席活动。同心家园共建理事会各成员单位的领导和联络员,各居民区党组织负责人和优秀党员代表、"两新"组织党员代表等参加活动。(施瑾)

表27-1　2023年静安寺街道居委会基本情况表

名称	地址	居民小组数(个)
合计		335
愚谷村	愚园路395弄11号	50
四明	愚园路520弄8号	30
静安	北京西路1585号107—108室	25
三义坊	新闸路1911弄5号	30
百乐	乌鲁木齐北路103号	22
景华	华山路303弄5号	40
华山	长乐路1236弄1号	18
海园	华山路343号	24
美丽园	延安西路376弄42号	31
裕华	长乐路774弄20号	32
嘉园	万航渡路458弄3号	33

(施瑾)

(三)曹家渡街道

【概况】 曹家渡街道东起胶州路,西到长宁路、江苏路,南临武定西路、新闸路,北至长寿路、安远路。辖区面积1.49平方千米。下设14个居委会,居民小组数816个,2023年底户籍人口7.3万人,常住人口5.9万人,居民住宅小区92个。街道办事处设在武定路1108号。在招商引资方面,引进项目412个,其中千万级税收项目2个,百万级税收项目10个,完成全年招商引资工作任务。街道获国家级节约型机关、市级无烟党政机关、"2022年度上海市平安社区"称号;街道商会获评2023年全国"四好"商会,街道社区平安办公室(应急管理办公室)应急处突突击队获评2023年上海市巾帼文明岗,街道社区事务受理服务中心获评"一星级上海市青年文明号",街道图书馆获评"市级示范馆",街道《关于推动业委会有效履职保障老旧电梯更新的法治观察建议》获评2023年度十大市级优秀基层法治观察建议,《四治融合,建设非机"3分钟安全充电圈"》案例入选第五届中国(上海)社会治理创新实践提名案例。(崇雷)

【党建引领】 2023年,曹家渡街道实现党建网格与城运网格对应一致,形成"1+4+14+92+622"(1个党工委+4个街区+14个居民区+92个小区+622个楼组)五级网格工作架构,实现"大事不出街道、有事尽在网格、凡事皆有回应"。以"先锋领跑和谐曹家渡,聚力添彩'五色'睦邻·家"为主题,召开加强党建引领基层治理"先锋领跑"项目发布会暨深化党建引领基层治理推进会,推进街道"1+5+14"(1个市级"美好社区,先锋行动"项目+5个区级"美好社区,先锋行动"项目+14个居民区"领跑善治"项目)重点项目。把智慧广场、八八九广场、德必园区、越商大厦4家楼宇会建设成为凝聚白领有温度、促进发展有强度的坚实载体;启用街道首家"24小时不打烊"户外实体新心驿站"慧治暖新园",开展红色定向赛,开设新业态新就业群体"五大课堂"(蓄电红课堂、储能绿课堂、法规蓝课堂、素质紫课堂和志愿橙课堂),引领"新新群体"融入基层治理。

【社会共同体建设】 2023年,曹家渡街道推进"家站点"平台代表联系选民"123"(联系点每月接待1次,联络站2个月接待1次、代表之家3个月接待1次)常态化,完成接待153次;完成静安区第二届人大代表补选工作,创建捷强公司人大代表联络示范站,三和、叶庆、武西等居民区人大代表联系示范点;开展3次专题协商议事会,并邀请政协委员参与"三点半课堂"、读书节活动、旧改等工作。组织职工参与"学习党的二十大精神指尖知识竞赛",举行"青春心向党·奋进新时代"五四青年节主题团日活动,开展线上线下妇女维权宣传月活动;推进街道新时代文明实践项目109个。 (崇雷)

【城区管理】 2023年,曹家渡街道完成康定路949弄厨卫及相关设施改造、长宁路225弄屋面修缮、高荣小区加装电梯配套改造等"美丽家园"项目。既有多层住宅加装电梯签约14台,开工建设13台,竣工启用15台。加快"美丽街区"建设,开展武定路万春街口休憩广场改造、社区卫生服务中心门前改造。重点围绕轨道交通武定路站及武宁路站周边区域,实施武宁南路道路两侧景观改造,完成智慧广场、怡乐花园、达安花园、瑞丽公寓、沪中新苑等节点绿化提升,打造以自然式种植及多彩林荫植物为主,春夏花卉与秋叶林荫交替、优雅与温暖交融的街区新景观。结合余姚菜市场标准化改造,推动周边街区整体环境提升。实施江苏路65弄屋面应急修缮工程,3处大门门头应急排险,消除安全隐患;完成6处污水管道翻修工程,累计翻新管道300米;完成1处居民休憩点更新、延平路237弄非机动车车棚更新、长宁路209弄地下车库斜坡拓宽、6处晾衣架更新、5处自行车雨棚修缮。启动"绿色邻里计划",由社区园艺师带领有园艺特长的社区居民、白领组成绿色邻里小组,在楼道美化、袖珍农场、袖珍花园建设中发挥主体作用,曹家渡市民园艺中心获评上海市优秀园艺中心。成功创建上海市第一批标准化乡镇(街道)林长制办公室。推进胶州路319弄等零星旧城区改建项目,实现100%搬迁。在辖区8幢商务楼宇推广一次性餐盒、咖啡杯专项回收项目,各投放点每月可回收餐盒及咖啡杯近300千克;成功创建汽车公寓、怡乐花园、森凯苑、静鼎安邦4个垃圾分类精品示范区;上海街镇生活垃圾分类实效测评从2022年全市第59名提升到2023年全市第28名。拆除违法建筑面积412平方米。 (崇雷)

【社会事业】 2023年,曹家渡街道组建"第二楼组长"队伍,完成四季公寓四季雅韵楼、隆安公寓等1个美丽楼组创建。形成"微创思""微治理""微更新""微心愿""微志愿"5个大类84项睦邻"五微"小项目。指导14个居民区规范开展业委会工作,业委会换届完成率100%。做好"双减"政策(减轻义务教育阶段学生作业负担和校外培训负担)后的校社衔接,形成科普加油站、美育修身堂、体健活力园、健康守护营、悦渡读书节等五大板块组成的各类课程,全年累计开展150余场活动。持续深化文化品牌建设,举办第20届"悦读曹家渡"社区读书节系列活动,滋养精神家园。 (崇雷)

【民生保障】 2023年,曹家渡街道开展"情暖空巢"乐龄有伴项目,对辖区内80岁以上独居老人和困难老人每周至少3次电话关心和关爱近8万人次,累计提供助餐服务9万余客;适老化改造完成申请72户,"一键通"完成申请178户;开展线上线下辅具租赁政策宣传17场,现场体验活动2场;开展认知障碍风险测评共计筛查2000余人,制作并发放认知障碍宣传手册5000册,组织开展各种形式的认知障碍科普活动60场。提供"医康养"一站式服务,开展各类健康咨询、健康理疗、健康管理、健康宣教、康健苑、爱心义诊等服务,共计服务14000多人次;开展健康知识讲座12场,大型义诊活动2场,社区健康苑活动200余场;高荣卫生站建成上海市中医药示范社区卫生服务站。为辖区近200户老年居民提供电气安全和燃气安全检测,配合区燃联办为辖区439户高龄独居老人、残疾、重病等各类困难家庭入户安装燃气报警器。持续推进未成年人保护工作,深化"曹"宝贝屋品牌,建立家校社医联动机制,为未成年人及其家庭开展360度关爱服务。全年走访特殊困难儿童142人次,发放慰问金11100元。选址余姚路487弄38号底楼余姚托儿所新建社区"宝宝屋",为辖区内有需求的1—3岁婴幼儿家庭提供多种照护服务。通过实体救助空间和"随申办"旗舰店拓宽"多源头主动发现"救助渠道,开展"多渠道综合帮扶",全年共开展个案服务219人次,接待236人次,社会救助工作评价连续4年位列全区第一位。建立"15分钟就业服务圈",新设724星球众创空间,为新创企业提供2年的免费办公空间;完成新增就业岗位2846个,帮助608名失业人员实现再就业,165名就业困难人员实现就业,64名长期失业青年实现就业创业,劳动人事争议调解成功率70.49%;离校未就业毕业生就业率97.83%,位列全区第三位。打造万航渡路双拥文化街,成立双拥共建联盟,与5家沿街商铺达成合作意向,为退役军人和优抚对象提供更多优惠、优待;走访慰问重点优抚对象和退役军人共300余人次。制订《曹家渡街道特殊居民财物托管实施细则》,保障托管残疾人权益与财物安全;为23户残疾人家庭完成基础型和提高型改建,提供辅具适配772件,帮助残疾人解决问题445个。建成全市首个社区数字档案室,街道社区事务受理中心全年业务受理5.5万余件,获评"一星级上海市青年文明号"。

(崇雷)

【经济发展】 2023年,曹家渡街道全年引进项目412个,其中千万级税收项目2家,百万级税收项目10个,完成全年招商引资工作任务。辖区内现所、九八创意园、德必静安WE"等3家园区获评2023年度市级文创园区,诺安1919获评2023年静安区数字广告产业园区建设单位。落实重点企业"服务包"制度,街道领导班子和职能科室包干负责179家对口服务重点企业,层层压实责任,任务分配到人,对重点企业进行全方位、全覆盖走访。对于预警企业和日常走访中排摸出有异动情况的企业,第一时间联动相关部门开展稳商留商工作。通过走访及时回应企业诉求,细化举措,做好企业发展"店小二",提高企业满意度,成功留商3家。与南京信息工程大学大气物理学院、罗技(中国)进行战略合作,建成全区14个街镇中首个科创中心,加强科创合作和人才培养。在科创中心、生活服务中心辟出专门空间给予创业企业前2年的免费共享空间支持。激发创新创意活力,开展"五五购物节"暨"邻里生活节"系列活动,营造"延武胶"地区全要素友好街区氛围。召开"国际静安,筑'曹'引凤"优化营商环境大会,定期开展"星期二俱乐部""营商伙伴日"活动。

(崇雷)

【公共安全】 2023年,曹家渡街道开展重大事故隐患专项排查整治2023行动,共组织巡查单位及居民区4700余次,排查整改各类安全隐患1036处。实现群租整治动态清零,整治群租房屋358处,劝离群租人员2209人次,立案处罚7起,罚款7万元。对92个住宅小区涉及近140处地下空间全覆盖巡查16次,发现地下空间隐患50处,开具整改单33份,处罚10

业工作人员5人。加大安全生产检查频次,依托专业力量,针对20幢高层住宅大楼、60户企业单位开展消防和安全生产专业检测,对350个点位开展安全用电检测,及时排查整改安全隐患。建立6个"平安屋",成立万航渡路、武宁南路、延平路、余姚路、康定路、武定路6条商业街"三纵三横"平安商户联盟,纳入352家商户。选址长宁路209弄28号推进街道法治服务中心建设,累计排查化解矛盾纠纷549起。制定《公职律师管理办法》,发挥公职律师和外聘法律顾问作用。发挥"睦邻和乐"社区法律服务工作室作用,举办法治讲座44场,惠及892人次。完成2023年上海市城管执法系统示范中队复检,成功创建达安花园、万航2个优秀城管执法社区工作室,街道城管中队在2023年街道乡镇综合执法依法行政指数评估结果中获优秀。处理简易程序案件306件,普通程序349件,重大法核案件9件,生活垃圾分类案件78件。　　　　　　　　　(崇雷)

【**曹家渡街道深化"一码统管"工作平台**】　2023年,曹家渡街道在城市运行"一网统管"平台基础上深化"一码统管"工作平台,将沿街店铺、居住区楼栋、地下空间、垃圾厢房、商务楼宇统一纳入数字化管理,成为静安区"一网统管"应用场景最佳案例之一。全年受理网格案件和市民服务热线案件31735件,处置率为100%。完成桂花园数字小区示范点建设,建立"双联工作"机制。"东西联动",即以武宁南路为界,设立东西块联勤联动工作站,管理办、派出所、市场所、综合行政执法队派员入驻,协调解决辖区管理事项;"路段联勤",即在下沉东西街区基础上再下沉至15条市政道路,设立16个路段,每个路段设立一名路段长及管理团队,由街道城市运行管理中心、综合行政执法队、市场所、平安办、第三方队伍等组成,全覆盖推进沿街商铺、单位、小区的管理工作。通过路段联勤、东西联动管理模式,让管理力量从条线性向系统性转变,管理办法从突击性

向常态化转变,处理问题从被动整治向主动整治转变。同时,每个路段长在门责单位内公示上墙,让群众"通过一个人,能找到一群人"。自启动以来,处理解决各类问题550余件,初步实现"高效处置一件难事"的目标。市容环境满意度从2022年全市第32名,提升到2023年全市第15名。　　(崇雷)

【**党建联建签约活动**】　2月,曹家渡街道社区党群服务中心联合上海汽车集团保险销售有限公司、上海地铁第四运营有限公司对14号线开展党建联建签约活动,扩大街道区域化党建"朋友圈"。党群服务中心发挥区域化党建开放式、集约化、共享性服务平台功能,依托区域化党建组织构架和资源共享机制,推动区域化党建工作稳定有序落实。通过建立区域化党建联席会议制度建立实体运作平台;通过开展支部联组学习、举办专题党课讲座、开展主题党日活动等形式,搭建学习平台,加强党的创新理论学习宣传普及,打牢思想根基;通过开展资源、需求、项目"三张"清单建设,开展资源对接、事务对接和项目对接,形成区域化党建资源清单72项、需求清单35项、项目清单101项,推动各级各类党组织互融共通,实现资源共享、优势互补、发展共促;通过"四送"(送政策、送服务、送文化、送健康)品牌行动,深入党建联建企业持续开展惠企服务,优化区域营商环境,助力企业发展,同时引导企业发挥自身优势服务社区,实现项目共建、政企联动。(崇雷)

【**街道首家户外实体新心驿站揭牌**】　2月21日,曹家渡街道首家户外实体新心驿站"慧治暖新园"举行揭牌仪式。街道领导和区委组织部有关领导、新业态新就业群体代表、各楼宇"楼务会"成员代表、物业代表以及"两新"组织党员代表共30余人参加仪式。"慧治暖新园"新心驿站地处静安、普陀2区交界,紧邻商务楼宇园区,是新业态新就业群体身边"24小时不打烊"的歇脚点和归心处。同时,"慧治

暖新园"新心驿站将与智慧广场党群服务站形成"双站"联动模式,通过架起楼宇白领与新业态新就业群体之间的桥梁,实现"资源共享、互助相容"的良性互动。（崇雷）

【综合社工站推进会暨居民区社工室授牌仪式】 于3月1日在万航渡路767弄56号举行。街道领导和有关部门领导,各居民区党组织负责人、社工代表、社会组织代表等共计80余人参加。街道选取辖区内5个居民区进行先行先试,设立居民区社工室,旨在深化社区、社会组织、社会工作者、社区志愿者、社会慈善资源"五社联动",引导多元主体在一定结构下和机制下民主参与、平等合作,共同解决社区问题。街道党工委书记章钧为试点居民区社工室授牌。活动中,街道向区社联会会长王希佳、区社服中心理事长王国平、区社工协会会长朱庆章、青艾健康促进中心总干事卜佳青授予专家聘书,拓展专家库。街道、区社工协会和街道社服中心三方达成"社会工作赋能社区治理"项目合作,打通为民服务的"最后一米"。（崇雷）

【慰问百岁长者】 3月6日,武定西路1398弄静安城2号楼的楼组志愿者为楼里百岁老人徐盛皋举办百岁生日庆祝活动。街道有关领导与社区服务办、武西居委会工作人员为老人送上真挚祝福。徐盛皋和袁瑶珍是曹家渡街道辖区目前唯一一对百岁夫妻,现年106岁的袁瑶珍老人还是曹家渡最高寿的长者。徐盛皋老人曾在常州国棉三厂工作,后至农村务农,他是新中国早期的大学生之一。（崇雷）

【曹家渡街道红十字会第二次会员代表大会】 于3月9日在街道社区文化活动中心召开,社区各单位的102名会员代表参加大会。街道红十字会第一届理事会秘书长徐俊作工作报告。选举产生24名街道红十字会第二届理事会成员和3名曹家渡街道红十字会第一届监事会成员。（崇雷）

【曹家渡街道市民园艺中心(林长驿站)启用仪式暨首届曹家渡市民春季花市活动】 于3月10日在曹家渡花园举行。有关领导、街道居民区林长代表、居民区绿化条线干部、社区园艺师以及街道护绿志愿者参加。该次活动是街道构建"五色生活圈"的有益探索实践之一,通过启动绿色邻里计划和招募护绿体验官,让更多生活和工作在曹家渡的居民共同参与到社区的绿化和环保事业中来。之后,办事处主任张丽珍和区绿化和市容管理局副局长宫明军共同为曹家渡市民园艺中心(林长驿站)揭牌。林长驿站是百姓家门口的"绿色驿站",为街镇林长、居民区林长、市民提供绿化专业培训、兴趣活动等各方面的支持。市绿化和市容管理局林业处副处长陈辉、德必静安WE园区总经理、园区党支部书记王易晨,居民区林长代表、曹家渡街道社区园艺师、曹家渡街道护绿志愿队代表和上海市测绘院第四分院党支部党员代表,共同启动曹家渡街道绿色邻里计划。（崇雷）

【曹家渡街道第二届社区代表会议第三次会议】 于3月22日在社区文化活动中心举行。来自街道机关、辖区职能部门、居民区、社区单位代表约120人参加会议,部分人大代表、政协委员和街道机关干部列席会议。会上,街道党工委副书记、办事处主任张丽珍作工作报告。曹家渡派出所所长张斌、交警支队一大队大队长张稳、曹家渡市场监管所所长吴琰和街道社区卫生服务中心党支部书记杨芬红分别作工作报告。会议还听取并评议曹家渡街道2022年实事项目,表决确定街道2023年实事项目,表决通过街道第二届社区委员会增补名单、街道第二届社区代表会议第三次会议决议。（崇雷）

【"爱豆银龄关怀"里仁守望五社联动为老创新项目落地仪式】 4月22日,由民政部慈善事业促进和社会工作司指导,阿里巴巴公益基金会和曹家渡街道联合主办的"爱豆银龄关怀"里仁守望五社联动(社区、社会组织、社会工作者、社会志愿者、社会慈善资源)为老创新项目落地启动仪式在区工人体育场外举行。曹家渡街道作为试点,探索"五社联动"模式下社区为老服务体系建设,同时围绕街道"15分钟社区生活圈",打造基层社区为老服务创新示范点,做好特殊困难老年人群体基本生活保障、社区融合和社会参与工作。活动中,街道办事处副主任张善琴与社会组织代表、社区公益商户代表、社区志愿者代表、社工代表共同按下项目落地启动按钮。街道社区生活服务中心公益联盟成员代表上海汇昌食品有限公司、上海城市现代农业发展有限公司、北京银行静安支行分别向社区代表、社区志愿者代表、社区老人捐赠爱心"蔬"送礼包和爱心健康课程。街道社区生活服务中心向辖区单位、商户倡议更多的爱心单位、爱心商户加入到公益联盟中。

(崇雷)

【曹家渡街道"五五购物节"暨"邻里生活节"启动】5月19日,街道以"友好街区、环保助力"为主线,在现所园区内举办"ALL IN 曹家渡,爱咖宠趣生活节"2023年街道"五五购物节"暨"邻里生活节"启动仪式。副区长张军,市绿化和市容管理局、市规划资源局有关部门领导、区有关单位领导、街道党政领导班子和来自辖区内重点商圈代表、社区居民代表参加仪式。街道以持续推进"宜居、宜业、宜游、宜学、宜养"的社区生活圈建设为目标,在仪式上发布街道"15分钟社区生活圈"行动蓝图,并详细讲述行动蓝图的计划内容。辖区内宠物友好商家代表向社区居民分享宠物友好理念并发出倡议。市精神卫生中心主任医师潘令仪讲述关于宠物陪伴与心理健康的知识。同时,街道向上海阳光精神心理康复服务社的二级心理咨询师刘昉和上海敏悦闻晓心理咨询有限责任公司负责人王亿雯授予社区心

理健康大使称号。街道启动"咖啡杯回收计划",鼓励居民把使用过的咖啡杯投放到指定回收桶中,以减少塑料垃圾。而过滤后的咖啡渣将赠予"袖珍农场",经过简单加工后二次利用到养殖蚯蚓、蘑菇、绿植等方面,实现资源循环利用。

(崇雷)

【"六·一"法治主题未成年人保护活动】5月30日,街道举办"法治护航,共筑'护未'联盟"主题活动。区人大常委会副主任孙明丽、区有关单位领导和街道有关领导、未保领域专家代表、辖区学校代表、街道未保委部分成员单位、居委会儿童主任,以及来自南西幼儿园和小马过河启星艺术发展中心的小朋友们近100人参加活动。活动以"走到身边""走向未来"和"走进社区"3个主题展开,旨在进一步撑起未成年人大爱"保护伞",搭建青少年"帮助+互助"平台,实现"零距离""沉浸式"普法。活动在南西幼儿园小朋友们活力四射的串烧歌曲声中拉开帷幕,通过《全方位的守护,共筑"未"爱小屋》宣传视频回顾街道未保工作4个宝贝屋特色品牌创建历程。区民政局副局长施海燕向5名来自静安法院、华东政法大学、万航渡路小学、真爱梦想公益发展中心、越量儿童心智发展中心的专家学者颁发街道未成年人保护智库证书。街道办事处副主任张善琴向爱心企业代表颁发捐赠证书,并和爱心企业一起向慈善帮扶受助学生赠送爱心物资。静安法院未成年人与家事案件综合审判庭庭长姚铁捷通过《"未"爱三十年》视频介绍静安法院少年家事审判工作总体情况并回顾青少年立法保护历程,并向街道捐赠《2022年度涉隔代养育婚姻家庭纠纷案件审判白皮书》。街道与静安法院共同签署《未成年人保护结对共建协议》,在街道未成年人保护工作站设立静安法院青少年保护基地(曹家渡工作点)。区人大常委会副主任孙明丽、区法院副院长朱建国、街道党工委书记章钧一起按下仪式启动键。

(崇雷)

【曹家渡街道举办京剧党课】 6月7日,街道社区党校特邀上海戏剧学院教授、国家一级演员、著名京剧张派青衣赵群老师及其团队,为"两新"(新经济组织、新社会组织)楼宇党支部书记、"三新"(新经济组织、新社会组织、新就业群体)党员、居民区党员140余人带来一堂以《信仰的力量》为主题的京剧党课。主题党课内容包括"京剧艺术形态""情怀一脉相承""红色革命经典"和"非遗再登征程"四部分。党课中穿插互动体验环节,台下人员踊跃上台参与,学习体验京剧形式化表演中的口、手、眼、身、步的动作。 (崇雷)

【曹家渡街道社会组织联合会第五届会员大会第一次会议召开】 于6月14日在万航渡路767弄56号召开。社会团体和民办非企业单位等类别的社会组织组成的社联会单位会员参加会议。会议表决通过《第四届理事会工作报告》《新一届理事会2023—2027年发展规划》《第一届监事会工作报告》《第四届理事会财务收支审计情况报告》《换届选举工作报告》和《选举办法》等相关规定,选举产生第五届理事会和第二届监事会。 (崇雷)

【曹家渡街道开展老书记工作室主题活动】 8月,街道老书记工作室携手街道社区党校共同举办"思维接力出良策"主题活动。该活动是老书记工作室和社区党校的首次合作,街道领导、社区党校讲师、老书记工作室导师及学员共30人参加。活动中,学员们通过现场抽签分为3组,从"假如你是一名居民区党总支书记"的角度,围绕在社区中可能会遇到的情况,例如突发火灾、高空抛物和独居老人失联等开展讨论。学员们以接力演讲的形式,依次上台发言,通过提出问题、解决问题和总结问题3个环节,开展应急预案交流互动,共同研讨解决思路。社区党校老师们则作为"观察团"各抒己见、点拨思路,老书记工作室导师们作为"导师团"专业引领、传授"真经"。 (崇雷)

【曹家渡街道学习贯彻习近平新时代中国特色社会主义思想主题教育动员大会】 于9月15日在万航渡路767弄56号举行,街道党工委书记、党工委学习贯彻习近平新时代中国特色社会主义思想主题教育领导小组组长章钧作动员讲话。区委主题教育领导小组办公室第八联络组列席。街道处级领导,街道各办、中心、队、所科级实职及以上干部,居民区党总支负责人,居民区党支部书记代表,"两新"组织党组织书记代表,街道离退休党支部书记代表,区第二次党代会代表等100余人出席会议。 (崇雷)

【区长王华到曹家渡街道调研工作】 11月27日,区委副书记、区长王华到曹家渡街道调研工作,区政府办公室、区民政局、区财政局、区规划资源局、区建管委、区绿化市容局、区地区办负责人陪同调研,曹家渡街道党政领导班子成员参加调研。曹家渡街道汇报总体工作情况,重点介绍区域发展蓝图、招商引资、民生服务、城区管理、安全稳定等方面工作安排。 (崇雷)

【街道企业服务中心、科创中心启用】 11月20日,街道党工委书记章钧,街道党工委副书记、办事处主任张丽珍在街道企业服务中心、科创中心启用揭牌,街道党政领导班子出席揭牌仪式。街道企业服务中心位于胶州路283弄4号,以营商环境提升为牵引,以企业发展需求为着力点,致力于打造集政务、商务于一体的综合性阵地,为企业提供更广阔的交流平台,更便捷的帮办服务,更坚实的合作阵地,更优质的发展空间,打通服务企业的"最后一公里"。中心功能涵盖"静心帮办"服务点、窗口服务区、自助服务区等多个区域。企业可通过"一网通"办终端设备进行工商注册申报、人证核验、清单打印等。同时,窗口服务区可免费为企业提供开办指导、证

7月25日，在街道阳光之家智力残疾人选手参加套环比赛　　　　（曹家渡街道　供稿）

照帮办、惠企政策申请等服务。中心通过配备多功能会议厅、接待室、商务洽谈室、小型会议室、展览区等多项功能空间，为企业提供接待、洽谈、学习、交流、合作等功能于一体的全方位服务平台，方便企业组织共建、资源共享、品牌共创。中心还设立科创中心，为各类科创企业提供科创办公空间、共享办公服务。中心将形成以科技服务和技术转化为主导的创新阵地，通过重点引进和招募新兴科创产业项目，打造科创企业孵化基地。

（崇雷）

【2023年国际志愿者日文明实践主题活动】 12月1日，曹家渡街道在曹家渡花园举办2023年国际志愿者日文明实践主题活动，街道各办、队、所、各中心负责人，各居民区新时代文明实践站站长和联络员，各志愿服务基地负责人以及星级志愿者代表等参加。活动以"践行文明新风、争做志愿先锋"为主题，通过"文明实践有深度""志愿服务有温度""项目活动有亮度"和"精准服务接地气"4个版块，全面展现街道志愿服务工作。活动上，区委宣传部副部长、区文明办主任朱凤向街道星级志愿者代表送上节日慰问，街道党工委副书记、办事处主任张丽珍致辞。九三学社上海市委社会服务部戎伟栋部长、街道党工委副书记尹洁分别向曹家渡绿岛花园和曹家渡花园的志愿者代表授牌。来自曹家渡花园的王玉婷老师带来"以旧换绿""护绿志愿行"和"小小园艺师"3个实践站新项目。民革联一总支八支部和曹家渡街道机关第二党支部进行共建签约。"绿丝带"认知症志愿服务、"医路有我"就医协助志愿服务、学生社区实践志愿服务作为街道志愿服务的品牌项目，分别通过志愿者代表分享、短视频和微故事的形式，向大家展示志愿者们参与服务的点滴故事和心路历程。

（崇雷）

表27-2　2023年曹家渡街道居委会情况表

名称	地址	居民小组数(个)
合计		816
长春	康定路980弄1号302室	58
玉兰	安远路669号	70
姚西	余姚路487弄46号底楼	78
均泰	武宁南路418弄4号101室	80
四和	新闸路1910弄7号107室	59
三和	延平路123弄4号104室	50
叶庆	延平路223弄4号205室	65
武南	万春街63弄33支弄3号	31
中行	万航渡路623弄64号底楼	38
高荣	万航渡路661弄23号二楼	50
康定	康定路1299弄21号103室	21
万航	万航渡路858弄18号101室	64
武西	万航渡路676弄50号105室	59
达安	长寿路999弄11号楼1C	93

（崇雷）

（四）江宁路街道

【概况】 江宁路街道位于静安区中部，东起泰兴路，西至苏州路，西沿胶州路、常德路，南迄新闸路、北京西路，北至安远路。辖区面积1.84平方千米。户籍居民24416户、66857人，下设16个居委会，714个居民小组。街道办事处设在江宁路838号4楼。2023年，江宁路街道推进2个"美丽家园"建设。累计发放社会救助帮困总金额2762.31万元，受益18337人次。发放元旦、春节帮困资金374.25万元，覆盖对象6184人(户)次。全年引进项目428个，其中税收规模千万级项目2.5个，百万级项目13.5个，超额完成年度任务。江宁路街道社会事务受理中心全年业务受理量111504件次，其中全市通办127件次，"一网通办"956件次。街道获评"国家级节约型机关""2023年上海市优秀学习型组织""2023年上海市'终身学习新品牌项目'""2023年上海市红十字会'博爱家园(街镇)'""2020-2023年度上海市推动厂务公开民主管理先进单位"等称号；街道社区党群服务中心支部委员会被评为"上海市党支部

9月8日，静安区76街坊零星旧城区改建项目举行首批居民集中搬场仪式　　（江宁路街道　供稿）

建设示范点"、江宁城管中队被评为"2023年上海市城市管理执法局执法优秀案例评选二等奖"，街道政协委员联络站被评为"上海市政协'全过程人民民主政协委员工作站'示范点"、街道社区学校"多方融合，探索创新，建设教育友好型社区"被评为品牌社区学习中心典型案例。

（陈伟欣）

【经济发展】 2023年，江宁路街道深化领导干部联系服务企业制度，当好服务企业的金牌"宁小二"。建立全区首家税务共治点，为企业提供优质便利的办税服务。做实企业"服务包"工作，围绕重点企业，建立"一企一管家""一企一服务包"制度。完成企业工商认定项目428个，其中千万级项目2.5个，百万级项目13.5个，超额完成年度任务。在同乐坊新建24小时智能自助服务区，在趣办建设"白领工匠学院"。全面落实关于园区提质增效工作要求，打造产业集聚的新兴园区，趣办、陕康里等6家园区获评"上海市文化创意产业园区"。举办"同乐尚街，幸福江宁"生活市集、江宁便民集市等活动28场次。

整合资源开展对口企业服务工作，为重点企业在品牌质量提升、商标培育保护等方面提供专业指导。

（陈伟欣）

【城区管理】 2023年，江宁路街道推进76街坊零星旧城区改造项目，组建旧改专班和"青年孺子牛突击队"，在全市创新使用"国外产权人或被征收人委托视频公证"，推动76街坊2天实现居民签约率100%，2周内实现居民单位"双百签约"，2个月内实现整街坊100%搬迁。新华社先后发表《76街坊旧改项目"双百签约"背后，充满为民情怀的孺子牛精神》《这个旧改地块居民签约100%！百家姓一条心的背后是许多暖心之举……》两篇专题报道。在昌平路"美丽街区"精心设计18处51个标注"孺子牛"视觉标识（LOGO）的人文休憩座椅，成为社区一道亮丽的"城市风景线"。年内市容环境质量社会公众满意度测评排名全市第14名，获评优秀。服务保障中共中央秘书处机关旧址纪念馆顺利开馆，为街道新增宣传红色文化、传承初心薪火的重要载体。

501

搭建沟通平台，协调辖区8块重大工程在建工地与周边居民施工矛盾，确保重大项目有序推进、居民权利有效维护，保障中国电气装备集团总部园区建设项目顺利开工。全年增设6处花坛绿化，配合区绿化市容局推进辞书出版社附属绿地口袋公园打开，做到"守绿有责、护绿担责、治绿尽责"。实现既有多层住宅加装电梯签约4台、完工8台、开工5台。西康公寓全小区6梯齐装，为业委会自管小区加梯提供新思路、新机制。探索数字化转型，增设2处24小时智能自助服务区，实现政务服务不打烊。新版社区云上云率位居全区街镇前列。创建4个垃圾分类精品化示范小区，完成确认建筑垃圾组合式箱体交付点103个，安装智能场景模块，试点引入"专用回收箱"，在全市率先试点"垃圾不落地"的收运新模式。全市生活垃圾分类实效综合考评排名全市第23名，成绩显著提升。推动"12345"市民服务热线工作提质增效，落实街区网格定期民情沟通制度，围绕群众高度关注的噪声扰民、酒吧扰民、油烟扰民、无序停车、流动设摊、跨门占道等城区管理堵点顽症，统筹协调开展常态化联勤联动市容综合整治和夜间专项执法检查，全年夜间执法检查100余次、常态化巡查和固守500余次。 （陈伟欣）

【民生保障】 2023年，江宁路街道打造"守宁幸福"养老服务品牌，逐步完善"综合体+家门口"服务网络。升级社区综合为老服务中心服务项目，首创老年脑健康管理工作站，减缓老年人认知功能下降趋势。聚焦老年人"就餐难"问题，新增便民早餐点和社区食堂，开设静安区第一家位于养老院里的社区食堂，织密健全"老年助餐网"，每日供餐能力达2400客，较上年翻倍。推进辖区内困难、无子女、失能、高龄等特殊老年群体居家环境适老化改造，完成个性化改造3户，套餐式改造55户。为168名独居老年人家中配置安装"一键通"终端设备，提供信息查询、养老顾问、生活便民等综合性服务。在全市首批3家社区率先试点宝宝屋基础上，加强布点建设，形成5个点125个托位规模服务网络，率先完成常住婴幼儿人口15%的托位覆盖率。推出社区宝宝屋2.0版，拓展"家庭类""专业类"功能内涵新领域。举办2023年上海市科学育儿指导公益静安专场活动，创新推出"宝贝活力"联动营，推进科学育儿进社区宝宝屋。推出"社区合作新课表"，创新研发"江宁启航"课程，全年开展320课时，1000余人次受益。"多方融合，探索创新，建设教育友好型社区"案例获上海社区教育工作"优秀案例"，也是静安区唯一的"优秀案例"。整合资源，实现党建、党群、文化、政务等公共服务全面融合促进。"静邻一家"社区党群服务中心发展力评估位列全市街道第二名，全区第一名。成功创建区级"爱国拥军模范街道"，擦亮"战旗"工作品牌，推动双拥工作取得新进展。成功创建市级红十字会"博爱家园"，打造"宁聚博爱"主题露台，推动红十字会工作实现新突破。建设24小时自助借书亭，让阅读"无缝"融入居民生活。推动MOHO商业综合体开设电影院，弥补社区影院布点空白。推进"静邻帮办"工作，接待居民、企业5374人次，受理办件4171件次。 （陈伟欣）

【公共安全】 2023年，江宁路街道建成全区首家社区应急消防科普馆，组织68批次共2000余名居民参观体验。常态化开展"防火防疫·清洁清障"、群租、重点人员密集场所等安全隐患排查整治专项行动，整治群租154处，搬离高低床694张，清退租客1202人，整治面积6801平方米。开展87个住宅小区消防安全和电气安全自查、高层住宅96处非机动车地下车库专项排查整治。为老旧小区、售后公房小区配备手提灭火器1800个。化解房屋征收拆迁积案24件，化解率位列全区第一位。做好全国"两会"、杭州亚运会、"一带一路"峰会和第六届进博会等重大节点平安保障。 （陈伟欣）

【基层法治建设】 2023年,江宁路街道巩固法治建设示范街道创建成果,制定《江宁路街道重大行政决策流程工作指引》,推进行政决策科学化、民主化、法治化。举办"粮食安全""城区精细化治理""15分钟社区生活圈"政府开放月活动,对事关经济社会发展全局和群众切身利益的重大行政决策事项,广泛听取意见,推动依法依规履职。发挥上海市人大常委会基层立法联系点作用,开展《上海市野生动物保护条例》等11部地方性法规(草案)的立法意见征询工作,上报意见建议642条。推动基层立法联系点与民盟上海市司法委、静安区司法局党总支开展结对共建。公共法律服务工作站律师接待法律咨询162件次,居委会法律顾问接待法律咨询266件次,举办各类法律讲座48场。 (陈伟欣)

【党群活动】 2023年,江宁路街道开展"全员争做孺子牛,提升社区工作基本功"主题实践活动,启动党建引领基层治理五"心"行动,承办"苏河CITY WALK"美好生活节,获居民、白领、媒体广泛参与和热烈关注。开展"宁好,2023"社区营造唤醒计划,动员居民自己商量、自己策划、自己组织,全年举办61场群众活动、72次群众议事策划会,1200余名居民骨干及社区单位志愿者骨干参与,激活社区治理"神经末梢"。推进"宁聚·四百"大走访活动,走访居民2.2万余户、4万余人次,收集问题595条,问题解决率99.7%,以幸福=(1+0.1)365为主题策划开展居民区"四百"(进百家门、访百家情、解百家难、暖百家心)大走访图文巡展。开展居委会标准化建设,落实基层减负增能,完成居委会挂牌清理和出具证明的规范化指导,开展"日常业务通识""群众工作方法交流",以及包括业委会工作、加装电梯、美丽楼组建设等在内的"专项工作案例研讨"三大类培训。举办"家在江宁,幸福宁聚"第20届江宁社区节,揭晓20个"家门口的好去处",发布《江宁幸福地图》,吸引2万余户家庭参与。以"厅堂联动""站室联动""阵地共享"为特色,打造"宁心议事"政协协商议事品牌。开展新时代文明实践项目,组织"我们的节日·精神的家园"等新时代文明实践活动,开展活动2521场次,新招募430名志愿者,累计服务时长17383小时。一体化统筹推进工、青、团、妇协同发展,爱心寒托班、爱心暑托班顺利结业,举办"宁好·少年创变者"学生实践、"江宁治造"创新设计大赛、"乐宁加油站"职工文化活动等特色群文活动,成立上海市首家区级咖啡行业工会,进一步夯实党的群众工作基础。 (陈伟欣)

【推进"15分钟社区生活圈"建设】 2023年,江宁路街道提出"一廊一河两街区"整体规划,全力打造"形态优美、业态丰富、生态开放、神态温暖、心态幸福"的"五态江宁"。推出三年行动计划,涉及47个项目,年内重点推进12项。举办"幸福合伙人"社区开放日活动,开展68场公众参与活动,发放3000余份线上问卷,听取群众意见建议800多条,形成226项社区需求清单。年内成功获评上海市第三批"一刻钟便民生活圈"示范社区。 (陈伟欣)

表27-3 2023年江宁路街道居委会基本情况表

名称	地址	居民小组数(个)
合计		714
恒德里	常德路633弄10号	57
又一村	常德路545弄52号	41

(续表)

名称	地址	居民小组数(个)
景苑	武定路650弄4号102室	62
北京	新闸路1335弄8号103—104室	46
武定坊	西康路446号2楼	45
众乐里	陕西北路661号	41
三星坊	江宁路575号2楼	47
联宝里	昌平路556弄2号301室	31
通安里	泰兴路627号	25
三乐里	淮安路687弄115号	40
句容里	昌化路512号	71
天河	西苏州路65弄7号1楼	33
蒋家巷	昌平路428弄10号101—102室	37
海防村	海防路410弄21—23号101室	27
新安	新丰路548号	73
永乐	常德路977弄6号楼1楼	38

(陈伟欣)

(五)石门二路街道

【概况】 石门二路街道东起成都北路,西至江宁路折武定路接泰兴路,南临南京西路,北迄南苏州路。辖区面积1.07平方千米。下设11个居委会,284个居民小组。2023年底有居民10956户,户籍人口33479人,实有人口27471人。街道办事处设在武定路139号。年内,街道完成年度既定各项目标,完成社代会明确的实事项目12件,开展"物质+服务"救助帮扶,实施各类社会救助和补贴952万元。街道社区事务受理服务中心设置"远程虚拟窗口服务""一网通办"24小时自助服务,打造"15分钟政务服务圈"。城市运行管理中心处理"12345"市民服务热线工单1408件,按时办结率100%。社区党群服务中心开展公益活动3504场,接待党员群众3万人次。经济发展服务中心引进税收规模千万级项目2个、百万级项目12个,30万以上重点项目15个。石门二路街道获节约型机关、上海市优化营商环境工作先进集体、上海市红十字会"博爱家园"(街镇)、上海市巾帼文明岗、静安区青年文明号、静安区消防安全先进集体等国家级、市级和区级荣誉称号。街道心理服务项目获评全国社会心理服务体系建设优秀案例,社区事务受理服务中心蝉联上海市5A级称号。新福康里居民区被评为上海市先进基层群众性自治组织。

(包蕾)

【党建引领】 2023年,石门二路街道开展学习贯彻习近平新时代中国特色社会主义思想主题教育。

全面从严治党，拓展党风廉政责任承诺签约覆盖至年轻干部。探索居民区纪检委员、监察联络员监督工作运行机制。加强基层党建，创新设立街区商铺独立党支部，"一个岗、一个铺、带动一条街"模式得到新华网等媒体报道。加强党建平台建设，在17幢商务楼宇打造党建阵地近1000平方米。构建石二"南京西路街区"和"苏河湾街区"，组建9栋商务楼楼务会。探索社区居委会、商务楼宇楼务会、门责自律街委会"三会"治理模式，"'三会'协同发力，打造邻里街区新样板"入选上海市"美好社区，先锋行动"项目。建成一江一河蝴蝶湾党群服务站，新增新心驿站7处。讲好石二故事，向全国及上海学习平台供稿186篇，录用90篇。　　（包蕾）

【城区管理】　2023年，石门二路街道推进城市运行"一网统管"工作，完成街道公共全域管理平台项目建设，加装智能感知设施设备。完成数字小区和"一网统管"垃圾分类模块功能，推广装修垃圾线上收运新模式。开发街道低碳信息化平台建设项目，提升低碳工作可视化水平。完成新闸路石门二路转角区域综合整治项目，新设公共主题休憩座椅30处，蝴蝶湾口袋公园入选全市城市更新书刊案例。完成太和小区和美生境园综合整治工程等"美丽家园"项目，开展社区微更新微改造。探索单品类可回收物回收项目。率先在全区完成标准化林长办建设，揭牌蝴蝶湾市民园艺中心（林长驿站），新福康里社区入选绿色社区全国案例汇编。在上、下半年上海市市容环境质量社会公众满意度测评中，分别排名中心城区第三、第二位。　　（包蕾）

【社会事业】　2023年，石门二路街道举办社区瑞旭牡丹节系列活动，升级西王花园弄堂博物馆，恢复武定书场，打造优秀传统文化传习基地"未央学馆"。建成并启用中心城区首家东方社区数字苑。启用上海首批海洋科普社区服务站。通过社区学校优质校验收。完成"石二宝宝屋"建设。为503名计生特扶对象及支持社区公益老年群体健康体检。新设互联网诊室1处。恒丰居民区入选2023年市级老年心理关爱点。　　（包蕾）

【民生保障】　2023年，石门二路街道改善群众居住条件，高签约率通过石门二路170弄及周边零星旧城区改建项目。优化嵌入式养老服务，完成老年认知障碍友好社区建设项目三年总验收，为25户经济困难等特殊老人开展居家环境适老化改造，华沁居民区获全国示范性老年友好型社区称号。深化上海市星级充分就业社区建设，帮助长期失业青年就业45人，就业困难人员安置率100%。精准救助帮困4612人次，慰问未成年人614人次。完成双拥模范城创建迎检工作。　　（包蕾）

【经济发展】　2023年，石门二路街道加强服务载体建设，建成街道企业服务中心，在重点楼宇成立企业服务分中心。在企业服务中心成立静安区税务局石门二路街道社会共治点，引入静安区首家"静心帮办"街镇服务点、静安区第一批人才服务站点。推进窗口规范化服务，探索"互联网＋"模式，开展"企业服务日""慈溪，开讲啦"等系列活动，服务企业1000余家。对190家重点企业开展2轮全覆盖走访。建立企业诉求问题台账，健全完善闭环管理、"双楼长"工作机制，落实"一企一策"。全年引进工商落地企业414家。　　（包蕾）

【公共安全】　2023年，石门二路街道落实重大事故隐患专项排查整治2023行动，开展厂房仓库、规模性租赁场所、特种设备等专项治理。加强消防安全，为老旧住宅小区加装电表箱安全防护装置102套，为居民区配备灭火器具750具，在全区率先完成高龄独居老人加装燃气报警装置252具，新增非机动车集中充电点位55个，整治群租23次。强化食品安全监管，开展4轮食品安全包保督导督查。做实防汛防台工作，提高减灾防灾水平。坚持关口前移和"法理情"相融，深化派出所、司法所、律师事务所"三所联动"矛盾纠纷多元化解机制，成功调解纠纷260起。推进依法行政，成立法治服务中心，揭牌"基层法治观察点"。做好"十四五"规划中期评估和社会治理法治化综合执法检查。　　（包蕾）

【基层自治】　2023年，石门二路街道开展居委会标准化建设评估督导，规范证明出具工作。开展"社区云"等信息系统操作实务培训。探索打造"邻里四美"（"邻跑·发现美""邻治·共享美""邻创·营造美""邻讲·展示美"）社区自治品牌。扩大"任溶溶书屋"项目覆盖面，拓宽"小小达人"参与社区治理路径。开展楼组会客厅品牌化建设试点，打造特色楼组空间11个。完成居民区"三微"项目36个。加强业委会规范化建设，完成业委会换届改选9家。加强社会组织规范管理，增强社会组织服务能力。畅通社情民意表达渠道，开展人大代表进社区、政协协商议事厅活动。　　（包蕾）

【"'邻'跑·发现美"社区打卡定向赛】　3月28日，街道开展"'邻'跑·发现美——社区打卡定向赛"活动。定向赛共有4条打卡路线，覆盖辖区特色楼组、社区微景、党群驿站等12个自治点位，每个点位设有互动任务，如聆听祥福会客厅的故事、欣赏沙径憩苑的微景、阅读儿童文学作家任溶溶的作品、了解邻里石二智慧长椅的建设故事等，通过解锁任务卡，带领参与者品味社区自治底蕴。居民区书记、居委会主任、居民代表、社区单位和社会组织代表等60余人参与活动。　　（包蕾）

【苏河湾街区论坛】　于5月26日召开。"三会"（社区居委会、商务楼宇楼委会、门责自律街委会）代表、华东理工大学专家教授、静安区人大代表、律师代表、物业服务企业代表、楼宇企业代表以及"饿了么""美团"平台新就业群体代表等共80余人出席。静安交警二大队、石门二路市场监管所等区相关职能部门派出机构和街道相关职能科室对"三会"代表提出的10余条问题——解答，给出政策指导和工作建议。现场还开展"学习新时代'枫桥经验'建设平安街区""优化营商环境"等主题研讨。　（包蕾）

【党建引领基层治理工作推进会】　6月26日，街道举办"美好社区，先锋行动"党建引领基层治理工作推进会。会上成立上海市首个由沿街商铺门责自律街委会党员组成的党支部，并明确职责。现场发布"新心驿站"点位39个，为外卖、快递、网约车等新业态新就业群体提供便民服务。　　（包蕾）

【城管楼宇工作室揭牌】　7月13日，石门二路街道综合行政执法队在仲益大厦附楼举行"石门二路街道综合行政执法队驻南京西路街区楼宇工作室暨基层法治观察点"揭牌仪式。工作室创设"四个一"（一日一巡查，一周一坐班，一月一活动，一季一评议）工作制度，同时利用楼宇资源邀约楼宇4家律所的律师作为基层法治观察员参与其中，以实现法治观察、普法宣传、法律咨询、行政事务指导等功能整合。（包蕾）

【上海首批海洋科普社区服务站启用】　8月18日，石门二路街道与东方网、上海海昌海洋公园联合主办的上海首批海洋科普社区服务站启用活动在蝴蝶湾党群服务中心举行。在东方社区数字苑的沉浸式数字展厅里，上海海昌海洋公园以"野生鲸类保护"为主题，开启海洋科普课堂进社区的首场活动。全市215个街镇（乡）的东方社区数字苑同步视频直播。　　（包蕾）

【武定书场开幕演出】　9月6日，在蝴蝶湾党群服务中心举办石门二路街道2023年度武定书场开幕演

9月6日，在蝴蝶湾党群服务中心举办石门二路街道2023年度武定书场开幕演出，图为上海评弹团国家一级演员毛新琳（左）周慧（右）评弹经典唱段连唱　　　　　　　　　　　　（石门二路街道　供稿）

出，演出曲目包括上海评弹团高博文、毛新琳、周慧、徐一峰的评弹经典唱段连唱以及黄海华、吴静慧的长篇弹词《玉蜻蜓》。演出通过东方网、东方网抖音号、东方网微信视频号、石二邻里直播间全程直播，全市街镇（乡）的东方社区数字苑分会场同步视频直播，以"文化+科技"的数字化呈现方式让评弹艺术文化走进社区。"武定书场"作为石门二路街道经典文化传承项目，于1985年在社区开场，2010年被评为上海市国家级非物质文化遗产保护项目评弹艺术展演基地，从2015年开始连续5年获评上海市文明示范书场。阔别3年，武定书场重新起航，每周三、四、五、六下午在蝴蝶湾党群服务中心大剧场献演。　　　　　　　　　　　　（包蕾）

【达先生工作室焕新】　10月25日，达庆熙志愿者工作服务中心举行一个人到一群人——达先生工作室焕新启动仪式，新一代"80后90后"民族青年志愿者接过老一辈志愿者的接力棒，投身民族团结进步事业。在活动中，街道发布"15分钟社区统战生活圈"项目。2010年石门二路街道在全市率先建立以优秀少数民族志愿者姓名命名的社会组织"达庆熙志愿者工作服务中心"，走出一条城市民族工作品牌化、社会化的新途径。达庆熙等老一辈少数民族志愿者，以其对民族工作深厚的感情和无私奉献的精神，为民族团结进步事业作出贡献。　（包蕾）

【第二十届邻居节】　11月11日，石门二路街道举办主题为'念廿'不忘邻里情，奋楫扬帆启新程"的第二十届邻居节。街道全体机关干部、各职能部门人员、居民区居委会、楼宇党群工作者、区域化党建成员单位代表、沿街商铺代表、企业白领、社区居民代表以及结对共建单位崇明区向化镇、新村乡相关负责人等参加活动。在活动中举行蝴蝶湾党群服务站启动仪式和石门二路街道低碳社区数智平台上线仪式，进行"美好社区 先锋行动"项目的"善治先锋""文明实践之星"、社区治理"达人"等荣誉表彰。（包蕾）

【**蝴蝶湾市民园艺中心（林长驿站）**】 11月16日，石门二路街道在蝴蝶湾党群服务站内设立蝴蝶湾市民园艺中心，并举办单品类可回收物"集盒行动"启动暨蝴蝶湾市民园艺中心与"林长驿站"揭牌仪式。街道在各精品咖啡店开展纸类专项回收再利用的"集盒行动"，推动生活垃圾源头减量，同时结合打造15分钟便民生活圈园艺应用服务体系，鼓励多元主体参与垃圾分类、绿化建设、环境治理等各项工作。

（包蕾）

表27-4　2023年石门二路街道居委会基本情况表

名称	地址	居民小组数（个）
合计		284
奉贤	北京西路779号	42
新德	北京西路511号4楼	31
东王	石门二路60号	15
郑家巷	泰兴路391号	35
张家宅	石门二路199弄2号104室	29
斯文里	成都北路951弄16号	8
达安城	慈溪路191号	10
新福康里	新闸路888弄116号	36
恒丰	石门二路485号2楼	49
华沁	武定路169号	25
祥福	石门二路154弄31号	4

（包蕾）

（六）南京西路街道

【**概况**】 南京西路街道东起成都北路，西至常德路、富民路，南到长乐路，北及北京西路，辖区面积1.62平方千米。下辖12个居委会，户籍人口4.43万人，常住人口3.34万人。辖区居住小区36个（不含4个部队小区），居民小组404个。2023年，街道按期完成6个为民实事项目、2个零星地块旧改工作。全年发放社会救助帮困总金额1893.32万元，发放元旦春节帮困资金56.5万元，覆盖对象669户次。街道社区事务受理中心全年累计受理业务21830次，其中全市通办73件次、"一网通办"469件次。全年招商企业数279家，其中千万级企业4家，百万级企业12家。街道获评全国"节约型机关""上海市五一劳动奖状""第五届中国(上海)社会治理创新实践十佳案例"等称号。

（袁文梅）

【党建引领】 2023年，南京西路街道分级分类推进学习贯彻习近平新时代中国特色社会主义思想主题教育，组织2场专题学习和4场联组学习，第一时间开展11个领导班子课题调研，组织60余场党支部书记上党课活动。开展"四百"走访活动，累计办好群众身边实事50余件。推进"毗邻党建"，携手"三区四街道"，共同推进"巨富长"（巨鹿路、富民路、长乐路）街区治理，成立夜间整治工作专班、设立整治工作站点，组建"街区管理一体化巡查队"。重点推进市"美好社区先锋行动"的"联袂打造巨富长治理共同体携手建设品质街区新秀场"项目，协调推进对应区"静邻行动"的5个街道（街区）项目，督导推进73个居民区三级网格项目。发布"志愿南西、慈善南西、乐享南西、先锋南西、人文南西、共治南西"等6个大类26个福民项目，发动辖区内社区单位和"两新"单位参与和认领街道"福民项目"。深化恒隆、兴业太古汇、张园—丰盛里、巨富长4个商圈党建联席会议平台的组织架构和运作机制的常态化、项目化共治机制建设，落实"双报到、双报告""双结对"机制，推进结对党组织和在职党员常态化参与社区治理。与18家医院、药业和媒体单位以守护社区健康为目标，成立"南京西路街道社区大健康联盟"，优化营商环境，营造宜居社区。

（袁文梅）

【城区管理】 2023年，南京西路街道优化"一网统管"工作机制，实行"12345"市民服务热线工单"双先联、双回访"，全年受理热线工单2810件，满意率动态保持60%，不属实率20%；累计受理网格案件21675件，其中主动发现案件19547件，被动发现案件2128件，均100%办结。拆除原南阳路143号沿街垃圾箱房，完成长乐路672弄垃圾箱房改建并投入使用，改造巨鹿路748号沿街垃圾箱房，调整至巨鹿路758园区内，提升分类实效；有序运行垃圾分类"一网统管"应用平台，对小包垃圾、箱房满溢等进行智能监测，实现即时报警到派单处置的全流程闭环管理；开展暴露垃圾"清零"行动、可回收物细分类"绿色"行动，完成26处公共区域可回收物细分类示范点设置。释放公共停车资源，累计取消占路非机动车停放点位2处，日均清理驳运违停非机动车1800余辆。依托"爱我美丽家园"居民自治实事项目开展非机动车车棚翻新、雨棚更新等10个项目。推进青海路南京路口、拾影花园、延安中路铜仁路口南侧绿化等公共空间更新项目。与市城规院合作开展"15分钟社区生活圈"专题调研，与12个居民区共同梳理各类设施、资源，明确生活圈建设目标方向，形成10个近期建设项目和8个远期建设项目。组织发动社区平安志愿者36166人次参加烟花爆竹管控，拓展组建楼宇、店铺"十户联防消防志愿者"队伍700余人，开展消防、治安防范培训演练活动55场次。

（袁文梅）

【社会事业】 2023年，南京西路街道开展新春送福、"迎新游园会"等传统节日活动以及"看上海"文旅活动，开展"福民南西艺术季""福民雅集""福民大舞台""福民影院""福民沙龙谷"等活动。开展康健苑及康健驿站运维，康健苑全年为居民服务484次，志愿者服务共计968小时，服务居民10648人次，驿站运维累计巡查1677次，市民健身房建设服务近6000人次。组织开展社会体育指导员和志愿者队伍建设8次，培育22名新晋3级社会体育指导员。组织开展体育团队建设32次。完成公共体育配送服务41次课、720人次。白领艺术学苑开设春夏秋冬4期，服务逾千人次。街道图书馆借还书5335人次，阅览12888人次，新设1个文化中心阅读驿站，完成17个阅读点位的整理换新。

（袁文梅）

【民生保障】 2023年,南京西路街道向2430名社区老人提供居家养老服务,乐龄家园"十助"(助餐、助洁、助浴、助急、助学、代办、助乐、相谈、助行、助医)受益达15余万人次;开展313名高龄独居老人燃气报警器安装、56名独居老人应急呼叫、54户老年人居家环境适老化改造等为老服务项目,将925名社区独居老人纳入特殊困难老年人探访关爱服务项目。街道社会救助所全年救助15367人次,发放金额累计1697.91万元。元旦春节期间走访慰问残疾人243人次,发放慰问金12.82万元,组织残疾人体检95人次。职业介绍316名失业人员实现再就业,139名就业困难人员实现就业,帮扶创业企业63家,帮助长期失业青年就业37人次。街道劳动调解中心受理案件187件,成功调解金额340.6万元。开展优抚对象走访慰问,发放各类优待抚恤、补贴补助、慰问金2739人次、全额718.41万元,走访驻区部队官兵294人次。街道红十字会募集善款12.61万元,用于各类社区帮困。 (袁文梅)

【优化营商环境】 2023年,南京西路街道年内成立招商引资工作专班,落实"1+4+X"(依托1个经济发展服务中心,张园街区、巨富长街区、南京西路街区和大沽路石门一路4个街区,X是各种招商资源和平台)营商专业小分队组团工作模式,引进项目279个,其中千万级项目4个,百万级项目12个,完成年度各项招商引资指标任务。成立"一企一组"专项帮办小组,成立"普惠金融"顾问室,完成55家服务包企业的管家订制和服务工作,为企业提供精准服务;成立"静心帮办"服务点,提供"线上线下、一口受理"的咨询及帮办服务,拓展云端帮办渠道,深化"远程视频帮办"等服务;完成信用建设各项工作任务,推进外卡POS机排查工作和产业用地综合绩效评估。梳理在地企业名录,完成917家在地企业信息核查,500余家企业名录库录入以及128家机关事业、金融企业名录核查。开展经济普查宣传,完成法产单位清查5306家、个体户630家,清查阶段完成赋码6000余次,完成清查登记审核1500余次,完成法产单位底册核查5000余次。 (袁文梅)

【公共安全】 2023年,南京西路街道全年共接到火警报警31起,其中9起出水。结合高层住宅和老旧小区消防安全隐患、养老医疗机构、"土制升降机"、住宅小区建筑外墙高坠、燃气领域餐饮等专项排查整治,针对居民区,九小场所(小学校或幼儿园、小医院、小商店、小餐饮场所、小旅馆、小歌舞娱乐场所、小网吧、小美容洗浴场所、小生产加工企业),大型工地,人员密集场所,企业的消防设施、安全通道等进行针对性地排摸和检查,全年共检查6629处,发现隐患3088处,整改2042处。排查发现58处群租点,自行整改撤走39处,开展联合整治18处,共计拆除床位179张。受理小型建筑工地报备397家,其中342家通过网上审核,对成功报备的单位开展上门巡察核实和不定期抽查,对于未履行报备手续施工的21家单位当场责令停工并进行约谈。 (袁文梅)

【社区自治】 2023年,南京西路街道推动4个不同形态的"同乐汇客厅"开展8场主题系列活动和沉浸式体验活动,共32个社区单位参与,300余人次参加活动。开展以"踔厉奋发,治理新形态"为主题的新一轮福民"心"公约大讨论,形成一事一议的居民自治公约共52个,推动社区治理成果长效常态常新。通过"四阶十二步"(商议——意见征询、启动项目、拟定项目;决议——项目可行性评估、项目必要性表决、项目决议初步立项;协议——居委会筛选分流、制定具体方案落实方案细节、立项公示协商落实;评议——居民评议、专业评估、绩效评估)金钥匙工作法,共申报实施"我为文明小区出份力·爱我美丽家园"居民自治项目22项,受益约15000人次,自治众筹资金10000元支持自治项目。在楼组自治小平台打造"乐享共治+民主议事+公共空间+人文荟萃"的四维空间，完成198个星级楼组创建申报和31个区美丽楼组申报。12个居民区发动骨干组建138人的自治精英团队，定期做好楼组创建日常巡查、自治项目活动指导和引领。开展自治交流类、团队展示类、竞赛活动类等三类跨居民区融入互动活动，共80个社区单位与居民区开展结对共建项目，包括帮困助老、文化体育、法律服务、志愿服务等各方面内容，8259人次受益。（袁文梅）

【"三位一体"楼宇善治模式升级】 2023年，南京西路街道以恒隆广场党委换届为契机，深化楼宇党委职责功能。在辖区37幢楼宇强化楼宇党组织实体化有效运作，构建完善上下贯通、执行有力的组织体系。楼宇党群服务站开展各类学习活动350余场，覆盖党员群众7000余人次。围绕党的二十大精神和主题教育，优化升级"两代年轻人·共筑中国梦"恒隆广场情景党课、"民厚南里"情景党课。新建兴业太古汇、东方投资大厦和上海国际集团大厦3个楼务会，聚焦楼务会的体制机制，优化协商议事决策机制，强化首席服务团队对议题的响应和处置效率。推广"党建+治理+营商"新三位一体模式，向全域楼宇党群服务站拓展，以党群站点为纽带辐射周边。中国电信、信谊图画书、美团等企业在楼宇党群服务站内开展"企业开放日"活动，受到企业和员工欢迎。（袁文梅）

【群团组织引领新作用发挥】 2023年，南京西路街道办事处年内获评"上海市五一劳动奖状"，汇金融资担保业务部、沪港国际咨询集团团委2个班组被评为"上海市工人先锋号"。易居（中国）控股有限公司徐伟被评为上海市优秀工会工作者。全年完成工会组建6家，灵活就业入会190人，推动户外职工爱心接力站、职工健康服务点、爱心妈咪小屋等服务阵地功能融合提升，形成"午间赋能一小时"职工服务项目。开展学习贯彻党的二十大精神专场红色定向赛、南西商圈拔河邀请赛等特色活动项

12月22日，2023年南京西路街道区域化党建联席会议暨张园城市更新党建联盟主题活动举行

（南京西路街道　供稿）

目,打造"学思践悟直播间"和"福民YI刻直播间",惠及职工5000余人次。街道团工委下辖沪港国际咨询集团有限公司团委获"全国五四红旗团委"称号,"南西·游记,打造社区自治新名片"获评青春治立方十大项目,选树新成居民区党总支副书记羊振杰为"新时代上海闪光青年"。2022—2023年度"最美家庭"寻找推荐活动,7户获评静安区"最美家庭",1户获评海上"最美家庭"。

（袁文梅）

【**法治特色工作**】 2023年,南京西路街道把习近平法治思想、宪法法律列入学习内容,每年举办2期以上法治专题讲座,将宪法以及与工作密切相关的法律法规纳入培训内容。设立"法治观察点",及时发现和推动解决基层法治问题。统筹法律服务,在石门一路北京西路零星旧改基地安排律师开展旧区改造法律服务工作,接待居民咨询70人次。落实行政主要负责人出庭应诉制度,共计受理行政诉讼案件5件、行政复议案件5件。安排公职律师对综合执法队的重大执法决定进行审核并出具法制审核意见,共计开展重大行政执法决定法制审核8次,出具法律意见6条;对于街道签订的重要合同、文书进行审核,共计进行重要合同及文书审核91次,出具法律意见89条。打通信访、司法综合服务窗口,推动调解力量、律师等提前介入,全年信访总量269件,按期办结率100%,参评满意率100%。依托商务楼宇公共法律服务工作站建立"信访代理工作站",为商务楼宇内的白领们提交信访诉求、传达信访办理结果。针对辖区多发的业委会和物业公司矛盾、工地施工矛盾,落实"三所联动"（司法所、公安派出所、律师事务所）机制,引入第三方专业律师力量,有效化解和缓解静安四季苑、陕西北路288号、中凯城市之光小区等矛盾。

（袁文梅）

【**零星旧改推进**】 8月,南京西路街道将北京西路和石门一路2个零星地块作为一个项目合并启动旧改,共涉及343证,面积约1.9万平方米。成立8个由班子领导带队的工作小组,与征收事务所8个工作组结对,落实领导包户,逐案研究分析,制定一户一策,确保分工明确、措施落实到位。健全力量配合,组建党员先锋队、青年突击队和志愿服务队,成立由街道干部、居委干部、福民法律中心律师组成的调解队,加强矛盾介入化解,并引入专业律师在基地设咨询点,为各项工作落实提供保障。发挥楼组长、团队带头人、居民积极分子作用,设身处地做好动员劝说;利用中秋国庆等假期,为老年人等弱势群体看房、搬场提供帮助,加大生活关心和情感关怀,打好工作基础。地块征询、入户评估、集中搬迁等各项工作流程顺利推进,11月26日,地块旧改启动签约,以99.42%的签约率高比例生效。

（袁文梅）

表27-5 2023年南京西路街道居委会基本情况表

名称	地址	居民小组数(个)
合计		404
陕北	江宁路83弄4号104-107室	32
华业	陕西北路173号中部102室	41
联华	南阳路209弄9号2楼	28

(续表)

名称	地址	居民小组数（个）
延中	延安中路877弄69号	50
古柏	巨鹿路787号	57
陕南	巨鹿路693号乙	16
威海	延安中路740弄18号	30
升平	升平街79弄5号	22
新成	南京西路591弄129号	31
中凯	大沽路346号208—210室	44
茂北	南京西路1025弄138号	29
重华	南京西路1081弄65号	24

（袁文梅）

（七）北站街道

【概况】 北站街道东起河南北路、罗浮路，西至南北高架路，南临北苏州路、光复路，北到铁路。辖区面积1.74平方千米，下辖居委会14个，居民小组数234个。户籍人口39696人，常住人口32841人，外来人口12183人。街道办事处设在国庆路43号。2023年，北站街道建立楼宇招商双月工作例会，跟进楼宇招商动态。与苏河湾中心、汇能大悦中心、福新汇等辖区重点楼宇及四行仓库等园区合作，通过建立楼宇招商联盟，促进楼宇招商经验交流，提升楼宇品质。引进项目547个，其中税收千万级项目3个，千万级储备项目1个。街道配合区房管局协调推进康乐大楼、华侨公寓"美丽家园"项目，以及恒安大厦、陶瓷大楼、河滨豪园外立面整治工程。根据不同区域开展分级管理，每日对街面跨门营业、乱堆物、乱张贴、乱设摊、乱停放等问题开展全面检查和重点部位整治。对街区超量投放、违规停放的共享单车及时上报共享单车企业进行清运。街道社区事务受理中心全年接待居民约24661人次，实际受理经办业务17620件。累计救助1316人次。新增就业岗位1897个，帮助长期失业青年就业创业79人，城镇登记失业人员控制在657人以内，失业人员实现再就业419人、就业困难人员实现就业151人，推荐参加职业指导52人、离校未就业毕业生帮扶就业率达到90%、创业帮扶企业53家。2023年，北站街道获评全国自然灾害综合风险普查先进集体、上海市"节约型机关""上海市儿童友好社区""上海市夜间文化和旅游消费集聚区"等称号。街道社区文化活动中心获"第九届'和平杯'京剧小票友邀请赛团体金奖""2023年上海少儿戏曲小白玉兰称号评选优秀组织奖""2023年静安区未成年人暑假工作优秀组织奖"。北站街道爱心暑托班获评"2023年上海市小学生爱心暑托班优秀办班点"。街道"遇见、对话、乐活·北站"主题品牌活动获评"2023年静安区十大

公共文化旅游事件"。（陈燕）

【党建引领】 2023年,北站街道推进第二批学习贯彻习近平新时代中国特色社会主义思想主题教育,举办主题教育街道领导干部读书班,组织领导班子学习并进行研讨交流;针对不同层级、不同领域、不同对象的特点,制定居民区党组织、新兴领域党组织等开展主题教育工作提示,要求基层党组织以党支部为单位,结合"三会一课"(三会:支部党员大会、支部委员会、党小组,一课:党课)、主题党日等,采取务实管用、简便易行的措施开展主题教育。依托苏河湾功能区党建联盟平台,协调引导各方力量共同参与党建服务和社会治理。"静听苏河"诵读项目、"溯游苏河,鉴往知来"打卡路线成为共建共享的知名品牌。形成"央地共建、政企同盟、城市会客"的苏河党群服务矩阵,构建苏河沿岸"15分钟党群服务生活圈"。苏河湾绿地党群服务站发挥"滨河驿站"的优势,接待各类参观活动近300场,服务人数近7000人。街道年内担任苏河湾功能区党建联盟首轮轮值单位,在四行天地园区、光明地产大厦搭建的楼宇会自治平台,探索"垂直社区"治理工作机制,打造盈凯文创广场楼宇会,推动楼宇建设和发展。（陈燕）

【城区管理】 2023年,北站街道推进"滨水精细化管理示范区"构建,示范区总面积约0.43平方千米,包含4个住宅小区、3个商业综合体、1个在建工地、2个居委会。街道对辖区内的167个非机动车点位进行补划或新增停车线;对光复路、北苏州路沿岸垂钓等行为进行巡查并合理疏导;对慢行步道每日安排定点固守,规劝快速车辆驶离绕行。完成上海市赛艇公开赛、静安区光影节等市、区各类重大保障任务。结合《上海市生活垃圾分类精品示范居住区(村)建设工作方案》标准,以海联公寓、蒙古小区2个居住区为示范,对万豪公寓、天东小区等18个居住区生活垃圾箱房、建筑垃圾箱房进行标准化改造,提升垃圾厢房人性化投放功能,部分更换感应投口,提供无接触投放。以苏河湾万象天地为试点,开展"无废商场"建设,设置可回收物精细化分类收集容器、打造2家绿色低碳商铺。打造"城市绿心"绿色低碳平台。在上海市市容环境公众满意度测评中,街道位列全市中心城区第27名,评为优秀,名次较上期提升35名。推进天目大楼电梯间改造项目,惠及居民143户。大统路159弄9号楼、11号楼加装电梯于9月28日开始试运行,惠及居民59户。开展华祺苑小区美丽楼道工程、七浦商厦小区路面及下水道工程、道路墙面粉刷及综合改造工程等6个工程。开展食品安全宣传周、食品安全科普知识进社区、进企业、进学校等活动,如"共创食安新发展、共享美好新生活"食品安全宣传周"透明工厂"体验行活动等。每月5号、15号和25号在科普展举行科普活动,邀请辖区居民和食安联盟志愿者、餐饮单位从业人员参加科普讲座,提升辖区居民和经营单位对食品安全的知晓率和满意度。（陈燕）

【社会事业】 2023年,北站街道在苏河湾绿地党群服务站打造滨水智慧健康小屋,为市民群众提供集健康自检、自我健康管理、健康指导等一站式服务。新增1处健身苑点。街道10个居委会完成远程虚拟政务服务窗口的建设,实现远程政务服务功能,通过视频连接与受理中心形成服务合力,打通社区为民政务服务的"最后一公里"。社区事务受理中心改造原有场地,开辟独立空间,在8月底建设完成"24小时自助服务区"。服务区配备"一网通办"政务服务自助终端、自助取件柜等智能设备,让居民可以随时随地自助办理社保查询、医保服务等多种业务,为居民提供24小时政务服务。整合北站戏曲、吴昌硕、月份牌、读书类等传统文化品牌,举办第四届北站戏曲节、月份牌"非遗"系列和"阅读的力量"读书日系列等各主题活动。全年共开展特色品牌活动200余场、策划举办6场系列主题展览,全年参与活动人数超过10175人次、线上活动浏览触87058人次。

（陈燕）

【民生保障】 2023年,北站街道首家综合性社区食堂正式营业,社区食堂日均接待约600人次,其中60周岁以上老人占三分之一。推进北站街道认知障碍友好社区建设项目、"欢居"项目、"乐龄家园"项目,发挥各养老服务场所作用,为社区老人提供"食、住、娱、医、养"等多方面的支持与服务。推荐求职者参加市、区线下招聘会,举办北站街道春季就业服务活动、静安区人力资源服务机构助力大学生就业联盟进社区活动暨北站街道应届毕业生面试会,为失业无业人员及应届生提供就业机会。针对应届毕业生开展百分百排摸,了解就业情况、宣传就业政策,针对有求职意愿的加大服务力度,建立"一人一档",持续跟踪服务。针对注册3年内的初创企业,逐一电话或上门宣传创业扶持政策,鼓励创业企业申请办理创业政策。组织发动辖区内有招聘意愿的初创企业参加北站街道春季就业服务活动,帮助初创企业招聘。举办"苏河企汇"专题政策讲座,优先邀请初创企业参加,帮助初创企业了解税务政策。开展"优质资源下沉,人人享有健康"主题宣传活动。围绕"促进儿童心理健康,共同守护美好未来"主题联合各居委开展专题宣传活动。

（陈燕）

【经济发展】 2023年,北站街道创办"苏河左岸CEO CLUB"、"对话北站,共赢未来"投资促进暨优化营商环境建设会,打造精细化管理滨水示范区,提升苏河湾区域营商环境,增强落地企业对苏河湾区域的认同感和获得感。依托苏河湾中心云端党建服务中心、大悦中心等优质空间载体,街道先后接待达飞、默克、衣恋、WTW、GSK、安联保险、JTB、宝乐等跨国公司以及新沪商青锋会的沪港青年企业家、外资

5月16日,2023静安政企对话圆桌会议暨"苏河左岸CEO CLUB"揭牌仪式在北站街道苏河湾中心举行

（北站街道　供稿）

医药企业政府事务官到访考察北站的优质营商环境。对接汇能集团、鄂尔多斯、圣戈班、PF等入驻重点企业做好服务。对区下放的重点企业117家服务名单按税收能级、风险程度分级分类走访,对税收贡献高、稳ణ风险高的企业采取高效率、多频次走访。全年走访楼宇27栋,企业413家,解决问题50余个,举行大型推介活动3场、企业服务类活动4场(法律服务、融资讲座、政府开放月、质量月)、企业家活动2次(接待沪港青年企业家、市长国际企业家咨询会成员)。在楼宇、园区为企业人员举办各类企业活动181场,提升社区的营商服务效能。 (陈燕)

【公共安全】 2023年,北站街道全年对辖区内治安重点地区开展巡查92次,排查出安全隐患55起,均落实整改。共组织安全生产检查198次,检查407户单位,其中处级领导带队检查118次,检查301户单位,共查处隐患96条,整改隐患94条,整改完成率98%。结合"安全生产月"活动,在社区开展"落实安全责任,推动安全发展"系列活动,举办各类安全宣传活动30余次。开展1次专题安全讲座、1次设摊集中宣传、1次安全宣传校园行,发放各种宣传资料14000余份,在有条件的居民区各开展1次消防疏散演练。开展燃气安全专项检查,共组织检查194人次,检查餐饮企业112家,初查覆盖率100%,整改隐患121处,整改完成率100%。做好法治学习宣传工作,开展专题宣传活动。要求各居委会在居村法律顾问配合下,组织居民群众学习《中华人民共和国民法典》。继续聘请专业律师作为街道法律顾问,每周为社区居民免费提供法律咨询服务,为街道依法行政、依法管理提出法律意见和建议。 (陈燕)

【李震到北站街道调研】 1月31日,静安区副区长李震一行来到北站街道调研城区建设管理工作。区府办、区建设管理委、区绿化市容局、区房管局、北站街道相关负责人参加调研。 (陈燕)

【孙明丽带队到七浦路开展安全生产检查】 2月8日,区人大常委会副主任孙明丽带队到七浦路服饰商业区开展安全生产检查。 (陈燕)

【高飞到北站街道开展走访调研】 7月19日,区委常委、区纪委书记、区监委主任高飞到北站街道开展走访调研,实地查看联富小区、苏河湾绿地党群服务站、北站社区食堂,了解党建引领、社区治理、便民服务、党风廉政建设和反腐败工作开展情况。 (陈燕)

【静安苏河湾功能区党建联盟成立仪式】 8月29日,"奋根苏河,静邻行动"静安苏河湾功能区党建联盟成立仪式暨2023年静安区区域化党建工作推进会,在苏河湾党群服务中心举行。区委书记于勇,市委组织部部委员、市社会工作党委副书记徐树杰出席活动并讲话。区委副书记、区长王华,区委常委宋宗德、王翔、高飞、莫金亮、傅俊、梅广清、陈志忠,以及上海大学、南京市人民政府驻上海办事处、上海自然博物馆管委会、华润集团等相关负责人出席。 (陈燕)

【吴昌硕艺术传承展开幕】 10月18日,由北站街道主办,上海吴昌硕艺术研究协会、上海市吴昌硕文化艺术基金会、上海吴昌硕纪念馆等单位共同协办的"缶墨薪传"纪念吴昌硕诞辰180周年——吴昌硕艺术传承展开幕式在北站剧场举行。 (陈燕)

【"静邻一家,美好生活节"启动仪式】 11月11日,由静安区委组织部主办、北站街道承办的静安区"静邻一家,美好生活节"启动仪式在苏河万象天地慎余里举行。静安区委副书记、组织部部长宋宗德,上海市党建服务中心主任薛巍,光明食品集团党委副书记朱晨红出席启动仪式。 (陈燕)

【2023年"静听苏河"红色诵读及配音大赛决赛展演】 11月24日,由静安区委组织部指导,静安区北站街道党工委和上海都市乐聆文化传播有限公司党总支承办的"叩时代之门,听时代之声"——2023年"静听苏河"红色诵读及配音大赛决赛展演在苏河湾党群服务中心举行。苏河湾功能区党建联盟单位、北站街道区域化党建单位、决赛展演选手所在单位负责人参与活动。

（陈燕）

表27-6　2023年北站街道居委会基本情况表

名称	地址	居民小组数（个）
合计		234
新泰安里	山西北路108弄13号	8
顺庆里	福建北路228弄2号楼1楼	28
文安	浙江北路191号	6
高寿里	康乐路203弄4号	7
吉庆里	康乐路203弄2号	9
颐福里	东新民路92号	0
来安里	东新民路88号	0
晋元	蒙古路28弄7号	48
三生里	西藏北路225弄2号101室	31
永顺里	晋元路228弄10号201室	23
南星路	南星路70号106室 46号	46
海昌	共和新路111弄12号	28
南林里	浙江北路411号	0
华天	浙江北路411号	0

（陈燕）

（八）天目西路街道

【概况】 天目西路街道东起南北高架道路、大统路、普善路,西沿沪太路,南濒苏州河,北接中山北路。辖区面积1.94平方千米。下辖12个居民区,325个居民小组。有30个住宅小区、28条道路。实有人口3.45万人,户籍人口2.86万人。辖区有64幢商务楼宇,有阿维塔、苏伊士、任仕达、三得利等注册企业5600多家和5万名"两新"白领人员;有以上海人才大厦为中心的人才产业园区;有静安国际、凯德星贸、金融街等多处商务中心;有1所养护院、2处社区食堂、2处综合为老服务中心,有4处社区卫生服务站点。全年招商引资完成总数543个，其中千万级项目3个，百万级项目22个。街道社区事务受理中心全年累计业务受理量2.1万余件，其中全市通办48件次，"一网通办"499件次。元旦和春节期间，街道各类帮困送温暖项目共救助4637人次，发放金额261.33万元。街道社区事务受理服务中心获评5A级，得分排名全市第三名、全区第一名。街道被授予2023年全民运动健身模范街镇建设试点单位。街道社区文化活动中心获评第四批上海市民"家门口的好去处"。街道旧区改造和旧住房成套改造办公室获评2023年度上海市重点工程实事立功竞赛优秀团队。街道林长办获"上海市标准化街道林长制办公室"称号。"践行人民城市理念，实现幸福原地升级——天目西路街道党建引领蕃瓜弄小区升级改造"案例被评为"全国社区党建创新最佳案例"和"第六届中国（上海）社会治理创新实践十佳案例"。

（沈羚）

【党建引领】 2023年，天目西路街道聚焦"添睦+"党建品牌，召开街道基层治理大会，建设善治和合的"品"字街区。构建"和矩阵"楼务会，完成10个楼务会平台建设，共覆盖16栋楼宇、890家企业，近2万名白领人员，发挥好楼事楼管、楼事楼议的总渠道作用。组织"十年征程再出发，学思践悟共发展"区域化党建主题活动，探索以"轮值主席"为引领的区域化党建联盟运作模式，深耕"合乐居"居民区党建品牌，持续更新"资源、需求、项目"清单，凝聚共识，汇聚合力。高质量建设滨河党群服务站。持续打造"讲政治、敢担当、不怕苦、有温度"的高素质干部队伍。开展"添睦+螺丝钉"教育培训，制定《天目西路街道关于进一步加强干部队伍建设的实施意见》，建立完善"选、育、管、用"统筹推进的全链条培养机制。

（沈羚）

【城区管理】 2023年，天目西路街道完成6个"美丽街区"建设项目，光复路909号长颈鹿、恒通路鲸鱼垂直绿化墙等成为市民打卡点。启动长安小区、北盛小区2个"美丽家园"建设项目。推进垃圾分类工作，完成和泰花园、长安大厦、紫兰苑小区建筑垃圾厢房升级改建，安源小区成功创建上海市垃圾分类精品示范居住区。基本完成3处市民园艺中心建设。推进既有住宅电梯加装工程，完成签约3台，开工18台，完工6台，签约率和开工率均位列全区第一名。落实市容市貌、生态环保、食品安全等工作，街道林长办获"上海市标准化街道林长制办公室"称号。优化"12345"市民服务热线工作机制，提升办理实效，热线年度考核排名全区第二名。推进"15分钟社区生活圈"建设，绘制街道行动蓝图，形成"一轴一带三核"（即以恒丰路为轴，滨水岸线为带，普铁新村与欣普园区、街道南睦邻中心、蕃瓜弄为核）的总体空间布局。

（沈羚）

【社会事业】 2023年，天目西路街道建设运营1个社区就业服务站，新增就业岗位1290个，失业人员实现再就业245人，困难人员实现就业96人，帮助长期失业青年就业创业38人，创业帮扶44户，城镇登记失业人员控制在指标范围内。举办"助业天目，梦想起航"综合招聘会，邀请32家单位推出岗位逾千个。建成4个"便民直通车"服务点、1个社区食堂，升级改造1个社区智能化食堂，2个社区食堂全年共服务21万余人次。整合文化中心阵地资源，扩容改建社区健身房，成为全市首家由市健身健美协会在社区开设的训练基地，街道被授予2023年上海市全民运动健身模范街镇建设试点单位。开展双拥模范街道创建，完成星级阳光之家评选、社会救助工作绩效考核、未成年人保护工作评估等工作。成功举办第一届添睦杯社区足球赛，14个街镇及部分辖区企业单位组队参赛。

（沈羚）

【民生保障】 2023年，天目西路街道组织开展"冬送暖""夏送凉""敬老月"为老服务系列活动，推动老年认知障碍友好社区建设,完成家庭养老床位建设16张,开展"沪助养老时光汇"活动20次,完成79名独居老人"一键通"终端设备安装和10户老年人居家环境适老化改造。关心关爱儿童,建成1个社区"宝宝屋",为辖区内有托育需求的1至3岁婴幼儿家庭提供12次免费临时性照护及科学育儿指导服务。爱心暑托班、爱心寒托班开营,引导和帮助小学生度过安全、快乐、有意义的假期。持续深化"一网通办",在沪太路150号新设"一网通办"24小时自助服务区。打造"一网通办"长三角服务窗口,为居民提供跨省业务服务,全年实现跨省连线36次。将社区事务受理中心预约功能接入"随申办"街道旗舰店平台。街道班子成员为广大群众开展"帮办"业务224件。　　　　　　　　　　(沈羚)

【经济发展】 2023年,天目西路街道聚焦重点储备项目、重点招商楼宇、优势产业和行业,实行领导干部带头招、集中推介定向招、重点跟踪精准招,招引一批资本聚集度高、核心竞争力强、经济效益好的大项目,提前并超额完成全年招商指标任务。落实重点企业"服务包"制度,全年开展重点企业"服务包"走访工作59家,其中"专精特新"企业9家,"单项冠军"企业2家。做实"一楼一组"工作模式,走访303家企业,共协调解决企业痛点、难点问题200余项,诉求回复反馈、办结率均达100%,成功留商高能级企业16家。深化"添睦益企"服务品牌内涵,发布营商环境宣传片,制作重点楼宇全景VR地图,展现街道交通、楼宇、商业配套"三大优势"。在企业服务中心设置"静心帮办"服务窗口,为企业提供全流程指导。举办税收政策解读、外商投资政策服务等多元化惠企服务活动30余场,开展营商环境相关宣传400余次。高质量推进第五次经济普查工作,清查街道单位数共4792家,个体户821家。(沈羚)

【公共安全】 2023年,天目西路街道维护社会稳定,组织动员平安志愿者参与群防群治,累计6000人次在重大节日、节点期间开展社会面安全巡防。抓好"家门口"信访制度建设,推进法治服务中心建

7月,蕃瓜弄小区旧住房改建(拆除重建)项目签约　　　　　　　　(天目西路街道　供稿)

设,完成"三所联动"(司法所、公安派出所、律师事务所)化解矛盾纠纷和"三所党组织联建共建"双签约,全年共化解各类矛盾284起。开展重大事故隐患专项排查整治2023行动及各种行业专项工作,对449家各类安全生产单位实现安全检查全覆盖。为居民区发放灭火器240个、防灾应急箱24只、消防应急包600套,为450名独居老人派发简易灭火器材1350件、安装燃气报警器及切断阀217套,完成居民区微型消防站更新建设13个,整治液化气钢瓶使用单位13家。组织社区消防安全演练和培训活动15场。成立反诈工作协调小组,推进街道反诈中心实体化运行,累计宣传受益群众2万人次。

(沈羚)

【民生实事】 2023年,天目西路街道推进蓄瓜弄旧住房改造项目,践行全过程人民民主,实现居民签约和搬场2个100%目标,并提前两个月开工,用最快速度回应居民群众的热切期待。蓄瓜弄旧住房改造工作在人民网、新华社等中央、市级媒体上刊登信息100余条。启动普善小区成套改造项目。推进民心工程建设,年初立项12个,实际完成项目26个,解决家具大厦便民通道改造、展望大厦路面修缮、中华新路810号至846弄地下管道更换等一批群众关心关注的"老大难"问题。挖掘楼组中能人,建立44人的楼组导师人才库,完成楼组微更新项目14个,完成和启动业委会楼组改建项目16个。 (沈羚)

【习近平新时代中国特色社会主义思想主题教育】 9月,天目西路街道开展学习贯彻习近平新时代中国特色社会主义思想主题教育工作,严格将"学习教育、调查研究、推动发展、检视整改"贯穿始终,坚持以理论滋养初心、以调研破解难题、以实践推动发展、以整改落实到位,保证主题教育有序开展。街道处级领导班子通过实地学、辅导学、研讨学、联组学等,举办读书班7.5天,开展10次专题研讨、3次联组学习、15次述学,班子成员开展12次专题党课,班子成员个人自学累计4095学时。基层党组织分类统筹学习,依托"三会一课"、主题党日开展学习1072次,通过集中培训、专题授课、交流研讨、党组织书记培训班等方式开展学习,党支部书记讲专题党课268次。成立主题教育"帮帮团",为年老体弱、行动不便的党员提供结对帮学,凝聚思想共识,共上门送书100本。街道处级领导班子共开展调研276次,形成调研课题12个,推进为民办实事项目108件,推动工作措施93项,将一张张"问题清单"转化为"成效清单",使百姓真切感受到主题教育带来的成效。

(沈羚)

【"侨界法治宣传月"专场活动】 3月16日,2023年静安区"侨界法治宣传月"在天目西路街道静安国际中心下沉式广场举办专场活动,吸引众多市民参与。静安区第一家律师事务所基层侨联组织、瀛东律师事务所新侨驿站"侨界法治宣传志愿者服务队",与街道侨联"侨界律师为老志愿者服务队",走进社区、街道、楼宇开展普法教育。市侨联党组书记、主席齐全胜为侨界法治宣传志愿者服务队和侨界律师为老志愿者服务队队长授旗。静安区委常委、统战部部长顾定鋆为静安区侨联涉侨法律服务瀛东工作站颁发聘书。 (沈羚)

【天目西路街道红十字会第二次代表大会】 于6月1日在街道办事处召开,来自辖区企事业单位、会员和志愿者代表60余人参加大会。会议听取并通过街道红十字会第一届理事会所作的《夯实品牌基础,回应民生诉求,共创博爱天目》工作报告,选举产生第二届理事会和第一届监事会。第二届理事会和第一届监事会分别召开第一次全体会议,胡慧芬当选为天目西路街道红十字会会长,街道办事处副主任林峰当选为常务副会长,上海久隆电力(集团)有限公司党委党建部主任韩莺当选为副会长。

(沈羚)

【蕃瓜弄小区旧住房改建(拆除重建)项目签约率达100%】 7月2日，随着最后一户租赁户落笔签约，蕃瓜弄小区旧住房改建(拆除重建)项目宣告签约率达到100%。作为静安区年内体量最大的小梁薄板改造项目，位于铁路上海站地区的蕃瓜弄小区的旧住房改造，涉及房屋14幢、门栋31个，共有居民住户1122证，其中租赁户977证、产权户145证。为彻底改变蕃瓜弄小区房屋陈旧简陋、设施破损、厨卫合用等状况，天目西路街道从5月15日起启动该小区旧住房拆除重建项目的正式签约工作，首日签约率即高达98.6%，达到旧改生效比例。小区产权户于6月15日实现100%签约，公房租赁户的最后一证也于7月2日完成签约，实现100%的签约目标。 （沈羚）

【街道"三所联动"双挂牌、双签约】 11月23日，街道召开深化推进"三所联动"工作会议暨"双挂牌""双签约"仪式。派出所所长侯翔、司法所副所长于旻昊、瀛东律师事务所高级合伙人谢钍睿共同签署"三所联动"工作协议。街道机关党总支行政第一支部书记张逸珑、派出所党总支第一支部书记李烨、瀛东律所党总支书记张浩共同签署"三所"党组织联建共建协议。会上，街道为首个试点楼宇环智国际大厦"三所联动"工作站揭牌授牌，向"三所联动"首家联盟成员单位上海易和调解服务中心颁发聘书。街道以"双挂牌""双签约"为起点，推进"三所联动"落地落实、见行见效，实现矛盾纠纷"就地、依法、高效"化解，提升基层治理和平安建设水平，打造具有天目西特色的新时代"枫桥经验"实践样本。 （沈羚）

【"锦绣苏河"滨河党群服务站启用】 7月6日，街道组织开展"魅力滨河，悦动添睦"主题定向赛暨"锦绣苏河"滨河党群服务站启动仪式。"锦绣苏河"滨河党群服务站位于静安国际中心苏河街区，紧邻苏河之畔，周边楼宇林立，服务辐射范围涵盖静安国际中心苏河街区全域，即由苏州河贯穿的3个居民区、20幢(含亿元楼4幢)高品质商务楼宇，入驻企业1300余家，2个楼务会。滨河党群服务站启动后，"锦绣苏河"将与3个楼宇、3个居民区党群服务站形成阵地体系，开展党群服务、新心驿站、营商服务、遇见志行、生命救护、读书明理等服务项目，打造新时代党建引领的为民服务体系和家门口的服务阵地。 （沈羚）

【"9·16"国防教育日暨人民防空疏散演练】 9月16日，街道结合防空警报试鸣，组织辖区企业、居民开展国防(人防)宣传教育活动，强化民众的危机意识和防空意识。宣教现场通过人防知识展板、装备器材展示、互动体验等形式，让民众"零距离"学习人防知识和防护技能，提高民众对人防的关注度和知晓度。宣教活动后，居民、民兵、物业等150人参加防空疏散演练。此次演练紧扣"鸣、走、藏、消"四大基本行动，以人员紧急疏散、民众防护救护为主线，精心筹划，周密组织，通过实战演练，达到练指挥、练方法、练技能的目的，同时保证参演人员安全。（沈羚）

【市民健身基地建设】 11月16日，上海市健身健美协会"健身健美运动员训练基地""普拉提运动指定培训基地"授牌仪式，在沪太路上的天目西市民健身房举行。这是市健身健美协会在上海首次将健身训练基地开设在社区市民健身场所，也拉开了该协会参与社区体育活动，并为市民健身健美活动提供技术、资源支撑的序幕。街道精心打造面积近1000平方米的市民健身运动房，分为南北两大功能区及一个服务区域，满足辖区数万居民和楼宇白领健身健美要求。南区为多功能区域，主要有乒乓球房、多功能操类房、搏击房、艺术体操房、舞蹈房、普拉提房、体适能房等多功能运动区域等；北区主要为健身器材区域，包括有氧区、无氧区、固定器械区、自由力量区等。 （沈羚）

【天目西路街道工会第二届第一次会员代表大会】 于12月28日在恒丰路600号上海机电大厦召开。约

130名代表出席会议。街道党工委副书记、总工会主席顾炜代表街道总工会第一届委员会向大会作题为《忠诚党的事业,竭诚服务职工,为建设品质天目贡献智慧和力量》的工作报告。

（沈羚）

表27-7　2023年天目西路街道居委会基本情况表

名称	地址	居民小组数(个)
合计		325
蕃瓜弄	上海市静安区大统路511号	25
华康	上海市静安区长安路308号	31
新桥	上海市静安区长安路500号	34
华新	上海市静安区中华新路950号102室	15
地梨港	上海市静安区中华新路1062号2楼	15
华丰	上海市静安区中华新路939弄21号	37
普善	上海市静安区中华新路893弄24号103-105室	44
铁路新村	上海市静安区普善路铁路新村付27号甲临	41
和泰花园	上海市静安区沪太路555弄8号2楼	12
安源	上海市静安区长安路1001号长安大厦4号楼旁边	30
河滨融景	上海市静安区长安路768号1楼	14
卓悦居	上海市静安区华康路69弄2号202室	27

（沈羚）

（九）宝山路街道

【概况】　宝山路街道东起东宝兴路,西至西藏北路,南起轨道交通3号线,北至中山北路。辖区面积1.62平方千米。下设居委会18个,居民小组680个,实有户籍人口60199人,常住人口60351人。街道办事处设于青云路600号。全年"美丽家园"建设项目涉及11个小区,共165363平方米,立项未完成的有3个项目。招商引资项目445个,"一网通办"597件,社会事务受理42434件次,帮困救助总金额2877.25万元、受惠20473人次。年内,会铁居民区湖州会馆讲解员小队获评2022年至2023学年上海市红领巾奖章集体四星章;宝山路街道上海新少年小记者培训学校办班点被评为2023年上海市小学生爱心暑托班优秀办班点;静安区旧城改建总指挥部宝山路街道分指挥部获上海市重点工程实事立功竞赛静安赛区优秀团队;宝山路街道办事处获全国"节约型机关"称号。

（赵婧宇）

【党建引领】 2023年,宝山路街道深入学习宣传贯彻党的二十大精神,发挥党群服务中心主阵地优势,广泛聚焦多方资源,拓展学习载体、开展专题教育、深化服务理念、营造学习氛围。2月20日,中心举办"从党章百年变迁感受党的力量之源——认真学习党的二十大精神"主题党课,邀请复旦大学法律硕士、上海市作家协会会员吴颢,为广大党员讲述党章的百年修改历程。 （赵婧宇）

【城区管理】 2023年,宝山路街道城运中心围绕深化落实沿街商铺责任区制度,开展门责相关法律法规上门宣传指导,同时推进沿街商铺生活垃圾分类收运工作。在宣传自查过程中,加大对《责任告知书》规范上墙的宣传力度,引导商户责任人自觉履行责任义务,参与社区共治,做到"地面扫干净、立面清干净、橱窗擦干净",按要求做好生活垃圾上门分类收集,根据商户自行勾选的收运时间,实现生活垃圾上门收集全覆盖以及中转和驳运的顺畅运作。持续开展常态化巡查监督,提升商户责任人履责率和自律意识,增强市容管理精细化水平,共同打造更舒适、更宜居的城市环境。 （赵婧宇）

【社会事业】 "六·一"节前夕,芷江中路294弄居民区党总支从小朋友的需求出发,结合志园公寓可回收物品兑换活动,联合爱芬环保,开展"不一样的六一,别样的收获"小小志愿者活动。辖区小朋友与大境中学的学生们一同参加活动。该活动共回收快递盒524.3千克,塑料瓶431千克,衣服171.1千克,利乐包30个,自行车2辆,电瓶车2辆,三轮车1辆,共减少971.28千克二氧化碳排放,相当于种植9.71棵树,人均减排22.07千克二氧化碳。居民区党总支书记唐俊为所有小朋友颁发纪念证书。 （赵婧宇）

【民生保障】 6月14日,宝山路街道吾家食坊面向社区广大居民正式开业。静安区委常委、常务副区长傅俊,区有关部门领导,上海市药膳协会、空军学兵三营以及辖区居民代表共同参加揭幕仪式。坐落于宝昌路521弄1号的吾家食坊,占地面积400平方米,可容纳110人同时就餐,主要为居民提供"一日三餐"的同时,还有自制西点售卖。 （赵婧宇）

【经济发展】 11月14日,宝山路街道党工委领导带领街道党政办、营商办相关人员走访上海双溪投资发展有限公司、上海交运日红国际物流有限公司,了解企业经营情况和未来发展规划,主动问企所需,并分别送上重点企业专属"服务包",让各类惠企政策直达企业、更快见效,增强企业获得感和发展信心。上海双溪投资发展有限公司成立于2009年,主要经营投资改造商业产业园区,在上海核心商圈投资改造运营的商务园区有武夷休闲广场、武夷商务园、共新文创园。上海交运日红国际物流有限公司成立于2009年3月,隶属于上海交运集团股份有限公司,公司总资产15亿元,2021年成为久事集团旗下成员企业,作为一家综合型物流企业,在制造物流、医药物流、城市冷链及配送物流、工程物流、多式联运及仓储等领域为客户提供完整的供应链解决方案和物流服务,物流网络覆盖40余个国内重要城市。 （赵婧宇）

【公共安全】 12月7日,宝山路街道联合中铁二十四局上海公司举办消防疏散应急演练活动。活动邀请静安区消防支队参谋和中兴消防救援站多名消防员进行现场指导。通过演练,强化企业的消防安全意识,检验消防预案的可行性和可操作性,熟悉应急抢险流程。 （赵婧宇）

【党群活动】 7月24日,青云路435弄居民区组织辖区党员、积极分子等代表,到宝山路街道党群服务中心2楼活动室,开展"追寻红色印记,传承红色基因"主题党群活动,并观看宝山路红色遗址纪录片。

活动中了解了26处宝山路红色遗址，包括商务印书馆遗址、三德里革命文化进步人士活动地、上海大学遗址（青云路）等的历史。（赵婧宇）

【地块征收】 9月2日，青云路宝昌路、264街坊及王家宅路34弄零星旧城区改建项目举行首批居民集中搬场仪式。作为宝山路街道最大的一片零星旧城区改建地块，青云路宝昌路、264街坊及王家宅路34弄零星旧城区改建项目房屋征收范围为：267街坊、270街坊、264街坊及王家宅路34弄零星旧城区等4部分，其中267街坊和270街坊东至东宝兴路、南至青云路、西至止园路、北至中山北路（其中部分），264街坊及王家宅路34弄零星旧城区为芷江中路345弄1—10号、347—359号（单号），王家宅路34弄零星旧城区1—2号部分，涉及二级旧里、新式里弄、老公房、商铺共计522证。4月29日，该项目一轮意愿征询以100%全票通过。8月20日，该项目签订附生效条件房屋征收与补偿协议总证数为508证，签约率99.04%，远超90%的签约生效比率。（赵婧宇）

【民生实事】 在全国第14个敬老月，王家宅居委经过前期开展的居民区调研，对居民中的重点安全隐患进行排摸，发现80岁以上独居老人的居家用电安全问题尤为突出。10月，居委联合物业以及关怀志愿者，上门为80岁以上独居老人检测家中电路安全情况，全部替换掉家中老化并存在安全隐患的插座，安装上全新的时控插座，向老人们介绍新插座的使用方法，并向老人们开展"居家安全宣讲"。（赵婧宇）

【"15分钟政务服务圈"】 3月5日，静安区宝山路街道社区事务受理服务中心坚持以"数据多跑路、群众少跑腿"为服务目标，推进数字政务服务流程优化、模式创新和履职能力提升，积极打造"15分钟政务服务圈"，不断增强企业群众获得感、幸福感、安全感，全面统筹兼顾开展各项"家门口"政务服务。一是打造"随心查"便民查询平台，业务进度"扫码即知"；二是政务服务"24小时"不打烊；三是以群众办事需求为导向，积极推进居民区延伸社区事务帮办服务落实。（赵婧宇）

【红色遗迹定向赛】 4月25日，宝山路街道"百年宝山路，永葆青云志"2023年各界青年职工寻访红色遗迹定向赛开赛。街道首次举办覆盖辖区26处红色遗址的寻史问迹主题活动。辖区基层党组织、工会组织、共建单位等青年职工代表形成16支队伍，共80人参赛，招募社区青年志愿者、学生志愿者40余人。（赵婧宇）

【"治立方"——菁小宝首席服务团队发布】 2月8日，根据静安打造"治立方"多元善治体系要求，构建以"善治理"为主要特征的楼宇党建模式，结合街道现有政务资源、载体资源以及特有的市级行业协会平台资源，构建"处级领导+党建办+营商办+事务受理中心+商会+行业协会+工商+税务"——"菁小宝"宝山路街道楼宇首席服务团队，全方位助力企业发展。通过以处级领导作为包联干部，社区党建办和营商环境办公室为骨干支撑，街道商会、行业协会为平台支撑，事务中心、工商、税务为业务支撑的工作模式，开展组团式服务。（赵婧宇）

【党建引领基层治理大会】 6月28日，宝山路街道在党群服务中心召开"百年宝山路，永葆青云志"党建引领社区治理大会。为进一步增进党建效能，提升执政引领力，宝山路街道抓住党建工作从"传统模式"向"数字模式"转型的契机，积极对接人民网数字资源、结合自身丰富红色资源优势，打造线上线下"宝山路·红客厅"，着力打造"红色印迹"教育传承的开放式阵地、党的群众工作的鲜活"客堂"、党群服务的多功能平台。以"红色名片"为主线，以"静邻一家"为平台，以"居民区党建"为

6月14日,宝山路街道吾家食坊面向社区广大居民朋友正式开业　　　　　　　　（宝山路街道　供稿）

基础,以"街区党建"为枢纽,围绕"品牌塑造、网格聚力、家园共建、固本强基",统筹推进"12345+N"(一个品牌、两个街区、三站融合、四个赋能、五大"静邻行动"重点项目+N个火种项目)总体布局,开启"过去有历史、现在有传承、未来有发展"的新篇章。

（赵婧宇）

【夏日送清凉】　7月18日,宝山路街道聚焦外卖骑手、快递小哥、环卫工人、辅警保安等户外工作者,倡议设立宝山路街道户外工作者高温清凉补给站,辖区内企事业单位、商铺、社会组织纷纷响应,首批便有50家爱心单位参与其中。50家清凉补给站不仅提供免费饮用水、冰水,绝大部分还提供临时休息场地,确保高温户外劳动者平安度夏。（赵婧宇）

【科创新动能,消费新赛道营商伙伴日专题活动】　为加快落实静安区委一号课题"科创动能增强",进一步优化消费环境,大力推进消费新赛道工作部署,8月25日下午,宝山路街道在宝创空间通过线下+线上同步直播方式召开"科创新动能,消费新赛道"——2023年宝山路街道营商伙伴日专题活动。

（赵婧宇）

【宝山路街道"慧治理"青年学院首期培训班开课】　9月15日,为深入贯彻落实中央、市委、区委关于加强推进基层治理体系和治理能力现代化建设的部署要求,进一步夯实宝山路街道社区工作基础,优化青年干部人才库,"贴标签、画画像",打造一支"四个特别"的基层干部队伍,发挥青年干部社区治理和创新的主力军作用,宝山路街道组织开展青年干部强基专项培训。

（赵婧宇）

【"健康宝山,颐养晚岁"】　10月20日,宝山路街道举行主题为"健康宝山,颐养晚岁"的敬老节主题活动暨"五床联动"推进工作会议。宝山路街道详细介绍街道的为老服务工作体系,展示养老服务设施地图和服务阵地,正式发布社区养老顾问工作宝典与《社区养老服务面面观》政策宣传册。同时邀请

资深养老顾问和社区医生为大家解说街道老年健康支持项目及"五床联动"特色服务。（赵婧宇）

【**宝山路街道召开基层党组织书记述职会**】 12月11日,为开拓党建引领基层治理新路,宝山路街道围绕主题教育"学思想、强党性、重实践、建新功"总要求开展"传承红色精神,建立时代新功"主题竞赛活动,各居民区以书记"领跑计划"推动党建引领基层治理"火种项目"落地开花;结合"一个支部一件实事",突出问题导向和议题导向,关注居民所急所盼,使主题教育成果落地见效。为展示竞赛成果,宝山路街道各居民区把工作内容、实事项目拍摄成社区"微党课",并在街道微信公众号上开展为期5天的社区"微党课"点赞擂台赛,获2.2万人次阅读量。 （赵婧宇）

表27-8 2023年宝山路街道居委会基本情况表

名称	地址	居民小组数（个）
合计		680
新汉兴里	东宝兴路812号	34
新华德里	宝昌路500号	28
止园新村	芷江中路529号1楼	82
会铁	中兴路748号	25
新宝通	宝昌路399弄7号2楼	23
陆丰	东宝兴路560号	16
宝昌路600弄	芷江中路345弄12号	49
宝华里	宝昌路552号	14
宝山路499弄	宝山路499弄3号106室	42
三宝	宝山路450弄15号	45
王家宅	虬江路1150号局西村2号102室	55
存仁里	鸿兴路45号	4
象山里	临山路203弄3号101室	35
芷江中路294弄	芷江中路660弄1号101室	28
通源	宝源路209弄16号甲	36

(续表)

名称	地址	居民小组数(个)
儒林里	宝山路268弄4号	80
通阁新村	通阁路200弄3号106室	55
青云路435	中山北路280弄4号103室	29

(赵婧宇)

(十)芷江西路街道

【概况】 芷江西路街道毗邻铁路上海站。东临西藏北路与宝山路街道接壤,南靠铁路沿线;西至大统路、普善路与天目西路街道和北站街道相连;北至中山北路与共和新路街道为邻。辖区面积1.64平方千米,下设18个居民委员会,有911个居民小组。户籍人口61769人,实有人口总数68975人,来沪人员数19767人,来沪人员占实有人口比重近30%。街道办事处设在芷江西路155号。2023年,芷江西路街道聚焦意识形态思想建设,引导社区党员讲政治、练内功、提素质、强本领。街道先后获全国侨联系统侨胞之家典型选树单位、全国节约型机关、上海市平安社区、团中央城市基层组织改革试点单位、上海市基层团组织典型选树单位、上海少先队幸福教育实验社区、上海市红领巾奖章集体四星章、上海市节约用水示范(标杆)小区等称号。 (杨枢)

【党建引领】 2023年,芷江西路街道发挥"芷引力"党建品牌的引力机制作用,健全完善"街道党工委—居民区党总支—居民区党支部—楼栋党小组"四级"静邻"党建网格治理体系。坚持把"支部建在基地上",提炼形成党建"同心圆"工作法,发动"内外圆"骨干力量共同参与"两旧"改造、基层治理等工作,建立问题收集、共议协商、处理回访3个机制。成功创建1项市级"美好社区,先锋行动"项目、2项区级"领跑善治"重点项目。完成居委会挂牌清理工作,优化调整居委会下属五大委员会组织。启动9个小区业委会换届工作,5个小区业委会补选业委会委员。举办主题沙龙、业务培训、个案辅导、专家接待等活动共计131场,覆盖650余人次。制定学习贯彻习近平新时代中国特色社会主义思想主题教育计划方案和清单,通过中心组"领学"、党组织"研学"、专题辅导"促学"、党员个人"自学"、实地"践学"等形式,构建多层次、立体化的党员学习教育模式。坚持人民至上,围绕年度发展目标任务,通过深化落实"四百"走访、"一个支部一件实事"等,办实事、解民忧、破难题、促发展,推动主题教育走实走深。

(杨枢)

【经济发展】 2023年,芷江西路街道结合静安区重点企业"服务包"制度实施工作,先后制定《企业服务走访问答手册》《服务"芷"为你企业服务宣传指南》等手册,并结合105家对口服务企业名单,建立处级领导带队、科室部门成员共同参与走访机制,完成全年两轮走访任务。全年开展各类企业服务活动,惠及120人次。全年引进项目总数408个,其中千万级项目2个,百万级项目10个。建立第五次经济普查20项标准化台账,并将所有经济普查文件归档,做到经验可复制、可推广。全年完成2198家法人单位、866家个体户的清查上报,并对区里下发的5608家底册进行逐一核实。对12个重点楼宇(园区)开展定期走访,及时掌握入驻企业变动、税收属地率情况,第一时间更新楼宇园区基本信息情况。

(杨枢)

【旧区改造】 9月,静安区238街坊零星旧城区改建地块居民集体搬迁。该项目东至西藏北路、西至共和新路、南至芷江西路、北至中山北路(部分),占地面积25206.7平方米,总证数776证,其中居民证数768证,单位证数8证,涉及900户居民,是年内静安区体量最大的零星旧城区改建项目。作为全区唯一既有零星旧改项目又有成套改造项目的街道,街道强化统筹协调,合力攻坚克难,在没有预签约情况下,仅用3天半时间完成二轮征询100%签约,完成100%搬迁。共和新路802弄成套改造工作项目同样实现100%签约、100%搬迁,并开工建设。街道坚持把"支部建在基地上",成立由街道主要领导挂帅,街道旧改分指挥部党员、闸北第一征收事务所党员、居民区党员和被征收居民中的党员为成员的"静安区238街坊零改基地临时党支部"。成立7个"攻坚组",对接征收事务所大组,每个组都由街道处级领导包保带队,抽调挂职干部进入对应小组全程参与旧改,帮助居民联系搬家车辆,帮助享受高龄牛奶的居民完成配送关系转接,或帮助居民家庭调解矛盾等。

(杨枢)

【平安建设】 9月,静安区电气火灾综合治理现场会在芷江西路街道召开,首批试点的大统路827弄小区的检测数据同步接入街道城运中心数据平台,为老旧小区居民用电加装"诊脉器",既注重科技应用,又形成线下处置的闭环管理,最大化改善居民用电环境。街道联手区应急管理局,在居民家庭电表外加装物联漏电断路设备,通过监测电压、电流、功率、温度、漏电等参数,实现短路、过载、过温、以及电瓶车入室充电预警。

(杨枢)

【城区管理】 2023年,芷江西路街道推进"两美建设",3个"美丽家园"项目和5个"美丽街区"项目按期竣工。推进违法建筑治理,超额完成全年拆违指标,拆除违法建筑面积5819平方米,街道无违创建动态评价居全区第四名。深化"静邻"物业品牌,完成聚龙大厦维修资金续筹和兴隆公寓物业费调整,创建3个市级特色小区和1个优秀小区。全面提升绿化品质,打造标准化林长制办公室,新建1处沿街立体绿化,2处绿化小品,新增补种绿化2600平方米。优化12345市民热线工作流程,2023年度排名全区第5名。深化垃圾分类管理,打造3个精品小区,全域实施可回收物细分,依托"人工+AI"持续提升精细管理水平。上半年测评街道排名全市第8名,全区第1名,下半年每月排名在全区靠前。完成城运4.0平台升级,在消防安全、垃圾分类、街面管理、城管执法、生态环境等工作中拓展应用,提升综合处置能力。完善备案制度,受理小型装修项目备案104家,户外招牌备案752家。开展自建房排查整治,督促永兴路669号产权人完成房屋隐患整改,完成点位销项。开展爱国卫生工作,通过国家慢性病综合防控示范区二次复审。完成上海市健康村(居委)建设申报。

(杨枢)

【公共服务和民生保障】 2023年,在为老服务方面,芷江西路街道依托为老中心和长者照护之家2个为老平台,开展为老服务。全年为老中心服务居民314824人次,"车轮助餐"服务共计送餐72766人次,同时开展"老伙伴""乐龄有伴""失能帮帮团"项目,老年人居家环境适老化改造申报148户,施工完成105户。在未成年人保护方面,以街道未保站为中心点,划分未保片区,实施开展"以点带面",全过程、全覆盖、全守护的"三全"未成年人保护工作模式,逐渐形成芷江西路街道未成年人保护"多网合一"网格管理体系;建立联席机制,打造"家校社政"闭环服务,召开2次联席机制会议,13家联席单位以员参会。在救助工作方面,全街道享受低保救助358户,覆盖人群567人,累计发放金额802万余元。在助残工作方面,完成社区3772名残疾居民一人一档建设,开展全国持证残疾人入户调查,完成45户无障碍设施改造工作。在就业方面,开展无业调查8771人次,开展失业调查6505人次,帮助失业人员实现再就业506人,援助长期失业青年再就业65人,全年举办2场招聘会。抓实军地共建工作,实现军民充分融合,在"4·23"海军节前夕与92985部队完成签约,双方达成共建,互相畅通联系。 （杨枢）

【精神文明建设】 2023年,芷江西路街道以文明城区创建、弘扬志愿服务精神为抓手,提高辖区文明程度和居民文明素养。夯实文明社区、文明小区、美丽楼组、文明家庭的文明"创建链",发挥市、区文明单位的辐射带动效应和联动联建作用,引导文明单位参与志愿服务以及创全工作。通过第九届"芷江民星"表彰颁奖活动,加强培育和践行社会主义核心价值观,发挥榜样和先进典型的示范引领作用。围绕"终身学习"理念,开展覆盖全人群、全年龄段的寓教于乐的各类品牌活动。通过举办"梅开花烂漫、报春新时代"许根顺咏梅摄影展、市民文化节"城市美育日"活动、世界读书日系列活动等,推出"美育公开课"品牌,覆盖居民、白领、机关、团队等各类人群。举办百姓厨神大赛,动员居民白领"寻味芷江"。举办小小创客营、芷江微课堂、芷江音乐赏等品牌系列活动47场。举办"芷争朝夕"社区羽毛球比赛、气功气舞大赛、摄影比赛等多项体育活动,倡导科学健身、健康生活。组织人员参加市、区体育赛事及"8·8"全民健身日活动。街道在全国百城千村健身气功交流展示活动、上海市中老年健身舞比赛、上海静安精英跑团接力赛等活动中均获一等奖。 （杨枢）

【基层法治建设】 做好街道法治建设的谋划、部署,将法治建设纳入街道年度工作计划。深化党政主要负责人法治建设责任制、"谁执法谁普法"普法责任制、行政负责人依法出庭应诉制度,做好党政领导年终专题述法,完成"八五"普法中期总结,推行行政执法三项制度,落实法治督察反馈问题整

3月,街道组织开展"擂台大比武""业务大练兵"活动　　　　　　　　　　　　　　　　（芷江西路街道　供稿）

改,做好法治政府建设报告对外公示。开展市法治示范街镇、市民主法治示范社区创建。坚持和发展"枫桥经验",开展多元调解,维护社会稳定。优化公共法律服务,完善社区法律顾问工作制度,推进街道和居民区两级法治服务中心建设。全年共收到行政诉讼案件3件,开庭案件负责人出庭应诉率达到100%,组织开展行政诉讼出庭、旁听和讲评"三合一"活动。重大执法事项法制审核16件。开展社区法治讲座78场,提供法律咨询722件,累计服务1500余人次。

(杨枢)

【干部队伍建设】 3月,发布《芷江西路街道干部队伍建设五年规划》,明确干部培养"能上能下、能文能武、能增能减"的"六能机制"。坚持在一线培养、选拔干部,制定《街道2023年度干部挂职轮岗工作任务清单》,选送40名干部到服务群众和项目攻坚一线岗位挂职。对26名新进干部开展"以学促干,蓄力前行"初任培训,开展"芷引力·先锋"讲堂。通过"赋权减负增能",开展社区权责"一减一规范"专项行动,精简优化四分之三考核项目,增调群众评价比例至60%。打造"上台比+基层炼""课堂学+实践干"的多维度培养模式,组织开展"擂台大比武""业务大练兵"活动,促进干部综合能力提升。

(杨枢)

表27-9 2023年芷江西路街道居委会基本情况表

名称	地址	居民小组数(个)
合计		911
交通公园	虬江路1352弄2楼	55
复元坊	虬江路1431弄4号	39
光华坊	永兴路595弄2号101室	53
城上城	虬江路1488弄19号M1	23
永太	太阳山路157号	31
三兴大楼	中兴路1258弄5号202室	35
中兴路1233弄	中兴路1275号	68
共和新	共和新路555弄5号107室	33
南山路	南山路18—20号	51
洪南山宅	南山路99—1号	38
芷江西路123弄	芷江西路123弄36号	91
新赵家宅	青云路751号	30
灵光	共和新路834号305室	103
大统	大统路1033弄9号101—103室	22

（续表）

名称	地址	居民小组数(个)
普善	普善路139号203室	54
芷江新村	共和新路938号101、102	74
苏家巷	芷江西路393弄7号102室	90
协和	中山北路814弄6号102室	21

（杨枢）

（十一）共和新路街道

【概况】 共和新路街道东起西宝兴路，西至沪太路；南起中山北路，北至延长路和老沪太路。总面积约2.72平方千米，其中陆地面积2.70平方千米，水域面积0.02平方千米。辖区有26个居委会、80个住宅小区、1689个居民小组、23条中小道路。街道办事处驻平型关路489号。年内，共和新路街道办事处成功创建国家级节约型机关、上海市无烟党政机关，共和新路街道获评"上海市儿童友好社区"，成功申报第三批上海市"一刻钟便民生活圈"示范社区建设试点单位。柳营路515弄3号楼、洛川中路777弄1号楼获2022年度静安区特色示范楼组称号；洛川东路320弄14号楼组长陈乐富获评2022年度静安区楼组建设先进个人；平安工作获各方肯定，《党建引领社区维稳工作，确保变电站重大项目落地》被编入2022年度上海市十佳示范案例、优秀案例汇编。 （於霈）

【党建引领】 2023年，共和新路街道各基层党组织结合实际开展原文诵读、踏访红色足迹、观看红色电影等各类学习活动共788次。开展"书记讲党课"218场，有53名基层党组织书记和党员通过微党课宣讲、展播，角逐十佳"新光讲师"，辖区居民投票总量达13.6万人次。街道领导班子、369名机关和居委干部共同开展组织引领、走访排查、清洁家园、矛盾调处、关爱慰问、加梯圆梦、党群凝聚等"七大行动"。开展学习贯彻习近平新时代中国特色社会主义思想主题教育，共计走访居民2.83万户，走访服务企业98家，搜集居民群众及企业问题需求清单822条，目前解决率达93%。组织开展"每位党员都能讲15分钟党课"微党课宣讲活动，收集微党课视频56个，充实10余名"新光课堂"优秀讲师，激发基层党组织工作活力。成立善治街区党支部，构建由15个职能部门、52家共建单位党组织、41支驻区单位志愿者队伍、3210名成员组成的"善治街区朋友圈"，参与创建文明城区志愿服务、便民集市、营商伙伴日等活动，共同推动社区治理。 （於霈）

【城区管理】 全年街道老旧小区加梯共加装完成签约31台，开工许可29台，完工27台。在"治友加梯工作室"推动下，宝昌路847弄率先实现整小区加装电梯。拆违基础任务量是2000平方米，全年拆除10个点位，共计5895平方米，超额完成全年拆违任务量。建立26个居民区林长巡查、网格日常巡查和市容管理人员巡查3支巡查队伍，共计73人；加大日常巡查管理力度。日常巡查共560人次，发现并处置问题207个，处置率100%，处理绿化工单34件，均结案。每周组织河道周边5个居民区"清清护河队"开展日常巡河工作；及时处置区河长办、河道所派发的河道周边整改工单,确保河道旁10米内无违法建筑、无垃圾堆放;街道爱卫办将每周四的义务劳动日和每月15日的"环境清洁日"活动相结合,加大对爱国卫生工作的指导、监督、检查力度,督促各居委会开展相关活动。至10月,共开展每月环境清洁日10次,参与4600人次;每周四义务劳动共开展32次,参与人次共计23000人次。根据季节特征开展防病消杀专项工作,免费向各居委会发放安备孓颗粒130千克、诱蝇王150千克、灭蟑颗粒8000包、灭鼠蜡块160千克、粘鼠板5箱、毒鼠点350只、捕蝇笼360套、灭蟑针剂180只。发放宣传告知书5000份;对辖区内公共绿地进行蚊蝇消杀,共使用灭蚊蝇药物2.5千克,消杀面积106300平方米。

(於霈)

【社会事业】 2023年,共和新路街道全年组织各类文化活动近百场,联合天目西路街道组织开展2场"星舞台"展演。在中外家庭戏剧大赛、长三角市民手作大赛、"音乐中的真善美"上海之春国际音乐节市民主题征文中获7项市百强荣誉,并获"中外家庭戏剧大赛优秀组织奖"。做好社区"一老一小"多元化发展教育,筹建社区宝宝屋1处,新建益智健身苑点3处,更新辖区29个健身苑点162件器材。街道社区事务受理中心共开设16个受理窗口,综窗率超80%,实现全年无休。中心业务受理量共计33145件,其中公安类10030件、医保类8866件、社保类7628件,"好差评"完成率100%。共受理矛盾纠纷324起、治安案件委托人民调解30起,均成功调解;社区心理顾问共接待居民各类心理咨询116人次,参与调解纠纷7起。

(於霈)

【民生保障】 2023年,共和新路街道就业困难人员实现就业275人;户籍城乡登记失业人数658人;创业帮扶60户;帮助长期失业青年就业创业人数70人;离校未就业毕业生帮扶就业率完成94.64%。辖区内有百岁老人20人,独居老人1565人,纯老家庭5268户,为90岁以上高龄老人发放牛奶券9921人次。有低保家庭253户352人,重残无业人员181人,支内回沪退休人员3327人,特困供养人员6人、困境儿童2人。共发放低保金3658人次469.55万元;重残无业生活补助1790人次335.90万元;特困供养人员生活补助及配套费用54人次13.31万元;医疗救助749人次160.17万元;因病支出型贫困生活补助12人次2.04万元;各类临时救助721人次21.25万元;发放支内回沪人员生活补助13501人次1965.67万元。至10月中旬,街道共有持证残疾人3564名,比2022年初增加29人,其中肢体残疾人1767名,视力残疾人575名,听语残疾人706名,智力残疾人175名,精神残疾人276名,多重残疾人64名;60—69岁残疾人1325名,70岁以上残疾人1575名,60岁以上残疾人2900人。开展精神障碍社区康复试点工作,服务总人数20人,完成个人访谈和档案管理。通过区残联整合各种优质企业资源,为街道残疾人提供就业岗位和单位挂靠推荐7名残疾人。组织残疾人工作者参加心理康复专业培训3场,总计35人次。

(於霈)

【经济发展】 2023年,共和新路街道加大招商引资力度,全年街道落地千万级项目2个,百万级项目9个,一般项目419个,超额完成年度工作目标。持续优化社区营商环境,常态化开展营商伙伴日活动。开展稳商走访,共完成对口联系服务企业走访314次,实现走访全覆盖。按计划推进重点企业"服务包"走访工作。

(於霈)

【公共安全】 2023年,共和新路街道完成鑫培置业清场、锦沧二期清房、中山调剂品市场整体搬迁工作,彻底消除延宕多年的历史矛盾隐患。协同区相关部门稳妥处置辖区内市北洛川110千伏变电站信访矛盾、延长中路727弄外立面修复信访矛盾,以及沪太路651弄产权易主、沪太路631弄成套改造信访事项。年内共组织开展危险化学品领域、施工地、消防领域、重点场所安全检查217次，排查并整治隐患362个，清退"三合一"（住宿与生产、仓储、经营混合设置在同一空间）违规住宿18人。为部分老旧小区更换灭火器3000个，为25个居民区更换、补充微型消防站设备，新建充电桩150个，消除各类消防安全隐患。

（於霏）

【民生实事】 2023年，共和新路街道构建以3个综合为老服务中心加1个邻里中心为枢纽，辐射3家养老院、9个乐龄家园、21个居委老年活动室为载体的一站多点、功能多元的"为老服务生活圈"。年内增设金盛源长途汽车站、金盛源申地园区、善和汇社区长者食堂、党群服务中心等4处助餐食堂，织密老年助餐网络。拓展"物质+服务"多维救助，打造未成年人保护服务品牌，构建"众联盟"一站式未成年人保护服务平台。全年街道管理办总共受理292件工单，其中城市管理21件、道路管理4件、工程管理14件、河道流域管理1件、环境保护1件、环境卫生2件、交通港口1件、交通管理3件、紧急救治3件、旧房改造4件、劳动保护5件、绿地绿化1件、绿化市容1件、排水排污管理3件、批评承办部门1件、社会噪声33件、社会治安1件、社区家政2件、市容市貌1件、停车管理14件、污染79件、物业服务管理14件、物业相关执法5件、协办城管1件、医院监管8件、政风行风1件、住房保障1件、其他67件。 （於霏）

【社区基金揭牌暨捐赠仪式】 3月28日，共和新社区家园助力专项基金（简称"社区基金"）揭牌暨捐赠仪式在共和新路街道综合为老服务中心举行。上海市帮困互助基金会、静安区民政局、共和新路街道领导，街道相关部门负责人、爱心单位代表、社区基金管委会成员、居委会、社区社会组织、志愿者、居民代表等60余人参加。共和新街道是民政部与腾讯基金联合发起的"五社联动·家园助力站——社区基金助推基层社会治理创新合作项目"在上海市的5个试点街道之一。由腾讯公益慈善基金会注入启动资金20万元，上海市帮困互助基金会配比10万元（分2年拨付）。街道社区基金每年需撬动社会慈善资金（包括捐赠物资）不少于5万元。基金启动后，共募集到17家单位的捐赠，其中有基金会1家、爱心企业6家、民办非企业单位9家、社会团体1家。街道整合社区、社会组织、社会工作者、社区志愿者、社会慈善资源"五社"优势，创新建立社区基金，以"小基金"撬动"大资源"，激发社区治理活力。

（於霏）

【共和新路街道第三届社区代表大会第一次会议】 于3月29日召开。来自街道党政机关、对应设置部门、企事业单位、各居民区、"两新"组织等代表参加。街道党工委书记黄翔在第一次全体会议上作题为《凝心聚力开新局，踔厉奋发谱新篇》的工作报告。会议表决通过共和新路街道2023年实事项目、共和新路街道第三届社区代表会议社区委员会成员建议名单和共和新路街道第三届社区代表会议第一次会议决议。

（於霏）

【第九届上海市民绿化节在闸北公园开幕】 4月11日，第九届上海市民绿化节开幕式在静安区闸北公园举行。该活动由市绿化委员会办公室、静安区人民政府主办，区绿化委员会办公室、区绿化和市容管理局、共和新路街道办事处承办。上海市绿化委员会办公室、静安区人民政府、上海市关注森林活动执委会、上海市生态文化协会、中国移动通信集团上海有限公司等单位领导以及关心城市生态环境、热爱城市绿色公益的市民群众和媒体约100多人参加。上海市绿化委员会办公室常务副主任、上海市绿化和市容管理局副局长方岩致辞，上海市绿化和市容管理局局长邓建平、上海市生态文化协会副会长马云安、静安区绿化和市容管理局局长张西飞、副局长宫明军共同为闸北公园市民园艺中心

12月10日,"国旗下成长"青少年升国旗暨爱国宣讲主题活动举行　　（共和新路街道　供稿）

(林长驿站)揭牌。（於霏）

【毒品预防知识巡回讲座】　在五四青年节期间,共和新路街道平安办联合公安派出所,分别到辖区内3所学校,开展毒品预防知识巡回讲座。在风华初级中学,社工以生动案例,给全校400多名师生上了一堂生动有趣的青少年毒品预防教育专题讲座。在闸北成功教育实验中学,组织学生观看禁毒宣传片,再通过播放幻灯片形式,向学生讲解毒品预防知识。在上海外国语大学苏河湾实验中学,有165名师生听取禁毒知识讲座,同时有300名师生在教室里通过电视实时转播观看禁毒知识讲座。（於霏）

【"5·12全国防灾减灾日"主题宣传活动暨消防安全知识全民培训工作启动仪式】　5月12日,在一〇八商业广场开展"防范灾害风险,护航街区平安'5·12全国防灾减灾日'"主题宣传活动暨消防安全知识全民培训工作启动仪式。该活动由街道平安办主办,各职能部门、机关科室、居民区等共同参与。活动现场设置消防安全VR探索、应急安全演练、消防安全知识宣传三个区域。区消防救援支队重点讲解在遇到不同火灾事故时,应如何进行人员疏散、自救、逃生等消防安全技能。活动现场除布置相关科普知识展板供居民阅读学习外,还设置消防安全知识宣传区。"首席服务团队"成员单位向企业员工、居民分发防火、灭火和逃生等宣传知识手册,开展消防安全知识普及,当天共发放各类宣传资料、宣传手册等4000余份。（於霏）

【区政协主席丁宝定调研街道政协工作】　6月13日,区政协主席丁宝定等一行到街道调研街道"协商于民"政协委员工作站建设情况。在街道善治街区"协商于民"政协委员联络点,丁宝定主席一行听取街道党建引领多元力量参与"善治街区"建设情况汇报。在唐家沙邻里中心,实地查看中心各功能

区设置,参观"自治坊",并听取政协委员参与基层社会治理的情况。　　　　　　　　　（於霏）

【"敬老月"系列活动】 10月23日是重阳节,也是上海第36个"敬老日",街道通过15分钟养老服务生活圈建设,以家门口的为老服务阵地为平台,联动融合长者照护、医养结合、文化娱乐、助餐送餐等为老服务功能,满足社区老年群体的需求。街道3个综合为老服务中心和邻里中心举办丰富多彩的重阳节活动。中山北路805弄社区综合为老服务中心举办以"岁岁重阳秋风劲,敬老爱老暖人心"为主题的庆祝敬老节活动,百余名社区老年居民参加活动。社区第二、第三综合为老服务中心邀请上海大世界非遗艺术团为老人们进行慰问演出。（於霏）

【"国旗下成长"青少年升国旗暨爱国宣讲主题活动】 12月10日,由团区委、区少工委等单位主办,共和新路街道团工委、社区少工委和教育团工委承办的"国旗下成长"青少年升国旗暨爱国宣讲活动,在中共中央秘书处机关旧址纪念馆举行。来自街道、教育团工委、区消防救援支队青年代表、和田路小学少先队员代表等30余人参与活动。（於霏）

表27-10　2023年共和新路街道居委会基本情况表

名称	地址	居民小组数(个)
合计		1689
柳一	柳营路309弄11号102室	35
柳二	柳营路319弄29号102室	83
洛川	洛川东路400弄3号104室	45
洛平	洛川东路320弄11号101室	82
锦灏	延长路152弄25号1楼	55
延新	共和新路1725弄22号	41
嘉利	平型关路377弄8号102室	58
三阳	平型关路121弄6号底楼	70
和乐	俞泾港路15弄19号102室	73
申地	和田路256号	86
唐家沙	洛川东路200弄11号102室	103
柳营桥	共和新路1302号105室	96
805弄	中山北路805弄6号103室	43
新理想	洛川中路600弄19号101室	58

(续表)

名称	地址	居民小组数(个)
80弄	谈家桥路85弄16号102室	40
谈家桥	谈家桥路163弄9号甲	23
家豪城	柳营路669弄21号	52
899弄	中山北路899弄43号	36
1100弄	洛川中路1100弄31号103室	119
沪北	沪太路655弄1号1楼	94
谈家宅	洛川中路901弄2号103室	49
锦佳苑	延长中路600弄31号102室	132
永乐	延长中路800弄64号102室	127
洛善	洛川中路777弄6号102室	36
727弄	延长中路727弄29号2楼	29
黄山	平型关路121弄2号楼底楼	24

(於霏)

（十二）大宁路街道

【概况】 大宁路街道东起北宝兴路、粤秀北路，西至普善路、万荣路，南临延长路、老沪太路，北抵走马塘河、北郊铁路。辖区面积6.24平方千米。街道下设25个居委会，共有54个居民小区（其中纯商品房小区31个、售后公房18个、混合型小区5个），居民小组1242个，2023年底实有人口9.77万人，户籍人口7.98万人。街道办事处驻彭江路188号。2023年，大宁路街道推进3个老旧小区综合整治工程，惠及居民2000户；开展上工新村门头改造、延长小区非机动车棚改造等微更新项目，提升居民获得感；批量推进既有多层住宅加装电梯"民心工程"，全年签约14台，开工12台，完工18台。全年引进项目564个，其中税收规模千万级项目2个，完成年度目标率100%；税收百万级项目17个，完成率213%；其他一般类项目545个，完成率136%。累计发放社会救助帮困总金额2451.07万元，受益35796人次。元旦、春节帮困送温暖4647人次，帮困金额287.41万元。对享受低保、重残无业、特困供养、困境儿童救助2268人次，发放救助金额429.37万元。大宁路街道获评全国"最佳志愿服务社区"、全国爱心托育用人单位、上海市"党支部建设示范点"等称号，获上海市优秀基层法治观察建议提名奖、静安区年度机关部门考核"优秀"等称号。

(张斯嘉)

【党建引领】 2023年，大宁路街道聚力打造"治+宁"党建品牌，面向全体党员开展多形式、分层次、全覆盖的"学思践悟二十大，砥砺奋进新征程"系列学习实践活动87场。深化社区党校、邻里学堂、指尖课堂三级学习平台，设计电竞党建活力圈参访路线，推荐并制作"最活跃路上的精品党课"，扩大电竞党建成效。获评上海市"竞建领航，加强新业态、新就业群体党建工作"十大创新案例，并作为获奖单位代表进行现场交流。新华社、《解放日报》《文汇报》等重要媒体开设"新征程、新奋斗"专栏，对英雄体育党支部书记进行专题报道。《多元凝聚，激发互联网电竞直播产业发展新动能》在《组织人事报》上刊发。强化区域化党建，持续扩大"五区党建联盟"（社区、医校院区、企业园区、商业街区和部队营区）辐射力和带动力。累计成员102家。开展共同行动，累计圆梦微心愿57个，落地善治共建项目37个。 （张斯嘉）

【城区管理】 2023年，大宁路街道加强城区管理，提升群众幸福度。连续5年位列上海市容环境质量公众满意度测评优秀行列，2023年居全市第9位。开展"美丽家园"建设，加快推进3个老旧小区综合整治工程，惠及居民2000户；开展上工新村门头改造、延长小区非机动车棚改造等微更新项目；深化垃圾分类行动，完善"一小区一方案"定时定点分类投放制度，打造"宁享低碳绿色空间"智能化垃圾分类示范点，完成11个垃圾厢房标准化改造，创建4个精品示范小区。全域推进环境整治，发动党员、居民骨干等6000余人次开展清洁家园活动，定期开展重点区域违法排污和油烟扰民联合整治，加强地铁站出入口非机动车停放管理。常态化巩固无违建街镇成果，严控新增违建，高压拆除存量违建，全年拆除库内违建29处，12195.66平方米，完成率406%，位居全区第二位。健全河林长制工作体系，落实双总河长巡查制度，成立首支民间护林志愿队及红领巾护林队，赓续传承"三自树"（自己种植、自己巡查、自己养护）特色绿化理念，全年组织开展巡河

800余次、巡林300余次。精细化打造活力共享开放空间，大宁林绿生态样板和德必宁享空间获上海"15分钟社区生活圈"行动优秀案例。做强"一网统管"，完善应用场景。建成居民区远程视频系统，全速推进扁平化指挥体系建设；优化垃圾分类满溢监测系统，试点新弘国际公寓数字小区应用场景，探索小区管理全过程数字化。优化"12345"市民服务热线工单办理机制，深化"条块结合、快速处置"工作模式，第一时间处置"初单初访"案件，专题会商"重复投诉"案件，全年处置热线工单3816件、网格工单133596件，综合考评位列全区第一位。做优"一网通办"，新增1个"办不成事"受理窗口，全年受理各类事务4.66万件，大宁旗舰店访问量达月均50万次，全市首家试点长三角"一网通办"虚拟窗口服务，全区率先推进"静邻帮办"延伸服务，率先配备双屏一体机，布局点位27个，可办183个事项，全年服务4000余人次；设置24小时自助服务区2个，线上服务实现数据跑腿"极简办"，打通服务群众"最后一公里"。 （张斯嘉）

【社会事业】 2023年，大宁路街道推动优质公共文化直通车服务，深化"一圈一网一会"（大宁阅读"书适"圈，大宁智慧阅读数字网，大宁书香氤氲悦读会）阅读品牌，新增大宁教育实践基地等4处，打造"宁领科驿"特色科普品牌，成立"上海十院科普书院"。作为全市4个入选街道之一，代表静安区参加上海市科普集市主题活动。街道社区（老年）学校获评上海市街镇社区（老年）学校优质校。加强"阵地共建、资源共享、队伍共育"，打造"特别匠人""花儿与少年"等志愿服务特色品牌，全方位构建"1+7+25"（1个街道社区志愿服务中心、7个志愿服务基地、25个居民区志愿服务站）志愿服务网络体系，组织8195名志愿者参与文明主题活动，在2022年度全国学雷锋志愿服务"四个100"（100个最美志愿者、100个最佳志愿服务组织、100个最佳志愿服务项

目、100个最美志愿服务社区)先进典型名单中,获全国"最佳志愿服务社区"称号。党群同行互促并进,全市率先成立新媒体直播行业联合工会、妇联和新侨联盟,持续扩大党在新兴领域的号召力和凝聚力。

（张斯嘉）

【民生保障】 2023年,大宁路街道面向"全人—全龄",坚持普惠与优质并重,回应居民关切,统筹抓好"三大民生"(底线民生、基础民生、品质民生),绘就民生保障温暖底色。兜牢民生底线,高质量完成帮困救助各项指标,加强"五社"(社区、社会组织、社会工作者、社区志愿者、社会慈善资源)联动,探索光合式服务救助新模式。完善社区综合服务体系,建设"静邻一家"综合服务中心,街道西部社区服务中心投入运营。打造"一站四点"(大宁路街道"静邻"就业服务站、大宁路街道东部党群就业服务点、大宁路街道南部党群就业服务点、大宁路街道西部党群就业服务点、大宁路街道北部党群就业服务点)就业服务圈,依托党群服务红色矩阵,为就业困难群体提供心理辅导、就业指导和人生向导,其中失业人员实现再就业人数616人,完成全年指标的135.98%。加强退役军人精神家园建设,全区率先推出退役军人服务站线上"云"展厅,创建市级爱国拥军模范街道,作为静安区唯一街镇迎接市双拥模范考评组实地考评。加强为老服务,新增2家长者运动健康之家,累计均衡布点8家,占全区73%;延长乐龄家园成功申报全区首批家门口养老服务站,540弄乐龄家园新增"微日托"功能。物联感知筑起安全防护网,适老化改造46户,目标完成率143%;为167名独居老人安装为老服务一键通设备,目标完成率126%;为重点独居老人安装燃气报警器、人体行为跌倒感知报警系统,监测智能水表,提升居家安全性。探索"AI+养老"新模式,建立数字健康档案,建成社区数智生活智能服务点,上线一键叫车、一键订餐、互联网医院等功能,开设"大宁易办"养老顾问视频咨询,提升服务可及性。优化普惠性托育服务体系,以"总价一元租金"模式,布局4处宝宝屋,建成全市首家园区宝宝屋(大宁德必易园)和全市首家商圈宝宝屋(大宁商业广场),入托3486人次,街道获评全国爱心托育用人单位。加强家校社三方联动机制,积极链接社会资源,强化全区首个未成年人保护工作站服务功能,开办爱心暑托班和爱心寒托班,共同守护儿童健康成长。

（张斯嘉）

【经济发展】 2023年,大宁路街道注重源头把控,以"多点支撑、连点成片、文旅融合、辐射商圈"为发展理念,推进大宁片区"国家级夜间文化和旅游消费集聚区"建设,引入与产业相适配的优势项目。深化与楼宇园区的战略合作伙伴关系,建立处级领导挂点包联重点项目机制,做到信息全面互通、数据及时共享、诉求跟踪回应,力促企业注册税收双落地。开展第五次全国经济普查,全面摸清经济底数,采集单位5040家,底册核查8489家。加强街道企业服务中心规范化建设,联动市场、税务、司法等部门,将资源、管理、服务等要素向6个"企业网格"下沉,为企业定制"大宁专属服务包",实现"全覆盖、全流程、全天候"一对一专属服务。全年两轮全覆盖走访274家对口服务企业,问题回应率及解决率均达100%。

（张斯嘉）

【公共安全】 2023年,大宁路街道落实"党政同责、一岗双责"安全生产责任制,全覆盖签订安全生产和消防安全责任书,健全"排查、建账、整治、验收、销账"安全隐患闭环整改机制,全年检查单位1850家次,发现并整改隐患730处。加强联勤联动,专项排查整治医疗场所、养老机构、燃气安全、经营性自建房、土制升降机等重点领域安全隐患,推进规模性租赁房清理,关停17家,定期复查防止返潮。探

6月6日，位于平型关路1179号的大宁路街道社区党群服务中心、新时代文明实践分中心分部、社区文化活动中心启用 　　　　　　　　　　　　　　　　　　　　　　　　　　　　　　　（大宁路街道　供稿）

索疏堵结合的电动自行车入户充电治理新模式，改造12处非机动车棚和5处室内车库，新建2处非机动车棚，增加电动自行车充电口536个，全域试点电瓶入户充电嗅探阻断设备1184套，街道获评2023年上海市消防工作先进集体。用好"三所联动"（公安派出所、司法所、律师事务所），实体化运行街道法治服务中心，建立"普法您点单"需求清单，建立"三所+N"矛盾纠纷化解模式，引导法律顾问主动介入矛盾调解，全年受理纠纷101起，涉及金额234.68万元，"110联动"调解550起。 　　　　（张斯嘉）

【民生实事】　2023年，大宁路街道在延长小区打造集雨水收集、光伏发电、冷藏储存、小包垃圾落地预警、可回收物五分类和科普教育等功能为一体的智能化"宁享低碳绿色空间"并投入使用。推进垃圾分类精品化示范小区创建工作，完成金荣公寓、新弘国际等4个小区11个垃圾厢房硬件改造，改善垃圾分类基础设施建设，让居民从家门口看得见、摸得着的改造中，感受幸福美好社区环境。推进3个老旧小区综合整治工程，惠及居民2000户，开展上工新村门头改造、延长小区非机动车棚改造等微更新项目，提升居民获得感；批量推进既有多层住宅加装电梯"民心工程"，全年签约14台，开工12台，完工18台。 　　　　　　　　　　　　（张斯嘉）

【曙光小区更新电梯项目开工】　2月20日，曙光小区1号楼、2号楼2栋使用25年的旧梯换新项目开工。延长中路561弄曙光小区1996年竣工，其1号楼、2号楼都是20层楼的高层建筑，规划320户，其中二层以上312户居民，4部电梯使用时长达26年。"超期服役"的老电梯梯门破旧，有时还伴有嘈杂、运行不稳、电梯门无法关闭等情况，陆续出现夹人、关人、晃动现象。

539

鉴于高层维修基金不足等多方面原因，换梯工作阻力重重。居民区党总支、居委会主动跨前一步，借鉴老旧小区"加梯"经验，引导小区楼内居民成立电梯更换小组，通过线上、线下分工推进。广泛征集居民意见，协商制定最佳方案，敲定资金分摊比例、筹资方式、电梯品牌、施工方案等，使老旧小区的电梯得到更新。曙光小区电梯更换自治项目是大宁路街道创新基层治理模式的积极探索。

（张斯嘉）

【**大宁路街道开通个人政务远程虚拟窗口服务模式**】 3月15日，街道试点开通个人政务远程虚拟窗口服务模式，率先在26个居民区及2个楼宇园区设置"静邻帮办"延伸服务点。作为全市第一家长三角"一网通办"虚拟窗口个人政务服务试点单位，主动联调江、浙、沪、皖长三角地区的14个政务服务中心，实现部分政务服务24小时"就近办"，辖区居民、白领可通过场所配备的双屏一体机，远程办理91项业务。

（张斯嘉）

【**德必易园区宝宝屋对外开放**】 3月26日，全市首家商圈大宁国际宝宝屋、首家园区德必易园宝宝屋对外开放。大宁国际社区宝宝屋是全市首个设置在商圈内的宝宝屋，为在大宁国际商圈上班、逛街、购物或到附近医院看病就医的家长们，提供综合性托育服务。大宁德必易园是以文创、电商、直播等新兴产业为主的特色园区，是集产品设计包装、营销策划、视频制作、头部培育等于一体的全市首批直播电商基地。考虑到电商直播从业者晚上和周末错时工作的情况，街道发挥"治立方"党建善治体系作用，园区党群服务站召集"两新"党组织、楼务会在白领中开展需求调研，大宁路街道与区教育局整合德必易园人大代表单位资源，在社群中心最好的位置，以1元租金模式提供30平方米的场地建立宝宝屋，使园区白领上班、带娃两不误。

（张斯嘉）

【**上海首个新媒体直播行业联合工会成立**】 4月25日，全市首个新媒体直播行业联合工会"大宁路街道新媒体直播行业联合工会"在大宁德必易园成立。大宁路街道贯彻"县级工会加强年"要求，着眼"政治引领强、组织功能强、服务阵地强、制度机制强、作用发挥强"五强目标，开展新兴领域党建带群建工作，推动工会组织及时切入新兴领域发展动态，探索新兴领域企业组建联合工会，更好团结凝聚新就业群体。通过园区楼务会架好"连心桥"，把党的关怀、组织温暖送到对应群体，实现工会组织向新兴领域、新就业群体延伸。

（张斯嘉）

【**大宁路街道社区党群服务中心、新时代文明实践分中心分部、社区文化活动中心启用**】 6月6日，位于平型关路1179号的大宁路街道社区党群服务中心、新时代文明实践分中心分部、社区文化活动中心启用。市民可参加文体活动、舞蹈健身、健康养生、手工制作、观看电影等多项活动，也可以借书阅读，品味书香。国家一级演员、京剧梅派传人、"中国戏剧梅花奖"获得者史依弘，国家一级演员、莫派魔术第三代传人、中国魔术界最高奖"金菊奖终身成就奖"获得者周良铁等两2大师工作室入驻社区文化活动中心。

（张斯嘉）

表27-11 2023年大宁路街道居委会基本情况表

名称	地址	居民小组数（个）
合计		1242

(续表)

名称	地址	居民小组数(个)
延长新村	共和新路1700弄62号101室	87
延铁新村	老沪太路199弄5号2楼	66
451弄	延长中路451弄14号104室	30
延峰	延长中路561弄1号108室	16
大宁路540弄	大宁路540弄29号1楼	50
八方花苑	大宁路660弄18号	36
大宁路505弄	大宁路505弄13号101室	16
大宁路667弄	大宁路667弄36号102室	60
801弄	延长路99弄7号102室	97
广延路	共和新路1873弄2号甲	35
上工新村	广延路350弄33号103室	40
大宁新村第二	大宁路181号5号甲	36
大宁新村第一	共和新路2203弄19号103室	33
慧芝湖花园	平型关路1115号1楼	86
宝华现代城	共和新路2399弄9号101室	34
新梅共和城	广中西路99弄5号3楼	83
金茂雅苑	彭江路399弄1号1楼	50
粤秀新村	粤秀路318弄17号101室	40
永和南	共和新路2999弄1号202室	60
永和北	广延路1188弄5号1楼	42
虹屿居委会	平型关路1899弄2号1楼	42
云平居委会	平陆路999弄212号25号楼3楼	32
2199弄	粤秀北路1402号	103
云荣居委会	万荣路1199弄1号1楼	37
云秀	寿阳路158弄13号1楼	31

(张斯嘉)

（十三）彭浦新村街道

【概况】 彭浦新村街道东起岭南路，西到东茭泾河，南临场中路、走马塘，北接共康路和高压线走廊。辖区面积3.81平方千米。下辖33个居委会，66个自然小区，1879个居民小组。实有人口14.5万，户籍人口12万。街道发扬"四个特别"（特别能战斗、特别能吃苦、特别能忍耐、特别讲奉献）精神，以"百姓心为心"的彭浦情怀，以"敢为天下先"的彭浦担当，聚焦"静安北亮点"建设，推动街道高质量发展。年内，推进4个"美丽家园"、3个"美丽街区"建设和11个小区雨污分流工程建设。引进项目223个，超额完成年度任务目标；引进税收规模千万级项目1.5个，百万级项目10.5个，超额完成年度百万级项目引进目标。街道社区事务受理中心全年累计业务受理量109995件次，位列全区第一位，其中全市通办14494件次，"一网通办"1523件次。街道获评2019—2023年度上海市民族团结进步先进集体、市区共创老年体育示范街镇等称号，彭三居委会获评上海市巾帼文明岗、街道武装部获评市"基层人民武装部建设"三星荣誉称号，临汾路894弄居民区社工工会小组获评市模范职工小家、彭五居民区总支部委员会获评市"党支部建设示范点"、彭浦新村街道综合行政执法队获评市建交系统建设先锋党建示范点、街道社区学校获评市街镇社区（老年）学校优质校。

（顾晨晨）

【党建引领】 2023年，彭浦新村街道开展学习贯彻习近平新时代中国特色社会主义思想主题教育，成立主题教育领导小组，全链条抓落实，制定实施方案与工作安排，进行工作部署，将工作任务"项目化""清单化"，累计举办读书班8期共11天，开展专题研讨9次，每周述学20次，领导班子成员深入基层党组织上专题党课11次，发布31期《及时跟进学》、1期《结合实际学》系列学习材料。开展与共和新路街道"横向联组"、与宝山区庙行镇"跨区毗邻联组"、与市北高新集团"政企联组"、与静安寺街道"学四百走访联组"、与区人武部、区绿化市容局、区城管执法局、区房管局、区民政局"业务联组"等10次各类型联组学习。与宝山区张庙街道、奉贤区南桥镇、浦东新区高东镇开展专项工作联学，加强业务互鉴。对辖区开展全覆盖走访，结合社区实际聚焦治理难点痛点，确定39个调研课题，其中街道领导班子11个调研课题。结合街道基层治理梯队式五级网格"领跑工程"项目矩阵建设，248个基层党组织明确一个支部一件实事，33个居民区党总支书记、179个党支部书记、388名党支部委员和党小组长带头推进"领跑工程"项目。通过建章立制补齐短板，制定涉及队伍培养、为民服务、社区自治、社区管理、平安建设等各类制度机制27项，把学习成果转化为解决问题、改进工作的实际举措。细化落实减负增能举措。依照全市统一标准，统一居民区外部挂牌5项、室内挂牌少于等于8项。摘除109个挂牌，规范35个功能指引牌。建立会议统筹、事项准入、日常监督3项减负常态机制。连续6年梳理居委会工作台账，年内减至17项，与上年相比减少89%。落实"星期四无会日"，明确社区干部会议频次。制定街道《减负增能工作责任清单》，涵盖机制赋能、能力赋能、数字赋能、法治赋能等4个方面20条具体措施。高质量完成2019—2023年教育培训工作目标任务。持续擦亮"静·绣彭程"党建品牌，制定《2023年度党建品牌实施方案和计划》，形成"居民区党组织书记工作十法"。推进党群服务阵地建设，搭建"闻喜共治联盟"，组建"新骑士志愿服务队"，开展"静邻一家"便民集市服务。提升党建引领基层治理水平，有效运作社区网格做细楼组党建，完善"1+5+X"（"1"是居民区党组织书记；"5"是社区民警、居委会主任、物业公司经理、业委会主任、群众团队或社区社会组织骨干等五方面力量；"X"指社区在职党员、驻区单位负责人、联系社区的各级机关干部等其他力量。)联席会议制度。完善"彭友圈"区域化党建枢纽平台，形成涵盖66项需求清单、155项资源清单及50项项目清单的"三张清单"。擦亮"新心相印、汇聚合力"城市新汇楼宇党建品牌，实现"楼事楼议、楼事楼办、楼事楼管"。完善"红色导师团"队伍，推进党课"集体备课"制度，打造特色"微党课"，持续开展"三新"（新经济组织、新社会组织、新就业群体）专题党日、"先锋上海·四季行动""微心愿"等系列活动，年内88条微心愿全部实现。

（顾晨晨）

【**城区管理**】 2023年，彭浦新村街道协调搭建共治平台，推进微领地、彭浦西初雨调蓄池，以及街道社区卫生服务中心分中心建设。完成彭盛菜场临时点、皮肤病医院、三泉路仓库等处4881.54平方米拆违工程。推进"蓝色联盟"门责自治组织规范化建设。落实店招店牌管理，开展存量店招备案工作，全年完成备案1063块，达到区级的76.31%，排名全区前列。推进"一网统管"建设，编制《2023年彭浦新村街道全要素精细化管理标准（试行）》，入围区"一网统管"场景评比决赛。完善"微网格巡查+专业巡查+联合巡查+全要素巡查"的分级分层巡查机制，强化"发现—处置—反馈—固守"工作闭环，提升联勤联动管理效应，巩固城区精细化管理成果。网格案件主动发现并立案153217件，发现率、处置率、办结率均达到100%；2023年度网格化综合管理考核排名全区第一位。细化调整垃圾分类工作制度，加大指导和监督力度。以物业服务达标考核奖励为抓手，推动物业服务企业提升管理与服务质量。成立"北安宜居圈"与"静置宜居圈"，建立联席会议机制，帮助小区化解治理难题。

（顾晨晨）

【**社会事业**】 2023年，彭浦新村街道开展双拥和退役军人工作，成功创建"上海市双拥模范街镇"。深化"博爱家园"建设，通过中国红十字会城市社区博爱家园示范点验收。绘制街道"15分钟社区生活圈"行动蓝图，规划"爱彭浦"全龄友好生活中心、"惠彭浦"品质服务中心、"悦彭浦"休闲体育中心、"乐彭浦"生态活力中心等4个一站式综合服务中心，街道入选上海"一刻钟便民生活圈"示范社区建设试点单位。推动社区文体硬件载体建设，恢复开放街道文化活动中心，推进城市新汇新建社区市民健身中心，建设三泉路601弄健身步道。深耕"华彩四季"、许杰工作室、文化会客厅等文体品牌阵地，举办市民文化节城市美育日主题活动、第十一届戏曲节、彭有喫客饮食文化节、"三打一"个人赛、第六届乒乓球团体赛等各类文体活动。推动"科创彭普"彭浦新村街道"社区书院"项目，推动节能减排、光伏项目建设等工作。开展暖心家园失独家庭关爱项目，缓解特扶家庭心理健康问题，全年累计开展特扶家庭驻点心理咨询服务735次，线上线下服务3899人次，街道社区心理支持网络化建设服务项目入选全国社会心理服务体系建设优秀案例。发挥健康驿站重要作用，提升居民个人健康管理和家庭保健意识，全年提供各类免费健康服务共计9787人次，开展健康讲座10次，健康沙龙10次，受益人数968余人。

（顾晨晨）

【**民生保障**】 2023年，彭浦新村街道紧扣打造"15分钟乐龄生活圈"目标，落实街道养老服务三年行动计划，深化智慧化、项目化、适老化、标准化、社会化等"五化"措施，优化完善横向居家、社区、机构相融合，纵向构建基础保障、公共服务、专业服务相结合的"三横三纵"社区养老服务新体系。超额完成161户居家适老化改造与1338户高龄独居老人燃气报警器安装工作。探索居家养老菜单式服务模式，为无子女老人提供深度家具清洁、空调烟机清洗、干洗、上门理发扦脚助浴、理疗按摩、康复训练等17项特色养老服务项目,累计有2769人次享受特色养老服务项目。关怀失智老人家庭生活,在银都一村建设"社区老年认知障碍家庭支持中心",开展老年认知障碍的宣传教育、风险测评、早期干预、家庭支持、资源链接和平台建设,打造认知障碍友好环境展示及认知障碍智慧场景应用两大功能,初步建立可持续的认知障碍社区支持体系。全面推进"健康食堂"建设,社区食堂标准化试点项目高分通过上海市市场监管局专家组评估验收。全面推广家庭医生签约服务,启动"五床联动"(家庭养老床位、养老机构床位、家庭病床、医疗病床、安宁疗护病床)整合性照护服务试点项目,重点人群签约家庭医生覆盖率100.3%,位居全区第一位。深化就业服务,成功帮助长期失业青年就业创业96人,完成全年指标数的133.33%。深入推进"一网通办"工作,提供领导帮办服务,设立"办不成事"反映窗口,落实"静邻帮办"延伸服务,全年共办件3005件。（顾晨晨）

【经济发展】 2023年,彭浦新村街道落实领导责任制、信息对接制、沟通会商制,打造特色企业服务中心；建立企业服务资料库、加强企业服务专员培训等方式打造招商专业团队,以多渠道加强沟通联系、多形式拓宽服务模式、专人制提升服务质量,将企业服务落到实处。优化营商环境,开办"彭乐荟"营商服务课堂。建立投资促进战略合作伙伴制度,邀请市北高新园区等8家单位成为首批投资促进战略合作伙伴,发挥战略合作伙伴的资源优势,以"金融+""专业服务+""人才+"助力招商引资工作。落实企业走访工作,完成52家户管企业全覆盖联系走访,完成新设企业及辖区楼宇园区重点企业走访500余次,对接企业诉求150余件。 （顾晨晨）

【公共安全】 2023年,彭浦新村街道推进实有人口信息采集、"一标三实"(标准地址和实有人口、实有房屋、实有单位)全覆盖管理工作进展顺利。健全突发应急预案体系,对《彭浦新村街道突发事件总体应急预案》以及23个专项预案进行修订完善。签订安全责任书或承诺书,制定《彭浦新村街道安全生产责任清单、任务清单》,严格落实安全生产十五条硬措施。结合重大事故隐患专项整治行动,开展夜间消防安全隐患大排查大整治行动,对安全生产重点单位、加梯工地、规模租赁、雨污分流工地等开展安全检查,坚决防范各类安全生产事故发生。推进充电基础设施建设,全年新增电动自行车充电端口1253个,有效缓解小区充电难,辖区总体占比达70.23%。在平顺小区成功试点全区首个电动自行车安全"零隐患"小区。完成银都一村、康德公寓等共15个非机动车地下车库的消防设施升级改造。完善矛盾排查化解治理体系,深入社区开展巡回调解和心理咨询服务,建立健全纠纷排摸调处常态机制,推动街道各类重大项目和实事工程落实落地。创新探索第三方力量矛盾解纷路径,与"陆金弟人民调解工作室"、专业律师、资深心理咨询师、法治带头人和法律明白人组成"双员双师"调解团队,适时引入人民陪审员等力量。 （顾晨晨）

【民生实事】 2023年,彭浦新村街道加快推进彭一小区建设,彭一住宅小区旧房拆除重建工程项目主体结构全面封顶,做好街道社区党群服务中心和市民健身馆、党建文化馆、生活服务馆"一中心三馆"设计等前期工作。探索以"规模化""梯管中心""诚信体系建设"为工作抓手,先后举行"2023年街道既有多层住宅加装电梯工作推进会暨梯管中心启用仪式"以及"街道既有多层住宅加装电梯一季度集中授牌暨康平小区11台电梯启用仪式"等多项活动,推动街道加梯工作多签约、快开工、早竣工、善管理、好使用,让幸福宜居"一键直达"。年内共签约159台,开工123台,完工151台,签约数与开工数均列全区第一位,完工数列全区第二位。累计开展

11个小区392个楼栋规模化加梯评审,其中完成7个小区264个楼栋的评审。推动为民办实事项目落地见效,实现辖区55个非机动车车库物联网烟感报警系统全覆盖,为63栋高层住宅安装高空抛物监控,为117户重点住户和6栋高层住宅试点安装电动自行车充电监管智能感知设备(嗅探),实现顽症隐患精准管理。

(顾晨晨)

【**智慧养老服务工作**】 2023年,在彭浦新村街道第一综合为老服务中心新建集数据收集、汇总、分析、展示、运用于一体的智慧养老服务中心,推出智慧养老服务平台。该平台整合全社区养老服务体系的主要架构、重点对象、服务点位、项目内容等信息,录入辖区老年人的健康情况、享受的补贴服务和家庭住址、紧急联系人等基本信息,并根据独居、空巢、残障等6种类型进行分类,建立老年人专属信息档案,为社区养老服务发展提供大数据支撑。通过丰富"标签设置"的过程,逐步描绘出清晰的"个体画像",实现从"人找政策"到"政策找人"到"服务找人"的功能转变,实现供需精准对接。设置智慧养老顾问接待窗口并延伸到居民区,提供家门口"数字顾问"服务。

(顾晨晨)

【**彭五"学思践悟新思想"现场教学点打造**】 2023年,彭浦新村街道以习近平总书记考察点位为重点,融合彭浦新村"四个特别"精神和老工人新村特点,建设彭五居民区室外参观路线和"四个特别"精神展示馆,深度打造由室外"行走党课"和室内"沉浸式党课"组成的《足迹·特别》,全面展示街道蓬勃建设新风貌。累计接待参访学习87场、2720人次。

(顾晨晨)

【**市级"美好社区,先锋行动"项目推进**】 2023年,彭浦新村街道通过以"毗邻党建"为引领的跨区协同治理模式,解决艺康苑小区环境脏乱的治理难题,打造艺康苑"南北跨区融合治理秀带",实现"三联、三通、三融、三实"(上下联动、部门联手、政策联用,治理贯通、民意直通、情感联通,组织融合、资源融汇、居民融治,民生实事、建设实效、制度实践)机制转变,建设"美好社区 先锋行动"样板间,《跨区"共同体"携手绘就"融合治理秀带"》案例获评第六届中国(上海)社会治理创新实践优秀案例。

(顾晨晨)

【**探索内部道路管理新模式**】 2023年,彭浦新村街道以自治、共治、法治为抓手,对3条内部道路(临汾路1515弄通道、保德路1238弄通道、保德路1316弄通道)实行"一路一策"综合治理,建立"弄管会"议事平台,推动精细化管理,实现居民满意度和社区面貌"双提升"。临汾路1515弄通道综合治理案例作为上海市市容环境整治典型案例入选住房城乡建设部主编的《全国精细化管理典型案例图集》。

(顾晨晨)

【**数字化转型工作推进**】 2023年,彭浦新村街道深化"彭浦码"信息服务,小区2965个楼栋全覆盖张贴楼道"彭浦码",通过"彭浦码"链接老干部、妇联等工作,推动"彭浦码"成为家门口参与治理平台、云端数字宣传屏。建立一码通达一码响应机制,快速回应居民需求,打通社区治理"内循环"。坚持"服务+监管"理念,通过数据对接、应用接入模式,率先创设"一网通办·企业码",并在辖区1735家沿街商户全覆盖,打造上海市首条"企业码"服务街区,实现政策资讯一码推送、商户投诉一码响应、商户评价一码通达、政务服务一码集成、数据共享一户一档等服务功能,为商户、居民提供集成化的政务服务,为管理部门提供精细化的监管手段。拓展"随申办"应用,在全市首创社区工作者"随申办""亮数"功能,创设"1平台+N应用"融合应用体系,打造"彭福卡""彭浦码""彭浦通办"三大应用,嵌入彭五足迹VR，加装电梯服务、企业服务、法治服务等模块，赋能精细化管理与服务。率先与区政务数据管理中心新平台"数据超市"打通数据共享，生成"资产评估师、注册会计师"等17类标签，夯实社区人才储备"生力军"。

（顾晨晨）

【彭浦新村街道特色食品安全品牌打造】 2023年，彭浦新村街道以街道食品药品科普站为主要宣传阵地，建设一个特色食品科普站和33个居民区分站点，将食品安全科普融入居民区、商圈、交通枢纽、服务大厅等区域，贯彻食品安全新发展理念，打造"彭心聚力，谱写食安"品牌，促进"健康食品"新消费，满足居民高品质生活需求。开展"食品安全宣传周""科技节""市民开放日""你点我检"等主题活动，通过科普讲座、专家咨询、快速检测、线上直播讲解等通俗易懂、寓教于乐的宣传服务形式，以公众最希望知晓的食品药品安全科普知识为主要内容，结合自身科普特色优势，开展宣传工作。

（顾晨晨）

【"彭小法"法治品牌创立】 2023年，彭浦新村街道设立"彭小法"线上法治专栏，分为法治在线随心学和线上法治服务，在线学习资源分设法治体验官、法治发现家和法治调研家三大系列，同步上线学习强国、随申办和"幸福彭浦"微信公众号三大渠道；线上法治服务内设阵地导览、活动预告、预约咨询和服务清单四大模块，实现"零跑动"的掌上法治预约。建立"彭小法"线下法治实践基地，成立彭浦新村街道守"未"法治先锋团，成功定制模拟法庭、校园法治集市和迎春法治早市等特色实践课程，实现"理论—实践—理论"循环，完善精准化、精细化规划。专设"老彭友"和"小彭友"法律卫士两大品牌项目，形成校内法治第二课堂和校外法治职业体验

实施内部道路管理新模式后的保德路1238弄通道　　　　　　　　　　（彭浦新村街道　供稿）

两大模式。　　　　　　　　　　（顾晨晨）

【**全市第一家社区公共卫生委员会成立**】 2月6日，全市第一家社区公共卫生委员会在彭五居委会成立，并于年内完成辖区33个居委会全覆盖成立公共卫生委员会。委员会成员由社区干部、卫生中心医生、社区中退休医务工作者以及接受过红十字急救知识培训并获得证书的志愿者等组成，共计239人，其中医护人员有102人，占比42.7%。委员会主要为社区居民提供购药、用药、就医等健康类咨询服务，做到让居民"家有医靠"。　　　　　（顾晨晨）

【**市委常委、统战部部长陈通一行调研民族团结进步创建工作**】 见"领导视察和调研"栏目相关条目。

　　　　　　　　　　　　　　　　（顾晨晨）

【**静安区首家"林长驿站"启用**】 2月25日在东荽泾公园内举行启用仪式。该驿站为社区居民提供园艺咨询、园艺培训、园艺展示、代收代养等集科普性、公益性、综合性一站式园艺服务。（顾晨晨）

【**胡广杰调研街道民心工程**】 3月4日，上海市建设交通工作党委书记、市住房和城乡建设管理委主任胡广杰一行到彭浦新村街道调研民心工程。市住房和城乡建设管理委员会副主任张永刚、市房管局副局长林伟斌参加调研。静安区委副书记、区长王华等陪同调研。胡广杰一行实地察看彭一、彭三旧住房成套改造项目，彭三五期回搬居民新房，俯瞰彭一小区在建工地。　　　　　（顾晨晨）

【**蒋蕊调研居村减负监测点工作**】 3月16日，上海市民政局局长蒋蕊、副局长曾群一行到临汾路894弄居委会开展居村减负监测点工作调研。静安区委常委、副区长傅俊陪同调研。区民政局、彭浦新区街道主要领导参加调研并做相关工作介绍。蒋蕊一行先后参观并听取居委会首问接待、社区受理服务中心延伸服务、街道"居委会工作SOP"等自治品牌建设、居委会微网格工作及居村监测点工作情况。　　　　　（顾晨晨）

【**龚怡调研社区老干部之家**】 4月12日，市委老干部局副局长龚怡一行到街道开展离退休干部党建工作专题调研并指导工作，静安区委常委、组织部部长宋宗德等陪同调研。龚怡一行先后参观习近平总书记对街道提出的"特别能吃苦，特别能战斗，特别能忍耐，特别讲奉献"精神墙面展板、彭五居民区离退休干部之家、平顺小区离退休干部之家、街道第二为老服务中心和"阿拉花园"、彭浦新村街道党群服务中心离退休干部之家，并听取相关工作汇报。

　　　　　　　　　　　　　　　　（顾晨晨）

表27-12　2023年彭浦新村街道居委会基本情况表

名称	地址	居民小组数(个)
合计		1879
一居委	闻喜路806弄16号102室	21
三居委	闻喜路806弄15号101室	80
五居委	彭浦新村328号106室	104

（续表）

名称	地址	居民小组数（个）
七居委	彭浦新村248号103室	107
平顺路180弄	汾西路661号103—104室	76
岭南路539弄	保德路681弄12号101—102室	117
彭新	临汾路971弄12号101室	112
临汾路1244弄	曲沃路321弄35号101室	158
闻喜路1110弄	闻喜路1110弄7号101室	60
临汾路1564弄	临汾路1564弄38号甲	39
场中路2471弄	闻喜路1223弄33号103室	75
共和新路4555弄	平顺路721弄6号底层门面	135
平顺路790弄	平顺路790弄5号101室	141
临汾路894弄	共和新路4407号	70
场中路2401弄	场中路2401弄15号101室	67
闻喜路935弄	闻喜路935弄18号103、104室	68
三泉路424弄	三泉路424弄11号101室	64
保平	平顺路371号	56
三泉路770弄	三泉路764号	53
三泉路517弄	三泉路517弄26号102—104室	123
三泉路821弄	三泉路821弄46号	87
三泉路601弄	三泉路601弄车棚顶	127
三泉路1015弄	三泉路1015弄29号车棚顶	108
临汾路1515弄	临汾路1633号	135
共康三村	共康三村55号甲	121
共康四村一居委	共康四村69号甲	99
共康四村二居委	长临路380弄146号甲	82
保德路1316弄	保德路1316弄76号甲（保德公寓内）	135

（续表）

名称	地址	居民小组数(个)
曲沃路430弄	曲沃路430弄19号101、102室	30
保德路921弄	共和新路4470弄5号101室、102室	42
场中路2601弄	场中路2601弄11号102室	90
艺康苑	保德路1238弄3号	103
三泉家园	三泉路999弄会所2楼	99

（顾晨晨）

（十四）临汾路街道

【概况】 临汾路街道东起江杨南路，西至岭南路，南到北郊站北围墙，北临北长浜。现有4个街区网格工作站，20个居委会，38个自然小区，有1715个居民小组。2023年底实有人口7.95万人，户籍人口6.13万人，3.4万户，是人口导入型的纯居民生活居住区。2023年，街道对标对表"走前列、当标杆"，深化党建引领、加强创新治理、持续改善民生，经济社会平稳推进，社区生活安全有序，人民群众安居乐业。街道获全国最美工会户外劳动者服务站、全国示范性老年友好型社区等全国荣誉称号6个，获市级荣誉称号30个。

（徐伟栋）

【党建引领】 2023年，临汾路街道推进"一支部一实事"，解决实际问题温暖社区居民的心。推进"十勤访"工作，做好减负增能后半篇文章的同时，持续提高街道干部群众工作能力。探索"四责协同"机制向基层延伸，制定各居民区落实"四责协同"机制工作措施，深化街道"清风廉韵"廉政教育品牌，开展清风廉政建设教育月活动，进行廉洁书画评展，推进"清风亭"等廉洁文化阵地建设，开展监督调研，落实中央八项规定精神，强化基层监督工作机制。

（徐伟栋）

【基层治理】 2023年，临汾路街道完成6个居委会实地督导验收，14个居委会完成自查自评。完成2个居委会委员补选，4个业委会组改建换届，5个小区物业选聘，20个居委会卫生公共委员会组建。推进居民区"一居一品"自治项目品牌化建设，20个自治项目成效显著。推进综合社工站建设，街道社会组织服务中心完成上海市社会组织等级评估（3A复评）。发布临汾"赋能基层12条"，通过内部机制优化与外部数字赋能双向驱动，为基层干部减负增能。推进数字家园建设，依托"社区云""全要素管理平台"等数据系统，推进"民情日志"升级，搭建面向全街道的"一网协同工作台"，拓展"智慧报表""一键证明""不用跑审批"等应用场景，直接减少居委75%种类的报表和80%证明开具量。全市首创"楼长上报"功能模块，打造"数字助理"，实现15个部门198项面向群众事务提供政策查询。新建和源名城"数字小屋"，辖区累计建成使用24小时不打烊"数字小屋"3个。打造"智慧物业"联动平台，拓展垃圾分类、装修管理、"12345"市民服务热线工单、物业报修等应用场景，提升老小区服务水平。推进"数据上链"工作。全面激活内部账号，用好"随申办政务云"协作平台。在6个居民区安装高空抛物监控探头64个,开展独居老人消防守护行动,对辖区内行动不便的70周岁以上独居老人开展消防安全"敲门守护"行动,发放灭火器1000个、灭火毯1000条。完成为独居老人安装燃气报警器585台。开展物联网烟感报警器的安装试点,实现24小时远程联网监测。针对冬春火灾、烧干锅火灾、电动自行车火灾等典型多发火灾的特点,常态化开展社区居民消防安全宣传,通过设摊宣讲、发放宣传单页、举办逃生演习等形式加强居民的自救能力和防范意识,发放各类安全宣传海报1万余份,对20个社区微型消防站的器材进行全面更新,新增思美公寓微型消防站器材点,组织社区居民开展防火演练、消防技能培训60余场。　　(徐伟栋)

【城区管理】　2023年,临汾路街道推进"静邻帮办"工作。作为"静邻帮办"试点街镇,开展全员专项培训,共接待居民1042人次,受理远程事项603件。实时优化对外调整办事贴士。参与长三角"远程虚拟窗口"试点。升级改造8个生活垃圾厢房,新建1个建筑垃圾箱房。推进创城迎检,力抓市容环境卫生,纠正占道设摊1700余处,跨门营业4500余处。加强食品安全属地化管理,明确属地化管理包保干部责任和企业管理责任,签订食品安全包保责任书47份,主体督导完成率100%,问题主体闭环率100%。全面推动绿色转型,推进生态环保和节能减排工作,推动光伏建设。发挥"路长制""河长制""林长制"作用,提升社区环境品质。开展巡河2000余次,排查并解决河道乱堆物问题。推进标准化林长制办公室创建,加大"林长制"日常巡查力度,累计发现并解决绿化问题30多个,完成500棵大树修剪和绿地补种。开展群众性爱国卫生运动,组织开展季节性除害防病突击行动,降低辖区公共环境和重点行业、重点场所的病媒生物密度。建立街道党工委会研究解决"12345"市民服务热线疑难工单机制,深化"一力二督办三点四到位"工作法。成立街道纪工委、党政办、党建办和城运中心组成的市民服务热线工单督促办理办公室。全年受理各类工单54674件、12345热线工单2659件、网格巡查工单51900件、民呼我应工单115件。市民12345热线工单总体满意度99%。　　(徐伟栋)

【社会事业】　2023年,临汾路街道开展临汾城市艺术季,举办"我们这十年"市民文化节专题特展、社区居民艺术节等文化活动。举办各类文化活动500场,累计服务居民13万人次。提档升级15分钟生活圈,新增建设社区宝宝屋,建成1处市民健身驿站,开展"美好临汾一起跑""半马临汾"等系列群众体育活动。　　(徐伟栋)

【经济发展】　年内,临汾路街道采取线上线下"双线并行"方式加强企业联系与走访,优化招商引资、服务企业的优秀营商环境,建立常态化联络机制,对企业需求做到及时了解、快速响应,力争对口服务企业"零流失"。持续维护集中登记地资质,引入政务智能办系统,成为区第一批线上帮办达标中心。依照创建上海市工商联"四好"商会目标,成立上海市静安区临汾路街道商会党支部,引领推进商会有序运作。　　(徐伟栋)

【民生实事】　2023年,临汾路街道加快老旧小区加梯工程,推动小区整体化、规模化加装,完善加装电梯后续管理。累计签约412台电梯,投入使用的223台电梯全部纳管,完成加装电梯美丽楼组127栋。完成临汾花园小区综合项目,小区公共服务设施设备完成更新改造。5个小区开展雨污水分流工程。完成完整社区试点建设、和源名城小区党群服务站改造、宝德菜场改造,新建2个数字小区、开展"临居里"服务车项目等。开展"五床联动"整合性照护服务项目试点,辖区7家养老机构实现全覆盖签约,家床签约48张，提供上门服务1950人次，累计服务2546小时。推进适老化改造，市、区两级适老化改造共完成193户，应急呼叫安装174户。加强社区综合为老服务中心管理，开展社区长者食堂（助餐点）第三方质量评估。做细"车轮食堂""安惠暖阳""老伙伴""乐龄有伴""长者健康运动之家"等项目，加强独居老人、高龄纯老等困难老人的关心关爱工作。开展认知障碍友好社区建设，完成市级老年心理关爱点建设。开展"服务连心"行动，打造"15分钟"就业服务圈社区就业服务站点，加大就业保障力度。建立应届生一人一档，进行个性化职业指导、岗位推荐、政策宣传等就业援助服务。做好社会救助，推进社会救助体系建设。做好残疾人救助、康复、就业、维权等工作。开展双拥模范创建工作，为退役军人提供优先优待服务。开展红十字应急救护培训和"千万人帮万家"帮困救助，推进红会"童佑生命"、未成年人保护站"童伴之家"一站一品建设。

（徐伟栋）

【区外领导调研参观】 2月8日，四川成都市金牛区委副书记刘怒海带队参观临汾路375弄居民区智慧城市建设、社区治理和城市更新等工作。3月13日，重庆市渝北区龙溪街道党委副书记张磊等参观临汾路380弄居民区数字家园建设。3月14日，四川成都市委常委、政法委书记陈麟，成都市政法委机关党委书记杨成、成都市驻上海办事处副主任邵铭等走访临汾路街道社区大脑调研基层社区治理。3月15日，长宁区人大常委会副主任夏利民带队到访临汾路街道，调研电梯加装工作。3月28日，北京市大兴区人大部分领导走访临汾路375弄居民区调研批量化加装电梯工作。3月29日，安徽省委党校青干班约43人参观临汾路街道党建引领基层社区治理。4月6日，上海市委党校汪仲启教授调研临汾路街道全过程人民民主的基层实践。4月24日，市政府发展研究中心副主任、一级巡视员周国平调研临汾路街道党建引领基层社会治理。4月24日，上海市团校有关人员调研临汾路街道基层数字治理等相关

12月8日，临汾社区居民艺术季黑光剧现场

（临汾路街道　供稿）

情况。5月8日,市人大常委会委员、社会委副主任委员周宏,区人大常委会副主任孙明丽等实地察看临汾路街道社会治理法治化综合执法检查。5月14日,伊朗确定国家利益委员会秘书长穆罕默德·巴盖尔·祖尔加德尔参观临汾路街道。5月25日,市委办公厅副主任华伟带队调研街道为居村组织减负和数字化赋能基层治理工作。同日,南京大学社会学院院长、教授成伯清,华东师范大学社会发展学院院长、教授文军,《学海》主编、研究员毕素华,中山大学社会学与人类学学院副院长、教授梁玉成,华东理工大学社会与公共管理学院院长、教授何雪松调研"超大型城市社区治理临汾经验"。6月1日,宜昌市夷陵区副区长李开伟等一行9人调研临汾路街道城运中心日常运行情况。6月12日,市政府研究室、市房管局政策研究室、区房管局开展"联组学习、联手调研、联动整改、联推发展"共建活动,并调研交流街道加装电梯工作。6月15日,四川成都市双流区区长杨钒带队调研临汾路街道。6月25日,市政府发展研究中心社会发展处调研数字化转型助力基层减负增能及数字化转型应用新场景。6月26日南非豪登省省长勒苏非(正部级)参观临汾路街道。7月3日,广西壮族自治区政府副秘书长、大数据发展局党组书记、局长赵志刚一行10人调研临汾路街道"一网通办""一网统管"等改革经验。7月4日,杨浦区人大常委会副主任董海明带队一行16人实地调研临汾花园"美丽家园"建设情况。7月6日,市民政局副局长曾群调研居委会规范化建设工作。7月11日,市政府办公厅副主任张宇祥调研街道数字赋能基层减负工作。7月20日,市政府办公厅纪检组长调研监督"两张网"建设情况。7月27日,市残联党组成员、副理事长汤艳,静安区残联徐浩、周公望、王延军调研静安区残联工作情况。8月3日,市消防救援总队总队长李伟民、静安区消防支队有关领导调研临汾路街道消防服务队、独居老人单点报警器、社区空管铺设建设情况。8月18日,盐城市委宣传部有关领导参观临汾路街道社区大脑调研智慧城市和大城市治理相关工作。8月22日,安徽宣城市政协副主席黄敏等领导走访临汾路街道,实地参观临汾路街道375弄居民区、网络中心调研基层社会治理工作。11月1日,澳门街坊会联合总会参观并了解临汾发展和为民服务等工作。11月8日,中组部组织二局二处有关领导实地调研临汾路375弄居民区。12月14日,江苏徐州市政府副秘书长周宣东实地考察临汾路380弄社区,学习借鉴在社区规划和建筑设计、市政基础和公共服务设施建设、后续管理运营方面的经验和做法。　　(卫佳妤)

【龚正走访临汾路街道】　见"领导调研和视察"栏目相关条目。　　(卫佳妤)

【莫亮金调研街道文明城区创建工作】　2月2日,区委常委、区委宣传部长莫亮金等实地调研文明城区创建工作。　　(卫佳妤)

【区委副书记王益群视察街道党建引领基层治理数字化转型工作】　2月10日,区委常委、区委副书记王益群视察基层治理数字化转型工作。(卫佳妤)

【杨志健等视察临汾路街道人大工作委员会工作】2月14日,区人大常委会党组副书记、副主任杨志健等视察街道人大工作委员会工作。　　(卫佳妤)

【区政协副主席宋大杰出席街道创建复评全国文明城区工作动员部署会】　2月27日,区政协副主席宋大杰出席街道2023年创建复评全国文明城区工作动员部署会。会议强调要统一思想,提高站位,创全工作要坚持围绕中心,服务大局。要优化机制,注重长效,创全工作要坚持党建引领,善治攻坚。要全民参与、全域动员,创全工作要坚持共建共享,为民造福。　　(卫佳妤)

【区委组织部部长宋宗德出席临汾路街道党建引领基层治理推进大会】 3月2日,区委常委、区委组织部部长宋宗德,区级部门领导、专家顾问、街道领导班子等共同出席"落实""五个聚力",推进"十大行动"临汾路街道党建引领基层治理推进大会。会上发布书记领跑行动、阵地提升行动、强基攻坚行动、同心共创行动、善治宜居行动、数字赋能行动、全龄关爱行动、服务连心行动、全域共治行动、效能提升行动等"十大行动"。 （卫佳妤）

【区政协副主席宋大杰出席街道第三届社区代表大会第一次会议】 3月7日,临汾路街道召开街道第三届社区代表大会第一次会议,区政协副主席宋大杰及街道党政领导班子出席会议。 （卫佳妤）

【区政协领导实地督导临汾路街道文明创建工作】 3月23日,区政协副主席宋大杰、聂丹实地督导临汾路街道文明创建工作。 （卫佳妤）

【王华督导检查临汾路街道创城复评】 3月24日,区委副书记、区长王华督导检查临汾路街道创城复评。强调创建复评全国文明城区是全区各项工作的重中之重,临汾路街道要以更高的政治站位、更饱满的精神状态和更强烈的担当意识,严格对照测评指标体系,补齐短板,解决问题。 （卫佳妤）

【区纪委书记高飞调研临汾路街道】 4月14日,区委常委、区纪委书记、区监委主任高飞带队调研临汾路街道社区党建、纪检监察、民生服务及社区治理工作。 （卫佳妤）

【街道党工委李永波书记参加中国式现代化与新时代城市治理创新学术研讨会】 5月26日,街道党工委李永波书记应邀参加由上海市委党校社会学教研部、华东理工大学社会与公共管理学院、上海市社联《探索与争鸣》编辑部、上海市委党校习近平新时代中国特色社会主义思想研究创新团队共同主办的中国式现代化与新时代城市治理创新学术研讨会。街道党工委书记李永波在会上围绕超大城市社区治理数字化转型做临汾路街道案例进行分享。 （卫佳妤）

【静安区2023年六五环境日主题宣传活动在临汾路街道举办】 6月2日,区2023年六五环境日主题宣传活动在街道举办,市生态环境局副局长罗海林,区委常委、区委宣传部部长莫亮金、副区长李震、区人大常委会副主任周伟、区政协副主席周新钢等领导应邀出席。活动围绕"创绿色低碳建'无废'静安",分五大板块诠释和展现全区上下践行"建设人与自然和谐共生的现代化"取得的成果,以及对绿色低碳美好未来的期许和展望。 （卫佳妤）

【于勇调研街道数字赋能基层减负工作】 7月11日,区委书记于勇,区委常委、组织部部长宋宗德,区委常委、常务副区长傅俊竣察看"数字小屋""一网协同工作台""静邻帮办"等应用场景、临汾路街道社区大脑联合指挥中心。区委办、区委研究室、区委组织部、区民政局、区房管局、区地区办、区政务数据管理中心、区城运中心等相关部门负责人参加调研,街道党政班子成员陪同。 （卫佳妤）

【丁宝定等领导慰问一线职工】 7月21日,区政协主席、党组书记丁宝定,区委常委、副区长梅广清,区委常委、统战部部长顾定鋆,区人大常委会副主任孙明丽,副区长、区公安分局局长姜坚等领导慰问街道夏季高温期一线职工。 （卫佳妤）

【王华调研街道基层减负工作】 7月26日,区长王华携区民政局、区地区办、区行政服务中心等到临汾路375弄居民区,实地察看"数字小屋""一网协同工作台""临小助""静邻帮办"等,调研基层减负情况。

（卫佳妤）

【马列坚走访慰问临汾优秀学生】 8月14日,市妇联主席马列坚,区委常委、组织部长宋宗德等领导走访临汾路街道,看望上海市优秀小义工彭嘉怡。

（卫佳妤）

【于勇调研"五床联动"工作】 8月17日,区委书记于勇等调研"五床联动"工作情况、全民健身公共资源拓展工程工作情况。

（卫佳妤）

【马笑虹出席"学习强国"上海学习平台学习直通车启动活动。】 8月31日,上海市委宣传部副部长马笑虹,解放日报社党委书记、社长、总编辑陈颂清,静安区委常委、宣传部长莫亮金等赴临汾路街道社区党群服务中心出席"学用新思想,建功新征程"——"学习强国"上海学习平台学习直通车启动活动。

（卫佳妤）

【陈琦华出席临汾路街道协商议事厅活动】 9月13日,区政协副主席陈琦华等出席"强化加梯后续管理助力提高生活品质"——临汾路街道协商议事厅活动。

（卫佳妤）

【丁宝定调研临汾路街道政协工作】 10月16日,区政协主席丁宝定等调研临汾路街道政协工作。

（卫佳妤）

【高飞参加街道主题教育现场学习】 10月25日,区委常委、区纪委书记、区监委主任高飞,区委主题教育领导小组办公室第六联络组组长、区纪委监委副处级以上领导干部,区委巡察办、巡察组区管干部参加临汾路街道开展主题教育现场学习。

（卫佳妤）

表27–13　2023年临汾路街道居委会基本情况表

名称	地址	居民小组数（个）
合计		1715
汾西路87弄	汾西路87弄36号102室	55
汾西路88弄	汾西路88弄31号后门	42
临汾路99弄	临汾路99弄17号2楼	29
岭南路100弄	场中路1985弄13号	82
闻喜251弄	闻喜路251弄15号101室	71
汾西路260弄	保德路241弄58号101室	151
汾西路261弄	阳泉路345弄10号101室	100
岭南路270弄	岭南路270弄8号101室	57

(续表)

名称	地址	居民小组数(个)
临汾路299弄	临汾路299弄3号107室	69
临汾路375弄	临汾路375弄20号甲	46
临汾路380弄	临汾路380弄10号	46
保德路425弄	安业路300弄8号101室	93
阳曲路470弄	阳曲路470弄42号102室	130
景凤路520弄	景凤路522号	58
闻喜路555弄	闻喜路555弄49号1楼	94
阳曲路570弄	阳曲路570弄86号102室	132
岭南路700弄	岭南路32号丁	142
阳曲路760弄	阳曲路760弄10号102室	131
场中路1011弄	场中路1011弄22号101室	159
和源名城	江杨南路466弄19号	28

(徐伟栋)

（十五）彭浦镇

【概况】 彭浦镇东临共和新路，西接沪太路，南至老沪太路，北到场中路。辖区面积7.89平方千米。辖区内有36个居委会，居民小组3120个。原有7个行政村，其中4个完成撤村改制，1个完成撤村及产权制度改革，1个撤村但资产未量化，1个村保留建制，另有4家镇属企业。2023年底有常住人口144555人，户籍人口112006人。镇政府设在灵石路725号。完成年度各项目标任务，建设"卓越城区·魅力小镇"。 （厉成珏）

【党建引领】 2023年，彭浦镇依托社区党校、社区学校、红色教育基地、新时代文明实践基地等各方资源丰富"彭聚学堂"内涵，将新思想转化为实践力量，有效发挥党建服务大局、党建引领治理的积极作用，在学思践悟中明确方向、凝聚共识、指导实践。共创"彭聚力"党建品牌的号召，在打造"静安范"中呈现别具特色的"小镇样"，吹响奋进"集结号"。把握镇域经济发展特征，聚焦全区重点产业导向，以党建、党群服务为牵引，依托镇经济发展中心、企业服务中心做好招商安商富商工作。牢固树立"以人民为中心"的理念，充分发挥基层党组织和广大党员政策宣传、民情采集、矛盾调解的作用，积极稳妥推进镇村两级集体经济产权制度改革工作，让经济发展和产权改革红利更公平地惠及百姓。实施民心工程造福民生。推进美丽街区、美丽家园建设，持续开展住宅小区综合治理，充分发挥居民区党建共治平台作用，推进加装电梯、社区"微更新"等实事项目,不断提升居民群众的获得感、幸福感。针对空巢(独居)老人、社区困难群众、新就业群体等重点人群,确保落实关爱帮扶过程中"不漏一户、不落一人"。筑牢安全底线保障民生。聚焦老旧小区、沿街商铺、规模性租赁等风险场所,开展电动自行车违规充电、群租综合整治、违法建筑搭建等常态化监督检查,做好重点领域、重点行业重大安全隐患专项治理。按照不同类型突发公共事件处置要求,探索建立健全"平急转换"机制,为"平时治理,急时应急"提供坚强保障,有效应对各类风险挑战。 (厉成珏)

【经济建设】 2023年,彭浦镇夯实经济发展基础,坚持把引大引强作为推动镇域经济发展、促进产业结构调整的主要抓手。召开经济工作会议,明确目标、强化考核、压实责任,对内实行镇机关全员招商,对下调整完善村公司激励机制,推动各项经济发展任务落实。全年新引进项目935个,其中千万级项目8个,百万级项目44个,新引进企业当年产税8785万元。优化招商体系建设,整合镇级招商资源,优化"1+10"镇村两级招商服务体系,统筹全镇经济发展和企业服务工作。推动支持各村公司招商力量配齐配强,鼓励引进与培养相结合,提高招商引资队伍的专业化能力和水平。构建产业招商、机构招商、以商引商、载体招商的综合性、功能型招商引资平台。坚持"走出去、请进来"招商策略,先后到北京市、内蒙古自治区、重庆市等地招商。举办招商推介活动,并与6家单位签署战略合作协议,聘请7名招商大使,推动形成多形式、多渠道、多层级招商联动互补的格局。增强镇域经济活力。深化镇经济发展服务中心建设,提升"1+10"企业服务网络功能和内涵,在楼宇园区探索设置企业服务站,配备专员就近服务企业,实现企业诉求及时对接解决,打通企业服务"最后一公里"。通过人民日报、经济日报、周到上海等媒体,加大"经济强镇"的宣传报道,提升镇域经济品牌度和活跃度。通过专题讲座、招商经验分享、文化配送等多种方式进行专项培训和交流互动,充实提升一线招商人员的专业能力和水平,打造一支意识超前、业务精湛、工作高效、乐于奉献的招商引资专业队伍。 (厉成珏)

【集体经济改革】 2023年,彭浦镇推进各项改革任务。结合现行改革政策、尊重历史原因、兼顾各方利益,围绕职工股等核心问题,研究镇村集体经济组织产权制度改革可行性方案和路径。稳妥开展改革历史遗留问题解决。针对部分村民就部分集体土地、集体房屋资产等提出的问题,搭建三方沟通平台,听取各方面意见,探索解决路径和方案。稳妥推进原白遗桥村旧宅改造分房工作。加强集体经济组织监管,加强集体企业规范化运行管理,规范镇村两级集体企业车辆管理,制定出台《关于彭浦镇镇属集体企业车辆配备使用管理规定(试行)》《彭浦镇镇属集体企业财务会计管理制度(试行)》和《彭浦镇集体经济组织公务卡管理暂行办法》。规范开展集体资产清产核资工作,做到摸清集体家底,盘活存量资产。 (厉成珏)

【人居环境建设】 2023年,彭浦镇生态环境优化提标,推进"两山"(绿水青山就是金山银山)实践创新基地创建工作,不断做实国家级评审指标的规定项目。围绕"城市绿色高地,生态惠民福地"主题,在建管并举打造蓝天碧水、工业遗存实现"腾笼换鸟"、宜居新镇彰显生态惠民、生态优先引领绿色发展等方面取得新成效,成功通过国家生态环境部专家组的评审验收。以"两山"实践创新理念引领居民区生态环境内涵式治理,全面推进永和二村活动室低碳社区示范点创建工作,启动永和二村水循环微景观建设工程、绿化功能调整工程、活动室外墙绿化建设工程及屋顶光伏发电改造工程等多个项目。在市级评审中,永和二村以第一名成绩列入

2023年上海市低碳示范创建名单。提升宜居环境，推进住宅小区综合改造，完成特飞所、望源公寓、阳城书院等9个小区雨污水分流改造工程，推进景峰苑、万荣东怡、幸福第二公寓3个小区"美丽家园"全要素建设。完成22个住宅社区非机动车点位充电桩新增建设、停车棚新建改造、地下停车库消防设施安装等项目建设，试点完成康宁路户外非机动车公共充电停车棚建设。既有多层住宅加装电梯工作签约91台，开工132台，竣工77台。推广"规模化量产"经验，确定永和三村年度"规模化加梯"试点。文艺休闲主题片区运城路创意座椅、沪太路—宜川路等部分镇界节点主题景观项目建成，并向市民开放。落实河长制、林长制工作，开展世界水周、世界水日宣传活动，守护和提升辖区林绿资源水平。

(厉成珏)

【城区管理】 2023年，彭浦镇推动"一网通办、一网统管"融合发展，围绕数字化治理，牵引治理体系和治理能力现代化，实现一网通办更加便民利民，一网统管更加敏锐敏捷。"12345"市民服务热线等工作机制更加健全，各类工单及时接单率、及时处置率、及时结案率均达到100%。借助微信小程序，工单直达基层处置网点"神经末梢"，精准匹配各类管理资源，打通热线办理"最后一公里"。持续加大违法建筑治理力度，全年共拆除违法建筑面积近11320平方米，完成率为115.51%。完善住宅小区物业服务达标考核机制，引导、督促物业服务企业提高小区管理和服务水平，年内共归并调整7个小区，归并2家物业服务企业。

(厉成珏)

【平安建设】 2023年，彭浦镇组织开展街面和社区巡防工作，对社区群租始终采取高压严打态势，开展群租整治21次，覆盖小区29个，整治群租房屋142户。按照"全覆盖""零容忍"要求，在全镇各行业各领域全面开展安全隐患大排查、大整治，消除事故隐患。统筹发挥信访、调解联动作用，提升社会矛盾综合治理能力和水平，扩大食品安全科普宣传，开展群众性食品安全宣传活动，全镇食品药品安全形势良好可控。

(厉成珏)

【民生保障】 2023年，彭浦镇落实各类困难群众保障工作，精准施策，推进稳就业工作，实现失业人员再就业922名，通过安排公益性岗位和灵活就业，354名就业困难人员成功实现就业，帮助93名长期失业青年就业，完成全年指标169.09%。依托"老伙伴""乐龄有伴""小镇宜居友爱"3个老年人关爱项目、39个养老顾问点及社区志愿服务力量，织密织牢社区老年人关爱保障网络。推进老年人助餐"1+1+N"体系建设，通过建设一个小镇"中心食堂"、一个小镇"配送食堂"和N个小镇"助餐点"建设，充实老年人"15分钟助餐服务圈"。推进各类便民服务设施布点，完成镇社区事务受理服务中心新址建设，设立36个"静邻帮办"政务服务点，"小镇驿站"、"小镇史馆"、"社区食堂"、"三阳"残健融合基地、慈善超市等项目设施先后开放使用。

(厉成珏)

【社会事业】 2023年，彭浦镇持续擦亮"中国民间文化艺术之乡"摄影金字招牌，以实用和艺术相结合完成"漫步光影"广中摄影广场建设，每月开展线上线下摄影展，让居民享受一系列丰富多彩的视觉艺术盛宴。深化"15分钟体育生活圈"建设，推进社区健身苑点器材设施功能全覆盖。打造具有上百项服务内容的"彭动汇馆"公共体育配送平台，让更多居民在家门口享受优质体育资源。构建"社医"联动社区公共卫生治理新模式，成立"彭普益+"科学健康联盟，发布《"彭普益+"科学健康联盟手册》，让优质医疗资源精准对接居民健康需求。在小镇驿站综合服务中心内嵌式建设镇域首个"社区宝宝屋"，为幼儿家庭提供多样化的照护和育儿指导服务。

(厉成珏)

【基层治理】 2023年,彭浦镇制定并发布《彭浦镇下沉居民区工作管理办法》《彭浦镇居村减负"五减"工作举措》,将减负各项举措落到实处。组织辖区220余名社工开展为期2个多月的居民区社工全岗通培训,提高社工队伍沟通协调和组织能力。打造小镇"邻聚力"工程,以"美丽楼组"创建为抓手,组建"楼组议事会""楼组自治团队"等,优化居民群众全过程参与机制,增强楼组居民自我管理、自我服务实效。着眼"彭邻格"楼群微网格项目的运作,整合"五社"(社区、社会工作者、社区社会组织、社区志愿者、社区慈善资源)优势资源,培育新兴社会组织2个,成功运作彭邻格微网格项目11个,形成陪伴式督导机制,为居民区项目提供全程陪伴式督导服务,全年共走访彭邻格项目40余次。 (厉成珏)

【彭浦镇第十六次党代表大会第四次会议】 1月10日,彭浦镇召开中共上海市静安区彭浦镇第十六次代表大会第四次会议。136名党代表参会,镇机关事业正科级干部、居民区党组织书记以及镇属企业村公司党组织负责人列席会议。会议听取镇党委书记辛毅所作的《中共上海市静安区彭浦镇委员会2022年工作总结》工作报告,讨论《中共上海市静安区彭浦镇委员会2023年工作要点》,谋划部署全镇经济社会发展和党的建设各项工作。
(厉成珏)

【彭浦镇招商引资暨营商环境推介活动】 2月8日,举办"2023彭聚万商,浦写未来"彭浦镇招商引资暨营商环境推介活动,区领导、镇领导以及31家参会企业和8家楼宇负责人等200余人出席活动。将镇域产业最为特色、资源最为优越、载体品质最佳的区域、最为周到的服务模式等向外界集中展示。此次活动是镇党委重点调研课题"经济强镇"的一次阶段性成果展示,旨在向企业宣传展示彭浦镇的营商环境,推荐彭浦镇重点招商项目。 (厉成珏)

【于勇调研彭浦镇】 2月22日,区委书记于勇到彭浦镇开展调研,听取镇域经济社会发展情况汇报,并提出工作要求。会前,区领导一行实地察看歆翱万荣中心广场,详细了解园区建设运营情况和园区党群服务站建设情况。歆翱万荣中心广场为旧厂房改建,准备引进优秀科创型企业入驻,凸显产业集聚效能。
(厉成珏)

【彭动健康"运"育美好活动】 3月29日,彭浦镇举办"彭动健康'运'育美好"——"彭动汇馆"公共体育配送平台启动仪式暨2023年彭浦镇社区健康运动会开幕式。区体育局领导、镇领导、上海五星体育首席主持人刘阳等出席。镇域园区以及36个居民区的80余名体育爱好者、居民参加开幕式。 (厉成珏)

【"五四青年节"主题团日活动】 4月26日,在静安大融城商城正门广场举办"有为青年×理想小镇"Be Together社区营造日暨2023年彭浦镇"五四青年节"主题团日活动。青年代表等100余人参加活动。(厉成珏)

【彭浦镇既有多层住宅加梯经验交流大会】 于5月11日,在社区文化活动中心召开。镇有关领导和32个居民区的书记、主任,镇加梯领导小组成员单位负责人、镇蓝色联盟成员单位负责人、镇加梯服务企业负责人等60余人参加会议。 (厉成珏)

【夏季安全大检查】 6月27日,镇党委书记辛毅带队开展夏季安全大检查。镇党委副书记陈泓波,镇党政办、平安办、派出所等职能部门负责人陪同检查。检查组先后检查聚奇城、格尔金属制品有限公司和新普荟商业广场,详细了解企业安全生产工作情况、安全隐患排查整治情况和安全防范措施等。 (厉成珏)

【庆祝中国共产党成立102周年主题集会】 6月28日,在镇文化活动中心开展"感悟伟大精神,凝聚

彭浦镇"八一"歌咏大赛颁奖礼　　　　　　　　　　　　　　　　　　　　　　　　　　　　（彭浦镇　供稿）

奋进力量"主题集会。区委常委、组织部部长宋宗德、区政协副主席陈琦华等领导出席活动。镇区域化党建联席会议成员单位党组织书记、镇属企业、村公司党政负责人、居民区党总支书记、"两新"党组织书记，党员、群众代表200余人参加活动。同时，全镇基层党组织的党员通过线上直播方式观看集会内容。

（厉成珏）

【"八一"歌咏大赛颁奖礼】　7月27日，举办庆祝建军96周年文艺会演暨彭浦镇"八一"歌咏大赛颁奖礼。镇双拥领导小组成员单位及各居民区的退役军人服务站站长、专职干部、思想政治指导员，以及驻镇部队指战员代表，党员、群众代表200余人参加活动。

（厉成珏）

【彭浦镇第二十届人大第五次会议】　9月27日，彭浦镇第二十届人民代表大会第五次会议完成各项议程，在镇文化活动中心闭幕，镇人大代表等200余人参会。

（厉成珏）

【"四百"大走访暨重阳节走访慰问活动】　10月22日，彭浦镇党委、政府、人大班子成员分别深入社区老人家中，开展"进百家门、访百家情、解百家难、暖百家心"（简称"四百"）大走访暨重阳节走访慰问活动，倾听老人的呼声和诉求，并向全镇老人致以节日的问候和诚挚的祝福。此次重阳节慰问活动，共送出重阳慰问品5000余份，发放慰问金约25万元。

（厉成珏）

【彭浦小镇摄影艺术节】　11月23日，"循梦而行，建功风采"2023彭浦小镇摄影艺术节在静安大融城开幕。200余名相关从业者和小镇居民受邀参加活动。

（厉成珏）

【国际志愿者日主题系列活动】　12月2日，在大宁音乐广场举办"彭益心聚力，志愿我践行"——彭浦镇12·5国际志愿者日主题系列活动。区文明办领导、镇领导、优秀志愿者代表和镇域内居民等200余人参与活动。

（厉成珏）

【顾定鋆调研彭浦镇】 12月13日,区委常委、统战部部长、区政协党组副书记顾定鋆带队,对彭浦镇2023年度落实全面从严治党主体责任相关情况开展集中调研。镇领导汇报彭浦镇2023年度落实全面从严治党主体责任相关情况。　　（厉成珏）

表27-14　2023年彭浦镇居(村)委会基本情况表

名称	地址	居民小组数(个)
合计		3211
运城	大宁路883弄43号101室	125
望景苑	宜川路733弄19号2楼	49
绿园	沪太路883弄13号106室	81
沪太路935弄	沪太路935弄29号甲	93
广中西路999弄	广中西路999弄47号—1临	157
沪太路1051弄	灵石路999弄32号202室	111
沪太路1170弄	沪太路1170弄18号甲	91
龙潭	灵石路1123弄2号甲	120
灵石路963弄	灵石路981号2楼	100
万荣东怡	灵石路735弄6号甲	117
万荣新苑	灵石路739弄59号甲	138
万荣佳苑	万荣路970弄19号甲	93
丽园	原平路383弄5号甲	74
阳城	阳城路283弄10号甲	128
美景雅园	高平路598弄14号101室	108
晋城	晋城路663弄18号101室	68
北一	高平路774弄30号	137
北二	原平路917弄5号102室	85
北三	原平路758弄31号102室	89
江场西路1366弄	江场西路1366弄5号	105
永和家园	高平路809弄29号102室	105
白遗桥	原平路289弄13号甲	149

（续表）

名称	地址	居民小组数(个)
塘 南	汶水路649弄31号甲	75
阳城贵都	阳城路280弄19号102室	79
成亿花园	原平路1029弄17号102室	48
共和新路3650弄	共和新路3650弄38号甲	63
场中路2800弄	场中路2800弄28号甲	89
洪泉	场中路2600弄90号甲	53
幸福一村	场中路2600弄11号2楼	63
幸福二村	场中路2950弄28号甲2楼	78
海鹰	场中路3300弄1号	50
801	场中路3123弄21号104室	65
翔前	场中路3332弄19号103室	48
白玉兰	少年村路479弄61号101室	65
龙馨嘉园	场中路3386弄7号201室	86
龙盛雅苑	万荣路166弄9号105室	26

（厉成珏）

二十八、人物·先进集体

编辑 李佳丽

(一)静安区主要领导人简介

于勇 男,1965年1月生。汉族,江苏泰兴人。中共党员。1989年5月参加工作,全日制研究生,工学硕士,高级工程师。2019年2月任中共静安区委副书记、区人民政府代区长、党组书记;同年5月任中共静安区委副书记、区人民政府区长。2020年5月起任中共静安区委书记。曾任浦东新区建设局副局长,区建设和交通委员会副主任,川沙功能区域党工委副书记、管委会副主任,川沙新镇党委副书记、镇长;闵行区委常委、副区长、区政府党组副书记,区委副书记。

顾云豪 男,1965年10月生。汉族,江苏启东人。中共党员。1988年7月参加工作,在职研究生,经济学硕士,经济师。2018年12月任静安区人大常委会党组书记。2019年1月任静安区人大常委会主任。曾任浦东新区潍坊新村街道党工委副书记、办事处主任,区政府办公室副主任、区委办公室副主任、地区工作办公室(人口办)主任,区发展和改革委员会副主任、区经济体制改革办公室主任,区民政局局长,区机构编制委员会办公室主任、区委组织部副部长,虹口区委常委、组织部部长,静安区委常委、组织部部长,区委副书记等职。

王华 男,1974年1月生。汉族,江苏靖江人。中共党员。1998年5月参加工作,全日制研究生,工学硕士、工商管理学硕士。2020年6月起任中共静安区委副书记,9月在静安区第一届人民代表大会第十次会议上当选静安人民政府区长。曾任浦东新区金杨社区(街道)党工委副书记、办事处主任,陆家嘴金融贸易区管委会(筹)副主任、党组副书记、常务副主任,陆家嘴金融贸易区管委会党组副书记、常务副主任,中国(上海)自贸试验区管委会陆家嘴管理局局长,浦东新区副区长,中国(上海)自贸试验区管委会副主任等职。

丁宝定 男,1963年9月生。汉族,江苏南通人。中共党员。1987年7月参加工作,工学学士。2019年7月起任静安区政协党组书记、政协主席。曾任市委组织部宣教科技干部处调研员(其中2004年6月至2007年6月援藏任日喀则地区组织部副部长)、党政干部处副处长(正处级)、党政干部处处长、区县干部处处长黄浦区委常委、组织部部长,黄浦区委副书记。

（二）逝世人物

范守田（1929.12—2022.2） 男，汉族，河北新乐人。1949年2月加入中国共产党，1947年9月参加革命工作。1947年9月至1948年3月，任河北定县明月店民生铁工厂会计；1948年3月至1949年2月，任晋绥贸易总公司驻石家庄办事处会计；1949年2月至1952年8月，任西北军驻北京、天津、上海办事处会计、行政秘书；1952年8月至1953年9月，任西北财经委员会物资管理局秘书；1953年9月至1960年7月，任中央轻工业部、食品工业部、华东区协作委员会办公室秘书；1960年7月至12月，任华东计划委员会办公厅经济研究室负责人；1960年12月至1966年11月，任华东计划委员会办公室秘书组组长；1966年11月至1971年2月，在华东局五七干校劳动；1971年2月至1980年3月，任国防科委1408研究所办公室主任、政治部副主任；1980年3月至1987年4月，任上海市人大常委会生产委员会（1985年改为市人大财经委员会）办公室副主任、主任、机关党委委员；1987年4月至1990年7月，任静安区人大常委会副主任；1990年7月离休。

陆念祖（1945.6—2023.1） 男，汉族，浙江宁波人。著名老中医伤科陆云响之子，为陆氏伤科第八代传人，被称为"上海滩的肩周陆"。根据中医学理论，采用辨证施治治疗伤科常见病、多发病，特别是颈肩腰腿痛。并根据家传疗伤方法治疗肩周炎及膝关节骨关节炎，疗效突出，深受欢迎。1990年陆念祖创新采用将艾条切成艾段，插在针柄上，并用酒精助燃，替代了传统的手工艾球，既简化了操作，又避免了艾球易脱落造成患者烫伤，提高了温灸的疗效。"陆氏温灸"在全国很多医院推广使用。2001年，陆念祖被评为上海市劳动模范；2004年，获全国五一劳动奖章；在陆念祖的身体力行下，静安区中心医院在门诊和病房分别设立"陆氏伤科工作室"和"陆氏伤科研究室"，陆氏伤科团队成员每人都有应用陆氏经验的学术论文发表，获上海静安区第二批优秀中青年专业技术拔尖人才称号，曾前往美国参加第四届针灸学术大会；曾任上海静安老年医院主任医师、上海中医学会老年病分会副主任委员、中医学会伤科专业委员会委员、针灸学会常务理事，《上海针灸杂志》编辑；享受国务院政府特殊津贴待遇。

陆家溪（1935.8—2024.9） 男，汉族，江苏无锡市人。1981年参加农工民主党，1983年参加中国共产党。1953年10月至1958年4月，上海第二医学院本科毕业。1958年4月至1961年4月农村劳动。1961年4月至9月，上海瑞金医院待分配。1961年10月至1979年7月，闸北区结核病防治所医师。1979年7月至1984年2月，闸北区结核病防治所主治医师、副所长。1984年2月至1993年，闸北区卫生局局长。1993年至2000年，任闸北区政协第八、第九、第十届副主席。曾任农工党上海市委常委、农工党闸北区委主委。2000年12月退休。

（三）先进个人名录

全国五一劳动奖章
（中华全国总工会 2023年4月）
董萃（女） 康成投资（中国）有限公司副总经理

2023年全国最美家庭
（中华全国妇女联合会 2023年5月）
姜旅家庭

上海市五一劳动奖章

（上海市总工会、上海市人力资源和社会保障局　2023年4月）

卫　杰	格尔软件股份有限公司副总经理
石成龙	上海利隆化工化纤有限公司生产厂长
叶　蕾(女)	勃林格殷格翰(中国)投资有限公司总经理办公室秘书长
田凤祥	参数技术(上海)软件有限公司首席顾问工程师
李　颖(女)	上海吉祥房地产有限公司静安香格里拉大酒店房务部总监
陈　军	上海市北高新(集团)有限公司总经理
陈　婕(女)	惠氏(上海)贸易有限公司政府事务总监、工会副主席
周　帆(女)	上海市静安区闸北中心医院血液肿瘤科主任
骆海东	上海聚水潭网络科技有限公司董事长兼CEO
陶志诚	上海市新中初级中学校长
蒋旭强	上海德一置行物业管理有限公司项目经理

上海市劳模创新工作室

（上海市总工会　2023年12月）

薄海艳劳模创新工作室	上海市静安区彭浦新村街道社区卫生服务中心
王虹劳模创新工作室	上海市静安区中心医院
王俊山劳模创新工作室	上海市静安区教育学院

2023年度上海市青年五四奖章个人

（共青团市委、上海市人力资源和社会保障局　2024年5月4日）

王　洋	上海应帆数字科技有限公司总裁、董事
武　晶(女)	上海市静安区人民检察院第七检察部副主任、知识产权检察办公室主任
张丽君(女)	上海市静安区市场监督管理局党群工作科四级主任科员
邢弋夫	上海市静安区教育学院附属学校大队辅导员
沈　淳(女)	上海市育才中学教师
邵　艺(女)	上海市静安区彭浦新村街道党政办公室主任

2023年度上海市基层团组织典型选树专项工作通报表扬个人

（共青团市委、上海市人力资源和社会保障局　2024年5月4日）

夏阳杰	上海市静安区中心医院团委副书记（主持工作）
马树芬	上海市静安区建设和管理工作委员会团工委书记
能泽文	上海市静安区北站街道团工委书记
何晓辉	上海市静安区彭浦市场监督管理所团支部书记
李培民	国家税务总局上海市静安区税务局第一税务所团支部副书记
池月君	上海市静安区平顺路180弄居民区团支部书记
秦晓帆	上海市静安区人力资源和社会保障局团总支书记
刘昱迎	薪太软(上海)科技发展有限公司团支部书记
向竹馨	易居(中国)控股有限公司团委书记

2023年上海市妇女权益保障先进个人

（上海市妇女联合会、上海市妇女儿童工作委员会办公室、上海市人力资源和社会保障局　2023

年9月22日）

于怡平（女）　上海市静安区人民政府石门二路街道办事处

王　健（女）　上海市静安区妇幼保健所

陶利帆（女）　上海福美公益发展中心

沈诗贤（女）　上海市静安区总工会

2023年度"海上最美家庭"

（上海市妇女联合会　2023年9月）

聂梦茜家庭　　　　　　石德红家庭
李烁帆家庭　　　　　　陈继坚家庭
左伟芳家庭　　　　　　宋大饰家庭
俞迎春家庭　　　　　　徐　军家庭
沈春华家庭

2023年上海市优秀学习型家庭

（上海市学习型社会建设与终身教育促进委员会办公室　2023年12月）

聂梦茜家庭　　　　　　石德红家庭
徐　军家庭　　　　　　陆籽豪家庭
陈来秀家庭

（四）先进集体名录

全国工人先锋号

（中华全国总工会　2023年4月）

欧莱雅（中国）有限公司运营部

上海市五一劳动奖状

（上海市总工会、上海市人力资源和社会保障局　2023年4月）

上海市静安区人民政府南京西路街道办事处
上海市静安区临汾路街道社区事务受理服务中心
上海风语筑文化科技股份有限公司
上海市静安区市场监督管理局
上海市静安区行政服务中心

上海市工人先锋号

（上海市总工会、上海市人力资源和社会保障局　2023年4月）

上海市公安局静安分局大宁路派出所
上海市静安区疾病预防控制中心急性传染病防治科
飞利浦（中国）投资有限公司医疗售后服务上海班组
上海德诺产品检测有限公司生产运营班组
上海泰美医疗器械有限公司人才赋能班组
大金（中国）投资有限公司综合客服中心
沪港国际咨询集团有限公司团委
新湖期货股份有限公司"保险+期货"班组
上海汇金融资担保有限公司业务部
中建五局华东建设有限公司静安天悦项目
上海市静安区城市管理行政执法局执法大队机动执法中队

2023年度上海市青年五四奖章集体

（共青团市委、上海市人力资源和社会保障局　2024年5月4日）

上海市公安局静安分局特警支队雷霆青年突击队
上海市静安区建设和管理委员会青春"建"将青年突击队
国家税务总局上海市静安区税务局第三税务所青年团队
上海市静安区闸北中心医院血透中心青年团队

2023年度上海市基层团组织典型选树通报表扬团（工）委

（共青团市委、上海市人力资源和社会保障局

2024年5月4日）

上海市静安区中心医院团委

上海市静安区建设和管理团工委

上海市静安区北站街道团工委

2023年上海市妇女权益保障先进集体

（上海市妇女联合会、上海市妇女儿童工作委员会办公室、上海市人力资源和社会保障局 2023年9月22日）

上海市静安区临汾路街道妇女联合会

上海市静安区社会救助事务中心

（五）党政机关、民主党派、人民团体领导名录

中共静安区委

中共静安区第二届委员会

书　记　于　勇

副书记　王　华

　　　　王益群(—2023.05)

　　　　宋宗德(2023.09—)

常　委　宋宗德　王　翔　高　飞　莫亮金

　　　　蔡啸峰(—2023.06)　傅　俊　梅广清

　　　　陈志忠(2023.06—)　顾定鋆(女)

委　员（按姓氏笔画为序）

　　　　丁宝定　于　勇　马士威　王　华

　　　　王光荣(2023.07—)　王　翔

　　　　王益群(—2023.05)　王颉鸣　叶智坚

　　　　司　静(女)　任　伟　刘尚宝

　　　　孙　静(女)　李　震(回族)

　　　　李永波　辛　毅　宋宗德　张　军

　　　　张　瑾　陈　平　陈志忠(2023.06—)

　　　　林晓珏(女)　周惠珍(女)　赵剑峰

　　　　胡世斌　胡建文　柯　琪　姜　坚

　　　　洪明铭　莫亮金　顾云豪

　　　　顾定鋆(女)　徐慧君(女)

　　　　高　飞　唐凌峰(—2023.07)　梅广清

　　　　董　瑜　董启蒙　董学华　蒋凡涌

　　　　程　凯　傅　俊　蔡啸峰(—2023.06)

候补委员（按得票多少为序，得票相同的按姓氏笔画为序）

　　　　王光荣(—2023.07)　焦志勇

　　　　沈　虹(女)　吴佳妮(女)　胥燕红(女)

　　　　戴　俊　陈　宏(女)　龙　芳(女)

区委办公室（挂区委机要局、区密码管理局牌子，区委研究室、区委保密委员会办公室归口管理）

主　任　马士威

副主任　黄嫒嫒(女,—2023.02)

　　　　朱民珏(女,2023.05—)　张纬臣

区委研究室

主　任　张梁峰

副主任　俞荫侠

区委保密委员会办公室

主　任　吴　建

区委机要局

局　长　马士威

副局长　徐雅君(女)

区密码管理局

机要密码督察员　王铭栋

区委组织部（区委机构编制委员会办公室、区社会工作党委与其合署,挂区公务员局牌子）

部　长　宋宗德

副部长　王　成　华洁蓉(女)　施冬云(女)

　　　　周玉鸿　黄蓓华(女,2023.04—)

区委机构编制委员会办公室

主　任　施冬云(女)

副主任　黄　萍(女)

区社会工作党委
书　记　周玉鸿
副书记　蒋　燕(女,—2023.02)
　　　　陈卫慧(女,2023.02—)

区公务员局
局　长　施冬云(女)

区委宣传部(区委网络安全和信息化委员会办公室
　　与其合署,挂区政府新闻办公室、精神文明建
　　设委员会办公室、区互联网信息办公室牌子)
部　长　莫亮金
副部长　周晴华(女)　姚掌宏　陈　宏(女)
李晟晖　朱　凤(女,2023.11—)

区委网络安全和信息化委员会办公室(挂区互联网
　　信息办公室牌子)
主　任　李晟晖
副主任　柴春羚(女,—2023.02)
　　　　霍　达(2023.07—)

区政府新闻办公室
主　任　周晴华(女)

区精神文明建设委员会办公室
主　任　朱　凤(女,2023.11—)

区委统一战线工作部(区民族和宗教事务办公室、
　　区委台湾工作办公室与其合署,挂区政府侨务办
　　公室牌子)
部　长　顾定鋆(女)
副部长　俞　彪
　　　　季　军(女)　王立萍(女)
　　　　李林波(—2023.07)

区民族和宗教事务办公室
主　任　俞　彪
副主任　邢国红(女)

区委台湾工作办公室(挂区政府台湾事务办公室
　　牌子)

主　任　王立萍(女)
副主任　任　箴(女)

区政府侨务办公室
主　任　俞　彪

区社会主义学院
院　长　顾定鋆(女)
副院长　殷瑞兰

区委政法委员会
书　记　王　翔
副书记　姜　坚　陈瑜栋
　　　　胡长春　陈　琪
　　　　洪雪钢

区级机关工作委员会
书　记　徐慧君(女)
副书记　苏玉锋　沈　岱

区委老干部局
局　长　王　成
副局长　杨　虹(女)　毕卫红(女)

区离退休干部党工委
书　记　王　成

区委区政府信访办公室
主　任　谢　霖
副主任　俞铁铭　周寅峻　陈　科

区档案局(与区档案馆两块牌子、一个机构,区委党
　　史研究室、区地方志办公室与区档案馆合署)
局　长　林　捷
副局长　王　赪(女)

区档案馆
馆　长　林　捷
副馆长　康德山

区委党史研究室
主　任　林　捷
副主任　郭晓静

区地方志办公室
主　任　林　捷
副主任　叶供发

区人民武装部
部　长　于清祥(—2023.09)　戴建平(2023.09—)
政　委　蔡啸峰(—2023.06)　陈志忠(2023.06—)

区委党校(挂区行政学院牌子,属两块牌子,一套
　　　班子)
校　　　长　王益群(—2023.11)
　　　　　　宋宗德(2023.11—)
常务副校长　徐　刚
副 校 长　倪　辉　董　捷(女)

区行政学院
院　　　长　傅　俊(2023.11—)
常务副院长　徐　刚
副 院 长　倪　辉　董　捷(女)

区级机关、街道、人民团体党组织

区人大常委会党组
书　记　顾云豪
副书记　杨志健(女)

区人民政府党组
书　记　王　华
副书记　傅　俊

区人民政协党组
书　记　丁宝定
副书记　顾定鋆(女)　宋大杰

区人民法院党组
书　记　孙　静(女)

区人民检察院党组
书　记　董学华

区发展和改革委员会党组
书　记　赵剑峰

区商务委员会党组
书　记　沈　虹(女)

区教育工作党委
书　记　胥燕红(女,—2023.08)
　　　　陈宇卿(2023.08—)
副书记　陈宇卿(—2023.08)　顾　炜(—2023.08)
　　　　徐剑宏(2023.08—)

区科学技术委员会党组
书　记　孙中峰

区公安分局党委
书　记　姜　坚
副书记　王　奇　钱国庆

区安全分局党委
书　记　郑　斌

区民政局党组
书　记　焦志勇(—2023.08)
　　　　胥燕红(女,2023.08—)

区司法局党委
书　记　吕忆农(—2023.02)
　　　　吕　平(2023.02—)

区财政局党组
书　记　张　瑾

区人力资源和社会保障局党组
书　记　王光荣(—2023.09)
　　　　程蓓蕾(女,2023.09—)

区规划和自然资源局党组
书　记　施　煜(女)

区生态环境局党组
书　记　程蓓蕾(女,—2023.09)
　　　　徐　健(女,2023.09—)

区建设和管理工作党委
书　记　叶智坚
副书记　洪海明　李　艳(女,2023.02—)

区文化和旅游局党组
书　记　陈　宏(女)
副书记　周　英(女)

区卫生健康工作党委
书　记　胡世斌
副书记　陈　磊(2023.08—)　凌　云

区退役军人事务局党组
书　记　吕　平(—2023.02)
　　　　郁　霆(2023.04—)

区应急管理局党委
书　记　谢志彬

区审计局党组
书　记　顾文虎

区市场监督管理局党组
书　记　陈　平
副书记　黄剑平

区国有资产监督管理委员会党委
书　记　戴　俊
副书记　王　为(女)

区体育局党组
书　记　马嘉槟(满族)
副书记　邓铭一

区统计局党组
书　记　镇　杨(2023.02—)

区医疗保障局党组
书　记　徐　立

区绿化和市容管理局党组
书　记　张西飞

区住房保障和房屋管理局党组
书　记　李　卿

区城市管理行政执法局党组
书　记　姜　鹤

区国防动员办公室党组(2023年3月设立)
书　记　徐忠柱(2023.03—)

区投资促进办公室党组
书　记　龙　芳(女)

区金融服务办公室党组
书　记　李立文(女)

区地区工作办公室党组
　书　记　鲍晓丽（女）

铁路上海站地区管理委员会办公室党组
　书　记　郁　霆（—2023.04）
　　　　　陈　华（2023.04—）

区机关事务管理局党组
　书　记　施鸿华

区税务局党委
　书　　记　赵明富
　纪检组组长　叶洪峰

区总工会党组
　书　记　许　俊（女）

区妇女联合会党组
　书　记　陆　颖（女）

区科学技术协会党组
　书　记　周　隽（女）

区归国华侨联合会党组
　书　记　李　敏（女）

区残疾人联合会党组
　书　记　徐　浩

区红十字会党组
　书　记　王　震

区工商业联合会党组
　书　记　李　帆

静安寺街道党工委
　书　记　洪明铭
　副书记　韩　松　徐建峰
　　　　　柴春玲（女,2023.02—）

曹家渡街道党工委
　书　记　章　钧
　副书记　张丽珍（女）　王燕锋（—2023.02）
　　　　　简　军（2023.02—）　尹　洁（2023.02—）

江宁路街道党工委
　书　记　刘尚宝
　副书记　余文君（女）　潘红眉　张海翔

石门二路街道党工委
　书　记　王颉鸣
　副书记　镇　杨（—2023.02）　张　毅
　　　　　周彬慧（女）　黄媛媛（女,2023.02—）

南京西路街道党工委
　书　记　周惠珍（女）
　副书记　邰　杰　严布衣　顾　瑜

天目西路街道党工委
　书　记　董启蒙
　副书记　胡慧芬（女）　吴晓斌
　　　　　曾　魁　顾　炜（2023.08—）

北站街道党工委
　书　记　程　凯
　副书记　姚　磊　谭振勇　陆　怡
　　　　　桑祯骁（2023.09—）

宝山路街道党工委
　书　记　胡建文

副书记　俞宙冬(女)　张　宇
　　　　蒋丽丽(女,2023.02—)

芷江西路街道党工委
书　记　王月庆
副书记　邢　光　李　斌
　　　　李林波(2023.07—)

共和新路街道党工委
书　记　黄　翔
副书记　朱民珏(女,—2023.05)
　　　　黄　燕(女,2023.07—)

大宁路街道党工委
书　记　司　静(女)
副书记　洪　波　杨　蓉(女,—2023.03)　蒋晓军
　　　　陆　迪(女,2023.07—)

彭浦新村街道党工委
书　记　任　伟
副书记　李彦平　李　艳(女,—2023.02)
　　　　陈　华(—2023.04)
　　　　刘少军(女,2023.02—)

临汾路街道党工委
书　记　李永波
副书记　徐　健(女,—2023.09)
　　　　宋　杰　顾海斌

彭浦镇党委
书　记　辛　毅
副书记　何　涛　黄永前(—2023.03)
　　　　陈泓波(2023.02—)
　　　　丁晓青(女,2023.03—)

区民防办公室党组(2023年3月撤销)
书　记　徐忠柱(—2023.03)

区政府

静安区第二届人民政府
区　长　王　华
副区长　傅　俊　梅广清
　　　　龙婉丽(女,民盟)
　　　　姜　坚　李　震(回族)
　　　　张　军

区政府办公室(挂区政府研究室、区政府外事办公
　室、区政府合作交流办公室、区政务服务办公室
　牌子,区机关事务管理局与其合署)
主　任　柯　琪
副主任　施鸿华　曾纪忠
　　　　翁文杰　蒋　泽　陈　轶(女)

区政府研究室
主　任　陈　轶(女)

区政府外事办公室
主　任　蒋　泽

区政府合作交流办公室
主　任　翁文杰
副主任　周　伟

区机关事务管理局
局　长　施鸿华
副局长　王　珊(女)　赵利梅(2023.10—)

区委、区政府总值班室
主　任　曾纪忠

区发展和改革委员会
主　任　赵剑峰
副主任　汝熙玲(女)　严　真
　　　　徐　姣(女)
　　　　鲁慧玲(女,—2023.09)
　　　　李　颋(2023.03—)

区商务委员会(挂区经济委员会、区粮食和物资储
　　备局牌子)
　　主　任　沈　虹(女)
　　副主任　虞红梅(女)　王　艳(女)
　　　　　　李　向(女)　赵兰天

区经济委员会
　　主　任　沈　虹(女)
区粮食和物资储备局
　　局　长　沈　虹(女)

区教育局
　　局　长　陈宇卿
　　副局长　徐剑宏(—2023.08)　孙　忠(女)
　　　　　　邱中宁　陈永华
区政府教育督导室
　　常务副主任　杨　隽(女)

区科学技术委员会(挂区信息化委员会牌子)
　　主　任　孙中峰
　　副主任　江　蕾(女,民进)　吴启南
　　　　　　谢　天(九三学社,2023.02—)
区信息化委员会
　　主　任　孙中峰
　　副主任　吴启南
　　　　　　谢　天(九三学社,2023.02—)

公安静安分局
　　局　长　姜　坚
　　政　委　王　奇
　　副局长　钱国庆　何陈男(女)
　　　　　　周海峰　项　俊
　　　　　　倪振宇(2023.05—)
　　　　　　吴春晖(2023.12—)
　　纪委书记　陆　卫(2023.05—)

国安静安分局
　　局　长　郑　斌

区民政局(挂区社会组织管理局牌子)
　　局　长　焦志勇(—2023.09)
　　　　　　胥燕红(女,2023.09—)
　　副局长　黄蓓华(女,—2023.05)
　　　　　　陈　列(2023.06—)　沈连心
　　　　　　施海燕(女,—2023.09)
　　　　　　李　芸(女,2023.09—)

区社会组织管理局
　　局　长　焦志勇(—2023.09)
　　　　　　胥燕红(女,2023.09—)

区司法局
　　局　长　吕忆农(—2023.03)
　　　　　　吕　平(2023.03—)
　　副局长　施　齐　李成梅(女,致公党,—2023.09)
　　　　　　廖志鸿(女,2023.11—)　刘　义(女)

区财政局
　　局　长　张　瑾
　　副局长　章敏浩　彭海鹰(女,—2023.04)
　　　　　　张雪云(女,民建,2023.04—)
　　　　　　应文婷(女)

区人力资源和社会保障局
　　局　长　王光荣(—2023.11)
　　　　　　程蓓蕾(女,2023.11—)
　　副局长　徐礼根　瞿　熙(女)
　　　　　　顾新斌　陈　达
区人力资源和社会保障局执法大队
　　大队长　王　红(女)
区劳动人事争议仲裁院
　　院　长　姚必文(女)

区规划和自然资源局
局　　长　施　煜(女)
副局长　吴炳怀　黄立勋(女)　葛　玲(女)

区生态环境局
局　　长　吴　月(女,致公党)
副局长　艾福龙(—2023.09)　唐明翔
　　　　林涌泉　汤旭芳(女,2023.10—)
区生态环境局执法大队
大队长　周　晓(民进)

区建设和管理委员会(挂区交通委员会、区水务局
　牌子)
主　　任　洪海明
副主任　凌　斌　朱琳俪(女)
工会主任　李　焰(女)
区交通委员会
主　　任　洪海明
区水务局
局　　长　洪海明

区文化和旅游局
局　　长　陈　宏(女)
副局长　华祥义　吴芳艺(女)
区文化和旅游局执法大队
大队长　徐卫华(女,2023.03—)

区卫生健康委员会(挂区中医药发展办公室牌子
　2023年6月变更为挂区中医药发展办公室、区疾
　病预防控制局牌子)
主　　任　叶　强(农工党,—2023.09)
　　　　　陈　磊(2023.09—)
副主任　张少觊　祝友元
　　　　钟　岭(女,农工党)　李　哲(女)

区中医药发展办公室
主　　任　叶　强(农工党,—2023.09)
　　　　　陈　磊(2023.09—)
区疾病预防控制局(2023年6月挂牌)
局　　长　李　哲(女,2023.11—)
区卫生健康委员会监督所
所　　长　向　承(土家族)

区退役军人事务局
局　　长　吕　平(—2023.03)
　　　　　郁　霆(2023.06—)
副局长　兰富奇　秦永亮

区应急管理局
局　　长　谢志彬
副局长　王志平　杨步君　王　姝(女)
区应急管理局执法大队
大队长　冯　超(2023.07—)

区审计局
局　　长　顾文虎
副局长　张雪云(女,民建,—2023.04)
　　　　彭海鹰(女,2023.04—)　刘　靖
　　　　陆　玫(女,致公党)

区市场监管局(挂区食品药品安全委员会办公室、
　区知识产权局牌子)
局　　长　陈　平
副局长　王　政　钱金龙　许轶斌
　　　　罗　方(2023.09—)
区食品药品安全委员会办公室
主　　任　陈　平
区知识产权局
局　　长　陈　平

区市场监管局执法大队
大　队　长　毛　峰

区国有资产监督管理委员会(挂区集体资产监督管
　理委员会牌子)
主　　任　戴　俊
副 主 任　郝成城(女)
　　　　　黄永前(2023.03—)
　　　　　刘明明(九三学社)

区集体资产监督管理委员会
主　　任　戴　俊

区体育局
局　　长　马嘉槟(满族)
副 局 长　黄京滨　陆前安

区统计局
局　　长　许兴莉(女,农工党)
副 局 长　胡晓虹(女)
　　　　　陈　峰(2023.07—)

区医疗保障局
局　　长　徐　立
副 局 长　田国栋　丁文淑

区绿化和市容管理局
局　　长　张西飞
副 局 长　占泉水　宫明军
　　　　　沈　柳(2023.06—)
　　　　　徐　迪

区住房保障和房屋管理局
局　　长　李　卿
副 局 长　韩　灏　王燕锋(2023.02—)　张　拓
　　　　　陆瑾璟(女)

区城市管理行政执法局
局　　长　姜　鹤
副 局 长　王立南(民盟)　王桢宇(2023.02—)
　　　　　龚　霆　陈立强(2023.11—)

区城市管理行政执法局执法大队
大　队　长　姜　鹤
政　　委　姜　鹤
副大队长　王立南(民盟)　王桢宇(2023.02—)
　　　　　龚　霆　陈立强(2023.11—)

区国防动员办公室(2023年3月组建)(挂区人民防
　空办公室牌子)
主　　任　徐忠柱(2023.03—)
副 主 任　吴　皑(2023.03—)　刘晓军(2023.03—)

区人民防空办公室
主　　任　徐忠柱

区投资促进办公室
主　　任　龙　芳(女)
副 主 任　高　能　宗　敏(女)　赵清元
　　　　　徐　栋

区金融服务办公室
主　　任　李立文(女)
副 主 任　姚　平　吴连娇(女,民革)

区地区工作办公室
主　　任　鲍晓丽(女)
副 主 任　潘文波　许云仙(女)

铁路上海站地区管理委员会办公室
常务副主任　郁　霆(—2023.04)
　　　　　陈　华(2023.05—)
副 主 任　周文军　余建清
　　　　　周　敏(2023.05—)

区税务局
局　　长　　赵明富
副局长　　玄克梅(女)　衣爱国(—2023.08)
　　　　　张　彤(女)　刘善雨
总经济师　陈　龙(—2023.06)
总会计师　黄景琳(女)

静安寺街道
办事处主任　　韩　松
办事处副主任　于振荣(女)　俞海华(2023.09—)
　　　　　　　何智勇　林岩松　郭海燕(女)
人武部部长　　马　涛

曹家渡街道
办事处主任　　张丽珍(女)
办事处副主任　应天元　张善琴(女)
　　　　　　　徐振宇　黄泽林(—2023.01)
　　　　　　　吴梦源(女,2023.06—)
人武部部长　　孙建明(—2023.11)
　　　　　　　丁书勇(2023.11—)

江宁路街道
办事处主任　　余文君(女)
办事处副主任　林昱炜　尹　洁(女,—2023.02)
　　　　　　　李　颋(—2023.03)
　　　　　　　蒋　燕(女,2023.02—)
　　　　　　　周鹏飞(2023.04—)
　　　　　　　奚春锋(2023.08—)
人武部部长　　李德成

石门二路街道
办事处主任　　镇　杨(—2023.03)
　　　　　　　黄媛媛(2023.03—)
办事处副主任　滕　毅　陈宇韬
　　　　　　　郑　旋(2023.02—)　陈　功(女)

人武部部长　　陆　俊

南京西路街道
办事处主任　　邰　杰
办事处副主任　张梅娟(女)　沈　伟(民盟)
　　　　　　　杨　轶(—2023.05)
　　　　　　　鲁慧玲(女,2023.09—)
　　　　　　　陈　畅
人武部部长　　陆阳红

天目西路街道
办事处主任　　胡慧芬(女)
办事处副主任　林　峰　蓝　天(壮族)
　　　　　　　戚芸霞(女)　王寅成(2023.09—)
人武部部长　　孔海峰

北站街道
办事处主任　　姚　磊
办事处副主任　王桢宇(—2023.01)　王　勇
　　　　　　　余　萍(女,—2023.07)
　　　　　　　简　军(—2023.03)
　　　　　　　从　颖(女,2023.01—)
　　　　　　　王天正(2023.06—)
人武部部长　　张建军

宝山路街道
办事处主任　　俞宙冬(女)
办事处副主任　屈蔡翔
　　　　　　　沈　柳(女,—2023.06)
　　　　　　　蒋丽丽(女,—2023.02)
　　　　　　　郁震飞(2023.02—)
　　　　　　　施海燕(女,2023.09—)
　　　　　　　赵　峰(2023.04—)
人武部部长　　唐　建

芷江西路街道
办事处主任　李林波(2023.07—)
办事处副主任　谭洁群(女,九三学社)
　　　　　　　陈　列(—2023.06)　陈培祺
　　　　　　　陈小奇(2023.02—)
　　　　　　　朱珍琦(女,2023.09—)
人武部部长　鲍劲松

共和新路街道
办事处副主任　谢　杰　张跃兵
　　　　　　　廖志鸿(女,—2023.11)　李　强
人武部部长　叶坚平

大宁路街道
办事处主任　洪　波
办事处副主任　朱　慧(女)
　　　　　　　周　轶　陆　迪(女,—2023.07)
　　　　　　　江泰平(—2023.08)
　　　　　　　黄晓鸣(2023.09—)
人武部部长　王晓军

彭浦新村街道
办事处主任　李彦平
办事处副主任　周海波(—2023.06)
　　　　　　　刘少军(女,—2023.02)
　　　　　　　崔发鹏(2023.02—)　胡志雄
　　　　　　　黄　燕(女,—2023.07)
　　　　　　　朱月明(2023.07—)
人武部部长　张克忠

临汾路街道
办事处主任　徐　健(女,—2023.09)
办事处副主任　贺　洁(女,—2023.08)
　　　　　　　刘兴军　陈黛静(女)
　　　　　　　潘伊明　王晟罡(2023.09—)

人武部部长　杨亚洲

彭浦镇
镇　　　长　何　涛
人大主席　刘　胜
副镇长　潘冰清(女)
　　　　丁晓青(女,—2023.03)
　　　　桑祯骁(—2023.09)
　　　　谢家欣(女,2023.09—)
　　　　刘天生(2023.09—)
人大副主席　张　英(女)
人武部部长　汤海军

区民防办公室(2023年3月撤销)
主　　　任　徐忠柱(—2023.03)
副主任　吴　皑(—2023.03)　刘晓军(—2023.03)

区人大常委会

静安区第二届人大常委会
主　　　任　顾云豪
副主任　杨志健(女)　孙明丽(女)
　　　　林晓珏(女)　周　伟
　　　　江天熙(女,民革)
委　员(按姓氏笔画为序)
　　　　王　敏(女)　王学伟　叶　涛
　　　　史燕君(女)　吕　曦(女)　朱　忞
　　　　朱晓东　华洁蓉(女)
　　　　邬碧波(女)　刘　庆(—2023.07)
　　　　刘新宇　许　骅(—2023.07)　李华忠
　　　　杨景明　吴红伟　吴佳妮(女)
　　　　邹振辉(—2023.06)　张　芸(女)
　　　　张自强　张珺琳(女,高山族)
　　　　陈溯宇(无党派)　定　慈(群众)
　　　　胡奇敏(致公党)　徐晓燕(女)
　　　　陶　欣　陶　澐

　　　　黄　泓(女)　黄　磊　盛正良
　　　　谢　军(—2023.11)　谢华平
　　　　魏　勇(女)
办公室
主　任　王　敏(女)
副主任　谢华平　黄　磊
研究室
主　任　谢华平
副主任　吕　曦(女)
代表工作室
主　任　李华忠
副主任　陶　欣
法制委员会
主任委员　谢　军(—2023.11)
副主任委员　盛正良　李举东
财政经济委员会
主任委员　陶　澐
副主任委员　魏　勇(女)
　　　　　　陈　磊(—2023.06)
监察和司法委员会
主任委员　谢　军(—2023.11)
副主任委员　胡奇敏(致公党)　周　斌
社会建设委员会
主任委员　杨景明
副主任委员　王学伟　朱　敏(女)
代表资格审查委员会
主任委员　华洁蓉(女)
副主任委员　李华忠
人事工作委员会
主　任　华洁蓉(女)
副主任　李华忠
预算工作委员会
主　任　魏　勇(女)
副主任　朱　恣　周蜀海
城市建设环境保护工作委员会

主　任　陈溯宇(无党派)
副主任　徐晓燕(女)　朱　赤
教育科学文化卫生工作委员会
主　任　刘新宇
副主任　黄　泓(女)　陆嘉惠(女)
华侨民族宗教工作委员会
主　任　刘新宇
副主任　黄　泓(女)　李　敏(女)
静安寺街道工作委员会
主　任　洪明铭
副主任　毕利君(女)
曹家渡街道工作委员会
主　任　章　钧
副主任　张建光(—2023.12)　孙建明(2023.12—)
江宁路街道工作委员会
主　任　刘尚宝
副主任　林丽丽(女)
石门二路街道工作委员会
主　任　王颉鸣
副主任　章　伟
南京西路街道工作委员会
主　任　周惠珍(女)
副主任　吕　柯(女)
天目西路街道工作委员会
主　任　董启蒙
副主任　徐世栋
北站街道工作委员会
主　任　程　凯
副主任　余　萍(女,2023.07—)
宝山路街道工作委员会
主　任　胡建文
副主任　黄建华
芷江西路街道工作委员会
主　任　王月庆
副主任　王加坤

共和新路街道工作委员会
主　任　黄　翔
副主任　朱　瑾(女)
大宁路街道工作委员会
主　任　司　静(女)
副主任　刘明刚
彭浦新村街道工作委员会
主　任　任　伟
副主任　董　剑　周海波(2023.06—)
临汾路街道工作委员会
主　任　李永波
副主任　倪伟明(群众)

区政协
静安区第二届委员会
主　席　丁宝定
副主席　宋大杰　陈琦华(女)　沈　刚(无党派)
　　　　周新钢(民建)　聂　丹(女,民进)
秘书长　李颖婷(女)
常务委员(按姓氏笔画为序)
　　　　于清祥(—2023.12)　万传法(民盟)
　　　　王　赪(女)　王　蔷(民革)
　　　　王　霆(民进)　王乐晨(民建)
　　　　王立萍(女)　王志强(民进)
　　　　王寒梅(女,九三学社)
　　　　毛　颖(—2023.07)
　　　　邓朝义(九三学社)
　　　　永　觉(群众,—2023.07)
　　　　亚　蕴(群众)　朱俊涛(农工党)
　　　　刘　炜(民革)　刘明明(九三学社)
　　　　刘学建　刘轶男(女,民进)
　　　　江　蕾(女,民进)　池晓彬(民建)
　　　　汤　虹　许　俊(女)
　　　　许兴莉(女,农工党)　孙　忠(女)
　　　　孙云立(无党派)　李成梅(女,致公党)

杨金志　肖　震(九三学社)
吴　月(女,致公党)　吴文育(民盟)
何万篷　沈　伟(民盟)
张　骏(民盟)　张雪云(女,民建)
陈　宏(民建)
陈俊峰(九三学社、中共)
林万隆　季　军(女)　周玉鸿
赵　宏　赵　欣(女,台盟)
钟　岭(女,农工党)　姚建伟
贺仁龙(九三学社,—2023.07)
徐　俊(女,无党派)
曹惠芳(女,农工党,—2023.07)
龚晓鸣(民建)　崔华平(无党派)
崇　林(群众)　康正宁(九三学社)
商建萍(女,民革)
阎　华(女,回族,无党派)
蒋　青(女,民进,—2023.07)
蒋　林(民进)　鲍晓丽(女)
副秘书长(按姓氏笔画为序)
　　　　王　赪(女)　王　蔷(民革)　刘学建
　　　　刘轶男(女,民进)　汤　虹
　　　　许兴莉(女,农工党)
　　　　李成梅(女,致公党)
　　　　张　骏(民盟)　张雪云(女,民建)
　　　　姚建伟　贺仁龙(九三学社)
　　　　龚晓鸣(民建)
办公室
主　任　李颖婷(女)
副主任　俞海华(—2023.09)
　　　　陈卫慧(女,—2023.02)
　　　　杨　蓉(女,2023.03—)
　　　　纪　涛(2023.10—)
　　　　彭小飞(挂职,2023.11—)
委员联络工作室
主　任　汤　虹

副主任　潘超然(2023.12—)
专门委员会办公室
主　任　刘学建(—2023.03)
　　　　王　赪(女,2023.03—)
副主任　孙玉蓉(女)
提案委员会
主　任　宋大杰
副主任　黄媛媛(女,—2023.08)　周玉鸿
　　　　蒋　泽　张纬臣(2023.08—)
经济委员会
主　任　周新钢(民建)
副主任　龙　芳(女)　张　瑾　何万篷
　　　　夏柳伟(无党派)　任新建
　　　　龚晓鸣(民建)　江　蕾(女,民进)
　　　　费怡平　孙爱英(女)
　　　　崔华平(无党派)　池晓彬(民建)
人口资源环境建设委员会
主　任　王　赪(女,—2023.03)
副主任　吴　月(女,致公党)　杨文恺
　　　　王寒梅(女,九三学社)　王　蔷(民革)
　　　　周晓芳(女)
教科卫体委员会
主　任　孙　忠(女)
副主任　钟　岭(女,农工党)
　　　　陈俊峰(九三学社、中共)　张　敏(女)
　　　　陈爱国(九三学社)　毛　颖(—2023.08)
　　　　蒋　青(女,民进,—2023.08)
　　　　张　骏(民盟)　陆前安　陆秀芹(女)
　　　　赵铮民　刘铁男(女,民进,2023.08—)
　　　　钦伦秀(2023.08—)
社会和法制委员会
主　任　许　俊(女)
副主任　孙　琳(女)　邵开俊(民建)　朱建国
　　　　陈　央(女)　姚　嬿(女)
　　　　陈　敏(2023.09—)

文化文史和学习委员会
主　任　姚建伟
副主任　季　军(女)　周晴华(女)　周　英(女)
　　　　阎　华(女,回族,无党派)
　　　　陈佳福(无党派)
民族和宗教委员会
主　任　俞　彪(2023.01—)
副主任　永　觉(群众,—2023.08)
　　　　亚　蕴(群众)　穆杰泉(回族,群众)
港澳台侨委员会
主　任　王立萍(女)
副主任　林万隆　郑　艳(女)　彭嘉颖(女,群众)
社区建设委员会
主　任　鲍晓丽(女)
副主任　姚建伟　韩　松　张丽珍(女)
　　　　余文君(女)　镇　杨(—2023.08)
　　　　郜　杰　胡慧芬(女)　何　涛
　　　　陈　捷　吴静霞(女)　李彦平
　　　　徐　健(女)　俞宙冬(女)　洪　波
　　　　姚　磊　黄媛媛(女,2023.08—)

区纪委、监委

中共静安区第二届纪律检查委员会

书　记　高　飞
副书记　应　妹(女)
　　　　茅建宏(—2023.07)
　　　　袁鹏彬
　　　　沈　昭(2023.09—)
常　委　沈　昭(—2023.09)
　　　　陈靖宇(女,—2023.02)
　　　　陶丙宪(女,2023.11—)
　　　　顾莹(女)　杨　伟　许昌文
　　　　王　茜(女,2023.06—)
委　员(按姓氏笔画为序)
　　　　丁　巍　丁有为

王　茜(女,2023.06—)　王　为(女)
　　王家奇　朱　彤　朱娴华(女)
　　华洁蓉(女)　刘　青　许昌文
　　李　芸(女)　李卫华
　　杨　伟　应　妹(女)　沈　昭
　　沈红芳(女,—2023.03)　张　红(女)
　　陈靖宇(女,—2023.02)　邵　皑(女)
　　茆训文　茅建宏(—2023.07)
　　季伟娟(女)　周晴华(女)　郑　伟
　　胡长春　袁鹏彬　贾振宇(满族)
　　顾　莹(女)　顾文虎　高　飞
　　陶丙宪(女,回族)　桑健全　韩　春
　　景　菊(女)　程　敬(女)　程蓓蕾(女)

静安区监察委员会
主　任　高　飞
副主任　应　妹(女)
　　　　茅建宏(—2023.07)　袁鹏彬
　　　　沈　昭(2023.09—)
委　员　杨　伟　沈　昭(—2023.09)
　　　　陈靖宇(女,—2023.03)
　　　　王　茜(女,—2023.06)
　　　　许昌文(2023.06—)　张峰(2023.06—)
　　　　杨　烨

区纪委、监委内设机构
办公室
主　任　张　峰
组织部
部　长　沈爱华(女,—2023.06)
　　　　郑　超(2023.06—)
宣传部
部　长　邵键烜
党风政风监督室
主　任　许昌文

信访室
主　任　顾　莹(女)
案件监督管理室
主　任　杨　伟
第一监督检查室
主　任　王　茜(女)
第二监督检查室
主　任　朱亚锋(女)
第三监督检查室
主　任　邱永春　谢芳才(2023.08—)
第四审查调查室
主　任　沈　昭(—2023.09)
第五审查调查室
主　任　王国富
第六审查调查室
主　任　姚　勤(2023.06—)
案件审理室
主　任　陈靖宇(女,—2023.02)
　　　　周　隽(2023.03—)
区纪委、监委派驻纪检监察组
第一派驻纪检监察组
组　长　朱娴华(女)
第二派驻纪检监察组
组　长　丁　巍
第三派驻纪检监察组
组　长　朱　彤
第四派驻纪检监察组
组　长　郑　伟
第五派驻纪检监察组
组　长　丁有为
第六派驻纪检监察组
组　长　王小芳(女)
静安区委巡察工作领导小组办公室
主　任　陶丙宪(女,回族)
副主任　钱厚德

张　伊(女,2023.12—)

静安寺街道纪工委、监察办

书记、主任　邵　皑(女)

曹家渡街道纪工委、监察办

书记、主任　贾振宇(满族)

江宁路街道纪工委、监察办

书记、主任　季伟娟(女)

石门二路街道纪工委、监察办

书记、主任　李卫华

南京西路街道纪工委、监察办

书记、主任　桑健全

天目西路街道纪工委、监察办

书记、主任　刘　青

北站街道纪工委、监察办

书记、主任　韩　春

宝山路街道纪工委、监察办

书记、主任　沈红芳(女,—2023.03)

　　　　　　沈爱华(女,2023.06—)

芷江西路街道纪工委、监察办

书记、主任　王家奇

共和新路街道纪工委、监察办

书记、主任　张　红(女)

大宁路街道纪工委、监察办

书记、主任　茆训文

彭浦新村街道纪工委、监察办

书记、主任　景　菊(女)

临汾路街道纪工委、监察办

书记、主任　李　芸(女,—2023.08)

　　　　　　贺　洁(女,2023.08—)

彭浦镇街道纪工委、监察办

书记、主任　程　敬(女)

区法院

院　长　孙　静(女)

副院长　丁德宏　沈　立　朱建国(—2023.09)

　　　　陈树森(—2023.09)

　　　　陆　罡(2023.09—)　傅朱钢(2023.09—)

区检察院

检察长　董学华

副检察长　管　巍　孙　琳(女)　吕　颢

民主党派

民革静安区第二届委员会

主 任 委 员　江天熙(女,民革)

副主任委员　王　蔷(民革)　史燕君(女,民革)

　　　　　　梁顺龙(民革)　刘　炜(民革)

民盟静安区第二届委员会

主 任 委 员　张　芸(女,民盟)

副主任委员　张　骏(民盟)　时筼仑(民盟)

　　　　　　沈　伟(民盟)　吴文育(民盟)

　　　　　　王振东(民盟)

民建静安区第二届委员会

主 任 委 员　周新钢(民建)

副主任委员　池晓彬(民建)　张雪云(女,民建)

　　　　　　张自强(民建)　潘晞晨(女,民建)

　　　　　　王乐晨(民建)

民进静安区第二届委员会

主 任 委 员　聂　丹(女,民进)

副主任委员　曾　云(民进)

　　　　　　蒋　青(女,民进,—2023.02)

　　　　　　杜国英(女,民进)

　　　　　　叶　涛(民进)

农工党静安区第二届委员会

主 任 委 员　钟　岭(女,农工党)

副主任委员　曹惠芳(女,农工党)

　　　　　　许兴莉(女,农工党)

　　　　　　邬碧波(女,农工党)

　　　　　　罗　维(女,土家族,农工党)

致公党静安区第二届委员会
 主 任 委 员　吴　月(女,致公党)
 副主任委员　李成梅(女,致公党)
　　　　　　　胡奇敏(致公党)
　　　　　　　顾宏伟(致公党)
九三学社静安区第二届委员会
 主 任 委 员　王寒梅(女,九三学社)
 副主任委员　王学伟(九三学社)
　　　　　　　肖　震(九三学社)
　　　　　　　刘明明(九三学社)
　　　　　　　贺仁龙(九三学社)

人民团体

区总工会第二届委员会
 主　　　席　林晓珏(女)
 党组书记　许　俊(女)
 副 主 席　许　俊(女)　黄亚芳(女)
　　　　　　　王寅成(挂职,—2023.09)
　　　　　　　郭　超(挂职,2023.09—)
　　　　　　　舒　燕(女,兼职)
　　　　　　　曹敬衡(兼职)
经费审查委员会
 主　　　任　张　伟(民进)

共青团区第二届委员会
 书　　　记　吴佳妮(女)
 副 书 记　陈　央(女)　杨　光(女)
　　　　　　　张　昕(挂职)　姜晓庆(女,兼职)
　　　　　　　杜晨薇(女,兼职)
区青年联合会第二届委员会
 主　　　席　吴佳妮(女)
 副主席(按姓氏笔画为序)
　　　　　　　丁德应　许涛芳(女)
　　　　　　　吴　昊(女)　陈　央(女)
　　　　　　　谈　燕(女)　康正宁　翟惟清(女)

区妇女联合会第二届执委会
 主　　　席　陆　颖(女)
 副 主 席　姚　嬿(女)　　　沈　艳(女)
　　　　　　　吴梦源(女,挂职,—2023.09)
　　　　　　　姜　舒(女,挂职,2023.09—)
　　　　　　　林　祯(女,兼职)　马梦蓉(女,兼职)

区科学技术协会第二届委员会
 主　　　席　聂　丹(女,民进)
 副 主 席　孙　勇
 兼职副主席(按姓氏笔画为序)
　　　　　　　马　昕　张云飞　陆伟根
　　　　　　　周晓芳(女)　保志军　姜坚华
　　　　　　　曾凡一(女)　潘志浩

区归国华侨联合会第二届委员会
 主　　　席　李　敏(女)
 副 主 席　郑　艳(女)
 兼职副主席(按姓氏笔画为序)
　　　　　　　汤芷诺(女,致公党)
　　　　　　　许涛芳(女,无党派)　林万隆　周　俊
　　　　　　　徐晓唯(女)　郭纯青(女,民建)

区残疾人联合会第一届执行理事会(2023.02换届后
　自然撤销)
 理 事 长　吕立祥(—2023.02)
 理事长人选　徐　浩(—2023.02)
 副 理 事 长　周公望
 副理事长人选　王延军(—2023.02)
　　　　　　　王　森(肢残,不驻会)
区残疾人联合会第二届执行理事会(2023.02换届后
　成立)
 理 事 长　徐　浩(2023.02—)
 副 理 事 长　周公望(2023.02—)
　　　　　　　王延军(2023.02—)

　　　　蒋善勇(肢残,不驻会)

区红十字会第一届理事会（2023.06换届后自然撤销）
会　　　长　龙婉丽(女,民盟)
常务副会长　江天熙(女,民革)
副　会　长　徐红光
兼职副会长　马　昕　李举东　施海燕(女)
　　　　　　张少觊　徐剑宏
秘　书　长　卢　刚

区红十字会第二届理事会（2023.06换届后成立）
会　　　长　龙婉丽(女,民盟)
常务副会长　江天熙(女,民革)
副　会　长　徐红光
兼职副会长　马　昕　李举东　施海燕(女)
　　　　　　张少觊　徐剑宏
秘　书　长　卢　刚

区第二届工商业联合会（区总商会）
主席(会长)　沈　刚(无党派)
常务副主席(副会长)　李　帆
专职副主席(副会长)　史海云(女)
　　　　　　　　　　龚晓鸣(民建)
　　　　　　　　　　张轶萌(女)
兼职副主席
　　马文胜(民革)
　　王　忠(无党派,—2023.12)
　　车建兴(无党派)　卢宗俊　阮兴祥
　　杨宗浩(无党派)　张曙华(无党派)
　　陈　平　林小海　郝　青(无党派)
　　徐　鲸　凌菲菲(女,无党派)
　　黄　谦(民盟)　雷　梅(女)
兼职副会长
　　王　远(女,群众,2023.12—)
　　方振强(群众)　印捷欧(女)　刘海平
　　杨　洁(女)　李　晖(无党派)
　　李　菁(女,无党派)　吴文伟
　　周宇驰(无党派)　柯楚溪
　　赵俊浩(民建)　袁建华
　　徐可则(无党派)　郭纯青(女,民建)
　　高建军(无党派)　喻建华(民建)
　　颜丽园(女,群众)　魏成生(群众)
总商会监事长　虞晓东(女)
总商会秘书长　张建华

二十九、统计资料

编辑 李佳丽

表29-1 2023年静安区经济社会主要指标情况表

指标	单位	2023年
常住人口	万人	93.65
其中:外来常住人口	万人	22.16
年末户籍人口	万人	90.36
户籍人口自然增长率	‰	-8.38
户籍人口平均期望寿命	岁	83.01
城镇登记失业人数	人	8480
新增就业岗位	个	34368
静安区生产总值	亿元	2846.03
其中:第二产业	亿元	69.57
第三产业	亿元	2776.46
一般公共预算收入	亿元	884.46
其中:区级一般公共预算收入	亿元	287.80
一般公共预算支出	亿元	345.96
重点产业区级税收	亿元	256.42
固定资产投资额(含市直管项目)	亿元	427.67

(续表)

指标	单位	2023年
其中:房地产开发投资	亿元	326.68
住宅新开工面积	万平方米	26.97
住宅竣工面积	万平方米	15.08
商品房(预)销售面积	万平方米	35.18
规模以上工业总产值	亿元	59.35
社会消费品零售额	亿元	1707.89
商品销售总额	亿元	10963.56
外商直接投资合同金额	亿美元	12.50
外贸进出口总额	亿人民币	561.02
财政科学技术支出	万元	66545
专利授权量	件	3347
技术合同成交金额	亿元	242.59
普通中学在校学生人数	人	42530
普通小学在校学生人数	人	37782
各类医院	个	41
医院年末病床数	张	12512
卫生技术人员数	人	23553
其中:执业医师	人	7992
户籍人口家庭总户数	万户	33.43
平均每户家庭人口(户籍)	人	2.70
环境空气质量优良率	%	86.3
全区绿地面积	公顷	838.24
人均公园绿地面积	平方米	3.58
绿化覆盖率	%	25.31
火灾发生数	起	585
交通事故发生数	起	63

表29-2　2023年静安区区域面积和行政区划情况表

街道(镇)	区域面积(平方千米)	陆地面积(平方千米)	水域面积(平方千米)	居(村)民委员会(个)
全区	36.77	36.22	0.55	267
静安寺街道	1.57	1.57	0.00	11
曹家渡街道	1.48	1.48	0.00	14
江宁路街道	1.84	1.82	0.02	16
石门二路街道	1.07	1.05	0.02	11
南京西路街道	1.62	1.62	0.00	12
天目西路街道	1.95	1.87	0.08	12
北站街道	1.78	1.73	0.05	14
宝山路街道	1.60	1.60	0.00	18
芷江西路街道	1.56	1.56	0.00	18
共和新路街道	2.74	2.70	0.03	26
大宁路街道	6.26	6.19	0.07	25
彭浦镇	7.35	7.16	0.19	37
彭浦新村街道	3.96	3.91	0.04	33
临汾路街道	1.98	1.94	0.04	20

表29-3　2023年静安区各街道(镇)户籍人口、户数情况表

街道(镇)	年末户籍人口(人)	总户数(户)
全区	903605	334252
静安寺街道	36000	12769
曹家渡街道	73469	25402
江宁路街道	68581	24034
石门二路街道	33469	12436
南京西路街道	44583	16358

（续表）

街道(镇)	年末户籍人口(人)	总户数(户)
天目西路街道	28289	10505
北站街道	39744	16993
宝山路街道	60134	22171
芷江西路街道	62954	23172
共和新路街道	79496	29124
大宁路街道	83024	28416
彭浦镇	111909	41042
彭浦新村街道	120695	47466
临汾路街道	61258	24364

表29-4　2023年静安区各街道(镇)户籍人口性别结构情况表

街道(镇)	合计(人)	男性(人)	女性(人)	性别比(女性为100)
全 区	903605	436447	467158	93.43
静安寺街道	36000	16770	19230	87.21
曹家渡街道	73469	34934	38535	90.66
江宁路街道	68581	32661	35920	90.93
石门二路街道	33469	15784	17685	89.25
南京西路街道	44583	20900	23683	88.25
天目西路街道	28289	13591	14698	92.47
北站街道	39744	19891	19853	100.19
宝山路街道	60134	29526	30608	96.46
芷江西路街道	62954	30452	32502	93.69
共和新路街道	79496	38457	41039	93.71
大宁路街道	83024	40177	42847	93.77

（续表）

街道(镇)	合计（人）	男性（人）	女性（人）	性别比（女性为100）
彭浦镇	111909	54720	57189	95.68
彭浦新村街道	120695	58812	61883	95.04
临汾路街道	61258	29772	31486	94.56

表29-5　2023年静安区一般公共预算收入情况表

项目	2023年(万元)	比上年增长(%)
一般公共预算收入	8844569	6.6
区级一般公共预算收入	2878000	3.0
其中:增值税	802782	5.1
企业所得税	565606	-2.4
个人所得税	329953	-1.3
城市维护建设税	112926	0.3
房产税	175741	26.8
城镇土地使用税	2679	21.4
印花税	60606	4.2
土地增值税	237379	-24.1
车船税	7550	394.8
契税	163260	51.8

表29-6　2023年静安区一般公共预算支出情况表

项目	2023年(万元)	比上年增长(%)
财政支出	3459649	6.55
其中:一般公共服务	158864	-35.08
公共安全	199262	-0.09

（续表）

项目	2023年(万元)	比上年增长(%)
教育	497956	2.86
科学技术	66545	-6.58
文化旅游体育与传媒	62564	19.79
社会保障和就业	431441	27.21
卫生健康支出	277207	-6.33
节能环保	16786	162.34
城乡社区	589866	25.92
商业服务业等	695540	3.50
住房保障支出	222879	-13.23
其他	240740	53.95

表29-7　2023年静安区地区生产总值情况表

行业	2023年(亿元)	比上年增长(%)
总计	2846.03	7.0
按产业分		
第一产业	0	0
第二产业	69.57	8.1
第三产业	2776.46	6.9
按行业分		
工业	22.37	-11.9
其中:金属制品、机械和设备修理业	1.35	-58.8
建筑业	48.55	16.0
批发和零售业	491.34	5.3
交通运输、仓储和邮政业	268.41	33.1
住宿和餐饮业	29.71	20.4

(续表)

行业	2023年(亿元)	比上年增长(%)
金融业	646.55	6.0
房地产业	241.46	-3.6
其他服务业	1097.64	6.2

表29-8　2023年静安区商品销售情况表

指标	2023年(亿元)	比上年增长(%)
商品销售总额	10963.56	5.4
社会消费品零售额	1707.89	15.3

表29-9　2023年静安区外商直接投资合同项目和金额情况表

指标	2023年
合同项目(个)	256
区批项目(个)	256
独资项目(个)	194
协议引进外资金额(万美元)	-
外商直接投资合同金额(万美元)	125044
区批项目(万美元)	125044
增资金额(万美元)	94920

表29-10　2023年静安区外贸进出口情况表

单位:(亿元)

指标	2023年
外贸进出口总额	561.02
进口	398.55
出口	162.47

表29-11 2023年静安区四上企业从业人员情况表

单位：人

指标	2023年
合计	574048
按行业分	-
采矿业	164
制造业	4523
建筑业	48170
批发和零售业	125464
交通运输、仓储和邮政业	27636
住宿和餐饮业	16263
信息传输、软件和信息技术服务业	61394
房地产业	56908
租赁和商务服务业	169360
科学研究和技术服务业	29820
水利、环境和公共设施管理业	8484
居民服务、修理和其他服务业	10685
教育	3648
卫生和社会工作	5744
文化、体育和娱乐业	5785

注：统计范围是辖区内规模以上工业、有资质的建筑业、限额以上批发和零售业、限额以上住宿和餐饮业、有开发经营活动房地产开发经营业、规模以上服务业法人单位。

表29-12 2023年静安区劳动就业情况表

单位：人

指标	2023年
城镇登记失业人数	8480

(续表)

指标	2023年
新增就业岗位	34368
扶持创业人数	—
35岁以下青年	—
创业帮扶(户)	1252
帮助长期失业青年就业	901

表29-13　2023年静安区动迁及征收情况表

	2023年	比上年(±%)
动迁居民户数(户)	3229	554.97
动迁及征收二级及以下旧里面积(平方米)	55327	250.62

表29-14　2023年静安区固定资产投资情况表

单位:万元

	2023年	比上年(±%)
全社会固定资产投资总额(含市直管项目)	4276682	20.9
区级固定资产投资总额	4231732	20.8
基建与更改	964916	157.3
商品房	3266816	4.5

表29-15　2023年静安区住宅项目开、竣工情况表

单位:万平方米

	2023年	比上年(±%)
新开工面积	26.97	-45.07
施工面积	147.94	-1.39
竣工面积	15.08	-48.09

表29-16　2023年静安区房产交易情况表

商品房预售和现售情况	单位	2023年	比上年(±%)
套数	套	2868	11.2
面积	万平方米	35.18	-20.3
金额	亿元	343.66	-15.1
存量房买卖交易情况			
套数	套	9534	29.0
面积	万平方米	71.89	31.3
金额	亿元	348.64	30.2

表29-17　2023年静安区城市环境质量情况表

指标	单位	2023年
AQI达到优良天数	天	315
区域环境质量优良率	%	86.3
可吸入颗粒物(PM10)年平均浓度	毫克/立方米	45
细颗粒物(PM2.5)年平均浓度	毫克/立方米	29

表29-18　2023年静安区城市园林绿化情况表

指标	单位	2023年
城市绿地面积	公顷	838.24
公园绿地	公顷	336.35
公园面积	公顷	138.27
街道绿地	公顷	198.08
单位附属绿地	公顷	203.89
居住地绿地	公顷	298
公园数	个	23
全区新增绿地面积	公顷	8.31

(续表)

指标	单位	2023年
绿化覆盖率	%	25.31
人均公园绿地面积	平方米/人	3.58

表29-19 2023年静安区科技活动基本情况表

指标	单位	2023年
财政科学技术支出	万元	66545
上海市高新技术成果转换项目(当年认定数)	项	10
上海科技小巨人(培育)企业(当年认定数)	项	3
专利授权量	件	3347
科技合同成交金额	亿元	242.59
期末高新技术企业认定数	个	540

表29-20 2023年静安区教育事业基本情况表

指标	单位	2023年
学校数	所	100
其中:大专院校	所	2
普通中学	所	50
普通小学	所	46
职业学校	所	2
特殊教育学校	所	3
专任教师数	人	7625
其中:大专院校	人	282
普通中学	人	4108
普通小学	人	3003
职业学校	人	232

(续表)

指标	单位	2023年
特殊教育学校	人	97
在校学生数	人	87307
其中：大专院校	人	5186
普通中学	人	42530
普通小学	人	37782
职业学校	人	1809
特殊教育学校	人	288
幼儿园	所	86
在园幼儿数	人	17237
教职员工数	人	3526
专任教师	人	1945

表29-21　2023年静安区体育事业情况表

指标	单位	2023年
体育事业经费	万元	105611
体育场地总面积	万平方米	90.76
人均体育场地面积	平方米	0.97
体育机构数（体育系统）	个	9
体育场馆数	个	4
体育运动学校	个	2
社会体育指导员	人	2202
社区健身设施	个	752
健身苑	个	684
健身步道	个	42
社区公共运动场	个	26
社区健身器材数	件	5657
社区健身场地面积	万平方米	8.74

表29-22　2023年静安区卫生机构基本情况表

	机构数(个)	床位数(张)	从业人员(人)	卫生技术人员(人)
总计	407	13792	28442	23553
医院	41	12512	21020	18084
其中:三级医院	11	5843	14968	13183
二级医院	10	4196	3888	3419
社区卫生服务机构	81	746	1946	1728
门诊部(诊所、医务室、卫生室)	245	0	3111	2738
妇幼保健院	1	0	48	47
专科疾病防治院	2	34	318	241
疾病预防控制中心	2	0	189	162
卫生监督所	1	0	61	61
医学教育机构	1	0	20	11
健康教育所(站)	1	0	164	63
其他卫生机构	32	500	1565	418

表29-23　2023年静安区前十位疾病死亡原因和构成情况表

排名	死亡原因	死亡率(1/10万)	占死亡总数(%)
1	循环系病	553.48	45.57
2	肿瘤	283.87	23.37
3	内营代	126.24	10.39
4	呼吸系病	118.17	9.73
5	损伤中毒	43.77	3.6
6	神经系病	26.53	2.18
7	消化系病	20.12	1.66
8	精神病	11.83	0.97
9	泌尿生殖	6.52	0.54
10	肌肉骨骼病	6.41	0.53

表29-24 2023年静安区养老服务情况表

指标	单位	2023年
居家养老服务人数	人	51895
其中:政府补贴人数	人	49529
其他渠道服务人数	人	2366
居家养老服务人次	万人次	322.34
其中:政府补贴人次	万人次	319.97
其他渠道服务人次	万人次	2.37
养老政府补贴资金收入	万元	5178.11
其中:市财政	万元	147.28
区财政	万元	5030.83
社区综合为老服务中心	个	23
长者照护之家	个	18
老年人日间护理机构	个	28
老年人助餐点	个	98
老年活动室	个	225
机构养老床位数	张	8113

表29-25 2023年静安区社会救济基本情况表

指标	累计救济人次(万人次)	年内累计救济金额(万元)
社会救助	30.67	40486.03
最低生活保障对象	10.89	15406.84
特困人员供养	0.30	913.13
支出型贫困	0.02	31.26
临时救助	1.36	526.64
其他救助	18.10	23608.16

附 录

上海市静安区人民政府机构全称简称对照表

全称	简称
上海市静安区人民政府办公室	区政府办公室
上海市静安区发展和改革委员会	区发展改革委
上海市静安区商务委员会	区商务委
上海市静安区教育局	区教育局
上海市静安区科学技术委员会	区科委
上海市公安局静安分局	区公安分局
上海市静安区民政局	区民政局
上海市静安区司法局	区司法局
上海市静安区财政局	区财政局
上海市静安区人力资源和社会保障局	区人力资源社会保障局
上海市静安区规划和自然资源局	区规划资源局
上海市静安区生态环境局	区生态环境局
上海市静安区建设和管理委员会	区建设管理委
上海市静安区文化和旅游局	区文化旅游局
上海市静安区卫生健康委员会	区卫生健康委
上海市静安区退役军人事务局	区退役军人局
上海市静安区应急管理局	区应急局
上海市静安区审计局	区审计局
上海市静安区市场监督管理局	区市场监管局
上海市静安区国有资产监督管理委员会	区国资委

上海市静安区体育局	区体育局
上海市静安区统计局	区统计局
上海市静安区医疗保障局	区医保局
上海市静安区绿化和市容管理局	区绿化市容局
上海市静安区住房保障和房屋管理局	区房管局
上海市静安区城市管理行政执法局	区城管执法局
上海市静安区民防办公室	区民防办
上海市静安区投资促进办公室	区投资办
上海市静安区金融服务办公室	区金融办
上海市静安区地区工作办公室	区地区办
上海市静安区人民政府研究室	区政府研究室
上海市静安区人民政府外事办公室	区政府外办
上海市静安区人民政府合作交流办公室	区政府合作交流办
上海市静安区政务服务办公室	区政务办
上海市静安区机关事务管理局	区机管局
上海市静安区经济委员会	区经委
上海市静安区粮食和物资储备局	区粮食物资储备局
上海市静安区信息化委员会	区信息委
上海市静安区社会组织管理局	区社会组织管理局
上海市静安区交通委员会	区交通委
上海市静安区水务局	区水务局
上海市静安区中医药发展办公室	区中医药办
上海市静安区知识产权局	区知识产权局
上海市静安区集体资产监督管理委员会	区集体资产委
上海市静安区人民防空办公室	区人防办
铁路上海站地区管理委员会办公室	上海站管委办
国家税务总局上海市静安区税务局	区税务局

年度和地方工作常用缩略语注释

六稳六保：稳就业、稳金融、稳外贸、稳外资、稳投资、稳预期，保居民就业、保基本民生、保市场主体、保粮食能源安全、保产业链供应链稳定、保基层运转。

撤二建一：撤销闸北区、静安区建制，建立新的静安区。

"双减半"：行政审批事项办理时限减少一半、提交材料减少一半。

"两个延伸"：即"美丽家园"建设从小区向街区延伸、向楼组延伸。

"两会"：人民代表大会和中国人民政治协商会议

"两新"组织：新经济组织、新社会组织。

两网融合：城市环卫生活垃圾分类收运体系与生活源再生资源系统2个网络有效衔接、融合发展。

"进博会"：中国国际进口博览会。

市委"1+6"文件：中共上海市委2015年"一号课题"，"1"是《中共上海市委上海市政府关于进一步创新社会治理加强基层建设的意见》；"6"是涉及街道体制改革、居民区治理体系完善、网格化管理、社会力量参与、社区工作者6个配套文件。

"五类车"：电动车、三轮车、残疾人机动轮椅车、改装（拼装、报废）车。

"一轴三带"发展战略："一轴"就是打造一条贯通南北、共享互融的复合发展轴，"三带"就是打造3个空间上相互呼应、功能上相互补充、形态上各具特色，协调联动、互促互进的发展带，即南京西路两侧高端商务商业集聚带、苏州河两岸人文休闲创业集聚带和中环两翼产城融合发展集聚带。

六大产业：即商贸服务、专业服务、金融服务、文化创意服务、数据智能、生命健康。

"三个经济"：楼宇经济、总部经济和涉外经济。

居民区党建"1+5+X"模式："1"即居民区党组织书记，"5"即党员社区民警、居委会主任、业务会主任、物业公司负责人、群众团队和相关社会组织骨干，"X"即市区在职党员、驻区单位负责人、对口联系社区的各级机关干部等其他力量。

双试联动：复制上海自贸区改革试点、深化国家服务业综合改革试点2项工作联动。

双随机：随机抽取被检查对象、随机选派检查人员。

双告知：在办理登记注册时，工商部门要根据省级人民政府公布的工商登记后置审批事项目录告知申请人需要申请审批的经营项目和相应的审批部门,并由申请人书面承诺在取得审批前不擅自从事相关经营活动。在办理登记注册后,工商部门要运用信息化手段,对经营项目的审批部门明确的,将市场主体登记注册信息及时告知同级相关审批部门;对经营项目的审批部门不明确或不涉及审批的,将市场主体登记注册信息及时在企业信息共享平台上发布,相关审批部门或行业主管部门应及时查询,根据职责做好后续监管工作。

三证合一:法人登记证、组织机构代码证、税务登记证三证合一。

"金三角"商圈:地方俗称,又称"梅泰恒"商圈,指南京西路梅龙镇广场、中信泰富广场、恒隆广场形成的核心商圈。

"金五星"商圈:地方俗称,指南京西路静安嘉里商务中心、会德丰国际广场、一七八八国际大厦、久光百货(2010年前为东海广场)形成的核心商圈。

四史教育:党史、新中国史、改革开放史、社会主义发展史教育。

新冠肺炎疫情:新型冠状病毒感染的肺炎疫情。

六小单位:小加工、小餐饮、小旅馆、小仓储、小娱乐、小商店6类单位。

城运中心:城市运行综合管理中心。

四范目标:贯彻新发展目标,努力在高质量发展上成为典范;弘场城市品格,努力在彰显软实力。

区委五大工程:聚力工程、民心工程、数字工程、品牌工程、基石工程。

六增计划:招商引资增倍、总部经济增能、重点产业增效、土地亩产增长、重大工程增速、服务效能增优。

"双员双师":社会治理和"大调解"过程中,调解员、法治宣讲员、律师、心理咨询师多方力量参与。

四范目标:在践行新思想上当好模范、在高质量发展上成为典范、在彰显软实力上引领风范、在人民城市建设上打造示范。

七增计划:科创动能增强、招商引资增质、总部经济增能、重点亩产增效、重点产业增效、重大工程增速、服务效能增优。

三所联动:司法所、派出所、律师事务所签约结对共建,开展矛盾纠纷化解。

三师联创:在城市更新中,责任规划师、责任建筑师、责任评估师的集成创新。

索引

说明：
1. 本索引采用主题分析索引法，按主题词和重要人名首字汉语拼音顺序排列。
2. 彩页、附录内容不作索引，专文只作标题索引。
3. 索引名称后的数字表示页码，数字后的字母(a、b)表示该页从左至右的栏别。
4. 索引名称一般采用主题词、中心词或简称。

"12345"市民服务热线　129b，396a
"15分钟社区生活圈"　374b，503b
"15分钟社区体育生活圈　465b
《2023Hi静安》　67b
《2023对话区委书记》　70a
"2023上海伴手礼"　346a
"2023上海金榜伴手礼"　352b
3·5学雷锋志愿服务　64b
3岁以下普惠性幼儿托育点功能布局　485b
"6·26国际禁毒日"　79b
73街坊北地块　364b
73街坊南地块　364b
76号街坊一二级联动开发　365a
76街坊零改征收项目　365a
86号地块静安老年健康中心项目　365a
"9·16"防空警报试鸣暨疏散演练　290a
930烈士纪念日　104b

Fotografiska 影像艺术中心　364a
NQI服务站点　312a
SUHE ONE苏河湾企业家联盟　361b
Tapestry 集团　361a

A

阿东　28b，242b
"爱的黄丝带"　282b
爱尔生公司改制　347a
爱国爱教宣传角　171a
爱国卫生　455a
安徽省六安市　290a
安徽省芜湖市　232b
"安聚人才"　249b
"安康杯"知识技能比赛　239b
安全生产　350a

安全生产综合监督管理　294b
安全运输生产　413a
澳大利亚华裔大学生　260b

B

"八五"普法中期评估　119b
"八一"建军节　102b
巴楚县青少年青春健康教育　460b
霸王花女子羽毛球倾城赛　253a
白领职工运动会　463a
百家企业招聘活动　190a
"百名律师普法行"　211b
宝山路街道　522a
保龄球联谊赛　181a
《保险行业刑事风险 防范合规指南》　234a
保障性租赁住房　335b
北站街道　513a
"比邻万象"　374b
毕马威　73b
博爱家园　266b

C

财产保险合同纠纷案　280a
财政管理　304b
财政治理效能　306a
蔡冠深　176(图)
参股投资管理　317b
参政议政　206a,208b,209b,212a,218a,219b,
　223a,224a,226b,228a
参政议政委员会金融分会　226a
残疾人福利　473b
残疾人救助保障　263a
残疾人就业培训　263b
残疾人康复服务　263b

残疾人维权　264b
残疾人文体工作　264a
长护险区块链试点　481a
"长江禁捕,打非断链"　310b
长三角地区科普漫画大赛　258a
曹扶生　110b
曹家渡街道　492a
曹鹏　96b
曹远峰　111b
"测算合一"　375b
拆落地重建项目　375a
产业科技创新政策　422b
厂务公开民主管理工作　241b
陈吉宁　19a,21a,23b,24a
陈靖　26a
陈迈　260a
陈木松　181a
陈琦华　254a,554b
陈群　26a,491a
陈通　20a,20b,23a
城管楼宇工作室　506b
城区建设　371
城区建设财政投入　305b
城市道路桥梁技术状况　381a
城市管理行政执法　397a
城市建设和管理"　193a
城市建设治理　36a
"城市美食日"　156b
"城挚·三带共建"　397b
初心讲堂"　102a
传播淫秽物品牟利案　272a
传染病综合监测预警平台　457a
窗口服务质量　170a
"创·在上海"　424a
创建复评文明城区　408a
创新创业青年50人论坛　75a

重阳节主题活动　69a
春运工作　407a
慈善工作　467b
"慈善一日捐"　90a

D

达先生工作室　507a
打击侵权假冒　311b
"打响静安品牌"　61a
大健康产业商会　230b
大宁路街道　536a
大事记　29
大数据赋能　269b
代表工作　120a
代表集中联系社区　120a
代表建议办理机制　120b
代表履职平台　121a,121a
党风廉政教育月　199b
党管武装　287b
党建联建签约　495b
党警示教育大会　74b
党盟恳谈会　211b
党派团体新年学习会　72a
党史工作　97a
党外人士座谈会　72b
党校工作　83a
"党章学堂"　84a
党章学习　61b
党章学习流动教室　102a
党章研究中心　102a
档案德育联盟　92b
档案工作　91b
档案史志工作会议　93a
道路积水点　381b
道路架空线入地和合杆整治　382a

德必易园区宝宝屋　540a
地表水市考断面水质　404（表）
地理位置　34a
地下空间安全监管　291b
第二届人民代表大会第四次会议　9
第二十届邻居节　507b
第九届上海国际自然保护周安　258a
第九届上海市民绿化节　533b
第六届中国国际进口博览会　156a,160b,185a,323b,346b,364a
第六轮公共卫生体系建设三年行动计划　457b
第七届静安国际雕塑展　391a
第十七届金洽会　328a
第十三届中国新疆喀什·中亚南亚商品交易会　346a
第五次经济普查　304a
电影技术厂静投地块　373b
调研工作　196a
丁宝定　191（表）,345b,534b,553b,554b
丁伯婕　78a,80b
东西部协作联席会议　160a
"端午"主题活动　66b
对口支援地区干部教育培训班次　165（表）
对口支援与合作交流工作　160a
对台工作领导小组（扩大）会议　181b
多元解纷工作　281b

E

厄瓜多尔思邈维华国际学校　260a
二届区纪委三次全会　198b
二届区委八次全会　1

F

法人治理结构　317a

法治　268
法治服务中心　81b
法治化营商环境　277b
法治嘉年华　79a
法治建设示范街镇创建　281a
蕃瓜弄　335a,348a,521a
"反诈宣传进校园"　431a
"防空警报电动改电声"　289b
防台防汛　383b
防灾减灾救灾机制　293a
房地产开发和管理　330
房地产市场　331a
"房屋买卖一件事"　375a
放心消费　310b
非法经营案　271a
芬迪卡　322b
风貌保护　372a
"枫桥经验"　273b
"枫桥式"税务　308a
佛山市　365b
福布斯·静安南京西路论坛　64b
福建宁德　232a
《辅德里》微缩模型展　448a
妇女维权月　252a
副部级以上领导参观中共二大会址纪念馆
　　100(表)
傅俊　476a,476b
富麦咖啡馆　351b

G

干部担当作为　202a
干部队伍建设　203a
干部监督工作　57b
干部教育工作　57a
干部选拔任用　56b

港澳工作　176a
港澳台青少年体育舞蹈　178a
高飞　516b,553a,554b
高景花园长租公寓项目　365b
高质量发展　110a,196b,230a
"高质量发展"　185a,193b
"高质量发展在申城"　68a
膏方养生文化节　352b
葛影敏　94a
个人政务远程虚拟窗口服务　540a
工程安全质量　385b
工会代表会议　237a
工会主席培训　90b
工业制造综合竞争力　358a
工资决定机制　317b
公安队伍建设　270b
公安工作　268a
公安工作会议　76b
"公办初中强校工程"　428b
公共服务事项标准化　169b
公共空间休憩座椅　391b
公共卫生　456b
公共文化服务数字化　446a
公共文化建设　445b
公务员工作　59a
公益诉讼检察　274b
公租房　337a
公租房管理　370a
龚怡　19a,22b,27b,547b
共和新路802弄　348b
共和新路街道　531a
共青团区委　241b
共享运动场篮球赛　464a
共有产权保障房　336a
构建和谐劳动关系　240a
购买社会组织服务　486a

固定资产投资审计　314a
顾定鎏　114（表），173b，174b，175a，175b，177a，
　　178a，233a，253a
拐卖云南迪庆妇女案　271b
"光影π"文旅企业沙龙　448a
规划和自然资源管理　371a
贵州毕节　218a
贵州少数民族风情艺术摄影精品展　171b
郭芳　22a
国安委会议　78b
国防动员　288b
国防教育活动　291b
国防教育日　521b
国际茶文化旅游节　341a
国际档案理事会执行主席　96a
国际档案日　95a
国际护士节　455b
国际剑联花剑大奖赛　462b
国际静安精英挑战赛　464a
国际消费中心城市示范区　197a
国际志愿者日　69b，499a，559b
国家5A级旅游景区　101a
国家服务业综合改革　311a
国家级服务业标准化试点　351b
国家级人力资源服务标准化示范项目　477b
国家慢性病综合防控示范区　457b
国家网络安全宣传周　248b
国家营养支持性社区　458b
国内合作交流　161（表）
国内合作交流与对口支援　158b
国企改革　357a
国庆路　381b
国有企业审计　314a
国有资产管理　314b
国资国企工作会议　316b
国资系统基层党建　315b

H

海鸥计划创新创业政策宣讲　254b
"海上论道"　171a，172a
海上最美家庭　565a
海外联谊会　173b
海峡两岸新媒体产业发展研讨会　180b
海洋科普社区服务站　506b
海智基地（静安）　256b
韩国釜山广域市沙下区　156a
杭州亚运会　80b，464b
《航拍静安2023》　64a
合作办学　429a
何塞·马蒂　156b
河长制　384a
贺荣　26a
恒隆广场　371b
红色故事学生讲解员　93b
红色文化　61b
红色文化研学　88a
红色遗迹定向赛　524b
红色资源保护利用工作联席会议　65b
"红十字博爱周"　265b
红十字健康服务　190b
宏安瑞士大酒店　365b
洪都拉斯主流媒体记者团　157a
洪南山宅　373b
洪南山宅项目　348b
鸿印里　369b
胡夫金字塔　342a
胡广杰　547b
胡健民　178b
胡世军　19b
胡文容　27a
互联网业联合会自媒体专委会　71a
户外广告设施　393a

户外景观设施　393b
户外实体新心驿站　495b
户外职工爱心接力站　241a
沪港青年企业家　177b
"沪港同心同行创未来"夏令营　177b
沪疆各族青少年（上海）科技夏令营　172a
沪台青年交友活动　180a,247b
华东医院—静安区康复医疗联合体"　456a
华芯远景VC基金　355a,355a
华源　20b,22a,27a
环境保护　399
环境保护投入　400a
环境风险防控　401a
环境管理与监察　400a
环境监测　403a
黄红　172b
黄埔军校同学会静安区工委会　267b
黄晓薇　21a
黄震　28a
会展业　342a
"慧治理"青年学院　525b
婚介管理　474b
婚姻登记管理　473b
婚姻文化　474a
货物运输　415a

J

机构编制工作　59a
机关党建工作　88b
"机关党建特色项目"　91a
机关建设年　72a
机关事务标准化　186b
机关系统团干部　90b
基层党建工作　58a
基层减负　469b,484a

基层商会会长会议　230b
基层政权建设和社会工作　469b
基层治理品牌项目　248b
基础教育　430a
《激荡百年——中国共产党在静安》　98b
集中视察　112a
计划　118b
计划投资管理　300a
纪检·监察　198
纪检监察体制改革　200a
加装电梯　334a
"家门口的好去处"　341b
家庭教育宣传周　252b
家庭文化节　254a
"家站点"　121a
贾宇　24a
监督工作　117
监督执纪执法　201a
检察　272a
检察工作会议　77a
检视整治　203b
减税降费政策　306b
减污降碳　400a
见义勇为先进个人　83（表）
建设和交通管理　376a
建筑建材业管理　385a
"建筑可阅读"示范区　448a
建筑市场稽查　386b
健康城区建设　454b
"健康云"　86b
江宁路街道　500a
江宁社区卫生服务中心二期工程　458b
蒋蕊　547b
教研咨一体化发展　85a
教育　427
教育论坛　190b

教育行政　428a
街道·镇　483
节假日旅客运输　415b
节能减排管理　302b
节能责任追究　302b
节约型机关　186a
结对帮扶　319b
界别委员工作室　190a
巾帼建功选树工作　255a
"金牌学生讲解员"　96a
金秋购物旅游季　322b
金融产业健康发展保障　272b
金融服务实体经济　327a
金融服务业　325a
金融监督管理　326b
"金融进社区"　326b
金融行业城市定向赛　328a
"金夕暖云"　87b
金兴明　20a
紧密合作医疗联合体试点　455b
锦都房产公司划转　347a
"锦绣苏河"滨河党群服务站　521a
经济贡献二百强企业　184a
经济领域犯罪严打严防　269a
经济责任审计　314a
菁小宝首席服务团队　524b
"精彩尽享,乐游静安"静安文旅消费季活动　340b
"精彩尽享,乐游静安"文旅消费季　448b
精品示范道路　382a
精品示范区域　382a
警务保障　270b
净化政治生态　202b
敬老月　459b,535a
《静·安》文学奖颁奖活动　446a
"静·界"读书会　189b
静·社区　479a

"静安·夷陵号"旅游专列　159a
静安概览　34
《静安概览2023》　63a
"静安工会陪你过大年"　236a
静安国际雕塑展　70b
静安国际光影节　68b,341a,363a,392b
静安国际科创社区·云汇数智中心　345a
静安荟奥莱　350a
"静安教育学术季·第八季"　429b
"静安教育学术季·第七季"　428a
静安金秋都市游　341b
静安科协——上海十院科普平台　256a
静安链　61a
静安论道　465a
"静安码"　396b
静安女子半程马拉松　462b
静安青年体育公园(南区)　344b
静安青年英才　248a
静安区法治服务中心　285a
静安区工人文化宫(北宫)　237a
静安区疾病预防控制局　458b
静安区看守所　373a
静安区科技节　256a
静安区侨联青年委员会　260a
静安区人才工作会议　476b
静安区人民政府　125
静安区实有人口信息采集　485a
静安区图书馆(天目路馆)　446b
静安区学生联合会第三次代表大会　244a
静安区中部医联体第二轮签约仪式　456a
静安区主要领导人　562
静安区足协杯　462a,464b
静安寺街道　487a
静安长护险　481b
静安职工文化季　238b
"静邻帮办"　470a

"静邻一家,美好生活节"　516b
"静享·非遗十二时辰"　447b
"静心办"医保综合管理信息平台　482a
"静心未你"未检品牌　274a
九三学社区委　226a
酒店管理业务　350a
旧区改造　379a
旧区改造审计　314a
旧区改造征收　348a
救助帮困　466a
居民经济状况核对　467a
居民区社工室　496a
居委会标准化建设　469b
居委会约请　486a
聚才引智　426a
军休管理服务　298b

K

"喀交会"　351b
喀什地区党政代表团　160b
开展调研工作　204b
科创载体培育　424b
科技创新　422a
科技创新体系建设　197b
科技青年人才驿站　247b
"科技青年说"　245b
科学技术信息化　422
科学育儿　460b
科学育儿指导公益活动　431a
客运产品结构优化　414b
空气质量　404(表)
口腔健康　460a
跨国公司地区总部　323a
困境未成年人居室微改造公益项目　250a

L

劳动教育月　430b
劳动人事争议仲裁院　477a
老干部工作　85b
老干部工作共同体　88a
老干部文艺会演　88b
老龄服务　459a
老年肌少症筛查试点　457a
老年人司法保护　273b
老年营养改善　459b
老年友好型城区　197a
老年友善医疗机构示范单位　459a
"雷允上云药城"　351b
李仰哲　23a,27b
李震　516a
李至柔　63b
历史建筑保护修缮　367b
历史文化保护　447a
廉洁文化　203a
廉政微剧展演　91a
廉租房　337a
"两病筛查"　253a
"两个免于提交"　169a
"两旧"改造推进情况　117b
"两旧一村"改造　318b
"两新"组织白领集体婚礼　254b,255(图)
"两新"组织女性领军人物联谊会　252b
列车运行　417a
"林长驿站"　547b
林长制　390b
临汾路街道　549b
零星旧改　379a,512b
零星旧里改造　337b
领导名录　566a
领导视察与调研　19

刘海粟　96b
刘居时　95b
流浪乞讨人员救助　467a
龙凤旗袍手工制作技艺　351b
龙婉丽　491a,253a
陆家溪　563b
陆念祖　563a
罗震川　406a
吕南停　78a,78b
吕其明　96b
旅客运输　414a
旅游饭店星级评定　341b
旅游活动　339b
旅游景区评定　341b
旅游列车　418b
旅游宣传与市场开发　341b
旅游业·会展业　339
绿化和市容管理　390a
绿化建设　390a
绿色建筑　376b,378(表)

M

麻栗坡县　101a,346b
马蒂斯的马蒂斯—亨利·马蒂斯　342b
马利创意园区　370a
马列坚　253b,554a
马戏城中剧场项目　373b
马笑　554a
马英九　180a
矛盾纠纷多元排查调处　82b
梅广清　301b
梅龙镇广场不动产产权划转　347a
"媒体看静安"　70a
"美丽家园"　337a,391b
"美丽楼组"　485a

美瑞时(上海)钟表贸易有限公司　347a
"美在静安"公共文化旅游成果展　447a
门前责任区　391b
民(商)事审判　277a
民革区委　205a
民建区委　212a
民进区委　214b
"民进区委会员之家"　217a
民盟名师大讲堂　211a
民盟区季　209a
民生保障　36b
民生福祉财政投入　305a
民事检察　274a
民营经济圆桌会议　233a,233b
民营企业家座谈会　232b
民政　466
民主党派·工商联　205
民主监督　73a,207a,210b,213a,218a,220a,223b,
　　227a,231b
民族团结进步创建社会化运行　197a
民族团结进步故事汇　173a
民族宗教工作　170b
莫亮金　552b

N

纳税人权益保护　309a
南京西路街道　508a
南西门球队　463b
内控制度　358a
年轻干部培养　57a
"凝心铸魂强根基,团结奋进新征程"主题教育
　　75a,209b,214a,225a,225b,227b
农工党区委　218b
浓情静安·爵士春天"　446b
浓情静安·爵士春天"音乐节　340a

P

排水设施　384b

培训市场　426b

彭浦新村街道　542a

彭浦镇　555a

"彭小法"法治品牌　546b

彭一　348a

平安主题餐厅　76b

普惠金融顾问制度　327a

Q

齐全胜　260a

企业服务　423a

企业节能扶持资金　302b

钱峰　25b

侨海驿站　175a,175a

"侨海驿站"　174a

侨务工作　173a

青联大讲堂　246b

"青年马克思主义者培养工程"　246a

"青年小店"　250a

青少年攀岩队　462b

"情满张园话未来"　179b

"情指行"一体化运行机制　270a

区残联　261a

区残联第二次代表大会　262b

区档案馆　94b

区档案馆新馆　92b

区二届人大三次会议　107b

区妇联　250b

区妇联二届三次执委会议　255a

区工商联　229a

区红十字会　264b

区红十字会第二次会员代表大会　265a

区级机关后勤工作　185b

区疾控中心达标建设　457a

区科协　255b

区科协第二届委员会第二次全体会议　256a

区块链试点项目　61a

区侨联　258b

区侨联二届三次全委(扩大)会议　260a

区情通报会　86a

区人大常委会会议　112(表)

区人民代表大会　105

区人民政府常务会议　130(表)

区融媒体中心　63b,64a,65a

区委常委会2023年工作报告　1

区委党校(区行政学院)培训班　84(表)

区委宣传思想工作领导小组　65b

区委一号调研课题　422a

区委重点课题　483b

区域化SPD项目　353b

区域化智能云陪诊　456b

区域经济　35a

区域评估　372b

区政府实事项目　154a

区政府重点工作　290b

区政协二届二次会议　189a

区政协优秀提案　194(表)

区政协重点提案　195(表)

区志愿服务指导中心　70a

区中医医院平型关路院区启用仪式　129a

区重大工程房建项目　379(表)

区总工会　236a

区总工会二届三次全委(扩大)会议　238a

全国百城千村健身气功　465a

全国工人先锋号　565a

"全国科普日"　257a

全国桥牌老年公开赛　465b

"全国示范数字档案馆"　95b

611

"全国示范数字档案馆系统" 95a
全国示范性老年友好型社区 459a
"全国市域社会治理现代化试点" 82a
全国文明城区 64a,64b,65b
全国五一劳动奖章 563b
全国最美家庭 563b
全过程人民民主 197b
全面依法治区委员会第五次会议 282b
全面预算信息化 316b
全民国防教育 62a
全民禁毒宣传月 80a
全民骑行赛 462a
全球财富管理论坛 68b,363b
"全球财富管理论坛" 326a
全球电竞大会 448b
全球服务商 302a
"全球服务商" 302a
"全球服务商计划" 196a
全球服务商青年人才联盟成 245b
泉州项目 349b
确权登记中心 375a
群团管理 471b

R

燃气管理 376a
人才工作 58b
人大代表联络站 109b
人大代表议案和政协提案 155a
人大工作室进社区 478b
人大工作研究会 110a
人防行政审批 290b
人防专业队整组 289b
人口监测与家庭发展 460a
人口结构 35a
人力资源服务出口基地 476b

人力资源和社会保障 475b
人力资源和社会保障·医疗保障 475
"人民城市理念" 193b
人民防空信息防护行动演练 290a
人民建议征集 167a
人民生活品质 196a
人民团体·群众团体 236
人民武装 286a
人事任免 121b
认捐座椅启用仪式 75a
任期制契约化管理 317a
任正晓 27b
融媒采编基地 63b
"融无限,创未来"企业资本对接路演 327b
瑞士钟表 347b

S

三八国际劳动妇女节 251b
三孩生育 460b
三所联动 521a
"三位一体"楼宇善治模式 511a
"扫黑除恶" 82a
"扫黄打非" 449a
山西证券 325b
商办项目供销 331b
商贸服务业 320
商品住宅供销 331a
商事制度改革 310a
商务交流 323b
商业活动 322a
上海报业集团 70b
上海北方企业(集团)有限公司 347b
上海城市发展(集团)有限公司 366a
上海大宁资产经营(集团)有限公司 355a
上海大学 437a

上海第二工业大学　441
上海电竞大师赛　465b
上海国际美妆节　322b
上海国际设计节　324a,357a
上海桨板公开赛　361b
上海街艺节　447a
上海静安(集团)有限公司　364B
上海静安世界咖啡文化节　340b
上海静安投资(集团)有限公司　369a
上海静安置业集团有限公司　345b,350b,356a,366b
上海凯成控股有限公司　368b
上海科技服务业发展示范区　422b
上海老字号　346a
上海马拉松健身跑　465a
上海廿一当代艺术博览会　342b
"上海全球资产管理年会"　326a
上海赛艇公开赛　362b,464b
上海时装周　322a
上海市北高新(集团)有限公司　343a
"上海市服务业创新发展示范区"　361b
上海市妇女权益保障先进集体　566a
上海市工人先锋号　565b
上海市和谐劳动关系达标企业　477a
"上海市科技服务业发展示范区"　359a,360a
上海市劳模创新工作室　564a
上海市攀岩业余联赛　463a
上海市青年五四奖章集体　565b
"上海市卫生健康街镇"　455a
上海市五一劳动奖章　564a
上海市五一劳动奖状　565b
上海书展　67b,447a
上海苏河湾(集团)有限公司　358b
上海戏剧学院　432b
少儿住院基金　267b
少先队上海市静安区第二次代表大会　243b

"社保费统模式"改革　307b
社保服务进万家　479a
社会保险经办条例　479b
社会保障　478a
社会服务　206b,210a,223b,224b,225b,227b
社会建设与管理　483a
社会求助　466a
社会事业　37b
社会事业财政投入　305b
社会责任储备企业　323b
社会治安环境　269a
社会主义学院　72b
社会组织登记管理　471a
社会组织等级评估　472b
社会组织年度检查　472a
社会组织品牌　486b
社会组织预警网络　472b
社会组织综合监管　472a
社情民意　221a
社情民意信息联系点　490b
社区层面人才服务站　477a
社区打卡定向赛　506a
社区服务　213b,220a
社区工作者队伍　470a
社区公共卫生委员会　547a
社区基金　533a
社区救助顾问　466b
社区离退休干部　87a
社区慢性病健康管理支持中心　458a
"社区书院"　258b
社区卫生　458b
社区卫生服务能力　196b
社区治理智库　486a
涉老审判　277b
涉老型医保诈骗典型案例　273(图)
涉外经济　323a

涉外经济服务　155b
深化城市民族工作　118a
沈跃跃　253b，26b
审计　313b
审判　275a
《慎余里》　447a
生活垃圾全程分类体系　393b
生态环保法治　402b
生殖道衣原体感染综合防治　458a
师陶节　211b
施登定　232a
"十百千万"文化配送工程　445b
十佳家庭医生　458b
"十四五"规划实施情况中期评估　117a
"十四五"规划中期评估　290b，302a，483a
石门二路街道　504a
实施项目和办理工作　154a
实事项目　261a
"食品安全两个责任"　312b
食品安全示范城市　312b
"世界读书日"　432a
市北电商云盟　311a
市北高新技术服务园区　374b
市北高新人才公寓　344b
市场监督管理　309b
市民园艺中心(林长驿站)启用　496b
市欧美同学会静安分会　175a
市人大代表服务保障　121b
市容环境　390
市社保中心　365b
市政道路建设和配套管理　381a
市政道路养护维修　381b
视频管理中台　395a
适用认罪认罚从宽制度　118b
逝世人物　563a
曙光小区　539b

"数字档案室建设"　93b
数字法院　278a
数字经济产业高峰论坛　180b
"双随机，一公开"　310b
双拥模范　297a
水务管理　383a
水务海洋执法　384b
税费服务　308a
税收经济分析　307a
税收营商环境　308b
税收征管改革　307a
税务管理　306a
税务监管　309b
税种管理　307b
司法行政　280a
私募基金行业沙龙活动　327b
"四百"大走访　559b，91b
"四个100"　63b
"四责协调"机制建设　201a
宋大杰　552b，553a
宋宗德　265b，285(图)，490a，491b，553a
苏富比空间　361a
苏河湾党群服务中心　361a
苏河湾建设管理委员会　359b
苏河湾街区论坛　506a
苏河湾上海桨板公开赛　463a
苏河艺术季　342b
"苏州河对话塞纳河"　363a
苏州河两岸公共空间　376a
苏州河桥梁景观照明　392a
诉源治理　273a
孙明丽　516b
损害群众合法权益　201b

T

"她力量"巾帼先进联盟音乐党课　252b

台胞台属联谊会　179b

台胞迎新活动　182b

台北市中正区　182a

台青沙龙活动　181b

台商秋季考察活动　182b

台商台胞迎新活动　179b

台商台胞中秋联谊　182a

台商台企服务工作　182b

台湾法律协会　182a

台湾篮球协会　181b

"台湾青年法律人才实践基地"　181b

台湾事务　179a

台湾桃园市议会　180a

谈家桥　348a

碳达峰碳中和　301b

汤兆基　94a

特大钻石盗窃案　271b

特殊群体关爱　274a

特种设备　311b

提案工作　192a

"提升教育品质"　192a

体彩业务技能大赛　465a

体育　461

体育公益配送　465b

天目西路街道　517a

铁路上海站　419b

铁路上海站地区建设与管理　406a

铁路运输　409a

停车场(库)　376b

停车难　376b

通勤列车　418b

"同舟讲坛"　74a

统计分析监测　304a

统计管理　303b

统计执法　304b

统计资料　584

统一战线工作领导小组　71b

统战工作　71a

统战工作会议　72a

"统战青年说"　72a

"统战源"　74a

投资促进工作　184a

投资促进劳动和技能竞赛　185a,240a,346b

土地出让　372b

土地收储　372b

土壤污染防治　373a

团伙职务侵占案　271a

退役军人　295b

退役军人接收安置　297a

W

外事管理　155b

王华　145(表),159(图),159b,258a,285(图),289(图),345b,406b,407a,498b,553a,553b

王全春　25a

王翔　77b,80b

王益群　183a(图),183b,359b,552b

网络安全宣传　60b

网络交易　311b

网信应急指挥中心　66a

围棋之乡联赛　463b

卫生和健康　451

为民办实事项目　18

未成年人保护和儿童福利　473a

慰问户外职工　240b

文化　445

文化产业　448a

文化市场　449a

文化寻美　74b

文旅护照　341b

"文旅三节首汇" 65a
文明和谐寺观教堂 172b
"文明实践心聚场" 68b
"文明守护"专项行动 68a
"稳增长" 304a
"稳增长"工作推进会 127b
"我眼中的中国" 175b
吴昌硕 516b
吴成典 180a,360b
吴清 25b,28b
"五床联动" 128b,456a,66b
五社联动 490a,496b
五五购物节 497a,322a
"五一口号"75周年 73a,216b,220b
"五一"国际劳动节 237a
武定书场 506b
物价管理 303a

X

西安北关项目 349a
西安锂碳产业园 349b
西安铭城 349b
西班牙企业圆桌会议 323a
西藏城投 347b
习近平法治思想" 80a
习近平新时代中国特色社会思想主义主题教育 56a,60a,62a,74a,82a,88a,111b,129a,189a,244b,245a,287a,498b,520a
下沉包联机制 200b
夏令热线 67a
先进个人名录 563b
先进集体名录 565a
现代戏剧谷 449b
线上行政协助 169a
"线性工程竣工规划资源验收多测合一"试点 374a
宪法宣传周 431b
"香港东区青藤计划"参访团 178b
香港浸会大学 177b
香港培侨中学 178b
香港同胞讲上海故事 178b
香港元朗区议会外访团 178a
香港中华总商会 177a
小小绿色夏令营 253b
肖贵玉 21a
"邂逅光影,文化传情"电影沙龙 181a
新的社会阶层代表人士 74b
新湖郁金香花博会 339b
新媒体直播行业联合工会 540b
新能源利用 303a
新年亮灯仪式 323a
"新时代好少年" 63b
新时代文明实践 62b,63a
新闻发言人 65b
新型基金监管机制 480a
新兴领域青年联谊会 246b
"新勇者杯"74b
信访工作 166a
信访工作会议 77a
信访工作机制 166a
信访事项办理效能 166b
信访问题源头治理三年攻坚行动 167a
刑事检察 274a
刑事审判 277a
行刑衔接 311b
行政备案 168a
行政复议开放日 283b
行政检察 274b
行政区划 34a
行政区划调整 470b
行政审判 277a

行政审批制度改革　167b
行政许可事项清单　167b
行走的博物馆公教课　447b
徐留平　20b
徐玉庆　95a
许可登记服务　310a
宣传工作·精神文明建设　59b
宣传思想文化工作　69b
学雷锋志愿服务主题活动　247a
"学生成长关爱联盟"　180b
"学思践悟新思想"现场教学点　545b
"学习强国"　60b
《寻美苏河湾》　74a
巡视巡察工作　202a

Y

雅宾利四期　349a
盐湖矿业开发规模化产线　349a
杨慧亮　199b
杨佳瑛　479a
杨志健　552b
"洋高参"　157b
养老服务　369a,468a
养老集资诈骗案　179a
养老事业　368b
药品集中议价采购　456b
"一河两高架"景观照明　392a
"一件事"改革　168a,169a
"一街一品"　446a
一码统管　495a
"一网通办"电子文件归档　95b
"一网通办"工作推进会议　128a
"一网通办"静安区旗舰店　284b
"一网统管"　171a,394b,396a
"一业一证"　168b

"一站一品"　266b
"医保监管政策大讲堂"　480b
医疗保障　479b
医疗保障信用管理　480b
医疗服务　455a
医疗服务能力提升"　193a
医用耗材试剂SPD项目　455a
依法治区委员会第五次会议　78a
依法治税　309b
"壹戏剧大赏"　450a
遗嘱信托案　279b
疑难复杂矛盾化解　166b
"亿元楼"　359b
"艺术苏河"　128b,362a,446b
"银鸽奖"　63a
银行行长工作会议　326a
引才求职生态圈　426b
应急避难场　291a
应急管理　292a
应急管理工作体系　292a
应急支援　290a
迎进博劳动竞赛　328a
《营商环境建设十佳案例》　301b
拥军优属　297b
用药用械安全　313a
优待抚恤　297b
优待证　297b
优化营商环境　510a,301a,356a
优化营商环境工作情况　117b
优秀班主任展示交流活动　431b
优秀学习型家庭　565a
幼教事业　358b
于　勇　51,76b,108a,160b,161（图），182a,
　　285(图),289(图),301a,301b,491b,554b,558b
虞丽娟　21a,22a
舆论引导　60b

舆情保障　60b
"雨和"志愿者　81a
预算监督　118b
预算执行审计　314a
《遇见静安》　62b
"远程查档身份认证"　93a
云南对口支援　249a
云天励飞　355a
运输服务保障　410b

Z

暂予监外执行对象体检　282a
枣庄　235a
枣庄市工商联　232a
造人文苏河IP　197a
张江静安园　424b
张军　258a
张万明　181a
张为　25a
张园地区团建联盟　246a
张园项目　367a
长者照护之家　462b
招商引资　349a,370b
招商引资增质　319a
"招商运营"闭环管理系统　357b
招投标备案管理项目　386a
赵嘉鸣　24a,25a,110a
"镇宁智慧化菜市场"　353a
征兵工作　288b
郑钢淼　22b,23b,24b,26b,28b
政策找人　466a
政法工作　76b
政法机关读书会　77b
政法讲堂　78a
政法委员第二次会全体会议　79a

政法委员会第三次全体会议　81b
政法委员会第一次全体会议　76b
政府定价事项　303b
政府工作报告　9
政务微信试点　170a
政协常务委员会会议　190（表）
政协静安区委员会　187
政协委员工作站　190a
政协委员年末视察　190b
政治监督　200a
知联会　72b,74a
知识产权犯罪　272b
知识产权海关保护中心市北工作站　323b
执法检查　108a,108b
芷江西路街道　527a
志丹系统提标调蓄池工程　382b
致公党区委　222a
智慧城区建设　425a
智慧养老服务　545a
智慧医保应用场景　482a
智力助教　211a
中共二大会址纪念馆工作　99b
中共中央秘书处机关旧址纪念馆　67a,97b,101a
中国共产党成立102周年　91a,102b
中国女子围棋甲级联赛　464a
中国社会主义青年团中央机关遗址纪念广场　243a
中国游戏创新大赛颁奖典礼　448b
中华老字号博览会　346a,352a
中华人民共和国成立74周年　104b
中华人民共和国反有组织犯罪法》　282a
中环南翼核心区城市更新　371b
中老年舞蹈（服饰）大赛　464b
中秋节主题活动　68b
中外家庭戏剧大赛　446a
中小企业入库　423b
中央八项规定精神　201a

中央特科机关旧址纪念馆　98a
中医药文化节　221b
中医医院平型关路院区　456a
终身教育　432a
重大腐败案件查处　201a
重大决策社会稳定风险评估　78b
重大事故隐患　295a
重大项目推进　379b
重点产业体系　196a
重点工作推进会　129a
重点互联网企业党建工作　67b
"重点企业服务包"　184b
重点项目控规调整　371b
重点用能单位　303a
"重点载体月月推"　184b
重要会议和活动　45a,107b,127a,189a,198b
周慧琳　23a
诸葛宇杰　19b
主题队日活动　243b

住房保障和房屋管理　334a
住宿业　342a
住院患者在院结算及DIP结算并轨　455b
专业服务业　328b
装配式建筑　377(表)
装修(大件)垃圾收运　366a
装修垃圾收运　394a
"啄木鸟行动"　189b
"籽爱公益"　211b
宗明　26b,110b
综合经济管理　300a
总部经济营商环境　273a
"走进上戏"活动　231a
走马塘规划转型区　344b
组织工作　55a
祖国统一工作　208b
最美家庭融情交流活动　253b
最美退役军人　296a
最美驿站　241a